The Old French Crusade Cycle

GENERAL EDITORS:
Jan A. Nelson
Emanuel J. Mickel

Paris Bibliothèque Nationale
fonds français 12558 fol. 148ᵛ

The Old French
Crusade Cycle

VOLUME VI
La Chanson de Jérusalem

Edited by
NIGEL R. THORP

The University of Alabama Press
Tuscaloosa and London

Copyright © 1992 by
The University of Alabama Press
Tuscaloosa, Alabama 35487–0380
All rights reserved

Manufactured in the United States of America

The paper on which this book is printed meets the minimum requirements
of American National Standard for Information Science-Permanence of Paper
for Printed Library Materials, ANSI Z39.48-1984.

Library of Congress Cataloging-in-Publication Data

La Chanson de Jérusalem / edited by Nigel R. Thorp.
p.   cm. — (the Old French Crusade cycle ; v. 4)
Text in French (Old French) with commentary in English.
Includes bibliographical references and index.
ISBN 0–8173–0531–9
1. Crusades—First, 1096–1099—Romances. I. Thorp, Nigel.
II. Series.
PQ1311.043 vol. 4
[PQ1487.J4]
841'.0308 s—dc20
[841'.1]   91-17977

British Library Cataloguing-in-Publication Data available

Contents

Acknowledgments	vii
Plan of Publication	ix
Abbreviations	xi
Introduction	
Previous Editions	1
Summary of the Narrative	4
The Manuscripts	10
Selection of the Base Manuscript	14
Treatment of the Base Manuscript and Resolution of Abbreviations	21
Scribal Corrections and Errors	24
Table of Rhymes	28
Selective Bibliography	30
La Chanson de Jérusalem	**33**
Appendixes	259
Variants	303
Index of Proper Names	683
Glossary	733

Maps

Palestine	xii
Plan of the City of Jerusalem	32

Acknowledgments

This edition could not have been completed without the encouragement and forebearance of family and colleagues, and the support of institutions, over more years than any of them could reasonably have been expected to tolerate. Dr Barry Beardsmore provided the initial impetus at the University of Victoria; Professor Wolfgang van Emden watched keenly over the progress of the epic at the Universities of Lancaster and Reading, offering much guidance and repeated hospitality; and Professor Jan A. Nelson at the University of Alabama was friendship personified in reading the text, offering advice, and believing over more than a decade and a half that the work would eventually appear. Needless to say, the faults remaining are my own. I am most grateful to Dr L. M. Newman and Dr Zara Zaddy for their ready help at the University of Lancaster; to the Inter-Library Loans section of the University of Lancaster Library; to the Mrs Smith Trust for a postgraduate travel grant for study in Paris and Turin; to the University of Glasgow for periods of study leave in London, Paris, Bern and Tuscaloosa; and to the British Academy for a grant to facilitate the research leading to the completion of the edition. Jay Wild and Arabella Thorp keyboarded an intransigent text with extraordinary accuracy, and Alexander and Magnus Thorp gave exemplary assistance towards the unremitting task. All those who have received the support of helpmeets in such an enterprise will know how much I owe, above all, to my wife.

Plan of Publication

The Old French Crusade Cycle, when published in its entirety, will comprise nine volumes:

Vol. I La Naissance du Chevalier au Cygne
Elioxe, ed. Emanuel J. Mickel, Jr.
Beatrix, ed. Jan A. Nelson (1977)
Vol. II Le Chevalier au Cygne and La Fin d'Elias, ed. Jan A. Nelson (1985)
Vol. III Les Enfances Godefroi, ed. Emanuel J. Mickel, Jr.
Vol. IV La Chanson d'Antioche, ed. Robert F. Cook.
Vol. V Les Chétifs, ed. Geoffrey M. Myers (1980)
Vol. VI La Chanson de Jérusalem, ed. Nigel R. Thorp
Vol. VII The Jérusalem Continuations
Part 1: La Chrétienté Corbaran, ed. Peter R. Grillo (1984)
Part 2: La Prise d'Acre, La Mort Godefroi, and La Chanson des Rois Baudouin, ed. Peter R. Grillo (1987)
Vol. VIII The Jérusalem Continuations: The London and Turin Redactions, ed. Peter R. Grillo
Vol. IX La Geste du Chevalier au Cygne, ed. Edmond A. Emplaincourt

"The Manuscripts of the Old French Crusade Cycle" by Geoffrey M. Myers, included in Volume I, is intended, with some future elaboration, to serve the entire series.

Abbreviations

The following is a list of the abbreviations of the titles for the various branches or major episodes of the OFCC accepted as standard by all now associated with the series:

OFCC	Old French Crusade Cycle
NChCy	Naissance du Chevalier au Cygne
El	Elioxe
Bt	Beatrix
ChCy	Chevalier au Cygne
FE	Fin d'Elias
EG	Enfances Godefroi
Ant	Chanson d'Antioche
Cht	Chétifs
Jér	Chanson (or Conquête) de Jérusalem
CCor	Chrétienté Corbaran
PA	Prise d'Acre
MG	Mort Godefroi
RB	Chanson des Rois Baudouin
Cont	Jér Continuations in E, G, and I
Cont²	Jér Continuations in I (fols. 166-281) and T

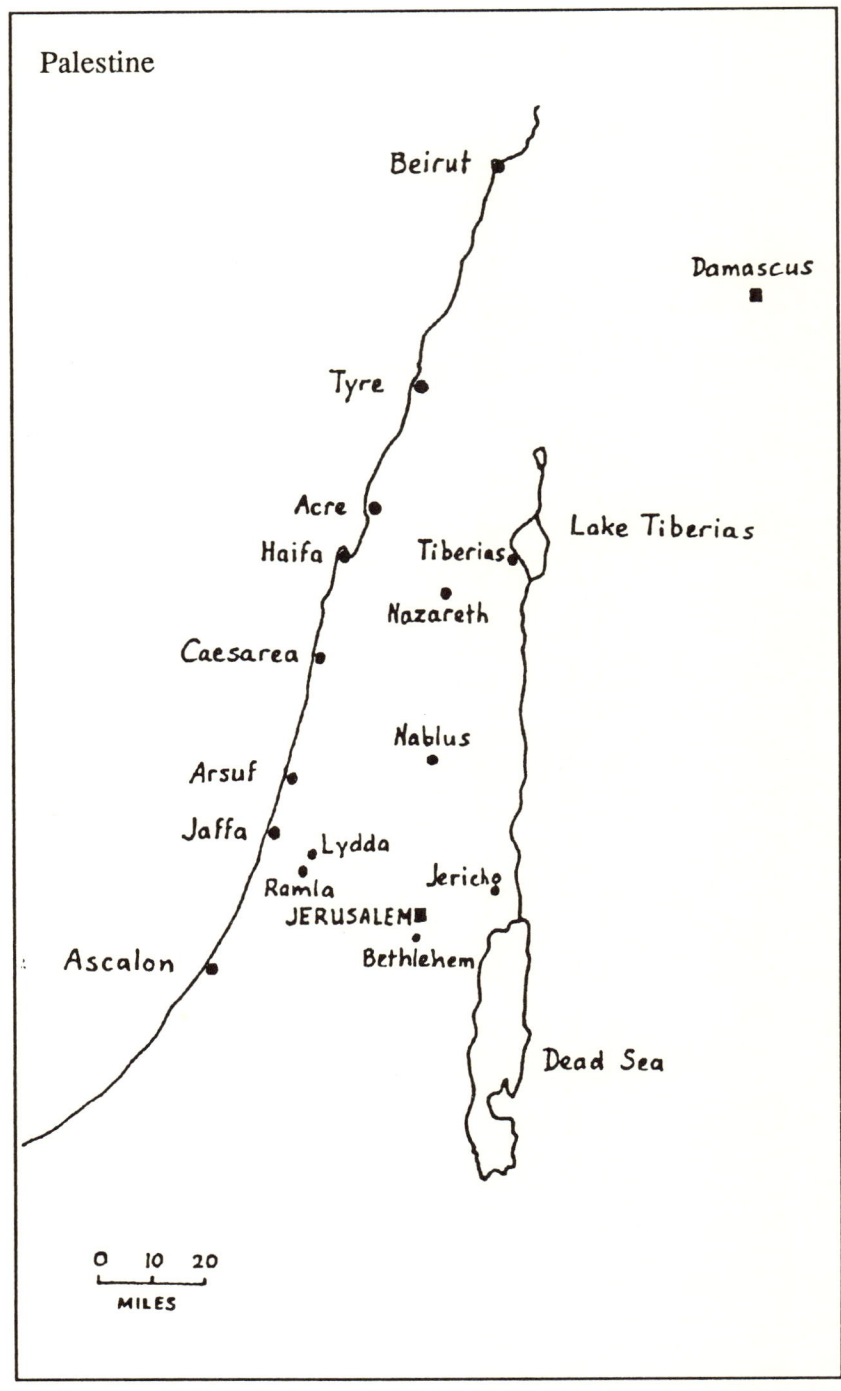

Introduction

I. PREVIOUS EDITIONS. The *Chanson de Jérusalem* was first edited by Célestin Hippeau in 1868.[1] Hippeau's edition falls short of the standards of modern scholarship in several respects: no indication is given when the printed text departs from that of the manuscript chosen as base, the transcription of the manuscripts used is often seriously at fault and there is no provision of any critical apparatus. These deficiencies show the need for a new edition.

The base manuscript chosen by Hippeau was Paris, Bibliothèque Nationale, MS fonds français 1621, *D* of the present edition, supplemented with passages taken from Bibliothèque Nationale, MS fonds français 12558, here designated *A* and used as the base. In his introduction (p. xlviii), Hippeau gave a list of ten corrections to be noted in his printed text, yet in the 9135 lines of his edition there are more than 1600 further corrections to be made.[2] An indication of the more serious errors will allow the version given in *La Conquête de Jérusalem* to be read alongisde the present edition.

A proportion of the mistranscriptions may be felt to do no serious harm to the text, such as when the editor replaces Picard forms with their Francian counterparts, for example *le* (fem. art.) by *la*, and forms in *ch* by those in *c*, or when a modern orthography is used, for example *coeur*, l. 385, for the scribe's *cuer*. On rare occasions the scribe's text is emended justifiably, for example in the replacement of *Turc* by *Franc*, l. 42. In general, however, editorial inconsistencies make the printed text unreliable. In particular, whole lines are omitted on 22 occasions, and substantial errors are made which can make the text meaningless. The lines omitted are the following (line references are to Hippeau's edition):

642a	.I. arpent et demi font nos Frans refuser,
1106a	Asseür porront estre li lassé endormi.
1634a	Ce dist R[obers] de Flandres: Taisiés vos, biau voisin!
4142a	Il a levé sa main por escumeniier.
4217-a	(here Hippeau omits hemistichs from two lines in succession to make one mixed line; this occurs again at ll. 6755-a, 7213-a, 7492-a, 8140-a, 8732-a, as noted below)
	Ainc n'i ot une seule qui tant i fust prisie,
	Ki desci as genols *n'ait sa robe escorcie*;

---

[1] *La Conquête de Jérusalem*, ed. C. Hippeau, Paris, 1868; reprinted, Geneva, 1969.

[2] Some of the errors in the printed text were noted by Paul Meyer in his review of the work : *Bibliothèque de l'Ecole des Chartes*, 31, 1870, pp. 227-231.

2 Introduction

4779a	Avoc se met .I. vens qui tot met en tranlor.
5768a	Noblement se contienent et vont molt fierement.
6137a	Aront nos Sarrasin chaiens en serroison?
6613a	Et de Perron l'ermite a ja fait amirant.
6706a	Si te fai baptisier et pren crestïenté.
6755-a	*Benéois soit li pere* qui vos a enjenré, Et le mere si soit *qui tel oir a porté.*
7213-a	*Et chaindre tant* espee et tant brant d'acier cler Et saisir tant *escu et es chevax monter,*
7330a	De son tref les esgarde li amiraus Sodans.
7363a	L'une eschiele lés l'autre s'arenja bonement.
7492-a	*.C. mil Turs enmenerent,* se mentir n'en volons. A plain camp s'aresterent *defors les paveillons.*
7841a	Et que li quens de Flandres le vait aprés sevant.
8140-a	*Et sont* tos jors au hasle a la pluie et au vent. Molt sont *lait et hisdeus; de conbattre ont talent.*
8200a	Devant le tref le roi a ocis Malquidant;
8667a	Tot vos ferai ardoir en .I. fu de charbon.
8732-a	*Mais por noient l'apelent;* n'a soing de reperier, Ains s'en vait a esploit; *n'i a que corechier.*
8942a	Lors s'abaisse a son fil por le cors enbrachier.
9135a	Or commenche canchons, ja meillor n'en orrés,
b	Comment Acre fu prise et les autres chités,
c	Et Sur et Tabarie ou Turc avoient més.
d	Ensi com des barons fu li Temples poplés
e	Et l'ospitaus assis ou Jhesus fu sacrés.
f	Au Temple por servir s'est Harpins adonés.

Orthography apart, the readings of Hippeau's text can be checked against the record given in the corpus of variants in the present edition. For an indication of the types of misreading and emendation found in his text, as well as of some justifiable corrections of scribal deficiencies, the following examples may be noted in the first 1000 lines (Hippeau's readings are in italics):

2 *i* (added by Hippeau). 3 *atendaient* atendirent. 5 *lor mort* le mort. 11 *Robers de Rosoi* Rogiers de Rosoi. 30 *del val* le val. 42 *Franc* Turc. 43 *ne se targierent mie* la terre ont molt malmise. 51 *à la mahomerie* et le mahomerie. 53 *sa grant compaignie* ses grans compaignie. 59 *i laissera* perdera. 63 *revertirent* s'en revinrent. 65 *s'esbaudirent* se continrent. 70 *Et nos Franc crestien moult bien les recoillirent* Et Franchois les rechurent as grans lances qu'il tinrent. 74 *rescorre* secorre. 92 *li angelor* si angelor. 96 *bersés* versex. 103 *la suor* le puor. 110 *fu grains et dolans* doit estre dolans. 123 *est* ert: also, or vice versa, in ll. 2329, 2926, 3600, 4173, 4495, 4832, 5575, 5957, 6103, 6387. 124 *Qui vienent de prison, Jhesus lor fo garans* Et vienent de prison, Jhesus lor soit aidans. 138 *prirent estal* livrent estal. 140 *nus clers* que clers. 152 *por par*: also, or vice versa, in ll. 265, 268, 426, 2360, 4007, 4161, 4286,

5908, 6164, 6169, 8188, 8219. 158 *facent* face. 159 *secorent* secort. 167 *destrengier* desrengier. 180 *ses noveles* les noveles. 187 *noncier* acointier. 197 *monte el destrier* sor son destrier. 205 *partirent* tornerent. 208 *sor le sablon* tot le sablon. 217 *Robert* Richart. 225 *gonfanons* gonfanon. 236 *le glorios poissant* le pere tot poissant. 244 *que n'en oimes tant* que n'en oimes mais tant. 246 *Comment nos vont no gent et no baron Normant*? Comment vos vont vo gent et vo baron nomant? 248 *querant* aorant. 261 *Turc nos destraignent* Turc nos nos destraignent. 362 *Dex pere Jhesus Cris* Jhesus pere Deus Cris. 412 *R[ichars]* R[obers]. 453-454: in inverse order in MS. 531 *la clamor de Cesaire* reclamer de sa ire. 532 *son timbre* .I. timbre. 603 *broignes* broigne. 640 *tot* jus. 747 *si* (added by Hippeau). 764 *cantée la messe* canté les messes. 786-787: in inverse order in MS. 792 *quant* que. 848 *fu jo* fui jo. 851 *Jhesus entra* Deus i entra. 852 *despoilla* desploia. 857 *la chités fu plorans* le chité fu pendans. 877 *vés là monte Syon* vés la mont et Syon. 878 *passa* ala. 880 *là où on le posa* la on le coloia. 889 *Jhesum Nasareum! Dols sire Jhesus Cris* Jhesus Nasarene! Dols sire pere pis. 940 *ne fiere* n'i fiere. 952 *et* (added by Hippeau).

In her initial study of the *Jérusalem* manuscripts, S. Duparc-Quioc identified *A* as the manuscript to be used as the base for a subsequent edition.[3] This choice was determined by the general quality of the readings ('la leçon qu'il nous donne de notre texte est, d'une manière générale, excellente') and in particular by the numbering of the squadrons for the crusaders' final assault on Jerusalem (laisses 97-106 of the present edition). *A* was subsequently the base manuscript for her edition of 1934 lines of the text, corresponding to ll. 2984-4908 of the present edition.[4] Her choice was supported by her notes that *A*'s version is 'très correcte' (p. 11) and that 'sa leçon est ... dans l'ensemble fort soignée et excellente' (p. 276): the reader is given the opportunity to see in detail how the choice of *A* is to be justified by the provision of variants from six other manuscripts (our *BCDEFG*, corresponding to her *DBCGEF*).

The printed text of this passage is generally accurate, with only an occasional misreading, for example *arriere* for *ariere* (l. 18, ed. l. 3001), *que* for *qui* (l. 107, ed. l. 3089), *no gent* for *rengiet* (l. 124, ed. l. 3106), *conduit* for *conduist* (l. 154, ed. l. 3133). The proparoxytonic form *angeles* (l. 1601, ed. l. 4577), considered by the editor to be disconcerting for the reader, is emended to *angles*, but no emendation is made of *virgene* (l. 728, misprinted as 738 on p. 277, ed. l. 3704). Other features, perhaps also considered disconcerting, are emended silently, e.g. *glaive* for the scribal *glavie* (l. 187, ed. l. 3166) and *glaives* for *glavies* (l. 1754, ed. l. 4729); *travals* (l. 570, ed. l. 3546), *chals* (l. 576, ed. l. 3552) and *desloials* (l. 581, ed. l. 3557), are substituted for *travaus*, *chaus* and *desloiaus* since the other

---
[3] S. Duparc-Quioc, 'Les manuscrits de la Conquête de Jérusalem', *Romania* 65, 1939, pp. 183-203: see pp. 185, 187-8).

[4] S. Duparc-Quioc, *Le Cycle de la Croisade* (Bibliothèque de l'Ecole des Hautes Etudes, 305), Paris, 1955, pp. 278-368).

rhymes in this laisse are given scribally with endings in *-als*. The corpus of variants given is in occasional need of correction, e.g. *D* l. 867e (ed. *B* l. 3843e) should read *Dehait ait*; *D* l. 867f (ed. *B* l. 3843f) *sert et aeure*; *D* l. 868 (ed. *B* l. 3844) *Mo. k'en c., q. mi Dieu m'ont f.*; *D* l. 872a (ed. *B* l. 3848a) *Par Mahomet mon Deu*; *D* l. 872b (ed. *B* l. 3848b) *se jou vif*; *F* l. 874 (ed. *G* l. 3850) *p. et se. c.*; *B* l. 876 (ed. *C* l. 3852) *q. mout l'a fait irie*; *D* l. 883 (ed. *B* l. 3859) *Q. Corbadas l'entent*; etc. The edition of these lines is nonetheless a useful corrective to the text given by Hippeau.

II. SUMMARY OF THE NARRATIVE. The crusaders, led by Godfrey of Bouillon, arrive in sight of Jerusalem. They acclaim the Holy City, but as they round up the herds (laisse 1) they are attacked by Corbadas, the king of Jerusalem, and his son Cornumaran (2, 3). While the battle continues (4, 5) Richard of Chaumont, Harpin of Bourges and other Captives arrive from their imprisonment by Kerbogha in Oliferne. They are at first taken to be Saracens (6) and messengers are sent to summon help from Raymond of Saint Gilles (7-9). Godfrey, however, rides up to them (10) and, on finding out who they are, enlists their aid in the battle (11). Richard of Chaumont (12), Harpin of Bourges (13), Baldwin of Beauvais (14), John of Alis (15) and the Bishop of Forois (16) display their prowess, and when the Saracens retreat in consequent disarray into Jerusalem (17) the crusaders gather at La Mahomerie (18).

Dismayed at having arrived too late for the battle, Bohemond takes his men that night to seize the herds of Caesarea and Haifa (18). The Saracens of Caesarea summon help from Ascalon (19-21) so that they can together attack Bohemond (22). The arrival of more Saracens from Jaffa dismays the crusaders (23) who are pushed back to Lydda (25), only, however, to be saved by the appearance of Saint George at the head of an army of saints and angels, who disperse the enemy (26). After the battle (27) Bohemond makes a general distribution of the booty he has taken (28-30).

The following day the crusaders finally come to stand on the hill overlooking Jerusalem (31-34), from which vantage point Peter the Hermit gives them a description of the city (35). Preparations are made for an immediate assault (36), with pious exhortations being given by Peter himself (37), Thomas of La Fere (38) and Robert of Flanders (39). A council of barons and bishops is held, in which Bohemond speaks of the difficulties they will face (40), only to be upbraided by Tancred who calls for the attack to be launched straight away (41). Hugh the Great halts the rush to arms by pointing out the need for siege machines (42-44), which Godfrey endorses. The crusaders then set up their camps - Godfrey on Mount Sion (45), Gerard of Gornai and Thomas of La Fere in the Valley of Jehosophat (46), Raymond of Saint Gilles on the Mount of Olives (47), Robert of Normandy at Saint Stephen (48), Robert of Flanders outside David's Gate, Tancred and Bohemond on the Bethlehem road (50) and Baldwin and Eustace of Bouillon at the Lion Cemetery, from where they can scour the coastal strip for forage (51). The sharing of supplies is agreed (52) and Jerusalem is surrounded (53).

Introduction 5

Faced with this siege, Corbadas appeals for aid to his son (54, 55), who says that the strength of the city and the crusaders' lack of water will soon make them give up (56). Godfrey rides along within sight of the city walls. As three kites fly by, he shoots them down with a single arrow and they fall close to the Temple – a sign taken by both sides to mean that the city will fall (57-59). That night Cornumaran makes a sally against the crusaders (60-62), but Harpin, who is on guard, is ready for them (63). When his men are joined by others, the Saracens return to the safety of the walls (64, 65).

At a council of nobles the following morning, it is decided to mount an immediate attack on the city (66-68). The engineers Gregory and Nicolas set up the mangonels and the bombardment begins (69), making the Saracens man their defences (70). The crusaders assemble in their battle squadrons to be blessed by the Bishop of Marturana (71-74) and be given remission of their sins. The Bishop holds up the Holy Lance: Lucabel, brother of Corbadas, sees this as a sign that the Tafurs are to attack first, but the poet foretells the heroic entry of Thomas of Marle into Jerusalem (75). A squadron is drawn up which Godfrey gives into the command of the Captives (76). The siege tower made by Nicolas and Gregory is drawn forward (77), and the Tafur king is granted the honour of making the first assault (78).

Although the Tafurs breach the city wall the Tafur King is wounded (79) before the main attack is launched and Saint Stephen's Gate splintered (80). The first to climb a ladder to the top of the walls is struck down, however, and when the siege tower is set on fire (81), the attack is abandoned for the day (82).

The following morning Godfrey sends a party to fetch water. Bohemond, commanding the escort, sees the approach of a supply convoy led by a Saracen king, Garsiien, (83) and lays a successful ambush (84). The next day the booty is shared out, Garsiien baptised, but the other survivors are slaughtered by the Tafurs, who catapult their bodies into Jerusalem (85).

The Saracens repair Saint Stephen's Gate (86), and Corbadas has fourteen prisoners, captured at the time of Peter the Hermit's crusade, beaten (87) and thrown into a dungeon (88). At Lucabel's suggestion carrier pigeons are sent to summon reinforcements (89-91). The crusaders shoot all the pigeons except three, which are forced to the ground by falcons (92), where their messages are replaced by others instructing the Saracens to remain where they are. Nonetheless Ysoré, who receives the pigeons at Caesarea Philippi, sends them back with a message that he is summoning support (93), only to have this message changed by the Bishop of Marturana for one saying that the Sultan is angry with Corbadas and will not send him aid (94). Corbadas despairs at this news (95) but Cornumaran marshals his men for the defence of the city (96).

Godfrey calls for a second attack and ten squadrons are assembled – Tafurs (97), squires (98) and, with one of women (105), the various local contingents (99-106). Another siege tower and ladders are prepared and the Tafurs again lead the attack. After a first retreat (107), Engelrand of Saint Pol leads the storming party up the ladders but is struck down by Cornumaran. A second retreat is sounded and the women bring water to the warriors (108). An attack launched by the Normans and Bretons is no more successful (109), and in a further assault (110) Hungier the German and Eürvin of Creel are caught up onto the ramparts (111). During the general attack which follows (112), Hungier and Eürvin throw two Saracens, Malcolon and Ysabart of Barbais, down to the foot of the walls where they are captured by Godfrey and Robert of Flanders. The crusaders withdraw again. Ysabart offers the return of the fourteen existing prisoners and the two new ones in exchange for himself and Malcolon (113). Hungier and Eürvin are forced to surrender (114) while Ysabart and Malcolon, taken to Godfrey's tent, are fruitlessly enjoined to be converted (115). For the sixteen prisoners and a great ransom, Ysabart and Malcolon are set free. That night the Saracens burn the siege tower, the battering ram and the scaling ladders (116).

Cornumaran decides to seek help personally from the Sultan (117, 118), and escapes at night from the city walls during a diversionary attack on the crusaders (119). Godfrey sets off in pursuit and is followed by a large force (120). As day breaks over the desert he meets his brother Baldwin and a retinue of men coming in answer to an earlier summons (121). Baldwin, outdistancing his men (122), catches up with Cornumaran but although they fight (123, 124), Cornumaran manages to ride away. He soon meets a group of Saracens led by Orquenais who in their turn now chase Baldwin until his followers catch up with him. Battle is joined. Baldwin temporarily unhorses Cornumaran but is himself struck down by Orquenais (125). He tells his small band to take refuge in an old fort nearby while he hides in a reed-bed so that he will be able to ride off for help while the Saracens are occupied at the fort (126). When he hides, however, he and his horse are attacked by leeches. Cornumaran guesses where he is and sets fire to the reeds. In response to a prayer from Baldwin, the leeches fall from him and he escapes from the burning reeds (127). Cornumaran sets off in pursuit, but he breaks off and flees with his men when Godfrey and the main body of crusaders arrive on the scene and relieve Baldwin's beleaguered force (128).

While the crusaders return to Jerusalem, Cornumaran reaches the Sultan's headquarters at Hamadan. The Sultan, who has heard of the crusaders' attack on Jerusalem, has already gathered his forces together, and he now promises Cornumaran to destroy the invaders (129).

The crusaders are told by the Bishop of Marturana of a hermit on the Mount of Olives who alone can help them capture Jerusalem (130). The hermit tells them where to find timber for their siege machines (131) and on the next day, a Monday, Nicolas and Gregory start directing the construction work. By Wednesday a ram and tower are ready (132), and on Thursday the army and the Tafurs arm for battle (133).

Jerusalem is attacked once more (134). Saint Stephen's Gate is damaged, but the crusaders are forced back (135). During the assault of the Tafurs, Thomas of Marle does homage to the Tafur King in order to be allowed to join in their attack, but darkness brings the fighting to an end (136). During the night the Tafurs mine the wall and in the morning of the next day, a Friday, the wall is breached (137). Thomas of Marle is hurled from the lances of his men on to the ramparts, to be the first to enter the city (138): there he encounters a woman who prophesies his death at the hands of his feudal lord. Thomas and the Tafur King operate the pulley to a gate and

Introduction

the crusaders storm in (139). A general massacre follows, with none escaping except a group of Saracens in the Tower of David who buy protection from Raymond of Saint Gilles (141).

While the rest of the army is intent on seizing homes for themselves, Godfrey, Robert of Flanders and Thomas of Marle clean out the Holy Sepulchre and the Temple (142); a cloth they have used miraculously restores sight to a blind man. The Saracen dead are taken out of the city and burned (143), while Corbadas and his company are given free passage out of Jerusalem for surrendering the Tower of David (144).

After a week of rejoicing the Bishop of Marturana calls for the election of a king, but, when Godfrey is nominated, he declines (146). When the honour is refused also by Robert of Flanders (147), Robert of Normandy (148), Bohemond (149) and Hugh the Great (150), the Bishop calls for a day of fasting, to be followed by a night of prayer in which God will signify who will be king by lighting a candle in that person's hand (151-154). At midnight lightning strikes the candle held by Godfrey (155) who is acclaimed king (156): refusing to wear a crown of gold he is crowned, by the Tafur King, with a crown of leaves.

A week later the barons prepare to leave for home (157). Godfrey remonstrates with them for leaving the city without adequate defence (158), but only the Tafur King, Raymond of Saint Gilles, Eustace and Baldwin remain behind when the others leave (159). The homeward bound army fruitlessly besieges Tughtigin of Damascus (160) and proceeds to the Lake of Galilee. While they are there, they receive a message from God telling them to return to Jerusalem to defend Godfrey (161), and they turn back (162).

Cornumaran returns from Hamadan and, meeting his father at Barbais, learns of the capture of Jerusalem (163). He encourages him with news of the forces coming to help him (164). When the Saracen army descends on Jerusalem (165), Godfrey sallies out to the attack (166). During the battle Raymond of Saint Gilles is captured. Baldwin is first in the pursuit of his captors (167) and takes Cornumaran prisoner (168). The crusaders then return to Jerusalem (169). The pursuing Saracens attack them (170) and in a fierce battle (171) Godfrey, his two brothers, the Tafur King and Peter the Hermit defend Saint David's Gate (172). At the height of the battle an army of Saints led by Saint George scatters the Saracens and allows the Christians to regain the safety of the city walls (174).

The Saracens summon help to rescue Cornumaran (175) and Corbadas rides off to meet the Sultan, whose marvellous tent is described in detail (176-179). The Sultan promises Corbadas to free his son immediately (180), and his army moves off (181).

When, in another sortie, Godfrey captures Marbrin (182), Saracen messengers come to negotiate an exchange of prisoners (183). To make a show of strength Godfrey has the Tafurs parade in front of them ten times, each time with different clothes (184). Cornumaran is then exchanged for Raymond and joins the Sultan near Ramla (186).

The following day the Sultan's army moves to the plains outside Ramla: the Sultan's armour and horse are described in detail (187). The Caliph prepares a trap for the crusaders by spreading out the Saracens' treasure

(188) in front of Jerusalem, but Godfrey forbids anyone to leave the city and, lamenting the smallness of his army (189), gets ready to fight (190). The Tafur King demands to lead his men out to battle (191) and, when Peter the Hermit is armed (192), Godfrey makes an attack, in the course of which Peter is isolated from the main body (193). After an energetic battle (194, 195) Godfrey routs the Saracens and returns to Jerusalem (196), but Peter is captured and taken before the Sultan (197). When Peter swoons, the Sultan has him cured by his own doctor (198). Summoned by the Sultan to change his religion, Peter pretends to agree (199, 200). The Sultan sends a messenger to Godfrey calling on him to be converted as well (201) and, to test the crusaders again, he sends his costly horse and shield (202). When the messenger arrives in the city (203), Godfrey rejects the call and repeats the trick of having his men and the Tafurs parade many times in front of him (204). Marbrin is summoned to embrace Christianity, and when he refuses (205) Godfrey challenges him to single combat. Godfrey gives him the advantage of striking two blows unopposed but then cleaves him and his horse apart with a single stroke and sends the pieces to the Sultan with the messenger (206). The messenger reports the strength of the crusaders' army to the Sultan (207, 208).

The Sultan calls his army together (209) and, when Jerusalem is attacked, the city is saved only by the coming of night (210). As Godfrey is spending the night in prayer in the Holy Sepulchre (211), where he makes a long confession of faith, a dove lights all the crusaders' candles (212). The dove also brings a letter which tells that the rest of the crusading army which had left for France is now on its way back to Jerusalem, and Godfrey and his men ride out at dawn to greet them (213).

Crusaders and Saracens agree that the battle between them should take place on the plains of Ramla the following Friday (214). The intervening days are spent in the preparation of arms and in religious procession (215). On the appointed day the crusaders arm themselves (216) and, as each squadron rides out, the Sultan has Peter the Hermit tell him who they are. Godfrey is first (217), followed by Robert of Normandy (218), Robert of Flanders (219), Hugh the Great (220), Bohemond and Tancred (221), Rotol of Perce, Stephen of Blois and the count of Vendôme (222) and Stephen of Aubemarle, Hugh of Saint Pol and his son Engelrand. Jerusalem is left in the care of the priests, the women, the old men and the Bishop of Forois (223).

The Sultan has his standard raised and summons his sons to avenge the death of their brother Brohadas (224, 225). Fifty squadrons, each of one hundred thousand men and drawn from the whole of the Saracen world, are then ranged in battle order and the two sides advance (232). The Holy Cross, held by the Bishop of Marturana, leads the crusaders. In the first encounter Godfrey kills the eldest son of the Sultan (233) and then the battle becomes general (234-236). The exploits of Godfrey's brothers Eustace and Baldwin are recounted (237). Robert of Normandy is isolated and surrounded by Saracens (238) but is rescued by Robert of Flanders, Bohemond and Tancred before Cornumaran appears (239). Roger of Rosoi kills another of the Sultan's sons (240) and Rotol of Perce, Hugh the Great and the Count of Vendôme annihilate large numbers (241). Thomas of Marle kills a third of the

Introduction 9

Sultan's sons and Engelrand of Saint Pol two more (242) before he himself is struck down (243). As his body is carried from the field, he is avenged by his father (245). The Tafurs are dismayed by a horde of beaked monsters (246) but soon send them fleeing (247). Elsewhere, the battle is still fierce (248-250). Holy relics, especially the Holy Cross, put other Saracens to flight and turn their Greek fire against them.

When the Sultan is told of the loss of his army (251) and his sons, he puts on his armour (252) to ride out to battle (253). The lure of treasure does not draw the crusaders away from the fighting (254). Corbadas kills a crusader (255) and is himself killed by Bohemond (256). Lucabel strikes down several more and is struck down by Tancred (257). Cornumaran finds his father's body and kills many crusaders in his rage (258, 259).

The Sultan arrives at the battle and strikes down two crusaders, but the holy relics again turn the Saracen's Greek fire back upon them (260). Battle honors accrue to both sides. Baldwin of Beauvais and Richard of Caumont strike down a score and more of Saracens (261), but then the Count of Vendôme falls. He is immediately avenged by Godfrey. Cornumaran strikes down more crusaders (262) but is then killed himself by Baldwin (263).

The main Saracen and crusader forces both rally (264) and the crusaders only escape disaster by the appearance of a heavenly army, led by Saint George, which rescues Peter the Hermit and sends all the Saracens fleeing (265). The defeated Sultan fires his tents. The Caliph rides off with head of the idol Mahomet (266) and the Sultan follows his fleeing army, which is further harried when the night is miraculously shortened (267). In the rout Peter the Hermit kills Salehadin (268). Baldwin of Bouillon and Raimbaut Creton are cut off from the rest of the crusaders near Acre (269) and encounter the Sultan (270), but Godfrey is alerted to their plight by Peter the Hermit (271) and rides to the rescue. When the Saracens take refuge in Acre, the Sultan escapes by sea (272).

The following day the crusaders collect the treasure from the Sultan's camp and return to Jerusalem. Hugh of Saint Pol laments over his son Engelrand (273), who is buried in a monastery. The booty of battle is distributed, to rich and poor alike (274).

Some days later a general council is held at which the nobles decide to clear the whole countryside of Saracens (275, 276). As they ride over the Ramla plain they find that the Saracen dead have all been taken by devils and the crusader dead gathered together in one place by a lion. In none of the neighboring cities is there any sign of the enemy, so they are garrisoned by the crusaders (277).

The nobles return to Jerusalem and a service is held for the dead (278). Cornumaran's body is brought forward (279) and Baldwin has Cornumaran's heart exposed: its size astonishes everyone. Cornumaran is then buried outside Jerusalem (280).

The story of the conquest of Jerusalem is finished, but in another volume can be found the tale of the capture of Acre, Tyre and Tiberias (281).

III. THE MANUSCRIPTS. A general description of the manuscripts of the Old French Crusade Cycle is given by Geoffrey M. Myers in Vol. I of the OFCC series.[5] The details given here amplify Myers's general account for the sections of the manuscripts containing the text of the *Chanson de Jérusalem*.

A   Paris, Bibliothèque Nationale, MS fonds français 12558

The chief part of this manuscript was written by a single scribe in northeastern France around the middle of the thirteenth century. Myers suggests a point in the middle of the second half of the century, but the evidence provided by the language of the scribe tends to support a slightly earlier date.[6]

The manuscript contains what is generally considered to be the oldest version of the cycle, with the *Elioxe* version of the *Naissance du Chevalier au Cygne*, the *Chevalier au Cygne*, the *Enfances Godefroi*, *Antioche*, *Chétifs* and *Jérusalem*. The *Jérusalem* section occupies fols 136v- 192v and is complete. Two small passages within the *Jérusalem* text written by the chief scribe are given in an adventitious hand: they are ll. 2682-2720, i.e. almost the whole of fol. 152 col. c, and ll. 2811-2855, i.e. the whole of fol. 153 col. b. Two corrections, the insertion of a single word at l. 5827 and a single letter at l. 6912, have been made in a light blue ink in a hand close to that of the main scribe. Slight variations in the appearance of the main hand, e.g. fol. 177 col. d, ll. 7218 ff., and fol. 182 col. c, ll. 8076 ff., are probably due only to a change of pen. The last five folios were recopied probably in the mid-fourteenth century, seemingly because the original last quire was damaged: fols 188-193 are inserted into the original outer bifolium of the last quire which is made up of fol. 187 and its corresponding stub, which is visible after fol. 193. A change of pen may also be observed in this section at fol. 190 col b., ll. 9452 ff. When it is necessary to differentiate between the chief scribe and the scribe of the last five folios, they are referred to in the present edition as *A1* and *A2* respectively.

Exceptionally amongst the surviving manuscripts of the cycle, the beginning of each branch, apart from one, is marked in *A* by a miniature, and other miniatures occur elsewhere in the text. The exception, interestingly enough, is with the *Jérusalem* branch. The miniatures in the text of *Jérusalem*, as it was defined by the edition of Hippeau, are on fols 143v (full page), 144r, 162r, 167r, 184v (misprinted in Myers's description as 168v): it is the most fully illustrated of all the branches in the manuscript, but lacks a miniature where Hippeau's text begins, on fol. 136v. On fol. 143v, however, at the beginning of laisse 40 of the present edition, l. 1160, there is a full-page miniature, with five scenes, accompanied by a single miniature on the

---

[5] *The Old French Crusade Cycle*. Vol. I, *La Naissance du Chevalier au Cygne*, ed. J. A. Nelson and E. J. Mickel, Alabama, 1977. Geoffrey M. Myers, 'The Manuscripts of the Cycle', Introduction, pp. xiii-lxxxviii.

[6] See Nigel Thorp, *La Chanson de Jérusalem: a critical edition*, Ph.D. thesis, University of Reading, 1980, Introduction, pp. 76-94.

Introduction

facing fol. 144r. This two-page design is the last of three in the manuscript, the others appearing with the opening of the cycle on fols. [iv]v-1r and at the beginning of *Antioche* on fols. 58v-59r: it indicates that, at least at the time that the manuscript was written, the *Jérusalem* branch was held to begin at this point. In the present edition it has been necessary to maintain the division initiated by Hippeau, but this divergence should be borne in mind for the study of the articulation of the cycle.

B   Paris, Bibliothèque Nationale, MS fonds français 786

This manuscript was written in Tournai by a single scribe and dates from the second half of the thirteenth century. The cycle is complete as far as the end of the *Jérusalem* branch, i.e. *Beatrix, Chevalier au Cygne, Fin d'Elias, Enfances Godefroi, Retour de Cornumarant, Chanson d'Antioche, Chétifs, Chanson de Jérusalem*. The *Jérusalem* branch occupies fols 232r-273r and has no physical lacunas.

C   Paris, Bibliothèque Nationale, MS fonds français 795

This manuscript is the work of three Picard scribes and was written towards the end of the thirteenth century. The cycle is complete as far as the end of the *Jérusalem* branch, as in *C*. The *Jérusalem* branch occupies fols 192r-256v, without any physical lacuna.

D   Paris, Bibliothèque Nationale, MS fonds français 1621

This is the manuscript used by Hippeau as the base for his edition, *La Conquête de Jérusalem*. It was written by a single scribe working in the central Picard area and is dated by all scholars to the middle of the thirteenth century. It contains *Beatrix, Chevalier au Cygne, Enfances Godefroi, Retour de Cornumarant, Chanson d'Antioche, Chétifs, Chanson de Jérusalem*, lacking the *Fin d'Elias* and the *Continuations*. It has lost the first quire and has suffered other physical damage, with the loss of some text: the *Jérusalem* branch occupies fols 152v-207v and lacks ll. 4371-4760 between fols 177-178, and also parts of ll. 7682-7744, fol. 194.

E   Paris, Bibliothèque Nationale, MS fonds français 12569

Written by a single scribe in the middle of the second half of the thirteenth century, this manuscript was probably written in central Picardy. It is the fullest of the surviving manuscripts of the cycle, with all the branches of the First Crusade Cycle and an undamaged set of *Continuations*. The *Jérusalem* branch occupies fols 158r-215v and has no physical lacunas.

F   Bern, Bürgerbibliothek MS 320

To judge from the evidence of what survives, this manuscript was written by a single scribe in the northeast of France during the middle of the second half of the thirteenth century. Much of the manuscript was lost before it was carelessly rebound in the early seventeenth century, much out of order. Of the 103 leaves surviving, 24 contain *Jérusalem* material and may be grouped as follows: fol. 81; fol. 82; fols 92-103, 84, 85, 88, 89; fols 90, 91, 86, 87, 83; fol. 77. These five passages give a total of 3758 lines: ll. 436-553, followed by Appendix 1; Appendix 2 and ll. 969-1080, including Appendix 3; ll. 1426a-3414, including Appendixes 5, 6, 9-11, 13; ll. 3901-4393, including Appendix 20; and ll. 8181-8347.

G   Paris, Bibliothèque de l'Arsenal, MS 3139

This manuscript is dated 1268. It was written in north-eastern Picardy, probably by a single scribe: the duct of fols 1-14 and fols 231-243, though larger and more deliberate than that of the main body of the manuscript, could be that of the same scribe. The cycle is complete as far as the end of the *Chrétienté Corbaran*, containing *Elioxe-Beatrix, Chevalier au Cygne, Fin d'Elias, Enfances Godefroi, Retour de Cornumarant, Chanson d'Antioche, Chétifs, Chanson de Jérusalem, Chrétienté Corbaran*. The *Jérusalem* branch is given on fols 170v-231r and has no physical lacunas.

H   London, British Library, MS Royal 15 E VI

This composite manuscript contains, with other epics and different works, three branches of the cycle, *Beatrix, Chevalier au Cygne* and *Enfances Godefroi*, and some fragments of *Jérusalem*. It was copied in England, probably soon before 1445. The *Jérusalem* fragments on fols 336r-339r (as numbered in the original foliation) give a much abbreviated version of ll. 3211-3908, including Appendixes 13 and 14, and of ll. 6606-7386. Some 1480 lines are reduced to 894, with 12 lines of transition to introduce the first section. The lines have variously twelve, ten or even eight syllables.

I   London, British Library, Additional MS 36615

This manuscript was written by four scribes, probably Norman, in the late thirteenth or early fourteenth century. Although now defective, it was originally the longest of the surviving manuscripts, with a total of some 62,500 lines. It contains *Elioxe-Beatrix, Chevalier au Cygne, Fin d'Elias, Enfances Godefroi, Retour de Cornumarant, Chanson d'Antioche, Chétifs, Chanson de Jérusalem, Chrétienté Corbaran, Prise d'Acre,* and *Continuations*. The *Jérusalem* text occupies fols 101v-146r, without any physical lacuna.

N   Two surviving fragments:
    (i) Oxford, Bodleian Library, MS Douce 381

This album measures 420 x 335 mm and contains 184 leaves with fragments mounted on paper guards. Leaves 24 and 25 preserve two leaves of *Jérusalem*, written in the middle of the thirteenth century: that of leaf 24

Introduction 13

measures 291 x 210 (written space 238 x 170) mm, that of leaf 25 measures 281 x 205 (237 x 170) mm and is mounted in reverse, the present recto (flesh side) being properly the verso.

The text is written in two columns of 40 lines; the laisse initials are blue and red, flourished alternately in red and blue. The passage preserved corresponds to ll. 7968-8333 of the present edition and is reproduced by S. Duparc-Quioc in *Romania*, 65, 1939, pp. 195-203. The following corrections should be made to the transcription given there: l. 3, *haitie*; l. 13, *jusqu'as*; l. 31, *Lors*; l. 36 *contienent*; l. 40, *mieudres*; l. 51, *senestres*; l. 62, *grailes*; l. 63, *arestans*; l. 66, *Que il*; l. 92, *ordeneement*; l. 97 *chevaucent*, *siereement*; l. 103, *l'ermites*; l. 105, *E(e)stevenes*; l. 110, *Ja*; l. 117, *fius*; l. 120, *hauberc*; l. 158, *no*; l. 160, *estandart*; l. 161, *hommes*; l. 164, *Jafe*; l. 165, *Chenelius*; l. 169, *averoient*, *homme*; l. 171, *mellier*; l. 176, *estandars*; l. 180, *Onques*; l. 182, *loys*; l. 188, *escarboncle*; l. 197, *Simagon*; l. 228, *et*; l. 233, *vostre*; l. 234, *esporonant*; l. 249, *Africant*; l. 250, *el*; l. 254, *nostre*; l. 260, *Dauner*; l. 279, *ciaus*; l. 281, *gens*; l. 287, *ainc*; l. 293, *rocist*; l. 297, *sunt*; l. 311, *pui(n)s*.

(ii) Stafford, Staffordshire Record Office, D.641/1/2/84

Two leaves of the same manuscript are preserved as the wrapper of an account roll in the Stafford family papers. The bifolium is sewn to the roll at the right-hand margin of fol. 1r which, with fol. 2v, is on the outer side, with fols 1v and 2r on the inner side. Fol. 1 measures 309 x 230 (238 x 174) mm, fol. 2 measures 311 x 227 (240 x 171) mm.

The text is written in two columns of 40 lines; laisse initials are blue and red, flourished alternately in red and blue. The two passages preserved correspond to ll. 7471-7632 and 8663-8828 of the present edition.

The Oxford fragment which preserves a single passage of 319 lines is the middle bifolium of a quire. The Stafford text fragments are separated from this passage by 336 and 330 lines, which shows that two bifolia came between the Stafford and the Oxford fragments. If quires of the original manuscript were of eight leaves, the Stafford fragment would have been fols 1 and 8 and the Oxford fragment fols 4 and 5 of the same quire: no signature or catchword is, however, preserved on the Stafford bifolium. The two fragments are described in A. Hunt, 'The *Chanson de Jérusalem* in Stafford and Oxford', *Scriptorium*, 35, 1981, pp. 71-81.

T   Turin, Biblioteca Nazionale Universitaria, MS L-III-25

This manuscript, written by a single scribe in northeastern France in the late thirteenth century, was badly damaged by fire in 1904. It contains the full version of the cycle, with continuations; the *Jérusalem* branch is given on fols. 116v-173v. In addition to fire damage affecting the edges of leaves, this manuscript has lost the text on fol. 127 cols a and d, corresponding to ll. 1654-1688 and ll. 1774-1813 of the present edition. The loss of fols 174 and 175 means the absence of lines following the version given after l. 9310 and forming the end of *Jérusalem* and the beginning of the *Continuations*.

IV. SELECTION OF THE BASE MANUSCRIPT. In her initial studies of the First Crusade Cycle, S. Duparc-Quioc noted the existence of three distinct versions. On the basis of the narrative structure of *ABCDEFG* she concluded that the oldest version of the cycle was given in *A*, *C* or *D*, an intermediate version in *B* and *F* and the most recent versions in *E* and *G* (*Cycle* pp. 9-16): *H*, *I* and *T* were not included in this discussion.

The different branches of the cycle themselves, however, show no uniform pattern of manuscript tradition. L. S. Crist observes:

> Les relations entre les manuscrits du premier cycle sont assez compliquées. Il faudrait renoncer à constituer un stemma pour l'ensemble de la tradition manuscrite et se borner à en faire un pour chaque branche prise individuellement: et encore le mot 'stemma' est peut-être trop rigide pour décrire les relations des manuscrits.[7]

Thus also W. R. J. Barron, considering the *Naissance du Chevalier au Cygne*, states that 'it would be futile to construct a stemma on the basis of a handful of manuscripts [*ABCDEGHIT*] where the narrative variants suggest that the textual tradition was complex and the redactive process generally quite conservative'.[8] The editor of the *Beatrix* version of the *Naissance*, which survives in *BCDEGHIT*, agrees with this analysis in respect of the overall narrative structure of the branch but nonetheless points to the patterns to be seen in the variation of wording as showing close relationships between *B* and *E*, between *C* and *GIT*, and between *D* and *H*.[9]

For the present edition of the *Chanson de Jérusalem*, the selection of the base manuscript has followed the principle, set out by Joseph Bédier, of choosing the version that the editor is least tempted to correct.[10] The problem is partly a physical one, relating to the amount of text surviving in each manuscript, and partly the textual one of selecting the best version as disclosed by the patterns of variation. Upon both these counts *A* clearly emerges as the manuscript to be preferred.

The fragmentary *F*, *H* and *N* may immediately be excluded. *A* offers the only text without substantial textual lacunas, and the choice of any of *BCDEGIT* would have to be justified on the grounds that the manuscript chosen is so clearly superior to *A* that it is acceptable to disregard the lacunas or to fill them from an allied manuscript.

All the variant manuscripts lack an essential laisse, laisse 219. In addition to shorter passages *B* also lacks ll. 1228-1233, 3130-61, 8156-93, 8297-8310, and 8891-9356; *C* lacks ll. 570-718, 2044-53, 2737-51; *D* lacks ll. 245-262, 3130-61, 4371-4760 and parts of 7682-7744; *E* lacks ll. 470-

---

[7] L. S. Crist, in Robert F. Cook and Larry S. Crist, *Le Deuxième Cycle de la Croisade*, Geneva, 1972, p. 82.

[8] W. R. J. Barron, 'Versions and Texts of the *Naissance du Chevalier au Cygne*, *Romania* 89, 1968, pp. 481-538; see p. 527.

[9] Jan A. Nelson, in OFCC, vol. I, p. ciii.

[10] See the introduction to his edition of the *Lai de l'ombre*, Paris, SATF, 1913, p. xlii; also 'La tradition manuscrite du *Lai de l'ombre*', *Romania* 54, 1928, pp. 161-196, 321-356.

514, 1593-1603, 3130-61, 8297-8310; *G* lacks ll. 3130-61, 8297-8310; *I* lacks ll. 3130-61, 7666-7733, and is much abbreviated from ll. 5448-9160; *T* lacks ll. 1654-88, 1774-1813, 3130-61, 6088-6196, 8239-8346 and, in addition to the loss of two leaves at the end of the *Jérusalem* text, which contain a continuation of the separate version of the passage from l. 9311, considerable numbers of lines have suffered fire damage. The only overlap between these manuscripts in terms of the lines of *A* that they do not contain is in the absence of laisse 101, ll. 3130-61, in *BDEGIT* and of laisse 229, ll. 8297-8130, in *BG*: the omission of laisse 101 is discussed below, but that of laisse 229 could have happened independently in *B* and *G* through eyeskip from l. 8297 to l. 8311. From this negative consideration alone it may be concluded that, while the losses of text in *G* could perhaps be considered modest, those in *C*, *D* and *E*, and even more so those in *B*, *I* and *T*, exclude these manuscripts from consideration as the base.

An examination of the relationship between the other manuscripts gives more positive evidence that the versions of *BCDEGIT* are less satisfactory than that of *A*. *DEG* should normally be seen as a group since they show the same lacunas; for example, within the space of 500 lines, six groups of lines which occur in other manuscripts are lacking in *DEG*. They are ll. 518-21, 553-7, 599-603, 673-5, 682-3, 981-6, although it should be noted that *C* lacks all the lines between ll. 570-718 as well as l. 519 and l. 554, while *B* lacks l. 675, and *F* can bear witness only for ll. 518-21 and ll. 981-6, and lacks l. 983. The absence of these lines in *DEG*, taken with, for example, the contraction of ll. 823-4 into one line, shows a slight tendency to abbreviation in *DEG* rather than expansion by *ABCIT*. Within the same sample of 500 lines, *DEG* have three lines not supported in the other manuscripts: ll. 524a, 624a and 833a.

The relationship between *B* and *I* is revealed by the numerous lines which are exclusive to these two manuscripts. These include ll. 1175a-c, 1371a-c, 1751a, 2123a, 2128a, 2133a, 2191a-j, 2218a-2219b, 2288a-g, 2412a-c, 2883a, 3428a-h. They share the much expanded version of ll. c3500-5400, for example in ll. 4584-4589 where 4584a, 4586a and 4589a-f(h) are given only in *BI*.

Appendixes 7-9, 14-18, 20 and 22-25 reflect the general tendency of *BI* to expand narrative detail. Appendix 14, consisting of 11 lines before and 24 lines after l. 3810 in *BI* and *H*, contains an account of Baldwin of Bouillon being summoned to Rohais, or Edessa. Unless this episode is a survival from an earlier version of the poem, it is to be seen as an addition conveniently showing why Baldwin should be on his way from Edessa to Jerusalem at l. 3981, when there is otherwise no mention of his being absent from the main army: Baldwin's declared intent to go foraging, ll. 1315-20, suggests that Jerusalem is his base. The same appendix is alone in containing a reference to a heavenly voice giving comfort to the crusaders: this may reasonably be seen as an addition to the main narrative and casts doubt upon the authenticity of the passage containing Baldwin's summons to Edessa, which must therefore be rejected despite the slight narrative dislocation that the absence of this detail brings with it.

Appendix 15 contains an extended description of Cornumaran's horse

Plantamor, which is noteworthy only for the number of set expressions employed. Appendix 16 continues the battle begun at l. 4120; it adds the detail of Cornumaran blowing his horn, which, since the horn is also heard by Godfrey and others, allows Godfrey's relief force to appear more naturally on the scene at l. 4247 than it otherwise does. It is already known, however, from ll. 3944-3960, that Godfrey has set out after Cornumaran and the detail of the horn can easily be seen as an accretion to the narrative. This is also the case with the list of Saracens at Appendix 16/30-35, even though this is similar to other lists in the base text, e.g. ll. 8438-8441 and ll. 9214-9218.

Appendix 17 amplifies the grief felt by Godfrey when he believes his brother Baldwin is dead, but it makes no narrative addition. Appendix 18 gives a similarly expanded account of Cornumaran's journey to Hamadan. Appendix 22 contains an account of a fight between Peter the Hermit and a snake which is not referred to at any point in the base text. Appendix 23 gives a version in eleven lines of the beginning of the final assault on Jerusalem by the crusaders, for which the base text has two lines: the version of *BI* shows Hugh the Great sounding the general advance where the base text has no mention of any command being given by an individual and concentrates instead on the simple fact of the beginning of the assault. The naming of Hugh the Great at this point may be linked with a more general listing of names in Appendix 24 where the fact that *I* gives almost twice as many as *B* suggests that the enumeration is adventitious.

With Appendixes 20 and 21, however, where *BI* and *F* are joined by *T*, and with Appendix 25, present only in *BI*, a note of caution must be sounded before they are dismissed in the same way. The four laisses 129A-D given after l. 4347 in *BFI* and *T* total c. 130 lines and could be seen as evidence for the loss of one leaf in double columns, each of about 33 lines, from an antecedent of *ACDEG*. These laisses amplify the Sultan's promise of aid given to Cornumaran at l. 4338 by showing the Sultan summoning his forces, which otherwise enter the narrative without any great detail at l. 6080. Although the sermon given in laisse 129B is very similar to that in ll. 6192-6204, with its insistence on the Saracens taking more wives to increase the population, and might for that reason be seen as repetitious, the detail of Cornumaran setting out ahead of the main force (Appendix 20, l. 94) fits in well with Cornumaran meeting his father Corbadas ahead of the Sultan's army at l. 5064; and the Sultan's prayer to Mahomet to avenge his son Brohadas (Appendix 20, l. 113) is recalled by Cornumaran at l. 5644. The inclusion of references to figures from the *Chétifs* - Corbaran, Richard of Chaumont and Queen Calabre (Appendix 20, ll. 84-88) - does not necessarily suggest that these laisses are adventitious.

With Appendix 25 the fact that laisse 150A begins with the same words as laisse 151 points to the possibility of laisse 150A having been omitted by eyeskip in an antecedent of *ACDEGT*. The narrative details in laisse 151 repeat those in laisse 150A in a way which would be entirely consistent with that of the base text. In particular ll. 5152-54, in which the Bishop of Marturana regrets that not one of the lords has accepted the crown, may be felt to make better sense when taken in conjunction with the offer of the

Introduction

crown to all the lords in Appendix 25, ll. 3-5, rather than just to the princes named in laisses 146-150 (ll. 5010-5144). The general tendency of *BI* at this point to make additions to the text does not necessarily disprove the authenticity of laisse 150A, but it would be a remarkable coincidence if the six manuscripts *ACDEGT*, or their individual antecedents, had each omitted the laisse independently. Nonetheless the existence of even a strong supposition that laisse 150A was in the original text does not overide the fact that *BI*, in conjunction for the first half of the text (*I* is much abbreviated thereafter), make repeated amplifications to the base text and are to that extent further removed from the original text than *ACDEGT*.

F, although it has substantial additions (see Appendixes 1-3, 5, 6, 10, 11), and *H*, though very deficient, both belong with *BI*. Lines given only in *BFI* include ll. 1915a, 1954a, 2332a, 2336a, 2415a, 2416a, 2873a-b, 2926a-d, 2993a-b, 3078a, 4138a-i, 4167a-f, 4212a-i and Appendix 9. The relationship between *BI* and *H* can be seen for example in Appendixes 13-15.

DEG for their part are often to be linked with *BI*. For example, in place of the more discursive version of ll. 305-7 in *ACT* where Godfrey, in a new narrative section, sees the Captives and rides towards them, *BDEGI* have one line which speaks of the Captives as having just been mentioned and which, if these manuscripts are not being singularly abrupt, relies for their identification upon the reference to the Captives made at l. 133, some 170 lines earlier. Another example of this relationship is given with the reference in l. 338, present in all the manuscripts, to the Captives' avowal of their belief in God: this line depends on the presence of ll. 321-2, where the avowal is made, which are however lacking in *BDEGI*. At this point *BDEGI* also lack l. 325 and l. 331 and have two lines (*BEGI*) or three (*D*) for l. 337. In addition *BDEGI* lack ll. 356-7, 361-2, 397 and 884 and invert ll. 897-8.

In a number of other examples *BDEGI* have a markedly inferior reading. Ll. 656-8 are given in *BDEGI* in one line, which can be explained by the reading of l. 665, *s'est dreciés en l'aucaire*, being the *lectio difficilior*, emended in *BDEGIT* to *si dreche son viaire* (with minor variants), with consequent eyeskip in *BDEGI* to *viaire* in l. 657, or perhaps the conscious omission of ll. 656-7 to avoid repetition: both lines are given in *T*, in support of *A*.

BDEGI lack both l. 1311, the last line of laisse 50, and l. 1337, the last line of laisse 52. The lack of the last line of a laisse in one group of manuscripts may of course mean no more than that the line has been added in another group, but here both lines describe the Bishop of Marturana blessing different crusaders and are reasonably to be seen as part of a standardized motif: the motif of the bishop's blessing appears elsewhere, for example, at ll. 3033-4, 3045, 3070, 3101, 3137, 3172, 3224 and 3267. Added to this consideration is the fact that laisse 50 has only six lines, which is a small enough number by itself, and it is improbable that the laisse would have had even fewer lines: *D* and *G* have noticed the difficulty and have run laisse 50, rhyming in *-ons*, into laisse 51, which rhymes in *-on*.

In distinction to the manuscripts discussed so far, *C* is closely related to *A*. The clearest example of the relationship occurs in laisse 101 in the numbering of the crusaders' battle squadrons. In laisses 97 to 106 the crusaders' army is drawn up into ten squadrons, just as they were for the earlier attack on the city (ll. 2003 ff.), but the fifth squadron, from Constantinople, is lacking in all manuscripts except *AC*. *DEGT* proceed without more ado to number the next squadrons the sixth, seventh and eighth, and *EGT* continue this sequence with the ninth and tenth. *BFI* however, joined by *H* from laisse 103, renumber the squadrons to make good the loss of the fifth so that squadrons six to nine in *ACEGT* become squadrons five to eight in *BFI*. *D* and *BFHI* then add an extra laisse for a ninth squadron, essentially the same in the two versions. The additional ninth squadron is made up of religious and clergy, which is precisely the composition in all manuscripts, including *D* and *BFHI*, of the tenth squadron, laisse 106. The adventitious ninth is placed in *D* after the eighth, but since *BFHI* have renumbered the eighth squadron as the seventh, in *BFHI* it follows the ninth laisse which has there been renumbered as the eighth. *D* proceeds to renumber the ninth as the tenth and even the tenth as the eleventh, while the numbering of the last laisse in *BFHI* coincides with that of *ACEGT*.

Other readings support this relationship between *A* and *C*. *AC* alone have ll. 1363, 1442 and 5543-47; they alone lack ll. 3422b-c and 4646a and their readings for ll. 96, 2520, 3461, 3581 and 4042-46, for example, are distinct from those in all the other manuscripts.

While the version of *AC* is clearly the most coherent at laisse 101, *A* stands apart from all the other manuscripts in alone giving laisse 219. In this laisse Robert of Flanders arms for the final battle, in company with Godfrey (laisse 217), Robert of Normandy (laisse 218), Hugh the Great and Thomas of Marle (laisse 220), Bohemond and Tancred (laisse 221) and named lesser knights (laisses 222, 223). Although the leaders are often mentioned together throughout the poem, not all their names are given on each occasion, even when it is evident that a person not mentioned is assumed to be present. Thus, although Robert of Flanders is referred to in l. 1132, he is not listed amongst the other names in ll. 1210-13; and Robert of Normandy, not included in the enumeration of ll. 1974-78, is specifically mentioned at l. 1998. The absence of Robert of Flanders at this point, therefore, although he is specifically mentioned amongst the crusaders who return to Jerusalem at l. 7770, need not of itself arouse particular comment. The case is different, however, where a standardized motif includes the mention of a succession of leaders each in a different laisse. Robert of Flanders receives equal treatment with the other leaders when he is arranging his camp outside Jerusalem (laisse 49), when he is given command of one of the ten squadrons for the assault on the city (laisse 106), or when he is being offered the crown of Jerusalem after the capture of the city (laisse 147). His omission from this similar series of laisses when the leaders prepare for final victory over the Saracens is highly unlikely, and it must be assumed either that this laisse was lacking in the common source of all the manuscripts and written into *A*'s exemplar alone, or that *A* preserves the laisse when the source of all the other manuscripts lacked it: the possibility that the scribes of all the other manuscripts omitted the laisse independently, perhaps by eyeskip from

Introduction

Robers de Normendie l. 7946 to *Robers li Frison* l. 7984, is an unlikely one (though not altogether impossible, cf. the remarks on laisses 150A and 151 above). As the laisse bears no obvious sign of having been rewritten, and the second of the two possibilities outlined is inherently the more probable, the presence of laisse 219 is seen as substantial evidence of the superiority of *A*.

The version of *T* is a composite one. In addition to being in agreement with *BFI* for laisses 129A-D, *T* joins *I* for a passage preceding l. 9294 (see Appendix 27) as well as following an independent course in what survives of its version from l. 9311. *T* supports *BI* in Appendix 18 but elsewhere is to be related to *A* and *C*: ll. 356-7 and 341 for instance are given only in *ACT*, and l. 888a is given only in *CT*.

The stemma which follows has been drawn up to show in general terms the pattern of relationships between the manuscripts which emerges from the foregoing discussion. It cannot account for many individual examples of variance since contamination between the groupings has produced a complex tradition which eludes classification in a single stemma: there is for example a problem over the relationship between *I* and *T* for the 80 lines preceeding l. 9294 given as Appendix 27. Nonetheless the stemma provides a convenient way of visualising the basic families of manuscripts for this branch of the First Crusade Cycle.

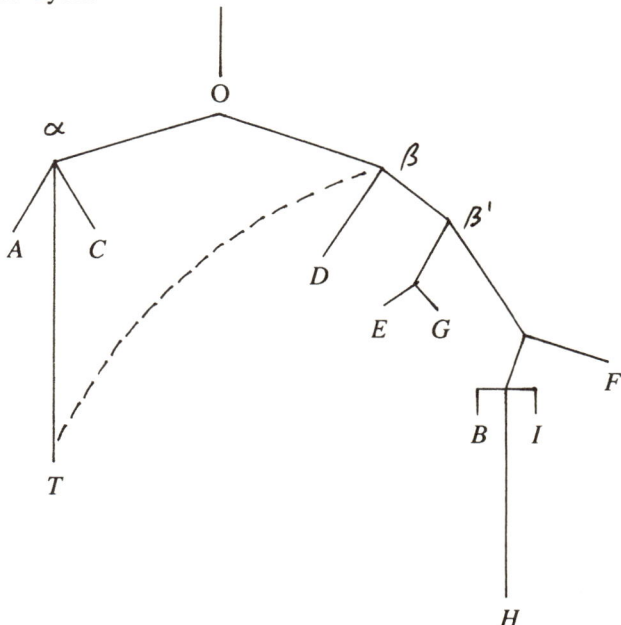

Although the evidence of laisses 101 and 219 points to the general superiority of *A* as the base manuscript, *A* is not without its faults. On ten occasions it lacks lines which are common to the other manuscripts: on eight of these, the lines are necessary for the comprehension of the text and have been reinserted (ll. 3336a, 3368a-b, 4907a, 6452a-c in *A1*; ll. 9134a-f, 9385a-b, 9689a-b, 9857a in *A2*); two lines which are not essential (ll. 3591b, 7297a) have been left in the corpus of variants. This total compares favourably with the number of lines lacking in the other manuscripts, especially when it is noted that four of the eight occasions when lines are reintroduced occur in the last five folios of the manuscript which were recopied with less care. L. 4646a, lacking only in *AC*, and ll. 7770a-b, lacking in *BCEGI* as well as in *A*, are also essential for comprehension and have been reinserted. The two lines in *BDEG*, *C* and *I* at l. 9525 are to be seen as an expansion of the original reading maintained only in *A*.

The omission of eleven further lines from *A* is probably attributable to errors in the common source of all the manuscripts: the wide divergence in the variant readings suggests that lines have been added independently by several scribes at these places (ll. 2752a, 3054a, 7010a-b, 8168a, 9031a, 9068a, 9726a-b, 9727a, 9803a). Ten of these lines have been included in the text as being essential for comprehension and one (l. 2752a) is recorded in the variants.

Lines are occasionly lacking in only one other manuscript besides *A*. L. 910a is lacking in *AE* but present in *CB*, *DG*, *I* and *T*; l. 7438a is lacking in *AI* but present in *BCDEGT*. Such isolated agreements are best seen as coincidental.

Equally, *A* has its share of lines that are not supported in any of the variant manuscripts. In addition to the two lines which are simply repeated, ll. 2971 and 9043, these number nineteen: ll. 401, 5093-96, 5098, 5102, 5123, 5142, 5273-76, 7273-74, 7304-6 and 8889. One further line, l. 553, has been marked in the corpus of variants as not being present in any other manuscript: *CT* however give the second hemistich of the line as the second hemistich of the preceding line, presumably as an instance of eyeskip, since each of the two second hemistichs of these lines begins with the same words.

The distinction between *A* and the other manuscripts can be noted additionally in the fact that, of some 200 corrections made editorially to lines in the text, only ten or so show errors common to *A* and another manuscript. The other manuscripts involved are *C* and *T*. As already noted, *AC* omit l. 4646a; they also invert ll. 2340/2341, and it is likely that the reading in *AC* of *Aïre* for *Aceré* in l. 8417 and the repetition of *ventaille* in l. 1353 are common errors. *T* shares with *A* the erroneous *recoillie* for *departie* in l. 595. In addition, *T*'s *poivre*, l. 1137, although it could be an independent mistranscription of the text's *pietre*, could also be a scribal emendation of *pierre* as given in *A*. With a third manuscript the case is less arguable: *D*'s *Raimon de Saint Gilles* in l. 2000, beside *Buiemons de Saint Gille* in *A* and *Buiemons de Sesile* in *BCEFGIT* points to a common error in *AD* only if the reading of *A* is not the repetition of an error in the common source which has been emended independently by *D* and *BCEFGIT*.

One further editorial correction could show an error in the common source of all manuscripts. *A*'s *l'amiral* in l. 589 could have been corrected independently in *BDEGI* to *nos caitis* and in *T* to *Godefroi*, although it is of

Introduction   21

course possible that at this point *BDEGI* preserve the original reading and that the error occurs only in *AT* with subsequent scribal correction in *T*. *A*'s *quens* l. 4066, beside *rois* in *CD* and *Turs* in *FBGIT*, suggests that an error has been introduced independently by *A* and *BFGIT*.

Against these intermittent examples of contamination can be set several readings where *A* has the *lectio difficilior*: *conmandie* 2301 (*letanie* all others), *recreant* 7562 (*retraiant* all others, except *DT* which are lacking) and 7636. Examples of a better reading to be found in *A* include *demorant* (*dementant* all others) at l. 288 and l. 1451, and there are also expressions which may be judged preferable, for example in ll. 103 and 420.

There are however occasions where *A* has a less good reading, for example *fierté* l. 298 beside *friente* in *BCDT* which is the reading indicated by the sense, but if the reading of *A* is adequately intelligible these have not been touched. When it is necessary to correct the reading of *A*, the version of *C*, being the closest manuscript to *A*, has been followed where possible; where *C* itself is deficient and recourse has to be made to *BDEGI*, the reading of *DEG* is followed, since *BI*, as noted above, are visibly further removed from the original text.

V. TREATMENT OF THE BASE MANUSCRIPT AND RESOLUTION OF ABBREVIATIONS. The edited text reproduces the base manuscript as exactly as possible. The transcription follows guidelines set out by M. Roques and developed at more length by A. Foulet and M. B. Speer.[11] .Conventional punctuation has been introduced, including the use of the acute accent and the diaeresis, and distinctions are made between *i* and *j* and between *u* and *v*. Proper nouns have been capitalized. Roman numerals are enclosed by single points.

Emendation has been kept to the minimum necessary for the comprehension of the text. Square brackets enclose any letter, word or line that has been supplied editorially. Round brackets enclose material that has been introduced in error by the scribe; where it would be intrusive, however, to keep superfluous letters or words in the text, they have been recorded in the notes. Although some obvious corrections have been made in brackets without comment, the majority of the emendations are discussed in the notes, which identify the manuscript reading being followed.

Where the text of a variant manuscript is illegible or has suffered physically, the extent of the damage is indicated by suspension points: these are placed immediately after the last legible letter of an incomplete word and after a single space if the word is complete.

Because of the differences in scribal practice in the eleven manuscripts recorded, it is necessary to give in some detail the practice followed in the resolution of abbreviations. Scribal habits are of course seldom uniform within a manuscript, and the resolutions adopted have been chosen to reflect

---

[11] M. Roques, 'Etablissement de règles pratiques pour l'édition des anciens textes français et provençaux', *Romania* 52, 1926, pp. 243-249; A. Foulet and M. B. Speer, *On editing Old French texts*, Lawrence, 1979

the forms most frequently used by the scribe. It must be recalled in particular that from l. 9014 *A* has been recopied in a hand the character of which may be dated as a century later than that of the main scribe (see section III above): the scribal practice of the last 900 lines, referred to as *A2*, differs accordingly from that of the main body of the manuscript, which is referred to as *A1*. The following list amplifies scribal norms for individual manuscripts as given in OFCC, vol. I, pp. cx-cxii.

Titulus
1. resolved generally as *m* before *b*, *m*, *p*
2. titulus over the letter *i* in the clusters *-aign-*, *-aim-* and *-ain-* is given as *n*: *-aingn-*, *-ainm-* and *-ainn-* (cf. M.K. Pope, 432, 715)
3. resolved in *A1* as *n* before *b* except in *ambes, aombra, cambre, cembel, embler, embracier, gambe, gambison, Lambers*; as *n* before *m*; as *m* before *p* except in *enpaignent, enporter, enprent, enprisonerons*; as *n* when final except in *hom*
4. resolved in *A2* as *m* except in *enpuignie*
5. resolved in *B* as *n* before *b* and *p* and when final, and as *u* before a nasal
6. resolved in *G* as *n* before *m*

Apostrophe
1. expanded as *er*, *ier* or *re* as required, though the *r* is not included when it is already given by the scribe, e.g. *p'm'r* for *premier* l. 3491. Picard metatheses are followed in *A1*, e.g. *liverrai* l. 7281; *mouu'a* l. 9839 (*A2*) is expanded *mouvra*; in *A2* forms without metathesis predominate, e.g. *aversier* l. 9698.
2. expanded infrequently as *n* when used in place of a titulus, e.g. *o't* l. 3678, l. 4877 *ont* .
3. expanded as necessary when used with proper names as a general sign of abbreviation. An expansion given is the grammatically correct form as it is this which predominates when names are written in full: the scribal form *Buiemont* (subject case) l. 741 is an exception.
4. *Jrl'm* is the standard abbreviation for the name of the city, whether the form is required to have four syllables as in *Jerusalem* l. 1, or three as in *Jursalem* l. 56.
5. From the analogy of *Deum* l. 951, l. 5333 and *tuum* l. 7694, which both rhyme in *-on*, *Jh'm* has been expanded as *Jhesum* l. 3158 (cf. Fouché, *Phon.*, 318, Rem. III and 342, para. 3).
6. *ml't* is expanded as *molt* in *A1*, *D*; *moult* in *A2*, *C*; elsewhere as *mout*.

Superscript a
1. Normally expanded as *ar* or *ra*, e.g. *craventant* l. 5918
2. Since the scribe of *A1* writes *preus* l. 1178 and *prent* l. 820 and never uses an *a* when writing the vowel on the line in these words, his abbreviation of them with superscript *a* is expanded with *e*. With *trencier* he prefers the form with *e*, e.g. *trença* l. 5869, and this practice is again followed where there is an abbreviation with superscript *a* even though the scribe occasionally writes a form in full, e.g. *trança* l. 5867.

Introduction

Q
1. *q* with superscript bar is expanded with *u* in all manuscripts except *F*
2. The scribal form *qeutes* l. 5191 is an isolated example in *A* where *q* appears without a following *u*. Its occurrence supports the resolution of *q* with superscript *a* as *q'au* l. 6373, and the form *q'eüstes* l. 7686.
3. *qurels*, with superscript bar on *qu*, is given as *quarels* l. 3940, this being the habitual form of the word, e.g. ll. 1448, 1793, 2409.

p with bar through descender
   May be expanded as *per* or *par*.

or/our/ur sign (2)
1. resolved generally as *our*, or as *ur* in such words as *mur*, *Turc*, *murmurer*, *creature*
2. resolved in *A* and in *D* as *or*, or *ur* as above.

us sign (9)
1. resolved generally as *us*
2. resolved as *os* for personal pronouns in *A1* and *D*
3. resolved as *ous* for personal pronouns elsewhere, including *A2*
4. expanded as necessary to *uis* or *ius*, though without the *s* if this is given by the scribe, e.g. p^9st *A* l. 741, l. 783 (cf. also p^9ist *A* l. 215); this follows the scribe's practice when writing words in full, e.g. *puis* l. 465, l. 1030, l. 2676 etc., *puist* l. 785, although Fouché (*Phon.*, 287, Rem. II) notes the occasional reduction in the East and Northeast of *uis* to *us*, *pertuis* to *pertus*, etc.

9
1. resolved generally as *com*
2. resolved as *con* in *A* and *E*
3. resolved in *B* before a nasal as *cou*
4. resolved as *cun* in *chascun*

w
   This is used as a graphy for *v* as well as representing *vu*, as may be seen in *woel* l. 3332, l. 4342, l. 5337, etc. beside *wel* l. 4781, l. 5565, l. 6176, etc. and *wellent* l. 4631, l. 5795, l. 5803 etc. It is given in the text as *w* in all cases except *avulles* l. 1555 and *vue* l. 6286 (cf. Gossen, p. 112, n. 55).

x
   The graphy *x* has in all cases been retained as such since it may often be an alternative graphy for *s*, as in *fiux* l. 376, l. 1375, l. 4067, *miux* l. 98, l. 192, l. 1154, etc., *eux* l. 845, l. 1715, l. 1871, etc., *peux* l. 8467. Beside *Dieus* l. 2693 the normal form *Dex* l. 27, l. 35, etc. is probably best seen as an abbreviation rather than a graphy for *Dés*.

VI. SCRIBAL CORRECTIONS AND ERRORS. The scribe of the main part of the text is a highly conscientious worker. He has produced a very even, rounded and careful script, in which his concern for the appearance of the page makes him in general reluctant to effect any alteration. Evidence of corrections is therefore limited. Since the main scribe employs single or double consonants quite indifferently, no editorial attempt has been made to give a standardized form: scribal examples are *abaise*, l. 5148, and *abaisse*, l. 2737; *poison*, l. 6099, and *poisson*, l. 6231; *afie*, l. 921, and *affie*, l. 4344; *laron*, l. 2670, and *larron*, l. 6765. Similarly, words ending in *-aire*, *-aive*, etc., may be given by the scribe in the semi-learned forms *-arie*, *-avie*, etc., and these graphies have not been changed: examples are *glavie*, l. 236; *pretorie*, l. 1029; *ivorie*, l. 1601; *estorie*, l. 6095; *palie*, l. 6137; *victorie*, l. 7734.

1. The main scribe. The main scribe makes very limited use of expunction, scarcely more than a dozen times in 9000 lines (in ll. 1371, 1853, 1879, 2216, 2245, 3158, 4774, 4911, 5857, 6018, 6528, 7095, 7894). There is only a similar number of examples of his having corrected an entirely wrong word (in ll. 97, 734, 2538, 4399, 5193, 5305, 6134, 6755, 6892, 6980, 7244, 7505, 8782, 8831).

There are about five times as many occasions on which he has corrected one or more letters within a word, seemingly because he has realized his mistake while he was in the course of writing the word, rather than, as with previous examples, when the word was already written (in ll. 60, 97, 130, 133, 407, 537, 629, 644, 858, 1081, 1305, 1538, 1616, 1682, 1844, 1912, 1920, 1953, 1962, 2149, 2382, 2562, 2634, 2677, 2829, 3292, 3371, 3530, 3547, 3558, 3602, 4024, 4262, 4376, 4448, 4452, 4588, 4701, 4738, 4765, 4867, 5315, 5384, 5557, 5912, 5930, 5986, 6068, 6155, 6594, 6822, 6899, 6920, 6995, 7041, 7043, 7049, 7095, 7343, 7418, 7477, 7516, 7703, 7795, 8146, 8355, 8414, 8468, 8546, 8617, 8768, 8770, 8986). Very occasionally he makes only the initial stroke of a letter before realizing his error (in ll. 167, 489, 673, 2066, 2554, 2645, 3144, 4322, 5014, 6574, 6934, 8620): no comment is made in the notes on these slight hesitations.

There are several examples of the main scribe's hesitation over *s* and *l*, which perhaps arises from the shape of the letter *l* in the scribe's exemplar. The scribe corrects *s* to *l* in *al*, l. 734; *le*, l. 4024; *li*, l. 4203; *lor*, l. 5557; *la*, l. 6594; *del*, l. 3602; *quarels*, l. 1793; and *l'erbage*, l. 8798.

A hand contemporary with that of the main scribe has inserted, in a different ink, a missing word in l. 5827 and a missing letter in l. 6912.

2. The second scribe. The second scribe, by comparison, pays far less attention to what he has written. He makes only the most occasional correction, which is only to a letter rather than to a whole word (e.g. l. 9128). It is not surprising to find, therefore, that his text abounds in errors.

3. Editorial corrections. Compared with the 123 scribal alterations noted above, some 196 editorial corrections have been introduced. Although the

Introduction

main scribe's text, *A1*, is nine times longer than that of the second scribe, *A2*, there are only twice as many corrections made in *A1* as in *A2* (133 as against 63). This may be seen as further evidence of the degree of care taken by the main scribe. In *A1* corrections have been made to 124 of the lines written by the scribe, and additional lines have been inserted on nine occasions, while in *A2* 54 lines have been corrected and lines have been inserted on nine occasions also. Many of the corrections are necessary only because of slight inattention on the part of the scribe, and various categories of error can be determined which may in part be used to support the corrections made.

4. *Titulus*. A large group (30) comes from the omission of a titulus or the inclusion of a superfluous titulus. A scribal titulus is omited editorially from the following words:
petit, l. 1716; *qui*, l. 3466; *apasser*, l. 4002; *devesques*, l. 4982; *ne*, l. 6815; *fait*, l. 6919; *tot*, ll. 6968, 6985, 8928; *tas*, l. 7553.
An *m* or an *n* is supplied in the text, in square brackets and without a note, for the following words:
in *A1*: *grains*, l. 126; *paiens*, l. 170; *vont*, l. 269; *ens es*, ll. 463, 835, 1702, 2278, 4639, 5681 (*ens es* is given in full in ll. 467, 571, 871, 2810, 3735, 3970, 4175, 5657, 5727, 6221, 8017); *en*, ll. 7419, 8252; *devisent*, l. 2073; *penst*, l. 2812; *nonbrer*, l. 8269; *eslinger*, l. 2975; *l'empuigna*, l. 3568; *vinrent*, l. 8922; and in *A2*: *ensegne*, l. 9378; *venu*, l. 9290.
A titulus is supplied also for *q[ue]*, l. 8061.

5. *Single letters*. A further group of errors is where a single letter in a word is affected. Sometimes a letter is left out, e.g. in *A1* in *plor[i]son*, l. 25; *conquise[s]*, l. 1171; *at[a]indre*, l. 3769; and in *A2* in *W[i]tasses*, l. 9335; *sou[r]*, l. 9379; *avo[i]r*, l. 9501; *best[i]aille*, l. 9677; *envolepe[r]*, l. 9871: no note for these is required.
Sometimes a wrong letter is written, as in *qr* for *or*, l. 2266; *vor* for *lor*, l. 3321; *dalant* for *dolant*, l. 4284; *cononeron* for *coroneron*, l. 5312; *cornier* for *cormier*, l. 5948; *affie* for *assie*, l. 6101; *maleoirs* for *maleois*, l. 8775.
The largest group here is where a supported final *t* has been effaced in the manuscript and has been replaced in the edited text. This happens relatively rarely in *A1*, at ll. 68, 2372, 4788, 7343 and 8974, but much more frequently in *A2*, at ll. 9018, 9030, 9093, 9156, 9247, 9299, 9571, 9574, 9647, and 9780. These examples should be compared with others occurring at the rhyme, where a final *-ont* is assimilated as *-on* in *contremon*, l. 4808; *amon*, l. 6229; *mon*, l. 7678 and l. 7731; *fron*, l. 8678; and *confon*, l. 8689.
The main scribe is not consistent with the groups *-ee* and *-eee*. He may write *-eee* in full, as in *cleee*, l. 4734, but he has not done so where the laisse rhyme in *-ee* follows an *e* of the stem in *desree[e]*, l. 2764, and *esfree[e]*, ll. 4101, 6568, 6618. He also omits an *e* in *espe[e]*, l. 8517, and conversely writes *veuees* for *veues*, l. 1701.
Occasional non-standard forms of dental consonants have been left unchanged, e.g. *t* for *d* in *ventroit*, l. 2727, and *tragon*, l. 7775, and *d* for *t* in *pud*, l. 1852, and *hurdant*, l. 4625.

6. *Alternation between letters.* Scribal hesitation over the form of *s* and *l* has led to corrections being made editorially for *el*, ll. 871, 7001; *al*, l. 4703; *del*, l. 6883; *cil*, l. 86, in *A*1, and *viltet*, l. 9359, in *A*2; and in reverse for *as*, l. 5680, *des*, l. 8281, and *s'aproisment*, l. 8640.

In the scribal correction of *tes*, l. 1920, from *ces*, there is a similar hesitation over the use of *c* and *t*. The alternation in the use of *c* and *t* in certain Latin words was well established by the beginning of the thirteenth century, however, and other examples of *c* being used for *t* in the text have been left in their scribal form if the identity of the word is not in doubt. These include *encocie*, l. 2290, beside *entoscie*, l. 703; *tance*, l. 703, beside *tante* on all other occasions; *escancelant*, l. 1732 (*escantelés*, l. 9022 and *escantiele*, l. 9113, are forms of the second scribe); and *auçaire*, 655, which may be a form of *autor* adapted for the rhyme in -*aire*. *Turs*, l. 4732, is corrected from *Turt*, which may have been intended for *Turc*.

7. *Single words.* A single word is omitted on thirteen occasions, seven in *A1* (ll. 207, 307, 2944, 3369, 6096, 7190, 8319) and six in *A2* (ll. 9048, 9344, 9370, 9735, 9758, 9831).

The repetition of a word within a line occurs in l. 5561. Eyeskip between lines accounts for the repetiton of words in ll. 8089, 8170 and 8360 in *A1*, and in l. 9748 in *A2*.

8. *Whole lines.* The repetition of a whole line occurs once in *A1* (l. 2973) and once in *A2* (l. 9043). On one occasion two lines are inverted (ll. 2340/41), although this is common to *AC* and is less likely therefore to be an error of the scribe of *A1*.

The reintroduction of whole lines lacking in the text is made on eighteen occasions: ll. 3054a, 3336a, 3368a-b, 4646a, 4907a, 6452a-c, 7010a-b, 7770a-b and 8168a in *A1*, and ll. 9031a, 9068a, 9134a-f, 9385a-b, 9689a-b, 9726a-b, 9727a, 9803a and 9857a in *A2*. As noted above (see p. 20), some of these are probably attributable to errors in the source of the manuscripts being used (ll. 3054a, 7010a-b, 8168a, 9031a, 9068a, 9726a-b, 9727a, 9803a); the other omissions arise from errors made in all probability by the scribes of *A1* (ll. 3336a, 3368a-b, 4907a, 6452a-c) and *A2* (ll. 9134a-f, 9385a-b, 9689a-b, 9857a).

9. *Verb forms.* A wrong verbal form is given in *destors* for *destort*, l. 443; *vais* for *vait*, l. 1700; *estourmie* for *estourmist*, l. 2821; *baisiés* for *baisier*, l. 3320; *estre* for *entre*, l. 7124, in *A1*; and, in *A2*, *passa* for *passe*, l. 9188; *esporone* for *esporonent* and *a* for *ont*, l. 9211. Besides these, it should be noted that the main scribe himself corrects *venrois* to *venroit*, l. 1912, and *aie* to *ait*, l. 5315. The apparent reduction of *eüst* to *eust*, l. 2692, is almost certainly to be ascribed to the adventitious hand which wrote ll. 2682-2720 and ll. 2811-2855 (see note to l. 2692).

10. *'Incorrect' forms.* Four other corrections to the text are made when the form given by the scribe, being either confusing or 'incorrect', leaves the text unclear. The *le* of *le ewage* (plural subject) is changed to *li*, l. 4479; *li roi* (i.e.

Introduction

Godefroy) to *li rois*, l. 6016; *l'amirals* (singular oblique) to *l'amiral*, l. 8812; the *la* of *la rice amulaine* to *li*, l. 9054. When the sense of the text is not in doubt, an 'incorrect' form has been left unchanged, as in *Mahomes* (singular oblique), l. 7168, and *barons* (plural subject), l. 9594.

11. Metre. Since the poet adheres strictly to the twelve syllables of the standard line, a line that is hypometric, l. 5590, is seen to be so as the result of scribal error: it is corrected by the omission of one word, *et*. A scribal hesitation over the 'correct' form of the word *abé* has led to several other lines, appearing as hypometric, being emended (ll. 915, 1811, 7839, 9825).

12. Proper names. A further thirteen corrections are made where a proper name has been misread, nine in *A1* (ll. 279, 520, 1897, 2000, 4423, 6139, 7111, 8417, 8438) and four in *A2* (ll. 9091, 9329, 9535, 9561); of these, l. 2000 may show a common error in *AD*, and in l. 8417 the error is common to *AC*. The main scribe himself corrects one proper name to another in l. 5857 and l. 7894. The identification of Thomas of Marle and Thomas of La Fere as two separate people in ll. 1805-1807 has not, however, been emended, in common with other identities which make sufficient sense as they stand, e.g. l. 2520.

13. Common errors. A small group of corrections consists of those where the base manuscript shares an error with one or more of the variant manuscripts. It is important for establishing the relationships between the manuscripts to note that this occurs with *ACT*. *AC* have a common error in ll. 1353, 5252 and 8417, as well as the inversion of ll. 2340/41, noted above, and the omission of l. 4646a. *AT* have a common error in ll. 589, 595, 1137, 4002. *ACT* may have a common error in l. 7111.

The remaining 45 corrections have been made generally when a word or phrase has been mistaken for another and the scribe has either not noticed or has not wished to mar the appearance of the page. Examples in *A1* are *veïst* corrected editorially to *ocist*, l. 560; *dedens* corrected to *bendees*, l. 1097; *prendron* corrected to *perdron*, l. 2632; *garison* corrected to *raençon*, l. 3638; *repris* corrected to *requis*, l. 6441; *lavee* corrected to *levee*, l. 8367; and, in *A2*, *escut* corrected to *espiel*, l. 9129; *vont* corrected to *font*, l. 9250; *voie* corrected to *voile*, l. 9649; *desous* corrected to *desour*, ll. 2847, 2848, 9039, 9153, 9845; *desour* corrected to *desous*, l. 9846 (for *desous* and *desour* see note to l. 2829). A few words where the meaning is uncertain, or where the case for emendation is not sufficiently strong, have been left unchanged, e.g. ll. 3381, 4715, 6141 in *A1*, and l. 9156 in *A2*.

The full list is, for *A1*, ll. 40, 372, 560, 1097, 2619, 2632, 2777, 2847, 2848, 3001, 3567, 3638, 4066, 4361, 4557, 5756, 6138, 6185, 6441, 6864, 6920, 6939, 7191, 7398, 7714, 8367, 9002; and, for *A2*, ll. 9039, 9093, 9129, 9153, 9163, 9169, 9223, 9250, 9353, 9360, 9374, 9386, 9464, 9649, 9692, 9845, 9846, 9880.

VII. TABLE OF RHYMES. Laisses in *A2* are marked by an asterisk; additional rhymes and graphies are noted in brackets.

(i) Masculine

-a	35 (-ai), 76, 111, 192, 217
-ai	47
-ain	68
-ais	261*
-al	71, 103 (-ail), 150 (-ail), 177, 200
-ans	6 (-als), 79, 114, 221
-ant	7, 10, 12, 26, 57, 64, 92, 99, 128, 136, 158, 167, 172, 188 (-anp), 204, 210, 226, 239, 251, 262* (-anc, -ent), 268* (-ent)
-as	4 (-ars), 46, 69, 255*
-aus/als	65, 110, 231 (-els)
-é (-et*)	33, 70, 88, 107, 117, 127, 132, 143, 148, 163, 182, 185, 201, 206, 240, 260* (-er, -és), 265* (-és), 271* (-és), 277* (-er)
-el (iel*)	21, 74, 257*
-ent	62, 91, 104, 124, 149, 152, 184, 222, 250
-er	25, 75, 83, 96, 105, 121, 137, 162, 165, 178, 199, 209, 216, 223, 227, 248, 254*, 274*, 280*
-és	28, 42, 60, 81, 85 (-ez, -els), 93, 116, 130, 144, 159 (-ez), 174, 189, 197, 211, 220, 252* (-er), 269* (-el), 281*
-i	11, 49, 120, 169, 214, 278* (-is)
-ié	29, 31, 118
-ier	8, 13, 23, 27, 37, 52, 56, 63, 84, 98, 109, 126, 133, 139, 142, 173, 179, 194, 203, 224, 236, 267* (-er), 273*
-iés	94, 161
-in	67, 228
-ir	58, 168, 243
-is	14, 36, 41, 61, 82, 97, 115, 134 (-irs), 175, 229, 234, 247 (-ils)
-ois	44, 55, 151
-on/om	1, 16, 22, 32 (-um), 45, 51, 66, 87, 101, 106, 113, 140, 147, 153, 157 (-um), 180, 191, 198, 212 (-um), 219, 230, 242, 266* (-ons), 276* (-ons)
-ons	40, 50, 183, 225, 270* (-oms)
-or	5, 155, 244
-os	20
-u	123, 196, 205, 237, 245, 263*, 279*

Introduction

(ii) Feminine

-able	73
-age	202, 246
-aigne	249
-aille	77 (-alle), 195 (-alle)
-aine	78
-ainte	190
-aire	19
-ee	17, 34, 53, 72, 90, 102, 112, 125, 138, 146, 156, 187, 213, 233, 241, 253*, 272*
-ees	232
-e...es	9
-elle/-ielle	256*
-ere	259*
-ie	2, 15, 18, 30, 39, 48, 54, 59, 80, 86, 100, 108, 119, 129, 135, 141, 154, 160, 166, 170 (-ille), 176, 181, 186 (-ive), 193, 215, 218, 238, 264* (-ient), 275*
-iere	38, 235
-ire	89, 208
-irent	3
-one	43
-ue	95, 122, 145, 164, 171, 207
-ure	24, 258*

VIII. SELECTIVE BIBLIOGRAPHY

A general bibliography is given in OFCC vol. I, pp. cxvii-cxxiii.

Editions

La Chanson d'Antioche, ed. Paulin Paris. Paris, 1848.
La Chanson d'Antioche, ed. Suzanne Duparc-Quioc. Paris, 1976
La Chanson de Jérusalem: a critical edition, ed. Nigel Thorp. Ph. D. thesis, University of Reading, 1980.
La Conquête de Jérusalem, ed. Célestin Hippeau. Paris, 1868; reprinted, Geneva, 1969.
La Gran Conquista de Ultramar, ed. P. de Gayangos. Madrid, 1858.
The Old French Crusade Cycle. Vol. I, *La Naissance du Chevalier au Cygne*, ed. J. A. Nelson and E. J. Mickel, Alabama, 1977. Includes Geoffrey M. Myers, 'The Manuscripts of the Cycle', Introduction, pp. xiii-lxxxviii.

Chronicles

The editions used are chiefly those published by the Académie des Inscriptions et Belles Lettres in the *Recueil des historiens des Croisades. Historiens occidentaux*, 5 vols, Paris, 1844-95, referred to as *RHC Hist. occ.*

Albert of Aachen, *Liber christianae expeditionis pro ereptione, emundatione, restitutione sanctae Hierosolymitanae ecclesiae*. RHC Hist. occ., IV, pp. 265-713.
Anna Comnena, *The Alexiad*, trans. E. R. A. Sewter. Harmondsworth, 1969.
Anselm of Ribemont, *Epistola ad Manassem, archiepiscopum Remensem*. RHC Hist. occ., III, pp. 890-893.
Baudri de Dol, *Historia Ierosolimitana*. RHC Hist. occ., IV, pp. 1-111.
Fulcher of Chartres, *Historia Iherosolymitana. Gesta Francorum Iherusalem peregrinantium*. RHC Hist. occ., III, pp. 311-485.
——, *Gesta Francorum expugnantium Iherusalem*. RHC Hist. occ., III, pp. 487-543.
——, *Secunda pars historiae Iherosolimitanae*. RHC Hist. occ., III, pp. 545-585.
——, *Historia Iherosolymitana*, ed. H. Hagenmeyer. Heidelberg, 1913.
Gesta Francorum et aliorum Hierosolimitanorum. RHC Hist. occ., III, pp. 119-163.
——. *Anonymi Gesta Francorum*, ed. H. Hagenmeyer. Heidelberg, 1890.
——. *Histoire anonyme de la première croisade*, ed. and trans. L. Bréhier. Paris, 1924.
——. *The Deeds of the Franks and the Other Pilgrims to Jerusalem*, ed. and trans. R. Hill. London, 1962.
Guibert of Nogent, *Historia quae dicitur Gesta Dei per Francos*. RHC Hist. occ., IV, pp. 113-263.

Orderic Vitalis, *Historia ecclesiastica*, IX. See *RHC Hist. occ.*, IV, pp. xii-xiii.
——, *Historiae ecclesiasticae libri tredecim*, ed. A. Le Prévost. Paris, 1838-55.
Radulph of Caen, *Gesta Tancredi in expeditione Hierosolymitana*. *RHC Hist. occ.*, III, pp. 588-716.
Raymond of Aguilers, *Historia Francorum qui ceperunt Iherusalem*. *RHC Hist. occ.*, III, pp. 231-309.
——, ——, trans. J. H. and L. L. Hill. Philadelphia, 1968.
——, *Le 'Liber' de Raymond d'Aguilers*, ed. J. H. and L. L. Hill. Paris, 1969.
Robert the Monk, *Historia Iherosolimitana*. RHC Hist. occ., III, pp. 717-882.
Stephen of Blois, *Epistola ad Adelam, uxorem suam*. *RHC Hist. occ.*, III, pp. 885-890.
Tudebode, *Historia de Hierosolymitano itinere*. *RHC Hist. occ.*, III, pp. 3-117.
——, ——, ed. Duchesne. *RHC Hist. occ., III*, pp. 3-117.
——, ——, trans. J. H. and L. L. Hill. Philadelphia, 1974.
——, ——, ed. J. H. and L. L. Hill. Paris, 1977.
Tudebodus imitatus et continuatus. *RHC Hist. occ.*, III, pp. 165-229.
William of Tyre, *Historia rerum in partibus transmarinis gestarum*. *RHC Hist. occ.*, I.

General

Barron, W. R. J., 'Versions and Texts of the *Naissance du Chevalier au Cygne*'. *Romania* 89, 1968, pp. 481-538.
Bezzola, R. R., *Les origines et la formation de la littérature courtoise en occident*. Paris, 1944-63.
Cook, Robert F., and Crist, Larry S., *Le Deuxième Cycle de la Croisade*. Geneva, 1972.
Duparc-Quioc, Suzanne, 'Les manuscrits de la Conquête de Jérusalem'. *Romania* 65, 1939, pp. 183-203.
Duparc-Quioc, Suzanne, *Le Cycle de la Croisade* (Bibliothèque de l'Ecole des Hautes Etudes, 305). Paris, 1955.
Fouché, P., *Phonétique historique du français*. 3 vols. Paris, 1952-61.
Gossen, C. T., *Grammaire de l'ancien picard*. Paris, 1970.
Greimas, A. J., *Dictionnaire de l'ancien français*. Paris, 1968.
Hunt, Anthony, 'The *Chanson de Jérusalem* in Stafford and Oxford'. *Scriptorium*, 35, 1981, pp. 71-81.
Langlois, E., *Table des noms propres de toute nature compris dans les Chansons de Geste imprimées*. Paris, 1904.
Pigeonneau, H., *Le Cycle de la Croisade et la famille de Bouillon*. Saint-Cloud, 1877.
Runciman, Sir Steven, *A History of the Crusades*. Harmondsworth, 1971.
Setton, Keith M., and Baldwin, M. W., eds, *A History of the Crusades. Vol. I, The First Hundred Years*. Madison, 1969.

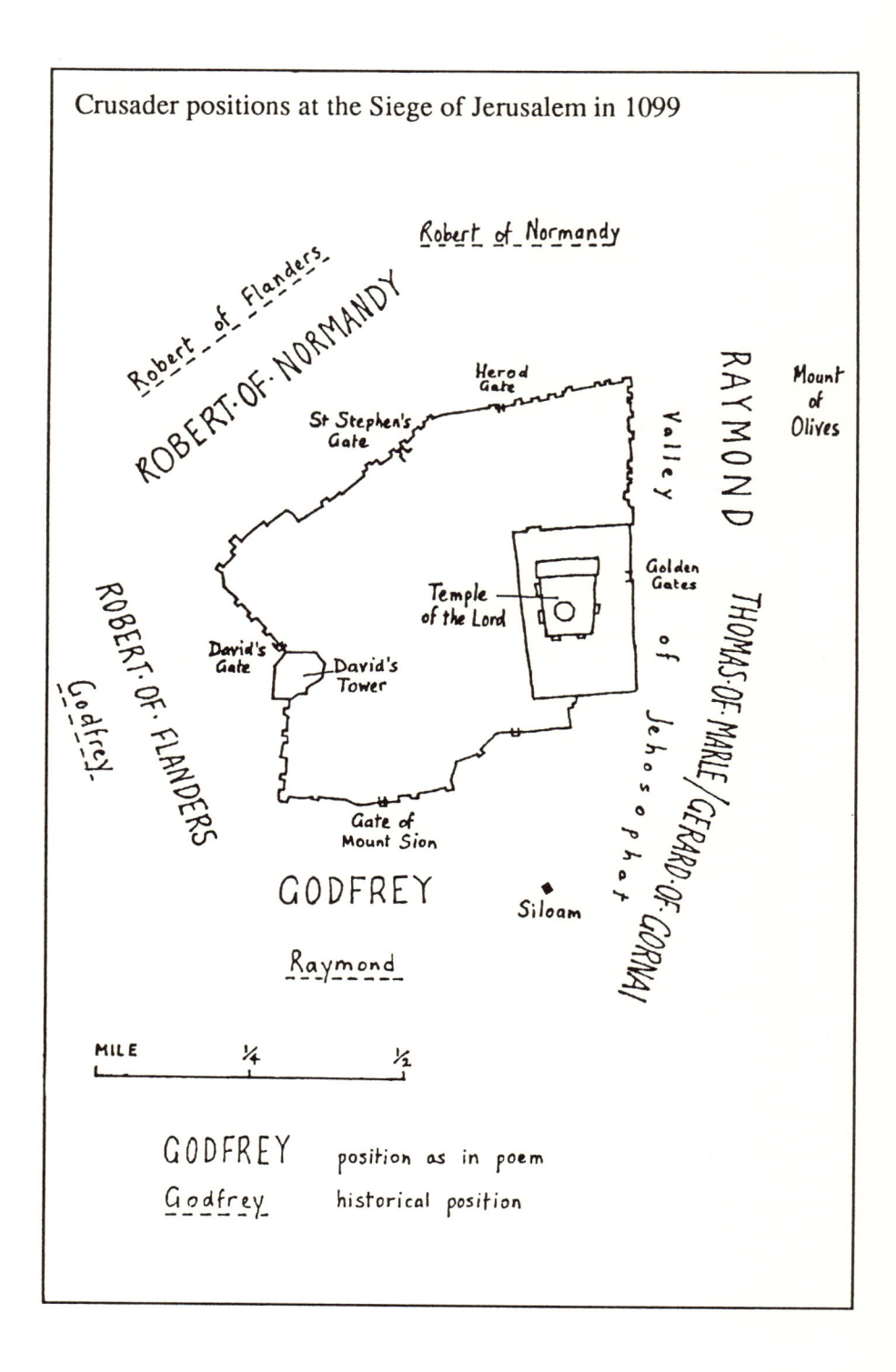

Crusader positions at the Siege of Jerusalem in 1099

La Chanson de Jérusalem

La Chanson de Jérusalem

1. Dedens Jerusalem s'armerent li felon. *136d*
.L. mile furent li encrieme gloton,
Si se contratendoient al Temple Salemon.
Ricars et li caitif cevalcent a bandon -
A lor mort cevalçoient, pas ne vos mentiron, 5
Mais Dex li rois de glore qui tant par est preudom
Sera a nostre gent garant et tention:
Ki en lui a fiance ja n'ara se bien non.
A Le Mahomerie estoient no baron.
De l'ost s'est desevrés Godefrois de Bullon, 10
Li quens de Normendie et Robers li Frison
Et Thumas de la Fere a la clere façon, *137a*
Paiens de Camelli et Gerars del Donjon
Et Rogiers del Rosoi, qui cloce del talon,
Aimeris Alaitrus qui cuer ot de baron, 15
Estievenes d'Aubemarle, li fils al conte Othon,
A .X.M. chevaliers, c'onques n'i ot garçon.
La peüssssiés veïr maint auberc fremillon,
Tant vert elme laciet, tant escu a lion
Et tante bele ensegne et tant rice pegnon. 20
Et ont tant chevalciet le terre et le sablon,
Virent le Tor David, l'ensegne et le dragon,
Le Porte Saint Estievene, le Carnier al Lion.
Jerusalem enclinent par grant affliction.
La veïssiés de larmes tant grande plor[i]son: 25
Cascuns en ot moilliet le face et le menton.
La peüssiés veïr, Dex! tant rice baron
Mordre et baisier la piere et la terre environ.
L'uns le disoit a l'autre et traioit son sermon,
"Par ci passa Jhesus qui soufri passion, 30
Si beneoit apostele et tot si compaignon.
Buer avonmes soufert tant persecution
Et tant fain et tant soit et tant destravison,
Les vens et les orages, le noif et le glaçon,
Quant or veons le vile u Dex prist passion, 35
U il recoilli mort por no redemption."
Lors montent es cevals, cascuns prent a l'arçon,
Et acoillent la proie entor et environ.
Del val de Josaphas dusqu'a Monte Sion,
Desci qu'a Silöé n'i¹ ot arestison. 40
Par devers Bethanie fu grans l'asension,
La u Dex suscita le cors saint Lazaron.
Tant fu grande la proie que nonbrer nel savon,
Des camels et des asnes et de maint cras moton.
Droit al Mont Olivet sont venu al toron: 45
S'or s'en pueent aler a lor salvation
Qu'il ne perdent la proie sans grant damnation

---
¹*l.40. MS:* S. li o. *The context requires* n'i, *as given in BCDEIT.*

Bien aront deservi vers Deu grant gerredon;
Maisançois qu'il soit vespres, pas ne vos mentiron,
Se Damedex n'en pense qui sofri passion 50
N'i vauroit li miudre estre por le tresor Sanfon.

2. Molt fu grande la proie que Franc ont acoillie.
Ariere s'en repairent, ne se targierent mie,
Le val de Josaphas droit a Sainte Marie,
La u li mere Deu fu morte et sepelie. 55
Li rois de Jursalem fist soner sa saillie:
Li Turc et li paien l'apeloient Galie - *137b*
Çou est uns cors d'arain ki ses paiens ralie.
Sus en la Tor David u l'aigle d'or flanbie
Le corna par vertu cil qui[2] l'ot en baillie: 60
.V. grans liues plenieres en entent on l'oïe,
Que l'os s'en estormist a La Mahomerie.
Li rois s'en issi fors a grant chevalerie
Tres par mi Portes Oires que Dex a beneïe,
Cornumarans ses fils et sa grans compaignie: 65
.L. mile furent de pute gent haïe,
Armé sor les cevals es destriers d'Orcanie.
Por rescorre lor proie lor fon[t] une envaïe
Tant orible et si aigre, et par tele estoldie,
S'or ne desfent cascuns et son cors et sa vie 70
Al bon espiel trençant, a l'espee forbie,
Sa teste i laissera sans autre gagerie;
Car ço fu grans mesciés, nel mescreés vos mie,
De .X. mil a .L., que que nus vos en die.

3. Molt fu grande la proie que François acoillirent. 75
Le val de Josaphas ariere revertirent,
Et cil de Jursalem a bataille en issirent.
Paien et Sarrasin fierement s'esbaudirent.
.L. mile furent qui Damedeu haïrent:
Sonent tabors et tinbres, cil cor d'arain fremirent, 80
Ces valees recantent et cil tertre bondirent.
Por rescorre la proie ens el tas se ferirent
Et no franc Crestiien molt bien les recoillirent.
Molt forment faisoit caut, François l'eve desirent.

4. Molt fu grans la bataille el val de Josaphas. 85
Cil[3] de Jerusalem s'en issirent le pas:
Por rescorre lor proie se ferirent el tas
Et François les recoillent as lances et as dars.
Si fierement les hurtent, a certes et sans gas,

---
[2] *l. 60. The scribe has corrected* cil qui *from* co *plus two minim strokes.*

[3] *l. 86. MS:* Cis d. *The scribe mistakes* l *for* s *on several occasions; see Introduction: Scribal Corrections and Errors.*

La Chanson de Jérusalem

    Que les lances peçoient s'en volent li esclas.   90
    La veïssiés d'espees sor ces elmes grans glas:
    Detrencent ces clavains, escus et talevas.
    Dex! tant fort les destraint li maisnie Judas.
    Quel talent que Franc aient les jeterent del pas.
    Mais li dus Godefrois en jure saint Jonas,   95
    Li quens Robers de Flandres son segnor saint Veas,
    Estievenes d'Aubemarle son segnor saint Tomas[4]:
    Miux vauroient morir en le cité d'Arras
    Que de cel camp ne facent Turs et Sarrasins mas
    Et que paien en raient brebis ne motons cras.   100
    Dont escria li dus saint Andriu de Patras
    Et Robers saint Sepucre, auquant saint Nicolas: *137c*
    "Or i ferés, baron! Ce n'est mie ci gas!
    Ki en Deu a fiance il ne doit estre las:
    Ja ne s'en gabera li jeste Chaÿphas!"   105

5. Molt fu grans li destrece, segnor, a icel jor
    Que Franc misent les proies fors del grant val major,
    La u sainte Marie li mere au Creator
    Fu morte et sevelie, et tot li angelor
    L'emporterent el ciel devant nostre Segnor.   110
    Molt destraignent no gent li jeste paienor,
    As ars et a saietes les açaignent entor.
    La veïssiés berser maint destrier misoldor,
    La peüssiés veïr maint prince et maint contor
    Ki fierent des espees a .II. mains en l'estor.   115
    Li soleus luisoit caus qui jetoit grant calor:
    Tant par ierent destroit auquant et li plusor,
    Tant desiroient l'eve li noble poigneor,
    Par destrece i bevoient li gent nostre Segnor
    L'escloi de lor cevals, le sanc et le suor.   120

6. Li estors fu molt fors et li caples fu grans:
    Dex! tant les destraignoient li rois Cornumarans
    Et Corbadas ses pere, li viels quenus ferrans.
    La veïssiés berser cevals et auferrans,
    Morir par la valee lor boiels traïnans.   125
    Qui son ceval perdoit molt fu grai[n]s et dolans:
    En l'estor remanoit a pié conme serjans.
    François se desfendoient as bons espiels trançans.
    Quant les lances sont fraites si traient les nus brans,
    As Turs trencent les testes, les costes[5] et les flans: 130
    De sanc et de cervele estoit couvers li chans.
    Devers Mont Olivet fu li dus regardans

---

[4] *l. 97. The scribe has corrected* Tomas *from* Jonas.
[5] *l. 130: The scribe has corrected the first* s *of* costes *from* r

Et coisi nos caitis armés es auferrans[6] -
Ricart et sa compaigne as vers elmes luisans,
Les blans aubers vestus, a or resplendisans, 135
Et seent es destriers ravinous et corans,
Les fors escus as cols et les lances poignals,
De cendaus et de pailes les ensegnes pendans:
Bien resanbloient gens hardis et conbatans!
Segnor, c'estoit Ricars, li chevaliers vaillans, 140
Harpins et sa compaigne qui en Deu est creans,
Qui vienent de prison - Jhesus lor fu garans -
De la cit d'Oliferne dont sire ert Corbarans
U avoient esté .XV. jors et .III. ans.
Jhesus les en jeta, tels fu li siens conmans: 145
Qui en Deu a fiance bien doit estre creans.
.VII.XX. et .L. ierent; molt ont soufert ahans - *137d*
Cascuns estoit sous l'elme et enbrons et pensans.
Cele fiere bataille fist nos Frans esmaians:
Ce ne fu pas mervelle se d'els ierent dotans. 150
Et d'autre part en furent paien esbaudisans,
Car il quidoient bien ço fust des mescreans.
Dist li dus Godefrois, "Biaus pere raemans,
Sainte Marie dame, qui portas en tes flans
Le Salveor del mont, soiés nos hui aidans." 155

7. Segnor or escoutés, franc chevalier vaillant,
    Si conme François ierent en le besoigne grant,
    Que Turc les assailloient as ars de cor traiant,
    As armes acerees et a lor dars trençant.
    As espees d'acier les vont si destraignant 160
    Desci qu'a Saint Estevene les mainent reculant,
    As espees d'acier sor les elmes frapant
    Et as canes molües lor cevals ociant.
    Assés i ot de cels lor boiaus vont traiant:
    Ki son ceval perdi le cuer en ot dolant. 165
    Dont s'aresta li proie en .I. tertre pendant.
    La lor livrent estal li hardi conbatant,
    Li prince et li baron qui en Deu sont creant.
    Nus clers ne poroit dire, ne jogleres qui cant,
    L'angoisse des paie[n]s sor son cors desfendant. 170
    N'i avoit chevalier ne prince tant poissant
    Ki n'eüst grant paor de le teste perdant.
    A haute vois crioient, "Sains Sepucres avant!"
    Ez Robert le Frison a esperon broçant;
    Vient au duc de Buillon la parole portant, 175
    "Sire dus Godefroi, entendés mon sanblant:
    Veez vos cele esciele qui la vient cevalçant,
    Ki la est arestee lés cel tertre pendant?

---

[6] *l. 133. The scribe has corrected the* f *of* auferrans *from* b.

La Chanson de Jérusalem

    Par le mien escïent ce sont Arrabiant,
    Une gens orgelleuse, hardie et conbatant.   180
    S'or perdons nostre proie c'on malement en cant,
    Miux vaudroie estre mors, par Deu le raemant."
    "Ja Dex," ço dist li dus, "hui ne nos hace tant
    Que ja Turc de la proie soient mais jor tenant,
    Ne qu'il en aient mais .I. seul asne vaillant,   185
    Chamel ne mul ne mule, bugle ne olifant
    Ne cievre ne moton, nes .I. aignel bielant.
    Trametons .II. mesages a esperon broçant
    Al conte de Sainte Gille, le chevalier saçant,
    Buiemont et Tangré qui nos par ainme tant   190
    Et les rices barons qui en Deu sont creant
    C'or nos facent secors por Deu le raemant.   *138a*
    S'il tost ne nos secorent, qu'il nos voisent faillant,
    Ja mais ne nos veront en trestot lor vivant!"
    A ces mos vait l'uns l'autre doucement regardant: 195
    Assez i ot de cels des iex vont larmoiant,
    Qui de pitié d'els plorent, car de mort sont dotant.

8. Dist li dus Godefrois, "Qui porons envoier
    Al conte de Saint Gille nostre besoing noncier?"
    Dist Thumas de la Fere, qui molt ot le cuer fier,   200
    "Aimeris Alaitrus et de Cartres Foucier,
    Car cil sont molt creable et vaillant chevalier."
    Ki la veïst Foucier sor ces Turs desrengier,
    A l'espee trençant ferir et caploier!
    Tel pointe conmença, nel vos quier a noier,   205
    Tant orible et si aigre, bien le puis afficier,
    Dont perdirent les testes plus de .VII.[C]. millier.
    Et li prince s'escrïent, "Quel vavasor terrier!
    Dex li prest longe vie! Car li alons aidier!"
    Et Aimeris s'en torne tel cemin plenier,   210
    Enfresci qu'a l'ost Deu ne se vaut atargier,
    A Le Mahomerie u s'ert faite logier.
    Ses noveles conta dant Raimon le princier,
    Buiemont et Tangré, qui l'avoient molt cier,
    Et le rice barnage que Dex puist consellier.   215
    "Segnor, por saint Sepucre pensés de l'esploitier!
    Pensés tost del secorre, car no gent ont mestier!
    Car ainc en tel peril ne furent chevalier,
    Ne ainc mais ne pot ost en tel liu ostoier.
    Çou fu molt grans miracles c'uns en pot repairier.   220
    Ki en Deu a fiance ne se doit esmaier!"
    Quant li baron oïrent parler le messagier,
    Del duc et des barons la parole noncier,
    La veïssiez plorer maint vaillant chevalier
    Ki estoient venu por Damedeu vengier,   225
    Tant vesque, tant abé et tant rice princier,

Tante france pucele, tante jentil moillier.
Molt grant duel demenoient car nel pöent laisier
Des larmes de lor cuers lor poitrines moillier:
Regretent les barons que tant avoient cier. 230
La peüssiés veïr, nel vos quier a noier,
En plorant endosser maint bon auberc doublier
Et tante espee çaindre, tant vert elme lacier,
A fin or reluisant al soleil esclairier,
Saisir tante fort targe et tant bon brant d'acier 235
Et tante rice glavie de fraisne et de pumier
Et tante bele ensenge de cendal balloier. *138b*
Quant il furent armé cascuns monte el destrier
Ravinous et corant; n'ont soing de detriier.
Se paien ne s'i gardent - li cuvert losengier! - 240
Qui sont a Saint Estievene defors le mur plenier,
Par le mien escïent il le comperront chier!
Ja nes porra garir ne traires ne lancier
Nes estuece morir sans autre recovrier.

9. Aimeris Alaitrus descendi as herberges 245
Tot droit en mi les tentes es trés as damoiseles.
Dant Raimon de Saint Gille a conté les noveles,
Buiemont et Tangré, qui ne furent pas beles:
"Ahi! segnor baron, ne vos targiés, caieles!
Devant Jerusalem sont nos batailles pesmes. 250
El val de Josaphas avons reciut tes pertes
De mains de nos barons et des destriers a certes:
.X.M. ceval i gisent espandu les boieles.
François sont si destroit et d'eve ont tes disietes
Que il boivent l'escloi et le sanc de lor bestes!" 255
.XX.M. Franc i pleurent, lor mains a lor maisseles:
Lors s'adoubent ensanble des aubers et des elmes
Et çaignent les espees, si sont mises les sieles,
Et sont .LX. mil quant issent des herberges.
La peüssiés veïr et dames et puceles 260
Emplir les boucials d'eve a pos a escuieles
Et issirent des loges: les routes furent beles.

10. Des loges se partirent no chevalier vaillant,
Li prince et li baron qui en Deu sont creant
Et dames et puceles qui vont l'eve portant 265
Contre lor cuers as cols tot le sablon boillant.
Assez i ot de celes qui n'ont sollier cauçant:
Des piés et des talons en va li sans colant.
De l'angoisse des pieres qui lor cars vo[n]t trençant
Damedeu en looient, le pere raemant. 270
Del travail qu'eles suefrent vont Damedeu loant.
Buiemons et Tangrés cevalcent de devant,
Lor mains a lor maisseles molt tenrement plorant

La Chanson de Jérusalem

Et Damedeu de glore molt doucement proiant
Qu'il garisse le duc par son digne conmant, 275
Et le conte Ewistace, et Bauduïn l'enfant
Et Robert le Frison, et Robert le Normant
Et Thumas de la Fere au corage vaillant
Et Eufroi de[7] Buison, et Gaugier l'Alemant
Et le rice barnage que Dex par ainme tant. 280
"E! Dex!", dist Buiemons, "porai jo vivre tant
Que soie ensamble au duc a l'espee trençant *138c*
Quel truise sain et sauf et del vivre puissant,
Certes tant i ferroie de mon acerin brant
Sor cele gent paiene qu'en Deu ne sont creant 285
Ja mais n'esteroit jors que n'en fuiscent dolant
Cil qui'n escaperoient a trestot lor vivant!"
"Sire," ço dist Tangrés, "por qu'alés demorant?
Mais cevalciés a force a esperon broçant!
Sor le gent sarrasine ne nos alons tarjant! 290
Car par le foi que doi al glorious poissant
Tant i vaurai ferir a l'espee trençant
Qui j'ataindrai a colp de mort n'ara garant!"
Or cevalcent ensamble el non le Raemant,
Les lances sor les fautres, les gonfanons pendant. 295
Li escu et les armes vont grant clarté jetant,
Li ors et li argens al soleil resplendant;
Li ceval et les armes vont grant fierté menant.
Les tentes et li tref remesent en estant
Ses gardent li malade et li petit enfant. 300
Les dames portent l'eve contre lor cuers pendant.
Ci lairai del secors qui venoit cevalcant,
Si vos dirai del duc, le hardi conbatant,
Qui de Buillon fu nés, que Dex par ama tant.
Il regarda aval par dalés .I. pendant, 305
S'a veü nos caitis qui venoient rengant.
Li dus point le ceval, si lor vint [de] devant.
Quant il les aproisma ses va araisonant:
"Va! Quels gens estes vos? Estes vos Deu creant,
Le fil sainte Marie, le glorios poissant? 310
U creés Apollin, Mahon et Tervagant
Et Margot et Jubin, Jupiter le tonant,
Ices malvaises ydeles que croient li Persant?"
Ricars li respondi qui estoit de devant,
Armés molt ricement sor .I. destrier bauçant, 315
Et Harpins de Boorges ki l'aloit escotant
Et li autre caitif aprés lor dos sivant,
"Et vos sire, qui iestes? De Deu alés parlant?
Bien a passé .III. ans que n'en oïmes tant,

---

[7] l. 279. MS: Et Eu. et B. The name is given as Eufroi de Buison *at l. 521. The variants do not agree over the form of the personal name, but all follow it with* de *and a place name.*

Ne n'oï evangile, sautier, messe cantant. 320
Saciés que nos creons el roi de Belliant
Et en le sainte Virgene de qui il fu naissant.
Or nos dites bels sire que vos alés querant.
Dites moi vostre non: molt le vois desirant."
Et respondi li dus, "Ja l'orés maintenant: 325
Godefrois de Buillon ai a non voiremant
Et venons d'outre mer le Sepucre querant. *138d*
Ici nos conbatons a le gent mescreant,
Ceste gent sarrasine qui ci vont glatisant,
Ki ne croient en Deu le pere raemant. 330
Or nos dites qui estes si vos alés hastant."
Et Ricars li respont qui ne se vait targant,
"Nos fumes li caitif le fort roi Corbarant:
Or sonmes escapé par le Jhesu conmant!
Et avonmes soufert paines et dolors tant 335
Que hom nel vos puet dire ne joglere qui cant!"

11. Molt fu grans li leece quant li dus entendi
Que il croient en Deu qui onques ne menti,
Le fil sainte Marie qui tos nos raemmi.
Grant joie ot en son cuer, por voir le vos afi, 340
Et li autre caitif - par verté le vos di.
Dist li dus Godefrois, "Franc chevalier merchi.
Vez con Turc nos detrencent, Persant et Arrabi,
Ceste gent sarrasine qui Jhesus maleï,
Qui çou ne voelent croire qu'il de virgene nasqui 345
Ne qu'il recoilli mort ne que il surrexi.
Por iceste creance sont il trestot peri.
Nos cevals nos ont mors; molt sonmes afebli.
Segnor, car nos aidiés, por Deu qui ne menti
Et por icele mort qu'il por nos recoilli 350
En le saintime crois et con on l'i claufi
Sus el Mont de Cauvaire quant son sanc espandi."
Dont s'escrïerent tot li caitif a .I. cri,
"Sains Sepucres, aïe! Con or sonmes gari!
E! Dex! con nos avés de joie rapleni! 355
Que faisons nos segnor? Trop sonmes esmari!
Qui or ne fiert sor Turs ja n'ait Deu a ami!"
Ens en l'estor se fierent; molt se sont esbaudi.
Trestot a esperon cascuns l'escu saisi
Et le lance trençant, le bon espiel brandi: 360
Cascuns se contient bien a loi d'ome hardi.
De l'un cief dusqu'a l'autre se sont paien fremi.
La peüssiés veïr .I. estor bien furni:
Cascuns fiert u Persant u Turc u Arrabi
Qu'il li perce l'escu et l'auberc li rompi. 365
Le pis et le coraille tot outre li parti,
Que cascuns des .L. le suen en abati

La Chanson de Jérusalem

  Et li autre caitif des .VII.XX. autresi.
  La peüst on veïr martire et si fort cri,
  Tant fort escu troer, tant auberc desarti,   370
  Tante teste couper, tant bu trenchier par mi,
  Tant pis, tante coraille[8] qui sor l'erbe espandi. *139a*
  Et Jehans d'Alis point si a l'espiel brandi,
  Compains estoit Ricart et les caitis ausi,
  Et fiert .I. amiral que l'escu li fendi -   375
  Fiux estoit de Barbais et l'amiral d'Ali -
  Que l'escu li perça et le clavain rompi:
  Le pis et le coraille li a trenciet par mi.
  Li Turs caï a terre sor son escu flori;
  L'arme s'en est alee, deable l'ont saisi.   380
  Jehans prent le destrier corant et arrabi.
  Un de ses compaignons isnel si le rendi -
  Çou fu uns des caitis, qui tost le recoilli.
  Isnelement monta que estrier n'i saisi
  Si se fiert en la presse au brant d'acier forbi   385
  Et fiert .I. amiral qui ainc Deu ne creï,
  Tres par mi liu de l'elme tros qu'es dens le fendi;
  Et cil ciet mors a terre conme porcials souci:
  L'arme s'en est alee, deable l'ont ravi.

12. Dans Ricars de Caumont ne vait pas atargant;   390
  Broce des esperons le destrier auferrant
  Et a brandie l'anste al gonfanon pendant
  Et feri si un Turc sor son elme devant
  Que trestot li porfent le clavain maintenant;
  Par mi le cors li guie son bon espiel trençant: 395
  Li Turs ciet mors a terre sor le sablon boulant,
  L'arme s'en est alee en infer le puant.
  A hautes vois s'escrie, "Baron, ferés avant!
  Segnor, or vos vengiés de la gent soudiant
  Qui vos ont fait sofrir mainte mesaise grant!   400
  Damedex les confonde, li peres raemant!"

13. Dans Harpins de Boorges sist armés el destrier.
  Par les costés le fiert des esperons d'or mier.
  Dex! con il fu armés de blanc auberc doblier,
  De vert elme genmé et d'escu de quartier   405
  A un lion tot blanc conme flor d'aiglentier!
  Et a brandi la hanste al fer[9] trençant d'acier,
  U l'ensegne est lacié de vermel paile cier,

---

[8] *l. 372. MS:* Tant pis et tante orelle q. *The use of* orelle *with* espandre *would be unusual, and no example is given by Tobler-Lommatzsch. The context suggests that the reading of BCT is more appropriate, and it has been followed; the line is wanting in the other manuscripts, DEGI.*

[9] *l. 407. The scribe has corrected* fer *from* fel.

Et feri si .I. Turc sor le targe a or mier
Que toute li porfent, l'auberc fist desmaillier - 410
Tant con hanste li dure l'abat mort el sentier.
Li cors ciet mors a t[er]re: assés ot destorbier!
L'arme de lui enportent deable et avresier.
Et Harpins de Boorges conmença a hucier,
"Sains Sepucres, aïe! Ferés, franc chevalier!" 415
Tant feri de l'espiel que il l'estut froisier.
Quant il le vit brisier n'i ot que courechier: *139b*
Isnelement a trait le brant forbi d'acier
Et feri si .I. Turc par mi le henepier
Qu'il li trence le coife et tot le capelier! 420
Li Turs ciet mors a terre desor le sablonier.
"Outre, cuvers!" dist il. "Dex te doinst enconbrier!"
Ki veïst le baron Sarrasins damagier,
A l'espee trençant ferir et caploier,
Por nient rameneüst nul mellor chevalier! 425
Qui il ataint a colp mors est sans recovrier.

14. Bauduins de Biauvais fu chevaliers hardis.
Dex! con il fu armés sor le destrier de pris!
Vestu ot en son dos .I. blanc auberc trelis:
Li maille en est plus blanche que nen est flors de lis. 430
Laciet ot .I. vert elme qui fu a or burnis,
Li cercles de fin or a pieres tot masis:
En son ot .I. topace del flun de paradis.
Molt l'ama Corbarans li rois poësteïs;
Bauduïn le dona qui molt fu ses amis, 435
Ki ocist le serpent ens el Mont de Tygris
Qui avoit le païs et le regne agastis.
Et ot çainte l'espee dont li brans fu forbis:
Abrahans li dona, li viels quenus floris;
Uns Juus le forga el Mont de Sinaïs; 440
Bauduïn le dona, le bon vasal de pris.
Et a brandi l'espiel al brun fer couleïs,
Le gonfanon destort[10] qui fu de paile bis,
Les langes d'or l'enbatent et al poing et al pis.
Entre paiens se fiert conme fals ademis 445
Et fiert .I. amiral qui ot non Copatris.
Nés estoit de Baudas, de grant terre saisis:
Ses pere Justamars l'avoit illuec tramis
Le roi de Jursalem aidier por son païs
Et aidier a desfendre encontre nos marcis. 450
Bauduïns le fiert si sor son escu vautis
Desor la boucle a or li est frais et partis,
Li clavains de fin or desrous et desartis.

---
[10] *l. 443. MS*: g. destors q. *A scribal slip for* destort, *the reading given in EFGIT; cf. l. 1700.*

La Chanson de Jérusalem 45

    Il li trence l'esquine et le cuer et le pis!
    Li Turs ciet mors a terre s'a les arçons gerpis: 455
    Deable enportent l'arme en infer a tos dis.
    Et Bauduïns s'escrie, "Peres Deu, Jhesus Cris,
    Car nos venés aidier, ço soit vostre mercis!"
    Tant feri de l'espiel brisiés est et croisis.
    Quant li lance li faut molt en fu engramis,   460
    Et a traite l'espee de fin or colouris
    Et feri si .I. Turc sor l'elme qui'st floris   *139c*
    Enfresci qu'e[n]s es dens est fendus et croisis:
    Li Turs ciet mors a terre par dalés .I. lairis.
    Puis en refiert .I. autre; .XIIII. en a ocis,   465
    Trestos a cele pointe, c'ainc n'en fu resortis.
    Ensement con li leus fait parc ens es brebis
    Faisoit li jentius hom entre les Arrabis.
    Paien muerent et braient; es les vos desconfis.

15. Li ber Jehans d'Alis ne se valt targier mie.   470
    Dex! con il fu armés el destrier de Surie!
    Vestu ot .I. clavain u li ors reflanbie -
    Corbarans li dona et li rois de Nubie.
    Li maille en est plus blance que n'est flors de lisie,
    Forte fu et tenans qu'ele ne doute mie   475
    Cane ne fort fausart que ja soit desartie.
    Laciet ot .I. vert elme - fais fu en Romenie;
    Li cercles en fu d'or, mainte piere i flanbie.
    Et ot çainte l'espee molue et bien forbie
    Et broce le destrier, s'a la lance brandie -   480
    Une ensegne i pendoit d'un cendal qui ballie;
    Les langes de fin or tres c'as piés li ondie.
    Et vait ferir un Turc, qu'il ne l'esparna mie:
    Mervellous coup li done sor le targe florie
    Que toute li porfent, le broigne a desartie.   485
    Al fer d'acier li trence et le cuer et le fie
    Si que mort le trestorne en la lande enhermie.
    "Outre cuvers!" dist il. "Damedex te maldie!"
    L'arme enportent deable qui l'ont en lor baillie.
    Li gentius chevaliers molt hautement s'escrie,   490
    "Ferés, franc chevalier! Ne vos atargiés mie!
    Dex! secorés nos hui! Dame sainte Marie!"
    Li quens Robers de Flandres et cil de Normendie
    Et Tumas de la Fere, a la ciere hardie,
    Et li dus Godefrois, qui en Diu molt se fie,   495
    Et li quens Ewistaces, qui pas ne s'i oblie,
    Et Bauduïns ses frere, Acars de Romenie
    Et li rices barnages de France le garnie,
    Quant il voient Ricart et dant Jehan d'Alie
    Et Foucier de Melans, et Rainart de Pavie   500
    Et Harpin de Boorges et lor grant compaignie

Et l'abé de Fescans, de le rice abeïe,
Li vesques del Forois qui les paiens castie
Al bon espiel trençant en toli .X. la vie!
Et li autre caitif ne s'atargierent mie: 505
Tot se fierent es Turs ensanble a une hie,
Ensement que li leus qui li grans fains aigrie, *139d*
Ki se fiert ens el tas de le grant berquerie
Et fait parc entor lui et environ tornie -
Celi que il consuit a molt tost demonie - 510
Ausi font no caitif entre la gent haïe.
Quant no baron çou voient, ne vos mentirai mie,
De joie et de leece n'i a celui ne rie
Et de sa bele main de Deu nes beneïe.

16. Li estors fu molt fors et grant li caplison. 515
    Ez vos par la bataille dant Robert le Frison
    Et Tumas de la Fere, a la clere façon,
    Et le duc Godefroi, qui Dex face pardon,
    Paien de Camelli et Gerart del Donjon
    Et Rogier[11] del Rosoi, qui cloce del talon, 520
    Et Foucier le vasal et Eufroi de Buison
    Et le rice barnage del roiame Karlon
    Qui se fierent es Turs trestot a abandon:
    N'i a cel ki n'ocie u Turc u Esclavon.
    Et Harpins de Boorges et Ricars de Caumon 525
    Et dans Jehans d'Alis et tot lor compaignon
    Refierent ensemble la maisnie Mahon.
    Li vesques del Forois, sor .I. ceval gascon,
    Ahi! con fu armés d'un auberc fremellon,
    De vert elme d'acier et d'escu a lion 530
    Et d'espee trençant c'ot pendue al geron!
    Tient l'espiel el poing destre u ot .I. gonfanon
    De soie d'Almarie u ot paint .I. lion,
    Une crois i ot d'or par bone entencion,
    Les langes d'or l'enbatent desi a l'esperon. 535
    Devant lui encontra[12] l'aumaçor Faraon,
    Niés le roi Corbadel[13] de deça Carion,
    De molt grant teneüre et de grant region.
    Li evesques le fiert par tel devision
    Que l'escu li perça et l'auberc fremellon. 540
    Il li trence le pis, le fie et le polmon
    Et le cuer ens el ventre, le rate et le roignon,

---

[11] *l. 520. MS:* Et Robert d. Ros. *The scribe has made a wrong expansion from an initial* r, *since on all other occasions the name is givern as* Rogier; *the variant manuscripts present all give* Rogier.

[12] *l. 536. MS:* l. l'e. *In the presence of two other initial* l's, *the scribe has erroneously included a third.*

[13] *l. 537. The scribe has corrected the* d *of* Corbadel *from* t.

La Chanson de Jérusalem 47

> Qu'il le trebuce mort devant lui el sablon.
> "Outre, cuvers!" dist il. " Ço soit confession!"
> Et saisist le destrier s'est montés en l'arçon, 545
> De fin or tresjeté de l'uevre Salemon:
> Li frains et li poitrals et li rice boton
> Valoient de fin or, ce saciés, maint mangon.
> Dist il dus Godefrois a Robert le Frison,
> "Ci a bon coroné! Por Deu, car li aidon! 550
> Vés con paien l'asalent, Persant et Esclavon:
> Traient espessement et font grant huison." *140a*
> Li Turc et li Persant fisent grant foulison.
> Al cors vienent poignant qui gisoit el sablon.
> Nos François resortirent le trait a .I. bojon. 555
> La bataille est finee; Turc font grant plorison -
> Le duel qui la fu fais ne sot dire nus hom.

17. Molt fu grande la noise de la gent desfaee.
> Li vesques del Forois la bataille a finee,
> Qui l'amiral ocist[14] de si grant renomee. 560
> Ricars et li caitif, no gent bone eüree,
> Venquirent la bataille - ço fu vertés provee.
> Tot entor l'amiral fu molt grans l'aünee
> De Turs et de Persans et de gent desfaee.
> La ot maint cavel trait, mainte barbe tiree, 565
> Mainte rice ventaille desroute et desnoee
> Et mainte vesteüre desroute et depanee
> Et maint pis debatu, mainte face esgratee.
> Li dolors que il mainent ne puet estre acontee.
> Es vos Cornumaran, el poing destre l'espee: 570
> Ens el cuer se ferist se ne li fust ostee.
> La veïssiés acorre mainte rice espousee,
> Tante rice pucele plorant escavelee.
> Lor mors portent laiens a duel et a crïee:
> Le Porte Saint Estievene ont li Turc enterree, 575
> La caaine de fer en travers bien fremee.
> Et François s'en repairent, nostre gens honoree,
> S'en amainent lor proie: molt l'ont cier acatee!
> Li quens de Normendie tint ens el poing l'espee.
> Tant ot feru al caple sa mains est estonee: 580
> Que l'enheudeüre ot en son poing si sieree
> Qu'il ne le pot partir tros qu'ele fu tempree,
> En caude eve tenue et a olie arousee.
> De desor la monjoie a demie loee
> Encontrent Buiemont et sa gent bien armee. 585
> Les dames portent l'eve dont l'os est asasee:
> Assés i ot de cels qui l'escume ont jetee

---

[14] l. 560. MS: l'a veist d. *The bishop's exploits in ll. 536-543 require* ocist, *as given in all the variant manuscripts.*

Par mi la bouce fors – verités est provee.
Tot entor nos caitis[15] fu molt grans l'aünee,
Et content les noveles: molt fu bien escoltee!   590
Illuec ot de mains homes mainte larme ploree.
A Le Mahomerie fu li os retornee:
Cele nuit fu no gens ricement ostelee.

18. No baron repairierent a Le Mahomerie.
    Li proie qu'amenerent fu molt bien departie[16]   595
    Lonc çou que cascuns fu de gregnor segnorie:
    Onques n'i ot si povre qui de joie ne crie.   *140b*
    Trestoute fu l'os Diu rasee et raplenie.
    Encor tenoit s'espee li quens de Normendie:
    Tant ot feru al caple sa mains fu entonbie.   600
    Il se faisoit temprer a caude eve bolie.
    Quante ele fu bien ointe sa mains est desdormie;
    Grant joie ot en son cuer quant l'espee ot gerpie.
    Tant par fu travellie la grans cevalerie
    Ainc n'i ot esquergaite cele nuit establie,   605
    Ains se gisent armé aval la praerie.
    N'i demandent pas keute mais que la terre onie,
    Lincuel ne orellier d'oriol ne de pie;
    Mais escu al cavet et la broigne vestie.
    Buiemons se leva a mïenuit serie,   610
    Grant duel ot en son cuer - nel mescreés vos mie -
    Por çou que il ne fu avoec la baronie,
    O le duc Godefroi et od sa compaignie
    El val de Josafas contre la gent haïe,
    Qui Damedeu ne croient ne fil sainte Marie.   615
    Il vesti en son dos sa grant broigne trelie
    Et laça en son cief son elme de Pavie,
    Al cercle de fin or qui luist et reflanbie,
    Et a çainte l'espee molue et bien forbie
    Et pendi a son col se grant targe florie   620
    Et a pris .I. espiel u l'ensegne ballie,
    Qui fu d'un rice paile qui fu fais en Surie -
    Une crois i ot d'or qui luist et reflanbie.
    A .X. mil chevaliers, tos de sa compaignie,
    Issi la nuit de l'ost, qu'il ne s'atarga mie,   625
    S'ala devant Cesaire querre cevalerie
    Et acoilli la proie aval la praerie.
    Et cevalcent aval tote le val soutie

---

[15] *l. 589. MS:* e. l'amiral f. *The scribe is repeating l. 563; the context requires the reading of BDEGI. A and T, or their exemplars, appear to have a common error, which has been emended independently.*

[16] *l. 595. MS:* b. recoillie. *The sense of ll. 595-596 requires the reading given in BDEGI, but T also gives A's* recoillie.

La Chanson de Jérusalem 49

Desci[17] qu'a Caïfas, qu'il ne s'atarga mie.
Tres par mi liu de Merle fu li repaierie, 630
Desor la Tor des Moskes la grant terre enhermie.
Et li Turc de Cesaire, la pute gens haïe,
S'en isent a bataille - li cors Deu les maldie!
Se Damedex n'en pense, li fils sainte Marie,
Li proie qu'il amainent mar i fu envaïe! 635
Se cil sire n'en pense, qui tot a en baillie,
Ja ne repaieront a lor herbregerie!
Paien et Sarrasin de la cité garnie
Prisent tost .X. mesages ens en une galie,
A Escalone envoient por secors et aïe; 640
Et drecierent lor voiles et li vens les en guie
Plus tost c'une saiete quant ele est esquellie. *140c*
Vienent a Escalone ançois tierce fenie.
La galie ariva al port lonc la navie[18] :
La jeterent lor ancre lés le fort tor antie. 645

19. Li messagier arivent de le rice corsaire.
Cascuns estoit vestus d'un paile de Cesaire.
Vinrent a l'amiral por faire lor clamaire.
La veïssiés maint Turc illuec crier et braire
Et rompre ses cevels et sa pelice vaire. 650
"Ahi! Amirals, sire! Frans hom et de bon aire!
Ja te mandent secors li baron de Cesaire.
Lor proie ont acoillie une gens de mal aire:
S'est couverte de fer ne crient lancier ne traire!"
Quant l'amirals l'entent, s'est dreciés en l'auçaire, 655
Puis fist tendre son tinbre en une grant almaire.
L'amirals fu armés, si ot fier le viaire,
Lors fist soner son tinbre sus en la tor plus maire:
Dont n'i ot Sarrasin li cuers ne li esclaire.

20. Quant l'amirals entent les dis des galios, 660
Le clamor de Cesaire et des François les mos,
Il fait soner son tinbre et en graille et en gros.
L'amirals fu armés et ses escus fu d'os,
Orlés de cieres pieres del flun de Robanos.
Ses haubers fu molt rices qu'il ot vestu el dos. 665
A .XX. mil Sarrasins felons estraïgos
Est issus d'Escalone l'amirals Fanios:
Ja mais ne finera si ert jostés as nos.

21. Buiemons et Tangrés orent fait lor cembel
Par de devant Cesaire contreval .I. ruisel. 670
De brebis et de chievres furent grant li flocel:

---
[17] *l. 629. The scribe has corrected the* d *of* desci *from* q.
[18] *l. 644. The scribe has corrected the* n *of* navie *from* tr.

Des camels et des asnes la belent li aignel.
Et li Turc de Cesaire, li fort, li plus isnel,
Les porsivent de lonc trestot le sabloncel -
Car il les criement plus c'aloë fauconcel.   675
No baron s'en repairent par desos Mirabel:
A Saint Jorge de Rames troevent l'autel molt bel.
Suriien le gardoient qui sont de Nazarel.

22. A Saint Jorge de Rames parvinrent no baron,
    Buiemons et Tangrés et tot lor compaignon   680
    A trestoute lor proie dont orent a fuison -
    De brebis et de kievres et de maint cras moton,
    De camels et de bugles et si ot maint asnon.
    Et descendent[19] a pié, si font lor orison
    Et batent lor poitrines par grant affliction.   685
    Reclainment Damedeu par son saintime non
    Et le baron saint Jorge, qui tant par est preudom,   *140d*
    Que de tos lor peciés lor face vrai pardon.
    Ensi con il faisoient lor grant oblation
    Es les Turs d'Escalone cevalçant le sablon,   690
    Armés sor les destriers de diverse façon.
    L'amirals fu armés sor .I. blanc arragon,
    Covert d'un vert diaspre le col et le crepon,
    Et portoit l'oriflanbe, l'ensegne et le dragon -
    Les langes d'or l'enbatent desci a l'esperon.   695
    Paiene gent cevalcent a force et a bandon:
    Aprés l'amiral vont entor et environ.
    La peüssiés veïr tant auberc fremellon,
    Tant vert elme laciet, tant escu a lion
    Et tante rice targe, a or fin le blazon,   700
    De cendal entailliet et de vert siglaton,
    Tant arc de cor turçois traiant a abandon,
    Tance[20] rice saiete entoscie el pegnon.
    Quant no baron les voient cascuns prent a l'arçon;
    Enbracent les escus, hardi conme lion.   705
    Buiemons les conforte, si lor trait .I. sermon:
    "Segnor," çou dist li ber, "franc chevalier baron,
    Tot sonmes d'une terre et d'une noureçon,
    Fil de molt rices meres et d'une region.
    Nos nen avons castel ne freté ne donjon   710
    U puisons repairier s'a nos meïsmes non.
    Et veés ci les Turs que nos querant alon,
    Qui ne croient en Deu n'en sa surrexion,
    Ne qu'il recoillist mort, ne sofrist pasion
    Por nos tos racater de l'infernal prison.   715
    Segnor, qui ci morra s'ait la beneïçon

---

[19] *l. 684. For* descendent *the scribe has written* descentdent.

[20] *l. 703. For* tance *see Introduction: Scribal Corrections and Errors.*

La Chanson de Jérusalem

    Que Dex fist as aposteles au jor d'asention!
    Qui ci recevra mort s'avra le vrai pardon
    Au grant jor del juïse de la solution!"
    A çou que li ber ot finee sa raison   720
    Es les Turs de Cesaire broçant a esperon:
    Sempres furent mellé a le gent de Mahon,
    Maintre conmunalment es paiens d'Escalon.
    La veïssiés ensanble ferir a caplison
    Et tant auberc desrompre trelis et fremellon,   725
    Tant Sarrasin morir et tant cuvert gloton -
    Tante teste trenchier, tant pis et tant menton -
    Qui mort cieent a terre, dont Dex n'ara pardon.
    Des mors et des navrés joncierent li sablon.
    A cel poindre sont mort .IIII.M. Esclavon,   730
    Dont deable enporterent les armes a bandon,
    Ki ja mais n'isteront de l'infernal prison.   *141a*

23. Li estor sont molt fort et li caple plenier
    Et li Turc les angoisent al[21] traire et al lancier.
    La peüssiés veïr tante targe percier   735
    Et tant clavain desrompre, tant auberc desmallier,
    Tant Sarrasin morir, verser et trebucier,
    Et tant ceval navrer et tant corant destrier
    Dont les resnes sont routes qui corent estraier.
    E! Dex! con le requierent li vavasor terrier!   740
    Buiemont les caiele, qui Jhesus puist aidier!
    Ki veïst le baron l'ensegne desploier,
    Tant con cevals puet corre lever et rabaisier,
    Guencir et trestorner, sovent es Turs plongier!
    Qui il consiut a coup ne li vaut .I. denier   745
    Blans clavains ne fors broigne ne li face glacier
    L'espiel par mi le cors et jus mort trebucier.
    La veïssiés les Turs glatir et abaier:
    .IIII.M. en sont mort contreval le gravier.
    Ja fussent a la fuite li gloton losengier,   750
    Mais Franc ne sevent mie le mortel destorbier.
    A destre se regardent vers le casal Glofier:
    Virent les Turs de Jafe, bien sont .XV. millier,
    Molt ricement armé le grant cemin plenier.
    Cele fiere bataille fist nos Frans abaisier.   755
    Buiemons les conforte, ses prist a castoier:
    "Segnor," dist Buiemons, "nobile chevalier,
    Por amor Deu de glore vos vauroie proier,
    Et por le vrai Sepucre, n'aiés soing d'esmaier!
    Mais recevés les Turs au fer et a l'acier!   760
    Car cil qui ci morra, il avra tel loier

---

[21] *l. 734. The scribe has corrected* al *from* as.

Qu'en paradis celestre les fera Dex couchier,
Ensamble as Innocens servir et aaisier!"

24. "Segnor," dist Buiemons, "vés con faite aventure!
Toute aviemes desroute iceste jent gafure
Se ne fuisent cist autre - qu'aient male aventure! -
Ki ci vienent frapant plus tost que l'anbleüre.
Vés con il nos acaingnent d'orgelleuse faiture.
Ki bien les recevra, s'arme ert et caste et pure:
Devant Diu en ira en present sa faiture!" 770

25. "Segnor," dist Buiemons, "nel vos quier a celer -
Qui por Deu reçoit mort molt par se doit amer.
En paradis celestre les fera Dex guier;
Ensamble as Innocens les fera coroner."
Qui la veïst les Turs l'estandart aporter, 775
Tres de devant François et ficier et lever
Et l'or fin et l'argent luire et estinceler, *141b*
Les pieres precieuses conme fus enbraser,
As grans canes trençans nos barons encontrer
Et escus et blazons et trencier et tröer 780
Et as espees nues sor les elmes capler!
François sont joint et clos, ne pueent eströer:
Des escus font palis - Jhesus les puist salver!
Buiemons ist des rens, nel pot plus endurer.
A .V. mile François, qui Dex puist honorer, 785
Ala a l'estandart et ferir et capler:
Par force et par pöeste le fist jus craventer.
La veïssiés les Turs et glatir et hüer,
Les cors et les tabors et tentir et corner!
Par ire et par esfors le font sus relever; 790
Un arpent et demi font nos Frans reculer.
Ki veïst a Saint Jorge nos barons arester
Et oïr Buiemont hucier et escrïer:
"Sains Sepucres, aïe! Sains Jorges, rices ber!"
Ensement con li chien demainent le sengler 795
Quant il fautre des piés et il le font bufer,
Ausi veïssiés Turs nos François demener.
Par le mien esciant n'i peüscent durer
Se Dex nes secorust, qui tot a a salver.

26. Segnor, or escoutés, franc chevalier vaillant, 800
Si conme François ierent en la besoigne grant -
Que Turc les angoisoient as ars de cor traiant,
As acerees canes et a lor dars lançant!
Ensement con li chien vont le sengler venant
Quant il fautre des piés et il le vont pinçant, 805
Ausi veïssiés Turs nos François angoisant.
N'i peüscent durer - de çou soiés creant -

La Chanson de Jérusalem

  Se Dex nes secorust par le sien saint conmant!
  Atant es vos saint Jorge a esperon broçant,
  Saint Barbe et saint Domin, cascun sor l'auferrant,   810
  Saint Denise de France sor le blanc ataignant,
  Saint Morise d'Angers, que Dex par ama tant,
  Une legion d'angeles conme faucon volant,
  Si se fierent es Turs conme sengler bruiant!
  Qui il prendent a coup, il n'a de mort garant.   815
  Cascuns i jete mort Sarrasin u Persant
  U Turc u Beduïn u paien mescreant.
  Quant no baron les voient, molt sont lié et joiant:
  Tels jut navrés a terre qui sailli en estant
  Et renbrace l'escu, prent l'espee trençant!   820
  Sains Jorges laise corre, vait ferir l'amirant
  Ki sire ert d'Escalone ens el pis par devant   *141c*
  Que tot l'escu li perce et l'auberc li desmant
  Et le pis et le cuer li va par mi rompant!
  Toute plaine sa lance l'abati mort sanglant.   825
  "Çou que est, vif diable?" dïent li mescreant.
  "Vers les fers de lor lances n'averons mais garant!
  Mahomes les confonde en qui sonmes creant!"
  Il livrerent les dos si s'en tornent fuiant.
  Buiemons les encauce et sains Jorges devant   830
  Et li rices barnages aprés esperonant;
  Refierent des espees sor les Turs maintenant.
  Des mors et des navrés vont le sablon covrant.
  Enfresci qu'a la mer les enmainent ferant:
  .IIII.M. en i noient e[n]s es ondes flotant,   835
  Dont li diable enportent les armes maintenant.

27. A Saint Jorge de Rames devant le bel mostier,
  En le large campaigne u sont li sablonier,
  La fu grans li bataille de la gent l'avresier,
  Des Turs et des Persans qui Deu n'ainment n'ont chier,   840
  Qui çou ne voelent croire qu'en le digne moillier
  Presist Dex car et sanc et fesist baptisier.
  Buiemons les encauce qui nes valt pas laisier,
  Et li autre baron ne s'i vaurent targier.
  Cascuns i fiert sor eux a l'espee d'acier: 845
  Qui ataignent a coup ne remaint sor destrier,
  Sains Jorges de devant quis faisoit trebucier.
  Enfresci qu'a la mer ne finent de chacier:
  .IIII.M. en noierent contreval le gravier,
  Dont les armes enportent deable et avresier.   850
  Ki la veïst saint Jorge son ceval eslaisier! -
  Par Palagre de mer venir et repairier,
  Saint Barbe et saint Domin l'un vers l'autre adrecier,
  L'un bohorder vers l'autre con fuisent esprevier!
  Et Buiemons s'escrie et conmence a hucier,   855

"Sains Jorges, rices ber, molt vos doi avoir cier!
Vostre saintisme glise ferai jo essaucier:
Un euvesque i metrai et .XX. clers[22] el mostier
Qui canteront les messes et feront le mestier,
Et qui liront les ores qui sont ens el sautier, 860
Qui ne fineront mais el siecle Deu proier!
Segnor!" dist Buiemons, "nobile chevalier!
Molt devons Deu de glore lever et essaucier,
Qui nos a fait nos vies ci avant alongier.
Courés, baron, as testes! Pensés des röegnier! 865
Les ciés sor les espaulles faites paiens trencier,
As keues des cevals nöer et atachier! *141d*
Ens en Jerusalem les ferai balancier,
Tres par mi les haus murs por paiens esmaier:
Çou sera une cose quis fera courecier!" 870
Ki la veïst les princes descendre ens el[23] gravier,
Les espees desçaindre, les elmes esracier:
Les haubers ne les armes n'i vaurent pas laisier,
Ne les espius trençans, ne les dars por lancier,
Les ars de cor turçois, les saietes d'acier – 875
Molt aront a no gent a l'ost Deu grant mestier.
Ces haubers font fors traire et de lor dos sacier
Et les testes as Turs colper et detrencier,
As keues des cevals nöer et atacier.
.XV. mile somiers et autretant arc cier 880
En ont fait de lor armes et torser et cargier!
Estes vos a Saint Jorge nos barons repairier
Et acoillent le proie, puis entrent el sentier:
Damedex les conduie, qui tot puet justicier!

28. Estes vos nos barons a Saint Jorge arestés. 885
.XXX. mile cevals ont cargiés et torsés,
De blans aubers et d'elmes et d'escus d'or listés,
Et d'espees trençans et de dars empenés;
Et acoillent le proie, dont il i ot assés,
Et entrent el cemin que fu grans et ferrés. 890
Par desor Mirabel es les aceminés.
Et vienent a l'ost Deu quant solaus fu levés.
Et li dus Godefrois lor est encontre alés
Et Tumas de la Fere, li preus et li senés,
Et dans Hües li Maines sor le destrier armés. 895
Dist li dus Godefrois, "Buiemont, dont venés?
U presistes le proie dont vos tant amenés?
Quels venisons est ço que vos ci aportés?"

---

[22] *l. 858. The scribe has corrected the* c *of* clers *from* d.

[23] *l. 871. MS:* en. es g. *The singular form* el *is given in all the variant manuscripts present, although several give another word in place of* gravier.

La Chanson de Jérusalem

"Sire, devant Cesaire fu l'avoirs conquestés:
En le plaigne de Rames avons paiens trovés 900
Ses avons desconfis - Dex en soit aorés!
Cis avoirs qui ci est soit a tos presentés,
As povres et as rices departis et donés!
Qui n'a nient de ceval, or l'en soit uns livrés!
Blans aubers et vers elmes et bons brans acerés!" 905
Dex! con rice parole! Com il est escoutés!
De .XXX. mil François fu li ber enclinés
Por icele parole qui fu prise en grans grés;
Et sont venu as loges, si descendent as trés.

29. Li prince et li baron sont descendu a pié, 910
    Les espees desçaintes, les elmes deslacié:
    De sanc et de cervele furent tot vermellié. *142a*
    La nuit fist esquergaite tant qu'il fu esclairié
    Godefrois de Buillon, le vert elme lacié.
    Li vesque et li abé[24] et li rice clergié 915
    Ont cantee la messe et Jhesu graciié,
    Le sainte letanie et dite et versellié.

30. Buiemons et Tangrés et li grans compaignie
    Sont descendu a pié a lor herbregerie:
    Molt par fu travellié la grans cevalerie 920
    Et li rices barnages qui en Jhesu s'afie.
    La nuit fist l'esquergaite, la grant broigne vestie,
    Godefrois de Buillon dusqu'a l'aube esclarcie,
    A .X. mil chevaliers, tos de sa compaignie.
    Li vesque et li abé et li rices clergie 925
    Ont cantee la messe et dit le letanie.
    Le jor fist Buiemons la rice departie:
    Qui vaut ceval corant u broigne desartie,
    Ne espee trençant, ne fort targe florie,
    Buiemons li dona - çou fu grans segnorie! 930
    Onques n'i ot si povre qui de joie ne rie!
    Le fu boutent es loges li grans bacelerie;
    Cargent mus et somiers s'ont lor voie acoillie
    Tot droit vers Jursalem la grant terre enhermie.
    L'avangarde lor fist li dus de Normendie - 935
    Cil a le brune car, a la ciere hardie.
    Quant il orent erré .II. liues et demie,
    A pié est descendue li grans cevalerie:
    Par grans afflictions envers Deu s'umelie.

---

[24] *l. 915. MS:* L. euvesque et l. a. *The syllable count of the first hemistich can be corrected either by replacing the graphy* euvesque *by* vesque, *or by treating* abe *as sing. obl.: the form* vesque, *given in all the variant manuscripts apart from E, has been followed. For the scribe's treatment of* abe/abé *see Introduction: Scribal Corrections and Errors.*

31. Li prince et li baron sont descendu a pié 940
Et furent de lor cauces li avant pié trencié,
Par desor les cevilles colpé et röegnié.
Cascuns tient son destrier par le resne ploié;
Et ont tant le sablon et passé et marcié
Qui tant par est trençans, dont molt sont angoisié, 945
Vienent a le monjoie, la sont agenoillié:
Jerusalem enclinent par molt grant amistié.

32. Tot droit a le monjoie sont venu no baron,
Li vesque et li abé de grant religion.
De hautes kirïeles en oïst on le son: 950
Cantent, "Aleluya! Laudamus te Deum!"
Baivier et Alemant cantoient lor cançon,
Les hautes kirïeles: el ciel ot on le son.
La peüssiés veïr, Dex! tant rice baron
Mordre et baisier la terre, le piere et le sablon! 955
L'uns le disoit a l'autre et traioit son sermon:
"Par ci passa Jhesus, qui soufri passion, *142b*
Si beneoit apostele et tot si compaignon!
Buer avonmes soufert tant persecution
Et tant fain et tant soif, tante destravison, 960
Les vens et les orages, le noif et le glaçon,
Quant or veons le vile u Dex prist passion,
U il recoilli mort por no redemption!"
Sor les murs de la vile entor et environ
Ot tante rice ensegne de vermel siglaton 965
Et de pailes a or, de cendals d'orion:
Paien et Sarrasin, li maisnie Mahon,
Estoient sor les murs entor et environ.

33. Tot droit a le monjoie sont François aresté
Et ont Jerusalem molt parfont encliné: 970
De joie et de leece qu'il virent la cité,
Les murs et les batailles et le grant fremeté,
Ploroient tenrement li prince et li casé
Et li povre et li rice, li chevalier menbré.
Voient la Tor David, l'estandart sus levé - 975
Li aigles d'or reluist plus que fus enbrasé -
Et les paisons tendans que Turc orent levé.
.XX. toises ot de lonc et .X. en ot de lé:
La lois i est escrite que tienent li malfé,
Cele gens sarrasine, li cuvert desfaé! 980
Sor les murs de la vile environ la cité
Ot, Dex! tant rice paile escarimant röé
Et tante bele ensegne de cendal coloré,
De rices siglatons a fin or bien ovré.
Plus valoient li paile de mil mars bien pesé! 985
Li ors et li argens i rendoit grant clarté.

La Chanson de Jérusalem

    Tant furent cil proudome et si fort aduré
    Qui la misent le siege par vive pöesté
    U il n'avoit riviere, ne herbage ne pré,
    Fontaine ne sorjon desci qu'a Silöé –   990
    C'est une eve salee; n'a gaires de bonté.

34. Segnor, cele fontaine, ele est forment salee
    Et est par escriture Silöé apelee.
    A boucels et a buires fu a l'ost aportee,
    A soumiers et a asnes conduite et amenee.   995
    Li prince et li baron – verités fu provee –
    Le burent volentiers a molt grant desiree.
    N'i demandoient pas grant cambre tresserree
    Por boire les bons vins coiement a celee,
    Por mengier cras capons ne venison lardee: 1000
    Mangüent car de buef mal quite et mal salee –
    Par paine, par travail, par mainte consiree   *142c*
    Et par fains et par sois, par noif et par gelee
    Et par fieres batailles et par mainte mellee
    Dont li baron recivrent mainte dure colee!   1005
    Ains que la sainte vile fust prise et conquestee
    Mains haubers en fu rous, mainte targe effondree
    Et mainte cars trencie et plaïe et navree,
    Mains pis, mainte coraille, mainte teste colpee,
    Et des uns et des autres: verités fu provee!   1010
    Or conmence cançons de bien enluminee,
    C'ainc tele ne fu faite ne si bone cantee!

35. Dans Pieres li hermites sor son asne monta.
    Les barons et les princes avoec lui enmena
    Et le rice barnage que molt forment ama,   1015
    Et desor Caïphas le grant tertre puia.
    Jerusalem la vile sorvit et regarda:
    As barons et as princes le dist et devisa.
    "En cele sainte vile, biau segnor, fui jo ja!
    Vés le Mont Olivet, la u Dex demanda   1020
    L'asnesse et son faon, quant on li amena.
    Et vés la Portes Oires, par u Jhesus entra
    Dedens Jerusalem, quant on li despoilla
    Et le vair et le gris, quant il desus passa:
    Li enfant as Juus *sternebant in via*   1025
    Les rains des oliviers et les rains *de palma*.
    Li cités est plorans, la terre s'aploia
    Sous les piés Jhesu Crist: ainc puis ne releva!
    Et veés le pretorie, la u on l'emplaida,
    U Judas le vendi – qui puis s'en estrangla!   1030
    .XXX. deniers em prist, que plus n'en demanda.
    Et veés la l'estace, la u on le loia
    Et u on le bati et on le coloia!

Vés le Mont de Calvaire, la u on le mena,
Segnor, a icel jor c'on le crucefia, 1035
Quant Longis le feri, qui le car li perça
Que li sans en corut desci qu'en Gorgata!
Et veés le Sepucre u Joseph repaira(i).
Li jentius chevaliers son segnor le rova:
.VII. ans l'avoit servi, plus ne li demanda — 1040
Çou furent grans soldees que on li otroia!
Et veez le saint Temple que Salemons fonda:
La ierent li apostele quant Dex les conforta
Et il dist, 'Paux vobis,' dont les enlumina.
Et veés le latin, u il les doctrina 1045
De nonante langages dont il lor ensegna.
Veez Monte Syon et la u devia *142d*
La mere Jhesu Crist quant cest siecle passa.
Et vés ci Josaphas, la u on l'emporta:
Si est li sepulture, la u on le posa. 1050
Or deproiés la dame, si con Dex tant l'ama
Qu'a ses beneois angeles ens el ciel l'enporta,
Qu'ele prit son cier fil, u si grant douçor a,
Nos peciés nos pardoinst li rois qui tot forma,
Les grans et les petis quan qu'en nostre ost en a!" 1055
"Amen, bels Sire, Dex!" cascuns d'els s'escria.

36. Li conte et li baron, li prince et li marcis,
    Li vesque et li abé, li halt home de pris
    Descendu sont a pié el tertre et el lairis.
    Tendent lor mains vers Deu et crïent a hals cris: 1060
    "Jursalem Nazarenum! Sire Dex, Jhesus Cris!
    Buer avonmes laisiés nos fiés et nos païs,
    Nos rices manandies et nos grans edefis,
    Les deduis des faucons et le vair et le gris
    Et nos frances molliers dont faisiens nos delis 1065
    Et nos beles maisnies et nos enfans petis,
    Quant or veons la vile u Jhesus fu traïs,
    Batus et coloiés, ferus et escopis
    En le saintisme crois u il fu crucefis —
    U il recoilli mort por nos dolans caitis, 1070
    Por nos armes fors metre des mains as anemis
    Qui nos et nos ancestres avoient tos saisis!
    Si con ço fu voirs, Dex, qu'el sepucre fus mis
    Et con vos au tierc jor refustes surexis,
    Lai nos prendre venjance de tos nos anemis! — 1075
    Des Turs et des Persans et de ces Arrabis
    Dont cist mur sont couvert, qui sont de marbre bis!"
    A icestes paroles se sont as cevals pris:
    Vestus ont les aubers, laciés elmes burnis
    Et çaintes les espees et les bons brans forbis 1080

La Chanson de Jérusalem 59

    Et pendent a lor cols les fors escus vautis.[25]
    Li ors et li argens, li tains et li vernis,
    L'azurs et li sinoples qui es escus fu mis,
    Les pieres de cristal, qui sont en l'or masis,
    Rendoient grant clarté environ le païs: 1085
    Avis estoit cascun qu'il fust em paradis!
    Les ensegnes de paile, de cendaus, de samis
    Qui pendoient as lances et as espius forbis
    Ondoient et ventelent al vent qui fu seris.
    Dans Pieres li hermites les a a raison mis.   1090

37. "Segnor!" ce dist dans Pieres, "nobile chevalier!   *143a*
    Li prince et li baron et li jentil terrier,
    Li vesque et li abé qui savés le mestier,
    Le cors de Jhesu Crist essaucier et traitier,
    Veés Jerusalem dont li mur sont plenier,   1095
    Les hautes tors de piere, a cauc et a mortier,
    Les fors portes bendees[26] et de fer et d'acier!
    Bien devons Deu amer, servir et essaucier!
    Ki or vaura conquerre le glorios loier,
    Le beneïçon disne envers Deu desraisnier,   1100
    Or se penst de bien faire, envers lui esforcier,
    De l'assaillir as portes et environ logier!
    Des hautes tors abatre et des murs peçoier!
    N'avons que sejorner – ne devons delaier!
    Cascuns doit sa pröece et son los essaucier   1105
    D'assaillier a la vile: n'avons que atargier!
    Car cil qui ci morra en ara tel loier
    Qu'en paradis celestre les fera Dex coucier,
    Ensamble as Innocens servir et aaisier!"

38. Dist Tumas de la Fere, a le hardie ciere,   1110
    "Si m'aït Dex de glore, ne sai par quel maniere
    Puisons prendre par force ceste cité pleniere
    Qui'st si fors et espesse, et de dure maniere!
    Li fossé sont parfont et roste li terriere,
    Li murs fors et espés plus d'une grant quariere   1115
    Et la tors roide et haute plus d'une arbalestiere!
    Et ci nen a fontaine, ne forest ne riviere,
    Ne aré ne semé, ne forment ne gaskiere!
    Ceste terre est deserte, coverte de bruiere.
    L'ost Deu est si destroite et l'eve i est si ciere –   1120
    .C. sols en i vent on cargiet une somiere!
    Ici n'a point de l'eve, boscage ne foriere
    Dont on face bolir pot de fer ne caldiere!

---

[25] *l. 1081. The scribe has corrected the t of* vautis *from* d.

[26] *l. 1097. MS:* p. dedens et de. *The sense of the line indicates that* dedens *should read* bendees, *the reading given in all the variant manuscripts present,* DEGIT.

Mais par le foi que doi Godefroi de Baiviere
Et la nostre segnor qui jo ainm et tieng ciere, 1125
Mius vauroie estre mors, navrés et mis en biere,
Que cele rice porte fierement ne requiere,
De m'espee trenchant a ambes mains n'i fiere!
Ne le poront garir li fil a l'avresiere!
De cels qui ci morront n'estuet faire proiere – 1130
Les armes fera salves Jhesus li vrais jugiere!"

39. Et dist li quens de Flandres, "Se Dex me beneïe,
Mervelle mai[27] de Deu qui tot a en baillie
Et le ciel et la terre si con li mons tornie, *143b*
Por qu'il se herbrega en ceste Sinaïe! 1135
Çou deüst ici estre bons terre coutie:
Encens i deüst croistre, li pietre[28] et la tubie,
Garingaus et gingembres, et la rose florie,
Herbes medicinals qui a cors d'ome aïe.
Ainc Dex ne fist cel home – ne vos mentirai mie – 1140
Tant l'eüst nus grans mals n'enfertés acoillie,
Se il mangast de l'erbe de ceste ortellerie
Ne deüst estre sains et tos tornés a vie!
Ainc puis que Diex fu nés de la virgene Marie
Ne fu cités fremee en tele desertie! 1145
Ici nen a forest, ne point de preerie,
Fontaine ne sourjon, vivier ne pescherie.
Mius aim del cit d'Arras la grant chastelerie,
D'Arie le bos de Niepe le large cacerie
Et de mes bels viviers le rice pescerie, 1150
Que tote ceste terre ne ceste cit antie!
Mais par le foi que doie a Climence m'amie
Et Bauduïn mon fil u mes cuers s'umelie,
Miux vauroie estre mors, navrés et fors de vie,
Qu'a cele riche porte, u cius pailes baullie, 1155
Ne lor face orendroit une riche assaillie!
Aparmain vos semoing, tous de chevalerie;
Car cil ki ci morra s'arme sera garie –
Devant Deu en ira, chantant toute florie!"

40. De desor Josaphas es grans tertres rëons *144a* 1160
Fu li concilles pris des nobiles barons,
D'euvesques et d'abés de grans religions.
Voient Jerusalem, les murs et les donjons,
Les cendaus et les pailes, les vermels gonfanons;
La dedens la cité des Sarrasins felons 1165

---

[27] *l.1133.* mai: *an unusual scribal form for* moi; *cf.* avaine, *l. 4336.*

[28] *l. 1137. MS:* c. la pierre et . *The name of the plant is given without difficulty in BCDEGI; T gives* poivre *which may represent an attempt to correct from T's exemplar a word from which A has derived its own reading.*

La Chanson de Jérusalem

    Et aler et venir et widier les maisons,
    Porter l'or et l'argent, et bezans et mangons;
    Voient emplir le Temple que fonda Salemons
    De femes et d'enfans et de petis garçons.
    "Segnor! Franc chevalier!" ce lor dist Buiemons,   1170
    "Trestotes les cités que conquise[s] avons
    Sont febles a cesti, car as iex le veons.
    Anthioce la bele, dont fu rois Garsions,
    Ert molt bien asasee d'eves et de poissons,
    De beles praeries, de rices garisons.   1175
    En totes les contrees que conquises avons
    N'eümes tel destrece que nos ci soferrons!"

41. Aprés parla Tangrés, li preus et li hardis:
    "Ahi, Buiemont sire, que ce est que tu dis?
    Es plains de Romenie maintes fois nos desis,   1180
    Quant nos cevalceriemes desor les Arrabis
    Et tu nos sermonas de tes sermons floris,
    Se Dex le te soufroit que tu tant fuises vis
    Que veïscés le vile u Jhesus fu traïs,
    Batus et coloiés, ferus et escopis,   1185
    U il recoilli mort por nos dolans caitis,
    Mangeroies les pieres con fust gastials alis
    U blans pains buletés u fouace a tamis!
    Et or vos voi ci d'eve dolans et entrepris!
    Ne vos esmaiés mie! Dex nos ert bons amis!   1190
    Icil ki or set bien qu'il ert sains et garis,   *144b*
    Por qu'est onques couars? – mais tos jors soit hardis!
    Segnor," ce dist Tangrés, "ne soit ja consaus pris:
    Tost et isnelement soit ja li asaus mis
    Environ la cité as martels et as pis!   1195
    Se Turc ovroient ja ne porte ne postis,
    Par aucune maniere qu'a nos fuisent saillis,
    Al rentrer s'en tenroient paien por escarnis!
    Laiens nos en iriemes avoec nos anemis:
    Enfresci c'al saint Temple durroit li capleïs   1200
    Et seroit li Sepucres assés plus tost conquis!"
    A iceste parole fu tans escus saisis,
    Tans vers elmes vergiés et tans bons brans forbis!
    Tost et isnelement descendent del lairis.
    .LX. mile graille en sont as bouces mis: 1205
    Cil tertre i resonerent, li mont et li lairis.
    Sempres orés assaut doleros, ce m'est vis,
    Se cil sire n'en pense qui en la crois fu mis,
    Dont il morront .X.M. des plus amanevis!

42. Del tertre descendi Buiemons et Tangrés,   1210
    Li dus de Normendie et Tumas li menbrés
    Et dans Hües li Maines, li preus et li senés,

Et li rices barnages, euvesques et abés.
Tost fu aparellié sainte crestïentés –
A martels et a höes et a pis acerés.   1215
Qui ains ains, qui mius mius, es les vos aroutés!
Tot droit a Saint Estevene, u il fu lapidés
A pieres et a fondes, et ferus et rüés,
La vinrent les compaignes des chevaliers armés.
Ja alaisent par force as murs et as fossés!   1220
Ez vos Huon le Maine sor son destrier armés,
Couvers d'un blanc diaspre les flans et les costés
Que il avoit conquis sos Anthioce es prés;
Et dist Hües li Maines, "Franc chevalier, estés!
Por amor Deu de glore .I. petit m'entendés!   1225
S'or aliiés as murs, certes, c'est verités,
Li damages des nos n'ert ja mais restorés!"

43. Et dist Hües li Maines, qui quens fu de Perone,
Li frere au roi de France qui bien porta corone,
"Ceste cis est plus fors que ne soit Escalone,   1230
N'Anthioce li bele, Duras ne Avelone!
Nus assaus sans engien n'i vauroit une prone!
Ja i verriés morir mainte rice persone!"

44. Çou dist Hües li Maines, li quens de Vermendois,
"Segnor, franc chevalier! Nel tenés a gabois!   1235
Nos sonmes trestot frere as anciienes lois.   *144c*
Ensamble avons soufert et les fains et les sois,
Les vens et les orages, les plueues et les nois
Et conquises les terres et passés les destrois!
Vés ci Jerusaalem: molt i a grans defois   1240
Des hautes tors de piere, des murs sarasinois.
Nus assaus sans engien n'i valt pas une nois!
Ja i verriés morir a grant dolor François,
Angevins et Bretons, et Escos et Englois,
Provencials et Gascons, Pisans et Genevois!   1245
Mais primes nos logons: si ferons que cortois.
Par engien vaurais prendre ces murs sarrasinois.
Me part vaurai avoir de ces palais grigois."
"Certes, c'est biens a faire," dist li dus Godefrois,
Li dus de Normendie et Robers li Tiois.   1250

45. Dist li dus Godefrois, "Oiés, segnor baron!
Certes, c'est bons conseus del preu Maine Huon:
Issi est biens a faire que son consel crëon.
Or esgardés por Deu conment nos le feron,
Par con faite maniere Jursalem asauron.   1255
Jo m'en irai logier droit a Monte Sion
O le gent de ma terre et de ma region:
Illueques ferai tendre mon rice pavellon

La Chanson de Jérusalem

     Et par nuit et par jor le porte garderon.
     Les engiens ferai faire dont les murs perceron!   1260
     Ne le saront garir la dedens li gloton!"

46. Dist Gerars de Gornai et de Marle Tumas,
     "Et nos nos logerons el val de Josaphas,
     Trestot droit a Saint Pierre qui'st en Galelias –
     La u il s'en fuï quant ses compains Judas   1265
     Fist prendre Jhesu Crist et mener a Pilas!
     L'eve de Silöé a .XXX. somiers cras
     Ferons venir a l'ost, tot souavet le pas,
     Si'n ferai departir as febles et as las.
     Les engiens ferons faire dont li mur seront quas: 1270
     Ne le saront garir laiens li satenas!"

47. Dist li quens de Saint Gille, "Et jo me logerai,
     Droit el Mont Olivet mon tref tendre ferai.
     En le terre d'Arrabe le vitaille querrai,
     La riviere del flun sovent recerquerai.   1275
     Quan que porai conquerre a l'ost aporterai:
     As povre et as rices conmunal le ferai.
     Nient plus con li plus povres a ma part n'en arai.
     Les rices Portes Oires tres bien vos garderai:
     Paiens et Sarrasins de la vos destruirai!   1280
     Les engiens ferai faire dont les murs percerai!"   *144d*
     "Buer fuisiés vos dont nés!" dist Gerars de Gornai.

48. "Segnor!" çou dist Robers, li quens de Normendie,
     "Ici a Saint Estevene – se Dex me beneïe –
     Ferai tendre les tentes a ma grant baronie.   1285
     A cele rice porte u li pailes baulie
     Ert faite de ma gent mainte rice envaïe!
     Se Turc s'en issent fors qu'a nos facent saillie
     A le gent de ma terre prendrai tele estoutie,
     Tant i vaurai ferir de m'espee forbie,   1290
     Qu'avoec eux enterrons, soit savoirs u folie!
     Et quant venra al vespre, que nuis ert enserie,
     Vos esquergaiterai, la grant broigne vestie,
     A .X. mil chevaliers jusqua'a l'aube esclarcie!
     Le vitaille querrai desci qu'en Tabarie: 1295
     A l'ost Deu en ferai molt rice departie,
     As povres et as rices, ne vos mentirai mie!"

49. Et dist li quens de Flandres, qui le cuer ot hardi,
     "Et jo me logerai a le Porte Davi
     O le gent de ma terre, si con nos sonmes ci;   1300
     Et al matin, au soir et au plain mïedi
     Ierent li Turc as portes fierement envaï!
     Et quant venra al vespre, qu'il sera enseri,

Vos esquergaiterai a .X.M. fervesti:
Asseür poront estre li lasé[29] endormi!" 1305

50. "Segnor," co dist Tangrés et li preus Buiemons,
"De devers Belliant nos reherbregerons,
Et el maistre cemin nos trés tendre ferons.
Quan que porons conquerre a l'ost Deu porterons:
As povres et as rices tot le departirons!" 1310
"Dex gart," ce dist li vesques, "si nobles compaignons!"

51. Dist li quens Bauduïns, frere au duc de Bullon,
Et li quens Ewistaces, "Oiés, segnor baron!
Et nos nos logerons al Carnier del Lion.
Par devers le marine le vitaille querron 1315
Et a Jafe et a Sur desci qu'en Calençon,
Voire dusc'as pors d'Acre ançois que revenon!
Par devers Nazareth nos en repaieron
Le grant cemin de Naples a force et a bandon,
Le fontaine des Mors a l'ost raporteron; 1320
Autretant al plus povre con al rice en donron!"

52. Çou dist Hües li Maines qui molt fist a prisier –
A mervelles l'amoient li jentil chevalier,
Car il les savoit bien loiaument consellier –
"Segnor," ço dist li quens, "bien fait a otroier: 1325
Del pain, de la vitaille soions tot parçonier.   *145a*
Ne voisent mie a l'eve a route li soumier,
Mais as rices compaignes armé li chevalier!
Et si aiücent l'eve a torser et cargier.
Quant ele sera mise ariere el repairier, 1330
Si ait cascuns des princes .I. loial boutellier
Et si li face bien jurer et fiancier
Si le departira n'en avra .I. denier,
Ne or fin ne argent, esterlin ne loier!
Volés le vos ensi graer et otroier?" 1335
"Oïl! gentius quens sire!" tot prendent a hucier.
Li vesques de Maltran le conmence a segnier.

53. Segnor, or escoutés, france gens honoree,
Si con li confrarie fu dite et porparlee,
Et li prince et li conte l'orent bien creantee 1340
Et plevie par foi, et sor les sains juree,
Que a lor esïent ert loiaument gardee,
Et l'eve et la vitaille et partie et donee.
Tost et isnelement fu la vile asiegee!
La peüssiés veoir tante aucube levee, 1345
Tant tref, tant pavellon, tante feste doree,

---

[29] l. 1305. *The scribe has corrected the* l *of* lasé *from* s.

La Chanson de Jérusalem

Tant pumel d'or luisant et tante aigle aportee!
Des or orés cançon de bien enluminee –
Ains tele ne fu faite ne si bone cantee! –
Si con la sainte vile fu prise et conquestee 1350
Et con Tumas de Marle, a le ciere menbree,
Le blanc auberc el dos, la ventaille fremee,
Le fort escu au col, el poing destre[30] l'espee,
Se laisa ens caïr entre la gent dervee;
Si que la Beduïne, plus noire que pevree, 1355
Le feri de la glave trençant et afilee
Que l'escu li perça et la broigne safree!
Devant li l'abati estendu en l'estree!
Si con il redreça par bone destinee
Et con vit del Sepucre la laine ensanglentee 1360
U li cars Jhesu Crist fu coucie et posee;
La veüe eskiva et la porpre doree.
Franc ont Jerusalem la cit avironee.

54. Franc ont Jerusalem le fort cit assegie.
  La peüssiés veïr tante aucube drecie, 1365
  Tant tref, tant pavellon, tante tente ficie,
  Tant pumel d'or luisant u fiert cler li raïe.
  Li jors est trespassés, li nuis est accomplie:
  Molt fu bien la cités la nuit esquergaitie,
  A cors et a frestels escrïee et hucie 1370
  Et l'ost nostre Segnor ullee[31] et abaïe! *145b*
  Li rois monte en sa tor qui bien fu batellie
  Et prist Cornumaran par le pliçon delie
  Et vient a le fenestre de fin marbre entaillie:
  "Bels fiux," ço dist li pere, "ceste gens esragie 1375
  Venue est d'outre mer s'ont lor terre laisie.
  Fierement ont la nostre, bels dous fils, calengie.
  Ma proie m'ont robee, dont ma gens est irie –
  Fils, done moi confort[32], conforte ta maisnie!"

55. "Bels fiux Cornumarans," dist Corbadas li rois, 1380
  "Passé a .II.C. ans que m'ont sorti Grigois,
  Suriien et Hermin, Pateron et Gorgois:
  Franc venroient sor nos, que tu ore as iex vois,
  Por vengier le Segnor, qui çaiens fu destrois,

---

[30] *l. 1353. MS:* c. la ventaille et l'esp. *The sense requires the reading given in BDEGI. AC share the repetition of* la ventaille *from the previous line; their source is likely to have repeated the complete hemistich, which A has emended but which C has copied without alteration.*

[31] *l. 1371. A minim stroke is expunged before* ullee.

[32] *l. 1379. The chiastic repetition of* confort, conforte *is unusual and the reading* done moi consel, *as given in BCDEIT, may be preferred. For another example of repetition which approaches annominatio, but without chiasmus, see l. 2608 and note.*

Batus et escopis, et ferus en la crois. 1385
Mais li Juu le firent: ço fu par nos defois.
Molt en pesa les princes, les contes et les rois:
Titus Vaspazïens les mist en grans destrois,
Si en prisent venjance, car il fu molt bons rois.
Fils, or pöés veïr a vos iex les François, 1390
Angevins et Bretons, et Escos et Englois,
Gascons et Provencels, Pisans et Genevois —
Si sont couvert de fer ne criement arc turcois,
Ne saiete entoscie, ne lancier demanois!
Fils, done moi consel, si con tu faire dois, 1395
Conment me contenrai encontre ces François!"
"Pere," dist li vallés, "mar vos esmaierois!
Tant que jo puisce çaindre mon brant sarragoçois
Ne porter mon escu par la guige a orfrois,
Ne ferir de ma glavie, ne traire d'arc turcois! 1400
Nos sonmes bien garni dusqu'a .LX. mois
De pain, de vin, de car, de forment, de tremois.
Cité avons si forte, de rice mur cauçois,
Sousiel nen a assaut que jo crieme .II. nois!"

56. "Pere," dist li vallés, "n'aiés soing d'esmaier! 1405
Tant que jo puisse çaindre mon brant forbi d'acier
Ne porter mon escu, ne monter en destrier,
Nos sonmes bien garni dusqu'a .I. an entier!
Cité avons si forte, a cauc et a mortier,
Sousiel nen a assaut que jo prise .I. denier! 1410
François ne poront mie longement ostoier:
La destrece de l'eve les fera eslongier,
Lor pavellons destendre et lor trés desfichier!"

57. Li rois de Jursalem ert en sa tor plus grant,
A la maior fenestre de fin marbre luisant, 1415
Et vit l'ost des François environ lui lojant *145c*
Et pavellons et trés a cordes paisonant
Et ces cevals henir et ces mus recanant,
Bacelers et mescins aler escremissant,
Et dames et puceles aloient carolant, 1420
Les gens le rois tafur a ses murs geldoiant.
Il les escumenie de don deu Tervagant:
"Ahi!" dist il, "caitif! Con me faites dolant!"
Ez le duc Godefroi armé sor l'auferrant
Et Tumas de la Fere le hardi conbatant, 1425
Et le conte Ewistace et Bauduïn l'enfant;
Et aloient le place et le liu esgardant
U poroient drecier le periere jetant.
Entrues qu'ensi aloient, estes lor vos atant
De le grant Tor David .III. escofles volant: 1430
Par deseur le pumel s'aloient aroant,

La Chanson de Jérusalem 67

   A .II. blans colonbels molt sovent ajetant.
   Li dus tenoit .I. arc fort et roit et traiant;
   Le saiete descoce par si droit avisant
   Que tos .III. les oisiaus a ocis maintenant!   1435
   Del coup caïrent mort sor l'estandart luisant
   Delés le sinagoge Mahon et Tervagant.
   Li dus maine grant joie, François en vont riant!
   Li pluisor sevent bien qu'il va senefiant:
   C'est grans senefiance que Dex lor va mostrant.   1440
   Corbadas le mostra son fil Cornumarant.
   Li plus sage paien en furent molt dolant:
   Li uns le dist a l'autre soëf en consellant,
   "Çaiens iermes destruit: ja n'en arons garant!"
   "Voire," dïent li autre, "bien est aparissant!"   1445

58. Li rois de Jursalem vit les oisiaus caïr,
   Que li dus de Buillon traist par si grant aïr:
   Par mi les .III. escofles fist le quarel issir!
   Corbadas en apele Lucabel de Montir –
   Ses frere ert de son pere, grant terre ot a tenir.   1450
   .VII. ans ot plus de lui, blans ert con flors de lir:
   Ainc plus sage paien ne pot nus home veïr,
   Ne miux seüst le tort fors del droit departir.
   Li rois de Jursalem le vait as pans saisir:
   "Frere!" dist Corbadas, "vels mervelles oïr?   1455
   J'ai veü .III. escofles a .I. seul cop ferir!
   Venés i avoec moi, si les alons veïr!"
   Andoi li roi s'en tornent, qui molt sont en desir.
   A l'estandart s'en vienent u Mahons selt seïr,
   Joste le sinagoge u li rois seut tenir   1460
   Ses plais et ses oiences por ses drois obeïr: *145d*
   La virent les oisiaus a la terre jesir.
   Plus de .VII. mile Turs i veïssiés venir –
   Tot aval Jursalem font la vile fremir!

59. Aval Jerusalem fu molt grans l'estormie: 1465
   Devant le sinagoge de le mahomerie,
   Dejoste l'estandart qui luist et reflanbie
   Fu molt grans l'asanblee de la gent paienie.
   Corbadas se dreça, qui la teste ot florie.
   Oiant tos a parlé: bien fu sa vois oïe.   1470
   "Segnor, franc Sarrasin! Mahomes nos oblie
   Quant il consent que Franc ont ma terre saisie!
   Ja ont pris Anthioce et Nique le garnie.
   Radimans le me dist, uns Turs de Valerie,
   Que devant Anthioce, en mi la praerie,   1475
   Furent mortes les os d'Arrabe et de Persie.
   Ainc n'en escapa piés que doi roi de Nubie
   Et Corbarans lor sire, quis çaeloit et guie.

Brohadas enporterent qui la teste ot trencie.
Puis en fu Corbarans retés de felonie, 1480
Car Soldans li mist sore qu'il ot la gent traïe.
Une bataille en prist, par molt grant aramie,
D'un Franc contre .II. Turs – ço fu grans estoutie!
Puis en fu li bataille et faite et acomplie:
Li Frans ocist les Turs a l'espee forbie! 1485
Molt en est nostre lois durement afeblie
Et la crestïentés molt forment esbaudie!
Et por cel et por el est sor nos enrohie.
Or ont ci ma cité environ assegie
Et lor tentes tendues et pris herbregerie: 1490
Bien a de lonc lor os une liue et demie!
Se jo de Mahomet n'ai secors et aïe
Ceste rice cités ert gaste et escillie.
Ensorquetot, segnor – ne lairai nel vos die –
Un trait vi ge ui faire dont li sans me formie. 1495
Desor ma tor de marbre qui'st de piere polie
Alerent .III. escofle volant a une pie,
Quant doi blanc colonbel fisent une saillie.
Li escofle ont por cel l'aghace degerpie:
As colons s'ajeterent, tot .III. a une hie. 1500
Et Crestïen venoient lés le mur de porfie.
Li uns tenoit .I. arc, le saiete enchocie:
Si droit traist as escofles le saiete enflecie
Que tos .III. les ocist – ço fu grans diablie!
Vés les ci u il gisent, l'uns lés l'autre sans vie!" 1505
Lors s'abaisa, ses prist, contremont les ballie: *146a*
Cascuns ot del fer trait le cuer rot et le fie –
Tot troi sont espeé conme haste enbrocie.
Lucabels le conta Maucolon en l'oïe,
"Cil qui cest trait a fait ert de grant segnorie. 1510
Rois ert de Jursalem, si l'avra en baillie:
Desci qu'en Anthioce corra s'avouerie!"
Quant Maucolons l'entent, s'a la ciere baisie –
Plains fu de maltalent, s'a la color noircie.
Es vos Cornumaran poignant par la caucie: 1515
A sa vois qu'il ot clere molt hautement s'escrie,
"E! rois de Jursalem! ta gens est endormie,
Quant la defors as Frans n'avons fait envaïe!"
"Bels fiux," dist Corbadas, "lasiés vostre folie:
Tel cose ai hui veüe dont li cuers m'atenrie." 1520

60. Lucabels se dreça, qui .C. ans ot passés.
Le barbe ot longe et drue, les grenons lons et lés:
Molt ot bel le viaire, et fu bien colorés.
Ainc plus sages paiens ne fu de mere nés –
Bien fu des maistres ars apris et dotrinés. 1525
Malcolon apela, lés lui s'est acostés:

La Chanson de Jérusalem

  Lucabels l'ot molt cier et cil ert ses privés.
  L'uns tint l'autre a la main et furent lés a lés
  Et li barnages est entor eux assanblés.
  Lucabels apela, "Corbadas, ça venés!   1530
  Rois iés de Jursalem et sire et avoués.
  Cornumarans mes niés en doit estre casés.
  Rois, vos estes mes freres, mais de vos sui ainnés.
  Vos demandés consel et si le requerés:
  Desci qu'a le matin respit nos en donés   1535
  Et jo vos di por voir que adont l'averés,
  Del trait de ces oisiaus que vos ici veés."
  "Frere," dist Corbadas[33], "volentiers et de grés.
  Mais por Mahon vos proi, de moi aidier pensés,
  Que bien soit desfendue contre Frans ma cités: 1540
  Car se il cesti prendent tos sui desiretés!
  Lor sire fu çaiens travelliés et penés
  Et batus a l'estace et en la crois clöés
  La el Mont de Calvaire, que devant vos veés.
  Quant il fu de la crois devant vespres ostés,   1545
  Ens el Sepucre fu et couciés et posés.
  Or dïent Crestïen que ço fu verités
  C'al tierc jor fu aprés de mort resuscités –
  Mais oiés que jo di et quels est mes pensés:
  S'il fust sire des cius, ja ne fust si tüés   1550
  Ne si vilainement ne traitiés ne menés!"   *146b*
  "Frere," dist Lucabels, "tels fu sa volentés.
  Or saciés a fïance que puis que jo fui nés
  Vi jou de ses miracles en pluisors lius assés;
  Et contrais redreciés, avulles ralumés   1555
  Et caitis et caitives fors de prison jetés
  Et en mains lius par foi garantis et tensés!"
  "Sire," dist Corbadas, "jo quit vos redotés!
  Tos estes esragiés se vos içou creés.
  Gardés que devant moi n'en soit mais mos sonés   1560
  Car bien tost en feriés mes homes desperés!"
  "Voire," dist Malcolons, "d'autre cose parlés!
  Vostre fil qui ci est a gaitier conmandés
  A .X. mile paiens: cascuns soit ferarmés!"
  Cornumarans respont, "Dit avés que senés: 1565
  Bien doit cis conseus estre otroiés et graés!"
  Li nuis est revenue, li jors est trespassés.
  En la grant Tor David est Corbadas entrés:
  Ses frere Lucabels en est o lui alés
  Et li rois Malcolons et des autres assés.   1570
  As fenestres de marbre es les vos acoutés
  Et regardent François, lor loges et lor trés.
  Grant luminaire voient de cierges enbrasés;

---

[33] *l. 1538. The scribe has corrected the* b *of* Corbadas *from* d.

Oënt par ces herberges cors et grailles sonés.
D'Apollin les maudist qui fait croistre les blés. 1575
Cornumarans ses fius ne s'est asseürés
Ains est isnelement des armes aprestés:
Por gaitier Jursalem a .X.M. Turs mandés.

61. La nuis fu bele et clere et li airs fu seris.
Tres devant le saint Temple, desor .I. marbre bis, 1580
S'arma Cornumarans a .X. mil Arrabis.
Il cauça unes cauces d'un blanc hauberc[34] trelis
Et vesti une broigne a clavain d'or assis.
Elme sarragoçan si ont ens el cief mis –
A .XII. botons d'or fu serrés et lasnis. 1585
Puis a çainte Murglaie dont li brans fu forbis,
Que fist Matesalans en l'ille d'Orfeïs.
Puis li ont amené Plantamor l'arabis –
Ja por .XX. liues corre n'ert mas ne alentis!
Oiez de sa faiture, conment fu coloris: 1590
Il ot la teste maigre, blance con flors de lis,
Les orelles plus rouges que soit carbons espris,
Narines grans et amples, l'uel gros, cler et traitis,
Les gambes fors et roides, piés coupés et vautis.
Larges fu par les ars et ot tot noir le pis. 1595
L'un costé avoit bai et li autres fu gris *146c*
Et le crupe quaree, goutee con pertris,
La coue peonace, le buret halt assis.
Et jou que vos diroie? Quant il ert ademis,
Ne s'i tenist levriers qui tant fust escoillis! 1600
La sele fu d'ivoire, li arçon planeïs,
Li canfrains fu molt rices dont il ert afrenis,
Li estrier et les caingles furent de quir boulis.
Li ber Cornumarans est es arcons saillis.
A son col ot pendu .I. escu vert et bis – 1605
Il l'ot fait contrefaire a .I. de nos caitis –
Puis a saisi l'espiel dont l'anste ert de calis.
.X. mile Turs amaine, armés et fervestis.

62. Cornumarans cevalce, rengiés il et sa gent.
Par le Porte David s'en issent coiement – 1610
Mais ançois qu'il i rentrent, ierent grain et dolent!
Se Dex garist Harpin et son grant hardement,
N'i vauroit li miudre estre por l'or de Bonivent!
No baron sont en l'ost, que Dex ainme forment:
Del trait que li dus fist estoient molt joient! 1615
A Harpin[35] de Boorges proierent doucement

---

[34] l. 1582. MS: b. clavain t. *The sense requires* hauberc, *as given in DGI*; clavain *may have been copied in error from the following line.*

[35] l. 1616. *The scribe has corrected the* p *of* Harpin *from* d.

La Chanson de Jérusalem

    Que il gaitast la nuit dusqu'a l'esclairement
    Et li ber lor otroie, qui volentiers l'enprent,
    A .V.C. chevaliers qui sont de fier talent.
    Vers la Porte Davi cevalcent errannent,   1620
    Et devers Saint Estievene fu par esgardement
    Dans Ricars de Caumont, qui n'a pas le cuer lent
    De Sarrasins destruire et ocire a torment!
    .V.C. chevaliers ot de fier contenement
    Et devers Portes Oires refurent bien .V. cent.   1625
    La fu Jehans d'Alis et Fouciers de Melent
    Et par devers la porte, si con li puis descent,
    La fu li quens Estievenes, u Aubemarle apent,
    A .V.C. chevaliers qui tout sont de jovent.
    La nuit fu li os Deu en grant touellement.   1630

63. La nuit font li baron l'ost Deu esquergaitier.
    Devers Porte David sont .V.C. chevalier.
    Dans Harpins de Bohorges conmença a proier:
    "Ahi! Jerusalem! Dex me laist tant vellier
    Que jo puisse laiens le sepucre baisier   1635
    Et le crois aorer, estraindre et enbracier
    U Dex laisa son cors pener et travellier!
    Grant duel ai en mon cuer quant i sont avresier.
    Dex me doinst que j'en puise le mien cuer esclairier!"
    Lors s'afice li ber sor l'auferrant destrier: 1640
    Par issi grant vertu tout le fist arçoier   *146d*
    Et estrainst vers son pis son escu de quartier.
    Molt ot vers Sarrasins le cuer et gros et fier!
    Cornumarans s'en ist, qui ne se vaut targier,
    Et o lui s'en alerent .X. mile chevalier.   1645
    Par le Porte David vienent al sablonier.
    Enfresci qu'a l'ost Diu quident aler lancier.
    Mais ains lor avenra mervellos enconbrier:
    De ses .X. mile Turs n'en iront .C. entier!
    Dans Harpins a veü lor elmes flanboier;   1650
    Dist a ses compaignons, "Or ai çou que je quier.
    Vés ci paiens issir: pensons de Deu vengier,
    Ki por nos se laisa batre et crucefiier.
    Tenés vos trestot coi sans cri et sans noisier,
    Tant que de le cité se puisent eslongier."   1655
    Ki dont oïst no gent estraindre et formoier:
    Plus golousent les Turs que l'aloe esprevier.
    Tant cevalcent li Turc – qui Dex doinst enconbrier –
    Que no François les virent encontre els aprosimier.
    Loing furent de la porte le trait a .I. archier.   1660
    Dont s'escria Harpins et conmence a hucier,
    "Sains Sepucres, aïe! Ferés, franc chevalier!"
    Lors broce le ceval des esperons d'or mier,
    Vait ferir sor l'escu Gorant, le fil Brehier.

Desor la boucle d'or li fait fraindre et percier 1665
Et le clavain del dos desrompre et desmaillier.
Par mi le gros del cuer li fist le fer baignier;
Mort l'abat del ceval en .I. gaste sentier.
Si autre compaignon n'orent soing d'espargnier,
Molt l'ont ricement fait a lor lances baisier: 1670
Cascuns de nos barons fait le sien trebucier.
Cornumarans lait corre le ceval prinsautier
Et vait ferir Harpin .I. colp grant et plenier.
El pis sor son escu fait sa lance froisier,
Mais nel pot mie abatre ne movoir del destrier. 1675
De son poindre passe outre, puis trait le brant d'acier.
A .II. de nos barons fait les arçons widier.
Il escrie, "Damas!" por sa gent rehaitier.

64. Molt fu fors li bataille et li caple sont grant.
    La peüssiés veïr fier estor et pesant. 1680
    Mais trop fu grans la force de la gent mescreant:
    Plus d'une grant ruee vont no[36] gent reculant.
    As ars turçois les bersent, molt les vont destraignant.
    Entresci c'as herberges les enmainent ferant.
    Illuec ont pris Ricart et Foucier de Melant, 1685
    Antelme d'Avegnon et Bauduïn l'enfant, *147a*
    Et Rogier del Rosoi et Paien le Normant
    Et .XIIII. des autres qu'en envoient avant:
    A grans maces plomees les vont molt laidengant.
    Li quens Harpins le voit – molt ot le cuer dolant! 1690
    Il crie, "Dex! aïe! Chevalier, ore avant!
    Nos compaignons ont pris li gloton mescreant!
    Ses en laisons mener molt serons recreant!"
    Lors rehurtent as Turs; cascuns tient nu le brant,
    Mais n'i vaut lor esfors le monte d'un bezant. 1695
    François oient la noise si s'arment maintenant,
    Mais por nïent le font car trop se vont targant.
    Tot en fuisent mené no baron conbatant
    Quant Ricars de Calmont i est venus poignant.
    Ausi con li ostoirs vait[37] as anes bruiant 1700
    Quant il les a veüe(e)s la sus en l'air volant,
    Tot ausi vient Ricars e[n]s es Turs eslaisant.
    Qui li ber a consiut il n'a de mort garant:
    Lués en a .IIII. ocis a l'espee trenchant.
    Cels qui no gent enmainent est venus au devant: 1705
    Saciés qu'il de nul bien nes va araisonant!
    A l'espee d'acier lor va les ciés coupant,
    Que ls prisons gerpisent si s'en tornent fuiant.
    Et Ricars et li sien les vont bien encauçant,

---

[36] *l. 1682. The scribe has corrected the first minim of* no *from an ascender.*

[37] *l. 1700. MS:* o. vais as. *A scribal slip, only in A; cf. l. 443.*

La Chanson de Jérusalem

Des mors et des navrez vont la terre covrant.   1710
Li os est estormie et deriere et devant.
Que vos iroie jou cascun baron nomant,
Quant en molt petit d'ore en i ot armé tant
Que, se trestot li Turc qui sont en oriant
Fuisent a eux josté en estor conbatant,   1715
Ne les doutassent il ne c'un petit[38] enfant!
Dont oïssiez buisines et tant graille sonant.
Uns Sarrasins apele le roi Cornumarant,
"E! Rois de Jursalem! Por coi vas tu targant?
Tot sont ocis ti home: poi en i a vivant!   1720
Se mais i demorés çou ert folie grant!
Ja n'i pora aidier li pere son enfant.
Vés ci l'ost des François qui ci vienent bruiant!"
Cornumarans l'oï si guenci l'auferrant;
Droit vers Jerusalem s'en vont esperonant.   1725
Et Ricars et Harpins le vont aprés sivant
Mais il ne l'atainsiscent desci qu'en oriant.
A la Porte David va li Turs atargant.
A Ricart est guencis qui l'aloit ataignant,
De l'espee le fiert grant colp en trespassant   1730
Amont par mi son elme, qu'il li vait porfendant.   *147b*
Li espee guenci si va escancelant
Et li Turs s'en passe outre: plains fu de maltalant.
Quant il n'ocist Ricart dist qu'il ne vaut .I. gant.

65.   Li rois Cornumarans fu chevaliers vasaus.   1735
      Molt ert preus et hardis et isnials ses cevals.
      A Harpin laisse core Plantamor les grans sals:
      Tel coup li a doné desor l'elme a esmals
      Que tot li porfendi desci que es nasaus!
      Se Dex ne li aidast, li pere esperitaus,   1740
      De Harpin de Bohorges fust li dels molt corals.
      Li ber s'est escrïés, "Fel cuvers desloiaus!
      Mar i estes guencis! Vos en avenra maus!"
      Il tient traite l'espee qui d'or ot les segnaus,
      Le Turc quide ferir – mais ne li valt .II. aus.   1745
      Es vos l'ost apoignant et par mons et par vaus.
      Quant voit Cornumarans malvais est ses estaus,
      Plantamor point et broce par les esperonals:
      A le Porte David est venus les grans saus,
      En Jursalem entra tres par mi les portals.   1750
      Cil qui ça fors remesent orent malvais ostals!
      Ainc n'en escapa piés ne des bons ne des mals.
      De le Porte David vont fremer les flaiaus.
      Tres devant le Saint Temple fu sonés li apials
      Et des viels et des jovenes fu li dels conmunals.   1755

---

[38] *l. 1716. The scribe has written a titulus over the* i *of* petit.

Corbadas i acort, Malcolons l'amirals,
Aprés i est venus li sages Lucabiaus.
La veïssiés esprendre plus de .M. estavals.
Cornumarans escrie, "Garnisiés ces cretiaus
Et portes et bertesques, aleors et muraus! 1760
Car demain par matin conmencera l'asaus!
Anuit m'est avenus uns damages mortals,
Al besoing m'ont fali nostre malvais deu fals.
Mais tant les ferai batre de fus et de tinals
Et de maces plomees, de bastons et de paus 1765
Que ja mais n'aront cure de tresces ne de bals!
Ahi! Jerusalem! cités emperiaus!
Con iestes bien garnie d'edefis et d'ortals
Et de beles contrees et de rices ingals,
D'or fin, de dras de soie, de pailes, de cendals, 1770
De rices siglatons, indes, vermels et blaus!"
De l'ire c'ot li rois est devenus vermaus.
Mainte rice paiene i ront ses apuiaus.
Lucabels s'escria, "Dreciés ces mangoniaus!
Ne vos esmaiés mie, bels sire Carbadaus: 1775
Ains mangerons car crue et ostoirs et girfaus *147c*
Que Jursalem soit prise, si'n ert mains François rals
Et mains de lor escus deperciés par grans traus
Et mains caitis ocis et navrés as bersaus!
Or manderons secors al roi Mariaglaus 1780
Et al roi Dariien, et si venra Ferrals:
Cil amenra l'empire desci qu'en Guinesbals!"

66. "Ne vos esmaiés mie," dist Lucabels, "baron:
Car au rice Soudan .I. més envoieron.
Tel ost i trametra ainc si fier ne vit on – 1785
L'empire d'oriant et cel del Val Beton.
Mais alés tost al mur et si le garnison –
Les murs et les bertesques, et por desfention
Se François nos asalent tres bien nos desfendon."
Et paien respondirent, "Vostre plaisir feron!" 1790
Lors font soner .X. tinbres et .I. cor de laiton.
La veïssiés des Turs grant plenté et fuison
Qui portent caillos bis et quarels[39] et moilon:
Les aleors garnisent entor et environ.
Li nuis est trespassee, li jors vient a bandon. 1795
Crestiien sont en l'ost – qui Dex face pardon!
Tres devant Jursalem en .I. large sablon
S'asanblerent li prince, li conte et li baron.
Premiers i est venus Godefrois de Buillon,
Bauduïns et Wistaces et Driues de Monçon, 1800

---

[39] l. 1793. *The scribe has corrected the* l *of* quarels *from* s.

La Chanson de Jérusalem

Dans Raimons de Saint Gille, si vint Raimbals Creton,
Robers de Normendie et Robers li Frison,
Tangrés, li fils Marcis, od le duc Buiemon,
Engerrans de Saint Pol et Hue al noir grenon,
Dans Tumas de la Fere et Gerars del Donjon,   1805
Li quens Rotols del Perce qui ainc n'ama felon;
Si vint Tumas de Marle, qui cuer ot de lion,[40]
Et Harpins de Bohorges et Ricars de Calmon,
Bauduïns de Biauvais, qui fu de grant renon,
Et dans Jehans d'Alis et Fouque d'Alençon   1810
Li vesque[41] et li abé de grant religion,
Si vint li rois tafurs, il et si compaignon:
Bien furent .X. millier, tel con nos vos diron!
Onques n'en i ot .I. de si rice façon
Qui ot cote vestie, mantel ne peliçon,   1815
Ne n'ont sollier en pié, cauce ne caperon,
Ne cemise en lor dos ne cauce ne cauçon;
Mais cinces et drapels, ço sont lor auqueton!
Les ciés ont hurepés, des cavels ont fuison,
Les mustels ont rostis de fu et de carbon,   1820
De l'oré et del halle sont taint conme blazon.   *147d*
Lor gambes sont crevees, lor pié et lor talon.
Cascuns porte en se main u maçue u baston,
Plomee u materas et piçois u bordon
U gisarme aceree u grant hace u piçon.   1825
Li rois porte une fauc trençant – ainc n'i ot plon.
N'a paien si armé desci qu'a Pré Noiron,
Se li rois de la fauc le feroit a bandon
Que tot nel porfendist desci qu'ens el pomon!
Li rois n'avoit vesti palie ne siglaton   1830
Mais .I. sac descousu – onques n'i ot geron.
Bien fu tailliés a cors, mais ainc n'i ot mohon.
En mi liu fu perciés: del treu i ot fuison.
A cordeles de cavene l'ataçoit environ.
Son col ot atacié del cief d'un esperon.   1835
Un capel ot de foilles u il ot maint boton.
Li rois ot de no gent molt grant esgardison:
Cascuns de nos barons en dreça le menton.
Li vesques de Maltran lor fist beneïçon:
"Amis, cil te garise qui soufri passion   1840
Et qui de mort a vie suscita Lazeron."

---

[40] *l. 1807. In ll. 1805 and 1807 ABDI list Thomas of Marle and Thomas of La Fere as two different people. C lacks l. 1805, G lacks ll. 1805-7, E lacks ll. 1806-7 and F has a different line at l. 1805, which may suggest that more than one scribe has emended the text independently to make good a mistake which was possibly in the common source of all the manuscripts.*

[41] *l. 1811. MS: Et l. v. A scribal slip; for the scribe's treatment of* abc/abé *see Introduction: Scribal Errors and Corrections.*

"Segnor," ce dist li rois, "faites vos ci sermon?
Ceste sainte cité por coi ne l'asalon?
Poi avons esploitié se[42] nos ne le prendon!"

67. Bele est la matinee, molt fist cler cel matin. 1845
    Devant Jerusalem ot .I. sablon cauçin –
    La furent de l'ost Diu li conte palazin,
    François et Borgegnon, Mansel et Angevin,
    Loherenc et Breton, Gascon et Poitevin.
    Li rois tafurs parole – n'ot pas le cuer frarin – 1850
    "Segnor! Que faisons nos? Trop metons en declin
    D'assaillir ceste vile et la gent de pud lin!
    Bien[43] vos contenés tot con lassé pelerin!
    Ne mais par cel Segnor qui de l'eve fist vin
    Le jor qu'il sist as noces del saint Arcedeclin, 1855
    S'il n'i avoit que moi et cels qui sont frarin
    Si n'acointierent onques paien si mal voisin!"
    Et dist Robers de Flandres, "Taisiés vos, bels cosin!
    Cose qui n'est bien faite ne valt .I. romoisin.
    Ja n'ert oevre bien faite s'il n'i a bone fin. 1860
    Qui or querroit la terre dusqu'a l'eve del Rin
    Ne troveroit ensanble tant bon vasal mescin
    Con il a en ceste ost: Dex lor doinst bon destin,
    Que nos puisons destruire le linage Kaïn
    Et ceste cité prendre et le palais marbrin!" 1865
    Lors point li quens avant desous .I. albe espin, *148a*
    Jerusalem regarde si li fist maint enclin.

68. Li jors fu bels et clers, molt fist bel et serain.
    Es le duc Godefroi el destrier castelain
    Et ses frere Ewistaces sist desor .I. aubain. 1870
    Devant eux fornt porter .II. buisines d'arain.
    Devant Jerusalem s'arestent en .I. plain.
    Entor eux s'asanblerent maint rice castelain.
    Li vesques de Maltran tint la lance en se main
    Dont Jhesus fu navrés el costé souverain. 1875
    Il a parlé en haut, ne sanbla pas vilain.
    "Baron, franc Crestiien! Por Deu soiés certain:
    En ceste sainte vile qui est de marbre plain
    Soufri mort Jhesus Cris qui[44] fu fils Mariain;
    Et qui por lui morra si vivra de vif pain, 1880
    En vie pardurable iert sans soif et sans fain.
    Anuit nos assaillirent cil cien, fil a putain.

---

[42] *l. 1844. MS:* e. ne no. *A scribal slip; the first minim of* nos *is corrected from an ascender, perhaps an* l, *as if the scribe had been about to repeat* ne l'asalon *from the previous line.*

[43] *l. 1853. After* Bien *the scribe has expunged* con.

[44] *l. 1879. After* qui *the scribe has expunged* so.

La Chanson de Jérusalem

    La merci Deu de glore qui fist d'Adan Evain
    Petit en escapa ne soient pris a l'ain.
    Mort en gisent .VII.M. laval en cel cemain.   1885
    Se vos m'en volés croire con le vo capelain
    A perrieres turçoises les jetrons aparmain
    Dedens Jerusalem par mi cel mur autain,
    Puis assalons la vile orendroit u demain!"
    Quant no baron l'entendent, cascuns tira son frain.   1890
    A hautes vois s'escrïent, "Cis mos n'ert pas en vain!"

69. No baron s'escrïerent tot ensanble a .I. tas,
    "Dreciés ces mangonels! Ne vos atargiés pas!"
    Et il si fisent sempres dont oïssiés grans glas.
    Grigories l'engignere qui fu nés a Arras   1895
    Dreça les mangonels et li preus Nicolas –
    Cil fu molt sages maistres et fu nés de Duras.[45]
    Dejoste Portes Oires estecierent lor mas.
    Les fleces entenerent et cevillent les bras,
    Les fondefles atacent detrencïes par las.   1900
    A cascune des fleces ot .X. cordes poignas.
    Par desore le mur qui n'estoit mie bas
    Fondeflerent les Turs la dedens a .I. tas:
    Li boiel, les cerveles envolent a .I. quas,
    Del sanc et des entrailles fu molt grans li marcas.   1905
    Paien sont escrïé tot ensanble a .I. tas:
    "Ahi! Mahomet, sire! Conment nos vengeras
    De ces caitis dolans, des fils as satanas
    Qui nos voelent destruire et faire sers et mas
    Et nos cités tos fondre et nos païs tos quas?   1910
    Voirement se dist voir Califes de Baudas   *148b*
    Qu'encor venroit[46] uns pules qui nos feroit tos las."
    Es vos au cri venu le fort roi Corbadas,
    L'amiralt Lucabel, Malcolon et Butras,
    Si vint Cornumarans et ses niés Quinquenas.   1915
    "E! Rois de Jursalem!" dist ses fils, "que feras?
    De le cité tenir quel consel en prendras?
    S'il prendent Jursalem qui faite est a compas
    Perdue avons Barbais, Tabarie et Damas!
    Mais ançois que Franc l'aient les metrai en tes[47] las   1920
    Que ainc encor ne furent a si dolerous pas!"
    Et dist a Lucabel, "Oncles, quant sortiras
    Del trait des .III. oisels, que m'en renonceras?"
    "Bels niés," dist Lucabels, "aparmain le saras,
    Mais jo sai bien por voir, tu t'en coureceras."   1925

---

[45] *l. 1897. MS:* de Dinas. *The other references, l. 3375 and l. 4422, give* Duras.

[46] *l. 1912. The scribe has corrected the* t *of* venroit *from* s.

[47] *l. 1920. The scribe has corrected the* t *of* tes *from* c.

70. "Bels niés," dist Lucabels, "dirai toi verité.
　　Jo sai bien a fïance tu m'en saras mal gré,
　　Mais le voir t'en dirai, puis que l'as demandé.
　　Cil qui ces .III. oisiaus a d'un sol trait tüé
　　Rois ert de Jursalem et de tot cest regné. 1930
　　Desci qu'en Anthioce ira sa pöesté."
　　Quant Cornumarans l'ot s'en a .I. ris jeté.
　　"Par Mahomet," dist il, "tu as le sens dervé!
　　Ja ceste n'avenra en trestot mon äé.
　　Tant que jo puisce çaindre mon bon brant aceré 1935
　　Or me verrés sovent issir de la cité
　　Et François estormir coiement en emblé!"
　　"Bels fils," dist Corbadas, "tu as le sens dervé.
　　Li issirs la defors n'est mie a salveté,
　　Car trop ont Crestiien en els grant pöesté. 1940
　　Mais soiés ça dedens ensanbl'o vo barné
　　Por Jursalem desfendre si arés m'amisté.
　　Tant con iestes o moi sui jo a salveté."
　　Dist Cornumarans, "Sire, vos l'avés conmandé
　　Et jel ferai ensi tot a vo volenté." 1945
　　En la grant Tor Davi ont .I. tinbre soné
　　Et aprés icel tinbre .I. cor d'arain corné.
　　Sus el Mont de Calvaire sont paien assanblé
　　Et tot li carpentier çou c'on en a trové,
　　Puis lor a sor lor iex et proiet et rové 1950
　　Que cascuns d'els esploite d'ovrer a grant plenté –
　　Li fevre les saietes dont Franc ierent bersé,
　　Engaignes[48] et fausars, haces d'acier tempré,
　　Et li carpentier facent mals de fraisne enansté,
　　Grans lances et poignans u grau erent fremé 1955
　　Et de fer et d'acier et loiet et ferté, *148c*
　　De l'un cief dusqu'a l'autre de fort arain bendé,
　　K'il ne soient par arme detrenciet ne colpé.
　　Dont establi ses gardes s'a se jent ordené.
　　.L. mile furent Sarrasin tot armé. 1960
　　Li .XXV. millier sont sor le mur monté
　　Et François les esgardent[49] s'ont "Monjoie!" escrïé.
　　"Or chevalier, as armes! N'i ait mais demoré!"
　　Et il si fisent sempres, n'i sont plus aresté.
　　Cascuns isnelement s'arma devant son tré, 1965
　　Puis çainst cascuns l'espee au senestre costé.
　　Cil qui a bon ceval ne l'a mie oublïé,
　　Ains i monte molt tost quant il l'ot enselé.
　　Cascuns a son pooir a son cors adoubé.

71. Or s'arment Crestiien tot maintre conmunal. 1970

---

[48] *l. 1953. The scribe has inserted the* s *of* Engaignes *above the line.*

[49] *l. 1962. The scribe has corrected the* s *of* esgardent *from the bowl of another letter.*

La Chanson de Jérusalem

Sonent cors et buisines et grailles de metal,
Que tot en retentissent et li pui et li val.
Devant Jerusalem s'adoubent en l'ingal.
Es le duc Godefroi, armé sor son ceval:
Tos fu couvers de fer dusqu'a l'esperonal. 1975
Si vint li quens de Flandres al pegnon de cendal
Et dans Hües li Maines tint l'ensegne roial.
Buiemons et Tangrés sont baron natural.
La veïssiés ensanble maint nobile vasal:
Bien sont .LX. mile armé sor lor ceval. 1980
.X. batailles devisent por faire lor assal.
Es vos le roi tafur par mi .I. sablonal
A .X.M. ribaus: cascuns tient hoe u pal
U gissarme u piçois d'acier poitevinal.
Portent mals et flaiaus, fondefles et mangal. 1985
Cels a sainiés li vesques de Diu l'esperital:
"Baron, or a l'asaut! Dex vos destort de mal!
Et qui morra por lui hui ens en cest jornal,
En son saint paradis li prestera ostal
Avoec saint Miciel l'angele et o saint Gabrial!" 1990
Li rois tafurs s'en torne tres par mi .I. ingal.
Par devers Saint Estevene s'arestent en .I. val.
Anqui orés assaut: onques hom n'oï tal.

72. Devant Jerusalem fu molt grans l'asanblee.
    La veïssiés maint prince qui ot la teste armee, 1995
    Godefrois de Buillon a la chiere menbree
    Et dans Hües li Maines qui l'ensegne ot portee,
    Robers de Normendie qui ert noirs con pevree.
    Si fu li quens de Flandres qui bien fiert de l'espee,
    Buiemons de Sesile[50] qui ainc n'ama mellee 2000
    Se ne fu vers paiens, cele gens desfaee. *148d*
    Avoec cels fu li vesques qui nos barons agree.
    Cil ont les .X. escieles cascune devisee.
    A Raimon de Saint Gille fu l'une conmandee.
    O lui ot .X. mil homes de cels de sa contree, 2005
    Armé a lor pooirs conme gens desertee,
    Car maint fain ont soufert et mainte aspre jornee.
    Del vent et de la pluie ont la car grumelee;
    Cascuns ot le vis pale, face descoloree,
    Mais fier sont et hardi et de bone pensee. 2010
    N'i a cel qui ne jurt la grant vertu nomee
    Que cascuns vauroit miux la teste avoir colpee
    Qu'il fuïst por paiens une ausne mesuree.

---

[50] *l. 2000. MS:* B. de Saint Gille. *Since Raymond of St Gilles appears independently in l. 2004, A's* Buiemons de Saint Gille *has been corrected to* Buiemons de Sesile, *as given in BCEFGIT. D's reading* Raimons de Saint Gille *could be either an attempt to correct an error in the version from which A derives, or an independent error.*

Li vesques de Mautran a haut sa main levee,
De cel Segnor les saine qui fist ciel et rousee. 2015
Li quens Raimons s'en torne, s'a s'ensegne escrïee.
Par devers Saint Estevene a se gent ordenee.
Li rois tafurs n'ert loing d'illuec c'une rüee.
Anqui orés assaut et molt ruiste mellee
Et cançon molt saintisme – miudre ne fu cantee – 2020
Si con la sainte vile fu prise et conquestee,
U li cars Damedeu fu plaié et navree
Et mise ens el sepucre et coucié et posee
Et d'illuec al tierc jor i fu resuscitee.
Molt puet cil estre liés qui par bone pensee 2025
Va baisier le sepucre outre la mer salee.

73. Devant Jerusalem fu nostre gens mirable.
Li vesques de Mautran ot le cuer molt estable
Et tenoit en sa main une verge d'erable.
N'estoit mie vestus de cendal ne de sable 2030
Mais le haire a la car – nel tenés mie a fable.
Grant duel a del sepucre dont Turc ont fait estable.
Damedeu en jura, le pere esperitable,
S'il puet ja n'ert tenus de cel a mençoignable
Que encor ne cant messe el Temple sor la table, 2035
Si en jetera cels qui servent le deable.

74. Li vesques de Mautran n'ot cure de revel.
Il et no sis baron furent a .I. apel.
Une bataille eslisent u ainc n'ot jovenencel,
Ains furent tot viellart, a pié sont sans potrel, 2040
N'i a cel qui n'ait broigne et auberc a clavel.
Lor ensenges sont grans, ainc n'i ot pegnoncel.
Cascuns ot çaint le brant dont trencent li coutel.
Li vesques de Mautran de sa main o l'anel
Les segna tos de Deu et de saint Danïel. 2045
Li quens Rotols del Perce les conduist le vaucel *149a*
Droit a Jerusalem, dont li mur furent bel.
Defors sont aresté dejoste .I. gardinel
Et jurent Damedeu, qui forma Israel,
S'il ataignent paiens il en feront maisel. 2050
Sarrasin les esgardent, cascuns de son cretel.
Or saciés n'i a cel n'ait maçue u flaiel
U gisarme enanstee molue de novel
Et plomee a caaine, dart trençant a noiel,
Por Jursalem desfendre, le borc et le castel. 2055
Anqui feront de sanc corre si grant ruisel
Dont on poroit bien morre .I. petit molinel.
Aval Jerusalem sonerent mil frestel
Et tinbres et buisines et cor et calimel.
Corbadas apela son frere Lucabel: 2060

La Chanson de Jérusalem

    "Or voiés la defors maint bon ceval isnel,
Maint prince et maint baron armé et maint danzel.
Il asauront as murs, mais dur sont li quarel.
Ne criement mail d'acier, ne piçois ne martel.
Ja n'en abateront le pesant d'un coutel.   2065
Alons en cele tor si verrons le cembel.
Anqui porés veïr jeter maint mangonel."
Lors vint ens en le tor qui fu del tans Abel,
As fenestres s'apuient taillïes a cisel.

75. Li rois de Jursalem s'est alés acouter   2070
A l'une des fenestres por l'asaut esgarder.
Et no gentil baron – qui Jhesus puist salver –
Devise[n]t lor escieles et font bien ordener.
.X. mile chevaliers font d'une part sevrer,
N'i a cel n'ait hauberc u elme a capeler   2075
U escu u roiele por son cors garanter.
A dant Tumas de Marle les baillent a guier
Et Huon de Saint Pol qui molt fist a löer.
S'i fu Raimbals Cretons et Engerrans li ber.
La peüssiés veïr ces pegnons venteler,   2080
Maint auberc et maint elme luire et estinceler.
As murs de Jursalem s'en alerent ester.
La oïsiés buisines, cors et grailles soner.
Anqui vauront as murs molt fier assalt livrer.
Li vesques de Mautran conmença a parler: 2085
"Baron, cil vos garisse qui se laisa pener
En ceste sainte vile por son pule salver,
Et il le vos doinst hui, se lui plaist, conquester
Et le sien vrai Sepucre de paiens delivrer,
Dont Turc ont fait estable – bien l'ai oï conter.   2090
Bien nos en deveroit en nos cuers tos peser   *149b*
Que si velt desor nos li deables regner.
Qui ci morra por Deu – bien vos puis affremer –
Li rois qui maint es cius le fera coroner,
Ensanble avoec les angeles et coucier et poser.   2095
Tos les mals qu'avés fait en dit ne en penser
Vos voel jou de par Diu ci endroit pardoner."
Puis a faite le lance devant lui aporter
Dont Jhesus se laisa et plaier et navrer.
Quant Crestïen le voient s'i prisent a plorer.   2100
Cascuns a se vois haute conmença a crier,
"Ahi! Jerusalem! Con tu fais a löer!"
Puis disent a l'evesque, "Car nos laisiés aler
La cité assaillir, trop nos puet contrester."
"Segnor," dist Godefrois, "ne vos caut a haster,   2105
Car on n'asaura ja s'orés le cor soner."
L'amirals Lucabels les prist a esgarder
De la grant Tor Davi, qui fu de marbre cler,

Et voit le lance Deu si contremont ramper
Que ce li fu avis qu'el ciel deüst fremer 2110
Et sor le gent tafure molt sovent ravaler.
Dont sot bien a fiance, et sans point de fauser,
Que cil vauront premiers en Jursalem entrer.
Mais dans Tumas de Marle fera de lui parler,
Qui as fers des grans glaves se fist amont lever 2115
Et par desor le mur et lancier et rüer.
Cil i entra premiers, bien le puis afremer,
Ensi con m'orés dire sel volés escouter
Et tant faites por moi que le voelle conter.
Hui mais orés cançon glorieuse canter, 2120
Ja de nule mellor ne cantera jogler,
Si con Tumas de Marle se fist as fers bouter
Amont desor le mur et as lances lever,
Le flaiel de le porte a l'espee couper,
Puis ala le Sepucre niier et escover, 2125
Et Robers avoec lui, qui Flandres dut garder,
Et li dus de Buillun, qui cuer ot de sengler.
Bien lor dut Damedex cel fait gerredoner!
L'amirals Lucabels fu dejoste .I. piler:
De çou qu'il ot veü prist color a müer. 2130
De paour et de duel conmence a tressüer,
Car bien sot que paien ne le poront durer.
Volentiers s'en issist s'il s'en peüst embler.

76. Çou fu un merquesdi que solaus rai jeta.
    Li rois de Jursalem as fenestres esta 2135
    De le grant Tor Davi et François esgarda. *149c*
    O lui fu Lucabels qui il forment ama.
    Voient l'ost des François, dont mervelles i a.
    No baron et li vesques une esciele josta
    Et furent bien .X.M., si con on les nonbra. 2140
    Cascuns a son pooir son cors bien armé a.
    Bauduïn de Bialvais Godefrois baillié l'a
    Et Ricart de Calmont tos les abandona,
    Et Harpins de Boorges avoec les guiera
    Et dans Jehans d'Alis en lor compaigne ala. 2145
    Li vesques de Maltran sa main amont leva,
    De Damedeu les saine qui le mont estora.
    As murs de Jursalem cele esciele s'en va
    Et devers Saint Estevene[51] trestote s'aresta.
    Illuec s'arestent tot, mais nus n'i asalra 2150
    Desque por assaillir li grans cors sonera.
    Li rois de Jursalem tos les escommença
    De son diu Apollin et de quan que fait a,
    Et jure Mahomet ja nus n'en estordra –

---
[51] *l. 2149. The scribe has corrected the final* e *of* Estevene *from* t.

La Chanson de Jérusalem

Desci que a son pié cascuns s'aclinera. 2155
Adonques a premiers Tervagan proiera
Et Apollin ausi que il lor pardonra.
Il quide bien voirs soit, si fole creance a,
Mais ains verra ses murs c'on li abatera.
Godefrois de Buillon nos barons apela, 2160
"Segnor, car nos hastons, mïedis sera ja!"
Li dus fist autre eskiele et bien le devisa
Et furent bien .X.M., si con on les esma.
Cascuns u pic u hoe ens en se main porta
U pele u grant martel de coi as murs ferra. 2165
Li quens Lambers del Liege cele jent conduira.
Cels beneïst li vesques, de sa main les segna:
"Baron, cil vos garisce qui tot le mont cria
Et en la sainte virgene pucele s'aombra
Et les .XL. jors el desert jeüna!" 2170
Puis a prise le lance, a .II. mains l'empuigna,
Devant en mi son pis l'estraint et embraca.
A sa vois qu'il ot clere molt hautement parla:
"Baron, franc Crestïen! Por Deu ore i parra,
Qui hui ens en cest jor Damedeu vengera 2175
En son saint paradis son cief coronera.
Les mals que avés fais tos les vos pardonra!"
Dont s'en torne l'esciele, cascuns d'els s'avança.
Devant Monte Sion a l'euvesque torna.
De la vile assaillir cascuns s'aparella. 2180
Mais ains qu'il l'aient prise grant damage i ara, *149d*
Car tel .XX. mil sont vif de qui on plöerra.
Mais cil pot estre liés qui illuec devia
Car Damedex de glore le siue ame salva.
Molt fist le jor bel poindre, nus vens nen i venta. 2185
Tant esploitent li prince, cascuns tant se hasta
Que fait ont les escieles si con on ensegna.
Or devisent entr'els qui premiers asalra
As murs de Jursalem, et qui ains i ferra.
Et dist li quens de Flandres, "Li rois tafurs l'ara, 2190
Car bien a .III. semaines que on li otroia."

77. Or ont no Crestïen establi lor bataille.
Ensanble o els enmainent le geude et le pietaille.
Nicolas et Grigories orent fait lor entaille
Tres devant Portes Oires et bien couvert d'escaille: 2195
De cloies et de quirs orent fait une entaille,
La seront li archier par itel devisaille
Ne douteront paiens vaillant .I. oef de quaille
Et si trairont a eux, qui qu'en poist ne qui caille.
Tels se pora mostrer sor le mur a bataille 2200
Qui en avra perciet le cuer et le coraille.
Plus voleront saietes que par vent ne fait paile.

Se Damedex nel fait, petit quit qu'il lor vaille.
Ains que l'asaus remaigne – por voir vos di sans falle –
N'i vauroit li miudre estre por tote Cornuaille, 2205
Car cil de Jursalem ont fait lor assanblaille.
Feu grigois porteront qui tot ardra sans faille,
Mais por noient le font, petit quit qu'il lor vaille,
Car tot furent destruit ens en la definaille;
Mais le mellor en orent en cele commençaille. 2210

78. Li rois de Jursalem fu en sa tor autaine
S'a veü les escieles, con cascune se paine
Des mors avironer tot contreval l'araine.
D'Apollin les maudist et de sa main lor çaine,
Que il sont hui entré en dolante semaine. 2215
Et li jentils[52] barnages, qui Jhesus guie et maine,
Mandent le roi tafur par parole certaine
Qu'il avra de l'assaut cel jor premiers l'estraine.
Li rois ot le parole – ne le tient mie a vaine.
Il a juré le cors Mariien Mazelaine 2220
Qu'il fera paiens traire dolente quarentaine.
Or s'acesme li gens qui n'est mie vilaine.
Ha, Dex! il i avoit tant fil de castelaine,
Tant prince et tant baron de la terre sovraine.
.M. grailles font soner ensanble a une alaine 2225
Et puis le maistre cor qui bondist et araine. *150a*
Les eskieles destoilent conme rius de fontaine,
La lance Damedeu fu el cief premeraine.
Mïedis ert passés, ja estoit none plaine
Quant l'asaus conmença de nostre gent foraine. 2230

79. Li jors fu bels et clers et li solaus luisans.
Li ribaut assaillirent qui molt porent ahans.
As fondefles lor jetent les caillaus eslisans,
A höes et a peles fouent conme fouans,
Tant emplent del fossé – sans mençoigne disans – 2235
Que bien i pëust estre uns grans cars carïans.
Et paien les bersoient as ars de cor traians.
.M. et .VII.C. ribaut en ont les cors sanglans
Et navrés ens es testes, les costés et les flans.
Mais onques por tot ço n'en fu uns reculans. 2240
As murs en sont alé trestot lor iex voians.
Li rois tafurs tenoit .I. pic qui ert molt grans,
A .II. mains fiert el mur conme preus et vaillans.
Molt ot des siens o lui, mais ne sai dire quans.
Cascuns del bien picier ert forment esploitans,[53] 2245
Un tel trau font el mur qui molt fu lés et grans.

---
[52] l. 2216. After jentils *is an expunged* g.

[53] l. 2245. esploitans *is written* estploitans *with the first* t *expunged*.

La Chanson de Jérusalem

Li Turc lor jetent eve qui molt estoit boullans,
.X. en ont escaudés dont li rois fu dolans.
Sa gent fist traire ariere, lonc ens en mi les cans.
En .XX. lius de le car issoit del roi li sans. 2250
Es vos .II. de nos princes desor les auferrans –
Le roi tafur demandent quels estoit ses sanblans:
"Sire, molt iés navrés: seras tu garissans?"
"Segnor," ço dist li rois, "molt par sui desirans
Que en Jerusalem fust cascuns herbregans. 2255
Tant me doinst Dex veïr que g'i soie manans
Et baisier le Sepucre u il fu suscitans!"

80. As murs de Jursalem fu molt grans l'aatie.
Crestïen font as murs sovent mainte envaïe.
Godefrois de Buillon a haute vois s'escrie, 2260
"Baron, or del bien faire, france gens segnorie!
Vés ici le cité u Dex ot mort et vie.
Por cesti avons nos tant mainte nuit vellie
Et maint fain enduré et mainte grant hascie.
Del vent et de l'oré avons le car noircie. 2265
Or[54] gart cascuns se voie qu'ele bien soit emplie.
Quan que nos avons fait ne valt pas une alie
Se le cité n'avons en le nostre baillie."
"E! Dex!" ço dist li vesques, "dame sainte Marie,
Car vos prende pités de nostre baronie, 2270
Ki tante grant mesaise aront por vos sentie." *150b*
Li quens Hües li Maines a le parole oïe
Et prist le maistre cor s'a corné l'estormie.
Dont veïssiés maint prince poindre lance baisie,
Desci qu'as maistres portes n'i ot regne sacie. 2275
A le Porte Davi qui'st de caisne roilie
Fiert li dus Godefrois de la glavie alongie.
Enfresci qu'e[n]s es poins l'a trestote froissie.
Environ lui avoit molt grant cevalerie,
Et li Turc se desfendent – qui Damedex maldie! 2280
Illuec ot mainte piere et ruee et galie.
Grans cols donent no gent es elmes de Pavie:
Qui bien est conseüs n'a talent qu'il en rie,
Car le cief li peçoie et estone l'oïe.
Li rois Cornumarans fu as murs de porfie, 2285
"Jerusalem!" escrie s'a sa gent esbaudie.
"Dites, caitif François, vos alés a folie!
Ne pris tos vos assaus une pume porie!"
Li dus Godefrois l'ot, tos li sans li formie,
Et tient .I. arc turçois, le saiete encocie. 2290
Droit a Cornumaran l'a traite et envoïe,
Le clavain li desront, la car li a trencie,

---
[54] l. 2266. Or *is written* Qr.

El senestre costé a le flece baignie.
Et li Turs l'en trait fors qui maltalens aigrie.
Sor Paien de Belvais ert s'ire revengie. 2295
D'un grant quarel le fiert sor l'elme de Pavie –
L'elme li enbara, la teste li esmie,
Mort l'abat el fossé; l'ame s'en est partie.
Et sains Mikius li angeles, qui tost l'a recoillie,
Tres devant Damedeu le convoia et guie: 2300
Li vesques de Mautran en dist le conmandie.
Or enforce l'asaus par molt grant estoutie.
La peüssiés veïr si grant carpenterie,
De cors et de buisines si grande melodie,
Tel noise et tel crïee de la gent paienie 2305
C'on les oïst de loing une liue et demie.
Li Porte Saint Estevene fu en .VII. lius brisie –
Mais li Turc la dedens l'ont bien aparellie,
A grans baus par dedens ordenee et roilie:
Or est plus fors assés devers cele partie. 2310

81. Par devers Saint Estevene fu emplis li fossés,
.V. toises de longor fu de terre rasés.
Illuec est li engiens conduis et ramenés.
De cloies estoit fais et de quirs ordenés.
Tant l'enpaignent et boutent c'al mur fu ajostés. 2315
Grans eskieles avoient de fors quirs manovrés. *150c*
Par de dessus l'engien, qui desous ert clöés,
Mucent .X. chevalier; es les amont rampés.
Li ciés de lor eskiele fu al mur ajostés;
A perces et a lances fu tant amont levés 2320
Que li maistres las est en .I. quertel boutés.
Tant s'abaisent et coisent c'ainc mos n'i fu sonés.
.M. furent et .V.C., cascuns fu ferarmés,
Et tenoient gisarmes et grans mals enanstés,
Haces et grans plomees et espiels acerés, 2325
Dars molus et trençans et flaials acoplés.
En cofinials d'arain est li fus aportés:
Dex gart cels de l'engien, qui en crois fu penés!
Hui mais orés assaut, onques mais ne fu tés.
Uns chevaliers de Flandres, Gontiers ert apelés, 2330
Monta amont l'esciele: fait a que fols provés.
Dusc'al quertel amont n'est Gontiers arestés
Et François assaloient environ de tos lés,
Traient pilés, engaignes et quarels empenés.
Li mangonel jetoient les grans quarels plomés. 2335
En .VII. lius fu li murs perciés et esfondrés
Et defors et dedens ot assés de navrés.
De l'angoisse del soif i ot molt de pasmés:
Le jor i ot del sanc maint des nos abevrés

La Chanson de Jérusalem 87

  Et d'escloi des cevals les plusors asasés.⁵⁵   2340
  A! Dex! tant i sofri cele crestïentés
  Des grans fains et des sois et des caitivetés
  Que nel vos poroit dire nus clers, tant fust letrés.
  Or oiés de Gontier qui fu amont montés,
  Del jentil chevalier, con il est ajornés.   2345
  Tant fu li ber amont sor l'esciele rampés
  Qu'a .I. maistre cretel avoit ses mains jetés.
  Uns Turs d'une grant hace li a les poins colpés.
  Li ber trebuce aval, tost fu ses cors finés,
  Devant Deu ens es cius est ses ciés coronés.   2350
  E! Deus! con grant damage quant si tost fu finés.
  En l'ost nostre Segnor en est uns més alés
  Qui dist que Gontiers d'Aire estoit mors et finés.
  Quant li quens Robers l'ot, molt en est aïrés.
  Adont fu li assaus del tot renovelés,   2355
  Mais ne fu mie adont pris li sainte cités.
  Li feus grigois estoit dedens l'engin jetés,
  En plus de .XV. lius fu molt tost alumés.
  Cil s'en issirent fors qui sofert ont assés,
  Car il voient l'engiens estoit tos enbrasés   2360
  Et li demorers plus n'ert pas lor salvetés.   *150d*
  Franc sonent le retrait, li assaus est remés
  Et Turc vienent as murs s'ont les traus estopés,
  Fors la u il estoit par la dedens terrés.

82. Li assaus est remés, l'estors fu departis,   2365
  Franc se traient ariere loins en mi .I. lairis.
  Molt i ot de no gent navrés et malbaillis.
  Ço ne fu pas mervelle s'il en i ot d'ocis,
  Car li assaus fu grans et li esteceïs.
  De l'angoisse del soif en i ot des pasmis: 2370
  L'escloi de lor cevals boivent et des roncis.
  Li sans qui jut a terre fu molt tos[t] recoillis –
  Cil qui l'ot en bevoit volentiers, non envis.
  Ha! Dex! la n'ot mestier gius ne gabois ne ris.
  Bauduïns de Belvais fu navrés ens el pis   2375
  Et Harpins de Boorges devant en mi le vis
  Et Ricars de Calmont estoit el cief malmis
  Et d'une grant plomee ferus Jehans d'Alis
  Si que li ber en ert encor tos estordis.
  Li vesques de Mautran les a a raison mis: 2380
  "Baron, franc Crestïen, por Deu de paradis
  Ne vos esmaiés mie, mais soit⁵⁶ l'uns l'autre amis!
  Se cascuns n'a ses aises, ses bons ne ses delis,

---

⁵⁵ *l. 2340/2341. These lines are given in the reverse order in AC. In l. 2340 A has* des plusors *in error for* les plusors, *the* des *being repeated from earlier in the line.*

⁵⁶ *l. 2382. The scribe has corrected the* s *of* soit *from* l.

En Deu aiés fïance qui vos tient por ses fis.
En glore pardurable ert fais cascun ses lis. 2385
Tot serés coroné al grant jor del juïs.
Gardés de Deu vengier n'en soit nus resortis!"
Et Crestïen respondent tot ensanble a hals cris
Qu'il ançois juneroient les .III. jors u les .VI.
Que Jursalem ne prendent u Dex fu mors et vis; 2390
"Et le verai Sepucre u il fu surexis
Si le deliverrons des felons arrabis!"
Beneoite soit l'ore que cascuns fu noris
Et li pere si soient quis ont engenuïs.
Ha! Dex! cele parole les a tos resbaudis. 2395
Li jors est trespassés, li soirs fu aseris:
La nuit jurent a camp mais n'i ot vair ne gris
Ne veleus ne lincuel ne cendal ne samis,
Mais les escus as ciés et les haubers vestis
Et les brans as costés enrüelliés et pris, 2400
De sanc et de cervele maillentés et noircis.
La nuit les a gaitiés Buiemons li marcis,
A .X. mil chevaliers qui les cuers ont hardis –
N'i a cel ne venist o lui de son païs.
Tant gaitierent la nuit que jors fu esbaudis 2405
Et li solaus leva qui est encoloris, *151a*
Et Turc se raparellent contre lor anemis.
Molt les criement et doutent car prés les ont sentis
Et lor mur peçoiet qui ert de quarels bis.
Ainc n'en i ot .I. seul qui tant i fust hardis 2410
Qui de le crieme d'els ne soit espaoris.
Neporquant d'els desfendre est cascuns enheudis.

83. Bele est li matinee et li solaus luist cler.
Crestïen se leverent – qui Jhesus puist salver!
Grant soufraite ont de boire, nel vos quier a celer. 2415
Dist Robers le Frisons qui Flandres dut garder,
"Por Deu, segnor baron, car en faisons penser!"
Dist li dus Godefrois, "Cosin, molt estes ber."
Dont font aval par l'ost et banir et crïer
Que tot voisent al flun por de l'eve aporter, 2420
En bous sor les somiers les facent amener.
Quant Crestïen l'entendent, si se vont adouber.
.XV. mile somiers font avant eux aler.
Li bons dus Buiemons i va por els garder,
A .X. mil chevaliers qu'il fist o lui joster. 2425
Et si vont por vitaille serjant et baceler,
As casals sor les Turs s'il le pueent trover.
Li barnages s'aroute, si pense de l'errer.
Oiez une aventure, ainc puis n'orent sa per.
Un roi paien encontrent, o lui sont .M. Escler, 2430
Garsiiens ot a non et vient d'Acre sor mer.

La Chanson de Jérusalem

.IIII. mile somiers fist devant lui mener,
Tot sont camel et bugle, grant fais pueent porter.
De pain, de vin, de car les avoit fais torser
Et de bone eve douce les grans buires raser. 2435
Cornumarans l'ot fait par .I. colon mander,
Qui li porta .I. brief qu'il ot fait seeler.
Ainc li rois Garsïens ne s'en sot eskiver
Car ensi le valt Dex por son pule salver.
Buiemons les perçoit a .I. pui devaler, 2440
Ses compaignons les mostre et fist tos cois ester.
En un cavain a fait tos ses barons mander
Et no chevalier font lor cevals recaingler.
Cascuns restraint le guige de son escu bocler,
Isnelement remontent sans plus de demorer, 2445
Les espius abaisierent, n'ont cure del lever
Que li Turc nes perçoivent as pegnons venteler:
Mais por nïent le font, n'aront soing del joster.
Et Garsïiens cevalce qui ne s'en sot garder
Et .X. mil Turc o lui, car molt se valt haster. 2450
Deriere lui ot fait ses soumiers arouter. *151b*
Il et si compaignon tencent d'esperoner
Car en Jerusalem vauroit estre al souper,
Por la crestïenté, et coiement entrer;
Mais ja ne s'en pora Cornumarans vanter 2455
Ne li rois Corbadas a Lucabel gaber.
Se li vairs Buiemont puet sos lui randoner,
Il fera ja le roi de son ceval verser
Et l'amenra a l'ost, qui qu'en doie peser,
Et tote la vitaille dont se poront disner 2460
.XV. jors tos entiers et boire et asaser.

84. Li rois paiens cevalce devant el cief premier.
Li vals estoit parfons, prés estoit del sentier.
Detriers lor dos venoient a route li somier.
Onques miux ne fu pris colons al colonbier 2465
Que Turc sont destravé: n'i a nul recovrier.
Buiemons ist del gaut, il et si chevalier,
Puis escrie, "Monjoie!" et broce le destrier
Et a brandi l'espiel dont l'anste ert de pumier,
Fiert le roi Garsïen sor l'escu de quartier, 2470
Desous le boucle d'or li fist fraindre et percier
Et le clavain del dos desrompre et desmaillier.
Damedex le gari qu'en car nel pot toucier;
Toute plaine sa lance l'abat el sablonier
Et li rois resaut sus, s'i l'a pris par l'estrier. 2475
Il li cria merci et conmence a proier:
"Jentius hom, ne m'ocire, jo me voel batisier
Si querrai en Jhesu qui le mont doit jugier,
Qui en Jerusalem se laissa travellier

Et loier a l'estace et puis crucefiier. 2480
En celui voel jo croire, tels est mon desirier."
Quant l'entent Buiemons ainc puis nel valt toucier,
A .IIII. de ses homes le fist molt tost baillier.
Et quant paien le voient n'ot en eux qu'aïrier,
En fuies sont torné por lor vie alongier. 2485
Lor somiers encontrerent qui les font detriier
Et no baron les fierent qui n'ont soing d'espargnier.
De sanc et de cervele fisent lor bras soillier.
Dont oïssiés paiens a hautes vois hucier,
"Ahi! Mahomet, sire! Car nos venés aidier! 2490
Aiés merci des armes! Or en ont grant mestier!"
Dont veïssiés nos gens desor els aaisier,
Ocire et decolper as espees d'acier.
Des mors et des navrés fisent le val soillier.
Onques des .X. milliers n'en remesent entier 2495
Que fors sol .IIII.XX. por les cevals cachier. *151c*
A ceus ont fait les mors sor les somiers cargier
Et a fortes coroies et estraindre et loier.
Puis s'aroutent ensanble le grant cemin plenier.
Les camels et les bugles cacent li peonier. 2500
Tant esploitent ensanble li vasal droiturier
Qu'a l'ost Deu repairierent quant solaus dut coucier.
La oïssiés tel joie, tel noise et tel tempier
Et de pitié plorer tante france moillier,
Maint prince et maint baron par dolor larmoier. 2505
Dont veïssiés le duc estraindre et enbracier,
El col et en le face soventes fois baisier.
Les dames veïssiés a hautes vois hucier,
"Sire Dex! or avons auques no desirier!
Ahi! Jerusalem, con faites a proisier. 2510
Damedex nos i laist encore herbregier
Si c'on i puist son cors sacrer et presegnier
Et le sien vrai Sepucre faire bel et niier
Et deseure establir .I. segneril mostier.
Si ferons nos encore, se Dex velt cels aidier 2515
Qui ont le mer passee por le sien cors vengier.
Tos jors seront no cuer a els servir entier."
E! Dex! cele parole fist no gent rehaitier.

85. Or est li nuis venue, li jors est trespassés.
    L'ost Damedeu gaita Godefrois[57] et Tangrés 2520
    A .X.C. chevaliers, cascuns fu ferarmés,
    Enfresci qu'el demain que jors fu ajornés.
    Dont se lieve par l'ost nostre crestïentés
    Et li jors esbaudi, li solels est levés.

---

[57] l. 2520. *The reading* Buiemons, *as given in BDEGIT, may be preferred to the* Godefrois *of AC, since Bohemond rather than Godfrey is the habitual companion of Tancred.*

La Chanson de Jérusalem

Li baron assanblerent, que Dex a molt amés. 2525
Puis fu tos li gaains devant els aportés.
Ingalment fu par l'ost partis et devisés,
Cascuns lonc se pröece et selonc ses bontés.
Ainc ne povres ne rices ne fu de l'ost sevrés.
Adont fu "Sains Sepucres!" huciés et reclamés. 2530
Li vesques de Mautran les a tos sermonés:
"Segnor," ço dist li vesques, ".I. petit m'entendés.
Or a cascuns vitaille jusqu'a .IX. jors passez,
Por Deu or l'espargniés et le boire gardés.
Ci dedens sera prise ceste sainte cités." 2535
Et Crestïen respondent, "Si con vos conmandés.
Dex nos en prest victore qui en crois fu penés."
Li baron et li prince ont les prisons[58] mandés.
Crestïen i corurent si les ont amenés,
.VII.XX. en i avoit en grans saïns fremés. 2540
Devant venoit lor sire, n'ert mie encaanés: *151d*
Vestu ot .I. samit, a or fu estelés
Et fu estrois el cors largement gironés,
En plus de .XXX. lius estoit d'orfrois bendés.
D'un mantel de cendal fu li rois afublés. 2545
La pene en estoit grise, vers con rosels pelés,
Et fu de rices sables tot entor gironés
Et de martre vermel fu par desor listés.
Li tasel sont a brasmes, les ataces sont tés
Qu'eles valent .M. sols de deniers moneés. 2550
D'une vert esmeraude estoit ses cols fremés.
Le poil ot bai et cort si fu recercelés,
Molt ot bel le visage, auques fu colorés,
Les iex ot escoflas, gros les avoit assés,
El pis estoit espés, grailles par les costés, 2555
Les gambes avoit droites, les piés voltis mollés,
Les mains avoit plus blances que ne soit flors es prés,
Ne trop grans ne petis; molt estoit bien formés.
.L. ans ot li rois, itels fu ses aés.
Ahi! Dex! con grant joie s'il ert crestïenés! 2560
Quant il voit nos barons si les a enclinés.
En[59] son sarrasinois les a haut salüés
Et li dus Buiemons est contre lui levés,
Entre ses bras le prist, assez fu acolés.
Puis fu uns latiniers isnelement mandés; 2565
Par celui li demande quels estoit ses pensés,
S'il velt Crestïens estre et en l'eve jetés.
Il respont qu'il croit Deu bien a .II. ans passés.
"Ha, Dex!" dist Buiemons, "t'en soies aorés!"
Li vesques de Mautran a les fons aprestés, 2570

---

[58] *l. 2538. The scribe has corrected* prisons *from* barons.

[59] *l. 2562. The scribe has corrected the* e *of* en *from* s.

Aprés se fu li rois de ses dras desnüés;
Illuec est batisiés et d'eve generés,
Mais ses nons ne li fu cangiés ne remüés:
Puis fu en l'ost par lui mains bons consels donés.
Li autre Turc s'escrïent, "Et car nos ociés! 2575
Cascuns de nos vauroit mius fust ses ciés colpés
Que Mahons soit par nos gerpis ne desfïés!"
Li dus Godefrois l'ot, si est avant passés:
As ribals les livra, cil les ont decolés
Et tos nus despoilliés quant il les ont tüés. 2580
Devant Jerusalem ont les cors traïnés,
As mangonels turçois les ont laiens jetés.
Les cars ont escorciés et overs et salés,
Puis les pendent en halt si sont al vent hallés.
Et les testes ficierent dedens les agus pels, 2585
Puis les ont esteciés par desus les fossés.   *152a*
En la grant Tor David est Corbadas montés.
A une des fenestres est li rois acoutés,
De çou qu'il a veü est forment aïrés,
Et cil de Jursalem ont lor tinbres sonés 2590
Por les Turs c'on lor ot balenciés et rüés.
Et li rois Corbadas s'en est jus devalés,
De le grant Tor Davi descendi les degrés.
Forment est estormie tot par tot la cités.

86. Dedens Jerusalem fu molt grans l'estormie. 2595
Des Turs qui sont jeté cascuns en brait et crie.
Quant li rois Corbadas a la novele oïe,
Isnelement devale de la grant tor antie.
O lui fu Lucabels, qui la teste ot florie.
Par mi le maistre rue ont lor voie acoillie. 2600
Plus de .M. paiens troevent gisant par la caucie,
Qu'il n'i avoit celui n'ait la teste trencie.
Li rois de Jursalem no gent escumenie
Et a maudit le terre u ele fu norrie.
Lors desront ses cevels s'a se barbe sacie. 2605
"Ahi!" dist il, "caitif! Nos n'i garirons mie."
"Frere," dist Lucabels, "ne vos esmaiés mie.
Soiés bals et haitiés, faites ciere haitie.[60]
Ançois qu'il aient pris Damas ne Tabarie
Et Sur et Escalone et Acre le garnie 2610
Aront li Crestiien grant soufraite d'aïe."
Es vos Cornumaran poignant par la caucie.
Armés estoit li rois, tint l'espee forbie:

---

[60] l. 2608. *The repetition of* haitie *and* haitiés, *attested by E as well as A, is unusual; it can nonetheless be compared with the use of both* confort *and* conforte *in l. 1379. The variant readings of* hardie *for* haitie *in BDT,* hardis *for* haitiés *in I and the different versions of C, F and G suggest that the scribes did not easily accept such examples of annominatio.*

La Chanson de Jérusalem

    Des cols qu'il ot donés fu en .VII. lius oscie,
    De sanc et de cervele estoit tainte et soillie.   2615
    N'ot si hardi paien en trestoute Turcie.
    Par devers Saint Estevene ont le porte garnie
    Et les tros estoupés par issi grant maistrie.
    Plus fort sont or[61] que ains devers cele partie.
    Tres devant le saint Temple fu li place garnie   2620
    De Turs et de paiens et de gent de Persie.
    Cascuns maine grant duel et plore et brait et crie
    Et maldïent François et la lor compaignie.

87. Tres devant le saint Temple fu li jeste Mahon,
    U demainent grant dol et molt fort plorison.   2625
    Li rois de Jursalem desront son auqueton
    Et descire sa barbe et sace son grenon.
    Lucabels le conforte et li rois Malcolon.
    Es vos Cornumaran qui l'a mis a raison:
    "Sire, por coi plorés? Avés vos se bien non?"   2630
    "Bels fiux," ço dist li rois, "ne sai quel celiscon: *152b*
    Jou vos di entresait: Jerusalem perdron.[62]
    Molt nos ont malbailli li Crestïen baron,
    Car jo vi tres ersoir la sus en cel donjon[63]
    Garsiien amené, loiet con un gaignon.   2635
    Bien furent avoec lui plus de .M. Esclabon.
    Vitaille m'amenoient, grant plenté et fuison.
    Si le vi batisier, n'en dirai se voir non.
    Ainc nus de tos ses homes n'en vint a raënçon,
    Qu'il n'ait colpé le teste par desor le menton.   2640
    Les cors nos ont jetés en no despision
    Et les testes ficiés sor pels par cel sablon.
    Ne m'en sai u clamer, bels fils, se a vos non."
    Quant Cornumarans l'ot tos taint conme carbon
    Et jure Mahomet ja'n ert pris vengison.   2645
    Les caitis fist venir qu'il avoit en prison –
    .XIIII. en i avoit de molt povre façon,
    Car n'ont cote ne cape ne sorcot ne calçon
    Ne n'ont sollier en piet ne cauce ne mohon.
    Cil furent amené de le mute Pieron,   2650
    La u Harpins fu pris et Ricars de Calmon.
    Li troi estoient né del borc de Sainteron,
    Li .V. de Valencienes, li .IIII. de Dijon
    Et li autre doi furent del castel de Buillon –
    Pres estoient parent dant Robert le Frison   2655
    Et le duc Godefroi, qui cuer ot de lion.

---

[61] *l. 2619.* or *is written* ot, *a scribal slip.*

[62] *l. 2632. MS:* Je. prendron. *The sense of the passage requires the reading of* perdron, *as given in all the variant manuscripts.*

[63] *l. 2634. The scribe has corrected the* d *of* donjon *from* r.

L'uns avoit non Henris, l'autre apelent Simon.
Et cascuns des .XIIII. ot .I. grant caaignon
Laciet par mi le col entor et environ,
Grans mofles ont es bras et buies de laiton. 2660
Tant les fist le rois batre illueques d'un baston
Que li clers sans lor cole del cief jusc'al talon.
Aprés les fait mener poignant d'un aguillon
Par mi Jerusalem au Temple Salemon.
Et cil reclainment Deu clerement a halt ton: 2665
"Glorieus sire pere, qui soufris passion,
Pius Dex, regarde nos et fai nos vrai pardon,
Car li cors sont por vos a grant destruction!"
Al repairier passerent par devant le perron
U li cors Jhesu Crist fu gaitiés a laron. 2670
Cascuns s'i agenoille si a dit s'orison.
Et li Turc quis gardoient lor corent a bandon,
De grandimes corgïes entenees de plon
Lor desrompent le car jusques el vif braon
Si c'on peüst veïr de cascun le pomon. 2675
Mais puis les mist Dex fors et a salvation *152c*
Si con oïr porés[64] es vers de la chançon.

88. Quant tant sont li caitif batu et demené
Que Dex ne fist nul home n'en eüst pïeté,
Li rois de Jursalem a aprés conmandé 2680
Qu'ens el fons de se cartre soient tost avalé
Et[65] il si furent sempres quant il l'ot conmandé.
Ains pour ceus a ens metre n'i ot cors deporté,
Ens ont l'un avant l'autre et enpaint et boté.
"Alés!" font il, "caitif! Tant nos arés pené. 2685
Ja mais por mil de nos ne serés regardé.
Or verons de vo Dieu s'il a grant pöesté:
Se vos n'iestes ocis et tout escervelé
A molt grande mervelle doit estre raconté,
Car li chartre est parfonde .IIII. lances d'esté." 2690
Or oiiés grant miracles ke Diex i a mostré:
Ains n'en i ot un seul k'eüst[66] quir entamé,

---

[64] *l. 2677. The scribe has corrected the* p *of* porés *from* f

[65] *l. 2682. Ll. 2682-2720, on fol. 152v, column c, are in a different hand from that of the main scribe; this explains the different forms used for some words, e.g.* singnour *l. 2705; cf. note to l. 2811.*

[66] *l. 2692. MS:* ki eust quir entamé. *Gossen notes (p. 86) that* eüst *was not reduced to* eust *in the Picard area before the middle of the thirteenth century. This date ties in well with other evidence for the dating of the manuscript. Since ll. 2682-2720 are written by an adventitious hand, the characteristics of which cannot properly be determined on account of the small number of lines involved, it has seemed best to give the unreduced form* eüst *with elision of the* i *of* ki. *For the form* que *for the subject case of the relative pronoun in the North as well as in the East and West see Fouché, Phonétique, p. 171.*

La Chanson de Jérusalem

Dieus les rechut aval trestous a sauveté
Et cascuns des grans plaies ot son cors respassé.
Jour et nuit sont des angeles la dedens visité 2695
Ki çou k'il ont mestier leur treve a grant plenté.
Et si ont .III. semainnes la dedens conviersé
Dusque Jhesu le vaut k'il en furent gieté.
Ici en lairons d'eus, n'en ert or plus parlé
Dusqu'a une autre fois k'il iert renovelé. 2700
Tres devant le saint Temple sont paien asanblé,
Amiral et princier de grant autorité.
Cornumarans se drece ki le cors ot iré.
Sour .I. peron monta, voiant tous a parlé:
"Singnour, vos me tenés pour vo droit avöé, 2705
Aprés le roi mon pere doi avoir le rené.
Mal Crestiien m'en ont grant partie gasté,
Çaiens nos ont assis dedens ceste cité,
Ja i ont asalli et lor esfors moustré
Et feru a cel mur k'il l'ont tout esfondré; 2710
Mais on ne l'avoit mie par cha dedens tieré.
Or si sont rafaitié et li trau restoupé
Et les portes garnies et li berfroi claué
Et tout li aleor des quariaus aresté:
Or ne crient lor asaut un denier moneé. 2715
Mais nos avons petit vin et avainne et blé,
Li camel et li ane nous en ont molt usé
Et li autre biestaus, car n'ont pas pasturé.
Tout seromes par force cha dedens afamé."
"Biaus niés," dist Lucabiaus, "vos dites verité. 2720
Pluisors fois vos arai maint bon consel doné, *152d*
Encor parlerai jou, se il vos vient a gré.
J'ai le teste florie si sui de grant aé –
Jou fui al tans Herode, quant il ot decolé
Les petis enfançons a son brant aceré. 2725
Disent les porpheties li sage home letré,
Que uns pules ventroit de grant auctorité
Si conquerroit no terre et no porsperité.
Or sont cist par effors en nos terres entré.
Il ont conquis la terre et de lonc et de lé, 2730
Quatre jornees plaines – ce dist on par verté.
Or quit bien que li dit en sont tout averé.
Ki as Frans se conbat bien a le sens dervé,
Car il croient .I. Deu qui fait lor volenté."
Quant Cornumarans l'ot s'a .I. faus ris jeté. 2735

89. "Bels niés," dist Lucabels, "verité vos voel dire.
Je voi bien que no lois nos abaisse et empire.
Faites faire bos briés et vos cartres escrire.
Bien avons .C. colons tos afaitiés a tire.
Les briés lor penderons as cols as fils de sire, 2740

Si mandons a Damas c'on nos amainnt l'empire.
A Sur, a Tabarie gart nus ne l'ost desdire.
Et s'il ne nos sekeurent, livré sont a martire,
Ja n'en eschapera li miudres ne li pire
Que on nes face tos detrenchier et ocire, 2745
N'i avra si hardi qui mestier ait de mire.
Ki les François prendra ardoir les face u frire
U en eve boulir u en poi u en cire.
Par çou les porons mius abatre et desconfire
Et chacier de vos terres a duel et a martire." 2750
Cornumarans respont, "Dit m'avés grant remire."

90. "Bels niés," dist Lucabels, "or oiés ma pensee.
As castels ci entor sevent bien le volee –
Il n'isirent de mue la semaine est passee.
Faites faire vos letres en cire seelee, 2755
Si soit dedens escrite tote vostre pensee,
K'il vos viegnent secorre sans nule demoree;
Et qui le brief lira n'i ait faite celee,
Savoir le face avant par parole mandee
As princes et as rois dusqu'en la mer betee. 2760
A l'amiral Soudan soit la raisons contee,
C'or li prenge pités de se gent esgaree
Et de Jerusalem se fort cité loee,
Qu'asis ont Crestiien, cele gent desreë[e].
S'il le prendent par force – c'est verités provee – 2765
Destruite ert paienime et la terre gastee   *153a*
Et la lois Mahomet honie et vergondee.
Cascuns de nos colons ait la teste plumee:
Çou est senefiance la vile est apressee.
A cascun colon soit li cartre al col nöee 2770
Et par devant la gorge en la plume botee,
Que François nes perçoivent – la pute gent dervee!
Puis les lairons voler tos d'une randonee.
Cascuns ira tel liu et fera arestee
Par coi ceste parole sera avant contee. 2775
Et si soit ens escrit, se la cartre est trovee,
C'on resace[67] autre faire en plume envolepee.
Li colons le raport a vol de randonee,
Si en ert li cités molt plus raseüree
Et li gens plus hardie et plus resvigoree." 2780
Cornumarans respont, "Ceste raisons m'agree:
Ensi ert ele faite con l'avés conmandee."

91. Li rois Cornumarans ne s'atarga nïent,
Ses briés a fait escrire tost et isnelement.
Tot i fist metre et poindre son cuer et son talent, 2785

---
[67] *l.* 2777. *MS:* C'o. resace a. *The reading* reface *is given in all the other manuscripts, and A's* resace *is probably a scribal error rather than a lectio difficilior.*

La Chanson de Jérusalem

Ensi con Crestiien par lor esforcement
Ont assis Jursalem et assalent sovent
Et que secors le face qui l'ainme de nïent
Et mandent par[68] aïe desci qu'en orïent,
Tot droit en Babiloine a l'amiral Soudent   2790
Et al roi Abrahan dela le Pont d'Argent.
S'amaint le Roi des Asnes, qu'il tient por son parent,
Et sel face savoir le fort roi Corbarent,
Estievenon le Noir qui maint vers orïent,
Caucadras l'amirant des puis de Bocident   2795
Et cels de Quenelongne et le roi Glorïent,
Murgalant d'Odïerne, Canebalt et Rubent
Et le roi de Valnuble u ainc nen ot forment:
Plus sont noir cil del regne, se l'estoire ne ment,
Que n'est pois destempree ne avoec arement,   2800
Et n'ont de blanc sor els que seul l'uel et le dent;
Tot vivoient d'espisces, de sirre et de piument
Et d'autres bones herbes dont il i a forment.
Ne laisent a semonre dusqu'a l'Abre Qui Fent
Une fois ens en l'an por renjovousement   2805
Sarrasin ne paien ne roi ne amirent
K'il ne viegne al secore tost et isnelement.
Quant li brief sont escrit n'i fisent lonc atent.
Les colons aporterent, tot droit en i ot cent,
Les briés lor ont pendus ens es cols erranment,   2810
Puis les lassent voler a un esbatement.[69]   *153b*
Or pe[n]st Diex de nostre ost par son conmandement,
Car se li coulon volent a cassaus sauvement
Il feront asambler un si fait parlement
Dont toute li ost Dieu iert livree a torment.   2815

92. Or s'en vont li coulon par deseur l'ost volant.
Franchois les ont perçus, molt les vont esgardant.
Li uns le dist a l'autre et va au doit mostrant:
"Voyés con de coulons! N'en veïns piecha tant!
Et si sont tout plumé ens es tiestes devant."   2820
Li os s'en estourmist[70] et va molt formiant.
Tout no baron estoient en un pré verdoiant
Par devers Portes Oires aval en un pendant.
De Jherusalem vont iluekes devisant

---

[68] *l. 2789. For* par aïe *to be correct here, as given in AB,* aïe *is to be be taken in a personal sense, 'by aides'; it is however possible that* par *is written in error for* por.

[69] *l. 2811. The whole of fol. 153r, column b, is written in different hand from that of the main scribe, which accounts for the appearance in ll. 2811-2855 of forms not encountered in the text written by the main scribe; cf. note to l. 2682.*

[70] *l. 2821. MS:* s'en estourmie et . *A scribal slip, perhaps induced by* Li os s'est estourmie *at l. 2839. The form* s'est estormist *is given at l. 62 and is given for this line in all the variant manuscripts present except T* (s'en est estourmie) *and I* (c'est estourmie).

Conment le poront prendre et par con fait sanblant, 2825
Et se riens lor vauroit la periere gietant.
O eus fu Garsiiens ke Diex ot fait creant.
No baron regarderent vers le ciel en tornant
Et virent les coulans desour[71] lor cors ruant
Ke Diex i envoia par son dine conmant. 2830
Garsiiens s'escria, "Franc chevalier vallant!
Ce sont la li mesage a la gent mescreant.
Cascuns de ces coulons a brief au col pendant,
Il vont quere secours, jel sai a ensiant!
S'il s'en pueent voler k'il voisent a garant, 2835
Il feront ci venir l'empire d'oriant!"
Quant no baron l'oïrent, si se vont escriant,
"Ki or savra bien traire, si avra .I. bezant!"
Li os s'est estourmie et deriere et devant,
Li arcier as coulons vont molt sovent traiant, 2840
Li gens al roi tafur as fondiefles lignant.
Et jou que vos diroie? – Tous les vont ociant,
Fors seulement que trois, cil s'en vont randonant.
Autant valent cil troi conme tot fesisant.
Sarrasin les esgardent, molt en furent dolant 2845
Et de ceus ki s'envolent baut et liet et joiant.
Li dus Godefrois sist desour[72] .I. auferant
Et dans Hües li Maines desour[73] .I. sor bauchant,
Li quens Robiers de Flandres sor Morel le corant.
Cascuns tint .I. faucon si s'en tornent poignant, 2850
Aprés les coulons vont a espourons brochant
Et li coulon s'en vont a force randounant
Et de fies a autre a terre rasëant.
Vers le Mont Olivet les vienent aproimant,
Lor faucons ont gietés et si s'en vont bruiant. 2855
As colons s'eslaisierent si les vont ataignant   153c
Mais li colon s'aseent a terre en quatisant.
Dalés une muterne se vont atapissant,
Ne s'osent removoir d'illuec ne tant ne quant.
Et no baron descendent, as mains les vont prendant, 2860
Isnelement remontent, ne s'i vont delaiant,
Puis prendent lor faucons si s'en tornent atant,
A l'ost Deu repairierent par devers Belliant.

93. No baron descendirent devant les mastres trés.

---

[71] l. 2829. MS: cou. desous lo. *The final letter of* desous *has been made into an* s *from a minim stroke. Column b of fol. 153r is in a different hand from that of the main scribe and is very similar to that of the scribe of fols. 188-192: in both these hands* desous *is given several times for* desus *or* desour, *and to avoid confusion with forms used by the main scribe it has been changed to the latter form.*

[72] l. 2847. MS: s. desous .I.; *see note to l. 2829.*

[73] l. 2848. MS: M. desous .I.; *see note to l. 2829.*

La Chanson de Jérusalem

Li barnages fu tost entor els assanblés. 2865
Cascun des colons mors estoit li briés ostés,
Le vesque de Mautran les ont trestos livrés.
Et li dus de Buillon et Robers li menbrés
Et dans Hües li Maines, qui ert preus et senés,
Orent a lor colons les briés des cols ostés. 2870
Puis fu molt bien cascuns pëus et abevrés.
En .I. barel les misent qui estoit tröelés,
.II. serjans les conmandent, cil les ont bien gardés.
Li vesques a les briés et lis et esgardés
Et dist a nos barons, "Mervelle oïr pöes, 2875
Que cist brief senfïent que vos ici veés.
Li rois a ci dedens tos les barons mandés
Qui sont trosc'al Sec Arbre et en coste et en lés.
Or avons les escris, Dex en soit aorés!"
Dist li dus de Buillon, "Bels sire, or en pensés! 2880
Tost et isnelement .III. briés nos escrivés,
Que Cornumarans mande par trestos ses regnés
Que il gardent sa terre, que bien est assasés:
Si remandent ariere totes lor volentés."
Si a escrit li vesques con il les a rovés. 2885
Les colons raporterent, as cols lor ont posés.
Droit a Mont Olivet les a on raportés,
Illuec endroit les misent, es les vos ent volés.
Desci qu'a Belinas n'en fu uns retornés.
En une maison entrent u il avoient més. 2890
Uns Sarrasins les prist qui ot non Ysorés.
Les colons a esquis si a les briés trovés:
Un paien les fist lire qui estoit bien letrés.
Ot que Cornumarans estoit assëurés,
Qu'en Jursalem n'a garde car fors est sa cités 2895
Et que or gart sa terre, ses tors et ses fretés
Car les caitis françois a ja tos afamés.
Quant li paiens l'entent, li cuers li est levés,
Autres briés refist faire: durement s'est hastés.
Cornumaran manda salus et amistés; 2900
Ançois que li semaine ne li mois fust pasés, *153d*
Li fera il semonre .X. mile Turs armés
Dont il sera vers Frans garantis et tensés
Et li caitif destruit et cascuns desmenbrés
Et lor lois abaisié et Mahons alevés. 2905
Dont a pris les colons, les briés lor a fremés,
Par de desor les gorges est a lor cols nöés,
Dont les mist a le voie ses a raceminés.
Ainc l'uns colons de l'autre ne se fu desevrés
Dusqu'a l'ost des François u Dex les a guiés 2910
Et par son saint conmant et conduis et menés.
No baron les gaitierent qui les ont arestés.
A lor faucons muiers les ont espöentés,

        Et li colon s'aseent es tentes lés a lés:
        La les prisent li prince qui les ont arestés.   2915

94. Li colon sont repris, si lor ostent les briés.
    Le vesque de Mautran les ont trestos bailliés
    Et li ber les a lis quant les a desploiés.
    Puis rescrist autres tost – ne s'est mie atargiés –
    Que cil de Damas mandent Soldans est coureciés,   2920
    Vers le roi Carbadas est durement iriés;
    Face le mius qu'il puet, ja n'ert de lui aidiés.
    Ces letres a li vesques estroitement ploiés,
    As colons les repent, bien les a atachiés,
    En Jursalem les a el demain envoiés.   2925
    Corbadas se leva qant jors fu esclairiés
    Et fait soner .I. tinbre, s'a paiens aloiés.
    Tres devant le saint Temple en une place viés
    Furent Turc assanblé – molt i ot d'envoisiés.
    Illuec fu Lucabels et Malcolons ses niés,   2930
    S'i iert Cornumarans en estant sor ses piés:
    Ja ora tes noveles dont il ert rehaitiés.

95. Tres devant le saint Temple fu li place vestue
    De Turs et de paiens, cele gent mescrëue.
    Mainte bele paiene i veïssiés venue,   2935
    Cascune en drap de soie estroitement vestue,
    Por oïr les noveles qui lor est avenue.
    Corbadas se dreça, qui la teste ot quenue,
    Et vient a Lucabel s'a la presse rompue,
    Les briés li a bailliés et de lire l'argüe.   2940
    Li amirals les prist en se main tote nue.
    Quant il ot liut les letres tos li sans li remue:
    Une verge tient d'or – a ses piés est ceüe.
    Il a parlé [en] haut, bien fu sa vois oüe.
    "Par Mahomet!" dist il, "ci a male atendue: 2945
    De l'amiral Soudan avons perdue l'aiüe."   *154a*
    Or est cascun de nos double paine crëue.
    Se Mahomes nel fait no cités est perdue."
    Quant Cornumarans l'ot si prist une maçue,
    Il en ferist son oncle quant on li a tolue.   2950

96. Tres devant le saint Temple veïssiés dol mener,
    Paiens et Sarrasins venir et assambler.
    Li rois de Jursalem conmença a plorer
    Et ses cevels sacier et sa barbe a tirer.
    Cornumarans ses fils le prist a conforter.   2955
    "Sire," dist li vallés, "ne vos caut dementer;
    Tant con jo soie vis ne vos estuet douter.
    Or me verrés sovent chevalcier et errer
    Et François estormir, ocire et craventer.

La Chanson de Jérusalem

    Ja n'en porai .I. prendre nel face decoler.   2960
    Alés ens en vo tor la dedens osteler:
    Laisiés moi convenir de Jursalem garder,
    Car ja por nul assalt n'i verrés Franc entrer!"
    "Bels fils," dist Corbadas, "bien le voel creanter."
    En le grant Tor David s'en va li rois ester,   2965
    As fenestres de marbre s'est alés acoter.
    O lui fu Lucabels qui molt le pot amer,
    La poront les assaus veïr et esgarder.
    Et Cornumarans fist .IIII. grailles soner,
    Dont veïssiés paiens fervestir et armer   2970
    Et par desor ces murs et venir et aler,
    Drecier ces mangonels, pieres, quarels porter
    (Et par desor ces murs et venir et aler).
    Vos n'i peüssiés mie une feve jeter
    Ne piere ne baston ne caillou esli[n]ger   2975
    Qu'il ne caïst sor arme de Persant et d'Escler.
    Onques por eus desfendre nes vi mius ordener,
    Car nés le feu grigois n'i vaurent oblïer.
    Cornumarans a fait le maistre cor corner,
    Dont veïssiés paiens rengier et ajoster   2980
    Et l'un encoste l'autre et rengier et serrer.
    Or pöés fier assaut oïr et escouter:
    S'es nostres ne remaint ja se poront prover.

97. Li jors fu bels et clers, li solaus resbaudis.
    No baron ont veüs les Turs si aatis,   2985
    Por Jursalem desfendre ont tos les murs porpris.
    Onques n'i ot celui qui ne fust engramis.
    Dist li dus de Buillon, "Trop vos voi amatis!
    Ja ne deveriens faire fors assaillir tos dis
    Ceste sainte cité u Dex fu mors et vis.   2990
    Trop nos ont Sarrasin d'un assaut abrotis.   *154b*
    Faites soner ces cors el non de Jhesu Cris,
    Si soit ja Jursalem par esfors assaillis!"
    Et li baron respondent, "Benëois soit tels dis!"
    "Segnor," dist li quens Hüe, "or oiés mon avis!   2995
    Tout n'iront pas ensanble a .I. esteheïs,
    Mais a cascune esciele soit uns assals furnis.
    Des que li un assalent as murs d'araine bis
    Li autre les desfendent as ars de cor valtis.
    Quant cil seront lassé et cascuns alentis,   3000
    Si se traient ariere quant li cors ert bondis.[74]
    Puis viegne autre conrois armés et fervestis,
    Par .X. fois soient hui en cest seul liu requis.
    Ço saciés que des Turs i avra molt ocis.

---

[74] *l. 3001: MS:* l. jors e. brandis. *The examples of l. 3036 and l. 3047 indicate that the text is corrupt here; all the variants manuscripts give both* cors *and* bondis.

Et s'on a no perriere avoit le mur malmis, 3005
Ja puis n'en overroient ne porte ne postis."
Cis conseus fu löés et creantés et pris.
Dont font soner lor grailles, es les vos estormis.
Cascuns a son pooir est armés et garnis.
Es vos le roi tafur tres par mi .I. lairis, 3010
A .X. mile ribaus de bataille aatis.
Portent haues et peles et grans fausars et pis,
Gisarmes et maçües et mals de fer traitis,
Trençans misericordes et cotels couleïs
Et plomees de coivre a caaines assis. 3015
Li auquant portent fondes, molt ont caillos coillis.
De tels i ot assez qui encor n'est garis
Des plaies que il orent a l'autre assailleïs.
Li rois tafurs estoit en .XXX. lius blecis,
El cief et es espaulles et es bras et el pis. 3020
Par trestotes ses plaies ot estoupes assis
Et tenoit une fauc de brun acier forgis —
Li mances ert de fraisne bien bendés et faitis.
Chapel ot en son chief qui fu de quir bolis
Et d'un gambison ert estroitement vestis. 3025
Tres devant nos barons s'escria a hals cris,
"Segnor, por Deu vos pri, le roi de paradis,
Que le premier assaut aiens sor ces caitis,
Qui ço ne voelent croire que Dex fust surrexis!
Tos les jors de ma vie en serai vos amis." 3030
No baron li otroierent, mais ce fu a envis
Car tot si home estoient d'armes nu et despris.
Li vesques de Mautran, qui molt fu bien noris,
Les segna tos de Diu qui en la crois fu mis.
Aprés lor conmanda c'uns n'en fust si hardis 3035
Ke ja voist assaillir s'ert li grans cors bondis.   *154c*
Li rois tafurs s'en torne qui le congiet ot pris,
Ses ribaus enmena, es les vos escoillis.
Li vesques de Mautran les a tos beneïs.

98. Aprés font no baron autre esciele rengier, 3040
Trestot furent vallet, serjant et escuier.
D'Engerran de Saint Pol ont fait gonfanonier
Cil quident de l'assalt avoir le colp premier,
Mais li rois des tafurs le vaura conmenchier.
Li vesques de Mautran les conmence a segnier: 3045
"Segnor, ne vos movés por traire ne lancier
S'i oiés le grant cor bondir et grailloier!"
Engerrans s'en torna et si vallet legier,
Tres devant Jursalem s'alerent aloier
Et regardent les murs qui sont haut et plenier, 3050
Et le saintisme Temple qu'il virent flanboier.
Cascuns d'els l'enclina et conmence a proier

La Chanson de Jérusalem 103

    Que Dex les laist encor la dedens herbregier
    Et son disne Sepucre acoler et baisier.
    [Engerrans de Saint Pol lor conmenche a proier:][75]   3054a
    "Gardés c'a l'assaillir n'en i ait .I. lanier.   3055
    Se jou al mur ferir voi cascun carpentier
    Et monter contremont et ramper et puier,
    Dont arai raëmpli mon cuer de desirier."
    Et cil li escrïerent, "Ja n'en estuet plaidier!
    Car se nos les escieles poons al mur drecier,   3060
    Se nos n'alons amont poi nos doit on proisier!"
    Li rois de Jursalem s'est alés apoier
    A une grant fenestre de marbre et de liier:
    François escumenie d'Apollin l'avresier.

99. Aprés font no baron .I. esciele vaillant.   3065
    Illuec furent Breton et si furent Normant:
    Bien furent .X. millier hardi et conbatant.
    Li quens Robers lor sire lor bailla Joserant
    Et Tumas son cosin et Foucier de Melant.
    Cels beneïst li vesques de Deu le tot poisant   3070
    Et dist c'uns ne se mueve d'assaillir tant ne quant
    Dusqu'il oient le cor a hautes vois sonant.
    Et li baron respondent, "Ço soit al Deu conmant!"
    Le vesque ont encliné si s'en tornent atant,
    Devant Jerusalem vont terre porprendant.   3075
    Dejoste l'autre esciele furent tot arestant
    Et le cité regardent et le mur haut et grant
    Et le saintisme Temple que Dex par ama tant.
    N'i a cel de pitié n'ait le cuer sospirant.
    Le cité enclinerent, des iex vont larmoiant.   3080
    Cascuns pense en son cuer et vait söef disant,   *154d*
    "Ahi! Jerusalem! tant nos vas travellant!
    Dex nos doinst tant veïr qu'i soions herbregant!"
    Li rois fu as fenestres de fin marbre luisant,
    Nos François esgarda qui se vont ordenant,   3085
    Por assaillir la vile as fossés arengant.
    Il les escumenie de son deu Tergvagant:
    "Ahi!" dist il, "caitif! Malvaise gent tirant!
    Mahomes vos maldie qui jo trai a garant!"

100. Aprés ont no baron autre esciele furnie.   3090
     La furent Bolenois qui Jhesus beneïe,
     Flamenc et Borgegnon, une gens molt hardie.

---

[75] *l. 3054a. A line is evidently required here to identify the speaker of the following words. C, D and BFIT identify him as Engelrand of Saint Pol, the standard-bearer of the squadron, and E, making a parallel with the preceding laisse, as the Bishop of Marturana; but the difference between the readings supplied, coupled with the absence of the line in AG, suggests that this line was missing in the source of all the manuscripts. Text of C.*

Bien furent .XV.M. d'une conestablie.
La peüssiés veïr mainte ensegne lacie,
Tant auberc et tant elme u li ors reflanbie. 3095
Li bons dus et li vesques quis orent en baillie
Lor baillent Eürvin, qui les chaële et guie,
Et Hungier l'Aleman qui n'a pas couardie
Et dant Raimbalt Creton qui les paiens castie:
N'ot tels .III. chevaliers desci qu'en Romenie. 3100
Cels a saigniés li vesques de Deu le fil Marie,
Aprés si lor conmande et belement lor prie
Que nus d'els ne se mueve ne ne face asaillie
Dusque del maistre cor sonera la bondie.
Li baron le creantent et cascuns li otrie, 3105
Dont s'en tornent rengiet par molt grant aatie.
Devant Jerusalem ont la terre saisie,
Le cité regarderent et le mur de porfie
Et le saintisme Temple qui luist et reflanbie,
Qui pres est del Sepucre u Dex ot mort et vie. 3110
Cascuns d'els l'enclina et de cuer s'umelie.
"Ahi! Jerusalem! Sainte cités antie,
Quels dels est et quels hontes que t'ont gens paienie!
Damedex nos doinst force que nos t'aions saisie
Et que cascuns de nos i ait herbregerie. 3115
Car se tant poons faire qu'esciele i soit drecie,
Jo i monterai primes qui qu'en plort ne qui'n rie!"
"Et jou," dist Eürvins, "ne vos en faurai mie."
Et dist Raimbaus Cretons, "Jo sui en l'aatie.
Se la sus me puis metre entre la gent haïe, 3120
Jo lor quit molt bien vendre ceste espee forbie."
Li rois de Jursalem fu en la tor antie,
Nos François esgarda, qui font lor establie
Por assaillir as murs dont la piere est mossie.
De son deu Apollin tous les escumenie: 3125
"Ahi!" dist il, "caitif! Malvaise gent faillie! *155a*
Par Mahomet mon Deu vos alés a folie.
Fors est Jerusalem – vos n'en prenderés mie!
Ançois i perderont .XX.M. des vos la vie!"

101. Une autre esciele fisent no chevalier baron, 3130
    Cil de Costantinoble – tot furent compaignon.
    Bien furent .X. millier hardi conme lion;
    Cels conduist Estatins qui cuer ot de dragon.
    La peüssiés veïr maint hauberc fremellon
    Et maint elme d'acier u onques nen ot plon 3135
    Et mainte grosse lance et maint vermel pegnon.
    Cels a saigniés li vesques el non saint Simeon.
    Aprés si lor conmande qu'il voisent par raison,
    N'asalent pas la vile u Dex prist passion
    Dusqu'il oront soner le grant cor de laiton. 3140

La Chanson de Jérusalem

     Estatins li otroie, qui fu fils de baron,
     Puis enmaine sa gent a force et a bandon.
     Devant Jerusalem porprendent le sablon.
     Le cité regarderent et le mur environ
     Et le saintisme Temple qui ja fu Salemon,   3145
     Qui pres est del Sepucre – pas ne vos mentiron –
     U Dex de mort a vie fist resurrexion.
     Cascuns d'els l'enclina si a dit s'orison:
     "Ahi!" font il, "cités! Com iés de grant renon!
     Damedex nos doinst vivre tant que conquis t'aion   3150
     Et baisier le Sepucre par grant afflictïon
     Et qu'en soient jeté cil Sarrasin felon."
     Li rois de Jursalem fu el maistre donjon,
     No gent escumenie de le jeste Mahon:
     "Ahi!" dist il, "caitif! Mal Crestïen gloton!   3155
     Con vos alés querant vo grant perditïon,
     Car tot serés ocis, mis a destrutïon.
     Ja n'en arés garant de vostre Deu Jhesum.[76]
     Mahons a grant vertu en qui nos affïon.
     De vos nos vengera, qui qu'en poist ne qui non."   3160
     "Voire," dist Lucabels, "ja mar en douteron."

102. Aprés ont no baron autre esciele ajostee.
     Ceste fu li sisime, molt par fu bien armee,
     De peles et de haues garnie et aprestee
     Et de grans pis d'acier, dont la piere ert crosee,   3165
     Et si ont mainte glavie, maint arc et mainte espee
     Et mainte rice ensegne desor lance fremee.
     Illuec furent François, une gent renomee:
     A .XX.M. ferarmés ont lor esciele esmee.
     Li quens Hües li Maines, a la chiere menbree,   3170
     A dant Tumas de Marle l'a baillie et livree.   *155b*
     Cels a segniés li vesques de la vertu nomee,
     Aprés si lor conmande qu'il ne facent hüee
     Por assaillir as murs, ne noise ne crïee,
     Desci que del grant cor entendront la menee.   3175
     Dans Tumas li otroie se li fait enclinee,
     Puis enmaine s'esciele, l'oriflanbe levee.
     Devant Jerusalem ont porprise l'estree.
     Le çité regarderent qui fu et grans et lee
     Et le saintisme Temple dont li aire est pavee,   3180
     Ki pres est del Sepucre dont la piere est mollee
     U Dex de mort a vie fist sa resuscitee.
     Li ber Tumas de Marle l'a de cuer aöree:
     "Ahi!" dist il, "cités! Con iés bone eüree!
     Por vos ai jou soferte mainte dure jornee   3185
     Et tante grant mesaise de noif et de gelee

---

[76] *l. 3158.* Mahon *is expunged before* Jhesum.

Et tant fain et tant soif et tante consiree,
De halle et de soleil la car tainte et brulee –
Et ne mie jo seus mais de mainte contree.
Dex lor doinst raëmplir lor bon et lor pensee 3190
De vos prendre et conquerre, que tant ont desiree,
Qu'encor soit el Sepucre mese oïe et cantee.
Ha! Dex! con avra cil bone paine enduree,
Et grans bone aventure li sera destinee,
Qui de tote ceste ost avra la renomee 3195
Et de prendre la vile avra premiers l'entree!
Ne mais par cel Segnor qui fist ciel et rousee,
Miux voel avoir la teste desor le bu colpee
Et la car en .XX. lius et plaié et navree,
Se me devoie faire jeter ens a volee 3200
Si enterrai premiers – itele est ma pensee."
Dont regarde paiens, s'a la teste crollee,
Li cuers li mont el pis, sa vertus est doblee.
Se adont fust entr'els, ja donast tel colee
Dont teste a Sarrasin fust de son bu sevree. 3205
Li rois de Jursalem ert en sa tor quaree
Et regarde no gent – bien le voit aprestee
D'assaillir sa cité: la color a müee.
Il les escumenie a molt grant alenee
Et a maudit la terre u itels gens fu nee. 3210

103. La sieme esciele fisent no baron natural.
La furent Provencel et maint autre vasal,
Si ot des Loherens et de cels de Marsail.
Gascons et Poitevins tot furent par ingal.
Bien furent .X. millier, ainc n'i orent ceval. 3215
Dans Raimons de Saint Gille, qui le cuer ot loial, *155c*
Lor a cargiet Bernart et Antelme del Val
Et dant Gerart de Blois, Gui le Poitevinal
Et Jehan de le Flece, Robert le senescal.
La peüssiés veïr mainte hoe et maint pal, 3220
Maint auberc et maint elme a or et a esmal,
Mainte glave ferree et maint croc et maint gal
Et mainte rice ensegne de paile et de cendal.
Cels a segniés li vesques de Deu l'esperital.
Aprés si lor conmande – nel tiegnent mie a mal – 3225
Que ja nus ne se mueve por trait ne por assal
Dusqu'il oront soner le grant cor de metal.
Et cil li otroierent puis s'en tornent l'ingal,
Devant Jerusalem ont porpris lor estal.
Le cité regarderent, le puis et le terral 3230
Et le saintime Temple qui fu fais a esmal,
Qui pres est del Sepucre dont Dex fist son estal,
U il de mort a vie surrexi sans travail.
La peüsciés veoir des ciés maint enclinal,

N'i a cel de ses larmes n'ait molliet son ceval: 3235
"Ahi!" font il, "cités saintime emperial!
Quels dels et quels damages que t'ont cist desloial.
Dex nos doinst tant veïr qu'en brisons le mural
Et que devant le Temple faisons et tresce et bal
Et Dex i soit sacrés a messe corporal." 3240
Li rois de Jursalem fu en sa tor roial,
Il a baisiet son cief et vit François aval
Qui devant sa cité sont ens el sablonal
Por abatre des murs et le piere et l'esmal.
De Mahon les maudist qui fait grant batestal: 3245
"Ahi!" dist il, "caitif! Mahomes vos doinst mal!
Ne pris tos vos assaus valisant .I. poitral.
Molt par ai envers vos le cuer gros et coral:
Les iex vos creverai a mon esperonal,
Aprés vos ferai metre a l'estace al bersal!" 3250

104. L'uitime esciele fisent no baron errannment.
Cil i furent de Puille, de Calabre ensement
Et tot cil de Sesile – molt par i ot grant gent –
Et li Veniciien qui molt ont hardement.
Bien furent .XX. millier se l'estorie ne ment. 3255
Buiemons et Tangrés, u cele esciele apent,
Lor baillent Ernaïs et Hernaut de Melent
Et Garin de Pavie et Ernalt son parent.
Cascuns ot rice terre et edefiement.
La peüssiés veïr tante targe a argent, 3260
Tant auberc et tant elme et tant bon garniment   *155d*
Et tant escu vermel qui al soleil resplent.
Mais tot furent a pié maintre conmunalment,
Portent peles et höes por oster le ciment
Et grans piçois d'acier dont ferront durement, 3265
Glavies a graus de fer por sacier vivement.
Cels a segniés li vesques del Pere omnipotent,
Aprés si lor conmande et tres bien lor desfent
Que nes uns ne s'en mueve por envaïssement
Dusqu'il oront le cor retentir hautement. 3270
Et cil li otroierent si s'en vont errannment.
Devant Jerusalem li uns d'els l'autre atent,
Le cité regarderent dont li mur furent jent
Et le saintime Temple qui reluist et resplent,
Qui pres est del Sepucre et del saint moniment 3275
U Dex resuscita – ce saciés vraiement.
Cascuns d'els l'aöra de cuer molt docement.
N'i a cel qui ne plort et n'ait le cuer dolent
Por le pitié de Deu et de son naisement.
"Cités!" font il, "mar fus, quant t'ont cil cien pullent. 3280
Dex nos doinst tant veïr par son conmandement
Que le puisons avoir tot a delivrement

Et li siens cors i soit sacrés molt haltement."
Li rois de Jursalem est en sa tor al vent.
Contreval as escieles a regardé sovent, 3285
Molt les voit aatis, d'asaillir ont talent.
D'Apollin les maldist de quanqu'a els apent.
"Ahi!" dist il, "caitif! Con me faites dolent!
Trestot serés ocis a duel et a torment!"

105. La nueme esciele fisent no baron aprester, 3290
Mais n'est pas establie por traire ne rüer.
Les[77] dames qui alerent le Sepucre honorer
Toutes conmunalment s'alerent ajoster,
Et dist li une a l'autre – nel vos quier a celer –
"Pieça que nos pasames deça outre la mer, 3295
Cascune a son mari – que Dex li puist salver.
Puis lor avons veü tant maint mal endurer,
Maint castel et maint mur peçoier et quasser
Et mainte gent paiene a no loi atorner.
Or sont le sainte vile ci venu conquester 3300
U Dex laisa son cors travellier et pener
Et ferir de la lance et plaier et navrer.
Cascune son mari doit servir et amer
Et faire son conmant et par tot honorer.
Se il suefrent le mal bien en devons goster. 3305
Or iert hui proudefeme qui se pora pener   *156a*
A la vile assaillir et no gent enheuder."
Les caillaus et les pieres prendent a amasser.
Ceste sainte parole fait bien a escouter.
Dont veïssiés les dames et venir et aler, 3310
En pos et en bareus eve prendre et porter.
Celui qui soif avra en vauront abevrer.
Devant Jerusalem s'en alerent ester.
Le cité conmencierent forment a esgarder
Et le saintime Temple qui molt reluisoit cler, 3315
Qui pres est del Sepucre u Dex valt susciter.
Cascune l'aöra et conmence a plorer.
"Ahi! Cités!" font eles, "con faites a loër.
Dex prest no gent vertu qu'i puisons osteler
Et baisier[78] le Sepucre qu'i devons aörer." 3320
Adont lor[79] veïssiés le cité encliner
Et cascune des dames de bon cuer reclamer.
Li rois de Jursalem ert dejoste .I. piler

---

[77] *l. 3292. The scribe has corrected the* l *of* les *from* c.

[78] *l. 3320. MS:* Et baisies l. *A scribal slip for* baisier, *which is given in all the variant manuscripts.*

[79] *l. 3321. MS:* A. vor v. *CG give* lor, *DT give the more usual* les. *Since A has ended the word with* or *it is likely that the scribe intended to write* lor.

La Chanson de Jérusalem 109

    De le grant Tor Davi por François esgarder.
    L'amiralt Lucabel en prist a apeler: 3325
    "Savés quels gens ço sont que voi la assambler?"
    "Frere," dist Lucabels, "jo nel vos doi celer:
    Femes sont as caitis qui ne voelent cesser
    De nostre loi destruire, honir et vergonder."
    Quant Corbadas l'oï, le cief prist a croller   3330
    Et dist a Lucabel, "Jes en ferai mener
    A l'amiral Soldan u me woel racorder.
    Sa grant terre deserte en pora restorer,
    Cascune face prince u amiral doner,
    Tot a lor volenté les fera marïer."   3335
    "Frere," dist Lucabels, "laisiés cest deviser,
    [Car ains verrés les murs de Jursalem verser][80]   3336a
    Et la gent crestiiene par droite force entrer."
    Quant Corbadas l'entent, le sens quida derver.

106. Li barnages de France – qui Dex face pardon –
    Orent les .IX. escieles fait par devisïon   3340
    Et la disime fisent de l'ost Deu li baron.
    Ne sai que devisasce de cascun d'els le non,
    Bien les avés oïs aillors en le cançon.
    .M. furent et .XL., que de voir le savon.
    Cascuns estoit armés de molt rice façon.   3345
    N'i a cel n'ait baniere u ensegne u pegnon,
    Tot sont couvert de fer desi a l'esperon.
    Le conmandise misent sor le duc de Bullon
    Et desor son cosin dant Robert le Frison.
    Cil doi s'en sont torné, poignant tot le sablon,   3350
    Al roi tafur s'en tornent si dïent lor raison: *156b*
    "Sire, vos asaurés el non saint Simëon
    Quant vos orés corner le grant cor de laiton."
    Et li rois respondi, "A Deu beneïçon."
    Dont s'en tornent li prince, n'i fisent lonc sermon,   3355
    As escuiers ont dit et fait devisïon
    Qu'aprés le roi tafur poront faire lor bon.
    Puis revont as Normans – n'i font arestison –
    Si lor ont conmandé soient en sospeçon
    Qu'aprés les escuiers facent lor livrison   3360
    De conmencier l'asaut a force et a bandon.
    Puis revont as Flamens qui ont cuers de lïon
    Et as Bolenisiens – tot furent compaignon –
    Dïent qu'aprés Normans conmencent le tençon.

---

[80] l. 3336a. A line is clearly lacking in A. T is substantially the same as CDEG which have only minor variants, and the reading of BFHI is not further removed from CDEGT than the ordinary pattern of variance would allow. The similarity between the last word of l. 3336, *deviser*, and that of l. 3336a, *verser*, suggests that this may be an example of eyeskip. Text of D.

110   La Chanson de Jérusalem

  Et dist Raimbaus Cretons, "Forment le desiron!" 3365
  Dont s'en revont li conte, cascuns tint .I. baston,
  Et vinrent as François qui sont de grant renon;
  Dïent qu'aprés Flamens mostrent d'asalt fuison.
  [Puis vont as Provenchiaus, ou il ot maint baron, 3368a
  Dïent qu'aprés François soit cascuns a bandon][81] 3368b
  D'assaillir le cité u Dex [prist][82] passïon
  Et d'abatre les murs, le piere et le moilon. 3370
  Puis lor[83] ont fait de Deu jente absolutïon.
  As barons s'en repairent le grandime troton.
  Anqui orés assalt – ainc si fier ne vit on.

107. Devant Jerusalem sont no baron armé.
  Nicolon de Duras ont devant els mandé. 3375
  Entre lui et Grigoire avoient apresté
  Un engien a bertesques et de cloies clöé,
  De bares travesaines bien tailliet et bendé.
  Des arciers i pora grant fuison et plenté,
  Por traire a cels des murs seront a salveté. 3380
  Mais l'engien orent sus malvaisement porté,[84]
  Car Turc a feu grigois l'orent tost enbrasé.
  Or ont esté .II. fois lor engien alumé.
  Les escieles sont prestes, de quir de buef tané.
  Par encoste de lonc ont grans perces bouté 3385
  Et loiet as escieles et durement cordé
  Por le tenir plus roit as murs de la cité.
  A cascune bataille en ont une doné.
  Nicolas et Grigoires ont .I. mouton ferré,
  Sor baus et sor roieles mis et encavestré. 3390
  Puis l'ont devant l'engien et conduit et mené
  Assés pres de la porte, res a res del fossé.
  Mais il ne lor vaut mië .I. denier monëé,
  Car li Turc la dedens ont tot ço esgardé.

---

[81] *l. 3368a,b. Not all the ten squadrons listed in laisses 97-106 are mentioned again in ll. 3351-71, those omitted being the Byzantines (laisse 101), the Italians and Sicilians (laisse 104), the women (laisse 105) and the clergy (laisse 106). The Provençal contingent could equally have been passed over, but the hiatus in syntax between ll. 3368-69, together with the fact that both l. 3368 and l. 3368b begin with* dïent, *makes it clear that the omission of ll. 3368a-b is an example of eyeskip. The same omission in D may have happened independently. Nothing can be deduced from H, which lacks ll. 3356-73. CEFG and BI show the presence of the lines in their source. Text of C.*

[82] *l. 3369.* prist *is omitted by the scribe in error.*

[83] *l. 3371. The scribe has corrected the* r *of* lor *from two minim strokes, probably intended to be* n.

[84] *l. 3381. Tobler-Lommatzsch and Godefroy provide no example of* porter *being used in a sense that fits this line, where the meaning is 'construct' or 'protect':* porté *is perhaps a misreading for* hordé *as given in D.*

La Chanson de Jérusalem 111

    Un autel engien ont contre cel atorné. 3395
    De feu grigois seront cil defors arousé   *156c*
    Et de le poi boullant li pluisor escaudé.
    Tout çou consenti Dex li rois de majesté,
    Car il vaut que sa gent fuisent illuec grevé
    Et a se vile prendre travelliet et lassé, 3400
    Por çou qu'il ot son cors si crüelment pené
    Et son costé perciet et sanglent et navré:
    Çou fu senefiance que il lor a mostré.
    Hui mais orés assaut fierement demené.
    Li bons dus de Buillon qui ot molt grant fierté 3405
    A pris le maistre cor: par vertu l'a soné.
    Li rois tafurs s'escrie, ribalt sont destelé.
    La veïssiés a lignes maint caillau fondeflé,
    A piçois et a höes ont la terre höé.
    Onques ne s'aresterent tres qu'el fons del fossé. 3410
    Plus de .M. et .V.C. sont el fons röelé
    Puis se prendent as paumes si sont amont rampé.
    Ainc por trait ne por piere ne por quarel jeté
    Desci al pié del mur ne furent aresté,
    Puis drecent lor esciele par vive pöesté. 3415
    Li rois tafurs i monte, mais cier l'a comperé,
    Car uns Turs le fiert si d'un flaël encoplé
    Que contreval l'esciele l'abati tot pasmé;
    Mais Dex le garanti, ne l'a mie oublïé,
    Cil as ars de l'engien l'ont auques garanté. 3420
    Pilet et quarel volent conme pluie en esté.
    Li rois Cornumarans a s'ensegne escrïé.
    Molt fu fiers li assaus, longement a duré.
    Li bons dus de Buillon a le retrait soné
    Et li ribaut s'en issent, soilliet et maillenté. 3425
    Le roi tafur enportent trestot ensanglenté,
    Car del coup del flaiel ot le nes escrevé,
    Le cervel et le cief malmis et estoné.
    Le roi tafur coucierent en .I. escu soué.
    A .II. mires le baillent qui tost l'ont respassé. 3430

108. Bien le fisent ribalt la premiere envaïe.
    Li bons dus de Buillon resone l'estormie.
    Qui veïst escuiers et le bacelerie
    Assaillir asprement par molt grande estoltie!
    La u li ribaut orent la terre desfouïe 3435
    Entrent li escuier tot a une bondie.
    Doi et doi d'un escu ont la teste garnie;
    N'i a cel qui n'ait pele u piçois u cuignie.
    Contremont vers le mur ont le roce puïe.
    Dejoste l'autre esciele ont le lor estechie, 3440
    Puis loient l'une a l'autre: ço fu molt grans voisdie. *156d*
    Engerrans de Saint Pol, a la chiere hardie,

Monta premiers amont – ço fu grans derverie –
Et Estevenes sor l'autre qui d'aprés est drecie.
Sor cascune en ot .V. – Dex lor soit en aïe! 3445
Ançois que il descendent aront molt grant hascie,
Car Turc furent amont qui ont le poi boulie,
Desor eux le jeterent, nes espargnierent mie:
La u li pois ciet caude lor est li cars noircie.
Aprés lor ont jeté mainte piere massie – 3450
N'i a cel par mi l'elme n'ait la teste quaissie.
Engerrans ot la car en .XV. lius plaïe,
Mais tos tans va amont: ço fu grans estoutie.
Cornumarans tenoit une mache empuignie,
A grans broces d'acier menüement fichie; 3455
Tant atent qu'Engerrans ot sa teste avancie,
Tot res a res del mur l'ot contremont haucie,
Cornumarans le fiert a .II. poins lés l'oïe
Si que tot li quasa son elme de Pavie,
La coife li a tote en la teste enbroïe. 3460
U il woëlle u non a l'esciele widie,
Contreval le trebuce, mais il ne morut mie.
Tos cels qui por monter ont l'esciele empuignie
Abati devant lui tot a une bondie.
Estevenes de Lucuel ot molt la car hardie, 3465
L'autre esciele monta, qui[85] qu'en plort ne qui'n rie,
Et li autre aprés lui que li ber maine et guie.
Li Turc traient et lancent – qui li cors Deu maldie!
Illuec ot mainte piere jetee et desrocie.
Ysabars de Barbais a la cane alongie, 3470
Par molt grande vertu l'a boutee et lancie
Et fiert Estievenon sor le targe florie,
L'auberc li a fausé et percié la quirie,
Plain pié li a el cors la grant cane bagnie,
De l'esciele l'abat, lui et sa compaignie. 3475
A icel coup perdirent .XV. des nos la vie,
Dont cascune arme fu en paradis florie.
Li rois Cornumarans a hautes vois s'escrie:
"Di va! Dolant caitif! Malvaise gent haïe!
Ne pris tos vos assaus une pume porie! 3480
Ains que la mer aiés par dela renagie
N'i vauroit li miudre estre por l'or d'Esclavonie.
Tos vos rendrai prisons l'amiral de Persie.
U vos voelliés u non ert ma cités gerpie!"
Li dus sona le cor, si laisent l'asaillie. 3485
Illuec vinrent les dames, cascune rebracie. *157a*
Celui qui soit avoit ont la boche moillie,
Cascun ont abevré – ço fu molt grans aïe.
Se les dames ne fusent molt fust l'ost malballie.

―――――――――
[85] l. 3466. *The scribe has written a titulus above* qui.

La Chanson de Jérusalem

109. A cel assaut le fisent forment li escuier, 3490
　　　Mais li ribaut furnirent assés mius le premier.
　　　Li dus Godefrois sone le grant cor montenier,
　　　Dont veïssiés Normans et Bretons desrengier.
　　　La u li ribalt orent fait le fossé caucier
　　　Passerent por le mur abatre et peçoier. 3495
　　　Par force sont rampé contremont le terrier,
　　　Enfreci que au mur ne vaurent atargier,
　　　Une toise et demie en ont fait peçoier.
　　　Mais ço ne puet caloir, ne lor valt .I. denier,
　　　Car li mur sont tieré de calc et de mortier. 3500
　　　Normant vont lor eschiele par force al mur drecier,
　　　Dejoste les .II. autres le font estroit loier,
　　　Mais n'i ot si hardi qui sus osast puier.
　　　As murs fierent et maillent de lor grans pis d'acier
　　　Et cil de l'engien traient a la gent l'avresier. 3505
　　　A tant maint en ont fait teste u costé segnier,
　　　Et li baron s'escrïent, "Ore amont, chevalier!
　　　Cascuns se soloit ja si vanter et prisier
　　　Que se Dex li donoit Jursalem aproismier
　　　C'as dens mordroit les murs s'il estoient d'acier. 3510
　　　Or vos veons ensamble del monter atargier!"
　　　Les dames lor escrïent, "Ne soiés pas lanier!
　　　Li vallés por s'amie, li hom por sa moillier!"
　　　Dont veïssiés Normans et Bretons rehaitier,
　　　De monter as escieles ne se font pas proier. 3515
　　　Joserans et Tumas cil furent li premier
　　　Et Fouque de Melans, c'on fist gonfanonier.
　　　Or monterent a force – Dex penst del repairier!
　　　Li Turc lor feront ja mervellos destorbier.
　　　Sor le mur ont porté .I. grant balc de celier, 3520
　　　Trente Turc le haucierent, cascuns a son levier,
　　　Contreval l'ont jeté por les nos damagier.
　　　Quanque li bals consiut a fait jus trebucier.
　　　.VII. des nos a ocis: la ot grant enconbrier.
　　　Li fiers Cornumnarans conmença a hucier: 3525
　　　"Faites venir des autres! Cist n'ont soing de plaidier!
　　　Quidiés vos çaiens soient pasturel ne bergier?
　　　Par mon Deu Apollin, qui tot puet justichier,
　　　Mar pasastes la mer por m'onor calengier!
　　　Ains[86] que l'aiés conquise le comperrés molt cier!" 3530
　　　El roi de Jursalem n'avoit qu'esleechier, *157b*
　　　Qui en la Tor David s'ert alés apuier.
　　　Li bons dus de Buillon fist le cor grailloier
　　　Et Normant et Breton ont fait l'asaut laisier.
　　　Ariere se sont trait le trait d'un arc manier 3535

---

[86] l. 3530. The scribe has corrected the A of Ains from N.

        Et li baron i vienent por eux a rehaitier.
        As navrés baillent mires, ses font soëf coucier.
        Ki dont veïst les dames cascune desrengier
        Et de l'un corre a l'autre, aler et esploitier,
        Cels qui avoient soif d'eve rasasiier.   3540
        Çou saciés qu'en l'ost Deu orent molt grant mestier.

110. Bien le fisent Normant, molt fu grans li assals,
      Mais encor le fist mius l'esciele des ribals,
      Car tot premierement fisent el mur grans traus
      Et le fossé emplirent a höes et a paus.   3545
      Conme gens desarmee sofrirent grans travaus.
      Li jors[87] fu bels et clers, li solaus raia cals.
      Hautement fu sonés li grans cors de metals.
      Flamenc et Borgegnon, qui les cuers ont vasals,
      Se misent el fossé a piçois et a mals.   3550
      Enfresci que al mur ont puiés les terrals;
      Cascuns de l'asaillir fu en poi d'ore chaus.
      Et paien se desfendent et jetent grans quarials,
      Lor elmes lor peçoient, qu'il ont clers a esmals.
      De traire et de lancier fu molt grans li assals.   3555
      Conmes les Beduïnes lor fondeflent les gals,
      As paiens escrïerent, "Tüés ces desloiaus,
      Qui nos voelent tolir[88] nos tresches et nos bals!"

111. Li jors fu bels et clers et li solaus raia
      Et li assaus fu grans et li cris esforça.   3560
      Hungiers li Alemans hautement s'escria,
      "Or baron, del bien faire! Ne vos atargiés ja!"
      Flamenc sont aïré, cascuns d'els s'avança,
      Lor eschieles drecierent tant que .IIII. en i a
      Et dans Raimbals Cretons contremont s'en ala,   3565
      Eürvins de Creel par une autre en monta
      Et Hungiers a la tierce, qui pas ne[89] s'atarga,
      Et Martins sor la quarte a .II. mains l'e[m]puigna.
      Or les ait en sa garde Dex qui le mont forma.
      Ysabars tint .I. hef. A Hungier le jeta,   3570
      El coler del hauberc le croc li enfiça
      Et Danemons li viels Eürvin repris a
      Amont l'en a saciet a l'aïe qu'il a.
      Raimbals Cretons le voit, molt forment l'en pesa.
      Il tient l'espee nue, contremont le hauça,   3575
      Un Sarrasin fiert si que les piés li coupa.   *157c*
      Paiens de Camelli .I. autre en craventa.

---

[87] *l. 3547. The scribe has corrected the* j *of* jors *from* l.

[88] *l. 3558. The scribe has corrected the* t *of* tolir *from* d.

[89] *l. 3567. MS:* p. se s'a. *A scribal slip.*

La Chanson de Jérusalem   115

      Uns Turs d'une grant mache dant Raimbalt asena
      Si que tot estordi aval le craventa.
      Paien de Camelli uns autres Turs frapa –   3580
      U il voëlle u non aval le trebuça.
      Dusqu'el fons del fossé cascuns d'els en ala.
      Çou fu molt grans miracle que Dex i demostra:
      Si souëf sont cheü que nus d'els mal n'i a.
      Dont esforce li cris et deça et dela.   3585
      Les dames s'escrïerent, qui de l'ost Deu sont la,
      De le vile conquerre u Dex resuscita –
      Tos jors avra s'amor qui bien le vengera.
      Quant li dus voit Hungier, tos li sans li mua,
      Que li Turc orent pris, molt forment l'en pesa,   3590
      Et Eürvin avoec que il forment ama.[90]

112. Li dus a pris le cor s'a soné le menee,
      Et quant il l'a soné autre fois l'a cornee
      Et la tierce autresi a molt grant alenee:
      Çou est senefïance n'i ait mais arestee,   3595
      Tot voisent a l'asaut sans nule demoree.
      Dont desrengent François de le terre salvee,
      De Puille et de Calabre et de mainte contree.
      La peüssiés oïr tel noise et tel crïee
      Que li terre en tentist plus d'une grant loëe.   3600
      Li assaus fu molt fiers et ruiste la mellee.
      Cil de l'engien[91] traioient plus menu que rosee.
      Li quens Robers descent, a la ciere menbree,
      Et li dus de Buillon, a la trençant espee.
      O eux fu li quens Hue, qui l'ensegne a portee,   3605
      Robers de Normendie, qui ert noirs con pevree,
      Tangrés et Buiemons, cascuns la teste armee.
      Et tot li autre prince conme faus a volee
      Se misent el fossé a une randonee,
      Mais que cascune esciele ert molt desaprestee,   3610
      Car li une avant l'autre ert el fossé jetee.
      Dont veïssiés no gent molt forment aïree.
      As murs picent et maillent s'ont la piere esfondree.
      Li Sarrasin d'amont lor ont le pois colee
      Et le cire boullant de desor eux jetee.   3615
      Se ne fuscent les targes que cascuns a levee
      De no gent i eüst durement escaudee.
      Segnor, or escoutés miracle enluminee,
      Con Hungiers eschapa, et par quel destinee,
      Et Eürvins ausi, d'entre la gent dervee.   3620

---

[90] l. 3591. *The presence of an additional line, essentially the same, in all the variant manuscripts* (Il prist le maistre cor mout hautement sona C) *suggests that the line could have been in A's source also.*

[91] l. 3602. *The scribe has corrected the* l *before* engien *from* s.

113. Molt fu fors Jursalem, li mur halt environ. *157d*
Fierement i asalent li prince et li baron.
Lor engien aprocierent por hurter al molton.
Le mur quident abatre – ne lor valt .I. boton,
Car dedens ert terrés de cauc et de moilon. 3625
Hungier et Eürvin ont pris li Turc felon,
Mener les en quidoient en la tor en prison.
Mais Hungiers l'Alemans, qui cuer ot de lion,
Par les flans embraça l'amiral Malcolon,
Eürvins saisit l'autre, molt par fist que preudom – 3630
Cil fu rois de Barbais, Ysabars avoit non:
Jus del mur les jeterent u il voellent u non.
Çou fu molt grans vertus, de mort ont garison.
Malcolon a saisi li bons dus de Buillon
Et Ysabars acort a Robert le Frison. 3635
Merci li a crïé, clerement a haut ton:
"Gentius hom, ne n'ocire, por ton Deu t'en prion!
Se tu en vels avoir de nos .II. raençon,[92]
Ja n'en demanderas ne t'en acomplison!"
"Tu garras," dist li dus, "si con nos te diron, 3640
Que raions .II. des nos por vos deus de prison."
Et respont li paiens, "Ço ne pris .I. mangon!
Mius vauroit estre ocis et tüés d'un baston
Que fuisiemes rendu por si povre okison.
Encore avons de[s] vos .XIIII. en no prison 3645
Ki furent amené de le mute Pieron.
Les .XIIII. et les .II. quitement vos rendron
Et aprés desor çou .I. mulet arragon.
Avrés de fins bezans sans coivre et sans laiton
Et .V. pailes vermels et .I. vert siglaton; 3650
Car nos avons en garde ceste grant region.
Et de cest convenant no loi vos en juron
Et sor nos loiautés le vos acreanton."
"Voire," dist Malcolons, "et desore Mahon,
Que ne renoieroie por ardoir a carbon." 3655
Quant li bons dus entent s'en baisa le menton,
Coiement en a ris par desos le blazon.
Dist au conte Robert, "Oiés grant folison.
Bien nos est encontré; pris avons bon prison.
Sonés tost le retrait, ariere nos meton 3660
Dusqu'a une autre fois que nos i rasauron.
Se Deu plaist et saint Piere adonques le prendron."
Li quens Robers respont, "A Deu beneïçon."
Le retrait a soné clerement a haut ton
Et Franc laisent l'asaut, le noise et le tençon. 3665

---

[92] l. 3638. MS: .II. garison. *The sense of the line requires* raençon, *as given in all the variant manuscripts.*

La Chanson de Jérusalem

Les .II. paiens enmainent a .I. lor pavellon. *158a*
Cornumarans le voit, molt est en grant friçon:
De maltalent et d'ire a fronci le grenon.

114. Eürvins de Creel et Hungiers l'Alemans
    Sont sor le mur amont entre les mescreans, 3670
    Empur les blans aubers et tinrent nus les brans,
    Tains et enmaillentés de cervele et de sans.
    Fierement se desfendent, iriés fu lor sanbla[n]s,
    Mais trop fu grans li force des paiens mescreans.
    A grans macües grosses et a flaials pendans 3675
    Et a grandes plomees et a maches pesans
    Vont ferir les barons es elmes et es flans,
    Et cil refierent eux qui les cuers ont vaillans.
    .XV. Turs ont ocis – or lor soit Dex garans.
    A haute vois lor crie li fel Cornumarans, 3680
    "Crestiien, rendés vos, par itel convenans
    Que ja nus sels de vos des menbres n'ert perdans.
    Vo desfense n'est preus, ne vos valt ci .II. gans.
    Molt en ert esbaudis Mahons et Tervagans."
    Quant no baron oïrent le roi et ses conmans, 3685
    Bien voient que lor force ne valt pas .II. bezans;
    A lui se sont rendu, car sor els ert poisans.
    François ierent as tentes, molt i ot de pesans.
    Ens el tref Godefroi qui ert et haus et grans –
    Li pumials estoit d'or et clers et reluisans – 3690
    La sont mené li Turc qui les cuers ont dolans.
    Molt i ot de nos princes, mais ne sai dire quans.
    Li Turc furent sor piés qui les peus ont ferrans.
    Grand furent et furni, les iex ont gros et blans,
    Tres bien sorent parler et latin et romans 3695
    Car apris en estoient grant pieça dés lonc tans.
    A justicier avoit cascuns .X. mil Persans:
    Molt forment les amoit li amirals Soldans.

115. Li Turc furent el tref qui fu de paile bis.
    De l'ost Deu s'i assanblent li prince et li marcis 3700
    Por oïr des paiens lor parole et lor dis.
    Li bons dus de Buillon les a a raison mis:
    "Paien, car creés Deu, qui en la crois fu mis
    Et qui fu nés de virgene et mors et surrexis:
    Tos jors tant con jo vive serai jo vos amis." 3705
    Ysabars li respont, qui grant ot le cervis,
    "Par Mahomet, ne sai se por ço iere ocis,
    Car se vos nos doniés l'or qui'st dusqu'a Paris
    N'en seroit uns de nos a vo loi convertis.
    Molt est poissans nos Dex mais or fu endormis. 3710
    S'il estoit resvelliés – de ço soit cascuns fis – *158b*
    Ja puis ne remarrés en trestot cest païs."

Quant li bons dus l'oï s'en a jeté .I. ris.
Atant est Garsïen en son peliçon gris,
Bien reconut les rois car pres d'els fu norris. 3715
Il les ala baisier ens la face et el vis,
Voiant tos nos barons les a lés lui assis.
Dist al duc de Buillon, "Ci avés tes .II. pris
Ki sont roi et poissant dusc'as pors de Luitis.
S'il voelent, Jursalem arés – jel vos plevis." 3720
"Tais toi," dist Malcolons, "malvais sers relenquis.
Miux vauroie cascuns de nos .II. fust ocis
K'il eüssent le tor que fist faire Davis
Ne le Temple son fil qui si est haus bastis.
Mais por nos .II. rendrons dusqu'a .XVI. caitis 3725
Et .II. mules cargiés d'or fin et de samis
Et de bon vin ferré .M. et .V.C. baris,
Et s'aront de besquit cargiés .II.C. roncis."
Dist li dus de Buillon, "Se jo sui de ço fis,
Tos en irés delivres, ja nus n'en ert malmis." 3730
"Oïl," dist Ysabars, "tos en sui contrequis.
Tos vos ert mes covens et mes dis raëmplis."

116. "Segnor," dist Ysabars, ".I. petit m'entendés.
Jo voel de mon covent soiés assëurés.
Une corde a cascun ens es flans lacerés: 3735
Sor une eskiele al mur monter nos i lairés,
Tant c'as paiens aions nos conmans devisés
Et que l'avoir aiés et vos Frans delivrés;
Et se volons boisier, aval nos sacerés
Et s'ait cascuns la teste et les menbres colpés." 3740
Dist li dus de Buillon, "Si ert con dit l'avés,
Mais jo irai avoec fervestis et armés."
A la Porte Davi en ont les rois menés;
Une esciele drecierent, es les vos sus montés.
Cascuns fu d'une corde par mi les flans nöés 3745
Et li dus de Buillon est aprés eux alés,
L'espee tote nue, dont li brans ert letrés,
Que s'as paiens estoit lor talens remüés,
Por desloier le corde dont cascuns ert bendés,
Tost lor seroit el cors li brans d'acier botés. 3750
De .X. mile François fu bien li dus gardés.
Ysabars de Barbais est dusc'al mur rampés.
Cornumaran apele, il est a lui alés.
"Sire," dist Ysabars, "en sus de moi estés,
Ne de vos ne d'autrui ne voel estre abités 3755
Dusque mes covens soit as François aquités. *158c*
Les .XIIII. caitis qu'en vo prison avés
Et les .II. chevaliers que presimes as hés
Et .II. mules d'Arrabe d'or et d'argent torsés,
.II.C. roncis cargiés de besquis conrëés – 3760

Tot çou donrés por nos, se vos tant nos amés."
Quant Cornumarans l'ot, li cuers li est levés.
"E! Mahon!" dist il, "sire, t'en soies aorés.
Ne vausisce ces perdre por .XIIII. cités."
Dont s'est isnelement a nos François trivés 3765
Desci que li solaus est del jor esconsés.
Isnelement et tost s'en est d'illuec tornés,
De le grant Tor Davi a puiet les degrés,
Les caitis fist at[a]indre ses a desprisonés.
Cascuns ert tos haliegres, car Dex les ot salvés. 3770
Ricement fu cascuns vestus et affublés
De rices dras de soie, s'ont mules afeutrés.
Eürvin et Hungier ra molt bien acesmés
Et li autres avoirs est avoec eux jostés.
De le Porte Davi ont les huis desbarés, 3775
Les François ont mis fors o l'avoir aroutés,
Aprés ont clos le porte et les flaels serrés
Et a grans baus de caisne bien roiliés et bendés;
Et li prison s'en vont que Dex a delivrés.
Quant no baron les voient, grans joies fu menés, 3780
Molt i fu "Sains Sepucres!" huciés et reclamés.
"Segnor," dist Ysabars, "jo sui bien aquités."
"Oïl," ce dist li dus, "a Damedeu alés,
Par issi que ço soit la soie volentés."
Les Turs ont desloiés, es les vos escapés, 3785
Par desore les murs es les laiens entrés.
Cornumarans les a baisiés et acolés,
Aval Jerusalem ont .M. tinbres sonés,
Por l'amor des .II. Turs fu Mahons celebrés.
Et no baron repairent as loges et as trés, 3790
En tote le sainte ost fu molt grans li plentés,
De boire et de mengier est cascuns asasés.
Li nuis est revenue, li jors est trespassés.
L'ost Damedeu gaita Buiemons et Tangrés,
A .VII.C. chevaliers les vers elmes genmés. 3795
Mais li Turc cele nuit les ont mal enganés,
Car li fus grigois fu en lor engiens jetés,
Ars est et li moltons espris et alumés
Et ausi les escieles sont arses es fossés –
Ainc ne les pot secorre nus hom de mere nés. 3800
Conmes des pavellons i ot molt de brullés. *158d*
Or sont paien plus fort c'ainc ne furent assés.
Dont veïssiés no gent coureços et irés.
Li vesques de Mautran les a reconfortés:
"Baron, franc Crestïen, or ne vos dementés! 3805
Tout çou vos consent Deu qui en crois fu penés
Et quant ses conmans ert, Jerusalem prendrés."
"Sire," font li baron, "tot çou est verités."
Cascuns est de bien faire baus et asseürés.

117. Or ont no Crestïen par l'ost molt grant plenté. 3810
　　　Et Turc en Jursalem se sont tot assanblé,
　　　Tres devant le saint Temple et venu et alé.
　　　Le roi de Jursalem ont illuec amené.
　　　O lui fu Lucabels qui ot le poil mellé,
　　　Et des autres paiens i ot molt grant plenté. 3815
　　　Cornumarans se drece, .I. petit a parlé:
　　　"Segnor, franc Sarrasin, or oiés mon pensé!
　　　Vos m'avés bien servi et jou vos ai amé.
　　　François nos ont assis, qui molt ont grant fierté.
　　　Il prendront se il puent par force ma cité, 3820
　　　Et jo vauroie mius avoir le cief colpé
　　　Que si vilment m'eüscent del tot desireté.
　　　Jo irai secors querre a Soudan l'amiré,
　　　Ja nel pora laisier qu'il n'ait de moi pité.
　　　Et se jou ai s'aïe, saciés par verité, 3825
　　　Vos me ravrés ariere ançois .I. mois passé.
　　　Assés avés çaiens et pain et vin et blé,
　　　Et li François la fors sont auques agrevé –
　　　Li pluisor sont forment et plaiet et navré
　　　Et d'assaillir as murs sont durement lassé, 3830
　　　N'asauront mais a piece si seront respassé.
　　　Ains vos arai l'empire d'oriant amené."
　　　Corbadas ot son fil, s'a .I. sospir jeté,
　　　Il desront ses cevels, s'a sa barbe tiré,
　　　Des iex qu'il ot el cief a tenrement ploré, 3835
　　　Por le dol de son fil s'est une fois pasmé.
　　　Et quant il se redrece hautement a crïé:
　　　"Ahi! Jerusalem! tant jor vos ai gardé.
　　　Or perc por vos mon fil et tote m'ireté.
　　　Mals fus grigois eüst tot le Temple enbrasé 3840
　　　Et le cité fondue et le mur craventé
　　　Et le grant Tor Davi, qui'st de marbre listé,
　　　Fuisent tot li quarel frait et esquartelé,
　　　Moi ne calt de ma vie quant mes Dex m'a falsé."
　　　Li rois tient .I. cotel trenchant et afilé, 3845
　　　Ja s'en ferist el cuer quant on li a osté. *159a*
　　　Cornumarans ses fils l'a bien reconforté
　　　Et baisiet en la face, estraint et acolé.

118. Li rois de Jursalem ot molt le cuer irié.
　　　Il a detors ses poins s'a ses cevels sacié, 3850
　　　Jerusalem maudist, le Temple et tot le sié
　　　Et le Sepucre Deu qui tant l'a travellié.
　　　Cornumarans ses fiux l'a forment rehaitié:
　　　"Ahi! rois!" dist il, "sire, as tu le sens cangié?
　　　Saciés que cist François sont tot a mort jugié. 3855
　　　Cascun vos ferai rendre et prison et loié,
　　　Puis soient en ta cartre versé et trebucié.

La Chanson de Jérusalem

    L'empire t'amenrai dusqu'a Mieke le sié."
    Quant li rois l'entendi si a son cief baisié,
    Cornumaran embrace, de joie l'a baisié.   3860
    Cil de fause promesse l'a fait joiant et lié.

119. "Rois," dist Cornumarans, "ne vos dementés mie,
    Car g'irai secors querre l'amiral de Persie.
    Ne lairai Sarrasin en trestote Aumarie
    Ne desci c'al Sec Arbre en tote paienie   3865
    Que jo n'amain en ost se jo remain en vie."
    "Bels fius," dist Corbadas, "dont vien si le m'afie."
    Il a tendu sa main, sa foi li a plevie.
    "Bels niés," dist Lucabels, "Mahons vos beneïe.
    Conment porés issir de la cité garnie   3870
    Que Franc ne vos perçoivent, li pute gens haïe?"
    Cornumarans respont, "Ne lairai nel vos die.
    Anquenuit de prinsoir ert no gens fervestie;
    D'une part le cité ert li os estormie
    Et jo m'en istrai fors a une autre partie,   3875
    Tos armés de mes armes et d'espee forbie,
    Et menrai Plantamor, mon destrier de Nubie,
    Et s'arai a mon col ma grant targe florie.
    Et porterai .I. cor: quant iere en la berrie,
    Sel sonerai par force, bien orés la bondie.   3880
    Dont porés bien savoir ma vie arai garie."
    Sarrasin escrïerent basset a vois serie,
    "Bien dist Cornumarans, nos Dex soit en s'aïe."
    Li jors est trespassés, la nuis est aproismie.
    Le soir gaita l'ost Deu Robers de Normendie,   3885
    .VII.C. chevaliers ot ens en sa compaignie.
    Et Turc et Sarrasin ne s'atargierent mie,
    Devant la Tor Davi ont fait lor establie
    De .XV. mile Turs por faire l'envaïe.
    Cornumarans s'arma par molt grant segnorie.   3890
    Il vesti .I. clavain dont la broigne est trelie   *159b*
    Et laça .I. vert elme qui luist et resplendie,
    Puis a çainte l'espee qui est d'or enheudie –
    Molt estoit grans et lee, trençans, clere et forbie.
    Al col li ont pendue la targe a or burnie.   3895
    Plantamor li amainent qui fu nés de Nubie,
    Par les resnes li livre Butors de Salorie.
    Cornumarans i saut s'a le resne empuignie,
    Puis saisi .I. espiel, par fierté le paumie
    Et prist le cor Herode dont haute est li oïe –   3900
    Clerement l'ot on bien d'une liue et demie.
    Le Porte Saint Estevene li ont desverellie
    Et le Porte Davi ruevrent a une hie:
    Par la issent li Turc por faire l'envaïe.

120. Li Turc s'en sont issu par le Porte Davi 3905
Et devers Saint Estevene Cornumarans issi.
Tant qu'il oï le nois .I. petit atendi.
Li Turc vienent a l'ost si ont levé le cri,
Robers de Normendie les a bien envaï.
Cil de l'ost sont armé, tot se sont estormi, 3910
Tot poignent cele part u Franc sont assailli
Et li Turc s'en repairent, ariere sont guenci
Puis ont le porte close – n'i ot nul d'eus peri.
Et Cornumarans broce Plantamor l'arabi,
Par mi l'ost s'en passa, ainc ne l'a desmenti. 3915
Par devers la berrie son cemin acoilli.
Doi chevalier l'encontrent, armé et fervesti.
Bien voient qu'il ert Turs quant il l'ont desenti.
A hautes vois s'escrïent, "N'en irés mie ensi!"
Cornumarans les ot, nes a pas resorti. 3920
Ainc por nule paor li sans ne li fremi,
Plantamor laise corre s'a son espiel brandi
Et fiert l'un des François que il nel mescoisi.
Par mi le gros del cuer li mist l'espiel forbi,
Tant con hanste fu longe del ceval l'abati. 3925
Quant ses compains le voit s'a le cuer engrami,
Vers Cornumaran broce, mais n'a mie failli,
Si le fiert sor l'escu que tot li a parti;
Tant fu fors li clavains ains bende n'en rompi.
Et Cornumarans broce Plantamor l'arabi, 3930
Bien voit ses demorers n'est mie bons enqui.
Plus tost s'en passa outre c'ainc ars ne destendi,
.LX. liues longes alast ains mïedi
Se ne fust l'emconbriers qui devant li sailli.
Li chevaliers s'escrie, "Sains Sepucres, merci! 3935
Ahi! baron françois, con iestes alenti! *159c*
Se cis Turs vos eschape vos estes malbailli!"
Li bons dus de Buillon en a la vois oï:
Il n'ot mie le cuer pesant ne endormi,
Plus tost vient la poignant que quarels ne sailli. 3940
La lune luisoit clere et si raia seri.
Al chevalier s'en vient qu'il trova esbahi.

121. La nuis fu bele et coie et la lune luist cler,
Et li dus de Buillon laist le ceval aler
Et vient au chevalier qu'il a oï crïer. 3945
Et cil poinst contre lui, si li prist a conter
Que la s'en va uns Turs la novele porter
A l'amiral de Perse por socors demander.
"Mon compaignon a mort orendroit al joster
Et jo le feri si ma lance fis quasser, 3950
Mais onques ne le poc del ceval remüer,
Ne onques por mon coup ne laisa son errer.

La Chanson de Jérusalem

Plus tost fait son ceval desos lui randoner
C'arciers ne trait quarel quant il en doit berser."
Quant li dus l'entendi, n'ot en lui qu'aïrer, 3955
Volentiers l'encauçast mais ne sot u aler.
De maltalent et d'ire conmença a tranbler
Et jure le Sepucre, qu'il vauroit aorer,
Ne laira qu'il nel sive por la teste colper.
Aprés le Turc cevalce – or le puist Dex salver! 3960
Cornumarans s'en vait, li jentius et li ber.
Quant vint en la berrie si conmence a corner
Si c'on l'oï en l'ost et en Jursalem cler.
Paien en conmencierent grant joie a demener
Et li chevaliers vient si conmence a crïer: 3965
"Ahi! Buiemont, sire! Trop pöés demorer!
Li bons dus de Buillon, qui tant soliés amer,
Encauce .I. Sarrasin, mais n'i puet abiter."
Li dus Buiemons l'ot, .I. graille fist soner.
Dont veïssiés les princes ens es cevals monter 3970
Et saisir les espius et les escus coubrer.
Buiemons s'en torna o cels qu'il pot amer,
Les autres chevaliers rova bien l'ost garder.
Aprés le duc cevalcent, ne voelent retorner
Desci que mort u vif le poront recovrer. 3975
Ci le lairons .I. poi de nos barons ester
Et del duc de Buillon qui molt fist a löer;
Quant lius en sera sempres s'en sarons bien parler.
Del fier Cornumarans vos vaurai or conter.
Si con il doit a l'aube le berrie passer, 3980
Bauduïn de Rohais encontre a l'ajorner. *159d*
A l'ost Deu s'en aloit, li dus l'ot fait mander.
Sor .I. ceval seoit – n'ot en Perse son per.
En sa compaigne furent .IIII.C. baceler,
Armé d'aubers et d'elmes, hardi conme sengler. 3985
Bauduïns de Rohais vit le Turc devaler
A un petit vaucel u il devoit passer,
Vers lui point le ceval, qu'il le vaut encontrer.
Cornumarans le voit sel conmence a douter,
Car ses compaignons vit aprés lui randoner. 3990
N'est mie de mervelle s'il n'i valt demorer:
Plantamor point et broce qui ainc ne valt lasser,
Par les esperonals en fist le sanc voler.
Qui veïst le ceval cele terre acoler
Ne s'i tenist oisels ne faucons al voler. 3995
Bauduïns li escrie, "Ne le porés durer!
Se Dex salve Prinsaut sos moi d'enbieçoner
A l'ost vos remenrai, qui qu'en doie peser!"
Ki veïst le baron le destrier taloner,
Des esperons a or poindre et esperoner 4000
Et Prinsaut l'aragon desos lui desteler

Et les grans saus porprendre et la terre apasser,[93]
De trop isnel ceval li peüst ramenbrer.
Bien se puet al paien, s'il ne ciet, ajoster.
Ains que li solaus puist cler luisir ne lever, 4005
Poroit li Frans au Turc d'une feve jeter.
Li destriers au paien conmeça a süer.
Cornumarans le voit, le sens quida derver,
En corant li conmence les orelles froter
Et desous et desore a se main eschüer: 4010
Çou fu molt grans mervelle que il ne pot verser,
Et li cevals conmence alaine a recovrer.

122. Or s'en va li paiens, s'a se voie tenue,
Et Bauduïns l'encauce, qui son ceval argue.
N'a mais de tos ses homes oïe ne veüe. 4015
Prinsaus li cort plus tost que vens ne cace nue,
Cornumaran ataint lés une roce agüe.
A haute vois li crie, que bien fu entendue,
"Paien, torne vers moi! Grans paine t'est creüe[94]!"
Cornumarans l'entent, tos li sans li remue. 4020
Quant il voit que sa gens n'estoit o lui venue
Plantamor li trestorne, por joster s'esvertue,
Plus tost li vient bruiant que faucons n'ist de nue
Et Bauduïns le[95] fiert s'a se targe fendue.
Tant fu fors li clavains bende n'en est rompue. 4025
La lance qui fu roide li a el pis croisue. *160a*
Et li Turs se tint bien, del destrier ne remue,
Bauduïn ra feru de sa cane esmolue.
Li escus ne li vaut le rain d'une cheüe,
L'auberc li a fausé – la ot descovenue. 4030
Le fer li a conduit lés la car tote nue,
Li quens s'est escrïés, "Sains Sepucres, aiüe!"

123. Quant li quens Bauduïns sent que il l'ot feru,
Molt ot grant maltalent et trait le brant tot nu.
Ains que Cornumarans ait son brac estendu 4035
Et traite fors l'espee, l'a li quens si feru
Amont par mi son elme, qu'il ot a or batu,
Que les flors et les pieres en a jus abatu.
La coife li trença del clavain qui bons fu.
Tant trença de la teste qu'il en a conseü. 4040
S'il l'eüst bien ataint, tot l'eüst porfendu.
Et li rois feri lui con hom de grant vertu
Que l'escu de son col li a frait et fendu;

---

[93] *l. 4002. The scribe has written a titulus above the initial* a *of* apasser; *the same form occurs also in T.*

[94] *l. 4019.* creüe *is written* cue *with an incomplete* e *superscript above* c.

[95] *l. 4024. The scribe has corrected the* l *of* le *from* s.

La Chanson de Jérusalem

De l'auberc jaseran qui fu mailliés menu
Trença totes les mailles que il a conseü: 4045
Por un sol petitet ne l'a tot confondu.
Cornumarans s'escrie, "De ça vos ai sentu!
Quidiés vos que g'eüsse le cuer si esperdu
Que por .I. seul Francois guencisse mon escu?
Mar pasastes la mer vengier vo Deu Jhesu 4050
Et li autre caitif qui tot sont mescreü.
Ne vos avra mestier car tot serés vencu,
Se jo puis repairier, et mort et confondu,
Car jo vois secors querre a l'amiral Cahu.
Tot amenrai l'empire, dusqu'as Bosnes Artu. 4055
Franc ierent escorcié et li prince pendu!"
Quant li quens Bauduïns a le Turc entendu,
Que il va secors querre, grant ire en a eü.
"Paien," ço dist li quens, "quant tant as atendu,
Car me di qui tu iés, se ja t'arme ait salu." 4060

124. Dist li quens Bauduïns, "Paiens, a moi entent:
Car me di qui tu iés, nel me celer noient."
"Jo l'otroi," dist li Turs, "par itel convenent
Que tu aprés me dïes le tien non ensement."
Dist li quens Bauduïns, "Jo l'otroi voirement." 4065
"Vassal," ce dist li rois,[96] "j'ai non Cornumarent
Et sui fiux Corbadas u Jursalem apent.
Soie est la segnorie et aprés lui l'atent.
A moi apent sa terre et tot son casement.
Or me di qui tu iés tost et isnelement 4070
Et puis fai con mius pués, et jo tot ensement." *160b*
"Paiens," ço dist li quens, "molt iés de haute gent.
J'ai a non Bauduïns, se cil qui dist ne ment,
Frere au duc Godefroi qui molt a hardement
Et le conte Ewistace qui molt a le cors gent." 4075
Et dist Cornumarans, "Tu as maint bon parent.
Godefrois sera rois, jo le sai vraiement.
Or nos reconbatons, laisons cest parlement!"
Lors embrace l'escu se li vient errranment,
Ja ferist de l'espee molt angoiseusement 4080
Quant il voit sa maisnie qui del tertre descent.
Bien voit ses demorers n'ert mais a salvement.
Plantamor point et broce, qui les grans saus porprent,
A la voie s'est mis plus tost qu'ars ne destent.
Et Bauduïns cevalce qui nel siut mie lent. 4085
Or l'ait Dex en sa garde par son conmandement,
Car ançois qu'il repaire ert en molt grant torment.

---

[96] l. 4066. MS: l. quens j'a. *Nowhere else is Cornumaran referred to as* quens, *which is emended to* rois, *the reading of CD, while BFGIT give* Turs.

125. Cornumarans cevalce a grant esperonee,
Le chemin vers Barbais a sa voie tornee
Et li quens Bauduïns le siut de randonee 4090
Sor Prinsaut l'arragon, qui a grant alenee.
Or l'ait Dex en sa garde qui fist ciel et rosee,
Car ançois qu'il repaire avra la car navree,
En plus de .XXX. lius percie et entamee.
Li rois Cornumarans a sa gent encontree – 4095
Bien furent .X. millier, cascuns la teste armee,
Et vont par la berrie por garder la contree.
Ceus conduist Orquenais, l'oriflanbe levee.
Cornumarans le voit, grant joie en a menee;
Bien conut Orquenais, s'ensegne a escrïee 4100
Et Sarrasin li vienent conme gens esfreë[e],
Lor segnor reconurent, qui se targe ot troee
Et tenoit en sa main tote nue s'espee.
L'elme voient trencié, sa teste ensanglentee –
N'i a celui d'els tos n'ait la color muee. 4105
Ainc n'i ot plus parole dite ne devisee,
Vers Bauduïn guenciscent conme gens aïree.
Li rois point tos premiers, qui cil secors agree.
Bauduïns voit les Turs dont la terre est puplee,
Grant paor ot de mort – c'est verités provee. 4110
Il a guenci Prinsaut s'a se resne tiree.
Cornumarans li crie, "Vostre vie est finee!
Trop avés cevalciet – tart est li retornee.
Ains vespre vos sera cele teste coupee!"
Dist li quens Bauduïns, "Ains l'arés comperee! 4115
Se Dex me velt aidier,[97] petit pris vo posnee!" *160c*
Es vos ses compaignons poignant par la valee.
Ainc n'i ot trive prise ne parole mostree,
Cascuns baise la lance o l'ensegne fresee
Et vont ferir les Turs par molt grant aïree. 4120
La ot tant anste fraite, tante targe troee,
Tant clavain desrompu, tante broigne fausee.
Sarrasin et paien muerent goule baee.
Li quens Bauduïns ot une lance trovee –
D'un Turc qui estoit mors li a des poins ostee. 4125
Vers Cornumarans point, le resne abandonee,
Tel coup li a doné sor le targe listee
Tot estendu l'abat par dalés une aree
Et saisi Plantamor par la resne doublee.
Ja'n menast le destrier a le crupe tiulee 4130
Quant Orkenais le fiert de le lance aceree
Et .XIIII. paien tot a une hïee
Si que tote la targe li ont del col ostee.
Mais Dex gari le conte et sa vertus nomee:

---

[97] *l. 4116. MS:* v. aidrier pe. *A scribal slip.*

La Chanson de Jérusalem 127

    Ainc n'en gerpi estrier ne la resne noee.   4135
    Plantamor a laisié tot coi en mi l'estree
    Et fiert .I. Sarrasin, Fanon de Valdoree.
    Tot le porfent li quens desci en la coree,
    Mort l'abat del ceval dalés une cepee.
    Uns Turs prist Plantamor par le resne doblee,   4140
    Cornumaran le rent dalés une valee
    Et il li saut de terre en la siele doree.
    Li solaus luisoit cler, li terre ert escaufee,
    De lius en lius estoit menüement crevee.
    Molt fist mal a no gent – ains qu'il l'aient pasee   4145
    N'i a cel qui de caut n'ait la ciere brulee.

126. Molt fu grans li bataille a l'estor conmencier.
    François ne porent mie sofrir l'estor plenier.
    N'ierent que .IIII.C. li nostre chevalier
    Et li Sarrasin erent encore .IX. millier,   4150
    Estre cels des montaignes qui lor vienent aidier.
    Se li no s'esmaierent, nus n'en doit mervellier.
    Li quens Bauduïns fist ses homes raloier,
    A Jursalem ariere s'en quida repairier,
    Mais n'i troverent voie ne cemin ne sentier   4155
    Et li Turc les ont fait tot de gré foloier.
    Molt sovent vont a eux assambler et lancier.
    Cornumarans s'escrie, "Mar s'en iront entier!"
    Li quens Bauduïns l'ot, n'ot en lui qu'aïrier.
    Bien se peüst des Turs sevrer et eslongier,   4160
    Mais ne gerpist ses homes por la teste a trenchier.   *160d*
    Li quens les apela, ses prist a araisnier:
    "Segnor, mi compaignon, ne vos caut desmaier!
    Cascuns penst del bien faire et de son cors vengier.
    Ensamble nos tenons tant que serons entier.   4165
    Se nos poons desfendre desci qu'a l'anuitier
    Ja puis nes doteriens valisant .I. denier!"
    Lors chevalcent serré par dalés .I. rochier.
    Un viés chastelet voient qui siet en .I. vivier.
    Li rosel sont creü grant et gros et entier,   4170
    Espés ert l'une en l'autre con bois c'on doit plaisier.
    La terre ert dedens seche et crués li sablonier.
    Molt i avoit sansües entré por ombroier,
    Car l'ardors del soleil les i faisoit mucier.
    Ens es crués des rosials s'en alerent fichier;   4175
    Quant il pluet dont s'en vont en l'eve refroidier.
    Qui laiens enterra mors ert sans recovrier.
    Bauduïns de Rohais ne s'i sot preu gaitier,
    Dist a ses compaignons, "Jo vos voel tos proier,
    Ens en cel castelet vos faites encaucier,   4180
    Et jo m'irai ça fors ens el ros enbuscier.
    Que que paien seront de l'assaillir manier,

Me poindrai a l'ost Deu les noveles nonchier.
Il ne m'ataindront ja, trop par ai bon destier."
Si compaignon respondent, "Bien fait a otroier." 4185
Desci al chastelet ne se vaurent targier,
La dedens se feront des paiens assegier.

127. Bauduïns et li suen sont al castel torné.
La guenciscent as Turs, s'ont "Monjoie!" escrïé.
Arriere les sortirent .I. arpent mesuré 4190
Puis sont a .I. esfrois ens el castel monté.
Et li quens Bauduïns a le ceval torné,
Mis est en le rosiere coiement a celé.
Or l'ait Dex en sa garde par sa sainte bonté!
Les sansües le sentent s'ont grant sifloi mené, 4195
Des crevaces issirent et del rosel chavé,
Le bon destrier saisirent el flanc et el costé,
En plus de .XXX. lius ont le quir entamé
Et li cevals as dens en a mainte engoulé.
Li paien a le mote ont grant assaut livré: 4200
Cil dedens se desfendent con vassal aduré –
Ainc Turc ne lor forfisent .I. denier moneé,
Car n'i ot c'une entree, molt sont halt li[98] fossé
Et si l'ot li rosiere entor avironé
U Bauduïns estoit, qui molt a enduré. 4205
Des sansües poignans ot tant sor lui rampé   *161a*
Et tres par mi les mailles de son hauberc entré
C'estoit vis c'on l'eüst de poivre tot salé.
En plus de .II.C. lius li ont le cors navré,
Le sanc li ont sucié et des vaines osté – 4210
Ço fu molt grans mervelle que ne l'ont afolé,
Mais Dex ot del baron et manaide et pité.
Cornumarans en a Orkenais apelé:
"La sus en cel castel n'a pas d'un France monté
Ki molt m'a hui chacié et durement grevé 4215
Et ses destriers le mien estancié et lassé.
Il est ens es rosiaus, jel sai par verité.
Boutés ens tost le fu, ja l'arons alumé."
Et il si fisent sempres – molt sont de mal pensé.
Tost orent le rosel espris et enbrasé. 4220
Bauduïns voit le feu et le ros alumé,
Grant paor ot de mort, s'a Jhesu reclamé:
"Pater alfa et O qui me fesistes né,
Soiés hui ens m'aïe, se il vos vient a gré,
Que moi et mon ceval gerpissent cist malfé – 4225
Que de mon destrier criem que il ont essauné."
Lors cieent les sansües, n'i ont plus demoré.
Et Bauduïns s'en torne, l'escu devant torné,

---

[98] l. 4203. *The scribe has corrected the* l *of* li *from* s.

La Chanson de Jérusalem 129

    L'espee ens el poing destre qui jete grant clarté.
    Quant vient fors del rosel si a esperoné.   4230
    Cornumarans le voit, s'a paiens escrïé:
    "Or ça, franc Sarrasin, es le ci eschapé!"
    Dont veïssiés maint Turc aprés lui arouté.
    Ançois que il retornent seront grain et iré,
    Car il enconterront Buiemont et Tangré,   4235
    Godefroi de Buillon et Robert le menbré
    Et le conte Huon, qui l'ensegne a porté,
    Et le rice barnage que Jhesus a amé.

128. Or s'en vait Bauduïns a esperon broçant.
    Li costé et li flanc li aloient sainant   4240
    Et son destrier ausi, dont plus li vait pesant,
    Car il crient que sos lui ne li voist estançant –
    Mais por nïent se doute car bien ira bruiant.
    Et Cornumarans broce Plantamor le corant,
    Al monter le berrie vient le conte ataignant,   4245
    Par le mien escïent ja s'entreferiscant
    Quant no baron le voient qui le vont escriant.
    Cornumarans les voit, molt ot le cuer dolant.
    A Bauduïn jeta son espiel en lançant,
    Aprés li dist, "François, as malfés te conmant!"   4250
    Lors a guenci le resne del destrier auferrant,   *161b*
    Encontre les paiens en est tornés fuiant,
    Puis les a escrïés a se vois qu'il ot grant:
    "Baron, garnisiés vos! Vés ci François poignant!
    Plus sont de .XXX. mile par le mien escïant.   4255
    Qui son cors puet garir löer doit Tervagant!"
    Il broça Plantamor si s'en torna atant,
    Il n'a garde d'ataindre desci en oriant.
    Et li autre paien s'esparsent maintenant,
    Es puis et es montaignes s'aloient gariscant.   4260
    Atant es vos nos princes qui vienent randonant,
    Bauduïn ont trové qui le cors[99] ot sanglant.
    Quant li dus voit son frere molt s'en vait mervellant,
    Volentiers le baisast et alast aparlant,
    Mais il li escria, "Ne vos alés targant!   4265
    Secorés tost mes homes en cel val la devant!"
    Li baron s'en vont outre les glaves empoignant.
    Les Turs qu'il ont trovés al castel assalant
    Ont tos mors et ocis, n'en ala uns avant.
    Cil del castel s'en issent baut et lié et joiant.   4270
    Quant il vienent as princes molt les vont acolant.
    Li baron regarderent le grant rosel ardant,
    .C. mil sansües virent par terre formiant.
    De l'angoisse del fu vont les plusors morant,

---

[99] *l. 4262. The scribe has corrected the* s *of* cors *from* t.

Es crevaces parfondes s'aloient reponant. 4275
Li baron les esgardent si s'en tornent segnant.
A Bauduïn s'en vienent qui ja s'aloit pasmant
Et Prinsals l'arragons del sanc esvanisant.
Li frans quens se couça lés .I. tertre pendant.
Ainc Prinsals ne se mut d'illuc ne tant ne quant. 4280
No baron descendirent tot ensanble plorant.
Godefrois prist son frere, sel dreça en estant,
Il li baise les iex, molt le vait regretant:
"Frere, qui vos a mort forment m'a fait dolant![100]
Ahi, Jerusalem! Con nos alés penant! 4285
Por vos perc jo mon frere que jo amoie tant!"
Li ber Tumas de Marle ot .I. brief molt vaillant,
Sor le cief Bauduïn le tendi en croisant,
Dont se leva li ber sor ses piés en estant.
Li prince et li baron s'en vont resbaudisant, 4290
Sor .I. ceval le lievent c'on i sot mius amblant.
Prinsalt font traire en destre, söef en aresnant.
A l'ost Deu repairierent ains le solel couçant,
Et li quens Bauduïns lor vait trestot contant
Com il a encauciet le roi Cornumarant 4295
Ki s'en vait secors querre a l'amiral Soudant, *161c*
Et si con les sansües l'alerent aërdant
Ens en la grant rosiere et deriere et devant.
Dont s'en vont li baron tot ensanble riant.
A lor trés descendirent, car tot furent lasant. 4300
D'asaillir Jursalem se vont ahatissant.
Bauduïn font mangier et il va garissant,
Et Prinsalt l'aragon garderent .II. serjant.

129. A l'ost est revenue la Jhesu compaignie.
D'asaillir Jursalem est forment ahatie. 4305
Li rois Cornumarans de nïent ne s'oublie,
Ses messagiers envoie par tote la berrie.
Dodekin de Damas a se cartre envoïe
Que ses castels garnise, Barbais et Tabarie.
Tant cevalça li rois la terre de Surie 4310
Qu'il passe al Pont d'Argent, s'a se voie acoillie.
Tant a alé li Turs – qui li deables guie –
Qu'a Soudan est venus el regne de Persie.
Par desous Sormazane en une praerie
A trové l'amiralt et le roi de Nubie, 4315
Aupatri l'amiré et Flanbalt d'Orquenie
Et le roi Calcatras, Abrahan de Rousie,
L'amiralt Sucaman qui tenoit Almarie.
Cascuns avoit la s'ost et mandee et banie,

---

[100] *l. 4284. MS: fa. dalant. Perhaps a scribal slip; there is no other example of this form in the text.*

La Chanson de Jérusalem 131

       Car l'amirals Soudans avoit novele oïe 4320
       Que Crestïen avoient Jursalem assegie:
       Envoier i devoit les os de paienie.
       Es vos Cornumaran, qui pleure et brait et crie.
       De Plantamor descent s'a le presse partie.
       La u il voit Soudan a ses piés s'umelie, 4325
       Le gambe li enbrace s'a le cauce baisie.
       Canabels l'en dreça qui le teste ot florie.
       Li Soldans l'apela si dist raison serie:
       "Dites, Cornumarans, bels niés, ciere hardie,
       Con le fait Jursalem, ma grans cité garnie 4330
       Que votre pere tient, Corbadas, en baillie?"
       "Par Mahon, amirals, François l'ont asegie.
       Environ a grant ost, no terre ont agastie.
       Ja ont del mur brisié une lance et demie
       Et de nos Turs i ont tant maint tolu la vie. 4335
       Li blés et li avaine lor est auques faillie:
       S'il n'ont proçain secors il ne gariront mie!"
       "Bels niés, secors arés, et ma force et aïe,
       Et un si grant empire, se ma gens est coillie,
       Que tos les mangeroient se c'estoit cars boillie. 4340
       Toute rarés vo terre et de la por partie. *161d*
       Par force woel aler outre mer a Pavie,
       France vaurai conquerre et Puille et Romenie."
       Il le quide bien faire car ses cuers li affie,
       Mais malement conoist la Deu chevalerie, 4345
       Ki venredi prendront Jursalem ains complie –
       La parole Soudan feront toute mentie.
       Segnor, bon Crestiien, drois est que jel vos die
       De le sainte cité que Diex a otroïe
       A ceus qui ont por lui sofert mainte hascie. 4350
       Un matin se leva Robers de Normendie:
       Al vesque de Mautran et a la baronie
       Prist consel conment iert la perriere estecie.

130. Robers de Normendie fu par matin levés,
       Tos les barons de l'ost a ensanble mandés. 4355
       "Segnor," ce dist li quens, "se vos plaist entendés,
       Por amor Damedeu, et car vos porpensés
       Conment puist estre prise ceste sainte cités.
       Cornumarans s'en est por le secors alés.
       Ja ne garderés l'ore dusque vos le rarés 4360
       Et l'empire de Perse qui tous[101] ert amenés."
       Li vesques de Mautran qui fu bons clers letrés
       A dit a nos barons, "Por Deu, or escoutés!
       Anuit me fu uns dis de par Deu devisés

---

[101] *l. 4361. MS:* P. li rois er. *The sense of ll. 4360–61 indicates that A is in error here and requires the reading given or supported in all the variant manuscripts.*

Qu'el Mont Olivet ert uns sains hom enfermés – 4365
En une roce bise bien a .XV. ans passés.
Ja ne prendrés la vile se par lui ne l'avés.
Je vos pri endroit Deu que vos tot i alés:
Ains que vos revegniés tel consel troverés
Dont la cités ert prise et li murs craventés!" 4370
"Sire," font li baron, "si con vos conmandés!"
Des herberges s'en issent, es les vos aroutés.
El Mont Olivet vienent, partot ont quis assés;
N'en i troverent mie, es les vos retornés.
Il i ert mais tels fu la Jhesu volentés. 4375
Al vesque[102] s'en repairent, molt fu cascuns irés.
"Maistre," font li baron, "or nos avés gabés!
Par mon cief, a musars et a fols nos tenés,
Qui ço nos faites querre dont vos rien ne savés!"
"Segnor," ço dist li vesques, "certes, ains est vertés. 4380
Or en venés o moi: se vos ne l'i trovés
Jo vos otroi a tos qu'ens en .I. fu m'ardés.
Mais nus piés et en langes cascuns de vos venés."
Dist li dus de Buillon, "Si ert con dit avés."
Lors descendirent tot des destriers sejornés. 4385
Cascuns de sa cemise est molt tost desnüés, *162a*
Aprés les a li vesques de Damedeu sainés,
A loi de pelerins es les vos atornés.

131. Segnor, or escoutés glorieuse chançon,
Con la cités fu prise u Dex prist passion 4390
Et tote delivree de la jeste Mahon.
Droit a Mont Olivet conviersoit uns sains hom,
De la glore Deu vit et gist en orison:
Par le vesque manda no gent en avison.
Çou fu un dïemence que i vont no baron, 4395
Al jor que nostre sire sivi porcession
Avoec ses sains aposteles par grant devotion.
Li barnages de France – qui Dex face pardon –
Le sivi icel jor desci que al perron[103]
U li hermites gist de grant religion. 4400
Il apela no gent si l'a mise a raison:
"Oiés, bon Crestiien! Dex vos face pardon!
Quar assalés la vile demain sans okison.
L'aval par de dela le castel dant Gaston
Troverés le mairien dont ferés le molton 4405
Et une grant perriere que cloee ert en son.
El bos de Belleem cuederés le plançon
Dont vos ferés les cloies entor et environ.
Puis assalés la vile a force et a bandon!

---

[102] *l. 4376. The scribe has corrected the* sq *of* vesque *from three minim strokes.*

[103] *l. 4399. The scribe has corrected* perron *from* baron.

La Chanson de Jérusalem

Et cil le prenderont de plus povre façon: 4410
Çou est senefiance de grant demostrison
Que Damedex n'a cure d'orguel ne de felon."

132. Quant li hermites ot nos barons sermoné
De Deu les beneïst et il s'en sont torné.
Mais l'ermites lor ot a trestos conmandé, 4415
Gardent le dïemence ne soient aövré,
Et il li otroierent volentiers et de gré.
Por çou s'ont toute jor de l'assaillir gardé. *162b*
El demain au lundi, quant il fu ajorné,
Se sont tot no baron fervesti et armé. 4420
Les carpentiers de l'ost ont ensamble mandé.
Nicolon de Duras n'i ont mie oublïé,
Grigoires[104] fu avoec qui le poil ot mellé.
Al castel dant Gaston en sont no prince alé,
Par dela en .I. val ont le mairien trové 4425
Dont on fera l'engien quant on l'ara dolé –
Bien ot plus de .XXX. ans c'on l'ot illuec jeté,
Ainc puis par cels del regne n'en i ot bauc osté
Ne ainc ne porent estre cargiet ne remüé,
Car Damedex le vaut et si l'ot destiné. 4430
As mairiens ont li prince lor cevals acoplé,
.IIII.XX. et .XIIII. en i ont anöé.
A l'ost nostre Segnor ont cascun fust mené,
L'un mairien avant l'autre conduit et traïné,
A le Porte David en le place jeté. 4435
La l'ont li carpentier dreciet et eschaplé,
Un grant molton en fisent, si l'ont devant ferré
Et puis drecent l'engien si l'ont devant baré,
A fors baus travesains et roilis et bendé.
El bois de Belleem ont le vierge colpé 4440
De coi il ont l'engien par deseure cleé
Et por le feu grigois espessement pieré.
Nicoles et Grigoires l'ont molt bien carpenté,
Car il en ont esté autre fois engané.
Sor grandimes roieles l'ont cargiet et mené. 4445
Et Turc le contrefisent laiens en la cité,
Droit encontre le lor ont lor engien fremé,
Mais ja ne lor vaura .I. denier moneé[105] –
Aillors ira l'engiens ains qu'il soit avespré
Et s'en seront li mur peçoiet et quassé. 4450
Çou fu .I. merquesdi que on l'ot apresté.
La nuit, aprés complie,[106] quant tot sont aqueé,

---

[104] *l. 4423. MS:* Godefrois f. *A scribal slip for* Grigoires, *the name of the second engineer, given in all the variant manuscripts present.*

[105] *l. 4448. The scribe has corrected the* m *of* moneé *from* no *or* vo.

[106] *l. 4452. The scribe has corrected the* l *of* complie *from* r.

Par devers Saint Estievene ont lor engien mené,
Par encoste le porte rez a rés del fossé.
De quirs l'ont par devant espessement hordé. 4455
Trestote cele nuit l'ont entr'els bien gardé
A .IIII. milliers d'omes tant qu'il fu ajorné.

133. Segnor, or escoutés, nobile chevalier,
Glorieuse chançon qui molt fait a prisier,
Con Jursalem fu pris a cel assaut premier. 4460
A un joisdi matin quant jors dut esclairier
Se leverent par l'ost li conte et li princhier,
Li vesque et li abé, serjant et escuier *162c*
Si ot mainte pucele, mainte france moillier.
Li solaus se leva qui Dex fist caut raier. 4465
Es vos a nos barons .I. baceler legier
Qui lor vint ces noveles tos ensanble nonchier
Que Nicole et Grigoires ont ja fait caroier,
Par devers Saint Estevene font lor engien drecier
Et une grant perriere lever et estechier 4470
Dont il quident le mur abatre et peçoier.
Quant no baron l'entendent si prendent a hucier:
"Damedex, sire pere, qui tot as a baillier,
Consent nos se toi plaist Jursalem gaaignier!" –
Et Dex lor a empli a tos lor desirier. 4475
Godefrois de Buillon ne se vaut atargier,
Le maistre cor a fait soner et grailloier.
Dont s'armerent par l'ost François et Berruier
Et Flamenc li[107] ewage et Normant et Ponhier,
Gascon et Poitevin et Loherenc li fier, 4480
Li Saisne et li Galois et Brebençon gerrier
Et Puillan et Romain, qui molt font a prisier.
La veïssiés mainte arme luisir et ondoier
Et pegnons et ensegnes contremont balloier
Et amont eslever, al solel flanboier. 4485
Molt i ot grant compaigne, bien fait a resoignier –
Une liue tenoient aval le sablonier.
Cascuns ot de bien faire tot son corage entier,
Onques mais d'asaillir ne furent si manier.
Li rois de Jursalem s'est alés apuier 4490
A une des fenestres de son palais plenier,
No barnage regarde: n'ot en lui qu'aïrier.
Il a levé sa main por escumeniier,
D'Apollin les maudist, qui lor doinst enconbrier.
Ez vos le roi tafur qui conmence a hucier: 4495
"U sont li povre gent qui d'avoir ont mestier?
Viegnent tost avoec moi s'aront douzain denier,
Car jou en vaurai hui, se Deu plaist, gaaignier

---

[107] *l. 4479. MS:* Et F. le e. *A scribal slip for* li.

Dont on poroit .VII. muls et torser et cargier!"
Tant en ajoste a lui qu'il furent .X. millier. 4500
El bos de Belleem vont le verge taillier
De coi li rois tafurs fist faire .I. grant cloier –
Par la desous vaura le mur fraindre et perchier
Et abatre le piere, le cauc et le mortier.
Si fist li rois le jor, car Dex li valt aidier. 4505
Huimais porés oïr assaut grant et plenier –
Ainc ne cessa le jor dusc'al solel coucier.

134. Çou fu par .I. joisdi, que jors fu esclarcis, *162d*
Que no Crestïen ont tos lor engiens bastis,
Par devers Saint Estievene dreciés et establis. 4510
Et li Turc par dedens ont tos les murs porpris,
Si con por eus desfendre ert bien cascus garnis
De plomees de fer et de grans mals traitis,
De quarrels d'arbaleste et d'ars de cor vautis
Et de plom et de pois qui ensanble est bolis. 4515
Par devers Saint Estevene, qui por Deu fu martirs,
Fu nos moltons menés, estechiés et assis.
Que que François devisent lor asaus el lairis,
Ont dreciet une estace al mur d'araine bis
Par de devers le tor que fist faire Davis. 4520
Uns escuiers i monte qui fu preus et hardis,
Cosins germains estoit a dant Jehan d'Alis.
Uns Sarrasins li trence les poins del brant forbis –
Cil ne se pot tenir si est aval galis.
Raimbaus Cretons i monte, iriés et engramis, 4525
Rés a rés del cretel a del Turc le cief pris.
Li ber estoit tos sels, s'est aval revertis.
A l'ost nostre Segnor en est levés li cris
Que ja i a des nos navrés et malbaillis
Et un franc escuier qui assailloit ocis. 4530
Quant no baron l'entendent, es les vos esfreïs.
Il font soner les grailles si ont les cors bondis.
François oient la noise, es les vos estormis.
Li armé vont avant, cascuns tos ahatis.
Ja ert Jerusalem par esfors asaillis. 4535
Li vesques de Mautran a nos gens beneïs,
De Damedeu les saine qui en la crois fu mis
Et tenoit en sa main la lance Jhesu Cris
Dont en la sainte crois ses bels cuers fu partis.
A no gent le mostra, tos les a resbaudis. 4540
Cascuns a Jursalem s'en va tos ademis.
Les barbacanes coupent et les grans roilleïs
Et les baus travesains que Turc i orent mis.
Ainc ne les contretint ne bare ne postis,
Dusc'al maistre fossé ont les bailes conquis. 4545
Et li perriere jete et fiert al mur tos dis,

Le ciment en abat et les perrons masis.
Et li Turc se desfendent, cascuns tos ahatis,
Getent pieres et fus, grans caillaus et grans pis
Et traient d'arbalestes quarels d'acier burnis. 4550
Plus menu vont saietes que pluie ne grelis.
Li Turc jetent pois caude et le plom couleïs,
Puis ont le feu grigois alumé et espris, *163a*
Sor no gent le jeterent ens en .I. lanceïs,
De lor escus ardoit li tains et li vernis. 4555
Ja nes tensast haubers tant fust fors ne trelis
Ne targe ne cuirie[108] ne wambisons masis
Qu'il ne fuscent tot ars, ja n'en fust uns garis –
Mais li vens est molt tost sor les Turs revertis,
Molt en ot sor le mur d'enbrasés et bruïs. 4560
Or en est tos li maus desor eus tos guencis.
Par le mien escïant n'en eschapast uns vis
Se ne fust que cascuns estoit d'aisil garnis –
Par icel fu li fus estains et amatis.

135. Molt fu grans li essaus et ruiste l'envaïe 4565
    Et defors et dedens muerent a grant hascie.
    Les dames i estoient, cascuns rebracie –
    Ainc n'i ot une seule qui tant i fust prisie
    Ki desci as genols n'ait sa robe escorcie.
    Cascune portoit eve – ço fu molt grans voisdie – 4570
    Et tele i ot de pieres avoit sa mance emplie.
    Cascune a son pooir a haute vois s'escrie:
    "Qui mestier a de boire por Deu si le nos die!
    Volentiers en avra el non sainte Marie.
    Or desfende cascuns et son cors et sa vie. 4575
    Cil qui bien le fera s'ert en la compaignie
    El ciel avoec les angeles en pardurable vie.
    Illuec avra cascuns se pensee acomplie!"
    E! Dex! cele parole fist no gent rehaitie.
    "Saint Sepucre!" escrïerent haut a une bondie. 4580
    Ainc desci au fossé n'i ot resne sacie,
    Plus de .M. en i salent ensanble a une hie.
    Ez vos atant poignant Robert de Normendie
    Et le duc de Buillon a la chiere hardie;
    Tangrés et Buiemons sont en lor compaignie. 4585
    Li quens Hües li Maines tint l'espee forbie,
    Avoec lui fu Tumas qui Marle a en baillie,
    Li quens Rotols del Perce qui n'a pas coardie.[109]
    Estevenes d'Aubemarle sist el bai de Surie
    Et tot li autre prince o lor cevalerie 4590

---

[108] *l. 4557. MS:* t. n. quariaus n. w. *The context indicates that the reading is incorrect;* cuirie *is given in all the other manuscripts.*

[109] *l. 4588. The scribe has corrected the* a *of* coardie *from* r.

La Chanson de Jérusalem

```
         Sont venu a la porte, cascuns lance baisie.
         Mais li Turc la dedens lor ont bien calengie.
         La ot mainte saiete d'arc turçois descocie
         Et mainte grosse piere et ruëe et galie.
         Qui bien est conseüs n'a talent qu'il en rie.                4595
         As fondefles i ot mainte teste quaissie.
         Tot no baron descendent des destriers de Surie,
         Cascuns pist pic d'acier u grant mail u quingnie.    163b
         La Porte Saint Estevene ont par force trencie,
         Ja i fuisent entré et la cités saisie,                        4600
         Mais Turc orent amont autre porte estachie
         Ki pendoit a chaaine, grant et grose et furnie,
         Et estoit contremont bien fremee a puelie.
         Li Turc l'ont desserré si l'ont desverellie,
         Et li porte ciet jus par si grant aramie                      4605
         Que li murs en crolla et li terre en formie.
         .III. chevaliers consiut au caïr d'aramie,
         Enfresci qu'en la terre les trença et esmie.
         Sains Michius prist les armes, devant Deu les en guie.

136.     Molt furent no baron coureços et dolant.                     4610
         Le Porte Saint Estevene ont trenchie devant,
         Mais li Turc ont laisiet l'autre aler en colant.
         .III. de nos chevaliers consivi en alant –
         Enfresci qu'en la terre les ala esmiant.
         Sains Michius enporta les armes en cantant.                  4615
         Godefrois de Buillon vient a l'engien corant,
         Les fossés fist emplir a peles en fouant
         Puis fist l'engien mener prés del mur en boutant.
         Li dus monta amont, molt se vait escriant:
         "Ahi! gentius barnages! franc chevalier vaillant!            4620
         Por amor Damedeu, n'alés mie alentant
         D'assaillir la cité, mais qui mius puet avant!"
         François se resvertüent et vont resbaudisant.
         Tant mainent le mouton par force en conduisant
         Que par dalés l'engien le vont al mur hurdant                4625
         Et li perriere jete grans pieres en ruant,
         Del mur ont abatu une lance devant.
         Et Turc et Sarrasin se vont bien desfendant,
         Fierent de grans plomees et de dars en lançant
         Et de grans mals de fer, de pieres en botant –               4630
         U Franc wellent u non le mur vont bien gardant.
         Les baus et les mairiens misent en travesant,
         Puis jetent le poi caude et soufre et plom bollant.
         No gens se trait ariere, le plom vont molt dotant.
         .II. lances lonc del mur les vont Turc reculant.             4635
         Es vos le roi tafur et ses ribals corant,
         Lor cloier amenoient a cordes traïnant.
         Onques ne s'aresterent por assaut tant ne quant,
```

E[n]s es fossés sont mis qui sont parfont et grant
Et a piés et a mains vont contremont rampant. 4640
Lor cloier ont conduit molt pres del mur rasant,
Puis l'estançonent bien desor els en pendant
K'il ne crieme quarel ne piere en fondeflant. *163c*
A peles et a haues vont par desos fouant,
Le mur ont depeciet, les quarels vont ostant, 4645
Le ciment, le moilon a piçois escroisant.
[Li Turc ne s'en perçoivent, aillors sont entendant,][110] 4646a
Car en .XL. lius les va on assalant:
Molt se desfendent bien por vie raemant.
Li ber Tumas de Marle descent de l'auferrant
Et vient au roi tafur; forment li va proiant 4650
Qu'il le laist assaillir o lui par convenant
Que ses hom devenra de tot son fief tenant
Et encontre tos homes le traira a garant.
Li rois li otroia, grant joie en va menant.
Illuec li fist homage si quel virent auquant. 4655
Paien et Sarrasin se vont molt escriant
Por lor Turs resbaudir et forment glatisant.
Quant voient que nos gens les vont si destraignant,
Fu grigois lor jeterent, espris et tot ardant.
Le molton lor ont ars, dont François sont dolant. 4660
Li fus fiert en l'engien, tot l'aloit bruïsant
Quant li dus Godefrois i est venus poignant,
A vin fort aisillié le va tot restaignant –
De cel sont no baron molt forment mervellant.
Li jors trait a declin, solaus va esconsant 4665
Et François d'assaillir se vont molt retraiant –
Ço ne fu pas mervelle, car molt erent lasant.
Les dames les aloient d'eve douce abevrant,
Grant mestier en avoient, molt par erent soillant
Et li pluisor s'aloient de l'angoise pasmant. 4670

137. Molt fu grans li assaus, bien en doit on parler.
Ains que nos gens peüscent Jursalem conquester
Lor convint molt grans paines et grans mals endurer.
Li jors fu bels et clers, si prist a avesprer,
Et François se retraient, n'i porent plus durer. 4675
Li bons dus de Buillon conmença a crïer:
"Ahi! jentius barnages! Con faites a blasmer!
Al venir ceste part vous oï tos vanter,
Qui devant Jursalem vos poroit amener
Tant que cascuns peüst les murs avironer, 4680
S'on les avoit d'acier fais faire et manovrer

---

[110] *l. 4646a. L. 4647, which refers to the defenders of Jerusalem and not to the attacking Ribaut, shows that a line is lacking before it. GT, E and BI have substantially the same reading, but the omission of the line from C points to a common error in AC. Text of G.*

La Chanson de Jérusalem 139

Ses vauriés vos mangier et as dens entamer.
Et or vos voi ensamble del prendre couarder!
Mais par icel Sepucre que jo voel aörer
U li cors Jhesu Crist se laisa reposer, 4685
Ja mais de cest engien ne me verrés torner
S'ert pris Jerusalem qui tant nos fait grever,
Si que par mi cel mur vaurai ens devaler." *163d*
Quant li baron l'entendent, conmencent a plorer,
Et dist li uns a l'autre, "Jentius dus, con iés ber!" 4690
Li parole le duc fist no gent renheuder.
Ainc la nuit as herberges n'en osa uns raler,
Entor l'engien remesent por le franc duc garder.
Li nuis est revenue, li jors prist a passer
Et defors et dedens oïssiés cors soner, 4695
Grailles et calimels et buisines corner
Et timbres et esqueles et flagos flajoler
Et rotes et flahutes, viieles vïeler,
Sarrasins et paiens et glatir et uller,
En la grant Tor David les grailles organer, 4700
Tot environ les murs estailles[111] alumer:
Quis oïst a mervelles les peüst escouter.
Toute nuit se gaitoient desci c'a l'ajorner.[112]
Et ribaut ne finoient tote nuit de croser,
Tant que dedens le mur fisent le trau aler, 4705
Puis le font .I. petit par devant estouper,
Dusqu'il vient a l'asaut n'osent outre passer.
Le venredi matin quant solaus dut lever,
Rasalent no baron – ne vaurent demorer.
Al mur et a la porte vont maillier et hurter 4710
Et paien se desfendent, molt sont pres d'afoler.
A l'ore de midi, si con oï conter,
El point que nostre Sire laisa son cors lever
Ens en le vraie crois por son pule salver,
A cele hore tot droit fisent no gent user,[113] 4715
Del mur de Jursalem .I. grant pan jus verser.
Li bons dus de Buillon se valt dont molt pener,
Le pont de l'engien fist desor le mur jeter
Si c'on i pot tres bien et venir et aler.
Sarrasin et paien le quidierent colper, 4720
Mais li dus de Buillon lor fu a l'encontrer.
Illuec le veïssiés molt fierement capler,
Plus de .XX.M. paiens fist les testes colper.

---

[111] *l. 4701. The scribe has corrected the* t *of* estailles *from* f.

[112] *l. 4703. MS:* d. c'as aj. *A scribal slip.*

[113] *l. 4715. No authority could be found for* user *in this context. All the variant manuscripts present give* verser, *but the occurrence of* verser *in the next line makes it unlikely that* user *is here a scribal slip for* verser, *although* verser *does occur in both lines in C and a similar repetition has been noted within a line elsewhere (cf. l.1379 and l. 2608).*

De l'ahan que il ot conmença a süer —
Bien se contint li dus a guise de sengler. 4725
Li rois tafurs s'avance, n'i valt plus demorer,
Il vaura premerains en Jursalem entrer,
Mais dans Tumas de Marle fera de lui parler
Ki sor les fers des glavies se fist dedens jeter.

138. Al prendre Jursalem fu molt grans li mellee. 4730
Li bons dus de Buillon a la chiere menbree
Fu pié a pié as Turs[114] et tint traite l'espee —
De sanc et de cervele fu tainte et maillentee. *164a*
Tangrés et Buiemons ierent sor le cleee
Et tant maint de nos princes, cascuns la teste armee. 4735
Encontre els est li force des Sarrasins alee.
Et li rois des Tafurs a se gent escrïee:
"Or de l'entrer, baron! La vile est conquestee[115]!"
Tumas de Marle voit li Turc n'aront duree.
Del fossé fu issus, le chiere ot sanglentee, 4740
A le porte s'en vient qui'stoit grans et quaree.
Par encoste ens el mur ot de le piere ostee.
Li ber escria, "Marle!" s'a se gent ordenee.
A .XXX. chevaliers qui sont de sa contree
Se fist as fers des lances rüer ens a volee. 4745
Çou fu molt grans mervelle, molt doit estre löee —
Tant con durra li siecles sera mais ramenbree.

139. Al prendre Jursalem furent li caple fier.
Li ber Tumas de Marle fist forment a prisier,
Desor les fers des lances se fist amont puier 4750
Et desore le mur contremont balencier.
Quant sor les aleors s'ot fait li ber lancier,
Isnelement saut sus et trait le brant d'acier,
Lés le porte devale contreval le terrier.
Maisançois qu'il soit jus ara grant enconbrier, 4755
Car une Beduïne li vint a l'encontrier.
D'une grande maçue le fiert el henepier
Si que tot li embare son bon elme vergier —
U il le welle u non le fist jus trebucier.
Et li Turc i acourent por son cors damagier, 4760
A lor espees nues le quident detrencier,
Quant li rois des Tafurs conmença a hucier:
"Sains Sepucres, aiüe! Entrés, franc chevalier!
Prise est Jerusalem, Turc n'aront recovrier!
Anqui les verrés tos[116] ocire et detrenchier!" 4765
Dont veïssiés ribaus ces paiens damagier,

---

[114] l. 4732. MS: a. Turt et. *A scribal slip.*

[115] l. 4738. *The scribe has corrected* conquestee *from* questee.

[116] l. 4765. *The scribe has corrected the s of* tos *from* t.

La Chanson de Jérusalem   141

       L'un mort desore l'autre abatre et trebucier,
       Mais dant Tumas de Marle ne valrent Turc laisier.
       Li ber avoit .I. brief qui molt fist a proisier –
       Tant con il l'ot sor lui ne le pot on plaier.   4770
       Thumas s'en esvertue si conmence a irier,
       Il tint l'espee nue dont li poins fu d'or mier,
       Entre les Sarrasins se vait sovent ploncier:
       Ains que li ber i muire[117] s'i quit vendre molt cier –
       Qui il ataint a coup n'a de mire mestier.   4775
       Tumas vit le paiene qui tint .I. dart d'acier –
       Çou fu la Beduïne qui le fist trebucier.
       Li ber li est venus qui le corage ot fier   *164b*
       Et li grans Beduïne se prist a esmaier.
       Le baron escria, si conmence a proier: 4780
       "Jentius Frans, ne m'ocire! Te mort te wel noncier.
       Ja ne te poront Turc ne paien mehaignier
       Ne de deça le mer n'averas emconbrier.
       Tes sires t'ocira qui t'a a justicier."
       Quant Tumas l'entendi le sens quide cangier,   4785
       De l'espee le fiert – nel vaut mie espargnier:
       La teste en fist voler de delés .I. rocier.
       Dont oïssiés gran[t] noise, grant cri et grant tempier.
       Li bons dus de Buillon ert ja jus del cleir.
       Par force avoit les Turs fait l'aleour widier.   4790
       Icel jor veïssiés le bon duc carpentier.
       Tumas fu a le porte, le flaiel vait trencier
       Et li rois des Tafurs li est corus aidier.
       Le porte a le puelie conmencent a sachier
       Tant que toute le lievent, puis le vont atacier,   4795
       Plus de .XXX. ribaut a fors cordes loier.
       Aprés vont l'autre porte par devant estekier
       Et cil defors i entrent, qui'n ont grant desirier.
       Dont oïssiés paiens par ces rues chacier,
       Ocire et craventer, ferir et estekier.   4800
       Li clergiés conmença Jhesu a graciier:
       "*Te Deum laudamus*" – c'est Deu glorefiier.

140. Çou fu al venredi, si con lisant trovon,
       Que Jursalem conquisent no Crestiien baron.
       A l'ore que Jhesus soufri le passion   4805
       Entrerent en la vile a force et a bandon.
       Tumas i entra primes issi con nos quidon,
       Car sor les fers des lances fu levés contremon;
       Mais li rois des Tafurs – se nos voir en dison –
       I fu ançois entrés, tos seus sans compaignon.   4810
       Por cel devint Tumas le jor ses liges hom;
       .II. fois li fist homage sans malvaise oquison.

---

[117] *l. 4774. Two minim strokes are expunged after* muire.

Segnor, or escoutés glorieuse chançon:
En Jursalem entrerent li prince et li baron
Et Flamenc et Normant, François et Borgegnon.   4815
Paien s'en vont fuiant por querre garison.
Fierement les encauce li bons dus de Buillon,
En sa compaigne avoit Tangré et Buiemon
Et son frere Ewistace et dant Raimbalt Creton
Et assés maint des autres que nomer ne savon.   4820
Aval par mi ces rues font tele ocision
Qu'en sanc et en cervele fierent dusc'al fellon.
Sarrasin s'escrïerent, "Aidiés, sire Mahon!   *164c*
Aiés merchi des armes et faites vrai pardon,
Car no cors sont torné a grant destrusion.   4825
He! Cornumarans, sire! Ja mais ne vos verron!
Con dolerous secors, las caitif, atendon!"
Li quens Robers de Flandres consivi Malcolon,
De l'espee d'acier le fent dusqu'el menton.
Ysabars s'enfuioit al Temple Salemon,   4830
La le vint ataignant dans Ricars de Calmon,
De l'espee burnie li parti le pomon.
Paien muerent et braient et ullent con gaignon.
Mainte bele paiene vestue d'auqueton
Veïssiés dol mener et crier a haut ton: 4835
"Ahi! Jerusalem! A grant tort vos perdon!
Apollin, rices Dex, car en prent vengison!"
Li rois de Jursalem fu el maistre donjon
Sus en la Tor Davi joste .I. marbrin perron.
Illuec detort ses poins, desront son siglaton   4840
Et detire sa barbe et sace son grenon.
.IIII. fois se pasma trestot en .I. randon.
Lucabels l'en redrece, qui le tient al geron.

141. Prise est Jerusalem, la fors cités garnie.
La veïssiés paiens fuïr par la caucie,   4845
Cascuns fuit con ains puet por garantir sa vie.
Crestïen les ocïent et font grant desceplie,
De sanc et de cervele est la rue joncie.
Le jor se prova bien Robers de Normendie,
Si fisent tot li autre, por cel ne di jo mie.   4850
De Turs et de paiens font grant carpenterie.
[T]els i savoit sa suer u sa feme u s'amie
Qui por paor de mort en a l'estor gerpie.
Droit vers la Tor Davi fuit des Turs grant partie,
Cels garandi Raimons s'en ot grant manandie,   4855
Cargiet de bons bezans .I. mulet de Surie:
Quant il avoir en prist ce fu grans vilonie.
Ens en la Tor Davi les mist a garandie.
Tels ot ceste parole quel tient a felonie.
Molt fu li sainte vile a cel jor estormie;   4860

La Chanson de Jérusalem 143

Sarasin et paien muerent a grant hascie.
Par devers Portes Oires fuit une compaignie,
Cels caçoit li quens Hue qui ne les amoit mie,
Tot a pié sans escu tient l'espee forbie.
O lui ot maint baron qui le car ot hardie. 4865
Encontre Portes Oires, que Dex a beneïe,
Ont conseü[118] les Turs, nes esparnierent mie.
As espees d'achier en font macheclerie, *164d*
N'i a cel en cervele n'ait s'espee baignie,
Del sanc as mescreans est la rue soillie. 4870
Les Sarrasines pleurent, cascune brait et crie
Et maudïent la terre u tels gens fu norie.
Vers le grant Tor Davi ont lor fuite acoillie,
Cascune a son avoir et sa maison gerpie
Et li ribaut les sivent, tant mainte en ont saisie, 4875
Cascuns en fait son bon, aprés l'a despoillie,
Fors tant que lor cemises ne lor ont pas sacie:
De cel pesa Jhesu le fil sainte Marie.
Et jou que vos diroie? – tant dura l'envaïe
C'ainc n'en remest uns sels de le gent paienie 4880
Fors cels qui en la Tor Davi s'en fu fuïe.
Li barnages de France ne s'aseüra mie,
Cascuns prist son ostel s'a se maison saisie,
Celier, sale perrine, a sa herbregerie.

142. Que que François se painent de lor cors aaisier – 4885
Cascuns saisist maison u palais u celier
U grant sale de piere u tor avant solier;
Cascuns d'els se porvoit de l'avoir gaaignier,
Por poi que l'uns a l'autre ne se velt corecier –
Li bons dus de Buillon ne se valt pas targier 4890
Et Robers li Frisons qui molt fist a proisier
Et dans Tumas de Marle qui le corage or fier,
Ainc cil troi n'entendirent a establer destrier
Ne a prendre maison ne lor cors aaisier,
Ains courent le Sepucre faire bel et niier 4895
Et le saintime Temple, que Dex par ot tant chier.
Cascuns tient en sa main d'un cier paile .I. quartier,
Tres devant le Sepucre se vont agenoillier.
Ainc n'i laisierent porre ne festu ne ordier
Ne suie ne busquete, laidure ne porrier. 4900
Ki veïst les barons le Sepucre baisier
Et plorer de pitié, estraindre et enbracier
Et puis aler au Temple l'autel aparellier
U Jhesus fu offers quant s'i laisa coucier.
Toute l'aire escoverent contreval le mostier. 4905
Quant tot çou orent fait mis sont el repairier.

---
[118] *l. 4867. The scribe has corrected the* s *of* conseü *from* f.

Defors le Temple truevent .I. grant palais plenier,
[N'i avoit nul François venu por herbergier][119]
Car Dex l'avoit gardé por eus .III. aaisier.

143. Quant li dus ot le Temple fait bel et escouvé,
Il et li doi baron, et l'autel acesmé,
A l'issir fors de l'uis[120] ont .I. palais trové
U nus de nos barons n'avoit encore esté,
Car Dex l'avoit as princes mis en sauf et gardé.
Cil qui li palais fu tint en sa main le clé,
Ne vit goute des iex lumiere ne clarté,
Sovent avoit le Temple fremé et desfremé.
Bien set que no gent orent Jursalem conquesté.
Quant il oï le duc, merchi li a crïé:
"Gentius Frans, ne m'ocire, jo voel crestïenté!"
Quant li dus l'entendi s'a pres de lui alé.
Le paile qu'il tenoit li a el vis jeté:
"Tien," dist il, "or le garde, jo t'ai asseüré."
Si tost con il le paile ot as iex adesé
De maintenant li furent ens el cief ralumé.
Grant joie ot en son cuer, si l'a al duc conté
Qu'il n'avoit veü goute bien a .XXX. ans passé
Et ore a par cel palie lumiere recovré.
Quant li bons dus l'entent, s'en a Deu aoré.
Puis a repris le paile si l'a renvelopé,
Cascuns garde se piece par molt grant sainteé.
Li paiens a le duc ens el palais mené,
A son tresor le maine, se li a desfremé,
Son cors et son avoir li a abandoné
Et li dus le tensa et mist a salveté.
Puis fu il batisiés el Temple *Domine*.
Li baron sont ensamble venu et assanblé,
Si ont a l'autre pule et dit et devisé
Que tos les paiens mors jetent fors del cité,
Sis metent en .I. mont et ardent en .I. ré.
Et il si fisent puis, n'i ont plus aresté,
Fors de Jerusalem ont les Turs traïné,
En .IIII. mons les misent, cascun ont enbrasé.
Çou fu desous le vent qu'il sont tot alumé.
Et nos Crestïens ont a honor enterré,
Li vesques de Mautran lor a messe canté.
Aprés a Buiemons le maistre cor soné,
Aval Jerusalem sont François adoubé,

4907a

4910

165a

4915

4920

4925

4930

4935

4940

4945

---

[119] *l. 4907a. The sense of ll. 4907-8, especially because of the* car *in l. 4908 which is present in all the manuscripts, makes it clear that a line is lacking between them. The readings of CDEGT and BI essentially agree and indicate that the error is in A. Text of C.*

[120] *l. 4911. MS:* A l'i. f. d. l'issir fors de l'u. *Expunction points have been placed in error under* fors de l'uis.

La Chanson de Jérusalem

      Li baron et li prince fervesti et armé.
      Devant le Tor Davi ont lor engien mené
      Et le perriere assise et le fonde acesmé.   4950
      En le grant Tor Davi, lés .I. marbre listé,
      A le maistre fenestre qui jetoit grant clarté
      S'apoia Corbadas s'a François apelé,
      Les barons et les princes, bien a cascun nomé.

144. Li rois de Jursalem fu dolans et irés,   4955
      Nos barons apela ses a araisonés:
      "Segnor," dist Corbadas, ".I. petit m'entendés.
      Ceste tors est molt fors et envis le prendrés.   *165b*
      Ains i avra des vos .M. ocis et navrés
      Ançois que l'aiés prise, ço saciés par vertés.   4960
      Baron car nos laisiés aler a salvetés
      Et toute ma maisnie que vos ici veés.
      Ceste tor vos rendrai, se vos le conmandés,
      Mais que vos sauf conduit me bailliés et livrés."
      No baron l'otroierent, il est jus devalés,   4965
      O lui fu Lucabels, ses frere li ains nés.
      Les portes sont overtes, ses gens a fors menés,
      .VII.M. et .IIII.C. les a on bien esmés.
      De Jursalem s'en issent, es les aceminés,
      Le chemin vers Barbais s'en est li rois alés.   4970
      Sa barbe vait rompant, s'a ses cevels tirés,
      Molt se clamoit sovent caitis, maleürés –
      Se Lucabels ne fust illuec se fust tüés.
      Or s'en vont tot ensanble, si les conduist malfés!
      Et li baron de France que Dex a molt amés   4975
      Ont Jursalem conquis et les palais listés.
      Dont fu tos li harnas la dedens aportés.
      Les dames vont al Temple, grans joies fu menés,
      Es maisons et es rues est l'encens embrasés,
      Bertesches et soliers ont tos encortinés.   4980
      Te Deum laudamus fu hautement cantés
      De[121] vesques et de prestres et de clers et d'abés.
      Molt par fu nostre Sire graciiés et löés.

145. Quant Jursalem fu prise et la grans tors rendue,
      Ha! Dex! con grant leece i a le jor eüe.   4985
      Ainc n'ot en la cité maison, sale ne rue
      Ne fust encortinee et de pailes vestue
      Et de rices cortines envause et portendue.
      Li vesques de Mautran dist le messe absolue.
      Cel jor devint l'oublee li chars Deu tote nue   4990
      Si qu'ele apertement fu vraiement veüe –
      Ha! Dex! la ot le jor mainte larme espandue.

---

[121] *l. 4982. The scribe has written a titulus over the e of* de.

Aprés le sainte messe fu l'offrande rendue,
Li vesques de Mautran l'a prise et receüe,
As povres le depart et a la gent menue, 4995
Ainc n'en vaut retenir vaillant une cheüe.
Puis a no gent segnié de Deu qui fist la nue.
Dont s'en vont as ostels li bone gens cremue,
.VIII. jors i ont li prince molt rice cort tenue.
A .I. joisdi matin, quant l'aube est aparue, 5000
Se leva li barnages, qui Dex ainme et aiüe.
Tres devant le saint Temple en une place herbue
Sont assamblé la gens qui ainc ne fu vencue *165c*
Ne matee en bataille ne por Turc recreüe;
Ains ont por Deu vengier mainte tor abatue 5005
Et mainte rice terre prise et esconbatue.
Des paines, des travals ont la car confondue
Et tel i a de froit et de fain l'a pelue:
Ja mais n'ierent tel gent en cest siecle veüe.

146. Tres devant le saint Temple fu no gens honoree, 5010
Li prince et li baron, gens de mainte contree.
Li vesques de Mautran a l'estole afublee
Et fu tos revestus, car la messe ot cantee,
Et tient le sainte lance de devant lui levee
Dont Dex ot en la crois la siue car navree; 5015
Puis fu en Anthioce arrriere raportee.
Nos barons apela, si dist raison menbree:
"Segnor, ceste cité vos l'avés conquestee.
Or i convenroit roi dont ele fust gardee
Et li terre environ vers les paiens tensee." 5020
Li prince respondirent, "C'est verités provee."
Dont s'escria li pules tot a une hüee,
"Al bon duc de Bullon soit la cités donee,
S'il le velt recevoir et il bien li agree,
Puis sera de fin or sa teste coronee." 5025
Li prince respondirent, "Bien l'avés esgardee.
Nos li otroions tot par bone destinee."
Li vesques de Mautran a haut sa main levee,
Le bon duc regarda, si li fist enclinee:
"Sire, venés avant, por la vertu nomee. 5030
Recevés Jursalem, ceste cité löee:
Li cars Jhesu i fu travellié et penee."
"Sire," ço dist li dus, "laisiés ceste pensee.
Ci a tant rice prince de molt grant renomee.
Ja ne prendrai sor moi avant els tel posnee, 5035
Quant encore ne l'a nesuns d'els refusee.
Jo voel qu'ele soit ains as autres presentee."
Li vesques l'entendi s'a la color müee,
Adont ot en la place mainte larme ploree.

147. Li vesques de Mautran ot le duc de Buillon, 5040
 Qui de Jursalem prendre a fait desfension.
 Il en a apelé dant Robert le Frison:
 "Car venés ore avant, jentius fils a baron.
 Recevés Jursalem et le mur d'environ.
 Dex i soufri por nos et mort et passion." 5045
 "Sire," ço dist li quens, "ja ne le bailleron.
 Quant jo tornai de Flandres – sans mentir vos diron –
 Climence l'afiai, a la clere façon, *165d*
 Que si tost con seroie au Temple Salemon
 Et baisiet le Sepucre et faite m'orison 5050
 Me metroie el repaire: n'i querroie okison.
 N'i poons demorer se no foi n'i menton.
 Car pleüst ore a Deu et a saint Simeon
 Que jo fuisse a Arras en ma maistre maison
 Et Bauduïns mes fius me tenist al geron – 5055
 Anqui le baiseroie .X. fois en .I. randon.
 Ki me donroit tot l'or qui'st dusqu'en Pré Noiron,
 Ne remanroie jou en ceste region."
 Quant li vesques l'entent si baisa le menton,
 En une grant löee ne dist ne o ne non. 5060
 Ha, Dex! adont i ot tant forte plorison
 Et reclamerent Deu clerement a haut ton:
 "Ahi, Jerusalem! cités de grant renon,
 Con sont de vos reçoivre cist prince en grant friçon.
 Quant prendre ne vos osent molt font grant mesprison. 5065
 Et si en ont soufert tant persecution.
 Ahi! verais Sepucres, quel honte vos faison!"

148. Li vesques de Mautran fu drois en son esté
 Tres devant le saint Temple sor .I mabre listé.
 Robert de Normendie a par non apelé: 5070
 "Sire, venés avant, por Deu de majesté,
 Recevés Jursalem et le grant dignité,
 Si porterés corone al Temple *Domine* –
 Ce est li haus roiames de la crestïenté,
 Voire de tot le mont, jel vos di par verté. 5075
 Por çou que Dex i ot son bel cief coroné
 Doit avoir Jursalem sor le mont poësté.
 Sire, recoilliés le por sainte carité,
 S'en seront vostre ami essauciet et monté."
 "Sire," ce dist Robers, "ja n'ert par moi pensé, 5080
 Car jo ai molt grant terre et de lonc et de lé
 Si ne voel pas laisier m'onor et m'ireté.
 Ensorquetot jou l'ai et plevi et juré
 Que si tost con j'aroie le Sepucre aöré
 Et baisiet de ma bouce et m'ofrande doné 5085
 Me metroie el repaire – issi l'ai afié.
 Mais se jo estoie ore a Roem a ma cité,

Ki me donroit tot l'or qui'st dusqu'en Noiron Pré,
N'i revenroie jo, tant ai mal enduré
Et soufert fain et soif et grant caitiveté.   5090
Trestos li cors m'en delt tant ai l'auberc porté,
On ne m'a pas de fer ne d'acier manovré!
Dex! ki poroit soufrir issi grant lasqueté   *166a*
Se ne fust por toi, sire – t'en soies mercïé –
Que nos avons soufert par noif et par gielé: 5095
Ne l'eüsce sofert por l'or d'une cité.
Mes paumes ai coillies et mon oire apresté
En l'Ort Saint Abrahan, ce saciés par verté.
Le matin moverons quant il ert ajorné."
Li bons vesques l'entent s'a .I. sospir jeté.   5100
A! Dex! adont i ot mainte larme ploré
Des povres et des rices de la crestïenté.

149. Li vesques de Mautran fu sor le pavement
Tres devant le saint Temple: molt par i ot grant jent.
Buiemont apela tost et isnelement: 5105
"Sire, venés avant, por Deu omnipotent,
Recevés Jursalem et l'onor qu'i apent,
Si seront amonté par vos tot vo parent.
Molt pöés estre liés se tenés Bellïent,
Car Jhesus i fu nés de virgene vraiement   5110
Et en ceste cité soufri il le torment.
Ber, car tien la corone, si prent le casement!"
"Sire," dist Buiemons, "jo n'en ferai nïent.
Moie est Puille et Calabre et l'onors qu'i apent
Et si m'est Anthioce donee creaument.   5115
Mais d'el i atenir n'ai encor nul talent.
A dant Raimon le lais s'il le velt bonement.
Ne de Jerusalem corages ne me prent
Que ja en soie rois por tenir casement,
Ne terre de Surie aie a eritement.   5120
Mes paumes ai coillies en l'Ort Saint Abrehent,
Fretees et estraintes de soie a fil d'argent,
Et cist mien compaignon qui ci sont en present.
Le matin moverons se Dex le me consent."
Quant li vesques l'oï, molt ot le cuer dolent.   5125
A! Dex! adont i ot .I. si fort plorement.

150. Li vesques de Maltran fu drois en son estal
Tres devant le saint Temple sor .I. perron ingal.
Entor lui sont li prince, li baron natural.
Huon le Maine apele, qui le cuer ot loial: 5130
"Sire, venés avant, por Deu l'esperital,
Recevés Jursalem, ceste cité roial.
Dex i sofri por nos paine et mort et travail."
"Sire," dist li quens Hue, "trop i ai sofert mal.

La Chanson de Jérusalem

  Ja ne seroie sains en cest païs jornal,   5135
  Car li terre est trop caude de l'ardor del solal.
  Jo ne le puis soufrir a pié ne a ceval,
  Ja n'i seroie sains a camp ne a ostal.   *166b*
  Mes paumes ai serrees en bendes de cendal,
  Mon bordon acesmé et ferré le pointal,   5140
  Le matin moverai quant canteront li gal.
  Jo n'i remanrai ja por nul home carnal."
  Quant li vesques l'entent molt a fait dol coral.
  A! Dex! tel dol demainent li baron par ingal.

151. Li vesques de Mautran qui sages fu des lois   5145
  Tres devant le saint Temple fu en estal tos drois.
  Oiant tos nos barons s'escrie a hautes vois:
  "Ahi, Jerusalem! con abaise hui no lois!
  Ja fu en vos couciés li cors Deu de la crois.
  Por vos a tos cis pules sofers et fains et sois,   5150
  Ains que vos eüssiemes sofrimes grans destrois:
  Or ne vos velt garder ne Normans ne Tiois.
  Bien puet or cascuns dire fait avons mal esplois
  Quant cascuns de vos princes s'escondist a se fois.
  Ahi! glorïeus Dex! con a ci grans anois.   5155
  Or abaise hui cest jor encontre nos vo lois."
  Adont plora des iex li bons dus Godefrois.

152. Tres devant le saint Temple ot grant assanblement
  Des barons et des princes, qui font refusement
  De l'onor recevoir qu'a Jursalem apent.   5160
  N'i ot nul des barons tant eüst hardement
  Ki l'osast recoillir por le paiene gent.
  De larmes i ot fait molt grant espandement,
  Car cascuns i avoit a son cuer grant torment.
  Quan qu'il ont travellié ne prisent a nïent.   5165
  Le cité ont conquise par lor esforcement,
  Ocis et jeté fors le sarrasine gent,
  Or revenront ariere sans nul delaiement
  Car la cités n'ara de Frans nul tensement.
  Li vesques de Mautran parla molt sinplement: 5170
  "Segnor baron, merci, por Deu omnipotent.
  Conquis avons par force maint vaillant tenement.
  Le cit de Jursalem, terre de Bellïent
  U Dex nasqui por nos et fist espandement
  De son precïous sanc por no racatement.   5175
  Quant nos ot racaté ne nos laisa nïent,
  Ains avonmes de lui confort et aidement;
  Et nos devonmes faire a lui tot ensement.
  Nos venins en Surie por prendre vengement
  De cels qui le menerent et traitierent vilment.   5180
  Pris avons Jursalem, terre de Bellïent:

Or i convenra roi qui gart le tenement.
Vés le duc Godefroi et Robert le Norment   *166c*
Et Robert le Frison et Tangré le Puillent,
Huon et Buiemont – cil n'en voelent nïent.   5185
A! Dex! segnor baron, con faites foiblement!
Et Dex par son plaisir nos doinst esforcement
Que nos le tenons fort et poëstivement.
Junons, ba, hui por Deu, et si soit saintement,
Et vellons anquenuit trestot conmunement   5190
Nus genols et nus qeutes sor le nu pavement.
Et cascuns ait .I. cierge sans nul espargnement:
En qui cierge Dex velt et que feus[122] i descent,
Celui fera on roi, jo l'otroi bonement,
Et on le sacerra con roi segnerilment   5195
Et donra on corone, welle d'or u d'argent!"

153. No baron ont oï .I. glorïous sermon.
Onques n'i ot celui par grant devosion
N'eüst hauberc u haire – et ost le siglaton –
U le lange u le sac par grant affliction.   5200
Junent en pain, en eve et sont en orison
Que Dex gart le cité u il prist passion.
Oiez, por Deu, segnor, del bon duc de Bullon.
Il vest haire et hauberc et puis son auqueton,
El corduan qu'il cauce – par verté le dison –   5205
Il n'i avoit semele del talon dusqu'en son.
Puis est alés au vesque querre confession,
Que Dex de ses peciés li face vrai pardon.
Ensement font li autre si con sage baron:
Li vesques lor a fait tos absolusion.   5210

154. A l'ore del mangier vint la chevalerie.
Tost lor aportent napes li fors bacelerie,
De l'eve et del pain d'orge, et cil lor beneïe
Ki le jor ot canté messe a grant segnorie.
Il lor a le pain fraint et le croste et le mie   5215
El non de Jhesu Crist, le fil sainte Marie.
Li vesques tos premiers trois fois s'acumenie
Et li autre autretant – ainc plus n'en i ot mie.
Del mangier lievent sus et cascuns Deu gracie,
Al Temple en vont tot droit, et cil les maine et guie   5220
Ki l'onor de Maltran avoit en sa baillie.
"Segnor baron," fait il, "ne vos esmaiés mie
Se nos soufrons sovent et ahans et hascie –
Plus sofri Dex por nos quant il ot car et vie.
Or vellons ci hui mais, que Dex nos face aïe.   5225
Tenés cascuns .I. cierge d'une livre et demie,

---

[122] *l. 5193. The scribe has corrected* feus *from* dex.

La Chanson de Jérusalem

      Ja n'i avra esprise – se Dex me beneïe –
      Se Diex ne li envoie par lumiere esclairie."   *166d*

155. Li soleus declina, li jors pert sa luor,
    Li nuis est revenue qui maine tenebror.   5230
    El Temple sont entré li noble poigneor,
    Ki Damedeu deprïent qu'il lor doinse valor
    Que le cité maintiegnent a Damedeu honor,
    Que ja mais n'i reviegnent li mortel soudutor.
    Cascuns se gist a terre, clainme soi pecheor: 5235
    "Dex *miserere*, sire: done nos hui cest jor
    Veïr par ton conmant de qui ferons segnor
    De ceste grant cité, de qui avons paor."
    Grans afflictions fisent li nobile contor,
    Li vesque et li abé, li grant et li menor,   5240
    Ki tot sont envers Deu afflit et prieor
    Que voient demostré a qui il velt l'onor.
    En tot le Temple n'ot candelle n'esplendor
    Fors une seule lampe de labaustre en l'autor
    Qui ardoit tot adés et le nuit et le jor.   5245
    Entrues que no baron se gisent en freor,
    A mïenuit lor jete uns esclistres luor,
    Dont descent uns tonoires, puis autres, puis plusor.
    Avoec çou lieve uns vens qui tot met en tranblor.
    Li vens estaint le lampe et toli la luor,   5250
    Dont orent no baron molt orible paor.
    Li vesque et li abé et clerc ont[123] grant cremor,
    Conmencent a canter letanie maior
    Et puis autres proieres, puis *Veni creator*.
    Es vos .I. grant tonoire par mi le maistre tor   5255
    Que tos nos barons fist caïr jus en pasmor.
    Aprés vint uns esclistres, par issi grant rador
    Que il esprist le cierge qui fu a cel segnor
    Qui Dex voloit doner le roiame et l'onor
    De terre de Surie, por tenir en valor.   5260

156. A la clarté del cierge qui est grans alumee
    Revint cuers a no gent qui est espeüree.
    Virent le cierge au duc jeter grant enbrasee
    Que Dex i envoia par bone destinee.
    No baron salent sus tot a une crïee –   5265
    Bien sorent que Dex ot lor proiere escoutee.
    Li bons dus de Buillon a la color müee,
    Parfondement del cuer a fait grant sospiree,
    Des bels iex de son cief li caï la rousee,
    Lés le face li est mainte larme avalee.   5270
    Il a parlé en haut s'a la teste levee:

---
[123] *l. 5252. MS:* c. et g. *Presumably a scribal slip, but it is also in C.*

"Ahi, Jerusalem! Sainte cités löee!
Por vos recevrai mort, tels est ma destinee, *167a*
Se Damedex n'en pense et sa vertus nomee.
Voir ço puis jo voloir, quant Jhesus si le gree, 5275
Que perdrai el liu vie u sa cars fu navree.
Ja me fustes vos primes otroié et donee
Et jo vos recevrai par itel desirree
Que Dex me doinst victore vers la gent desertee
Et contr'els garandir la terre et la contree, 5280
Que Jerusalem soit a grant honor gardee
Et li gens par dedens salvement gouvernee."
Ha, Dex! cele parole a nos barons agree —
Il li corurent sore, cascuns brace levee.
Le jor i ont li prince faite mainte acolee, 5285
Sor lui ot de pitié mainte larme ploree.
Et l'autre gens menue s'est molt halt escrïee:
"Sire dus de Buillon, hom de grant renomee,
Beneois soit vos peres qui fist tele engendree
Et li mere ensement qui de vos fist portee! 5290
Bien avés hui no gent haucié et amontee.
Ahi, Jerusalem! or serés bien gardee
Del mellor chevalier qui ainc çainsist d'espee.
Par cestui serés vos vers les paiens tensee.
Or vos requerra on d'outre la mer salee, 5295
Quant ore ert li dus rois de terre Galilee.
Bien a hui Dex por vos se candelle alumee!"

157. Molt par fu grans la joie que fisent no baron.
Entre lor bras ont pris le bon duc de Bullon,
Li vesque et li abé de grant religion 5300
El Temple l'emporterent a grant porcession.
La fu li rois tafurs, il et si compaignon:
Le duc Godefroi tint par le destre geron
Et li prince et li vesque entor et environ
Al maistre altel[124] l'offirient par grant devotion, *167b* 5305
La u Dex fu offers a guise d'enfançon.
Li vesques de Mautran li fist beneïçon.
Quant ot canté la messe et dite l'orison,
Le duc en ont porté a grant kirïeson
Enfresci c'al Sepucre, mis l'ont sor le perron. 5310
Ha, Dex! la ot li dus si grant esgardison.
"Sire," dïent li prince, "nos vos coroneron."[125]
Et li dus lor respont une gente raison:
"Segnor, bien le saciés, ja nel nos penseron
Que ja en mon cief ait[126] corone d'or en son, 5315

---

[124] *l. 5305. The scribe has corrected* altel *from* ostel.

[125] *l. 5312. MS:* v. cononeron. *A scribal slip.*

[126] *l. 5315. The scribe has corrected* ait *from* aie.

La Chanson de Jérusalem

Car Jhesus l'ot d'espines quant sofri passion.
Ja la moie n'ert d'or, d'argent ne de laiton."
De l'Ort Saint Abrahan fist venir .I. plançon –
Deça mer et dela espic l'apele on –
De cel fu coronés Godefrois de Buillon. 5320
Por l'onor de Jhesu le fist de tel façon.
"Qui li metra el cief?" dist Driues de Monçon.
"Segnor," ço dist li vesques, "de vos li plus hals hom."
"C'est li rois des Tafurs," ce dist Raimbals Creton,
"Car n'avons ci plus roi, de verté le savon. 5325
Cil le doit coroner par droite esgardison."
Li prince respondirent, "Bonement l'otrion."
Li rois prist le corone qui fu de grant renon
Si le mist ens el cief Godefroi de Buillon.
Li vesques de Mautran fist s'absolution. 5330
Molt fu grande l'ofrande, d'or i ot maint mangon.
Quant Godefrois fu rois, molt par i ot grant ton;
Li vesques, li clergiés canterent *Te Deum*.
Li baron font homage le roi par devison.
Dist li dus Godefrois, "Car entendés, baron. 5335
Vés ci le roi tafur qui'st devenus mes hom.
Jursalem woel reçoivre de lui et de son don,
Car il i entra primes, por ço le vos mostron.
Ja ne tenrai d'autrui valisant .I. boton,
Fors solement de Diu qui service faison." 5340
Li prince respondirent, "Ainc n'amastes felon."
Li rois tafurs a pris en sa main .I. baston,
Le roi Godefroi tent l'onor et le roion,
Aprés li a baisié en plorant l'auqueton.
Li uns rois contre l'autre sont mis a genellon. 5345
Li baron descendirent qui'stoient environ
Et vont a lor osteus: ainc n'i ot traïson.
Li rois tint .VIII. jors cort el Temple Salemon,
Mais en la Tor David ot la nuit sa maison.
Al nueme jor s'aprestent li prince et li baron, *167c* 5350
Lor palmes ont fretees, tost sont pris li bordon,
Del repairier ariere erent en sospeçon.
A! Dex! le jor i ot si grande plorison.
Li rois les apela ses a mis a raison:
"Segnor, vos en alés, bien sai que vos est bon, 5355
Et moi laisiés tot seul en ceste region
Entre la gent salvage qui croient en Mahon.
Encore avons a prendre ces castels environ,
Acre, Sur, Escalone, u maint Turc a felon.
Se nos ceste cité par pecié reperdon, 5360
Quan que nos avons fait ne valt .I. esperon.
Mais prendés bon consel, por Deu et por son non,
En ceste sainte vile ensanble remanon.
Tot si conme nos sonmes nostre Segnor servon.

        Sor le paiene gent les castels conqueron,   5365
        Et qui morra por Deu s'avera vrai pardon."
        Quant li prince l'entendent ne disent ol ne non,
        Cascuns se teut tot coi, si baissa le menton.

158. Tres devant le saint Temple fu li rois en estant.
        Nos barons apela ses va araisonant: 5370
        "Segnor," ço dist li rois, "por Deu le raemant,
        Bien voi que de l'aler faites tot bel sanblant.
        Vos palmes sont coillies en l'ort saint Abrahant,
        Cascuns a bien le soie fertee et fort pendant.
        Aler vos en volés, bien est aparissant,   5375
        Et moi laisier tot sol entre gent mescreant.
        Encor n'avés conquis Sur ne Acre le grant,
        Damas ne Tabarie, qui molt par sont vaillant,
        Belinas n'Escalone, Barbais ne Le Colant.
        Ja pelerins n'ira baignier el flun Jordant.   5380
        Se nos Jerusalem ralons or reperdant
        Tos nos pelerinages ne vaura .I. bezant
        Ne quan que avons fait ne pris jo mie .I. gant.
        Mais prendés bon[127] consel si soiés remanant,
        En ceste sainte vile nostre Segnor servant   5385
        Si soiés sor paiens et sor Turs conquerant.
        Bien sai que li empires vient devers oriant."
        Quant no baron l'entendent tot s'en vont enbronçant,
        Onques n'i ot celui del remanoir se vant.

159. Tres devant le saint Temple fu molt grans li barnés.   5390
        Li rois Godefrois a les princes apelés:
        "Segnor, jo voi molt bien qu'aler vos en volés.
        Vos palmes, vos espis voi loiés et fertés.
        En ceste estrange terre trestot sol me lairés.
        Des castels ci endroit a prendre avons assez: *167d* 5395
        Se vos par vos peciés ceste cité perdés,
        Ne vaut quan qu'avés fait .II. deniers moneés.
        Mais prendés bon consel, por Deu si remanés,
        En ceste sainte vile nostre Segnor servés."
        Et dist li quens de Flandres, "Ja mar en parlerés.   5400
        Sire rois Godefroi, molt grant tort en avés.
        Cascuns n'est pas de fer ne d'acier manovrés
        Que il puist tant soufrir conme vos devisés.
        Jo meïsmes ai tos debrisiés les costés.
        Tant ai jut en l'auberc par pluie et par orés   5405
        En .XXX. lius sor moi est li miens quirs tröés,
        Les costés et les flans ai jo tos entamés.
        Quant jo sui si forment malement conrëés,
        Molt est cis autres pules dolerous et quassés,

---

[127] *l. 5384. The scribe has corrected the* o *of* bon *from a minim stroke.*

La Chanson de Jérusalem 155

    Mestier aroit cascuns que il fust reposés.   5410
    Bien a passé .I. an que jo n'oc dras lavés
    Ne que mes ciés ne fu a lescive pinés.
    Jo prent d'aler congié car tos sui aprestés.
    S'il est vostre plaisirs o nos vos en venés."
    Dist li rois Godefrois, "Bels sire, a Deu alés,   5415
    Car jo ne m'en iroie por estre desmenbrés!
    Or soit Dex avoec moi et sainte Trinités."
    Dont s'est li rois tafurs hautement escriïés:
    "Sire, jo remanrai o vos en ces regnés
    A tot .X.M. ribaus que vos ici veés,   5420
    Et de moi et d'els tos molt bone aïe arés.
    Jo sui li vostre hom liges et vos mes avoués."
    Dist li dus Godefrois, "Sire, mercis et grés."
    Et li quens de Saint Gille se rest lués presentés:
    "Rois, jo remaing o toi, a tot .V. mil armés."   5425
    Autresi est Wistaces et Bauduïns remés –
    Frere estoient le roi mais il ert li ains nés.
    A .XI.M. a on les chevaliers esmés,
    Estre tos les ribals que on n'a pas nonbrés
    Qui molt mius i valurent que des autres assés.   5430
    François prisent congié, es les vos aroutés.
    Al departir i fu molt grans dels demenés,
    Mainte paume i fu torse et mains cevels tirés,
    Cascuns por son ami ert dolans et irés.
    Li barnages s'en torne, tristres et abosmés,   5435
    Tot droit en Jherico es les acemínés,
    La u Dex jeüna – c'est fine verités –
    Le sainte quarentaine dont l'ans est luminés:
    Ne manja c'une fois, tels fu sa volentés,
    Aprés soufri le mort dont li mons est salvés.   *168a* 5440
    Cascuns dist s'orison, puis est outre passés.
    D'illuec al flun Jordain n'i ot resnes tirés
    Et vinrent au perron qui est bels colorés
    U Dex fu batisiés et sains Jehans lavés.
    Cascuns se despoilla si est el flun entrés,   5445
    Aprés sont revestu, es les vos remontés,
    A grant joie cevalcent le sablon et les prés.

160. Or cevalcent ensamble la Jhesu compaignie,
    Tot contremont le flun ont lor voie acoillie,
    Onques ne s'aresterent desci qu'en Tabarie.   5450
    Dodekins de Damas lor fist une envaïe,
    A .XV. mile Turs a no gent assaillie
    Et li baron lor vienent cascuns lance baisie.
    Illuec ot mainte targe eströee et percie,
    Maint clavain desrompu, mainte lance froisie.   5455
    Sarrasin et paien muerent a grant hascie,
    Des mors et des navrés est la terre joncie.

Illueques fu "Monjoie!" clerement esbaudie.
Cascuns de nos barons tint l'espee forbie,
De sanc et de cervele ert cascune soillie. 5460
Quant ataignent les Turs n'est conrois de lor vie.
Del sanc qui des cors ist est l'erbe vermellie.
Dodekins s'en fuï, se gens est desconfie,
Desci qu'en Tabarie n'i ot resne sacie
Puis entra en la porte, et il et sa maisnie. 5465
Le pont lievent amont, le porte ont verellie,
Puis monterent as murs dont la piere est naïe
Et no baron descendent des destriers de Surie.
Hautement s'escria Robers de Normendie:
"Dodekin, rendés nos orendroit Tabarie! 5470
Nos vos lairons aler sain et sauf et en vie,
Et se vos ne le faites vostre mors est jugie!"
Dodekins respondi, "Jo n'en renderai mie.
Cornumarans me sire la m'a a foi baillie.
Se jo le vos rendoie, ço seroit felonie. 5475
De trestot cest païs ai sos lui le maistrie.
Par Mahomet, François, ne vos mentirai mie,
Cornumarans cevalce a le chiere hardie –
Toutes les os enmaine del resne de Persie.
N'a laisiet Sarrasin en toute paienie. 5480
Nonante rois i a, sans l'autre baronie.
Anuit se logeront tot aval la berrie.
De loing dure li os .II. liues et demie.
Ja n'arés de vo Deu garant ne tenserie!"
Quant no baron l'entendent, cascuns "Monjoie!" escrie. 5485

[168b]

Dont veïssiés la vile fierement assaillie.
Les barbacanes coupent s'ont les bares trencie
Et del fossé empli une molt grant partie.
A peles et a höes ont la terre fouie –
Fierement l'asaillirent, mais il n'en prisent mie. 5490
Li baron et li prince font corner l'estormie,
Dont rasanblent as murs ensanble a une hie
Et paien se desfendent conme gens enragie.
Illuec ot mainte piere jetee et eslongie.
Quant voient no baron la vile n'ert brisie 5495
Et que lor assaillirs ne lor vaut une alie,
Le retrait ont soné si laisent l'asaillie.
Outre s'en sont passé, gerpi ont Tabarie.
L'asaillir ont laisié, n'i asauront mais mie.
Onques ne s'aresterent desci en Galilie. 5500
Li jors est trespassés, li nuis est aproismie.
Desor mer Galilee est nostre gens logie,
Puis vont veïr le table que Dex a beneïe,
U il les siens aposteles repeut et sa maisnie.

La Chanson de Jérusalem

161. Li barnages de France s'est tendus et logiés, 5505
Desor Mer Galilee s'est cascuns herbregiés.
Puis vont veïr le table u Dex fu en son siés
Al jor que ses aposteles ot tos rasasiiés
Et bien .V. mile gens, ce raconte li briés:
N'i ot que .II. pissons et .V. pains, ce saciés, 5510
.XII. corbelles plaines i remest de reliés
Et si fu bien cascuns de mangier aaisiés.
La fist Dex grans vertus – il en soit graciiés.
L'uns Frans le mostre a l'autre, molt en est cascuns liés.
Ainc le nuit n'en fu nus descaus ne despoilliés 5515
Enfresci qu'el demain que jors fu esclairiés.
Dont se sont apresté s'ont lor somiers cargiés.
Cascuns ert de l'errer trestos aparelliés
Quant uns colons lor fu de par Deu envoiés.
.I. brief lor aporta qui ert estrois ploiés, 5520
Le vesque de Mautran fu donés et bailliés.
Quant il a liut les letres, forment fu deshaitiés.
A haute vois s'escrie, "Baron, ne vos targiés!
D'aler en Jursalem soit cascuns avanciés,
Car al duc Godefroi sort une paine griés 5525
Dont il morront maint Franc se Dex n'en a pitiés.

162. Li vesques de Mautran fist forment a löer.
Quant il ot lit les letres si conmence a plorer
Et dist a nos barons, "Nos convient retorner
Et le roi Godefroi en Jursalem tenser, *168c* 5530
Car n'a paien remés dusqu'a la Rouge Mer
Ne Turc ne Sarrasin qui armes puist porter
Que cil Cornumarans n'ait fait tos assanbler.
Et jor et nuit cevalcent, ne finent de l'errer.
Onques Dex ne fist home qui puist lor gent nonbrer, 5535
Les cens ne les milliers ne sorvir ne esmer.
Nonante rois i a qui trestot sont Escler.
Par cest brief le vos fait nostre Sire mander
Que por la siue amor vos convient endurer
Iceste grant bataille, c'onques ne fu sa per! 5540
Et se cesti pöés par vo cors afiner,
Bien pora puis li rois Jerusalem garder.
Ne vos esmaiés mie, bien vos puet conforter
Qui de son propre sanc vos degna racater.
Conquise avons la terre par paines endurer. 5545
Ja por totes vos paines n'i peüsiés entrer
Se cil ne vos tensast qui vos vaut delivrer."
Li quens Robers de Flandres se prist a escrïer:
"Baron, rehaitiés vos! Dex vos velt esprover.
Devant ceste bataille n'en poons nos aler. 5550
Or verrons qui boins ert as paiens decolper!
Dex velt que nos alons son Sepucre aquiter."

Quant no Crestiien öent ceste raison conter
K'il lor convient ariere en Jursalem raler,
Li pluisor ne le vaurent otroier ne graer. 5555
Plus de .XXX. millier vaurent de l'ost sevrer.
Li quens de Normendie lor[128] vint devant ester
Et dans Hües li Maines et Buiemons li ber.
"Segnor," font li baron, "volés vos parjurer,
Ki sans nos en volés outre la mer passer? 5560
Se vos ensi le[129] faites poi vos doit Dex amer.
Si m'aït Dex, segnor, nel deüssiés penser.
Bonement deüssiés nos voloirs aciever."
Li vesques de Mautran lor prent a sermoner:
"Baron, franc Crestïen, ço vos wel conmander 5565
Por amor cel Segnor qui se laisa pener
Et ferir de la lance et plaier et navrer
Et metre ens el Sepucre et coucier et poser
Et d'illuec au tierc jor valt de mort suciter.
A infer en ala la porte desfremer – 5570
Çou fu por ses amis de le prison jeter.
Segnor, ce soufri Dex por nos ames salver.
Por cel Segnor vos pri que m'öés ramenbrer
Que vos ne faites l'ost ne les barons torbler,
Car li uns ne doit l'autre en nul endroit fauser!" *168d* 5575
Quant li pules l'oï si conmence a torbler.
Ceus qui retorner vaurent veïssiés renheuder.
A hautes vois s'escrïent, "Faites les cors soner!
Tot sont mort Sarrasin se les poons trover!"
Quant li vesques l'oï Deu prist a mercïer. 5580
Dont veïssiés par l'ost grant joie demener.
Ainc n'i ot si couart, serjant ne baceler,
Ki n'ait le cuer hardi et plus fier d'un sengler.
Dont veïssiés l'ost Deu del tot raseürer.
Cascuns saisit ses armes por son cors asalver – 5585
Cil Sire les conduie qui se laisa pener.

163. Par l'ost Deu sont li prince et li baron armé,
Maintre conmunalment se furent adobé,
Lor vitaille ont cargié et lor harnas torsé.
La oïssiés maint cor et maint[130] graille soné. 5590
Droit vers Jerusalem se sont tout retorné –
Mais ançois qu'il i viegnent, ce saciés par verté,
Ara en Jursalem maint ruiste colp doné,
Maint Franc et maint paien et ocis et navré.

---

[128] *l. 5557. The scribe has corrected the* l *of* lor *from* s.

[129] *l. 5561. The scribe has repeated* le.

[130] *l. 5590. MS:* et mainte g. *The metre can be corrected either by the omission of* et *or by seeing* graille *as masculine and changing* mainte *to* maint. *The variant manuscripts give* maint *and this has been preferred.*

Ci lairai de l'ost Deu, tot sont aceminé. 5595
Del fier Cornumaran vos dirai verité.
Tant a et jor et nuit cevalcié et erré
Od ses .C.M. Turs, qui trestot sont armé,
Qu'a Barbais sont venu droit a .I. ajorné.
Es chans defors la vile a son pere encontré 5600
Et ses homes o lui, dolant et esgaré.
Cornumarans venoit, le gonfanon fremé,
Devant ses compaignons .I. arpent mesuré.
Bien reconut ses pere quant il l'ot avisé.
Des esperons a or a Plantamor hurté, 5605
Vient poignant a son pere, molt l'a haut salüé,
En aprés l'acola si li a demandé,
"Sire, conment vos est? Ne me soit pas celé!"
"Bels fils," dist Corbadas, "ja vos sera conté:
Perdu ai Jursalem .XI. jors a passé. 5610
Ens en la Tor Davi m'orent Franc enserré.
La orent lor engien et conduit et guié
Et lor perriere mise et le fonde acesmé.
Bien tost fuisent li mur de la tor craventé
Et mi home destruit, ocis et desmenbré. 5615
Mais nel vauc pas soufrir, la tor lor ai livré
Et il m'en ont laisiet venir a salveté.
Godefroi de Buillon ont a roi coroné.
Li os s'en est alee et li baron torné,
Poi a cevalerie remés en la cité. *169a* 5620
Or ai perdu ma terre et toute m'ireté.
S'or tenoie .I. coutel trençant et afilé,
Par Mahomet mon Deu, ja m'avroie tüé!"
Quant Cornumarans l'ot si l'a reconforté.
Il a prise sa main si li a afié 5625
Que ja ne mangera s'ara Franc mort jeté
Et s'ara Jursalem pris et reconquesté;
Mais ançois avra il molt longement juné
Et son auberc rompu et son cors sanglenté.
Li fiers Cornumarans a s'ensegne escrïé, 5630
Puis prist le cor Herode, hautement l'a corné.
Cil de Barbais s'en issent, contre lui sont alé,
Des François quis destruisent se sont a lui clamé.
Et dist Cornumarans, "Soiés asseüré,
Car d'els vos vengerai tot a vo volenté!" 5635

164. Molt fu grande la noise de la jent mescreüe.
Cornumarans s'escrie – bien fu sa vois oüe –
"Pere, cevalciés tost sans nule aresteüe
Encontre l'amirant qui vos vient en aiüe.
Une tele ost amaine si grans ne fu veüe. 5640
Morte est crestïentés et tote confondue.
L'amirals a juré sa grant barbe quenue

Que les barons de France metera en tel mue
Por la mort Brohadas, qui la teste ont tolue,
Que ja mais ne verront solel, clarté ne nue. 5645
Sa grans cartre parfonde sera d'els ravestue,
En sa terre deserte ert l'autre gens menue,
La seront atelé por traire a le carue –
Cil qui bien ne traira s'ara la car batue
A corgïes nöees et plaié et rompue. 5650
Toute sera lor lois et baissié et ceüe.
Jerusalem rarons que il nos ont tolue
Et Nique et Anthioce qui est issi perdue!"
Corbadas ot son fil, de joie s'esvertue.

165. Dist Cornumarans, "Roi, ne vos caut dementer! 5655
     Alés encontre l'ost, ça les faites torner,
     Ens es plaines de Rames les faites osteler.
     Jo m'en irai devant por Crestïens garder.
     Paor ai que nes puise en Jursalem trover –
     Jo ne voel c'uns tos seus puise vis escaper!" 5660
     Puis prist le cor Herode si conmence a corner.
     Dont veïssiés paiens après lui arouter.
     Bien furent .C. millier, Sarrasin et Escler,
     Desci a Jursalem ne vaurent arester.
     Cornumarans les guie, qui fu gentius et ber. *169b* 5665
     El val de Josafas les a fais tos armer
     Et monter es cevals et les escus coubrer.
     .LX. mil en fist ens el val arester
     Et .XL. milliers en fist o lui aler,
     Le proie ont acoillie qu'il l'en quident mener. 5670
     Cil ont levé le cri qui le doivent garder
     Si que on les ot bien en Jerusalem cler.
     Ens en la Tor Davi le vait uns més conter;
     Li rois Godefrois l'ot, n'ot en lui qu'aïrer.
     Dist au conte Raimon, "Or tost de l'adober!" 5675
     Sus en la Tor Davi fist .I. graille soner.
     Dont veïssiés no gent les haubers endosser
     Et saillir es cevals qu'il ont fait ensieler.
     Cascuns ot çaint l'espee o le brant d'acier cler,
     Les escus ont as[131] cols, plus sont fier de sengler. 5680
     Les glavies e[n]s es poins tencent d'esperoner.
     Le roi tafur conmandent Jursalem a garder
     Et dant Pieron l'ermite, que molt doivent amer.
     Li rois s'en ist premiers – or le puist Dex salver,
     Car se Jhesus n'en pense, qui se laisa pener, 5685
     Ançois que il retorne ert molt pres d'afoler.

166. Devant Jerusalem fu la proie acueillie.
     Cornumarans l'enmaine a le ciere hardie,

---
[131] *l. 5680. MS:* o. al c. *A scribal slip.*

La Chanson de Jérusalem 161

> A .XL. milliers de la gent paienie.
> Es le roi Godefroi poignant et sa maisnie – 5690
> Bien furent .IIII.M., cascuns lance baisie.
> Quan que cevals puet rendre a plain cors d'escoillie
> Se vont ferir es Turs, nes espargnierent mie.
> La ot tante anste fraite, tante targe froisie
> Et tant pié et tant poing, tante teste trencie. 5695
> Li bons rois Godefrois a haute vois s'escrie:
> "Baron, or del bien faire! Sains Sepucres, aïe!
> Mar s'en iront gabant la pute gens haïe!"
> Lors broce le destrier s'a la lance brandie
> Et fiert Cornumaran sor le targe vergie – 5700
> Desor la boucle d'or li a fraite et croisie.
> Tant fu fors li clavains bende n'en est faillie.
> De Plantamor l'abat en la lande enhermie,
> Ja li trençast la teste a l'espee forbie
> Quant Sarrasin i vienent poignant a une hie, 5705
> Plus de .XV. milliers tot d'une compaignie.
> Sovent ont escrïé, "Damas et Tabarie!"
> La oïssiés tel noise et tel carpenterie,
> Tel bruit et tel crïee de la gent de Persie
> C'on les oïst tres bien d'une liue et demie.   *169c* 5710
> Del val de Josafas ont Turc la noise oïe,
> A l'estor sont venu tot a une bondie,
> Plus d'une arbalestree ont no jent resortie.
> Cornumarans remonte el destrier de Nubie,
> Le cor Herode sone s'a se gent raloïe, 5715
> Sor le roi Godefroi ont faite une envaïe.
> Cornumarans lait corre Plantamor de Rousie,
> De Randol de Halape a le lance saisie,
> Vers le roi Godefroi point l'ensegne baisie.
> De le lance le fiert sor le targe florie, 5720
> Sos le boucle li perce, mais il n'en navra mie.
> El pis sor le hauberc est li lance croisie
> Et li rois se tint bien que il ne caï mie.
> Mist la main a l'espee, del fuere l'a sacie,
> Fiert le roi Murgalant qui sire ert d'Esclaudie. 5725
> L'elmes ne li clavains ne li valt une alie.
> Enfresci qu'ens el pis est l'espee glacie,
> Mort l'abat del ceval sor l'erbe qui verdie.
> Puis rocist Danemont et Flanbalt de Tornie
> Et le roi Bricebalt et Carcan de Rossie, 5730
> Estorgan d'Aliier, Marbrin de Salorie,
> Brunamont de Valterne et Bruiant d'Almarie
> Et le roi Malcoué et l'amiralt Galie –
> .XIIII. en a ocis et tolue la vie.
> Cornumarans le voit, s'a la color noircie, 5735
> Il escrie, "Damas!" s'a se gent renheudie.
> La ot mainte saiete d'arc turçois descocie.

Molt sont li mescreant sor no jent enruhie
Et li un et li autre muerent a grant hascie.
Mais trop i a paiens, mal est l'uevre partie; 5740
Des mors et des ceüs est la voie joncie.

167. Molt fu fors li bataille et li caple sont grant,
Mais tant par i avoit de la gent mescreant,
Ne les porent soufrir li chevalier vaillant.
Sarrasin les encaucent vers Jursalem ferant. 5745
Devant le maistre porte vont li no atargant,
Vers les Turs sont guenci, molt en vont ociant.
Cornumarans s'escrie, "Sarrasin, ore avant!
Par Mahon, cist caitif mar en iront gabant!"
Il tient le cor Herode, molt le vait halt cornant, 5750
Sarrasin et paien se vont resvertuant,
Dusqu'en Jerusalem vont les nos reculant.
Illuec avint no gent .I. encombrier molt grant –
Le conte de Saint Gille ont pris li mescreant,
A grant maces plomees le vont molt laidenjant. *169d* 5755
La bataille est remese, li Turc s'en[132] vont atant,
En Jerusalem entrerent no Crestïen dolant,
Les portes ont fremees, Turc s'en vont repairant.
Et li rois Godefrois descent de l'auferrant.
Ez vos le roi tafur qui li vient de devant 5760
Et dant Pieron l'ermite le hardi conbatant:
"Sire," font il au roi, "con vos est convenant?
Avés rescous le proie au fier Cornumarant?"
"Par foi," ço dist li rois, "Dex me vait obliant –
Le conte de Saint Gille ont pris li mescreant. 5765
Ja mais tant con jo vive n'arai mon cuer joiant!"
Dist Pieres li hermites, "Ne te va dementant,
Car par le foi que doi Jhesu de Belliant
Ne l'enmenront li Turc s'ierent grain et dolant."
Et dist li rois tafurs, "Jo l'aloie pensant. 5770
Baron, adoubés vos! N'alés pas delaiant!"
Lors fait soner .I. graille, ribalt vienent corant.
N'i a cel ne port hace u gissarme trenchant
U coutel acerin u machue pesant.
De Jursalem s'en issent: li rois cevalce avant, 5775
Et ses frere Ewistaces sist sor le sor bauçant
Et li quens Bauduïns sor Prinsaut le corant.
Le lance porte droite, le gonfanon pendant,
Devant trestos les autres vait li quens randonant.
El val de Josaphas vient les Turs ataignant. 5780
Il lor a escrïé, "N'en irés, souduiant!"
Cornumarans l'esgarde si le va ravisant –
Bien reconut Prinsalt a l'alure bruiant,

---
[132] l. 5756. MS: T. ses v. A scribal slip.

La Chanson de Jérusalem 163

```
         Set que c'ert li François qui l'ala encauçant
         Quant ala secors querre a l'amiral Soudant.              5785
         S'a lui ne va joster ne se prise .I. bezant.
         Plantamor point et broce, l'espiel vait brandisant:
         Ja ert d'eus .II. la joste, si quel veront auquant.
```

168. Quant li quens Bauduïns voit le paien guencir,
     Il a brandi la lance si l'est alés ferir   5790
     Et Cornumarans lui, nel vaut pas mescoisir,
     Que lor escus ans .II. font percier et partir
     Et les lances de fraisne debrisier et croisir.
     Si roidement se hurtent et par si grant aïr,
     U il wellent u non, les estuet jus caïr.   5795
     Ains qu'andoi se peüscent drecier ne renforcir
     Veïssiés Crestïens et Sarrasins venir.
     Fier estor peüssiés esgarder et veïr,
     L'un Sarrasin sor l'autre trebucier et morir
     Et les navrés uller, abaier et glatir.   *170a* 5800
     Dans Pieres li hermites i feroit par aïr –
     Qui il ataint a coup mires nel puet garir.
     Li ribaut i feroient, qui molt sont en desir
     De Turs et de paiens ocire et desconfir.
     Dont peüssiés veoir fier estor esbaudir.   5805
     Del caple des espees dont la terre fremir,
     D'une liue pleniere puet on la noise oïr.
     U Turc wellent u non les font li no sortir
     Plus d'une arbalestee et arriere fuïr.
     Li quens Bauduïns cort Cornumaran saisir,   5810
     Par les flans l'enbraça, tot coi le vait tenir,
     Car des ribals le vaut tenser et garandir.

169. Quant Cornumarans sot que li quens l'a saisi,
     Isnelement et tost a trait le brant forbi
     Et Bauduïns l'estraint, par terre l'abati.   5815
     Es le roi Godefroi poignant tot aati
     Et son frere Ewistase, qui ot le cuer hardi.
     Cornumaran escrïent, "N'en irés mie ensi!
     Anqui serés pendus devant la Tor Davi,
     Si quel poront veïr tot vo mellor ami!"   5820
     Quant Cornumarans l'ot, le roi cria merci;
     De la u jut a terre s'espee li tendi
     Et li rois Godefrois le prist et recoilli.
     Cornumarans se lieve, prison li a plevi.
     Li rois le fist mot tost monter sor .I. ronci.   5825
     Et Plantamors s'en fuit tres par mi .I. lairi,
     El val de[133] Josafas le prisent Arrabi.

---

[133] l. 5827. ⅆ *is inserted above the line in light blue ink in a hand contemporary with that of the main scribe; cf. l. 6912.*

        Quant de Cornumaran le virent desgarni,
        Dont oïssiés grant dol et grant plor et grant cri.
        Dist li rois Sucamans, "Mal sonmes escarni!   5830
        Pris est Cornumarans, François l'en ont ravi.
        Se l'en laisons mener molt seronmes failli!"
        Paien sonent lor grailles s'ont lor tabors bondi,
        A bataille cevalcent, irié tot arami.
        Et no franc Crestiien, que Dex a beneï,   5835
        Droit vers Jerusalem sont arriere verti.
        Li quens Bauduïns sist sor Prinsalt l'arrabi
        Et li rois des Tafurs par le frain li rendi.

170.   Vers Jursalem repaire la Jhesu compaignie,
        Serreement cevalcent a bataille establie.   5840
        Li ribalt vont devant, li rois les maine et guie
        Et Pieres li hermites a le barbe florie,
        Et li rois Godefrois et sa cevalerie
        Fu en la riere garde devers la gent haïe.
        Et Sarrasin lor vienent tot a une bondie,   *170b* 5845
        Tant sonerent de grailles que la terre en formie.
        Et li rois Godefrois a se gent resbaudie.
        Il escria, "Monjoie! Sains Sepucres, aïe!"
        Et li quens Bauduïns tint l'espee forbie
        Et ses frere Ewistases le brant qui reflanbie.   5850
        Tot troi li frere jurent li fil sainte Marie
        Que mius vauroit cascuns la teste avoir trencie
        Qu'il fuïst por paien ne lance ne demie.
        Es le roi Sucaman qui hautement s'escrie:
        "Par Mahon, Crestiien, vos alés a folie.   5855
        Jerusalem rarons ains hore de complie!
        Rendés[134] Cornumaran u tot perdrés la vie,
        Car demain seront ci les os devers Persie –
        Ainc ne fu si grans os veüe ne oïe.
        Nos ravons .I. vo conte, dant Raimon de Saint Gille, 5860
        Demain sera pendus ains que l'os soit logie."
        Quant Bauduïns l'entent s'a la color noircie,
        Le destrier point et broce s'a le resne lasquie,
        Mist le main a l'espee, del fuere l'a sacie,
        Fiert le roi Sucaman sor l'elme qui verdie –   5865
        Les pieres et les flors contreval en glacie,
        Le coife li trença de la broigne trelie,
        Li brans d'acier guencist a destre lés l'oïe,
        L'orelle li trença, la car li a trencie
        Et le bras et l'espaulle devers destre partie   5870
        Que li poins et l'espee vole en la praerie.
        Li rois caï a terre sor l'erbe qui verdie –
        S'il ot paor de mort no vos mervellés mie.

---
[134] *l. 5857. After* Rendés *the letters* irl, *the beginning of the abbreviation for* Jerusalem, *have been expunged.*

La Chanson de Jérusalem

171. Quant li rois Sucamans voit s'orelle perdue
Et le bras et le poing et l'espee molue, 5875
A haute vois s'escrie, "Mahomet, sire, aiüe!
Apollin, rices Dex, quel perte ai receüe!
Ja mais par moi n'ert terre ne honors receüe!"
Il escria, "Damas!" – bien fu sa vois oüe.
Plus de .XX.M. paien ont l'ensegne entendue, 5880
As ars de cor turçois ont la presse rompue.
Adont fu li bataille fierement maintenue.
La ot tant anste fraite, tante targe fendue
Et tant pié et tant poing, tante teste tolue.
Des mors et des navrés est la terre vestue. 5885
Bien i fierent François sor la gent mescreüe
Et Pieres li hermites a le barbe quenue
Et li rois des Tafurs et l'autre gens menue;
De ferir sor paiens cascuns d'els s'esvertue.
Mais la force des Turs i est poignant venue – *170c* 5890
Se cil Sire n'en pense qui se mist en la nue,
Ja i avra des nostres molt grant descovenue,
Car Turc les ont menés ferant par mi la rue.
Ja fust li porte prise et la cités perdue,
Mais li rois Godefrois a l'espee molue 5895
L'a molt bien desfendue vers la gent mescreüe.

172. A le Porte Davi furent li caple grant,
Ja i fuscent entré li cuvert mescreant,
Mais li rois Godefrois a l'espee trençant
A l'entrer de la porte lor trestorna devant. 5900
Qui il fiert de l'espee tot le va porfendant.
Son frere Wistace escrie et Bauduïn l'enfant:
"Que faites vos, mi frere? Ne vos alés faignant!
On dist que de l'ost Deu estiemes mius vaillant.
Ne dotés pas le mort mais alés le querant!" 5905
Quant si frere l'oïrent, molt se vont rehaitant.
"Saint Sepucre!" escrïerent, "chevalier, ore avant!
Ceste gens sarrasine mar en iront gabant!"
Dont veïssiés les freres cele gent mescreant
Ocire et detrencier con bos c'on vait plaisant. 5910
De le porte .I. arpent les mainent reculant.
Es vos le roi tafur et dant[135] Pieron corant
Et Tafurs et ribals qui molt vienent huant:
N'i a cel ne port hace u maçüe pesant,
Coutel u grant plomee a caaine pendant, 5915
U pouçon u piçois u alesne poignant.
Li rois tafurs tenoit une grant fauc trençant,
Entre paiens se mist, tant en vait craventant
Que par mi les ocis ne pot aler avant.

---
[135] *l. 5912. The scribe has corrected the* d *of* dant *from* t.

Dans Pieres li hermites le vait aprés sivant 5920
Et tenoit une hace dont l'alemele ert grant:
Une ausne et .I. quartier ot de lonc par devant,
Plus trence que rasoirs que fevres va molant.
Li coup Pieron l'ermite ne sanblent pas d'enfant —
Cele part u il torne vont Turc amenuisant, 5925
Testes et bras et pis vait li ber decolpant.
Entre le roi tafur et Pieron le ferrant
Et lor fiere maisnie qui tot sanblent tirant,
Plus d'un arbalestree mainent les Turs ferant,
Nes finent de cacier dusc'al[136] roi Sucamant. 5930
Ainc n'i guenci paiens mais tos tans vont fuiant
Et li rois Godefrois les en vait encauçant
Et tot li autre prince a esperon broçant.
Des mors et des navrés vont la terre covrant.
Or penst Dex de no gent par son disne conmant. *170d* 5935
Trop encaucent les Turs, molt se vont foloiant —
Ja n'en retorneront s'ierent grain et dolant.
Sarrasin et paien vont lor grailles sonant,
En molt petitet d'ore se vont tot raloiant:
Bien sont .LX. mil de le gent Tervagant. 5940

173. Devant Jerusalem furent li caple fier.
    Turc ont sonés lor grailles por lor jent raloier,
    Bien sont .LX. mil de le gent l'avresier.
    La oïssiés maint Turc glatir et abaier.
    Tel noise font entr'els et .I. si grant tempier 5945
    Que de grans .IIII. liues oïst on le noisier.
    El premier cief devant estoient li arcier
    Por desconfir les nos a lor ars de cormier.[137]
    Plus espés que la nois qui ciet aprés fevrier
    Veïssiés les saietes sor no gent descocier, 5950
    Et cil as gaverlos conmencnet a lancier.
    A maint des nos ont fait teste u costé segnier,
    Plus d'un arbalestree les reculent arier.
    Quant li rois Godefrois vit sa gent si cacier,
    De maltalent et d'ire quide vis erragier, 5955
    Il embrace l'escu et trait le brant d'acier,
    Son ruiste maltalent lor vendra ja molt cier,
    En le presse des Turs s'est alés eslaisier.
    Dont veïssiés le roi bien ses cols emploier.
    Onques n'i feri coup — bien le puis afficier — 5960
    N'ocesist Sarrasin, u lui u son destrier.
    Quel part que li rois torne fait les rens claroier.
    Autresi con l'alöe fuit devant l'esprevier
    Vont li Turc entor lui: ne l'osent aproismier.

---

[136] *l. 5930. The scribe has corrected the* l *of* dusc'al *from* r.

[137] *l. 5948. MS:* de cornier. *The scribe has omitted a minim stroke from* cormier.

La Chanson de Jérusalem 167

      Mais se Jhesus n'en pense, qui le mont doit jugier,   5965
      Ja avenra au roi .I. mortel enconbrier,
      Car Turc li ont ocis desous lui son destrier;
      Et li rois resaut sus, qui le corage ot fier,
      Il embrasce l'escu et trait le brant d'acier.
      Ki veïst le baron Sarrasins detrenchier   5970
      L'un mort desore l'autre abatre et trebucier,
      Por nient ramenteüst nul mellor chevalier.
      Li rois voit .I. ceval devant lui estraier,
      Il le saisist au frain si monta par l'estrier.
      Sains Jorges, sains Domistres li sont venu aidier   5975
      Et sont en lor compaigne plus de .XXX. millier.

174. Si tost con li rois fu sor son ceval montés
      I est venus sains Jorges poignant tos abrievés
      Et li ber sains Morises sor son ceval armés
      Et si fu sains Domistres et des autres assés –   *171a*   5980
      Plus sont de .XXX.M., blans conme flors de prés.
      Dist sains Jorges au roi, "Amis, esperonés!
      Cist vos vienent aidier, or verons que ferés!
      Se vos estes preudom, ja le nos mosterrés!"
      Lors broce[138] le ceval, poignant s'en est tornés,   5985
      Tos[139] ses bons compaignons en a o lui menés
      Et li rois Godefrois est aprés eux alés.
      Li compaignon saint Jorge ont les Turs escriés,
      A l'abaisier des lances les ont desbaretés,
      Plus de .XX.M. paiens i veïssiés versés.   5990
      Ki la veïst saint Jorge poignant par mi les prés,
      Saint Morise et saint Barbe, les gonfanons levés.
      Plus de .L. Turs ont a terre jetés
      Et li autre en ont bien .X.M. craventés.
      Cels ont la gens tafure contre terre rüés.   5995
      Paien tornent en fuies, li estors est remés,
      Mais li rois Sucamans n'i est mie obliés:
      Sor .I. destrier d'Arrabe en est devant portés.
      Ses fils Marbrins les guie, qui de lui est irés,
      Et li quens de Saint Gille en est avoec menés –   6000
      Se Damedex n'en pense molt ert mal ostelés.
      Or s'enfuient paien, es les vos aroutés,
      Desci es plains de Rames n'en est uns arestés.
      La guencirent paien s'ont les cevals tornés.
      Illuec fu li estors est fors et adurés,   6005
      Molt i ot Sarrasins ocis et decoupés,
      Enfresci que al vespre n'est li estors cessés.
      Sains Jorges est guencis si s'en est retornés,

---

[138] *l. 5985. MS: Lo. brocent le . The scribe has mistaken the subject of the verb, who is Saint George. All the variant manuscripts present give* broce.

[139] *l. 5986. The scribe has corrected the* t *of* tos *from* s.

             Le roi et tos ses homes en a o lui menés,
             Des armes as paiens ont lor cevals torsés   6010
             Et s'enmainent lor proies – Dex en soit aorés.
             Sains Jorges les a tous conduis a salvetés
             Desci qu'en Jursalem: es les vos ens entrés.
             Les portes ont fremees et les huis bien barés.
             Dont a primes est d'els sains Jorges esconsés.   6015
             Li roi[s][140] et li baron ont lor cors desarmés,
             Dont fu Cornumarans isnelement mandés;
             Uns fors aniaus li ont[141] entor les piés fremés.
             Li rois dist a ses freres, "Cornumaran gardés."
             Bauduïns respondi, "Si con vos conmandés."   6020
             Ens en la Tor Davi en est li rois montés,
             Les napes furent mises, li mangiers aprestés.
             Li chevalier s'asisent par les rens lés a lés.
             Del boire et del mangier fu molt grans li plentés:
             Li autre se conroient el borc a lor ostés.   *171b*   6025
             Cele nuit est cascuns dormis et reposés:
             Jerusalem garda dans Pieres li barbés
             A tot .IIII. mil homes garnis et conreés.
             Tant gaitierent la nuit que jors fu ajornés.
             Et Turc es plains de Rames ont lor fus alumés –   6030
             .C. et .XL.M. en i ot d'eschapés.
             Cele nuit ot Raimons tant batus les costés
             Qu'en .XX. lius de la car li est li sans colés.
             Bien fu estroit loiés et s'ot les iex bendés.
             El demain par matin, quant solaus fu levés,   6035
             Ont Turc saisi lor armes s'ont lor cors adobés.

175.   Ains que solaus levast ne jors fust esclarcis,
             Furent paien armé s'ont lor escus saisis.
             A Qualquere en envoient erranment lor escris,
             A Calençon deça, a Cesaire asegnis: 6040
             Por les Turs envoierent d'Acre et de cel païs.
             A Herode manderent del secors soit garnis,
             Car es plaines de Rames les ont Franc desconfis,
             El val de Josafas fu Cornumarans pris.
             A Belinas envoient et aillors lor escris.   6045
             Cil qui vont devers Acre ont petit Turs coillis.
             En Carkarie n'ot paiens ne Arrabis
             N'en Cesaire n'en Acre qui ne s'en fust fuïs.
             Les casaus ont trovés tos wis et desgarnis –
             Nés cil de Belinas ont lor maisons gerpis.   6050
             A Barbais, a Damas ont lor avoirs tramis,

---

[140] *l. 6016. MS: Li roi et . Since Godfrey is the only king being referred to here, it has seemed preferable to give the 'correct' form of the masc. sing. subject case, in accordance with the scribe's general practice.*

[141] *l. 6018. The scribe has expunged a p before* ont.

La Chanson de Jérusalem

    Lor femes, lor maisnies et lor enfans petis,
    Lor vitaille et lor bestes: molt ont François maldis.
    Ainc n'i ot Sarrasin qui tant i fust hardis
    Qui de le crieme d'els ne fust espaoris.   6055
    Encor n'ert Corbadas de Barbais departis:
    Quant il ot les noveles, molt se clama caitis
    Que Sarrasin li disent que ses fils estoit pris;
    Il desront ses cevels et depece son vis,
    En plus de .XXX. lius en est li sans saillis.   6060
    "Mors," dist il, "u iés tu? Car vien et si m'ocis!
    Ahi, Cornumarans! Bels dols fils, sire amis,
    Ja estiés vos li miudres de Turs et d'Arabis,
    Ainc si hardis paiens ne fu ne mors ne vis!"

176. Quant li rois Corbadas ot la novele oïe   6065
    Que ses fius estoit pris, tos li sans li formie.
    Il a detors ses poins s'a se barbe sacie.
    A sa vois qu'il ot clere molt haltement[142] s'escrie:
    "Ahi, Cornumarans! Bels fils, chiere hardie,
    Ja mais ne vos verrai! Male mors, car m'ocie!"   *171c* 6070
    "Frere," dist Lucabels, "ne vos dementés mie,
    Mais alons contre l'ost qui nos vient en aïe.
    Morte ert crestïentés et lor lois abaisie
    Et li rois Godefrois ait la teste trencie.
    Car n'i a Crestiien, tant ait s'ire coillie   6075
    Ki ja Cornumaran par maltalent desdie."
    A iceste parole fait corner l'estormie:
    Cil de Barbais s'en issent tot a une bondie,
    Contre l'amiralt vont, Corbadas les en guie.
    L'ost Soudan encontrerent, pres a liue et demie.   6080
    Des le cief premerain u ele ert herbregie
    Ot bien .VII. liues longes dusqua'a l'autre partie
    Et .II. liues de lé si con ele ert logie.
    Tant a point Corbadas le bon mul de Rossie
    Qu'il vint au tref Soudan qui sire ert de Persie.   6085
    Devant une fontaine ert se tente drecie,
    Encoste et environ ot bele praerie.
    Oiés conment la tente fu faite et establie.
    Ja mais de si bon tref nen ert parole oïe:
    Çou fu roi Alixandre al point qu'il fu en vie.   6090
    Des ouevres qui i sont n'est hom qui nonbre en die.
    Mahomes Goumelins le fist par triforie,
    Par l'art de nigremance et par encanterie.
    Des le premiere loi que Dex ot establie
    I sont tot li estorie point d'uevre d'or polie,   6095
    A cristal et [a][143] safre traitïement bastie –

---
[142] *l. 6068. The scribe has corrected the first* t *of* haltement *from* d.
[143] *l. 6096. The scribe has omitted* a *in error.*

Li cius et li solaus et li lune esclarcie,
Foriés, eves et terres et la mers qui ondie,
Li poison et les bestes, oisials, vent qui ballie,
L'avison des estoiles qui par mi l'air ondie 6100
Et si con li abisme tot .IIII. ont lor assie[144]
Sor la piere marmoire u la terre est masie,
Et si con la mers est tot environ ordie
Et si conme li trosnes, par la Deu conmandie,
Tornie tot entor plus tost c'oisels ne pie. 6105
Dex ne fist creature ne fust el tref bastie,
A or et a azur visablement traitie.

177. Molt est rices li trés, hom ne vit son paral.
.XXX. quartiers i ot, tot sont fait a esmal,
Qui plus cler reflanboient qu'enbrasé estaval. 6110
Li .VII. art i sont paint a un plait general,
Qui desputent ensanble et del bien et del mal.
Tot sont fait li quartier a oevre principal.
Li maistre las entor sont trestot de coral.
Tout li paison estoient d'ivoire et de rohal, *171d* 6115
D'ebenus li auquant, li pluisor d'emiral
Et les cordes sont faites de l'uevre emperial —
Dures sont et sierees plus que fer ne metal,
Nes poroit trencier arme d'acier poitevinal,
Si'st cascune legiere que ne poise .I. poitral, 6120
Et le tref et les cordes trairoient doi ceval.

178. Molt fu rices li trés, bien en doit on parler.
Mahomes Gomelins le fist tot manovrer.
Le tref tot environ ont fait molt bien border,
D'une list de topaces de plaine palme orler. 6125
Molt i fist disnes pieres en basme seeler
Qui si grans vertus ont con je vos sai conter:
Hom qui le jor les voie ne puet on encanter
Ne de puison ne d'erbe par mal envenimer,
Por çou qu'il croie en Deu, ne plaier ne navrer. 6130
De .XXIIII. listes l'ot fait Mahons lister,
Que hom nes poroit mie esligier n'acater.
Tant i ot rices pieres ens mis al manovrer,
Esmeraudes, jagonces, por l'uevre enluminer,[145]
Et autres rices pieres qui molt font a löer, 6135
C'on nes puet visalment veïr ne esgarder.
Li trés fu fais de palie, c'ainc ne pot on trover

---

[144] *l. 6101. MS:* lo. affie. *The form* affie *is not substantiated in either Tobler-Lommatzsch or Godefroy. The correct reading is taken to be* assie, *as a form of* assis *or* assise *made to fit the rhyme. C gives* assie, *BG give* asise, *and E gives* assise *as a past participle; the line is lacking in DI.*

[145] *l. 6134. The scribe has corrected* enluminer *from* envenimer.

La Chanson de Jérusalem

    Si bon ne son parrel: sidor[146] le fist nomer.
    Arain tissi[147] le palie en le dune de mer,
    Por çou le fist Pallas en iraigne müer –   6140
    Toute s'ovraigne[148] file quant ele doit ovrer,
    Le fil trait de son ventre, por voir le puis conter.
    L'estace de sidorie fist Gomelins fonder,
    Del plus fin or d'Arrabe .XV. fois esmerer.
    Ne le poroit nus hom en ses bras acoler.   6145
    Mahomes Gomelins i fist le loi letrer.
    Dex vaut estre par force et sa loi afremer,
    Par le mont se quida faire Deu aorer.
    Nostre Sire nel valt sofrir ne endurer –
    A un fort vin s'ala .I. joisdi enivrer,   6150
    De le taverne issi quant il s'en vaut aler.
    En une place vit .I. fumier remüer,
    Mahomes s'i couça ne s'en pot trestorner,
    La l'estranglerent porc, si con oï conter.
    Por çou ne valt Juus de car de porc goster.[149]   6155
    Droit a Mieke le fisent a Salatré porter,
    A un rice Juu qui bien sot esteler,
    En l'aïmant le fisent et metre et seeler.
    N'est a ciel ne a terre, en l'air le font torner.
    Encore le vont la Sarrasin revisder   *172a* 6160
    Sel servent et aorent et Persant et Escler.
    C'est avis qui l'esgarde que il doie voler
    Et a le gent paiene de sa bouce parler.

179. Li trés Soudan de Perse fist forment a prisier.
    Li pumels desus fu d'un escarboncle cier,   6165
    De .XV. liues longes le voit on flanboier.
    L'image d'Apollin fisent desus drecier,
    .I. baston en sa main por François manecier.
    Mahomet Gomelin fisent jus abaisier
    De le froie u il ert qui tote estoit d'or mier.   6170
    .XIIII. roi d'Aufrike le corent embracier.
    En mi le tré le misent desor .I. paile cier.
    Voiant Soudan de Perse i entra l'Avresier
    Si que paien l'oïrent tobourer et noisier.

---

[146] *l. 6138. MS:* p. se dex l. *The scribe was evidently puzzled at the reading* sidor, *which is given in BCDG, the only other manuscripts with this line.*

[147] *l. 6139. MS:* A Ram ves ci l. p. *As in the previous line, the scribe has misread the text as given in BCDEG, with support from I.*

[148] *l. 6141. In view of the corruption of A's text in ll. 6138-39, the reading* T. sovine f. *given in CDG is a plausible one which may be preferred. Since the text makes adequate sense as it stands, however, it has not been emended. The line appears quite differently in B and E and is lacking in I.*

[149] *l. 6155. The scribe has corrected the* g *of* goster *from a minim stroke.*

"Paien," dist Satanas, "Venés vos aproismier   6175
Ça avant prés de moi, car je vos wel noncier
Qui le loi crestiiene fera jus trebucier.
Damedex gart son ciel, la terre ai a baillier.
Moie est la conmandise, tot ai a justicier.
Mar i troverai home qui Deu en doinst loier,   6180
Et se il le faisoit il le comperroit chier.
Moi doit on aorer, servir et graciier,
Car je vos doins les blés, vignes a vendengier,
Les herbes et les flors et les prés a flairier."
Quant paien l'entendirent, vont soi aparellier,[150] 6185
Devant lui se coucierent plus de .XV. millier.
Li uns paiens a l'autre le prist a conseillier:
"En tel Deu doit on croire qui se jent velt aidier."
Molt fu grande l'ofrande quant vint al redrecier;
Les bezans ne portascent, jo quit, .IIII. somier.   6190
Califes l'apostoles conmence a preecier:
"Or puet prendre .II. femes qui n'a c'une mollier,
U .III. u .IIII. u cinc: a totes voist coucier,
Si croistera li pules por no loi essaucier,
Car François sont venu nos terres calengier,   6195
Mais li Soudans conmande ques alons detrenchier!"

180. Califes l'apostoiles fu drois joste Mahon
Et dist as Sarrasins, "Oiés que nos dison:
Li Soldans le conmande et bien le vos mostron.
Cascuns de l'engenrer soit bien en sospeçon,   6200
Car François sont venu en nostre region,
Mais li Soldans conmande qu'ocire les alon.
Mais jo quit mius seroit que vis les presisson –
Nostre terre deserte tote en restoëron."
Et dist li amulaine, "Ço me sanble raison."   172b 6205
Paien sont escrïé, "Ensamble l'otrion!"
Atant es Corbadas entré el pavellon,
Le sage Lucabel et le viel Glorion.
Cascuns detort ses poins et ront son auqueton.
Tel dol mainent entr'els, ainc si grant ne vit on.   6210
As piés Soudan se misent tot troi a genellon.
Corbadas li baisa le pié et le talon.
Canabels l'en dreça, li frere Nubion –
De le loi paienie ert li plus sages hom.
Li Soudans l'apela si l'a mis a raison: 6215
"Dites moi, Corbadas, avés vos se bien non?"
Cil fu si abosmés ne pot traire raison,
Il ne desist .I. mot por l'or de pré Noiron.
"Sire," dist Lucabels, "ne sai quel celison.

---

[150] l. 6185. The reading *agenoillier* given in all the variants for A's *aparellier* may be preferred.

La Chanson de Jérusalem

   Cornumaran son fil tres ier perdu avon: 6220
   Ens en la Tor Davi l'ont François en prison!"
   Dist li Soudans, "Taisiés, car demain le raron!
   Tot seront Franc mené en grant caitivison
   Et lor femes qu'il ont as Turs marieron!"
   Quant Corbadas l'entent, s'en dreça le menton   6225
   Et dist a l'amiralt, "Se nos iço faison,
   Quitement ariens France, le roiame Karlon
   C'or tient li rois Phelipes, frere al conte Huon."
   Li Soudans se dreça, sa main leva amon.
   "Segnor," dist l'amirals, "jo faç desfension   6230
   Que François ne mangust de pain de ne poisson,
   Ne boive vin ne eve ne claré ne puison,
   Ne ne siece ne voist ne ne gise en maison
   Dusque Cornumarans soit jetés de prison!"
   Paien sont escrïé, "Bone desfention   6235
   A fait li amirals sor le jeste Mahon!
   Or puet savoir tres bien li frere Phelipon,
   Robers de Normendie et li dus de Buillon,
   Li quens Robers de Flandres, que on tient a Frison,
   Tangrés, cil de Sesile, li cosins Buiemon,   6240
   Et li quens de Saint Gille et li autre baron
   Que mal seront bailli se nos les ataignon!
   Cascuns perdra la teste par desous le menton,
   Ja n'i avra .I. sol qui viegne a raençon!"
   Lors font soner .M. grailles et .M. cors de laiton: 6245
   Lor tentes destendirent, torsé sont li paison,
   Tot cargent dras et armes et autre garison.
   Le cemin vers Barbais les mainent li guion.
   Quant l'os fu aroutee – se mentir ne volon –
   Couverte en fu la terre .VII. liues environ.   *172c* 6250
   Cil bon ceval braidisent et cil mul arragon
   Et cil olifant muient et font grant braidison
   Et cil bracet glatisent, s'abaient cil gaignon
   Et oistoir et girfalt delés grant batison.
   Mahon conduist devant Calcatras et Noiron   6255
   Et Danemons d'Averse et l'amirals Corbon.
   L'uns cevalce .I. serpent et l'autres .I. lion,
   Li tiers .I. deutuant et li quars .I. grifon
   Et Canabels seoit sor le fil d'un dragon –
   Cil conduist l'olifant que cevalçoit Mahon.   6260
   Li diacop i cantent clerement a haut ton
   Et salent as espees Persant et Esclabon.
   La noise que Turc mainent de .X. liues l'ot on.

181. Molt sont grandes les os le Soudan de Persie.
   Tant i sonent de grailles ensamble a le bondie   6265
   Que li mont et li val et li terre en formie.
   Le noise en ot on bien .X. liues et demie.

Li Soudans se seoit desor une alcasie
Qui tote ert faite d'or et d'uevre salatrie.
Sor son cief ot tendu .I. paile d'Almarie 6270
Por le calor del ciel qui desor lui naigrie.
.XII. roi le sostienent par molt grant segnorie.
Li Soudans cevalçoit .I. mul vair conme pie,
Tant ambloit souavet que sos lui n'en sent mie,
Si cavel ne l'en crollent, ses pailes n'en ballie. 6275
Li amirals avoit une jupe vestie –
D'un sidoine ert li dras plus vermels d'une alie,
Li foreüre en ert de beste marmorie,
Ja nus hom qui le port n'ara mal en s'oïe
Ne n'ert envenimés por nule encanterie 6280
Ne li cars desor lui navree ne plaïe:
.M. ans giroit en tere ains qu'ele fust porie.
De pieres prescieuses ert la jupe clofie
Qui tant reluisent cler la terre en resplendie.
Un topasce ot Soudans a son col qui gausnie – 6285
Hom qui le jor le voie n'ara vue perie.
Devant son pis gisoit sa grans barbe florie,
Dusques vers son braiel blance con nois negie.
Par detriés ses espaulles ot sa cringne jetie,
A .IIII. fils d'or mier galonee et ploïe. 6290
A botons jafarins l'avoit estroit trecie.
Li capels de son cief valoit mius de Pavie
Et la jupe Brehagne et tote Hungerie.
Plus de .LX. roi de le loi paienie
Vont entor l'amiral, lor espee sacie, *172d* 6295
Que paiens n'i aproisme d'une grande traitie.
Dusqu'a Sur et a Acre est la terre estormie,
A Damas, a Cesaire et dusqu'a Tabarie,
Que li Soudans venoit et l'os d'Esclavonie.
Plus de .C. mile Turc ont lor voie acoillie, 6300
Encontre Soudan vont a molt grant cevalcie.
Rice presens li font, cascuns l'aore et prie.
Or penst Dex de no gent, li fils sainte Marie,
Car se li secors targe, malement ert baillie.
Oiés des Turs de Rames – qui Damedex maldie! – 6305
A Jerusalem vienent a bataille establie,
Par devers Saint Estevene ont lor voie acoillie.
No baron s'en issirent poignant a une hie.
Ja sera la bataille fierement conmencie,
Des mors et des navrés ert la terre joncie. 6310

182. Devant Jerusalem ont Turc le cri levé,
No baron s'en issirent poignant tot abrievé.
Li rois Godefrois a dant Pieron apelé:
"Sire, por Deu vos pri a garder la cité!"
Dist Pieres li hermites, "Jel faz oltre mon gré!" 6315

La Chanson de Jérusalem   175

    Li rois s'en ist poignant, bien ot son cors armé.
    El val de Josaphas a Marbrin encontré –
    Fiux estoit Sucaman, le fort roi coroné
    Qui Baudüins trença le bras et le costé.
    Bien reconut le roi quant il l'ot avisé,   6320
    Ne l'atendist a coup por plain val d'or conblé,
    De si loing con le voit merci li a crïé,
    Et li rois le saisi par le canfrain doré,
    Mais de mort ne de vie ne l'a asseüré.
    A .IIII. chevaliers l'a li rois conmandé,   6325
    En Jursalem arriere l'en ont molt tost mené.
    Quant Sarasin le voient, en fuies sont torné:
    Onques puis por joster n'i ot lance levé.
    Par esfort de ceval s'en sont Turc eschapé,
    Les puis et les montaignes sont en fuies torné –   6330
    Cascuns del bien fuïr a bone volenté.
    Et li rois Godefrois en a sa gent guié,
    En Jursalem arriere s'en sont tot retorné.
    Et Turc ens en .I. tertre se sont tot assamblé,
    Dejoste .I. desrubant venu et aüné.   6335
    Li uns se plainst a l'autre, forment sont demené:
    "Segnor," çou dist Alis, "mal sonmes engané.
    Perdu avons Marbrin, fil Sucaman l'ains né.
    Del fort Cornumaran devons molt estre iré:
    Amenés le François si ait le chief coupé!"   *173a* 6340
    "Par mon chief, non ferons!" dist li fils Malcoué.
    "Ains rarons l'un des nos por lui en quiteé."

183. Dist li fils Malcoué, "Par mon chief, non ferons!
    Mais se l'en m'en velt croire, .I. mesage prendrons.
    Droit a Jerusalem arriere l'envoions,   6345
    Au roi et a ses homes trives demanderons.
    Aprés se il conmande, cest François li rendrons,
    Mais que Cornumarans u Marbrin en raions."
    Sarrasin escrïerent, "Or en pense Mahons."
    Au roi ont envoiet Margot et Fauserons,   6350
    Si fu li rois Carboncles, frere al Roge Lions.
    Avoec cels en alerent dusqu'a .X. Esclabons.
    Portent rains d'olivier et cascuns .I. colons –
    C'est de pais et d'amor sinifications.
    Au roi Godefroi vienent si dïent lor raisons: 6355
    "Sire," font li message, "savés que nos querons:
    Que vos rendés as Turs ambesdeus vos prisons,
    Et vos rarés .I. conte qui'st apelés Raimons.
    Et se vos ne le faites demain le penderons,
    U a trestot le mains le cief li couperons!"   6360
    "Segnor," çou dist li rois, "nos en consellerons."
    Dont apela ses freres et les autres barons.
    "Segnor," çou dist li rois, "dites quel le ferons.

Por .I. de ces paiens le conte raverons."
Et dist Pieres l'ermites, "Oiés que nos disons. 6365
Ja se Deu plaist por Turc le conte ne perdrons,
Mais l'un rendrons por l'autre se faire le poons.
Sire rois, pensés ent, por Deu le vos loons.
Se Dex le nos rendoit nos les gerrïerons."
Li rois vint as mesages si lor dist son respons: 6370
"Segnor, Cornumaran u Marbrin renderons,
Lequel que mius amés, mais le nostre raions;
Et desci q'au tierç jor les trives creantons."
Li message respondent, "Et nos les afions."
Congié prendent del roi, vont s'ent a esperons. 6375
Et li rois Godefrois mande ses compaignons,
Chevaliers et ribals — petit i ot garçons.
Li rois lor fait vestir bons hermins peliçons.
Li auquant ont bliaus, li plusor siglatons.
Tot portent en lor mains vergieles u bastons. 6380
Quant ribalt sont vestu molt ont beles façons.
Fierement se contienent, regars ont de lions.

184. Quant ribalt sont vestu molt furent bele jent,
N'avoient pas apris si rices vestement,
Noblement se contienent et vont molt fierement. *173b* 6385
Que chevalier que il sont .XX. mile et .V. cent.
Li rois Godefrois fu hom de grant escïent —
Tous les a fais passer devant Cornumarent
Et par devant Marbrin, qui ert fils Sucament,
Et revenir arriere par l'uis del pavement. 6390
.X. fois i sont passé trestot en .I. tenent
Et a cascune fois müent lor vestement.
Çou fu molt grans voisdie, ce saciés vraiement.
Cornumarans conselle a Marbrin coiement
Que nesuns des François ne l'ot ne ne l'entent: 6395
"Molt par a ci passé de chevaliers forment.
Je ne quidoie mie des .IIII. pars tant jent.
Bien se desfenderont vers les os d'orïent:
Encor sont .CC. mile par le mien escïent.
Molt par est Godefrois de fier contenement. 6400
Çou fust molt grande joie s'il creïst Tervagent —
A moillier li donasce le fille le Soldent,
Ja puis n'eüscent Franc vers nos desfendement.
C'or le tenisions dela le Pont d'Argent —
Ja mais ne revenroit s'aroit fait no talent, 6405
U il perdroit la teste sans nul racatement."
"Taisiés vos," dist Marbrins, "parlés plus belement! —
Car se François vos oient, molt ira malement:
Ja prendront a lor brans de nos deus vengement!"
Li rois a fait ribals desvestir errannment, 6410
Cascuns ra endossé son povre vestement.

La Chanson de Jérusalem 177

    Les maçües as cols revienent en present,
    Doi et doi vont ensanble molt orgellosement,
    Par devant les paiens tot ordeneement.
    Li rois tafurs i fu et Pieres ensement;   6415
    Cascuns porte une fauc dont li aciers resplent.
    Li ribalt regarderent les Turs hisdeusement,
    Les maçües lor hocent et resquignent[151] le dent.
    "Par Mahon," dist Marbrins, "fols est qui ces atent!
    Bien resanblent diable, hisdels sont durement: 6420
    Qui cist atainderont livrés ert a torment!
    Jo quit ço sont deable u luiton u serpent.
    Tot sont d'une sanblance, bien resanblent parent."
    Et dist Cornumarans, "Cist mangüent no gent!"
    Quant Marbrins l'entendi, si grans paors l'en prent   6425
    Que le cors et les menbres en a trestot sullent –
    Ne vausist illuec estre por tot l'or d'orïent.

185. Molt sont li Sarrasin por ribals esfreé;
    Marbrins a tel paor pres n'a le sens dervé.
    Li fiers Cornumarans a le roi apelé,   *173c*   6430
    Bauduïn de Rohais, Wistace le sené.
    "Segnor," dist li paiens, "par vostre loiauté,
    Serons nos por Raimon ambedui delivré?
    Por vo Deu vos prions, dites ent verité:
    De l'ocire u del vivre, qu'en avés en pensé?"   6435
    Dist li rois Godefrois, "Nos avons devisé:
    L'uns de vos ert rendus, si l'avons creanté."
    A iceste parole sont el palais monté.
    Li message paien Raimon ont amené,
    Al roi Godefroi l'ont maintenant presenté,   6440
    Puis ont Cornumaran requis[152] et demandé
    Et li rois lor rendi si l'a desprisoné.
    Quant il l'ot as paiens rendu et delivré,
    Bauduïns de Rohais l'a forment acolé.
    Molt li prie qu'il croie Jhesu de majesté –   6445
    Sa terre ravera et tote s'ireté.
    Et dist Cornumarans, "Ja n'ert par moi graé.
    Mius vauroie le cief avoir del bu sevré,
    U cascun de mes menbres de mon cors jus colpé,
    Que j'eüsse Mahom gerpi ne desfié!"   6450
    Li quens Bauduïns l'ot, de pitié a ploré.
    Cornumarans se drece, s'a congiet demandé
    [Et li rois Godefrois l'a a Diu commandé;   6452a
    D'illuecques au tierç jor ont trieves afié.   6452b

---

[151] *l. 6418.* resquignent *is written* resqignent, *with superscript* i *above* q.

[152] *l. 6441. MS:* C. repris et . *The context requires the reading* requis, *as given in* BCDEGT *and supported in* I.

Cornumarans monta, vait s'ent de la cité,]¹⁵³   6452c
                   Li rois et li doi frere l'ont grant piece guié.
                   Cornumarans les a au partir desfié –
                   Ja, ço dist, en sa vie n'erent de lui amé: 6455
                   Mar i aront fiance ne nule seürté,
                   Car ja n'amera Franc ne lor crestïenté.
                   Lors est departis d'els s'a le ceval hurté,
                   Et li .X. messagier en sont o lui alé.
                   Et li rois et si frere sont arriere torné.   6460
                   Ens el fons de la cartre ont Marbrin avalé;
                   A mangier et a boire ot a molt grant plenté.
                   Li rois et si baron ont grant joie mené
                   Del conte de Saint Gille que il ont recovré.
                   Tant l'ont sovent baignié et d'erbes meciné   6465
                   Qu'il l'ont de sa dolor gari et respassé.
                   Molt ont nostre Segnor graciïé et löé,
                   Mais de l'ost de Persie sont molt espöenté.
                   N'est mie de mervelle s'il en sont esfreé
                   Car si grans os ne fu – ce saciés par verté.   6470
                   Jerusalem gaitoient cascune nuit armé.
                   Ci le lairons or d'els, n'en sera plus parlé.
                   Tant a Cornumarans cevalciet et erré,
                   Il et si compaignon, que n'i ont demoré,
                   Et ont tant cevalciet, point et esperoné   *173d*   6475
                   Qu'a .X. liues de Rames ont l'empire encontré.
                   Tant fu grande li os a Soudan l'amiré
                   Que tout en sont couvert li pui et li regné
                   Et li val et li mont jonciet et aresté.
                   Puis que Dex ot Adam de la terre formé   6480
                   Et Evain sa moillier de sa coste jeté
                   Ne vit on si grant ost – ce dist on par verté.
                   Bien sont .C. et .L., que roi que amiré.
                   Par .XXX. fois .C. mil sont Sarrasin nonbré –
                   A tant les ot Califes et Canabels esmé.   6485

        186.   A dis liues de Rames fu l'os Soudans logie.
                   Des trés, des pavellons n'est hom qui nonbre en die:
                   .VII. liues et demie tient lor herbregerie.

---

¹⁵³ *ll. 6452a-c. The normal formulae of leave-taking suggest that Godefroy's reply to Cornumaran's request is lacking between l. 6452 and l. 6453. The agreement between BCDG and E makes it certain that ll. 6452a-c were in their common source.* Cornumarans *thus occurs as the first word of ll.6452, 6452c and 6454, and the scribes do full justice to the opportunities for eyeskip: A jumps three lines from l. 6452 to l. 6453; T jumps two lines from l. 6452 to l. 6452c; D jumps from l. 6452 to l. 6452b, which it emends, and then reinserts l. 6452a after l.6452c, only to omit l. 6453; and BCE jump from l. 6452c to l. 6455. For the greater part of the second half of the text, ll. 5448-9160, I is considerably abbreviated, with alterations to the lines as required, so its reduction here of ll. 6452-54 from six lines to two is entirely consistent with this practice. Text of C.*

La Chanson de Jérusalem

    Tos en est li païs et la terre vestie,
    Des pumels et des aigles la contree flanbie.   6490
    Li trés Soudan seoit par devers la berrie
    Devant une fontaine en une praerie:
    .III. liues environ la terre en resclarcie.
    Desor .I. faudestuef de l'uevre salatrie
    Se seoit l'amirals par molt grant segnorie,   6495
    Entor lui sont .C. roi de le loi paienie.
    Es vos Cornumaran poignant et sa maisnie,
    Descendus est a pié del destrier de Nubie,
    El pavellon entra s'a la presse partie
    Et vint devant Soudan, a ses piés s'umelie.   6500
    Ja li eüst le gambe et le cauce baisie
    Quant Canabels l'en drece, qui la teste ot florie.
    Corbadas voit son fil, Mahomet en mercie,
    Dist au rice Soudan, "Grans est vo segnorie!
    Bien est par tot le mont faite vo conmandie.   6505
    Il n'a home ens el siecle qui l'osast veer mie."
    Por Cornumaran fu li os molt esbaldie
    Et Mahons celebrés et l'ofrande enforcie.
    Quant la feste fu bien celebree et joïe,
    Cornumarans parla – bien fu la vois oïe.   6510
    "Par Mahon, amirals, ne lairai nel vos die,
    Tot sont ocis mi home et ma gens desconfie.
    Molt a en Jursalem grande chevalerie.
    Le jor que jo i ving lor fis une envaïe,
    Del val de Josaphas euc la proie acoillie.   6515
    Crestïen s'en issirent a bataille establie,
    Fierement nos reciurent et par grant estoltie:
    Mainte lance i fu fraite, mainte targe brisie.
    Pris fui et retenus – ne sai que plus en die.
    Et li rois Sucamans del destre bras n'a mie –   *174a*   6520
    Bauduïns li trença a l'espee forbie.
    Vers les cols as François ne valt arme .I. alie.
    Lor espees sont totes devant lor poins croisie.
    Quant li rois Godefrois a la soie sachie
    Et il fiert .I. des nos sor l'elme qui verdie,   6525
    Et lui et le ceval trence con rain d'olive:
    Si souef li taut l'arme que li cors n'en sent mie.
    Marbrins est en prison ens en la tor antie.[154]
    .I. lor conte presimes, Raimon de Saint Gillie –
    Por celui m'ont rendu, Marbrin ont en baillie,   6530
    Mais s'il ne croit en Deu molt ert corte sa vie."
    Quant li Soudans l'entent, tos li sans li formie;
    Mahomet en jura, qui il aore et prie,
    Que le matin sera la cités assegie
    Et se il ne le rendent errant ert assaillie.   6535

---

[154] *l. 6528. Before* antie *is an expunged* t.

Et dist Cornumarans, "Jo ai trive plevie
Desci que al tierç jor, ja ma fois n'ert mentie –
Miux vauroie estre ocis ma lois en fist falie.
Ains que ço viegne la, ert si lor lois baisie
Et li gens Godefroi de nostre ost esmaïe   6540
Qu'il se rendront a vos s'ert la cités saisie.
Prisons les enmenrons el regne de Persie,
Vostre terre deserte sera d'els raplenie
Et des oirs qui'n instront puplee et raengie.
No lois en ert montee et la lor avillie.   6545
Par la terre de France ira vo conmandie;
Et s'il i a celui qui vo conmant desdie
De maintenant li soit la teste roëgnie!"
"Par Mahon, bien a dit!" dist li rois de Nubie.
Ceste raison laisierent, la nuis est aproismie.   6550
Paien vont a lor tentes, grans fu lor taborie.
D'estives et de cors font tele melodie
Que pres de Jursalem en est la vois oïe.
Or aït Dex no gent, li fils sainte Marie,
Car se li secors targe, malement ert baillie.   6555

187. Molt fu grande la joie la nuit en l'ost menee.
Mainte lanterne i ot esprise et alumee,
Del fu qui reluist cler est la terre enflanbee,
De grandimes .X. liues en reluist la contree.
El demain par matin quant l'aube fu crevee   6560
Ont lor trés destendus, la vitaille ont torsee
Et lor harnas cargié et lor cose aprestee.
Li Soldans conmanda que l'os soit tote armee,
Desci es plains de Rames n'i ait faite arestee.
Lors s'arment Sarrasin sans nule demoree,   *174b*   6565
Plus de .XX. mile cors sonent a le menee,
Desci en Jursalem en est la vois alee:
Li gens nostre Segnor en fu molt esfreë[e].
Et li os de Persie est trestote aroutee –
.VII. liues environ en est terre puplee.   6570
Li Soudans cevalça par molt ruiste posnee
Desor le Maigremor a la teste estelee
Qui onques por mehaing n'ot la quise suee –
Plus cort puis et montaignes c'altres cevals fait pree.
Plus a les ongles dures que nule faus temprée.   6575
Bien corroit .XXX. liues tot d'une randonee
Et si porteroit bien de fer une caree.
Couvers fu li cevals d'une porpre roee.
La sele en est d'ivoire, a topaces ovree –
Mainte esmeraude i ot en basme seelee.   6580
Plus reluisoit la sele que lanterne enbrasee.
Molt fu grans l'amirals, l'entruelleüre ot lee –
Plus d'une grande palme i ot bien mesuree.

La Chanson de Jérusalem 181

    Devant son pis gisoit sa grans barbe mellee,
    Dusques vers son braiel blance con flors de pree.   6585
    Detriés par ses espaulles ot la cringne tornee,
    A botons jafarins trecie et galonee,
    Et ot d'un rice cercle sa teste coronee
    Qui valoit de fin or une mine conblee.
    Vestue ot l'amirals sa grant jupe fouree –   6590
    Ne sai que jo vos face de lui plus devisee
    Car ainc ne fu si bone veüe n'esgardee.
    Es desers d'Abilant fu faite et porpensee;
    Illuec l'ovra Pallas, o li Morghe la[155] fee.
    Li amirals tenoit une verge quaree,   6595
    Del plus fin or d'Arabe tote ert dedens crosee,
    A pieres prescieuses ert tote botonee.
    De lius en lius estoit pertruisie et trouee:
    Quant li vens s'i feroit par cascune baee
    Plus sonoit doucement que viiele atempree,   6600
    Et quant ele issoit fors et par aucune entree
    Ainc ne fu cans ne note ne vois n'i fust cantee
    Ne nule meoldie qui n'i soit orghenee.
    Si con Soudans cevalce est li mente jetee,
    Li basmes et li jons, li rose encoloree.   6605
    .C. et .L. roi de le gent desfaee
    Vont entor l'amiralt, cascuns traite l'espee,
    Que paiens n'i aproisme plus d'une arbalestree.
    A cascun pas li font Sarrasin enclinee.
    N'i a cel n'ait a lui sa creance adonee.   *174c*   6610
    Molt fu grande li os quant ele est aroutee,
    Par puis et par montaignes s'est tote aceminee,
    De l'un cief dusqu'a l'autre ot plus d'une jornee.
    Sonent cor et buisines et graille a le menee
    Que li mont en tentisent si respont li valee.   6615
    Des destriers auferrans est tels porre levee
    Que de Jerusalem en voit on la nuee:
    Li gens nostre Segnor en est molt esfreë[e].
    Ço n'est pas grans mervelle s'ele est espoëntee
    Car si grans os ne fu veüe n'esgardee.   6620
    Li amirals en a sa grant barbe juree
    Ja ne retornera s'ara France gastee
    Et la gent crestiiene prise et encaenee:
    Ki ne cerra Mahon la teste avra colpee –
    Mais, se Deu plaist, sa barbe en sera parjuree.   6625
    Se Dex garist les princes de le terre salvee,
    Qui vers Jerusalem ont fait lor retornee –
    Ja ont le flun Jordain deça l'eve passee –
    Toute sera li os Soudan desbaretee
    Et la gens sarrasine confondue et matee.   6630

---

[155] *l. 6594. The scribe has corrected the* l *of* la *from* s.

Hui mais orés cançon de bien enluminee,
Onques por jogleor miudre ne fu cantee.

188. Li amirals cevalce od son empire grant.
.C. et .L. roi furent el cief devant
Qui conduisent lor dex, Mahon et Tervagent, 6635
Et le rice tresor a l'amiral Soudant.
Califes en apele Canebalt et Morgant
Et le viel amulaine, son frere l'amustant
Et Tort le fil Aresne et le roi Gloriant,
Calcatras l'aupatris des puis de Boccidant, 6640
Le roi de Caneloigne et son frere Rubant
Et le viel Aerofle, l'oncle Cornumarant,
Cernugle de Monnoigre et son frere Ataignant,
Aminadab de Rodes, Bondifer le tirant.
En se compaigne estoient li Mor de Moriant, 6645
Seong Oain le Gros des desers d'oriant,
Butor et Damemont, Masarie l'amudant,
Galafre et Esteflé, Corbon et Suspirant
Et Marmoire et Sanguin, Ysabras le gaiant,
Fabur et Maucöé, le frere Solimant. 6650
Avoec cels apela le roi Cornumarant.
"Segnor," ço dist Califes, "entendés mon sanblant.
Faites metre vos casses totes fors, jel conmant,
Les rices filatires de l'or arrabiant
Et le vaiselemente qui tant par est vaillant. *174d* 6655
.X. mil paien l'enporcent[156] a Jursalem avant –
Et vos a .C. mil Turs les alés porsivant!
Se François voient l'or, molt l'iront covoitant,
Por le prendre istront fors – et vos venrés poignant,
Les testes lor coupés illuec de maintenant!" 6660
"Par Mahon!" dist Gondris, "cis mos n'est pas d'enfant!
L'apostoiles Califes dist consel avenant."
Dont vont isnelement les cofres desfremant,
Le tresor et les pailes en vont li Turc traiant
Et les grans filatires de fin or reluisant. 6665
Entre lor bras les vont li Sarrasin portant
A grans porcessions et clerement cantant,
Li acopart aloient environ carolant:
Tot çou font par engien li cuvert souduiant.
.L. mile Turc, tot bon arcier traiant, 6670
Et autre .C. millier tot eslit et vaillant –
Il n'i avoit celui n'ait bon ceval corant
Et clavain et bon elme et espee trençant,
N'ait grant cane molue u plomee pendant –
Tot cil sivent de lonc le tresor l'amirant. 6675
Gonfanonier ont fait del roi Cornumarant,

---

[156] l. 6656. enporcent *is the Picard form of the present subjunctive.*

La Chanson de Jérusalem 183

     Cil fu sor Plantamor qui cort par desrubant.
     Par issi grant vertu va li Turs cevalçant
     Que les fers des estriers vait sos ses piés ploiant.
     Molt aloit son espiel par fierté paumoiant   6680
     Et le roi Godefroi, Bauduïn maneçant.
     Mais or lor aït Dex qui fist Eve et Adant:
     Se li rois et si honme issent ça fors al camp
     Tot ierent mort et pris, ja n'en aront garant:
     Mar voit on maint avoir que on va covoitant.   6685

189. Li amirals cevalce et ses ruistes barnés.
     Desci es plains de Rames n'en est uns arestés,
     Mais li tresors en est a Jursalem menés.
     Par devers Saint Estievene, qui por Deu fu tüés,
     A caillaus et a pieres ocis et lapidés,   6690
     Illuec est li tresors tos mis et assanblés.
     Juracop s'escrïerent, "Ça vo main! Carolés!"
     Li uns se prist a l'autre, dont fu li cans levés.
     Et li rois Godefrois est sor le mur montés,
     Bauduïns et Wistases et Raimons li menbrés   6695
     Et li rois des Tafurs et Pieres li barbés,
     Chevalier et ribaut – gent i avoit assés.
     Par devant sor le mur est cascuns acoutés.
     Li bons rois Godefrois les en a apielés:
     "Segnor," dist il a eus, "se vos plaist, entendés!   *175a* 6700
     Jou vos pri qu'il n'i ait .I. seul tant soit osés
     Ki de le cité isse por cose que veés.
     C'est engiens que Turc font de l'or – or esgardés!
     Li agais des paiens n'est gaires loing remés.
     Ne quierent mais que nos eüssent atrapés   6705
     Por prendre lor tresor de le cité jetés.
     Mais se Jhesus de glore nos avoit tant amés
     Qu'il peüst encore estre et pris et conquestés,
     Ingalment vos seroit departis et donés."
     Et François respondirent, "Sire, a vos volentés;   6710
     Ja por paor de mort n'ert nus de vos sevrés."
     Quant li rois les ot bien garnis et confortés,
     Sus en la Tor Davi en est tos seus montés
     Et voit paiens et Turs tendre loges et trés.
     Le païs et la terre voit couvert des armés.   6715
     Li rois reclama Deu, forment est dementés:
     "Dex," dist il, "sire pere, car vos prende pités
     De vo petite gent qui por vos sont remés
     Garandir vostre vile u vos cors fu penés
     Et le digne Sepucre u vos fustes posés.   6720
     Sire Dex, se vos plaist, onques ne consentés
     Que mais i soit Deables servis ne aorés.
     Et s'il est issi, Dex, que vos soufrir volés
     Que par les mescreans soit prise vo cités

Et vos pules i soit ocis et afolés, 6725
Dont vos pri jo, bels sire, que vos de çou m'öés,
Que tot premierement i soit mes ciés colpés –
Car mius voel estre ocis qu'en soie pris menés!
E! barnages de France, u estes vos alés?
En ceste estrange terre tot sol gerpi m'avés. 6730
Assés i sui jo seus encontre ces maufés.
En tel point me gerpistes ja mais ne me verrés.
Se pris est li Sepucres ne a honte livrés,
Molt en ert abaisie sainte crestïentés!"
Adont plora li rois s'a ses cevels tirés: 6735
Onques Dex ne fist home qui de mere soit nés,
Se il veïst le roi, ne l'en presist pités.

190. Quant li rois Godefrois ot finee se plainte,
A lui sol et a Deu a dit parole mainte.
Et voit l'ost des paiens dont sa terre est açainte: 6740
A Deu dist sa proiere, n'i ot parole fainte.
Et quant i l'ot finee sa bone espee a çainte,
Nue le trait del fuere, en son poing l'a estrainte.
"Espee," dist li rois, "encor vos verrai tainte
De sanc a Sarrasin dont la vie ert estainte. *175b* 6745
Ançois que jo i muire i ferai tele empainte,
Se Deu plaist et sa mere, dont l'arme sera sainte."

191. Quant li rois Godefrois ot finé sa raison,
S'espee mist el fuere quant ot dit s'orison,
Puis a levé sa main, si fist beneïçon. 6750
Les degrés avala contreval le donjon,
Venus est a sa gent qui sont en grant friçon.
Il li ont demandé, "Sire, quel le feron?
Se vos le conmandés por cel tresor iron."
"Segnor," ce dist li rois, "se vos[157] plaist non feron, 6755
Car engignier nos quident li Sarrasin felon:
Se nos issons la fors, ja mais n'i renterron.
Mais soions trestot coi et si les esgardon.
Se paien nos assalent tres bien nos desfendon
Et le bien et le mal ça dedens prenderon." 6760
Li rois tafurs l'entent si fronça le grenon,
Par maltalent en jure le cors saint Simeon
S'il ne l'en laist issir ja mais n'estra ses hom,
Et s'ira totes voies, u il voëlle u non,
S'il en devoit embler coiement a larron. 6765
"Qu'est ce?" dist il. "Deable! Sonmes nos en prison?
Aront nos Sarrasin çaiens en fremison?
Lor tresor nos aportent et prendre ne l'oson?
Se jou ai qui m'en croie tot le gaaigneron!

---

[157] l. 6755. *The scribe has corrected* vos *from* deu.

Nos savons tot de voir que d'une mort morron, 6770
Et celi por Jhesu conquerant le soufron
Que nos de devant Deu reproce n'en aion.
Issons nos ent la fors, de par saint Lazaron!
U tot mort u tot pris – onques el n'en faison!
Car se jou ai ceval qui me port de randon, 6775
Soudan irai ocire dedens son pavellon.
Moi ne calt se jo muir puis qu'arai fait mon bon!"
Ribalt sont escrïé, "Et nos tot vos sivron!
Ja por paor de mort, certes, ne vos fauron!
Miux volons estre ocis que nos vos i perdon!" 6780
Dist li rois Godefrois, "Or parlés par raison.
Les trives sont encore, si seroit traïson."
Que que tafur menoient lor noise et lor tençon,
Es vos Cornumaran broçant a esperon.
.C.M. sont o lui, que Turc que Esclabon. 6785
Dusqu'encontre no gent vient poignant de randon,
A haute vois s'escrie, "Les trives vos rendon!
Tot serés mort u pris se n'aorés Mahon.
Mener vos en ferai en grant caitivison
Et Soudans fera pendre vostre hermite Pieron; *175c* 6790
Ja nus sels n'en venra de vos a raençon!"
Dist li rois Godefrois, "Se Deu plaist si feron!"
A haute vois s'escrie, "Or as cevals, baron!
Mais jo vos proi por Deu que pas nes encauçon."
Le maistre cor sona de Saint Gille Raimon. 6795

192. Dans Raimons de Sainte Gille le maistre cor sona,
Li gens nostre Segnor molt tost s'aparella.
Dans Pieres li hermites Godefroi apiela,
"Sire, por vostre amor serai jo armés ja."
Isnelement et tost son auberc endossa 6800
Et li rois Godefrois son elme li laça,
Mais ains cauces de fer l'ermites n'i calça.
A son flanc senestrir .I. brant d'acier çaint a,
.I. ceval li amainent et Pieres i monta
Et li quens Bauduïns son escu li puira 6805
Et ses frere Eüstaces se lance li bailla.
Pieres le sent legiere, a terre le jeta.
Une grant perce a prise, par devant l'aguisa
Puis prist .I. fer trençant, en l'agut l'esteça –
Le mort Deu a juré c'altre ne portera. 6810
Quant Pieres fu armés fiere contenance a,
Par issi grant vertu el ceval s'afiça
Que li estrier rompirent et la sele quassa.
"Dex!" dist li rois tafurs, "quel chevalier ci a.

186 La Chanson de Jérusalem

  Bien a passé .C. ans sor ceval ne[158] monta   6815
  Ne ne vesti hauberc, de lance ne josta.
  Ja des armes porter bien ne s'en aidera."
  Et Pieres a juré le mort que si fera;
  Se il ataint paiens tant en trebuçera
  Que li rices Soudans s'en esmervellera.   6820
  Pieres est descendus, son ceval rensiela
  Et li rois Godefrois[159] doucement li aida.
  Quant Pieres fu montés, de sa main se saina,
  A hautes vois s'escrie, "Par Deu, ore i parra,
  Ki de ceste bataille tot le pris avera,   6825
  Molt pora dolans estre qui li pire en sera!"
  Al retorner arriere dist qu'il l'en gabera.
  Molt s'afice dans Pieres que il s'esprovera;
  Se ses cevals ne ciet Cornumaran prendra –
  Mais se Dex nel secort ja n'en retornera.   6830

193. De Jursalem issi li rois et sa maisnie,
  A .CC. chevaliers a le cité baillie.
  Tant con cevals puet corre a plain cors d'escoillie
  Se vont ferir es Turs, nes espargnierent mie.
  La oïssiés tel noise de la gent paienie,   *175d*   6835
  De lances et d'espees si grant carpenterie
  Que .II. loëes grans a on le noise oïe.
  Dans Pieres li hermites a le barbe florie
  Sist sor .I bon destrier, des esperons l'aigrie.
  L'escu prist as enarmes s'a le perce brandie –   6840
  Par le mien escïentre ja i ara folie.
  Al movoir que il fist est sa perce guencie
  Car ne le sot porter encontremont drecie.
  Il le prist a .II. mains si l'a jus rabaisie,
  Par devant son arçon l'a en travers coucie.   6845
  Le destrier desos lui as esperons aigrie,
  Et li cevals s'en vait par molt grant arramie,
  Vers le tresor l'emporte li destriers de Nubie.
  Or l'ait Dex en sa garde, li fils sainte Marie.
  Paien li vont devant – qui li cors Deu maldie! –   6850
  Et Pieres al ceval les esperons en guie,
  Quan qu'il consiut des Turs abat a une hie.
  Li perce estoit molt fors, n'est mie tost brisie,
  .V.C. en craventa ains qu'ele fust croissie.
  Cil del tresor s'en fuient amont vers la berrie   6855
  Et Pieres les encauce – or penst Dex de sa vie!
  En mi la gregnor presse est li perce froissie,

---

[158] *l. 6815. MS: ce. nen m., with* nen *written as* ne *with a titulus over the* e. *The use of the unstressed form* nen *before a consonant would be exceptional here; all the variant manuscripts present all give* ne, *and it is likely that the scribe has added a titulus in error.*

[159] *l. 6822. The scribe has corrected the* g *of* godefrois *from* d.

La Chanson de Jérusalem   187

    Son destrier li ont mort la pute gens haïe.
    Quant Pieres fu a terre de maltalent rogie,
    Isnelement et tost a l'espee sacie,   6860
    Le targe que il porte a ens el camp jetie,
    A .II. mains fiert grant coup de l'espee forbie.
    Bien se desfent l'ermites, mais n'ara point d'aïe
    Car loins[160] est de no gent pres de demie lie.
    Molt est Pieres enclos de le gent de Persie.   6865

194. Se Pieres fu dolans nus n'en doit mervellier.
    Quant se sent entreclos de la gent l'Avresier
    Ainc por paor de mort ne se valt esmaier,
    A .II. mains fiert grans cols de l'espee d'acier.
    A .I. perron qu'il vit s'est alés aproismier,   6870
    Par devant se desfent, mais n'a garde derier.
    Ki la veïst Pieron Sarrasins detrenchier,
    L'un mort deseure l'autre abatre et trebucier,
    Por nient rameneüst nul mellor chevalier.
    Et paien l'asaillirent: bien furent doi millier,   6875
    Mais n'i ot si hardi qui l'osast aproismier.
    Quant il voient l'ermite si lor gent damagier,
    Ariere se sont trait li felon losengier,
    Car Pieron redouterent qui le corage ot fier,
    Ki ausi les esgarde con ses vausist mengier.   *176a* 6880
    Or dirai de no gent – Dex puist Pieron aidier! –
    Qui sont ens en l'estor miravellos et fier.
    Del[161] caple des espees, del cri et del noisier
    Font sos lor piés la terre croller et formoier.
    La veïssiés le roi Godefroi bien aidier,   6885
    Ses freres et les autres as brans les rens cerkier:
    Au ferir des espees sanblent bien chevalier.
    U Turc wellent u non lor font le camp widier,
    Ferant les ont menés le trait d'un arc manier,
    Dusc'outre le tresor nes finent de chacier,   6890
    Mais onques .I. sol point n'en vaurent maniier.
    Quant voient[162] Sarrasin ne s'en vaurent cargier,
    Lor ensegne escrïerent, si tornent li arcier.
    La veïssiés saietes d'ars turçois descocier,
    Molt angoissent no gent del traire et del lancier,   6895
    Nes puet garir haubers ne escus de quartier
    Ne lor facent les flans et les costes segnier.
    A icel poigneïs i ont ocis Gautier,

---

[160] *l. 6864. MS:* C. pres e. *A scribal slip: the sense requires* loins, *as given in all the variant manuscripts.*

[161] *l. 6883. MS:* Des ca. *A scribal slip.*

[162] *l. 6892. The scribe has corrected* voient *from* vient.

Godescal et Simon et d'Estampes[163] Rogier
Et Acart de Monmerle et Raoul de Pevier   6900
Et Guion d'Aubefort et son frere Renier:
Molt i ot de no gent illuec grant destorbier.
Quant li rois voit ses homes illuec amenuisier,
De maltalent et d'ire quide vis enragier.
"Jursalem!" escria. "Or avant, chevalier!   6905
Cascuns penst de sa vie et de lui calengier!"
Dont oïssiés le noise et le cri enforcier.[164]
Qui il fiert de l'espee sor son elme vergier
Tot le vait porfendant enfresci qu'el cervier.
Si frere et tot li autre sont del ferir manier;   6910
En sanc et en cervele fisent lor brans soillier.

195. Molt fu fiers li estors et ruiste[165] la bataille.
Es vos le roi tafur, avoec lui sa pietaille;
Cascuns porte maçue, hace u cotel qui taille.
Molt durement i fiert sor Turs li ribaudaille,   6915
Il lor trencent les cuers et traient la coraille.
Turc traient plus menu que vens ne maine palle
Et li rois des Tafurs fierement se travaille,
De le fauç aceree lor fait[166] une esparpaille,
Qui il ataint a coup n'a soing que il b[a]aille.[167]   6920
Ausi le fuient Turc conme leu brebisaille,
Ainc n'i ot si hardi qui contre lui i aille;
Ne l'atendist li miudres por tote Cornuaille.
Cornumarans apele l'amiralt de l'Escaille,
"Par Mahomet mon Deu, ne quit que rien nos vaille   *176b*   6925
Car ci nos sont venu ne sai quele frapaille
Qui ocïent nos homes et font grant deseplaille.
Çou est de cels d'infer aucune diablaille!"
Quant li amirals l'ot s'enbronce la ventaille,

---

[163] *l. 6899. The scribe has corrected the* p *of* Estampes *from an ascender.*

[164] *l. 6907. The transition from l. 6907 to l. 6908 is rather abrupt, with the* il *of l. 6908 referring not to an antecedent in l. 6907 but to* li rois *in l. 6903. Although the reading of ACD can be justified as it stands, there is the possibility that the additional lines in BEGHI were omitted from the exemplar of ACD and perhaps T by eyeskip from the* dont *of l. 6907 to that of l. 6907b.*

[165] *l. 6912. The* e *of* ruiste *has been added in a contemporary hand in light blue ink; cf. l. 5827.*

[166] *l. 6919. The scribe has written a titulus over the* i *of* fait.

[167] *l. 6920. MS:* Quan qu'i. a. a c. n'a s. q. i. baille. *The first word of the line was originally written as* quant, *but the scribe corrected this to* quanqu *and may then have written* baille *for* baaille *in an attempt to make sense of the line. The context, metre and rhyme indicate that the last word should be* baaille, *as given in BET, which in turn suggests that the first word should be* qui, *as given in all the variant manuscripts. The last word is* bataille *in C,* s'en aille *in D.*

La Chanson de Jérusalem 189

    De la paor qu'il ot trestos s'en escoraille.   6930
    "Par Mahomet," dist il, "jo sai de voir sans faille,
    Tot serons desconfit ens en le definaille.
    Mal nos est encontré a ceste conmençaille!"

196. Quant Cornumarans voit li ribalt sont venu,
    Il escria, "Damas!" et trait le brant tot nu.   6935
    Plantamor point et broce qui randone menu,
    Avoec lui esperonent .XX.M. mescreü,
    Sor les ribaus sont tot a esperon venu.
    La ot mainte saiete d'arc turçois [d]estendu;[168]
    Molt en i ot d'ocis, car d'armes erent nu.   6940
    Ja fuisent li ribalt et mort et confondu,
    Mais li quens Bauduïns les a bien secoru.
    La ot maint colp d'espee sor Sarrasins feru
    Et maint pié et maint poing, mainte teste tolu:
    Des mors et des navrés sont tot li camp vestu.   6945
    Li rois Godefrois tint le brant d'acier molu,
    Des esperons a or a brociet Capalu,
    Cornumaran encontre, grant colp l'en a feru
    Amont par mi son elme qu'il ot a or batu –
    Les pieres et les flors en a jus abatu.   6950
    Li espee guenci qui descent par vertu
    Devers senestre part tot contreval l'escu.
    Tout colpa outre en oltre quan qu'en a conseü,
    S'il l'eüst bien ataint tot l'eüst porfendu.
    Quant Cornumarans ot Godefroi coneü,   6955
    N'atendist l'autre colp por le tresor Cahu,
    Outre s'en vait poignant a plain cors estendu.
    Et li rois Godefrois vait ferir Malargu –
    Niés estoit l'algolant et fils l'amireü.
    En .II. moitiés le coupe en travers par le bu.   6960
    L'une moitié enporte son bon destrier gernu,
    Desci qu'a l'ost Soudan ne sera retenu.
    De cel coup furent molt Sarrasin esperdu,
    En fuies sont torné li culvert mescreü;
    Cist ne seront hui mais en bataille veü   6965
    Ne por poindre aprés eus ataint ne conseü.
    Et li rois s'en repaire car le camp a vencu,
    Mais de tot[169] le tresor n'ont .I. sol point meü,
    De dant Pieron l'ermite sont forment irascu –
    "He, las!" ce dist li rois, "quel perte ai receü!   *176c* 6970

---

[168] *l. 6939. MS:* s. dart t. estendu. *No meaning of* estendre *to fit this context is given in Tobler-Lommatzsch or Godefroy. If* dart *be seen as a misreading of* d'arc, *which is likely in view of the scribe's tendency to confuse* c *and* t, destendu *is then a necessary correction of* estendu. *All the variant manuscripts give both* d'arc *and* destendu *except H, the fifteenth-century version, which lacks* d'arc *and gives the last word as* descendu.

[169] *l. 6968. The scribe has written a titulus over the* o *of* tot, *as also in l. 6985.*

Ja mais ne serai liés quant Pieron ai perdu!"

197. Dedens Jerusalem fu grans li dels menés:
Por dant Pieron l'ermite en i ot .M. pasmés
Et li rois des Tafurs s'est forment dementés.
Sovent se clainme las, caitis maleürés. 6975
Mais li rois Godefrois les a reconfortés:
"Segnor, por amor Deu, or ne vos dementés!
Il puet molt estre liés s'il est por Deu finés.
Une rien vos dirai a tous, si l'escoutés –
Ke por tant con jo vive n'ert prise[170] la cités. 6980
Certes mius ameroie a estre desmenbrés
Que mais i fust Deables servis ne honorés.
Bone creance aiés, Dex ert vos avoués:
Se il vos velt aidier ja mar vos douterés!"
Quant li rois les ot bien del tot[171] asseürés, 6985
Son frere Wistase apele: "De l'eve me calfés! –
Ne puis oster m'espee si m'est li poins enflés."
"Sire," ço dist Wistases, "si con vos conmandés."
Tant fu li mains le roi et ses poins caldumés
Que a molt grande paine li est li brans ostés. 6990
Puis conmanda Wistace, "A .VII.M. d'armés
Soit la cités gaitie!" Cis dis fu creantés.
Ci lairai de no gent que Dex a molt amés,
Si dirai de Pieron qui estoit adossés
A une roce bise[172] u il s'ert acostés. 6995
De Turs et de Persans i fu molt apressés,
As ars turçois de cor estoit sovent bersés;
Mais Jhesu le gardoit – n'ert mie encor navrés.
Es vos Cornumaran poignant tos abrievés.
A haute vois escrie, "Viellart, ne le durrés! 7000
Je vos ferrai el[173] cors se vos ne vos gardés!
De cest fausart trençant, que vos ici veés,
Averés ja perciés les flans et les costés!
Rendés vos orendroit u aparmain morrés!
Le Soudan vos rendrai par les grenons mellés!" 7005
Et dist Pieres l'ermites, "Se Deu plaist, non ferés!
Ançois que m'aiés pris molt cier le comperrés.
Preus serés et hardis s'orendroit m'atendés!"
Il est saillis avant, s'a le brant entesés,
Cornumaran cort sore ausi con fust dervés, 7010
[Ja ferist de l'espee dont li puins est dorés. 7010a

---

[170] l. 6980. *The scribe has corrected* prise *from* vif.

[171] l. 6985. *The scribe has written a titulus over the* o *of* tot, *as also in l. 6968.*

[172] l. 6995. *The scribe has corrected the* b *of* bise *from* p.

[173] l. 7001. MS: f. es c. *A scribal slip.*

La Chanson de Jérusalem 191

    Cornumarans le voit, mout en est aïrés,][174]   7010b
    Le fausart li lança dont li fers est quarrés,
    Pieron l'ermite fiert ens el senestre lés,
    Tres par mi le wibu li est outre passés,
    Par vertu l'a empaint, l'ermites est versés.
    Cornumarans s'escrie, "Cel viellart me prendés!"   *176d* 7015
    Sarrasin le saisirent, de .C. par fu coubrés,
    Les poins li ont loiés et les .II. iex bendés,
    Sor .I. ceval le lievent, a l'ost est retornés,
    Au maistre tref roial est Soudan presentés.
    L'amirals conmanda que tost fust desarmés,   7020
    Si fu il maintenant et ses elmes ostés.
    Molt estoit li hermites grans et gros et quarés,
    Le barbe ot longe et dure, les grenons grans et lés
    Et la teste locue, les cevels enmellés,
    Quar il avoit .I. an que il ne fu lavés   7025
    A eve n'a lissive, ne baigniés ne pinés.
    Tos estoit ses visages tains et enmaillentés,
    Grant ot l'entruelleüre et si ot haut le nés.
    Plus fu fiers li hermites que lions enbrasés.
    Pieres estraint les dens s'a les sorcils levés,   7030
    Molt a les aumaçors et les rois esgardés.
    Il rebrace ses mains, .IIII. fois s'est mollés.
    Il saisi le mulaine quant il li est ostés.
    Canabels li escrie, "Amis, tos cois estés!
    Ja serés detrenciés se mais vos removés!"   7035
    Li Soudans li demande, "Amis, dont estes nés
    Et quels est vos linages et vostre parentés?
    Dites moi qui vos estes, gardés nel me celés."
    "Sire," ço dist l'ermites, "tot le voir en orés."

198. Li amirals Soudans en apiela Pieron,   7040
    "Dites[175] moi, bels amis, conment avés vos non?"
    "Sire," dist li hermites, "ja nel vos celeron:
    Deça mer et dela Pieron m'apele[176] on.
    En Hermine fui nés et si ai ma maison."
    Ains que Pieres eüst finee se raison   7045
    Li covint a pasmer en mi le pavellon.
    Quant l'amirals le voit s'apela Lucion –

---

[174] *l. 7010a-b. The subject of* cort *in l. 7010 is Peter the Hermit, whereas the subject of* lança *in l. 7011 is Cornumaran, and a passage is clearly lacking between the two lines. This is another example of eyeskip with the name of Cornumaran, as in ll. 6452a-b, only on this occasion the error seems to have occurred in the common source of all the manuscripts, as can be seen in the different ways in which CG, D, EH, I and T fill the gap, while B, like A, has not made any attempt to do so. Text of G.*

[175] *l. 7041. The scribe has corrected the* t *of* dites *from* d.

[176] *l. 7043. The scribe has corrected* m'apele *from* l'apele.

C'ert li plus sages mires c'onques veïst nus hom.
"Or tost," dist[177] li Soudans, "faites une puison.
Garisiés moi cest Franc sans grant demorison!" 7050
Cil desfrema .I. cofre s'en trait marabiton –
C'est une saintime herbe de l'argut Simeon,
Qui jeta les .VII. sages del cartor en prison.
Puis que Pieres en ot trespassé le menton,
Li sana sa grans plaie dont parut li polmon: 7055
Plus fu sains enesleure qu'espreviers ne faucon.
Sor .I. bufet d'ivoire, dont d'or sont li limon,
Le fist seoir Soudans encoste Rubion
Et de l'autre partie rova seïr Tahon.
Corsubles sist a terre et l'aupatris Mabon *177a* 7060
Et li amireüs, l'amustans et Noiron,
Et li rice amulaine sist desor .I. tolon
Qui tos ert de fin or de l'uevre Salemon,
Et li autre roi sisent encoste et environ.
De jonc et de mentastre ot ens el tref fuison 7065
Et de flors d'aiglentier molt douce flairison,
Li basmes et l'encens est espars sor le son,
Trente cierge embrasé ardent devant Mahon.
.C. et .L. roi persant et esclavon
Sieent aval le tref, tot esgardent Pieron, 7070
Son cors et son sanblant, son vis et sa façon,
Et dist li uns a l'autre, "Molt sanble cis felon.
C'est de cels qui mangüent no gent sor le carbon!
Plus a trençans les dens qu'alesne ne ponçon.
Voiés con il roëlle et fronçist le grenon: 7075
Bien resamble avresier et del regart dragon!
N'avoit ore en cest tref solement se lui non
Plus tost avroit .I. Turc lanciet en son guiton[178]
Que n'averoit uns leus le quartier d'un mouton!"
Molt furent por l'ermite Sarrasin en friçon – 7080
Des Turs et des paiens ot grant esgardison.

199. Quant Pieres li hermites voit paiens murmurer,
Molt se crient et redoute qu'il nel wellent tuer.
Il rebrace ses mains si vait .I. roi coubrer:
Tel coup li a doné par mi le glandeler 7085
Que tot li a rompu le maistre os moieler,
Devant les piés Soudan le fait mort craventer.
Paien li courent sore, Sarrasin et Escler,
As espees d'acier le vaurent decoler
Quant l'amirals Soudans conmença a jurer 7090

---

[177] l. 7049. *The scribe has corrected the* d *of* dist *from* l.

[178] l. 7078. guiton, *given in B as well as in A, is corrected in Tobler-Lommatzsch to* guitron, *the form found in CDET.*

La Chanson de Jérusalem 193

    "Mar i avra celui qui ja l'ost adeser!"
    Li Soudans le fait prendre et devant lui mener,
    En romans conmença Pieron a demander
    S'il voloit Mahomet servir et aorer
    Et le loi crestiiene gerpir[179] et adoser.   7095
    "Pieres, se tu le fais, Damas te wel doner,
    Puis venras avoec moi por France conquester.
    Toute ceste grant ost averas a guier.
    A cest premier passage en irons oltre mer:
    Por Crestïens destruire vaurai oltre passer.   7100
    A Ais a la Chapele te ferai coroner!"
    Quant Pieres l'entendi le cief prist a croller
    Et dist a l'amiral, "Bien le wel creanter,
    Mais vostre loi me faites ensegnier ne mostrer.
    Se ele me conteke ja m'i verrés torner."   *177b*   7105
    "Par Mahon," dist Soudans, "jentius estes et ber.
    De nul afaitement n'a en vos qu'amender."
    "Voire," ce dist l'ermites, "se vos m'oiés parler,
    Quant jo siec sor mon asne molt sai bien sermoner.
    Ja n'i estuet calife en liu de moi mander.   7110
    Quant li Soudans l'entent, Pieron[180] prist a cliner
    Et dist as Sarrasins, "Cestui woel jou amer.
    Alés tost si me faites Mahomet aporter,
    Si mosterrai Pieron le deu qui peut sauver,
    Savoir s'il se poroit ja vers lui acorder."   7115
    "Oïl," ço dist dans Pieres, "s'il me velt escouter.
    Ains qu'il de moi departe le quit faire plorer."

200. Mahons fu aportés ens el tref l'amiral.
    De l'or qui i reluist, des pieres de cristal
    Esclarcist tos li trés del pavellon roial.   7120
    Devant lui sont espris plus de .M. estaval.
    Dans Pieres l'enclina, mais il pensoit tot al.
    Aprés ont aporté .I. grant tor de metal.
    Uns Sarrasins i entre[181] qui fait grant batestal
    Et Pieres le rencline – mais tot ço tient a mal.   7125
    Souef reclainme Deu le pere esperital
    Qu'il encor le delivre de le gent creminal.
    Soudans li fist offrir .I. cor yvorial
    Et un ceptre d'or fin u il ot .I. coral

---

[179] *l. 7095. The scribe wrote* ser, *probably for* servir, *before correcting it to* gerpir *by expunging* se *and changing* r *to* g.

[180] *l. 7111. MS:* l'e. Mahon p. *The error is common to AC; the reading of T may represent an independent correction. BEG give* Pieron; *the line is lacking in DHI.*

[181] *l. 7124. MS:* i estre q. *The form* estre *is perhaps to be explained by the scribe writing* est *and then adding the ending for* entre *without correcting* s *by* n; entre *is the reading of all the variant manuscripts except E, which gives* le soune *for* i entre.

Et une rice coup qui fut faite a esmal. 7130
Sarrasin en font joie, grans tresces et grant bal,
Molt ont offers bezans et ciers pailes roial.
Pieron font confremer a le loi Marragal,
A reculons l'enmainent desci al portoral,
Le tor li fist hurter desos le mentonal. 7135
Molt grant joie en demaine Soudans et Corbadal.

201. Quant Pieres li hermites ot Mahon aoré
Et a le loi paiene l'orent Turc confremé,
Toute sa conmandie li a Soudans doné.
Desor .I. faudestuef l'a joste lui posé, 7140
De cels de Jursalem li a molt demandé
Et del roi Godefroi que il ont coroné,
Se il fiert si d'espee con on li a conté.
"Oïl," ce dist dans Pieres, "ce vos di par verté,
Qu'il coupe bien par mi .I. Sarrasin armé. 7145
Encontre ses grans cols n'a paiens poësté
Et tant par est hardis ne crient roi n'amiré.
Molt plus que jo ne di est plains de grant bonté."
Atant es Sucaman que on a amené,
Ki n'ot mie del brac ne del destre costé. *177c* 7150
Aprés vint li cevals s'a le Turc aporté
Que li dus Godefrois avoit par mi coupé –
Li sele et li arçon sont tot ensanglenté.
Sucamans voit Soudan, merci li a crïé.
"Di va!" fait l'amirals,"Qui t'a si conreé?" 7155
"Par Mahon," dist il, "sire, li François desfaé,
Bauduïns de Rohais a son brant aceré,
Que li Viels des Montaignes a se fille doné.
Frere est a Godefroi qui tant nos a pené
Et nostre loi destruite et Mahon vergondé. 7160
Vois con il a cest roi feru et assené:
Autresi le coupa con .I. rosel pelé.
Et mon fil enmenerent si l'ont enprisoné,
Ens en le Tor Davi mis et encaané.
Mais par cele grant foi que jo vos ai porté, 7165
Se ne m'en faites droit ja m'averai tüé."
Quant Soudans l'entendi, forment l'en a pesé.
Mahomes Gomelin en a forment juré
Que s'il ens el demain ne rendent la cité
Ja mais n'ierent de mort garandi ne tensé: 7170
"Escorcier les ferai et tos ardoir en ré.
De tot l'or qui'st el mont ne seront racaté!"
Un latinier a tost li Soudans apielé
Et Pieres li hermites li a forment löé
En Jursalem envoit, s'ait Godefroi mandé 7175
Qu'il viegne tost a lui – gart n'i ait demoré.

La Chanson de Jérusalem 195

      A le loi paienime ara le cief tousé.
      Quant il avra son Deu gerpi et desfié
      Son oir fera de lui s'avera s'ireté,
      Car ja n'ara secors de la crestïenté –   7180
      Bien a .I. mois et plus qu'il a le mer passé.
      Et se il ço ne fait, sace par verité
      A ors et a lions ert son cors devouré.

202. Quant l'amirals Soudans ot cargié son mesage,
      Li Turc li consellierent, qui furent li plus sage,   7185
      Qu'il li face mener le blanc destrier d'Arrage,
      Couvert d'un rice paile de l'uevre de Cartage,
      La sele l'amulaine u d'or a mainte ymage –
      A esmals i sont fait oisel, poison marage.
      Molt [est][182] li sele rice de bone oevre salvage –   7190
      Onques hom n'ala tant par terre[183] ne par nage,
      A camp ne en maison, par mer ne par boscage
      C'onques veïst si bone, tant alast en voiage.
      "Amirals," dist Califes, "et s'envoiés vo targe.
      Rices est l'escarboncle qui est el halt estage.   *177d*   7195
      François sont covoitos forment en lor corage:
      Se il par covoitise i tornent lor visage,
      Dont porés bien savoir poi vaura lor banage.
      S'il vienent en estor il i avront damage,
      Car qui est covoitos sovent en a hontage."   7200
      "Par Mahon," dist Soudan, "ci a consel molt sage."
      Isnelement manda son blanc destrier d'Arage,
      Bien le fist acesmer al roi Marin l'Aigage.

203. Li amirals fist bien conreer le destrier.
      N'i ot ne frain ne sele ne soit tot fait d'or mier,   7205
      Tot sont d'escheles d'or portendi li estrier,
      Mainte esmeraude i ot et maint topase cier.
      Li poitrals del ceval fist forment a prisier;
      N'a si rice home en France quel peüst esligier,
      Car venins ne pot home qui le[184] port entoschier.   7210
      Plus fu blans li cevals que nois c'on voit negier
      Et la teste avoit rouge con carbons en brasier.
      D'un vermel siglaton ovré a eskekier
      Fu covers li cevals, menu l'ont fait trencier:
      Le blanc par mi le roge veïssiés blançoier.   7215
      Li frains qu'il ot el cief vaut l'onor de Pevier:
      Poi est d'omes el mont nel deüst covoitier.

---

[182] *l. 7190. The omission of* est *is a scribal slip.*

[183] *l. 7191. MS:* ta. p. mer n. *The scribe has probably copied* mer *from the following line;* terre *is given in all the variant manuscripts.*

[184] *l. 7210.* le: *i.e.* le poitral *of l. 7208.*

Li amirals le fist al message baillier,
En Jursalem l'envoie por le roi essaier.
Par le més li manda bien se doit esmaier, 7220
C'as lions le fera devourer et mangier
Et ambes .II. ses freres trestos vis escorcier
S'il ne voelent lor Deu gerpir et renoier;
Et les autres caitis fera trestos loier,
Al bersail seront mis s'i trairont li archier. 7225
Li messages s'en torne, ne s'i valt atargier:
En sa main enporta le rain d'un olivier.
Le ceval maine en destre molt orgellos et fier,
Ainc jusqu'a Jursalem ne fina de brocier.
Li rois ert sor le mur, bien le voit cevalcier 7230
Et a dit a ses homes, "Vés la .I. messagier
Qui nos vient ça dedens jo ne sai coi nonchier.
Cil cevals qu'il amaine valt l'or de Monpellier.
Savés que jo vos woel conmander et proier,
Que ne prendés del sien valisant .I. denier. 7235
Mar i avra celui quil doive laidengier,
Car bien sai c'on envoie nostre afaire espiier."
"Sire, bien le ferons," dïent li chevalier.
Li més vient a le porte si conmence a hucier,
Et li rois Godefrois le fist dedens laisier. *178a* 7240
Trés devant le saint Temple ot .I. palais plenier,
La fisent le message mener et convoier,
A un anel ala son ceval atacier.
Et li rois Godefrois manda[185] son latimier,
Puis conmanda ses homes molt bien aparellier. 7245

204. Tres devant le saint Temple ot .I. palais vaillant,
Illuec ont amené le message persant.
Li rois Godefrois mande son latimier Morant,
Tot en sarrazinois parole al mescreant,
Aprés çou dist au roi le raison en romant – 7250
Nel dist pas coiement mais molt halt en oiant –
Que li rois Godefrois voist au rice Soudant,
Si croie Mahomet et aort Tervagant;
Et se il ço ne fait – ce sace a esciant –
A lions le fera devorer en manjant 7255
Et si frere seront ocis en escorçant
Et li autre trestot loiet en estranglant,
Al bersail seront mis s'i trairont li auquant:
"Car ja de l'ost de France, ce dist, n'arés garant.
Et de Pieron l'ermite a ja fait amirant. 7260
Et se vos a se loi volés estre apendant,
De vos fera son oir, si tenrés oriant."

---

[185] *l. 7244. The scribe has corrected* manda *from* saisi.

Dist li rois Godefrois, "Ne place Deu le grant
Que ja me relenquise en trestot mon vivant,
Ne de Jursalem rendre n'ai encor nul talant. 7265
Tant con puisse ferir de mon acerin brant
Miux voel perdre la teste que ja paiens s'en vant!"
Puis dist al latimier, "Dites que jo li mant,
Par droit doivent paien estre a Frans apendant
Del cavage des ciés et vers els respondant. 7270
Et se li mant tres bien, sel sai a esciant,
Que se Dex me garist, qui jo trai a garant,
Li verais justiciers en qui jo sui creant,
Ja ne finerai mais en trestot mon vivant:
Dusq'uel regne de Perse m'en irai conquerant, 7275
Dusqu'a Mieque le vielle ne lairai en estant
Tor ne palais de marbre ne voise craventant,
Et les grans candelabres devant Mahon ardant
Meterai el Sepucre u Dex fu suscitant,
Et Mahon Gomelin, en qui il sont creant, 7280
Liverrai as ribals qui'n feront lor talant –
Les bras et les costés li ierent peçoiant
Si en trairont les pieres et l'or arrabiant.
Et l'amiral meïsme, s'il ne laist Tervagant,
Jo li ferai forer les .II. iex par devant, 178b 7285
U le cief li taurai a m'espee trençant.
Jou nel pri ne ne l'aim le monte d'un bezant."
Tout ço que li rois dist et vait la devisant
A fait au messagier dire tot en oiant.
Atant es vos ses homes deus et deus ordenant, 7290
Ricement sont vestu, cascuns de bougherant.
Avoec sont li ribalt qui molt ont fier sanblant,
Par devant le message vont trestot trespassant,
Mais onques au ceval n'en ot .I. regardant.
Par .I. huis issent fors, la revienent avant, 7295
Autres dras ont vestus qui sont desconiscant.
Bien ont .X. fois passé trestot en .I. tenant.[186]
Aprés se vont ribalt des bliaus despoillant,
Vestent sacels et cinces qui tot vont desciant,
Portent grandes maçües, bien resanblent tirant. 7300
Le messagier regardent, molt le vont resquignant.
Et li rois des Tafurs vait les iex roëllant,
Sovent bee la goule, molt vait les dens croisant,

---

[186] *l. 7297. The parallel between the Ribaut changing their clothes here and on the earlier occasion for the benefit of Cornumaran and Marbrin, ll. 6391-92, suggests that the line given in C, D, BEGHT and I may have been in the common source of all the manuscripts, despite the variety of readings for the second hemistich:* Et a cascune fois muent lor vestement *BEGT. Since the line is not essential for the comprehension of the passage, however, it has not been introduced into the text.*

Volentiers le ferist par Deu le raemant
S'il osast por le roi a qui est apendant 7305
Et il ne fust messages al rice roi Soudant.
Quant le voit li messages de paor vait trenblant,
Ne vausist illuec estre por l'or de Bocidant.
Tel paor a de mort tos se vait detordant,
Li menbre et tos li cors li aloit defalant: 7310
Dont vausist estre au tref a l'amiral persant.

205. Grant paor a li Turs quant ribals a veü,
Ne vausist illuec estre por tot l'or qui ainc fu:
Ausi tranble ses cors con s'ait fievres eü,
Sovent roeve congié, dist, "Trop ai atendu." 7315
Ja s'en voloit fuïr, mais Raimons l'a tenu.
Quant li rois Godefrois voit le Turc esperdu,
Par devant lui a terre li a l'or espandu –
Plus de .XX.M. bezans tot aval le palu.
Li baron i passoient et sovent et menu. 7320
Li messages l'a bien esgardé et veü,
Bien a tot cel afaire en son cuer retenu,
Le Soudan le dira, s'il peut, por qui ço fu.
Li rois manda Marbrin, on l'amena tot mu,
Molt doucement li proie que il croie en Jhesu. 7325
Li paiens li respont, "Fol plait avés meü,
Car jo ne le feroie por le tresor Cahu,
Que gerpisse men Deu ne la soie vertu,
Tervagan n'Apollin por vo Deu malostru:
Ja ne querrai en Deu que gent aient perdu!" *178c* 7330
Quant li rois Godefrois a le Turc entendu
Ki ne velt croire en Deu, grant ire en a eü.
Ses armes li fist rendre, armé l'a et vestu.
Puis li fist li rois çaindre .I. brant d'acier molu,
Ens el cief li lacierent .I. bon vert elme agu, 7335
Puis li ont amené son auferrant gernu.
Marbrins i est montés, a son col son escu.
Li rois li fist baillier .I. roit espiel molu.
François s'en esmervellent, ne sevent por coi fu.
Bien quident por cel fait estre tot deceü, 7340
Mais ja verront le roi essaier sa vertu.
Ja ferra si grant colp, s'a plain est conseü,
C'ainc hom en tot ces[t] siecle[187] si grant ne vit feru:
Tout cil qui l'esgarderent en furent conmeü.
Li rois vest son hauberc qui fu mailliés menu, 7345
En son cief mist son elme qui fu roi Malagu –
N'ot si felon paien dusc'as Bosnes Artu.

---

[187] *l. 7343. MS:* t. ces si. *The scribe wrote a* t *following* ces *but then altered it to the* s *of* siecle.

La Chanson de Jérusalem   199

      Son brant d'acier demande et on li a rendu;
      Li bons dus Godefrois le trait del fuere nu,
      "Ahi," dist il, "espee, benoite soies tu!   7350
      Maint coup en ai doné et maint estor vencu,
      Maint Turc et maint Persant colpé par mi le bu.
      De vostre bon service vos rende Dex salu,
      Que ja aprés ma mort ne t'aient mescreü."
      A son col pent li rois son escu d'or batu,   7355
      Puis li ont amené son destrier Capalu.

206. Quant li rois Godefrois ot son cors adoubé,
      Capalu son destrier li a on amené.
      Li rois saut es arçons, qu'a estrier n'en sot gré,
      Mais onques n'i prist lance ne espiel noëlé,   7360
      Car s'il jostast a Turc ço li sanblast vilté,
      Devant Mont de Calvaire en sont trestot alé.
      Aprés le messagier ont son ceval mené,
      Molt par a grant paor de çou qu'a esgardé.
      En une grande place illuec sont aresté.   7365
      Es soliers, es bertesces sont li auquant monté
      Et li rois Godefrois a Marbrin apielé –
      "Amis, car croi Jhesu de sainte majesté,
      Si te fai batisier et tien crestïenté.
      Mes bons amis seras, s'aras grant ireté."   7370
      "Par Mahon," dist Marbrins, "ja ne sera pensé
      Que je croie en cel Deu c'on ait mort et tüé.
      Vés la Mont de Calvaire u son cors fu pené.
      Ja ne querrai Jhesu, n'a point de poësté!"
      "Ses or," ço dist li rois,"que jo ai en pensé: *178d* 7375
      Por çou que oiant moi avés Jhesu blasmé
      Ne te lairoie vivre tant qu'il fust avespré
      Por trestot l'or del mont, si t'ai coilli en hé.
      Mais grant avantage ai endroit toi esgardé,
      Que tant t'atenderai qu'aras a moi josté   7380
      Et de ton brant d'acier aprés grant coup doné.
      Se tu me pués ocire molt aras bien erré,
      Quitement t'en iras et tot a salveté.
      Et se tu ne m'ocis ne m'aies afolé,
      Un seul colp te donrai de mon brant aceré."   7385
      "Par Mahom," dist Marbrins, "jo l'otroi et sel gré."
      En sus se trait li Turs, s'a le ceval hurté,
      Par molt ruiste vertu l'a point et randoné
      Et a brandi l'espiel al fer trençant quaré,
      Fiert le roi Godefroi sor l'escu d'or listé.   7390
      Desor la bocle d'or l'a frait et eströé
      Et l'auberc jaseran rompu et dessafré,
      Son espiel li conduist dejoste le costé.
      Damedex le gari, n'en a mie navré:

Ainc ne gerpi estrier ne le resne nöé. 7395
"Par mon chief," dist li rois,"bien m'avés assené!
Or ferés l'autre coup, puis averés jüé."
Marbrins a trait l'espee, s'a le roi avisé,[188]
Grant colp l'en a feru par mi l'elme genmé
Mais ainc ne l'empira .I. denier moneé. 7400
Dist li rois Godefrois,"Vo giu avés finé;
Or ferrai jo le mien, jo vos ai renvïé.
Ja vengerai Jhesu c'oiant moi as blasmé!"
Mist le main a son brant, del fuere l'a jeté:
Quant l'espee fu traite molt rendi grant clarté 7405
Vers le Turc s'aproisma par molt ruiste fierté.
Li paiens s'est covers de son escu listé
Et li rois Godefrois a haut son brant levé,
Tant fort l'estraint et branle, le cors a tressüé,
En traiant a le brant contreval ravalé, 7410
Le Turc en a feru par si grant poësté,
Amont par mi l'escu molt l'a bien avisé,
Le fust trence et l'acier dont on l'avoit orlé,
L'elme li a fendu et tout esquartelé.
Li coife del hauberc n'i valt .I. oef pelé; 7415
Si vait bruiant l'espee que vens encontre oré,
Dusqu'en l'afeutreüre l'a fendu et coupé.
Çou fu molt grans miracle[189] que Dex i a mostré,
Car e[n] .II. moitiés trence le destrier sejorné.
Tout abat en .I. mont et a jus cravanté. *179a* 7420
Molt est bone l'espee, nen a point esgruné.
Adont sont Crestiien tot ensamble escrïé,
"Rois, benois soit li pere qui vos a engenré!"
Bauduïns et Wistases ont le roi acolé,
Le brac li ont baisié qu'il ot ensanglenté. 7425
En caut vin et en eve li ont le poing tempré,
Car del grant coup l'avoit blecié et estoné.
Quant on li ot le brac et le poing caldumé
En le piece d'un paile li ont envolepé,
En une mance grise li ont tout enfouré. 7430
Tant l'oignent d'onghement que tot l'ont respassé.
Desor .II. somiers ont le Sarrasin levé
Et son ceval ausi sor .II. autres cordé.
Li messages lor a et plevi et juré
Que il le rendera a Soudan l'amiré. 7435
De Jursalem s'en ist, es le vos arouté.
Molt demaine grant joie qu'il lor est escapé,
Que li ribaut ne l'ont mangiet et estranglé.

---

[188] *l. 7398. MS:* r. assené. *The sequence of events indicates that* assené *should be corrected to* avisé, *as given in BCDGT (and cf. ll. 9192-93). A is probably repeating the* assené *of l. 7396. The reading of E is an independent variant.*

[189] *l. 7418. The scribe has corrected the* c *of* miracle *from* b.

La Chanson de Jérusalem

207. Or s'en vait li messages s'a se voie tenue;
De la paor qu'il ot tos li cors li tresue. 7440
Devant le tref Soudan ert li place vestue
De Turs et de paiens, cele gent mescreüe.
Li Soudans i faisoit faucons traire de mue.
Atant es le message qui la presse a rompue:
Si con li soumier vont est sanglenté la rue. 7445
Li messages s'escrie, qui paor a eüe,
"Ahi, amirals sire, con grant descovenue
Vos a fait Godefrois qui ses Dex fait aiüe.
Cest ceval et cest Turc quant sa broigne ot vestue
Trença tot a .I. coup con .I. rain de cheüe 7450
Et François sont si fier, tels gens ne fu veüe:
Ainc a mon ceval prendre lor mains ne fu tendue,
Le fin or vi jeter devant moi par le rue,
Ausi passoient sus con desor herbe drue,
Ne prisent or n'argent plus que fer de karue. 7455
Une gens molt averse est o le roi venue,
Plus ont trençans les dens que n'est alesne agüe,
Cil mangüent les nos sans pevree molue.
Amirals, rices sire, nel tenés a falue:
Ainc tels cevalerie ne fu par iex veüe 7460
Con il a o le roi, ja n'ert par vos vencue!"
Quant l'entent li Soudans, tos li sans li remue.
Dans Pieres s'en a ris, a le barbe kenue.

208. Et dist li messagiers, "Amirals, rices sire,
Dedens Jerusalem a un si grant empire, *179b* 7465
Tant en vi a mes iex que n'en sai nonbre dire.
Bien vos mande li rois que en pois et en cire
Vos fera tous ardoir et en caudiere frire
Et a trestot le mains detrencier et ocire.
Bien quide vo grant ost mater et desconfire, 7470
Dusqu'a Mieke le vielle ne laira tor entire,
Les candelabres d'or aporter, ç'oï dire.
De tot vostre tresor fera le mius eslire.
Al Sepuce en vaura faire maint filatre."
Quant li Soudans l'entent, de maltalent sospire, 7475
A sa main prent sa barbe, estent et sace et tire;
Ançois qu'il le gerpisse en sont maint[190] poil a dire.
Puis resaisi se calce, qui tote estoit de Sire,
De l'un chief dusqu'a l'autre le desront et descire.
Pieres l'a esgardé si conmença a rire, 7480
Mais ço fu coiement sos son mantel de Sire.

209. Quant Soudans ot oï le message parler,
De maltalent et d'ire conmence a escumer.

---

[190] *l. 7477. The scribe has corrected the* t *of* maint *from a descender.*

Ainc paiens ne le vit nel convenist trenbler.
Pieron l'ermite fist en uns anels fremer, 7485
A .IIII. rois paiens le conmande a garder
Qu'il ne s'en puist de lui fuïr ne eschaper.
Trente cors buglerés fist l'amirals corner.
Dont veïssiés paiens fervestir et armer
Et saisir les espius et es cevals monter, 7490
Devant le tref Soudan venir et assanbler.
Le Sarrasin coupé prisent a esgarder
Et maudïent celui qui tel colp set doner.
Li amirals Soudans a fait son ban crïer:
Mar i lairont paien, Sarrasin ne Escler 7495
Ki puist lance ne dart ne saiete porter,
Car a Jerusalem les covient tous aler,
Le cité assaillir et le mur craventer.
"Ki Godefroi prendra gart se bien d'afoler,
Mais devant moi le face trestot vif amener, 7500
S'en ferai tel justice con sarai deviser."
Li roi paien ont fait lor escieles joster,
.C. et .L. furent, a tant les font nonbrer.
En cascune puet on .C. mile Turs esmer.
A .C.L. rois les fist Soldans[191] guier, 7505
Puis s'est assis as tables as eskés a jüer,
A le rice amulaine d'oltre la Rouge Mer.
Et li os cevalça, ainc ne fina d'esrer,
Dusqu'a Jerusalem ne vaurent arester,
La cité veïssiés par tout avironer. *179c* 7510
Dont oïssiés buisines et cors d'arain soner
Et ces felons paiens et glatir et hüer.
De la noise qu'il mainent font la terre trenbler,
Le cité et le mur et le Temple croller.
Or puist cels qui ens sont nostre Sire garder, 7515
Car ja aront assalt – ainc puis n'orent[192] son per.

210. Jerusalem assalent Sarrasin et Persant
Et li rois et si home se vont tot desfendant.
Molt ont mort et ocis de le gent mescreant:
Ki bien est conseüs il n'a de mort garant. 7520
Mais de le gent averse i avoit venu tant
Ke tot en sont covert li pui et li pendant:
C'ert vis a nos barons que trestot sont croissant.
Li assaus fu molt fiers et li cri furent grant.
Cil de Siglaie vont amont le mur rampant 7525
Et li autre assaloient et vont desos crosant,
A piçois et a höes le piere esquartelant,

---

[191] l. 7505. *The scribe has corrected* soldans *from* li rois.

[192] l. 7516. *The scribe has corrected the initial* n *of* n'orent *from* s.

En plus de .CC. lius vont le mur esfondrant.
Crestïen les ocïent et vont jus craventant,
Des glavies et des lances dedens le cors botant, 7530
Mais cil de Siglai vont tos tans amont rampant.
Ja fust la cités prise, par le mien esciant,
Quant li rois et si frere lor sont venu devant.
As espees d'acier en vont tant ociant
Que li fossés desous en vait trestos emplant. 7535
Cil de Siglai descendent et vont jus avalant,
De maltalent aloient conme cien glatisant,
Environ sos le mur coroient abaiant.
Quant n'i pueent entrer, d'ire vont escumant:
Li uns devouroit l'autre et aloit resquignant. 7540
D'autre part rasailloit li gens Cornumarant.
Fierement les escrie et aloit semonant
Et cil de l'assaillir se vont resvertuant,
Del mur ont abatu une lance tenant:
Ki ains ains, qui miux mius, aloient ens entrant. 7545
Es vos le roi tafur et les ribaus huant,
La u li Turc entroient vienent tot acorant,
As coutials acerins les vont esbouelant,
Li pluisor de maçües les vont escervelant
Et li rois des Tafurs nes va mie espargnant. 7550
Des mors et des navrés vont la terre covrant,
Fors de Jerusalem les mainent reculant.
Tos tans fierent sor els a tas[193] demaintenant,
As grans maces de fer les vont jus craventant
Et as grandes plomees contre terre tuant. *179d* 7555
Del sanc as Sarrasins i ot plenté si grant
Contreval le fossé en vont li riu corant.
Mais jo quit ne lor vaut .I. denier valissant,
Car en plus de .C. lius vont paien assalant.
Ja fust la cités prise par le mien esciant, 7560
Mais la nuis aproisma, soleus vait esconsant
Et li Turc d'asaillir se vont molt recreant.
S'encor fust ens el ciel li soleus aparant
Prise fust Jursalem — ço fust dolors molt grant.
Sarrasin s'en repairent car li jors vait falant, 7565
Devers les plains de Rames sonent le cor Soldant,
La raloient paien, si s'en vont cevalçant.
A lor trés descendirent, lor cors vont desarmant.
Li pluisor sont navré et bleciet li auquant.
Soudan l'ala conter li oncles Solimant 7570
Que Jursalem fust prise mais nuis vint aproismant:
"Le matin l'averons ains mïedi sonant!"
Quant l'amirals l'entent s'apela Roboant:

---
[193] l. 7553. *The scribe has written a titulus over* tas.

"Alés! Faites venir Mabon, Malenidant
Et tos les rois de m'ost – n'i remaigne amirant!" 7575
Cil s'en torna molt tost si les vait semonant –
.C. et .L. furent, que roi que amirant.
Tos lor a fait jurer, et premiers l'amustant,
Le mort de Godefroi sans nul racatemant
Et que tot soient prest quant oront son conmant, 7580
Car ainc a tel dolor n'ocisent Turc Rollant
Con il feront morir no gent et de plus grant.
Li roi s'en sont torné aprés le sairemant,
Cascuns est repairiés ariere a son brehant.
Or penst Dex de no gent, nostre pere poissant, 7585
Ki sont en Jursalem coreciet et dolant.
Mais ains demain a prime ierent lié et joiant,
Car li os Deu repaire, passé ont flun Jordant;
Le bataille covoitent, molt en sont desirant,
Et il l'averont tele, sans mençoigne disant, 7590
Que ainc ne fu si fiere puis que Dex fist Adant.

211. Dedens Jerusalem est no crestïentés –
N'i a celui ne soit travelliés et penés
Et s'en i ot forment et plaiés et navrés.
El Temple Salemon les a li rois esmés. 7595
Quant il furent tot ens si les a apelés,
"Segnor," ço dist li rois,"por Deu or m'entendés.
Li barnages en est ariere retornés,
Par le mien escïentre cascuns est mer passés.
Entre gent sarasine sui ci illuec remés. *180a* 7600
A poi que ne fu ier prise ceste cités –
Molt est li pules grans qui ci est assanblés.
Et cascuns de vous est por amor Deu remés
Por garandir sa vile u ses cors fu penés.
Ja ne souferra mais ses murs soit craventés. 7605
Le matin en istrons quant soleus ert levés,
As Turcs nos conbatrons se vos le me löés.
Dehé ait ki sera ça dedens enserrés –
Autresi seroit prise ceste sainte cités.
Miux nos vient a honor avoir les ciés colpés 7610
Que en caitivisons en fust cascuns menés.
Cil qui por Deu morra ert molt bons eürés,
El ciel avoec les angeles ert ses ciés coronés."
Quant no gent l'entendirent es les vos escrïés,
"Sire, rois Godefrois, tu iés nos avoués, 7615
Ja ne t'en faura uns por estre desmenbrés.
N'i a cel ne vausist mius fust ses ciés colpés
K'il fuïst por paiens .IIII. piés mesurés."
"Segnor," ce dist li rois,"a vos ostels alés.
Quant vos arés mangié couciés vos, si dormés: 7620

Mestier aroit cascuns que il fust reposés,
Car anuit se Deu plaist de moi gaitié serés.
Et demain par son l'aube vos cauciés et vestés,
Tost et isnelement les haubers endossés
Et caigniés les espees as senestres costés. 7625
Quant cascuns de vos est fervestus et armés,
Por amor Deu vos proi qui en crois fu penés,
Que li uns ait a l'autre ses mesfais pardonés."
Molt est de la bataille cascuns aseeürés.
Dist li quens de Saint Gille,"Si ert con dit avés. 7630
Ne vos esmaiés mie, Dex ert vos avoués!"
"Par foi," dist Bauduïns,"n'iere anuit desarmés,
Mes aubers desvestus ne mes elmes ostés,
Si sarai conment ert li estors afinés.
Jo ne sai que ço doit, molt sui asseürés, 7635
Con se gens eüssons et encor plus assés.
Or vos di jou a tos por voir, si m'en creés –
Ains que de la semaine ierent .III. jor passés,
Verrés tant de paiens ocis et decolpés
C'onques tant n'en vit hom qui de mere soit nés. 7640
Quidiés vos que Dex ait ses amis obliés?
Nos les desconfirons a nos brans acerés.
Ne nos esmaions mie se d'els est la plentés –
S'uns bons levriers estoit de le laise jetés,
S'eüst .II.M. chiens en ces cans assanblés *180b* 7645
Ses desconfiroit il, c'est fine verités.
Encor vaut uns proudom .C. malvais amassés!"
A! Dex! cele parole les a tos renheudés.
Cascuns devant le roi s'est avoec presentés
K'il velleront o lui: il les a merciés. 7650
Droit al Sepucre Deu es les vos tos alés.
Mainte candelle i fu, mains cierges aportés,
Mais tot furent estaint, n'en fu uns alumés.
A terre s'est cascuns couciés et aclinés.
Or oiez grant miracle, ja plus bele n'orés: 7655
Ançois que li rois fust des orisons levés,
Devers le ciel amont descendi la clartés
Dont li cierges le roi fu molt tost alumés.

212. Tout entor le Sepucre sont Franc en orison.
    Molt i avoit candelles et cierges environ 7660
    Et li rois Godefrois estoit a genellon.
    Sa candelle avoit mise par desor le perron
    U Dex resuscita aprés le passion.
    Li bons rois l'enclina et disoit s'orison.
    "Dex," dist il,"Sire Pere, par vostre digne non, 7665
    Ki fesis ciel et terre et mer par devison,
    Bestes, oisaus volans, eve douce et poison,

Aprés fesis Adan de terre de limon,
A garder li baillas paradis environ.
La fesis sa moillier, Evain l'apele on. 7670
De toute creature donas Adan le don,
Mais del fruit d'un pumier fesis desfention –
Eve l'en fist mangier par le Satan felon,
Puis furent longement en grant caitivision
Et tote lor lignie en paine et en friçon; 7675
Car n'ert sainte ne sains qui tant par fust proudom
Nel convenist aler en infer em prison.
Pités vos en prist, Dex, si venistes el mon.
Par l'angele Gabrïel fesis anontion
Qu'en la virgene Marie prist incarnation. 7680
Cil salus fu rendus el Temple Salemon
A la virgene pucele, qui ert en sospeçon.
La parole otroia par grant devotion.
Maintenant i presistes en li carnation.
La virgene vos porta sans malvaise okison 7685
Dusc'al jor del Noël q'eüstes nasquison.
En Belleem fus nés a guise d'enfançon.
Li troi roi vos resquisent, cascuns de son roion.
Or et encens et mirre offrirent a ton pon,
Et vos le receüstes par grant devotion. *180c* 7690
A l'entree del Temple te prist en son geron
Cil qui te desira, çou fu sains Simeon.
Il n'avoit nule main si con lisant trovon.
Lors dist,"*Nunc dimittis a Deu servum tuum*" –
Içou est a entendre, 'Dex, molt vos desiron'. 7695
Quant vos dont recoilli en son destre geron
Si ot et mains et piés, ainc si bels ne vit on.
Sor l'autel fustes mis, la ot rice offrison.
Herodes li tirans, qui'n ot mal gueredon,
Por vos fist decoler maint petit enfançon. 7700
Cil qui por vos morurent ont el ciel mansion,
Avoec sont coroné, Innocent a non.
Trente[194] ans alas par terre puis Dex con uns altre hom.
Li apostele avoec toi disent lor orison.
En Bethanie de mort suscitas Lazeron, 7705
Puis herbregastes, Dex, en le maison Simon.
Marie Madelaine, a la clere façon,
S'aproisma tant de vos par desous le lezon
Que vos piés embraça, si mist sus son menton.
Des larmes de son cuer fist tel soffendison 7710
Qu'ele les vos lava entor et environ.
As cavels de son cief en fist escuïson,
Aprés les oinst de mirre par bone entention.

---

[194] *l. 7703. The scribe has corrected the final e of* trente *from* a.

La Chanson de Jérusalem 207

    Ele fist molt que[195] sage, s'en ot jent gerredon,
    Que de tos ses peciés li fesistes pardon.   7715
    Dex, en le sainte crois sofristes passion
    Et Longis vos feri de la lance a bandon.
    Il n'avoit ainc veü, que de voir le set on.
    Li sans li vint colant dusc'as poins de randon,
    Il en terst a ses iex si ot alumison.   7720
    Merci vos cria, Dex, il ot remission.
    El Sepucre fus mis et gaitiés a laron.
    Al tierc jor en aprés eüs surrexion.
    A infer en alas, n'i ot desfention,
    S'en jetastes Adan, Noël et Aaron,   7725
    Jacob et Esaü et maint autre baron.
    Puis montastes es cius al jor d'asention
    Ens en ta majesté u est ta mansion.
    Les clés de paradis conmandas a Pieron.
    As apostels desis la predication   7730
    Que le saint evangille nonçascent par le mon.
    Dex, si con çou est voirs et nos bien le creon,
    Si voirement, bels Sire, me fai demostrison
    Se jou arai victorie vers le jeste Mahon."
    A iceste parole es vos .I. blanc colon   *180d* 7735
    Qui aporta .I. brief loiet en quaregnon
    Et del cierge le roi esprist le lumegnon,
    Et puis trestos les autres si que cler le voit on.
    Adont i ot de joie molt grande plorison.

213. Quant li rois Godefrois ot s'orison finee,   7740
    Envers nostre Segnor a se coupe clamee.
    Es vos .I. blanc colon, volant de randonee,
    Ki li a devant lui sa candelle alumee
    Et puis revint as autres, cascune a enbrasee.
    Le roi done une cartre, il l'a desvolepee,   7745
    A .I. clerc le puira qui fu de sa contree.
    Quant cil ot lit les letres grant joie en a menee.
    Le roi en apela a molt grant alenee,
    "Godefrois, sire rois, hom de grant renomee,
    Nostre Sire vos mande que s'os est retornee!   7750
    Ja ont del flun Jordain deça l'eve passee:
    Le matin seront ci ains le caure levee!"
    Quant li rois l'entendi s'a la ciere levee
    Et il et tout li autre ont grant joie menee.
    Adont ot au Sepucre faite mainte acolee,   7755
    D'amor et de pitié mainte larme ploree.
    Toute nuit i vellierent desci a l'ajornee.
    Ainc n'i ot hauberc trait, elme ne coife ostee,

---

[195] *l. 7714. MS:* m. se s. *A scribal slip.*

Il n'i avoit celui n'eüst çainte l'espee;
La gens nostre Segnor tote nuit fu armee. 7760
Tant vellierent la nuit que l'aube fu crevee,
Puis montent es cevals sans nule demoree,
De Jursalem s'en issent, cascuns lance levee,
Et li quens de Saint Gille a le cité gardee.
Li rois cevalce a force a grant esperonee. 7765
Molt prés de Jursalem a l'ost Deu encontree.
Li quens Hües li Maines tint l'ensegne fresee,
Robers de Normendie, a la chiere menbree,
Tangrés et Buiemons cevalcent le valee,
Li quens Robers de Flandres qui ainc n'ama posnee 7770
[Se ne fu vers paiens cele gent meseree, 7770a
Li quens Tomas de Marne qui bien fiert de l'espee,][196] 7770b
S'i fu Rotols del Perce sor le bai de Valgree,
Et tot li autre prince de la terre salvee
Cevalcent a .I. front le sablon et l'estree.
L'ensegne Godefroi ont molt bien ravisee
Al tragon[197] qui avoit la coue gironee. 7775
Li uns le mostre a l'autre, "Vés l'ensegne doree
Al bon roi Godefroi – Hé, Dex! quel destinee!"
Ainc puis n'i ot parole dite ne devisee,
Contre lui vont poignant de molt grant randonee
Et li rois encontre eux qui cil secors agree. *181a* 7780
Li uns cort l'autre seure, cascuns brace levee.
A! Dex! adont i ot grant joie demenee,
D'amor et de pitié tante larme ploree.
Outre vers Belleem est li os ostelee –
Or est la sainte vile auques raseüree. 7785
Au rice Soudan est la parole contee
Que l'os des Crestïens est toute ramenee.
Quant l'amirals l'entent color en a müee,
De maltalent et d'ire a la teste crollee.
Et li gentius barnages de la terre salvee 7790
Ont le rice Soudan la bataille mandee
En mi les plains de Rames u bele est la contree
Et li amirals l'a al més acreantee.
Et d'une part et d'autre l'ont molt bien affïee
Qu'en le plaigne de Rames, qui est et longe[198] et lee, 7795
Iert faite li bataille – ensi l'ont esgardee:
Al venredi matin lor ont aterminee.
Anqui orés bataille molt fiere et aduree,
Ainc ne fu si orible oïe n'escoutee.

---

[196] *l. 7770a-b. The omission of these lines presumably occurs through eyeskip from* Li quens *of l. 7770 to that of l. 7770b. Text of D.*

[197] *l. 7775. The scribe's use of* t *for* d *in* tragon *is unusual, but cf.* ventroit *in l. 2727.*

[198] *l. 7795. The scribe has corrected the* g *of* longe *from* d.

La Chanson de Jérusalem

    Li escris le tesmoigne, s'est verités provee,   7800
    Que onques ne pot estre en .II. jors afinee.
    Prise fu li bataille, ne doit estre celee.
    Aval l'ost des paiens est la novele alee.
    Pieres a le parole oïe et escoutee,
    Sovent reclaime Deu coiement a celee,   7805
    "Sainte Marie dame, roïne coronee,
    Que n'ai or de mes piés ceste caaine ostee –
    A cest Turc qui me garde donasce tel colee
    Que les iex en fesisce voler en cele pree!
    Se ne sui a l'estor male ert ma destinee.   7810
    Plus desir Turs ocire que a mangier pevree."
    De çou qu'ert renoiés a se coupe clamee.

214. Prise fu li bataille au jor del venredi
    Et d'une part et d'autre l'ont juré et plevi.
    Li os nostre Segnor revint le semedi.   7815
    Quant ele fu logie pres fu de mïedie.
    Li baron et li prince et li clerc revesti
    Sont alé al Sepucre, cascuns d'els i offri.
    La nuit i ont vellié jusc'al jor esclarci.
    Li vesques de Mautran porcession sivi   7820
    Et li autres barnages que Jhesus beneï.
    Quant la messe fu dite no gent sont departi,
    A lor ostels se sont de mangier rapleni.
    En Belliant oïrent voir la messe al lundi.
    Les .III. jors ont lor armes et lor aubers blanci,   *181b*   7825
    Lor escus enarmés, lor brans d'acier forbi.
    Cascuns lonc son pooir a bien son cors garni.
    Et Turc et Sarassin faisoient autresi
    Et d'une part et d'autre sont forment aati.
    Le bataille desirent cil qui sont plus hardi   7830
    Mais grant paor en ont li coart, li failli.

215. Molt s'est bien acesmee li sainte compaignie.
    Encontre la bataille ne l'ont pas resoignie.
    De par Deu fu al vespre une raisons noncie
    K'il portascent la crois u sa cars fu plaïe   7835
    Et le saintisme estace u ele fu loïe
    Et le lance autresi dont ele fu percie.
    Li vesques de Maltran a pris no baronie,
    Les prestres, les abés,[199] tote l'autre clergie,
    A le crois les mena qui li fu ensegnie.   7840
    Li vesques de Mautran l'a premerains saisie
    Et l'abes de Fescamp, cil l'ont andoi bracie.

---

[199] *l. 7839. MS: p. et l. ab. For the scribe's apparent errors of scansion in phrases with abes/abés see Introduction: Scribal Corrections and Errors.*

Encore ert del sanc Deu arosee et baignie.
La ot des cuers, des ventres mainte larme sacie.
Et li conte et li prince et l'autre baronie 7845
Devant le crois se coucent tot a une bondie.
Casacuns d'els l'aora et del cuer s'umelie,
Molt sovent ont la terre engoulee et baisie.
Desci a l'estace ont porcession sivie.
Des loiens ont entor une molt grant partie 7850
De coi nostre Sire ot la soie car loïe.
Te Deum i canterent et puis la letanie.
Adont fu li os Deu si fiere et si hardie
Qu'il ne dotent la mort valisant une alie.
Il n'i avoit celui qui molt sovent ne die, 7855
"Quar nos alons conbatre a la gent de Persie!"
"Segnor," font li baron, "or ne vos hastés mie!
Venredi le ferons se Dex nos done vie.
Saciés ceste bataille n'est pas de gaberie,
Car ainc ne fu si fiere veüe ne oïe." 7860
Aprés parla Robers, li quens de Normendie,
"Baron, pleüst a Deu, le fil sainte Marie,
Que ci fussent tot cil de la loi paienie:
Si con ciels cuevre terre et mers clot et tornie,
Tot i seroient mort venredri ains complie." 7865
Li rois Godefrois l'ot, ne puet müer n'en rie.
Et li autres barnages molt forment s'umelie,
Le bataille desirent — cascuns la covoitie.

216. La gens nostre Segnor fist forment a loër.
Lor elmes font forbir et lor haubers roller *181c* 7870
Et lor brans esclarcir et les heus adouber
Et escus et roiele de novel renarmer
Et les las des vers elmes restraindre et rafremer.
Cascun jor se faisoient vraiement confesser.
Al venredi matin, al point de l'ajorner, 7875
Font en la Tor Davi le maistre cor soner.
Dont veïssiés no gent fervestir et armer,
Lacier cauces de fer et haubers endosser
Et les elmes lacier qui molt reluisent cler
Et çaindre les espees et les escus cobrer. 7880
Li vesques de Mautran vait le messe canter
Deseure le Sepucre u Dex valt susciter,
Et li jentius barnages l'est alés escouter.
Aprés le sainte messe, quant ele dut finer,
Li uns a baisié l'autre et vait le pais doner. 7885
Tot se coucent a terre por Jhesu reclamer.
Molt par les veïssiés hautement encliner,
Cascuns vait le Seprucer baisier et acoler.
"Susee! Dex, aïe!" crïent al relever.

La Chanson de Jérusalem 211

    Defors Jerusalem s'alerent ordener   7890
    Et totes lor batailles rengier et deviser.
    Le vraie crois ont fait de devant els porter
    Et le lance dont Dex laisa son cors navrer
    Et l'estace u Juu[200] le fisent fort noër,
    Son bel cors et ses bras et estraindre et bender.   7895
    Al porter oïssiés le saint clergie chanter.
    Par mi le porte en issent rengié et front serrer.
    La peüssiés veïr maint pegnon venteler,
    Tant escu et tant elme luire et estinceler.
    Li baron et li prince les font devant guier,   7900
    A le plaine campaigne les fisent arester.
    Dont oïssiés buisines, cors et grailles soner
    Et ces cevals henir, ferir et braidoner.
    Bien fu l'os Deu armee, molt par fist a doter –
    Mais n'a s'i armé conte ne demaine ne per   7905
    Por çou qu'a daerains se vaurent adouber.
    Defors les rens s'ala Godefrois conreer
    Et li prince et li conte qui molt font a loër.
    La peüssiés maint auberc endosser
    Et çaindre mainte espee, maint vert elme fremer   7910
    Et monter es cevals et les escus cobrer,
    Ensegnes et banieres contremont venteler.
    Molt par estoient bel quis peüst esgarder.
    Jusques vers Jafe font lor avangarde aler.

217. Li bons rois Godefrois premerains s'adouba.   *181d* 7915
    Il a caucié ses cauces, son auberc endossa.
    Bauduïns et Wistases son elme li laça,
    Puis a çainte l'espee que molt forment ama.
    Son escu a son col en Chapalu monta,
    En l'ensegne qu'il porte .IIII. dragons i a.   7920
    Quant li rois fu armés el ceval s'afiça
    Par issi grant vertu que sous lui arçoia.
    Puis a levé sa main, de son Deu se saina.
    Devant le vraie crois o s'esciele passa.
    Doucement en plorant de vrai cuer l'aora   7925
    Et tot si compaignon cascuns d'els l'enclina.
    Li vesques de Mautran a Deu les conmanda,
    Puis a levé sa main ses asaust et saina.
    Godefrois o s'esciele belement cevalça,
    Desci qu'as plains de Rames onques ne s'aresta.   7930
    Li amirals Soudans devant son tref esta
    Sor une aucasie d'or qui grant clarté jeta.
    .L. rois d'Arrabe tot environ lui a.
    Pieres sist devant lui – li Soudans l'apela,

---

[200] *l. 7894.* Jhu, *in abbreviation for* Jhesu, *is expunged before* Juu.

"Di moi, Pieres l'ermites, quele esciele est ço la? 7935
Se tu ses ki il sont nel me celer tu ja."
Pieres li respondi, verité en dira.
"Sire, ço est li rois qui le paien coupa
Et lui et son ceval a .I. sol colp trença,
Dont on les .II. moitiés devant toi aporta. 7940
Godefrois a a non, soie mere engenra
Li Chevaliers le Cisne qu'a Nimaie amena:
Teus chevaliers ne fu ne ja mais ne sera."
Quant li Soudans l'entent forment s'en aïra –
Del maltalent qu'il ot con sengliers escuma. 7945

218. Aprés s'arma li quens Robers de Normendie.
Il a laciet les cauces dont la maille est trelie.
Isnelement et tost a se broigne vestie
Et laça .I. vert elme u li ors reflambie.
Al senestre costé çainst l'espee forbie. 7950
A son col a pendue sa targe a or vergie.
De plaine terre saut el destrier de Nubie.
Puis a pris son espiel, par fierté le palmie
Et jure Damedeu, le fil sainte Marie,
Que s'il puet encontrer l'amiralt de Persie 7955
Ja nel garra ses elmes ne se targe florie
Que nel porfende tot enfresci qu'en l'oïe.
Devant lui fist soner .I. cor a la bondie.
O s'esciele s'en torne s'a se voie acoillie,
Devant le vraie crois sa gent enmaine et guie. *182a* 7960
Li quens Robers l'aore en aprés l'a baisie
Et tot cil de s'esciele cascuns s'i umelie.
Li vesques les saina de Deu le fil Marie:
"Dex," dist il, "sire pere, soiés lor en aïe!"
Li quens Robers cevalce et sa cevalerie: 7965
La peüssiés veïr tant destrier de Nubie,
Tant auberc et tant elme u li ors reflanbie
Et tante rice targe, tant ensegne drecie.
Cascuns porte la teste desos l'elme enbroncie.
Molt resanblent bien gent de bien faire haitie. 7970
Desci es plains de Rames n'i ot resne sacie,
Li esciele al conte est joste le roi rengie.
Li Soudans les esgarde, ne puet müer n'en rie.
Dist a Pieron l'ermite, "Nel me celer tu mie –
Qui est or cele esciele qui nos est aproismie?" 7975
"Sire," dist li hermites, "ne lairai nel vos die:
Robers de Normendie a a non cil quis guie,
Ki le Rouge Lion ocist a grant hascie
Tres devant Anthioce en mi le praerie.
N'a mellor chevalier dusqu'as puis d'Urgalie." 7980
"Par Mahon," dist Soudans, "or ai mervelle oïe

La Chanson de Jérusalem

      Que si les desconfisent iceste gens haïe:
      Jo ne les pris trestos une pume porie."

219. Aprés cels s'adouba dans Robers li Frison;
      Cil ert sire de Flandres et del regne environ.   7985
      Il laça unes cauces plus cleres que laiton,
      Puis vesti en son dos .I. auberc fremellon
      Et laça .I. vert elme de l'uevre Salemon
      Et a çainte une espee al senestre geron.
      A son col a pendu .I. escu a lion,   7990
      Puis sailli el ceval plus isnel de faucon.
      On li baille .I. espiel qui ert quarés en son.
      O cels de son païs s'en torne le sablon
      Devant le vraie crois par bone entention.
      Doucement le baisa .XX. fois en .I. randon   7995
      Et tuit si compaignon sans noise et sans tençon.
      Li vesques de Mautran lor fist beneïçon.
      Il brocent les destriers, sos les elmes enbron,
      Deci es plains de Rames n'i font arestison.
      Quant li Soudans les voit si apela Pieron: 8000
      "Qui sont or cele gent, foi que tu dois Mahon?
      Noblement se contienent, molt sont de grant renon."
      Dist Pieres li hermites, "Errant le vos diron.
      En son païs l'apelent dant Robert le Frison
      Et est sires de Flandres et de la region.   *182b*   8005
      Ainc miudres chevaliers ne cauça d'esperon."
      "Par Mahon," dist Soudans, "jo nel pris .I. boton –
      Bien sai que les menrai tos en caitivision."
      "Par mon cief," ce dist Pieres, "et par mon blanc grenon
      Ne vos en gaberés quant de ci partiron."   8010

220. Li quens Hües li Maines s'est molt tost adobés
      Et dans Tumas de Marle se rest o lui armés.
      Il vestent les haubers, s'ont les elmes fremés,
      A lor cols ont pendus lor escus d'or listés.
      Isnelement monterent es destriers abrievés,   8015
      Les espius ont saisis trençans as fers quarés,
      Es les vos tos ensamble ens es cevals montés.
      Li quens Hue s'en torne, sa gent en a guiés.
      Devant le vraie crois est li ber trespassés,
      Doucement l'aora, si le baisa assés.   8020
      Et Tumas et li autre i ont les ciés tornés,
      Atot l'elme luisant s'est cascuns enclinés.
      Li vesques de Mautran les a de Deu sacrés,
      Lors brocent les cevals, es les vos aroutés,
      Desci es plains de Rames n'en est uns arestés.   8025
      Li amirals Soudans les a bien esgardés,
      Dist a Pieron l'ermite, "Amis, nel me celés,
      Qui sont or cele gens que la voi assanblés?

Noblement se contienent, molt est grans lor fiertés."
Dist Pieres li hermites,"Aparmain le sarés: 8030
Frere est al roi de France cil quis a amenés,
Hües a non li Maines, molt par est alosés.
Ainc miudres chevaliers ne fu de mere nés –
Cist ocist Soliman sos Anthioce es prés."
"Par Mahon," dist Soudans, "mervelle oïr pöés. 8035
Bien les orent mi Deu a cel jor oblïés,
Car jo nes pris trestos .II. deniers moneés.
Od moi les en ferai mener encaanés,
Li desers d'Abilant sera d'els restorés."
"Par mon cief," ce dist Pieres, "quant de ci tornerés, 8040
Par le mien escïent, ne vos en gaberés."

221. Buiemons s'adoba et Tangrés li Puillans.
 Lor cauces lor laça Antelmes et Morans,
 Puis vestent en lor dos les aubers jaserans,
 Aprés lacent es ciés les vers elmes luisans. 8045
 Les espees ont çaintes a lor senestres flans,
 Isnelement monterent es destriers auferrans.
 Es escus de lor cols est l'ors reflanboians.
 Les espuis ont saisis as gonfanons pendans.
 Cascuns ot en s'esciele .M. chevaliers vaillans. *182c* 8050
 Devant le vraie crois est cascuns trespassans,
 N'i a cel ne l'aort et n'i soit enclinans.
 Li vesques de Mautran, qui fu bons clers saçans,
 De Deu les beneïst qui sor tos est poissans.
 Li cosin s'en tornerent a esperons broçans 8055
 Et lor cevalerie qui molt par estoit grans.
 Dont oïssiés buisines, cors et grailles sonans.
 Desci es plains de Rames n'en est uns arestans.
 Belement s'arengierent andoi amont les cans,
 N'i a celui d'els tos ne soit forment jurans 8060
 Q[ue] il feront paiens coreçous et dolans.
 De son tref les esgarde li amirals Soudans,
 .C. Turs ot entor lui que rois que amirans,
 Dist a Pieron l'ermite, "Iés tu ces connisans?
 Volentiers les esgart, molt est fiers lor sanblans: 8065
 Mar furent quant cascuns n'est vraiement creans."
 Pieres a respondu, "J'en iere voir disans.
 Buiemons a a non, ses pere fu Normans.
 En se compaigne maine Longebars et Toscans,
 Molt volentiers ocïent Sarrasins et Persans. 8070
 Et cil a l'autre esciele, qui'st si fiere aparans,
 Tangré l'apele on, molt par est conbatans –
 Plus desire bataille que or fin ne bezans."
 "Qui calt," fait l'amirals, "quant nes pris tos uns gans?
 D'els ocirai le plus, s'enmenrai les auquans 8075
 S'en ferai restorer mes desers d'Abilans."

La Chanson de Jérusalem

"Par mon cief," ce dist Pieres, "ja n'en serés gabans.
De vo gent ert anqui povres li remanans."

222. Li quens Rotols del Perce s'arma hastivement
    Et Estevenes de Blois qu'il tenoit a parent   8080
    Et li quens de Vendosme al fier contenement.
    N'i a celui ne soit armés molt ricement,
    Entr'els ont .IIII. escieles de molt tres fiere jent.
    La peüssiés veïr tante targe a argent,
    Tant auberc et tant elme u li fins ors resplent.   8085
    Li ors qui est es armes reluist molt clerement.
    Devant le vraie crois vont ordeneement,
    Cascuns d'els l'aora de cuer molt doucement.
    Li vesques de Mautran les saina bonnement[201]
    Del glorious del ciel qui fist et mer et vent.   8090
    Lors s'en tornent li prince o lor esforcement,
    Molt cevalcent estroit et tot serreement,
    Desci es plains de Rames n'i ot arestement.
    L'une esciele lés l'autre s'ajoste belement.
    Li Soudans se seoit devant son tref al vent,   *182d*   8095
    Pieron l'ermite apele, si demande sovent,
    "Car me di qui cil sont, nel me celer nïent."
    Et dist Pieres l'ermites, "Jel dirai voirement.
    Çou est Rotols del Perce, qui molt a fier talent,
    Et Estevenes de Blois a cel destrier baucent   8100
    Et li quens de Vendosme a cel falve ensement.
    Vés la Lambert del Liege sor cel bai d'orïent –
    Miux ainme Turs ocire que a boire piument.
    Hui feront de paiens molt grant destruiement:
    Ja por paor de mort ne fuiront .I. arpent."   8105
    Quant Soudans l'entendi si respondi briément,
    "Par Mahon Gomelin, u toute terre apent,
    Jo nes pris mie tos vaillant .I. cien pullent.
    Tos les ferai ocire a duel et a torment."

223. Estevenes d'Aubemarle se hasta de l'armer   8110
    Et Hue de Saint Pol n'i valt plus arester
    Et Engerrans ses fils qui cuer ot de sengler,
    Et tot li autre prince n'ont soing de demorer.
    Li vesques de Mautran fist son cors adouber,
    Hauberc ot et vert elme qui molt reluisoit cler.   8115
    En son ceval monta qu'il ot fait ensieler,
    L'estole entor son col sos son escu boucler.
    Le clergie et les dames font Jursalem garder
    Et .CC. chevaliers – ne sont pas baceler,
    Viellart sont et kenu, mais molt font a doter: 8120

---

[201] *l. 8089. MS:* s. doucement. *A scribal repetition from the previous line;* bonnement *is the reading of all the variant manuscripts present.*

Molt remainent envis mais ne l'osent veer.
L'euvesque del Forois font avoec demorer.
De Jursalem ont fait bien les portes fremer,
Li vesques de Mautran fist .II. grailles soner,
Dont veïssiés no gent belement arouter 8125
Et l'un encoste l'autre par mesure serrer.
Le roi tafur ont fait de devant els errer
Et ribaus et tafurs qui molt font a douter.
A l'abé de Fescamp fisent la crois porter
U Dex laisa son cors travellier et pener 8130
Et ferir de la lance et plaier et navrer.
Et l'euvesque de Nole, qui se fait Gui nomer,
Icil porta l'estace, si con oï conter,
U Jhesus se laissa et loier et bender.
Le lance Damedeu font .I. abé porter. 8135
Or cevalcent ensamble – Jhesus les puist salver!
Ainc dusqu'es plains de Rames ne vaurent arester.
Si con la vraie crois dut ens el camp entrer
Trestot cil des escieles conmencent a plorer:
La veïssiés des ciés molt sovent encliner. *183a* 8140
Li amirals Soudans les prist a esgarder,
Dist a Pieron l'ermite, "Or te wel demander
Quele gent ce sont la, que jo voi aüner?
Huimais n'en vi jo nul si m'aient fait penser."
Et dist Pieres l'ermites, "Ja nel vos quier celer: 8145
C'est li rois des Tafurs a qui jo suel[202] aler.
Et vés la ses ribaus qui molt font a douter,
Ki vostre gent mangüent sans poivre et sans saler.
Et c'est li vraie crois que la veés lever
Et li lance dont Dex laisa son cors troër, 8150
Et çou est la l'estace u on le fist bender.
Or vos di jou por voir, n'en pöés escaper.
Le bataille averés, ne puet pas demorer."
Quant li Soudans l'entent n'ot talent de gaber,
De maltalent et d'ire conmence a tressüer. 8155

224. Quant Soudans voit no gent por conbatre rengier,
De maltalent et d'ire quide vis enragier.
Son estandart conmande isnelement drecier
Et ses homes armer et tost aparellier.
Dont oïssiés buisines soner et grailloier – 8160
.M. cor sonent ensamble qui tot sont montenier,
Dés Rames jusqu'a Jafe font la terre hocier.
Kenelius oïssiés glatir et abaier
Et li gent de Siglaie ullent con avresier.
Sor .I. car tot de fer font l'estandart drecier. 8165
Molt ert longe la flece, li piés ert de mellier,

---

[202] l. 8146. *The scribe has corrected* suel *from* wel.

La Chanson de Jérusalem 217

   Assés i averoient doi home a embracier.
   De .X. pieces fu faite: li une ert d'olivier,
   [Et la seconde fu d'un fust c'on dit chessier][203]   8168a
   La tierce fu de caisne, la quarte d'aiglentier,
   La quinte d'ebenus, la siste de pumier[204]   8170
   Et la sieme d'auborc, l'uitisme d'aliier,
   La nueme fu d'ivorie, d'un os saintime cier,
   Et la disime piece fu trestoute d'or mier.
   Tos ert l'estandars oins de basme de basmier –
   Çou fist faire Soudans por la souef flairier –   8175
   Et si ne puet porrir ne fraindre ne percier.
   .L. toises longes i puet on braçoier.
   Onques nus hom ne vit encor si halt clocier.
   La sus siet Apollins, en sa main .I. sautier
   U la lois est escrite dés Adan le premier.   8180
   Sovent le fait li vens la desus tornoier.
   Samblant fait a son doi de la loi ensegnier.
   Un baston tenoit d'or por François manecier.
   Par l'art de ningremance li font dire et noncier
   Que tout Crestiien doivent a Soudan souploier.   *183b*   8185
   En son le teste avoit .I. escarboncle chier –
   Vint liues en voit on le clarté flanboir:
   La se vont en bataille Sarrasin raloier.
   Li amirals Soudans en apela Brehier –
   Cil ert ses moiens fils, si l'ot de sa moiller,   8190
   Encore en a .XIIII. qui tot sont chevalier.
   Soudans les apela si lor prist a proier
   De Brohadas lor frere hardïement vengier.

225. Molt fu grande la noise des Sarrasins felons.
   Li amirals Soudans apela Sinagons –   8195
   Cil estoit fils Soudan, si ot les cevels lons.
   L'autres ot non Brehiers, cil estoit li secons.
   Encore en i a .XIII. si vos dirai lor nons:
   L'uns ot non Acerés et l'autres Glorions
   Et li tiers Lucifers et li quars Lucions,   8200
   Li quins a non l'Aufages, li sistes Danemons
   Et li siemes Corsubles, li wimes Fauserones,
   Li nuemes Esmerés, li dismes Clarions
   Et l'onzimes Sanguins, li douzimes Tahons,
   Li tresimes des freres a a non Rubions.   8205
   N'i a cel ne soit sire de .XX.M. Esclabons.
   "Biau fil," ce dist Soudans, "or oiés mes raisons:

---

[203] *l. 8168a. Although the enumerative sequence of this passage requires a line here, D is alone in supplying one.*

[204] *l. 8170. MS: s. d'aiglentier. A scribal repetition from the previous line; all the variant manuscripts give* pumier, *except D which has* perier.

De Brohadas vengier molt forment vos prions!"
Et cil li respondirent, "Vostre plaisir ferons:
La teste Godefroi ains vespre vos rendrons! 8210
Le barnage de France as espius ocirons,
Les contes et les dus, les princes, les barons.
El regne de Persie o nos les enmenrons
Et s'il est vos plaisirs ses enprisonerons.
El regne d'orïent ert menés Buiemons, 8215
Et des autres plus rices o lui envoierons.
Par lui ert honerés Tervagans et Mahons.
Sire amirals, bels pere,[205] le congiet demandons:
Tans est de la bataille, aler nos en volons!"
"Alés," fait l'amirals, "et nos vos conmandons 8220
A Mahon Gomelin, et tos vos compaignons!"
Li fil Soudan monterent es destriers arragons.
Des cors et des buisines fu molt grans li resons.
.C. mile Turs menerent, se mentir n'en volons:
Al plain camp s'aresterent defors les pavellons. 8225

226. Molt fu grande la noise de la gent mescreant,
Sonent cors et buisines et ces cors d'olifant.
Aval l'ost se vont Turc et paien adoubant.
Li amirals apele l'aupatris et Morgant
Et le roi Loquiferne et son frere Morant. *183c* 8230
Avoec cels apela son neveu l'amustant
Et le viel Calcatras, Canebalt l'amirant.
"Devisés mes escieles," dist il, "jel vos conmant!"
Et cil respondent, "Sire, tot al vostre talant."
Par mi l'ost des paiens s'en vont esperonant. 8235
.L. escieles fisent, por voir en i ot tant,
Et en cascune furent .C.M. Arrabiant –
.L. roi les guient de le loi Tervagant.
Li premiere esciele est de cels de Bocidant –
Plus sont noir d'arement que on vait destemprant 8240
Et n'ont de blanc sor eux que seul l'eul et le dant.
Cels conduisant Cornicas, li freres Rubiant.
Li destriers u il sist fu cornus par devant –
Ainc ne veïstes tor qui si l'eüst trençant,
Ne s'i tenroit oisaus a lui ne tant ne quant. 8245
Couvers fu dusqu'a terre d'un paile escarimant.
En l'autre esciele furent li Mor de Moriant:
Cil sont plus noir que poivres, as malfés sont sanblant,
Bien furent .C. millier, ses conduist Malquidant.
En la tierce sont Bougre, en la quarte Aufriquant, 8250
En la quinte sont Sor, en la siste Agolant,
En la sieme Esclabon, e[n] l'uime Samorgant,

---

[205] *l. 8218. MS:* b. sire l. *A scribal repetition from earlier in the line;* pere *is given in all the variant manuscripts present.*

La Chanson de Jérusalem 219

      En la nueme Carboncle, en la disme gaiant:
      Les .X. escieles vont ensanble glatisant —
      Conme gaignon aloient nostre jent abaient.   8255
      Califes l'apostoles les vait beneïsant
      De Mahon Gomelin et d'Apollon le grant.

227. Li amirals a fait ses escieles joster.
      .X. en fait belement d'une part ordener:
      En l'une sont paien, en l'autre sont Escler,   8260
      En la tierce Persant, en la quarte Bascler
      Et en la quinte Indois, en la siste Bomer —
      C'est une gens averse d'oltre la Rouge Mer,
      Il n'est hom se il non qui i puist abiter.
      La sieme fu d'Aufars, l'uime de cels d'Oper,   8265
      La nueme des Tabais qui ont dens con sengler,
      Et la disime fu de cels devers yver —
      C'est une gens averse, ainc ne calça soller.
      Or i a .XX. escieles, tant en ont fait no[n]brer.
      A l'ajoster ensamble les veïsiés uller,   8270
      Ki la fust a mervelle les peüst escouter,
      Bien resamblent diable, molt font a redouter:
      Ainc de si laide gent n'oï nus hom parler.
      Or porés ja bataille oïr et escouter,
      Onques nus hom ne vit si grande ne se per.   *183d* 8275

228. Bele est la matinee, molt fist cler cel matin.
      Paien crïent et braient et mainent grant hustin.
      L'amirals en apele Carcan d'oltre marin.
      .X. escieles devise de le gent Apollin.
      L'une est des Sucomals, l'autre de cels d'Arbrin,   8280
      La tierce est des[206] Majols, la quarte d'Alfaïn —
      C'est une gens averse qui ne gostent de vin.
      Les roces i sont hautes et li perron marbrin,
      Tot mainent desos terre parfont en sousterin
      Et mangüent le graine del poivre et del comin.   8285
      Plus trençoient lor dent que rasoir acerin
      Et si corent plus tost que cevroel en gaudin.
      Ainc ne vestirent drap de laine ne de lin,
      Velu sont conme viautre, s'ont abai de mastin.
      Li sire qui les guie a non Alepantin,   8290
      Sor .I. ceval seoit c'on apele Caïn —
      Miux noëroit par mer que nus poisons el Rin.
      Cel jor nos jeta mort de Clermont Baduïn
      Et Tangrés le rocist a son espiel fraisnin,

---

[206] *l. 8281. MS: t. del M. In view of the scribe's tendency to confuse* al/as, del/des *and* el/es *(see Introduction: Scribal Errors and Corrections), the reading here is emended from* d'Elmajols *to* des Majols. DG *give* des Marois, FI *give* des Indois, B *gives* d'Aumiois, *and* EN *give* d'Amarois; *the line is wanting in C.*

            Aprés rejeta mort le rice almustaïn 8295
            Et le roi de Valnuble et le frere Sanguin.

229.   Les autres .VI. escieles fist joster l'aupatris.
            L'une est des Indonois et l'autre des Lutis
            Et la tierce est des Jalfres, la quarte des Nornis,
            La quinte est des Morans, la siste des Torins. 8300
            Cascuns porte coutel afilé couleïs –
            Il ne portent autre arme, tot sont nu et despris.
            Cele esciele guia Estonamons li bis.
            Sor .I. ceval seoit c'on apele Pertris –
            Mius cort puis et montaigne c'altres cevals lairis. 8305
            La teste avoit plus rouge que soit carbons rostis
            Et l'autre cors tot blanc, mais noir avoit le pis.
            Cel ara Buiemons ains que jors soit fenis.
            L'apostoiles Califes a les Turs beneïs:
            Or i a .XXX. escieles des cuvers maleïs. 8310

230.   Les autres .X. escieles font par devision.
            En la premiere furent Masan et Fransion –
            Icil sont d'une terre, France l'apele on:
            Mahomes Gomelins l'apela si par non,
            Dela oriant siet en l'abitation. 8315
            La tierce fu de Cop, la quarte d'Asnoon
            Et la quinte d'Argale, la siste d'Arbolon,
            La sieme des Lalvages et l'uime d'Arragon,
            La neuvime d'Espies qui sont [de]²⁰⁷ tel façon –
            Biés ont conme biecaces et testes de gaignon *184a* 8320
            Et es piés et en mains ont ongles de lion.
            Quant il crïent ensanble si font tel glatison
            Que la terre en tentist .II. liues environ:
            Por le taisir les fiert l'amustans d'un baston.
            La disime esciele est des puis de Lucion – 8325
            C'est une gens averse, cornu sont con molton.
            Cascuns porte en sa main une mace de plon.
            Cil fesiscent des nos molt grant destrution
            Se ne fust Godefrois et li autre baron.
            As espees en fisent si grant ocision 8330
            Que lor ceval feroient el sanc dusc'al fellon.
            Or aproisme bataille, si fiere n'oï on.

231.   Dis escieles retint Soudans li amirals,
            Cil i furent de Perse et cil de Guinebals,
            Li Turc, li Arrabi, qui molt ont bons cevals, 8335
            Si furent Aufrican, qui sont preu et vasals,
            Paien et Sarrasin qui trairont as bersals
            Et tot cil d'orïent – cels mena Canabels.

---
²⁰⁷ *l. 8319. The scribe has omitted* de *in error.*

La Chanson de Jérusalem   221

      Si furent Amoravie qui destriers orent tals –
      Plus corent de randon qu'espreviers ne girfals.   8340
      Toutes lor armes furent a or et a esmaus.
      Plus luisent lor escu qu'ivoires ne cristals
      Et espees ont bones qui donront des grans cals.
      Avoec sont Esclavon – cels tien jo a plus bals.
      Ricement sont armé d'armes emperiaus.   8345
      Or sont .L. escieles, ses conduist Lucabels.

232. Quant les .L. escieles furent totes jostees,
      Les .X. retint Soudans qui bien furent armees –
      .C. et .L. mil furent bien as espees –
      Et les autres s'en tornent, es les vos aroutees;   8350
      Par .XX. fois .C. milliers ont bien lor gens esmees.
      Aval es plains se sont les escieles jostees.
      Dont oïssiés des cors issi fieres menees
      Que li mont en tentissent, li pui et les valees.
      Dont[208] oïssiés ensegnes fierement escrïees.   8355
      Li gent nostre Segnor ont les lances levees,
      Les ensegnes de paile sont al vent ventelees.
      Cil vert elme reluisent et ces targes dorees.
      Lor ciés sainent de Deu s'ont lor copes clamees.
      Des[209] frains de lor cevals ont lor resnes noëes,   8360
      Les escus et les targes ont molt pres d'els serees,
      Par devant lor poitrines en cantel atornees.
      Nos escieles se sont parties et sevrees,
      A bataille cevalcent, es les vos aroutees –
      Li frons tenoit devant bien .XX. arbalestrees   *184b* 8365

233. A l'asambler des os fu molt grans la crïee.
      Li vesques de Mautran tint haut la crois levee,[210]
      A no gent le mostra si l'a desvelopee.
      Dont n'i ot onques puis parole devisee,
      Vers les Turs s'eslaisierent par molt grant randonee.   8370
      Godefrois vint devant, la ventaille fremee,
      Sinagon encontra o sa conpaigne armee –
      C'est uns des fils Soudan de sa moillier l'ainnee.
      Li uns guencist vers l'autre conme fals a volee,
      Grans cols se vont doner sans nule demoree.   8375
      Li lance Sinagon est froisie et quassee.
      Ainc li rois ne se mut de la siele doree,
      Le paien feri si sor le targe listee
      Sos la boucle li perce s'a la broigne fausee,

---

[208] *l. 8355. The scribe has corrected the* d *of* dont *from* q.

[209] *l. 8360. MS:* Lor f. *A scribal repetition from the previous line;* des *is given in all the variant manuscripts present.*

[210] *l. 8367. MS:* c. lavee. *A scribal slip;* levee *in all the variant manuscripts.*

                Par mi le gros del cuer mist l'ensegne fresee,   8380
                Mort l'abat del ceval – l'arme s'en est alee,
                En infer le pullent l'ont d̈iable ostelee.
                Et li rois Godefrois a s'ensegne escrïee,
                "Ferés, franc chevalier, sor la gent desfaee
                Qui ainc ne vaurent croire en la virgene honeree!   8385
                Cis premiers cols est nostres a iceste assanblee!"
                Dont oïssiés grant noise, grant brait et grant crïee.
                La ot tante anste fraite, tante targe esfondree
                Et tante pié et tant poing, tante teste colpee.
                Del sanc qui des cors ist est terre ensanglentee.   8390
                Li Turc traient as ars plus menu que rosee.

          234. Molt fu grans li bataille et fiers li capleïs.
                Des .XV. fils Soudan est li ains nés ocis,
                Atant es les .XIIII. poignant tos engramis.
                Cascuns amaine o lui .XX.M. fervestis.   8395
                Quant voient mort lor frere grans fu li ploreïs:
                Hautement le regretent, "Mar fustes, frans amis!
                Sinagon, qui t'a mort molt nos a affeblis.
                Çou a fait Godefrois a l'escu d'or vernis,
                Mais s'or est encontrés ja'n ert vengemens pris!"   8400
                Lors font soner lor grailles si ont lor cors bondis.
                Lucifers point et broce son destrier arrabis,
                A haute vois s'escrie, "U iestes vos fuïs,
                Godefrois de Buillon, malvais hom et faillis?"
                Al maltalent qu'il ot vait ferir Anseïs,   8405
                Un cortois damoisel qui fu nés de Paris.
                Par deseure le bocle li est l'escus croisis
                Et li haubers del dos desrous et dessartis:
                Li cuers qu'il ot el ventre li est en .II. partis,
                Mort l'abat del ceval tres en mi .I. lairis.   *184c* 8410
                Sains Michius enporta lors l'arme en paradis.
                Lucifers s'escria, s'est ariere guencis.
                Lors conmence l'estors et li abateïs
                Et d'une part et d'autre[211] la noise et li cris.
                Des plains par deça Acre les a on bien oïs.   8415

          235. Es plains de Rames fu la bataille molt fiere.
                Es poignant Aceré[212] par mi le sabloniere –
                Cil estoit fiux Soudan de sa feme premiere –
                Armés sor Bondifer de molt rice maniere,
                Covers d'un rice paile teste, col et crupiere.   8420
                A haute vois s'escrie, "Godefrois li lechiere,

---

[211] *l. 8414. The scribe has corrected the* d *of* d'autre *from* l.

[212] *l. 8417. MS:* po. Aire pa. *The name given in l. 8199 and l. 8483 is* Aceré, *as given here by all the variant manuscripts except C which gives* Aroe.

La Chanson de Jérusalem   223

  Mors m'avés mes .II. freres conme fel et boisiere!
  Se jo vos puis trover mar pasastes Baiviere.
  De vos ferai anqui une novele biere!"
  Al maltalent qu'il ot fiert Oedon de Lanciere: 8425
  Ses escus ne li vaut le rain d'une fleciere,
  L'auberc li desrompi dont la maille fu miere,
  Par mi le gros del pis mist la lance pleniere,
  Mort l'abat del ceval en mi une jonciere.
  Puis escria, "Baudarie!" si retorna ariere,   8430
  .II. des nos a ocis selonc une bruiere.
  Dont esforce li cris de le gent avresiere:
  Plus voloient saietes que plueue menuiere,
  Des cevals et des gens est molt grans li polriere,
  Aval les plains de Rames a de sanc tel riviere   8435
  Que li ceval i fierent desci a l'estriviere.

236. Aval es plains de Rames furent li caple fier.
  Atant es vos poignant Glorian et Brehier,[213]
  Lucion et l'aufage, Danemon et Gorhier,
  Fauseron, Esmeré et Sanguin le legier,   8440
  Clariel et Tahon, Rubin et Perelier.
  En lor compaigne furent de paien .C. millier.   *184d*
  Molt demainent grant noise a lor lances baisier.
  Dont oïssiés buisines soner et grailloier
  Et cele gent averse glatir et abaier.   8445
  Mais li jentius barnages qui Dex ainme et tient cier
  Ne vaut onques les Turs douter ne resoignier,
  Ains les requierent bien au fer et a l'acier.
  Dés que Dex vint en terre por le mont preecier
  Ne vit on en bataille tant vaillant chevalier.   8450
  La veïssiés le roi Godefroi bien aidier
  Et lui et ses .II. freres as brans les rens cerkier,
  Sarrasins et paiens ocire et detrenchier:
  Des mors et des navrés font la terre jonchier.
  Illuec avint as nostres .I. mortels enconbrier   8455
  Quar Rainalt de Belvais ont ocis son destrier.
  Ha! Dex! con grant damage quant l'estut trebucier.
  Et li ber se redrece qui le corage ot fier,
  Il embrace l'escu et trait le brant d'acier,
  En le presse des Turs est alés caploier.   8460
  Qui il ataint a coup n'a de mire mestier.
  S'il auques peüst vivre molt par s'i vendist cier.
  Mais Lucifers le fiert devant a l'encontrier,
  Ens el cors li a fait son dart trençant baignier.
  Li ber trebuce ariere, Deu conmence a proier   8465

---

[213] *l. 8438. MS:* G. l'iretier. *There is no other reference to Glorian as* l'iretier, *but this term is probably a misreading for* Brehier, *as given in DEGT and supported by* Bruhier *in C and* Blehier *in B.* Brehier *occurs elsewhere in ll. 8189, 8197 and 8702.*

K'il ait merci de l'arme c'or en a grant mestier.
Trois peux d'erbe a rompus por lui cumeniier.
Adont parti[214] li arme del vaillant chevalier,
En paradis le fist Damedex herbregier.
Wistases point avant, ja le vaura vengier. 8470

237. Vuistases de Bouloigne vit Rainalt abatu
Que Lucifers a mort – grant dol en a eü.
Le destrier point et broce qui randone menu
Et a brandi la lance del roit espiel molu *185a*
Vait ferir Lucifer devant sor son escu. 8475
Desous le boucle a or li a frait et fendu
Et le clavain del dos desmailliet et rompu,
Par mi le gros del pis li met le fer molu,
Mort l'abat del ceval par dalés .I. seü.
"Outre," dist il, "cuvers! Paiens, mal aies tu! 8480
De le mort de Rainalt t'ai gerredon rendu!"
"Saint Sepucre!" escria et trait le brant molu.
Vait ferir Aceré par mi son elme agu,
Les pieres et les flors en a jus abatu,
Trestot l'a porfendu enfresci qu'ens el bu; 8485
Li ber estort son coup, mort l'abat estendu.
Aprés rocist Principle le fil l'amireü.
Es le roi Godefroi poignant sor Capalu,
Wistase a escrïé, "Frere, or vos ai veü:
De ces grans cols samblés nostre aiol qui ja fu, 8490
Le Chevalier au Cisne qui le Saisne ot vencu!
Se jo ja mais vos fail ja m'ame n'ait salu.
Huimais poignons ensanble, bels frere, jo et tu!
Dex! u est Bauduïns? Ne sai se l'ai perdu!"
Atant es vos le conte poignant .I. pré herbu 8495
Sor Prinsalt l'aragon qui ot le cief quenu.
Devant son frere a mort .I. des fils Malagu
Et .I. des fils Soudan c'on apele Corsu.
Sanguin a encauciet, ne l'a pas conseü:
Quant il nel pot ataindre grant ire en a eü. 8500
En mi la voie encontre le roi Marcepelu,
La teste li trença ausi con .I. festu.

238. Molt fu grans la bataille et ruiste l'envaïe.
Atant es vos Robert le duc de Normendie,
Venus est a l'estor a fiere compaignie. 8505
La lance porte droite u l'ensegne ballie.
Tant con cevals puet corre a plain cors descoillie
S'eslaise en mi les Turs – qui li cors Deu maldie!
Fiert le roi Atanas qui sire ert d'Almarie –
Toute li fent et perce sa grant broigne trelie 8510

---
[214] l. 8468. *The scribe has corrected the* t *of* parti *from* d.

La Chanson de Jérusalem

  Et le broigne li a rompue et desmaillie,
  Le cuer li a fendu, l'ame s'en est partie
  Et li diable l'ont en infer herbregie.
  Li paiens ciet a terre del destrier d'Orcanie.
  Robers s'est escrïés, "Dame sainte Marie,   8515
  Roïne coronee, soiés moi en aïe!"
  Mist la main a l'espe[e],[215] del fuere l'a sacie,
  Tot en fendi .I. Turc enfrensci qu'en l'oïe.
  Aprés celui ra mort l'amiralt de Nubie,   *185b*
  Puis rocist Clapamor et Carcan de Rossie   8520
  Molt i fiert bien li quens car maltalens l'aigrie,
  Des paiens qu'il ocit est la terre joncie.
  Plus le fuient li Turc que le faucon li pie
  Et li ber les encauce plus d'une grant traitie –
  Mais se Jhesus n'en pense alés est a folie,   8525
  Quar si est entreclos de la gent paienie
  N'a mais de tos ses homes veüe ne oïe.
  Endroit Tres Ombres est gens paiene guencie,
  La u li mere Deu fu lasee et delie –
  Illuec se reposa et dist la porphetie   8530
  Que Dex i fesist ombre s'il ert sa conmandie:
  Maintenant fu la terre entor li aombrie,
  N'i aluisoit soleus bien de liue et demie.
  Cil ombres est vers Jafe par deça Calkerie.
  La fu des Turs enclos Robers de Normendie,   8535
  Mainte saiete i ot desor lui descocie.
  Tant en ot en ses armes et[216] trait et enficie
  S'eles fussent ensamble c'on nes embraçast mie.
  Sarrasin les bersoient et font grant huërie.
  Del bon conte Robert ne sai que on en die –   8540
  Se Damedex n'en pense molt ert corte se vie,
  Car plus a de saietes sor lui d'une bracie.
  Aval les plains de Rames a si grant crïerie,
  De cors et de buisines font si grant melodie,
  Sor haubers et sor elmes si grant carpenterie   8545
  Que[217] desci envers Acre tote terre en formie.
  Se cil Sire n'en pense qui de mort vint a vie
  Anqui sera no gens vencue et desconfie
  Et a dolor tornee no grans chevalerie,
  Car tant par i avoit de le gent de Persie   8550
  Que .VII. liues plenieres en est terre cargie.

239. Ruiste fu la bataille et li estor pesant.
  Robert de Normendie ont enclos li Persant,

---

[215] *l. 8517. Since the scribe has not failed elsewhere to write* espee, *the second* e *has been supplied.*

[216] *l. 8537. MS:* a. en t. *A scribal slip.*

[217] *l. 8546. The scribe has corrected the* Q *of* Que *from* d.

As ars turçois le traient et vont de loing bersant.
Desous lui li ont mort son destrier alferrant, 8555
Et li ber resaut sus qui le cuer ot vaillant,
L'escu mist devant lui et trait tot nu le brant.
Molt se vait ruistement vers paiens desfendant –
Qui il ataint a coup tot le vait porfendant.
Turs ne l'ose aproismier d'une lance tenant. 8560
Si chevalier l'aloient par mi l'estor querrant:
Quant nel pueent trover molt en furent dolant.
A Robert le Frison en vont li més plorant,
"Sire, secorés nos, por Deu le raemant – *185c*
Robert de Normendie enmainent li Persant!" 8565
Quant li quens l'entendi s'en ot le cuer pensant.
"Saint Sepucre!" escria. "Chevalier, ore avant!"
Lors fait soner .I. graille si s'en torna atant.
Si compaignon le sivent, del ferir desirant.
Buiemont le dist on et Tangré le Puillant 8570
Que Sarrasin enmainent dant Robert le Normant
Et que li quens de Flandres le vait aprés sivant.
Quant Buiemons l'entent del cuer vait sospirant,
Tangré a escrïé, "Sonés cel olifant!
Ne le garront paien desci en oriant!" 8575
Li cosin s'en tornerent o lor compaigne grant,
Aprés Robert de Flandres s'en vont esperonant,
En le presse des Turs se sont feru bruiant.
As lances abaisier en abatirent tant
Que tot cil qui les virent en furent mervellant. 8580
Puis traient les espees par molt fier maltalant,
Testes et poins et piés aloient decolpant.
Li pluisor s'en fuioient, lor boials traïnant.
No baron nes espargnent mais tos tans vont ferant,
Onques ne s'aresterent en nul liu tant ne quant, 8585
Mais as bons brans d'acier vont tel rote faisant
Qu'aprés eux menast on .I. grant car caroiant.
Enfresci qu'a Tres Ombres mainent les Turs ferant.
La troverent Robert navré et tot sanglant,
Mais encor ne sanbloient pas si grant colp d'enfant, 8590
Ne redotoit paiens .I. denier valisant.
Buiemons li amaine .I. destrier auferrant
Et Robers i monta, qui cuers ne vait faillant.
Quant il fu al ceval ne se vait pas faignant,
Maintenant a ocis .I. Turc en trespassant. 8595
Et li baron l'enbracent, sovent le vont baisant
Et Robers li Frisons de ses bras acolant.
Es vos par la bataille le fier Cornumarant
A .XXX. mile Turs de le loi Tervagant.
Entre Francois se fiert, molt les vait damagant. 8600
"Damas et Tabarie!" vait sovent escriant.

La Chanson de Jérusalem

240. Al rescorre Robert ot maint grant colp doné,
    Maint Turc et maint paien ocis et decolpé.
    Es vos par la bataille apoignant Esmeré,
    Le fil Soudan de Perse – Antan l'ot adoubé.   8605
    En sa compaigne furent .XX.M. Turc armé.
    Le lance porte droite, le gonfanon fremé.
    Godefroi de Buillon a sovent escrïé,
    "Mauvais rois, molt me poise que jo ne t'ai trové: *185d*
    La mors de mes .III. freres vos fust gerredoné!"   8610
    Tres en mi le bataille a Rogier encontré,
    Le ceval laise corre si a a lui josté.
    L'escu li a percié et le hauberc fausé,
    Del ceval l'abati, molt forment l'a navré.
    Quant Rogiers del Rosoi se senti aterré,   8615
    Isnelement saut sus, trait le brant acëré.
    Ains qu'Esmerés guencist l'a si Rogiers[218] hasté,
    De l'espee trençant li a tel coup doné
    Amont par mi son elme, u bien l'a avisé,
    Que l'elme li trença et a esquartelé.   8620
    Entre cors et escu a son coup avalé
    Que le braç et le guige a ensanble colpé:
    Del grant coup trebuça li Sarrasins el pré.
    Et Rogiers del Rosoi a le ceval coubré,
    Ens en sa main senestre prist le regne nöé   8625
    Et sailli es arçons, qu'a estrier n'en sot gré.
    Quant Sarrasin le voient, si ont le cri levé.
    Molt demainent grant dol li .IX. frere Esmeré:
    Mahomet Gomelin ont molt forment juré
    Que por lor freres ierent .XX.M Franc tüé.   8630
    Lors se sont trestot .IX. rengiet et ajosté,
    Les escieles manderent si ont lor cor soné –
    Bien furent .X.C. mile quant il furent josté,
    Trestot de gent averse – bien resanblent malfé.
    Or soit Dex en aïe sainte crestïenté,   8635
    Car a ceste bataille seront forment grevé:
    Deu aront a ami s'il en sont escapé.

241. Molt fu grans la bataille et ruiste la mellee,
    Des cors et des buisines retentist la contree.
    Les escieles s'aproisment[219] de le gent desfaee –   8640
    .XL. en i avoit de la gent desertee.
    Li pluisor en sont noir assés plus que pevree

---

[218] *l. 8617. The scribe has corrected the* r *of* rogiers *from* s.

[219] *l. 8640. MS:* e. l'a. *There is no example in Tobler-Lommatzsch or Godefroy of the use of* aproismier *with an indefinite* le. *In view of the scribe's tendency to confuse* l *and* s *(see Introduction: Corrections and Scribal Errors, para. 10), the reading* s'aproisment *of BCG (*s'aproçoient *in E) has been preferred. DIT give* aprocent *without any pronoun.*

Et li auquant cornu, cascuns porte plonnee.
Et si ot une esciele de noire gent barbee –
Cil sont assez plus noir que suie destempree, 8645
Cascuns porte une hace trençant et afilee.
Cele eskiele est as nos premierement hurtee.
A l'ajoster i ot grant noise demenee:
La ot tant pié, tant poing, tante teste colpee,
Molt par ont de no gent ocise et afolee. 8650
Es vos Rotol del Perce et sa compaignee armee
Et dant Huon le Maine, qui l'ensegne a portee,
Et li quens de Vendosme od cels de sa contree,
Si fu li quens Lambers, qui bien fiert de l'espee. *186a*
Lor gent ont tote ensamble belement ordenee, 8655
Puis font soner li conte .X. cors a la menee.
Li quens Hue esperone s'a "Monjoie!" escrïee.
Tant con cevals puet corre a plain de randonee
Se vait ferir li quens entre la gent dervee.
Ains que l'espius brisast en fist tante enclinee 8660
A plus de .XX. en fist saillir la bouelee.
Quant l'espius li brisa si a traite l'espee;
Qui il ataint a coup n'i puet avoir duree.
Trente Turs en fendi deci en la coree.
Li quens Rotols del Perce fiert par grant aïree 8665
Et li quens de Vendosme a molt grant alenee,
Li quens Lambers del Liege i fiert mainte testee:
Molt est no gens des Turs de ferir engriesee.
Cele esciele ont ocise morte et desbaretee,
Enfresci qu'a Tres Ombres l'ont ferant reculee – 8670
La fu sainte Marie por le caut reposee.
Illuec fu des Turs mors plus d'une grans navee.

242. Molt fu grans li bataille, si fiere ne vit on.
L'esciele d'orïent vint poignant de randon,
Plus sont de .XXX.M. li encrieme felon, 8675
Cornicas les conduist des puis de Rubion.
Li cevals u il siet ert plus blans d'un colon,
.II. cornes avoit grans par devant ens el fron –
Trençans sont et agües assés plus d'un ponçon.
Les piés avoit fendus devant dusc'al talon 8680
Ensement con uns bués et tot de tel façon.
Plus ot les ongles durs d'acier ne de laiton
Et si coroit plus tost qu'espreviers ne faucon.
Li paiens l'ot covert d'un vermel siglaton
Et portoit une ensegne u avoit .I. dragon. 8685
Cornicas point et broce, mist l'e[s]cu a bandon,
Et li destriers l'i lance plus d'un esmerellon
Et fiert Tumas de Marle sor l'escu al lion.
Desor la boucle d'or li peçoie et confon,
Mais ainc ne li fausa son auberc fremellon. 8690

De le lance qu'il porte volerent li tronçon
E Tumas se tint bien – ainc ne mut de l'arçon.
A l'espee en quida prendre le vengison,
Mais li Turs s'en passe outre, ne le prise .I. boton,
Car ses destriers tresvole plus tost d'alerion. 8695
Quant Tumas l'a veü si fronça le grenon,
Plus est d'ire enbrasés que nus fus de carbon.
Al maltalent qu'il ot vait ferir Clarion –
C'est uns des fils Soudan, roi est de Monbrandon. *186b*
Ainc elmes ne escus ne li fist garison, 8700
Trestot l'a porfendu enfresci qu'el menton.
Puis rocist ses .II. freres Brehier et Lucion.
Es poignant Engerran, fil de Saint Pol Huon,
Sor son escu devant ala ferir Tahon –
C'est uns des fils Soudan, si tint Perse en son non. 8705
Engerrans le feri par tel devision
Que l'escu li perça con un pan d'auqueton.
Li clavains ne li valt .I. hermin peliçon,
Son espiel li conduist tres par mi le pomon,
Si souef l'abat mort qu'il ne dist ol ne non. 8710
Puis a traite l'espee qui li pent al geron,
Par mi l'elme feri son frere Glorion –
Tot le fent et coupa enfresci qu'en l'arçon.
A l'autre colp rocist son frere Rubion.
N'i a mais que .II. vis que nos vos nomeron – 8715
C'est Sanguins et l'aufages, molt sont andoi felon.
Quant voient mors lor freres si reclainment Mahon,
Et li autre paien font si grant uslison
Que dusc'al tref Soudan en oï on le son.

243. Quant li aufages vit ses freres si morir 8720
Del maltalent qu'il ot quide le sens marir.
Le destrier point et broce par mervellos aïr,
D'un fausart que il porte vait Engerran ferir
Que l'escu de son col li fait fraindre et croisir
Et l'auberc jaseran desrompe et desartir, 8725
Le cuer qu'il ot el ventre li fist en .II. partir,
Il l'empaint par vertu si l'a fait jus caïr.
Engerrans de Saint Pol reclama saint Espir
Qu'il ait merci de s'ame se lui vient a plaisir
Et secoure son pule, que il nel laist perir, 8730
A le gent mescreant mater ne desconfir.
Sa main leva amont por son cief beneïr:
Son cief contre oriant l'a fait Dex defenir.
Si con il l'ame fist fors de son cors issir
Nostre Sire le fist saint Michiel recoillir, 8735
En son saint paradis et metre et aseïr,
Illuec le fait des sains et des angeles servir –
Çou est drois, car por lui fist son cors martirir.

Molt fu dolans ses pere quant mort le voit jesir,
Tant fort detort ses poins le sanc en fait issir, 8740
De dolor et d'angoisse conmença a fremir.
"Dex!" dist il, "por coi as mon fil laisié morir,
Quant il estoit ça outre venus por vos servir?"
La veïssiés maint prince et maint baron venir. *186c*
Dont peüssiés grant dol por Engerran veïr. 8745
Hue tort si ses poins, ses jointes fait croisir,
S'espee trait del fuere qu'il s'en voloit mordrir
Quant Robers li Frisons li vait des mains tolir.
Le dol que Hües maine ne pueent pas sofrir
Li baron et li prince, ains les estut pasmir. 8750

244. Quant Engerrans fu mors molt i ot grant dolor,
Maint baron et maint prince i plorerent le jor.
Sor .I. escu coucierent le noble poigneor,
Isnelement le portent bien loing fors de l'estor.
En le bataille arriere repairent par iror, 8755
Cascuns tient el poing destre le bon brant de color,
Por le mort Engerran sont forment en tristor,
Cel jor en sont ocis por lui .C. aumaçor.
Li gent nostre Segnor sont molt de grant valor,
Fierement se contienent, molt en ont mort cel jor. 8760
Dans Hue de Saint Pol nel mist pas en sejor,
Le mort de son enfant dont al cuer ot error.
L'aufage vait querant entre gent paienor,
En mi cels l'encontra quil tienent a segnor.
Ne fust mie si liés por trestoute s'onor 8765
Ne por tote la terre d'Aufrique le maior
Que tient li empere d'Inde superior.

245. Dans[220] Hües de Saint Pol a l'aufage veü,
A esperon li vient, entesé le brant nu,
Amont par mi son elme l'en[221] a grant colp feru – 8770
Les pieres et les flors en a jus espandu.
Li cous descent aval de molt ruiste vertu,
Entresci qu'en l'arçon l'a trestot porfendu,
Li ber estort son coup si l'a mort estendu.
"Outre," dist il, "paiens, maleois[222] soies tu! 8775
De le mort Engerran t'ai gerredon rendu!"
Quant Sarrasin le voient tot en sont esperdu,
Dont oïssiés grant noise et grant cri et grant hu,
Plus de .C. mile sont de cele part venu.
La furent li Espec qui tot erent biecu – 8780

---

[220] *l. 8768. The scribe has corrected the* D *of* Dans *from* Q.

[221] *l. 8770. The scribe has corrected* l'en *from* les.

[222] *l. 8775. MS:* p. maleoirs s. *A scribal slip.*

La Chanson de Jérusalem 231

    Testes ont conme cien et le cors tot velu,
    Molt ont grandes les ongles et lor dent ont[223] agu,
    En bataille s'aerdent a le gent conme glu.
    Quant voient les ribals sore lor sont coru
    Et as bés et as ongles lor ont le car tolu,   8785
    Les boiaus lor sacoient par le ventre del bu:
    Cel jor ont li ribaut molt grant damage eü.

246. Quant li rois des Tafurs vit cele gent salvage
    Ki de ses homes font tel martire et tel rage,   *186d*
    De maltalent et d'ire a poi que il n'enrage.   8790
    Il escrie as ribals, "Ne soiés pas ombrage!
    N'aiés mie paor de ceste gent marage.
    Il n'ont auberc ne elme, escu, espiel ne targe.
    Soviegne vos de Diu qui fist oisel volage."
    Quant ribalt l'entendirent si sainent lor visage,   8795
    Hardemens et proëce lor revint en corage,
    As coutels et as haces en ont fait tel damage
    Que li mont des ocis gisent aval l'erbage.[224]

247. Des que li ribalt orent les becus desentis,
    A macües, a haces, a cotels couleïs   8800
    Lor detrencent les testes et les bras et les pis.
    Et cil mainent des bés .I. si grant glateïs
    Et abaient et ullent et demainent tes cris
    De Saint Jorge de Rames les a on bien oïs.
    Et li rois des Tafurs en a bien .C. ocis   8805
    Et li ribalt les ont as haces acoillis:
    Aval les plains de Rames font tel abateïs
    Que en lor sanc feroient desci qu'a lor poinis.
    Li biecu s'esmaierent, es les vos desconfis;
    Plus tost s'en vont fuiant que cevals ne roncis,   8810
    Desci qu'a l'estandart n'en est uns resortis.
    Al maistre tref s'arestent l'amiral[225] de Persis,
    U juoit as eskés al frere l'aupatris.
    Quant il voit les becus de devant lui assis,
    Molt les a maneciés et s'en a forment ris;   8815
    Mais dusqu'a poi de terme ert dolens et maris,
    Car il ora noveles de ses .XIIII. fils
    Dont cascun est li cuers ens el ventre partis.

248. Molt fu grans li bataille, bien fait a ramenbrer,
    Onques devant ne puis ne vit nus hom sa per.   8820

---

[223] l. 8782. *The scribe has corrected* ont *from* sont.

[224] l. 8798. *The scribe has corrected the* l *of* l'erbage *from* s.

[225] l. 8812. MS: s'ar. l'amirals d. *Since the scribe is ordinarily careful to preserve the correct flexional ending, the text has been corrected to* l'amiral.

La peüssiés veïr tant ruiste colp doner
Et tant escu percier et tant clavain fauser,
Paiens et Sarrasins morir et craventer,
Abaier et glatir et conme ciens uller,
Les Kenelius henir et hautement juper. 8825
Es poignant Cornicas d'outre la Roge Mer,
El ceval sist cornu – plus tost le fait aler
Qu'esmerellons ne vole por le grue encontrer.
Ocis nos a Rogier et Martin au joster.
Quant Bauduïns le voit, le sens quide derver. 8830
Le ceval conmença forment a galoser[226] –
S'il le pooit avoir, il nel vauroit doner
Ki d'or fin li vauroit .IIII. fïes peser.
Prinsaut esperona, tost le fist randoner. *187a*
Ains li rois Cornicas ne s'i sot si garder 8835
Que li quens Bauduïns ne fust a l'encontrer.
Amont par mi son elme li vait tel colp doner
Que les flors et les pieres en fait jus craventer,
Desci qu'en la poitrine li fist son brant couler,
Le destrier a saisi, le Turc fist jus verser: 8840
Bauduïns est guencis, mist soi el retorner.
De Prinsalt descendi, el cornu vait monter,
Puis conmanda le sien a son harnas mener
Bien loing hors de la presse – la le voist arester.
Plus tost fait Bauduïns le cornu desteler 8845
Que espreviers ne vole quant il doit oiseler;
Or puet seürement et venir et aler.
Bien se puet as paiens quant il velt acoster
Et par mi la grant presse et venir et aler.
Anqui fera as Turs le cornu conperer. 8850
De son premerain poindre en fist .X. craventer.
"Saint Sepucre!" escria. "Ne le poront durer
Ceste gens maleoite qui Deu ne velt amer!
Venés avant, baron! – ja les verrés mater!
Trestot conmunalment devés avant aler!" 8855
Dont oïssiés "Monjoie!" hautement escrïer,
"Saint Sepucre!" et "Saint Jorge!" hucier et reclamer.
Plus d'une arbalestee font les Turs reculer.

249. Molt fu grans li bataille, mervellose et estraigne.
Li cri sont esforcié et li estors engraigne. 8860
Estes vos apoignant les Mors de Moriaigne,
Mincomans et Aufins et cels de Buriaigne –
Velu sont con mastin, molt par ont laide çaigne:
Qui ciet entre lor mains fait a male bargaigne.
Mais li jentius barnages de la terre soutaigne 8865
A l'espee d'acier molt forment en mahaigne.

---
[226] *l. 8831. The scribe has corrected* galoser *from* galoper.

Des mors et des navrés coevre si la campaigne
N'i veriés point de terre fors boials et entraigne.
Cascuns de lor cevals en sanc vermel se baigne.
Li Mor sont desconfit – fuient aval le plaigne. 8870

250. Aprés icele esciele revinrent autre gent –
Ce sont et Gaufre et Bogre, Keneliu li pullent:
Quant li hom est porris si le manjüe et vent.
As poitrines lor tienent li menton et li dent.
Avoec cels sont venu tot cil de Bocident – 8875
Cil mainent .X. jornees dela l'arbre qui fent
Une fois ens en l'an por renovelement.
Onques cil ne mangierent de pain ne de forment,
Ainc parler nen oïrent ne n'en sevent noient. *187b*
Tot vivoient d'espeses, n'ont nul habitement 8880
Et sont tos tans al halle, al solel et au vent.
Plus ont noires le cars que pois ne arement
Et si corent plus tost que quarels qui destent.
Les cors ont conme singes et testes de serpent
Et muient conme tor, n'ont autre parlement. 8885
N'i a cel qui ne port u mace u ferrement.
Molt sont lait et hisdeus, de conbatre ont talent.
Se Damedex n'en pense par son conmandement,
Li glorious del ciel a qui li mons apent,
Cil feront de no pule molt grant destruiement. 8890

251. Es vos le roi des asnes a esperon broçant,
Toute se gent venoient con asne recanant:
Tele noise demainent et .I. tempest si grant
Que tot li plain de Rames en aloient crollant.
Li os Deu s'esmaia, molt se vait formiant – 8895
Se Dex nes maintenist ja'n alaisent fuiant.
Dont font le vraie crois molt tost venir avant,
Li vesques de Mautran l'i aporta poignant
Et l'abes de Fescamp la lance al fer trençant,
Et li vesques de Nole l'estace u li tyrant 8900
Batirent Jhesu Crist, cascuns a son vergant,
Tant qu'il ot son bel cief et son cors tot sanglant.
A haute vois s'escrie li vesques de Mautrant,
"Tornés ça tost vos ciés, franc chevalier vaillant!
Ne vos esmaiés mie mais soiés rehaitant. 8905
Vés ci le vraie crois qui nos sera garant!
Ja mais n'aront victore Sarrasin ne Persant!
Gardés n'alés hui mais .I. sol pas reculant
Mais as cuvers destruire voist qui mius puet avant.
Tot li mal qu'avés fait en tot vostre vivant 8910
Vos pardoins jo de Deu le pere vraiemant.
Et se por lui morés, saciés a esciant
En son saint paradis en irés tot cantant."

Quant Cretiien oïrent le vesque de Mautrant
Et le vraie crois voient devant els aparant, 8915
Maintre conmunalment se vont esbaudisant.
Ainc n'i ot si coart bataille ne demant,
Ne dotent mais le mort .I. denier valisant,
Desor le gent averse vont a maintas ferant.
Et jo que vos diroie? – tant en vont ociant 8920
Que hom nel poroit dire ne joglere qui cant.
Ja tornascent en fuies quant vi[n]rent li gaiant –
Cascuns d'els porte mace de fer grosse et pesant,
Sor Crestïens feroient, molt en vont cravantant. *187c*
Li vesques de Mautran i vint esperonant, 8925
Le vraie crois tenoit devant lui en estant –
Bien l'avoit apoié au col de l'auferrant.
Li gaiant l'esgarderent, tot[227] vont esbleuisant,
Des grans maces s'ocïent et vont escervelent.
Le feu grigois ont pris sel jetent maintenant – 8930
Li uns le vait sor l'autre espessement jetant.
Et jo que vos diroie? – issi se vont ardant,
De .V. mile n'en furent que .II.C. escapant.
Sor l'autre gent averse qui estoit remanant
Li vens maine le fu, tos les vait bruïsant. 8935
Es vos a esperon venu Cornumarant.
Quant vit sa gent ardoir molt ot le cuer dolant,
Plantamor point et broce et tint tot nu le brant,
Fiert Gerart de Gornai par mi l'elme luisant,
Ainc coife ne ventaille ne li fist nul garant, 8940
Enfresci qu'el menton le vait tot porfendant,
Mort l'abat del ceval puis s'en vait randonant.
Li quens Bauduïns broce le cornu ataignant,
L'espee tote nue vait le Turc encauçant,
Ainc ne le vaut gerpir si vint al tré Soudant. 8945
Cil ne l'osa atendre, mist soi en .I. brehant.
Bauduïns voit Pieron a l'estandart seant,
Environ lui seoient .X. mil Arrabiant,
N'ose a lui arester sel salue en alant.
Devant le tref roial ocist .I. amustant, 8950
Puis broce le cornu si s'en torna bruiant
Et li cevals l'enporte plus tost c'oisels volant,
N'avoit garde d'ataindre desci en oriant.
Et Cornumerans vient au tref roial corant,
A haute vois escrie, "Quar estés, amirant! 8955
Tot sont ocis ti home, paien n'i a vivant –
Et li Hongre et li Bogre et li Popeliquant
Et li Amoravi qui tant ierent vaillant
Et cil de Longebar et li plus lonc gaiant!"
A iceste parole es vos Sanguin corant, 8960

---
[227] l. 8928. The scribe has written a titulus over the o of tot.

La Chanson de Jérusalem 235

    Ensanble o lui venoient li Mor de Moriant
    Qui a .II. mains venoient lor cevels esraçant,
    Mahon et Apollin hautement reclamant.
    Devant son pere vint Sanguins ses poins tordant
    Et li Mor avoec lui, cascuns paumes batant.   8965
    Devant Soudan se vont cascuns agenoillant.
    "Di va, que avés vos?" ço lor dist l'amustant.
    "Molt vos voi mesbaillis, par mon Deu Tervagant!"

252. Sanguins li fius Soudan s'est molt halt escrïés,   *187d*
    "Amirals, sire pere, molt estes mal menés,   8970
    Perdu avés vos fils, ja mais nes reverés,
    Li barnages de France les vos a mors jetés.
    Tot sont ocis ti home, molt i a poi remés!"
    Quant Soudans l'entendi .IIII. fois s'es[t] pasmés.
    Aprés se redreça, molt est haut escrïés –   8975
    "Or tost," dist l'amirals, "mes armes m'aportés!"
    Et si home respondent, "Si con vos conmandés."
    Ses armes li aporte Corsaus et Salatrés.
    Devant le maistre tref fu uns tapis jetés
    Et desor le tapi uns pailes colorés –   8980
    La s'asist l'amirals qui est de grans fiertés.
    Ses cauces li cauça li rois Matusalés
    D'un clavain ploieïs – onques hom ne vit tés.
    Les bendes en sont d'or, si le fist Salatrés,
    Uns molt sages Juus qui des ars fu parés –   8985
    A claus d'argent estoit cascuns clavains[228] soldés.
    Ses esperons li cauce l'amirals Josüés –
    Ja beste c'on en poigne n'ara ses flans enflés.
    Puis vesti une broigne que fist Antequités
    Qui fu .XXV. ans conme Dex aorés.   8990
    A lui fu Israels et Galans li senés –
    La aprisent le forge dont cascuns fu parés.
    Molt ert rice la broigne, cascuns pans fu safrés,
    De fin or et d'argent menu recercelés
    Et tos li cors deseure tos a listes bendés   8995
    Li coife est tote d'or, molt a grans dignités:
    Ja hom qui l'ait el cief n'ert de colp estonés.
    La ventaille ert de pieres qui jetent grans clartés.
    A .XXX. las d'or fin ert ses elmes fremés.
    Mahomes Gomelins fu deseure mollés,   9000
    Tervagans et Jubins et Margos li ains nés:
    Hom qui le jor l'esgarde ne puet estre avulés.[229]
    S'espee li aporte l'amirals Esteflés –
    Uns dïables le fist qui ot a non Barés

---

[228] *l. 8986. The scribe has corrected the* c *of* clavains *from* le.

[229] *l. 9002. MS:* est. alumés. *The reading required by the context is* avulés, *as given in all the variant manuscripts present.*

236   La Chanson de Jérusalem

Es puis de Loqueferne u il fu enserrés   9005
Un an et .I. demi fu li aciers temprés.
Quant l'espee fu faite s'en ocist .II. malfés.
En infer l'orent molt a .I. plait ramprosnés.
Plus ert noire l'espee que aremens trivlés.
Hisdeuse avoit a non si fu ses nons només –   9010
N'i avoit point de crois mais li brans fu letrés
Qui raconte des cius les grandes majestés.
Li fueres ert d'ivoire a pieres estelés
Et li renge de pale, d'orfoi li soubaudrés.²³⁰   *188a*
Et li Soudans l'a chainte a son senestre lés.   9015
Une toise fu longe et demi pié fu lés,
Plus trence que rasoirs quant il est afilés.
Cest jour en a as nos tant main[t] la teste rés.
A son col pent sa targe ses oncles Bausumés –
.XXX. boucles i ot de bannes principés,   9020
La targe ot de fin or trestot les bois orlés
Que par l'arme n'en fust .I. poi escantelés.
De cuir d'olifant iert par dedens enarmés
Et defors ert de cierf et d'ermine fourés.
Son ceval li amainent qui bien fu ensielés,   9025
De frain et de lorain ricement atornés –
N'esligast le harnas l'amiraus Codröés,
De le moitiet d'Espaigne ne fust mie acatés.
De .IIII. fors souschaingles fu li cevaus hurtés,
Li estrier son[t] de cuir de cierf molt bien tanés,   9030
Li aniel en sont d'or – cent pans ont mesurés.
[Par son estrief senestre est li Sodans montés]²³¹   9031a
Et au diestre tenir ot .XX. rois coronés.
.I. espiel a saisi dont li fiers fu quarrés:
Moult iert boins et trenchans; tos fu envenimés,
Nus hom n'en puet guerir qui en soit point navrés.   9035
.I. dragons fu en som a .XX. claus d'or bendés.
Sour son pis gist sa barbe, blance con flors de prés.
Par tel aïr s'afice es estriers noëlés
Que li Maigremors est desous²³² lui arçonés.
Moult fu grande sa force et s'a grande biautés.   9040

---
²³⁰ *l. 9014. From l. 9014 the MS has been copied in a second, later, hand, resulting in a change of many scribal forms in the remainder of the text.*

²³¹ *l. 9031a. L. 9032 requires an antecedent line, which is present in substantially the same form in C, D, EG and I. The form of the line, however, is determined by the context and rhyme, and its absence in T as well as in A may suggest that this is another line which was lacking in the common source of ACDEGIT. B has a lacuna from ll. 8891-9356. Text of D.*

²³² *l. 9039. MS: e. desour lu. The second scribe may write* desour *for* desous *and vice versa, and where the sense is obscured these have been emended: see ll. 9153, 9845, 9846, and cf. ll. 2821, 2847, 2848.*

La Chanson de Jérusalem   237

>   Or saciés a fiance, s'il fust crestiienés,
>   Que ains ne fu telz princes veüs ne esgardés.
>   (Moult fu grande sa force et s'a grande biautés.)
>   Moult fu grande la noise quant Soudans fu armés.
>   Dont fu li maistre cors a l'estandart sonés –   9045
>   Ki veïst ces[233] paiens venir et assanler,
>   Grailles, tabors et timbres et cors d'arain soner
>   Que bien .V. grandes liues en est [li][234] sons alés.
>
> 253. Quant Soudans fu armés molt i ot grant crïee.
>   Sonent cors et buisines, tabors a la menee –   9050
>   Aval les plains de Rames retentist la contree.
>   Cascuns des amiraus en a sa gent guiee,
>   Par .V. fois son .C.M. la pute gens dervee.
>   Et li[235] rice amulaine ki maine grant posnee
>   Sist desour le blancart a la crupe truillee –   9055
>   C'est li rices cevaus dont on fist esprovee
>   Dedens Jherusalem a no gent onoree.
>   Soudans sist sour le marbre a la crupe truillee
>   Qui coroit .XXX. liues tout d'une randonee   *188b*
>   Ançois que il eüst piet ne gambe lassee.   9060
>   Li amiraus Soudans a sa barbe juree
>   Que se paiens i fuit la tieste ara copee.
>   Or aït Dieux no gent et sa vertus nomee,
>   Ancui aront bataille moult fiere et aduree,
>   Onques ne fu plus ruiste oïe n'escoutee.   9065
>
> 254. Les eskieles cevaucent – Soudans les fait guier
>   Et a .XXX. amiraus et rengier et jouster.
>   Defors les plains de Rames fist son tresor porter,
>   [Devant nos Crestïens et metre et aüner][236]   9068a
>   Pour çou que il l'alascent et cargier et torser.
>   Par içou les cuida desconfir et mater,   9070
>   Mais ains n'i ot celui qui i vosist torner:
>   Plus amoient assés paiens a decoper.
>   Li amiraus conmande sa gent a esprover.

---

[233] *l. 9046. MS:* vei. cest p. *A scribal slip.*

[234] *l. 9048. The scribe has omitted* li *in error.*

[235] *l. 9054. MS:* Et la r. *It is possible that the reading in the exemplar was* le *and that it has been misread for a Picard feminine.*

[236] *l. 9068a. The* il *of l. 9069, together with the* les *of l. 9070, has no logical antecedent without l. 9068a. The three versions of D, EG and T agree substantially for the first hemistich, but this is hardly surprising in the context; their lack of agreement in the second hemistich, although possibly within the bounds of normal variation, suggests that the omission of the line in AC is not to be seen as an error of these two manuscripts alone but rather as an omission in the source of ACDEGT. I is still much abbreviated at this point and the lack of this line, though likely, cannot be ascertained, as I lacks ll. 9068-72. Text of D.*

238   La Chanson de Jérusalem

      A cest mot s'eslaiscierent plus de .C.M. Escler
      Et li Arrabi font lor cevaus randoner.   9075
      Mais li gentis barnages, cui Jhesus puist sauver,
      La bataille des Turs ne vorrent refuser.
      Moult fu grande la noise quant vint a l'assanler:
      La peüsciés veïr tant ruiste cop doner
      Et tant pié et tant puing, tante tieste coper,   9080
      L'un Sarrasin sour l'autre trebucier et verser,
      Trencier pis et corailles, hiaulmes esquarteler,
      Del fier et de l'acier les fus estinceler.
      En .M. lius oïsciés ensegnes escrïer.
      Es plusiours veïsciés les boiaus traïner,   9085
      Les .I. contre les autres et venir et aler,
      Les Turs as ars de cor sovent traire et berser,
      Sour ces elmes d'achier des espees capler.
      Qui la fust a merveilles les peüst esgarder.
      Jou di qu'il fust hardis s'il osast arester.   9090

255. Es vous par la bataille apoignant Corbadas,[237]
      Bien fu armés li rois et sist sor Golias.
      De Clermont en Auvergne a mor[t] .I.[238] Avergnas,
      Après ocist Beraut, le cosin dan Tumas.
      Sour nos Crestiiens fiert de s'espee a maint tas.   9095
      "Par Mahomet," dist il, "Jhursalem vengeras
      Que François m'ont tolu, li fil as satenas.
      Les plus rices barons metrai ens en mes las,
      Godefroi de Buillon enmenrai a Badas.
      Quant de ci estordront nel tenront mie a gas –   9100
      Ja n'en escapera li magres ne li cras:
      Prisons les enmenrai conme caitis et las!"
      Buiemons de Sesile en entendi les gas,
      A haute vois escrie,"Cuvers, mal le pensas!"   *188c*
      Se Dieu plaist et sa mere ancui le comperras!"   9105
      Vers le paien s'en vint assés plus que le pas.

256. Buiemons point et broce le destrier de Castiele
      Et tint nue l'espee qui moult est boine et bielle,
      Mais toute estoit couverte de sanc et de cervelle.
      Fiert Corbadas sour l'ielme qui luist et estincelle – 9110
      La coife ne li vaut le rain d'une cevielle,
      Aussi le fent et cope conme .I. pan de goniele.
      Quan qu'ataint de l'escu detrence et escantiele,
      Le char li a fendue par desous la mamelle,

---

   [237] *l. 9091. MS:* a. Brohadas. *L. 9110 and l. 9153 show that the scribe is in error.* Corbadas *is given in all the variant manuscripts.*

   [238] *l. 9093. The scribe has hesitated over* mor .I., *which is written* mori., *with no point preceding the numeral.*

La Chanson de Jérusalem 239

    Li espee descent par desous la fourcelle   9115
    Si que il l'a fendu enfresci qu'en la sielle.
    Tout aval les arçons en ceï la bouielle.
    Buiemons li escrie, "Ceste venjance est bielle!
    Huimais n'en porterés del nostre une cuielle!"
    A Cornumaran ert male celle nouvelle.   9120
    "Saint Sepulcre!" rescrie, toute sa gent apielle.

257. Es vous par la bataille apoignant Luciabel.
    Noblement fu armés sour son ceval isnel,
    La lance porte droite, tint l'escu en cantiel.
    Sour son escu devant va ferir Mirabiel –   9125
    Dou lignage[239] fu nés le roi Karlon Martiel.
    Li escus de son col ne li vaut .I. mantiel,
    L'aubierc li desrompi[240] conme .I. pan de buriel.
    Par mi le corps li mist son espiel[241] a noiel,
    Mort l'abat dou ceval dalés .I. arbrisciel.   9130
    Puis a traite l'espee dont trencent li coutiel,
    Ocis nos a Raoul et Guion du Ponciel.
    De no crestiienté faisoit moult grant maisiel.
    Tangrés l'a esgardé, ne li fu mie biel –
    [De l'espee d'acier li donna tel bendel   9134a
    Son elme li trença et fendi le cerviel.   9134b
    Ainc nel gari escus ne haubers a claviel,   9134c
    Trestot le porfendi desci el astherel,   9134d
    Mort l'abat del cheval par dalés .I. praiel.   9134e
    Tangrés s'en passa outre poignant desor Morel,]   9134f
    Amont par mi son ielme ala ferir Piniel,[242]   9135
    Si li fendi le corps qu'en trainent li boiel.
    L'amustant encontre el pendant d'un vauciel,
    La tieste en fait voler tres en mi .I. vauciel.
    "Saint Sepulcre!" escria. "Or avant, damoisiel!"
    Dont peüsciés oïr d'espees tel cembiel   9140
    Dont maint paien covint cheïr jus del ponciel.
    Tous soulloient lor bras en sanc et en cerviel.
    Li vesques dou Matran en jura saint Daniel

---

[239] *l. 9126. MS:* D. lignages f. *A scribal slip.*

[240] *l. 9128. The scribe has corrected the* d *of* desrompi *from* r.

[241] *l. 9129. MS:* s. escut a . *The context requires* espiel, *as given in all the variant manuscripts.*

[242] *l. 9135. The presence of* Tangrés *as the first word of l. 9134 and again of l. 9134f shows that these lines were probably omitted by eyeskip: they are wanting in AEG. This is confirmed by the general agreement in the readings of CD and T, and also by the fact that I, which is still abbreviated at this point, gives l. 9134a and l. 9134e. In AE the omission of Lucabel's death has been corrected by the alteration of* Piniel *in l. 9135 to* Lucabel, *and the reinsertion of ll. 9134a-f requires the correction of* Lucabel *back to* Piniel. *Text of C, with* astherel, *l. 9134d, emended from* satherel.

C'ains ne furent telz gens dés que Diex fist Abiel.
Paien et Sarrasin font sonner lor apiel,　9145
Sonnent groilles d'arain, tabor et calimiel.
Ains ne fu tes bataille tres le tamps Israel
Que Crestiien souffrirent – la n'ot point de reviel.

258. Moult fu grans la bataille et mervillouse et dure. *188d*
Sarrasin ont trovee crestïenté moult sure.　9150
.C. mil en i ot mors – ce fu boine aventure.
Es vous Cornumaran poignant tout a droiture.
Son pere trueve mort desour[243] la terre dure –
D'anguisce tressua et escume d'ardure.
Plantamor point et broce s'ist fors de l'ambleüre,　9155
Amont par mi son ielme fier[t] Gion d'Autemue,[244]
Trestout l'a porfendu jusqu'en la forceüre.
Tout abat en .I. mont sour l'erbe a la froidure.
Grant merveille est de Dieu, qui a paien endure
A ferir si grant cop, quant n'a desconfiture;　9160
Mais il le comperra ains que nuis soit oscure,
Car li quens Bauduïns en prendera droiture.

259. Moult fu grans li estors et la bataille amere.[245]
Li fiers Cornumerans a grant doel de son pere.
Devant Droon d'Amiens li a ocis son frere,　9165
Puis[246] ocist Guinemant de le Val de Rivere
Et Gerin d'Aubefort et Guion de Monpere,
Ernaut le Poitevin et Ernaut de Biaukere.
Au conte* Bauduïn fu la nouvelle amere[247] –
Ne porra remanoir que li Turs nel compere.　9170
Soudans cevauce a force, moult par fait laide here.
Dejouste lui aloit Makons li encantere.
Illuec n'avoit mestier harpe ne vïelere.
Li amiraus Soudans fu de moult grande here.

---

[243] *l. 9153. MS:* m. desous l. *See note to l. 9039.*

[244] *l. 9156. The rhyme suggests that* Autemure, *as given in DEGT and supported by* Autenure *in C, is a more likely reading than* Autemue, *but the occurrence of similar rhymes elsewhere cautions against an alteration of the text. (Cf. Gossen, p. 113, para. 55 and note 57.)*

[245] *l. 9163. MS:* et ruiste la mellee. *Laisse 9 is the only example in the text of assonance. The rhyme here requires the reading given in CDGI and supported in E. In T the words after* et *are lost.*

[246] *l. 9166. MS:* Puist o. *A scribal slip.*

[247] *l. 9169. MS:* Au duc B. f. l. n. comptee. *The scribe seems to have written* duc *in error for* conte *and then to have substituted* comptee *for* amere. *Both* conte *and* amere *are given in all the variant manuscripts present.*

La Chanson de Jérusalem 241

260. Li amiraus Soudans fu de moult grant fierté. 9175
    Venus est a l'estor o son rice barné –
    Plus de .L. mil en sa compaigne armé.
    Tout entour lui cevaucent et roi et amiré.
    On li a faite voie, il a esporoné.
    .LX.M. Turc sont aprés lui alé 9180
    Qui aval la bataille l'ont toute jour gardé.
    Le conte de Blandas a Soudans encontré –
    Grant cop li a donné sor son escu listé,
    Desour la boucle[248] d'or li a fraint et tröé
    Et l'auberc de son dos rompu et depané. 9185
    Par mi le gros dou cuer li mist le fier quarré,
    L'espiel li traist dou corps quant l'ot jus craventé,
    De son poindre passe[249] outre s'a le ceval hurté.
    Tant con cevaus puet rendre ala ferir Tangré –
    Tres en mi son escu li a l'espiel passé, 9190
    Ne estriers ne arçons n'a li bers remüé.
    Quant Tangrés voit Soudan, si l'a bien avisé,
    De l'espee qu'il tint li a grant cop donné
    Amont par mi son elme que tout l'a embaré. *189a*
    Mais la coife fu fors, n'en a maille faussé, 9195
    Ains l'amiraus Soudans n'ot le cief estonné.
    Le Maigremor guencist s'ala ferir Guiré,
    Par deseure l'espaule li a le cief copé.
    Et li Arrabiois si ont le glas levé,
    Le fu grigois ardant ont sor no gent getté, 9200
    Lor garniment esprendent et lor escu boucler,
    Li ceval desour eulz cieent mort et pasmé:
    Molt i ot Crestiiens ocis et afolés.
    Es le vesque de Nobles et de Fescamp l'abé
    Et le lance et l'estace ont ens el fu getté: 9205
    Trestout demaintenant le fu es vous tourné
    Sour le gent paienour; tant en ont enflammé,
    Li cent ne li millier n'en seront ja nombré.

261. Es vous par la bataille Bauduïn de Biauvais
    Et Ricart de Caumont, qui ainc n'ama mauvais. 9210
    Les destriers esporone[nt] si ont[250] les brans nus trais,
    En mi la grignour presse vont ferir a eslais –
    Qui il fierent a cop lués en est faite pais.
    Dans Ricars de Caumont vait ferir Encilais
    Et Bauduïns feri Bausumés de Folais – 9215

---

[248] *l. 9184. MS:* la bloucle d'o. *A scribal slip.*

[249] *l. 9188. MS:* po. passa o. *The metre of the line is restored by the reading* passe, *given in all the variant manuscripts.*

[250] *l. 9211. MS:* d. esporone si a l. b. *The context requires plural verbs, as given in all the variant manuscripts.*

Les vers elmes d'achier lor ont trenciés et frais,
Mors les ont abatus des destriers de Biais.
Aprés ont mort Corsuble et Tanas de Vavais.
.XX. Turs ont si baillis ja ne mengeront mais.
Moult fu grans li estors, ains ne fu heure en pais 9220
Del sanc as Sarrasins i fu si grans li tais
Que li ceval i fierent desci que as gierais.

262. Moult fu fors la bataille et li caple sont[251] grant.
Li gent a l'avresier se vont esvertuant.
Es vous par la bataille l'amulaine poignant, 9225
Sist sor le blanc ceval a l'alaine bruiant.
Le conte de Vendome fiert sour l'escu devant,
De l'un cief jusqu'a l'autre[252] le va tout pourfendant,
Li haubiers de son dos ne li valu .I. gant,
Par mi le corps li mist son gonfanon pendant – 9230
Il ne l'a mie mort mais il l'abat sanglant.
Godefrois de Buillon i vint esporonant;
Quant voit ceüt le conte moult a le cuer dolant,
Tant cacha l'amulaine qu'il le va ataignant,
Si grant cop li donna de l'espee trenchant 9235
Enfresci que el pis li fait couler le branc,
Mort l'abat dou ceval, puis le va rampronant:
"Outre," dist il, "cuvers, trop vous alés hastant!"
Le blanc ceval saisi qu'il aloit couvoitant, *189b*
Puis est venus au conte moult tost esporonant. 9240
Capalu li bailla que il par ama tant
Et monte sur le blanc qui fu au mescreant,
En mi paiens s'eslaisce, moult en va ociant,
De l'espee d'achier lor va grans cops donnant,
Li sans et li cervielle en va jus espandant. 9245
Mais tant par i avoit de la gent mescreant
C'es[t] vis a nos barons que tous tamps vont croissant.
Es vous la maistre esquielle a l'amiral Sodant –
Ce sont li Esclavon de devers oriant.
Tant font[253] sonner de grailles la terre en va crollant, 9250
A dars et a faussars vont les nos ociant,
Fu grigois lor gettoient espris et tout flamant,
Maint escu lor ont ars es destriers auferrant.
Li gent nostre Signour aloient ja laissant
Quant li vesques i vint a esporon brochant. 9255

---

[251] *l. 9223. MS:* li caples font g. *A scribal slip for* li caple sont, *as given in all the variant manuscripts except G, which gives* li caple pesant.

[252] *l. 9228. MS:* c. jusque a l'a. *A slip attributable to the second scribe; cf. l. 9445 and l. 9655.*

[253] *l. 9250. MS:* Ta. vont s. *The context requires* font, *as given in CEGT. DI give* sonnerent *in place of* font sonner.

La Chanson de Jérusalem 243

    Le vraie crois tenoit tout droit en aparant,
    Par la bataille va no gent resbaudissant,
    "Baron, rehaitiés vous! N'alés pas coardant!
    Tout serés couronnés en joie parmenant."
    A iceste parolle se vont revertuant –   9260
    Anuit le comperront Sarrasin et Persant.
    La ou li fus ardoit vint li vesques courant,
    La vraie crois i mist, tot le va estignant.
    Et Turc as ars de cor vont le vesque traiant
    Mais les saiettes vont arriere sortissant –   9265
    Ains ne li porent faire de mal ne tant ne quant,
    Car de la vraie crois avoit moult boin garant.
    Si con li vesques va vont paien resortant
    Et Crestiien se fierent es Turs de maintenant,
    De sanc et de cervielle vont la terre covrant.   9270
    Es vous par la bataille le fier Cornumarant:
    Plantamor esporone a l'alaine bruiant,
    Ocis nos a Guillaume et Paien de Guillant,
    "Damas et Tabarie!" va souvent escriant.
    Moult aloit nostre gent forment esporonant,   9275
    Ne on nel puet ataindre nient plus c'oisiel volant.
    Se Bauduïns n'en pense moult ira malement.

263. Quant li quens Bauduïns a le paien veü
    Qui si ocist no gent, grant ire en a eü.
    Des esporons a or point le ceval grenu,   9280
    Vers le Sarrasin vint, entesé le branc nu.
    Cornumerans le voit, ne l'a mie atendu,
    Plus tost s'en va fuiant que ne fait cerfs ramu.
    Et Bauduïns l'encache a force et a vertu   *189c*
    Sour le cornu ceval qui randone menu.   9285
    Bien a une grant liue Cornumaran seü –
    Endroit .III. Ombres l'a ataint et conseü.
    Bauduïns li escrie – bien a sa vois oü –
    "Sarrasins, se ne tornes, ja te ferrai el bu!"
    Quant Cornumarans voit n'i a que lui ve[n]u   9290
    Plantamor a saisi, si li tourne l'escu.
    Grans cops se sont donné, cascuns sor son escu.
    Mais li quens Bauduïns l'a premerains feru
    Amont par mi son elme qu'il ot a or batu,
    Les perres et les flors en a jus abatu,   9295
    La coife li trença dou clavain qui boins fu,
    Li brans descent aval par moult ruiste vertu,
    Enfresci que el pis l'a trestout pourfendu,
    Li quens estort son cop, mor[t] l'abat estendu.
    "Outre," dist il, "paiens! Maleois soies tu!   9300
    De Paien de Guillande vous rent ici salu!"
    Plantamor a saisi, le boin destrier gernu,
    Et l'espee Murglaie li a deschaint dou bu.

Puis retorna arriere a plain cors estendu,
A Wistasse son frere a Plantamor rendu – 9305
Cil ne le rendist mie pour trestot Montagu.
Li quens Bauduïns a le bon branc estendu:
Quant Sarrasin le voient, tot en sont esperdu,
De cors et de buisines ont levé si grant hu
Que jusque en Jhursalem a on le noise oü. 9310

264. Mors est Cornumarans a la ciere hardie.
Grant doel en demena cele gent paienie.
.C.M. le regreterent – n'i a celui ne die,
"Ahi, Cornumarans, hom de grant signorie,
Moult par est grans damages qu'estes issus de vie! 9315
Ains si hardi paien n'ot en toute Persie,
Ne mieulx peüst ferir de l'espee forbie.
Sire, qui vous a mort Mahomes le maudie!"
Li amiraus Soudans a la nouvelle oïe,
Tres devant l'estandart fist corner la bondie, 9320
Sarrasin et Persant et paien s'i ralïent.
Plus sont de .C. millier, cascuns en establie.
Ja sera nostre gens fierement envaïe –
Se Damedieux n'en pense, li fius sainte Marie,
Ja iert crestïentés moult malement baillie. 9325
Li veques dou Matran a haute vois s'escrie,
"Dieux, souscorés vo gent et vo chevalerie
Qui tant maintes angoisses a hui pour vous sentie!"
Atant es vous poignant Robert[254] de Normendie *189d*
Et Robiert le Frison, qui n'a pas coardie, 9330
Et le conte Huon, qui Jhesus beneïe.
Tangrés et Buiemons fu en leur compaignie
Et li rois Godefrois sour le blanc d'Alenie,
Et Bauduïn sen frere sour Cornu de Rousie,
Et W[i]stasses cevauce Plantamor de Nubie 9335
Avoec ceus vint Tumas qui Marle a en baillie
Et Jeurars de Puisars et Remons de Saint Gille,
Estievenes d'Aubemarle a le broigne traillie,
Et Girars de Gornai et Evrars de Pavie
Et dans Raimbaus Cretons qui les paiens castie, 9340
Li quens Rotrous del Perce, qui sa targe ot percie,
Et Hües de Saint Pol, a cui li cuers gramie
Pour Enguerran son fil de cui il n'avoit mie.
Avoec eulx [vint][255] Tumas qui tint l'espee oscie.
Bauduïns de Biauvais fu en celle establie 9345
Et Ricars de Caumont, Harpins ciere hardie

---

[254] *l. 9329. MS:* p. Ricart d. *A scribal slip;* Robert *is given in all the variant manuscripts.*

[255] *l. 9344. The second scribe has omitted a word; CGI all give* vint.

La Chanson de Jérusalem 245

  Et dans Jehans d'Alis, qui fu de lor lignie.
  Et Dröes de Melé tint l'espee forbie,
  Raous de Carembaut tint la soie sacie,
  Fouques del port de Cartres tint la soie enpugnie   9350
  Et Acars de Monmarle ot la soie soullie,
  Enfresci que es puins de sanc envermillie,
  Et li rois des Tafurs tint le faus enpugnie.[256]
  Tout ensanle s'ajoustent la sainte compaignie,
  Encontre paiens vont a molt grant aramie –   9355
  Ja sera la bataille fierement envaïe.

265. Quant Franc et Sarrasin se furent ajoustet,
  D'espees et de dars i a maint cop donnet.
  Paien muerent et braient a doel et a viltet,[257]
  Des mors et des[258] navrés sont li plain arestet.   9360
  No baron escrïerent, ne s'i sont demoret,
  "Signour, or dou ferir! Trop ont paien duret!"
  Desci a l'estandart ont Sarrasins menet,
  La sont li Arrabit vers les nos retornet.
  Illuec ot maint destrier mort et esbouelet   9365
  Et maint puing et maint piet et maint membre copet.
  Par droite vive force ont no gent reculet
  Arriere es plains de Rames .II. arpens mesurés.
  La sont tout li paien a .I. caple assanlet.
  Plus de .XX.[M.] grailles ont ensanle cornet.   9370
  La grans force des Turs lor vint contre sieret.
  La fussent Crestiien mort et desbaretet,
  Car durement estoient de caploier lasset.
  Li vesques du Matran a sour diestre gardé[259] *190a*
  Et voit une compaigne qui cevauce sieret.   9375
  Jou cuic bien qu'il estoient .VII.C. millier armet:
  Plus sont blanc que la flors quant elle naist el pret.
  Sains Jorges fu devant qui l'e[n]sengne a portet,
  Et li bers sains Meurises sou[r] .I. blanc afilet,
  Sains Denis, sains Domins et des autres plentet.   9380
  N'i a celui d'aus tous n'ait gonfanon levet,
  Amont desor lor lances a crois d'or estelet.

---

[256] *l. 9353. MS:* Ta. al face enpuuignie. *This seems to be a corruption of the reading given in EI, and also, with the last word as* enbrachie, *in C. The corrected reading of the text is supported by G's* tint l'espee forbie. *Cf. also T at Appendix 28 l. 14. The line is wanting in D.*

[257] *l. 9359. MS:* d. et a vistet. *A scribal slip for* viltet, *as given in all the variant manuscripts.*

[258] *l. 9360. MS:* m. des ses n. *A scribal error, corrected by the reading given in BCI and supported in EG. The line is wanting in D.*

[259] *l. 9374. MS:* di. escriet. *The context requires the reading of* esgardé *in GI or* gardé *in BCDE: the latter has been given here.*

	Par les tentes s'en vont si ont Pieron trouvet,	
	Sains Jorges descendi si l'a desprisonnet	
	Et Pieres sali sus s'a son cors conraet.	9385
	[Et sains Jorges s'entorne et li autre avöé	9385a
	Et Pieres li ermites a .I. hauberc combré][260]	9385b
	Tost et isnielement l'a li bers[261] endosset.	
	Et puis si a aval .I. petit esgardet,	
	Voit le hace Soudan qui pent a l'uis del tret.	
	Dans Pieres le saisi s'a l'estandart copet.	
	Devant lui a veü .I. ceval ensielet,	9390
	Li ermites i monte par l'estrier noëlet	
	Et Sarrasin l'aquellent qui bien l'ont aviset.	
	Quant il voient les angles en fuies sont tournet.	
	Sanguin le fil Soudan a Pieres encontret –	
	Tout le fent de le hace jusqu(e)'au neu del baudret.	9395
	Hautement s'escria s'a Jhesu reclamet,	
	"Sainte Marie dame, vos hommes secourés!"	
	Paien voient les angles, en fuies sont tournés,	
	Il ont livrés les dos, tot sont desbaretet.	
	Quant Soudans l'a veüt tot a le sens dervet.	9400
	A sa vois qu'il ot clere a Mahon reclamet,	
	"Ahi Mahomet sire! Con je vous ai amet	
	Et de tout mon pooir servi et honoret.	
	Se ja mais en ma vie revieng a sauvetet	
	Tot seront debrisiet vo flanc et vo costet.	9405
	Par moi n'ieres ja mais servis ne honorés.	
	Mau dehait ait li Diex qui sa gent a fausset!"	
266.	Soudans voit les paiens fuïr a esporon	
	Et François les encaucent a force et a bandon.	
	A sa vois qu'il ot haute a reclamé Mahon,	9410
	"Apolin, rices Dés, a quel destruction	
	Laissiés aler mes hommes par mauvaise ocoison!	
	Tout vo corps fis d'or faire, n'i ot point de laiton –	
	Or m'en avés rendu moult mauvais guerredon!	
	Et Mahon Goumelon retieng jou a felon,	9415
	Qu'il ne le m'avoit dit quant je fui en maison.	
	Mais se puis repairier a ma sauvasion,	
	Que jou n'i soie ocis ne menés en prison,	
	Tout vous ferai ardoir en .I. feu de carbon!	*190b*
	Caliphes l'apostoles, ja mais ne vous veron,	9420

---

[260] *l. 9385a-b. The omission of these lines is another example of eyeskip, perhaps by the copyist of fols 188-192, as the result of* Et Pieres *occurring at the beginning of l. 9385 and again at l. 9385b. C, BDG, and I all have the additional lines and have not amended l. 9386. In A, the absence of the reference to a hauberk, given in l. 9385b, caused the alteration of l. 9386 in order for the line to make sense. E lacks ll. 9385-89. Text of C.*

[261] *l. 9386. MS: i. a l'auberc en. See note to ll. 9385a-b.*

La Chanson de Jérusalem 247

  Car ma gent voi morir a grant destruction."
  L'amiral en apiele et le fel Rubion,
  "Vés no gent desconfire sans nule raençon:
  Jetés le fu grigois et si nos enfuions,
  Car a cel estandart mais ne recouverron –   9425
  Jou sai bien copés est par l'ermite Pieron:
  Moult fui fols quant de lui entrai en noreçon.
  Veés con faite gent viennent a esporon –
  Tout sont blanc conme nois et plus fier que lion.
  Des nos n'i pert .I. seul, je n'i voi se auls non.   9430
  Jetés le fu grigois et si nos gariscons:
  Qui son cors a sauvet fait a boine orison."
  Dont gieterent le fu li Sarrasin felon.
  Caliphes voit le flame, qui ert el pavillon,
  Bien sot que Sarrasin n'ont mais deffension.   9435
  A Mahon Gomelin vint poignant de randon,
  Le cief li a copé par desous le menton,
  Puis monte el dromadare si s'enfuit de randon.
  Onques puis n'atendi ne per ne compaignon –
  Dessi que jusqu(es)'a Acre ne fist arestison.   9440
  En le piece d'un pale mist le teste Mahon,
  Puis demene sour lui moult grande plorison.
  Et li rices barnages – cui Dieu face pardon –
  De Turs et de paiens font tel occision
  Que li ceval feroient el sanc jusqu'al[262] fellon.   9445
  Païen tornent en fuies, n'i font arestison.

267. Or s'en fuient paien – n'i a nul recouvrier.
  Ains n'i quisent cemin ne voie ne sentier:
  Cascuns qui mielx mielx fuit pour se vie alongier.
  Et François les encaucent, li vassal droiturier,   9450
  A maint tas les feroient des espees d'achier.
  Es vous Huon le Maine poingnant sor son destrier
  Et le roi Godefroi desor le blanc corsier
  Et son frere Eüstasse et Bauduïn le fier
  Et Robert le Frison qui Diex aime et tient chier,   9455
  Robert de Normendie que tant fait a prisier,
  Tangré et Buiemon qui sont boin chevalier,
  Bauduïn de Biauvais qui moult fait a prisier
  Et Ricart de Caumont et Jehan d'Aliier
  Et li autre baron qui Jhesus puist aidier,   9460
  Cil viennent au devant la gent a l'Aversier,
  A lor espees nues les font guencir arier.
  Onques a lor herberges ne porent repairier.

---

[262] *l. 9445. MS:* s. jusque a. *A slip attributable to the second scribe; cf. l. 9228 and l. 9655.*

Quant Soudans l'a veüt, le sens[263] cuide cangier. *190c*
Amont par mi son elme ala ferir Garnier – 9465
Les perres et les flors en fist jus trebuchier,
Trestout l'a porfendu enfresci qu'el braier,
Il l'empoint par vertu, jus le fait trebuchier:
L'arme de lui fist Dieux en glore herbergier.
Dont getta jus Soudans sa grant targe d'or mier, 9470
A esporon s'en fuit por le mort respiter,
Et paien aprés lui plus de .XXX. millier.
Li destrier auferrant leverent tel porrier
Que le jour que clers fu en couvint espeschier.
Et li solaus abaisse, si prist a anuitier. 9475
François ne sevent mais quel part doient cachier.
Li vesques dou Matran prist Jhesu a prïer
Que Dieux par son plaisir fesist jour esclairier
Et Dieux li raempli moult tost son desirier.
Plus tost va la nuis outre que ne vole esprevier, 9480
Li solaus se leva, Dieux le fist cler raier.
Quant Crestiien le voient, n'i ont qu'eslaiechier.
Dont veïsciés paiens durement esmaier,
Mahon et Apolin a haute vois huchier.

268. Pour les barons de France fist Diex vertus moult grant – 9485
Le nuit fist trespasser et le jour mist avant,
Et Turc et Sarrasin s'en tornerent fuiant.
Cascuns fuit que mielx mielx pour aler a garant,
Et li gentis barnages les va bien encauçant.
Tous tans fierent sour aus a tas demaintenant, 9490
De sanc et de cervelle vont la terre jonçant –
Aval les plains de Rames en vont li rui corant.
Li quens Hües li Mainnes consuï Mauquidant:
Tel cop li a doné par mi l'elme luisant
Desci en la poitrine le va tot porfendant. 9495
Et li rois Godefrois de l'espee trenchant
Pourfendi l'amiral desci en l'auferrant.
Es vous Pieron l'ermite u il vient acorant,
Salehadin encontre droit a .I. desrubant,
De le hace a .II. mains le fiert en trespassant, 9500
Ainsi d'iaume ne d'escu ne pot avo[i]r garant,
Trestot le fent et cope lui et son auferrant:
François en ont grant joie quant le vont ravisant.
Et li quens Bauduïns encauce le Soudant
Sor le cornu ceval a l'alaine bruiant, 9505
Et ot en sa compaigne maint chevalier vaillant.
Et li Soudans s'en fuit sor le Maigremor grant,

---
[263] *l. 9464. MS: v. l'escus cu. A scribal slip;* le sens *is given in all the variant manuscripts except I, which gives* le sanc.

La Chanson de Jérusalem 249

    En sa compaigne furent .XXX.M. Persant,
    .II. liues decha Acre s'alerent ataignant.   *190d*
    Bauduïns lor escrie, "N'en irés, souduiant!"   9510
    Quant Soudans l'entendi sa gent va escriant,
    "Baron, tornés vers ciaus qui vous vienent sivant!
    Peu en i a venut, navré sont li auquant.
    Mar en escapra .I. par no dieu Tervagant!"
    Quant Arrabi entendent la parolle Soudant   9515
    Vers Bauduïn guenciscent par moult fier mautalent.

269. Quant Sarrasin oïrent Soudans s'est escriés,
    Vers Bauduïn le conte ont lor cevaus tornés.
    Illuec fu li estors et fors et adurés,
    Moult i ot Arrabis et mors et decopés;   9520
    Mais Bauduïn le conte est moult mal encontrés,
    Car de ses compaignons ne li est .I. remés.
    Sous Raimbaut Creton est ses cevaus mors jetés
    Et li ber saut en piés con chevaliers membrés.
    L'espee en son puing destre en l'escut s'est molés.   9525
    Tant a de Sarrasins ocis et decopés
    Que paiens ne le voit n'en soit espoëntés.
    Dont s'est Raimbaus Cretons hautement escriés,
    "Bauduïns de Rohais, u estes vous alés?
    Gentix fius a baron et car me secorés!   9530
    He, barnages de France, quel damage i avés,
    Quant moi ne Bauduïn ja mais vif ne verés!"
    Atant es Bauduïn qu'est poignant abrievés
    Sour le cornu ceval qui ainc ne fu lassés.
    Joute Raimbaut[264] Creton s'est liber acostés.   9535
    "Raimbaut," çou dist li quens, "sour ce cornu montés!
    Au roi et as barons les nouvelles portés
    Que devant Acre sui de Turs avironés!"
    Et dist Raimbaus Cretons, "Sans moi n'i remanrés!
    Mieulx ainc qu'ensanle vous me soit li ciés copés   9540
    Que vous soiés de moi partis ne desevrés.
    La! que poroit dont dire de France li barnés
    Se ci or vous laissoie en cest peril mortel? –
    Ja mais en nule cort ne seroie honorés.
    Par ma foi, jou n'iroie por estre desmembrés!"   9545
    Dist li quens Bauduïns, "Biaus sires, si ferés!"
    Del cornu descendi et li cris est levés.
    Et li destriers escape s'est en fuies tornés,
    Devant lui a de Turs plus de .XX. craventés.
    Paien li ont fait voie, il est outre passés,   9550
    Plus tost va li cevaus, ses regnes traversés,
    Qu'esfoudres ne trespasse quant l'a passé l'orés.

---

[264] *l. 9535. MS:* J. Raimbert C. *A scribal slip. The form* Raimbaut *is given in full at l. 9523, as here in all the variant manuscripts.*

Desci a nostre gent ne si est arrestés.
Arabi ont les princes andeus avironnés, *191a*
As ars et as saietes les ont trais et bersés, 9555
Les escus lor percierent s'ont les haubers faussés,
Cascuns fu ens el cors et plaiés et navrés.
Or les secoure cil qui en crois fu penés,
Car s'il ne les aïe, c'est fine verités,
Ja .I. n'en ert de mort garandis ne tensés. 9560

270. Bauduïns de Rohais[265] et dans Raimbaus Cretons
Sont andoi piet a piet entre les Turs felons.
Soudans i est venus broçant a esporons,
S'apiela hautement anbesdeus les barons:
"Dites, va!" dist Soudans, "comment est vostres noms?" 9565
"Par foi," dist Bauduïns, "verité vos dirons,
Car ja pour Sarrasin ne le vous celerons.
J'ai a nom Bauduïns et cis Rainbaus Cretons.
Plus a cis mors de .M. que Turs que Esclavons,
Et jou bien autretant des encriemes felons." 9570
Quant Soudans l'entendi tous tains[t] conme carbons –
"Par Mahomet," dist il, "dïables est Buillons!
Tu en iés et ti frere, cuer avés de felons.
Par vous .III. es[t] tornee m'os a destructions
Et Jhursalem conquis, li Temples Salemons. 9575
Godefrois en est rois si tient la regions.
Moult est par lui grevee la loi que nous tenons.
Mais de tous nos anois par vous nos vengerons:
A coutiaux acerés escorcier vous ferons,
Et puis en plonc boulant les cors en arderons! 9580
U a trestout le mains les ciés en prenderons
U menet en desiert en grans caitivisions:
Illuec serés mengiet u d'ors u de lions!"
Dist li quens Bauduïns, "Se Dieu plaist, non serons!"
Rainbaus Cretons s'escrie, "Bauduïns, c'or ferons! 9585
Tant que nos sommes vif assés en ocions,
Que ja aprés no mort reproce n'en aions!"
Qui donc veïst ensanle anbesdeus les barons
Sarrasins et Persans trencier pis et mentons.
Turc nes osent atendre plus que marlars faucons. 9590
Ensement les guencissent comme les osillons
Fuient pour espreviers et mucent es buissons.
As ars turçois les bersent et font grans huïsons.

271. Moult furent li barons de paiens apresset.
Par devant Bauduïn ont Rainbaut atiret – 9595
D'un dart trençant d'achier li ont le cors navret,

---
[265] *l. 9561. MS: de Rohaus et . The scribe has repeated the minim for* i *in error; there is no evidence that* au *is an alternative graphy for* ai, *even in Picard.*

La Chanson de Jérusalem

    Et li quens Baudüins l'a amont relevet,
    Puis feri si .I. Turc que par mi l'a copet.
    Li amiraus Soudans a ses Turs escrïés,
    "Gardés cist doi caitif ne soient escapet,   9600
    Car il et lor lignages m'a moult forment grevet.
    Mes .XVI. fius m'ont mors et mon païs gastet!"
    Quant Arabi l'oïrent si ont .I. cor sonet,
    Les barons renvaïssent par vive poëstet:
    Se or n'en pense Dieux par la soie pitet,   9605
    Ancui erent li prince a martire livret.
    Mais li rois Godefrois a le cornu trové
    Qui fuit les plains de Rames ses resnes travesés.
    Quant ne voit Baudüin tot a le sanc müé,
    Tant cacha le cornu sour le blanc afilé   9610
    K'il et si compaignon l'ont pris et atrapé.
    Dont veïssiés maint puing et maint cevel tiré.
    "Biaus freres," dist li rois, "or sai de verité
    Ke paien vous ont mort, li cuvert desfaet;
    Mais par icel Seignour u j'ai mon cief voët,   9615
    Se vous estes vis pris, c'on vous en ait menet,
    Ne vous garderent Turc n'en castiel n'en citet!"
    Es vous Pieron l'ermite poignant tot abrievé,
    Tient le hace a .II. mains dont maint cop a donné –
    L'estandart en avoit en .II. moitiés copé.   9620
    Le roi Godefroi a hautement apielé:
    "Sire, jou vic ton frere envers Acre torné!
    Il et Rainbaus Cretons cachoient l'amiré,
    En lor compaigne estoient .C. chevalier armé."
    Quant li rois l'entendi s'en a Dieu aouré;   9635
    Wistasse print .I. cor, hautement l'a corné.
    Vers Acre se sont tot li baron arouté:
    Se li Turc les atendent mar erent ostelé.

272. Or cevaucent li prince a grant esperonee,
    Tout droitement vers Acre ont leur voie tournee.   9630
    De cors et de buisines demainent tel cornee
    Que li plain en tentissent, li mons et li valee.
    Soudans a bien le friente oïe et ascoutee
    Et voit par devers Rames grant pourriere levee,
    Et dist as Sarrasins, "La bataille est finee!   9635
    Li os de France vient, j'oc des cors la menee.
    Metons nous dedens Acre sans nule demoree:
    De ceus qu'il trouveront ert la vie finee!"
    Quant gens paiene l'oient, forment est esfraee,
    De Raimbaut et du conte ont laissiet la mellee.   9640
    Enfresci que en Acre n'i ot resne tiree,
    Les bares ont dreciés s'ont la porte fermee.
    Une galie a on au Soudan presentee:
    La entra l'amiraus a la barbe mellee,

L'apostoles Califes, qui la loi ot gardee, 9645
Et .V.C. Sarrasin de la loi mau senee.
La tieste Mahomet on[t] bien envolepee,
Dedens .I. blanc sidone l'ont d'orfroit bien bendee,
Puis ont traite lor ancre s'ont lor voi[l]e levee.
A l'eslongier i ot mainte larme ploree. 9650
.XXX.M. remesent qui ont Acre gardee –
Abrahan et Amise l'ont moult bien conmandee.
Or s'en va li galie par haute mer salee,
Moult orent bien oré et l'eure fu tempree,
Jusqu'au²⁶⁶ port de Siglaie ne sera arestee. 9655
Et li gentix barnages de la terre sauvee
Eurent tant cevauciet a grant esporonee
K'il treuvent Bauduïn qui la char ot navree
Et dans Raimbaus Cretons la soie ensanglantee.
Quant les ont vis trovés grant joie en ont menee, 9660
Des barons et des princes i ot mainte acolee.
Cascuns monte el ceval u ot siele doree.
Li jours va a declin s'aproime la vespree
Et nostre gens en est ariere retornee.
Dusqu'as²⁶⁷ trés as paiens n'i ot resne tiree – 9665
Illuec est li os Dieu cele nuit ostelee.
Moult i treuvent vitaile et avaine vanee:
La nuit est li os Dieu moult tres bien conraee,
Aprés mengier s'est toute coucié et reposee.
Buiemons les gaita desci a l'ajornee. 9670

273. El demain par matin quant prist a esclairier
Se leverent par l'ost li conte et li princier,
Li rois et li baron, li autre chevalier.
Tout le tresor ont fait assanler et carchier.
Les tentes et les pales porterent li somier – 9675
.XV.M. en ont fait tot par nombre carcier
Sans l'autre best[i]aille que on ne puet prisier,
Que bugles, que cameus, que roncin, que destrier:
Par le mien ensïent bien furent .C.M.
Et l'estandart en font mener et caroier 9680
Et le cors de Mahon que tous estoit d'or mier –
Ce porte l'olifans qui le cors ot plenier.
A grans martiaus le fisent ens el demain brisier.
Droit vers Jherusalem pensent de l'esploitier.
Et li rois et li conte font le camp recerquier – 9685
Les navrés qui i furent font es escus cargier,
Et auquans de lor mors qu'il avoient plus chier.

---

²⁶⁶ *l. 9655. MS:* Jusques au p. *A slip attributable to the second scribe; cf. ll. 9228, 9445, 9665.*

²⁶⁷ *l. 9665. MS:* Dusque as tr. *Another orthographic slip of the second scribe.*

La Chanson de Jérusalem 253

    A Engerran porter veïssiés .I. doel fier,
    Les chevaliers plorer, lor ceveus esracier.   *191d*
    [Li quens Hue ses peres quide le sens cangier.   9689a
    Qui veïst le baron son bliaut depechier][268]   9689b
    Et de l'un puing en l'autre et ferir et maillier,   9690
    Pasmer et relever et hautement huchier:
    "Biaus douls fius Engeran, en[269] con grant encombrier
    Vivera mais vos peres qui tant vous avoit chier!
    Ja Damedieu ne place, qui tot a a jugier,
    Que jou puisse tant vivre que jou voie anuitier."   9695
    Dont s'abaisse a son fil pour le cors embracier.
    Ki li veïst les iex et la bouce baisier,
    Se n'en eüst pité pires fust d'aversier.
    Dont veïssiés maint prince de dolor larmoier –
    Ains pour le mort Rollant ne vit on doel si fier.   9700
    Li quens Hües li Maines le prist a adouchier:
    "Hé, Hües de Saint Pol, pour Dieu vous voel proier
    Ke vous laissiés le doel: bien vous devés haitier –
    Se vostre fius est mors, çou est pour Dieu vengier.
    El ciel avoec les angles l'a ja fait herbregier."   9705
    Ains tant nel sot li quens blandir ne castoier
    Que Hües de Saint Pol se peüst acoisier;
    Ains li dius ne fina enfresci al monstier,
    Mais tous tamps plus et plus l'oïssiés enforcier.

274. Moult fu grans la dolors a Engerran porter,   9710
    Enfresci al monstier ne pot li dius cesser.
    Li vesques dou Matran va la messe canter;
    Aprés la sainte messe vont le corps enterrer
    Assés pres de l'autel jouste .I. marbrin piler.
    Dont veïssiés le pere sour le tombe pasmer   9715
    Et embrachier la terre et as dens engouler:
    "Sire fius Engerran, or m'estuet desevrer
    De vostre corps, amis – poi doi ma vie amer!
    Ja Damedieu ne place que jou voie avesprer
    Dusque mes las de cuers en mon cors puist crever!"   9720
    Li duel que Hües maine fait nos barons plorer.
    Dist li rois Godefrois, "Sire, laissiés ester,
    Car par doel n'i porés nule riens conquester.

---

[268] *l. 9689a-b. Without the presence of these two lines it appears that ll. 9690-91 refer to the knights of l. 9689 rather than to Engelrand's father, who speaks ll. 9692-96. The omission of ll. 9689a-b in A may have been caused by eyeskip, since both l. 9689 and l. 9689b end in -c(h)ier. D makes a characteristic recasting of l. 9689a, but otherwise the two lines are substantially the same in CDGI and BE. Since C gives Hugh's name as Hugh of Perce rather than Hugh of Saint Pol, which is the form elsewhere in A, the text is the reading of G.*

[269] *l. 9692. MS: En. et c. A scribal slip.*

C'est voirs qu'en vo fil ot moult vaillant baceler,
Ne nulz mieuldre de lui ne pot armes porter.   9725
Or l'a en son service Jhesu Cris fait finer ;
[Se Diex l'a recheü ne vous doit pas peser.   9726a
Or sachiés a fiance s'on le quidoit trover]²⁷⁰   9726b
Sain et sauf et en vie, bien vous puis afïer,
[Sor paiens le querriemes dusqu'a la Rouge Mer ;]   9727a
Mais tous nos convenra en aprés lui aler."
Li rois a fait Huon ens en la tor mener
Et le vesque i envoie pour lui reconforter.   9730
Dont font tot lor gaaing li baron aporter
Tres devant le saint Temple et metre et assanler,
Ingalement le font tot et partir et donner:
Ains ne povres ne rices n'i volrent desevrer –   *192a*
Cascuns [d'aus]²⁷¹ en a tant rice se puet clamer: 9735
S'il l'avoit en sa terre si le vosist garder
A honnor se poroit a tous jours gouverner.
Et li .I. et li autre prisent Dieu a loër;
A encensiers ont fait Jhursalem encenser,
Au Sepulcre et au Temple les cierges aporter.   9740
Dieu conmencent trestot moult forment a loër.
.II. jours i sejournerent pour lor cors deporter.

275. Dedens Jherusalem est la Dieu compaignie,
De la bataille estoit moult forment travaillie.
Se elle estoit lassee ne vous mervilliés mie,   9745
Car si ruiste bataille ont par lor cors fornie
Que ains ne fu si fiere veüe ne oïe.
.III. jours i sejourna la Dieu chevalerie.²⁷²
Le mardi se leva Robers de Normendie
Et Robers li Frisons – cui Jhesus beneïe – ,   9750
Li quens Hües li Maines qui ert sans felonie
Et li rois Godefrois a la ciere hardie.
El Temple Salemon, dont la perre est polie,
S'assanlerent li conte de la terre joïe.

276. Moult fu grans l'assanlee el Temple Salemon.   9755
Li quens Hües li Menes conmença sa raison:
"Signour, pour l'amour Dieu, dites quel le feron.

---

²⁷⁰ *l. 9726a-b, 9727a. The uncorrected reading of A refers to Engelrand being dead in l. 9726 but alive in l. 9727. The different readings given for ll. 9726a-b and l. 9727a in BCDG, E and I suggest that the error was in the common source of all the manuscripts. Text of C.*

²⁷¹ *l. 9735. The second scribe has omitted a word;* d'aus *is given in all the variant manuscripts.*

²⁷² *l. 9748. MS:* s. Robers de Normendie. *The scribe has copied the second hemistich of the following line. BCDG all give* la Dieu chevalerie, *EI give* la Jhesu compaignie.

La Chanson de Jérusalem 255

      La bataille [de]²⁷³ Rames, Dieu los, vencue avons.
      Se vous tout le löés, a Cantari irons.
      As castiaus metrons gardes qui ci sont environ,   9760
      Alons Cesare prendre et Jafe et Calençon.
      A Acre sour la mer le passage faisons.
      Entor cele marine le païs delivron
      De la gent maleoite qui croient en Mahon."
      "Par foi, moult dites bien," çou dïent li baron.   9765
      "Se li rois le conmande, nos autre l'otrion."
      Dont respont doucement Godefrois de Buillon,
      "Signour, c'ert moult grans bien s'ensi le fasion –
      Dieux nos en saroit gré qui souffri passion."
      Li prince se departent si vont a lor maison,   9770
      Ricement se conroient et a moult grant faison.
      El demain par matin quant en pert li raidon
      Dedens Jherusalem sus es maistres doignon,
      Ont fait soner .II. grailles et .I. cor de laiton,
      Aval Jherusalem s'armerent a bandon.   9775
      La veïssiés vestir tant auberc fremillon
      Et lacier tante ensegne et fermer tant pignon.
      Dans Hües de Saint Pol fu en moult grant friçon
      Pour amour d'Engerran de quere vengison.   *192b*
      Moult se fu tos[t] armés sour le noir d'Arragon: 9780
      De Sarrasins ocirre a grant goulousison –
      Mieulx les aime a destruire que a boire puison.

277. Aval Jherusalem sont no baron armé,
      N'i a celui n'ait tost son auberc endossé
      Et lachiet en son cief le vert elme gesmet.   9785
      Cascuns a chaint l'espee au seniestre costet.
      En lor cevaus monterent s'ont lor escus conbret,
      De Jherusalem issent et rengiet et sieret,
      Mais n'ont mie lor ost de le moitié mené.
      .XXX.II.M. furent – tant les a on nombré –   9790
      Et tout li autre furent remés en la cité:
      Li pluisour sont bleciet et li auquant navré.
      Par mi les plains de Rames se sont aceminé,
      Mais il n'i ont trouvet Sarrasin ne Escler,
      Ki li dïable en orent le païs delivré.   9795
      Et .I. lions en ot nos Crestiiens porté,
      Trestot l'un avant l'autre mis et amoncelé
      Au carnier du lion – si l'a on apielé.
      N'ont que Cornumaran en mi le camp trovet.
      Moult en sont mervilliet li prince et li casé;   9800
      De Damedeu se sainent si sont outre passé.

---

²⁷³ *l. 9758. The second scribe has omitted a word:* de *is given in all the variant manuscripts.*

A Saint Jorge de Rames sont premerains alé,
Mais n'i troverent Turc ne paien desfaé.
[Enfresci qu'a Cesaire ne se sont ariesté:]²⁷⁴ 9803a
A esporon broçant en sont dedens entré.
Quant n'i truevent nului, arrier en sont tourné, 9805
.C. chevaliers i laissent pour garder la cité.
Le païs ont cerkié et en lonc et en lé,
De Jaffe a Calençon sont venu et alé
Ne d'une part ne d'autre n'ont Sarrasin trouvé.
Quant li prince le voient si ont Dieu aouré. 9810
Mais Hües de Saint Pol en a le cuer iré,
Devant les autres a souvent esporoné,
Mais ains en toute jour n'a paien encontré –
A Acre s'en alast mais on li a veé.

278. Quant li prince ont veü que Turc en sont fuïs, 9815
Les castiaus ont trovés tous wis et desgarnis.
De Jhursalem a Acré n'ot remés Arabi.
Calençon et Cesare et Jaffe ont bien garni
Et les autres castiaus de la marine ausi.
A Acre ne sont pas a cele fois verti. 9820
Le fier Cornumaran n'i ont mis en oubli,
En Jhursalem l'emportent no chevalier hardi.
Tres devant le saint Temple que Salemons basti
Sont assanlé li prince,²⁷⁵ li conte et li marcis *192c*
Li vesque et li abé²⁷⁶ et li clerc beneï. 9825
"Signour," çou dist li rois, "oiés que je vous di.
Dieus a fait tel miracle, nulz plus bele ne vi.
Li Turc des plains de Rames en sont trestout ravi
Et tot no Crestiien sont assés pres de ci.
.I. lions les i mist par le Jhesu merci. 9830
Moult [par]²⁷⁷ puet estre liés ki bien a deservi."
Quant li pules l'entent, de joie se fremi.
Li vesque et li abet se sont tot reviesti,
Au carnier del lion procession suï:
La truevent nos barons que Dieu a beneï, 9835
Illuecques canta messe li vesques de Luti.

---

²⁷⁴ *l. 9803a. Since the Crusaders have already found in l. 9803 that there are no Saracens in Ramla, it is unlikely that they would spur their horses into the city in l. 9804. CBG and D supply the intervening line referring to Caesarea in much the same terms. The lack of l. 9803a and l. 9804 in E suggests that l. 9803a may have been lacking in the common source of ABCDEG and that E has seen the possibility of making sense of the passage by making it all apply to Ramla. Text of C.*

²⁷⁵ *l. 9824. MS: a. li conte li c. A scribal slip of repetition.*

²⁷⁶ *l. 9825. MS: Et l. v. A scribal slip; for scribal treatment of phrases with abe/abé see Introduction: Scribal Corrections and Errors.*

²⁷⁷ *l. 9831. The second scribe has omitted a word: par is given in BCEGI.*

La Chanson de Jérusalem 257

279. Moult furent liet li prince de çou qu'il ont veü.
    Devant le saint Temple ont .I. concile tenu,
    Que demain mouvra l'os sans point d'aresteü –
    Acre iront assalir a force et a vertu,   9840
    Ja ne lairont dedens Sarrasin mescreü.
    Li rois Godefrois l'ot, grant joie en a eü.
    Cornumarans demande, si frere i sont coru
    Et .IIII. chevaliers a cui conmandé fu.
    Cornumaran aportent par desour[278] .I. escu,   9845
    Mis l'ont devant les princes desous[279] .I. arc volu,
    Et dist li .I. a l'autre, "Cis Sarrasins mar fu."
    "Voire," ce dist li rois, "moult par ot grant vertu
    Et maint cop a donné de son branc esmolu:
    Mais encor fiert cil mielx qui si l'a pourfendu!"   9850
    Dist li quens Bauduïns, "Si ait m'ame salu,
    Nel volsisse avoir mort pour trestot Montagu,
    Car ainc nel vi d'estor maté ne recreü."
    Dist a .II. chevaliers, "Lui despoulliés tot nu,
    Fors seulement des braies et des dras qu'a vestu.   9855
    Le hauberc li ostés et le vert elme agu,
    Si li fendés le cors[280] a .I. coutel molu,
    [Car veoir voil son cuer que ainc n'ot esperdu.]"   9857a

280. Cornumarant a fait Bauduïns desarmer.
    A .I. coutel trençant li fist le cuer oster –
    .I. elme en peüst on et emplir et raser.   9860
    Tot li baron assanlent pour le cuer esgarder,
    Et dist li uns a l'autre, "Moult est li paiens ber!
    Mar fu quant il ne vot Damedieu aourer:
    Se il fust Crestiiens onques ne fust telz ber."
    "Voire," dist Bauduïns, "pour voir le puis jurer.   9865
    Ainc ne vic chevalier qui mielx seüst jouster
    Ne fuïr ne cacier, guencir ne trestorner.
    De l'espee savoit moult ruiste cop donner
    Et quant fu en estour moult ricement capler.   *192d*
    Moult fu grans sa prouece quant le vot demener."   9870
    En .I. pale li font son cuer envolepe[r]:
    Aprés li font el cors arriere rebouter
    Et d'un diaspre a or li fisent bien bender
    Et puis en une biere moult hautement lever.
    Defors Jherusalem le fisent entierer.   9875

---

[278] *l. 9845. MS:* p. desous .I. *See note to l. 2847.*

[279] *l. 9846. MS:* p. desour .I. *See note to l. 2847.*

[280] *l. 9857. MS:* le cuer a . *It is not Cornumaran's heart that Baldwin wishes to be split open, but his body, so that the size of his heart may be revealed. The mistake made by the second scribe of writing* cuer *for* cors *in l. 9857 required him to omit the following line, l. 9857a, which is maintained in BCDEGI. Text of C.*

281. La bataille fu faite et li cans afinés,
 Et Cornumarans fu a honnour enterrés
 Et li Sepucres fu des paiens delivrés.
 Dedens Jherusalem fu no crestïentés,
 A l'ostel est cascuns richement conreés[281] – 9880
 Leurs elmes esclarcissent, leurs haubers ont rellés.
 De ceste canchon cy plus a present n'orrés –
 L'ystoire en fine ci, de ce soit Dieux löés.
 En un autre volume oïr d'Acre porrés
 Et de la grant bataille ou Turs furent oultrés, 9885
 Acre prise et puis Sur et Tabarie aprés.
 Et la oirez comment li Temples fu peuplés
 Et l'Ospital aussi, la ou Dieu fu sacrés.
 Ci finerai mon livre ou dit en ay assés:
 Tous ceulz qui l'ont oÿ et celles de tous lés 9890
 Soient aprés leurs jours es sains cieulx couronnés.

---

[281] *l. 9880. MS:* r. couronnes. *A scribal slip;* conreés *is given in BCDG and supported in E.*

Appendixes

Appendix 1.

After l. 544 F has an interpolation of which 50 lines survive.

Qant li paiens fu mors il cai de l'archon	*81c*
Li cevax fu mout fiers et de mout grant renon	
La sele fu mout rice de l'uevre Salemon	
Li frains et li poitraus et li rice bouton	
Valoient de fin or ce sachies maint mangon	5
Li vesqes qi ot mort le Sarrasin felon	
Convoita le ceval qant il le vit si bon	
La fist .I. gentil saut voiant tout maint baron	
Si armes com il fu sor son destrier gascon	
Le saisi par le frainc et sali en l'archon	10
Lors se fiert entre Turs n'i atent compaignon	*81d*
A .II. mains tient l'espee ne sanle pas bricon	
Et fiert si tres grans cops sor la geste Noiron	
Che sanle de ses cops la gent de mal renon	
Qe il confonge si com foudres troubellon	15
Ensus de lui se traient parc li font environ	
Ne l'osent aprocier mais de loins com gaingon	
Li lancent lances dars et gavelos felon	
Et li clers se desfent a loi de campion	
A ciax qi plus l'engressent rent tout le guerredon	20
Mais n'erent pas ensi com fait li enfechon	
Qi donne sa cotele bien pour .I. oisellon	
Ains rent pour petit cop si grant et tel fuison	
Qui le fiert onqes cop sor Turc sor Esclabon	
Tant par ait elme fort auberc ne auqeton	25
Q'il n'en prenge le cief le bras ou jambe ou puing	
Nus ne s'en puet loer de sa departison	
Mais tant i a paiens et cuivers et glouton	
Se Damedix n'en pense qi souffri passion	
Li cuvert par lor force le metront el broion	30
Tant li lancent de dars sor l'escu au lion	
Et sor le cors de lui entour et environ	
A poi qe il ne ciet d'un ceval ou sablon	
Mais no baron le voient de France le roion	
Dist li dus Godefrois a Robert le Frison	35
Ves la bon couronne pour Diu car li aidon	
Ves com paien l'encaignent Persant et Esclabon	
A lui lancent espees et font grant huison	
Se Damedix n'en pense et nous nous le perdron	
Mais mix weil estre frus d'un espiel a bandon	40
Si q'aie entame le lart et le braon	

260   Appendixes

```
          Qe par recreandise perge tel compaignon
          Et dist li qens Robers ja ne vous en faurron
          Lors poignent tout ensanle li nobile baron
          Enfresci q'a le vesqe ne font arrestison                    45
          Entre les Turs se fiert com es oisiax faucon
          Qant li paien les voient se sont en tel frichon
          Qe le vesqe guerpissent ou il weillent ou non
          Et no baron il brocent dusc'a le vesqe bon
          Cascuns l'a acole et fist conjoison                         50
          ...
```

Appendix 2.

Before l. 969 F has an interpolation of which 10 lines survive.

```
          ...
          Et font porter la pierre et qarriax et moilon         82a
          Par deseure as bretesqes caillex gros et reon
          Et grans baus traversains pendent par caeignon
          Laissier cair les welent qant Franc li no baron
          S'en venroient as murs ensi li mal glouton                   5
          Garnissent bien la ville mais ne vaut .I. bouton
          Car tout erent destruit au fin de la canchon
          Mais ains qe Francois l'aient en lor commandison
          Soufferront tant de painne et tribulation
          Qe tres le tans Adan n'en orent tant baron                  10
```

Appendix 3.

Before l. 1013 F has 12 lines beginning laisse 35.

```
     35.  Qui viut oir biax vers si se traie en escha           82b
          Et canchon viut saintisme millour n'escoutera
          Com Jursalem fu prise ou on Diu travilla              82c
          De barnages de France la cite regarda
          Qant il bien le coisirent cascuns en larmoia                 5
          Pour ce qe Damediu la dedens laidenga
          Bati et escopi et puis crucefia
          Et pour la gent paine qe il la dedens a
          Qui Diu ne welent croire qe la virge porta
          L'uns Crestiens a l'autre le dist et conferma               10
          Qe ja mais de la ville jour ne ne tournera
          Dusc'adont qe la ville conqestee sera
```

Appendixes

Appendix 4.

After l. 1413 B adds 15 lines.

      Et les rices aucubes de pale de quartier   *283a*
      Quant li rois l'a oi prist soi a rehaitier
      Dist Corbadas biaus fius mout vous doi avoir cier
      Ales si coumandes vo gent apparillier
      Toute est ma tiere nostre sans autre parconier   5
      Cornumarans s'en torne n'i vot plus atargier
      Sarrasins et paiens fist ensamble aliier
      La cite lor coumande sor lor ious a gaitier
      Et li rois Corbadas fu el palais plenier   *283b*
      Sus en la Tor David tint .I. arc de cormier   10
      A une des fenestres s'est ales apoier
      Lucabel apiela Brunamont et Gorhier

57. Signor or faites pais franc cevalier vaillant
      S'oies boine cancon et de mos bien seant
      Ains teus ne fu oie par le mien ensiant   15

Appendix 5.

Ll. 1429-1435 are given by F in an expanded version of 26 lines.

      Godefrois se regarde vers le palais luisant   *92a*
      De la grant tour David vit .III. oisiax volant
      Che furent troi escouffle si com je truis lisant
      Par desus le pumel s'aloient arroant
      Une agache acueillirent mout le vont decachant   5
      Bien l'eussent atrapee si furent randonnant
      Qant doi blanc coulombel lor volerent devant
      Li escouffle l'agace guerpirent maintenant
      As coulons s'eslaissierent mout se vont esgetant
      Li bons dus de Buillon les fu mout regardant   10
      Et tenoit un bon arc fort et roit et traiant
      Les .III. escouffles vit qui aloient chachant
      Les .II. blans coulombiax le cuer en ot dolant
      Qant il vit les escouffles les coulons maistroiant
      D'une mout gentil cose se fu tost apensant   15
      Et dist bien en son cuer c'on nel fu entendant
      As .II. blans coulombiax qe il vit angouissant
      Se puis si m'ait Dix je vous ere garant
      Je vous garandirai des escouffles hapant
      Une saiete prist qui mout estoit trenchant   20
      En la corde les mist bien les va avisant
      La saiete descoce si droite va volant

262   Appendixes

> Par le vertu de Diu qui miracle i fist grant
> Qe tous .III. les oisiax a feru maintenant
> De che seul trait qu'il fist les ala especant   25
> Si qe fu la saiete par mi lor cors passant

Appendix 6.

Ll. 1685-1710 are expanded by F with an interpolation of 189 lines.

>   Richars oi la noise de son gait point esrant   93d
>   Car devers Saint Estevene fu cele nuit gaitant
>   Il et si compaignon cele part vont brochant
>   Entre les Turs se fierent com hardi combatant
>   Estevenes d'Aubemarle vient d'autre part courant   5
>   Il et trestout li sien qi mout erent vaillant
>   Et d'autre part rabroce dans Foucier de Melant
>   Et dans Jehans d'Alis par fier contenement
>   Ens en l'estour se fierent ne se vont resoignant
>   Bataille i ot mout fiere et estour mout grevant   10
>
> 64A. Li estours fu mout grans li estours le tesmoigne
>   Maint escu veissies troer et mainte broigne
>   Dans Richars point et broce qant il voit la besoigne
>   En l'estour se feri n'areste q'il ne poigne
>   L'escu tient joint au pis et la lance en nenpoigne   15
>   A sen venir encontre le roi de Caneloigne
>   Qi nostre gent mehaigne et durement esmoigne   94a
>   Richars point contre lui qi pas ne le resoigne
>   Et le fiert sor l'escu n'i a ais nel desgoigne
>   Ne li vaut ses aubers le pris d'une escaloigne   20
>   L'espiel li mist ou cors et passe outre la loigne
>   Du destrier le trebusce l'ame lait la caroigne
>   Outre dist il cuvers Damedix mal te doigne
>   Lors se fiert en l'estour trait le branc de Couloigne
>   A destre et a senestre fiert tes cops sans cacoigne   25
>   Il ne fiert cop sor Turc de membre nel vergoigne
>
> 64B. En l'estour se contient mout tres bien dant Richart
>   Aussi com l'espreviers les aloes depart
>   Esparpeille les Turs entour lui fait grant parc
>   Uns paiens le regarde qi le cuer ot gaignart   30
>   Il ne l'ose aprocier de loins li lance .I. dart
>   Et le fiert sor l'escu qe les ais en depart
>   Mais li aubers fu fors la maille n'en dessart
>   Atant es vous Foucier brochant de cele part
>   Et a veu le cop qe li Turs de mal art   35
>   Lancha si roit au duc Fouqes tient .I. faussart

Et le fiert sor son elme qi de l'or luist et art
Le bacinet li fent dusqes es dens le part
Li Turs ciet mors a terre et Fouces s'en depart
En l'estour s'est ferus s'encontre Princenart 40
De no gent ot la nuit fait dolerex escart
Et Fouqes point vers lui le bon destrier liart
De son acier le fiert sor l'escu d'une part
La broigne ne li vaut la plume d'un marlart
Il li trence les costes et les ners et le lart 45
Mort le cravente a terre par dales .I. begart
Vers Harpin esperonne hardis comme lupart
De lui secourre tos fu en mout grant regart

64C. Pour dant Harpin rescourre dans Fouqes esperone
Et tout si compaignon cascuns s'i abandone 50
Atant es vous Antiaume q'ert nes de Terasconne
Et sier sor .I. destrier qi les grans saus pourdonne
Un paien encontra mout fu bele persone
Cousins germains fu ja Fannios d'Escalone
Antiaumes le fiert si sor l'elme ou l'ors boutonne 55
Qe dou cop qi fu grans tout le cief li estone *94b*
Du destrier le souvine froisse la sele bone
Si roidement trebusce la terre en resone
Antiaumes point avant tient le branc de Nerbone
Un autre paien fiert fix ert d'une felone 60
La coiffe ne li vaut nes c'une noire gonne
De l'espee q'il tient li fait rouge corone
La cervele en espant et li sans en randone
Du destrier le tresbusce par dales une bone
Puis se fiert en l'estour maint ruiste cop i donne 65
Asses livre a glaner et sin ert qi messoinne

64D. Dans Jehans d'Alis point ne se viut plus atendre
Qant il oi la noise cele part fait destendre
Le destrier castelain grans saus li fait pourprendre
Vers l'estour esperonne pour dant Harpin desfendre 70
En son venir encontre .I. Turc plus noir qe cendre
Et Jehans tient l'espiel dont l'anste n'ert pas tendre
Un si grant cop li donne qe l'escu li fait fendre
Et l'auberc jaserant la maille en fait estendre
Ou cors li mist l'espiel nos Frans li vaut cier vendre 75
De son destrier li fait honteusement descendre
Si roit l'abat a terre qe l'ame li fait rendre
Puis a traite l'espee q'il siut a son oes prendre
A ferir sor paiens vaut il si bien entendre
Q'escus et bacines et elmes i fait fendre 80
N'i a Turc qi l'esgart qi a cop l'ose atendre

64E. Estevenes d'Aubermarle ot ou cuer grant engaigne
Qant oit Cornumaran qi si no gent mehaigne
De son gait laisse courre son bon destrier d'Espaigne
Si compaignon o lui n'i a cel qi se faigne 85
Esteues fu devant et tenoit d'or l'ensaigne
.I. Beduin encontre qi ot faiture estraigne
De nostre gent la nuit ot fait laide bargaigne
Estevenes point vers lui et tient le fust de laigne
Li uns fiert si sor l'autre n'i a espiel ne fraigne 90
Mais li cop du paien ne vaut une castaigne
Car de l'escu Estevene n'abat qe l'entreseigne
Et Estevenes le fiert cui maltalens engraigne
Tout droit en mi le pis li paiens peu i gaigne
Car son auberc li ront comme toile d'araigne   *94c* 95
Par mi outre le pis son roit espiel li baigne
Dou destrier le tresbuisce en travers la campaigne
Outre dist il cuvers ensi fors marcans gaigne
Puis se fiert en l'estour trait le branc d'Alemaigne
A destre et a senestre tue Turs et mehaigne 100
Nul n'en ataint a cop qi en sele remaigne

64F. Estevenes d'Aubermarle fist forment a loer
Pour dant Harpin rescourre se vaut forment pener
Et si fist il pour voir bien le sot demoustrer
Non il mie tous seus mais tout si baceler 105
Et li autre baron qe tous ne puis nomer
Entre les Turs se fierent hardi comme sengler
De cascun la proeche ne vous puis deviser
La veissies la nuit cascun bien esprover
Et tant paien destruire ocirre et decoper 110
Tant poing tant pie tant brac tante teste coper
Et tant paien cair trebuscier et verser
Mais tant i ot paiens qe Dix puist craventer
Se Damedix n'en pense qi tout a a sauver
Ja orres vous les nostres a grant dolour tourner 115
Car paien se raloient et font lor gent serrer
Encor furent .VII.M. Dix les puist vergonder
No gent rekeurent sus tous les font remuer
Plus d'une abalestree les font il reculer
Car a lor ars turqois les prendent a verser 120
Tant s'esforcent li Turc qe Dix puist mal doner
Qe .XX. de nos barons vont saisir et coubrer
Cex vorrent en prison en Jhursalem mener

64G. Mout fu grans la bataille et li caple pesant
Li nostre i souffrirent dolour et paine grant 125
Qe clers nel porroit dire ne jougleres qi cant
Tant se vont Sarrasin et paien esforchant

Qe .XX. de nos barons vont par esfort prendant
Illuec fu pris Richars et Fouqes de Melant
Et Rogiers del Roinsoi et Paien le Normant 130
Antiaume de Terasconne et Baudouin l'enfant
Et .XIIII. des autres q'il envoient avant
Cil .XIIII. n'aront ne secours ne garant
Car Turc et Sarrasin les menoient batant *94d*
A grans maqes plonmees et forment laidengant 135
Li quens Harpins le voit mout a le cuer dolant
Il crie Dix aie chevalier or avant
Nos compaignons ont pris li glouton soudoiant
Ses laissons enmener mout serons recreant
Lors rehurtent as Turs cascuns tient nu le branc 140
Mais ne lor vaut la force le monte d'un besant
Francois oient la noise si s'arment maintenant
Li qens Robers de Flandres sali en son estant
Hastivement endosse son auberc jaserant
Ses cauces et son elme sali en l'aufferant 145
Son escu a son col et le glaive empoignant
S'en tourne a esperon mout se va dementant
Dix dist il qes pecies me va or encombrant
Qant il a bien .XX. jours n'oc auberc depoillant
Or nous alas pecierres en nuit tous endormans 150
De maltalent et d'ire va li qens fremissant
Il et si compaignon se va forment hastant
Mais pour noient le font trop se vont atargant
Tout en fuissent mene li chevalier vaillant
Qant Bauduins de Biauvais i vint esperonnant 155
Aussi com li ostoirs va as anes volant
Qant il les a veues entres les va plonchant
Aussi vint Bauduins entre Turs eslaissant
Cui li bers fiert a cop il n'a de mort garant
.XIIII. en a ocis a l'espee trenchant 160
Chiaus qi no gent enmaine est venus au devant
Sacies qe de nul bien nes va arraisonnant
A l'espee d'acier les va si desfoucant
Qe les prisons guerpissent si s'en tournent fuiant
Mais qe .VI. n'en rescoust et les autres nient 165
Car devant les menoient en la cit mescreant
Les .XIIII. retinrent s'en fisent lor commant
En chartre les geterent oscure et puant
La furent longement mout grant dolour souffrant
Et rescous fu Richars et Fouqes de Melant 170
Et Rogiers et Antiaumes Bauduins li vaillans
Et li sisismes fu dans Paiens li Normant
Qant il furent delivre si vont joie faisant *95a*
Et sacies pour paiens ne se vont pas muchant
Qant furent delivre mais par proece grant 175

Saisi cascuns espiel ou sace ou branc trenchant
Dans Richars de Chaumont si ala bien vengant
De che q'ot este pris ot maltalent mout grant
En l'estour se refiert mout aireement
Or lor est plus felons q'il ne fu au devant   180
Trop malement les maine trop les va damagant
A Bauduin en vient a Harpin le poissant
Qi entr'ax .II. aloient les paiens encauchant
Qant il fu avuec eus mout en furent joiant
Des mors et des navres vont la terre couvrant   185
Li qens Robers i vient iries et escumant
La ou il les ataint va si les Turs plaissant
Com fait li carpentiers a se hace trenchant
Les rainsiax et les verges ens el bos esbrancant

Appendix 7.

Ll. 1808-1812 are expanded by BI to 13 lines.

Li vesques de Forois i fu bien le set on   *240a*
Li abes de Fescans qui mout estoit proudom
Et trestout li clergies de l'ost tot environ
Et dans Hues li Maines et avoec maint baron
Estievenes d'Aubemarle li fius au conte Othon   5
Et Harpins de Beorges et Ricars de Caumon
Et Rogiers del Rosoi ki cloce del talon
Et Estievenes de Blois et avoec lui Simon
Herbers li dus de Bascles qui est mout vallans hom
Si vint li rois tafurs il et si conpagnon   10
Et li quens Eustaces pere au duc de Buillon
Bauduin de Biauves al vermel confanon
Nes vous sai tous nomer par tant les vous lairon

Variants of I (fol. 110c)

1. i fist b. le sermon - 2. m. par iert p. - 3. d. t. l'o. en - 9. de Bales q. m. e. v. h. - 12. Bi. Antelme c. - 13. Ne v. s., no. pour ta.

Appendix 8.

After l. 1841 BI add 17 lines.

Marie Madelaine fist .I. mout haut pardon   *240a*
Quant a ses pies plora en le maison Simon
Quant Judas li traitres i fist le traison
A Juis le vendi c'ains n'i quist ocoison

Appendixes

    Au jor del venredi soufri il passion   5
    Quant Longins le feri de la lance a bandon
    Li sans li vint par l'anste entor et environ
    Il le terst a ses ious si ot alumison
    Il li cria merci par boine entention   240b
    El sepucre fu mis et gaities a laron   10
    Au tiere jor surrexi n'i ot demorison
    A infier en ala que de fi le set on
    S'en gieta ses amis ains n'ot desfension
    Et puis monta es cius au jor d'acention
    Sire si con c'est voirs et nos bien le creon   15
    Si nos dones poooir par ton saintisme non
    Que puisiemes conquerre ceste vile a bandon

Variants of I (fol. 110d)

1. f. il m. - 4. As J. - 5. Au dou v. que s. p. - 12. En i. - 13. ai. n'i o. - 15. Sir. com se fu v. - 16. D. pooir pa. vo sa.

Appendix 9.

After l. 2166 BI add 14 lines (F adds 11 lines).

    Puis fisent autre esciele u maint bon vasal a   241c
    .VII.M. et .V.C. furent quant ele l'asambla
    Cescuns s'afice bien por paien ne fuira
    Dans Droes de Melans les conduist et guia
    Estievenes d'Aubemarle .I. autre en rasambla   5
    Bien furent .VII.M. cescuns d'aus boin cuer a
    Et li quens de Blandai une mout fiere en a
    Cele fu la disime mainte arme i flanboia
    Maint cor mainte buisine i bruit et resona
    Des armes et de l'or la tiere estincela   10
    E Dex si boine gent cescuns s'i esprova
    Pour Dameldeu servir cescuns d'aus se pena
    Dex ait merci des armes qui tes enfans porta
    Et des peres ausi qui cascun engenra

Variants of F (fol. 98a) and I (fol. 112c)

1. P. refait l'a., v. ra *F* - 2. f. qe on les a.*F**; el. s'a. *I* - 4. de Noele l. *F*; l. conduit et *I* - 5. d'A. autres eschieles ra *I*; *F wants* - 6. B. i f., .M. et ca. b. *I*; *F wants* - 7. l. bons q. d. Flandres u. m. bele en a *F*; d. Baudar u. *I* - 8. Che f. la l. *F*; Ceste f. *I* - 9. i brait et *F* - 10. et des l'o. li pais esclaira *F* - 11. He D. com b. g. com c. s'i prova *F* - 12. d'a. s'esprouva *I*; *F wants* - 13. des meres q. *F* - 14. q. tous les en. *F*

Appendixes

Appendix 10.

At l. 2285 F has an interpolation of 123 lines.

	Sor Ricart de Chaumant et sor sa compaignie	99a
	Est durement mesceu a icele envaie	
	Mais sacies qe che fu par lor chevalerie	
	Et par lor hardement car mout tres grant envie	
	Orent de Diu vengier sor le gent esragie	5
	Par proce le jour souffrirent grant hascie	
	Car de nulle gent n'ert si tres fort assalie	
	Le jour li Sarrasin com de le baronnie	
	Qi furent ja caitif entre gent paienie	
80A.	Bauduins de Biauvais par son fier vasselage	10
	S'aprocha pres dou mur sor son dos ot sa targe	
	Et tenoit une hace dont l'alemele ert large	
	En la Porte David qe uns rois paiens garge	
	Fiert grans cops a .II. mains mout ledement le marge	
	Ne sanle as cops q'il fiert q'il soit fix de cuffarde	15
	Ne fiert si petit cop qe li feus n'en esparge	
	De le hace et de bendes qi le porte pour marge	
	Mais se Jhesus n'en pense qi le fist a s'image	
	Du bon ber Bauduin aront li no damage	
	Car li rois sarrasins cui Dix envoist hontage	20
	Il tenoit un grant gres pour jeter no barnage	
	Qant coisi Bauduin ou cuer en ot grant rage	
	Le gres li a gete de haut de son estage	
	Et fiert si Bauduin droit en mi le visage	
	Q'il le gete souvin les le porte le sage	25
	Se ses elmes ne fust qi fu fais en Cartage	
	Li glous il l'eust ocis par son tres grant ontarge	
	Bauduin ont saisi icil de son linage	
	De la Porte David le portent en l'erbage	
80B.	Mout fu grans la bataille sor la gent Apolin	30
	La veissies maint prince et maint noble mescin	
	Volentiu et engres de tuer Sarrasin	
	Et d'une part et d'autre i ot mout grant hustin	
	Li no welent ramper contre le mur marbrin	
	Mais trop bien se desfendent li cuvert de put lin	35
	Il getent grosses pierres gros gres grans fus fraisnin	
	Il ne consivent elme ne coiffe ne bachin	
	Qe il ne froissent tout et metent a declin	
	Atant es vous poignant de Boourges Harpin	
	Et tenoit en son poig le bon brant acerin	99b 40
	Les le mur s'aprocha et vit .I. Beduin	
	Qi des nos ot le jour fait mout malvais train	

Appendixes 269

      Ferir le vot li dus et metre a sa fin
      Mais li glous l'aperchut qi cuer ot de mastin
      Et tenoit .I. grant pel o le fer poitevin   45
      Au conte de Boourges le jete par tel brin
      Q'en mi le pis le fiert qi le jete souvin
      Se sa targe ne fust et l'auberc doublentin
      Li qens Harpins de Bourges ne bust ja mais de vin

80C. Li bers Jehans d'Alis comme prex et isnel   50
      Qant Harpin vit kair sali vers le Bedel
      Pour le conte vengier fist .I. agait trop bel
      Contrement le fosse rampa com un cievrel
      Et tenoit une lance ou ot .I. penoncel
      Tant fist q'il fu au mur qi ert fais a cisel   55
      Tout serant s'i quati et mist en .I. moncel
      Le viaire amont garda les le murel
      La lance contrement dont trence li coutel
      Les le mur le drecha par desus le cretel
      Ou li glous estoit droit qi fiert Harpin dou pel   60
      Illueqes se tient qois sans faire grant cembel
      Pour savoir se li glous boutroit fors le musel
      Gaires n'i ot este qant li glous par revel
      Pour regarder le conte dont il fist tumerel
      Bouta defors son cief atout le haterel   65
      Et dans Jehans d'Alis qi ne baioit a el
      Qant le vit appareir la lance de novel
      Li a il droit lancie par desous le capel
      Desous l'ueil le feri droit dales le nasel
      Dou vis li desrompi les os le char le pel   70
      La lance empaint par force si passe le cervel
      Qant li glous le senti si brait comme pourcel
      Arrie chiet souvins si ront le haterel
      L'ame de lui enportent diauble en lor putel
      Atant es vous .I. Turc cousins ert Lucabel   75
      Atout une plomee qi pendoit a bouel
      Se Damedix n'en pense qi fourma Daniel
      Damage aront li nostre de Jehant le dansel

80D. Mout fu dolans li Turs et forment se grami   *99c*
      Qant vit le Beduin qe on ot mort ensi   80
      Cele part vint courant de grant ire embrasmi
      Et tint une plonmee a...ete de buef pendi
      Fors du crenel s'avance envers Jehan d'Ali
      La plonmee a .II. mains envers lui destendi
      Si tres bien l'assena ou cief sacies de fi   85
      Tout droit dales le temple si qe tout l'estourdi
      Se li elme ne fust et li bacins aussi
      Tout l'eust escervele qant Jehans le senti

Ne se pot plus tenir a la terre kai
Li Turs se trait arrier et forment s'esjoi 90
Qant Jehans vit kaioir mais voir mal le feri
Car uns abalestriers de bien loins les coisi
Pour Jehan fu dolans car il l'avoit nourri
Tost et isnelement l'abalestre tendi
.I. qarrel mist en corde et descocha vers li 95
Si droitement l'a trait c'ou flanc le consivi
Si roidement l'ataint qe d'autre part rissi
Les boiaus li trencha le pomun autressi
Li glous kai a terre et jeta .I. grant cri
S'ame en ont emportee dyauble et anemi 100
Et Jehan emporterent as tentes si ami
Sacies q'em mout grant piece n'oi goute ne vi

80E. Jherusalem assalent Crestien qi preu sont
D'entrer en la cite mout grant desirrier ont
Ou mur et ou fosse maint grant trau de pic font 105
Mais li Turc sont as murs qi grant desfense font
Jetent pierres et gres et gros cailliax reon
Maint Francois font verser ens ou fosse parfont
Atant es vous courant dant Ricart de Chaumont
Pour vengier Crestiens vot ramper contrement 110
Mais uns Turs le coisi qi fu as murs amont
Une pierre li gete si l'asenne ou front
Son elme q'ert d'acier li pourfent et desront
Se li bacins ne fust sacies le bien adont
De dant Richart le preu eust delivre le mont 115

80F. Mout fu grans li assaus et fiere l'envaie
No baron crestien i sueffrent grant hascie
Car paien se deffendent comme gens esragie *99d*
Maint gres et mainte pierre ont contreval galie
Sacies qe de no gent i ont granment blecie 120
L'un ont navre ou cors l'autre teste brisie
En coste ou en brac ou en jambe ou en pie
Tous ceus q'erent navre ne vous sai nomer mie

Appendix 11.

After l. 2412 F adds 14 lines.

Vers les nos se desfendent qant il les ont reqis *100c*
Bien par .XV. journees si com dist li escris
Ne fu il onqes jours qe Turc et Arrabis
Ne fuissent la dedens de no gent assaillis
Mais li esplois i fu sacies asses petis 5

Appendixes

    Mout en furent no gent dolant et engramis
    Et d'autre part estoient durement affoiblis
    De fain et de mesaise de soif erent aquis   *100d*
    Car iaue lor fali s'en furent entrepris
    Tant ont en Siloe cascun jour iaue pris   10
    Qe la riviere est seche s'en sont mout entrepris
    Par une matinee qant jours fu esclarcis
    S'asalerent li conte li baron de haut pris
    Pour parler de lor vivre se sont a consail mis

Appendix 12.

After l. 3289 D adds one laisse; for the similar laisse in BFHI see Appendix 13.

104A. La novisme eschiele ont no baron establie   *171b*
     De la gent ordenee l'ont bien faite et garnie
     De vesques et d'abes et de autre clergie
     Tote cele compaigne fu de blans dras vestie
     Chascuns a crois vermeille ens el pis atachie   *171c*   5
     Et devant en sa robe une espane croisie
     Tot furent desarme n'ont hauberc ne quirie
     Ne glave ne saiete ne espee forbie
     A chascun a li vesques une oublee baillie
     Ch'est li cors Damledeu que prestres sacrefie   10
     Li vesques de Forois tos les chaele et guie
     Par totes les eschieles no gent acommenie
     Puis si s'est trais arriere s'a tote l'ost seignie
     Tot ensamble commencent la sainte letanie
     Si qu'en le Tor David a on la noise oie   15
     Li rois ert as fenestres de marbre et de porfie
     Et dist a Lucabel jo ne sai que jo die
     L'aval voi une eschiele tot ensamble bastie
     Qui as autres es boches a ne sai coi muchie
     Frere dist l'amiral c'est lor avoerie   20
     Par ce quident avoir molt lor Deu en aie
     N'ont mais garde de nos tote est l'os esbaudie
     Or poes la veoir bele chevalerie
     Ainc ne veistes mais nule gent si hardie
     Or poes bien savoir no chites iert saisie   25
     Car ainc a drap de soie n'a paile d'Aumarie
     C'aions pendu as murs par devers lor baillie
     Encor n'i a Franchois pieche en ait manie
     C'est voirs dist Corbadas Mahomes les maldie

Appendix 13.

After l. 3338 BFHI add one laisse; for the similar laisse in D see Appendix 12.

105A.	Li baron et li prince ne s'aseurent mie	246d
	De la gent ordener le nueme ont establie	
	De vesques et d'abes et de l'autre clergie	
	Toute cele conpagne fu de blans dras vestie	
	Cescuns ot crois vermelle en se robe atacie	5
	Tant furent desfuble n'ont auberc ne cuirie	
	Devant en mi lor pis plaine paume ert croisie	
	A cescun a l'evesques une ouvlee baillie	
	C'est li cors Dameldeu que prestre sacrefie	
	Ahi Dex con la ot saintisme conpaignie	10
	Li vesques de Forois tous les caiele et guie	
	Et l'abes de Fescans ki fu de sainte vie	
	Par les escieles ont no gent acumenie	
	Puis se traient arier s'ont nostre gent sainie	
	Ensamble coumencierent la sainte letanie	15
	Si qu'en la Tor David en est li vois oie	
	Li rois ert as fenestres de marbre et de porfie	
	Et dist a Lucabels or ne sai que jou die	247a
	Laiens a une esciele tote blance et rogie	
	Qui as autres es bouces a ne sai coi mucie	20
	Frere dist Lucabiaus c'est lor avoerie	
	Pour cou quident avoir Jhesucrist en aie	
	N'ont mes doute de mort mout est en esbaudie	
	Bien poes or veir bele chevalerie	
	Et si sai bien et croi ne vous en doutes mie	25
	Que vous aies l'asaut ains l'eure de conplie	
	Ne veistes si fiere en toute vostre vie	
	Frere cou dist li rois taisies jou vous en prie	
	Et respont Lucabiaus tout cou tieng a folie	
	Onques nus hom ne vit nule gent plus hardie	30
	Ne douteront paiens vallisant une aillie	
	Pour cou poes savoir la cites ert gerpie	
	Qui or a drap de soie ne pale d'Aumarie	
	Si l'aport sor cel mur et devers aus baulie	
	Ja n'en i ait .I. seul qui piece en ait mucie	35
	C'est voirs dist Corbadas Mahomes les maudie	
	Se Mahons viut sofrir que la lois soit gerpie	
	Dehait ait qu'en donroit une pume porie	
	Trop est malves li Dex qui ses homes oublie	
	Li vesques del Matran ne s'aseure mie	40
	Et li gentil baron ont fait lor establie	

Appendixes 273

Variants of F (fol. 89a-b) and I (fol. 118c-d)

1. n. s'atargierent m. *F*
2. *F has 2 lines* La neuvisme esciele on. esranment e./ Et l. g. ordenee bien faite et bien garnie; g. ordenee font l. n. e. *I*
3. Et des v. *I*
5. v. ens ou pis athachie *F*
6. *F inverts lines 6/7*; Tout f. *FI*
7. *F inverts lines 6/7*; En se robe d. une enseigne c. *F*; m. le pi. pl. paume croisie *I*; *FI add 1 line* Ne glave ne saiete (Glaive ne arc saitie *I*) ne espee fourbie
10. He D. com i o. l. s. con. *F*
12. q. est d. s. *F*; *F adds 1 line* Et maintre autre bon clerc qe nomer ne sai mie
13. e. vont. n. *FI*
14. P. s'en tournent a. s'o. toute l'ost s. *F*
15. Tout ensanle commencent la *F*
16. e. fu l. v. *FI*
17. f. d. la grant tour antie *F*
18. q. vous d. *F*
19. Laval a *FI*; b. vestie *F*
20. b. ont n. *F*
23. me. garde de mor. toute est l'ost esb. *F*; est enhardie *I*
24. Mout p. *F*
25. *F wants 25-29*
26. v. ares l'as. *I*; *F wants*
27. e. trestoute vo vi. *I*; *F wants*
28. *F wants*
29. *F wants*
30. g. si ha. *I*
31. Il n. doutent p.u. pume pourrie *F*
32. Or poe. bien s. vostre tour e. saisie *F*
33. Car ainc a, s. n'a p. *F*; a dras de *I*
34. Qu'avons (perdus *scored out*) as murs pendus d. au. en baillie *F, which adds 1 line* Pour plus eus decevoir qi l'euissent convoitie; so. ses murs et *I*
35. Ainc n'i ot .I. Francois q. piere e. ot saisie *F, which adds 4 lines* Qant il fisent l'assaut as murs a l'autre fie / Pour or ne pour argent ne font nulle envaie / Fors pour vengier lor Diu et nous tolir la vie / Ne prisent tout l'avoir une pume pourrie
36. Mah. le mau. *I*
37. S'Apolins v. *F*; q. sa lo. *FI*; perie *F*; so. honnie *I*
38. De. qi e. do. vaillissant u. alie *F*
39. e. l. D. m. q. *F*
40. Ma. cui Jhesus beneie *F*; n. s'aseura mi. *I*
41. Et no g. *FI*

Version of H
  Les barons ne targerant mie   *336b*
  La .IXe eschele firent d'une clergie

Toute fu celle compaignie de blans drapz vestie
Chacun une croix vermeille en sa robe atachie
L'evesque de Forains tous les guie 5
Et l'abe de Fescamp qui fu de sainte vie
Parmy l'ost toute nostre gent envuie
Puis se tirent arriere s'ont l'ost seignie
Tous ensemble commencent la letanie
Jusquez en la Tor David en fu la noise oye 10
Le roy est aulz fenestres d'or polie
Dit a Lucabin ne scay que je vous die
Je voy la une eschele toue de blanc estie
Frere dit Lucabin c'est leur avoierie
Par eulz cuident avoir Jhesucrist en aye 15
Onc hom ne vit gent plus hardie
Ne redoubtent payens la monte d'une aillie

Appendix 14.

After l. 3809 BI add 11 lines (H adds 4 lines) and after l. 3810 BI add 24 lines (H adds 19 lines).

N'i a cel ne vosist que ses cies fust copes *249b*
Qu'en tornisons s'ert prise ceste sainte cites
E Dix dist li evesques t'en soies aoures
Glorious sire pere car t'en prenge pites
Ja est pour vous cis pules travillies et penes 5
Adont plora li vesques s'a .II. souspirs getes
Devers le ciel amont vint une grans clartes
Une vois en ici oie fu asses
Qui dist ne t'esmaier sainte crestiientes
Jusc'a petit de terme ares vos volentes 10
Cele vois lor a tous en l'ost resvigores

117. Or ont li Crestien par l'ost mout grante plente (3810)
Pour l'amour de la vois ont grant joie mene
Bauduins de Buillon a le duc apele
Frere jou m'en irai a Rohais ma cite 15
Li vius de la montagne m'a des ersoir mande
Que li Turc par dela sont vers lui revele
Et li dus li respont par grant humilite
Frere a Deu vous coumant le roi de majeste
De revenir arriere l'a li dus mout haste 20
Bauduins prist congie sa gent en a mene
Le cemin de Barbais s'en vait trestout arme
Quant Bauduins i vint si furent acorde
L'amiraus Calpamors et li vius de Monbre
A Rohais n'a li quens Bauduins sejorne 25

Appendixes 275

    Fors la nuit qu'il i vient isi li vint a gre
    El demain s'en torna quant il fu ajorne
    .IIII.C. cevaliers a Rohais coumande
    Autretant en mena mout sont bien atorne
    Li quens s'en est iscus n'i a plus demore   30
    A le voie se metent tout se sont aroute
    Ains que Bauduins voie le franc duc alose
    En plus de .V.C. lius avra le cors navre
    Ci le lairons del duc n'en ert or plus parle
    Dusques a poi de terme i serons retorne   35

Variants of H (fol. 337b-c) and I (fol. 121c-d)

1.ce. mieus v. *I* ; *H wants 1-6* - 2.Que t. de ci s'e. p. la ci. *I*; *H wants* - 3-6. *H wants* - 7. l. ciel vint une clartes *H*; a. vit u. *I* - 9. n. t'esmaies s. *IH* - 10. a. vo vol. *H* - 11. v. les a *HI*; t. rasseurez *H* - 12. on. no baron m. *H*; C. en l'o. *I* - 13. v. ont joye m. *H*; o. mout g. *I* - 16. m. m'a mande *H* - 17. Que Turs s. p. devers l. r. *H*; v. aus r. *I* - 18. Le d., r. par humilite *H* - 19. F. ales a Jhesus r. *H* - 20. a. l'a moult h. *H* - 21. c. s'en est ale *H* - 22. d. Roches tout a. *H* - 23. y vint furent a. *H* - 24. L'a de Parmor d. M. *H* - 25. n'a B. point s. *H* - 26. n. que il vie. *I*; vin. adjourne *H* - 27. L'endemain monte q. furent arme *H* - 28-29. *H wants* - 30. es. tourne n'y, p. sejourne *H* - 31. m. si so. t. a. *I*; *H wants* - 32. B. ait son frere salue *H* - 33. E. .XXX. li. *H* - 34-35. *H wants*

Appendix 15.

After l. 3896 BI add 15 lines; the first line only is given also in H.

    Ja de millor ceval ne sai hom qui vos die   250a
    Bien courust .XV. liues de plain a une hie
    La siele fu d'ivore faiticement bastie
    Bien ert bendee d'or qu'ele ne fust brisie
    Li estrier furent fait de cuir de marmorie   5
    Et les caingles de cerf faites sont par mestrie
    Les boucles sont de fier les sorcaingles d'orbrie
    Au destrier en la teste ont mis une cuirie
    Et a fortes cordeles estroitement lacie
    Pour l'alaine garir au courre d'esquellie   10
    Que li vens pour la teste ne li face estormie
    Li frains qu'il ot el cief fu fais par grant mestrie
    Fors estoit et legiers s'ot tele avoerie
    Ja beste qui le porte n'ert pour arme estourdie
    Mout fu bons li destriers miudres ne fu en vie   15

Variants of *H (fol. 337c)* and *I (fol. 122b)*

1. Or de, n. fu nouvelle oye *H* - 2. B. couroit .XV. *I* - 4. Bi. est be. *I* - 8. t. ot m. *I* - 9. a forte cordele es. *I* - 11. v. en la *I* - 14. n'er. par a. *I*

Appendix 16.

After l. 4146 BI add 47 lines.

Au cri vienent li Turc de toute la contree	*251b*
N'i a celui ne porte gavrelot u espee	
Arc u cane d'acier molue et afilee	
Cil feront a nos gens dolerouse jornee	
Dameldex le garist qui fist ciel et rosee	5
Quar jou ne voi coument lor vies soit sauvee	

125A. Li bataille fu fiere et ruste l'envaie
Bien i fierent la gent de la tiere joie
Mais petit i avoit de la Deu conpaignie
N'i ot que .CCCC. de nostre gent hardie   10
Tout sont jovene vallet plain de cevalerie
Bauduins a monjoie clerement esbaudie
Que faites vous baron ne les espargnies mie
Penses de bien ferir Dex vous ert en aie
Quar pour lui avons nous sofert mainte hascie   15
Et mainte grant bataille vencue et derainie
Si ferons nos cesti ains l'eure de conplie
Tout serons corone en pardurable vie
A iceste parole es no gent esbaudie
Sor les Turs vont ferir tot a une bondie   20
La peuiscies veir si grant carpenterie
C'on les oist tres bien d'une liue et demie
Sarrasin et paien muerent a grant hascie
Des mors et des navres est la tiere joncie
Mais tant par i avoit de la gent paienie   25
Que c'est avis as nos tote tiere formie
Bauduins de Buillon tint l'espee forbie
Mout en sert bien li quens cui mautalens aigrie
Cui il ataint a cop il n'a mestier de mie
Cel jor les a ocis le fil a le galie   30
Isores et Danet et Tamas de Rousie
Et Floret et Claret Marson d'Esclavonie
Et le roi Estrenfle et Glot de Valserie
Maront et Baufame Salot de la berie
Et Goulias de Rode Salot de Laborie   35
Des Turs et des paiens fist tel carpenterie
.XIIII. en a ocis de la gent maleie   *251c*

Appendixes 277

   Que sen brac et s'espee ot tot en sanc bagnie
   Turc ne l'osent atendre plus que faucons la pie
   Li quens vit Orquiniel ki ses paiens ralie   40
   Tel cop li a done sor l'elme ki verdie
   Que tout l'a pourfendu enfresi qu'en l'oie
   Quant voit Cornumarans que sa gens afoiblie
   Il prent le cor Erode sone a la bendie
   La vois en entendi Robers de Normendie   45
   Et li dus Godefrois et l'autre barounie
   Mout estoient lonc d'eus .II. liues et demie

Variants of I (fols 123d-124a)

2. p. ou g. - 3. c. de fer m. - 13. n. e. vous m. - 14. P. del b. - 19. A icele p. a n. - 20. f. trestous a u. hie - 26. as nostre to. - 28. e. fiert b., q. car ma. l'a. - 30. j. lor a o., f. a l'Engalie - 31. I. et Dinans et Tanas de R. - 32. Et. F. et Calet M. d'Es. - 33. r. Estoufle et G. - 34. Marcon et - 35. R. Danemon de Nubie - 36. De T. et de p. - 37. g. paenie - 38. s'es. en o. t. b. - 39. a. nes q. - 40. q. les p. - 42. p. dessi que en l'o. - 46. l'a. compaingnie - 47. Il estoit bien lo., .II. liue et

Appendix 17.

After l. 4286 BI add 14 lines.

   Ja Dameldex ne place le pere tot poiscant   *252b*
   Que jou voie le vespre ne le solel coucant
   Que li cuers ne me soit creves en partisant
   Ahi biaus sire Dex pour coi ales soufrant
   Que moi et mi doi frere estiemes vo serjant   5
   Or m'en ont l'un ocis li cuvert mescreant
   Li dus laise sen frere si sali en baucant
   Pour Cornumaran sivre vait sen cors aprestant
   Quant li prince le voient del tout apartenant
   Sire dus ne ta vas pour Deu si esmaiant   10
   Par mon cief vous n'ires se Deu plest en avant
   Ancois sares del conte sel troveres vivant
   Quant li dus l'entendi mout ot le cuer dolant
   Pour l'amor de son frere vait ses .II. puins torgant

Variants of I (fol. 125a)

3. ou ventre p. - 5. sergant *corrected from* garant - 8. Apres Corn. v. - 10. Si. Diex n., v. orendroit dementant - 11. pl. or a. - 12. se. trouverons v. - 15. Qui li cuirs et les jointes aloient despessant

Appendix 18.

For l. 4311 BIT have 12, 14 and 9 lines.

C'onques ne nuit ne jor ne prist herbergerie 252c
Ne onques pour mangier n'i ot table drecie
Mais tout en cevaucant pour soustenir sa vie
Tant cevauca a force la tiere de Surie
Qu'il passa Aighe Frate sans nef et sans galie 5
Signor cou est une aighe que Dex a beneie
Qui de paradis vient et sort et nest et crie
Et quant ot passe l'aighe s'a se voie aquellie
Tout droit au Pont d'Arjent en vint sor Magohie
Bielement pasa outre pour le caut ki l'aigrie 10
Vint a une fontaine ki sort sor une olive
Ilueques descendi mais n'i demora mie

Variants of I (fol. 125b) and T (fol. 143a)

3. *IT add 1 line* Ou dormoit desous arbre ou sous ente florie *I* ; Et dormoit telle heure souz l'ombre qui verdie *T* - 4. Et a ta. chevauchie l. te. desertie *T* - 5. Qu'i. trova Euffrate une yaue seigneurie *T* - 6. q. Jhesu b. *I*; *T wants* - 7. D. p. descent et porte grant navie *T*; *I adds 1 line* Dont Damedius jeta Adam par sa folie - 8. Si l'a outre p. sanz nef et sanz galie *T*; Et ot p. *I* - 9. Et trespasse Gorgais et le resne Urgalie *T*; e. vient s. *I* - 10. *T wants 10-12* - 11. Vient a *I*; *T wants* - 12. ma. il ne d. *I*; *T wants*

Appendix 19.

For ll. 4315-4333 T gives 30 lines.

Ce jour ot une feste de Mahon esbaudie 143a
S'i estoit li califes qui la loy sacrefie
Et Mahomet leur Dieu dessus une establie
Li amiraus Soudans forment s'i humilie
Es vous Cornumaran qui la presse a partie 5
Quant il voit Mahomet envers li se gramie
Il s'abessa a terre une perche a saisie
A sa vois qu'il ot clere le Sarrasin li crie
Ahi chaitive gent com estes esbahie
Qui portes cest maufe honneur ne seigneurie 10
Quant il a consenti que celle gent haye
Ont ainsi nostre terre gastee et essillie
Ne mais par ceste barbe li miens cors le deffie
Et s'il ne se desfent la mort li est jugie
Mahomet donna telle par de dessus l'oye 15

Appendixes 279

```
        Qu'il le fist en verser delez la baronnie
        Puis li a ses pies la teste demaillie
        Quant li Soudans le voit a haute vois li crie
        Que faites vous payen nostre l... est honnie
        ...a l'eussent payen ... a grant haschie              20
        ...ais Soudans le cogn... qu'il ert de sa lignie
        ...uant vit que fu ses nies si fu s'ire apaye
        ... cil s'agenoilla s'a sa cha...ce baisie
        ... aves dist il biaus nies ne me celes vos mie
        ...ire li Francois ont Antyoche guerpie               25
        Si ont Jherusalem ma cite assegie
        Et i a ja mil tres ou li ors reflambie
        Si ...a t...re destruite et e...                    143b
        Toute jour nous assaillent celle gent malaye
        Ne puet venir vitaille que n'ayent lors saisie       30
```

Appendix 20.

After l. 4347 BFI add four laisses; T makes a similar interpolation, given as Appendix 21.

```
129A.   Soudans en apela Margot et Canebaut              252d
        Et le roi Abrehant et sen frere Flanbaut
        Estonement d'Averse et son frere Escorfaut
        Et le roi Calcatras Aupatris l'amiraut
        Signor ce dist li rois drecies mon escaufaut          5
        Mon consel mosterai a mes barons en haut
        L'escafaut font drecier au roi Esclariaut
        Soudans i est montes Califes et Gorhaut
        .I. pale ont estendu desor lui pour le caut
        Califes se dreca vestus fu d'un bliaut               10
        Il a dit as paiens faites vous liet et baut
        Ja ores grant pardon de Mahon ki ne faut
        Et le coumandemant nostre Mariagaut
        Et li dit dou Soudan ki est no sire en haut

129B.   Califes l'apostoles a haute vois parla              15
        Signor franc Sarrasin traies vous en en ca
        Si ores le coumant que l'amiraus fait a
        Et le rice pardon que Mahomes donra
        Mestre Mariagaut en la loi coumanda
        Que ki n'a c'une fame .II. u .III. en prendra        20
        U .IIII. u .V. u .VI. u tant con lui plaira
        Tant con sera encainte a cascune gira
        Si croisteront paien et nos peules venra
        Ja mais n'i gira puis que ele enfentera
        Quant l'une en ert encainte a une autre en gira     25
        Ases engendre enfans selonc cou qu'il pora
```

Si venra nostre pules et nostre lois croistra
Li amiraus Soudans en Jhursalem ira
Pour Crestiens ocire qui asis l'ont pieca
Et ki mora en l'ost tel louier en avra   30
Mahons et Apolins s'arme li sauvera
En paradis celestre par force les metra
A tout une macue devant les conduira
Quant il venra a l'uis le portier hucera
Que il le lest entrer et caus que il volra   35
Et si il li desfent .I. tel cop li donra
De la macue el cief qu'il l'esciervelera
U il voelle u non la dedens enterra
.CCC. bestes d'or fin devant Deu offerra
Et Dex son mautalent pour l'or li pardonra   40
Par trefaite maniere trestous vous sauvera
Paien sont escrie or alons de chi la
U l'os de Francois est fel soit ki n'i ira
U .X. Francois u .XV. cescuns en amenra
Nostre tiere deserte tote en restoera   45
Voire dist l'apostole nus de vous n'i faura
Lors a leve sa main de Mahon les saina
Or vous baisies dist il leta benedica
Puis dist a l'autre cop Apolins ki bronca
Paien cil vous garise ki le porc estranla   50
Amen sire apostoles cescuns d'aus s'escria   *253a*

129C. Quant l'apostoles ot Sarrasins beneis
L'amiraus li coumande qu'il face ses escris
Si mandera les os de par tout son pais
Califes vit les bries .CC. i ot et .X.   55
Atant es les mesages ki ont baillie et pris
Li colon s'en tornerent es les vous departis
L'uns vait en Celelogne l'autres en Talentis
L'autres en Siladafre l'autre el regne as gris
Li autres a Morgane l'autres a Cenelis   60
Li autres en Venistre li autres a Safris
Li autres a Mogn... ens el Val Penis
Li autres en Aufrike et l'autres as Nais
Soudans ot amene tous ses .XIIII. fis
Apres vont li baron el regne as Arabis   65
Et jou que vous diroie ancois les .XV. dis
Ot l'amiraus ses homes et sa jent si ralis
Par .X. fois sont .C.M. des homes Antecris
Une gent amenerent d'outre le pinakis
Cil ne merent onques ne ceval ne roncis   70
Plus tos corent par mons que levriers par lairis
.II. conpagnes estoient des houmes maleis
L'une conpagne aporte dars trencans coleis
L'autre ronde plomee et maus de fier traitis

Appendixes

```
            Caus conduist Cornicas frere Corsubelis              75
            Ses destriers ert cornus si ot les pies faitis
            Et si couroit plus tot que ne vole pretris
            Cel avra Bauduins ancois les .XV. dis
            Des pumiaus et des aigles esclarcist li pais
            .X. liues et demie ont tous les pres porpris       80

129D.       Les os sont ajostees et paien asamble
            Devant le Pont d'Arjent sont herbregie el pre
            .V. liues et demie ont de lonc et de le
            Li amiraus Soudans ot Corbarant mande
            Mais il n'i vot venir car il l'ot afie             85
            A Ricart de Caumont et plevi et jure
            Et k'il creroit en Deu le roi de majeste
            La roine Calabre l'en a quelli en he
            Mais puis crut ele en Deu ce dist on par verte
            Li amiraus Soudans a Flanbaut apele                90
            Et le roi Abrehant Majore et Maucoue
            Vous conduires ceste ost ensi l'ai esgarde
            Dist Cornumarans sire or oies mon pense
            Jou m'en irai avant se il vous vient a gre
            A tout .C.M. Turs qui tout soient arme             95
            Et vous et vostre gent cevauceres souef
            Li amiraus l'entent se li a creante
            Et li os s'arouta s'ont lor avoir torse
            Droit vers Jherusalem ont lor cemin torne
            Desor .I. olifant ont Mahomet leve                100
            .II. toises et demie ot de lonc en este
            Trestous fu de fin or mais dedens fu crose
            Mainte esmeraude i ot et mainte esmere
            .I. prestre de la loi ot ens el cors entre
            Qui el liu de Mahon a paiens sermone              105
            Sarrasin dist li prestre soies aseure
            Quar Franc seront destruit et tout desbarete
            .IIII. et .IIII. seront pris et encaiene
            Nostre pais desert en seront restore
            Et roi et amiral l'ont forment encline            110
            Mahon dist l'amiraus aies de moi pite      253b
            Se tant poes aidier que Francois ai mate
            Et vengier Brohadas men fil k'il ont tue
            De .C.M. besans seront crut vo coste
            Amiraus dist li prestres tot a ta volente         115
            Frere jou porc t'onour mar i aras doute
            A iceste parole sont li tabor sone
            Des cors et des buisines i ot si grant plente
            Que li pui en fremirent et li tiere a tranle
            A le voie se metent si cevaucent souef            120
            Or penst Dex de no gent par la soie bonte
            Que devant Jhursalem sont forment esgare
```

De cou qu'il n'ont la vile tot a lor volente
Quar se paien i vienent ains k'il soient entre
Se Dameldex n'en pense tot seront decope 125
Or le lairons des Turs et des gens l'amire
Si dirons de no gent que Dex a mout ame
Coument Jherusalem fu par aus conqueste

Variants of F (fols. 87c and d, 83a-c) and I (fols. 125c-126b)

129A.
1. *F has 2 lines* S. a apele ses barons tout en haut / Premerains a. Majore et C.
3. Estevenon d'A. *I*; *F wants*
4. r. Aupatras Au. *F*
5. S. faites drecier la hors m. e. *F*
6. c. weil moustrer a me. amis e. *F*
7. r. Escariaut *F*
8. m. Caifas et *I*; et Sorgaut *F*
9. d. ex po. *F*
10. Califas s. *I*
11. Et a *I* ; soies et l. *F*
13. Et les c. n. amiral Gaut *I*; *F wants*
14. di. de S. *I*; *F wants*

129B.
15. l'a. mout hautement p. *FI*
16. v. en escha *F*
17. S. o. (Sires *I*) les commans: *FI* ; q. Soudans nous fera *F*
18. q. Mahons vous d. *F*
19. *F wants*
20. Chius k. *F*
21. c. il vorra *F*
22. T. que s. *I* ; *F wants*
24. *F inverts* 24 / 25 Qant sa femme soit grosse ja puis mar i girra / Mais revoist a une autre tant qe engroissera
25. Q. li u. er., u. autre gira *I*; *for F see* 24
26. Tant q'i. puet si engenra s. *F*; A. engenres enf. *I*
27. et no l. croistera *F*
29. q. l'assalent pi. *F*
31. s'ar. en s. *I*
32. par. terrestre par, (f. le m. *F*) *IF*
33. d. le c. *F*
35. Q. i. vous l. *F*
36. Et s'i. le nous de. *F*; de. itel c. *I*
38. n. laiens en e. *F*
39. .III.C. besans d'o. *F*
40. Ou D. voeille ou non a lui nous acordra *F*; po. ce l. *I*
41. P. si faite m. ainsi nous s. *I*
42. e. dont a. *FI*

Appendixes 283

43. l'o. e. d. F. dehait k. le laira *F*; k. dont n'i. *I*
44. F. ou .XX. c. *F, which adds 1 line* Lor femes ensement lor enfans qi sont la
45. d. restoree en sera *F*
46. l'a. que ja n. n'i *I*
47. Dont a *F*
48. *F has 2 lines* O. v. abaissies tout fait i. a moi en cha / Puis lor d. en ebriu l. b.
49. Et p. a d. a l'au. Ap. *I*; d. au per assorre braka mea souffla *F*
50. k. li pors e. *F*

129C.
52. *F adds 1 line* De Mahomet le grant et de lor diu falis
54. m. ses o. *I*
55. C. (Caifas *I*) fist l. (ses *I*) *FI*; b. .C. en i *F*; .CC. en o. *I*
56. A. sont li mesage qis o. *F*
57. L'amiraus les envoie es *F*
58. v. e. Caneloigne li autres en Lutis *F*; C. et l'a. alentis *I*
59. r. a g. *I*; *F wants*
60. L. a. en Morgande l'a. as Canelis *F*; Et l'autre a M. *I*
61. Et l. autre e. V. et l. autre a S. *I*; *F wants*
62. L'a. vait a Mont Aigre l'autres en V. P. *F*; Et l. autre a Monniegre en. en. .I. v. p. *I*
63. *F has 2 lines* L'autres en Abilant l'autres en Valsamis / Terre ert le roi des asnes c'on apele Gondris; Et l. autre en A. li autre a Sinais *I*
64. Soudan ont a. *I*; *F wants*
65. l. coulons e. *I*; *F wants*
66. dir. bien a .XXX. dis *F*
67. *F has 3 lines* De .L. langages ot les homes banis / L'amiraus ot de peule et si grant gent cueillis / Qe onqes si grans peules ne fu ensanle mis; et ses gens si *I*
68. P. .XX. f., .M. estre les Arrabis *F*; *FI add 1 line* Et Estragos (Estragros *I*) i vint (viennent *I*) et Cors (tuit *I*) li aupatris
69. Che sont doi roi estrange qi sont d'estrange pris [*sic*] *F*; d'o. les puis Okis *I*
70. Car n. monterent o. sor ce. sor r. *F*; C. n. menerent o. *I*
71. c. montaignes q., (le. le la. *I*) *FI*; *F adds 7 lines* L'estoire dist par lui fu mains Francois ocis / Car il ot un ceval plus isnel d'un pertris / Nus ne le pot ataindre et ou front ot assis / Une corne trenchans com coutel couleis / Ne consiut nulle riens qe tout ne soit ochis / Plantamor ne Prinsaut ne sont vers lui de pris / Et ses sires fu prex corageus et hardis
72. .II. compaignons amainne de la gent Andecris *F*; .II. compaignie e., h. Antecris *I*
73. con. porte d. *FI*
74. Et li a. plonmees as m. *F*; L'a. rondes plonmees et *I*
75. *F has 2 lines for 75-78* Et de chiax et des autres che retrait li escris / I ot tant assanles qe nombre n'en devis
76. d. fu c. *I, which adds 3 lines* De la fasson d'un buef les avoit tous faitis / Plus tranchoient les cornes qu'ot entre .II. sorcis / Que picos ne alesne ne

brans d'acier fourbis; *for F see 75*
77. *for F see 75*
78. *for F see 75*; *FI add 1 line* Au pont d'argent asanlent les os es pres (ou pre *I*) floris
80. .V. li., o. bien le. *F*

129D.
81. s. as. et p. atrave *F*
83. li. a lor ost et de lo. *F*
84. S. a C. *FI*; *F adds 1 line* Le fort roi d'Oliferne qi mout ot de fierte
86. *F adds 2 lines* Qant Golias ocist et le fier Murgale / Qe ja mais ne feroit mal a crestiente
87. qu'i. creoit e. *I*; De. s'il vivoit par ae *F, which adds 4 lines* Et il si fist pour voir ensi com ert conte / Et doi roi avuec lui de son lineage ne / Pour Diu et par lui furent baptisie et leve / Et mout de autres princes q'ot de son parente
88. C. l'e. q. fort e. h. *F, which adds 2 lines* Qant il se converti et o lui son regne / Esmut mout tres grant guerre ce dist on par verte
89. p. crei en De. le roi de maiste *F*
91. *I adds 1 line* Aupatris l'amulainne et le viel Estele
92. co. ses os en. *I*; *F adds 1 line* Et cil respondent sire a vostre volente
94. vi. en g. *FI*
95. Tu. sor les cevax monte *F, which adds 1 line* Si secourrai mon pere en ma bone chite
96. vos. ost c. *F, which adds 1 line* Qant vous venres a moi s'arai je Frans tue
97. L'a li otroie et si li a grae *F*; l'e. si li a *I*; *F adds 2 lines* Cornumarans s'en tourne qi mout a desirre / A tout .C.M. Turs si sont de l'ost sevre
98. *F inverts 98 / 99*; J. se sont acemine *F*
99. *F inverts 98 / 99*; os s'atourna s'on. lo. harnas t. *F*
101. l. par verte *F*
102. *F has 2 lines* Trestout l'ont de fi. o. massicement ouvre / Ma. le cief et le bu avoit de. c.
103. i. luist maint topasse esmere *F*
104. d. lor lo. ont ou c. boute *F*
105. a Turs resvigure *F*; *FI add 1 line* Et l'amiral Soudan hatie et conforte
106. Sires se d. *I*; p. chevalcies segure *F*
107. Qe F. s. vaincu s'apres tamp sont trove
108. Troi et .M. s. p. et tout en. *F*
109. *F wants*; *FI add 1 line* Qant Sarasin l'entendent cascuns l'a encline
110. Et a. et r. l'o. ensanle aoure *F*; f. honnoure *I*; *FI add 1 line* Et mout li ont d'or fin ricement (Mout li ont riche offrande de fin or *I*) presente
111. Ma. che di. Soudans a. *F*
112. t. me p. faire c'aie l'estour fine *F*; q. Frans aie m. *I*
113. Et vengiet B. *I*; B. qe Francois m'o. *F*
114. .C.M. b. ferons croistre les vos costes *F*
115. Sire to. d. l. p. erent Franc decole *F*
116. Bien vainteres Francois ja m. i ait d. *F*; Ferai j. pour t'amour m. i ara d. *I*
117. A cele p. *I*

Appendixes 285

118 *F has 1 line for 118-119* D. c. et d. b. a l. ti. tr.; De c. et de b. *I*
119. *for F see 118*
120. se misent si c. serre *F*
121. de nos gens pa. *I*
122. s. durement pene *F*; f. agreve *I*
123. vi. a la lo. *I*; *F wants*
124. a. q'ens s. *F*; a. que s. *I*; *FI add 1 line* Car il sont mout en l'ost (Car mout durement sont *I*) travaillie et lasse (pene *I*)
126. Chi le lairai d. T. et de l'ost l'amire *F*; et de lor a. *I*
127. S. dirai de *F*; de nos gens q. *I*
128. *F wants*

Appendix 21.

After l. 4347 T adds four laisses; for the version given by BFI see Appendix 20.

129A. Soudans fu mout dolens de maltalent tressaut   *143b*
     Devant li en apelle Marbrin et Clarembaut
     Or tost dist il seigneur drecies cel eschafa...
     Mon conseil voiel mostrer a mes amis en hau...
     Que ferai de Francois qui tant sont fol et baut   5
     Qui ne voelent servir Mahom et Tervagaut
     Qui nous donne le bel et le froit et le chaut
     Conseillier me vorrai comment ...
     Mal vindrent en Surie se Mahomet me saut
     Et li Soudan monta en l'estage plus haut   10
     Et puis li apostoles s'a vestu .I. bliaut
     Puis dist a... Sarrasins soyes et lie et baut
     Si oyes l'a...stole et Soudan l'amiraut
     Et le command... mestre Marigaraut
     Qui primes estora ... loy qui tant vaut   15

129B. Califes l'aposto... mout hautement parla
     Seigneur frans Sarrasin trayes vous en en ca
     Si oyes le commant que l'amiraus fera
     Et le riche pardon que Mahon destina
     Jel vous di de par li que commande le m'a   20
     Mestre Marigaraus qui no loy estora
     ... n sommes ... trait ... commanda   *143c*
     Ce fu a icel temps que Mahomet fina
     Qui li pors ou fumier l'ocist et estrangla
     Et Jupins a la mort apres le conferma   25
     Cil qui n'a que une fame .XIIII. en prendera
     Ou .XV. ou .XX. ou .XXX. ou tant comme il porra
     Ja puis que l'une ert grosse mar y adesera
     Ainz lesse celle ester a l'autre se prendra
     Et chaicun d'engendrer forment se penera   30

        Si croistra nostre pueple et nostre loy vaurra
        Pour la cr...   ... qui chevauche dela
        Li ...   ... Jherusalem ira
        Pour les ...   ... qui assise l'ont ja   35
        Et qui ...   ...el loyer en ara
        Maho...   ... l'ame li sauvera
        En pa...   ... le payen emainra
        Que Damediex de gloire a Adam commanda
        Quant il venra a l'uis le portier huchera
        Que le mete leens et tous ceus qu'il vorra   40
        Et se il le deffent .I. tel coup li donra
        D'une pierre poignal qu'il l'escervellera
        ... il voeille ou non par force y enterra
        ...roys cens besans d'or fin devant Dieu offerra
        Et il son maltalant pour l'or li pardonra   45
        Par si faite maniere trestous nous sauvera
        ...   ... payen dont alons deci la
        ... l'ost est des Francois dahaiz qui le laira
        Chaicun .XV. ou .XIIII. devant li enmainra
        Voire dist li califes que ja nus n'i faurra   50

129C. Quant li califes ot Sarrasins beneis
        Et l'amiraus Soudans dreca amon... son vis
        Il regarde ses Turs et ses ...oravis
        Petit l'en y sembla des ... maleis
        Il apelle Calife si l'a ... ...son mis   55
        Sire dist il or tost ...s moi mes escris
        Ci a petit de gent si com moi est avis
        Si manderai mes hommes de par tout le pais
        Califes fait ses bries .C. en y ot et dis
        Atant es les messages qui les ont recuillis   60
        Li messagier s'entornent es les vos departis
        Si cerchent les royaumes les t...   *143d*
        L'un va en Clavonie li autres en Lu...
        Li autre en Finadafle l'autre en la terre ...
        Li autre en Alixendre ou regne as Ar...   65
        Et je que vous diroye aincoys les .XV. dis
        Ot l'amiraus Soudans ses hommes si banis
        Par .X. foiz sont .C.M. si com dit li escris
        Et .LXV. roys de la geste antecris
        Il i fu Brudalans et Herode et Clargis   70
        Maudoines et Bruyans et le filz l'aupatris
        Fausserons et Gorgoines et l'aufage Sanguis
        Signagnons et Borros et li roys Conolis
        Chanocos d'Oriant Estanemont le bis
        Canebaus l'amulaine et Gorbalons li gris   75
        Machabras d'Esclaudie Escarnaus de Lisis
        Lucenas de Tudelle Ysabras li marchis
        Ceus conduyent les os des payens maleis

Appendixes 287

        Sept lyeues et demie ont le pays porpris
        Or ait Diex no gent qui en la croiz fu mis   80

129D. Par toute payennie soont payen assemble
        Droit vers Jherusalem se sont achemine
        Et ont tant chevauchie li cuvert desfae
        Que sous le Pont d'Argent sont habergie ou pre
        Sept lyeues avoit l'ost et de lonc et de le   85
        Li amiraus Soudans a Corbaran mande
        Que conduye ses os et son riche barne
        Droit en Jherusalem a la crestiente
        Et Corbarans li mande par son brief seelle
        Qui il ne semonra pour homme qui soit ne   90
        Ne veut qu'en le mescroye de nulle fa...
        Si comme il fist jadis quant l'ot arraison...
        Pour les os d'An...yoche qui furent afole
        Pour son filz Broh...as qui le chief ot co...
        Puis en fu la bataille d'un Crestien arme   95
        Encontre les .II. Turs qui furent desmemb...
        Par foi ce dist Soudans il a dit verite
        Je irai par ...ahom la ou sont assemble
        S'en amainrai les princes chaicun en...
        Et la menue gent dont il y a plente   100
        Li desert d'Abilant en seront restore
        ... sonnerent leur cors si se sont apreste   *144a*
        ...eur hernois et leur armes ont charchie et trosse
        Les tentes les aucubes les paveillons liste
        Droit vers Jherusalem se sont achemine   105
        L'estandart va devant qui jette grant clarte
        La sus fu Mahomet tous drois en son este
        En sa main tint .I. livre de la loi au maufe
        Par l'art de nigromance l'orent si tresgete
        Qu'il escrie as payens soyes asseure   110
        Quar tuit seront Francois ocis et decoupe
        Lors chevaucent payens fierement arroute
        Li Soudans va devant par mout ruite fierte
        Entour li sont si prince si duc et si chase
        Vieillars fu li Soudans si ot le poil merle   115
        Vestus fu d'un dyapre par grant nobilite
        De pierres precieuses sont li giron orle
        Et chevauche .I. destrier blanc comme fleur de pre
        Guernons ot granz et lons a fin or galonne
        Derriere ou haterel furent mout bien ferme   120
        Par dessous les esselles furent si ramene
        Par devant sus son pis furent mis et noe
        Ses .XV. filz l'ont mout richement adestre
        Or ait Diex no gent et sainte trinite
        Qu'a Jherusalem sont celle bonne cite   125
        Cornumarans en a le Soudan apele

288   Appendixes

      Sire fiers amiraus or oyes mon pense
      Je m'en irai devant se il vous vient a gre
      A tout .XV.M. Turs qui bien seront arme
      Si secorrai mon pere et mon riche herite   130
      Mout me criaing que Francois ne soyent enz entre
      ... vous venres ...ere si chevauchies se
      ...   ... otroye si l'a acreante
      ...ornumarans s'en torne qui mout l'a desire
      ... .XV.M. Turs sont de l'ost dessevre   135
      ...a voye se metent et rengie et serre
      ... ont tant esploitie et tant esperonne
      ...e devant la berrie sont payen ostele
      ... vos lairons de ceus et de l'ost l'amire
      ...usqu'a une autre fois ne vorrai plus parler   140
      ...arons dit de no gent que Diex a tant ame

130. Seigneurs ...c Crestien pour Dieu or escoutes   *144b*
      Si dirai des barons que Diex a tant ames
      Devant Jherusalem orent tendu leur tres

Appendix 22.

After l. 4430 BI add 28(30) lines.

      Mais ains que le menascent seront espoente   *253d*
      Quar .I. serpens lor vient c'on apele Crete
      En .I. crues sor le fust ot lonc tans converse
      Maintenant a des nos .XIIII. devore
      Ja s'en fuscent li autre tot ensanble torne   5
      Quant Pieres li hermites lor a haut escrie
      Baron ne fuies mie pour Deu de majeste
      Quar ja n'en tornerai tres que l'arai tue
      U il ocira moi ja n'en ert trestorne
      Puis hauce le bordon qu'il ot gros et quare   10
      Et li maufes li vient s'a le geule bae
      Son bordon li a Pieres en la geule boute
      Et li serpens l'a tos jusc'as puins englote
      Ausi con .I. rosiel l'a par mi troncone
      Si a hurte l'ermite qu'il l'abat enverse   15
      Et Pieres resaut sus si l'a as puins conbre
      Par les joes le prist desous lui l'a giete
      Par si tres grant vertu le cuer li a creve
      Contre le pis li a son genoul aboute
      Puis a trait sen coutiel et afile   20
      D'enmi le front li a une piere oste
      Qui mius vaut de .C. livres de fin or esmere
      Quar Dex ne fist cel home tant ait fievre porte
      S'il avoit cele piere a se car adese

Appendixes

    Qui maintenant ne fust tos plains de sa sante   25
    Mout ont nostre baron Pieron le jor loe
    Dient c'onques viellars ne fu de sa bonte
    Par si grant vaselage a ocis cest maufe

Variants of I (fol. 126d)

1. q. l'enmenaissent s. - 2. a. Greste - 5. J. se f. - 8. n'e. tornera tant q. - 9. m. n'en iere t. - 17. Et pa. le. iex le - 19. *I adds 1 line* Tout le musel li a jusqu'a iex dessire - 22. o. monnee - 25. *I adds 1 line* Mais ja puis ne avroit dou chief enfermete - 28. o. le m.

Appendix 23.

For ll. 4709-10 BI give 11 lines.

    Font li baron nos gens fervestir et armer   255a
    Li quens Hues li Maines le prist a esgarder
    Baron franc Crestien je vos voel tos mostrer
    N'i volons mais conroi por asaut demander
    Mais cascuns endroit soi le face coumander   5
    La cite vous volons del tot abandoner
    Qui ains i entera bien se pora vanter
    Lors prist le mestre cor si coumence a soner
    Crestiens veiscies les murs avironer
    Et porter ces escieles et drecier et lever   10
    En plus de .XXX. lius coumencent a ranper

Variants of I (fol. 128c)

2. M. les p. a escrier - 4. m. assaus pour conrois ordener - 5. f. comme ber - 7. e. mout s.

Appendix 24.

For l. 4820 B gives 14 lines and I gives 25 lines; lines only in I are in italics.

    Everin de Cerci Bauduin al geron
    Robert de Normendie et Robert le Frison
    Et Hue de Saint Pol qui cuer ot de lion
    Et son fil Engelerant et Fouque d'Alenson
    Et Evrat de Puisart et Rotous le baron   5
    En cele route fu Aimeris Garaton   255c
    Estevenes d'Aubermarle li fius au duc Othon
    Et Gerars de Gornai Lambers li fius Eudon
    Li quens Lambers del Liege qui ains n'ama felon
    Et li quens de Blandar Oliviers de Moncon   10

290   Appendixes

Et Droons de Niele qui cuer ot de lion
Foukier Bovius de Chartres qui orfenin ot non
Et Rogiers del Rosoi qui cloce del talon
Si fus Hues li Maines frere au roi Felipon
Bauduins de Rohais qui a cuer de baron   15
Et Estevenes de Blois et Quene li baron
Bauduins de Biauves et Ricars de Caumon
Herbers li dus de Bales Godeschas et Simon
Et Harpins de Beorges qui estoit mout haus hom
Et Fouciers de Melans et Renaus de Digon   20
Et Teris de Louveg et Guis de Sainteron
Ne vous sai tos nomer pour tant le laiseron
A mains asses des autres que nommer ne savon
Cil ne porterent mie espervier ne faucon
Mais les brans nus sacies sanglens desi el pon   25

Variants of I (fol. 129a-b)

10. O. de Macon - 15. q. c. ot. d. lion - 20. M. et Hunaus de Dignon - 22. ta. les la. - 25. d. qu'a p.

Appendix 25.

After l. 5144 B adds 16 lines and I adds 20 lines; lines only in I are in italics.

150A. L'evesques del Mautran fu drois en son estant   *257a*
     Tres devant le saint Tenple sor le marbre luisant
     Nos barons apela doucement en plorant
     Trestout l'un avant l'autre vait li bers sermonnant
     Et a cascun aloit Jherusalem offrant   5
     Mais ainc n'i ot celui qui de prendre se vant
     Ains se vont bien trestout de prendre escondisant
     Dient que d'aler sont forment desirant
     Quant l'evesques l'entent mout ot le cuer dolant
     Damedieu et ses nons vait forment reclamant   10
     Ahi Jherusalem sainte cites vallant
     Con sont de vous recoivre cist baron recreant
     Or puis jou bien dire que lor cuer vont fallant
     Pour vous a tous cis peules sofert traval mout grant
     Mout par sera grans dius s'ensi vous vont perdant   15
     Quant je vois que nus d'aus ne se vait remanant
     Jou ne sai plus que dire mais la cite coumant
     A celui qui de virgene nasqui en Biauliant
     Quant Godefrois le vit des ious vait larmiant
     Et la povre gent pleure mout se vait larmiant   20

Variants of I (fol. 131a)
2. so. .I. m. - 13. j. pour voir d. q. c. l. va f.

Appendixes

Appendix 26.

After l. 9277 I adds one laisse.

```
262A. Mout fu grant la bataille longuement a dure         142d
      Sarrasin s'aloierent maint cor i ont sonne
      Plus sont de .C. millier li paien desfaie
      De Crestiens occire sont mout entalent
      Or leur aist Jhesu par la seue bonte                   5
      Atant e vous poignant Buiemon et Tangre
      Et le roy Godefroi au corage adure
      Robert de Normendie le bon vassal prove
      Et Robert le Frison que Diex ot tant ame
      Et dant Thomas de Male el destrier pomele             10
      Et Huon de Saint Pol o le grenon melle
      Pour son filz Engerrant ot mout le cuer ire
      Huistasces de Buillon tint le branc sanglente
      Et Baudouins ses freres ot le branc entese
      Et Herpins de Bouhorges ne si en pas cele             15
      Et dans Raimbaus Crestons sor le blanc afile
      Et li prince et li conte sont au cri assemble
      Li quens Lanbers i vint qui mout ot grant fierte
      Et Estierne de Blois sor le brun camuse
      Estierne d'Aubemale el destrier estele                20
      Et Richart de Chaumont sus le noi charboncle
      Baudouin de Biauvaiz el destrier affile
      Si vint li rois tafurs et li ribaut derve
      Lors i ont Crestien l'estour renovele
      Tant i ont mort paiens Sarrasins et Escle             25
      Qu'el sanc sont li cheva jus qu'au genoil ale
      Li fiers Cornumarans a mout le cuer ire
      Pour l'amour de son pere qui tant l'avoit ame
      Amont par mi son iaume ala ferir Outre
      Les pieres et les flours en a jus cravente            30
      Li cercles d'or n'i vaut .I. denier monoie
      Trestout l'a pourfendu jusqu'au nou du boudre
      Mort l'abat du cheval devant li ens el pre
      Apres nous a occis et Sanson et Guire
      Mout grant domage fait de la crestiente               35
      Li rois Godefroi broche s'a ver lui galope
      Et Huistasce son frere qui mout l'a goulouse
      Et Robers li Frisons l'a apres randonne
      Et dans Thomas de Marle a corage adure
      Des Sarrasins occire sont mout entalete       143a    40
      Mes ne l'ataindront mie tant nes aront pener
      Quar Cornumarans a le bon cheval hurte
      Plus tost s'en vet fuiant que vent ne chace ore
      Se Baudouins ne pence mar sont Franc ostele
```

Appendix 27.

Before 1. 9294 I adds 72 lines, T adds 79 lines.

    Rez a rez de l'oreille est li brans dessendu   *143a*
    S'il l'eust bien ataint tout l'eust pourfendu
    Mes l'espee tourna ne l'a pas conseu
    Baudouins li cria deca vous ai sentu
    Paien je ne te doi amistie ne salu   5
    La teste te toudrai a mon branc esmolu
    Cornumarans respont a loy d'omme iracu
    Par Mahon Baudouin fol plait avez veu
    Ja n'averez garant de vostre Dieu Jhesu
    Que ne vous trenche encui le chief desor le bu   10
    Mar veistes mon pere Corbadas le quemu
    Pour sa mort vous donrai .I. dolereus salu
    A icele parole le fiert par tel vertu
    Ausi trencha le hiaume comme .I. rain de seu
    S'el chief le conseust tout l'eust pourfendu   15
    Par .I. poi qu'il n'a mort le bon destrier quarnu
    Et dist Cornumarans clainme toi recreu   *143b*
    Je vous fera la teste voler en se palu

263A. Quant li quens Baudouins ot le paien parler
    Amont par mi son elme li vet grant cop donner   20
    Les pierres et les flours en fist jus craventer
    Li paiens sent le cop si se lesse cliner
    Sus le cop du cheva pour le cop eschiver
    Et l'espee guenchi qu'en char nel pot combrer
    Li Sarrasins se dresce si commenc airer   25
    Baudouin vet requerre a guise de sengler
    Merveilleus cop li donne ne le vot redouter
    Que li trancha son elme atout le chapeler
    En tirant tint son cop pour le miex avaler
    Que ou charnal du col en fist grant par entrer   30
    Damediex le guari qu'en char nel pot toucher
    S'il l'eust bien ataint mors fust sanz recovrer
    Cornumarans escrie cis vous set ataser
    Baudouin rendez vous ne pores eschaper
    Quant li quens l'entendi le sanc cuide delver   35
    Le Sarrasin requiert que il ne pot amer
    Amont par mi son elme li vet grant cop donner
    Quanqu'il en consui en fist aval raser
    Li quens si apoia pour miex le cop donne
    Li cercles ne la coiffe ne li pot contrester   40
    Le paien se trestourne pour le cop eschiver
    Au guenchir que il fist fait le branc trestourner
    C'onques dedens la char ne le pot entamer
    Li Sarrasins retourne .II. cops li vet doner

Appendixes 293

        De l'escu et du hiaume fet .I. quartier voler   45
        Ains li uns ne pot l'autre .I. seul pie resculer
        Fierement se requierent mout sont gentil et ber
        Touz lors escus detranchent et ont fait desboucler
        Et lor hiaumes a or rompre et escarteler

263B. Mout fu grant la bataille entre les .II. barons   50
        Merveilleuz cops se donnent sor les escus reons
        Li cercle ne li brasme ne vailent .II. boutons
        Ne les puet garentir hauberc ne auquetons
        Que li sans ne leur saille du cors a grant randons
        Mout forment traveilliere lor destriers aragons   55
        Baudouins tint le branc dont a or est li pons
        De maltalent et d'ire est vermeil com charbos
        Damedieu reclama et ses saintimes nons
        Glorieus sires peres qui souffris passions
        Se cis paiens m'eschape ce est grans mesprisons   60
        Apres cel parole li vint comme lions
        Et li paiens vers li ne fist arestoisons
        Si roidement si fierent et par tel contencons
        Que hiaumes ne escus n'i vaut .II. esperons
        Au brans forbis d'acier detrenchent lor blasons   65
        Baudouins le feri par tel devisions
        Que nel pot garentir li haubers fremillons
        Le nes li a trenchie et ans .II. les grenons   *143c*
        Touz est ensanglentes ses hermins pelicons

263 (*cont.*) Mout fu fort la bataille maint cop i ot feru
        Mout sovent ont chaple du branc d'acier molu
        Li quens Baudouins a le paien si feru

Variants of T(fols. 171c-172a)

1. Sos Ares... b. d.
2. S'adroit l'e. a.
3. (M. l'esp... l'a)
4. l. e... us a.
5. (P. ...stie n. s.)
6. (to. ...n b.)
7. ...respo... comme i.
8. a. meu
9. J. n'i ares g. par v.
10. (...n. v. ...e e.)
11. Ma... mo., l. chanu
12. (s. ...ai .I.)
15. *T has 3 lines for 15-16* Mais le coiffe desous li a forment valu / Ce li garda le chief que point navres ne fu / Et Damedieu de gloire par sa digne vertu
17. Co. s'escrie cl.
18. Ou j. ferai ta t.

263A.
19. B. oy celi p.
20. l. a g. c. donne
22. si le lessa cl.
23. S. le col d.
24. l'es. torna qu'en, p. navrer
25. d. ou il n'ot qu'a.
27. d. de son brant d'acier cler
28. Le hyaume par derriere li a fait dessouder
29. E. trayent tin.
30. Enz o., c. fa...
31. g. que les ne p...
32. Se b. l'e. a., f. ...
33. Co. s'e. mal v. saves gar...
34. v. n'en poes es...
35. (...t li, le ...)
36. (... r., n. p...)
37. (c. ...) ; *adds 4 lines* Li payens se trestorne pour le coup esch... / Au guenchir que il fist couvint le brant tor... / Onques dedens la char ne le pot entamer / Mes l'aubert sus s'espaule li fist mout ep...
38. c. f. a terre raler
39. *T has 7 lines for 39-46* Et Baudins recueure .II. cous li va donner / Adont au secont coup le fist ou chief navrer / Plus de ... chevex li sont au brant co... / Le sa...al sus le haubert coule / Mais ... fiers ne ... voit on son... / Ainc pour ce ...it de riens espoenter / Baudin va ferir de sont brant d'acier cler
47. r. ambedoi per a per
48. es. se trenchent et font eschanteler
49. c. malmetre et em...

263B
51. (so. le...)
52. b. n'i v. .II. ...
54. s. des c. jusques ...
55. f. travaillierent l. d. a...
56. o. fu li
57. d'i. fu v. co. ...
59. pe. par ta redemptions
60. *T has 3 lines* Vous me soyes aidans que or en est li besons / Quar trop est cest paien fors et fiers et fel... / Se il eschape vis ja mais lies ne serons
61. *T has 2 lines* A. ce. p. fu plus fiers de lyons / Vers le payen s'en vient Baudins li frans h...
62. v. l. qui n'estoit pas garcons; *adds 1 line* Quar c'estoit li plus fiers du regne as Esc...
63. (... p. t. ...)
64. (... n'i)
65. *wants*
66. (... p.)
67. *T has 3 lines for 67-69* Amout sus le visage si comme aires hons / ...ies et

Appendixes 295

le ba...re li trenche ... / D... sanc couri devant ses hau...

263 (*cont.*)
70. (b. ...)
71. Ambedeus o. le c. lo...

Appendix 28.

Ll. 9311 onwards are given by T in a different version, which ends in the lacuna of fols 174 and 175 (now lost).

Mort fu Cornumarans ou tant ot baronie	*172a*
Cent mil l'ont regrete n'i a cil qui die	
Sire qui vous a mort Mahomet le maudie	
Li amiraus Soudans a la novelle oie	
Devant son estandart fait sonner l'estormie	5
Entour li fist venir celle gent payennie	
Li Soudans point et broche s'a l'espee sachie	
A Gautier de Laon a la teste trenchie	
Le secunt et le tiers a il tolu la vie	
Qui il consiut a coup de s'espee forbie	10
N'a de la mort garant que tantost ne l'ocie	
Atant es vous venu Robert de Normandie	
Et li riche barnage de la terre joye	
Et le roy des tafurs a sa faus empoignie	
Tuit ensamble s'en issent la Jhesu compaignie	15
Ja sera la bataille du tout recommencie	
Quant Franc et Sarrasin se furent ajouste	
Maint coup y ot de lance et feru et donne	
...	*172b*
... ... payen rec...	20
Illuec sont Arrabi et payen assem...	
...	
...	
...	
...	25
...	
...	
... ...l torne	
... ...a... ... pitie	30
... sepulcres a... ... mayest...	
Aidies vos pel... ...t pene	
Se il issont va... ...ete	
Tous ira li sep... ... chaitivet...	
A iceste parole sont no gen... egarde	35
Voyent une compaignie qui v... ...brive	

```
              Plus sont blanc que la noif ...   ... ou pre
              Sains Jeorge fu devant ...
              Sains Domins sains Morise ...
              Par l'estandart s'en vi...                              40
              Et Pierres saut en pies si ...
              Une hache a saisie s'a l'esten...
              Quant Sarrasin le voyent en fuye sont torne
              Pierres queurt par les tantes Sanguin a encontre
              Cis ert fils le Soudan n'en yert plus demores           45
              Li hermites le fiert tel coup li a donne
              Jusques en la poitrine l'a fendu et coupe
              Payens ullent et brayent si sont ...

              Soudans voit ses payens fuir a ...
              Et Francois les ocient a force ...                      50
              A sa vois qu'il ot clere a reclame Mahon
              Apollin riches Diex a quel perdition
              Lessies aler mes hommes par mauves achoison
              Je fis faire vo cors de bon or sans laton
              Or m'en aves rendu mout mauves guerredon                55
              Et Mahom Gomelin retiens je a felon
              Mais se puis repairier a ma sauvation
              Que je ne soye ocis ne menes en prison
              ...      ...oir ... .I. feu de charbon           172c
              ... ...es l'apostoles ja mais ne vous verron            60
              ...ar ma gent voi ocirre a grant destruction
              ...e je ...   ... puis faire ...   ...tansion
              ...
              ...
              ...                                                     65
              ...
              Quar ...
              Bien sai ...
              Mout fui ...            ... en norrecon
              Voyes ...          ...s vient a esporon                 70
              Blanc ...          ... plus fier que lyon
              Des nos n...       ... en va se peu non
              ... son cors pu...     ...e a bonne orison
              ...t jeterent ...      ...rassin felon
              ... terre ert ...      ... s'en volent li brandon       75
              Calip... ... la flambe qui ert ou paveillon
              Bien v...          ...nt mais desfension
              A M...             ...t poignant de randon
              L...               ...ar dessous le menton
              P...               ...are et s'enfuit a bendon          80
              Onques ...         ... ne per ne compaignon
              En la ... d'un paile mist le chief de Mahon
              Entre ci jusqu'en Acre n'i fist arrestoison
              Contre li sont venu Persant et Esclavon
```

Appendixes

```
       Pour Mahon demenerent mout grande ploroison        85
       Et li bon pelerin qui mout furent baron
       De Turs et de payens font tele occision
       Q...      ...val feroyent en sanc jusqu'au felon

       ...en fuyent payen n'i a nul recovrier
       Onques n'i quistrent voye ne chemin ne sentier      90
       Chaicun fuit miex qu'il puet pour sa vie alongier
       Et Francois les enchaucent li vassal droiturier
       A maint tas les ocient as espees d'acier
       En sanc et en cervelle firent leur brans soillier
       Es vous Huon li Maines poignant sus .I. destrier    95
       Et li roys Godefrois dessus le blanc corsier
       Et son frere Eustace et Bauduin le fier
       Et Robert le Frison que Diex ainme et tient chier
       Robert de Normandie .I. vaill...                172d
       Tancres et Buyamont qui mout font a ...            100
       En leur compaigne sont maint va...
       Cil viennent au devant de la gent l'aversier
       A leur espees nues les font sortir a...
       ...   ... leur herberges ne porent repairier
       ... ...dans l'a veu le sens cuide changier          105
       ...   ...mi son hyaume ala ferir Gontier
       ...   ...nt coup li donna du bon brant d'acier
       ...   ... l'a pourfendu mort l'a fait trebuchier
       ...   ... li fist Diex en gloire habergier
       ...      ...e Bouloigne a trait le brant d'acier   110
       ...  donner ... ...p gr... ... plenier
       ...a destre espa... fist l'aubert desmaillier
       ...         ... char li a fait jus glacier
       Q...        ... n'i ot que esmayer
       Lo...       ... que ne s'en puist ...              115
       Apr...  ...anca .I. dart d'acier
       Es vous ... ... maint autre princier
       Quant Soudans les ...oisi n'i ot que corrocier
       Adonques jeta jus sa grant targe d'or mier
       A esporon s'en fuit pour sa vie alongier            120
       Et payen apres li plus de .XXX.M.
       Li destrier auferrant leverent tel poudrier
       Que le jour qui cler fu covint a espoissier
       Et tant que le soleil se prist a abaissier
       Bien sembloit que deust maintenant anuitier         125
       Francois ne sevent mais quel part porchacier
       Le vesque du Matran prist Jhesu a proyer
       Que par son plaisir voeille le temps faire esclairier
       Et Diex li acompli auques son desirier
       Le soleil releva Diex le fist rehaucier             130
       Quant Crestiens ce virent n'i ot que esleechier
       Dont veissies payens durement esmayer
```

Mahom et Apollin reclamer et huchier
Et l'amiral Soudan que leur venist aidier
Mais pour noyent l'apellant n'a soing d... 135
Ains fuit tant comme il puet pour sa vie ...

Pour les barons de France fist Diex vert...
La nuit fist retarder le soleil mi...
... ...es le voie...t si vont Dieu merciant *173a*
... ... payen s'espartent si s'en tornent fuyant 140
Et les barons de France les vont de pres sivant
Li cuens Hues li Maines a ocis Malcuidant
Et li roys Godefrois Tampestre le tirant
Et Pierres li hermites vint son ...h...
De la hache le fent jusques ou p... 145
Et Bauduins de Rohais va Soudan enchaucant
Et sont avecques li chevalier ne sai ...
Par mons et par valees va Bauduin ...
Sus le cornu cheval q...
Esloignies s'est des nos ... 150
Pour le ...dan at...re qui tost ...
Dessus le Ma...g...e...or ...
Vers Acre droitem...
Et Bauduins apres qui ...
Or l'ait Diex ...   ... commant 155
Aincois que ...   ... vaillant
... ...d... son fre...   ...tant
A la paour de mort onques mais n'ot si grant
T... li gentis cuens les payens enchaucant
A .II. lyeues de Sur les ala atiagnant 160
Bauduins s'escria n'en ires en avant
Quant li Soudans l'oy payens va escriant
Tornes vers cis chitis qui ci nous vient sivant
Pou sont avecques li n'aront de mort garant

Quant Sarrasin oirent Soudans s'est escries 165
Vers Bauduin le conte ont les chevaus tornes
La refu li estours pleniers et adures
Des hommes Bauduin n'en y est que .I. remes
Ce est Raimbaus Cretons et cis fu desmontes
Et li bers resaut sus si s'est haut escries 170
Bauduin de Rohais ou estes vous ales
...entis homs debonnaire et quar me secores
Quant Bauduins l'entent celle part est ales
Raimbaus dist Bauduins sus mon cheval montes
...i ales a l'ost Dieu ces noveles dires 175
Qu'ou chemin d'Acre sui de Turs avironnes
Sire ce dist Raimbaus pour noyent en parles
Certes ne vous lairoye pour l'or de .II. cites
Dist ...   *173b*

Appendixes

```
         Se n'ai p...                                      180
         Lors descent du destrier et li ...est le...
         Et li chevaus s...    ... s'est ...
         Par mi ...    ...st outre ...
         Jusque ...

         B...                                              185
         ...
         ...
         ...
         ...                  ... celeron
         ...                  ...reton                     190
         ...                  ... Buillon
         ...                  ...er de lyon
         ...                  ... comme char...
         A sa vois qu'il o...    ...ria le f...
         Par Mahomet mo...    ...durer de...               195
         Et toy et tes .II. frer...
         Par vous .III. est tor...
         Mais vous .II. pour eus ...
         Non feres se Diex ...
         Ains que soyons ocis ...                          200
         Le comparront mout chier ...
         A Bauduin escrie gentis s...
         Ferons sus celle gent qui croyent ...
         Si chalenjons nos vies tant con durer po...
         Et li cuens respondi ja ne vous en faud...        205
         Adout recommenca la noise et la tenco...

         Mout furent no baron de payens apresse
         De lances et de dars sont ...
         Par devant Bauduin ont Raimb...
         Et li cuens li aida tant que il ...                210
         Mais je ne voi comment il ...
         Se Diex ne leur aidast ...       ...ste
         Quar chaicun fu ou cors et playe ...
         Mais li chevaus cornu si a tant chemine
         Que entre nos barons s'est feru et boute           215
         Li fors roys Godefrois mout tost l'ot avise
         Tant l'enchauca a force que il l'ot atrape
         Quant le tint par la resne si s'est haut escrie
         ...                  ...oe                 173c
         ...       ...ont Sarrasins ocis et decoupe         220
         Ou service Jhesu li roys de mayeste
         Tout ainsi regretant Bauduin le sene
         S'en ...  ...les...       ... et retorne
         ...                  ... mostre
         ...                       ...ete                   225
         ...
```

...
...
Quant lest...   230
...
Apres ...
Li et ...
...t God...
...sonne .I. ...   ...t ruiste fierte
... li et Eus...   ...t endoi torne   235
...   ...e qui maint en trinite
...   ... trouveront a plante
...   ... son chemin haste
...   ...ueve Buyamon et Tancre
...   ...c au corage adure   240
...   ...die qui mout a poeste
Et dan... ...as du Merle qui tant ot de bonte
Il li ont escrie quant l'orent ravise
Veistes Godefroi li bons roys coronne
Ne Bauduin le conte Eustace le sene   245
Seigneurs dist li hermites par Dieu de mayeste
Li bons roys Godefrois a le cornu trove
De Bauduin se doute Turs ne l'ayent tue
... li et Eustace s'en sont vers Acre ale
... ... du secorre pour l'amour Damede   250
... de Cecile a l'olifant sonne
Puis sont mis a la voye si sont achemine

Or chevaucent Francois a grant esperonnee
De cors et de buisines retensist la contree
Apres Godefroi vont par mout grant airee   255
Et Godefrois chevauche a grant esperonnee
Et Eustace son frere a la chiere membree
O li .VII. chevaliers du miex de sa contree
A .II. lyeues de Sur par deles ...   *173d*
Ont Bauduin trove qui fiert de l'esp...   260
Et dans Raimbaus Cretons qui gist en mi la pr...
Atant es Godefroi qui vint lance levee
Li amiraus Soudans a sa teste tornee
Godefroi recognut couleur a muee
M...   ...voit o lui de mesnie privee   265
A ses payens escrie a mout grant alenee
...rnes vers ce roy ma perte ai recovree
... puis vengier ma proesce est finee
...   ...e gent et ma grant ost matee
...   ... lances y ot mout grant criee   270
...   ... sa lance ...nlee
...   ...a targe roee
...   ...t l'ensaigne longue et lee
...   ... selle doree

Appendixes

```
    Quant ...            ... traite l'espee              275
    L'am...              ...sques en la coree
    ...                  ... Prinsaut de randonnee
    Fiert le Soudan de Perse par mout grant airee
    Son escu ne li vot une pomme paree
    Mais la broigne ... ... maille n'en est fausse       280
    La lance vole en pieces si chiet en mi l'aree
    Quant li Soudans le voit l'ire li est doublee
    Il tint nue Hideuse dont l'alemele ert lee
    Eustace de Bouloingne en a telle donnee
    Le hyaume li trencha la coiffe a entamee             285
    Par decoste l'espaulle est l'espee tornee
    Du braon de la char a une piece ostee
    Sus le cheval descent le coup de randonnee
    Le chief li a trenchie sanz nulle demoree
    Tout abat en .I. mont devant li en la pree           290
    Mais le ber saut en pies si a trait l'espee
    Saint sepulcre escria a mout grant alenee
    Quant li roys Godefrois a la vois escoutee
    Celle part vint brochant a mout hauce l'esp...
    Ja ferrist le Soudan sus la targe ...                295
    Quant .I. paiens se mist devant a l'encontree
    Et li roys le fiert si et par telle airee
    Que tout l'a pourfendu jusques en la ...
    ...                                          174a
```

Appendix 29.

Ll. 9643-55 are given by I in a different version of 13 lines.

```
    Cil dedens les resoivent a mout grant escriee    145a
    He Sodans riche sires com est la chose alee
    Ou sont toute vo gent qu'aviez assemblee
    Et respont li Sodans morte et desbaretee
    Touz li siecles n'aroit vers Godefroi duree       5
    Ne puet vivre .I. seul jour qui il fiert de l'espee
    Ausi trenche paiens comme verge pelee
    Et Bauduins son frere est de trop grant posnee
    Il et .I. autre Tur nous sui de volee
    Si l'umes abatu la teste ot enterree             10
    Quant li secours leur vint je oi la criee
    Quant li paien l'entendent dolor en ont menee
    Des barons et des princes i ot mainte acolee
```

Variants

The record of variants for each laisse is preceded by a list of the manuscripts being collated. The general method of recording variants is outlined below.

Location words and abbreviations

The variants are recorded by reference to abbreviated location words in the text. The location words are those that immediately precede and follow the variant reading, with additional words given as necessary to avoid ambiguity. Alternatively, variant readings may be located by individual hemistichs standing alone: six syllables beginning with a capital letter and ending in a colon are to be identified as the first hemistich of a line, and six syllables ending in a rhyme word as the second hemistich.

All words occuring in both variants and text, with the exception of *et*, are normally abbreviated, even if the words occuring in two manuscripts are different parts of speech, such as *oïe* in l. 69 where it is a noun in one manuscript and a participle in another. If possible, a word is abbreviated to its initial letter, but more letters may be given to avoid confusion when two or more words begin with the same letter or letters. On occasion it is necessary to give a whole word, for example in l. 957 where *passa* and *passion* both occur and *passa* is to be included in the variants. A word such as *que* or *en* occuring in the base text may appear independently in a whole line variant, in which case it is given in full. Groups such as *s'il* and *qu'il* are abbreviated to *s'i.* and *qu'i.* The initial letter of an abbreviated word is given in upper case or lower case depending on the place which the word occupies in the variant line: a word occuring mid-line in the text but at the beginning of a line in a variant manuscript is abbreviated with a capital letter.

The omission of a word in a variant manuscript is shown by giving in full the preceding and following words, as for example in l. 17. Any word given in full in the variants appears in the form used in the variant manuscript.

Punctuation

A comma is used to separate discontinous readings within the same manuscript, a semi-colon to separate readings of different manuscripts or readings at different points of a line.

Sub-variants are recorded in round brackets and may precede or follow a main variant as well as occuring within it.

Suspension points indicate that a manuscript is illegible.

Lines not present, additional lines, and lines given in a different order.

If a line of the text does not appear in a variant manuscript, the lack is denoted by the term *wants*. If more than two consecutive lines do not appear, the extent of the omission is noted at the first line of text affected, the omission of each line being recorded also with the variants for each line. If a variant manuscript has an additional line, this is denoted by the term *adds*: up to ten additional lines are recorded in the variants, being referred to if necessary (e.g. in the Index of Proper Names) by the letters a-j; longer passages of additional material are given in the appendixes.

If two lines occur in the reverse order in a variant manuscript, this is denoted by the term *inverts*: the variants are then recorded as if the order of lines were that of the base text. If more than two lines are in a different order they are given first in full with the record of variants for the first corresponding line of text, and subsequently the variants are noted as if the order of the lines corresponded to that of the base text.

Variants of MS T.

The fire damage sustained by *T* requires additional measures to be taken for a full account of the readings to be given. Loss or illegibility of text is indicated as for the other manuscripts by three suspension points. If however the damaged word is that of the base text, or that of a variant manuscript in a group which includes *T*, and there is no doubt as to the original reading, the loss of individual letters is not recorded, for example with *compaign*... in *T* l. 63 as the last word of a line in a laisse ending in *-ie*. Where the only words remaining in a damaged line of *T* agree with those of the base text and it is not possible to tell whether there was once a variant reading, the extent of the damage is recorded in round brackets.

Variants 305

1. *ABCDEGIT*

1. D. Jhursalem s'arment Sarrasin et grifon *C*; *rest agree*
2. f. de la geste Mahom *E*; f. si com lisant trouvon *G*; f. par ... *T*; l. orgillous g. *BCDI*
3. Si comme il regardoyent le Te... *T*; se contratendirent a. (ou *I*) *T*. *DGI*; *C wants*; *ABE agree*; *G adds 1 line* Mau de cel ki n'eust u esqu u baston
4. et nos ca. ce. ... *T*; *EG want*; *ABCDI agree*
5. A le mo., (p. n... *T*) *DT*; *G want*; *ABCI agree*
6. M. D. les en gari par son saintisme non *D*; M. Jhesus lour aida par sa redension *E*; M. D. les en gari q. mout pa. *GI*; q. soufri passion *BC*
7. Les a fait destorner par son saintisme ... *T*; Fera a *BC*; *DEGI want*
8. Car k. e. l. se fie j. *E*; *C wants*; *ABDGIT agree*
9. e. li b. *B*; *ACDEGIT agree*
10. D. l'ost est des. *T*; *ABCDEGI agree*; *C adds 1 line* Li quens de Normendie et li dus de Buillon
11. Robers d. *DT*; N. o Robert le F. *B*; *ACEGI agree*; *T adds 2 lines* Qui se fierent es Turs trestuit a abandon / N'i a celi n'ocie ou Turs ou Esclavo...
12. Et dans T. d. F. *I*; *D wants*; *ABCEGT agree*
13. et Richars de D. *E*; et Thomas de. Don... *T*; G. de Dignon *I*; *CD want*; *ABG agree*
14. *EGI invert 14/15*; Et Robers d. Ros. *B*; q. clocoit d. t. *E*; *ACDGIT agree*
15. *EGI invert 14/15*; Et Ai. aussi q. o. c. d. b. *E*; c. a d. *GT*; *CD want*; *ABI agree*
16. d'A. qui fu a. Contenton *B*; d'A. qui cuet ot de lion *C*; l. frere a. ... *T*; *ADEGI agree*
17. Et .X.M. *CG*; .XX. mile c. *DI*; Et .VII.M. *E*; A .X.M. cevaucent c'on. *B*; c. qui cuer ont de lion *C*; onques n'i ot g. (geudon *D*) *EDGIT*
18. (L. peust on v. *EGI*) v. tant a. f. *TEGI*; v. tant vermeil siglaton *C*; *D wants 18-20*; *AB agree*
19. Tans vers elmes lacies tans escus a li. *BI*; Et t. es. a or paintoure a li. *C*; *D wants*; (... es. *T*); *AEG agree*
20. Et tant. rice (boune *G*) espee et tant *EG*; Et maintes bonnes espees et tant *I*; en. et vermeil siglaton *C*; *D wants*; (...gne et tant r. ... *T*); *AB agree*
21. ta. esploitie le val et le troton *D*; *T wants*; *ABCEGI agree*
22. (Voient l. *T. EG*), Da. et l. riche dr. (dongon *EG*) *IEG*; V. le mur Da. *C*; Da. l. T. (Temple *D*) et le dognon *CD*; (...a T. Da. l'en... *T*); *AB agree*
23. E. et l. c. baron *C*; E. le carnel del li. *EG*; c. (charne *I*) de li. *DI*; a. dragon *T*; *AB agree*
24. g. devotion *CDT*; *ABEGI agree*
25. v. des lar. *BGI*; lar. mout g. *BI*; lar. plourer a grant fuison *C*; lar. si g. *EGI*; lar. mout grant effusion *T*; *D wants*
26. *No variant*
27. v. t. nobile b. *B*; r. blason *I*; *D wants*; *ACEGT agree*
28. *G inverts 28/29*; Il baisoient l. t. morjoient le sablon *D*; Qui la cite plouroient que tinrent le felon *E*; M. devons l. t. et b. le sablon *G*; (Mordre baisier *I*) b. l. t.: *BCIT*; la p. et le sablon *TI*; entor et env. *B*; et l. p. env. *C*
29. *G inverts 28/29*; Li l. l. d. l'a. *C*; Li u. contoit a l'a. *D*; Li u. l. mostre a l'a.

E; L'u. l. moustroit a l'a. *E*; L'u. l. moustroit a l'a. *G*; Li u. d. *T*; et disoit son. *C*; et dit en sa raison *D*; et dist en so. *EGI*; et tenoit so. *T*; *AB agree*
30. *No variant*
31. (... b. *T*); *rest agree*
32. Bon a. *D*; Bien i avons eu: *E*; ...on avons endure: *T*; tante percusion *BEGIT*; *AC agree*
33. (...t f. *T*), s. tante (s. et tant *C*) destrucion *BCIT*; s. tante consurrexon *D*; s. et tante mesprison *EG*
34. Le grant vent et l'ore (l'orage *DGI*) le n. (plueue *G*) *EDGI*; ...s et li ores la n. *T*; o. les nois et le g. *B*; *C wants*
35. vi. et le riche donjon *D*; (... ve. *T*); *ABCEGI agree*
36. Ou Dex rec. *D*; n. sauvasion *E*; (...cueilli m. *T*); *ABCGI agree*
37. *E inverts 37/38*; Puis m. *D*; Il m. *EGI*; ce. si sont pris a laron *C*; ce. auferans et gascon *G*; ce. par grant ahastison *T*; ca. prist a *E*; (... m. *T*); *AB agree*
38. *E inverts 37/38*; Et aprochent l. *C; ABDEGIT agree*
39. De le v. J. deci amont en son *C*; Le v. (v. de J. deci qu'au Mont S. *T*) *DT*; J. droit a *B*; J. juskes el mont en son *G*; du. al M.*E; AI agree*
40. D. que a l'issue n'i font ar. *E*; Bien ont erre .VI. liues sans nule ar. *G*; D. qu'en S. *B*; Desi a S. *C*; Jusques a S. *T*; a Aloe n'i *I*; S. li o. *A*; *D agrees with text*
41. P. devant B. *CDT*; d. Bretagne f. *B*; la grant lactration *T*; g. la ferison *B*; g. l'aseurison *C*; g. l'ochision *D*; g. l'atision *E*; g. la tension *G*; g. la cession *I*
42. (... ou *T*); *rest agree*
43. ... f., p. no. ne. vous poon *T*; q. nombre n'en set on *CE*; q. nomer ne. s. (poon *I*) *GI*; no. ne s. *B*; ne. set on *D*
44. De ca. (chevas *I*) et de a. (bugles *DEGI*) *CDEGI*; Et de ca. et d'a. *T; AB agree*
45. O. font lor arestoison *D*; v. a. coron *BC*; v. li baron *E*; v. a teron *I; AGT agree*
46. S'o. se p. *B*; S'or en p. *C*; p. venir a *BCD*; p. torner a *I*; *AEGT agree*
47. Qu'i. n'i pe., g. destuction *C*; Que n., (pr. par g. *T*) *IT*; pe. lor pr. *BDE; AG agree*
48. B. devront Damledeu rendre gr. ge. *D*; B. lor aidera Dex par sa redension *G*; ... a. des. a D. *T*; des. envers D. garison *E*; D. le ge. *B; ACI agree*
49. Ma. ains ne sera ve. *D*; Ja ains (Ma. ja *E*) ne verront ve. (vespre *EG*) *IEG*; ...is ains que i. *T*; n. vo. en me. *BE*; n. solax a escon *D*; n. le solel escons *G; AC agree*
50. *BCDEGIT want*
51. N'i volroient il e. *C*; p. l'onor de Soison *D*; t. Sanson *CEGT*; t. Saison *I*; *EGI add 1 line* Mais Dix les en jeta (M. D. l'e. j. for *I*) par son saintisme non (p. sa redension *G*)

2. *ABCDEGIT*

52. M. par f. grant l. *EG*; q. Turc o. *D*; *ABCIT agree*
53. A. repairierent n. *B*; A. sont venu n. *T*; r. la terre ont molt malmise *D*; r. que ne s'atargent m. *E*; n. s'atargierent m. *CGI*

Variants 307

54. El v. *EGI*; (... v. *T*); *ABCD agree*
55. *C wants*; (... ou *T*); *ABDEGI agree*
56. ... r. Cornumarans fait so. *T*; d. Joasafas f. *E*; J. fait so. *DGI*; so. l'estormie *BI*; so. l'assallie *C*; so. la bondie *DT*; so. la galie *EG*
57. p. l'apelerent G. *C*; *DEGIT want*; *AB agree*
58. Ce fu u. *EGIT*; c. d'araine: *GI*; dont s. p. r. *EIT*; dont si paien ralient *G*; k. les p. *BD*; *C wants*
59. u li a. f. *C*; ou l'a. (u li ors *EG*) reflambie *IEG*; (...n l. *T*); *ABD agree*
60. La est uns cors sonnes qui a moult grant oie *C*; L. (La *I*) sona p. *DEGIT*; *AB agree*
61. ... g., en oit on la bondie *T*; p. la vois bondie [*sic*] *C*; p. tout entor l'ont oi. *I*; en ot on bien l'oi. *D*; *EG want* 61-63; *AB agree*
62. Q. l'ost estourmit a *I*; l'o. est estormie a *C*; s'en estormi a (et *D*) *BD*; ...ormi a ... *T*; *EG want*
63. L. rois en i., a sa c. *C*; ... r., i. hors a mout g. compaig... *T*; f. par molt g. seignorie *D*; g. gent establie *I*; *EG want*; *AB agree*
64. Bien pa. *T*; T. pa. m. la Porte Oire: *I*; li cors Dieu le (les *GIT*) maudie *EGIT*; D. ot beneies *B*; *D wants*; *AC agree*
65. Cor. issi o ses g. com. *D*; Se. f. Cor. et sa connestablie *T*; S'en ist Cor. (Cor. s'en ist *G*) et *EG*; f. o sa grant com. *B*; et sa chevalerie *C*; *AI agree*
66. f. la p. *BCDI*; *EG want*; *AT agree*; *B adds 1 line* Sonent tabors et tinbres tout a une bondie
67. Armes d'aubers et d'elmes e. d. de Surie *D*; Mout par fu bien armes el destrier d'O. *G*; s. lors c. *I*; l. d. les d. d'O. *C*; c. et d. *B*; *ET want*
68. r. (secorre *C*; calengier *E*; souscoure *GI*) la pr. *BCEGI*; pr. que Franc ont aquellie *B*; pr. feront u. *C*; pr. f. as Frans e. *E*; pr. vont faire u. *T*; *AD agree*
69. T. o. et tant laide: *D*; Mout o. et mout pesme: *E*; T. orble [*sic*] et s. piesme: *G*; s. fiere: *T*; a. p. grant estormerie *C*; ne vous mentirai (celerai *E*) mie *GEIT*
70. Se ca. ne fiert bien de l'espee forbie *T*; S'o. n'en pense ca. *EG*; n. se veut ca. *I*; d. so. co. et no Franc et s'aie *C*; ca. de (bien *I*) calengier sa v. *EI*; ca. et calenge sa v. *DG*; *AB agree*
71. As bons espius trencans as espees forbies *G*; A fort espi. *E*; A b. *I*; *DT want*; *ABC agree*
72. La t., a. tricherie *C*; t. perdera sa. a. garantie *D*; t. couvenra laissier sa. plegerie *E*; l. a cou ne faura mie *B*; a. fescerie *G*; a. fauserie *IT*
73. Ce f. moult grans mescrees v. mi. [*sic*] *C*; Ca. mout f. g. mesci. ne v. mentirai mi. *T*; mesci. coi que nus v. en die *B*; *EG want*; *ADI agree*
74. .L. nel mescrees vous mie *B*; .L. ne vous q. q. n. [*sic*] *C*; *EG want*; *ADI agree*; *B adds 1 line* Mais Dex vous aidera qui tout a en ballie; *I adds 2 lines* Or les consaut Jhesus li fis sainte Marie / Car grant mestier avoient de secour et d'aie

3. *ABCDEGIT*

75. *No variant*
76. Dou vas d. *C*; El v. *GT*; a. s'en revinrent *D*; a. se remistrent *T*; *ABEI agree*

77. C. d. Jherusalem a *BCDEGIT*
78. f. (qui mout fier (fort *D*) *GDIT*) se continrent *EDGIT*; *ABC agree*
79. *No variant*
80. S. tabor et gigles ci. *E*; ti. et co. *CI*; d'a. bondirent *B*; d'a. tentirent *DEGIT*
81. (Les v. *C*) v. retentent et, (ci. mont retombissent *C*) *IC*; N'i a ne mont ne val que il ne faicent bruire *G*; v. respondent ci. t. retentirent *B*; v. resonent et *DT*; *E wants*
82. P. se[cor]re l. *T*; r. lor pr. en no gent s. *D*; pr. apres Francois ceminent *E*; *CI want*; *ABG agree*
83. *E has 2 lines in place of 83-84* A l'asambler no gent maint travail i soufrirent / Car n'erent que .X.M. contre .L. mile; Et Franchois l. rechurent (encaucent *GI*; recueillent *T*): *DGIT*; n. bon C. *C*; as grans lances qu'il (que *T*) tinrent *DT*; et batent et ocient *G*; qui nes amerent mie *I*; *AB agree*
84. Durement fa. *B*; Il fa. m. grant c. *DT*; Et il fa. m. (si *I*) c. *GI*; c. et Franc l'e. *DG*; *for E see 83*; *AC agree*

4. *ABCDEGIT*

85. g. li estour e. *EI*; g. li destrois e. *G*; l. destreche e. *DT*; *ABC agree*
86. Cis d. *A*; d. Jherusalem en i. *T*; s'e. issent a compas *E*; *B wants*; *CDGI agree with text*
87. Po. secorre l. (la *I*) *DI*; r. la pr. *BEG*; pr. as nos fierent a t. *E*; *CT want*
88. Et F. se desfendent: *E*; r. a. lan... a. bras *T*; le. requierent *GB*; es la. et et bras *B*; a la. et a d. *EI*; *ACD agree*
89. f. le h. *B*; a terres et *C*; *DEGIT want*
90. Quant le. la. sont fraites: *D*; Q. leur la. *T*; le. hanstes p. *E*; et v. par es. *DEGIT*; *C wants*; *AB agree*
91. L. oissies d'es. *EGT*; s. les el. *EI*; el. grant gl. *BT*; *ACD agree*
92. Detrencier ce. *BCDEGIT*; ce. vers elmes: *DEI*; ce. aubers es. *GT*; et. es. atenas *I*
93. T. f. le. destregnoient li *B*; f. se desfent la *T*; *ACDEGI agree*
94. Petit trovent en aus no Franchois de solas *D*; Mal gret que Francois a. *CE*; Que t. que Francois le j. *I*; l. mistrent hors d. *T*; d. val *B*; *AG agree*
95. e. ...ura s. *T*; s. Donas *B*; s. Tomas *DEGI*; *AC agree*
96. F. mon se. *DT*; F. le ber sa. Nicolas *E*; F. jura (F. en jura *I*) sa. Lienart *GI*; sa. Tumas *BT*; sa. Lucas *D*; *AC agree*
97. sa. Veas *B*; *DEGIT want*; *AC agree*
98. Mi. volroie mo., l. terre d'A. *B*; Mi. volroit estre em biere: *D*; Mi. vauroit estre mors: *EGI*; Mi. vorroit gesir hors: *T*; a Rains ou a A. *D*; u mostier a A. *EGT*; ens ou moustier d'A. *I*; *AC agree*
99. ca. nos f. *B*; *DEGIT want*; *AC agree*
100. Ne q. p. en traient b. *C*; Que ja (li *E*) Turc en eussent (revisent *G*) *DEGIT*; neis .I. mouton c. *D*; n. mouton c. *BCET*
101. Lors e. l. du. le baron s. Jonas *T*; D. s'escrie l. *B*; D. s'e. *C*; D. escrie l. *T*; du. s. Sepulcre aidas *E*; de Damas *GI*; *AD agree*
102. Et sa. Lambert du Liege et puis sa. N. *T*; Le baron sa. Se. (Estievene *GI*) *DGI*; le ber sa. N. *G*; *E wants*; *ABC agree*

103. Se firent li b. nel tenes m. *I*; b. car ce n'e. m. *CT*; b. cist gex n'e. *D*; b. que ne vous sanle g. *E*; b. icou n'e. m. g. *G*; n'e. or m. *B*; m. a g. *BCDIT*
104. f. ja n. *BIT*; f. n. d. pas es. *E*; f. n. d. es. mes mas *G*; es. mas *DET*; *AC agree*
105. *DEGIT want*; *ABD agree*

5. *ABCDEGIT*

106. l. batale s. *B*; d. signour icel j. *I*; *ACDEGT agree*; *T adds 1 line* Diex ... fort les destraint celle gent payenour
107. Car F. *B*; Francois m. *E*; Et F. *T*; m. la proie: *BDEGIT*; f. de cel v. *D*; dehors le v. antor *E*; hors d. g. v. ma. *T*; v. le jor *G*; *AC agree*
108. a. cretour *I*; (...te Ma. la me. ... *T*); *ABCDEG agree*
109. Trespasa de cest siecle mout ot d'angles entour *G*; s. quant t. *I*; s. que t. l. ... *T*; t. si a. *D*; *ABCE agree*
110. Le porterent es cix a mout bele clamour *E*; L'em. es ciex d. (d. l'empereour *I*) *TI*; *G wants*; *ABCD agree*
111. *G gives 111-117 in order 114-117, 111-113a* La peusies veir tant prince et tant contour/ Ki fierent des espees a. .II. mains en l'estour/ Li solaus luisoit clers qui rendoit grant luor/ Tant estoient destroit alquant et li pluisor/ Dex tant fort les destraint cele gent paenor/ As ars et as saietes les acaigent entour/ La veisie verser Dex tant bon misodour/ Tant bon ceval courant et tant bon vavasor; Et les Turs les assaillent a force et a vigour *T*; Dex com (tant *GI*) fort les destraint: *DGI*; M. agrevoit n. *E*; cele g. p. *DEGI*; *ABC agree*
112. *for order of G see 111*; A ar. *E*; et as s. *BCDGIT*; s. ses. ac. *B*; l. vous sievent en. *C*; l. engressent en. *D*; l. destraignent en. *T*
113. *for order of G see 111*; v. vous dont ma. *C*; v. verser (versex *D*; bercier *T*) Dex tant bon m. (vavassor *D*) *GDT*; b. tans gentis m. *I*; *ABE agree*; *DGIT add 1 line* Tant bon cheval navrer (courant *GI*): *DGI*; Et tant riche cheval: *T*; et tant bon milsoldor (vavasor *GIT*)
114. *for order of G see 111*; v. ma. prince maint c. *B*; v. (coisir *E*) tant pr. et tant c. *DGEIT*; *AC agree*
115. *for order of G see 111*; f. a .II. m. d'esp. (m. sor paiens *C*) en *EC*; m. li plusour *T*; *ABDGI agree*
116. *for order of G see 111*; lu. clers: *BCDEG*; q. (et *B*; si *D*) rendoit g. (la *T*) *CBDEGT*; q. rendi g. *I*; g. luour *CEGI*
117. *for order of G see 111*; T. estoient d. *EGT*; p. i sont d. *I*; i. destruit a. *B*; d. li a. l. *C*; *AD agree*; *B adds 1 line* Tout estoient couvert de sanc et de suor
118. l'e. nostre franc p. *D*; l'e. li princes et li contour *I*; *EG want*; *ABCT agree*
119. L'escloi de lor chevax boivent et le puor *D*; Quar p. d. boivent le sanc et la suour *T*; P. destrece buvoient l. *C*; i boivent l. *I*; *ABEG agree*
120. Et le sa. par destrece he Dex com grant dolor *D*; c. et le sa. li pluisor *GI*; et le puor *C*; *T wants*; *ABE agree*

6. *ABCDEGIT*

121. El val de Josafas fu l. c. m. g. *B*; m. g. et l. c. moult fiers *C*; c. pesans *DE*; c. mout g. *GI*; *AT agree*
122. t. fort le. destraint li r. (fors *I*) *DEGIT*; le. (le *C*) destregnoit li *BC*
123. p. qui fu v. et f. *E*; l. vils q. *C*; v. et li f. *GIT*; *ABD agree*; *B adds 1 line* Et la grant conpagnie des Turs et des Persans
124. *B has 3 lines* La peuiscies veoir les cuvers mescreans/ As ars de cor turcois dont il erent traians/ Sovent traire et berser cevaus et auferrans; v. verser: *DI*; v. vuidier: *EG*; b. tant bons c. courans *T*; destriers et a. *DGI*; seles et a. *E*
125. Aler p. les valees lo. *D*; p. ces valees lo. (les *G*) *EGI*; la bataille lo. *T*; *ABC agree*
126. c. perdi m., et iries d. *C*; m. doit estre d. *D*; m. en estoit d. *E*; m. iert g. *GIT*; *AB agree*
127. r. armes o. *G*; *ABCDEIT agree*
128. d. a lor acherins brans *C*; d. a b. *I*; a. espees t. *EG*; *ABDT agree*
129. t. n. le. b. *B*; t. fors le. b. *D*; *CEI want*; *AGT agree*; *B adds 2 lines* Et aquellent paiens les cuvers mescreans/ Cui consivent a cop tot a fine son tans
130. Il lor tr. *B*; A. Tu. tolent l. teste l. coste et *E*; *ACDGIT agree*
131. et d. cerveles es. *BCDG*; *AEIT agree*; *BDI each add 1 line* Li verde erbe en estoit trestote vermillans *B*; Par devers Saint Esteule que Dex par ama tant *D*; Et Godefrois se vait vers les mons resgardans *I*
132. De. M. O. sont no Franc regardant *D*; f. uns du. *E*; l. bers r. *I*; *ABCGT agree*
133. Et virent n. ca. sor les chevax corans *D*; Et percut n. *E*; ca. montes es *T*; *ABCGI agree*
134. c. a v. *B*; c. ou vienent chevalchant *D*; c. laciet el. *E*; *ACGIT agree*; *B adds 1 line* Et Harpin et les autres qui mout ont fier sanblans
135. L. escus et les armes virent reflambians *D*; L. bons clavains v. *I*; au. luisans a *C*; au. (clavains *G*) es dos a *EG*; o. reflamboyans *T*; *AB agree*
136. *EGI place 138 before 136*; Et les riches d. ravinans et c. *I*; es cevaus arrabis (remuans *G*) et *EG*; d. arrabis et *T*; *D wants*; *ABC agree*
137. Le. es. ont au col (a. c. *T*) et, la. ploians *CT*; la. tenans *B*; *D wants*; *AEGI agree*
138. *EGI place 138 before 136*; L. e. d. paile es lances balians *D*; D. cendal et d. paile l. *I*; pa. grans en. *G*; *ABCET agree*; *B adds 1 line* As senestres costes avoient cains les brans
139. B. resanloient hardis et c. *E*; B. resanblerent g. *G*; *D wants*; *ABCIT agree*
140. S. ce R. franc cevalier vaillant *E*; S. ce dist R. *T*; l. hardis combatans *I*; *ABCDG agree*
141. Et H. ses compains et li autre ensemant *E*; (Et H. de Boorge q. *IT*), D. sont cr. *CIT*; q. ert en D. cr. *D*; *ABG agree*
142. Cil v. *B*; Et v. *D*; Il v. *E*; f. (soit *DET*) aidans *BCDET*; l. soit g. *GI*
143. d'O. ou maint rois *C. D*; d'O. le fort roi Corbaran *GI*; s. est *C. CT*; *ABE agree*
144. .XV. dis et *G*; et .I. an *I*; *ABCDET agree*
145. le. j. fors se f. *I*; j. par les s. sains c. *E*; j. cou f. *G*; j. itiex f. ...s c. *T*; t. i f. ses c. *D*; *ABC agree*

Variants 311

146. en lui a *DEGIT*; f. il li sera garans *C*; f. mal iert desconfortans *D*; f. ne d. es. esmaians *E*; *AB agree*; *G adds 1 line* K'il avra paradis avec lui tous joians
147. Il (Et *I*) estoient .L. et .VII.XX. combatans *EGI*; s. d'a. *BT*; *D wants*; *AC agree*
148. *DEGI want*; (C. ... *T*); *ABC agree*
149. fis. esmaier n. F. *B*; fis. Francois es. *CEDGI*; (fis. ... *T*)
150. *GE place 152 before 150*; ... f., m. s'il e... *T*; m. s'en i ot de d. *E*; d'e. i ot d. *GI*; *D wants 150-155*; *ABC agree*; *GI add 1 line* Paiens et Sarrasins hardis et combatans
151. Et ...yen resbaudissa[n]s *T*; *BDEGI want*; *AC agree*
152. *EG place 152 before 150*; I. quidierent ce fussent d. destriers m. *C*; i. cuidoit b. *E*; i. cuident se soient de la gent m. *I*; b. que f. *B*; *D wants*; *AGT agree*
153. p. roi amans *IT*; *D wants*; *ABCEG agree*
154. q. porta e. *I*; *D wants*; *ABCEGT agree*
155. n. souscourans *G*; *DEI want*; *ABCT agree*; *C adds 1 line* De la cit d'Oliferne dont sire est Corbarans (*cf. 143*)

7. ABCDEGIT

156. *No variant*
157. Ensi c. Francois en l. *C*; S. com no F. i. *D*; S. c. Franc estoient e. *EG*; i. ens e. l'estour plus g. *I*; l. destrece g. *DEG*; *ABT agree*
158. Com T. *D*; Et T. *G*; l. angoscoient as ar. (*G lacks* ars) *BCDGI*
159. As canes ac. *BT*; As canes et as tertes et *C*; As saietes d'achier et *D*; De (A *I*) saites ac. *GI*; d. lancant *BCG*; *E wants*
160. e. trenchans l., s. angoissant *C*; v. mout d. (damagant *E*; mestroiant *G*) *IEG*; *DT want*; *AB agree*
161. *E places 161 after 172*; l. menerent ferant *D*; m. recreant *E*; *C wants 161-163*; *GI want*; *ABT agree*
162. el. luisans *D*; *CEGI want*; *ABT agree*
163. A lour lances m. (agues *D*) *EDI*; A. lances esmoulues l. *G*; a. lances m. les c. ...*T*; *C wants*; *AB agree*
164. A. en o. qui ont les b. tr... *T*; c. b. v. trainant *C*; c. a b. *G*; b. trainant *BGI*; *DE want*
165. ce. perdoit: *EGI*; mout o. l. (son *T*) cu. d. ... *T*) *ET*; cu. avoit d. *GI*; *D wants*; *ABC agree*; *B adds 2 lines* Or penst Dex de no gent par son digne coumant/ Quar Turc et Sarrasin les vont mout apressant; *EGI add 1 line* Remanoir li convint (Au chaple remanoit *I*) a pie comme serjant
166. Sus s'a. l. p. a (sus *I*) .I. t. rampant (atendant *I*) *DI*; Dont arresta l. *T*; *EG want*; *ABC agree*
167. Iluec liv. *D*; lo. furent e. *C*; *ABEGIT agree*
168. q. s. en D. c. *T*; *rest agree*
169. Que cl. *D*; Cl. ne le p. *E*; cl. nel p. *G*; *ABCIT agree*
170. *B gives 2 lines* L'angousce ne la paine ne la destrece grant/ Qu'il soufrirent le jor pour lor cors desfendant; L'a. sor p. sor lor c. descendans *C*; des barons *DEGI*; sor lor c. des. *DGIT*; que iluec sont soufrant *E*
171. (Il n'i ot c. *E*), pr. si po. *GE*; a. Sarrasin n. *T*; c. t. riche ne po. (manant

D) *ID*; *ABC agree*
172. d. sa t. *T*; *ABCDEGI agree*; *E places 161 after 172 and then EG add 1 line* Desi a Saint Estievne les mainent recreant *E*/ N'a mie de le teste qui nel defent au brant *EG*
173. A hautes v. *BC*; v. s'escrient sa. *BE*; v. escrient sa. *DGIT*; sa. Sepulcre or av. *T*; Se. aidant *EDG*; *B adds 2 lines* Et li plusior aloient saint Jore reclamant/ Saint Domin saint Meurise et lor conpagne grant
174. a esporons b. *GI*; *ABCDET agree*
175. A Godefroi s'en vint et li vait escriant *D*; Vint a. *BCT*; Et est venus a. du. *EGI*; sel va araisonnant *E*; pa. noncant *B*; pa. contant *IT*
176. Et dist a G. *G*; d. dist li quens e. *D*; *ABCEIT agree*
177. vi. acourant *C*; (vi. ... *T*); *ABDEGI agree*
178. a. a c. *C*; a. en coste c. p. *D*; a. en c. *GIT*; *ABE agree*
179. *No variant*
180. o. et molt outrequidant *D*; *rest agree*
181. *E inverts 181/182*; Se pe. n. pr. jou en serai dolans *C*; Que perdisons la pr. c'alions conquerant *E*; S'o. prendiesmes la pr. mal nous iroit atant *G*; Se perdommes no pr. com ira m... *T*; S'en pe. *B*; S'o. perdrions no pr. *D*; pe. nos pr. si laidemant on champ *I*
182. *E inverts 181/182*; v. morir p. *D*. om... *T*; l. roiament *I*; *G wants*; *ABCDE agree*
183. He D., du. ne no haes ja t. *G*; l. Diex hu. *C*; du. ne no. i h. t. *D*; *B wants*; (ne n... *T*); *AEI agree*
184. Q. payen s. m. d. l. p. te. *T*; Q. li T. *DE*; ja Turs d. l. tiere en soit m. maintenant *G*; s. ja jo. *C*; s. ja m. te. *EI*; *AB agree*
185. e. raient m. (ja *G*) *BEG*; e. traient m. *I*; .I. (un de *E*) denier vaillissant *IE*; s. denier v. *CG*; *D wants 185-187*; (a. v... *T*)
186. N. c. n. mulet b. *E*; mul. ne b. n'o. *G*; mul. mouton n. o. *I*; *CD want*; (b. n... *T*); *AB agree*
187. (Ne cire ne m. *I*); un aneglet blanc *GI*; m. ne nul a. b... *T*; a. braiant *B*; *CDE want*
188. a (as *I*) esperons b. *BCGI*; (e. b... *T*); *ADE agree*
189. A l'ost nostre Signour tost et isnelement *B*; G. a Tangre le Puillant *D*; (...e ce. *T*) ce. vaillant *ET*; *ABCG agree*
190. n. (vous *C*) p. ainment t. *CGIT*; *BD want*; *AE agree*
191. Et dient as b. ne lor soient celant *B*; Et le rice barnage: *EGI*; Et as r. *T*; de France le poissant *E*; D. est c. *GI*; *CD want*
192. C'o. vous f. *C*; Qu'il n. face s. *D*; Qu'il n. viengnent secourre p. *E*; Que n. *T*; f. souscorre p. *G*; D. del ciel l. grant *D*; l. roi amant *CT*; *I wants*; *AB agree*
193. Se t. *CDEGIT*; ne no. secort qu'i. *D*; se. que i. v. *BGI*; se. ne se v. *T*; qu'i. s'en v. *C*; v. tarjant *BCDEGIT*
194. ve. a t. *B*; ve. li prince combatant *DEGI*; *ACT agree*
195. A icel mot en vont l'un a l'au. enclinant *I*; A cest mot v. *BDEGT*; v. li .I. envers l'au. enclinant *DEG*; d. enclinant *BT*; d. acolant *C*
196. de tex de. *C*; c. qui en v. *E*; *D wants*; *ABGIT agree*
197. pi. ploroient:, (de le m. s. do. *C*) *ECG*; ... pi. d'e. pleurerent c. *T*; *D wants*; *ABI agree*

Variants 313

8. *ABCDEGIT*

198. du. de Buillon q. *BD*; (...st l. *T*); *ACEGI agree*
199. G. no besogne (message *T*) non. *BET*; *ACDGI agree*; *I adds 2 lines* Et au duc Buiemont qui le corage a fier/ Et au riche barnage que il aime et tient chier
200. Et di. T. del F. *I*; ...omas de, qu. le corage o. f. *T*; F. je le vous dirai bien *E*; F. uns nobles chevalier *G*; m. fist a proisier *D*; *ABC agree*
201. Aimeri et Latous et d. Taurins F. *C*; Aimeri Aloitrut (...Alostru *T*) et *BEGT*; Ai. Aloitreus et *I*; Antiaumes de Chalons et *D*
202. Ca. il s. *BCEG*; s. bien cr. et loial ch. *D*; m. corable et *B*; m. citable et *C*; (m. v. et *E*) et gentil ch. *GE*; et sont bons ch. *I*; (...l s. *T*)
203. v. Francois s. *C*; v. les T. et poindre et d. *D*; v. le duc et Foucon d. *E*; ... v., s. les T. *T*; F. vers Tumas d. *G*; F. vers les T. reschinier *I*; T. damagier *B*; *GE add 9(8) lines* Dans Tumas de le Fere ne me deves jugier/ D'aler en cest voiaje (A aler el mesage *E*) ne faire mesagier/ Ains remanrai el canp al fier et a l'acier/ Miols voroie estre mors que avoir reprovier/ Jou sui uns vavasors n'ai castiel ne terrier (n'a. gastel n. plaisie *E*)/ Vous iestes gentius hom por Dieu vous voel proier/ Que ales le mesaje a dant Rainmon noncier (Car d'aler el mesage ne me deves jugier *E*)/ Et as contes que Dex puist souscoure et aidier (*E wants*)/ Ens el camp remanrai a l'espee d'acier; *I adds 6 lines* Dans Thoumas a la Feue ja vous ai jou mout chier/ Ja sui jou vavasour ne ais chastel ne fie/ Par la vostre mercit ne me deves jugier/ Que d'aler en message ne faire messagier/ Ains remanrais ou champ au fer et a l'acier/ Mies voroie estre mors que aie reprouvier
204. As espees trenchans f. *DI*; sour cel elmes vaurai f. *E*; Sour ces vers ielmes f. *G*; ... es. d'acier f. *T*; *ABD agree*; *D adds 3 lines* Et no Franc encontre aus au fer et a l'achier/ Qui veist Godefroi ses grans cous enploier/ Ces Sarrasins abatre ocirre et detrenchier
205. Dont fisent un t. poindre ne le v. q. no. *E*; T. posnee commenche ne v. *C*; T. poindre c. *DG*; p. commencerent ne v. en q. no. *I*; c. sor la gent l'aversier *D*; c. ne v. *GT*; *AB agree*
206. et tant ai. (fiere *T*) *DT*; s. aigle b. *B*; s. fort: *EI*; commencent a cacier *E*; ne vous sai acointier *I*; p. tesmoignier *D*; *G wants*; *AC agree*
207. d. .VII. millier *A*; .VII. (.V. *EI*) .C. (.XX. *D*) arcier *BCDEGIT*
208. Et les barons s'es. Diex q. prince t. *T*; *rest agree*
209. D. li doinst lo. *DE*; p. bonne v. *T*; v. c'or li al. *B*; v. tout li al. *C*; *AGI agree*
210. Et Antiaumes s'e., tot .I. autre sentier *D*; tor. qui ne se volt targier *C*; tor. l. grant c. *EGI*; tot son c. *T*; *AB agree*
211. Enfresi a l'o. *BG*; Desi an dusc'a l'o. *E*; Enjusques a l'o. *T*; D. n'i v. regne laskier *C*; n. s'i v. *D*; *AI agree*
212. M. tout droit le font lo. *C*; M. s'erent il fait lo. *I*; M. ou ert f. *T*; *EG want*; *ABD agree*
213. Les n. *EDGI*; l. guerier *DG*; *ABCT agree*
214. T. et B. que il avoit tant c. *E*; T. que il avoit m. *C*; T. que Dex puist conseillier *D*; l'a. tant c. *BG*; *AIT agree*
215. Et no gentis barnages q. *T*; Le r. [*sic*] *C*; r. barna [*sic*] q. *E*; q. tant fist a prisier *B*; D. aime et tient chier *D*; *AGI agree*

Variants

216. *D inverts 216/217*; Envoies lor secors p. *D*; *EGI want*; *ABCT agree*
217. *D inverts 216/217*; Que secorent n. g. qu'il en o. grant m. *D*; Mainent i lour secours c. *E*; Menes leur grant secour c. *I*; P. de t. s. *C*; t. de s. *T*; d. souscorre c. *B*; c. bien (il *I*) en o. *EI*; *G wants*
218. Onques e. *EGI*; *D wants*; *ABCT agree*
219. N'onques m. *DGI*; m. e. t. l. n. porent (p. on *B*) ost. *DB*; m. n. p. (puet *I*) hom e. t. (ce *I*) *GI*; p. estre e. *T*; *CE want*
220. Qui c. [*sic*], g. damages c'u. *C*; g. mervelle: *BEGI*; m. comment p. *T*; quant en p. r. *I*; p. enpirier *BC*; *D wants*
221. *T places 223 before 221*; *DE want*; *ABCGIT agree*
222. Et q. li b. oient p. *C*; Q. no b. *ET*; *ABDGI agree*
223. *T places 223 before 221*; Le duel et la dolour de b. prononcier *I*; Des dus et, l. novele n. *T*; b. le (lor *G*) dolour pornoncier *EG*; p. acointier *D*; *ABC agree*
224. L. peussies oir .I. si grant destorbier *D*; L. veist on p. *EG*; p. Dex tant bon c. *G*; p. tant v. *I*; m. baron c. *T*;*ABC agree*
225. *DEGI want*; *ABCT agree*
226. T. evesque plorer et (et t. gentil p. *B*) *DB*; T. evesques et t. abbes et *T*; v. et t. a. *EI*; *ACG agree*
227. Et tant gente p. et tant j. *C*; T. jente p. t. f. m. *D*; T. freche p. t. gentis m. *I*; T. gentis p. t. f. m. *T*; p. mainte bele m. *E*; p. t. france m. *G*; *B wants*
228. Ki pleurent tenrement c. nes vorent l. *G*; Et sospirent forment que n. *D*; g. douleur demainent ne le p. *T*; c. nes porrent l. *C*; *EI want*; *AB agree*
229. (...es de *T*) de l. ious l. p. (p. ... *T*) *BT*; de l. cuer l. p. *DG*; *EI want*; *AC agree*
230. R. (...etent *T*) lor b. (amis *E*) *GEIT*; b. q. il av. *I*; b. qu'il a. tan... *T*; *D wants*; *ABC agree*
231. L. peust on ve. *G*; ve. ne vo. *CEGIT*; ve. mentir ne vo. en q. *D*; vo. en q. n. *I*; (... p. *T*); *AB agree*
232. end. tant b. (blanc *G*) a. *DG*; *C wants*; (... p. *T*); *ABEI agree*
233. Et maint es. c. et maint el. d'acier *B*; Tant boine es. traite et tant el. *C*; Tantes espees c. *I*; es. ceinte tant *T*; c. et tant el. (el. d'acier *E*) *DEG*
234. De f. *D*; r. a s. e. (esclarcier *I*) *CI*; r. contre s. raihier *DE*; *B wants 234-236*; *G wants 234-237*; *AT agree*
235. S. tant f. escu et tant hauberc doublier *E*; Et s. tantes hantes et tans bons brans d'a. *I*; Et s. tant. tar. *T*; et tant pignon d'a. *C*; *BG want*; *D wants 235-237*
236. r. lance d. f. *T*; g. d. fraisne de p. *C*; g. et de fer et d'acier *I*; *BDEG want*
237. t. rice en. defaire et desploier *E*; t. bonne en. d. paile b. *T*; d. fraisne de quartier *C*; *DGI want*; *AB agree*
238. f. monte c. *B*; a. si montent en d. *I*; c. sor son d. *D*; *ACEGT agree*
239. Trestot rengie s'en tornent n'o. *D*; Remuans et *E*; Remouvans et *G*; n'o. soing detriier *G*; n'o. cure de targier *T*; de l'atargier *DE*; *ABCI agree*
240. S'or ne s'i g. Turc li *D*; n. se g. *CI*; n. s'atargent li *E*; c. (felon *T*) pautonier *DT*; *ABG agree*
241. E. dales un val p. *E*; E. desour le mont p. *G*; d. les murs p. *I*; *ABCDT agree*
242. e. qu'i. *BCG*; e. mex porront bargegnier *D*; e. mout l. *T*; *AEI agree*; *D adds 1 line* El repairier ariere que iluec archoier

Variants 315

243. J. ne seront gari pour traire (trait ne *D*) pour l. *GD*; J. ne savra g. *I*; Ne les p. *T*; ne. garandira ne t. *E*; *ABCIT agree*
244. N. estueue m. *C*; m. trestos s. r. *D*; m. as espees d'acier *EGI*; *ABT agree*

9. *ABCEGIT* : *D wants*

245. Ai. et lo Turs descendent as *C*; *rest agree*
246. Tout en m. *E*; m. la tente: *I*; te. as tr. *BC*; te. devant les da. *G*; entre les da. *EI*; (l. tent... tr. *T*)
247. Da. Raimons de, G. en conte la nouvele *E*; c. la n. (novielle *C*) *GC*; (c. ... n. *T*); *ABI agree*
248. q. les autres caele *EG*; *ABCIT agree*
249. v. atargieskieles *G*; *rest agree*
250. s. les b. *BCEGIT*
251. *EG invert 251/252*; r. tel perte *CG*; *ABEIT agree*
252. *EG invert 251/252*; De maint de n. *BCT*; De n. millors b. *EG*; Des mieus de n. *I*; et de des. *BG*; et des autres a *E*; et (a *G*) de (des *G*) chevaus a *TG*; et de si destre a *I*; a selle *C*; a tiere *G*
253. Mains cevaliers i gist estendus sa boiele *E*; .X.M. destrier i *B*; g. espandues beles [*sic*] *T*; e. lor boiele *C*; e. lor cerveles *I*; *AG agree*
254. o. tel disete *CEG*; *ABIT agree*
255. Quar i. *T*; b. l. (lor *I*) s. et l'es. d. *GI*; *ABCE agree*
256. .XIII.M. Fans [*sic*] en p. *B*; .X.M. Francois en p. *G*; Dis mil F. i plorerent les main. *T*; F. i plorerent l. main a la maiselle *C*; *EI want*
257. Puis s'ad. en. vestent au. et el. *T*; L. (Dont *EG*) s'ad. Francois: *IEG*; en. et de au. et d'el. *C*; d'au. et de vers el *G*; *AB agree*
258. Quant c. *BCI*; Dont c. *E*; c. lor es. *CIT*; si (et *ET*) ont m. *BET*; si montent en lor sie. *I*; m. leur sie. *CT*; *AG agree*
259. .LX.M. s. q. *T*; s. .L. m. q. (qui *E*) i. *GE*; *ABCI agree*
260. *No variant*
261. Em. lor b. d'ev. et bous et es. *B*; Qui enplent b. *E*; Em. barilles d'ev. *T*; d'ev. et p. et es. *G*; d'ev. a (as *I*) p. et a (as *I*) escuelles *CI*
262. i. (issoient *C*) de l'ost le. *GCT*; r. en sont b. *G*; le. compaignes sont b. *E*; *ABI agree*

10. *ABCDEGIT*

263. l. sont issu (parti *T*) n. *ET*; s. tornerent n. *D*; n. Crestien v. *EG*; *ABCI agree*
264. *No variant*
265. Les d. portant l'ev. que Turc vont desirrant *D*; q. l'ev. (l'aigle *E*; ev. *T*) v. p. *GET*; *ABCI agree*
266. A lo. co. le portoient les le s. *E*; Con. le sablon as ceur [*sic*] t. *I*; a. champs t. *T*; s. poignant *C*; s. trenchant *D*; s. cerchant *I*; s. corant *T*; *BG want*
267. d. teles q. *E*; d. ceus q. *I*; q. n'ot s. *G*; n'o. sorlers cau. *BC*; *ADT agree*
268. en vont l. s. courant *I*; t. lor v. *DT*; s. courant *CG*; *ABE agree*
269. q. la car v. *BGI*; q. li c. va t. *C*; lo. va detrenchant *E*; *DT want*
270. e. (*G lacks* en) loerent: *CDGI*; lo. Jhesu le r. (roi amant *E*) *BE*; Jhesu de

Beliant *G*; p. roi amant *IT*
271. t. que il s. en v. il D. l. *T*; qu'e. ont D. v. l. *B*; v. Jhesu Crist l. *T*; *CDEG want*
272. T. chevalcoient dev. *DEG*; T. chevaucierent dev. *T*; c. par dev. *B*; c. tout dev. *I*; *AC agree*
273. a l. maissele mo. *I*; mais. t. vont p. *D*; mo. durement p. *B*; *C wants*, (mo. ...ent p. *T*); *AEG agree*
274. Et vont nostre signour de boin cuer reclamant *C*; Et Da. le pere m. *D*; m. boinement p. *B*; *AEGIT agree*
275. Que g. *CT*; p. le sien saint c. *BDEGI*
276. l. bon c. Ustasse et B. *E*; *rest agree*
277. R. de Normendie et R. l. Flamant *I*; F. et Richart l. N. *D*; *ABCEGT agree*
278. *D wants 278-280*; *rest agree*
279. Godefroi d. Buillon et Hungier (Guicier *G*) l'A. *BEG*; Joffroi d. B. et Gautier l'A. *C*; Et Hamfroi d. Brasson et Hongier l'A. *T*; Et Eu. et B. *A*; *DI want*; *EG add 1 line* Paien de Cameli le hardi combatant
280. q. jou amoie t. *BEGI*; *D wants*; *ACT agree*
281. d. Bauduins p. *G*; B. porraie v. *T*; *ABCDEI agree*
282. s. avec le d. *T*; d. as espees t. *I*; a m'es. *B*; *ACDEG agree*; *DEGI add 1 line* Dex done (dounes *G*) moi .I. (le *GI*) don se toi vient a talant (par le tien (vo *G*) saint commant *EGI*)
283. Ques t., sau. et encores vivant *I*; (Que t. *T*), sau. et delivre et p. (vivant *D*) *BDT*; sau. et de v. *CG*; sau. delivre et combatant *E*
284. d. m'espee trencant *E*; *rest agree*
285. Vers c. *G*; p. que D. *I*; p. qui D. s. mescroyant *T*; *CDE want*; *AB agree*
286. Qui jo ferroie a colp de mort n'avroit garant *D*; m. ne seroit j. *BCEI*; m. ne sera j. *T*; n'en fuisse doutant *C*; n'en soyent d. *T* (*cf. E 290a*); *G wants 286-290*
287. C. qui escaperoient (escaperont *EIT*) en (a *T*) t. *BCEIT*; *D wants 287-293*; *G wants*
288. T. qu'a. vous dementant *CIT*; c'a. dementant *BE*; *DG want*
289. f. ne vous ales tarjant *B*; a esporons b. *CI*; *DG want*; *ATE agree*
290. sa. a esporons brocant *B*; sa. n'en ales atargant *E*; ne vous ales t. *CIT*; *DG want*; *E adds 1 line* Ja mais ne sera jors que n'en soient dolant (*cf. T 286*)
291. Que pa. *GI*; d. le g. *I*; *D wants*; *ABCET agree*
292. i vorra f. *T*; f. de mon acerin brant *BEGIT*; *D wants*; *AC agree*
293. Cui ataindrai a *C*; Q. je (en *G*) ferrai a *EGI*; c. n'ar. (n'arai *C*) d. m. g. *ECT*; *D wants*; *AB agree*
294. Dont c. li nostre mout ordeneemant *E*; Lors c. *B*; en. mout aireement (airousement *I*) *BCGIT*
295. f. as g. *B*; f. lor gonfanon p. *D*; f. au gonfanon p. *E*; *G wants*; *ACIT agree*
296. c. faisant *C*; *D wants*; *ABEGIT agree*
297. L. tains et, s. en resplant *E*; L'estains et *G*; et l. azurs al s. blancoiant *B*; ar. en va resplendissant *C*; s. flamboyans *T*; *D wants*; *AI agree*
298. Et l. c. aloient molt g. *D*; g. friente m. *BCD*; g. son demenant *I*; g. frainte m. *T*; *E wants 298-300*; *G wants*

Variants 317

299. tr. remanoient seant *D*; tr. vont grant clarte gietant *G*; tr. remestront en *T*; *E wants*; *ABCI agree*
300. Ce g. *I*; m. qui i sont molt dolant *D*; *E wants*; *ABCGT agree*
301. d. portent aige co. *C*; l'e. desor lo. cos pe. *B*; l'e. que Franc vont desirrant *D*; cu. (pis *EI*) devant *CEGI*; cu. pesant *T*
302. Ci lairons d. *CEI*; Ci laira d. *T*; q. lor (chi *G*) vient ce. *BG*; *AD agree*
303. Et di. v. de. *GI*; *ABCDET agree*
304. *T has 2 lines* Qui f. n. d. B. .I. fort chastel puissant/ Qui ore est a l'evesque du Liege apendant; Godefroi d. B. que *D*; *C wants*; *E wants 304-306*; *ABGI agree*
305. *BDEGI want*; *ACT agree*
306. ven. tendant *C*; *BDEGI want*; *AT agree*
307. Venus est as chaitis a esporons (esperon *E*) brocant *BDEGI*; p. son c., v. au dev. *T*; lo. vint devant *A*; *C agrees with text*
308. Et q. i. l. aproche si lor v. escriant *D*; l. aprocha s. *T*; *BEGI want*; *AC agree*
309. Ba q. *B*; Et q. *CT*; De quel gent e. v.: *EG*; e. en D. c. *BCEGI*; crees en D. le grant *D*
310. M. Jhesu l. tot p. *E*; l. pere tot p. *D*; *ABCGIT agree*
311. M. u T. *C*; M. ne T. *E*; *ABDGIT agree*
312. Et (U *B*) M. et (u *B*) Jupin Jup. *IBT*; M. et Fauseron Jup. *G*; l. puant *BGT*; l. poissant *I*; *CDE want*
313. U ces m. *B*; Icele mavaise idle *I*; Et les m. ides q. *T*; m. idres q. *D*; *EG want*; *AC agree*
314. Et R. l. respont q. *BEGI*; Et R. r. *D*; e. par dev. *BDET*; *AC agree*
315. M. r. a. s. *BD*; A. s. un ceval: *EG*; et isnel et courant *E*; m. r. courant *G*; .I. cheval b. *T*; d. (ceval *B*) corant *CBDI*
316. B. qui aloit es. *T*; l'a. costiant *BDGI*; l'a. acostant *C*; l'a. castiant *E*
317. Et no au. *B*; c. qui l'aloyent s. *T*; *E wants*; *ACDGI agree*
318. Mais v. *E*; v. signor q. *B*; v. amis q. *T*; i. qui D. a. nomant *D*; *ACGI agree*
319. p. .II. a., n'e. oi mais t. *B*; p. .I. an de Deu n'oi pas t. *I*; a. ne ne o. *C*; a. n'e. o. mais t. *DT*; a. de Dieu n'o. *EG*
320. Ne oi e. *I*; N'oismes e. *T*; e. sainte m. *B*; e. n'autre m. *C*; *DE want 320-322*; *AG agree*
321. *BDEGI want*; *ACT agree*
322. *BDEGI want*; *ACT agree*
323. Ne n. celes b. *BDGI*; s. que a. v. quer. *I*; *ACET agree*
324. Comment vos vont vo gent et vo baron nomant *D*; moi vilonie mol. *C*; *BEGI want*; *AT agree*
325. d. vous l'o. *C*; *BDEGI want*; *AT agree*
326. Ja sui jou G. d. B. le vaillant *BDI*; G. ai a n. d. B. v. *E*; B. me va on apelant *D*; a. jou n. *C*; *AT agree*
327. Venus sui d'o. *D*; Et sui venus cha o.: *E*; Et venons outre m. *GIT*; l. (au *E*) S. aorant *DEI*; *ABC agree*
328. n. combatrons a *C*; *rest agree*
329. A ce. ge. paiene q. chi vient gl. *G*; *D wants*; *E wants 329-331*; *ABCIT agree*
330. n. croit e. Jhesu l. *G*; p. tout pouissant *I*; p. omnipotent *T*; *BE want*;

318 Variants

ACD agree; *G adds 1 line* Qui de la sainte virgene nasqui en Beliant; *T adds 1 line* Qui trestous les confonde par son digne commant
331. *BDEGI want*; *ACT agree*
332. Et Ri. respondi n. s. v. pas t. *D*; Et Ri. lour re. q. n'i v. demorant *E*; re. n'i v. plus demorant *B*; re. n. s. v. (re. ne v. mie *T*) atargant *CGIT*
333. Et n. somes c. *BDEGI*; N. sommes li *T*; c. al f. *BEG*; *AC agree*
334. *C inverts 334/335*; E. de sa (la *D*) cartre: *BDEGI*; qu'il avoit molt puant *D*; l. Dieu saint c. *I*; *ACT agree*
335. *C inverts 334/335*; Nus hom (clers *D*) nel (ne *D*) poroit dire: *BD*; Que (Car *E*) jou ne vous sai (sai *lacking in E*; puis *I*) dire: *GEI*; ne joglere qui cant *BDGI*; sacies tout vraiement *E*; d. grans *C*; (p. et douleur... *T*)
336. Les dolors et les paines c'avons eu vivant *D*; La dolor c'avons traite: *BEI*; Le duel c'avons eut: *G*; entre gent mescreant (soudiant *E*) *BEGI*; h. ne v. *C*; ne. porroit d., j. ... *T*

11. *ABCDEGIT*

337. le. par vrete (veritet *I*) le vous di *BEGI*; le. en verite vos di *D*; d. l'e. *C*; *AT agree*; *BEGI add 1 line* Que Francois demenerent (orent la *E*; demenoient *G*) quant li dus entendi (l'entendi *EGI*) *BEGI*; *D adds 2 lines* Que li caitif demaint quant le duc ont oi/ Ausi a fait li dus qui le cuer ot hardi
338. Qu'i. creoient e. *CG*; Que cil c., D. et el saint Esperi *D*; c. Jhesu qui *T*; *ABEI agree*
339. q. n. a t. gari *G*; n. a enpli *B*; n. reambi *T*; *CDE want*; *AI agree*
340. c. par foi l. vous plevi *C*; c. (cuer *lacking in E*) par (de *E*) vertet l. vous di *IE*; *D wants*; *ABGT agree*
341. *BCDEGI want*; *AT agree*
342. c. hardi *BE*; *ACDGIT agree*
343. n. (n. nous [*sic*] *D*) destraignent P. *EBDGI*; n. agregent P. *T*; *AC agree*
344. *No variant*
345. Qu. ne voe. pas cr. que Jesus surexi *E*; cr. que d. *BCDGI*; cr. qui d. *T*
346. Que i. *EGI*; m. n. qu'i. fu s. *B*; m. n. onques s. *DI*; m. n. qu'i. de vierge issi *E*; *C wants*; *AT agree*
347. Par ic. *BCDEGT*; c. seront i. tuit p. *T*; *AI agree*
348. mor. dont s. *E*; mor. et forment a. *G*; mol. en sons esmari *C*; (... c., mol. ... *T*); *ABDI agree*; *E adds 1 line* Signour nous avons mout de no gent malbailli
349. S. or no. a. de par D. vos en pri *D*; Or no., q. onques ne m. *E*; S. c'or no. *GI*; *ABCT agree*
350. m. que p. n. *BCT*; m. que i. p. n. soffri *DEGI*; *B adds 1 line* Quant Longins li aveules el coste le feri
351. Ens (Sus *B*) en l. sainte cr. *DBGIT*; cr. quant il i fu cl. *B*; cr. u fu estrois clafis *C*; cr. la o. le cleufichi *D*; cr. quant o. li en cl. *G*; cr. quant Longi le feri *I*; cr. quant o. bien le cl. *T*; *E wants*
352. Ens el *DG*; d. Calavire q. il sa. *C*; M. d'Escavaire q. *I*; C. so. sa. i es. *G*; *E wants*; *ABT agree*
353. D. s'escrient (crieerent [*sic*] *C*) ensamble no (l. *C*) ca. *DC*; Adonques s'e. t. ensanle a *EG*; t. no ca. *BT*; *AI agree*

Variants 319

354. a. o. (qu'o. *I*) so. nous g. *EI*; a. car o. *G*; *ABCDT agree*
355. c. sonmes ore d. *B*; j. raenpli *BCG*; *DEI want 355-357*; *AT agree*
356. se. com so. esbahi *T*; *BDEGI want*; *AC agree*
357. j. D. n'ai. a am. *T*; *BDEGI want*; *AC agree*; *B adds 2 lines* A iceste parole ont lor espius brandi/ Les cevaus esporonnent si ont leve le cri
358. En l'es. s. ferirent (refierent *I*): *CDEGI*; con chevalier hardi *BDEGI*; *AT agree*
359. a esporons c. *BGI*; e. a c. son bran pris *C*; c. .I. Turc feri *D*; c. l'espil s. *E*; *AT agree*
360. Et les lances trencans les fors espius forbi *GI*; t. l. fort es. *T*; es. forbi *C*; *D wants 360-364*; *E wants 360-362*; *AB agree*
361. C. s'acointe b. au branc d'acier forbi *T*; *BDEI want*; *G wants 361-363*; *AC agree*
362. l'a. en so. *T*; *BDEGI want*; *AC agree*
363. e. esbaudi (esbaudir *C*) *BCEI*; *BG want*; *AT agree*
364. *G has 2 lines* Ricars point le cheval et son espiel brandi/ Et fiert .I. Sarrasin desor l'esqu flori; Chascun Francois ferir P. ou A. *I*; C. feri P. *ET*; f. .I. P. *B*; f. .I. paien P. u A. *C*; P. T. u Amoravi *E*; *D wants*
365. Qu'i. l. percha l'es. l'a. l. porfendi *D*; Que l. perca l'es. *B*; Que le boucle l. fent et *G*; Que l. p. *I*; Que l'es. l. perca et *T*; l'es. le hauberc li r. *C*; l'a. autresi *E*
366. c. li a trencie par mi *G*; t. par mi li fendi *T*; o. departi *C*; li rompi *D*; *EI want*; *AB agree*
367. C. de ces .L. *E*; Et c. *G*; d. Francois .I. Turc mort a. *D*; d. chaitis l. s. jus a. *T*; s. mort a. *BEGI*; *AC agree*
368. autre .VII.XX. d. chaitis autre. *D*; *T wants*; *ABCEGI agree*
369. L. peuiscies v. *BDI*; o. oir m. *G*; v. grant m. et f. *B*; v. tant fort espie brandi *D*; v. et grant noise et grant c. *E*; s. grant c. *C*; *AT agree*
370. Ferir sus ces escus ses haubers dessartir *T*; e. troe ta. a. *BD*; e. tirer ta. a. *I*; a. desaitis [*sic*] *C*; *E wants*; *AG agree*
371. te. copee tant *BGI*; te. tr. tant b. c. p. *T*; tant Turc tr. (trencier *EG*) *IEG*; *C wants*; *AD agree*
372. p. et tant. orelle q. *A*; l'e. chai *T*; *DEGI want*; *BC agree with text*
373. Et dans J. d'A. a son es. b. *D*; p. qui a *B*; a l'escut branli *I*; *ACEGT agree*; *BDEGI add 1 line* .I. jentieus chevaliers qui fu nes de Berri (Uns vaillaus c. n. estoit d. B. *E*)
374. R. mout l'ama et cieri *G*; R. le chaitif autresi *I*; et des ca. *E*; et nos ca. *T*; *ABCD agree*
375. F. si .I., l. parti *D*; Et fier .I. a. son es. *T*; .I. Sarrasin ne l'a pas mesceusi *B*; *ACEGI agree*
376. Nes es., B. f. l'a. persis *B*; Cil es., B. a l'am. *T*; d. Barbas .I. am. persi *D*; B. a l'am. a l'amiral d'A. *C*; B. a l'am. persil *G*; *EI want*
377. Son es. *T*; p. le c. li r. *CG*; et son. c. *B*; *DEI want*
378. a cope pa. *BE*; *D wants*; *ACGIT agree*
379. Chil chiet mors a la te. *D*; L. Tu. ...iet mors a te. *T*; te. de son ceval f. *E*; e. voti *B*; *ACGI agree*
380. al. diables le ravi *E*; l'o. ravi *CDT*; *ABGI agree*
381. Et (Il *D*) saisi l. *BDGI*; J. (... *T*) prist l. d. (cheval *T*) *CT*; Il a pris l. *E*; d. coureour a. *I*; c. amanevi *D*

382. (...e s. *T*); c. erranment (maintenant *GT*) l. tendi *BDGT*; c. tot maintenant l'ofri *E*; *I wants*; *AC agree*
383. ca. que tous les r. *E*; ca. mout t. *T*; q. tos l. *B*; *ACDGI agree*
384. Li uns i m. tost q. e. ne coisi *E*; I. i monte q. *B*; m. qu'a e. *C*; m. qu'e. n'i atendi *D*; m. ainc e. *T*; e. ne s. *G*; *AI agree*
385. Puis se f. (mist *T*) *BDT*; Il se *CI*; p. et trait le b. fo. *B*; *EG want*
386. .I. Sarrasin q. *I*; am. que l'escu li croissi *E*; q. en D. *D*; (... f. *T*); *ABCG agree*
387. ...t p. *T*; m. l'uel de l'el. *CI*; m. le chervele le fer dedens senti *D*; m. son escu ens el cors le feri *E*; l'el. qu'a moitiet le *C*; l'el. dusk'es de. *GIT*; *AB agree*
388. Chil cie. m. a la t. de Deu le malei *D*; Et il cie., t. et pour ce autressi *I*; cil cai a t. *CEG*; t. car mors est et fenis *C*; t. que point ne resorti *E*; t. onques n'en resorti *G*; p. farsi *BT*
389. D. emportent l'ar. en infer l'o. r. *C*; al. (partie *I*) la ot mervillous cri *BEGI*; (... en, d. ... *T*); *AD agree*; *D adds 1 line* Esramment l'enporterent en infer le hai

12. *ABCDEGIT*

390. n. se v. p. targant *BGI*; n. vont p. *C*; n. se v. a. *E*; (v. ... *T*); *AD agree*
391. Des e. brocha son des. a. *T*; Broca des *E*; e. son ceval a. *B*; *ACDGI agree*
392. a brandi le hanste a. (del *B*) g. p. (devant *B*) *DBE*; a brandi l'a.*T*; *ACGI agree*
393. Et vait ferir u. *D*; Et a feru u. T. en son *E*; son escu d. (luisant *T*) *BEGT*; el. luisant *C*; *AI agree*
394. T. le porfendi le c. par devant *D*; Q. tout li pourfendi son c. *T*; p. sen c. *B*; p. son auberc jaserant *G*; *E wants*; *ACI agree*
395. s. fort elpil [*sic*] t. *E*; s. roit e. *T*; *ABCDGI agree*
396. Tote plaine sa lance l'abat mort el pendant *D*; Li Tu. cai a te. du bon ceval courant *E*; Li Tu. git m. *I*; t. del destrier auferant *G*; sa. poignant *BI*; sa. corant *C*; sa. s'estent *T*
397. *BDEGI want*; *ACT agree*
398. A haute vois escrie b. *CDEGI*; A haute v. *T*; b. venes a. *B*
399. Baron o. v. (vos *lacking in B*) *GBI*; S. car vo. *D*; d. cele paine grant *B*; d. ce paienie g. *I*; l. paine g. *DG*; g. mescroyant *T*; *E has 2 lines in place of 399-401* Is nou voelent conquere li Sarrasin puant/ Mais n'en aront pooir se Diu plaist le manant
400. Que v., s. cele gent mescreant *B*; Q. nous o. *C*; Q. nos o., s. (soufri *I*) et paines (paine *I*) et ahant *GI*; s. tante dolor pesant *D*; *E wants*; *AT agree*
401. *A only; rest want*

13. *ABCDEGIT*

402. Li quens H. d. Borges fist forment a prisier *E*; B. est montes e. *T*; *ABCDGI agree*
403. Et (Il *E*) broce le ceval (l'auferant *I*) d. *BDEGI*; le point d. *CT*; e. d'achier *C*

Variants

404. Mout estoit bien ar. *E*; ar. del (d'un *BT*; de *E*) b. (boin *BT*; fort *E*) clavain do. (d'acier *E*) *CBET*; de bon au. *DG*; *AI agree*
405. D'un v. *B*; D. bon el. g. d'un es. *T*; el. luisant et *G*; *I wants*; *ACDE agree*
406. u. lioncel b. *I*; l. plus b. que n'est f. *ET*; b. plus que f. *BCGI*; f. de morier *D*; f. de pumier *E*
407. Il a, h. qui fist a resoignier *E*; a brandie l'ante au f. (f. forbi d'acier *G*) *TG*; h. a .I. pointurier *C*; *ABDI agree*
408. Une (Un *D*) en. *BCD*; l'en. iert assise d. *G*; en. i avoit (pendoit *D*): *BD*; es. clauee: *I*; l. d'un p. de quartier *C*; d'un v. p. c. *BIT*; *E wants*
409. Et vait ferir .I. *BD*; Tu. que il vit aprochier *D*; so. sa ta. *BC*; so. (en *E*) l'esqu a *GE*; *AIT agree*
410. Q. trestout le p. *C*; Q. tout l. (le *I*) porfendi l'a. *GIT*; *DE want*; *AB agree*
411. m. del destrier *BDGI*; *ACET agree*
412. co. cai a *DEG*; *C wants*; *ABIT agree*
413. L'a. s'en est alee as diables aversiers *C*; L'a. enporterent d. *G*; *D wants*; *ABEIT agree*
414. Et dans H. d. Borges c. *E*; B. commence a *I*; *ABCDGT agree*
415. Fr. c. fe. que Diex vous puist aidier *C*; Sa. Se. avant: *D*; Saint Sepucre escria: *G*; Dex venes nous aidier *BDEGI*; *AT agree*
416. d. l'espee q. *CG*; i. le fist (fait *I*) fr. (brisier *I*) *DI*; l'est. croisier *B*; (T. ... d. *T*); *AE agree*
417. Qua. l'espiex li brisa trait l'espee d'achier *D*; l. voit b. (brisie *E*) *GE*; v. brisie n'i *BCI*; (Qua. ...it b. *T*)
418. Puis a traite l'espee qu'il ne fist pas forgier *D*; t. son b. *B*; t. son riche b. d'a. *T*; *ACEGI agree*
419. Et vait ferir .I. T. desor le *D*; .I. autre p. *T*; T. desor l'ielme a or mier *G*; l. (son *E*) capelier *BDEIT*; l. capliier *C*
420. Que tout le pourfendi desi u hanepier *E*; Que li *BCI*; co. (teste *CT*) a to. le ca. hanepier *BCIT*; *GBCIT*; et le hiaume d'achier *D*
421. Chil cai m., te. envers el s. *D*; Li Tu. cai a *E*; Li Tu. gist m. *I*; c. a la te. *G*; te. en mi le *BIT*; *AC agree*; *B adds 1 line* Quant li quens l'a veu si commence a hucier
422. O. di. i. c. D. *CDE*; c. mastins D. *B*; *AGIT agree*
423. K. li v. ces Turs coper et detrencier *B*; K. li v. paiens et ces (les *G*; le *I*) Turs detrenchier *DGI*; K. donques li v. les paiens detrenchier *E*; v. au b. *T*; S. detrenchier *C*
424. As espees tranchans f. *I*; *E wants*; *ABCDGT agree*; *B adds 2 lines and repeats 424* Ces bras et ces costes et ces pis detrencier/ L'un mort deseure l'autre verser et trebucier/ A l'espee trencant ferir et caploier
425. *B inverts 425/426*; Bien li peurst [sic] menbrer de vallant c. *B*; *CDEGI want*; *AT agree*
426. *B inverts 425/426*; i. consiut a *BDEGI*; c. mort l'estuet trebucier *EG*; s. detriier *I*; *ACT agree*

14. *ABCDEGIT (F from l. 436)*

427. *No variant*
428. (Des que i. *I*), a. el bon des. (ceval *B*) *DBGI*; (Mout estoit bien a. *E*), l.

(.I. *T*) cheval de *CET*
429. o. a s. *D*; un boin a. (clavain *BDI*) t. (eslis *D*) *EBDI*; *C wants*; *AGT agree*
430. m. en ert p., q. n'es. la f. *E*; q. ne soit f. *BG*; *CD want*; (... ma... es., b. q... d. ... *T*); *AI agree*
431. Et l. .I. *D*; f. cler et b. *I*; or vernis *G*; *ABCET agree*
432. c. estoit d'o. *B*; c. a f. ot et a p. m. *T*; p. est m. *C*; p. tos m. *BDI*; *EG want*
433. A sonc o. *C*; E. sous o. *I*; o. estopasse d. *G*; t. qui ert de *B*; *ADET agree*
434. M. l'amoit *C*. *EG*; *ABCDIT agree*
435. B. li d. *C*; m. ert s. *B*; *ADEGIT agree*
436. Quant o. *FT*; s. sus el (le *T*) *ET*; *ABCDGI agree*
437. Q. tout av. gaste l. terre et l. p. *B*; Q. av. (Devant ot *D*) l. contree gaste et l. p. *FD*; av. ag. l. r. et l. p. *T*; r. gastis *CI*; *EG want*
438. Et a c. *BGI*; Il o. *CD*; c. une es. *T*; b.(puns *B*) fu burnis *EB*; b. est fo. *CI*; *AF agree*
439. d. l. rois poesteis *E*; d. uns Sarrasins f. *F*; d. l. fors rois poestis *G*; *ABCDIT agree*
440. f. ens e. M. S. *C*; *E wants 440-442*; *ABDFGIT agree*
441. Corbarans li do. li bons vassaus eslis *D*; Bauduins de Biauvais fu mout maltalentis *F*; do. .I. chevalier de *B*; do. la dona li bons vassaus de *T*; *EG want; ACI agree*
442. Il a *F*; a brandie l'anste: *BGI*; l'es. del bon branc c. *C*; dont li fers fu burnis (fourbis *I*) *BGIT*; *E wants*; *D has 4 lines for 442-443* A son col ot la targe ou n'estoit pas escris/ Li grans nons de Jhesu mais .I. lions petis/ Ensement tint l'espie dont li fus fu fraisnis/ Une ensaigne i avoit d'un molt riche samis
443. Son g. *T*; g. destors q. *A*; g. desploie q. *B*; g. destent q. *C*; *D wants*; *EFGI agree with text*
444. L. seignes d'o. *C*; d'o. li batent *BCIT*; aval jusques a. pi. *C*; as poins et a son pi. *D*; devant en mi le pi. *F*; et as puins et as pi. *G*; *E wants*
445. En le presse des Turs s'est li bers a. *F*; Et (Puis *B*) broche le cheval (destrier *EI*): *DBEGI*; s. met c. *T*; des esperons massis *D*; qui mout ert a. *E*; c. maltalentis *C*
446. o. a non Patris *D*; n. Clopatris *C*; n. l'Aupatris *E*; n. Caucatris *F*; n. Aupatris *GI*; (n. ... *T*); *AB agree*
447. e. d. Damas d. g. *C*; B. un (d'un *G*) estrange pais *EG*; *ABDFIT agree*
448. S. p. Justamons: *BDG*; p. Baudamas l'ot ilueques t. *E*; p. Justamans ilueques l'ot t. *I*; i. l'a. t. (nouris *G*) *DG*; i. saisis *C*; *AFT agree*
449. Au r. *E*; J. po. a. s. *B*; J. po. garder s. (le *D*) *GDEI*; a. et s. *F*; *ACT agree*
450. Vers Francois a d. qui sont lor anemis *F*; Por a. *D*; Li a. *T*; d. contre ses anemis *IT*; *ABCEG agree*
451. Et B. l. f. en son *E*; l. feri sor *C*; *G wants*; *ABDFIT agree*
452. Par de d. le b. li *C*; b. d'o. *BDEFGI*; li a fret et p. (malmis *CIT*) *CGIT*; et croissis *D*
453. L. c. (haubers *BG*) de son dos: *DBEFGI*; c. a f. o. des...t et *T*; rompus et desa. *E*; et rous et desa. *G*; *C wants*
454. Par mi le c. li passe le penon vert et bis *D*; L'es. li trencha et le c. *F*; t. le

Variants 323

cors et l'es. et le p. *B*; t. sen elme et le c. tot par mi *C*; t. le fie et le c. *E*; (l'es. ... c. *T*); *AGI agree*
455. Et li Tu. chai m. a te. ens el laris *C*; Chil c. m. a la te. *D*; Li Tu. cai a te. *G*; te. le. (... *T*) a. a g. *EGT*; *ABFI agree*
456. L'a. enp. de. en *D*; i. l'ont ravi *C*; *E wants*; *ABFGIT agree*
457. A haute vois es. J. p. D. C. *D*; B. s'escria p. *F*; Et Bauduins escrie: *CE*; s'es. biaus p. J. *B*; s'es. J. D. p. C. *G*; s'es. e p. J. *I*; J. de paradis *E*; *AT agree*
458. a. s'il est vo. *E*; a. si s. *FI*; a. contre vos anemis *G*; *ABCDT agree*
459. l'esp. que il fu tos c. *D*; l'esp. qui fu frais et *E*; b. ert et *F*; *ABCGIT agree*
460. Q. le hanste vit fraite m. *E*; la. (anste *G*) fu frainte m. *CIG*; en est eng. *CT*; *D wants*; *ABF agree*
461. Puis a *BD*; Il a *EFT*; l'es. a f. *BI*; l'es. qui fu lee et burnis *C*; l'es. au brant qui'st c. *D*; l'es. al (a *I*) f. (boin *E*) branc couleis *GEI*; l'es. o le fer couleis *F*; l'es. dont li brans fu forbis *T*;
462. Et fiert .I. amiral so. *D*; so. son escu fl. *T*; l'el. q'ert fl. *F*; qui'st burnis *E*; qui'st fourbis *I*; *B wants 462-465*; *ACG agree*
463. Enf. que es *DFGIT*; Desi que ens *E*; d. li a tot son brant mis *D*; d. fu f. *EG*; et partis *CEFG*; et malmis *IT*; *B wants*
464. Li T. est chaus m. p. *C*; Il c., a la t. *D*; Li T. cai a *E*; t. tres en mi ... la. *T*; *B wants*; *AFIG agree*
465. P. e. refent .I. a. enfresi el chervis *D*; P. e. feri un *EG*; a. et .IIII. e. a *C*; a. si que il l'a o. *F*; *B wants*; *AIT agree*
466. .V. Turs ocist d'un poindre ains qu'il fust r. *F*; Trestout a *BCEG*; (a icel poindre c'a. *G*) qu'a. ne f. *IG*; c. (une *T*) pointe ainc n'e. (n'i ... r. *T*) *CT*; p. que n'i f. *B*; p. nus n'e. *E*; *D wants*
467. Ainsi comme li, p. en es *I*; le. faisoit p. es *D*; f. entre les b. *G*; p. entre b. *BF*; *E wants*; *ACT agree*; *B adds 1 line* Quant ist de la gaudine et li fains l'a soupris
468. Ensi fait Bauduins e. *F*; Feroit li *G*; Si fait li *T*; j. bers es quivers maleis *D*; *E wants*; *ABCI agree*
469. P. crient et *T*; *rest agree*; *F adds 1 line* Pour les cols Bauduin est cascuns esmaris

15. *ABCDFGIT* : *E wants*

470. Es dant Johan d'A. qui n. s'atarge (s. tarje *GI*) m. *DGI*; L. preus J., s. retarga m. *B*; Fouqes ciex de Melans n. *F*; n. v. atargier m. *C*; (J. d'A... *T*)
471. i. ert a. *B*; (e. destr... *T*); *ACDFGI agree*
472. c. dont li malle blancie (est polie *D*; est blancie *G*) *BDGI*; *ACFT agree*
473. C. le do. le roi de le berie *D*; do. li fors r. *B*; *ACFGIT agree*
474. q. ne soit nois negie *B*; n'es. iere (l'ile *I*) flourie *CI*; n'es. la neif negie *T*; f. espanie *F*; *D wants 474-476*; *G wants*
475. Si fu fort et *T*; t. d'armes n. *F*; t. que il n'en d. *I*; *D wants*; *ABCG agree*
476. Ja d'espiel ne de glave ne sera d. *F*; s. departie *T*; *CDI want*; *ABG agree*
477. o. en son chief .I. el. de Pavie *D*; .I. fort el. ou li ors reflambie *T*; *ABCFGI agree*

478. Et chercle de fin o. qui luist et reflambie *D*; L. timbres e. *C*; c. fu mout bons (fors *B*) u li ors reflambie *GBI*; i fourmie *F*; *AT agree*
479. Et a c. *BD*; c. l'es. trenchant et *D*; c. une es. *T*; l'es. ou li ors reflambie *CF*; *GI want*
480. Il bro. *FT*; le ceval s'a *BDT*; s'a sa la. *F*; la hanste bra. *BDI*; *ACG agree*
481. U l'e. p. *BDGI*; e. pendant d'un *C*; p. de soie d'Aumarie *D*; d'un pale de Rousie (Surie *GI*) *BGI*; c. de Rossie *T*; *AF agree*
482. Li langhe d. *G*; o. dusc'a. (tr. qu'a. *B*; dusqu'a *CI*) puins li *BCDGIT*; o. dusc'a poins l'en ombrie *F*; li baulient *B*; li balie *DGI*
483. Et fiert .I. amiral sor la targe florie *D*; (Il v. *T*), qu'i. (que *BGIT*) n. l'espargne m. *FBGIT*; v. firer u. *C*; *F adds 2 lines* Et cix fu amirax et tient grant signorie/ Mout ot le jour laidi la Jhesu compaignie
484. d. en l. *T*; *D wants*; *ABCFGI agree*
485. Q. tout li profendi la boucle a d. *G*; Si. q. tout le p. *T*; t. (trestout *C*) le p. *BCF*; li pourfent broingne a *I*; *AD agree*
486. Au blanc ac. li t. le poumon et le fi. *I*; Al bon ac. *G*; fe. et a l'ac. li a parti la vie *C*; li fent et le c. *F*; li coupe et le c. *T*; *ABD agree*
487. M. l'abat du ceval en *F*; m. l'abati en *CGT*; le trebuce en *BDI*; en mi le praerie *CG*
488. O. d. (fait *C*) i. c.: *DCF*; i. Jhesu Crist t. *T*; li cors Deu t. m. *BCD*; *AGI agree*
489. (S'a. enp. *G*), d. en l. connestablie *DG*; L'a. emporte d. en la l. compaignie *I*; enp. malfe q. *T*; d. si l'o., (en l. partie *F*) *BF*; *AC agree*
490. c. a haute vois s'e. *BDFGT*; m. fierement s'e. *I*; *AC agree*
491. fr. Crestien n. *F*; c. de la terre joie *D*; c. de France le garnie *G*; v. oblies m. *T*; *ABCI agree*
492. s. no gent d. *T*; *rest agree*
493. F. a la chiere hardie *DG*; *ABCFIT agree*
494. *DG want*; *ABCFIG agree*
495. G. cui Jhesu beneie *I*; q. m. en D. s. *T*; en Jhesu s. (s'en *G*) f. *BDG*; en lui m. *C*; *AF agree*
496. Et Ustasses l. que. qui *C*; l. bons que. Wistasses qui (qui n'a p. coa... *T*) *FT*; Ew. ou cheval de Surie *I*; *BDG want*
497. f. Richars (et cis *I*) de Normendie *CI*; f. Hungiers d'Alemanie *F*; *BDG want*; *AT agree*
498. li autres b. *F*; li gentis b. *T*; *ABCDGI agree*
499. Q. conurent R. *D*; i. voient et d. *C*; *I wants*; *ABFGT agree*
500. Et Foucon d. M. et Foucier d. P. *C*; M. et Renaut d. P. (... *T*) *BDT*; M. Bauduin ciere hardie *F*; M. et Robert d. P. *G*; M. et Reniers d. P. *I*
501. B. et la g. (Deu *DG*) c. *BCDGT*; *F wants*; *AI agree*
502. F. une r. *C*; *rest agree*
503. (l. payen... *T*); *rest agree*
504. As bons espies tranchans en tolent .M. l. v. *I*; tr. .XI. en to. l. *B*; en toti .X. *F*; *ACDGT agree*
505. c. qui n. s'atargent (se targent *B*) m. *IB*; c. tuit i fierent a hie *D*; c. qui mius mius se deslie *G*; n. se targierent m. *F*; n. s'i oblient m. *T*; *AC agree*
506. Tos s. *D*; Ains s., u. ... *T*; f. es ensamble a *C*; Tu. commun a *GI*; *ABF agree*; *F adds 1 line* Et nos autres barons tout a une bondie

Variants 325

507. E. com li *BCDFGIT*
508. Qant s., el tans d. *F*; s. fierent es routes d. *G*; f. es tropiax d. *D*; f. en la route d. *I*; en. es routes d. *B*; (g. ber... *T*); *AC agree*
509. f. env. p. et ent. l. t. *B*; p. env. et en mi leu t. *DG*; *ACFIT agree*
510. C. q. i. saisist: *BCDFGI*; est m. t. desdormie (depechie *C*; detrencie *F*) *BCF*; sempres l'a depechie *D*; t. depecie *G*; t. demangie *I*; (... *T*)
511. Ensi f. *F*; A. sont n. *I*; f. li c. *D*; *ABCGT agree*
512. b. le v. *BCIT*; b. les v. *DFG*; v. ferir par aatie *DG*; n. me. vous mi. *I*
513. Onques n'i ot c. qui d. j. n. (n'en *D*) r. *GD*; n. die *F*; c. n. ne r. *I*; *ABCT agree*
514. Signour Jhesus li rois vous gart et ben. *F*; m. l'a de De. ben. *DG*; De. les ben. *BT*; De. nel ben. *I*; *AC agree*

16. *ABCDEGIT* : *F to 544 only*

515. M. fu fiers (g. *G*) l. es. et g. (fier *G*) *EG*; m. g. (fiers *T*) et fo. (fier *F*) l. c. *DFT*; *ABCI agree*
516. *No variant*
517. F. o le flori grenon *F*; F. et li autre baron *G*; *ABCDEIT agree*
518. q. cuer ot de lion *F*; *DEG want 518-521*; *T wants*; *ABCI agree*; *BI add 1 line* Et le conte Eustace Bauduin de Mocon (Buillon *I*)
519. G. de Dignon *I*; *CDEG want*; *ABFT agree*
520. Et Robert d. Ros. *A*; *DEG want*; (...d. Ros. *T*); *BCFI agree with text*; *B adds 1 line* Aimeri Aloitrut qui cuer ot de baron
521. Et Hungier l'Alemant et Jofroi de Buillon *B*; Et Fouques de Melans et Herfroi de Buillon *I*; ... Biaulieu et Hamfro d. *T*; d. Buillon *CF*; *DEG want*; *I adds 1 line* Robers li quens de Flandres qui mout par est prodon
522. b. de France le roion *F*; (l. ri... ro. *T*); *ABCDEGI agree*
523. En l'estour s. ferirent tr. *F*; s. fiert ens e. *D*; Tu. a force et a bandon *E*; *ABCGIT agree*
524. a celui n'o. (n'ocist *I*) *BIT*; *ACDEFG agree*; *DEG add 1 line* Sarrasin ou (et *G*) Persant ou Beduin felon (P. qui mout par sont f. *G*)
525. H. li quens de Bourges et R. *E*; *ABCDFG agree*
526. d'A. et li (si *E*) Deu (doi *EG*) c. *DEG*; t. si c. *BIF*; *ACT agree*
527. Se r. ensanle entre le gent M. *F*; e. le lignage Noiron *I*; *ABCDEGT agree*
528. Ahi com fu arme s. *C*; s. le c. *D*; un destrier g. *EG*; *ABFIT agree*
529. A c. il f. *D*; Dix qu'il fu bien ar. *E*; He Dix c. *F*; ar. de haubert f. *B*; *ACGIT agree*
530. D'un v. *CDG*; el. jesme : *BDEGI*; de l'ovre Salemon *D*; *AFT agree*
531. t. que il perdue a. [*sic*] *C*; t. qui li pent a. *T*; *ABDEFGI agree*
532. (Tint la lance el *B*), d. o le blanc g. (siglaton *I*) *BI*; Tint l'es. (l'espee *C*), o. paint .I. lyon *TC*; L'es. tint en sa main au (a un *E*) vermel g. (pignon *E*) *DEG*; ou il o. .I. penon *F*
533. *A only; rest want*
534. cr. d'or y ot p. *T*; p. vraie e. *DEG*; *ABCFI agree*
535. Le. laige [*sic*] d'o. *C*; la. en batoient d. *E*; d'o. li batent d. *BGIT*; *ADF agree*
536. Par d. l. encontre l'amiral F. *B*; l. l'e. *A*; e. le mal cor F. *C*; e. l'amiral F. *DEGI*; *FT agree with text*

326 Variants

537. N. au r. C. frere au Rouge Lion *F*; N. estoit C. *T*; r. Corbadas: *CDG*; nes (sires *I*) de Carfanaon *BDEGI*; des dec. Ca. *C*
538. E wants; *rest agree*
539. Li vesques le f. si (le feri *DEGI*) p. *BDEGI*; Li bons vesqes le *F*; *ACT agree*
540. li pourfent et *BDEGI*; l'a. li deront *DE*; *ACFT agree*
541. Puis li t. le pron [*sic*] le f. *B*; Dedens le cors li t. le f. *F*; li trencha le p. *T*; t. le cuer le f. *G*; *ACDEI agree*
542. La lance en passa outre demi pie a bandon *G*; c. et la r. tout par mi a bendon *T*; v. li trenche et le r. *C*; *EF wants*; *ABDI agree*
543. Et le *C*; Si le *DEG*; Del ceval l'abat m. *F*; Que le *I*; M. le t. a terre d. *T*; *AB agree*
544. O. d. i. c. : *DEG*; i. a Dieu maleicon *T*; ja t'arme n'ait pardon *D*; pris as con. (confusion *G*) *EG*; *C wants*; *ABFI agree*
545. *F has fragmentary expansion of 545-557, see Appendix 1*; Et (Il *DEG*; Puis *T*) saisi l. d. et (si *T*) monta (mon [*sic*] *E*) en (es *G*; ens *I*) l'a. (a. *I*) *BDEGIT*
546. A f. *DT*; o. estriviere d. *I*; t. a l'u. *B*; *ACEG agree*
547. f. et li lorain et li r. (autre *DEG*) b. *BDEG*; *ACIT agree*
548. V. .C. mars d'o., s. par raison *I*; *T wants*; *ABCDEG agree*
549. Di. Robers li Frisons (Flamens *EG*) et li du. de Buillon *DEG*; G. et Robers li F. *BI*; *ACT agree*; *I adds 1 line* Et Thoumas a la Fere a la clere facon
550. Signor bon compaignon p. *G*; b. ordene p. *C*; co. alons si l. *T*; D. c'or l. *BEG*; *ADI agree*
551. Paiene gent (Et Sarrasin *DEG*) destendent P. *BDEGI*; c. Pe. l'a. pa. et *C*; *AT agree*
552. T. et esperonent et *C*; *ABDEGIT agree*
553. P. dont i ot g. fusion *B*; P. dont il i ot fuison *I*; g. huison *C*; *DEG want 553-557*; (P. ... *T*)
554. v. corant q. *B*; v. criant q., e. ... *T*; *CEDG want*; *AI agree*
555. N. F. les requlent l. giest d'un baston [*sic*] *I*; N. Frans les r. l. tra... *T*; *DEG want*; *ABC agree*
556. fi. mout ... p. *T*; g. braison *B*; *DEG want*; *ACI agree*
557. ne puet (pot *CI*) d. *BCI*; *DEG want*; (fa. ... nu. *T*)

17. *ABDEGIT* : *C has lacuna from l. 570 to l. 718*

558. M. f. grans la bataille: *BDGI*; La bataille f. grans: *E*; pleniere et aduree (afilee *E*) *DEG*; (gr. l... l. ge. *T*); *AC agree*
559. F. l'a. molt bien affiee (esprovee *E*; afinee *G*) *DEG*; b. ot f. *B*; *ACIT agree*
560. Et l'a. *C*; Quant l'a. *E*; Pour l'a. que o. *T*; l'a. veist d. *A*; *BDGI agree with text*
561. et nos c. *CIT*; c. nostre (et nos *I*) g. honoree *CI*; *ABDEG agree*
562. b. verites f. p. *BT*; b. c'est verites p. *CDEGI*
563. Et e. *C*; l'a. ot m. grant assemblee *T*; f. g. li asanlee *E*; *ABDGI agree*
564. Des T., P. cele g. *C*; Des T. et des paiens cele g. foursenee *I*; P. cele g. des. (desree *D*; mal senee *T*) *BDT*; P. de la g. *EG*

Variants 327

565. maint cheviaul traint maint. [sic] *C*; *E wants 565-568*; *ABDGIT agree*
566. M. boine v. *B*; Et m. rouge targe: *I*; ronpue et desn. *BI*; et despanee *T*; *DEG want*; *AC agree*
567. v. trestote desnoee (desciree *T*) *BT*; v. pecie et dep. *I*; *CDEG want*
568. *D inverts 568/569*; maint. larme plouree *I*; f. gratee *BG*; f. tiree *C*; *E wants*; *ADT agree*
569. *D inverts 568/569*; q. cil m. *BCI*; i. (cil *DG*) font n. *EDG*; n. pot e. *BCE*; e. contee *BCDEGIT*
570. C. en son p. tint s'es. *B*; C. en sa main tint (tient *I*) l'es. (s'es. *E*) *DEGI*; *C has lacuna to 718*; *AT agree*
571. En son c. s. (le *B*; s'en *D*) fe. *EBDG*; fu. vee *B*; *AIT agree*
572. Lors v., (m. france e. *D*) *GD*; L. peussies veir m. *E*; *ABIT agree*
573. Mainte r. pu. i pleure e. *EG*; pu. dolante et esgaree *I*; pl. escervelee *B*; *D wants*; *AT agree*
574. Lo. (Le *BI*) mort p. *TBI*; *D wants*; *AEG agree*
575. T. lues tireee [sic] *B*; T. desfremee *IT*; *ADEG agree*
576. fe. ont e. t. fr. *E*; b. boutee *I*; *ABDGT agree*
577. *No variant*
578. S'e. (Si *D*) am. la p. *GD*; Si enmainent la p. *EIT*; m. (mains *B*; mais *D*) c. l'o. ac. *IBD*; que bien o. ac. *E*; qui c. est ac. *G*
579. N. ne puet (pot *E*) avoir sevree *DEG*; t. en sa main l'es. *B*; t. (tient *I*) en son p. *TI*
580. De l'espee s. m. estoit tote est. *D*; L'espee de s. main toute estoit est. *EG*; f. el c. *BI*; que la main ot enflee *B*; m. fu est. *IT*
581. L'en. tint (tient *I*): *DEGIT*; so. p. (sa main *DEG*) bien sie. (fermee *T*) *IDEGT*; *B wants*
582. Que n. *I*; Ainc n. *T*; n. l'en po. pa. (oster *BT*) *BDEGIT*; tant qu'e. f. te. *BI*; dusqu'e. f. (fust *E*) te. *DE*; si ot sa main trempee *T*
583. En .I. poi de c. ev. (En un pau d'ev. c. *E*) et de vin a. (aroree *G*) *DEG*; ev. bien tede delie et a. *I*; et tres bien a. *B*; et a laine a. *T*
584. Desore le (le m. qui est et haute et lee *E*) *DEG*; *ABIT agree*
585. Encontre B. *I*; *ABDEGT agree*
586. l'ev. que Franc ont desirree *DEG*; d. li los fu rasee *I*; l'o. fu a. *B*; *AT agree*
587. i ont d. *B*; d. teus q. *D*; (d. ...s q. *T*); *AEGI agree*
588. m. lor (les *E*) bouces f. *BE*; l. bou... hors v. *T*; f. pour l'iaue desirree *D*; f. ausi (plus *G*) blanc (blance *G*) que rimee *EG*; v. fu p. *BIT*
589. e. l'amiral f. *A*; e. les c., g. li asamblee *E*; e. Godefroi f. *T*; f. grande l'asanblee *G*; *BDI agree with text*
590. c. lor (la *EG*) n. (novele *DEGIT*) *BDEGIT*; m. l'ont b. *B*; qui b. f. es. *D*; et le lor destinee *EG*
591. Ilueques o. d. nos Frans maintes larmes p. *I*; I. ont des Francois maint. *G*; d. frans h. *B*; d. (des *D*) Francois maint. *ED*; d. maint homme tante l. *T*
592. M. es vous l'ost r. (arestee *I*) *BI*; M. est li *DEG*; *AT agree*
593. r. atornee *B*; r. conreee *D*; (... n., r. ...ornee *T*); *AEGI agree*; *B adds 2 lines* Desi que au matin est iluec reposee/ Et li nuis trespassa et li aube est crevee

18. *ABDEGIT*

594. b. s'en repairent a *DEG*; (...rons r. *T*); *ABI agree*
595. p. (... *T*) qu'il (que *T*) menerent f. *BT*; p. qu'il amainent f. *D*; p. que il prisent f. *G*; p. qu'amerent [*sic*] f. *I*; b. recoillie *AT*; *E agrees with text*
596. Selonc co. *DEG*; Selonc q. ca. ert d. *I*; Selo...icun f. *T*; f. (ert *DG*) d. grant s. *EDGT*; d. plus grant s. *B*; *T adds 1 line* Fu la proye ... et sevree et partie
597. C'on. *B*; Ainc n'i ot .I. s. *T*; ot le p. *D*; p. que d. *I*; n. rie *BDEGIT*
598. Toute f. li o. *D. BDEGIT*; saole (sasee *I*) et raemplie *BEIT*; sasee et replenie *D*; asasee et garnie *G*
599. (t. l'es. l. *I*) l. dus d. *BI*; s'es. Robert d. *T*; *DEG want 599-603*
600. Qui t. avoit fe. s. *T*; fe. el c. la main ot estordie *B*; fe. ou champ s., fu estoumie *I*; *DEG want*
601. I. le f. (f. baignier en c. *T*) *BT*; Ila faite tempree en c. *I*; *DEG want*
602. (Et q. b. f. tempree s. *T*), m. fu destoumie *IT*; Quar el., m. fu desdoe [*sic*] *B*; *DEG want*
603. q. s'es. o. ge. *I*; *DEG want*; *ABT agree*
604. Ta. estoit tr. *E*; Mout p. *T*; *ABDGI agree*; *DEG add 1 line* Et li riches (gentius *G*) barnages qui en Jhesu s'afie (s'en fie *G*; b. cui Jhesus beneie *E*)
605. Qu'a. *BDI*; o. c. n. esq. est. *EG*; *AT agree*
606. Ai. g. (gurent *E*) tout ar. *TE*; en (par *T*) la herbegerie *BT*; *ADGI agree*
607. Ne d. *DEGIT*; d. nul drap ne couste gambaisie *T*; k. ne m. l. *B*; k. (keutes *E*) fors q. *GE*; k. mais la t. *I*; m. l. t. adurcie *D*
608. N. l. couvertor (Linceus n. quevecex *D*) n. pale (soie *D*) d'Aumarie *GD*; *E wants*; *ABIT agree*
609. M. l'es. *BIT*; M. les escus as chies et *D*; Les escus a lour cols et *E*; M. que l'es. a. chief et *G*
610. *No variant*
611. d. a e. *I*; c. ne le me. mi. *DE*; c. ne me. *T*; *ABG agree*
612. P. ice qu'i. n. f. en le grant chevalcie *D*; De c. *G*; *ABEIT agree*
613. *DEG want*; *ABIT agree*
614. *No variant*
615. Q. Deu n'aiment n. c. (criement *G*) *BDEG*; Que Diex n'aime n. c. *I*; c. le f. *BDEIT*; n. le lor compaignie *G*; *DE each add 1 line* Et que Juis penerent en la crois par envie *D*; Quant li dus de Buillon ot la nouvele oie *E*
616. Et v. *BI*; d. une b. *B*; d. le g., (b. sartie *I*) *DEGI*; *AT agree*
617. c. .I. el. *BDEGT*; *AI agree*
618. Li cercles d., o. reluist et *T*; A c. (cercles *E*) *GEI*; *D wants*; *AB agree*
619. l'es. trenchant et *DG*; l'es. qui fu d'or enheudie *E*; *T wants 619-623*; *ABI agree*
620. Puis p. *B*; c. une t. *DI*; c. le g. *E*; sa (le *G*) fort t. *BG*; *T wants*
621. L'es. prist en sa main u *DEG*; p. son es. *B*; *T wants*; *AI agree*
622. Et fu d'u. *B*; p. et fu (fa. *D*) fa. (fu *D*) *ID*; e. Rossie *DEGI*; *T wants*
623. *DEGT want*; *ABI agree*
624. *B lacks A at head of line*; ch. d. s. cevalerie *EG*; s. seignorie *D*; s. commandie *I*; *AT agree*
625. Est departis d. l'o. Dameldex les en guie *G*; l'o. ne s'en a. m. *B*; l'o. a ce

Variants 329

c'ot de maisnie *DE*; l'o. que ne se targe m. *I*; ne se tarja m. *T*
626. Ala d. *D*; Par de d. *G*; D. Ces. a.: *T*; Ces. s'a (a *G*) la proie acoillie *DEG*; Ces. o sa cev. *I*; *AB agree*
627. pro. par mi l. pra. *B*; *DEG want*; *AIT agree*
628. Ariere s'en repairent (repaire *E*) tot l. (.I. *G*) v. de Surie *DEG*; Et a Cako [sic] et a Nantes par mi l. *B*; A Ceus et a Rame t., v. fortie *I*; *T wants*
629. C. n'i ot (a *D*) resne sachie *EDG*; C. qui n. s'atarge m. *I*; C. n. se tarja il m. *T*; n. se tarja m. *B*
630. Droit p. *T*; *DEG want*; *ABI agree*
631. (Des. les mons de Meque en *E*) en le lande e. *ED*; To. de M. *B*; To. de Mescles en l. te. *T*; de. motes en mi la praerie *G*; *I wants*
632. (Es les Turs d. *G*), C. trestout a une hie *DEG*; C. qui li cors Deu maldie *B*; *AIT agree*
633. b. tot a une bondie *B*; *ADEGIT agree*
634. *DEG want*; *ABIT agree*
635. *DEG invert 635/636*; p. qu'aquellirent m. *BI*; p. que i mainent: *E*; p. qu'amenoyent m. *T*; qu'i enmainent m. (mal *D*) *GD*; f. acoillie *DEG*
636. *DEG invert 635/636*; *I wants*; *ABDEGT agree*
637. J. n'en revenra pies: *BDGI*; en la h. *I*; *E wants*; *AT agree*
638. S. ont l., (c. guerpie *I*) *DEGI*; (... *T*); *AB agree*
639. Envoient .X. *B*; Et ont mis .X., (m. tout en *E*) *DEG*; Et p. .X. *I*; (u. ...*T*)
640. Et vont a Es. p. *B*; A Es. en vont p. *E*; p. force et por a. *G*; s. por a. *D*; *AIT agree*
641. Il d. *ET*; lo. voile et *GE*; d. les vo. *I*; *ABD agree*
642. t. que n'est s. *E*; t. d'u. s. *I*; s. qui bien est *T*; est descocie (bescocie *E*) *BEGI*; *AD agree*
643. Vinrent a *BDEGI*; quant (ains *I*) t. fu (fust *I*) f. (fornie *D*) *EDI*; a toute lor galie *G*; t. furnie *T*
644. Lor g. (navie *B*) ariverent: *DBEGI*; tot selonc la galie *B*; p. les le n. *D*; p. l'ont atacie *E*; p. soulonc le rive *G*; p. est la n. *T*
645. Puis j. *B*; lo. ancres le. *T*; le. la grant t. *I*; *DEG want*

19. *ABDEGIT*

646. Li mesage ariverent de la tor de Cesaire *B*; Li mesage s'a. d. (a *E*) le r. (cite *E*) Cessaire *GE*; m. issirent d. leur r. ... *T*; a. n'ont mestier d'arestaire *D*; a. a le *I*
647. *I inverts 647/648*; Ca. ot despoillie .I. bliaut d. Ce. *D*; Ca. ot .I. (bon *G*) bliaut: *BGI*; Ca. fu bien v. d... *T*; et p. d. corsaire *G*; vestut por ice faire *I*; *E wants*
648. *I inverts 647/648*; Vienent a *B*; l'a. qui fier ot le viaire *E*; (p. ... c. *T*); *ADGI agree*
649. Ilueques v. cescun c. (plorer *DG*) et b. *BDEG*; Dont v. ... i. *T*; *I wants*
650. Derompre se. *ET*; r. lor c. et lor p. (pelices *G*) v. *DG*; *I wants*; *AB agree*
651. s. gentix h. d. *E*; *ABDGIT agree*
652. Il t. *B*; t. mande s. l. barons d. *I*; *ADEGT agree*
653. La p. *I*; d. put ai. *EG*; *ABDT agree*
654. Si co. *DG*; Si co. e. d. *E*; Si sont couvers d. *I*; D. f. e. si co. n. cr. *T*; *AB agree*

655. Q. li am. l'ot: *DG*; Q. l'am. l'oi. *E*; si (s'en *G*; s'a *T*) dreche (drecha *G*; drecie *I*) son (le *BIT*) viaire *BDEGIT*
656. f. prendre s. *T*; *rest want*
657. a. s'o. mout f. *T*; *rest want*
658. Et (Si *G*; Il *EI*) fait (f. *I*) son. .I. ti. (graille *E*): *BEGIT*; su. (ens *G*) en l. to. plenaire *DG*; dedens la to. p. m. *E*; p. maistre *I*; (p. ... *T*)
659. *BDEGI want*; *AT agree*

20. *ABDEGIT*

660. Q. li a. ot l. *DG*; e. (oi *E*) le dit as (de. *E*; de *I*) g. (Golios *I*) *BEI*; di. as g. *T*
661. Reclamer de s'aire et *D*; et d. F. *DEIT*; le. los *I*; *G wants*; (le. ... *T*); *AB agree*
662. f. (fist *I*) son. .I. t. *BDEGI*; t. en grailes et en gro. *B*; .I. gra. et .I. gro. *I*; *AT agree*
663. Li am. s'arma et *D*; L'am. s'est ar. *E*; es. f. d'or *B*; *AGIT agree*
664. O. de riches (boines *B*) p. *DBEG*; Ovres a c. *T*; f. de Libanos (Lib... *T*) *BDEGIT*
665. r. c'o. v. (r. quant i. l'o. *E*) en son d. *DEG*; (e. ... *T*); *ABI agree*; *E adds 1 line* Nel peust esligier li fors rois Nabugos
666. La vint .I. S. f. et estricos *D*; S. iestre les Aligos *B*; f. (ferans *G*) et estribos *IGT*; f. et estrigos *E*
667. I. est (Est i. *G*) de la vile li a. famos *EG*; Et li dus d'Esc. *D*; l'a. Aligos *B*; *AIT agree*
668. f. s'ara j. (j. a no. *I*) *EI*; *ABDGT agree*

21. *ABDEGIT*

669. f. le c. *G*; f. .I. c. *I*; (f. leu... *T*); *ABDE agree*
670. Droit p. dev. *E*; C. par dales .I. *B*; c. le r. *DI*; (.I. rui... *T*); *AG agree*
671. Ont lor proie aquellie mout i ot grant bisciel *B*; Des cameus et des bugles fu. fait l. fl. *D*; (et d. biestes fu. *G*), l. fociel *IG*; l. moncel *E*; (g. l... *T*)
672. D. brebis et d. chievres: *D*; De c. et de bugles: *EG*; D'as. et de c.: *I*; Et de c. et d'as. si b. *T*; et de maint riche (cras *EI*) ai. *DEGI*
673. C. qui sont f. et i. *T*; *DEG want 673-675*; *ABI agree*
674. Le. pors sivent d. l'ost t. *B*; p. entor t. *I*; t. le sablonniel *BI*; *DEG want*; (le sa... *T*)
675. Ca. p. l. doutent Turs c'a. *T*; Ca i. *I*; *BDEG want*
676. b. repairerent p. d. fauconsel *I*; p. devant M. *BDE*; (d. ... *T*); *AG agree*
677. (l'a. ... *T*); *rest agree*; *I adds 1 line* Couvert d'un riche paile trestous fres et nouvel
678. Sarrasin les g. *G*; g. et cil d. *D*; (... d. ... *T*); *ABEI agree*

22. *ABDEGIT* : *C from 719*

679. R. puierent n. *E*; p. li b. *BG*; *ADIT agree*
680. to. li c. *B*; to. si c. *DI*; *AEGT agree*
681. Et t. *BIT*; t. la p. *DGI*; d. il i ot (a *DG*) f. *BDEG*; d. y ot grant f. *T*; entour

Variants 331

　　　　et environ *I*
682. *DEG want; ABIT agree*
683. b. et de maint cras a. *I*; b. s. y o. *T; DEG want; AB agree*
684. Il d. *DE*; p. et f. *BEG*; p. s'ont fait l. *I; AT agree*
685. po. lor pis et lor menton *I; rest agree*
686. (R. Jhesu Cris: *T*), et so. sa. n. *BDET; AGI agree*
687. s. Pierre saint J. le pr. *D*; pa. fu pr. *E; ABGIT agree*
688. f. le pa. *D; IT want; ABEG agree*
689. (Isi c. *B*), g. afflicion *DBT*; i. estoient iluec a orison *E*; f. la g. *I*; g. orasion *G*
690. d'Es. poignant tot le *D*; de Cesaire: *E*; de Calone: *G*; brocant a esperon *EGI*; c. (u vienent *B*) a bandon *IB*
691. l. (lor *DI*) cevaus de (a *I*) di. *BDEGIT*
692. L'am. vint devant s. le b. d'Aragon *E*; L'am. sist ar. *B*; s. le b. (bai *T*) *DGT; AI agree; I adds 1 line* Le peussies veoir tant hauberc fremillon (*cf.* 698)
693. Cov. du v. *E*; Cov. de blans dyaspres: *I*; d'u. boin d. *B*; d'u. blanc d. *DGT*; teste et (et *lacking in DE*) col et cr. *BDE*; col (colt *G*) et teste et cr. *TG*
694. l'en. o l. *G*; l. pignon *B; ADEIT agree*
695. d'o. li batent d. *BDEGI; AT agree*
696. *No variant; T adds 3 lines* Ahastissant se vont que mout bien le feront/ Et que les Crestiens trestous pris enmainront/ Li felon lechaour qui sus eus venu sont
697. L'am. v. sivant ent. *BDEGI; AT agree; T adds 4 lines* Qui si par avoit bien semblant d'omme felon/ ...ntre ses dens coyement a bas son/ Se or ainsi m'eschapent li traitour felon/ ...e priserai je mais .I. seul denier Mahon
698. t. escu a lion *E; rest agree*
699. ...aint v., l. maint es. *T*; el. geme: *DEGI*; et t. fier Esclavon *D*; t. rice siglaton *E; AB agree*
700. Et tant [*sic*] boine tar. et tant r. b. *B*; Et mainte bonne ensaigne venteler contremont *T*; t. roide glaive (hanste *G*) et tant r. penon *DG*; r. ensaingne a o. et a b. *I*; *E wants 700-703*; *B adds 2 lines* Et tante cane ague et tant rice pignon/ Et tante espee cainte al senestre gieron; *I adds 1 line* Et tante roide lance a or fin le penon
701. D. cendax entaillies d. (tant *B*) vermel (vermeus *GI*) s. *DBGI*; *E wants*; (...e c. *T*) *B adds 1 line* Et tant ceval couvert desi que al fellon
702. ar. tu. d. c. bien (dont *B*) tr. (traient *B*) a bendon *TB*; c. tr. tranchant et a bandon *I; DEG want*
703. Tant r. sagitaire entour et environ *I*; s. a fier trencant en son *B*; en. a p. *T*; *DEG want; B adds 3 lines* Or gart Dex nostre gent par son saintisme non/ Quar se Jhesus n'en pense qui soufri passion/ Ancui sera livres a grant destrution
704. l. virent c. *DT*; v. venir de tel randon *B*; c. monte (saut *E*) en l'a. *DE*; c. prist son a. *T*; *AGI agree*; *B adds 1 line* Es cevaus sont monte n'i font arestison
705. Et enbrache l'escu: *DI*; Et prendent le. (lor *E*) *GE*; ...mbracie le. *T*; par grant aatison *DEG; AB agree*
706. B. et Tangres lo. ont dit un se. *E*; si (puis *B*) lo. dist .I. *GBT*; lo. traist .I.

D; *AI agree*
707. *No variant*
708. Nous s. *B*; et d'u. nassion *D*; et d'u. region *EGI*; (...s s. *T*)
709. ... a mo. *T*; mo. frances me. (me. tot d'u. *B*) *GBI*; *DE want*
710. No. n'a. fremete ne c. ne d. *E*; No. n'a. mais c. *B*; No. n'avomes c. (castiaus *G*) *DG*; Ne no. n'a. c. *I*; (... *T*) fremete ne d. *DGIT*
711. r. ne avoir garison *D*; (... n. *T*); *ABEGI agree*
712. Et ves sor nos venir paiens a esperon *D*; Et ves ici l. *EI*; c. ces T. *G*; (...s c. l. Tu... *T*); *AB agree*
713. D. ne e. su. *D*; n'e. son saintime non *G*; n'e. la s. *T*; *ABEI agree*
714. N. que i. s. m. por no redension *E*; qu'i. requelli (receut *I*) m. n. soufri p. *BI*; qu'i. receuist m. *G*; (m. n. soffri ... *T*); *AD agree*
715. t. ajeter d. *G*; l'i. maison *E*; *E wants*; *ABDT agree*; *T adds 1 line* Ou nous fumes jugie par Adan no patron
716. m. s'avra tel benicon *B*' m. s'ame avera pardon *E*; m. s'ara b. *GI*; m. si a. b. *T*; *AD agree*
717. Q. D. dist as *D*; f. ces ap. *I*; ap. le j. *BT*; *E wants 717-719*; *AG agree*
718. Signour ki ci mora s'a. *B*; m. tout de fi le savon *T*; l. gerredon *DG*; l. grant p. *I*; *E wants*; *T adds 1 line* Que il recevera le grandisme pardon
719. A. jo. de. g. ju. et a l. s. *G*; ju. a l. *BD*; ju. ara s. *G*; de l'absolution *T*; l. salution *C*; *E wants*; *T adds 7 lines* Que Jhesu Crist fera a ceus qui sauf seront/ Quant il dira de bouche venes mi compaignon/ Entres en paradis li mien tui [sic] a bendon/ De vostre bonne vie receves guerredon/ Et li autre s'en voisent a la perdition/ Entre les anemis quar bien desservi l'ont/ Tuit cil qui ci morront aront adonc pardon
720. Mais ancois qu'il eust f. *E*; f. s'orison *CD*; *ABGIT agree*
721. E. vous ceus d. *T*; d. Calone b. *I*; C. trestous a *G*; *ABCDE agree*; *D adds 1 line* Et no gent vont en contre nes prisent .I. boton
722. Si pres f. m. (jouste *DG*) *EDG*; entre l. g. M. *E*; al linage Noiron *G*; l. geste M. *IT*; *ABC agree*
723. Mainte c. *BC*; c. as p. *BCGI*; p. de Chalon *C*; p. de Calone *I*; *DE want*; *DEG add 1 line* Que l'uns puet ferir l'autre de son poing el caon (p. a bandon *E*)
724. Este les vous e. pour (de *I*) f. a bandon *BI*; L. peussies veir mout ruiste c. *E*; v. d'espees si (mout *G*) fiere c. *DG*; e. de f. a bandon *C*; e. tant destrier arragon *T*; *B adds 1 line* La peuisies veir percier tant fort blason; *I adds 2 lines* A l'abaissier des lances fu grant l'aatison/ La veissies percier Diex tant riche blason; *T adds 1 line* Si veissies per... maint escu a lyon
725. ta. clavain d. tant a. f. *B*; a. faucier tant clavain bel et bon *I*; d. et widier tant arcon *C*; *DEGT want*
726. *ET invert 726/727*; Et t. paien ocire t. Turc tant Esclabon *E*; T. S. verser et (et t. paien felon *I*) *BI*; et cahir el sablon *C*; c. felon *T*; *DG want*
727. *ET inverts 726/727*; te. copee: *BD*; te. cauper: *EG*; tr. et tant piet et tant poin *I*; et tant poumon *C*; et tant crepon *E*; *AT agree*
728. Dont li cors sont fine en grant perdicion *D*; Li m. *B*; Q. la caoient m.: *E*; Q. iluec c. m.: *G*; m. gisent a *T*; t. qui ja n'a. n'aront *B*) *CB*; tout sans confiession *EG*; *AI agree*
729. n. sont joncie (couvers *I*) l. *BI*; n. font jonchier le s. *T*; *DEG want*; *AC agree*

Variants 333

730. A icele p. ont m. *C*; m. bien .IIII.C. (.IIII.M. *G*) *DG*; m. .M. Sarrasin felon *I*; .IIII.M. gloton *BE*; *AT agree*
731. Do. li de. ont mis l. a. en prison *G*; de. ont l. a. mises en baraton *DE*; *ABCIT agree*
732. (Que j. *D*), m. n'en istront por (par *D*) nule raencon *EDG*; Et k. j. m. n'istront d. *BT*; n'is. fors d. *I*; *AC agree*; *T adds 1 line* Ou il a tant douleur et mesaise et tencon

23. *ABCDEGIT*

733. L. estors est m. fiers et l. caples p. *C*; L. estors fu m. fors et *I*; es. furent f. *DEG*; c. sont fier *BD*; *AT agree*; *B adds 3 lines* Buiemons de Sesile et Tangres au vis fier/ Et li autre baron ki mout font a prisier/ Fierement se conbatent as brans forbis d'acier
734. le. acoillent: *DEG*; an. de tr. et de la. *T*; a tr. et a la. *DEI*; *ABC agree*
735. v. mainte tar. *B*; v. tantes targes per. *I*; tar. froissier *EG*; *ACDT agree*
736. Et c. desr. t. t. a. desm. [*sic*] *C*; Et t. a. desr. t. c. depecier *G*; Et t. elme desr. *D*; Et percier t. escus: *I*; desr. et aubers desm. *B*; *AET agree*; *B adds 1 line* Tante siele versee de cuvers losengier
737. *B inverts 737/738*; Ta. S. felon m. et baellier *B*; Et t. paien v. tant cuvert losengier *GD*; Et t. felon paien v. *E*; Ta. S. v. tant cuvers avresier *I*; *C wants*; *AT agree*
738. *B inverts 737/738*; ce. cier et morir t. d. *B*; ce. co. n. et detrencier *G*; ce. navre et t. co. *I*; *E wants*; *ACDT agree*
739. D. li ceval corant remainent e. *B*; L. re. sor le col et fuiant e. *I*; ro. et quieent el terrier *D*; ro. et c. (c. li destrier *T*) *GT*; *E wants*; *AC agree*
740. Mout les r. bien li *B*; c. les r. *CI*; c. se deffendent: *DEG*; nostre v. fier *D*; no baron cavalier *E*; cist v. t. *G*; v. gerrier *T*
741. Et B. l. guie q. *D*; l. acole q. *C*; l. enchauce q. ne vaut pas laissier *I*; l. conduist q. Diex g... d'encombrier *T*; *ABEG agree*
742. v. as barons l'e. *B*; (...gne des... *T*); *ACDEGI agree*
743. Encontremont l. et aval abaisier *B*; (... co. *T*), et abaissier *CEGT*; *DI want*; *B adds 1 line* Et son ceval corant des esporons coitier
744. et destourner et ens es *I*; t. par mi le sablonier *B*; s. as T. *C*; (...ue ... et *T*); *D wants*; *AEG agree*
745. cou. n'a de mire mestier *E*; (i. consi... a *T*); *ABCDGI agree*
746. Ains les trebuce a tere que n'i ont recovrier *E*; Bons escus et fo., fa. perchier *D*; Bons esqus n. c. n. l. *G*; Ne br. n. c. n. l. *T*; c. et fo. elmes n. l. *B*; c. ni aubers n. escus de quartier *C*; c. et fo. b. n. fa. desmaillier *I*
747. Le fer et la coraille au trenchant fer d'achier *D*; et mo. j. t. *BI*; m. baaillier *T*; *E wants*; *ACG agree*
748. La (Dont *B*) oissies le. *DBEGI*; Dont v. ces T. *T*; *AC agree*
749. l. ramier *C*; l. terrier *T*; *DEG want*; *ABI agree*
750. J. s'en fus. fui li (li g. pautonier *D*) *GD*; J. tornascent en fuies li *BE*; fus. en la fin li g. detrenchier *I*; fus. mis a fui. li cuvert lo. *T*; *AC agree*; *B adds 1 line* Quar nos Franc les apresent as brans forbis d'acier
751. Quant il virent (voient *E*) venir le (lor *G*) grant secors plenier *DEG*; Ma. il n. *B*; Francois n. *I*; Ma. F. n'i s. *T*; mo. enconbrier *BCIT*; *B adds 1 line* Qui lor avenra ja sans lonjes detriier

334   Variants

752. (d. regarderent v. *D*), l. castel Gaifier *EDGI*; c. Gorhier *C*; c. Glohier *C*; c. Gonfier *T*
753. Voient l. *I*; T. venir b. *E*; b. furent .X. m. *B*; *ACDGT agree*
754. a. cescuns ot boin (a. et chascuns ot *D*) destrier *BD*; a. tot l. c. *EGT*; *I wants*; *AC agree*; *B adds 1 line* Et vienent cevaucant tot le cemin plenier
755. fis. Francois (no gent *DBT*) esmaier *EBDGIT*; F. angoissier *C*
756. co. et p. *BD*; s. (et *T*) prent a *GIT*; *C wants*; *AE agree*
757. S. ce d. li ber n. *DEGI*; *ABCT agree*
758. Po. l'a. (l'a. Dameldeu: *B*) *CBDET*; vo. vorroier [*sic*] pr. *C*; vo. voil a tos pr. *D*; vo. en voel je pr. *E*; *AGI agree*
759. l. saint Se. *BDEGI*; Se. ne vous caut d'es. *BD*; *ACT agree*
760. Seure coures ses T. que Diex doint encombrier *I*; r. ces T. *BT*; au fort et au legier *D*; *ACEG agree*
761. m. en a. *BDEG*; m. a. mout bon l. *T*; *ACI agree*
762. En p. *BCE*; En p. terrestre: *I*; En son saint p.: *T*; le. f. D. co. *BCDEGIT*
763. Avoc les (ses *T*) i. *DEGT*; *B wants*; *ACI agree*

24. *ABCDEGIT*

764. S. fait B. *C*; B. oies quel a. *D*; c. forte a. *BT*; *AEGI agree*
765. Tout a. *BD*; T. avons desroutee i. *E*; Tout avons desconfite i. *I*; Desconfite avons i. [*sic*] *T*; d. cele j. irascue *C*; j. tafure *BDEGIT*
766. f. li au. *B*; f. icil c'ai. *DEG*; *ACIT agree*
767. K. i v. batant p. *B*; K. nous v. *T*; v. errant p. *G*; v. poignant p. *I*; *ACDE agree*
768. Voies c. i. n. chaignent d'o. (d'orguillous *I*) chainture *DI*; Vees c. n., d'o. closure *B*; d'o. cainture *G*; *CE want*; (d'o. ... teure *T*)
769. K. or i ferra b. s'a. soit nete et p. *E*; b. le r., er. et nete et p. *G*; l. requerra sa vie er. c. *D*; s'a. iert chaste et p. *I*; s'a. ait bonne aventure *T*; *ABC agree*
770. De. Di. e. verra s'ame boine f. *C*; i. e. presente f. *E*; s. figure *I*; *ABDGT agree*

25. *ABCDEGIT*

771. B. ne v. *BCDGIT*; B. ne le v. q. c. *E*
772. Q. ci recevra mor. *E*; Q. hui mora p. *D*.: *G*; mor. il s. puet mol. a. *B*; bien s. pora vanter *EG*; d. vanter *D*; *ACIT agree*
773. (K'e. *E*), c. le f. D. poser *DEG*; E. son saint p. le f. *T*; p. terrestre le f. D. porter *I*; c. le f. *B*; c. le f. courouner *C*
774. E. avoc les angles et cochier et lever *D*; (Avoec les I. *EG*) I. servir et honnourer *IEGT*; I. le f. honerer *C*; *B wants*
775. Le. Turs estandart a. *C*; l'e. amener *E*; *ABDGIT agree*
776. T. dev. nos F. (barons *B*) *CB*; Et par dev. *IT*; *DEG want*
777. *No variant*
778. Et pi., c. feu e. *T*; pr. mout grant clarte jeter *G*; *B wants*; *ACDEI agree*
779. A g. *B*; A g. caines t. *C*; Et a. lances (glaves *E*) t. *DE*; Et a c. *G*; *I wants*; *AT agree*
780. Lor fort riche blason pecoier et tro. *I*; Et lor riches b. *B*; Les listes des b.

Variants   335

    DG; Et listes et b. E; et percier et tro. BDEG; ACT agree
781. Et des es., s. ses el fraper T; n. a lor el. C; s. ces el. D; BEG want; AI
    agree
782. No F. furent j. nes p. desserer E; c. nes p. encontrer (desevrer G;
    destraver I) BGI; D wants; (... T); AC agree
783. pa. Diex l. pu. tous s. I; D wants; (pu. ... T); ABCEG agree
784. B. n. (nes EG) puet (po. E) mais soffrir ne e. DEG; i. del renc n. (ne B)
    IB; r. ne po. C; r. n'i puet pl. T
785. A .VII.C. chevaliers: I; A .V. m. puissans: T; que Jhesu p. sauver IT; p.
    alever DG; AC agree
786. A l'es. en viennent et f. I; A l'es. a. et f. T; l'es. f. et bastoner D;
    ABCEG agree
787. et pa. vertu l. B; et pa. proesce l. CT; ADEGI agree
788. Adont veisies et g. [sic] C; La (Dont B) oissies le. DBEGI; Donc v. ces T.
    T; g. et usler CDE
789. Leur cors et leur ta. T; cors et l. buisines: DEG; ta. retentir et souner EI;
    te. et souner CDGT; B wants
790. P. merveilleus es. T; et p. esfort ferir s. C; et p. poeste l'ont fait s. E; et p.
    esfort l. G; et p. force l. [sic] I; D wants; AB agree
791. d. sont no Franc recule B; d. ont fait F. T; f. no gent r. C; f. Francois r.
    GI; F. refuser D; AE agree; D adds 6 lines La oissies les Turs et glatir et
    husler [cf.788]/ Lor cors et lor buisines et tentir et soner [cf. 789]/ Et sore
    nos Franchois et ferir et huer/ Ja fussent no baron et no gent au finer/ Mais
    Dex qui al besoing velt sa gent conforter/ Lor tramist tel secors qui bien
    fist a loer
792. K. dont v. saint J. D; b. arestere B; b. escrier I; T wants; ACEG agree
793. Et oist B. BDEGI; Qui veist B. T; et h. (huer T) et crier BDEGT; AC
    agree
794. *No variant*
795. li chiens demaine le D; rest agree
796. Q. sallete d. p. et l. f. buissener C; Q. i. s'esqueut as chiens et i. les fait
    rurser D; Q. i. frape du pie et E; Quante [sic] i. faut d., l. vet b. G; l. (li
    B) fait b. IB; T wants
797. A. faisoient T. no F. d. D; Si v. les T. E; A. vissies les T. G; n. barons d.
    BI; ACT agree
798. B inverts 798/799; e. ne p. BCDT; e. n'en pe. aler G; I wants; AE agree
799. *B inverts 798/799*; (n. maintenist q. G) q. t. puet governer DG; n.
    soustenist q. E; C wants; ABIT agree

26. *ABCDEGIT*

800. *No variant*
801. F. orent une destrece g. E; (F. ererent [sic] e. G), l. destreche g. DG; l.
    presse plus g. I; (b. ... T); ABC agree
802. Car T. B; c. trencant E; (c. ... T); ACDGI agree
803. A c. (lanches D) a. et a maint (l. IT) dart trencant GDIT; Et a glaves de fer
    ne les vont espargnant E; BC want
804. li groie v. I; s. menant BCDEGI; (s. ... T)
805. Q. i. faut d. espiers et C; Q. i. saut d. espies et, v. menant D; Q. i. frape

d. *E*; Q. i. falent d. *G*; v. pignant *BI*; (v. p... *T*)
806. Tot a. (ensi *EG*) vont li Turc n. F. debotant (demenant *EG*) *DEG*; Ensi v. *C*; n. barons demenant *B*; *AIT agree*
807. Ne. p. *BCDEGI*; du. bien en s... *T*
808. Se D. ne les sauvast (amast *G*) p. *EG*; Se D. nel sec. *I*; p. son digne c. *EGT*; *ABCD agree*; *E adds 1 line* Tost seroient ocis no cevalier vaillant
809. a esporons (espons *C*) b. *GC*; (e. bro... *T*); *ABDEI agree*
810. Sa. Florin sa. D. qui les cuers ont vaillant *B*; Sa. Barle et sa. Domisse so. le blanc ataignant *D*; Sa. Blaue et sa. Morisse: *E*; et sa. Denis: *C*; et sa. Domistre:, (que Diex par a... *T*) *IT*; cascuns so. (lor *C*) l'a. (a. *C*) *ECI*; *AG agree*
811. Et sa. Denis d. *B*; F. o compaignie grant *D*; so. .I. asne bou... *T*; l. bai destendant *E*; b. de Nogant *C*; *I wants*; *AG agree*
812. Et le ber s. M. q. *B*; Et s. Domin le ber q. *E*; d'A. cui D. *C*; d'A. sus Rondel son ser... *T*; *DG want*; *AI agree*
813. U. grant l. c. faucons v. *B*; U. regions d'a. *C*; U. eligion d'a. *D*; f. bru... *T*; *AEIG agree*
814. Qui se f. e. T. molt en vont trebuchant *D*; Si (Se *G*) ferirent e. *BG*; Qui se *E*; f. as T. c. faucon bruiant *C*; T. par merveilleus ... *T*; *AI agree*
815. Q. (Que i. *T*) ategnent a c., (d. mor... *T*) *BIT*; *CDEG want*
816. i cheta m. *DEG*; i ma m. *T*; S. et . *EI*; *B wants*; *AC agree*
817. U T. u Arrabi u p. *C*; B. p. ou m. *I*; *BE want*; (p. me ... *T*); *ADG agree*
818. b. le v. (v. li. en s. et *E*) *CE*; b. le virent m., li. ... *T*; v. (virent *G*) si s. *DG*; *ABI agree*
819. j. pasmes a *G*; q. leva en *E*; (s. ... *T*); *ABCDI agree*
820. (Et enbrace l'esc. *BCI*) l'esc. et l'esp. *TBCI*; (Et redraice l'esc. *G*) l'esc. et relieve le brant *DEG*
821. c. et (si *C*) fiert si (.I. *E*) l'a. (a. *E*; ... *T*) *BCDEGIT*
822. S. estoit d'Es. *I*; er. de Calone en. *C*; pi. de d. *CI*; *BDEG want*; (er. d'Esca... en., pi. ... *T*);
823. Q. l'es. l. perca et *B*; p. le clavain li d. *I*; *DEG want*; (Q. to... *T*); *AC agree*
824. Que le c. de son ventre en .II. moities li fant *DEG*; m. trenchant *I*; *B wants*; (... *T*); *AC agree*
825. Tout p. *B*; l'a. ens ou champ *I*; m. gisant *C*; *DEG want*; (... p. *T*)
826. Ce sont ci v. dia. Suriant *E*; Q. c. e., l. Suriant (sousduiant *G*) *DG*; e. ce sont dia. ce die. m. *C*; *ABIT agree*
827. V. le fier d. *GI*; le. cols d. *C*; la. n'arons nos nul g. *B*; la. (lance *G*) ne (nen *G*) somes (est nus *G*) desfendant *DG*; la. nen arions g. *E*; la. n'arons hui m. *T*
828. *DEGI want*; *ABCT agree*; *B adds 1 line* A iceste parole n'i sont plus arestant
829. I. lor livrent le. (le *D*) *ED*; d. si gerpissent le camp *D*; Ains li. *B*; *ACGIT agree*
830. en. s. J. de d. *I*; J. avant *EG*; *ABCDT agree*
831. Et lichez b. [*sic*] *C*; Et nos gentis b. *T*; b. a esperons brochant *I*; a. aus va poignant *E*; *B wants*; *ADG agree*
832. Et (Qui *I*) fierent d. *CIT*; e. as T. mout durement *T*; T. mecreant *I*; *BDEG want*

Variants

833. (De m. et de n. v. *G*) v. (est *D*) la terre c. *BDGT*; Et d. m. *C*; n. la tere va joncant *E*; *AI agree*; *DEG add 1 line* Li os est estormie et deriere et devant
834. Desi que en la, enm. fuiant *E*; Deci jusqu'a la, le. menerent f. *T*; Enfresi a la *B*; Enf. qu'en la *D*; le. ont menes f. *G*; enm. batant *C*; *AI agree*
835. Trois mil en veissies floter de maintenant *E*; .M. et .VII.C. en vont ense l'aighe f. *G*; en ocisent en. *B*; en noierent en. *CDT*; i ot en. ens o. *I*; n. es es o. *A*; en une onde f. *D*; es o. maintenant *T*
836. Do. (Que *T*) di. enporterent: *BCIT*; Do. di. ont l. a.: *DEG*; en ynfer le puant *DEG*

27. ABCDEGIT

837. (Es s. *D*), d. sen b. *BDG*; R. par d. son m. *E*; *ACIT agree*
838. la bele c. jouste le sa. *E*; la. contree u *G*; *ABCDIT agree*
839. F. mout g. la merlee d. *T*; f. fors la b. del lin a l'a. *B*; f. la g. b. d. *I*; b. et li estors (estor *E*) plenier *DEG*; *AC agree*
840. De (De. *T*) T. et de P. *BCDGET*; P. que Dex doinst encombrier (destourbier *E*) *DEG*; P. que Dieu *I*; Deu n'o. mie (gaires *T*) c. *BT*; *B adds 1 line* Il ne voelent Deu croire ne Mahon renoier
841. Ne co. (si *T*), (cr. que l. *B*) *IBT*; n. volrent cr., l. virge m. *C*; *ADEG agree*
842. P. et c. *E*; s. ne f. *BD*; s. et se fist b. *G*; *ACIT agree*
843. e. que il n. v. la. *C*; e. ne le v. *D*; q. ne les v. la. *ET*; *ABGI agree*
844. n. li v. *C*; n. v. pas t. *I*; *DEG want 844-846*; *ABT agree*
845. eu. as espees d'a. *T*; *DEG want*; *ABCI agree*
846. c. n'a de mire mestier *I*; c. mors est sans recovrier *T*; *BDEG want*; *AC agree*
847. S. J. par dev. *BC*; Et s. J. avant (de Rames *D*): *EDG*; S. J. est dev. *T*; qui les fait t. *CGT*; *AI agree*; *B adds 1 line* Des mors et des navres fait la voie joncier
848. Enfresi a l. *B*; E. qu'en l. *D*; Desi que a, n. cessent d'encaucier *E*; Enjusques a l. *T*; d. brochier *C*; *AGI agree*
849. *B has 2 lines* Dedens l'aighe en salirent plus de .IIII.M./ Ains puis n'en isci .I. ains le convint noier; Bien .IIII.M. en i convint noier *G*; e. ocient c. l. rochier *D*; e. envoient c. *E*; e. i noie ens en mi l. *I*; *ACT agree*
850. L. ar. enporterent d. *B*; en. malfe et *C*; *E wants*; *ADGIT agree*; *B adds 1 line* En infier le puant les fisent herbregier
851. J. venir et repairier *D*; *rest agree*
852. m. aler et *I*; *rest agree*
853. S. Jore et (et *lacking in G*) *BDGI*; et s. Denis l'u., l'au. brochier *C*; et s. Domistre *IT*; D. V. les Turs ad. *B*; l'au. eslaisier *G*; *E wants*
854. b. a l'a. *D*; *BE want*; *ACGIT agree*
855. Et B. li b. li c. *E*; (... B. *T*); *ABCDGI agree*
856. S. J. gentius b. *B*; S. J. dous amis con v. *E*; ... J., b. v. d. m. a. c. *T*; b. bien v. *C*; b. (sires *G*) com v. *DG*; *AI agree*
857. V. sainte eglise f. *I*; ...ostre s., f. mout e. *T*; g. vos f. e. *D*; *ABCEG agree*
858. U. eveske metrai et .III. c. *B*; U. veske i meterai et *G*; c. de m. *C*; *D wants 858-861*; (... ev. *T*); *AEI agree*

859. c. la messe et *B*; *D wants* (... c. *T*); *ACEGI agree*
860. Et q. lairont le. *C*; ... q. diront le. *T*; *BD want*; *AEGI agree*
861. *CDEGT want*; *ABI agree*
862. *No variant*
863. M. deves De. *CI*; M. par devonmes De.: *G*; dev. Damledeu: *DE*; ... dev., g. amer et *T*; g. loer et es. (gracier *C*) *BC*; amer et tenir chier *DEGI*
864. Q. n. ont f. ces Turs en av. eslongier *C*; Quant n. a, c. aval al. *E*; ... f., v. en av. *T*; v. en nos cors al. *D*; av. eslongier *BG*; *AI agree*
865. Ore b., p. del r. *BDI*; Or. b. afrontes p. *C*; Or repairons a. tentes p. *E*; p. del repairier *CE*; *G wants*; (... *T*)
866. P. s. l. e. f. l. c. t. *C*; Si prendons Sarrasins que Dix doinst encombrier *E*; Les tiestes de ces Turs vous penes detrencier *G*; e. coper et detrencier *BI*; *D wants*; (e. fai... *T*)
867. As (A *E*) k. de c. *BCE*; c. les faisons a. *E*; et afichier *I*; (et a... *T*); *ADG agree*
868. Dedens J. *B*; Devant J. *D*; l. ferons (volrons *D*) caroier (envoier *G*) *EDG*; *T wants 868-879*; *ACI agree*
869. mi le haut mur: *EG*; la dedens balenchier (baloier *E*) *DE*; jeter et balancier *G*; *T wants*; *ABCI agree*
870. cos. ki les f. irier *B*; (cos. qui f. *G*) f. esmaihier *DEG*; *I wants 870-872*; *T wants*; *AC agree*; *B adds 1 line* Sire font li baron bien fait a otriier
871. *DEGI place 871, 872 before 877*; *D* Les haubers et les armes et les ars de cormier/ Les espees trenchans et les dars por lanchier/ Trestout en font porter nes i volrent laissier/ (*876 wants*)/ Qui la veist no gent descendre ens el porrier/ Les espees deschaindre les elmes deslachier; *E* Les haubers et les elmes les ars de cor manier/ (*874 wants*)/ Tout en vaurai porter por paines damagier/ (*876 wants*)/ Qui la veist les princes descendre ens el vergier/ (*872 wants*); *G* Les aubers et les ielmes et les ars de cormier/ Les espees trencans et les dars pour lancier/ Trestout en volt porter pour paiens damagier/ (*876 wants*)/ Ki la veist les princes descendre ens el berier/ (*872 wants*); *I* Les haubers et les elmes n'a voeil je pas laissier/ Les espees trenchans et les dars pour lancier/ Les ars de cor turcois les saietes d'acier/ Ains aront a l'ost Deu a nos Francois mestier/ Qui la veist les princes descendre ou gravier/ Les espees descaindre les haubers deslacier; v. nos p. *B*; v. no gent d., el porrier *D*; p. descendre ou g. *I*; en. es g. *A*; el vergier *E*; el berier *G*; *T wants*; *C agrees with text*
872. *for order of DI see 871*; el. (haubers *I*) deslacier *DI*; *BEGT want*; *AC agree*
873. *for order of DEGI see 871*; h. et l. a. (elmes *EGI*) *DEGI*; et les ars de cormier *DG*; les ars de cor manier *E*; n'i voeil je p. la. *I*; *BT want*; *AC agree*
874. *B gives 874-881 in order 878, 879, 868-870 repeated, 880, 881, 874-876, (877 wants)*; Et les tiestes as Turs coper et detrencier/ As ceues de cevaus noer et atacier/ Dedens Jherusalem les ferai balancier/ Tres par mi les haus murs pour paiens esmaier/ Ce sera une cose ki les fera irier/ .XV.M. cevaus et autretant destrier/ En ont fait de lor armes et torser et cargier/ Et les canes trencans et bons dars pour lancier/ Les ars de cor turcois les saiaites d'acier/ Mout aront a l'ost Deu a nos Frans grant mestier; *for order of DGI see 871*; Et le. canes t. et bons d. *B*; Le. espees

Variants 339

t. (t. et le. d. *DGI*) *CDGI*; *ET want*
875. *for order of B see 874; for order of DEGI see 871; CT want; ABI agree*
876. *for order of B see 874; for order of I see 871;* Ains ar. *CI*; ar. a l'o. D. a nos Frans gr. m. (nos Francois m. *I*) *BI*; *DEGT want*
877. Et les h. for., (l. cors s. *E*) *CDEG*; *BIT want*
878. *for order of B see 874;* te. c. a. Tu. et d. *C*; *DEGT want; ABI agree*
879. *for order of B and repetition in B of 868-870 after this line see 874;* k. de c. *BC*; *DEGT want; AI agree*
880. *for order of B see 874; C inverts 880/882 and wants 881;* .XV.M. cameus (.X.M. fors cameus *E*) et au. s. *DEG*; Et .V. m., au. destrier *C*; m. chevaus et au. s. (destrier *B*) *IB*; au. de... *T*
881. *for order of B see 874;* Orent f. *E*; *C wants; ABDGIT agree*
882. *C wants 881 and inverts 880/882; DEG want; ABCIT agree*
883. Pu. a., pr. et (si *E*) en. *DEG*; a. lor pr. (voye *T*) *BT*; *I wants; AC agree*
884. l. garisse q. t. a a baillier *T*; t. a a jugier *C*; *BDEGI want*

28. *ABCDEGIT*

885. (Ostes v. *C*) v. a S. J. n. b. a. (retournes *I*) *BCIT*; v. les b. *G*; *ADE agree*
886. .XXX.M. ce. font et chargier et t. *I*; O .XXX.M. soumiers tous c. *G*; m. somiers o. (et *E*) *DET*; *ABC agree*
887. Des b. a. treslis et des es. l. *E*; D. haubers et de hyaumes de bons es. l. *T*; (D. vers a. *B*), d'el. de fors es. l. *CBI*; a. treslis de fors escus bocles *D*; a. tenans et de dars empenes *G*
888. Des es. *I*; da. afiles *BT*; *G wants; ACDE agree; CT add 1 line* Et d'ars (Et ars *T*) de cor tendus a (et *T*) quariaus empenes
889. Puis ac., (i a as. *D*) *GD*; i. orent as. *B*; *E wants; ACIT agree*
890. c. qui f. *BCDEIT*; c. qui mout est g. et les *G*; f. et g. et les *EI*; g. et quarres *D*
891. P. devers M. *EG*; P. devant M. *I*; M. l. ont a. *T*; l. vous aroutes *B*; *ACD agree*
892. Et vinrent a *DEGIT*; D. grans s. ert l. *D*; f. clines *B*; f. fines *I*; *AC agree*
893. Et G. (li du. *DG*) de Buillon lo. *EDG*; *ABCIT agree*
894. Et T. a la Feue li p. *I*; F. qui p. est et s. *C*; et li menbres *BT*; *ADEG agree*
895. s. .I. de. *B*; s. son (.I. *T*) cheval a. (montes *G*) *DEGT*; s. les destriers a. *I*; *AC agree*
896. Dit l. *I*; *rest agree*
897. *BDEGI invert 897/898;* Ou fu prise la pro. *T*; pro. que v. (v. chi a. *G*) *BGI*; pro. de coi aves plentes *E*; *C wants; AD agree*
898. *BDEGI inverts 897/898;* v. nos a. *D*; ci amenes *E*; *ABCGIT agree*
899. Et respont Buiemont orendroit le sares *DEG*; *ABCIT agree*
900. E. mi les plains d. *E*; d. Romme a. *I*; R. s'a. *B*; *ACDGT agree*
901. *T wants; rest agree*
902. a. que ci, (t. aprestes *G*) *EG*; e. a t. s. p. *I*; *ABCDT agree*
903. de. et livres *B*; *C wants; ADEGIT agree*
904. Q. n'a nule armeure nos l'en donrons asses *D*; Q. n'ara boin c. *E*; n'a point d., (c. si l'e. *I*) *BIT*; u. dounes *BCET*; *AG agree*
905. Et hauberc et bon ielme et bon branc ac. *G*; Et au. *D*; Bons au. *T*; au. ne fors el. ne bo. *I*; *E wants; ABC agree*

906. *E has 1 line for 906-908* Pour la r. p. f. l. b. en.; D. c. boine p. *B*; r. presens la leur fu. presentes *T*; c. i. (bien) fu esc. *CBDGI*
907. D. .XXX.M. Frans f. *BCDT*; l. cuens e. *C*; l. dus e. (loes [sic] *D*) *GD*; b. aclines *I*; *for E see 906*
908. Par i. pa. f. il pris e. grant gre. *C*; Par i. *B*; pa. f. pris e. si gra. *I*; q. pr. f. e. gre. *G*; *for E see 906*; *ADT agree*
909. Dont so. v. a l'ost et descendu a. t. *E*; v. a. sieges des l. et des t. *G*; l. et d. *D*; l. et sont venus a. t. *I*; *ABCT agree*

29. *ABCDEGIT*

910. *No variant*; *BCDGIT add 1 line* (Tost *DG*) furent de lor dos (cors *I*) li blanc auberc sacie (glacie *T*)
911. Lor es. *E*; es. deschaignent el. ont desl. *D*; desc. et li elme laissiet *C*; *ABGIT agree*
912. c. (cervieles *G*) estoient t. soillie *DEG*; f. trestous mouillie *I*; *ABCT agree*
913. *E inverts 913/914*; Et a fait l'esq., fu a nuit [sic] *E*; f. l'esq. *BCDIT*; *AG agree*
914. *E inverts 913/914*; Li boins dus d. B. a son el. la. *E*; Li bons dus d. B. la grant brougne vestie *G*; B. son v. *B*; *D wants*; *ACIT agree*; *B adds 1 line* Et ot en sa conpagne maint cevalier prisie; *E adds 1 line* Quant ce vint l'endemain que il fu esclairie
915. Li euvesque et l. a. *A*; Et l. v. *B*; L. vesques et l. abes: *E*; *CGT agree with text*
916. Chanterent lor matines s'o. J. g. *I*; c. (cantees *BEG*) les messes et (et Jhursalem grasie *G*) *DBEG*; (... *T*); *AC agree*
917. let. et liute et v. *C*; let. ont d. *E*; let. d. et versefillie [sic] *I*; d. et versiie *B*; (... et d. *T*); *AG agree*; *B adds 1 line* Et li autres barnages a Dameldeu priie

30. *ABCDEGIT*

918. T. et lor g. *BDI*; T. et sa g. *G*; (... et T. *T*); *ACE agree*
919. S. a p. d. a l. h. *E*; ...e d. a l. h. *T*; *ABCDGI agree*
920. ...lle compaigne penee et t. *T*; *DEG want*; *ABCI agree*
921. (l. gentis b. *T*), J. se fie *DGIT*; b. cui (que *E*) Jhesus beneie *CE*; *B wants*
922. n. l'eschergaita l. g. *D*; l'e. sa g. *E*; l'e. le vert elme lacie *I*; l'e. l. fort b. *T*; *ABCG agree*
923. Li boins dus G. (de B. *DG*) du. *EDG*; B. jusqu'a l'a. *BI*; B. tres qu'a l'a. *C*; B. a bele compaignie *T*; l'a. esclairie *BCDE*
924. c. de mout grant seigneurie *T*; *DEG want*; *ABCI agree*; *T adds 2 lines* Enjusques au demain que l'aube est esclairie/ Que se leva par l'ost toute la baronnie
925. a. et l. autre c. *DET*; *ABCGI agree*
926. O. cantees (cante *D*) les (lor *G*) messes: *BDEGT*; et liut le let. *C*; et la grant let. *T*; d. lor let. *GI*
927. Chel j. *D*; Adont f. *EG*; Ce j., B. mout r. *T*; B. sa r. *DEG*; *C wants*; *ABI agree*

Variants

928. v. (viol *G*) avoir ce.: *DEGT*; co. ne b. *I*; ne fort (grant *B*) b. treslie (sartie *T*) *DBEGT*; *AC agree*
929. Et e. *E*; n. grant brogne fl. *B*; n. grant t. *T*; *ACDGI agree*
930. B. lor d. *CI*; (B. le d. *E*), g. cortoisie *BEGT*; *AD agree*; *BDEGI add 1 line* Toute fu li os Deu rasasee et enplie (D. sasee et replenie *D*; D. de plente raemplie *E*; D. sasee et raenplie *G*; D. assasee et remplie *I*)
931. *No variant*; *I adds 3 lines* Et pour son ... la grant chevalerie/ D'esvesques et d'abes et de toute clergie/ Et la menue gent doucement l'en mercie
932. e. longes la Jesu compaignie *E*; li gentil baronnie *G*; g. cevalerie *BCIT*; *D wants*
933. so. l. v. o. a. *T*; s'o. le v. *E*; *ABCDGI agree*
934. D. v. Jherusalem l. (l. cite signourie *E*) *TE*; J. cele te. *B*; J. vers l. te. *C*; J. ont lor voie adrecie *I*; g. voie e. *D*; g. cite garnie *G*
935. L'a. li f. *B*; Avangarde lo. *C*; L'angarde f. Robers: *EG*; f. Robers de *T*; li quens de N. *BCE*; *ADI agree*
936. Cil c'olt le *G*; le brane ca. *C*; *B wants*; *ADEIT agree*
937. Vinrent a la monjoie Jursalem ont choisie *D*; o. ale .II. *BT*; *ACEGI agree*
938. Adont (A p. *EG*) sont descendu en mi le praerie (en une praerie *G*) *DEG*; l. Dieu c. *T*; *ABCI agree*
939. P. grant afflition e. *BIT*; P. grant devotion e. *CE*; P. mout bon cuer cascun e. *G*; *D wants*; *B adds 1 line* Mout souvent ont la tiere acolee et baisie

31. *ABCDEGIT*

940. *No variant*
941. Tost f., p. taillie *DE*; Tout f. *G*; *ABCIT agree*
942. Et d., ce. rompet et *C*; ce. taillie et *E*; et detrenchie *I*; *B wants*; *ADGT agree*; *EGI add 1 line* Li vesques et li abe et li rices (autre *G*) clergie
943. C. tint s. *CE*; C. trait s. *BG*; s. (le *I*) ceval pa. *BEGI*; d. en son braz arresnie *T*; *D wants*
944. Orent t. *D*; Or o. *EG*; t. no baron et p. *B*; t. el s. et ale et m. *E*; *ACIT agree*
945. Q. mout p., s. atargie *T*; ta. estoit tr. *E*; tr. que m. *C*; tr. que m. s. (fu *G*) traveillie *DEG*; d. s. m. a. *I*; *B wants*
946. Vinrent a le m. (montaigne *E*) si s. *DEG*; A la m. v. la s. *T*; *ABCI agree*; *I adds 1 line* Chascuns bat sa poitrine et pleure son pechie
947. J. encontrent p. *B*; J. encline p. *I*; *ACDEGT agree*; *B adds 2 lines* Et ont trestout ensamble Dameldeu grasie/ Mainte larme ont ploree de joie et de pitie; *T adds 1 line* La pleurent et sospirent d'amour et de pitie

32. *ABCDEGIT*

948. l. montaigne: *EG*; parvinrent n. b. *DG*; vinrent nostre b. *E*; v. li b. *BT*; *ACI agree*
949. L. evesque et *T*; a. gent d. r. *E*; a. qui sont d. g. region *I*; *ABCDG agree*
950. D. haute kiriele oi. on la lecon *I*; Des h. k. i oi. en l. s. *T*; h. misereles i oissies l. *E*; k. oi. on l. raison *B*; k. oissies le lechon *D*; k. oisies les cancon *G*; *C wants*
951. Et tant a. *I*; *rest agree*

952. cant. le canc. *C*; l. lecon *TB*; *ADEGI agree*
953. k. que e. c. les oit on *I*; *rest want*
954. p. oir t. maint r. *B*; v. le maisnie Jhesum *DEG*; *T wants*; *ACI agree*
955. U baisoient la t. *E*; Mordre baisier la t. *I*; b. les pieres la t. et le s. *B*; t. par grant devocion (aflision *G*) *DEG*; (t. la p... *T*); *AC agree*
956. Li u. d. *BCDT*; Li u. l. d. l'a. *EG*; et crioit so. *C*; et disoit en (le *I*) se. *EI*; et contoit le se. *G*; et tenoit so. ... *T*; t. a se. *D*
957. (Par cha passa *D*), q. vint a passi. *EDG*; Par ici passa Diex q. *I*; *ABCT agree*
958. Et s. benoit a. *E*; (t. s. ... *T*); *ABCDGI agree*
959. Bon a. *DET*; s. tante percussion (percusetion *B*) *CBEI*; t. mal por le son nom *D*; *G wants*; (s. ta... *T*)
960. (Et tant et tant s. *T*), tant. destrution *BCET*; s. tant persecucion *D*; s. et tant. destruction *I*; tant. destruison *G*
961. Le. grans v. et l'orage le n. *DEG*; v. et le. ores les frois et les glacons *C*; *B wants*; *AIT agree*
962. Q. le saint chite a nos iex esgardon *D*; Q. nous ve. as iex la cite de Jesum *E*; Et voies le cite a nos iols l'esgardon *G*; *ABCIT agree*
963. Ou Dex rec. *DEG*; *ABCIT agree*; *B adds 1 line* Quant Juis le pendirent li encrieme felon
964. As m. d. la cite: *E*; la chit: *DG*; par grant aatison *DEG*; *ABCIT agree*
965. O t. *C*; O. mainte r. *E*; *ABDGIT agree*
966. (Et d. paile a *I*), or d. cemdal d'or *EI*; (c. d'or... *T*); *ABCDG agree*
967. Persant et S. et Turc et Esclabon *E*; S. Persant et Esclavon *DG*; m. Noiron *I*; *ABCT agree*
968. Aloient s., m. de la grant fremison *B*; Est. ens es tors ent. *C*; s. le mur ent. *DG*; (m. ... *T*); *AEI agree*

33. (*F has 10 lines of interpolation before l. 969: see Appendix 2*)
ABCDEFIGT

969. l. monoie s. *B*; l. montaigne s. *G*; (F. ar... *T*); *CDEFI agree*
970. J. de p. *C*; m. forment en. *E*; m. souvent en. *G*; (p. en... *T*); *ABDFI agree*
971. D. joie de le. *C*; le. que v. *G*; qu'i. voient la *FI*; *ABDET agree*
972. m. et le. (le *C*) batalle et le *BC*; m. et le. bretesques et le *E*; m. bien bataillies et la g... *T*; b. les rices f. *G*; *ADFI agree*
973. T. i pl. l. vesques et l. abe *E*; Plorererent [*sic*] durement l. p. *B*; Pl. de pite l. pr. *C*; Plorerent t. *D*; Pleurent mout t. *I*; Si pleurent t. *T*; *AFG agree*
974. *B wants*; *rest agree*
975. *No variant*; *D adds 1 line* Que Sarrasin i orent et drechie et pose
976. L'aigle (L'aighe *EG*) d'o. qui r. (r. coume f. *BEG*) *IBEG*; Et l'aigle qui r. com solaus e. *D*; d'o. fu sus qi getoit grant clarte *F*; *ACT agree*
977. Et le pale tendant (pendant *E*) q. *BDEG*; Et les grans tres tendus q. *C*; Et la table de marbre q. *F*; Et les pailes tendus q. *I*; Et p. sus estans q. *T*; q. li T. ont pose *E*; q. paien ont ouvre *G*; o. ouvre *BI*; o. trove *D*
978. .XX. aunes o. d. lo. et .XX. .II. t., et une en *F*; t. ont d. lo., en ont d. le *CE*; et .XXX. en *B*; et .XX. en *T*; *AGI agree*
979. La ert le lo. esc. *DEG*; i ert esc. *B*; *ACFIT agree*

Variants

980. s. cu. et d. *D*; s. cui Dix doint mal dehe *E*; s. qe Dix n'a pas ame *F*; s. c'ainc ne volt Dieu amer *G*; *ABCIT agree*; *I adds 2 lines* Estoient as cretiaus de la bonne cite/ Esgardent nos Francois dont il i ot asses
981. S. le mur d. *T*; e. de tout les *C*; *DES want 981-986*; *ABFI agree*
982. O. tante r. ensaingne de cendal couloure *I*; Avoit t. *B*; E D., p. escarmant et r. *C*; He D., p. et tant rice cende *F*; *DEG want*, *AT agree*
983. t. rice en. *B*; t. riche targe et tant escut boucle *I*; c. bien ovre *C*; *DEFG want*; *AT agree*
984. D. riche singlaton a *I*; s. ki furent bien ov. *B*; s. et de pailles roes *C*; s. de f. *F*; *DEG want*; *AT agree*; *F adds 1 line* S'ont li mur de la ville entour encourtine
985. v. de p. sacies en verite *E*, *which adds 1 line* De cent mille mars d'or et d'argent esmere; d. mille ma. pe. *C*; ma. d'or pe. *BI*; ma. d... *T*; *DEG want*
986. A. rendoient g. *BI*; i gete g. *F*; *DEG want*; *ACT agree*; *F adds 6 lines* Ce fisent par boisdie cele gant al malfe/ Mais tout lor faus engien ne vaut .I. oef pele/ Mout esgardent Francois icele ricete/ Cascuns a Damediu pronmis [*sic*] et affie/ Qe ja n'en tourneront pour nulle povrete/ S'aront pris Jhursalem pour cui sont tant pene
987. Mout fu. *DEFG*; fu. il p. et fo. et a. *I*; p. s. fo. et a. *C*; p. vasal et a. *G*; et vassal a. (ad... *T*) *DET*; et forment a. *F*; *AB agree*
988. Que il m., pa. fine po. *I*; m. l'ensegne pa. mout grant po. *B*; m. l'engien pa. *E*; *ACDFGT agree*
989. i. n'en a. herbe n. r. n. p. *D*; n'a. h. (herberge *G*) n. r. n. p. *EG*; r. n. fontaine n. p. *C*; r. n. herberge n. p. *FI*; r. n. boscage n. ... *T*; *AB agree*
990. N. f. courant deci a S. *T*; s. desi a S. (Filee *E*) *DE*; d. en S. *C*; *ABFGI agree*
991. s. n'i a g. b. *C*; s. ou (qui *E*) petit a b. *DEG*; d. ... *T*); *ABFI agree*

34. *ABCDEFIGT*

992. fon. estoit for. *B*; fon. es. molt for. *D*; fon. es. durement sa. *E*; fon. es. merveilles sa. *F*; fon. es. si f... *T*; *ACGI agree*
993. Ele p. est en rin Silee a. *I*; est en esc. S. (Filoee *E*) *FE*; est en scripture S. *T*; p. sen droit non S. *B*; *G wants*; *ACD agree*
994. As bo. et as corte f. *I*; bo. de fort cuir f. *E*; bo. a barius f. *G*; et a somes f. iluec a. *B*; et a canes f. *D*; et a loires f. *F*; (... f. *T*); *AC agree*
995. A sommier et a asne et c. et menee *I*; As s. et as as. *F*; as. et c. et menee *CE*; *B wants*; (...miers et a as. *T*); *ADG agree*
996. b. de France le loee (France l'oneree *D*) *EDG*; v. est pro. *CF*; (...nce et *T*); *ABI agree*
997. (...rent v. *T*) v. et m. l'ont d. *CT*; v. et a g. d. (conseurree *D*) *ED*; v. par m. *F*; a grande d. *I*; *ABG agree*; *F adds 3 lines* Sacies n'orent pas vin ades a mesuree/ Clare ne bouguerastre n'erbe qi fust coulee/ Et d'autre n'en n'ont pas qanqes il lor agree
998. Sacies il n'ont pas sales ne c. encourtinee *F*; Ni d. mie g. *B*; Ne demandent [*sic*] p. *C*; Ne d. *DG*; Ne (... *T*) demanderent p. (mie *T*) *EIT*; p. la c. bien paree *D*; p. la la c. pavee *E*; p. nule c. paree *G*; c. engordinee *BCT*

999. A boi. *D*; boi. le bon vin:, (a mainie privee *E*) *BEGI*; *ACFT agree*
1000. m. beles chars n. *I*; cr. paons n. *E*; ca. et v. *BC*; ca. de caude comminee *F*; v. salee *BEGIT*; v. pevree *D*; *B adds 1 line* Pour les bruees humer ne la caude pevree; *F adds 2 lines* Ne mengier char de grue ne venison salee/ Ains ont pour Diu servir mainte paine enduree
1001. C. wascrue manjoient quite et *B*; C. de vaque man. mal q. *E*; Man. la c. crue ni q. *I*; Mais c. d. b. man. mal q. *T*; c. wascrue mal q. *DG*; b. malement conraee *F*; *AC agree*; *F adds 9 lines* Signour cele cites q'est Jursalem nomee/ Sacies ne fu pas prise certes ne conqestee/ Pour jesir ens es cambres n'en sale painturee/ Ne par dormir sour qiute de plume boussouflee/ Ne par mangier viande qi est bien atornee/ Par orguel par revel ne par faire posnee/ Ne par emplir le ventre cascune matinee/ Ne par esbanoier le soir a l'avespree/ Par caroles par jus tresque demenee; *G adds 1 line* Et pain de peteruele qui forment leur agree
1002. Pour pai. et pour t. pour m. c. *B*; Par paines par travax et par grant c. *D*; Mais par maint grant t. par m. c. *F*; pai. et par t. (t. de m. c. *E*) *CEIT*; pai. par travaus par m. *G*
1003. Et p. (pour *B*) fain et p. (pour *B*) soif (s. *C*): *DBCEFIT*; et pour mainte g. *B*; et p. mainte contree (mellee *EG*; colee *T*) *DEGT*; p. nois et p. g. *FI*; *F adds 2 lines* Par plueues et par vens souffrir et le gelee/ Par plueues et par vens souffrir et le greslee
1004. Et pour f. b. et pour ma. me. *B*; Et p. fiere bataille et p. ma. me. *CI*; *DEG want*; *AFT agree*; *I adds 1 line* Iert la saintime vile et prise et conquestee
1005. b. sofrirent m., (du. meslee *D*) *BDEFGI*; du. soudee *T*; *AC agree*
1006. *F places 1006 after 1009*; (v. fu p. *E*), et aquitee *DE*; v. eussent c. *T*; p. n'aquitee *G*; p. ne c. *I*; *ABCF agree*
1007. ... f. mains h. r. maint. t. troee *T*; r. et maint. t. lee *D*; t. troee *BCEFGI*
1008. mainte espaule n. *T*; *E wants*; *ABCDFGI agree*
1009. *F places 1006 after 1009*; Et tant pie et tant poing tante te. col. *C*; Et mains puins et maint p. (pies *G*) maint. jambe (t. *G*) col. *DG*; Et mains pies et mains puins i fist la desevree *E*; p. en fu trencies maint. t. *F*; (... maint. c. *T*); *ABI agree*; *B adds 1 line* Et mainte arme de cors partie et desevree
1010. *CEFG want*; (... s et d. a. *T*); *ABDI agree*; *B adds 1 line* Mainte puciele en fu orfenine clamee
1011. (...e ca. *T*); *rest agree*
1012. Onques t. n. fu veue n'escoutee *E*; A. miudre n. fu dite oie n'escoutee *F*; Ains mais teus n. fu *B*; Ains t. *CGI*; Onques tel n. fu, b. escotee *D*; ... n. fu, s. bele ca. *T*; *B adds 2 lines* Si con Jherusalem fu prise et conquestee/ Et la gens sarrasine ocise et decolee

35. *ABCDEFGIT* : *B places laisse 35 after laisse 38*; *E places laisse 35 after laisse 36*; *F begins laisse 35 with 12 extra lines, see Appendix 3*

1013. sor .I. a. *B*; (...s P. *T*); *ACDEFGI agree*
1014. p. o soi en apela *E*; lu. amena *BI*; (... b. *T*); *ACDFG agree*
1015. q. Dex m. honera *D*; q. Jesus m. a. *E*; q. il f. *I*; *BG want*; (... b. *T*); *ACF agree*

Variants 345

1016. De d. *BFI*; Par d. *EG*; d. Josafas l. (.I. *B*) *DEGI*; l. t. amont p. *E*; g. terre p. *G*; t. monta *CF*; (...ayphas l. *T*)
1017. (l. cit s. *I*), et esgarda *BCDEFGIT*; (... v. *T*); *B adds 1 line* Et le temple et la tor que rois Davis forja
1018. A. prices [*sic*] a. b. l. *E*; (...s p. *T*); *ABCDFGI agree*
1019. Dedens la sa. v. se. baron f. ja *E*; E. ceste sa. *BI*; Dedens le sa. *D*; (...te v. *T*); *ACFG agree*
1020. Vees le m. d'O. *I*; ou Jhesus manda *F*; (...t O. *T*); *ABCDEG agree*
1021. L'asne et *CF*; s. (le *DE*) f. et o. *IDE*; f. que o. *FG*; (...nesse et *T*); *AB agree*
1022. Vees l., pa. ont Dex i en. *D*; Et (... *T*) vees Po. *GIT*; O. (Ore *B*) la u *EBGIT*; O. ou par ou Dix en. *F*; J. pasa *GI*; *AC agree*
1023. Ded. le sainte vile et o. *DE*; En Jhursalem la vile q. *G*; Et en J., o. le des. *I*; o. se des. *FT*; l. desploia *BDG*; *C wants*
1024. g. et i., (d. monta *DE*) *FDE*; (...v. *T*); *ABCGI agree*
1025. La mesnie a. J. la berance aporta *G*; J. esterniment rua *C*; J. grans torbes i ala *D*; J. sonabant i. *E*; J. cascuns li aporta *F*; *B wants*; (... e. *T*); *AI agree*; *D adds 1 line* Ens en mi leu des rues sternebant in via
1026. ... ains de., et l. ramis p. *T*; et de ramis (Rame *I*) p. *DEI*; et l. r. palmoia *G*; *B wants*; *ACF agree*
1027. Encontre Jhesu Crist la c. s'a. *F*; ... c. e. ployans la *T*; e. (fu *D*) pendans: *BDEGI*; li tertres se ploia *E*; quant la tiere aploia *G*; que la t. ploia *I*; t. se (s'i *D*) ploia *CD*; *F adds 1 line* Et la terre autresi desous lui abaissa
1028. (Tous l. *G*), n. redreca *BDGI*; n. se dreca *E*; (...s l. *T*); *ACF agree*
1029. V. (Et ves *F*) la le *BCDF*; Ves la le predorie la u *E*; Et si v. le plaice: *G*; v. la Porte Oire la o. le plaidoia *I*; le pretoire ou l'emplaida [*sic*] *C*; p. la o. le plaidoia *D*; p. la on l'em. *FG*; (...yes le p. *T*)
1030. (Et J. *B*), v. quant de lui se torna *GB*; v. quant de lui desevra (se sevra *D*) *EDI*; v. et p. *F*; *C wants*; (... J. *T*)
1031. pr. car pl. *B*; pr. ainc pl. *DET*; pr. ne pl. *G*; *ACFI agree*; *I adds 1 line* Onques de tel avoir ne fu fais tes achas
1032. Et ves la l'estandart ou o. le coloia *F*; Et ves iluec l'es. *E*; (... es la l'es. *T*); *ABCDGI agree*
1033. Et le leu ensement la o. l. c. *D*; Le [*sic*] u o. l. b. et drument laidenja *G*; ou o. l. feri b. et laidenga *F*; b. u o. l. c. *CE*; b. et ou o. l. c. *I*; et si l. c. *B*; *AT agree*; *I adds 1 line* D'espines couronner si com il l'endura
1034. Vees Mo. *B*; Vees Monte C., o. le guia *D*; Vees le M., o. l'enmena *G*; *CEI want*; (... Ca... *T*); *AF agree*
1035. Baron a *D*; *E wants*; (...neurs a i. j. ... *T*); *ABCFGI agree*
1036. Q. L. son coste de la lance p. *D*; Q. L. de la lance son coste li p. *E*; Q. L. de la lance ou costel le sainna *I*; Et L. *F*; f. et le c. *G*; *B wants*; (q. la ... *T*); *AC agree*
1037. Et l. *DEI*; c. desi en G. *EFT*; *B wants*; *ACG agree*
1038. V. la l. *D*; Et ves la l. *EF*; Si v. *T*; S. la u on le coucha *E*; u il se reposa *B*; ou Jhesu se coucha *T*; J. (Joses *G*) le posa *DIG*; J. le porta *F*; *AC agree*
1039. j. soldoihiers so., (se. deproia *E*) *DE*; j. et li bers so. *I*; se. la trouva *C*; *ABFGT agree*
1040. l'a. sui ainc p. n'i conquesta *E*; s. ainc p. n. d. *D*; n. l'en d. *BFI*; *ACGT*

agree
1041. q. li rois l. donna *CDEFGIT*; *B wants*
1042. V. la l. *D*; Et ves la l. *E*; v. la l. t. *F*; *ABCGIT agree*
1043. Q. la furent a. Jhesus le. c. *T*; *rest agree*
1044. Et lor d., v. puis l. *F*; v. adont l. enclina *C*; v. et il l. enluimina [*sic*] *G*; *ABDEIT agree*
1045. Ves la letanie ou [*sic*] *D*; Ves la le letanie u *E*; Et ves la le saint liu ou *F*; v. la la tour u *B*; v. la le laine ou *I*; le latime u *G*; la. la ou nous d. *T*; *AC agree*
1046. Des n. langes [*sic*] d. i. les e. *G*; n. nuef langes que i. *DE*; la. que i. *BCFIT*
1047. (Ves la Mont et S. *D*) S. ileuques d. *GD*; Ves la Mont Celison ilueques d. *E*; V. le Mont S. ou endroit d. *F*; V. Mont S. *C*; S. l. u se devisa *B*; S. l. ou Diex d. *T*; *I wants*
1048. m. Damedieu q. dou s. *I*; q. del s. ala *D*; q. de c. s. ala *E*; q. elle trespassa *F*; s. posa *B*; *C wants*; *AGT agree*
1049. Et vees J., o. la posa *I*; Voyes c. *T*; J. leu u *G*; o. la porta *BDEFGT*; *C wants*
1050. S. y. e. le sepulcre la *T*; la o. le coloia *D*; le coucha *E*; le porta *F*; *I wants*; *ABCG agree*
1051. O. (Mais *E*) deprions l. *DEI*; O. deprions a li s. *F*; l. me [*sic*] que Jhesus t. a. *T*; s. que D. *B*; s. comme D. l'a. *D*; D. l'emporta *I*; *ACG agree*
1052. Quant s. *I*; a. el c. le convoia *DE*; a. en son c. *T*; el (es *F*) c. (chius *F*) le porta *BFG*; *C wants*
1053. Qu'e. deprit so. f. en cui g. *E*; Qe (Qui *I*) deprit so. *FI*; c. fil si g. *C*; f. quant si *I*; u tant de d. *FG*; *D wants*; *ABT agree*
1054. t. cria *DF*; *ABCEGIT agree*
1055. L. homes et l. femes qua., n. ost a *F*; p. com chascuns fais les a *D*; p. quanques el mont en a *E*; *G wants*; *ABCIT agree*
1056. A. D. S. Pere c. *D*; S. Peres c. *T*; c. d'iaus escria *C*; c. respondu a *E*; *B wants*; *AFGI agree*

36. *ABCDEGIT : F to l. 1080*

1057. L. b. et l. p.: *B*; L. p. et (et *lacking in G*) l. b.: *EGIT*; b. et l. p. m. *D*; l. c. et (et *lacking in G*) l. m. *BEGIT*; *ACF agree*
1058. L. vesque li a. *C*; Euvesques et a. *T*; a. l. ho. d. ha. p. *E*; *BG want*; *ADFI agree*
1059. S. d. a p. deles un plaiseis *E*; S. d. a p. es tertres et es l. *I*; s. del t. del mont et del l. *F*; p. des destriers arrabis *C*; et es l. *T*; *BD want*; *AG agree*
1060. l. m. t. a D. si li c. mercis *E*; m. a D. *FT*; D. le roi de paradis *B*; et dient Jhesu Cris *F*; et hucent a *G*; *ACDI agree*
1061. Et prient c'aient force (Que il lor doinst victoire *E*) contre lor anemis *BE*; Jhesum N. (de Nasaret *E*): *CDEGIT*; dols s. pere pis *D*; vrais pere J. C. *E*
1062. (Dix nous avons l. *F*) l. no tiere et no p. *BFG*; Bon a. *DET*; a. guerpi et terres et p. *T*; l. n. femes et n. fis *E*; et n. terris *I*; *AC agree*
1063. N. (Et *D*) beles (nobles *D*) m. et n. biaus ed. *ED*; et n. vairs et mos [*sic*]

Variants

gris *I*; m. n. rices ed. *F*; *B wants*; *ACGT agree*
1064. Le deduit des *GIT*; des rivieres et le v. *G*; f. et les grans edefis *I*; f. et du v. et du g. *T*; *BCDE want*; *AF agree*
1065. Et n. gentes m. et nos enfans petis *B*; Et si buer alaitames les mameles del pis *I*; Et n. jentiex m. *D*; Et n. beles m. *E*; do. aviens n. de. *G*; fa. n. moilliers *C*, *which adds 1 line* Et nos frances moilliers dont faisiens nos delis; *F wants*; *ACT agree*
1066. *BCEI want*; *ADFGT agree*
1067. Q. nos ve. *B*; ou vous fustes t. *F*; *ACDEGIT agree*
1068. B. et laidengies f. *DE*; f. et encor pis *G*; *ABCFIT agree*
1069. Et loies a l'estace et puis e. l. cro. mis *B*; Et puis f. e. l. cro. pendus et ens clofis *F*; Enz e. l. sainte cro. ou (quant *G*) *TG*; *DE want 1069-1072*; *ACI agree*
1070. La u r. *B*; Vous recheustes m. *F*; *DE want*; *ACGIT agree*
1071. n. amis f. *C*; ar. gieter d. *B*; ar. hors me. de nos maus an. *T*; ma. a an. *F*; *DEI want*; *AG agree*
1072. *DE want*; *ABCFGIT agree*; *I adds 1 line* C'estoient li dyables d'infer li anticris
1073. Ensi co. c'est v. *D*. qui en la crois fu. m. *G*; *D*. si co. cou est v. qu'e *B*; Si comme ce *C*; Issi (Ensi *E*) co. ce fu v.: *DEI*; Si comme c'est v. *F*; que tu fu. surrexis *D*; qu'au s. fu. m. *I*; (... e. ... *T*)
1074. Et a. t. j. apres fustes resurexis *B*; A. t. j. el sepucre quant v. i fustes mis *D*; Et si c. (que *C*) a. *IC*; Et qe v. a. *F*; Et que v., j. vous fustes s. *G*; j. (... *T*) fustes resurrexis *FCIT*; *E wants*
1075. Si no. dones vous force contre n. a. *B*; v. des felons maleis *E*; d. t. (tes *D*; ces *G*) maus a. *IDG*; d. tout n. a. *F*; (...re v. *T*); *AC agree*
1076. Les T. et les paiens et les Amoravis *B*; De. T. et de. paiens et de *F*; P. de c. felons chaitis *I*; P. et d. tous A. *T*; *ACDEG agree*
1077. Do. cil m., (d. perre b. *D*) *CDFGT*; Do. li m. *EI*; *B wants*
1078. A iceste parole: *BCDEFGIT*; ont les (lor *F*) c. saisis *BF*; so. es (el *C*) c. (cheval *C*) mis *ICT*; so. au monter pr. *E*
1079. Et vestent le. a. si ont les escus pris *B*; V. ot le. a. laciet elme b. *F*; V. orent a. *DE*; la. les e. bis *C*; *AGIT agree*
1080. *B inverts 1080/1081*; Et caingnent l. es. *BCEIT*; es. as bo. cotiaus f. *B*; es. as riches br. *D*; es. dont lib br. fu f. *E*; es. as coutiax couleis *F*; es. o l. clers br. *G*; es. as bo. br. coulouris *I*
1081. *B inverts 1080/1081*; A lo. c. le. pendirent lacent elmes brunis *B*; Et portent a, le. bons es. *C*; Pendu ont a *D*; Et pendu a, es. trelis *G*; *AEIT agree*; *D adds 1 line* Il saisirent les lances et les espius fraisnis; *E adds 1 line* Et ont prises les lances et les espis burnis
1082. *C wants*; *DE want 1082-1085*; *ABGIT agree*
1083. Li a. l. s. vermaus encoloris *B*; l. simbole q. f. ens es. m. *I*; q. ens es. est m. *G*; *CDE want*; *AT agree*
1084. l'o. assis *B*; *DEI want*; *ACGT agree*
1085. *DE want*; *ABCGIT agree*
1086. *DE place 1086 after 1089*; A. iert a c. qu'i. ert en p. *B*; c. qui f. *E*; c. que f. *T*; *ACDGI agree*
1087. *EG invert 1087/1088*; L. ensegne d. p. (et d. riches s. *D*) *GD*; p. d. soie et d. s. *B*; p. d. cendal d. s. *CIT*; p. inde vermel et bis *E*

1088. *EG invert 1087/1088; I inverts 1088/1089*; Et saisissent (ont prises *E*; saisirent *I*) les (lor *I*) l. et les (lor *I*) es. f. (burnis *E*; faitis *G*) *CEGIT*; *BD want*
1089. *DE place 1086 after 1089; I inverts 1088/1089*; O. bien a. vent q. f. cois et s. *B*; Vent. et flaelent a. *D*; et flanboient a. *GT*; et reflamboient a *I*; *C wants*; *AE agree*; *I adds 1 line* Tost et isnellement descendent es larris
1090. *No variant*

37. ABCDEGIT

1091. *No variant*
1092. (L. prince li b. *G*) b. et l. riches t. (guerrier *D*) *IDG*; j. princier *C*; *B wants 1092-1094*; *E wants*; *AT agree*
1093. L. veske li a. *G*; q. sevent le *DG*; q. servent el mostier *C*; *B wants*; (q. sav... m. *T*); *AEI agree*
1094. c. Dieu J. Cr. sacrer et traitiier *I*; Cr. sacrer et portraitier *D*; Cr. et sacrer et coucier *E*; Cr. doivent tenir mout cier *G*; Cr. et sacrer ...raitier *T*; *B wants*; *C wants 1094-1097*
1095. Gardes vers Jursalem (la cite *E*) d. *DEI*; Ves chi J. *G*; *C wants*; *ABT agree*
1096. Le h., d. marbre de c. et d. m. *B*; p. de c. (caus *D*) et de m. *EDG*; p. a chaus et *T*; *C wants*; *AI agree*
1097. Et l. p. *ET*; p. dedens et de *A*; p. de f. bien b. d'a. *E*; *BC want*; *DGIT agree with text*
1098. dev. Damledeu a. et tenir chier *DE*; D. loer s. *I*; *B wants*; *ACGT agree*
1099. K. chi v. *DE*; *ABCGIT agree*
1100. Et l. b. e. (devant *B*) *TB*; Et l. b. de D. et de. *C*; Les beneissons dignes e. *I*; b. D. e. lui de. *D*; di. conquere et amaisnier *E*; *AG agree*
1101. O. vous couvient cascun vers Diu humiliier *G*; O. (Si *B*) penses du *EBI*; O. (Si *T*) pense d. (du *T*) *CT*; Chascuns p. *D*; f. et ades d'es. *B*; f. et de l. es. *DT*; f. nobile cevalier *E*; f. de no loy essaucier *I*
1102. D'as. la cite et d'en. l. *B*; De asalir as *G*; l'as. la vile et tout entour l. *E*; et d'en. *I*; *D wants 1102-1106*; *ACT agree*
1103. D. fortes t., et d. haus m. pecier *G*; et les m. *E*; *BCT want 1103-1106*; *D wants*; *AI agree*
1104. s. n'i dev. (s. n'avons que *I*) detriier *GI*; n. de riens del. *E*; *BCDT want*
1105. et s'onour es. *E*; l. avancier *G*; *BCDIT want*
1106. De as. l. v. n'avonmes que targier *G*; De l'as. l. *E*; *BCDIT want*
1107. Ca. icis q. m. il a. *I*; q. i m. *E*; m. a. si bon l. *T*; a. bon l. *C*; *ABDG agree*
1108. (En p. *CD*), ce. le f. *BCDEGT*; p. terrestre le f. *I*
1109. Avoec les (ses *D*) I. *BD*; I. lever et *E*; *ACGIT agree*; *I adds 1 line* Diex com cele parole fist nos gens rehaitier

38. ABCDEGIT

1110. D. T. a la Feue a *I*; *rest agree*
1111. sa. en q. *BDET*; *ACGI agree*
1112. Pu. pa. f. avoir ce. *E*; *rest agree*

Variants 349

1113. *B gives 2 lines* Qui tant est bien fremee de rice mur de pierre/ Mout sont dur et espes et de forte maniere; (es. de si du. *D*) du. quariere *IDT*; es. et de si du. piere *E*; *G wants*; *AC agree*; *I adds 1 line* Se Diex n'i fait miracles li vrais rois justiciere
1114. et ruiste l. *BT*; et dure le (l. *E*) t. (quariere *E*) *DE*; *ACGI agree*
1115. L. mur fort (haut *BG*) et *CBGT*; es. entor a tante arciere *B*; d'u. lance entiere *G*; *DE want*; *AI agree*
1116. Les tours roides et hautes p. *I*; t. en est h. *D*; t. h. et grans p. *E*; t. rostre et *G*; t. ruiste et *T*; *BC want*
1117. (Ichi ne. a *D*; Et c. n'i a *I*) a for. fon. n. r. *GDI*; Et nous n'avons fon. *E*; c. pas n'a fon. ... *T*; *B wants*; *AC agree*
1118. Queniere n. s. *B*; Ne chi n'en a tramois n. f. *D*; a. et f. n. semens n. glacier *I*; *CE want*; (f. n. g... *T*); *AG agree*
1119. Chele t. *D*; Ce. tiere desherte co. *G*; des. et plainne de *C*; *B wants*; (de br... *T*); *AEI agree*
1120. Mout i arons mescief car li ev. es. tant c. *E*; Et l'o. *D*. es. d. li ev. i es. tant c. *I*; Li o. es., et li aige tant c. *D*; es. mout d. et li aighe es. mout c. *B*; d. et aighe i es. tant c. *G*; et laingne i *C*; (l'ev. ... *T*)
1121. .XXX. sol. e. v. *I*; e. v. o. bien ca., (u. so... *T*) *BCDET*; *AG agree*
1122. Nous ne savons u prendre avaine n. f. *B*; Il n'i a pont ne e. *E*; N'i a nule foriest b. *G*; I. n'i a p. d'e. *I*; Et qui a p. *T*; d. lainge b. n. fumiere (fouchiere *T*) *CT*; n. rapiere *DI*; n. riviere *EG*
1123. o. peust b. *E*; b. pos de f. et (de *G*) c. *CG*; *B wants*; *ADIT agree*
1124. do. no loi que tant ai ciere *B*; do. a mon seignor (al boin baron *G*) saint Pierre *DG*; do. Guillaume de *T*; *ACEI agree*
1125. Et l'ost n. *EGI*; Et la loi Jhesu Crist que tant a. *T*; *BD want*; *AC agree*
1126. mo. et mis en une b. *B*; mo. et avoc mis *D*; mo. mis dedens cimetiere *E*; n. ou mis en b... *T*; *ACGI agree*
1127. Q. jou en c. p. de m'espee n. fiere *B*; c. fiere gent hardiement ne quiere *D*; p. durement n. *G*; *T wants*; *ACEI agree*
1128. t. que a .II. m. *E*; t. ki est brune et legiere *G*; a mes .II. m. *DIT*; *BC want*
1129. Ja si nel gaiteront li gent a l'a. *E*; Nel saront s'i garder li *D*; Ne l'en lairons g. *I*; g. cele gent a. *B*; *C wants*; *AGT agree*
1130. m. n'en e. *I*; *B wants*; *ACDEGT agree*
1131. Lor a. *D*; a. fra sauver J. li justiciere *E*; a. sauvera li v. rois justiciere *I*; li roys ju... *T*; v. aidiere *G*; *B wants*; *AC agree*

39. *ABCDEGIT*

1132. Ce d. *CDI*; (s. Di... *T*); *ABEG agree*
1133. Merveilles voi (est *E*; ais *I*) d. *CEI*; D. le fil sainte (... *T*) Marie (... *T*) *BDIT*; *AG agree*
1134. *B gives 2 lines* Qui le ciel et le tiere a tout en sa baillie/ Et toute creature si com li cius tornie; *I gives 2 lines* Que tout a de son liu quant que li mons tournie/ Et le ciel et la terre et quant qu'a en balie; Qui le, te. trestout a ... *T*; te. et le mort et le vie *E*; *CD want*; *AG agree*
1135. Puis qu'i. *B*; P. coi s. (s. herberge e. *C*) *GCIT*; Qui chi s., c. desertie *D*; Et qu'i., h. el Mont de S. *E*

1136. d. e. ci b., (t. c... *T*) *DT*; t. quellie *B*; t. crestie *C*; t. nourrie *I*; *AEG agree*
1137. L'en., d. estre li p. *B*; c. la pierre et *A*; c. et p. de Nubie *C*; c. li pietre la t. *E*; c. li poivre ... *T*; et la nubie *G*; *DI agree with text*
1138. Ga. et anie et l. *I*; l. floze f. *C*; (l. ro... *T*); *ABDEG agree*
1139. L'erbe m. *B*; Erbe m. *I*; q. au c. *C*; (a co... *T*); *ADEG agree*
1140. *E places 1146-1147 before 1140*; f. cele ame n. v. *E*; v. mervillies mi. *I*; *D wants 1140-1143*; (h. ... *T*); *ABCG agree*
1141. Tant eust en. maladie a. *E*; Tant eust g. fretet et maline a. *I*; l'e. uns g. m. ne frete a. *G*; l'e. .I. g. m. o... *T*; g. fains ne fretes a. *B*; *CD want*
1142. S. m. d. cele e. *I*; m. des herbes d. c. (herbes en ... *T*) *BGT*; m. les herbes d. cele o. *E*; l'e. d. cest cortillerie *C*; *D wants*; *E adds 1 line* N'en vausist pas avoir tout l'or de Hungerie
1143. Ains d. *E*; *D wants*; (tous ... *T*); *ABCGI agree*
1144. *D places 1144-1147 after 1157*; D. nasqui d., v. ... *T*; n. li fiex sainte M. *D*; *ABCEGI agree*
1145. *for order of D see 1144*; *no variant*
1146. *for order of D see 1144*; *E places 1146-1147 before 1140*; Quar ci ne. *B*; I. n'i a f. *T*; *ACDEGI agree*
1147. *for order of D see 1144*; *E places 1146-1147 before 1140*; s. n. nule p. *D*; s. dont forment me gramie *G*; (v. n. pes... *T*); *ABCEI agree*; *B adds 1 line* Ne nule riens el mont qui a cors d'ome aie
1148. a. de tors d'A. *C*; a. le cors d'A. de le ch. *G*; a. le bourc d'A. *I*; a. d'entour A., g. cha... *T*; d. borc d'A. *D*; *B wants 1148-1151*; *E wants*
1149. D'Aire et de Saint Pol le grant caroierie *D*; D'aighe de b. de pres la la. compaignie *G*; Mix vaut del b. *E*; L'aire del b., N. la grant chacelerie *I*; *BCT want*
1150. Et mes b. v. et mes grans p. *I*; d. nos bons v. *G*; l. large p. *E*; *BT want*; *ACD agree*
1151. te. en ce. ci *I*; n. (et *G*) la chite a. *DG*; n. ce. tour a. *E*; *B wants*; *ACT agree*
1152. P. l. f. q. je d. *C*; a ma tres doce a. *E*; *ABDGIT agree*
1153. N'a B. *D*; f. cui Dex soit en aie *B*; ou li miens c. se fie *I*; *ACEGT agree*
1154. es. pris ou issus f. *D*; m. a l'espee fourbie *E*; n. u f. *CI*; et hors ... *T*; *ABG agree*
1155. Que ce. *BC*; Que ceste mestre po. *T*; ou li p. *DG*; u l'ensegne b. *E*; ci. (li *I*) palais flambie (ombrie *I*; b... *T*) *CIT*
1156. u. grant en ... *T*; r. (fiere *E*) envaie *BDEGI*; *AC agree*
1157. *D places 1144-1147 after 1157*; s. tote c. *DG*; *ABCEIT agree*
1158. Bien doit k. m. chi s'a. estre replenie *D*; *rest agree*
1159. (e. irons c. *T*) c. teste f. (fle... *T*) *DGT*; *ABCEI agree*; *B adds 1 line* La vivera tos jors en parmenable vie

40. *ABCDEGIT*

1160. De desous J. ou grant tertre reons *I*; Des (Par *D*) devant J. *CD*; Par des. *E*; (... *T*); *ABG agree*
1161. F. tenus l. c. d. *D*; (...is d. n. ... *T*); *ABCEGI agree*
1162. d'a. de maintes regions *D*; d'a. et d. g. legions (regions *I*) *EI*; (... g. *T*);

Variants

    ABCG agree
1163. V. de Jhursalem: *BCE*; le mur et le dognon *B*; l. tours et l. d. *E*; et l. tolons *G*; (...s m. *T*); *ADI agree*; *I adds 1 line* Les hautes tours de pierre entour et environs
1164. L. hautes tors de piere l. v. siglatons *D*; p. et l. vers siglatons *BE*; (p. de v. *G*) v. singlatons *CG*; (...ailes l. v. *T*); *AI agree*
1165. c. les S. *BDEGI*; (... s. *T*); *AC agree*
1166. (Et v. et a. et w. *G*) w. lor m. *BCGI*; (... w. *T*) w. ces m. *DT*; *E wants*
1167. Porter or quit en place et ces riches m. *D*; (Portent l'o. et l'a. *E*; ...nt *T*) l'a. estrelins et m. *GET*; l'a. et deniers et m. *B*; l'a. enterins et m. *C*; l'a. teriens et m. *I*
1168. Volent e. *D*; *B wants*; (...ple q. *T*); *ACEGI agree*
1169. d'en. d. p. enfanchons *D*; *B wants*; (... d'e. *T*); *ACEGI agree*
1170. S. d. B. f. cev. barons *I*; (...c cev. *T*); *ABCDEG agree*
1171. En toutes l. *G*; q. conquise a. *A*; q. nous conquise a. *I*; (...s l. *T*); *BCDE agree with text*
1172. ...s a ce. a nos i. *T*; ce. que de fi l. v. (savons *D*) *BCD*; ce. que a nos i. v. *I*; *AEG agree*
1173. b. u f. mors *G. BDG*; b. ou f. *I*; ... b. d. r. f. G. *T*; d. sire ert G. *E*; *AC agree*
1174. *D gives 8 lines in place of 1174-1177* Ains n'en pot .I. garir de tos ses compaignons/ Qui ne fust mors ou pris comme Roges Lions/ La eusmes destreches mais ci graindres avrons/ Car jo ne voi riviere ou logier peussons/ Forest ne praerie dont nos chevax paissons/ Cha defors la chite grans disetes avrons/ Mais por l'amor de Deu les paines sofferons/ Por ce c'apres nos vies les armes garirons; Est m. *C*; Fu m. b. aaisie (raemplie *I*) et d'aighe et *BI*; m. mius aisie de gues et d. poison *G*; ...asee et d'yaue et *T*; *E wants*
1175. *for D see 1174*; D. r. p. d. maintes g. *BG*; Et d. r. perrieres d. maintes g. *I*; ...ries d. beles g. *T*; *E wants*; *AC agree*; *BI add 3 lines* Ici n'a (Si n'i a *I*) goute d'aighe que nous boire puissons/ Se Dameldex nel fait par ses saintismes nons/ Par le mien entiant tout de fain (soif *I*) i morons
1176. *for D see 1174*; l. cites q. (q. nous conquise a. *I*) *BI*; (... cont. *T*); *ACEG agree*
1177. *for D see 1174*; Ne vi mais t., c. recevrons *B*; Ne vimes t., (q. ici s. *E*) *CE*; t. mesaise com de cesti avrons *G*; t. deserte com n. c. averons *I*; ... d. comme c. *T*

41. *ABCDEGIT*

1178. T. .I. chevaliers h. *G*; (... p. *T*); *ABCDEI agree*
1179. s. c. q. e. q. t. d. *B*; (...B. *T*), s. q. e. c. q. t. d. *IT*; *ACDEG agree*
1180. En le plaine de Rames: *D*; de Moriene: *C*; mainte f. n. (me *DE*) des. *CDE*; n. deis *G*; (...s de *T*); *ABI agree*
1181. n. chevalchions d. *D*; n. chevauchiemes d. *GI*; ...us chevauch [sic] d. *T*; d. nos a. *DIT*; *E wants*; *ABC agree*
1182. n. doctrinoies par te. *B*; n. (Et que tu *C*; Que tu n. *G*; ... n. *T*) sermonoies par (d. *CT*) te. *ICGT*; *DE want*
1183. Que se D. te so. *D*; Se D. te consentoit q. *E*; (...iex l. *T*); *ABCGI agree*

1184. Q. veissiens l. *CG*; (... es l. *T*); *ABDEI agree*
1185. B. et decoles f. *E*; ... fort loyes f. *T*; *G wants*; *ABCDI agree*
1186. i. recut la m. *E*; (... m. *T*); *ABCDGI agree*
1187. Maingeriens l. *C*; M. la terre: *D*; ... m. c. f. g. rastis *T*; comme g. a. (rastis *D*) *EDI*; *ABG agree*
1188. Ou blanc pain bulete ou f. *DI*; U plans p. *G*; b. u noir pain a. *B*; (... p. *T*); *ACE agree*
1189. O. vous voi si trestous orendroit abaudis *E*; O. vos voi si destroit do. *D*; (... voi *T*) voi tous d'ev. *BCT*; voi tout autre do. et esmaris *G*; vois trestout de dolour raemplis *I*
1190. D. vous er., (b. aidis *I*) *BCI*; D. vous sera a. *E*; no. sera a. *D*; (... es. *T*); *AG agree*; *BDEGI add 1 line* Nos beverons l'escloi (Nous buvrons les esclois *BE*) et le (les *B*) sanc (sans *B*) des roncis *DBEG*; Nous buverons la sanc les esclois as roncins *I*
1191. Ic. (Et cil *D*) k. ce se. *EDGI*; b. que saus er. et *I*; (... q. *T*), er. saus et *DT*; *B wants*; *AC agree*
1192. *D gives 2 lines* P. qu'e. o. c. recreans n'esmaris/ M. t. j. del mex faire s. tos jors talentis; *I gives 2 lines* P. ce o. n'amai couart ne alentis/ Ains doit estre t. j. mout lies et esjois; P. coi e. il (ainc *T*) c., (m. ades s. h. *T*) *ET*; qu'e. donques c. *C*; *B wants*; *AG agree*
1193. T. n'en s. *DGT*; co. quis *C*; *ABEI agree*
1194. ...st et, s. la l. *T*; i. sont j. l. asaut m. *B*; i. i s. l. *EI*; s. l. a. bastis *D*; *ACG agree*
1195. Tout entour l. *E*; c. a m. *BCDEIT*; et a p. *BCEIT*; *G wants*
1196. S. T. oevrent j. *B*; S. T. en euvrent j. *C*; S. T. i ouveront n. por. *E*; *ADGIT agree*
1197. a. aventure: *BDEI*; a. ocoison c'a *G*; que n. (i *E*) fusciens s. *BE*; f. a n. s. *D*; f. saisis *I*; (...a. *T*); *AC agree*; *B adds 1 line* Se Dex le nos soufroit li rois de paradis
1198. A l'entrer se poroient tenir po. es. (entrepris *D*) *ID*; A l'entrer se t., po. estordis *B*; Autrement se t. *C*; r. se poroient tenir a esbahis *E*; r. se t., po. mesbaillis *G*; ...trer se t. *T*
1199. Av. els m'en iroie com li lor an. *D*; La dedens e. *B*; L. i. n. av. *E*; L. e. entenriesmes av. *G*; N. enteriens l. av. *I*; e. irons av. *C*; ...terrions ja n'i aroit eschis *T*
1200. Desi que a. sepulcre seroit l. c. *E*; Enfresi al s. *B*; [E]njus... *T*; l. fereis *D*; *ACGI agree*
1201. Si ser., a. t. p. c. *B*; ...en ser., p. to... *T*; t. saisis *EGI*; *D wants*; *AC agree*
1202. A icele p. *BGI*; p. ont les ados s. *D*; p. furent tant escu pris *E*; p. dura li chapleis *I*; f. mains e. *CT*
1203. T. boins el. *CT*; el. restrains et (et t. br. acerins *E*) *BEI*; *DG want*
1204. i. issirent du *E*; des. el l. *BC*; des. des l. *GT*; *D wants*; *AI agree*
1205. .X. m. g. e. s. pour sonner ademis *E*; (.L. m. *I*), s. a bouche m. *TI*; m. grailes ont a lor b. *B*; g. i furent bien ois *D*; *G wants*; *AC agree*; *B adds 1 line* Del son que il rendirent retentist li pais
1206. (Li t. *B*) t. retentissent encontre cel (ces *B*) la. *EB*; C. tertre resonnerent l. m. *T*; t. en r. cil val et cil la. *C*; t. se restantent encontre ses la. *I*; *DG want*

Variants 353

1207. S. orent a. *B*; Tempres o. *C*; S. ares a. *D*; o. assaus d. *I*; a. mervillos et furnis *E*; a. merveilleus c. *T*; *AG agree*
1208. S. Damledex n'e. p. li rois de paradis *D*; *rest agree*; *B adds 1 line* Quant Longins le feri de la lance ens el pis
1209. Ja i mo. *EI*; Il i mo. *G*; mo. .XX.M. *B*; d. miex a. *T*; *ACD agree*; *I adds 1 line* Mais si sires en pensa qui en la crois fu mis

42. *ABCDEGIT*

1210. De lor chevax descendent B. *D*; D. trertre des. *C*; A son tre des. *E*; Ens el val des. *G*; t. descendirent B. *T*; *ABI agree*
1211. L. quens d. *BD*; T. l. senes *DE*; *ACGIT agree*; *I adds 1 line* Roberts li quens de Flandres n'i est pas oublies
1212. Et li dus Godefrois l. p. *G*; *D wants*; *ABCEIT agree*; *I adds 3 lines* Et Raimmons de Saint Gile qui mout est aloses/ Rotous li quens de Perches qui mout est honnoures/ Et Richars de Chaumont et Harpins l'adures
1213. b. qui prex est et senes *D*; b. et vesques et *EI*; b. que veske que a. *G*; *ABCT agree*; *B adds 1 line* Et maint autre baron que ne sai pas nomer
1214. *D wants*; *rest agree*
1215. A (As *I*) m. et as h. (haches *I*) et as p. ac. *DI*; et a puis ac. *G*; *ABCET agree*
1216. m. m. cascuns fu ar. *E*; m. m. est chaicun ar. *T*; l. acemines *G*; *D wants*; *ABCI agree*
1217. d. vers S. *E*; E. la u f. *BI*; u Dex f. *G*; *ACDT agree*
1218. (p. a fondefles: *E*), et fe. et tues *IE*; fe. et jetes *G*; *ABCDT agree*
1219. *I inverts 1219/1220*; La vinrens le. *C*; La vienent le. *I*; d. hardis alores *D*; d. chevaliers [sic] *G*; c. membres *T*; *ABE agree*
1220. *I inverts 1219/1220*; J. valassent p. *D*; J. asalent p. *G*; J. assaurront a for. *T*; al. as m. contremont les fos. *E*; al. as m. et as parfons fos. *I*; *ABC agree*
1221. sor .I. d. *BI*; sus .I. cheval a. *T*; son cheval a. (montes *E*) *DE*; *ACG agree*
1222. *D inverts 1222/1223*; et le c. *E*; *rest agree*
1223. *D inverts 1222/1223*; Li ber l'av. *BI*; c. a A. *E*; *ACDGT agree*; *B adds 1 line* Nos Francois en apele con ja oir pores
1224. Signor f. c. ce d. l. quens es. *B*; *rest agree*
1225. Po. l'a., g. a moi en e. *E*; g. envers moi e. *D*; pe. ascotes *B*; *ACGIT agree*
1226. C. s'o. asaliens as m. ceste cites *E*; S'o. asalons as *BI*; S'o. asales as m. (Turs *C*; portes *D*) *GCD*; (S'o. a ...ies as *T*)
1227. da. de vous n'e. *CT*; da. de n. *I*; *ABDEG agree*; *I adds 1 line* Et respondent li contes c'est fine verites

43. *ACDEGIT* : *B wants*

1228. Che d. *D*; Et dit H., qui mout par f. prodome *I*; (Ee [sic] d. *T*), qui f. que. de P. *EGT*; *AC agree*
1229. Fre. le r. *DEG*; Freres a. *T*; q. p. (portoit *D*; porte *I*) le c. *EDI*; q. dont p. *G*; b. porte c. *C*

1230. Ce. vile e. *DE*; n. sont Esclavone *C*; *AGIT agree*
1231. Antioche l., (D. et Av. *T*) *DEGIT*; D. ni Av. *C*; *I adds 1 line* Ne que Niques la grant que nous conquis avommes
1232. Nos a. *CD*; e. ne V. *C*; u. pome *CDEGIT*
1233. La v. vous mo. *C*; J. veriies mo. *G*; J. veissies mo. *T*; *D wants*; *AEI agree*; *D adds 1 line* Dist li dus Godefrois ceste parole est bone; *I adds 2 lines* Et respondent ensamble si a cuer de prodomme/ Li eure soit benoite quant porta couronne [*sic*]

44. *ABCDEGIT*

1234. Et di. *BI*; de Normendois *C*; *ADEGT agree*
1235. c. ne t. *BEIT*; *ACDG agree*
1236. f. de l'anciene l. *B*; f. des an. *EGI*; f. es an. *T*; *ACD agree*
1237. *B gives 2 lines* En. a. sou. et les caus et les frois/ Et les grandes batalles et l. f. et l. soi.; sou. et mains f. et mains soi. *D*; sou. et l. maus et l. soi. *I*; *ACEGT agree*
1238. *C wants*; *ABDEGIT agree*; *B adds 1 line* Et si avons eus ensamble grans anois
1239. Et aquises l. t. *E*; t. et mains felons d. *B*; p. mains d. *DT*; *ACGI agree*
1240. V. la J., g. effrois *E*; Vees c. Jhursalem m. *I*; J. ou m. a g. *D*; g. desfrois *G*; (... g... ois *T*); *ABC agree*
1241. De h. m. de p. de t. s. *C*; De h., p. de m. *BDEG*; Et. h., p. et m. *I*; ... h., de marbre de m. *T*
1242. Nos a. *BDI*; n'i vauroit u. (mie .I. pois *ED*; .I. desfois *I*) *BCDEGIT*
1243. J. v. nos F. m. a g. defois *B*; J. verriies m. *DG*; i verres m. *T*; *ACEI agree*
1244. A. et Normans et B. et Thyois *T*; B. et Flamens et Tiois *G*; Es. et [*sic*] *C*; *ABDEI agree*; *T adds 1 line* Hanuyer Brebancon dont .I. vaut d'autres trois
1245. Pr. et Lombars Persans et Ge. *E*; Ga. et Pr. Pi. *B*; Ga. Wissans et Ge. *C*; *ADGIT agree*; *I adds 1 line* Flammaens et Loherens et tous li Champinois; *T adds 1 line* Loherens Alemans Sesnes et Viennois
1246. *B has 2 lines* M. se vous m'en crees par Deu ki fist les lois/ P. n. logeron s. f. q. c.; M. chi pries n. *G*; M. prendons bon consel s. *I*; n. laions s. *C*; n. targons s. *D*; *AET agree*
1247. e. convient pr., m. et ces berfrois *D*; pr. ce mur s. *E*; c. Turs s. *C*; *ABGIT agree*
1248. d. ce pa. *CG*; d. cel pal. *E*; c. pailes (pales *D*) g. *IDT*; *AB agree*
1249. C. b. e. a *G*; c'e. boin a *CEI*; *ABDT agree*
1250. L. quens de *D*; et R. l. T. *E*; *B wants*; *ACGIT agree*; *I adds 3 lines* Et li vesques dou Puis et l'abes dou Forois/ Et Thoumas a la Feue qui mout par est courtois/ Et li quens de Saint Gille le loa autre fois

45. *ABCDEGIT*

1251. l. quens Eustaces o. *B*; *rest agree*
1252. (Mout e. b. li co. *E*), p. conte H. *CET*; co. de le M. *I*; *ABDG agree*
1253. Et si e. *BDEGIT*; e. boin a *CDEGIT*; a croire q., co. faison *E*

Variants 355

1254. *No variant*
1255. (Et p. quele m. *E*), Jherusalem prendron *IET*; m. le cite a. (prenderom *D*) *CD*; J. aseron *BG*
1256. d. ou M. *I*; a Mon Celion *E*; a Mont de S. *T*; *ABCDG agree*
1257. Et l., (et d. m. nascion *D*) *CD*; *ABEGIT agree*
1258. r. tret reon *I*; *rest agree*
1259. Et pa. j. et pa. n. l., (p. gaiterons *C*) *BC*; l. tiere g. *G*; *E wants*; *ADIT agree*
1260. e. ferons fa. *I*; fe. tendre d. l. Turs p. *C*; d. le mur p. *EG*; *D wants*; *ABT agree*
1261. le (se *DE*; s'i *I*) poront ga. (garder *I*) la (par *I*) *BDEI*; le (les *T*) sevent garnir la *GT*; *C wants*

46. *ABCDEGIT*

1262. *No variant*
1263. Et n. relogerons el *D*; l. de defors J. *B*; l. es vaus d. *C*; *AEGIT agree*
1264. Tout d. devant S. *G*; P. qui est G. *C*; P. qui est en Galias *I*; *ABDET agree*
1265. *No variant*
1266. F. pendre J. *E*; et mer [sic] a *I*; m. pris et las *G*; a Thumas *C*; *ABDT agree*
1267. L'e. ferons cargier sour .XXX. *E*; d. sis loees a *G*; S. et .XXX. *I*; *ABCDT agree*
1268. Ferai v. a l'o. (loges *I*) *BI*; v. en l'o. *C*; l'anbleure et l. p. *BDGI*; *E wants*; *AT agree*
1269. Si sera departis a. f. et a l. *I*; Sel f. *BG*; Ses (S'en *T*) ferons d. *DT*; Se le ferons partir a. povres et *E*; et a. mas *C*
1270. e. ferai dont li *E*; d. les murs ferons q. *C*; *ABDGIT agree*
1271. N. se porront la. g. li sat. *D*; N. s'en sar. *I*; le (se *CE*; les *G*) poront g. *BCEGT*; g. li felon sat. *G*

47. *ABCDEGIT*

1272. j. relogerai *D*; *rest agree*
1273. D. au Mon. *BCE*; D. a Mon., (O. la mon tr. tenderai *D*) *TD*; *G wants*; *AI agree*
1274. E. l. vile de Rame l. v. *E*; t. d'Arabie l. v. *G*; d'A. ma v. *B*; *ACDIT agree*; *B adds 1 line* O caus de men pais c'avoec moi amenai
1275. r. de f. *C*; f. mout s. conquerrai *T*; *ABDEGI agree*
1276. c. avoec aus partirai *B*; l'o. Dieu porterai *EI*; *G wants 1276-1279*; *ACDT agree*
1277. r. tout commun l. *B*; r. igaument en donrai *D*; r. commune l. *ET*; *G wants*; *ACI agree*
1278. N. pl. que l., (po. en m. *BI*) *CBEI*; N. pl. que au pl. po., n'e. tenrai *D*; Ne pl. ... p... *T*; *G wants*
1279. Le riche Porte O. (Oire *I*) *CI*; *BEG want*; (P. ... *T*); *AD agree*
1280. S. desfendre vous lairai *G*; l. agreverai *D*; *BE want*; (S. ... *T*); *ACI agree*

1281. fe. tendre d. *I*; d. le mur p. (briserai *E*) *BCEG*; (fe. ... *T*); *AD agree*
1282. B. le feres amis di. *C*; Amis b. (bon *D*) f. n. *ID*; Sire bien f. n. *E*; Bon f. onques ... *T*; f. v. n. sire di. *B*; f. onques n. *G*

48. *ABCDEGIT*

1283. di. l. q. R. de *CEI*; (di. Richars l. *D*) l. dus de *GD*; (di. ... *T*); *AB agree*
1284. Iluec a *E*; (S. Estien... *T*); *ABCDGI agree*
1285. tend. ma tente: *BCI*; tend. mes tent. (tres *G*) *DG*; tend. mon tre *E*; jou et m. (o m. g. *E*) compaignie *BDEG*; se Diiex [*sic*] me beneie *I*; *T wants*
1286. Icele r., l. palais flambie *C*; u l'ensegne b. *E*; u cil p. *B*; pa. ombrie *I*; (po. ... *T*); *ADG agree*
1287. g. u li palais flambie *C*; g. une r. *E*; ma. dure en. *D*; r. assalie *I*; *G wants*; (ma ge... *T*); *AB agree*
1288. Se T. i. cha fo. qu'il n. *D*; Se li T. i. f. que n. *G*; i. hors qu'il n. *E*; i. hors p... *T*; fo. qui n. *B*; fa. assalie *I*; *AC agree*
1289. (O l. *EG*), ter. ferai tel. (ferai ... *T*) *ICEGT*; tel. assaillie *C*; tel. estourmie *E*; *D wants*; *AB agree*
1290. i ferra cascuns d. l'e. *B*; i ferai grans cops d. *C*; d. l'e. *I*; (d. m'espe ... *T*); *ADEG agree*
1291. *B has 2 lines* Qu'a. eu. entrons [*sic*] en la cite antie/ Trestout melleement so. sa. u f.; Que a. eu. irons so. (so. sa ... *T*) *CT*; Que nous i en. *E*; eu. m'en irai so. *D*; eu. en irons so. *GI*
1292. *B places 1296, 1297 before 1292*; er. esclairie *B*; er. oscurie *E*; (ves. ... *T*); *ACDGI agree*
1293. e. ma a. *B*; (l. g... *T*); *ACDEGI agree*
1294. (A .X.C. c. *E*), l'a. esclairie *BCE*; (l'a. ... *T*); *ADGI agree*; *B adds 1 line* Se paiens ist ca fors la teste ara trencie
1295. L. ventaille q. de chi e. T. *C*; q. desi e. *EI*; *B wants (but cf. 1308a)*; *D wants*; (q. de... *T*); *AG agree*
1296. *B places 1296, 1297 before 1292*; Quanque porrai conquerre a l'o. D. ert partie (a l'o. ert d. *B*) *DBEGI*; m. bele d. *C*; (m. ... *T*)
1297. *B places 1296, 1297b before 1292*; r. de la tiere joie *B*; r. communement partie *I*; (n. v... *T*); *ACDEG agree*

49. *ABCDEGIT*

1298. qui o. l. c. h. *E*; (F. ... *T*); *ABCDGI agree*
1299. Et nous nous logerons a *BG*; Et nos relogerons a *D*; (p. ... *T*); *ACEI agree*
1300. A l., (d. no t. *B*) *DB*; Et l. *CG*; (c. nou... *T*); *AEI agree*
1301. Et a. main et a. s. (vespre *B*) *CBDEGIT*; s. et a p. *E*; p. midi *I*; (p. ... *T*)
1302. I. a. murs l. T. f. e. *E*; T. por nos f. *D*; f. assaili *C*; f. requeilli *I*; (f. ... *T*); *ABG agree*
1303. q. sera li viespres et qu'i. iert anuiti *G*; ven. le ves. que jour ert ... *T*; ves. que i. iert en. (esclairi *B*; oscurci *E*) *IEB*; ves. que s. *C*; s. anuiti *D*
1304. V. enchergaiteront .X. mile f. *D*; Nos escorgaiteron a *G*; (.X.M. fer... *T*); *ABCEI agree*
1305. li vallet en. *C*; li vasal en. *G*; li navres et dormi *I*; li baron endo... *T*; la.

Variants

malballi *B*; *ADE agree*; *B adds 1 line* Se Sarrasin s'en iscent tantos seront peri; *D adds 1 line* Quanque porrai conquerre a l'ost iert departi (*cf. 1296*)

50. *ABCDEGIT*

1306. T. jou et dans B. *G*; l. ber B. *BI*; (et ... *T*); *ACDE agree*
1307. Par dev. (dedens *D*) *BCDET*; n. nous herbergerons *CEG*; n. nou... *T*; *AI agree*
1308. Ens el *BDEGI*; Et au m. *C*; c. vos tr. *B*; c. no tre te. *G*; c. nostre tref tend... *T*; n. nous herbergerons *I*; *B adds 2 lines* Desi qu'a Escalone la vitaille querrons (*cf. 1295*)/ Et sor la gent averse as brans le conquerrons
1309. Et quant l'arons conquise a l'o. l'aporterons *B*; l'o. aporterons *CE*; l'o. envoieron *G*; D. partirons *D*; (D. ... *T*); *AI agree*
1310. Et quant il sera viespres l'ost escorgaiteron *G*; Et a p. a r. *B*; r. commune l. ferons *BT*; r. communal l. donrons *E*; r. a l'ost Dieu partirons *I*; *D wants 1310-1312*; *AC agree*
1311. s. noble compaignon *C*; (n. ... *T*); *BDEGI want*

51. *ABCDEGIT*

1312. L. q. B. di. a. bon du. *G*; *D wants*; (du. ... *T*); *ABCEI agree*
1313. Et dist l. q. Witasses o. *D*; Et al conte Eustase o. *G*; l. bons q. Eustaces o. se... *T*; *E wants*; *ABCI agree*
1314. Et n. relogerons a. C. de Lyons *D*; lo. dusqu'as murs de Lyon *C*; C. al Li. *GT*; C. de Li. *I*; *ABE agree*
1315. P. dedens l. m. *D*; (v. que ... *T*); *ABCEGI agree*
1316. Et a S. et a (as *I*) J. d. que (k'en *E*; qu'a *I*) Alenchons (Balencon *E*; Caelon *I*) *DEI*; d. a C. *T*; *BC want 1316-1319*; *G wants 1316-1318*
1317. q. n'en aions *DI*; *BCEGT want*
1318. *BCG want*; *ADEIT agree*
1319. N. apres rechergerons *D*; N. brocant a esporon *G*; N. nous en retourneron *I*; *BCT want*; *AE agree*
1320. Quanque porons conquerre a l'o. departiron *B*; D. l. f. a l'o. ici aporteron *T*; f. querons a l'o. l'aporteron *E*; (d. mals a *D*), l'o. aporterons *CEGI*; *BDEGI add 1 line* As povres et as riches commune le feron (r. igaument en donrons *D*; r. communal l. f. *E*)
1321. Au. com as riches as pl. petis garchons *D*; Au. comme a. r. a. po. le d. *E*; Nien pl. n'en ruis avoir c. .I. petit garcon *G*; Au. c. a. r. a. pl. petit garcon *I*; e. ferons *C*; *B wants*; (... an... pl. *T*)

52. *ABCDEGIT*

1322. Et d., (q. tant f. *EG*) *BEGI*; mo. fait a *C*; (...e d. *T*); *AD agree*
1323. A mervelle l'a. *BD*; l. vaillant c. *CD*; l. noble c. *E*; *AGIT agree*
1324. le. avoit b. lo. consillies *C*; *rest agree*
1325. S. d. l. q. Hues b., a merchiier *D*; *rest agree*
1326. De p. et de v. *EG*; v. soient t. *BDI*; *ACT agree*
1327. m. a r. a l'e. l. *D*; *rest agree*

358   Variants

1328. M. a r. (riche *I*) c. (compaingne *EI*) ar. (voisent *T*) *CEGIT*; co. apreste com gerrier *D*; *AB agree*
1329. Et tous a. l'ev. *T*; s. soient a l'ev. au t. au c. *D*; s. facent la l'ev. et tourse et c. *E*; s. aident a l'ev. *I*; l'ev. et t. *CG*; *AB agree*
1330. Et q. el. iert en l'ost m. au r. *I*; Et q. el. siert (ert *B*) m. *GB*; Et q. il seront mis: *DE*; a (en *B*) l'ost el (al *B*) r. *EBG*; *ACT agree*
1331. c. de nos en l'iaue .I. b. *D*; *rest agree*
1332. l. faites b. *C*; l. face jurer et fi. *I*; f. on b. *T*; b. plevir et fi. *E*; *ABDG agree*
1333. Qu'il l. *CEG*; dep. ne (que *I*) n'e. a. den. *CI*; dep. que (ja *DG*) n'e. prendra louier *BDEG*; *AT agree*
1334. f. n. besant ne a. n. or mier *D*; a. ne terrien denier (louier *I*) *BI*; a. ne nesun seul denier *E*; a. n'e. n. denier *G*; a. ne cuivre n. acier *T*; *C wants*
1335. Se l. vol. en. *E*; Se vol. vous *T*; vos isi g. *B*; en. jurer et *C*; en. loer et fianchier *D*; *AGI agree*
1336. s. ce dient li princier *B*; s. commencent a *D*; s. dient li cevalier *E*; s. pristrent t. a *T*; t. prisent a *I*; *ACG agree*
1337. M. les c. *C*; *BDEGI want*; *AT agree*

53. *ABCDEGIT*

1338. *No variant*
1339. et porpensee *B*; et devisee *EGIT*; *ACD agree*
1340. Et b. l'o. l. p. otriie et graee *G*; b. conjuree *C*; *ABDEIT agree*
1341. f. et desor sa. *B*; so. sa. conjuree *G*; *T wants*; *ACDEI agree*
1342. *D inverts 1342/1343*; es. loi. er. g. *BI*; es. soit partie et livree *D*; lor bon pooir er. *G*; loi. donee *T*; *ACE agree*
1343. *D inverts 1342/1343*; Li pains et l. *BDEGI*; v. departie et d. (livree *T*) *BCDEGIT*
1344. T. ont Jherusalem entour avironne *T*; l. gens a. *G*; v. visee *D*; *B wants*; *ACEI agree*
1345. La veissies lever mainte a. doree *T*; a. fremee *G*; *ABCDEI agree*
1346. p. et tant aigle d. *D*; tant. tente d. (levee *GT*) *BGT*; tant. faisse d. *C*; tant. ensegne d. *E*; *AI agree*
1347. l. u sus l'ai. est fremee *B*; ai. portee *C*; ai. doree *G*; *DEIT want*
1348. Huimais or. *BET*; Or commence canchons de *D*; *ACGI agree*
1349. (A. mains t. n. fu: *B*), oie n'escoutee *IB*; C'a. *GI*; *T wants*; *ACDE agree*
1350. (... com *T*); *rest agree*
1351. Si co. *B*; *rest agree*
1352. *BT want*; *ACDEGI agree*
1353. c. la ventaille et l'esp. *A*; c. le ventaille fremee *C*; *T wants*; *BDEGI agree with text*; *G adds 1 line* Et com il fu leves as glaves aceres
1354. *B has 2 lines* Se fist par mi le mur gieter ens a volee/ Desor les fers des lances verites fu provee; Ens s. la. c. *G*; c. a la g. defaee *E*; *ACDIT agree*
1355. S. (Et *G*) com l. *BCEGIT agree*; *D wants 1355-1363*
1356. f. d'une g. *E*; f. d'une hace t. *G*; f. du [*sic*] lance t. *T*; d. sa g. *C*; la lance t. et aceree *I*; *D wants*; *AB agree*
1357. *CD want*; *T wants 1357-1363*; *ABEGI agree*

Variants 359

1358. en la pree *BCE*; *DGIT want*
1359. Et c. i. releva p. *C*; S. qu'ele li trenca p. *G*; r. a b. *E*; *DT want*; *ABI agree*
1360. Et com il d. S. la lame en. *B*; Et d. S. fu sa lame en. *E*; Et coisi de l'espee la lame en. *G*; Toute fu d. *I*; *DT want*; *AC agree*
1361. *DT want*; *ABCEGI agree*
1362. Lava et essua a l. (sa *I*) p. d. (roee *I*) *BI*; Lavee et essuee a (en *G*) l. p. d. *EG*; v. esconsa a l. p. *C*; *DT want*
1363. Or o. nostre Francois l. *C*; *BDEGIT want*

54. *ABCDEGIT*

1364. *B has 2 lines* Quant no f. Crestien cui Dex soit en aie/ Orent J. l. f. vile a.; J. nostre c. *C*; l. cite a. *EI*; f. vile a. *DG*; *AT agree*
1365. v. mainte a. *EG*; *ABCDIT agree*
1366. Tans tres tans pavillons tant. feste drecie *I*; Tant p. tendu tant. *G*; p. tant estache drechie *C*; p. et tant aigle f. *D*; *T wants*; *ABE agree*
1367. Et t. penon lu. ou li fers c. flambie *D*; Tans pumiaus d'o. luisans ou li ors fin r. *I*; T. pannon d'o. lu. qui sus au vent bailie *T*; lu. dont c. luist la r. *B*; lu. u li ors reflanbie *G*; *CE want*; *B adds 1 line* Et tante aigle doree ki luist et reflanbie
1368. j. fu t. *EI*; t. et l. n. aprochie (aserie *E*) *BEIT*; n. e. aprochie *C*; n. e. asserie *D*; n. e. aproismie *G*
1369. L. n. f. l. c. m. b. e. *BGI*; *DE want 1369-1371*; *ACT agree*
1370. As c. (tors *C*) et as f. *BC*; ... a c. et a nuises: *T*; c. et a festiaus: *I*; et criee et h. *IT*; *DE want*; *AG agree*
1371. A l'o. *B*; En l'o. *I*; *CDE want*; (... l'o. *T*); *AG agree*; *BI add 3 lines* La nuit fist l'escorgaite (L. n. l'eschargaita *I*) la ventaille lacie/ Godefrois de Buillon et sa biele mesnie (Li bons dus G. auvesques s. m. *I*)/ Enfresi al (qu'al *I*) demain que l'aube est (iert *I*) esclairie (esclarcie *I*)
1372. (r. fu e. *D*) e. la t., (q. estoit b. *D*) *ED*; *ABCGIT agree*
1373. pa. la main c'ot delgie *B*; pa. le main d. (deliie *DG*) *CDG*; pa. mi la main l'en guie *E*; pa. la main d'or vregie *I*; pa. sa main qu'est deugie *T*
1374. Et (Puis *D*) vint a *BCDEG*; d. brun m. *E*; m. tallie *B*; (Et vi... *T*); *AI agree*
1375. l. rois: *CDEGT*; ce. g. est ragie *C*; ves ci gent e. *E*; (ce. ge... *T*); *ABI agree*
1376. Venut sont d'ou., (m. et ma t. on sai... *T*) *CT*; Venu d'ou. la m. *E*; V. est outre m. *G*; *ABDI agree*
1377. o. vo tere b., fil. malbaillie *E*; o. ma cit ce m'est vis assegie *T*; b. chers fil. assegie *D*; *G wants*; *ABCI agree*
1378. m'o. tolue d. *BCDEGIT*; d. li cuers me gramie *E*; e. mari[e] *T*
1379. mo. consel: *BCDEIT*; mo. congiet confort. *G*; confort. ma ma. *D*; et confort et aie *I*; *DBI add 1 line* Comment me contenrai vers ceste gent haie (com. desconfirons la pute g. h. *B*; Com. m. con. contre la g. h. *I*)

55. *ABCDEGIT*

1380. *No variant*

1381. Bien a p. .C. a. *T*; a .CCC. a. *BEGI*; a .V.C. a. *D*; que ont s. G. *DG*; q. s. o. G. *E*; *AC agree*
1382. H. Fateron et Jorois *B*; H. Barbarant et Indois *E*; H. et cil de Balagois *G*; P. Jenevois *D*; P. et Asclois *I*; *C wants*; *AT agree*
1383. Que F. ve. ci q. o. a tes i. vo. *E*; t. a tes i. *T*; or venir vo. *D*; *ABCGI agree*
1384. v. lor s. *BCDEGIT*
1385. B. et coloies et f. *BI*; Et b. et loies et f. *D*; B. et coliies et morut en *E*; B. et coloies et puis mis en *G*; *ACT agree*
1386. *T places 1386 after 1397*; (J. li fi. *G*), fu sor nop d. *EGT*; fi. biaus fius sor lor (no *I*) d. *BI*; fi. mais c. fu sor no pois *D*; p. no d. *C*
1387. pe. nos pr. nos c. et nos r. *C*; pe. l. c. l. pr. et *EGI*; *D wants 1387-1389*; *ABT agree*
1388. T. Pasianus l. *C*; V. T. l. *E*; m. puis e. effrois *T*; e. grant d. (effrois *E*) *BCEI*
1389. S'e. prist mout grant v. *BI*; ce f. raisons et drois *BE*; c. (et *T*) ce f., b. (bien *T*) drois *CT*; c. (que *G*) ce f. a bon drois *IG*; *D wants*
1390. Fi. chi p. *G*; *rest agree*
1391. A. et Normans et B. et Thyois *T*; Es. et Tyois *B*; *C wants*; *ADEGI agree*
1392. Pr. et Ga. Pi. *DT*; Ga. et Poitevins Pi. *I*; *C wants*; *ABEG agree*
1393. Tout s., n. doutent a. *E*; so. arme d. *D*; cr. ars t. *CT*; *ABGI agree*
1394. s. encocie (escochie *I*) n. (com *G*) l. (lance *GI*) *BGI*; *CE want*; *ADT agree*
1395. m. congie s. *G*; cons. ensi que fa. *E*; s. com fa. le doi *IT*; *ABCD agree*
1396. m. conbatrai e. *B*; cont. encontrenrai e. *C*; e. les F. *E*; *ADGIT agree*
1397. Sire d., (l. vassaus ne vo. *E*) *TE*; vo. esmaieres *C*; *ABDGI agree*
1398. *I places 1386 before 1398*; T. com j. *BCDEGIT*; j. ... c. m. bon b. viannois *T*; c. le b. *E*; b. sarrasinois *BCDI*
1399. Et po. *D*; e. par guiche a *I*; pa. le regne a *G*; g. d'o. *BCE*; (po. m... u pa. *T*)
1400. N. d. g. f. n. lanchier demanois *D*; d. le g. *C*; m. lance n. tr. *GI*; *BET want*
1401. g. tros que a *B*; g. jusqu'a. .LX. *T*; a .XL. m. *E*; a .L. m. *I*; *ACDG agree*
1402. c. et d'orge et d. t. *I*; *rest agree*
1403. a. mout f. *E*; d. riches murs turcois (clacois *I*; enclois *T*) *CIT*; d. bon m. de liois *G*; *B wants*; *AD agree*
1404. S. nen assaut q. *C*; Il n'a a. s. q. *T*; ne. est consaus q. *B*; j. doute une n. *E*; c. .I. seul pois *G*; *ADI agree*

56. *ABCDEGIT*

1405. Mere d., s. de targier *D*; Sire d. *EGI*; l. vassaus n'a. *E*; v. je n'ai s. *B*; v. ne vous chaut d'e. *I*; *ACT agree*
1406. T. com j., (c. le b. *E*) *BDEIT*; *ACG agree*
1407. Et p., es. et mont. el d. *D*; es. mont. sour mon d. *E*; mont. el d. *BCGI*; *AT agree*
1408. g. tros que a *B*; g. jusqu'a .II. ans entiers *C*; g. jusqu'a. .V. ans e. *T*; dusqu'a .II. ans e. *I*; *ADEG agree*

Variants 361

1409. Chastel a. s. fort de caus et de m. *D*; f. a chaus et *IT*; *E wants*; *ABCG agree*
1410. Que n'est s. a. *T*; n. est asaus q., (j. criem .I. *I) BI*; a. qu'ele prist .I. *D*; j. doute un *E*; *ACG agree*
1411. F. n'i p. *B*; n. poroit m. l. estoieir [sic] *C*; l. estoier *E*; *ADGIT agree*; *I adds 7 lines* Car la terre des Mors lor ferai essillier/ Ja ne verront .I. mois passet trestout entier/ Li plus riche d'aus tous ne porra esligier/ De trestout son avoir de pain .I. seul quartier/ Puis que n'aront que prendre ne boire ne mangier/ Ne porront Francois mie longement ostoier/ Adont lor convenra trestous seus detroier
1412. Cou qu'il n'aront que boire le. f. deslogier *B*; La diseste de, f. deslogier *I*; La destrainte de *E*; f. deslongier *T*; *ACDG agree*
1413. t. deslogier *C*; t. arployer *T*; *ABDEGI agree*; *B adds 15 lines, see Appendix 4*; *T adds 2 lines* Et les fera raler en leur pays arrier/ ... itoyer

57. *ABCDEGIT : F from l. 1426a*

1414. J. fu en *DE*; en la t. *C*; (... t. *T*); *ABGI agree*
1415. l. maistre fe. *DI*; fi. or reluisant *B*; *E wants*; (... fi. *T*); *ACG agree*
1416. Et voit l'o. *BDGI*; (...es F. *T*) F. tot en. lo. *ET*; F. a fin or reluisant *C*; *T adds 1 line* Tant legier bacheler et ta... roi serjant
1417. Pav. et aucubes a (a ...s pai. *T) DEGT*; pav. et tantes a (et *C) IC*; *B wants*
1418. Ot ces cev. *BDEG*; Oit ces cev., m. braidonnant *I*; et les mules amblans *E*; et cil mu... raidissant *T*; m. braidisant *BDG*; *AC agree*
1419. Bacheler et meschin a. *C*; et valles a. *B*; *ADEGIT agree*
1420. *No variant*
1421. Le g. le (au *GT) CDEGIT*; (r. tafu: *E*), a ces m. resgardant *IE*; a ces m. gelboiant *C*; s'en vont as des juant *G*; a ces garnissant [sic] *T*; m. fondeflant *B*; m. gaidonant *D*
1422. d. Mahon le puant *T*; *DE want*; *ABCGI agree*; *B adds 1 line* De Mahon Gomelin et d'Apolin le grant
1423. A. fet i. *G*; *E wants*; *ABCDIT agree*
1424. *No variant*
1425. *No variant*
1426. *No variant*; *FI add 2 lines* Et Robert le Frison et Robert le Normant/ Et dant Huon le Maine qe tout amoient tant *F*; Robert de Normendie et Robert le Flamant/ Et dant Hue le Maine qui le cuer a saichant *I*
1427. Si a. *B*; Ou a. *D*; a. les places et le vile es. *G*; li. regardant *EFI*; *ACT agree*
1428. Ou porroient la pe. j. *I*; po. assir l.*B*; pe. plus grant *E*; *ACDFGT agree*
1429. *F gives expanded version of 1429-1435 in 26 lines, see Appendix 5*; Ent. qu'il l'esgardoient es. v. l. at. *D*; Ent. que il al. es. les (le *I*) v. at. *EI*; Godefrois de Buillon se regarda errant *G*; Mentres qu'ens., es. les v. *C*; *BT want*
1430. *for F see Appendix 5*; Vit sor l. t. *BG*; De cele t. *E*; Et voit dessus l. t. .III. *T*; .III. oiseles v. *D*; *ACI agree*
1431. *for F see Appendix 5*; l. pomel aloient ar. (aroutant *E) DE*; s'al. aroutant *G*; s'al. ajetant *I*; *B wants*; *ACT agree*

1432. *for F see Appendix 5*; .II. biaus c. *G*; .II. colonciaus b. s'aloient agaitant *I*; c. s'aloient a. *BT*; s. arcoiant *C*; *E wants*; *AD agree*; *I adds 2 lines* Or escoutes merveilles frans Crestiens vaillant/ Car tout fu veritet n'en soies mescreant
1433. *for F see Appendix 5*; f. et fier et tr. (poissant *E*) *DE*; r. et tenant *C*; r. bien tr. *G*; r. et tranchant *I*; r. et jetant *T*; *AB agree*; *I adds 1 line* La saieste met ens la corde va sachant
1434. *for F see Appendix 5*; Les saietes d. *G*; p. se dr. *C*; p. itel convenant *T*; *ABDEI agree*
1435. *for F see Appendix 5*; Q. l. oi. t. .III. a ferus m. *B*; t. l. .III. oi. (escoufles *T*) a ferut m. *IT*; l. ocist de son cop en volant *E*; l. escoufles *G*; a ferus m. *D*; *AC agree*
1436. De cel co. sont kau s. *F*; m. les l'e. l. (estant *B*) *DB*; (m. s... e. *T*); *ACEGI agree*
1437. *No variant*
1438. d. en ot (a *G*) g., (j. et F. ensement *G*) *EG*; j. Sarrasin sont dolant *I*; F. s'e. *D*; *ABCFT agree*; *I adds 2 lines* Li Turs qui se cop virent mout se vont esmaiant/ Il descirent lor dras lor cheviaus vont tirant
1439. p. sorent b. qui v. *C*; b. que v. *DEFGIT*; *AB agree*
1440. C'e. aucuns exenplaires q. *B*; Cou e. s. *C*; D. i v. *E*; *ADFGIT agree*
1441. Corb. l'a moustre Lucabel l'amirant *B*; (Corb. les m. *I*) m. Lucabel l'amirant *FGIT*; *E wants*; *ACD agree*
1442. *BDEFGIT want*; *AC agree*
1443. Et l'u. paiens la va a l'a. c. *E*; L. u. paiens a l'a. *BFT*; Et l'u. paiens a l'a. *DGI*; le d. (dit *T*) e. c. *BDGIT*; le va mout c. *F*; *AC agree*
1444. Payen seront d., n'e. aront g. *T*; d. bien est aparisant *B*; j. n'i a. *I*; *ACDEFG agree*
1445. V. ce dist l. *C*; *B wants*; *ADEFGIT agree*

58. *ABCDEFGIT*

1446. Li viex r. Corbadas v. *T*; J. voit le. *I*; *ABCDEFG agree*
1447. *G inverts 1447/1448*; Quar l. *B*; du. Godefrois t. *F*; B. trait p. *I*; p. itel a. *E*; *ACDGT agree*
1448. *G inverts 1447/1448*; le. .II. e. *C*; e. vit le *G*; le saiete is. *D*; *ABEFIT agree*
1449. C. le moustra L. *B*; C. apela L. *D*; a. Corbadiel d. *C*; d. Monmir *G*; *AEFIT agree*
1450. Freres e.d. (Ses iert d. *I*), p. s'o. g. ter. a *CI*; a ballir *BDF*; *AEGT agree*
1451. .VII. (.IX. *E*; Sis *T*) .XX. a. o. passes: *BCDEFGIT*; b. fu c. *E*; n'i ot plus q'en viellir *F*; s'e. b. c. f. d. li. *I*
1452. pl. sages paiens ne *E*; *rest agree*
1453. Qui m., t. hors du *T*; m. soist l. dr. de son ami tenir *F*; l. dr. f. (hors *E*) dou t. dep. *CE*; *ABDGI agree*
1454. v. esrant s. *F*; a. mains s. *BI*; a. bras s. *C*; a. dois s. *D*; a. puins s. *G*; *E wants*; (L... *T*); *B adds 1 line* Si l'a araisone con ja pores oir
1455. C. voles mervelle o. *E*; C. m. puis (pues *I*) veir *FI*; v. noveles o. *D*; (F. ... m. ... *T*); *ABCG agree*
1456. .III. oisiax a *DF*; c. chair *I*; *T wants*; *ABCEG agree*

Variants 363

1457. Ven. ent av. *CDEG*; Ven. aweqes m., 1. irons vei. *F*; (1. alon... *T*); *ABI agree*
1458. L. r. s'e. sont torne q. font e. grant d. *E*; q. s. e. grant d. *I*; m. font a joir *C*; (m. ... *T*); *ABDFG agree*; *F adds 1 line* De veoir la merveille qe vous oes jehir
1459. A l'estandart en v., (M. sot sei. *E*) *DEFG*; s'en virent u *C*; (ou ... *T*); *ABI agree*
1460. si. que li *CEG*; r. doit t. *BF*; r. siot t. *C*; r. sot t. *E*; (r. ... *T*); *ADI agree*
1461. Quant il tenoit s. pl. po. son Dieu ob. *E*; (S. d. et s. oi. *F*), po. s. pl. ob. *IF*; pl. o s. barons po., d. maintenir (... *T*) *BT*; (et s. sciences po. *C*), d. departir *DC*; *AG agree*
1462. Et v. a le t. le. .III. o. j. *C*; v. le o. *I*; (a la te... *T*); *ABDEFG agree*
1463. d. .X. m., (T. vie. la ven. *E*) *FE*; (vie. v... *T*); *ABCDGI agree*
1464. A. Jherusalem: *BEGIT*; vont l. v. estormir *B*; l. terre fr. (tentir *I*; t... *T*) *DEGIT*; 1. novele oir *F*; v. tentir *C*; *F adds 1 line* Pour la grande merveille font la cit estourmir

59. *ABCDEFGIT*

1465. f. la vile e. *B*; f. g. li e. *E*; (m. gran... *T*); *ACDFGI agree*
1466. Dev. Jherusalem de l. ... *T*; *rest agree*
1467. *CE want*; (et ... *T*); *ABDFGI agree*
1468. M. f. gr., (1. g... *T*) *IT*; g. panie *G*; *ABCDEF agree*
1469. l. barbe o. *C*; (o. ... *T*); *ABDEFGI agree*
1470. Devant t. parla haut b. *F*; Devant t., s. ... *T*; *ABCDEGI agree*
1471. S. ce dist li rois M. *E*; f. cevalier M. *BI*; *ACDFGT agree*
1472. (Qua. c. que Francois o. *C*) o. nos terres s. *IC*; t. gastie *G*; *ABDEFT agree*
1473. A. qui'st de grant seignorie *D*; *rest agree*
1474. Radiniaus (Godinans *E*) l., de Valserie (Valenie *I*) *BEGI*; Rodomans l. *D*; Randiaus l. *F*; Caduyans l. *T*; de Thabarie *C*
1475. A. aval l. *F*; *rest agree*
1476. F. tous mors les d'Arabe et *I*; o. d'Arabie et *G*; *ABCDEFT agree*
1477. Que p. n'en es. q. *C*; A. n'es. paiens fors do. *D*; p. for do. *I*; de Persie *E*; *ABFGT agree*
1478. Et Corbadas l. *C*; Et C. li fiers q'es c. *F*; s. ki les caele et g. *BEI*; qu'es chaela et g. *D*; *AGT agree*; *D adds 1 line* Corbarans li vassax en ot au cuer grant ire
1479. *B has 2 lines* B. e. fil Soudan de Persie/ Qui en la grant batalle o. l. te. tr.; e. l. te. en o. *C*; e. c'o. l. te. tr. *G*; q. o. perdu la vie *E*; *ADFIT agree*; *I adds 2 lines* Ens en .I. cuir de cerf sor .I. mul de Surie/ L'emporterent li rois ne le laissierent mie
1480. C. e. f. p. r. d. vilonnie *C*; C. retrais d. *E*; r. par f. *F*; *ABDGIT agree*
1481. (Quant S. *B*), o. sa g. *DBGT*; li en m. qu'i. *I*; s. que i. l'avoit t. *E*; s. qe sa g. o. t. *F*; *C wants*
1482. pa. g. aaramie *G*; m. fiere a. *E*; g. aatie *CI*; (g. ar... *T*); *ABDF agree*
1483. De .II. T. con. u. F. ce *BEFIT*; f. par e. *E*; (g. es... *T*); *ACDG agree*
1484. l. bataille fa. et a. *F*; et aemplie *B*; *ACDEGIT agree*
1485. C'uns Frans les T. *E*; *rest agree*; *G adds 2 lines* Li uns fu Goulias ne

vous mentirai mie/ Et l'autres Sorgales uns fors rois de Valbie
1486. De coi n. l. es. d. a. *E*; l. affolee et blecie *F*; d. abaissie *C*; d. avilie *G*; *ABDIT agree*
1487. (Et crestientes: *T*), durement resbaudie *DGT*; c. cremue et resbaudie *B*; c. durement ensaucie *E*; c. fierement es. *F*; *ACI agree*
1488. Et p. ce et *CDEGI*; Et p. celle raison es., n. enruschi... *T*; es. n. lois avillie *E*; n. embrohie *C*; n. enramie *I*; *F wants*; *AB agree*
1489. on. il m. *B*; on. cist m. *G*; chi e. no cit. a. *D*; cit. enclose et a. *F*; cit. si entour a. *I*; *ACET agree*
1490. Et ficies l. tent. et p. h. *E*; tent. i tend. [*sic*] *G*; *ABCDFIT agree*
1491. a leur o. d. lon. u., et de... *T*; lon. li o. *B*; o. .II. lieues et *C*; *ADEFGI agree*
1492. j. par M. *G*; *rest agree*
1493. Ce. ci. sera gastee et es. *BCF*; Ce. boine ci. er. gastee et perie (silie *G*) *EG*; er. gastee et honnie *I*; *ADT agree*
1494. E. baron ne *E*; Et seurquetot s. (baron *F*) *IF*; Encor s. par foi ne *G*; E. dist il ne *T*; (s. nel l. *D*), l. ne v. *BCDEFGIT*
1495. Jou ai veu .I. t. d. mes cuers afebli *E*; De che t. qe v. fa. tous l. *F*; v. or ferir d. l. cuers m. gramie *I*; l. cuers m'atenrie *B*; l. cuers m. tramie *D*; m. fremie *C*; (... f. ... *T*); *AG agree*; *E adds 2 lines* Quant j'estoie as fenestres de ma sale vautie/ Uns Francois traist .I. cop que Mahomes maudie
1496. Des. la t. Davi qui's. de mabre po. *E*; (Car de ma rice t.: *F*), qu'est de marbre po. *BF*; Entour ma *I*; qui'st de gresce po. *C*; (...s m... mar. qu'est de ... *T*); *ADG agree*
1497. Aloient .III. (cil *F*) e. (oisiel *G*) *BCDEFGI*; v. et u. *I*; u. fie *E*; (...ent .III. e. ... *T*)
1498. Q. troi b. *CD*; C'a d. *G*; b. coulon f. a aus u. *E*; c. salent a u. hie *I*; u. envaie *DEG*; *ABFT agree*
1499. P. sou o. l. e. l'a. d. *I*; e. l'a. o. p. che d. *F*; o. par caut l'a. *G*; p. cou l'a. (la pie *C*; le proie *E*) d. *BCDEI*
1500. c. se geterent troi a *C*; c. se mellerent to., u. fie *E*; c. s'adrecierent to. *F*; c. se jeterent to. *I*; *ABDGT agree*
1501. .VII. C. *BIT*; Doi C. *D*; .VII. chevalier v. *F*; .IIII. Franc esgardoient cel haut m. *G*; v. tout le val d. Persie *E*; le. ce m. *CDIT*
1502. a. d'un fust de Romenie *B*; a. s. a descocie *E*; s. estochie *F*; s. escochie *I*; *ACDGT agree*; *B adds 1 line* Une saiaite i ot maintenant encocie
1503. d. trait a. (les *C*) *FCI*; a. oisaus:, (sor la grant tour antie *I*) *GI*; es. et par si grant mestrie *BF*; es. que ele a ens ficie *E*; *ADT agree*
1504. Car to. trois sont ocis dont ce est faerie *E*; l. feri ce f. mout g. dyaublie *F*; l. occit c. *I*; g. derverie *G*; *ABCDT agree*
1505. Ve. ici ou *D*; Ve. l. la u *G*; g. et cascuns est s. *E*; l'u. sor l'a. *I*; *ABCFT agree*
1506. Lo. s'abaisse s. *I*; Lo. s'abesse et les prent c. *T*; *E wants 1506-1508*; *ABCDFG agree*
1507. [C]haicun o. la sayete par mi l. cu. fichie *T*; (Cascun o. *BI*) o. la saiete l. cu. *FBI*; Ca. en o. trencie et l. cu. et *G*; fe. r. et l. cu. et *D*; t. l. pomon et *C*; *E wants*
1508. s. espane c. gante en. *B*; (s. espete e. *F*), h. rostie *GF*; *CE want*; *ADIT*

Variants 365

      agree; *BDEFIT add 2 lines, which B repeats* Signor (... *T*) dist Corbadas dites (saves *F*) que senefie/ Paien se teurent tout (quoi *F*; Paien s'en tournent tost *I*; ... aisent tuit *T*) cascuns teste enbroncie (baissie *ET*; cascuns la coulour plie *F*)

1509. M. l. conseille L. e. l'o. *D*; l. (... l. *T*) conselle M. *BFIT*; l. geta M. *C*; *AEG agree*; *D adds 1 line* Chaiens serons destruit ja n'avrons garandie
1510. *No variant*
1511. D. Jherusalem r. i. reclames et sire *T*; d. la cite s. *E*; J. s'e. a. la b. *BDGI*; J. si ara e. *C*; *AF agree*
1512. Desci en A. *CEFT*; D. qu'a A. *I*; c. (ira *E*) sa signorie *CDEFGIT*; *AB agree*
1513. Q. M. l'oi s'a *E*; l'e. n'a talent que il rie *B*; l'e. la couleur a noircie *F*; s'a sa vois abaissie *I*; (...lon l'e. *T*); *ACDG agree*; *B adds 1 line* Contreval vers la tiere a la ciere baiscie
1514. l. teste embroncie *F*; (... m. *T*); *ABCDEGI agree*
1515. (...gnant pa. *T*); *rest agree*
1516. o. haute m. durement s'e. *C*; (... o. *T*); *ABDEFGI agree*
1517. Et r. *D*; J. t'as t. gent en. *G*; t. vois es. *C*; (... t. *T*); *ABEFI agree*
1518. l. devant n'av. as Fr. fa. *F*; as cans n'av. *B*; (...s F. *T*), f. assalie *IT*; Fr. n'as fa. une e. *D*; Fr. n'en ont fa. *E*; *ACG agree*
1519. fi. fait C. *C*; C. lai ester ta fo. *EGI*; C. lai ester t'estoutie *F*; (... di... C. *T*); *ABD agree*
1520. ai veu faire d. mes cors afeblie *E*; ai jou v., cu. me gramie *I*; cu. me formie *B*; (... ai *T*); *ACDFG agree*; *F adds 2 lines* Onqes si grant merveille ne fu nul jour oie/ Et qant il m'en souvient tous li sans me fourmie

60. *ABCDEFGIT*

      F precedes l. 1521 by 3 lines Li rois de Jhursalem fu forment esfrees/ Dou trait des .II. oisiax et mout espoentes/ Et a son fil en est mout forment dementes

1521. Et L. s. dreche .VII.XX. a. *F*; (...l s. *T*); *ABCDEGI agree*
1522. (... b. *T*), g. grans et le. *DT*; b. avoit grans [*sic*]: *E*; o. grande et d. *G*; d. ses g. fu mesles *B*; d. le. cheviaus eut mesles *CG*; et le. g. melles *EGI*; *I adds 1 line* Les iex vair ens ou front com faucons qu'est mues
1523. (...l l. *T*) l. visage et *BCDGT*; l. visage com hons de ses aes *F*; *E wants*; *AI agree*
1524. Ains sages p. *E*; *C wants*; (... s. *T*); *ABDFGI agree*
1525. *T inverts 1525/1526*; Mout (Il *E*) f. b. de. .VII. ar., (et duis et do. *D*) *IDE*; B. estoit de. .VII. ar. *B*; ... ert b. de. sept ar. *T*; f. de trestous ar. *G*; de. .VII. ar. m. et bien endoctrines *F*; *AC agree*
1526. *T inverts 1525/1526*; ...ns l'ap. *T*; ap. a lu. *G*; ap. qu'e. le. lu. ac. *I*; s'e. arrestes *F*; *ABCDE agree*; *E adds 1 line* Venes avant biaus sire un petit m'entendes
1527. Lucabel o., cil fu s. *B*; cie. car il fu s. *I*; et si fu s. *EG*; et si est s. *F*; *C wants*; *ADT agree*
1528. Li u. tient la m. l'a. si f. *I*; ...ar la m. prist l'u. l'a. et *T*; t. par le m. l'a. si estraint le. a le. *G*; *B wants 1528-1530*; *E wants*; *ACDF agree*

1529. Et barnages es. *F*; b. s'es., eu. atraves *E*; en. lui aroutes *I*; eu. ariestes *C*; *B wants*; (... b. *T*); *ADG agree*
1530. L. a parle C. *DT*; Et L. a dit C. *E*; *B wants*; *ACFGI agree*
1531. ...e Jherusalem r. estes et a. *T*; R. ert d. *B*; R. d. Jherusalem: *FGI*; et s. couronnes *F*; sires et a. *GI*; s. en es clames *C*; *E wants*; *AD agree*
1532. Co. meismes en *BC*; es. avoes *F*; *EG want*; *ADIT agree*
1533. Car v. e. mesire ma. *E*; e. ma. frailles et estes li a. *C*; f. et jo s. li a. *D*; ma. je s. li a. *GI*; (... *T*); *ABF agree*
1534. c. s. l. nous r. *C*; (... dema... *T*); *ABDEFGI agree*
1534. Desi a de m. un r. me do. *E*; Duske a demain al jor .I. r. me do. *G*; Deci a l'endemain r. *C*; Desi a l. *DF*; qu'a de m. *B*; (... *T*); *AI agree*
1536. q. demain l'av. *G*; ad. le savres *BDI*; ad. l'en ares *C*; ad. vous l'ares *F*; (d. ... *T*); *AE agree*
1537. Le t. d. (a *F*) *BCFGIT*; Et le t. des o. *D*; (d. ... o. *T*); *E wants*
1538. (Et C. respont v. *B*) v. l'averes *DBFI*; F. d... mout v. l'ares *T*; Sire di. *C*; C. si con vous commandes *EG*
1539. Je v. pr. po. Mah. d. *B*; Mai. je v. pr. po. Diu d. *C*; Et po. *G*; (Mai. ... v., *T*); *ADEFI agree*
1540. s. garandie co. *E*; d. ceste [*sic*] F. *B*; F. la ci. *I*; (b. ... due co. *T*); *ACDFG agree*
1541. Ca. s'i. ensi le p. je su. d. *E*; Ca. s'i. or le me tolent t. *B*; Ca. s'i. la cite p. *C*; se ce. me tolent perdu mes herites *F*; i. le saisisent t. *G*; (Ca. ... t. *T*); *ADI agree*
1542. Lors f. Jhesus c. *C*; Lors s. *F*; c. trestous desiretes *B*; (L... vaillies et p. *T*); *ADEGI agree*
1543. *B has 2 lines* Et loies a l'es. coloies et bieses/ Apres fu en l. cr. estendus et cl.; Et ... et, cr. leves *T*; l'es. et ferus et frapes *G*; cr. navres *E*; *C wants*; *ADFI agree*
1544. L. amont en C. q. a vo. oius ve. *B*; M. des C. q. vo. la ve. [*sic*] *I*; C. travellies et penes *G*; q. vo. laval (dela *E*) ve. *CE*; (L. ...aire q. *T*); *ADF agree*
1545. Et q. de l. cr. f. dev. *I*; f. en l. *C*; c. entor v. *E*; (Q. ... dev. *T*); *ABDFG agree*
1546. En cel S. (cel ... c. *T*) *EDIT*; Apres f. el S. et c. *B*; El S. f. il et c. *C*; Et en S. mis et c. *F*; f. et covers et p. *D*; *AG agree*
1547. Che d. *D*; Et d. *F*; c. (tout *C*) est v. *BCDEFGI*; O. die... est v. *T*
1548. Qu'a t. *C*; Que (Et *E*) au t. (t... *T*) j. (... *T*) ap. *DET*; Que .III. jours en ap. *I*; j. en ap. *B*; f. ci pries d. *G*; f. d. m. susites *BEIT*; qu'il f. r. *D*; *AF agree*; *G adds 1 line* Et que d'infer jeta ses bons amis prives
1549. Or o. *E*; *rest agree*
1550. sir. del (ou *T*) ciel j. *BDGT*; sir. de ciaus j., si penes *E*; sir. du mout j. *F*; d. cies j. *I*; j. si n. f. t. (oses *B*) *BDCT*; f. ci t. *G*
1551. Et s. vilment ocis: *D*; traveillies n. (et *I*) m. (frapes *E*; penes *I*) *DEI*; *C wants*; *ABFGT agree*
1552. Sire d. *G*; *rest agree*
1553. O. soies a *D*; fi. p. l'eure q. fu. *F*; j. fu n. *T*; *ABCEGI agree*
1554. Ai j., m. puis veues a. *BG*; Ai veu s. *D*; Ai j., m. veus et esgardes *F*; Ai j., m. p. veu a. *T*; d. mes m. *C*; *AEI agree*
1555. c. redrechier a. (a. ralumer *CE*) *DCEI*; r. et avule alumes *F*; *ABGT agree*

Variants 367

1556. caitis et cartiers f., p. geter *C*; *DEG want*; *ABFIT agree*
1557. Et en maint lieu Francois garander et tenser *E*; En m. (maint *DT*) l. (lieu *T*) a (as *D*) Francois g. *BDIT*; Et en maint liu maint home g. *G*; *ACF want*
1558. Frere (Fre *E*) d. *BEFG*; q. que v. doutes *E*; C. le q. *T*; q. que v. donnes *C*; *ADI agree*; *E adds 1 line* Paour aves des Frans sacies de verites
1559. Trop est. *C*; v. issi c. *E*; *B wants*; *ADFGIT agree*
1560. moi onqes plus n'en parles *F*; soi. .I. mos *BG*; soi. plus ja parles *E*; ma. mot somes [*sic*] *C*; *ADIT agree*
1561. B. t. e. feriies m. *DB*; C. mout t. *FG*; Quar tost e. aries m. *T*; h. desperer *C*; h. effrees *DF*; h. esperes *G*; *AI agree*
1562. Sire d. *DF*; M. en pardon em p. *D*; c. penses *FG*; *ABCEIT agree*
1563. f. que c. *I*; *rest agree*
1564. *C inverts 1564/1565*; (A .X.M. Sarrasins c. *E*), s. bien armes *IET*; p. fiervestus et armes *C*; p. et c. s. armes *D*; p. s. c. f. *F*; *ABG agree*
1565. *C inverts 1564/1565*; C. a dit D. *B*; Et Corbadas r. *D*; r. vous dites q. *E*; *ACFGIT agree*
1566. Ci. (Tex *E*) co. d. b. es., (et dones *E*) *DE*; *ABCFGIT agree*; *B adds 2 lines, F adds 1 line* Ensi sera il fait coume vous dit aves *BF*/ Atant est li consaus des Sarrasins fines *B*
1567. n. e. trespassee li j. e. renue [*sic*] *C*; r. (venue [*sic*] *B*) et li j. t. aclines *E*) *DBEFI*; r. et li j. e. ales *G*; r. et soleil e. clines *T*
1568. C. (Lucabiaus *B*) montes *DBEFI*; *ACGT agree*
1569. Luc. es. avoec lui *EI*; Luc. es. o lui ajoustes *F*; *ABCDGT agree*
1570. M. en est o lui ales *C*; *rest agree*; *B adds 1 line* Avoec fu Isabras qui mout ot ot [*sic*] cruautes
1571. A fenestre d. *F*; As fenestre d. *I*; m. est li rois acostes *G*; *ABCDET agree*
1572. (Et regarda F. *G*) F. as log. et as t. *CG*; F. les log. et les t. *E*; *ABDFIT agree*
1573. G. lumaire [*sic*] v. *E*; Mout g. lumiere i ot d. *I*; l. voit d. *G*; c. alumes *F*; *C wants*; (...s e. *T*); *ABD agree*
1574. Aval p. les (c. *E*) h. *BDEFIT*; g. sonner *CEG*
1575. D'A. l. maudient q. *E*; q. fist c. *GI*; (D'A. l. maud...t c. *T*); *ABCDF agree*
1576. Li fiers C. n., (s'e. pas arrestes *F*) *BF*; f. n'e. pas a. *E*; s'e. mie arestes *C*; (n. s'e... eures *T*); *ADGI agree*
1577. Ancois e. de ses armes garnis et conraes *E*; Ai. s'e. *BDT*; i. de ses ar. armes *DI*; i. ...mes bien ap. *T*; *FG want*; *AC agree*
1578. P. Francois estourmir a .X.M. armes [*sic*] *F*; P. la cite g., T. armes *T*; g. la cite atout .X.M. armes *E*; T. armes *BD*; *ACGI agree*

61. *ABCDEFGIT*

1579. n. est b., a. est s. *I*; li jours aseri *E*; a. mout s. *BF*; a. biax et clers *D*; *ACGT agree*
1580. Te. sor .I. m. poli *E*; Te. que fist faire Davis *I*; *ABCDFGT agree*; *F adds 2 lines* I ot grant luminaire alume et espris/ Mainte candeille ardant maint cierge maint tortis *F*

1581. *F has 2 lines* La fu C. li prex et li hardis/ Il ot arme son cors et .X.M. Arr.; *B has 2 lines* S'arm. C. li preus et li hardis/ Et ot en sa conpagne .X.M. fiervestis; C. et .X.M. Ar... *T*; *ACDEGI agree*
1582. I. vesti .I. cl. d'un *D*; Ilassa une cauce. de b. *I*; Et cauca *G*; cauce. dont la maille est faitis *F*; b. (fort *E*) clavain *ABET*; *C wants*; *B adds 1 line* Ses esporons li cauce l'amiraus Margaris
1583. La male en est molt riche a *D*; b. et .I. hauberc trellis *C*; b. d'un fort auberc blanci *E*; a clavains d'o. *B*; a claus d'argent masis *G*; a noviaus d'o. *I*; d'o. massis *T*; *AF agree*; *B adds 1 line* Li .I. clavains sor l'autre est rives et clofis
1584. .I. el. signoral: *C*; L'el. *G*; El. sarasinois: *I*; li o. en el (son *B*) c. m. *CB*; (sa. ... *T*) o. el c. (... c. *T*) assis *DEFGT*; li o. il ou c. m. *I*
1585. A .X. b. d'ors s. et de grant pris [*sic*] *E*; A .X. botonchiax d'o. *D*; A .XXX. b., s. a devis *G*; d'o. i f. s. et mis *I*; f. lanes et garnis *F*; *C wants*; (b. d... is *T*); *AB agree*; *B adds 4 lines* N'i ot point de nasel mais cercle i ot de pris/ Les pieres preciouses n'esligast Anseis/ .I. topase ot el cercle devant en mi le vis/ Ja tant con il le port n'ert de cop estordis
1586. c. une espee d. *C*; c. l'espee d., (fu burnis *E*) *DE*; M. qui fu d'acier fo. *F*; b. est fo. *I*; (c. Mur... fu *T*); *ABG agree*
1587. f. Matussales e., (l'i. de Colchis *E*) *IE*; l'i. des Fraris *C*; *FG want*; (f. Matessal... eis *T*); *ABD agree*
1588. Et monta el cheval courant et ademis *G*; l. fu amenes Pl. *B*; a. Pl... braidis *T*; Pl. de Valgris *F*; *ACDEI agree*
1589. p. c. .X. l. (p. .X. l. c. *E*): *CEF*; c. n'en er. mains a. *I*; ne sera a. *CE*; n'est m. n. a. *F*; *ABDGT agree*; *E adds 1 line* Ains est tous jors isniaus comme cers ademis
1590. d. la f. *DE*; s. facon con il ert col. *BT*; con. est col. *F*; con. ert col. *DG*; *C wants*; *AI agree*; *BF add 1 line* Et par (en *F*) quele maniere li cevaus ert (est *F*) faitis
1591. *G inverts 1951/1593*; Et o. *G*; t. graille b. *C*; *ABDEFIT agree*
1592. Et p. r. l. iex q. nus c. eslis *D*; (Le o. *T*), q. n'est c. *BET*; r. ne s. *C*; q. ne fust feus e. *F*; q. c. bien e. *I*; *G wants*
1593. *G inverts 1591/1593*; N. gros et a. ses iex gro. clers t. *F*; gra. et lees les yex grans et t. *T*; a. les os gro. et t. *D*; a. le iex clers et assis *I*; l'u. claret et *G*; *C wants*; *E wants 1593-1603*; *AB agree*
1594. Le jambe fort et roide pie coupe et massis *T*; f. et moles c. p. et v. *F*; r. les p. durs et v. *C*; r. piet cope et v. *I*; *E wants*; *ABDG agree*
1595. Noir ot le. a. devant la. pa. mi le pi. *F*; pa. le. flans et si o. n. *G*; et s'o. *D*; *CEI want*; *ABT agree*
1596. *F inverts 1596/1597*; (L'une coste av. baie et *I*), f. bis *BDI*; av. blanc et l'autre avoit g. *F*; *E wants*; *ACGT agree*
1597. *F inverts 1596/1597*; S'ot l. *I*; cr. g. aussi comme p. *F*; q. courtee comme p. *C*; q. grivelee co. *T*; g. a pierteris *G*; *E wants*; *ABD agree*
1598. c. paounee les ghieres haus a. *G*; p. h. le b. a. *BFT*; *CDEI want*
1599. (Et q. j. v. *D*), i. est a. *ID*; j. v. q. d. *C*; er. esquellis *B*; *EG want*; *AFT agree*
1600. s'i tenroit l. (levries *I*) *CDI*; q. tost f. *D*; te. li lievres ne cievrious ademis *B*; l. qant il ert e. *F*; l. ta. f. bien e. *T*; f. ademis *I*; *EG want*
1601. Li a. f. d'i. qui fu d'acier assis *T*; s. ert d'i. [*sic*] *F*; d'i. et li arcons

Variants

blancis *G*; a. (arcons *B*) planteis (plateis *C*) *FBC*; *DEI want*
1602. L. frains estoit m. r. qui el chief ert assis *D*; Et l. frains f. *C*; c. ert m., (e. asresnis *F*; e. ...enis *T*) *BFT*; c. est m., i est a. *I*; i. fu a. *G*; *E wants*
1603. c. erent d... oulis *T*; *CE want*; *ABDFGI agree*; *B adds 2 lines* Cescuns aniaus estoit de boin fin or masis/ Par le regne li tent l'amiraus Cahedis
1604. L. preus *C*. *B*; C. en ar. es. s. *I*; *ACDEFGT agree*
1605. .I. fort es. voltis *C*; es. d'or vernis *E*; (et ... *T*); *ABDFGI agree*
1606. a l'un des n. Francis *G*; d. ses ca. *BDFI*; *E wants*; *ACT agree*
1607. (Il a *F*), l'a. est de jarris *BF*; Et a, l'a. est pumeris *E*; s. la lanche le hanste er. de jarris *D*; l'es. u li pignons er. mis *G*; d. li fers fu faitis *T*; l'a. est de jafis *C*; l'a. est de laris *I*; *B adds 2 lines* A .XX. claus de fin or ert li pignons asis/ Grans fu Cornumarans fiers et fors et hardis; *F adds 1 line* A .X. claus de fin or le confanon assis
1608. (.XX. m. *E*), T. enmaine: *CDEGIT*; T. manda ar. *B*; chascuns ert f. *D*; *F wants*; *BF add 1 line* Ja mais ne finera s'ara Frans (Francois *F*) estormis (reqis *F*)

62. *ABCDEFGIT*

1609. Co. s'en va r. avec s. g. *T*; ce. o le fier hardement *B*; ce. armes i. *C*; ce. iries i. *D*; c. et fet armer s. *G*; *AEFI agree*; *B adds 1 line* Si se mist pour conbatre o rengie sa gent
1610. Po. Davit en i. *G*; D. issirent fierement *E*; s'e. issi c. *FT*; *ABCDI agree*; *F adds 1 line* A .X.M. de Turs armes mout ricement
1611. M. ains que i. *B*; i intrent ie. *D*; i rentre sera grains et dolans *I*; *ACEFGT agree*
1612. et le sien h. *E*; so. efforcement *C*; so. fier h. *F*; *ABDGIT agree*; *F adds 1 line* Ricart et Bauduin et Foucon de Melant
1613. N'i volroient il i es. *C*; p. tout l'o. d'orient *B*; d. Bellient *D*; *E wants*; (e. p... *T*); *AFGI agree*
1614. s. a l'o. *E*; l'o. cui D. *C*; l'o. qui Deu aiment f. *D*; (D. aim... *T*); *ABFGI agree*
1615. du. trait e. *F*. e. tot j. *D*; (m. ... *T*); *ABCEGI agree*
1616. A dant H. de Bourges p. *F*; B. pierent [*sic*] d. *C*; B. prioient d. *I*; (p. douce... *T*); *ABDEG agree*
1617. Que g. celle n. *T*; g. a n. *I*; n. jusqu'a l'e. *BC*; n. jusc'a l'aube apparant *F*; dusc'a l'ajornement *DE*; *AG agree*
1618. Et bien li b. lo. o. et bien et liement *C*; (o. que v. *G*) v. le prent *BDEFGIT*
1619. q. tout s. de jovent *B*; d. son t. *F*; f. sanblant *G*; *ACDEIT agree*; *B adds 1 line* N'i ot celui ne fust armes mout ricement
1620. D. cevalce [*sic*] e. *F*; c. durement *G*; c. fierement *EI*; *B wants 1620-1629*; *C wants 1620-1624*; *ADT agree*
1621. Es. fist escargaitent [*sic*] *E*; *BC want*; *ADFGIT agree*
1622. q. il ne fu p. len. *E*; q. n'ot p., (l. cu... *T*) *FIT*; *BC want*; *ADG agree*
1623. De S. o. et de metre a t. *D*; De S. o. avoit mout grant talent *E*; des. a duel et a *I*; et livrer a *F*; *BC want*; *AGT agree*
1624. .V.C. homes avoit a f. *E*; ce. ont d. *G*; ce. orent d. *I*; *BC want*; *ADFT agree*

1625. Et vers le P. *C*; O. estoient b. troi c. *E*; b. .VII. c. *G*; (r. b... *T*); *B wants*; *ADFI agree*
1626. F. li vaillans *C*; *BEI want*; (F. ... *T*); *ADFG agree*
1627. Et (Pa. *G*) dev. l'autre po., (l. ... *T*) *DFGT*; *BCEI want*
1628. f. la gent Estienne ... *T*; *BC want*; *ADEFGI agree*
1629. A tout .C. *C*; q. furent d. *D*; q. s. t. d. *F*; *BE want*; (t. s... j. *T*); *AGI agree*
1630. D. e. mout tres g. torment *G*; g. tout tellement *C*; *ABDEFIT agree*

63. *ABCDEFGIT*

1631. f. no b. (b. mout bien e. *E*) *CEG*; b. Francois e. *B*; (D. escharg... *T*); *ADFI agree*
1632. De. les .IIII. portes: *DIT*; De. cescune p. s. *BF*; De. Portes Da. *C*; A la P. *E*; Par de. Pont Da. *G*; furent bien .XX. millier *I*; s .II.M. ce. *T*
1633. (Li quens H. d. Borges c. *E*), a hucier *GE*; *ABCDFIT agree*; *F adds 1 line* Et dist ensi li bers par mout grant amistie
1634. m. doinst t. *DEF*; (t. ... *T*); *ABCGI agree*
1635. Q. il p., s. ... *T*; *rest agree*
1636. (a. estraind... *T*); *rest agree*
1637. (c. pe... *T*); *rest agree*
1638. ai a m., (c. qu'i mainent av. *I*) *CGI*; c. qu'i s. li av. *E*; q. il s. *B*; *ADFT agree*
1639. De. m'otroit q. j'e. (je *EF*) *BEF*; De. do. q. vers els p. *D*; De. do. q. jou d'aus p. mon c. aclaroier *I*; q. jou p. *G*; p. men corage es. *BF*; p. d'aus mon c. es. *E*; p. mon c. de... *T*; *AC agree*; *F adds 1 line* Sor ces felons paiens vostre honte vengier; *G adds 1 line* Del grant mal que m'ont fet li quvert losengier
1640. s. le (son *G*) courant d. *EGI*; l'au. corsier *BC*; (l'au. d... *T*); *ADF agree*
1641. P. si grande v. *E*; P. si tres g. (grans *I*) v. (vertus *I*) *TI*; v. qu'il l. *D*; v. Dix l. *F*; v. ke'l f. ajenouillier *G*; l. fait a. *EI*; (f. ar... *T*); *ABC agree*; *B adds 1 line* Li fier des estriers ploie le cuir fist aslongier
1642. Et estraint s. esc. qui se voloit vengier *C*; Puis est. *B*; Et estraint v. *I*; est. a s. p. *E*; *ADFGT agree*; *B adds 1 line* Par isi grant vertu la pane en fist ploier
1643. S. son c. graint er irier *G*; S. c. orguillous et f. *I*; c. g. et entier *F*; *C wants*; *ABDET agree*; *B adds 1 line* Or ascoutes signor por Deu le droiturier
1644. *B has 2 lines* Li rois C. q. tant fist a prisier/ Isci de la cite que n. s'i v. t.; i. ains n. *G*; i. que n. v. atargier *T*; n. s'i v. *DEF*; *ACI agree*
1645. En sa conpagne furent Sarrasin .X. millier *B*; O l. .X.M. Turs q'il ot fait haubregier *F*; Et sont en sa compaigne .X. *G*; o lui en a. *C*; *DEIT want*
1646. D. vinrent el s. *CI*; D. entrent el s. *F*; D. issent el s. *G*; v. el s. (sa... *T*) *DET*; *B wants*
1647. En l'o. nostre Signor q. *B*; Desi que a *E*; Enfresi a l'o. *G*; Deci jusqu'a l'o., a. la... *T*; D. vaurent a. *F*; D. quida a. *I*; *ACD agree*; *B adds 2 lines* Les aucubes abatre et les tres trebucier/ Et la crestiente ocire et detrencier
1648. Ma. ancois averont un mortel e. *E*; Ma. il aront aincois damage et enc... *T*; av. .I. mortel e. *FI*; av. dolerous e. *G*; *ABCD agree*; *B adds 2 lines* Se

Variants 371

Dex garist Harpin o le corage fier/ Et toute sa conpagne qui tant fist a prisier
1649. D. ches .X. m. T. ne remest .C. ent. *F*; Des .X. milliers des T. n'en i. doi ent. *G*; Quar des .X. *B*; De .X. m. *C*; D. ces .X. *I*; T. s'en i. poi ent. *D*; n'en vinrent .C. *E*; i. .VI. ent. *T*
1650. v. les e. *GFI*; l. armes f. *B*; e. claroier *EF*; (e. ... *T*); *ACD agree*
1651. Et d. a com. penses de cevaucier *E*; a. j. c. que qui. *F*; *ABCDGIT agree*
1652. Je voi pa. (Persans *B*) i. (venir *B*) *EB*; Vees pa. *GT*; pa. issus: *CD*; pa. ou viennent pe. *F*; pa. ou issent pe. *I*; penses d. D. v. *CDEG*
1653. l. pener et travillier *BDEF*; et martyrier *T*; *ACGI agree*
1654. Baron te. v. co. *BF*; Taisies v. *E*; co. s. braire et s. n. (crier *F*) *CF*; co. s. (de *G*) traire et s. (de *G*) lanchier *DG*; *T has lost 1654-1688*; *AI agree*
1655. c. les puissons e. *D*; s. soient eslongiet *CI*; (... *T*); *ABEFG agree*; *BF add 1 line* Et cil respondent sire bien fait a otriier
1656. D. oisies n. *B*; D. veissies n., et fremier *F*; d. veist n. (nos *EI*) g. (princes *E*; gens *I*) *DEGI*; (... *T*); *AC agree*
1657. T. c'a. e. *CI*; T. que aloe e. *FG*; *E wants*; (... *T*); *ABD agree*
1658. Tu. que De. *BEFGI*; (... *T*); *ACD agree*
1659. Q. F. l. choisierent: *D*; n. baron l. *BEF*; en. (endroit *BFG*; envers *DE*) el. aprochier *IBDEFG*; (... *T*); *AC agree*; *F adds 2 lines* Il les ont esgardes plus sont de .X.M./ Et chevalcent a force trestout le sablonnier
1660. Lors issent d. *C*; Lons f. *I*; t. d'un arc manier *BE*; t. de .V. a. *F*; (... *T*); *ADG agree*
1661. D. s'escrie H. *E*; (... *T*); *ABCDFGI agree*
1662. a. car nous venes aidier *F*; (... *T*); *ABCDEGI agree*
1663. Lo. brocent les cevaus d. *B*; Puis hurte le *D*; Puis b. son c. *G*; (... *T*); *ACEFI agree*
1664. Et v. fe. *G*. qui estoit fiex B. *D*; fe. en l'e. Garapin fi. *E*; l'e. Grohant l. *C*; fi. Brachier *F*; fi. Brohier *I*; (... *T*); *ABG agree*
1665. (b. a o. *I*), li fist fr. *CEI*; fa. (fist *D*) fendre et *GD*; (... *T*); *ABF agree*
1666. l. hauberc del *D*; *E wants*; (... *T*); *ABCFGI agree*
1667. d. pis li fi. l'espiel glacier *B*; fi. l'espie b. *DFGI*; *C wants*; (... *T*); *AE agree*
1668. c. les .I. *DF*; e. mi le sablonier *E*; (... *T*); *ABCGI agree*; *B adds 2 lines* L'arme de lui enportent diable et avresier/ En infier le puant la le font herbregier
1669. Li c. Harpin n'o. so. de targier *B*; Li a. *E*; c. n'ont so. de l'e. *CI*; so. d'atargier *F*; *D wants*; (... *T*); *EG agree*
1670. M. r. l'o. f. *E*; a (as *BE*) abaissier *IBE*; la. brisier *F*; *D wants*; (... *T*); *ACG agree*
1671. C. des n. *G*; n. Francois f. *E*; b. fist l. *F*; (... *T*); *ABCDI agree*
1672. Corn. laist corr. Plantamor le destrier *E*; corr. l'aufferrent p. *F*; ce. presantier *I*; (... *T*); *ABCDG agree*
1673. .I. g. c. et p. *CF*; un mout g. c. p. *E*; (... *T*); *ABDGI agree*
1674. p. de son *E*; es. li fist l. *B*; es. li fist l'anste brisier *F*; es. fist sa (la *CG*) *DCEGI*; l. (hanste *G*) brisier *EG*; l. croisier *BI*
1675. Ma. n'en p. *C*; mo. el d. *B*; (... *T*); *ADEFGI agree*
1676. o. et t. *BDE*; o. si t. *G*; pu. traist l. *C*; *I wants*; (... *T*); *AF agree*
1677. l. sieles w. *CI*; (... *T*); *ABDEFG agree*

1678. (Puis escria D. *B*), g. raliier *DBGI*; (... *T*); *ACEF agree*; *E adds 2 lines* Se Damedix n'en pense qui tout a a jugier/ Ja seront desconfit no baron cevalier

64. *ABCDEFGIT : for ll. 1685-1710 in F see Appendix 6*

1679. fu fiers la *C*; fu grans la *F*; fo. li b. *A*; (... *T*); *BDEGI agree*
1680. v. fort es. *CEG*; (... *T*); *ABDFI agree*
1681. t. i ot de f. cele ge. *E*; (... *T*); *ABCDFGI agree*
1682. gr. liuee v. *B*; gr. archie v. *D*; gr. traitie v. *G*; gr. huchie v. *I*; *E wants*; (... *T*); *ACF agree*; *I adds 1 line* Enfressi as herberges les enmainent ferant (*cf. 1684*)
1683. b. et deriere et devant *I*; m. l. vit [sic] angoissant *F*; v. damagant *BD*; *E wants*; (... *T*); *ACG agree*
1684. Enfresi as h. l. ont menes f. *B*; Desi que a. *E*; Dusqes vers les h. *F*; Enfresi as h. *G*; Ent. qu'a h. *I*; qu'a herbergeus [sic] l. en. tenant *C*; (... *T*); *AD agree*
1685. *F has 189 lines for 1685-1710, see Appendix 6*; Ilueques o. *I*; p. Ricier et *BEG*; F. le Normant *D*; (... *T*); *AC agree*
1686. *BDI invert 1686/1687*; *EG want*; (... *T*); *ABCDI agree*
1687. *BDI invert 1686/1687*; Ros. et Huon l. *E*; Ros. et Ricart l. *G*; P. d'Avignant *C*; P. l'Alemant *D*; (... *T*); *ABI agree*
1688. .XIIII. ont pris d. nos ses enmainent batant *E*; au. k'il env. *BI*; au. c'ont envoie av. *D*; au. ses env. *G*; *C wants*; (... *T*)
1689. A grant masse plommee le. *I*; v. al dos batant *C*; m. damagant *B*; *E wants*; (... mo. *T*); *ADG agree*
1690. H. les v. *BG*; m. les vait damajant *B*; m. en ot c. *G*; v. le c. en ot d. *E*; (... c. *T*); *ACDI agree*
1691. Et cr. *B*; I. cria D. *C*; I. crient D. *G*; ai. sains Sepulcres av. *D*; *E wants 1691-1693*; (...nt *T*); *AI agree*
1692. No conpagnon o. *B*; Mes c. *C*; c. enmainent l. *D*; l. (le *B*) cuivert m. (soudusant *B*) *CBDI*; *E wants*; (... g. *T*); *AG agree*
1693. Se les laions me. *I*; mo. (bien *B*; ... *T*) somes r. *DBGIT*; *CE want*
1694. Lo. se hurtent (mellent *E*) a. *CE*; r. es T. *D*; c. tint n. *BCDE*; c. tret n. *G*; (...rtent a. T. ... *T*); *AI agree*
1695. Ma. ne v. *CG*; ...ut lo. assaut la, d'u. b... *T*; e. le montant d'u. *D*; *E wants*; *ABI agree*
1696. n. a. soi li auquant *D*; (...ent l. *T*); *ABCEGI agree*
1697. f. si l'alascent ta. *BI*; f. que tr. v. demorant *G*; tr. v. atarjant *D*; *E wants*; (...ent ...t c. *T*); *AC agree*
1698. (...ent m. *T*) m. li cevalier vallant *BDIT*; *BG want*; *AC agree*
1699. C. e. v. apoignant *C*; v. courant *E*; (... d. *T*); *ABDGI agree*
1700. Ensi c. *G*; o. vais as *A*; o. es an. avolant *D*; o. voit les avestes volant *I*; (...i o. *T*), an. volant *BET*; *C agrees with text*
1701. ...es l'ont veu et puis se vont plumant *T*; v. ens e. *C*; v. et il i vient bruiant *D*; ve. (veus *B*) et des eles planant (plognant *B*) *IB*; *E wants*; *AG agree*
1702. To. ensi v. (va *E*) *GE*; a. va R. en s'os as Tu. ferant *C*; a. (...ssi *T*) vint R. *DT*; *ABI agree*

Variants 373

1703. Q. il c. a colp i. *DG*; (...rs a c. *T*); *ABCEI agree*
1704. .XIIII. (...se *T*) en a o. *BDEIT*; Lues a .IIII. *C*; *AG agree*
1705. q. nos Frans enmaine es. *D*; ...ainent es. v. ataignant *T*; *BI want*; *ACEG agree*
1706. S. que d. (d. nus biens *I*) *BDGI*; ne. ira arainant *BI*; ...ne les v. aresnant *T*; *CE want*
1707. d'a. les v. *BCDEI*; v. si desfoucant *B*; v. le pies co. *C*; v. si demenant *D*; v. si decaupant *E*; v. si defrouissant *I*; ... desrochant *T*; *AG agree*
1708. C'il l. *G*; g. et s. s'e. vont f. *I*; ... et s'e. *T*; *ABCDE agree*
1709. ...ichart... v. *T*; *C wants 1709-1711*; *ABDEGI agree*
1710. De m. et de n. *G*; (m. ...res v. *T*), t. joncant *BIT*; n. va l. *E*; *C wants*; *AD agree*
1711. *C wants*; (... o. est ... der. *T*); *ABDEFGI agree*
1712. Et j. q. v. diroie c. *D*; j. tous nos barons contant *C*; j. des barons alongant *E*; (...aicun b. *T*); *ABFGI agree*
1713. E. m. p. de terme e. i o. d'armes t. *B*; Q. en petit d'or., ot armes t. *C*; E. .I. m. poi de terme e. i *D*; E. une p., ot armes t. *E*; Q'e. m. petitet d'or., ot d'ames t. *F*; E. m. tres p., ot venu t. *G*; E. m. p. de terme e. i *I*; *BI add 1 line* Que clers nel (ne *I*) saroit (porroit *I*) dire ne jougleres qui cant
1714. *B inverts 1714/1715*; (...t l. *T*); *rest agree*
1715. *B inverts 1714/1715*; F. o eu. *DF*; eu. torne en *BI*; j. par le mien esciant *DE*; j. en l'es. c. *F*; j. trestout communement *G*; j. a es. *T*; (...ent a *T*); *AC agree*
1716. N'en escapast uns vis ains i fuissent morant *E*; Si fuisent il trestout ocis et recreant *G*; i. nes c'u. *BCI*; i. le monte d'u. besant *F*; (... l. *T*); *AD agree*
1717. (...nt o. *T*), et maint g. *BDT*; et cors d'arain s. *FG*; et maint cor ressounant *I*; g. soner *C*; *E wants*
1718. .I. Sarrasin (...rrasin *T*) a. li rois Cornumarans *CT*; U. S. encontre l. *G*; *ABDEFI agree*
1719. Ahi gentix hom sire p. c. v. atargant *E*; R. d. Jherusalem p. c. v. plus ta. *F*; p. c'atarges tu tant *D*; v. atarjant *BI*; v. tant ta. *G*; (... J. *T*); *AC agree*
1720. h. et p. e. sont v. *C*; p. i a mais v. *B*; (... o. *T*); *ADEFGI agree*
1721. S. plus i *DE*; ...ais i d. f. feres g. *T*; d. c'e. f. mout g. *BI*; *ACFG agree*
1722. *E wants*; (... n'i *T*); *ABCDFGI agree*
1723. ...s c., q. tost en vient bruyant *T*; F. u il vi. *BI*; F. a esperon brocant *E*; q. tot vi. *CD*; q. tost vient chevaucant *G*; c. vient abrievant *F*
1724. ...i roys C. leur guenchist l'a. *T*; s. torne l'a. *D*; s. a guerpi le camp *E*; *ABCFGI agree*
1725. s'en va es. *BCDEFGIT*
1726. H. les v. *BCDEFIT*; v. au dos s. *CG*; v. mout encauchant *F*
1727. i. nes a. (atainsent [*sic*] *B*) *CBI*; desi en o. (Sarmagant *F*) *BCDFT*; *E wants*; *AG agree*
1728. Envers Jherusalem s'en v., T. traiant *G*; D. s'en v., T. tarjant *BI*; D. vont li Turc arestant *E*; T. ataingnant *C*; T. detriant *F*; *ADT agree*
1729. Et Ricars e. *BCE*; Et Ricars se trestorne q. *G*; g. qui aloit randounant *E*; l'a. encaucant *BIT*; l'a. porsivant *C*; *ADF agree*; *C adds 1 line* Mais il nes atainsist desci en oriant (*cf. 1727*)
1730. l'es. qu'il tint feri Cornumarant *E*; c. de maintenant *BI*; *G wants*;

ACDFT agree
1731. e. que l. (le *EI*) *CEIT*; *ABDFG agree*
1732. L'esp. li g., v. en esclipant *T*; esp. guencist s. v. (s'en *I*) en (v. *I*) escivant *BI*; esp. est g., v. esglacoiant *G*; g. et v. *E*; v. encantelant *C*; v. escoloriant *D*; v. esquacirant *F*
1733. T. se pa. *C*; o. qui mout ot m. *E*; *ABDFGIT agree*
1734. Se i. *G*; Q. n'a occit R. *I*; R. qu'il venoit encauchant *D*; R. ne se prise un besant *E*; d. que n. *GI*; v. noient *C*; (... oc... *T*); *ABF agree*

65. *ABCDEFGI : T to l. 1773 only*

1735. L. fiers lo. *F*; ch. vaillans *C*; ch. loiaus *EG*; (f. ch... *T*); *ABDI agree*
1736. M. est p. *BI*; M. fu p. *D*; h. et corans s. *C*; h. et s. c. i. *F*; *E wants*; (p. et ... *T*); *AG agree*; *F adds 4 lines* Qant il n'ocist Ricart ne se prise .II. aus/ S'encor puet recouvrer donra li cops mortax/ Mais Ricars fu trop loins pour recevoir ses caus/ Qant il nel pot ataindre iries en fu et caus
1737. Et Harpins la. *C*; A H. de Boorges est venus l. *G*; c. Plantenor qui'st isniaus *E*; P. a g. *I*; (c. Pl... *T*); *ABDF agree*; *F adds 1 line* Et tient Murglaie nue dont d'or fu li seignaus
1738. (Grant c. *D*), l. va donner: *TD*; sor. (en *G*) son el. a es. *CDEFG*; (des. ... *T*); *ABI agree*
1739. C'un quartier en osta par devers le n. *G*; t. l'a porfendu d. *B*; t. le p. *E*; t. le p. enfresci q'e. (q... *T*) *FT*; t. l'eut pourfendut d. q. ou n. *I*; p. enfresi qu'e. *D*; *C wants*
1740. S. dist nel garandist l. p. e. *E*; a. l. peres e. *CI*; (p. esper... *T*); *ABDFG agree*
1741. A H. *F*; B. fu l. de. communaus *D*; f. ja pris li consaus *E*; f. ja l. de. c. *G*; (l. due... *T*); *ABCI agree*; *F adds 1 line* Et li Turs passe outre qe honis soit ses caus
1742. L. ber est esc. *B*; L. quens s'est *D*; Et Harpins li escrie f. *F*; b. ert esc. *C*; esc. traitres d. *G*; esc. fes c. *I*; f. traitres mortaus *E*; (f. cuver... *T*)
1743. i aves guenci: *BCDFGIT*; il v. en venra mau. *CD*; v. i ares grans mau. *I*; il v. e... *T*; en averes mau. *F*; en venra grans mau. *G*; *E wants*
1744. I. tint tr. *CDEFGT*; l'e. dont d'or sont (est *C*) li (... *T*) s. (... *T*) *BCDGIT*; l'e. dores ert li pumiaus *E*; l'e. nue q. luist comme cristaus *F*
1745. Le T. quida f., (m. ce fu tout a faus *F*) *GF*; Li Turs q. feri... *T*; f. n. li valut .II. *C*; *E wants*; *ABDI agree*; *F adds 1 line* Sor Plantamor passe outre qi mout fu bons cevax
1746. v. a. l'o. et p. m. *C*; l'o. apaignant et p. m. *D*; (l'o. apoing... *T*); *ABEFGI agree*
1747. Q. C. v. m. *F*; C. que maus est s. hostaus *E*; est li est. *BI*; (C. m... *T*); *ACDG agree*
1748. Pl. esperonne pa., (l. anples terraus *G*) *FG*; *E wants*; (Pl. po... *T*); *ABCDI agree*
1749. e. courus le. *E*; (D. ... *T*); *ABCDFGI agree*
1750. En Jherusalem entre t., (l. muraus *B*; m. le po. *I*) *CBDI*; En la cite ent. *E*; En J. en entre t. *G*; (En J. ent... *T*); *AF agree*
1751. q. dehors r. *T*; sa hors r., (o. asses assaus *E*) *IE*; f. remestrent o. *D*; m. estaus *C*; *ABFG agree*; *BI add 1 line* Ne s'escapa (N'en eschapa *I*) que

Variants 375

.C. de tous les desloiaus
1752. A. p. n'en es.: *CD*; n'en escapies [*sic*] : *E*; p. des paiens desloiaus *G*; n. de b. n. de m. *DIT*; *ABF agree*; *F adds 1 line* Fors qe bien entour .C. qi ont plaies mortaus
1753. (P. David fermer le. *T*) le. portaus *BDIT*; Da. ont ferme le. *F*; *E wants*; *ACG agree*
1754. Par d., Te. en f. fais li *E*; le Sepulcre f. *F*; li asaus *B*; (le ... *T*); *ACDGI agree*
1755. Et de v. et de j. *CE*; v. et de joules f. *D*; (v. et d. ... *T*); *ABFGI agree*
1756. (ac. ... *T*); *rest agree*
1757. A piet i *F*; (v. ... *T*); *ABCDEGI agree*
1758. v. espandre p. *I*; *CE want*; (e. ... *T*); *ABDFG agree*
1759. Co. s'e. (s'e. garnis... *T*) *BFGIT*; ce. muraus *BI*; ce. terraus *DG*; ce. muriaus *E*; *AC agree*
1760. Garnissies ces b. de pieres de cailliaus *E*; Et aportes b. as tours et as m. *I*; Et porches et b. *D*; b. a tours et a m. *B*; *C wants*; (b. ... *T*); *AFG agree*
1761. d. au m. *E*; m. commencra li a. *CG*; m. commencera assaus *F*; co. li a. *I*; (d. ... *T*); *ABD agree*
1762. d. mout grans *C*; (.I. ... *T*); *ABDEFGI agree*
1763. A. grant b. nous faut n. millors Dex faus *G*; b. m'est falis Mahons li desloiaus *E*; fali mi D. m. et faus *C*; n. D. maus et f. *I*; (n. ... *T*); *ABDF agree*
1764. ta. le f. *CEG*; b. d. peus et *C*; b. d. mas et *I*; b. d. pes... *T*; et d. flaiaus *E*; *ABDF agree*
1765. D. machues pl. *D*; m. de fier et d. b. poignaus *G*; *CE want*; (b. ... *T*); *ABFI agree*
1766. c. d. tence n. *C*; c. d. treche n. (n... *T*) *IT*; *E wants*; *ABDFG agree*
1767. *No variant*
1768. Mout es b. g. et de fies et d'o. *C*; Grant assaut averes ains li journaus [*sic*] *E*; g. de delis et *D*; et d'otaus *B*; (et d'or... *T*); *AFGI agree*
1769. Et d. r. c. et d. nobles ongaus *F*; Et d. r. c. et bieles et i. *G*; Et d. bele contree et d. r. vergiaus *I*; Et d. riches c. et d. r. joyaus *T*; r. vignaus *BD*; *C wants*; *E wants 1769-1775*
1770. s. d. paile d. c. *CI*; *E wants*; *ABDFGT agree*
1771. Des r. *B*; s. et de v. (rices *G*) bliaus *TG*; *DE want*; *C wants 1771-1773*; *AFI agree*
1772. De l'uevre que l. *G*; l'i. toutz l. *F*; dev. tous chaus *T*; *CE want*; *ABDI agree*
1773. M. bele puciele (Maintes beles pucieles *I*) i *BI*; M. bele p. *DGT*; r. paine i, s. apparaus *F*; p. issent as a. *T*; s. aficaus *BI*; s. atacaus *D*; s. afrumaus *G*; *CE want*; *F adds 1 line* Et batoit fors ses paumes et tiroit ses caviax
1774. Lucabiax escria d. *F*; *T has lost 1774-1813* (*fol. 127 col. d*); *ABCDEGI agree*
1775. m. frans chevalier loiaus *E*; b. frere C. *BCDFI*; b. amis C. *G*; (... *T*)
1776. Ai. mangeront ca. *I*; cr. con ostoir et g. *B*; cr. d'o. et de g. *F*; cr. et g. et oisaus *G*; *CE want*; (... *T*); *AD agree*
1777. Ains que le cis so. p. ferons les F. maus *C*; Ains que nous soions pris en er. *E*; F. caus *BDEFGI*; (... *T*)

1778. Et maint de l. escut en seront a grant t. *C*; es. depecies p. *BEGI*; *F wants*; (... *T*); *AD agree*
1779. Et maint caitif o. et n. (menet *C*) a b. *FC*; o. et rues a b. *D*; o. et detrais a b. *G*; *BEI want*; (... *T*)
1780. (Nous man. *BI*), r. Mariagaus *DBEGI*; r. Mantiogaus *C*; r. Mariaugaus *F*; (... *T*)
1781. r. Farion s. v. Fariaus *C*; r. d'orient et s. *D*; r. Garsiien et s. *G*; D. s. i v. (vera *B*) *IB*; v. Morgaus *E*; (... *T*); *AF agree*
1782. Si a., d. qu'a G. *I*; a. les Turs d. *G*; l'em. desi en G. *EF*; *C wants*; (... *T*); *ABD agree*

66. *ABCDEFGI* : *T from l. 1814 only*

1783. (... *T*); *rest agree*
1784. S. nos m. *G*; (... *T*); *ABCDEFI agree*
1785. Te. (Bele *F*; Tes *I*) os. (os *I*) nous amenra a. *FBI*; tr. s. fiere n. *D*; a. (que *E*) s. grant (grans *I*) n. *BCEGI*; v. hom *G*
1786. c. (ceus *BGI*) de V. B. (Breton *G*) *DBFGI*; *CE want*; (... *T*)
1787. al. (alons *CDEG*) t. (tout *C*) as murs (portes *F*) et s. les g. *BCDEFGI*; (... *T*)
1788. L. (Le *I*) tors et l. b. *BEGI*; b. com p. *DE*; b. et les tours environ *F*; b. p. no d. *G*; *C wants*; (... *T*)
1789. S. Francoins n. a. *C*; a. que b. *E*; b. n. desfendron *G*; *BI want 1789-1791*; (... *T*); *ADF agree*
1790. pa. s'escrierent v. *EG*; *BI want*; (... *T*); *ACDF agree*
1791. s. .I. timbre et *C*; s. laiens .IIII. cors d. *D*; s. .XX. t. et .XX. cors d. *E*; s. lor t. et lor cors d. *F*; s. .II. t. *G*; *BI want*; (... *T*)
1792. Dont v. *F*; v. de T. *DE*; T. a p. *DF*; p. et g. f. *E*; *C wants*; (... *T*); *ABGI agree*
1793. p. q. b. et pierres et . (molans *B*) *FBI*; b. et pieres et m. *E*; *C wants*; (... *T*); *ADG agree*
1794. L. cretiaus ont garnis ent. *C*; g. le tour et le dongon *F*; (... *T*); *ABDEGI agree*
1795. j. vint a *BCDEGI*; (... *T*); *AF agree*
1796. l'o. a Diu beneicon *C*; l'o. que D. *EG*; (... *T*); *ABDFI agree*
1797. D. Jherusalem:, (ens el l. s. *E*) *DEG*; (... *T*); *ABCFI agree*
1798. S'a. l. c. l. p. et *BFI*; La asamblent l. p. *E*; (... *T*); *ACDG agree*
1799. (... *T*); *rest agree*
1800. Et W. ses freres et D. *F*; W. et Droons d. *B*; W. et d. Moncit Droon *E*; W. et Duron d. Mascon *I*; d. Mocon *C*; d. Moscon *D*; d. Moson *G*; (... *T*); *F adds 1 line* Et li quens Bauduins et dans Raimbax Creton
1801. Et Raimo. d., G. et Gautiers d'Avalon *D*; G. o li Raimb. *E*; G. Lambers li fix Kenon *F*; G. et dans Raimb. *G*; si vient Raimb. *I*; *C wants*; (... *T*); *AB agree*
1802. Ricars d. *D*; N. o Robert le F. *C*; (... *T*); *ABEFGI agree*
1803. Et T. de Sesile avoec lui B. *E*; T. cil de Sesille ses cousins B. *G*; li viex m. *D*; m. et li dus Buiemons *FI*; *C wants*; (... *T*); *AB agree*; *E adds 1 line* Li quens Hues li Maines frere roi Felipon
1804. P. Hues a. *CFG*; et (o *E*) sen pere Huon *BEI*; (... *T*); *AD agree*

Variants 377

1805. Et G. de Gornai et Martins de Clermon *F*; Et T. *DE*; G. (Hues *BI*) de Digon (Dignon *I*) *EBI*; *C wants*; *G wants 1805-1807*; (... *T*)
1806. R. de Perse q. *C*; *EG want*; (... *T*); *ABDFI agree*
1807. S. vient T. *FI*; *EG want*; (... *T*); *ABCD agree*
1808. Et H. d. Borges [*sic*] et R. *D*; Et dans H. d. Bourges et R. *E*; Dans H. *G*; *BI give 1808-1812 in 13 lines, see App 7*; *C wants 1808-1810*; (... *T*); *AF agree*
1809. *for BI see Appendix 7*; q. cuer ot de lion *G*; *C wants*; (... *T*); *ADEF agree*
1810. *for BI see Appendix 7*; F. de Lanchon *F*; *C wants*; (... *T*); *ADEG agree*
1811. *for BI see Appendix 7*; Et l. v. *AF*; Li veske li a. *G*; a. gens d. r. *E*; (... *T*); *CD agree with text*
1812. *for BI see Appendix 7*; S. vient l. *F*; t. et tot s. *E*; (... *T*); *ACDG agree*; *E adds 1 line* Et Pieres li ermites o le flori grenon
1813. B. en i ot .X.M.: *BGI*; f. .XX. m. t. que n. *E*; m. tex c. *D*; m. itel c. n. d. *F*; t. (tes *I*) c. n. les d. *BI*; de tes c. v. d. *G*; *C wants*; (... *T*)
1814. On. n'i ot .I. seul d. *F*; (... en i, r. fa... *T*); *ABCDEGI agree*
1815. Q. ait m. vestu n. vermel siglaton *E*; Q. ait c. *BCDFI*; Q. c. i et v. *G*; (...ote v. *T*)
1816. N. n'ot solles e. pies: *E*; Si n'o., e. pies: *E*; N. ot s., p. cote n. cap. *I*; n'o. sollers e. *C*; s. cauciet: *G*; cape n. cap. *BDT*; ne cau. n. cauchon *EFG*; (... n'o. *T*)
1817. N. chemises e. d. *DG*; ce. ens el d. *B*; ce. en dos: *FI*; ... c. vestue n. chauce *T*; cape (capes *G*) n. caperon *EFG*; *C wants*
1818. (M. cince et *I*) et tasiaus ce *BI*; ... ci. et sachez ce *T*; l. siglaton *D*; *ACEFG agree*
1819. L... ci. *T*; h. ce. o. a f. *BEI*; h. de ce. *CDFT*; h. et de ce. f. *G*; o. fuisons *C*
1820. *G places 1820 after 1822*; Lor mustel sont rosti d. f. *D*; r. del f. et del c. *B*; r. a f. et a c. *G*; (...stiaus o. *T*); *ACEFI agree*
1821. Du solel et *E*; et des ahans s. *B*; et d'ahan s. *I*; (... et *T*); s. noir c. tisson *ET*; c. carbon *BI*; *CDF want*
1822. *G places 1820 after 1822*; Les g. *I*; g. (...bes *T*) ont c. *EGT*; c. et aussi l. t. *E*; c. l. pies et *GI*; c. li p. et li t. *T*; *C wants*; *ABDF agree*
1823. ... p., mai. ou grant hache ou b. *T*; mai. ou masse ou b. *I*; *ABCDEFG agree*
1824. Pl. u macuelle: *CI*; Plomees ou martiax (...mee ou martel *T*); *DT*; Pl. u macelote: *E*; Pl. u materas: *G*; u pi. (picot *CEI*; piq... *T*) u b. *BCDEGIT*; *F wants*
1825. U gr. h. a. u gi. u faucon *E*; Ou une gr. gi. ou hace ou penon *F*; ...arme a. ou ales[n]e ou poincon *T*; h. u poncon *BGI*; h. a plain poing *D*; *AC agree*
1826. po. un fausart d'acier tot environ *E*; (... po. *T*), f. d'acier a. *BFGIT*; f. qui est de tel fachon *D*; *AC agree*
1827. Que il n'en a pa. d. a Besenchon *D*; N'a baron s. ar. dusk'en Carfanaon *G*; (Ne pa. *C*), d. el pr. *BCI*; (...n s. *T*), d. en pr. *FT*; d. es pres N. *E*
1828. r. des tafurs l'en fe. *C*; r. le fe. d. le fa. (hache *D*) a *FD*; r. le ferist du faussart a *E*; le ferist a *BI*; le consiut a *G*; (S. ... r. *T*)
1829. Qu. il ne por. enfresi qu'el pom. *D*; Qu. errant ne l'eust cope en .II.

troncon *G*; Qu. ne le por. *E*; Qu. ... ne por. d. jus... *T*; t. ne le fendist: *C*; t. ne lor pourfende d. qe el *F*; n. pourfendit d. qu'a l'esperon *I*; d. que el menton *B*; d. que el talon *CE*
1830. v. ne vair n. *F*; (L. ...s n'a. *T*); *ABCDEGI agree*
1831. s. ot vestu on. *D*; s. de coussin ou on. n'ot *F*; d. c'on. *C*; d. qu'ains n'i ot nul g. *I*; (...ac d. *T*); *ABEG agree*
1832. B... t. en c. ce semble le baron *T*; t. as c. ma. n'i o. nul mo. *B*; t. par c., o. manchon *D*; t. el c. onqes n'i *F*; ma. n'i o. nus mascon *I*; *CEG want*
1833. El m. *B*; E. maint lius fu *C*; E [*sic*] mil l. *I*; ... lieus fu *T*; p. de (des *I*) traus i *BCDEFGIT*
1834. A cordele d. *EI*; co. noees l'atacha e. *D*; d. cave (tille *G*) ataciet e. *FG*; ca. la cacoit e. *C*; ca. tenoit sor le menton *E*; (... les d. *T*); *AB agree*
1835. Trestout si garniment ne valent .I. bouton *G*; co. a a. d'un cop d'u. *C*; co. (...hief *T*) o. affichie d. (d'un *BI*) *DBFIT*; d'u. caperon *F*; *E wants*
1836. d. feutre: *EI*; f. entor o. m. *G*; u i o. m. *C*; de laine et de coton *E*; m. tacon *I*; (... c. *T*); *ABDF agree*
1837. d. not g. *I*; d. nos gens m. *T*; m. fiere e. *E*; *ABCDFG agree*
1838. C. des n. *G*; b. a drecie l. *E*; *B wants*; *ACDFIT agree*
1839. v. del Forois li f. *G*; (... du M. *T*) M. li f. *BDEFT*; M. f. la b. *I*; *AC agree*
1840. (...e g. *T*); *rest agree*
1841. Q. ke d. *B*; m. (...ort *T*) amere s. *ET*; *C wants*; *ADFGI agree*; *BI add 17 lines, see Appendix 8*
1842. ... d., f. nous .I. s. *T*; r. que f. v. ser. *E*; *ABCDFGI agree*
1843. Assalons Jursalem sans point d'arrestison *F*; Ce. riche ci. *I*; (...nte ci. *T*); *ABCDEG agree*
1844. e. ne no. *A*; s. tost ne l. *E*; l. perdon *F*; *BCDGIT agree with text*; *F adds 3 lines* Es vous Huon le conte frere au roi Phillippon/ Hautement l'apelerent avant tout li baron/ Si durent il bien faire car mout estoit preudon

67. *ABCDEFGIT*

1845. L. jornee fu b. si f. cl. au m. *E*; Clere e., f. biel ce. *G*; B. fu l. jornee m. *T*; matin. si f. *B*; f. caut ce. *F*; *ACDI agree*
1846. J. en .I. *F*; J. en ou s. *I*; S. Sartin *T*; *D wants*; *ABCEG agree*
1847. f. en l'o. D. c. duc p. *D*; (...a f. *T*); *ABCEFGI agree*
1848. M. et B. Normant et Poitevin *E*; F. et Loherenc M. *F*; M. et Poitevin *B*; *C wants*; *ADGIT agree*
1849. L. (...nt *T*) et G. B. et P. *DGT*; G. et Prouvencel B. et P. *F*; G. et Angevin *B*; *CE want*; *AI agree*; *BI add 2 lines* Flamenc et Braibencon qui mout sont de haut lin (brin *I*)/ Et Toscan et Pullan avoec li Angevin (P. et av. Larcifin *I*)
1850. t. (... t. *T*) i. fu n'o. *CT*; t. parla n'o. *E*; pas c. de f. *D*; le cief enclin *F*; *I wants*; *ABG agree*; *T adds 1 line* ... ce dist li roys nobile palazin
1851. q. ferons n. *C*; q. faites vous: *IG*; ... n. ici t. m. grant train *T*; n. que m. *B*; que metes en d. *I*; m. a d. *CFG*; e. oublin *D*; *AE agree*
1852. et le palais marbrin *F*; g. Apolin *I*; d. pu l. *G*; (... c. *T*); *ABCDE agree*; *F adds 1 line* Et destruire et d'ochirre le linage Cayn

Variants 379

1853. B. nos contenons t. *DF*; Trestout coi v. tenes con *E*; t. comme faus (las *G*) p. *DG*; t. com malvais p. *F*; (B... *T*); *ABCI agree*
1854. M. p. icel S., (d. ... *T*) *DT*; *ABCEFGI agree*
1855. L. jour a n. de sa. Ar.[sic] *I*; j. que si. (fu *ET*) *CEGT*; q'i. fu a. n. ou arces fu declin *F*; n. le sa. *BCG*; n. de sa. *DET*; *F adds 1 line* Ou Jehans se maria qi estoit ses cousin
1856. qui font f. *E*; *rest agree*
1857. N'i a. mes p. *G*; p. plus m. *BI*; *ACDEFT agree*
1858. (Ce di. *D*), b. voisin *GD*; di. li qens de, (v. pelerin *E*) *FE*; *ABCIT agree*
1859. q. n'iert b. *C*; .I. anjevin *DET*; *ABFGI agree*
1860. J. chose n'e. bi. fa. c'ele n'a bon defin *I*; n'e. cose bi. fa. s'ele n'a *B*; o. loee s'ele n'est bo. *F*; fa. se n'i *T*; a bon defin *D*; *E wants*; *ACG agree*
1861. Qui ore que. t. *C*; Qui cherqueroit l. *DEFGIT*; o. cercast l. t. deca l'e. *B*
1862. N. trouvroit on e., b. cevalier fin *E*; *rest agree*
1863. Que i. *E*; do. tel des. *C*; *ABDFGIT agree*
1864. Q. vous [sic] p. d. la geste d'Apolin *F*; Et q. puissent d. *E*; Si que p. *G*; *ABCDIT agree*
1865. Et cele grant tour pr. qi est de marbre fin *F*; Ceste ci. *C*; Et cele ci. *E*; (ce. ... et l. *T*); *ABDGI agree*
1866. p. av. li q. d. *D*; av. dales un *EF*; (Lo. p... ant d. *T*); *ABCGI agree*
1867. J. esgarde s. *DE*; r. se fist mainte e. *C*; r. se l. *F*; l. a fet e. *G*; f. .I. e. *BD*; (J. ... s. *T*); *AI agree*

68. *ABCDEFGIT*

1868. c. et si fi. bon s. *E*; fi. cler et s. *B*; fi. caut et s. *DFI*; *ACGT agree*
1869. Li dus Godefrois sist ou d. *F*; G. del de. *B*; el ceval c. *E*; el pales c. *G*; *ACDIT agree*
1870. Et Ustasses se. f. si. *E*; Ew. de d. *F*; sor .I. cheval a. *G*; si. sor [sic] .I. *C*; *ABDIT agree*
1871. D. lui fist p. *F*; e. fait p. *BD*; f. souner .II. *G*; p. .X. b. *E*; b. d'ararain *T*; *ACI agree*
1872. Endroit J. s'asisent e. *F; CDEG want; ABIT agree*
1873. En iaus assamblerent m. *CDE*; eu. aresterent m. *B*; eu. s'aresterent m. (m. prince c. *F*) *IF*; s'a. li haut prince castain *G*; *AT agree*
1874. M. tient le *BI*; *ACDEFGT agree*
1875. D. J. ot perchie son c. s. *D*; n. ains e. c. soudain *C*; n. en ou c. sostain *T*; e. costel s. *I*; c. sierain *G*; *ABEF agree*
1876. (I. l'a levee e. *E*), n. sanble pas *BCEFGI*; *ADT agree*
1877. P. D. f. cevalier qui premiers fist le grain *E*; f. cevalier p. *BI*; D. soions *D*; *ACFGT agree*
1878. Qu'en c. (celle *G*) *DFGT*; Que c. *I*; q. d. m. es. p. *F*; *ACDE agree*
1879. Se jut mors J., (q. est fi. *B*) *IB*; m. nostre sire q. *E*; C. pour le pechie d'Evain *T*; *ACDFG agree*
1880. Q. po. l. i m. il viv. *BI*; q. m. po. l. s. *EF*; s. ara du vif *T*; d. sen po. *G*; *ACD agree*
1881. v. permanable: *EBGI*; et sa. so. et sa. f. *FG*; *ACDT agree*
1882. n. assauront cil *C*; cil Sarrasin vilain *E*; cil mal filz de p. *T*; *ABDFGI agree*

1883. m. Dameldeu q. *BFI*; D. q. f. et A. et E. *T*; q. fist Adan E. *BDGI*; q. d'A. f. E. *E*; *AC agree*; *F adds 2 lines* Et Harpin et Ricart qi sont loial compain/ Et tout lor compaignons qi sont loial et sain
1884. Pe. eschapera n., a main *I*; n. fussent pr. a plain *T*; *ABCDEFG agree*
1885. Mors e. i a .VII.XX. la devant e. cel plain *E*; 1. (la jus *T*) e. cel (ce *TI*) cavain *BDFGIT*; *C wants*
1886. S. me volies cr. *T*; vous en vol. cr. conseil de ca. *BI*; vous me vol. *CDEFG*; cr. comme vo ca. (castelain *G*) *DG*; cr. un petit aparmain *E*; co. vostre ca. *CFT*
1887. A premiers murs cuses 1. geterons ap. [*sic*] *C*; A periere turcoise jeteriens esraumain *E*; (As p. *I*), 1. getons ap. *FGI*; p. tourquoise l. jeterons demain *T*; l. gietes ap. *B*; l. geterons par main *D*
1888. D. J. dedens ce mu. a. *C*; p. icel mu. *G*; mi ces murs au. *I*; mu. caucain *BD*; *AEFT agree*
1889. Si asaurons l. *E*; v. anuit o le d. *D*; v. u anuit u d. *G*; *ABCFIT agree*
1890. b. l'oirent c. *BDEFG*; *ACIT agree*
1891. A haute (h. *B*) vois escrient: *CBEI*; A haute v., m. n'est p. vilain *F*; Et s'es. en haut c. *G*; A hau... s s'es., n'er. mie en *T*; cescuns n'est mie en va. *B*; m. n'est p. *CG*; m. n'est mie v. *I*; *D wants, but cf. 1892a*; *BI add 2 lines* No baron s'escrierent tout ensamble a .I. tain/ Drecies ces mangoniaus crendroit aparmain; *F adds 1 line* Vostre conseil ferons sans nul terme lontain; *T adds 1 line* Tout errant se...t n'atendrons a demain

69. *ABCDEFGIT*

1892. N. baron escrierent to., .I. glas *D*; Li b. *BI*; b. s'escrierent ensanle a *F*; (...criere[n]t to. *T*); *ACEG agree*; *D adds 1 line*, (*cf. 1891*) Dient a haute vois chist mos n'est mie a gas
1893. *No variant*
1894. se. mout o. *E*; o. grant gl. *DFT*; *BI want*; *ACG agree*
1895. n. d'Andrenas *B*; n. d'Anduas *I*; a Duras *F*; *ACDEGT agree*
1896. Estacent le. perrieres et il et N. *D*; li ber N. *E*; *ABCFGIT agree*
1897. Icil ert s. *BI*; C. (Qui *D*) ert mo. *CDF*; Qui mo. f. sa. *E*; ma. qui f. n. de Damas *G*; et ert n. a Arras *F*; n. a Duras *BDEI*; de Dimas *C*; *AT agree*
1898. O. estendirent l. m. *BI*; O. atachierent l. *DT*; O. adrecierent les m. *F*; O. estancierent l. *G*; *ACE agree*
1899. f. estendirent et *BI*; f. ont drecies et kievilie l. *G*; f. en enterrent et *F*; *CE want*; *ADT agree*
1900. Le. fondefle lacierent qui trencie a la [*sic*] *E*; Le. fondes atachierent d. *DFT*; f. abaissent d. *C*; *BGI want*
1901. En ca., (f. o .X. *B*) *IB*; d. cordes o. *G*; o. .V. co. *F*; *C wants*; *ADET agree*
1902. Et d. *C*; d. (de deseur *F*) les murs q. *BFI*; q. ne sont mi. *BEI*; q. n'ierent mi. *F*; *D wants*; *AGT agree*
1903. Fondelerent le. *BI*; Ou f., d. par esclas *D*; T. tot ensanle a *E*; .I. quas *BFGT*; *AC agree*
1904. *E has 1 line in place of 1904-1905* Plus de .M. en ont mors ce ne fu mie gas; Le. c. e. si quel voit Corbadas *G*; Li chervel le. boieles e. *D*; b. envolerent l...ar esclas *T*; *BFI want*; *C wants 1904-1906*

Variants 381

1905. De s. et de chervele f. *DFI*; l. ruisas *D*; l. magas *BI*; (et d. ant... g. *T*); *CG want; for E see 1904*; *F adds 3 lines* Si comme il kaioient laiens et haut et bas/ Veissies vous espandre boele cervele ou bras/ Qant li Turc chou coisirent dolant erent et mas
1906. P. i sont corut grans fu li aunas *D*; Hautement s'escrierent ensanle a .I. t. *F*; .I. glas *EG*; (to. en... .I. *T*); *C wants*; *ABI agree*
1907. s. et quant n. *E*; *rest agree*
1908. De ce. Francois la hors qui si nous font tost mas *E*; De ses ca. *T*; ca. Crestiens de. *C*; do. les f. *G*; de. felons s. *B*; f. au S. *D*; f. a S. *FI*
1909. v. ocirre et f. s. (mors *BI*) *FBI*; *CE want*; *ADGT agree*
1910. Et no cite destruire (abatre *G*): *BFGI*; Et prendre n. c.: *T*; c. conquises et n. paiens t. ars *D*; et no p. tot gas *BFI*; no p. faire gas *GT*; *CE want*
1911. Voir. nos di. *D*; Voire [*sic*] s. *T*; voir Calistes (Califas *I*) *EI*; *ABCFG agree*
1912. Encor venra u., n. fera t. *BI*; Qu'e. en v. .I. qui *C*; (Que u. p. v. qui *G*), t. mas *CGI*; qui t. n. f. l. (mas *T*) *ET*; t. quas *D*; *AF agree*
1913. Atant ... Alori et li roys C. *T*; vo. iluec ve. *D*; vo. ve. a. cr. l. *E*; vo. a cr. *I*; a. criement l. *G*; *ABCF agree*
1914. Lu. l'a. M. et Brudas (Duras *I*) *BI*; et Buthas *C*; et Brutas *T*; *ADEFG agree*
1915. C. i v. (vient *BI*) *TBI*; Si vient C. *F*; n. Quinquetas *C*; n. Kikenas *EG*; n. Cadenas *T*; *AD agree*; *BFIT add 1 line* Quant il voient (virrent *FT*) les Turs (mors *FT*) nel tenes (tinrent *FT*) mie a gas
1916. R. de Jherusalem di. (di. cascuns q. f. *E*) *TE*; A r. *BI*; *ACDFG agree*
1917. D. t. l. ci. q. *E*; ci. desfendre q. *D*; co. prenderas *CDEFGT*; *ABI agree*
1918. Se Jherusalem p. biaus peres que feras *T*; S'i p. *CD*; S'i. prendront J. *F*; Se p. *I*; p. ceste vile q. *E*; q. fu f. a (par *F*) *EFG*
1919. Perdu a. *BCDGT*; a. D. T. et Baudas *B*; B. le Cahaire et *D*; a. Damas T. et D. *I*; *E wants*; *AF agree*
1920. Ma. ains q. Franchois l'a. *DFGT*; q. il l'a. le m. *E*; m. (metrons *DG*) e. tel (t. *D*) la. (tas *F*) *BDFG*; *ACI agree*
1921. (C'onques e. *C*), f. en s., (d. las *I*) *BCI*; Q. onques (ainqes *F*) mais n., (s. felon trespas *F*) *TF*; q. n'alerent a *DG*; *E wants*
1922. Il d. *T*; L. sire q. *G*; o. qe s. *F*; *ABCDEI agree*
1923. t. a (as. *GT*) trois o. (escoufles *G*) *EGIT*; .III. onsiaus q. *B*; o. di me q. m'e. diras *C*; o. comment r. *T*; q. tu acreantas *D*; q. nous renoceras [*sic*] *F*; m'e. raconteras *EG*
1924. Lu. verite en orras *F*; le seras *C*; *ABDEGIT agree*
1925. b. (tout *B*) de v. (v. que t. e. *E*) *IBE*; b. par foi t. *G*; v. que t. t'e. corcheras *D*; v. ja gre ne m'en saras *F*; *ACT agree*

70. *ABCDEFGIT*

1926. *No variant*
1927. f. que m'e. *E*; *rest agree*
1928. l. voir en di. *BDFI*; p. quel (q. *I*) m'a. d. (commande *D*) *BCDGI*; p. q'il m'est de. *F*; (di. p...s de. *T*); *AE agree*; *F adds 2 lines* Biax nies pour voir te di et si ert voir prouve/ Qu'en le loi painour est en escrit trouve
1929. (q. les .III. o. a .I. s. *B*) s. cop tu. (doune *C*) *IBC*; a ocis et tu. *D*; a. u.

382   Variants

cop a tu. *EG*; a a .I. tr. *T*; *AF agree*
1930. Er. ro. d. J. et s'ara l'irete *E*; Ro. d. Jherusalem sera et du re. *T*; t. son re. *B*; t. cel re. *C*; t. le re. *D*; t. ton re. *G*; *AFI agree*
1931. D. a A. dura (durera *I*) s. p. *BI*; Ju...s en A. ara il p... *T*; Desci en A. i. (corra *DF*) *CDF*; A. ara s. *E*; A. avera p. *G*; *F adds 1 line* Apres lui avera ses freres l'irete
1932. Q. l'o. C. s'e. *D*; Q. C. l'oit s'e. *T*; l'o. si a *EG*; *ABCFI agree*
1933. P. Mahon di. i. oncles t. *F*; i. l. s. aves de. *E*; a. dit verite *B*; (s. de... *T*); *ACDGI agree*
1934. Iceste n'avra (n'avront *I*) il e. *BI*; J. la cite n'ara e. *E*; *ACDFGT agree*
1935. T. con j. *BCDEFGIT*; c. le br. a mon coste *E*; m. riche br. letre *D*
1936. Car s. m. v. i. *E*; v. i. s. d. *GT*; i. en mi cel pre *C*; *ABDFI agree*
1937. es. as loges et as tres *F*; c. a cele *BEGIT*; *ACD agree*; *F adds 2 lines* Ne lor sofferai mais q'il aient repose/ Ja n'en atendrai un qi n'ait le cief cope
1938. B. nies di. Lucabiaus t. *I*; f. fait C., a. mout fol pense *F*; a. dit verite *B*; *ACDEGT agree*
1939. i. de la fors n'e. (n'e. mie sauvete *B*) *FB*; a sauvetes *G*; *ACDEIT agree*
1940. Cr. entr'el. *C*; el. de p. *E*; g. poestes *G*; *ABDFIT agree*
1941. (s. la d. *G*), e. o (*GI lack* o) no b. *CGI*; s. trestous cois o le vostre b. *E*; d. ensamble vo b. *B*; e. o (*F lacks* o) mon b. *DF*; d. avec nostre b. *T*
1942. P. la vile d. *DF*; P. la cite d. *EIT*; ar. maiste [*sic*] *C*; *ABG agree*
1943. T. que je sui o vous s. *E*; c. es avec m. *T*; i. a m. *B*; j. asseures *CFIT*; a seurte *BDEG*
1944. Ce d. Cor. est ainsi a vo gre *T*; Et d. Cor. v. *BI*; *ACDEFG agree*
1945. Et en. le f. puis q'il est vostres gre *F*; Et je f. *CEGIT*; f. isi t. (toute vo vol. *C*) *BCG*; e. com l'aves commande *T*; *AD agree*
1946. *F has 1 line in place of 1946-1954* Lors fait garnir les murs de la grant fermete; D. sont .III. t. *E*; D. ot .I. grant cor s. *I*; .I. graile s. *BT*; *ACDG agree*
1947. Ap. iceli graile ont .I. t. sonne *T*; ap. ices timbres un, d'ar. liste *E*; c. d'araine cler *G*; d'ar. sonnet *I*; *CF want*; *ABD agree*
1948. M. des Cavaire s. *I*; *F wants*; *ABCDEGT agree*; *BIT add 1 line* Les fevres de la vile a Corbadas mande
1949. Et puis l. *T*; l. manouvrier cou *G*; ca. que on i (en *C*) a tr. (mande *E*) *BCDE*; ca. quan que on puet trouver *I*; ca. tant com en a tr. *T*; *F wants*
1950. (P. les a *I*), s. les i. *EIT*; s. l. loi et pr. *C*; i. p. (plevi *T*) commande *ET*; i. commande et r. *G*; *F wants*; *ABD agree*
1951. Q. cascuns iaus e. *C*; d'el. s'es. (s'esploit *G*) *EGI*; *F wants*; *ABDT agree*
1952. De faire le., i. tue *E*; De forgier le., i. b... *T*; F. soient b. *BI*; *F wants*; *ACDG agree*
1953. Et glaves et *E*; Egaignes et *I*; f. de bon a. t. *B*; d'a. tremp... *T*; *CF want*; *ADG agree*
1954. f. tant que soit apreste *E*; d. fier en. *GI*; *F wants*; (fa. ...s d. fr. a... *T*); *ABCD agree*; *BFIT add 1 line* Flaiaus et grans macues peus (pis... *T*) de kesne dolet
1955. (Et gran. l. poignax ou *d*) u fer er. f. *ED*; (G. hantes et p. *F*), ou croc er. leve (f. *F*) *BIF*; Et gran. l. p. u cleu e. f. *G*; l. de plain...ng et bon espie

Variants 383

        T; C wants
1956. Et d'a. et d. fer et l. et bende E; d'a. et loier et ferer (bender C) FCG; d'a. bien l. T; l. et fiere BI; AD agree
1957. Des l'u. c. dusqu'en l'a. molt richement b. D; l'u. cor jusqu'a (dusqu'a I) l'au. ferloie (et loiet I) et b. BI; c. jusc'a l'au. F; c. jusqu'en l'au. de fors bende [sic] T; de bon a. G; ar. bender C; E wants
1958. Qu'i. n'i s. C; Que n. s. EIT; p. armes d. CDEFIT; a. (armes D) ne trencie n. c. GD; d. et c. BIF
1959. D. establirent g. CD; Li rois Cornumarans a s. E; se. garde [sic] s'a I; s. (la C) j. a o. TC; j. apele F; ABG agree
1960. .LX. m. BI; S. assanle F; ACDEGT agree
1961. Li .XXV. (.XV. E) mil (mile E) son. desor le (les F) mu. (murs F) mo. DEFG; sor les murs mo. CIT; AB agree; F adds 1 line Bien ont Jherusalem entour avironne
1962. esg. m. o. esc. T; m. crie E; ABCDFGI agree
1963. O. tost signour as ar. que n'i ai. d. E; C. o. avant des ar. apreste T; (Que c. a ar. B), ai plus d. DB; ar. plus n'i ai. d. C; AFGI agree
1964. f. tost n'i IB; f. tost volentiers et de gre E; f. lors n'i T; se. ne so. F; n'i a mais d. B; n'i ont p. CIT; p. demore FT
1965. No variant; F adds 1 line N'i a celui n'ait tos son aubert endosse
1966. Et son elme laciet le brant chaint a. c. F; P. (Et I) caint cas. BGIT; Et p. a cheint l'e. D; Et cai. E; cas. s'e. a son s. le BC; cas. s'espees a. I
1967. q. b. ce. a n. B; q. ot b. I; ce. n'i a m. C; ce. nes a m. F; ADEGT agree
1968. i monta mol. BCDEFIT; i monta casquns q. G; q. il enseles [sic] E; q. on l'o. F; i. fu e. T; l'o. commande D
1969. Et ca. a s. co. a s. p. arme D; co. conrae F; co. acesme G; C wants; (... a s. co. ad... T); ABEI agree

71. ABCDEFGIT

1970. Nostre Francois s'armerent t. isnel co. E; O. s'armerent Francois t. F; Cr. qui miex co. D; Cr. m. et co. G; t. mainte co. BI; t. maint et co. C; (...ent Cr. T)
1971. b. et graile d. B; rest agree
1972. Q. (... T) toute (t. T) en retentist: BT; en tentissoient et l. p. E; r. et lui p. C; et l. mont l. v. FT; ADGI agree
1973. D. J. s'asamblent e. l'i. (ens el gal D; e. .I. gal F; en ingal I) BDFGI; D. J. s'asamble par igal C; D. J. s'asanlerent i. (igal T) ET
1974. Atant e. G. E; rest agree
1975. fe. jusqu'en l'e. BT; fe. dusqu'en l'e. DF; fe. tros c'a. l'e. G; ACEI agree
1976. S. vient l., (F. a p. I) BI; F. ou il ot bel vassal T; ACDEFG agree
1977. M. tient l'en. I; t. le lance r. G; ABCDEFT agree
1978. T. li b. EF; ABCDGIT agree
1979. e. tant n. I; m. baron natural (a ceval E) CE; m. chevalier loyal T; ABDFG agree
1980. .L. m. furent a. BI; son. .L. m. CDF; son. .XL. m. de boine gent loial E; m. cascuns sor son c. G; a. (ferme F) en (e T) l. estal BFIT; sor les chevaus C

1981. b. en firent p., l. jornal *BI*; l. estal *D*; *C wants*; *AEFGT agree*
1982. m. le s. *BEFGI*; *ACDT agree*
1983. A .X. ribaus c. *C*; A .XX.M. *E*; O .X.M. *I*; .M. cevaus c. *B*; .M. tafurs c. *G*; c. tint h. *CDG*; c. a h. *T*; t. (tint *B*; ot *E*) hache ou *IBE*; *AF agree*
1984. g. u picot d'a. *I*; *C wants*; *ABDEFGT agree*
1985. fl. et fondes de metal *BI*; fl. fondes pierres poignal *T*; fo. et maint gal *DG*; fo. a man *F*; *E wants*; *AC agree*
1986. Puis les saine l. *E*; C. ensaigne l. *F*; v. du pere e. *T*; *ABCDGI agree*
1987. a l'aussaut [*sic*] esus v. gart de *E*; a l'aissal franc vallet natural *F*; l'a. que De. v. gart de *B*; De. nos des. *G*; v. garde de *I*; *C wants*; *ADT agree*
1988. Et cil q. sera mors en icelui j. *C*; q. p. l. servir en icest jor m. *D*; q. mort i avra mout ara boin hostal *E*; q. p. Diu morir estuet en cel j. *F*; l. en icestul j. *T*; h. en c. (a icel *I*) jor noval *BI*; h. en cestui j. *G*
1989. E. sont sa. *T*; pa. i prendera estal *E*; l. donra son o. (estal *B*) *FBI*; l. portera estal *D*; *ADG agree*
1990. l'an. avuec s. G. *I*; et avoec G. *B*; *ACDEFGT agree*
1991. ta. s'areste tr. en m. .I. preal *BI*; ta. s'apine p. deles .I. costal *D*; s'e. entre tr. *G*; to. trestout le fons d'un val *F*; .I. terral *E*; *ACT agree*
1992. [T]res devant S. *T*; S. Wistasse s'a. par igal *C*; Es. la fist son arrestal *F*; Es. s'aresta en *I*; *E wants*; *ABDG agree*
1993. (An. avres as. *D*), h. (nus *G*) ne vit t. *BDGI*; as. ainc nus h. *CE*; on. n'oistes t. *F*; *AT agree*

72. ABCDEFGIT

1994. D...s J. *T*; f. g. li a. *E*; g. l'aunee *BI*; *ACDFG agree*
1995. v. tant p. *CDG*; q. ont l. t. *C*; q. a l. t. *D*; a. l. t. o. a. *FT*; *ABEI agree*
1996. l. bonne pensee *T*; *rest agree*
1997. q. bien fiert de l'espee *BI*; l'en. a p. *CDEFG*; (... d. *T*)
1998. q. bien fiert de l'espee [*sic*] *BI*; q. n. e. c. *D*; q. fu n. *E*; q. est n. *T*; *ACFG agree*
1999. Et Robers l. Frisons d. Fl. la loee *F*; S. ert (fu *T*) Robers d. Fl. *CDGT*; fu Robers d. Fl. q. ains n'ama posnee *BI*; *E wants*
2000. B. (Et Raimons *D*) d. Saint Gille q. *AD*; q. bien fiert de l'espee *F*; n'am. posnee *EG*; *BCIT agree with text*
2001. Sor p. et sor Turs c. *F*; n. fust v. *C*; f. sor p. *BI*; f. as p. *D*; f. de p., g. forsenee *T*; *EG want*; *BFI add 1 line*, *T adds 2 lines* (... Tancre li Puillans Raymon chiere membree *T*)/ Sor (... *T*) celui (ces .V. *F*; ces .VII. *T*) fu la cure de toute l'ost tornee (donee *FT*) *BFIT*
2002. Av. f. l. evesques q. *BI*; Av. iaus f. *CDEFT*; c. vint l. *G*; v. dont n. *D*; v. c'a n. *E*; q. les b. *C*; q. a no gent ag. *F*
2003. C. fist l. .II. e. c. a d. *G*; o. lor .X. *B*; *ACDEFIT agree*; *BFI add 1 line* Le roi tafur (Li rois tafurs *F*) en ont (ot *F*) la premiere dounee (guiee *F*)
2004. G. ont l'autre c. *BFI*; (... R. *T*); *ACDEG agree*
2005. l. avoit .III. (.VII. *F*) m. d. ce. *BFI*; l. .XIIII.M. d. ce. *C*; ... l., h. qui sont d. s. *T*; *ADEG agree*
2006. l. (son *G*) pooir c. *BCDEFGIT*
2007. *E gives 2007-2009 in order 2009, 2008, 2007* Cascuns ot le vis pale face descoulouree/ Ce ne fu pas mervelle france gens honeree/ Maint fain

Variants 385

orent en et maint aspre jornee; Maint f. i o. s. maint. pesme j. *BI*; Maint f. orent eu et *E*; Ki maint, s. maint. dure j. *G*; et maint a. (apres *F*) *CDF*; (... *T*)
2008. *for order of E see 2007*; Ce ne fu pas mervelle france gens honeree *E*; de l. noif de pl. malmenee *E*; o. lor c. *B*; *ACDFGT agree*
2009. *for order of E see 2007*; o. v. pali f. *F*; v. palie f. *G*; *ABCDEIT agree*
2010. M. preu s., d. bien porpensee *B*; d. fiere p. *I*; *C wants*; *ADEFGT agree*
2011. a cet q. *C*; a celui n. *DG*; n. jure l. *B*; l. virge honneree *F*; *AEIT agree*
2012. ca. ameroit m. l'ame a. sevree *E*; ca. ainme m. a. t. co. *G*; m. sa vie a. finee *D*; *ABCFIT agree*
2013. Que po. pa. fuissent u. *E*; Qe i. po. pa. fuient u. *F*; K'i. fuie po. *G*; Que f. po. payen u. *T*; *ABCDI agree*
2014. a s. m. h. le. *CE*; a haute vo [*sic: line ends*] *G*; *ABDFIT agree*
2015. Del se. le saina q. *C*; *rest agree*
2016. Et l. bons q. R.: (L. q. R. [*sic*]: *B*) a sa gent es. *IB*; R. s'escrie s'en a se gent tornee *G*; t. s'ens. a es. *E*; t. sa gent a es. *T*; s'a sa gent es. *DF*; *AC agree*
2017. P. devant S., (a s'eschiele ... *T*) *ET*; Dejouste S. *G*; S. Eustasse a *C*; *ABDFI agree*
2018. t. est (e. *T*) lo. de lui u. liuee (... *T*) *BIT*; n'e. mie (lo. *C*) d'iluec une r. (moee *C*) *EC*; *G wants*; *ADF agree*
2019. mo. fiere me. *BFI*; *ACDEGT agree*
2020. Et s. canc. mi. *B*; canc. avenant millors n'en ert contee *E*; mo. hautisme mi. *C*; mo. jolie mi. *F*; s. tele n. *D*; *G wants*; *AIT agree*
2021. *No variant*
2022. c. Jesu Crist f. (fust *F*) *EFT*; *ABCDGI agree*
2023. Et si fu el *E*; Et mise el S. *FI*; *ABCDGT agree*
2024. Et iluec a. *E*; Et de la a. *T*; j. refu r. *BFI*; j. el f. *C*; j. si f. *D*; *AG agree*
2025. M. par pu. e. *BCI*; *ADEFGT agree*
2026. Viut b. *B*; S. et par bonne pensee *I*; *ACDEFGT agree*

73. *ABCDEFGIT*

2027. D. J. sont n. gent m. *B*; D. J. furent no gent m. *E*; f. mout gnt [*sic*] m. *F*; *ACDGIT agree*
2028. o. mo. l. c. e. (feable *B*) *EB*; c. aimable [*sic*] *T*; m. festable *D*; m. feable *GI*; *ACF agree*
2029. Il t., (v. de sable *I*) *BFIT*; m. .I. baston de pinable *E*; v. mirable *C*; v. dorable *G*; *AD agree*
2030. v. d. cendaus n. *G*; n. d. pale *BCDI*; *AEFT agree*
2031. Ains ot vestu le h. ne le t. a f. *E*; M. de h. a (o *D*) la *TD*; c. ne t. *DI*; t. pas a *T*; *ABCFG agree*
2032. De. S. ot g. du. do. *C*; du. ot de. *DEF*; S. ou li T. font e. *F*; do. paien font e. *DE*; *G wants*; *ABIT agree*
2033. D. a jure l. *E*; *rest agree*
2034. Que s'i. p. j. n'en e. t. a menchonchable (t. mencon ne fable *G*) *DG*; j. d. cou n'e. t. a *E*; t. pour la gent mescreable *BI*; d. chou a *F*; *ACT agree*
2035. Qu'il en. *BFG*; Q. il n. cante m. *C*; Qu'encor [*sic*] n. *T*; *ADEI agree*
2036. e. metra fors c. *F*; j. fors c. [*sic*] *C*; se. au d. *D*; *E wants*; *ABGIT agree*

74. *ABCDEFGIT*

2037. M. n'a c. *C*; *rest agree*
2038. Et i. et (en *F*) n. b., (f. en .I. *F*) *E*; et nostre b. *C*; n. .V. b. *BI*; *G wants*; *ADT agree*
2039. (U. eskiele devise: *G*), u il n'o. *BCGI*; b. firent ou *E*; e. (esligent *D*) a. n'i o. *TD*; *AF agree*
2040. (Et f. *I*), pi. et sa. *BFI*; t. kenu mais mout furent isnel *E*; pi. tot sa. *DG*; *ACT agree*
2041. (a celui n'ai. *BGI*), b. ou au. *FBGI*; (ce. ... n'ai. *T*), b. u au. u cl. *CT*; au. boin et biel *E*; *AD agree*
2042. Les e., (g. n'i o. nul p. *D*) *ED*; L. enseigne s. *F*; g. que n'i *E*; *ABCIT agree*
2043. (Et s'o. cas. bon b. *G*), d. trence li *CFGIT*; Cas. a cai. *D*; Cas. a trait l'espee d. *E*; *AB agree*
2044. Mau. ot en son doit l'a. *DG*; Mau. qui le sot faire biel *E*; mai. a l'a. *IT*; *ABF agree*; *C wants 2044-2053*
2045. Si l. se. de De. *D*; Ses se. *G*; se. tout de De. *F*; De. qui sauva Da. *I*; *C wants*; *ABET agree*
2046. c. .I. v. *EFT*; *C wants*; *ABDGI agree*
2047. do. fort sont l. murel *E*; *C wants*; (... *T*); *ABDFGI agree*
2048. (Desors. *I*), a. (arouste *I*) de (de *wanting in I*) dej. .I. oumel *BI*; (Par dehors s. jouste: *E*), dales .I. g. *FE*; a. desos .I. *D*; a. dedens .I. *G*; *C wants*; (... .I. g. *T*)
2049. (Et jure *D*. *I*), f. Daniel *BDEI*; q. cond... I. *T*, *which adds 1 line* Par mi la Rouge Mer sanz nef et sanz batel; *C wants*; *AFG agree*
2050. S'i. trovent Sarrasins qu'i. e. *D*; p. qu'i. e. *G*; *C wants*; *ABEFIT agree*
2051. l. esgarde ca. *I*; e. del mur et del cr. *D*; s. crenel *EFT*; *C wants*; *ABG agree*
2052. Il n'i avoit celui n'eust mace u f. *E*; Que s., (n'i ait c. *B*) *IB*; Mais s., c. qi n'a. hace ou *F*; a nul n'a. coingnie ou *T*; *C wants*; *ADG agree*
2053. g. u hace m. [*sic*] *BI*; g. acheree m. *D*; g. m. dont trencent li coutel *E*; g. ou hanste m. [*sic*] *F*; g. esmoulue e. d. *G*; *C wants*; *AT agree*; *G adds 1 line* Ars turcois ont saietes et quariel [*sic*]
2054. U p. aceree d. turcois a n. *BI*; U p., (c. que on tient a n. *D*) *CDEF*; U ploumees a caines d. *G*; *AT agree*
2055. P. la cite d. *EI*; d. l. mur et *D*; *T wants*; *ABCFG agree*
2056. A. i f. c. d. sa. si *D*; c. .I. si *G*; g. ruisnal *C*; *ABEFIT agree*
2057. (... o. *T*) o. feroit b. mor. (muire *G*) *BCDEFGIT*; .I. molin de castiel *BI*; *F adds 1 line* Si com aves veu a le fie a Coisel
2058. s. (sounoient *E*) maint f. *BEGI*; *ACDFT agree*
2059. b. et cors et ca. *DFI*; co. et moyennel *T*; *C wants*; *ABEG agree*
2060. C. en apele s. *T*; a. le sage L. *BFI*; *ACDEG agree*
2061. Laffors poes veoir m. *F*; l. dehors m. *T*; d. tant b. *DG*; *ABCEI agree*
2062. Tant p. tant b. tant duc et tant d. *DG*; (M. prince maint b. *I*), a. tot de novel *BI*; b. et m. franc damoisel *E*; a. m. damoisel *F*; *ACT agree*
2063. Ja as. *BCDEFT*; as. la vile viellart et jouvencel *E*; as. au mur ma. *T*; *AGI agree*
2064. Je n. crien lor asaut valissant un fuisel *E*; c. (doutent *F*) maus d'a. (de fer

Variants 387

GIT) DCFGIT; AB agree
2065. Il n'e. C; Il n'e[n] abatront ja l. T; n'e. porront (poroit B) abatre l., (d'u. quarel B) IB; l. montant d'u. D; l. monte d'u. aigniel G; E wants; AF agree
2066. A. sor cel., (v. les cem. I) BI; s. veons l. E; v. lor cem. G; ACDFT agree
2067. A. porons v. BCEI; j. le man. F; ADGT agree
2068. Lo. (Puis D) montent en, (f. fete a cisiel G) BDFGI; Lo. vont en. C; Atant vont en T; E wants
2069. s'ap. entaillie a F; G wants; ABCDEIT agree; E adds 1 line Et voient les Francois qui mainent grant revel

75. *ABCDEFGIT*

2070. Corbadas l. viex r. s'e. T; d. Jhursalem est al. CDG; al. acoster BDGI; AEF agree
2071. A une d. BDEGIT; p. sa (la I) gent e. BI; ACF agree
2072. *No variant*
2073. D. les es. C; l. batalles et BFI; ADEGT agree
2074. .VII.M. homes ont fait: BFI; Et .M. c. G; de l'u. p. s. B; a u. p. tourner FG; d'u. p. desevrer I; p. tourner C; ADET agree
2075. N'i a celui qui n'a. h. et e. cler D; h. et e. EGIT; e. u ca. BCF; e. bon et cler E; e. et ca. G; e. d'acier cler T
2076. Et e. roellie p. G; r. qu'en ne le puist grever T; CE want; ABDFI agree
2077. M. le b. (balle B; chargent I) a (pour BGI) g. EBFGIT; l. baille [sic] a C; b. pour g. D
2078. Engherans (Engerant I) d. BI; A H. F; m. fait a E; ACDGT agree
2079. Et a R. [sic] T; et Hues l. bons b. BI; ACDEFG agree
2080. (Dont p. T), vie. maint (tant CD) pignon ven. BCDEFGIT
2081. Et m. a. reluire m. el. es. T; Tant (M. I) a. et tant el. BDGI; el. luisant (luisir I) es. BI; ACEF agree
2082. Sor les fosses des m.: F; m. des chevaliers s'e. a. jouster G; d. Jhursalem en al. C; d. la cite: T; J. font lor gent aroter D; J. s'al. osteler B; s'al. arrester FIT; E wants
2083. (Dont o. F), b. et c. (cor G) d'arain s. EFG; L. veissies b. CD; ABIT agree
2084. An. ores estour mirabillous et ber G; as Turs mo. C; mu. .I. fort as. E; mo. grant as. BFIT; AD agree
2085. M. l'est ales (les ala I) sermoner BI; a plorer G; ACDEFT agree
2086. *No variant*
2087. Ens en (en *lacking in B*) la sa. crois po. IB; (E... s. v. p... T); ACDEFG agree; BI add 1 line En ceste sainte vile et de mort susiter (de mort resusciter I)
2088. Et le v. ot h. [sic] s'il lu. E; l. nos d. (lest G) CDFGI; h. si lu. F; (... v., p. ... T); AB agree
2089. Et son vraie Se. B; Et son v. saint Se. I; l. verai Se. s'il li plaist acuiter E; si. saint Se. G; Se. des p. DF; (p. ... T); AC agree
2090. D. il on., (e. si com j'oi c. F) BFI; D. paien font estables si l'a. E; f. estaules b. (b. l'a oi T) DT; l'a. oir c. G; AC agree

2091. B. vous e. devroit t. ens e. vos c. p... *T*; Mout n., d. dedens n. c. p. *C*; d. ens e. n. (no *FI*) c. (cuer *I*) p. (penser *D*) *BDFGI*; *E wants*
2092. (Et s. *I*), v. l. dea. de des. n. monter *BI*; Qu'ensi volent paien des. n. tos r. *D*; Quant s. vellent paien des. n. raviner *G and cf. 2099b where* reveler *is given for* raviner; s. welent dyauble (s. v. l. dea. *T*) des. n. reveler *FT*; *CE want*
2093. Et q. m. *BFI*; po. lui b. *FT*; b. le pu. *BDEFGI*; pu. afier *BCEFGI*
2094. *F inverts 2094/2095*; Ens el ciel le f. coucier et reposer *E*; m. el ciel le (les *FI*) *BDFGIT*; *AC agree*
2095. *F inverts 2094/2095*; Ou ciel av., (sacier tout sans douter *F*) *TF*; av. ses an. *G*; l. autres les fera couronner *I*; an. servir et honorer *E*; *ABCD agree*
2096. Tot le mal qu'a. *BCFT*; qu'a. dit e. fait et e. p. *I*; d. et e. p. *BCDT*; d. u e. p. *G*; *E wants*
2097. Vous volrai orendroit pard. [*sic*] *C*; Vos en fais j. ichi: *D*; (Vous volons de *F*), Di. orendroit pard. *BFI*; voe. ichi e.: *G*; voe. c. orendroit: *T*; de par Di. pard. *DGT*; *E wants*
2098. P. si a fait la *T*; *rest agree*
2099. L. et pener et n. *C*; l. travellier et pener *GI*; *ABDEFT agree*; *G repeats G2091-2094 as 2099a-d* Bien nous en deveroit ens en no cuer peser/ Quant si voellent paien desour nous reveler/ Ki chi mora por Dieu bien le puis afier/ Li rois ki maint el ciel le fera couronner
2100. Q. C. l'oirent s'i *G*; (l. virent s'i *F*) si prenent a *CFT*; v. li pr. *E*; v. commencent a *I*; *ABD agree*
2101. Ca. a hautes v. coumencent a cr. *B*; Ca. a h. v. commence a escrier *I*; v. clere co. *CE*; *ADFGT agree*
2012. A. J. tant avons desire *BI*; c. te (nos *D*) f. desirer *CDGT*; c. f. a desirer *E*; c. faites desirrer *F*
2103. P. dient a, (l. ester *E*) *GEI*; l'e. la. n. ent a. *F*; *C wants*; *ABDT agree*
2014. De l. cit a. (D'a. ceste vile: *E*) poons t. arester (demourer *E*) *CE*; a mout n. *G*; t. i poons ester *BI*; n. fait co. *D*; p. conquester *F*; p. demore[r] *T*
2105. v. callie a *G*; c. de h. *CEFIT*; *ABD agree*
2106. Ca. on assaura j., (s'or. les cors s. *D*); Nus de vous n'a. s'ora l. *E*; Ca. nous n'asaurons j. s'orons l. *G*; *ABFIT agree*
2107. Lu. l'a.: *BI*; L'a. Lu. le p. *D*; L'a. Lu. se p. *E*; (le. prant a *I*) a regarder *BEFIT*; a apieler *C*; *AG agree*
2108. Da. les prant a resgarder *I*; q. est de m. c... *T*; *F wants 2108-2129*; *ABCDEG agree*
2109. Et vit le *CE*; le sainte la.: *E*; encontremont r. *BEI*; c. lever *G*; *F wants*; *ADT agree*
2110. Quar il l. f. avis ou ci. *T*; Aussi l. *E*; l. fust a., d. monter *B*; a. c'au ci. doive hurter *D*; a. que en ci. est montet *I*; d. aler *C*; d. entrer *ET*; *FG want*
2111. sov. avaler *BIT*; sov. rapaller *C*; sov. aramper *D*; sov. devaler *E*; *F wants*; *AG agree*
2112. Lors set b., (fi. sa. p. de fausetet *I*) *BI*; Do. set b. de voir [*sic*] et *E*; *F wants*; (de f... *T*); *ACDG agree*
2113. v. premier en *CI*; en la cite en. *T*; *F wants*; *ABDEG agree*
2114. *F wants*; *rest agree*

Variants 389

2115. Q. (Car *E*) as gr. fe. d. gl. (lances *E*) *DE*; fe. de grant gl. *C*; gr. lances s. *BGI*; fi. dedens ruer *D*; *FT want*
2116. *BDEFGIT want; AC agree*
2117. (C. e. p. ens b. *E*), pu. affier *CEG*; pr. si con j'oi conter *BI*; *F wants*; *ADT agree*; *BI add 1 line* Apres le roi tafur bien le puis afier; *E adds 1 line* Et puis li rois tafurs qui mout fist a loer
2118. Isi c. *BI*; En. com orres d. *DGT*; c. vous dirai: *E*; se v. es. *DEIT*; *F wants*; *AC agree*
2119. Se t., v. canter *BI*; t. faicies p. *G*; q. jo v. *D*; *EFT want; AC agree*
2120. canc. qui mout fait a loer *BCI*; canc. ainc n'oistes son per *E*; *F wants*; *ADGT agree*
2121. m. n'orres .I. mot ... *T*; *FG want*; *ABCDEI agree*
2122. fi. amont lever *BDGI*; fe. porter *C*; *F wants*; (fe. ... *T*); *AE agree*
2123. As fers d. les la. (murs *I*) et lancier et bouter *BI*; Et bouter sour le, et la dedens entrer *G*; d. les murs et as la. conbrer *E*; la. fremer *C*; *DF want*; *AT agree*; *BI add 3 lines* Et con la Beduine li vint a l'encontrer/ Que (Et *I*) d'une grant macue le fist acraventer/ Et si coume Tumas li fist le cief voler
2124. Puis ala a la p. le f. decolper *BI*; *F wants*; *ACDEGT agree*; *BI add 1 line* Francois et Loherens fist tous dedens entrer (i fist dedens entrer *I*)
2125. a. au S. veoir et es. (escouter *I*) *BI*; a. al S. baisier et aorer *C*; a. au S. ne le vous quier celer *E*; S. veoir et aourer *D*; S. de bon cuer aourer *G*; *F wants*; *AT agree*
2126. R. aveques l. *G*; F. doit g. *CI*; *F wants*; *ABDET agree*
2127. du. Godefrois q. Dex viut ounorer *BI*; *DEFGT want*; *AC agree*
2128. B. le du. *B*; B. li du. *I*; l. doit Da. *C*; du. (doit *DT*) nostre sire c. *BDGIT*; *EF want*; *BI add 1 line* Et les armes de caus en se glore sauver
2129. Lu. l'a. f. *BIT*; L'a. Lu. sist d. *E*; *F wants*; *ACDG agree*
2130. qu'i. a v. *BI*; *ACDEFGT agree*; *F adds 1 line* De chou q'il vit la lance monter et ravaler
2131. a souspirer *F*; *BI want*; *T had only 2 lines, now lost, between 2130 and 2134*; *ACDEG agree*; *BI add 1 line* Se il euist les fievres ne peuist mius tranbler; *F adds 1 line* Ensi comme de fievres commencha a tranler
2132. b. (mout *C*) set q. *BCDEG*; b. voit q. *I*; n. (nel *BDEG*) n'en *C*) po. endurer *FBCDEGI*; *for T see 2131*; *F adds 1 line* La force de Francois tout les feront finer
2133. V. s'en alast si s'en p. em. *E*; V. s'en fuist: *BFGI*; s'i. se p. *BI*; (se s'en p. *G*) p. aler *CG*; *AD agree*; *for T see 2131*; *BI add 1 line* Mais ne voit la maniere con peuist escaper; *G adds 1 line* Il vosist mout bien estre dela la Rouje Mer

76. *ABCDEFGIT*

2134. u. samedi q. *D*; u. venredi q. s. cler rais *E*; q. li s. raia *BFI*; s. esclaira *G*; (... u. ... *T*); *AC agree*
2135. L. viex ... *T*; J. a f. (fenestre *F*) *IF*; f. puia *E*; *ABCDG agree*
2136. Da. u F. *C*; Da. les F. *DF*; Da. nos F. *E*; Da. les barons regarda *G*; (... l., Da. ... *T*); *ABI agree*
2137. (... fu *T*), Luc. que mout fo. *BFT*; q. mout fo. l'a. *CDGI*; q. fo.

l'ounera *E*
2138. l'o. dest F. *F*; do. mout forment i *C*; (...t l'o. *T*); *ABDGEI agree*
2139. L. v. du Matran u. *E*; es. esgarda *F*; es. i j. *I*; (... b. *T*); *ABCDG agree*
2140. b. .VII.M. *BFI*; .M. ensi c'o. *E*; s. c'o. 1. anombra *C*; s. qe o. *FG*; 1. esma *BFI*; (...rent b. *T*); *AD agree*
2141. A s. p. ca. s. co. appareilla *F*; co. adoubet a *C*; co. mout b. arma *G*; b. acesma *BDE*; b. adouba *I*; *AT agree*
2142. Bauduins d. Bi. Godefroi apela *T*; d. Buillon: *BI*; G. le (les *CD*) bailla *BCDEFGI*
2143. Et Rich[ars] d. C. avoec le. caela *E*; C. tout l. *F*; *ABCDGIT agree*
2144. Li quens H. d. Bourges avoeques ajousta *E*; B. avoques l. guia *D*; a. le g. *G*; a. eus l. mena *T*; l. coumanda *BFI*; *AC agree*
2145. d'Ali. avoeques les guia *BI*; d'Ali. avuec les guiera *F*; l. compaignie a *C*; c. ira *G*; *ADET agree*
2146. M. a. s. m. le. *BF*; *ACDEGIT agree*
2147. De Da. le s. *C*; (... le. *T*); *ABDEFGI agree*
2148. ... m. d. la cite c. *T*; J. ceste es. *E*; J. li es. *G*; *ABCDFI agree*
2149. Par el. *BCDEFGIT*; d. Sainte t. s'a. [*sic*] *E*; Es. cele eskielle a. *C*
2150. Trestout se tinrent coi n. ne s'en remua *G*; La s'aparellent t. *BI*; Ilueques s'aresterent m. *DE*; I. s'aprestent t., (n. avant n'ala *F*) *TF*; *AC agree*
2151. Dusc'adont que l. c. p. l'assaut s. *E*; Jusqu'a p. *C*; Dusqes p. *FGI*; ...usque p. *T*; *ABD agree*
2152. (...i viex r. Corbadas: *T*), le. escumenia *BCDEFGIT*
2153. Ap. d. qua. que. pooir a *G*; et del pooir qu'il a *D*; et de quanques f. (il *F*) a *EF*; qua. que (qu'il *I*) fera *BI*; *C wants*; *AT agree*
2154. Et a jure Mahon ja *C*; (... ju. *T*), n. (nul *DFG*; mais *E*) n'i (n'en *DFGT*; nes *E*) asaura *BDEFGIT*
2155. c. s'enclinera *B*; *rest agree*
2156. Et donques de pre. Mahon deproiera *BI*; A. et apres T. pro. *E*; Puis donques a *T*; pre. Mahomet pro. *CD*; *AFG agree*
2157. Et Ap. lour Dieu q. *E*; (... Ap. *T*); *ABCDFGI agree*
2158. Ja q. b. de voir tant f. *BI*; q. que v. *ET*; si faite c. *D*; *ACFG agree*
2159. Ma. il v., c'o. les a. *F*; ai. venra son mur c'o. *E*; (v. les mu. *I*) mu. que o. l. abatra *BIT*; *C wants*; *ADG agree*
2160. Bu. les ba. *D*; *rest agree*
2161. S. or n. *G*; c. (or *E*) vous hastes m. *BEI*; m. passe j. *F*; *D wants*; *ACT agree*
2162. Il prist une a. *E*; d. prist l'a. es. mout b. *G*; f. l'a., b. les d. *C*; *ABDFIT agree*
2163. (Il f. *E*), .M. ensi c'o. *CE*; b. .VII.M. (.M. si on l. nombra [*sic*] *F*) *BFI*; ...ien f. .X. *T*; s. coume l. *B*; s. que o. *G*; c. le devisa *I*; l. nonbra *BT*; *AD agree*
2164. C. u pel u hace u ghisarme po. *E*; C. ot pi. (pil *G*), h. qu'en s. m. portera *BG*; C. a pris .II. pis que en *C*; h. en. s. m. portera (enporta *F*) *DF*; h. que en *I*; h. en en s. *T*)
2165. P. u ma. de fer (*G omits* de fer) d. *BGI*; Ou ma. ou picois d. *D*; U picot u mortel d. *E*; p. ou martel d. *F*; ... macue u ma. *T*; c. au mur f. *DEFG*; *C wants*
2166. Le quen Lambert d., j. commanda *G*; q. Haubers de Lie. *C*; ce. esciele

Variants 391

guia *BI*; *ADEFT agree*; *BI add 14 lines*, *F adds 11 lines, see Appendix 9*
2167. Li v. dou Matran le. assaut et se. *FBI*; C. benei li *DGT*; v. et d. sa m. se. *E*; *AC agree*
2168. (v. conduise q. *E*) q. l. m. estora *IET*; m. forma *G*; *ABCDF agree*
2169. s. crois son cors pener laisa *G*; v. Marie s'a. *E*; *C wants*; (... en *T*); *ABDFI agree*
2170. (Et qi .XL. *F*), jo. de son gret je. *CDFG*; jo. ens el d. juna *BI*; *E wants*; (... .XL. *T*)
2171. pr. sa la. en sa main l'e.*E*; .II. poins l'e. *CF*; (... la *T*); *ABDGI agree*
2172. Amont en *E*; D. desor s. *F*; m. le p. le pris et enpoingna *C*; (... *T*); *ABDGI agree*
2173. *D has 1 line for 2173-2174* A haute v. escrie b. or i parr.; Et a, o. clerement haut p. *B*; c. h. s'escria *F*; c. h. si p. *I*; *G wants*; (...ute... *T*); *ACE agree*
2174. *for D see 2173*; f. cevalier po., i pa [sic] *E*; D. entendes ca *BFI*; (... o. *T*); *ACG agree*
2175. Or i para q. Deu h. c. j. v. *B*; Or i parra q. Dix en icest j. verra *F*; Or i para por Dieu q. c. j. v. *I*; h. en icel j. *C*; h. en icest j., (Jhesu Cris v. *G*) *DEG*; (... v. *T*); *BFIT add 1 line* Et ki mora por lui tel louier en avra (...el lo. *T*)
2176. p. Dex le co. *BI*; p. souef le couchera *C*; (... sa. *T*); *ADEFG agree*
2177. T. l. m. qu'a. f. *BDFGIT*; f. trestous v. *C*; Dex v. pardonera *BI*; Dex l. v. p. (par... *T*) *DFT*; *E wants*; *F adds 1 line* Qant les ot sermones a Diu les commanda
2178. Les escieles s'en tornent: *BFI*; s'en tourne cascuns d'el. *E*; cescune s'a. (s'atourna *I*) *BI*; *D wants*; *ACGT agree*; *D adds 2 lines* Dont s'escrient ensamble ja Turs n'i garira/ Ne por aus la chite a prendre ne sera
2179. D. Mont Elion li vesques s'en ala *E*; Devers M. *BFI*; S. .I. autre s'en (en *I*) ala *BI*; S. li euvesques t. *D*; S. illueqes s'arresta *FG*; *CT want*; *BI add 2 lines* L'autre vers Portes Ores u par ent Dex entra (la pa. ou D. passa *I*)/ Li pules des escieles les murs avirouna
2180. *T wants*; *rest agree*
2181. ain. qu'ele soit p. *E*; ain. que l'aie. *T*; *ABCDFGI agree*
2182. Que dedens (devens *B*) et (que *B*) defors .XX.M. en i morra *IB*; T. .XX. m. en s. v. dont cascuns p. *E*; t. m. en morront dont grans dels avenra *D*; t. .X. m. s. v. qe cascuns i morra *F*; v. de coi cascun mora *G*; v. chaicun ill... *T*; d. coi cascuns ploura *C*
2183. Mout par puet iestre qui i. d. *G*; Et molt puet e. *D*; M. mout p. *E*; Mout puet c. e., q. la de... *T*; (c. puet e. *B*), l. qu'ilueques d. *IB*; l. qe i. *F*; *AC agree*
2184. C. D. en g. les armes en guia *F*; g. l'a. ... *T*; *C wants*; *ABDEGI agree*
2185. M. par f. ce j. b.: *T*; f. icel j. b. (caut *D*): *BDI*; f. b. icel j.: *F*; f. cel j. *G*; que gaires ne vent. (venra *B*) *IB*; car ains vens ne vent. *D*; point de vent (vens *G*; ve... *T*) ne (... *T*) vent. (... *T*) *FGT*; vens n'i ventela *C*; *E wants*
2186. L. p. et li baron: *BI*; T. s'e. *G*; p. et c. s. *DE*; c. d'aus s. *BCGI*; *AFT agree*
2187. Quar f., (o. lors es. *I*), c. aus agrea *BI*; K'assis o., s. c'on les esgarda

E; es. ensi c. lor carka *C*; on (le *F*) devisa *GF*; *ADT agree*
2188. O. demandent ensanle q. *E*; entr'el. que p. *B*; *ACDFGIT agree*
2189. (d. la cite: *T*), q. premiers i f. *FGT*; *BEI want*; *ACD agree*
2190. di. l. rois de *F*; F. l. quens t. *D*; t. venra *B*; t. ira *G*; *ACEIT agree*
2191. C. tres dont qe logames cascuns l. ot. *F*; Que b. *C*; (on ... ot. *T*); *ABDEGI agree*; *BI add 10 lines* Li prince lor (li *I*) otroient point ne lor en pesa/ Cescuns prist son escu et sa lance enpugna/ Li bons dus de Buillon el destrier s'afica/ Par isi grant vertu que sor lui arcoia/ Des esperons le broce les resnes li lasca/ Devant tos nos barons el sablon s'eslaisa/ E Dex dient li prince quel cevalier chi a/ Ja puis k'il sera mors nus miudres ne nestra/ Grant paor puet avoir qui le courecera/ Quar devant Andice (Andioche *I*) .I. Turc arme copa

77. *ABCDEFGIT*

2192. on. li C. *B*; C. assamble l. *D*; e. la b. *C*; (l. ... *T*); *AEFGI agree*; *F adds 1 line* Le premerain assaut en prist li tafuraille
2193. Ens. ciax menerent l. g. et l. frapaille *F*; Avec el. ont mene l. g. et l. ... *T*; el. menront l. g. *B*; el. manront l. glote et *I*; enm. la gent et *C*; enm. l'orgueil et (de *G*) *DG*; *E wants*
2194. (et Goires o. *T*), f. une en. (entraille *F*; traille *I*) *BCDEFGIT*
2195. *E inverts 2195/2196*; Par d., (et fu c. *E*) *CE*; O. b. couverte d'es. *T*; b. fremes d'es. (de caille *I*) *BI*; c. de caille *G*; *ADF agree*
2196. *E inverts 2195/2196*; (Et d. cloie et *I*) et d. cuir: *EIT*; D. cordes et *G*; q. ont f. u. (lor *F*) ventaille (aventaille *F*; letaille *T*) *CDFGT*; ont f. si qu'il ne faille *E*; u. estalle *B*; u. traille *I*
2197. li ribaut et li siergant sans faille *BI*; p. tele d. *EF*; *ACDGT agree*
2198. p. valissant une maille *EBFGI*; v. une maaille *T*; *ACD agree*
2199. a ciaus: *E*; eu. qui soit bel n. *D*; qu'en plor n. qu'en c. *BI*; qu'en poit n. *T*; *ACFG agree*
2200. Et t. se mosterra au m. a se b. *D*; (T. s'i. p. *F*), so. les murs a *IF*; p. mostre so., (a entaille *E*) *TE*; *ABCG agree*
2201. Qu'il en *D*; p. et l. c. et l'entraille *BI*; p. l. pis et *T*; *ACEFG agree*
2202. Pl. voloient s. *D*; q. au v. *E*; q. vens ne maine p. *G*; *ABCFIT agree*
2203. Mais s. Jhesus n. (n'en pense: *BIF*) *TBIF*; (S. D. n'en pense p. *G*), qui. que l. *TG*; je qui. qe peu l. v. *F*; qui. qui l. *C*; *E wants*; *AD agree*
2204. q. solaus define bien le vous *E*; l'a. demeure p. voi. s. devinaille *F*; l'a. remaint p. voi. le d. *I*; r. vous d. p. voi. s. *G*; *ABCDT agree*
2205. N'i volroient il e. *C*; p. l'or de C. *E*; *ABDFGIT agree*
2206. d. Jherusalem [*sic*] o. *B*; d. la cite o. *ET*; f. une bataille *D*; *ACFGI agree*; *D adds 1 line* Devant le Tor David fu faite l'assamblaille
2207. g. gieteront: *BDEFIT*; g. i gietront q. *G*; por ardoir t. s. f. *D*; q. ardera s. *F*; t. arde s. *B*; *AC agree*
2208. f. cescuns en vain (la *T*) travaille *BDEFGIT*; qui. qui lo. *C*; *E adds 1 line* Car il ne lor valut valissant une quaille
2209. t. seront des., (cil de leenz sanz faille *T*) *FT*; f. destrait en sonc l. *C*; f. ocis en es l. *G*; des. quant vint l. *BI*; *ADE agree*
2210. (m. aront a *T*) a ceste co. *FT*; o. a ce. *BGI*; o. ens en le co. *D*; *E wants*; *AC agree*

Variants 393

78. *ABCDEFGIT*

2211. L. viex r. Corbadas est e. *T*; e. la t. *I*; *ABCDEFG agree*
2212. La veissies e. et chaicun mout s. p. *T*; e. coume cescuns s. *B*; e. dont ca. *CEG*; e. que ca. *I*; *ADF agree*
2213. (Ses m. *B*), av. encontreval l'ar. (le raine *I*) *BI*; Les m. *F*; av. encontreval le plaine *E*; c. le plaigne *C*; c. le regne *G*; (... a ... *T*); *AD agree*
2214. (De Mahon le. *F*), mai. les c. *BCDEFGI*; d. son doit lo. *T*
2215. Q. (Qu'i. *DEG*) soient h. *BDEGI*; Car i., en trop dure se. *C*; en doleureuse (dolouse [*sic*] *B*) se. *IB*; en ma... *T*; *AF agree*
2216. b. que (q. *I*) Dex et (et *lacking in I*) g. *BI*; b. que J. *EG*; (... l. *T*); *ACDF agree*
2217. *No variant*
2218. l'as. le premeraine e. *E*; l'as. le j. premiere e. *F*; j. premier l'e. *BIT*; p. l'ensegne *G*; *ACD agree*; *BI add 2 lines* Si vait .I. cevaliers qui durement se paine/ De conter les noveles qui ne sont pas vilaine (c. la nouvele q. n'estoit p. *I*)
2219. r. oit l. *IT*; o. la novele nel tint m. a vilaine *D*; p. de Dameldeu se saine *BI*; p. nel tint pas a engaigne *G*; n. l. tint m. *CT*; n. ne tint pas a *E*; n. l. tient a v. *F*; *BI add 2 lines* Mout par en fu joians des barons qui les aime/ Qui lor dona congie d'asalir premeraine; *F adds 1 line* Ains le tient a grant don et grant joie en demaine
2220. Puis a *BI*; Et jure l. saint c. *F*; Ains a *G*; *ACDET agree*
2221. Qu'i. feront p. *B*; t. doleureuse semaine *I*; *ACDEFGT agree*
2222. O. s'acesment les (la *B*) g. (jent *B*) q. (que *B*) *GB*; ...cesme la g. q. n'ert m. *T*; (s'a. no. g. *E*), q. n'estoit pas v. *DE*; q. ne sont pas v. *G*; *ACFI agree*
2223. Sacies qu'il i avra maint (mains *I*) f. (fius *I*) *BI*; E De. *CDEF*; (... De. *T*); *AG agree*
2224. (... p. *T*), te. soutaine *BT*; d. te. souverainne *C*; te. lontaine *G*; *ADEFI agree*
2225. .C. g. *F*; g. fist s. en haut a *G;* (... g. *T*); *ABCDEI agree*
2226. (l. maistre qui b. *T*) b. com seraine *DFT*; c. bondir coume sieraine *BI*; b. a hautainne *C*; b. a l'a. *E*; *G wants*
2227. Et e. descochent c. *C*; Et l. e. sordent c. *T*; e. desrengent c. *BI*; e. s'espandent c. *E*; *ADFG agree*
2228. Li rois tafurs premiers et tout cil de l'araine (c. qu'il araine *I*, *which adds* Car il en alet dont passee est la quinsaine); *D*. ens e. *G*; e. ciel p. *E*; *ACDFT agree*
2229. Et midis est pa. j. iert n. pl. [*sic*] *I*; M. fu p. *EG*; pa. et j. ert n. *B*; *F wants*; *ACDT agree*
2230. Q. li a. commenche d. *C*; d. la g. de f. *F*; g. souvrainne *I*; *ABDEGT agree*

79. *ABCDEFGIT*

2231. s. levans *BI*; *ACDEFGT agree*; *BFIT add 2 lines* Et li asaus coumence (Et l'assax commencha *F*; Li assaus commenca *T*) mout aspres et mout grans (et pesans *FT*)/ La veiscies (oissies *FT*) .M. grailes et .M. tabors

(timbres *FT*) sonans
2232. q. pueent m. d'ah. *T*; m. ont grans ah. *BI*; m. orent ah. (d'ah. *D*) *EDG*; m. puent d'ah. *F*; *AC agree*
2233. A fondes lo. gieterent (jetoient *T*) le. (le *T*) c. les (gros *T*) et grans *BT*; A f., j. le c. et li sans *C*; (Es f. *D*), le. grans c. pesans *ED*; A fondiefle lo. *G*; c. eligans *F*; *I wants*
2234. A p. et a. (a *lacking in G*) h.: *BGI*; et as p. *D*; et a beques foue. *F*; p. ruent palees grans *T*; fouoient (i foue. *I*) li auquant *BI*; *ACE agree*
2235. T. enpli li fosses s. *I*; e. les (des *D*) fosses s., (m. contant *E*) *BDE*; *ACFGT agree*
2236. Q. on passast (past *B*) b. outre .I. grant char cari. *IB*; B. i p. aler u. *E*; i poist e. *F*; i poroit e. *G*; *ACDT agree*
2237. ar. turqois t. *FT*; c. trenchans *I*; *ABCDEG agree*
2238. et .V.C. *BCEI*; .C. (.M. *F*) ribaus o. fait l. (lor *F*) c. (cies *BI*) *TBFI*; .C. en o. tos l. c. fes s. *G*; r. i furent mort gisant *E*; en vont lor c. *D*
2239. Mout en i ot n.: *E*; n. es poitrines: *BI*; n. es c. es t. et es f. *G*; es c. et es (ens *C*) f. *BCDEIT*; *F wants*
2240. p. ichou n'e. f. u. seus fuians *F*; u. recreans *BI*; *ACDEGT agree*
2241. m. se s. ranpe trestous l. *BI*; a. trestous l. *F*; *C wants*; *ADEGT agree*
2242. .I. pel q. *BCG*; p. d'acier trenchans *F*; q. m. e. (fu *B*) g. *GBI*; e. pesans *C*; e. trenchans *T*; *ADE agree*
2243. As .II. ma. f. au mu. (as murs *F*) *DF*; ma. i feroit c. *E*; f. es murs c. *I*; c. vassax v. *F*; *ABCGT agree*
2244. Mo. i o. de (des *I*) serjans ma. *BI*; o. de chiaus o l. navres je n. sa. q. *C*; o. gent avuec l. *F*; o. o l. de. si. ma. *G*; o soi ma. *D*; *AT agree*; *E wants*
2245. C. de b. *BCFIT*; C. de depecier: *E*; b. ferir: *BGI*; b. perchier er. *C*; p. est f. *DT*; er. (fu *BI*; est *EG*) f. desirans *CDEFGI*; f. covoitans *T*
2246. U. pertris fo. *B*; U. tr. fisent u mu. *E*; U. pertruis fo. es murs q. *I*; (te. trait fo. *C*), mo. ert l. *FCT*; *ADG agree*
2247. Li T. lancierent ev. *E*; j. pois q. *T*; q. toute (tout *B*) es. (fu *G*) *CBDEGI*; *F has 7 lines* Ja i fuissent entre malgre les mescreans/ Qant en haut s'escria li fiers Cornumarans/ Aportes iaue caude qi soit toute boillans/ S'escauderons errant ces fox caitis dolans/ Pas n'ot pas dit le mot qant fais fu ses commans/ L'iaue caude jeterent les le mur fu coulans/ Plus de .XXX. ribaus qi furent bien pikans
2248. .XX. tafurs escauderent don. *BI*; .XX. en *E*; En o. il es., r. est dol. *F*; don. l'angoisse f. grans *D*; *ACGT agree*; *D adds 1 line* Li rois tafurs le voit ses cuers en fu dolans
2249. t. du fosse en estans [*sic*] *E*; t. en sus tout droit en *F*; a. tres en m. liu des c. *BD*; a. bien l. en m. *G*; a. tres en [*sic*] *I*; a. en sus en *T*; lo. tres en *C*; *BI add 1 line* Li rois ist del (de la *I*) fosse dolerous et sullans (sainglans *I*); *F adds 1 line* Il mismes fu navres ses cors fu tous sanglans
2250. E. .X. liu. *E*; E. mil liu., c. li queurt li rouges s. *T*; de sa c. couroit de. *G*; c. li coroit li clers s. *BI*; c. le r. i. li *C*; c. li saut fors li clers s. *F*; *AD agree*
2251. (de ... *T*); *rest agree*
2252. q. est vostre sa. *BFI*; (... t. d. ... *T*); *ACDEG agree*
2253. Forment estes n. *BI*; Rois m. estes n. *DG*; Vous estes m. n. *E*; S. mout navres [*sic*]: *T*; seres vous g. (... *T*) *BDEFGIT*; *C wants*

Variants

2254. Se. di. r. tafurs je su. m. de. *E*; (su. ... *T*); *ABCDFGI agree*
2255. K'eussons la cite et fuisiens h. *E*; J. fu c. *B*; J. fussons tuit h. *T*; *ACDFGI agree*
2256. De. me laise t. vivre (vire [*sic*] *I*) q. (qui *I*) je (*lacking in I*) s. ens m. *BI*; Et De. me do. t. vivre q. *E*; do. Jhesus vie q. *D*; *F has 4 lines* Et qe jetes en fust cis pules mescreans/ Et Dex i fust servis li peres tous poissans/ Qi weille consentir qe tant soie vivans/ Qe je soie en la ville et vous trestout manans; *G wants*; (so. ... *T*); *AC agree*
2257. (Et baisast l. *G*), u. Dix f. s. (suscitans *lacking in G*) *EGT*; *BI want*; *ACDF agree*; *F adds 1 line* Sire Dix vous en oie cascuns s'est escrians

80. *ABCDEFGIT*

2258. Devant Jherusalem f. *D*; (d. la cite f. *T*), g. l'assaillie *FT*; f. g. li a. *EG*; g. l'estormie *BI*; *AC agree*
2259. Celes escieles ceurent a mout grant e. *B*; Cis qui eschieles orent montent par e. *I*; No C. i f. s. *G*; a. Turs:, (ma. forte e. *E*) *FE*; mu. sonner ma. assaliie *C*; *ADT agree*
2260. A. G. [*sic*], a hautes v. *B*; *T has 2 lines* G. d. B. a la chiere hardie/ S'escria hautement bien fu sa vois oye; *ACDEFGI agree*
2261. fa. que Dix vous beneie *E*; *rest agree*
2262. Vees ci l., (D. prist m. *T*) *BEGIT*; Vees i. l. terre u *C*; D. o m. *F*; *AD agree*
2263. Et p. ceste a. no. Diex tante nu. v. *T*; no. maint lons nu. v. [*sic*] *B*; no. m. nu. aveillie *D*; no. maintes grant nu. *I*; t. paine soufrie [*sic*] *E*; *ACFG agree*
2264. *D inverts 2264/2265*; Et tant f. et tant soif et tante g. h. (et tante nuit villie *B*) *IB*; Et maint soif et maint froit et maint. *D*; Mainte f. *T*; *ACEFG agree*]
2265. *D inverts 2264/2265*; De nois et des (de *I*) orages (orage *I*) a. *BI*; De v. *D*; de l'orage aves l. *E*; *ACFGT agree*
2266. sa paine:, (q... *T*) *DT*; v. il so. b. enploie *I*; que b. so. emploie (envaie *B*) *CBDEFG*
2267. *DG invert 2267/2268*; Ne pris qua. qu'av. f. le montant d'u. al. *D*; Petit v. la grans paine que n. n. sentie *G*; Canqes no. *F*; que vous aves f. *B*; *E wants*; (v. p... *T*); *ACI agree*
2268. *DG invert 2267/2268*; Que l. cite avons e. *E*; c. nouons e. *F*; *ABCDGIT agree*
2269. l. cuens d. *T*; *rest agree*
2270. d. ceste b. *BI*; d. vostre b. *CEGT*; *ADF agree*
2271. K. tant mainte m. *D*; t. m. ont p. v. cest an s. *F*; m. avons p. *T*; *BCGI want*; *AE agree*
2272. Quant H. [*sic*] *B*; M. et cil de Normendie *C*; *ADEFGIT agree*
2273. Il p. *BCEI*; Si p., cor si cor. *F*; m. tor s'a leve l'es. *E*; cor. si sone a (a *lacking in I*) la bondie *BI*; s'a sonne l'es. (la bondi... *T*) *CDGT*; *BI add 2 lines* Les escieles destendent par mout grant aramie/ Maint quariel i ot trait mainte piere galie
2274. La v. *BI*; pr. mainte l. *GI*; po. a cele envaie *E*; po. par l... *T*; *ACDF agree*

396   **Variants**

2275. Desci as (au *I*) m. p. (lices *BFI*) *CBEFIT*; D. qu'es m. *G*; n'i a r. *E*; n'i ont regnes baissie *I*; r. laischie *F*; (r. ... *T*); *AD agree*; *BI add 4 lines*, *F adds 3 lines* Et teus i ot le lance a .II. mains (mais *I*) enpuignie (*line lacking in F*)/ Les barbacanes (La barbacanne *I*) coupent s'ont le bare (les bares *I*) trencie/ Outre s'en (se *I*) sont passe bruiant a une hie/ Onques n'i ot desfense (defois *F*) ne Turs ques (qi *FI*) contredie
2276. En l. *BCDEFGIT*; Da. qi de c. ert r. *F*; Da. qui de cerre r. *I*; de marbre entaillie *C*; c. polie *E*
2277. G. sa lance est pecoie *E*; la lance a. (aslongie *B*) *DBGIT*; g. eslongie *C*; *AF agree*
2278. Enf. a ses p. *BG*; Enf. ques es *C*; Enf. que as p. *D*; Deci jusqu'a ses p. *T*; li fu (est *FI*) toute f. *BFI*; est froee et croissie *G*; *E wants*
2279. a. mainte c. *E*; *rest agree*; *BI add 1 line* Adont fu Jhursalem (la citet *I*) fierement envaie
2280. de. que Da. *EG*; q. li cors Diu m. *CF*; (Da. ... *T*); *ABDI agree*
2281. A l'ost ont m. p. estroee et ... *T*; o. mainte et r. et lancie *E*; p. estraiere et g. *C*; p. et jetee et g. *D*; p. jete par aatie *G*; *BI want*; *AF agree*
2282. do. as nos nes espargnerent mie *BI*; do. les nos es *F*; do. nos gens es *G*; es escus de *C*; (el. ... *T*); *ADE agree*
2283. t. que i. r. *CEIT*; *ABDFG agree*
2284. Ca. li ci. *D*; le cief pechoie et es. et esmie *F*; et trestote l'o. *BI*; es. la vie *C*; *G wants*; *AET agree*; *F adds 123 lines, see Appendix 10*
2285. *F has 2 lines* C. l. r. q'ert de grant signorie/ F. a. m. d. la ville et fist une estourmie; L. fiers C. *BI*; *ACDEGT agree*
2286. Jhursalem escria s'a *F*; esc. s. g. a resbaudie *T*; g. resbaudie *CG*; *E wants*; *ABDI agree*
2287. Il dist c. *E*; c. dolant v. *BI*; *ACDFGT agree*
2288. Je n. pr. vostre assaut u. *E*; *rest agree*; *BFIT add 1 line* Fors est Jherusalem vous (si *F*) n'en prenderes (ne le prendres *FT*; nel prandres *I*) mie; *BI add 6 further lines* Puis prist le cor Erode si sone le bondie/ Paien et Sarrasin cescuns d'aus se ralie/ As murs se sont monte tot (tous *I*) a une bondie/ De Jhursalem (la citet *I*) desfendre a cascuns grant envie (chascuns a grant envie *I*)/ Mais pour noient le font ne lor vaut une pie/ Quar tout i seront mort ne puet remanoir mie
2289. Es vous poignant Robert le duc de Normandie (... de Normandie *T*) *BFIT*; Quant l. d. l'entendi durement se gramie *E*; *DG want*; *AC agree*
2290. Il prist un a. tu. s. a descochie *E*; Et tint .I. *C*; Godefrois tint .I. a. l. *D*; Li dus tenoit .I. a. l. *G*; Et tent .I. *I*; a. de cor l. *F*; (... a. *T*); *AB agree*
2291. C. fu t. *E*; (... a C. *T*); *ABCDFGI agree*
2292. (... d. *T*), a perchie *CT*; *ABDEFGI agree*
2293. Ens e. destre c. *D*; Al s., f. guie *G*; En s. *I*; c. fu l. *E*; c. est l. f. brisie *F*; (... s. *T*); *ABC agree*; *F adds 1 line* Durement le navra mais il ne moru mie
2294. ... L., tr. hors q. *T*; Tu. le tr. *BF*; l'en (le *DE*) traist f. *CDE*; f. de maltalent gramie *BI*; *AG agree*
2295. S. Theri d. Morvel e. *E*; e. ja (sa *I*) s'i. vengie *BDEFGI*; e. ja si r. *C*; e. ja chiere merie *T*
2296. D'u. q. l. feri s. *BI*; g. martel l. *F*; *ACDEGT agree*
2297. Le hiaume li enbare le *BI*; L'esme li en. *F*; L'el. li desronpi la *G*; *E*

Variants 397

wants; ACDT agree
2298. l'ab. del f. *F*; *rest agree*
2299. Es vous saint Michiel l'angle q. *C*; M. la prist q. *TB*; M. le prent mout t. *F*; a. l'a molt t. r. *DEG*; a. la prist et si la guie *I*
2300. Ens el (es *I*) ciel (chies *I*) de. Deu: *BFI*; Par de., 1. convoie et g. [*sic*] *IT*; Da. et (l'a *G*) convoie et mise *DG*; Da. presentee et oie *E*; Da. l'en c. *C*; l'en envoie et en g. *B*
2301. (M. disoit le *E*) la (la *lacking in I*) letanie *BCDEFGIT*; *E adds 1 line* Por l'ame du baron ki issus ert de vie
2302. O. esforce l'a. *BC*; O. esforces l'assaut p. *D*; en. l'estours p. *E*; m. fiere es. *F*; g. aramie *G*; *AIT agree*
2303. v. mainte grant baronnie *I*; *rest agree*
2304. b. issi g. estormie *T*; s. tres grant m. *E*; *ABCDFGI agree*
2305. Tele (Et t. *DEG*) n. et t. cri d. (sor *G*) *CDEG*; et t. esfrois d. *BI*; *AFT agree*
2306. Que on le. oi. bien d'u. *BGI*; Que on l'oi. *D*; oi. tres bien:, (.II. lieues et de. *E*) *FET*; *AC agree*
2307. en .II. li. *CG*; (en .VI. li. *E*) li. percie *FE*; en .VIII. li. croissie *T*; *ABDI agree*
2308. T. par d. *DFT*; T. l'o. d. mout a. [*sic*] *E*; b. raparellie *BCDGIT*
2309. Et a g. b. de caisne: *E*; b. traversains: *FT*; b. l'ont mout bien: *G*; hordee (bordee *T*) et rafaitie (renforcie *C*; atacie *E*; rafaisie *G*) *DCEFGT*; *BI want*
2310. O. sunt pl., a. c'ains que fust depecie *B*; O. fu pl., a. que quant fu depessie *I*; e. a. pl. f. en icele pa. *E*; *ACDFGT agree*; *F adds 4 lines* Q'ele ne fust devant mout l'ont bien renforcie/ Mais par defors les murs devers no baronie/ Ot empli du fosse .V. toisses et demie/ Tout malgre les gloutons cui Dix doinst male vie

81. *ABCDEFGIT*

2311. P. devant S. Es. (Estes *I*) *BI*; sont enpli l. fose *B*; est em. l. f. *I*; ont empli le fosse *E*; *ACDFGT agree*
2312. De tai et de longaigne l'ont empli et rase *E*; Bien (Et *I*) .V. to. d. lonc f. (f. a te. r. *I*) *FI*; .C. to. *G*; Cinc granz taises d. lonc f. *T*; to. fu d. lonc f. *B*; to. d. longesce f. *C*; (to. d. parfont f. *D*) f. enplis et r. *GD*
2313. I. fu l. *E*; en. et c. et menes *BDFGI*; et amenes *CET*
2314. A c. est tous f. *BI*; Qui d. c. es.: *E*; q. (cuir *BCEGI*) bien hordes *DBCEFGIT*
2315. T. le poingnent et b. qu'a murs est aj. *I*; b. que au m. est jostes *E*; b. qu'as murs f. *T*; m. est aj. *B*; f. acostes *CD*; f. adoses *G*; *AF agree*
2316. e. apoient d. f. (for *I*) q. (cuir *I*) bien ouvres (ourles *I*) *BI*; d. fort cuir m. *F*; *DEG want*; *ACT agree*
2317. P. deseure l'en. *BCI*; Et (Des *E*) p. dedens l'en. *DEG*; ... p. des. *T*; qu'est deseure coles *B*; q. deseure er. (est *CIT*) c. (clees *C*; coules *I*) *FCIT*; q. estoit bien clees *D*; q. mout estoit loes *E*; q. par mi fu creves *G*
2318. Montent .II. c. *BI*; Montent .X. c. *C*; Marcent .XX. c. *E*; M. doi c. *F*; L. vous sus r. (montes *T*) *BIT*; l. vous ariestes *G*; a. montes *D*
2319. L'une d. *C*; Les c. *E*; lo. eskielles f. ont *E*) *CEFI*; f. as murs aj. *IT*; m.

Variants

acostes *DG*; m. arrestes *F*; *AB agree*
2320. A piere et a baston furent a. levees *C*; (As p. et *I*) et a (as *I*) hanstes f. *BFI*; As p. et as la. *D*; (et a haces furent a. *E*) a. boutes *GE*; f. tost as murs le. *I*; t. au mur le. *B*; (... p. *T*)
2321. m. cors es. a .I. *BI*; m. mas es. *C*; la. ert en *D*; (... li *T*) en .I. (enz ou *T*) q. (crenel *CET*) entres *FCET*; q. fremes *G*
2322. Turc se taisent et c. *BI*; Turs se sont abaissiet: *C*; Turc estoient tout coi *E*; Turc s'ab. et taisent: *F*; Turc se taisent acoisent: *G*; ...rs se taisent tuit quoi ai. *T*; et coisent ainc m. *D*; ai. (nus *B*; que *I*) n'i f. (est *B*; ot *F*; ont *I*) m. s. *GBFI*; ai. m. n'en f. s. *C*; que m. ne f. s. *E*; *F adds 2 lines* Trestout de gre le fisent lor cors soit vergondes/ Il laissient tout faire a nos barons lor ses
2323. .V. fur. *BI*; ... fur., ca. ert fe. *T*; ca. tot fe. *D*; .C. qui bien furent armes *I*; fu bien armes *BCFG*; *AE agree*
2324. Qui t., m. aceres *C*; t. grans makes et gr. fus en. *B*; gi. et malles en. *E*; (... t. *T*); *ADFGI agree*
2325. Maces et g. *BI*; p. et marteaus a. *D*; es. noeles *E*; *C wants*; (...aches et g. *T*); *AFG agree*
2326. Mars esmolus t. *C*; D. t. esmoulus et f. *G*; (...ars m. *T*); *ABDEFI agree*; *D adds 1 line* Quant paien l'aperchoivent cele part sont torne
2327. Es c. *D*; d'a. ont le fu aporte *C*; d'a. fu l. *EF*; *BI want*; *AGT agree*
2328. ce. des eschieles q. *I*; *B wants*; *ACDEFGT agree*
2329. or. asaus on. hom n. vit t. *G*; a. s'entendre le voles *BI*; on. n'oistes t. *E*; (Hu... *T*); *ACDF agree*
2330. (U. escuiers d. *BFI*), G. fu a. *CBEFGIT*; F. Gautiers est a. *D*
2331. Manta a., fa. auques folletes *C*; l'e. si fist q. *DF*; a con fo. *BGI*; *AET agree*
2332. Enfresi c'au q. n'e. gaires ar. *D*; Jusqu'as (Jusqu'a *I*) cretiaus del mur (des murs *I*) n'e. *BI*; Desi que au crenel n'e. *E*; Dusc'a creniax am. *F*; Jusqu'au q. *T*; q. del mur n'e. *G*; *C wants*; *BFI add 2 lines* Li pans (pies *F*) de son escu ert (est *I*) contremont leves/ A force et a pooir (poste *F*) est tout en son montes (est contremont montes *F*)
2333. Et F. asalirent en. et en le. *F*; Et F. les asalent en *BI*; *ACDFGT agree*
2334. T. pex et en. (saietes *E*) *DE*; Traient engaignes et [*sic*] *G*; p. agus et *F*; p. et graine et *I*; q. aceres *B*; *ACT agree*
2335. le. perrons g. et les *E*; g. caillaus p. (quares *BI*) *CBDFIT*; *AG agree*
2336. Teus .VII. *C*; *D wants*; *ABEFGIT agree*; *BFI add 1 line* De cou ne puet caloir car dedens fu tieres
2337. Et dehors et ded. i ot mout de n. *E*; Et ded. et def. o. *D*; *ABCFGT agree*
2338. l'a. (destrece *E*) de s. *CDEIT*; en i o. m. (maint *BI*; mil *D*) p. *EBDGI*; en est .X.M. ... *T*; *F wants*
2339. o. de s. m. (mains *F*) *BDEFI*; o. des n. m. de s. ab. (... *T*) *CT*; *AG agree*
2340. *AC invert 2340/2341*; *DG place 2340 after 2342*; De l'es. boit sovent tos li plus aloses *D*; Des esclois d. c. burent le jor ases *G*; De l'es. *B*; Des esclois d. *I*; d'es. de ceval l. *F*; c. des p. *A*; *E wants*; *C agrees with text*
2341. *AC invert 2340/2341*; E D. *CEFIT*; t. mal s. *EG*; s. sainte cr. *BG*; s. nostre cr. *EFT*; *AD agree*

Variants 399

2342. Et g. s. et grans f. et grans c. *BI*; De grant fain et de soif et de c. *CT*; De g. f. de grans s. de grans c. *D*; Et g. f. et grans s. grande c. *F*; f. d. grans s. de grant c. *G*; *E wants*
2343. Q. ne v. (le *F*) *BFIT*; Q. nus n'en p. d. ne c. *D*; Ne le v., (nu. hom de mere nes *E*) *GE*; t. (qui *C*) soit l. *BCFIT*; *D adds 1 line* Lor max ne lor grevances ne lor aversites
2344. d. Gautier q. *D*; q. est a. (a. ranpes *B*; as murs m. *I*) *FBGI*; *ACET agree*
2345. Li gentis chevaliers qu'il fu dur asenes *G*; j. escuier: *BF*; co. (tant *I*) fu mal atornes *BI*; co. li e. *E*; mal jours l'ert a. *F*; i. ert a. *D*; i. fu atornes *T*; e. aournes *C*
2346. En Jhursalem (la citet *I*) cuida estre premiers entres (tout premiers estre entres *F*) *BFI*; *DEGT want*; *AC agree*
2347. A. .I. *BFIT*; mais. castel av. *B*; mais. crenel av. *FT*; s. poins j. *BFIT*; main. boutes *C*; *DEG want*
2348. a andeus c. (c... *T*) *FT*; le. bras c. *E*; *ABCDGI agree*
2349. tr. a tiere tos fu *BFI*; a. tous fu (est *T*) *CDEGT*; c. froes *CDEFGT*
2350. Dev. nostre signor fu s. *E*; Dev. Dieu ens: [*sic*] *I*; en. el ciel: *BCDFGT*; est ja s. lis pares *BI*
2351. A D., t. ert fi. *B*; (d. que s. *DET*), t. est fi. *CDEFIT*; *AG agree*
2352. Tout entour la cite en *F*; S. s'en es. *T*; es. li cris a. (leves *BI*) *FBI*; *ACDEG agree*
2353. Dient q., d'A. est m. et afines *BI*; De chou qe Gontiers Aire es., et tues *F*; q. Gautiers d'A. *D*; G. est et m. et affines *C*; est. a fin tornes *E*; *AGT agree*
2354. R. l'oit m. en fu abosmes *T*; en fu a. (esfraes *F*) *EFI*; *ABCDG agree*
2355. as. trestos r. *D*; *rest agree*
2356. Ma. dont n. f. pas p. (Ma. n. f. pas dont p. *G*; N. f. mi. a. p. *T*) l. saintisme c. *DGT*; mi. encore lors prise l. c. *BI*; mi. p. adonques l. c. *E*; a. prise cele c. *F*; *AC agree*
2357. g. fu (est *B*) tost (leus [*sic*] *G*) d. *IBG*; g. ardans fu en l'en. *F*; l'en. boutes *BEFGI*; *ACDT agree*
2358. d. .D. l. (l. est m. *B*) *IB*; l. en est il a. *F*; f. li feus a. *C*; f. tantost a. *E*; *ADGT agree*
2359. (Cil en i. *F*), f. quant s. (quant o. s. a. *I*) *BFI*; (Et c. i. *E*) i. hors q. *TE*; *ACDG agree*
2360. Qu'i. virent bien l'enging: *T*; v. l'engien: *BCDEFGI*; qui es. enb. (alumes *BCG*) *DBCFGT*; qui t. fu enb. *E*; qu'est trestous enb. *I*
2361. Et s'il demeurent pl. *I*; li demores pl. *C*; n'est mie s. (seurtes *B*) *IB*; n'er. mais lo. *D*; n'er. mie s. *E*; n'er. mie a s. *F*; *AGT agree*
2362. F. se vont retraiant li, e. fines *E*; ret. s'e. l. a. rem. *G*; *ABCDFIT agree*
2363. Et Tu. montent amont: *E*; l. tr. o. es. (restopes *T*) *ET*; s'o. l'estendart copes *G*; *ABCDFI agree*
2364. F. par l. ou e. l. d. bien t. *T*; e. l. d. enteres *F*; p. d. (dehors *E*) enterres *IE*; d. jetes *G*; *C wants*; *ABD agree*

82. *ABCDEFGIT*

2365. L. est. est fines l'a. est d. *BI*; a. fu mout fors: *E*; a. fu r. *G*; r. li est. d. *F*;

l'est. est d. *CDEGT*
2366. F. s'en t. *C*; a. tres e. *BDFIT*; a. par dales .I. *E*; a. lonc e. *G*; m. le la. *DF*
2367. i avoit des nos: *BFI*; d. na. et des nos mesbaillis *G*; d. nos gens na. *T*; ocis et ma. *B*; et blecies et malmis *I*; *ACDE agree*
2368. s'i. i ot des oc. *F*; i ot ocis *G*; *ABCDEIT agree*
2369. et l. detrenceis *BI*; et fiers l. capleis *E*; et l. estancheis *T*; *ACDFG agree*
2370. Des angoisses de s. *C*; l'a. et del *D*; l'a. de s. *EFGI*; i o. mout d'apasmis *F*; i ot pamis *I*; o. de p. palmis *C*; malmis *D*) *BCDEG*; (...es p. *T*)
2371. De l'e. des c. *T*; et de r. *EFI*; *ABCDG agree*
2372. q. vient a *D*; q. gist a *F*; q. ciet a *G*; j. par te. *BI*; *ACET agree*
2373. Tans mains hom le b. *DEG*; q. la fu en but v. *BI*; q. en ont en boivent v. *T*; *ACF agree*
2374. E D. *CDFIT*; (l. n'ost m. *I*) m. ga. n. gi. n. r. *BIT*; m. gi. n. ga. *C*; m. ne gi. n. gas n. r. *F*; *E wants*; *AG agree*
2375. f. mout n. ou vis *F*; *rest agree*
2376. B. fu navres ens el v. *G*; l. pis *F*; *ABCDEIT agree*
2377. *No variant*
2378. Et de le g. *F*; f. en mi le vis *B*; (...ne g. *T*); *ACDEGI agree*
2379. b. estoit en. *E*; en est enc. (encore estourdis *B*) *FBI*; (... b. *T*); *ACDG agree*; *F adds 2 lines* Et li rois des tafurs i fu mout malbaillis/ Mout i ot de navres qe pas ne vous devis
2380. (... M. *T*); *no other variant*
2381. D. qui ne mentis *G*; (... C. *T*); *ABCDEFI agree*
2382. (... e. *T*), mi. s. li u. *DT*; mi. l'u. s. l'autres am. *B*; mi. l'u. s. a l'au. *E*; mi. soies l'u. *F*; mi. ains s. *G*; mi. li u. s. l'au. *I*; *AC agree*
2383. n'a asses se. b. *BEI*; n'a se. ses [*sic*] se. b. *C*; b. et se. d. (devis *F*) *BDFG*; *AT agree*
2384. A. e. D. fia. *E*; q. nos t. *DFG*; t. a s. *DE*; p. (a *BI*) amis *TBI*; *C wants*
2385. g. parmanable er. c. f. s. *DG*; p. avra cescuns s. (son lit *I*) *BEI*; p. sera c. eslis *T*; er. cascuns f. s. *F*; *C wants*
2386. T. seront c. *BEI*; c. devant Jhesu et mis *D*; *ACFGT agree*
2387. (Et g. De. *D*), v. ne s. *BCDIT*; De. servir ne s. *G*; v. ne soies r. *EF*; *D adds 1 line* Mais tos jors del miex faire soit chascuns manevis
2388. C. respondirent t., a uns c. *E*; Et C. s'escrient t. *T*; r. adonques a *D*; a .I. c. (cri *BCI*) *FBCGI*
2389. Que a. mengeront le char de lor ronchis *D*; Qui a. guerpiroyent la mangier par .III. dis *T*; Que a. *CEFGI*; a. juneront l. *BI*; l. .V. jo. *BEFI*; l. .II. jo. *C*; jo. et l. .VI. *G*
2390. Q. la cite n. *EIT*; n. prende u *B*; *ACDFG agree*
2391. Et arons l. Se. u Dix f. su. *E*; l. digne Se. *B*; l. vraie Se. *I*; l. saint vrais Se. *T*; f. sepelis *F*; *ACDG agree*
2392. (S. en del. les f. *C*) f. maleis *EC*; S. les deliveront des *B*; S. les del. *I*; l. deliverront des f. (cuvers *G*) *DG*; *AFT agree*; *E adds 1 line* Baron ce dist li vesques vos cors soit beneis
2393. *BFI place 2395 before 2393*; Bien ait de Dieu la terre ou c. (ou tex gens f. n. *D*) *TD*; Et la tere b. u c. *E*; s. la terre ou c. (il *BI*) f. (furent *BI*) *FBGI*; *AC agree*
2394. p. qui so. si q. *C*; p. ensement dont sont e. *T*; si soit q. a genuis [*sic*] *B*;

Variants 401

E wants; *ADFGI agree*

2395. *BFI place 2395 before 2393*; He D. *F*; t. resjois *D*; t. esbaudis *E*; *ABCGIT agree*
2396. j. fu t. *ET*; t. et li airs (nuis *I*) a. *BI*; s. (nuis *CG*) est a. enseris *FG*) *DCFG*; f. enseris *E*
2397. j. as cans: *BCGIT*; j. en l'ost: *E*; j. au c. n'i ot ne giu ne ris *F*; lors n'i ot ju (jus *I*) ne ris *BI*; m. n'o. ne v. *D*; n'i o. (ot *G*) ne v. n. g. *EG*; ainc n'i ot v. n. g. *T*; *F adds 1 line* Ne giurent pas trop aise sous covretoirs de gris
2398. N. ne jurent sor ciute: *BI*; N. voiles n. lincheus: *D*; couvertoirs n. lincex: *E*; N'ont kiute de l. *F*; N. kiutes n. lincius *G*; N. tapis n. l. *T*; n. cendaus n. s. *BDEG*; de c. li marchis *I*; *C wants*
2399. *BI place 2399-2401 after 2412*; Et l. brans a. costes et *BI*; Mais escus a. *T*; es. au col et *C*; es. au cols le blans h. *F*; a. cox et *DE*; *AG agree*
2400. *BI place 2399-2401 after 2412*; Et les escus as cols et elmes el cief mis (et les elmes es chies mis [sic] *I*) *BI*; (b. a c. *D*), enrugnies et p. (malmis *D*) *CDG*; c. vermeillies et noircis *T*; et mis *F*; *AE agree*
2401. *BI place 2399-2401 after 2412*; d. cervieles m. et soullies *G*; m. et honnis *BCIT*; m. et sanis *D*; m. et soullis *E*; *AF agree*
2402. n. l'escorgaita B. *BI*; n. escargaita B. *E*; li gentis *T*; *ACDFG agree*
2403. (A .V.C. ch. *F*), q. o. l. cu. h. *EF*; A .VII.C. ch. *BI*; *ABCGT agree*
2404. N'i ot c. n'en eust o *C*; N'en y avoit .I. seul ne fust d. *T*; *E wants*; *ABDFGI agree*
2405. T. gaitent celle n. *T*; (g. ensanble q. *G*), f. esclairis *BFG*; f. esclarcis *CI*; *ADE agree*
2406. le. le jour est esclarcis *T*; q. fu en. *DE*; q. ert en. *G*; *ABCFI agree*
2407. Et T. s'aparellierent c. *BI*; Les T. *T*; *ACDEFG agree*
2408. M. l. (se *I*) d. et cr.: *BI*; d. que p., o. sivis *G*; ca. bien l. o. *B*; ca. preus l. o. *C*; contre lor anemis *I*; o. requis *BFT*; *D wants*; *AE agree*; *BFIT add 1 line* Et par .X. (.XX. *F*) fois le jour en (de *F*) bataille asalis
2409. (Et li m. *BI*), q. sont d. *GBI*; Et le m., q. fu d. *E*; Et les murs peco... *T*; m. pecoier qui er. (est *F*) *CF*; d. marbre b. *BCEFGI*; *D wants*
2410. Onques n'i o. paien q. *BFI*; Mes n'e. *G*; t. par f. *EI*; (i f... *T*); *ACD agree*
2411. Q. pour l., (n. fust es. *I*) *BFI*; l. cremour d'el. *E*; (s. esp... *T*); *ACDG agree*
2412. *BI place 2399-2401 after 2412*; N. del d. es. (fu *G*) *BDGT*; Nonpourquant desfendre es. *F*; N. de d. *I*; d. ne sont mie alentis *E*; c. talentis *C*; c. enhardis *BI*; (c. ... *T*); *F adds 14 lines, see Appendix 11*

83. *ABCDEFGIT*

2413. B. ert la *F*; (s. l... *T*); *ABCDEGI agree*
2414. C. sont en l'ost q. *BI*; l. que J., (p. ... *T*) *EGT*; *ACDF agree*
2415. G. sofraite nel v. q. a c. [sic] *B*; b. ne v., (a ... *T*) *CDFGIT*; b. ne le q. *E*; *BI add 3 lines* Tant ont d'une fontaine et puisse (puisiet *I*) et porter/ Que dedens la fontaine ne puet on mais trover/ Que ne pooit pas l'ost d'un seul jor respiter (Dont on peust lor o. .I. s. j. r. *I*); *F adds 3 lines* Tant fisent Syloe puisier et aporter/ Qe dedens ne pooient mais point

d'yaue trouver/ Car ne pooit pas l'os uns sourgons asaser; *BFIT then add 1 line* Lors (Dont *FT*) vont nostre (tout no *FIT*) baron a .I. consel parler

2416. *FBIT give 2 lines* Et dist li quens de Flandres ves no gent affoler (a... *T*)/ Grant (G [*sic*] *T*) souffraite ont de boire ne porront endurer (nel vous quier a celer *B*; nel p. end... *T*) (*cf. 2415*); *D gives 6 lines for 2416-2417* Li baron et li prinche en font entr'ax parler/ Dist li dus Buiemons comment porrons errer/ De l'eve dont no gent ont si grant desirrer/ Se consaus n'en est pris il ne porront durer/ Car faisons de no gent fervestir et armer/ Si voisent droit au flun por de l'iaue aporter; *EG want*; *AC agree*
2417. *G gives 2 lines* Po. D. s. b. cou dist Harpins li ber/ Nous n'avonmes que boire bon e. feroit pe.; Po. D. dist Buiemons c. *E*; c. faisonmes parler *B*; f. parler *I*; *for D see 2416*; *ACFT agree*
2418. l. quens G. *I*; du. de Buillon C. *F*; *ABCDEGT agree*
2419. Li baron f. p. *BFI*; D. a fait a. l'o. *D*; D. fait a. *E*; D. faites a. l'o. *G*; l'o. et crier banir [*sic*] *C*; et hucier et c. *BEFGIT*
2420. v. a l'ost p. *B*; *rest agree*
2421. Et desour l. som. l. face bien tourser *E*; Et s. lor som. f. l. grans barius lever *G*; Es b. *D*; En l'ost sus, f. am... *T*; som. le f. (fac on *B*) *CB*; som. l. faisons aporter *I*; *AF agree*
2422. Q. C. l'oirent si, v. amener *C*; Q. C. le sorent si se corent armer *D*; Q. C. l'entendens si *E*; l'e. si vont a. *B*; v. afier *G*; *AFIT agree*
2423. .XV.C. s. f. devant e. arouter *C*; A .XV. fors s. f. apres e. al. *E*; Et .V. m. *T*; f. avoec e. mener *BDFGI*
2424. L. barons B. *C*; d. de Buillon i *EG*; p. esgarder *CE*; *D wants*; *ABFIT agree*
2425. A .VII.C. c. (c. que f. *I*) *BFI*; c. qui f. *C*; f. a l. *G*; l. mener *BCIT*; l. monter *F*; *D wants*; *AE agree*
2426. vo. autresi p. vi. amener *E*; p. bataille s. *G*; *ABCDFIT agree*
2427. A. castiaus s. *BFI*; (le. murs: *C*), s'i. les p. tr. (... *T*) *DCFGT*; *E wants*
2428. b. s'en torne s., (d. l'ester *G*) *DFG*; b. s'arrenge s. *T*; s. pensent d. *CE*; *ABI agree*
2429. ai. (que *E*) n'oistes s. (sen *CE*) *BCDEFI*; ai. nus n'oi son p. *G*; (s. ... *T*)
2430. p. encontre o *BI*; l. .III.M. *D*; l. .X.M. *F*; *ACEGT agree*
2431. G. avoit n. et fu d'Aucen s. m. *G*; et vint d'A., (s. ... *T*) *BDFT*; *E wants*; *ACI agree*
2432. Mil et .V.C. s. f. o l. amener *F*; .M. et .D. en f., l. amener *BI*; .IIII.XX. s. fait par d. *E*; s. fait d. *DT*; s. faisoit o l. *G*; *AC agree*
2433. b. grans f. *E*; b. a poi pu. aler *G*; (pu. ... *T*); *ABCDFI agree*; *F adds 1 line* Uns portoit plus grans fais qe .IIII. ronci per
2434. p. d. c. d. v. l. *BI*; l. a fait bien ... *T*; *ACDEFG agree*
2435. (De b. [*sic*] *I*), g. somiers torser (tourses *I*) *BI*; do. et emplir et r. *E*; l. grandes bous r. *F*; l. baris bien r. *T*; *ACDG agree*
2436. Cor. le (les *I*) fist p. *BI*; Cor. li o. p., col. mande *G*; .I. calon m. *C*; un garcon m. *E*; .I. corlier m. *T*; *ADF agree*
2437. Qu'il l. *BCE*; qu'i. i o. *I*; *ADFGT agree*
2438. s'en (se *BCE*) pot es. (escaper *B*) *DBCEFGT*; s. si garder *I*; *F adds 1 line* Qe il ne li convingne nos Francois endurer

Variants 403

2439. C. issi l. (l. vot D. *B*) *GB*; C. si l. voloit D., pu. assaser *D*; (pu. ... *T*); *ACEFI agree*
2440. B. le pe. *C*; B. l'esconnut a. *D*; B. l'aperchoit a *F*; l. percut a .I. val d. *G*; .I. mont d. (davaler *B*; avaler *I*) *CBI*; pu. avaler *F*; *AET agree*
2441. com. apele: *BIT*; com. le m. *EF*; et (ses *BI*) fait t. *DBEI*; et f. tout qoi es. *F*; t. ar... *T*; *ACG agree*
2442. Ens en une cavee les f. estroit serrer *D*; E. une route a, s. sommiers serrer *IB*; u. cemin a f. se grant gent ariester *G*; c. les f. et mucier et entrer *E*; c. les fist estraindre et serer [sic] *F*; t. nos b. *C*; s. hommes se... *T*
2443. Puis vont n. chevali. l. *F*; n. baron ont fait l. *C*; n. Crestiien f. *E*; chevali. vont lo. (les *B*) *IB*; *ADGT agree*
2444. s. elme jesme *E*; *rest agree*
2445. I. monterent ne voelent arester *E*; s. plus demourer *C*; s. point de *FGT*; *ABDI agree*
2446. Lor e. *B*; Les (Lor *FI*) espies a. *DFIT*; Les lances a. *G*; a. ne les voelent lev. *E*; c. de lev. *BCFGT*
2447. Q. paien n. connoisent a. p. venteles *G*; per. a penon v. *I*; ...ve[n]t a. peg. paintures *T*; *ABCDEF agree*
2448. (... n. *T*), s. de j. *CFT*; f. ne les estuet douter *E*; n'a. (n'ont *G*) cure de j. *IG*; s. d'arester *B*; *D wants*
2449. (.... chevaucha q. *T*), n. s'i s. *BDEFT*; n. se s. (volt *C*) *GC*; *AI agree*
2450. Et si mi. *B*; .X.M. T. *C*; Sis .M. Turs o, c. il s. *I*; ...s mi., l. que mo. *T*; l. et mo., v. pener *D*; l. mo. s. voellent h. *G*; *E wants*; *AF agree*
2451. Par d. l. fist se. *F*; l. ont f. *B*; (l. a f. *I*) f. les so. *EI*; se. homes a. *G*; so. arester *C*; *ADT agree*
2452. (... et *T*), c. pensent d'es. *BCDEFGIT*
2453. C. a J. *CE*; J. vorront e. *CDI*; J. vaura e. *E*; a. disner *BI*; *AFGT agree*
2454. P. no gent crestiene et *D*; (Et p. l. cr. *I*) cr. tout co. *EI*; P. no cr. *F*; co. errer *B*; (... l. *T*); *ACG agree*
2455. n. se p. *C*; p. acointier ne v. *BI*; *ADEFGT agree*
2456. N. le roi C. a Corbad [sic] venter *B*; N. au r. C. n'a L. parler *I*; r. Lucabiax a C. g. *F*; l. vix C. *E*; *ACDGT agree*; *F adds 2 lines* Ne dire l'un a l'autre cil Francois sont peu ber/ Q'ensi par mi lor ost laissent vitaille aler
2457. li ber (biaus *C*) Buiemons: *BCEI*; p. vers lu. *BI*; p. sor lu. *CG*; p. ceval r. *E*; *ADFT agree*
2458. *No variant*
2459. Et amenra a (en *FI*) *BDEFGI*; Ja l'enmenra a *C*; Il enmenra le roy qui *T*
2460. Et tant de l. (lor *BI*) *FBI*; A t. *D*; *ACEGT agree*
2461. Bien .XV. j. en. *F*; j. trestous plains: *E*; t. pleniers: *G*; en. et de l'autre a. *B*; en. et des autres asses *I*; et de b. a. *CDEFGT*

84. *ABCDEFGIT*

2462. r. ce. avant (a force *FT*) d. *BFIT*; e. front pr. *CDG*; *AE agree*
2463. pa. de poi i ot s. *BI*; pa. peu i ot de s. *F*; pr. e. de gravier *E*; pr. aloit d. *T*; *ACDG agree*
2464. Deriere lui v. *BF*; Derier l. (son *DEG*) d. *CDEGT*; Deriere v., r. si s. *I*

2465. (Ainc mais n. f. m. p. coulons *F*) colons a colonb. *BEFI*; coulons en colonb. *CDT*; *AG agree*
2466. Q. T. furent cel jor n'i ot n. r. *D*; Si s. tout d. *G*; s. atrape n'i *BFI*; s. destraie n'i a mais r. *C*; *E wants*; (... T. *T*)
2467. d. bruel i. (ist [*sic*] *B*) *IB*; d. gait i. *CDF*; d. val i. *GT*; *AE agree*
2468. ... escrient M. et brochent li d. *T*; b. son d. *G*; *ABCDEFI agree*; *T adds 2 lines* ... ont brandi les lances as fers trenchanz d'acier/ ...yamont fu devant le trait a .I. archier
2469. Puis a *I*; ... a, l'e. qui l'a. ot de *T*; b. le hanste: *DE*; b. le lance do. *G*; qui estoit de p. *D*; au fer trencant d'acier *E*; l'a. est de *BCFGI*
2470. G. en l'e. *G*; *rest agree*
2471. Desor le *BCEGI*; b. a or, fi. fendre et *D*; li a fait pecoier *E*; li fait fr. *FG*; *AT agree*
2472. do. rompre et tot desm. *E*; (... l. *T*); *ABCDFGI agree*; *BEFI add 1 line* Par dales le coste li fist l'espiel glacier (baingnier *I*; li mist le fer d'acier *EF*)
2473. Diables l. *G*; l. garda q'e. *F*; l. garist qu'e. *I*; *E wants*; *ABCDT agree*; *F adds 4 lines* Car puis fu Crestiens as nos ot grant mestier/ Mais a icestui poindre le vaut si acointier/ Li bons dus Buiemons par force de destrier/ Qe il fist Gracient dou sien descevalcier
2474. l. l'abati du destrier *T*; *rest agree*; *F adds 3 lines* Et Buiemont retourne a loi de bon querrier/ Desor le roi s'areste et tient le branc d'acier/ Ja li trencha la teste atout le hanepier
2475. Mais l. *F*; (ro. le saisi se *D*), si le prist pa. (a *d*) *EDG*; si l'ahert pa. *BI*; (... ro. *T*); *AC agree*
2476. l. crie m. *CE*; l. pria m. *F*; ... l., et li prist a *T*; a hucier *BFIT*; *ADG agree*; *F adds 1 line* Aies de moi merchi por Diu le droiturier
2477. Je. Frans n. *BFI*; n. m'oci jou *BCEFGT*; n. m'ocir je *I*; *AD agree*
2478. Et voel croire e. *BI*; Et que. *CEFG*; ...oirai e. cel Diu qui *T*; qui tot a a j. *D*
2479. (... J. *T*); *rest agree*; *G adds 1 line* Et ferir de la lance et navrer et plaier
2480. (...yer a *T*); *rest agree*
2481. Et en ce. v. cr. *BI*; ce. violt j. *C*; (... ce. *T*), cr. j'en (s'en *T*) ai grant d. *BDIT*; cr. jou en ai d. *G*; *E wants*; *AF agree*; *BFI add 1 line* Mais certes ne m'osoie as Francois acointier; *F adds 1 further line* Je croi bien en Jhesu bien a .II. ans entier
2482. Q. B. l'e.: *BDFGIT*; Q. B. l'oi en p. *E*; p. n. le v. t. *BI*; plus n. v. atoucier *F*; p. ne v. *C*
2483. ... d., t. loyer *T*; l. fait m. *C*; f. tantost b. *E*; *ABDFGI agree*
2484. Qua. Sarrasin l. v. n'i o. qe courecier *F*; Qua. Sarrasin l'entendent (l'endent [*sic*] *I*) n'ont (n'o. *I*) en *BI*; v. dont n'i o. c'a. *E*; (... p. *T*); *ACDG agree*
2485. t. n'ont cure d'atargier *E*; v. aslongier *B*; (E. ... *T*); *ACDFGI agree*; *BFIT add 1 line* Mais pour noient le font ne lor vaut .I. denier (f. ... *T*)
2486. Car lo. s. encontrent q. (q. lor f. d. *BF*) *IBF*; Les s. qu'il encontrent le. ont fait atargier *E*; le. fist d. *G*; (e. q... *T*); *ACD agree*
2487. f. n'o. s. de l'es. *BCI*; f. n'o. cure d'es. *D*; f. et devant et derier *E*; f. n'o. s. d'eus es. *T*; *AFG agree*
2488. En sa. en c. *BFI*; D. sans et d. cervieles f. *G*; c. font tous l. *BI*; c. i font

Variants 405

2488. l. *DT*; c. les font caindre et so. *E*; c. font l. brans soueillier *F*; l. brans so. (bagnier *BI*) *CEDGIT*
2489. Lors veiscies o. *BI*; a haute v. *CDEFGIT*
2490. c. me v. *E*; *G wants 2490-2492; ABCDFIT agree*
2491. Or e. avons mes. ne poons repairier *E*; Ai. de m. [*sic*] *C*; ar. car il e. on. mes. *B*; ar. c'or e. est le mes. *F*; ar. c'or e. avons mes. *IT*; *G wants*; *AD agree*
2492. Lors v. *BI*; v. no gent de. *BDEF*; e. airier *BIT*; e. affichier *D*; e. eslaissier *E*; e. aescier *F*; *G wants*; *AC agree*
2493. *No variant*
2494. De m. et de n. font la tere jonkier *E*; n. furent li v. soilliet *C*; v. (canp *BI*) jonchier *DBI*; *FG want*; (f. ... *T*)
2495. O. de .M. paiens ne (n'en *I*) laisent .I. ent. *BI*; O. li .IIII.M. ne r. ent. *C*; Ainc de .X.M. Turs n'en i remest ent. *F*; d. (de *T*) .IIII.M. n'en (n'en remestrent ent. *DT*) *GDT*; d. mil paiens n'en remest uns ent. *E*
2496. Q. (F. *CG*) seulement .VII.XX. *BCDEFGIT*; p. lor ce. *C*; l. somiers ca. (cargier *E*; ... *T*) *BEFGT*
2497. m. et torser et baillier *E*; sor l. chevaus ca. *G*; som. lanchier *C*; *BI want*; *ADFT agree*
2498. Et as f. *BFI*; a bien fors c. *T*; f. coroies (cordes *I*) estraindre et l. [*sic*] *FI*; *G wants*; *ACDE agree*; *BFI add 2 lines* Onques des Sarrasins n'en (n'i *I*) volrent .I. sacier (laissier *I*)/ Quar a l'ost Deu aront au joster grant mestier (a nostre gen mestier *I*) *BI*; Ainc des armes ne vaurrent une seule laissier/ Car en l'ost Diu aront a no gent grant mestier *F*
2499. Pu. retornent e. *E*; e. tot l. c. *DFG*; *ABCIT agree*
2500. Le. somiers et *D*; li escuier *BI*; li pautonnier *T*; *CG want*; *AEF agree*
2501. T. cevaucent en. *E*; *rest agree*
2502. Qu'en l'o. *BFI*; qua. vint a l'anuitier *D*; qua. il d. anuitier *G*; qua. se durent c. *T*; *ACE agree*
2503. (Lors o. *B*; Dont o. *F*) o. de j. *IBF*; o. tel n. tel (de *E*) j. et *TE*; o. mener tel n. *G*; j. tel joie et *C*; *AD agree*
2504. D. pi. et de joie pl. t. m. *I*; d. pl. de joie avoir t. m. *B*; pl. tant vaillant chevalier *DG*; *F wants 2504-2507; ACET agree*; *D adds 1 line* Et tante damoisele tante franche moillier
2505. M. prince maint b. *B*; b. de joie l. *E*; b. de pitie l. *T*; pa. (de *G*) doucor l. *BDG*; *F wants*; *ACI agree*
2506. La v., (et larmoier *B*) *IB*; Do. oissies l. *E*; *F wants*; *ACDGT agree*
2507. Et le c. et l. fa. souventes baisier *T*; fa. sovente fo. *D*; *EF want*; *ABCGI agree*
2508. d. oissies: *DEFGIT*; soventes (souvente *E*) fois h. *DEG*; a haute v. hu. *FIT*; *C wants*; *AB agree*
2509. *No variant*
2510. A. J. Dex nos lest tant villier (laist traveillier *F*) *BFI*; A. J. tant f. *D*; c. tu fais a *E*; *ACGT agree*
2511. Que nous i puissons tuit (Que nos puissiemes tuit *B*; Tant qe en vous puisons *F*) a joie h. (repairier *B*) *IBF*; Dix n. doinst que e. i puissons h. *E*; i doinst e. (e. repairier *G*) *CDGT*
2512. *BFI place 2514 before 2512*; Si qu'en p. vo saint c. sachier et p. *T*; et poursignier *CFGI*; *E wants*; *ABD agree*

2513. l. Se. Dieu f. *BFI*; l. vraie Se. *T*; si. saint Se. *CDG*; aorer et baisier *C*; f. b. netiier *D*; laver et netiier *E*
2514. *BFI place 2514 before 2512*; (Et desous es. *B*), .I. glorieus m. *IB*; d. estabir .I. *T*; *D wants*; *ACEFG agree*
2515. D. (il *E*) nos v. a. *BCEFG*; D. c. v. a. *I*; *ADT agree*; *F adds 1 line* Et il gart les barons de mal et d'encombrier
2516. Q. l. m. o. pa. po. vostre c. v. *T*; Nos avons m. *C*; L. m. avons pa. *EG*; po. l. secour aidier *I*; c. aidier *B*; *ADF agree*
2517. j. avrions les cuers a vos fervir [*sic*] en. *D*; n. cors en (de *B*) el. (lui *B*) *IB*; a li serv. *CG*; *E wants*; *AFT agree*
2518. A D., f. les nos r. *B*; E (Et *D*) D. ceste p. *ED*; p. fet n. *G*; f. nos gens r. *I*; *ACFT agree*; *F adds 2 lines* Li jours ot este biax solax prist a baissier/ Li baron sont as tentes pour lor cors aisier

85. *ABCDEFGIT*

2519. L. n. e. venenue l. j. *T*; v. et l. j. t. (e. fines *D*; e. pases *G*) *BDEGI*; *ACF agree*
2520. g. Godefrois et *AC*; g. li bons vassax T. *F*; *BDEGIT agree*
2521. A .VII.C. *BFI*; A .X.M. ch., (fu bien armes *C*) *ECGT*; *AD agree*
2522. (Desi que au matin qu. *E*) qu. il f. a. *E*; En. q'a d. qu. j. est escauffes *F*; En. a d. *B*; En. al d. *GI*; Deci a l'endemain qu. *T*; *AD agree*; *D adds 1 line* Li aube fu crevee et li oscurs passes
2523. *D inverts 2523/2524*; Lors s. *BI*; D. s'esvilla p. *E*; s. lievent p. *B*; s. leva p. *F*; l'o. sa[i]n[te] c. *T*; *ACDG agree*
2524. *D inverts 2523/2524*; Li j. fu biax et gens li s. fu le. *F*; Li j. est esclarcis et li s. le. *G*; Li j. est esbaudis li s. *BI*; Li j. esbaudist et s. [*sic*] *E*; j. s'est *C*; esb. et li s. le. *D*; (...es *T*)
2525. Et l. b. assamblent q. *D*; L. (No *F*) b. se leverent q. *TF*; b. s'as. *BCDGI*; D. ot m. *DE*; a tant am. *CT*
2526. Et p. f. l. *E*; e. asanbles *BI*; e. amenes *G*; *ACDFT agree*
2527. Largement f. *BI*; Isnellement f. tous part. *C*; Loiaument f. *E*; Bonement f. *F*; l'o. departis (et part. *D*) et dounes (livres *I*) *EDGI*; et desevres *BF*; *AT agree*
2528. C. selonc son estre sel. ses poestes *D*; C. sel. la cose qu'est iluec devises *E*; C. selonc l'estat de li et les b. *T*; l. sen (son son [*sic*] *I*) pooir et sel. (lonc [*sic*] *I*) sa bonte *BI*; et lonc sa poeste *C*; sel. sa bonte *G*; *AF agree*; *F adds 1 line* I ot de la vitaille et del boire asses
2529. Onques p., r. n'en f. *E*; r. n'i f. *F*; f. .I. point fausses *T*; d. part s. (tornes *C*; ostes *E*) *FCEG*; *BDI want*; *F adds 1 line* Qe bien n'en eust sa part nes .I. garcon touses
2530. Se. hautement rescries *E*; et apieles *G*; et escries *T*; *BFI want*; *ACD agree*
2531. a puis s. *F*; *E wants*; *ABCDGIT agree*
2532. Puis lor a dit s. .I. *BI*; Baron c. *E*; v. envers moi e. *D*; *ACFGT agree*
2533. v. a .VIII. j. mesures *BI*; v. dusc'a .IX. *C*; v. a .XV. j. asses *D*; v. dusc'a .VIII. j. *EG*; v. et del boire asses *F*; (... c. *T*)
2534. o. l'espargnomes et *D*; (... o. *T*); *ABCEFGI agree*
2535. Entretant se. *BI*; En d. *D*; ...ant se. *T*; se. prese cest sa. [*sic*] *B*; p. se Diu

Variants 407

plaist la ci. *F*; ce. bone ci. *DEGIT*; *AC agree*
2536. Et li baron r. *BI*; Et il ont respondu S. *D*; *E wants*; (...en r. *T*); *ACFG agree*
2537. n. e. doinst v. *EI*; pr. voiture q. *C*; *ABDFGT agree*
2538. o. lor p. *C*; o. fait le. Turs mander *T*; le. princes m. *E*; le. paiens m. *G*; *ABDFI agree*
2539. .C. sergant i alerent s. *F*; *G wants*; *ABCDEIT agree*
2540. a. e. caines f. *ET*; g. buies f. *BGI*; g. serius f. *C*; s. noes *D*; *AF agree*
2541. D. aus ert l., n'er. pas en. *E*; v. li rois n'est pas en. (escaitives *B*) *IB*; v. li s. *F*; s. ki er. en. *G*; n'er. pas espoentes *D*; *ACT agree*
2542. V. fu d'un s. qui'st d'or estinceles *G*; .I. samin a or estoit melles *B*; un sami qui f. a or bendes *E*; .I. samis a, (or estinceles *I*) *FI*; or ert e. *C*; f. colores *D*; *AT agree*
2543. es. entor l. *BI*; es. par c. *G*; es. en c. *T*; el col l. *C*; c. et aval g. *E*; *ADF agree*
2544. es. d'or fin b. *BI*; es. d'orfroit b. *C*; es. a or b. (jesmes *E*) *DE*; *AFGT agree*; *T adds 1 line* De fin or et d'argent est forment enflambes
2545. m. molt tres riche f. *D*; c. estoit bien a. *F*; l. Turs a. *BI*; *ACEGT agree*
2546. es. verde comme r. (rosiel *B*) en (el *B*) pres (pre *B*) *IB*; es. bise v. c. oisiax de pres *F*; es. vairs comme r. *G*; g. verde c. ros pel. *E*; r. de pres *T*; *ACD agree*
2547. d. (d'un *DEG*) rice sable (simble *D*): *BDEFGIT*; t. environ bendes *E*; en. engoules *BGIT*; *C wants*
2548. d. mainte mervelle ert p. desous l. *G*; d. martres vermeus p. de dehors orles *T*; v. ert p. *D*; v. ert deseure l. *E*; p. dedens ourles *I*; des. ourlies *B*; *CF want*
2549. ta. s. de b. *D*; s. as bresmes et li a. te. *F*; a bosnes li taisiel en s. tel *C*; a brame li tassiaus si so. te. *I*; *ABEGT agree*
2550. (Eles v. *C*) v. .X. livres de *GC*; Qe valoient .C. livres de *F*; Car il v. *I*; v. .C. s. (mars *E*) *TE*; *ABD agree*
2551. esm. en ert s. *F*; esm. ert s. c. bien f. *T*; est. el (al *EG*) col f. *CEG*; *ABDI agree*
2552. Les cheviaus (cevia *B*) avoit biaus (blons *B*): *IB*; (o. bel et *E*), c. et f. *DE*; o. blanc et *G*; o. blont et *T*; menus r. *BFGIT*; *AC agree*
2553. o. bele facon a. *E*; v. et f. bien c. *D*; *BI want*; *ACFGT agree*
2554. o. escouflans g. *B*; o. vairs el chief g. *D*; o. .I. poi g. vers com faucon mues *G*; e. si l. ot g. a. *C*; e. et furent g. a. *E*; *F wants*; *AI agree*
2555. Le p. avoit esp. Grassiens l. o. *E*; (Al p. *BI*), pa. le baudres *FBI*; *ACDGT agree*
2556. (a. graisles l. p. *D*), v. et les *BDI*; d. et l. p. bien m. (quares *G*) *CG*; v. ases *E*; *AFT agree*
2557. q. f. n'est ens el pre *B*; q. n'est f. en este *CT*; q. n'est la f. (f. en pr. *F*) *EF*; f. de p. *D*; *GI want*
2558. M. estoit de bel grant et s'e. b. molles *D*; T. g. n. trop p. ne fu mais b. f. *T*; N'ert t. *BFI*; Mout estoit biaus li rois et s'e. *G*; p. bien e. *C*; *E wants*
2559. .L. ot l. *B*; r. tex estoit s. *DG*; i. iert s. *I*; *ACEFT agree*
2560. E D. co. grande j. s'il estoit cr. *C*; A D. co. iert g., (j. s'estoit cr. *B*) *IB*; j. k'i. *G*; s'i. est cr. *E*; s'i. fust cr. *T*; *F wants*; *AD agree*
2561. a escries *BI*; *ACDEFGT agree*

Variants

2562. De Damediu l. a hautement sal. *F*; sar. si l. a enclines *BI*; a tous sal. *G*; h. escries *T*; *ACDE agree*
2563. d. de Buillon es. ... *T*; es. encontre ales [*sic*] *C*; es. encontre le. *EG*; lu. ales *DI*; *ABF agree*
2564. Tent si l. [*sic*] *C*; as. l'a acolet *I*; as. ... *T*; *ABDEFG agree*
2565. Et f., i. ... *T*; f. i. u. l. m. *BI*; *F wants*; *ACDEG agree*
2566. Puis l. a demande q. *F*; l. demandent q., (s. ... *T*) *BEGT*; *ACDI agree*
2567. et en aighe leves (boutes *E*; ... *T*) *BCDEFGIT*; *F adds 1 line* Oïl pour Diu biau sire je le desir asses
2568. Et i. lour respondi volentiers et de gres *E*; Et i. dist qu'i. *C*; Car je croi en Jhesu b. *F*; I. dist qu'i. c. en D., a .I. an passe *G*; r. que i. c. en D. de maistes (endroit de majestes *B*) *IB*; b. .XII. a. [*sic*] *D*; (a. ... *T*)
2569. He D. *FT*; B. tu s. *CDEGIT*; *AB agree*; *BI add 2 lines* Et li autre baron en ont Deu mercies/ Et li clers et li prestre Te Deum haut cante (cries *I*)
2570. f. fons a. [*sic*] *T*; *rest agree*
2571. s. bras d. *B*; *rest agree*
2572. (I. fu b. *T*) b. d'ev. regeneres *GT*; Si fu ilueques d'ev.: *E*; des (en *E*; ens *I*) fons rengeneres *BEI*; et en ev. leves *D*; et en fons g. *F*; *C wants*
2573. no. ne li changies ne r. *I*; f. ne c. ne mues *CF*; *ABDEGT agree*
2574. *No variant*
2575. a. Turc escrient et *C*; T. crioient et *F*; n. souscores *G*; *ABDEIT agree*; *G adds 1 line* Mahomet sire Deus de vos homes penses
2576. Ca. ameroit m.: *BE*; Ca. v. mout m.: *I*; (n. velt m.: *DGT*), que s. ci. f. (soit *DGT*) co. *EDGT*; v. estre anchois tues [*sic*] *B*; s. ci. li f. co. *BI*; m. estre decopes *C*
2577. Q. M. fust p. (por *DI*) *CDEFI*; s. por no. *B*; no. relenquis ne fauses *G*; g. et d. *D*; ne adosses *C*; ne desfaes *I*; ne ...ses *T*
2578. G. l'oit s. *IT*; a. ales *BI*; *ACDEFG agree*
2579. r. le. tost le. o. [*sic*] *T*; li. si le. o. (o. decolpes *C*) *ECI*; *ABDFG agree*
2580. n. depecies q. i. en fu tu. *F*; d. car i. *BI*; q. l. orent tu. *E*; *ACDGT agree*
2581. l. Turs t. *D*; *rest agree*
2582. A m., (la. rues *E*) *BCE*; Al mangouniel t. *G*; *ADFIT agree*
2583. L. cras on. *BFGI*; L. cuirs on. *C*; L. cors on. *D*; es. et fendus et s. *BI*; es. et puis les ont s. *E*; ov. et laves *G*; (ov. ... *T*)
2584. Si l. *E*; l. lievent a. v. si les ont bien hall. *F*; pe. as bans si, v. salle *C*; haut ses ont a. *BI*; haut ses (et *E*) ont (sont *E*) amont leves *DE*; haut a. v. les ont ... *T*; *AG agree*
2585. t. ficies: *BGIT*; en son l. a. p. *EG*; *D wants*; (a. ... *T*); *ACF agree*
2586. Et pu. l. o. fichies pa. *E*; o. aficies pa. *BI*; o. atacies pa. *F*; o. enfichies pa. d. l. ... *T*; d. l. costes f. [*sic*] *C*; *D wants*; *AG agree*
2587. *No variant*
2588. u. feniestrelle e., r. ariestes *C*; u. de f. *I*; f. s'e. *BIT*; l. bers a. *D*; r. acostes *GI*; (r. aco... *T*); *AEF agree*
2589. (c. que a *I*), f. esfrees *BI*; *ACDEFGT agree*; *F adds 1 line* Jus de la Tour David s'en est tos avales
2590. Et cil Jhursalem o. *C*; C. d. Jerusalem o. *EFT*; o. les t. (tabors *BI*) *CBDEFGIT*
2591. *I inverts 2591/2592*; le. cors c'on *G*; T. qu'il lo. ont b. *B*; T. qui les ont b. et sonnes *I*; lo. a b. *FT*; et jetes *F*; (et ... *T*); *E wants*; *ACD agree*

Variants 409

2592. *I inverts 2591/2592*; De la tor est l. r. C. avales *BI*; Et Lucabiax li viex est o son frere ales *F*; r. Corbadas en es. *CET*; j. avales *CEGT*; *AD agree*
2593. *BFI have 2 lines* Aval Jherusalem est li cris grans leves (est est li cris leves [*sic*] *F*/ Onques n'i ot paien ne (n'en *F*) soit (fust *F*) espoentes; Da. avale l. *G*; (le. ... *T*); *ACDE agree*
2594. Mout en est *F*; est. trestout l. (l. ... *T*) *BIT*; est. p. toute l. grans c. *G*; *ACDE agree*; *E adds 1 line* De ciaus qui sont laiens balancie et jetes

86. *ABCDEFGIT*

2595. D. J. est m. *BI*; f. g. li e. *E*; *ACDFGT agree*
2596. j. par mout ... *T*; ca. d'aus b. *I*; *ABCDEFG agree*
2597. C. ot la *G*; *rest agree*
2598. De l. t. avala qi est vielle et a. *F*; Il ert ra (ja *I*) descendus de *BI*; I. avale de *DT*; I. s'en torne de *E*; *ACG agree*
2599. Luc. a la chiere hardie *C*; *rest agree*
2600. o. leu [*sic*] v. ... *T*; v. guencie *D*; *ABCEFGI agree*
2601. d. .C. pai. (pai. voient g. *F*) *DEFI*; g. sor l. *G*; (g. ... *T*); *ACD agree*
2602. Il n'i *C*; Que n'i *EIT*; Et n'i *F*; *ABDG agree*
2603. d. Gerusalem n. [*sic*] *CE*; ... Corbadas n. *T*; n. (nos *I*) gens e. *BI*; *ADFG agree*
2604. Et si maldist l. *C*; u tes gens f. *E*; (... m. *T*); *ABDFGI agree*
2605. Il tire se. *BI*; Puis d. *G*; d. les c. *E*; s'a le test [*sic*] sa. *C*; (...s d. *T*); *ADF agree*
2606. A. c. d. i. Mahomes vous maudie *E*; A. fait i. *CD*; He las d. *F*; c. vous ne le prendrois m. *B*; c. vous n'en prandres m. [*sic*] *I*; n'i durerons m. *T*; *AG agree*; *BI add 1 line* Trop est fors Jhursalem (la citet *I*) vous ne le prendres mie (vous n'i entreres mie); *F adds 4 lines* Las tout serons destruit a duel et a hascie/ Ce n'est pas gens com autre qi nous a assegie/ Ce sanle vraiement q'ele soit esragie/ Ensi Corbadas pleure huie brait et si crie; *BFI then add 1 further line* Lucabiaus l'amiraus (L'amirax Lucabiax *F*) le (l'en *F*) conforte et castie
2607. Sire d. *BD*; F. fait L. *C*; Fre [*sic*] d. *E*; d. l'amiraus *BDI*; *AFGT agree*
2608. S. et b. et lies f. *F*; et joians f. *C*; et hardis f. *I*; f. chevalerie *G*; c. hardie *BDT*; *AE agree*
2609. D. et T. *CF*; *ABDEGIT agree*
2610. Ne S. ne Es. n. A. *DEG*; S. et Escavone et A. *C*; Es. et Perse l. *BI*; *AFT agree*
2611. C. mout g. mestier d'ai. *F*; *rest agree*
2612. Cornumarans descent de la mahonmerie *F*; Co. courant pa. *I*; *ABCDEGT agree*
2613. r. tient l'esp. *BI*; *ACDEFGT agree*
2614. c. qu'en ot, f. tainte et enoschie *D*; q'i. a d. est e. *F*; e. .M. l. *BI*; l. croisie *BET*; l. housie *C*; l. oissie *G*; l. frouisie *I*
2615. Et d. sa. d. c. es. enmailentie *D*; Et en mainte c., (t. et baingnie *I*) *BI*; En sa. et en c. *F*; sa. et d. cervielles es. *G*; es. toute so. *ET*; t. et noircie *GF*; *AC agree*
2616. e. trestor [*sic*] ice Tu. *C*; e. toute paienie *EFGT*; tr. Persie *B*; *ADI agree*

Variants

2617. E. ot 1. *BF*; 1. place g. *E*; *ACDGIT agree*
2618. t. estouper p. *F*; p. si tres g. *BIT*; p. molt (si *C*) grande m. *DCEG agree*
2619. O. est pl. fors q. ier d. *BI*; Que il en s. pl. f. d. *C*; O. s. asses pl. f. d. *F*; Pl. est fors q. devant d. *G*; s. ot q. *A*; s. q. devant d. *T*; *E wants*; *D agrees with text*
2620. Par d. *T*; Te. i f. la fens g. *E*; p. (cace *I*) vestie *BDFI*; *ACG agree*
2621. Des T. et des pa. (Persans *F*) *BFI*; D. T. et d. Persans: *E*; pa. et d. gens d. Pe. *C*; pa. d. celle g. haie *G*; cele g. paienie *BI*; et d. g. paienie *EF*; *ADT agree*
2622. Ca. maingnent g. *C*; d. si p. b. *F*; d. casqune p. et cr. *G*; p. et plaint et cr. *D*; p. mout et cr. *E*; (b. et ... *T*); *ABI agree*
2623. Et maldie F. *C*; ... m. la terre ou tel gent fu norrie *T*; la loi c'ont baillie *E*; *ABDFGI agree*

87. *ABCDEFGIT*

2624. Par d. *E*; li gelde M. *B*; la gent de M. *I*; *ACDFGT agree*
2625. Si de. *BI*; Et de. *DG*; Il de., et grande marison *E*; m. (font *C*) grant p. *FCG*; *AT agree*
2626. ... viex r. Corbadas d. s. auton [*sic*] *T*; J. rompi s. *E*; s. pelicon *C*; s. siglaton *G*; *ABDFI agree*
2627. Et detire sa, (b. et detrait so. g. *F*) *DEF*; Et depeche sa b. depeche so. geron *C*; b. et deront so. *D*; b. desront so. auqueton *G*; b. sa face et so. menton *I*; (... d. *T*)
2628. c. li freres Lucion *I*; *G wants*; *ABCDEFT agree*
2629. C. si l'a *EFT*; *ABCDGI agree*
2630. *No variant*
2631. r. por coi le (vous *T*) celeron *ET*; s. que celeron *B*; s. que ce. *CG*; *ADFI agree*
2632. Jo. sai a entiant Je. p. *BI*; d. vraiement Je. *D*; e. que Jhursalem p. *G*; Je. prendron *A*; *CEFT agree*
2633. o. mesbailli: *DG*; ma. cil C. *E*; cil (l. *F*; cist *G*) C. (encrieme *BF*) felon *CBDFGIT*
2634. v. des er. *BCDF*; s. de ce. *DT*; s. en ce. *I*; *E wants*; *AG agree*
2635. Gar. amener: *BCDF*; Gar. enmenront l., u. garcon *E*; Gar. amenerent: *I*; Gar. enmenerent L. *T*; le cousin Garcion *BI*; l. comme gai. *DF*; *AG agree*
2636. f. amene p. *G*; l. .X.M. conpaignon *BI*; l. .X. mille E. [*sic*] *F*; (... f. *T*); *ACDE agree*
2637. Vitale amenoient (amenerent *I*): *BI*; m'a. p. a g. f. *E*; a p. et (a *BC*) f. *DBCI*; p. a f. *G*; *AFT agree*; *F adds 3 lines* Francois les agaitierent c'aient maleichon/ Gracien abati li uns des lor glouton/ Pris fu et retenus dont j'ai au cuer frichon
2638. Puis les vi *B*; Hui l. *CDGI*; Je l. *E*; ... l., b. ne d. *T*; *F wants*
2639. Onques n. d. s. h. n'i v. (vi *I*) *BI*; (A. uns d. *E*), h. ne v. *CDEF*; ...ques d., n'e. ot .I. r. *T*; *AG agree*
2640. C'on ne li a. c. li cief sor l. m. *C*; Que n'a. *B*; Qui n'a. *EFGI*; (... a. c. l. chief p. *T*) p. desos l. m. *DEIT*

Variants 411

2641. c. en o. *D*; j. ne sai autre acoison *E*; e. nostre desprison *G*; e. tel d. *T*; *ABCFI agree*
2642. ... l., pe. enz ou sa. *T*; t. ficier: *BGI*; t. ficierent laval en c. *E*; f. es pe. pa. le sa. *D*; f. el pre so. c. *F*; pa. (en *C*) pe. so. c. sa. *GC*
2643. Mais ne m'e. sa. c. *DE*; Ne me sa. *F*; Mes jou n. m'e. sa. plaindre b. *G*; (N. me... ou ... *T*); *ABCI agree*
2644. Q. l'o. Cor. tains fu con. ca. *G*; Cor. l'oi: *BFI*; Q. Cor. l'oit si ta. *T*; to. (si *BCEF*) tainst con. *DBCEF*; si ta. con. ca. *I*
2645. M. en jura: *BI*; Il j. *F*; ja iert p. v. *CI*; ja'n avra v. *D*; ja (q'en *F*) prendra v. *EFG*; ja n'aront raencon *T*
2646. c. fait v. *D*; qu'i. ot e. sa p. *IT*; *ABCEFG agree*; *F adds 1 line* Ichiax qui furent pris o Ricart de Chaumon
2647. Et s'estoient trestout d. *G*; *rest agree*
2648. Car il n'avoient cap. cot. n. caperon *E*; n'o. cotes n. cauces n. sollers n. cal. *G*; cap. n. cauce n. cal. *BCDI*; cap. s. (mentel *T*) n. caperon *FT*
2649. (N'orent s. *E*), c. n. chaucon *TE*; Ne ont s., p. n. chemise a m. *I*; e. pies n. mance n. manchon *D*; p. cemise n. m. *F*; *BCG want*; *FI add 2 lines* Ainc sont tout nu sans dras de povre afaitison (Ains sont trestous sans dras velus comme gaignon *I*)/ Car n'avoient c'un pain le jour de livrison
2650. a. tres l. *B*; a. des l. *CD*; a. tres l'ermite P. *I*; *E wants*; *F wants 2650-2654*; *AGT agree*
2651. *EF want*; *I wants 2651-2654*; *ABCDGT agree*
2652. L. doi e. *C*; de Saint Droon *DE*; *FI want*; *ABGT agree*
2653. L. quars de V. et l. quins de Di. *D*; Et l. .V. furent ne du castel de Di. *E*; V. et l. quars de Di. *B*; *FI want*; *ACGT agree*
2654. l. do. a. f. *T*; a. troi f. de c. *C*; a. s'estoient de. c. castel [*sic*] de *E*; *FGI want*; *ABD agree*
2655. e. cousin d. *T*; *rest agree*
2656. c. a de *DG*; *ABCEFIT agree*; *G adds 1 line* Encor en i a .II. que nous vous noumeron
2657. (Li u. ot n. *F*), H. (Hyenri *T*) et li autres S. *DFGT*; l'au. apiele on (on *lacking in I*) S. *BI*; *E wants*; *AC agree*
2658. Cas. de ces .XIIII. *BDEFGIT*; avoit .I. caa. (castillon *BI*) *FBI*; ert en .I. caa. *DEG*; *AC agree*; *BI add 1 line* Et cescuns par le col avoit .I. caegnon
2659. Loie p. *BI*; Lacit p. *C*; La. entour le *E*; le cors ent. *F*; *ADGT agree*
2660. G. bu. o. de fer et carcans d. l. *E*; br. mout sont en grant fricon *G*; et moufles d. *BI*; *ACDFT agree*
2661. (T. le f. *F*) f. iluec bat. li r. d'u. grant bas. *EF*; (Li r. le. f. t. bat. *T*) bat. iluec d'u. grant bas. *BGT*; *ACDI agree*
2662. li s. en couloit desi ke a. *E*; le s. cl. lo. va d. *T*; lo. cort d. *BI*; lo. cleule [*sic*] d. ci. dusc'a. t. *C*; lo. file d. ci. dusqu'el t. *D*; co. aval sor le t. *F*; co. aval duske a. *G*
2663. Puis l. a f. *T*; l. fist m. *BFI*; l. font m. *G*; *ACDE agree*
2664. J. el *T*. *BI*; *ACDEFGT agree*
2665. (D. hautement a *B*) a .I. t. *IB*; D. qui soffri passion *C*; D. et se mere a *D*; D. le pere a mout h. *T*; *AEFG agree*
2666. *C wants*; *rest agree*
2667. Dous D. *C*; Vrais D. *EF*; Sire regardes n. *G*; D. regardes n.: *CFI*; r. n.

car d'annui trop soffron *D*; et faites v. *BCFGIT*; et n. f. v. *E*; *D adds 1 line* Des or mais en bon gre la mort recheveriom
2668. (l. cors pour v. *T*) v. en g. *BDIT*; *ACEFG agree*
2669. A. retourner pas. *F*; *rest agree*
2670. c. de J. f. *D*; *rest agree*
2671. C. s'ajenella: *BI*; C. s'en a. *D*; C. d'ax s'a. *E*; et a d. (fait *EF*) s'o. *BEFIT*; a fait s'o. *EFG*; *AC agree*
2672. T. qui les gardent: *DET*; T. qui g. *I*; g. les batent a *C*; i c. (c. de randon *F*) *DF*; les fierent a b. *EG*; lo. viennent a *T*; c. al baston *B*
2673. Des g. c. entor et environ *BI*; D. grandes escorgies anoees d. p. *C*; D. grans maches les fierent entesees d. p. *D*; A g. c. boutonees d. p. *T*; D. mout grandes plonmees e. *F*; g. coroies noeles [*sic*] d. p. *E*; c. bien noees en son *G*
2674. Rompoient lo. le c. desi au v. b. *D*; Lors d. *E*; d. les brans: *C*; d. les cars: *G*; c. enfresi al (qu'a *I*) talon *BI*; dusques e. (au *CEF*) v. (cler *C*) b. *GCEF*; *AT agree*
2675. C'o. veoit d. c. cair le grant braon *D*; Le sanc en va coulant du chief jusqu'a talon *T*; c'o. i puet v. *F*; v. par dedens l. *E*; *ABCGI agree*
2676. l. delivra Jhesus par son saint non *D*; D. hors:, (a leur s. *T*) *ET*; *ABCFGI agree*; *E adds 1 line* Et fu cascuns vengies de cele mesprison; *F adds 1 line* Et de lor mortel plaies fist cascun garison
2677. co. p. o. e. *EG*; co. vous l'orres bien e. *F*; *ABCDIT agree*

88. *ABCDEFGIT*

2678. Q. l. c. s. t. b. *BI*; Q. bien s. *C*; Et t. *D*; Or s. t. l. *E*; *AFGT agree*; *T adds 1 line* Boute et escopi et durement frape
2679. C'onques D. n. f. h. n'en eu. grant pite *G*; Ainc ne fu hom en terre: *BI*; Il n. fust si durs cuers: *C*; Ainc D. *T*; n. fesist h. *F*; h. qui fust de mere ne *E, which adds 1 line* Ki n'en peust avoir et manaie et pite; qu'il (cui *F*; que *I*) n'en presist pite *BFI*; qui n'en eu. pite *CT*; *AD agree*
2680. L. fiers Cornumarans a *F*; L. viex r. Corbadas a *T*; r. a devant lui sont [*sic*] carterier mande *E*; *ABCDGI agree*
2681. Qui el *B*; Que el *CDGIT*; Et li dist k'en la c. *E*; d. la c. *BDFGIT*; so. tot a. *BIT*; so. vif a *G*; t. ravale *DE*; *F adds 2 lines* Et es boues parfondes ou mout ot d'oscurte/ Avuec la serpentine soient mais ostele
2682. si fisent se. (tost *F*; lues *G*) *BCFGI*; se. puis qu'i. l'o. *D*; se. n'i ot corde aporte *E*; q. i. l'a c. *BI*; q. i. l'ont c. *G*; (... c. *T*)
2683. (Et p. *F*) p. els avaler: *DFG*; p. iaus ademetre: *C*; p. eus dedens m. *T*; ce. arement [*sic*]: *I*; a remettre: *B*; n'o. escele porte *F*; o. (ont *C*) corde aporte (porte *CT*; mande *G*) *BCDGIT*; *E wants*; *but see 2682*
2684. Ains o. (sont *BDEGIT*) *CBDEFGIT*; l'u. apres l'au. *EF*; l'au. ens enp. *FT*; l'au. bien enp. *G*
2685. Qant il furent aval li Turc sont escrie *F*; *T has 2 lines* Al. ce dient i. c. maleure/ T. sommes n. pour vous travaillie et p., Al. dist i. *BI*; He las f. li c. *E*; c. trop vous avons p. *B*; n. aves p. *CEI*; *ADG agree*
2686. ma. dist li cartriers ne *E*; p. (de *DFT*) nul d. *BCDFIT*; s. recorde *B*; s. rachate *CG*

Variants   413

2687. Ains ve., Di. comme i. a p. *E*; de vos Diex com ont g. *I*; Di. con a *BF*; *ACDGT agree*
2688. S. vous iestes o. *BI*; *ACDEFGT agree*; *BI add 1 line* Apres s'il vous delivre (desire *I*) par sainte carite
2689. Apres mo. grant me. *BI*; *ACDEFGT agree*
2690. ch. ert p. *DG*; p. .V. lances mesure *F*; la. de le *GT*; *ABCEI agree*
2691. g. mervelle k. *BCI*; g. (le *D*; du *E*) miracle *FDEGT*
2692. Onques n'i o. *BI*; s. ki eu. *A*; s. qui i ot en. *B*; s. qui eu. entame *DGIT*; s. qui i fust mal mene *E*; s. qui n'ait q. *F, which adds 1 line* De chou qe il cairent aval en l'oscurte
2693. D. le r. *I*; a. trestout a *BDF*; a. en son giron liste *E*; *ACGT agree*
2694. Ca. de ses g. *T*; ca. o. d. p. tot s. *E*; g. cox o. *D*; p. a s. *F*; p. ont s. *G*; *ABCI agree*
2695. N. et j. s. *E*; s. laiens des (de *BF*) a. (l'angele *BF*) conforte *IBF*; s. de l'angle: *CDT*; jor et nuit v. *C*; ded. conforte *D*; *AG agree*
2696. De c. *BEFGIT*; Que c., (l. donne a *C*) *DC*; c. dont o. *G*; c. que o. *I*; m. ont souvent a p. *E*; l. pourvoit Dex ases *BI*; l. porte a *F*; l. truevent a p. *G*; a sauvete *T*
2697. Isi o. *BDGI*; Ensi o. (o. une piece l. *F*) *CFT*; o. l. d. .III. se. este *BDI*; *E wants*
2698. Dusc'adont que Dix v. *E*; Tant que J. Crist v. *T*; v. qui les en volt geter *C*; e. fuissent g. *EFT*; f. oste *I*; *ABDG agree*
2699. I. le l. (lairai *F*) *BFGI*; I. lairomes d'eu. *DE*; I. vous l. *T*; n'en sera pl. *G*
2700. Jusques u., f. que il ie. retorne *C*; Tres c'a u. *D*; Tant que a u. *T*; i. renouvela [*sic*] *I*; *ABEFG agree*; *F adds 1 line* Des Sarrasins dirons qi sont en la cite
2701. Par d. *E*; Te. se so. il a. *F*; *ABCDGIT agree*
2702. L'am. et li prince d. *BI*; Et am. et prince d. *DEGT*; *ACF agree*
2703. l. cuer o. *BCDEFGI*; o. molle *T*
2704. m. oiant t. *BCDEFGIT*
2705. t. a vo *E*; p. loial a. *B*; *ACDFGIT agree*
2706. av. (tenir *E*) l'irete *BEGI*; av. cel r. *F*; *ACDT agree*
2707. Mais *C*. *BCDEFGIT*; C. le m'o. en p. *F*; m'e. ot g. *C*; p. gouste *B*
2708. Car il n. *C*; *E wants*; *ABDFGIT agree*
2709. Et nous o. a. par vive poeste *T*; J. m'i o. *D*; J. nous o. *F*; l. force m. *B*; l. esfort m. *CEFGI*
2710. a ces murs tant k'i. sont estroe *BI*; a ce m. tant que il l'o. troe *T*; m. qu'il ont t. *C*; m. tant (si *E*) qu'i. l'o. es. *DE*; m. tant q'il ont es. *F*; *AG agree*
2711. o. n'en a. mi. (mies *C*) *BC*; o. ne avoit mi. par dedens t. *I*; mi. illuec endroit hourde *F*; p. d. ci torne *B*; p. de d. *D*; d. hourde *G*; *E wants*; *AT agree*
2712. O. so. si r. (afaitie *CG*; atorne *E*) *BCDEFGIT*; t. estoupe *BCEFGI*
2713. g. et berfroi c. *E*; b. leve *CF*; b. clee *D*; b. deles *G*; b. cave *I*; b. orle *T*; *AB agree*
2714. Et trestous l. aloirs: *I*; de q. ar. *BCDFGI*; de cailliaus arasse *ET*
2715. Que n. *BDEIT*; Je n. *C*; N. crien mais l. *F*; K'il n. *G*; n. crieng l. *CET*
2716. avo. caiens: *BFT*; (avo. mout poi et *G*) et d'ava. et de b. *DEG*; p. saens

ava. *I*; et pain et vin et b. *B*; p. ava. et b. *FT*; *AC agree*
2717. et l. bugle en o. asses u. *F*; a. les n. o. tous gaste *I*; n. o. m. agaste *E*; m. gaste *BCG*; *ADT agree*
2718. Et l'a. bestaille: *BIT*; a. bestaille: *DEF*; a. pietaille: *G*; c. (qui *E*; que *I*) n'o. point past. *BEI*; qi nient n'a past. *F*; qui point n'o. past. *T*; n'o. nient past. *CG*; n'o. riens past. *D*
2719. T. i serons p. *EG*; Tost s. *I*; *D wants*; *ABCFT agree*
2720. *No variant*
2721. v. avons m. *D*; a. mon b. *E*; a. mains bons consaus d. *I*; (a. ... *T*); *ABCFG agree*
2722. (Or p. a vous s. *E*), vi. en g. *CE*; Et e. p. s. *FG*; Encore p. *I*; (a ... *T*); *ABD agree*
2723. l. t. ai f. [*sic*] *F*; f. et su., (g. ... *T*) *BT*; f. mout su. *G*; *ACDEI agree*; *F adds 1 line* Ensi com on tesmoigne .VII. ans ai passe [*sic*]
2724. A. t. le roi H. *BCDEFGIT*; H. que i. *D*; i. l'o. *C*
2725. p. enfans [*sic*] a *E*; p. innocens par sa grant crualte *F*; *ABCDGIT agree*
2726. Disoient li prophete li *BDI*; D. li profesie li *G*; *ACEFT agree*
2727. d. mout grande fierte *F*; *ABCDEGIT agree*
2728. Qu'il c. la t. et toute l'irete *E*; Qui c. *BFIT*; S. conqueront n. t. *G*; c. nos tieres: *BDFI*; et n. propre (grant *T*) irete *CIT*; et nos p. *D*; et n. propriete *F*
2729. *F has 2 lines* O. s. no Crestien decha la mer passe/ A force et a poeste dedens no terre ent.; *T has 2 lines* O. s. cil en no terre et de lonc et de le/ Et p. leur grant esfort issont ja si ent.; s. cil p. *CE*; s. chi p. *D*; c. (si *I*) en no tiere p. lor effort ent. *BI*; p. effort dedens vo terre ent. *E*; en no t. *C*; *AG agree*
2730. Ja o. *CDEGI*; Qu'i. o. *T*; c. de t. *BCDGIT*; a mout grande plente *T*; lo. et le *I*; *AF agree*
2731. Plus de q. j. c. *F*; .XII. grandes j. c. *G*; j. grans c. *D*; pl. pa. fine verite *E*; c. sachies pa. *BI*; *ACT agree*
2732. (qe cil d. *F*), e. seront a. *BCDEFGIT*
2733. Qu'a. Francois se *I*; *rest agree*
2734. *BDEFGIT want*; *AC agree*; *F adds 2 lines* S'on creoit mon conseil on rendroit la cite/ Par si c'on nous laissast aler a sauvete
2735. Q. C. l'o. son oncle a esgarde *F*; Q. C. l'oit s'a *IT*; l'o. le vis ot alume *D*; *ABCEG agree*; *F adds 3 lines* D'ire et de maltalent d'ardoir et de fierte/ Li roeille les iex pres n'a le sens derve/ Se il tenist nulle arme ja l'en oist tue

89. *ABCDEFGIT*

2736. *F precedes 2736 with 1 line* Li rois Cornumarans de maltalent souspire; L. une riens vous *CF*; (voe. ... *T*); *ABDEGI agree*; *F adds 1 line* Ne vous courecies nient n'aies dolour ne ire
2737. j. vol b., l. vous a. *B*; J. sai b. *I*; (q. vo l. *G*) l. mout a. *GT*; no lois abaisse et *F*; *C wants 2737-2751*; *ADE agree*
2738. et v. lestres es. *EG*; *C wants*; *ABDFIT agree*
2739. Nous .C. co. bien af. a ti. [*sic*] *E*; av. chi co. af. to. a *D*; co. af. tout a *F*;

Variants 415

C wants; ABGIT agree

2740. Ches b. lo. loierons a. c. empriens en s. *D*; A co. lo. p. le. b. a fil d. s. *E*; B. lo. pendes a. c. tous seelles en s. *T*; lo. penderont a. c. *BI*; lo. penderes a. c. *F*; p. al c. *G*; c. a f. (fil *F*) *BFI*; *C wants*

2741. S. mandes a D. c'o. vous a. l'e. *T*; n. (vos *D*) envoit l'e. *BDEFGI*; *C wants*

2742. T. que nu. *EI*; T. n'i a nul quel desdie *G*; T. gardes nu. nel des... *T*; nu. nel (ne *I*) contredie *BI*; *C wants*; *ADF agree*

2743. Et se ne *T*; se. mis iermes a *D*; l. sons a *G*; *C wants*; *ABEFI agree*; *D adds 1 line* Bien voi que nus de nos n'ara talent de rire

2744. (n. l... *T*); *C wants*; *ABDEFGI agree*

2745. C'on ne les f. *BI*; C'on (Qu'il *D*) ne nous f. *GD*; C'on le fera tantost d. *E*; Q. vous ne le facies d. *F*; Q. ne les facies t. *T*; *C wants*

2746. Il n'i a s. *D*; s. (li *E*) haliegre: *BEFGI*; s. haitie: *T*; q. ai. (n'ai. *DEGIT*) me. d. (d. ... *T*) *BDEGIT*; n'avra me. d. mi. *F*; *C wants*

2747. L. Fra. c'on p. ferai a. u fri. *E*; K. le Fra. *T*; a. le fa. *FGIT*; fa. et fri. *BI*; fa. en chire *D*; (u ... *T*); *C wants*

2748. Et .I. et (a *B*) .I. b. (b. a carbon u a c. *B*) *IB*; ev. boullant ou en p. *F*; b. ou dedens ole frire *D*; b. et en p. ou en ... *T*; *C wants*; *AEG agree*

2749. (Pa. quoi l. *I*), m. mater et *FI*; l. (le *E*) poons m. *DEGT*; m. detrencier (et destraindre *E*) et ocire *BE*; m. ocierre et *T*; *C wants*

2750. de no (la *F*) tiere: *BDFIT*; de nos t. *G*; puis serons (seres *B*) rois et (de *F*) sire *IBF*; a dolour et a ire (tire *D*) *EDG*; *C wants*

2751. Et dist C. D. a. bien biaus sire *E*; C. dist il d. *G*; r. dit aves g. *I*; r. dont arions g. empir... *T*; d. ares g. *B*; *ADF agree*; *C wants*; *IBF add 1 line* Nus hons ne poroit pas (Nos ne porons mius pas *B*) mieudre consel eslire

90. *ABCDEFGIT*

2752. *C places 2752 after 2759*; L. entendes m. *D*; L. dit m'aves mauveste *G*; (m. ... *T*); *ABCEFI agree*; *BFIT add 1 line* Bien avons .C. coulons volans par la contree (par ... *T*); *DE add 1 line* Li colon sevent bien chi parent lor volee (ci entor la contree *E*); *G adds 1 line* Prendes de vos coulons n'i faites ariestee

2753. A. casaus ci e. sont Franc b. l. saves *C*; A. caves chi *G*; e. contreval l. valee *D*; (l. ... *T*); *E wants*; *ABFI agree*

2754. Quar i. n'iscent d. *B*; Il issirent d., l. semaine passee *E*; m. bien a .I. mois passe *C*; (e. ... *T*); *ADFGI agree*]

2755. v. cartres: *BFI*; v. bries: *CDT*; l. sans demouree [*sic*] *E*; l. casqune s. *G*; de c. s. *B*; sans c. saieler *C*; e. c. enseelee *D*; escrire et s. *I*

2756. v. penses *C*; *rest agree*

2757. Qui vo. *B*; C'on vo. viegne se. *CDEFG*; Que nous vaingne se. *I*; Tuit vo., n. ... *T*; sa. point de demorer *C*; n'i facent arestee *E*

2758. q. les bries li. *CDI*; li. gart n'i (ne *F*) face c. (arrestee *F*) *BFI*; il n'i a. riens celet *C*; n'en face recelee *D*; n'i (n'en *G*) face pas c. *EG*; *T wants*

2759. paro. mostrer *C*; (paro. ... *T*); *ABDEFGI agree*; *C places 2752 after 2759*

2760. r. d'entre l. *B*; r. dusqu'a l. *I*; r. jusqu'a l. *T*; m. salee *E*; *C wants*; *ADFG agree*
2761. Et au rice Sou., (l. cose c. *F*) *BFI*; Sou. l. r. soi. c. *D*; soi. vo r. mostree *C*; (... l. *T*); *E wants*; *AG agree*
2762. Qu'il l. (lour *E*) *CDE*; Qe l. *F*; d. le g. *D*; d. lor g. *E*; g. houneree *G*; (...ne pi. *T*); *ABI agree*
2763. De J. *C*; J. la f. *DEG*; (... J. *T*); *ABFI agree*
2764. Cr. la pute g. dervee *G*; g. desfaee *BDEFIT*; g. desertee *C*
2765. Si l. (l. prendront pa. *E*) *BEI*; f. v. e. pro. *F*; *ACDGT agree*
2766. er. (est *E*) paienie: *CBDEFGIT*; escillie et g. *E*; et toute l. contree *F*
2767. M. destruite et v. *C*; M. est a la fin alee *E*; *F wants*; *ABDGIT agree*; *BFI add 1 line* Par force conquerront (le qerront *FI*) et (en *F*; a *I*) Baudare le lee; *D adds 1 line* Soient anuit tot pris tres devant l'ajornee; *G adds 1 line* Fetes vos coulons prendre bien main a l'ajornee
2768. *DEG want*; *ABCFIT agree*; *F adds 1 line* Devant en mi le front et la plume pelee
2769. (... s. *T*), v. e. empresse *FT*; v. e. espoentee [*sic*] *B*; v. e. poauree [*sic*] *I*; *DEG want*; *AC agree*
2770. Chascuns des coulons ait l. *I*; cas. des coulons s. l. car. el col n. [*sic*] *B*; cas. s. a. col l. car. bien n. *F*; ...t l. car. a son col bien fermee *T*; l. letre n. *E*; car. el col *G*; col fremee *D*; *AC agree*
2771. d. lor gorges en *B*; *rest agree*
2772. Q. Frans ne ... coivent l. *T*; pe. cele g. parjuree (forsenee *G*) *DG*; *ABCEFI agree*
2773. la. aler: *DT*; tot d'u. r. *BDEF*; a u. r. *T*; *G wants*; *ACI agree*
2774. Aucuns ert en t. l. ou il f. moustree *F*; Aucuns i., l. k'il f. *BI*; l. ou sera a. *D*; (l. ou f. *T*) f. s'a. *CGT*; *AE agree*
2775. Par mi ce. *B*; Par iceste aventure s. *D*; Par cui cele paro. *I*; a portee *BDFI*; a. alee *E*; *ACGT agree*
2776. so. en es. (l'es. *E*) *BEFT*; es. sa l. *C*; es. l. c. soit muee *D*; tel parole trouvee *E*; se latre est [*sic*] *I*; *AG agree*
2777. C'o. resace a. *A*; Que r. *BI*; Si r. *D*; r. f. a. en *T*; en cire env. (enseelee *D*) *GD*; *CEF agree with text*
2778. Li coulon rerenront [*sic*]: *B*; c. les rap. a lui d. *F*; c. revenront: *I*; rap. au col d. *C*; aval d. ran. *BDEI*; a loi d. *G*; a nous d. *T*
2779. p. asseuree *DEGT*; *ABCFI agree*
2780. *No variant*
2781. re. itel ra. *BI*; re. c'est verites provee *C*; *ADEFGT agree*; *BFIT add 1 line* Ains par Mahon ne fu tel parole mostree (trouvee *FT*)
2782. Et issi er. il fait con *BI*; En. sera il fait com *FG*; l'a. devisee *BCDFGIT*; *E wants*

91.   *ABCDEFGIT*

2783. L. fiers C. *BI*; L. viex r. Corbadas ne *T*; ne se tarja (targe *FI*) ni. *BFIT*; ne s'atarje ni. *G*; *ACDE agree*; *T adds 1 line* Qui de Jherusalem la seigneurie apent
2784. *No variant*

Variants 417

2785. Trestout i f. escrire s. c. *B*; To. (Si *E*) f. m. en escrit s. c. *GE*; i a fait escrire s. b. et s. ta. *F*; *D wants*; *ACIT agree*
2786. Isi co. *BGI*; *ACDEFT agree*
2787. *T has 2 lines* ...s avoyent assi. entour Jherusalent/ ... comme il les assaille et menu et souvent; O. J. assi. et *D*; assi. la cite et l'assa. *E*; J. par lor deffiement *I*; *ABCFG agree*
2788. *D inverts 2788/2789*; Que on s., f. c'on n'atarge noient *D*; (... q. *T*), l. facent: *BFT*; f. s'il l'a. *EG*; s'il l'aiment d. n. *BT*; bien tost et vistement *F*; *ACI agree*
2789. *D inverts 2788/2789*; ... que m. leur gent: *T*; m. (mande *CDI*) por a. *ECDGIT*; a. sans nul delaiement *F*; deci en o. *CDEGIT*; *AB agree*
2790. d. a B. *C*; *rest agree*
2791. Et le r., l. mont d'ar. *E*; Ab. de la porte d'ar. *G*; (... au *T*); *ABCDFI agree*
2792. (a. que t. *T*) t. a s. *DFGT*; *E wants*; *ABCI agree*
2793. Et si fa. *BCI*; Se le fa. *D*; ...e fa. *T*; fa. on sa. *G*; sa. au fo. (bon *T*) *DGT*; *AEF agree*
2794. Et Gondroe l. N. par dela o. *E*; Estanemont l. roi q. *BI*; Estonemont l. *F*; ...conement l. *T*; m. en o. *GT*; *ACD agree*
2795. Cacatras l'a. *B*; C. (Oalcatrais [*sic*] *D*) l'amiral *ED*; Et s'amaint l'amiral de., de Bonivent *G*; Cacatran l'a. *I*; ...vocats l'a. du pui de B. *T*; l'a. del pui de Caucatrent *F*; qui maint en B. *E*; de Bruivent *C*
2796. Le roi d. (Et le roi *I*) Cavalane et l. *BI*; Et Cahut d'Escalone et l. *E*; d. Cakelike et ciaus de Bonivent *C*; d. Coroscane et l. *D*; (... c. *T*); *AFG agree*
2797. M. de Drounie et le roi Orient *C*; C. (Ganebaut *D*) d'O. *EDG*; R. (Rubin *D*) et M. *GD*; et le roi M. *E*; *ABFIT agree*
2798. r. d'Anamable u *C*; d. Monuble ou *D*; a. ne crut f. *EF*; (... *T*); *ABGI agree*
2799. *G places 2801 before 2799*; P. no. s. c. *G*; no. li doi r. *F*; (r. ...re n. ... *T*); *ABCDEI agree*
2800. Q. suie d. n. p. ne ar. *D*; (n'e. poie d. *F*) d. carbons n. (... *T*) ar. *BCFT*; d. av. noir ar. *G*; d. ou charbon ou ar. [*sic*] *I*; n. que est ar. *E*
2801. *G places 2801 before 2799*; el. fors q. l'u. *BEGT*; el. fors les iex et les dens *C*; el. ne mais l'u. *D*; el. fors se., (l'u. et les den. *I*) *FI*
2802. Trestot vivent d'es. (d. chucre *F*) *BEFIT*; T. vivoit de cissere: *G*; d'es. de cucre et *CDT*; d. poivre et (ou *I*) d. p. *BI*; d'es. d. p. (forment *G*) *FG*
2803. *No variant*; *E adds 1 line* De lour secours mandes sacies certainement
2084. N. laisa a *BI*; N'i l. *CDFGT*; s. jusqu'a l'a. *BCT*; *AE agree*
2805. U. fie en l'a. p. rajovenissement [*sic*] *I*; f. en .VI. anz p. resjoissement *T*; *BCDEFG want*
2806. S. et p. et r. et a. *C*; *G wants*; *ABDEFIT agree*
2807. Que n. me vient souscorre t. *BI*; N. viengnent a. *E*; Ne v. [*sic*] *T*; *G wants*; *ACDF agree*
2808. (li bries s. *C*), n'i font arestement *DC*; b. furent n'i [*sic*] *E*; n'i mistre... longuem... *T*; *ABFGI agree*
2809. a. dont i o. plus de ce. *D*; a. dont il e. *F*; a. tost et isnelement *G*; i o ce.

B; *ACEIT agree*
2810. b. orent p. *E*; o. loies: *BI*; p. as c. tot maintenant *C*; p. a lor c. *G*; as (as *I*) c. (col *I*) estroitement *BEI*; *ADFT agree*
2811. P. le la. *B*; la. aler a *C*; *D wants*; *AEFGIT agree*
2812. Di. des barons pa. *E*; de no gent (nos gens *I*) pa. *BI*; *ACDFGT agree*
2813. co. vont: *BI*; v. as cas. seuirment (senement *G*) *CG*; v. as cans a sa. *D*; v. jusqu'a l'abre qui fent *T*; au castel sa. *B*; as chastiaus sa. (seulement *E*) *IE*; a .I. tant seulement *F*
2814. u. empire s. grant *F*; s. grant p. *BDEGIT*; s. fort p. *C*
2815. tou. l'o. D. i. li. a grant tor. *T*; i. menes a *F*; *ABCDEGI agree*

92. *ABCDEFGIT*

2816. p. devers l'o. *BI*; *ACDEFGT agree*
2817. Et F. l. percurent (percoivent *I*) m. *BI*; F. l. aperchurent m. *F*; l. aperceivent et derriere et devant *T*; p. si l. v. *E*; v. resgardant *C*; *ADG agree*
2818. l. dit a *T*; *rest agree*
2819. V. que d. *GT*; cou. p. n'e. v. t. *D*; n'e. (ne *B*) vimes p. *EBFGI*; n'e. vi mais piece atant *T*; *AC agree*
2820. Si so. trestout coupe es ti. par d. *E*; to. pele en le teste d. *F*; to. plommes en. *I*; p. es es ti. *B*; *ACDGT agree*
2821. L'o. s'en est estourmie et en v. fremiant *T*; s'en (c'est *I*) estourmie: *AI*; et deriere et devant *BI*; v. tot f. *CEG*; *F wants*; *D agrees with text*
2822. es. a u. *B*; *rest agree*
2823. d. Saint Estievene a *BI*; *C wants*; *ADEFGT agree*
2824. D'endroit J. v. entr'ax dev. *D*; Devers J. v. iluec dev. *G*; Et de J. aloyent dev. *T*; *ABCEFI agree*
2825. po. querre et *B*; *rest agree*
2826. Et ou il drecheront la *D*; s. ja lo. (lo *I*) *BI*; s. nient lo. (i *F*) *CF*; lo. volra la *B*; lo. (i *E*) vaura la *GEI*; p. en g. *T*
2827. Dex com fu *C*; Avec ert G. *T*; e. ert G., (qui ert en Diu c. *F*) *BDEFI*; *AG agree*
2828. b. esgarderent v. *CE*; r. contre solel luisant *G*; c. maintenant *D*; e. estant *BI*; *AFT agree*
2829. Et voient le. (lor *C*) *BCDEFGIT*; cou. sus lo. cies arroant *T*; lo. cies volant *BCDEFGI*
2830. i evoia p. *I*; *EG want*; *BCDFT agree*
2831. Et G. s'escrie f. *F*; s'e. c. or avant *G*; *ABCDEIT agree*; *F adds 1 line* Pour Diu or esgardes ces colons chi volans
2832. s. li mesagier a *BDEFGI*; *ACT agree*
2833. a bries a. *F*; b. a col *I*; *ABCDEGT agree*
2834. v. por le se. *E*; q. mesaje: *G*; se. je le sa. vrayement *T*; sacies a e. *EG*; *ABCDFI agree*
2835. S'il pueent vol. qui traient a g. *E*; S'i. se p. *B*; Se i. p. vol. et voi. *D*; S'il en p. *F*; vol. que voi. *GT*; voi. sauvement *BI*; *AC agree*
2836. f. cha v. *E*; *rest agree*
2837. b. l'entendent si *I*; l'o. mout se v. esjoiant *F*; *ABCDEGT agree*; *F adds*

Variants 419

1 line A clere vois se vont hautement escriant
2838. t. i a. *C*; (... *T*); *ABDEFGI agree*
2839. o. Deu s'estormist (s'estormi *DEFG*) et der. *BDEFGI*; o. Dieu s'en torna et der. *T*; *AC agree*
2840. L. baron as *G*; ar. a c. *I*; m. forment t. *D*; *ABCEFT agree*
2841. g. le r. *BCEFGI*; t. et as fundes gietant *B*; (t. a f. *GI*) f. jetant *CEGI*; as fondes esligant (esliniant *T*) *FT*; *AD agree*; *F adds 1 line* Li uns trait l'autres lance li tiers i va jetant
2842. *F has 2 lines* Et vous q. vou. d. par Damediu commant/ Traient et lancent si t. l. von. o.; d. trestous l. von. prendant *G*; t. tous [*sic*] l. *E*; *ABCDIT agree*
2843. Ne mais s. t. *D*; F. s. qui s'e. [*sic*] *I*; s. cil t. *B*; t. cil en v. *E*; t. qui s'e. *F*; t. et c. v. *G*; c. se v. *C*; *AT agree*
2844. A. fisent ci. tr. com to. feissent .C. *C*; Altretant v. ci. co. *D*; v. li tr. qe si il fuissent .C. *F*; tr. com tout le remanant *T*; co. li .C. volant *BI*; *E wants*; *AG agree*; *BI add 4 lines* Graciens les (lor *I*) escrie a loi d'oume sacant/ Signour que faites vous n'i ales detriant (qu'ales vous detriant *I*)/ Se cil .III. vous escapent jel (je *I*) vous di et creant/ Il valent les .C. autres jel sai a entiant (je vous dis et creant *I*)
2845. f. joiant *BI*; *ACDEFGT agree*
2846. *E has 2 lines* Et d. c. k. l'esgardent qui outre vont volant/ Sont l. car le secours aloient esperant; k. s'en vont b. *CFT*; s'en. furent l. *D*; *BI want*; *AG agree*; *F adds 4 lines* Li noviax baptisies se va haut escriant/ Se cil .III. vous escapent il feront autres tant/ Com feroient li cent se il erent vivant/ En esmai en sont tout li petit et li grant
2847. Mais l. du. G. saut sor .I. a. *F*; Et l., s. sus .I. *T*; de. son a. *G*; *ABCDEI agree*
2848. M. broce le bon corant *B*; M. ens en .I. *C*; M. sor un autre b. *E*; M. de de. .I. b. *G*; M. ou sien le bon courant *I*; M. monta sus .I. b. *T*; de. .I. bauchant *F*; *AD agree*
2849. s. le bai remuant *E*; s. .I. m. c. *T*; *ABCDFGI agree*
2850. C. tient .I., (to. fuiant *I*) *BI*; (C. porte .I. *F*), to. atant *CEF*; *ADGT agree*
2851. v. mout tos esperonnant *F*; a esperon b. *ET*; *ABCDGI agree*; *BFIT add 1 line* Bien les sivent de tiere lui et demie grant
2852. L. c. de voler se v. auques (mout *I*) lasant (elaissant *I*) *BFIT*; l. coulen en v. *C*; v. tres par mi l'air volant *D*; v. par le haut air volant *EG*
2853. D. fois en a. a la t. aseant [*sic*] *G*; D. fois en a. vont a *BI*; d. faye en a. a t. rasseyant *T*; f. a autres a t. rasaant *F*; a. a la t. rasant *E*; *C wants*; *AD agree*
2854. *E inverts 2854/2855*; Deles M. O. es les vos ataignant *D*; Dela M. *BCFIT*; Sor le, le. vont mout ataignant *G*; le. vont aconsivant *BI*; le. vont mout aprocant *E*; v. ataignant *T*
2855. *E inverts 2854/2855*; Les f. *BDI*; et il s'en *BCEFGIT*; et cil s'en *D*
2856. c. les gieterent s. *B*; c. s'ageterent s., v. consevant *D*; c. les laisierent s. *G*; s'e. tost l., (v. aprochant *T*) *FT*; *ACEI agree*
2857. (Et l. *T*), c. s'asisent a *CDEFGIT*; a terre qatissant *FE*; t. maintenant *D*; e. coitissant *C*; *AB agree*

2858. Devant u. *BI*; m. en v. aquatissant *C*; m. s'en v. il droit muchant *F*; v. atapinant *E*; v. acostoiant *G*; *ADT agree*
2859. Et n. s'o. movoir d'i. *T*; s'o. remuer d'i. (d'ilueques *I*) *BFI*; *ACDEG agree*
2860. b. l. prendent: *BDEI*; tous .III. de maintenant *BI*; a lor m. belemant *E*; a. mains prenant *T*; v. cobrant *D*; *ACFG agree*
2861. Atant sont remonte: *T*; n. se v. d. (atargant *C*; detriant *BI*) *DBCEFGIT*
2862. Dont pr. les f. *T*; l. coutiaus si vont les bries ostant *BI*; s'e. vont repairant *F*; *D wants*; *ACEG agree*
2863. Arriere s'en repairent p. *D*; l'o. en r. *E*; d. oriant *CF*; d. Bonivent *G*; *ABIT agree*

93. *ABCDEFGIT*

2864. Li os Deu se retourne as loges et as t. *B*; Li b. *GT*; b. s'en retournent as tentes et as t. *I*; dev. (devers *C*) le maistre tre *ECT*; dev. lor m. *F*; dev. .II. m. *G*; *AD agree*
2865. Et l. b. est: *BDFI*; f. tous en. (devant *T*) *ECT*; tous (tous *lacking in I*) encontre el. ales *BI*; *AG agree*
2866. *D inverts 2866/2867*; D. m. co. avoit ca. les b. o. *E*; Et de ca. coulon fu tos l. *G*; Ca. de .C. co. *I*; d. m. co.: *BDF*; m. fu lors l. *T*; ont tous les b. o. *BI*; *AC agree*
2867. *D inverts 2866/2867*; Au v., o. tos delivres *D*; (d. Buillon le. *B*) le. a on tous li. *GBI*; le. a on delivre *F*; le. o. errant li. *T*; *E wants 2867-2873*; *AC agree*
2868. du. Godefrois et R. *I*; *E wants*; *ABCDFGT agree*
2869. q. fu p. *BT*; q. p. est (fu *DI*) et *CDI*; *EG want*; *AF agree*
2870. Ont a lo. .III. colo. le b. *F*; O. de lo. *G*; Le. b. a lo. colo. orens d. *T*; lo. coutiaus le. (le *I*) *BI*; le. lor b. desnoes *D*; *E wants*; *AC agree*
2871. M. par f. b. c. repeus et a. *D*; C. fu repeus et m. b. a. *T*; f. c. m. b.: *BFGI*; repeus et a. *CF*; et saoules *BI*; *E wants*
2872. *T has 2 lines* Et dedens .I. b. q. es. detroes/ L. ont tout maintenant nostre baron boutes; .I. baciel l. *C*; l. mist q. par mi fu troes *I*; q. par lius fu traues *B*; es. treveres *D*; *EG want*; *AF agree*
2873. (.III. s. *F*), co. qui l. o. *CF*; A .II. s. le livrent qui l. o. *T*; co. (coumande *B*) qui b. l. o. g. *DBI*; co. il l. o. *G*; *E wants*
2874. *BFI have 3 lines* Li baron a l'evesque ont les escris portes (Li baron ont le vesque tout lor .III. bries moustres *F*)/ Et li bers les desploie ki fu bons clers letres/ Quant ot lites les lettres (Quant ot les letres lises *F*; Quant il ot lut les lettres *I*) et les bries (dis *F*) avises; Et li bons v. a nos barons apeles *D*; b. et lieus et es. *C*; b. veus et es. *E*; b. leus et devises *T*; *AG agree*
2875. Puis lor a dit seignor m. *D*; d. as n. b. grans mervelles ores *E*; b. merveilles o. [*sic*] *I*; o. porres *F*; *ABCGT agree*
2876. Q. cis bries senefie q. *G*; (s. q... *T*); *ABCDEFI agree*
2877. r. de la d. a ses pa... *T*; a ses b. t. ensamble m. *D*; a par ces bries t. *F*; t. ses b. *CE*; le. (ses *GI*) paiens m. *BFGI*
2878. so. dusqu'au se. *BDEGI*; so. jusqu'a se. *C*; so. dusq'en se. *F*; so.

Variants 421

jusqu'au se., c. ... *T*; ar. environ et en l. *CDE*; ar. et de lonc et de l. *GI*
2879. av. lor es. *D*; av. nous l. bries D. *G*; *ABCEFIT agree*; *F adds 3 lines* Signour baron fait il or soies avies/ C'on face de ces bries qe vous ichi vees/ Qui bon conseil set dire pour Diu ne soit celes
2880. du. Godefrois:, (baron o. e. p. *G*) *EG*; be. frere o. *C*; s. entendes [*sic*] *F*; (o. e... *T*); *ABDI agree*
2881. .III. n. en rescrires *I*; n. rescrires *BC*; n. escrires *EFG*; (n. ... *T*); *AD agree*; *F adds 1 line* Et ensi biau dou sire s'il vous plaist vous feres
2882. m. de p. tout s. (le *E*) *IE*; p. trestout son regne *C*; p. ses bries saieles *B*; t. les r. *F*; t. ces ... *T*; *ADG agree*
2883. Q. b. g. la t. environ et en les *D*; Qu'i. garde bien s. t. et qu'il e. a. *F*; Q. b. g. leur terres quar ... ile... *T*; Q. bien garde s. *BI*; Qu'i. g. s. contree: *E*; g. lor terres qui b. *G*; car b. e. a. *BCEI*; *BI add 1 line* Qu'il ne doute Francois .II. deniers mounees; *D adds 1 line* Car des Frans ne se dote ne de lor poestes; *F adds 3 lines* Et qe il n'en a garde des Francois assotes/ Et qu'il desfendra bien vers eus ses erites/ Biau sire escrisies chou et pas ne l'oubies [*sic*]
2884. Et s. remant a. tou...r v. *T*; Et r. *BI*; Et qu'il mandent a. *D*; Qu'il r. *F*; Et li mangent a. *G*; a. toute l. v. (volente *C*) *ECFGI*
2885. S. les e., (le. ont r. *B*) *IB*; Cou a e., v. cou que i. a trouve *C*; S. les a fait li *D*; Ensi escrist l'evesqes c., le. ot r. *F*; Ses a escris l. v. si qu'il le. *G*; Lors a e., v. to... *T*; v. que i. li a r. *E*; *F adds 1 line* Qant il les ot bien clos et en chire fremes
2886. colo. aporterent: *BI*; colo. aporte... cous, o. ... *T*; (r. al cols *F*), o. noes *CF*; (cos les o. *BI*) o. fremes *DBGI*; *AE agree*
2887. D. au M. *BCEFGI*; l. en ont r. *BI*; l. ont il r. *F*; o. aportes *DG*; *AT agree*
2888. es l. en vous v... *T*; vous es vol. *C*; vous escapes *E*; *BI want*; *ADFG agree*
2889. D. qu'en Bellient: *BI*; Desi a B., (u. reposes *C*) *DC*; D. que a Damas: *E*; D. en B. *F*; D. que B. *T*; c'a Belias n'e., u. ariestes *G*; ne se (s'i *E*) sont arestes *BEI*
2890. ma. vinrent u (ou ja a. *D*) *EDGT*; *ABCFI agree*
2891. l. prent q. *I*; *rest agree*
2892. c. a enqis s. *F*; c. a cerchies s. *T*; *ABCDEGI agree*
2893. p. le f. *D*; q. b. e. let. *BEG*; q. ot non Isores *I*; *ACFT agree*
2894. Voit q., (C. est bien a. *E*) *GET*; Et q. *B*; Oit q. *FI*; e. raseures *BI*; *D wants*; *AC agree*
2895. En J. *BCDEFI*; Jherusalem n'a *T*; g. que f. *BDI*; es. la ci. *CDEFT*; *G wants*
2896. Et on g. [*sic*], te. et se. grans fremetes *E*; Et qu'en garde sa. *T*; q. (q. *lacking in I*) g. bien sa te. *BI*; q. bien g. *C*; q. on g. *D*; q. ont g. *F*; g. cascuns sa te. et se. f. *G*; te. et se. mestres f. (iretes *I*) *BFI*; to. (bors *D*) et se. cites *CD*
2897. Or se gaitent F. il les a a. *BI*; Car ses cai. *C*; Que l., (cai. de France a *D*) *GD*; a il t. *T*; *AEF agree*
2898. Q. l. paien l'entendent l. cuer lor sont le. *C*; p. le joie es. sous le. [*sic*] *E*; c. l'en es. *G*; *ABDFIT agree*
2899. Autre b. *F*; b. fist refaire et mout es. bien h. *E*; f. durement est h. *BGI*;

(d. s... *T*); *ACD agree*
2900. A C. mande s. *C*; *rest agree*; *F adds 1 line* Et se li manda bien com ses amis prives
2901. Q'a. *F*; q. l. m. soit acomplis et p. *C*; q. l. quinsaine (quisaine *E*) n. *DEG*; s. et l. m. *F*; m. soit p. *BDEFGI*; m. so... *T*
2902. Le f. i. secoure a .C.M. ferarmes (T. a. *E*) *IE*; s. .C.M. (.M. fierarmes *B*) *DBFG*; *ACT agree*
2903. D. v. Francois s. g. *E*; s. des F. tensis et garandes *C*; *ABDFGIT agree*
2904. cai. casqun dest. et desm. *G*; dest. a cevaus traines *BI*; dest. et touf vif gara desm. [*sic*] *C*; dest. et mort et desm. *E*; *ADFT agree*
2905. Et leu loi. *T*; loi. abatue et M., *BI*; M. aores *C*; M. releves *F*; M. amontes *G*; *ADE agree*
2906. Lors a p. *BI*; D. ont p., c. et le. b. saieles *G*; lo. a botes *D*; (lo. a ... *T*); *F wants*; *ACE agree*
2907. Et p. des. lor c. a lor g. n. *G*; Et p. dessous le. g. (le gorge *E*) *TE*; Et p. dedens le. *I*; de desos le. *DF*; les a as (a *I*) c. (col *I*) sieres *BI*; et molt tres bien fermes *D*; atacies et n. *E*; les a cous et n. *F*; g. et sus les ... *T*; *C wants*
2908. (Puis le. *BI*), s. a achemines *DBEGIT*; s. a cemines [*sic*] *F*; *C wants*
2909. Ai. li coulon de, s. sont des. *BI*; c. n. f. des autres des. *E*; *ACDFGT agree*
2910. Jusqu'en l'o. *B*; Jusqu'a l'o. *CIT*; *ADEFG agree*
2911. conm. cond. et amenes *C*; (cond. et ... *T*); *DE want*; *ABFGI agree*
2912. b. l. gaitoient q., (o. ... *T*) *DEFT*; b. l. esgardent quis o. fes ariester *G*; o. avises *C*; *ABI agree*
2913. f. bruiers le. *B*; f. gruiers le. *CFGIT*; f. volans le. *DE*
2914. c. s'asisent es (as *DF*) *CDEFT*; s'a. ensamble le. a le. *B*; s'a. as t. *G*; *AI agree*
2915. pris. no gent q. *E*; li conte q. *BI*; li Franc q., o. delivres *D*; o. desires *BCEFGI*; o. de... *T*; *D adds 5 lines* Au vesque de Mautran qui fu de grans bontes/ Et li vesques les prist qui bien fu doctrines/ Ce qu'il trova es bries lor a tot devises/ Et dient no baron Dex en soi aoures/ Quant nos savons des Turs lor cuers et lor penses; *F adds 1 line* Voient les bries as cols errant les ont ostes

94. *ABCDEFGIT*

2916. lo. ostan le. *F*; lo. ost on le. *G*; o. lor b. *C*; (... r. *T*); *BI want*; *ADE agree*
2917. Li v. *C*; Au v. *DEG*; M. dist on sire or lisies *D*; M. o. dit sire lisies *EG*; o. tous .III. b. *BFI*; (... v. *T*)
2918. (li clers le. a li. *F*), q. le. ot d. *DEF*; (... b. *T*); *ABCGI agree*; *F adds 2 lines* As barons devisa che qe i fu dities/ Par le conseil des princes et des barons proisies
2919. P. escrist autres ne s'e. *C*; P. escrit au. bries n. *D*; P. escrist au. t. ne s'i e. at. *E*; (R. il au. *F*) au. .III. n., (m. targies *F*) *BFI*; ... a rescrips .III. au.: *T*; n. s'i e. at. *ET*; *AG agree*; *F adds 1 line* Cornumaran manderent ensi parla li bries

Variants   423

2920. m. qe S. e. iries *F*; m. Godefrois e. [*sic*] *G*; (... ci. *T*); *ABCDEI agree*
2921. C. et forment courecies *F*; *rest agree*
2922. (Fait le m. que i puist j. *BI*) j. par l. n'e. a. *DBEI*; F. al m. que i., n'e. par lu. *G*; p. n'e. j. pour lu. *C*; n'e. pour lu. *F*; n'e. par lu. *T*; *F adds 2 lines* Ancois li grevera mar a les Frans laissies/ Venir issi avant et escillier ses bries
2923. C. (Les *BI*; Ses *T*) bries a li evesques e. p. *CBIT*; Qant ensi ot escrit estroit les a p. *F*; Apres les a *D*; Et c. bries a *E*; Ices bries a *G*
2924. c. l. pendi si l. a. [*sic*] *F*; a rafremies *B*; a afaities *I*; *DE want*; *ACGT agree*
2925. *T has 2 lines* Envers Jherusalem l. en ont en./ L'endemain par matin quant se furent leves; a laidement ens bouties *BI*; a l'endemain en. (renvoies *D*) *EDG*; *ACF agree*; *T adds 1 line* Li soleil se leva qui mout fu esclairies
2926. Li solax s., (f. esbranlies *B*) *FBI*; Godefrois s. *G*; l. si s'est apareillies *T*; *ACDE agree*; *BFI add 4 lines* Et li rois Corbadas est (fu *I*) en se (la *I*) tor puies/ Les coulons voit venir qui (mout *I*) en est forment lies (a merveilles fu lies *F*)/ A celui les fist prendre ki en ert (fu *I*) afaities/ Les bries lor a des cos tot maintenant osties (tranchies *I*; Les bries lor a ostes puis les a retacies *F*)
2927. Puis f., t. pour p. ralies (raliier *I*) *BI*; Dont f. *F*; (.I. graille s'a *E*), p. raloies *CDE*; t. p. a ralies *T*; *AG agree*
2928. Drot [*sic*] d. *D*; Par d. *E*; Te. a u. *B*; *ACFGIT agree*
2929. F. tout a. (a. poi i *BI*) *EBIT*; m. en i o. peu lies *F*; o. de milliers *G*; *D wants*; *AC agree*
2930. *No variant*
2931. S'i fu C. *D*; *ABCEFGIT agree*
2932. (J. ores t. *B*), i. sera iries *IB*; o. tel n. (nouviele *G*) *EG*; d. sera deshaities *F*; d. sera esmaies *G*; e. dehaities *CE*; e. corechies *DT*

95. *ABCDEFGIT*

2933. Par d. *E*; d. Saint Estievene f. *G*; *ABCDFIT agree*
2934. Des T. et des p. *BF*; p. et de g. *E*; p. de la g. *G*; g. malostrue *C*; *D wants*; *AIT agree*
2935. b. paine i *F*; b. puciele i *G*; p. a bele contenue *E*; *ABCDIT agree*
2936. C. .I. d. *I*; ... i fu de dr. *T*; en dras de *FG*; s. estoit estroit cousue *E*; es. cosue *BCDF*; *B adds 1 line* Quar l'une estoit pour l'autre estoitement [*sic*] vestue; *F adds 1 line* Li une estoit pour l'autre mout noblement vestue
2937. o. le novelle q. *C*; n. e. (ert *GT*) cescune acorue *BEGIT*; n. fu chascune esmeue *D*; *F wants*
2938. Et C. s'escrie q. l. terre o. tenue *C*; C. est drecies q. *E*; l. barbe o. *I*; *ABDFGT agree*
2939. Et vint a Lu. *BC*; Il i vint Lucabiax s'a *D*; Il vint a Lu. *EG*; (... v. *T*); *AFI agree*
2940. ...es b. li bailla d. tost li. l'a. *T*; Le brief li *I*; et del li. *DF*; *ABCEG agree*

2941. L'a. le. a pris e. s. m. q'il a n. *F*; ... a. le. prent e. *T*; *ABCDEGI agree*; *F adds 1 line* Et les letres desploie la letre a pourveue
2942. Q. o. lites les *BI*; Q. o. veu la letre t. *D*; Et q. i. les o. liutes t. *F*; Q. o. leu les *T*; i. a li. les bries t. *C*; *AEG agree*
2943. v. tint d'o. *BCDEFG*; v. d'o. tint: *T*; d'o. as s. *C*; as p. li e. *BDIT*; a la tiere e. *G*
2944. Ja parlera e. h. si f. *E*; ... h. parla que b., v. entendue *T*; a parle haut b. *A*; h. s. v. f. conneue *D*; v. eue *C*; *BFGI agree with text*
2945. Mah. d. i. sire c., mal. avenue *F*; a fole a. *E*; *C wants*; *ABDGIT agree*
2946. D. l'amira S. *G*; (... l'a. *T*); *ABCDEFI agree*
2947. A ca. de n. e. do. *E*; e. cascuns de, (do. perte venue *G*) *CG*; (... e. *T*); *ABDFI agree*
2948. S. M. n'en pense no (la *G*) *EG*; f. la vile (vie *I*) avons p. *BI*; (... M. *T*); *ACDF agree*
2949. Q. (... *T*) *C*. l'oit s. *IT*; s. prent u. *F*; *ABCDEG agree*
2950. Ja e. *BCDEFGI*; ...n f. le roy qnt [*sic*] o. *T*; *F adds 9 lines* Et qant li paien ont la novele entendue/ Il n'i a si hardi n'ait memoire esperdue/ La veissies de duel mainte paume batue/ Et maint cavel tire mainte barbe rompue/ Mainte bele paine [*sic*] dolante et irascue/ Et qi sa vesteure a d'angouisse rompue/ Bien ont Crestien fait fiere desconneue/ Tout sans ferir nul cop lor ont vigour tolue/ Lor proeche lor force par voisdie abatue

96. *ABCDEFGIT*

2951. Par d., v. doloser *E*; Te. oissies do. *F*; *ABCDGIT agree*
2952. Et S. v. et p. (leur gent *T*) a. *BFIT*; Dont peussies veoir S. a. *DEG*; *AC agree*; *F adds 4 lines* La en veissies maint et braire et crier/ Et lor caviax desrompre et lor barbes tirer/ Et mainte bele dame de l'angoisse pasmer/ Lor grant dolour ne puis dire ne raconter
2953. ... viex r. Corbadas c. *T*; a parler *BI*; a crier *F*; *ACDEG agree*; *F adds 2 lines* Qant oi la novele et tex dis deviser/ De dolour et d'angouisse commencha a tranler
2954. Se. c. a deronpre et se *BDI*; S. c. esracier: *G*; c. desrompre et sa *F*; sa barbe tirer *EFG*; (Et ... *T*); *C wants*; *F adds 1 line* Che sanle visalment q'il doie foursener
2955. f. l'en p. *G*; *rest agree*
2956. S. fait l., c. duel mener *C*; di. il au roi n. vo. (vo. *lacking in I*) c. desperer *BI*; di. Lucabiaus n. *E*; va. tot ce laissies ester *D*; c. d'esfreer *G*; *AFT agree*
2957. T. que j. *B*; s. o vous n. *F*; vo. en chaut d. *I*; *ACDEGT agree*
2958. Que m. *G*; s. et issir et entrer *E*; et hurter *BI*; *ACDFT agree*
2959. (Et F. envair o. *F*) o. et decoper *BFI*; es. certes et c. *C*; es. et o. et tuer *E*; es. as loges et as tres *T*; *ADG agree*
2960. *E has 2 lines* J. n'e. po. veir un venir m'encontrer/ Que ne le f. tost a sa fin decliner; pr. ne f. *DGIT*; f. desmembrer *F*; *ABC agree*
2961. A. vous l. desus d. v. t. ester *E*; A. en vostre t. *BIT*; A. ent en *CG*; A. en cele t. *D*; A. vous en *F*; l. de d. (desus *BDFGI*) ester (monter *GI*) *CBDFGI*; l. amont reposer *T*

Variants   425

2962. Laies m. *BI*; L. nous c. *T*; d. vostre gent g. *B*; d. la cite g. *EIT*; *ACDFG agree*
2963. Que j. *BDFI*; j. par n. *F*; p. nus assaus n'i *I*; v. Frans e. *CDG*; *AET agree*
2964. bi. fait a cr. *F*; *rest agree*
2965. De la *F*; T. David en v. *C*; D. commencha a monter *D*; D. ala li *E*; r. monter *BEFI*; *G wants 2965-2968*; *AT agree*
2966. A f., s'e. li rois acostes *I*; d. marbre est al. *CEF*; m. vait li rois ac. *D*; s'e. li roys ac... *T*; *G wants*; *AB agree*
2967. Luc. que il p. m. a. *DE*; *G wants*; *ABCFIT agree*
2968. Or p. (p. lor a. *BI*) *TBI*; Et p. *C*; Bien porent (pueent *E*) le. *DE*; *FG want*
2969. C. a fait .IIII. *E*; Et C. fet .IIII. *G*; *C wants 2969-2971*; *ABDFIT agree*
2970. Lors v. *B*; La v. *I*; *C wants*; *ADEFGT agree*
2971. d. (desous *E*) les m. (muers *F*) *BDEFI*; *C wants*; *G wants 2971-2980*; *AT agree*
2972. *F has 2 lines* D. c. m. pour as nos Frans jeter/ Gros mairiens et les pi. et q. aporter; D. les m. *BF*; m. et perrieres geter *CDE*; m. q. pi. jeter *T*; pi. callaus po. *BI*; *G wants*; *BF add 4 lines, I adds 5 lines* Et les arbalestriers es arcieres poser (a ces creniax poser *F*; as archiers reposer *I*)/ (De dars et de saietes les arciers aprester *FI only*)/ Des flaiaus des macues cescun castiel horder (De flesches de massue chascun quariaus border *I*)/ Et les portes garnir la dedens acesmer (com pour abalestrer *F*)/ En (A *F*) cescun (cascune *F*) ot .M. Turs qui tout sont baceler
2973. *BCDEFGIT want*
2974. *F gives 6 lines for 2974-2975* Par trestout sor le mur ne poissies garder/ Nulle part rien de nuit qe il n'i ot Escler/ Targe ou talevas lance ou escu boucler/ Ou gisarme ou machue ou espiel d'acier cler/ Vous ne seuissies pas ou un perron jeter/ Nulle part sor le mur tant seussies aviser; Par deseure les murs ne p. j. *BI*; f. je j. *C*; *DEGT want*
2975. *for F see 2974*; N. c. n. b. n. p. esligiier (enlingier *I*) *BI*; b. n. peussies ruer *D*; b. n'i veissies voler *E*; *GT want*; *AC agree*
2976. Qui n. *CDEFI*; (s. elme d. *D*) d. paien ou d'E. *FDI*; s. cors d. P. u d'E. *E*; a. u p. u e. *B*; *GT want*
2977. On. par iex ne v. m. paiens or. *C*; p. gens d. *B*; p. bien d. *FD*; p. m. d. *EIT*; d. ne v. *BDEFIT*; v. gens (gent *DT*) or. (si horder *D*) *BDEIT*; *G wants*
2978. *I places 2980 before 2978*; *DG want*; *ABCEFIT agree*
2979. cor sonner *CDET*; *BFGI want*
2980. *I places 2980 before 2978*; Lors v. *B*; La v. *I*; p. et r. et serrer *DE*; p. fervestir et armer *T*; *G wants*; *ACF agree*
2981. l'u. encontre l'a. *DI*; l'u. d'en. (de coste *G*) l'a. venir et arester (asanbler *G*) *EG*; par mesure s. *BFI*; et venir et aler *D*; *ACT agree*
2982. O. pores f. *BDGT*; F. a. peussies: *E*; veoir et es. (esgarder *BCET*) *IBCET*; *AF agree*
2983. S'en (S'a *I*) Francois ne *BFI*; Se nostre gent le voelent j. *T*; j. s'en po. vanter *D*; j. s'i po. *E*; *ACG agree*; *BI add 1 line* Mout les i laisa Dex travillier et pener; *F adds 3 lines* Qant no baron les voient si se vont

conraer/ Mais mout les laissa Dix travillier et pener/ Ancois qe il poissent la ville conqester

97. *ABCDEFGIT*

2984. L. s. f. molt b.: *DEFG*; L. s. est leves: *T*; j. estoit mout b.: *BI*; et s. esbaudis *B*; et j. fu esclarcis *D*; et l. j. esbaudis *EFGT*; l. s. esbaudis *I*; s. esclarcis *C*
2985. N. Francois o. l. T. le jor s. a. *G*; l. Turs aastis *T*; *ABCDEFI agree*
2986. Entor Jherusalem: *DEG*; P. la ville d. *F*; P. la cite d. *IT*; d. orent l. *BFI*; o. l. m. t. por. *D*; o. tout le mur por. *E*; trestous l. m. por. *G*; *AC agree*
2987. N'i ot conte ne prince q. *BFI*; N'i a c. d'ax tos q. *D*; On. n'en i ot un q. *E*; q. n'en f. e. (esgramis *F*) *EF*; *ACGT agree*
2988. du. Godefrois t. nous voi *F*; B. mout vous voi aatis *G*; voi amius *B*; voi alamis *I*; voi alentis *FT*; *ACDE agree*
2989. D'a. deust estre chascuns pres et garnis *D*; Nous n. devrions fa. *T*; n. deuisiens fa. *B*; n. deveries fa., (fo. d'a. *C*) *ECG*; n. deussies fa. *I*; fo. assalirt t. *F*
2990. f. morte et *F*; *D wants*; *ABCEGIT agree*
2991. T. vous o., a. esbahis *C*; Mout n., a. enbroncis *G*; S. d'u. a. (S. longement *D*) abaudis *ED*; a. abroncis *BI*; a. aboutis *F*; a. amatis *T*
2992. (F. ce. co. s. e. *D*), d. saint Denis *ED*; ce. grailes: *BFIT*; en l'ounor J. Cr. *BI*; en n. d. J. Cr. *F*; pour Dieu de paradis *T*; n. del saint Espir *G*; *AC agree*
2993. Si (Et *T*) so. Jherusalem: *BCDFGIT*; p. esfort a. *B*; p. assaut a. *C*; p. vertu a. *D*; fierement a. *F*; p. force a. *[sic] I*; *E wants*; *BI add 3 lines, F adds 4 lines* A Deu ai en couvent (Diu lai en convenant *F*; A Dieu ai convenant *I*) ja n'iere desvestis/ Ne mes aubers ostes ne mes elmes jus mis (ne mes elmes burnis/ Se che n'est pour mengier et boire c'est fors mis *F*)/ S'iert pris Jherusalem et li Temples saisis
2994. l. barons respont b. *T*; s. cis d. *BI*; *ACDEFG agree*; *BFI add 2 lines* Ahi gentius dus (hom *FI*) sire con par (vous *F*) estes hardis/ Bien deves de l'ost Deu sor (de *I*) tous estre de (li *I*) pris (estre sor tous eslis *F*)
2995. H. entendes m. *T*; *rest agree*
2996. T. (Nous *BI*) n'irons p. *FBGI*; N'irons p. tos en., .I. abateis *D*; .I. paletais *T*; *ACE agree*
2997. M. de c. *BCDEFGIT*; e. sot u. *T*; a. bastis *DEF*
2998. Que q. (quant *I*) l'uns asaura: *BI*; Desques l., m. des rames b. *C*; Entreus q. l'u. as. *E*; Qe q. *F*; Tros q., m. de marbre b. *G*; au mur d'ar. b. *DEI*; (...is *T*)
2999. Li autres le desfende as *B*; au. se de. *C*; au. le de. *I*; ar. turqois v. *F*; c. massis *D*; (...endent as *T*); *AEG agree*
3000. Q. l. se s. ci. autre issoyent mis *T*; s. ensamble et *C*; *ABDEFGI agree*
3001. Puis se *F*; Il se trairent a. *T*; t. ensamble q., c. est b. *C*; l. jors e. brandis *A*; *D wants*; *BEGI agree with text*
3002. P. vient au. *B*; au. secors ar. *D*; ar. tous a fresqis *F*; *ACEGIT agree*
3003. P. .IX. f. *E*; so. .XV. e. *D*; h. li Sarrasin r. *BFI*; h. (bien *T*) assailli et r. *GT*; e. .I. se., (l. assis *D*) *CDE*

Variants 427

3004. Se s. *F*; q. de T. *DT*; m. d'o. *BDEFGIT*; *AC agree*
3005. Et soit nostre p. dales l. mu. massis *E*; Se nous a nos perrieres avons les murs ma. *T*; Et se nostre p. *BI*; n. perrieriere a. *F*; a. les murs ma. *BGFI*; *D wants*; *AC agree*; *F adds 1 line* Qe uns seus de nous fust la dedens bien tos mis
3006. pu. n'en jeteroit n. por. *B*; pu. n'i o. *CG*; pu. ne nous tenroit n. por. *F*; pu. ne meteroie n. por. *I*; pu. ne nous feront n. por. *T*; n'e. (n'i *E*) overront n. por. *DE*; por. n. palis *D*; *BFI add 1 line* Se Dex nos viut aidier tous ert Jhursalem pris (la porte arons ja pris *F*; Jherusalem iert pris *I*)
3007. Ci. assaus f. *ET*; l. des princes des marcis *BFI*; cr. tos dis *D*; *ACG agree*
3008. Lors f. *BI*; Puis f. *E*; s. les g. *BE*; s. les cors es, v. esbaudis *G*; s. le graile es *I*; v. ademis *E*; v. amatis *T*; *D wants*; *ACF agree*
3009. p. fu a. *C*; et viestis *G*; *ABDEFIT agree*
3010. tr. (des *E*) en m. *BEI*; m. le la. *F*; *ACDGT agree*
3011. A .IX. m. *E*; r. armes et fervestis *D*; b. aramis *GT*; *ABCFI agree*
3012. Po. haches et maches pe. f. et pi. *C*; Po. haues peles et gisarmes et pi. *E*; Po. haches et pe. *IT*; h. et maches et g. *D*; h. et pix et g. martiax massis *F*; pe. et (grans *B*) coutiaus et g. pi. *IB*; pe. et g. h. et pi. *T*; *AG agree*
3013. *E wants*; *rest agree*
3014. cot. coloris *G*; *E wants*; *ABCDFIT agree*
3015. p. pesans a *E*; d. fier et de keuvres ausi *G*; co. en ca. *B*; co. et a chainnes a. *C*; co. et de caine ausis *I*; *ADFT agree*
3016. L. autre p. (p. *lacking in E*) *BDEGI*; p. mout de callivaus co. *C*; p. faus si sont descouloris *G*; f. u ca. seront mis *BI*; f. et o. (o. les ca. bis *D*) *TD*; f. et les grans ca. bis *E*; m. en i ot co. *F*
3017. T. (Tel *F*) i o. des ribaus q. *BFI*; D. ceus i a a. *G*; (i a a. *D*) a. qu'en. ne sont g. *TD*; q. encort n'ert g. *F*; en. n'ert garnis *E*; *C wants 3017-3021*
3018. D. grans p. q'i. o. *F*; p. qui fu faite a *D*; i. ot as autres assambleis *I*; l'au. asambleis *BDEF*; l'au. paletis *T*; *C wants*; *AG agree*
3019. (en .XV. li. *E*) li. malmis *BEI*; li. blaismis *DFGT*; *C wants*
3020. c. et ens esp. *BI*; c. et es espaulle et es b. et el vis *D*; esp. ens es b. *B*; esp. et ou cors et ou p. *F*; esp. et es flans et es p. *G*; esp. et ou brac et ou p. *I*; esp. et ou chief et ou p. *T*; *CE want*
3021. pl. avoit e. mis *DE*; c. estoupasses mis *G*; *C wants*; *ABFIT agree*
3022. u. hace d'a. a claus brunis *BI*; fa. d'a. qui fu burnis *DE*; fa. d'un cler a. burnis *F*; fa. qui ert d'a. brunis *G*; d. bon a. massis *T*; a. faitis *C*
3023. L. mance er. d. France bi. *B*; L. mance erent d. *C*; L. mantiaus er. *G*; m. fu d. *DE*; d. fresnes bi. *F*; fr. et be. *E*; et massis *DG*; *AIT agree*
3024. chi. d'un qui. qui f. b. *D*; chi. d'acier ki f. forgis *G*; qui ert b. *C*; *ABEFIT agree*
3025. Et de g. *C*; Et fu d'u. g. es. *E*; D'u. g. estoit es. *I*; d'u. wanbisoncel estoit estroit v. *B*; *ADFGT agree*
3026. Par d. (d. n. Francois s'e. *T*) *ET*; d. le saint Temple s'e. a hus [*sic*] c. *D*; b. s'escrie a *B*; *ACFI agree*
3027. pr. ki en la crois fu mis *E*; *rest agree*
3028. as. aie s. *BDEFI*; s. malais *T*; *ACG agree*

3029. Qui pas n. *E*; n. volrent cr. *B*; D. (il *F*) fu s. *BDEFGI*; *ACT agree*
3030. vi. s. li vostre a. *E*; e. serois vo. *BI*; *ACDFGT agree*
3031. b. l'otroierent m., f. mout e. *E*; (l. otriierent m. *D*) m. il le font e. *BDFGIT*; m. le font a *C*
3032. C. il et t. s. h. erent (estoient *I*) d'a. d. *BFI*; s. com e. sont d'a. desgarnis *D*; h. sont d'a. *G*; *ACET agree*
3033. q. f. m. b. *BGI*; q. f. prodom eslis *D*; m. b. f. apris *T*; b. apris *F*; *ACE agree*
3034. Le. saine t. *BI*; Le. a sainies d. *E*; Di. le roy de paradis *T*; *ACDFG agree*
3035. (Et a. co. *D*) co. nus ne f. *TD*; co. nus n'i soit s. *E*; c'u. ne f. *C*; n'e. soit s. (tant *I*) *BI*; f. tant h. *G*; *AF agree*
3036. Qu'il asaille ne traie: *B*; K. il a. v. (voisent *G*): *DG*; Qu'i commence l'assaut: *E*; Q'il (Que *I*) assaillent ne traient: *FI*; Qu'i traye n'i assaille s'e. *T*; si e. (soit *EFI*) l. c. b. *BDEFGI*; *AC agree*
3037. to. (tournet *I*) quant il o. c. p. *BI*; to. quant le *D*; to. et si a c. p. *E*; to. qant li congies fu p. *F*; c. a p. *CG*; *AT agree*
3038. en. quant il fu fervestis *D*; v. acuellis *EGI*; (es ... *T*); *ABCF agree*; *BFI add 1 line* Tres devant Jhursalem (Devant Jherusalem *FI*) fisent (furent *F*) lor rouleis
3039. a a raison mis *I*; *rest agree*

98. *ABCDEFGIT*

3040. A. ont n., e. rengie *G*; e. drecier *BI*; (e. ... *T*); *ACDEF agree*
3041. v. et nobile es. *D*; et chevalier *C*; (et ... *T*); *ABEFGI agree*
3042. (Engerran d. *F*), P. firent g. *TF*; *ABCDEGI agree*
3043. Ci. cuidoyent mout bien av. l'as. p... *T*; Ci. quida d. *BFI*; Ci. cuidoit d. *E*; l. don p. *G*; *D wants*; *AC agree*
3044. li boins r. t. *E*; d. ribaus le *G*; t. lor v. *C*; *ABDFIT agree*
3045. M. le (lor *G*) vait a tos nonchier *DEG*; M. le c. *F*; *ABCIT agree*
3046. (Baron n. v. *D*), p. trait n. por l. *DG*; v. couvient n. t. *BI*; *ACEFT agree*
3047. Desi que vos orres l. gran. c. grai. (montenier *BFI*) *DBFI*; S'i ores l. *CEGT*; gran. cors b. et grooillier *C*; c. et b. et noisier *T*
3048. Et En. s'en torne et *D*; t. les (ses *F*) valles fist rengier *BFI*; t. li bacelers l. *G*; et li v. *ET*; *AC agree*
3049. D. Jheruzalem s'ale. alo. (arengier *DET*) *FDET*; (d. la citet s'ale. *I*) s'ale. apoier *GI*; s'ale. raliier *B*; *AC agree*
3050. Et esgardent l. *F*; s. grant et p. *BCGI*; *ADET agree*
3051. T. que v. *G*; T. luire et reflamboye[r] *T*; k'i. voient f. *BI*; *ACDEF agree*; *IBF add 1 line* Qi pres est dou sepucre (Qui pres est de la vile *B*) ou Diex se vot couchier (ou on vaut Diu coucier *F*)
3052. (Et ca. l'en. *D*), a hucier *GD*; d'el. s'en torna et *B*; l'en. si co. *C*; et prisent a *E*; *AFIT agree*
3053. Q. D. lor la.(doinst *EG*) *CEFGI*; e. a joie h. *BI*; *ADT agree*
3054. Et le d. Se. aorer et b. *BFI*; *ACDEGT agree*; *BFIT add 1 line* Cescun i veiscies de pite larmoier
3054a. Signor dist E. soies tout cevalier *BFIT*; He Dex dist E. vos en voil jo p.

Variants 429

        D; Signour ce dist li vesques qui mout fist a prisier *E*; *AG want*; *text of C*
3055. G. de l'as. *C*; Gardes a l'as. *FG*; n'e. (n'i *E*) ai. .I. seul l. *GE*; ai. nul l. *DFI*; *ABT agree*
3056. Que s. j. v. cas. icel m. depecier *G*; j. as murs f. *T*; a. (aus *I*) m. (murs *I*) abatre: *BFI*; n'ai caut (cap *I*) con (ou *I*) car. *BI*; v. no gent renhaitier *D*; cas. carpent [*sic*] *C*; *E wants*
3057. Au r. c. *BI*; Mais m. *E*; Et aler c. *F*; al devaler p. *B*; et aval apuiier *I*; *ACDGT agree*
3058. Je vous di do. (lor *BI*) a. (avres *BI*) auqes mon des. *FBI*; Adont avroie jo chertes mon des. *D*; D. ara r. *G*; r. (acomplit *C*; aempli *T*) trestout mon des. *ECT*
3059. c. ont respondu n'en estevra p. *E*; c. sont escrie ne vous es. *F*; l. respondirent J. *BDGI*; *ACT agree*
3060. Que s. *D*; n. une esciele p. *BFI*; p. as murs d. (puier *D*; d... *T*) *IDT*; p. amont d. *G*; m. lancier *E*; *AC agree*
3061. Paiens ferons anui et mortel encombrier *E*; n'al. au (as *I*) mur (murs *I*) po. n. deves (devons *I*) pr. *BI*; po. n. poons pr. *G*; *ACDFT agree*
3062. L. viex r. Corbadas s'e. *T*; d. Jhursalem est al. *C*; J. vet al mur ap. *G*; *ABDEFI agree*
3063. u. des fenestres: *DGT*; f. et d. m. et d'alier *B*; f. d. fin m. entaillie *E*; de son palais plenier *D*; d. marbre de l. *G*; pour veoir maint g... *T*; m. deliiet *C*; *AFI agree*
3064. F. esconmunia d'Ap. *F*; e. de Francois l'av. *C*; e. de Mahon l'av. *T*; *ABDEGI agree*

99. *ABCDEFGIT*

3065. (e. ... *T*); *rest agree*
3066. Il i f. B. et Francois et N. *D*; f. Baivier et *G*; B. Baivier et Alemant *E*; B. s. i f. N. *T*; *ABCFI agree*
3067. B. i f. .X. mil h. *CI*; f. furent .X. *F*; *G wants*; *ABDET agree*
3068. Li dus R., (b. Jaserant *G*) *BG*; Li Robers lo. b. *I*; R. de Flandres lo. b. *E*; s. les b. (baille *F*) *DF*; (b. ... *T*); *AC agree*
3069. Et Gobert s. *E*; (d. ... *T*); *ABCDFGI agree*
3070. Li v. les saina du glorieus p. *E*; l. roi p. *G*; (t. ... *T*); *ABCDFI agree*
3071. d. (dit *I*) nus n. s. *BCDFIT*; d. que nus n. voist a. *E*; n. s'esmueve d'a. *G*; m. d'illuec ne t. ... *T*
3072. Des k'i. o. *BCI*; Tant qu'i. orront l. *DT*; Dusqu'i. oront l. *E*; Dusqe o. *F*; Des k'i. oront l. *G*; c. bondir et resso... *T*; a haute v. *BCDEFGI*
3073. Et cil li respondirent Ce *D*; b. ont dit tout a vostre co. *E*; r. tout s. *G*; s. a D. *BCDFGI*; D. a... *T*
3074. en. si se t. *F*; en. puis s'en *G*; t. bruiant *E*; *ABCDIT agree*
3075. *No variant*
3076. e. se vont t. ar. (arenjant *D*) *FD*; f. coi ar. *E*; (... e. *T*); *ABCGI agree*
3077. La c. esgarderent (resgarderent *DE*): *BCDEGI*; ...egarderent et l. m. *T*; et les murs haus et g. *BI*; et les murs qui sont g. *C*; et l. h. m. et g. *G*; *AF agree*

3078. Te. qui clers est et luisant *BI*; *E wants*; (... s. *T*); *ACDFG agree*; *BFI add 1 line* Qui pres est del sepucre que Dex par ama tant (ou Dix fu suscitant *F*)
3079. ce. n'a. l. cu.: *EF*; el ventre s. *E*; d. p. s. *F*; (... ce. *T*); *ABCDGI agree*
3080. c. regarderent d. *F*; ... c. e. de leur i. v. pleurant *T*; i. en la. *I*; *C wants*; *ABDEG agree*
3081. v. (vont *I*) sovent d. *BEIT*; *D wants*; *ACFG agree*
3082. A. J. con n. (n. ales penant *D*) *EDFGIT*; A. J. qui n. *B*; *AC agree*
3083. do. (lest *BG*) itant vivre que (qu'i *G*) s. *IBG*; v. que s. *CE*; *D wants*; *AFT agree*
3084. r. est a., (d. son palais plus grant *F*) *BFI*; *ACDEGT agree*
3085. N. F. en esgarde q. *B*; N. F. regarda q. *FT*; *D wants*; *ACGI agree*
3086. v. les f. remirant *E*; v. au fosse avresant *F*; f. ataingnant *C*; *D wants*; *ABGIT agree*
3087. Francois e. *D*; l. a tous maudis de *F*; *ABCEGIT agree*
3088. c. maleurex (maleures *I*) t. (dolant *BI*) *FBI*; g. puant *G*; *D wants*; *ACET agree*; *BFIT add 1 line* Pour c'asales la (ma *F*) vile (Pour quoi assaillies as murs: *T*) mout me faites dolant
3089. mal. que j. (j. tieng a *E*) *BCET*; *D wants*; *AGI agree*

100. *ABCDEFGIT*

3090. b. une e. choisie *D*; b. l'a. *G*; e. rengie *BFI*; *ACET agree*
3091. B. que J. *DEFT*; *ABCGI agree*
3092. et Braibencon u. *BIT*; et Alemant u. *E*; *ACDFG agree*
3093. f. .X. millier d'u. *EBFIT*; f. .IIII.M. *G*; *ACD agree*
3094. v. tante e. (e. drecie *IT*) *BGIT*; e. baulie *F*; *D wants*; *ACE agree*
3095. a. jaserant qui a or r. *C*; *D wants*; *ABEFGIT agree*
3096. d. de Buillon q. *F*; et l. quens qui Flandres a en b. *BI*; v. qui o. *C*; v. qui les ont en *DEG*; v. cui il sont en *T*
3097. Les bailla E. *BI*; Lo. ont baillie Hervin q. *D*; Les baillierent Hervin q. *E*; Lo. baillie Ewurevin q. *F*; b. Euron q. le. escielles g. *C*; *AGT agree*
3098. Et Huon l'A. *D*; l'A. a le ciere hardie *F*; q. Naple a en baillie *BI*; (... H. *T*); *ACEG agree*
3099. ... d. R. Raimbaut Cr. q. en son cuer se fi [sic] *T*; d. Robert Cr. *I*; Cr. a la ciere hardie *G*; l. caelle et guie *C*; *ABDEF agree*
3100. N'o. .III. millours desi en R. [sic] *G*; ...t t., c. deci en Normandie *T*; c. desci en Hongerie *C*; c. desi en R. *E*; *BFI want*; *AD agree*
3101. *No variant*
3102. A. l. commanda et *DG*; Et puis l. commanda et *E*; Et puis s. *F*; et dolcement l. p. *DF*; *ABCIT agree*
3103. nu. ne s. remueve (remuece *I*) ne (et *I*) ne f. *BFI*; (d'e. ne s'esmueve ne ne f. *G*) f. salie *EG*; m. por faire l'a. *D*; (...us d'e. *T*); *AC agree*
3104. Dusques li m. cors soit sonnes a b. *C*; (Des que de. *B*), c. entenderont l'oie *BF*; Dusques de. *D*; ...t que d. *T*; c. entendront l. *I*; *AEG agree*
3105. Cascuns de nos barons boinement li o. *E*; b. li otroient et ca. s'umelie *D*; (... b. *T*) b. li cr. *FGT*; *BCI want*
3106. D. se t. *C*; s'e. torna no gent p. *D*; t. Hungier et l'autre baronnie *E*; t.

Variants 431

atant p. mi la praerie *F*; *BI want*; *AGT agree*
3107. D. J. entenderont l'oie *B*; l. voie s. *F*; *ACDEGIT agree*
3108. c. esgarderent et *BEI*; et les murs d. *DI*; m. qui haitie *C*; (... c. *T*), d. porfire *FT*; d. porfile *E*; *AG agree*
3109. (... s. *T*); *rest agree*
3110. u Jhesus fu en v. *C*; (... es. *T*); *ABDEFGI agree*
3111. d'el. s'en. et forment s'u. *F*; cu. l'u. *G*; *ABCDEIT agree*; *F adds 1 line* Tenrement vont plorant et cascuns d'iax s'escrie
3112. A. J. boine c. a. *E*; A. J. c. de bien garnie *F*; c. garnie *BI*; *T wants 3112-3161*; *ACDG agree*
3113. Que chou es. grans damages que *E*; Grans d. es. et grans h. *F*; et quel rage que *D*; h. teus g. t'o. en baillie *C*; h. quant t'o. *I*; *T wants*; *ABG agree*
3114. Da. n. lest faire q. *B*; Diex n. laisse tant vivre q. *I*; q. t'a. en ballie *BDEI*; *T wants*; *ACFG agree*
3115. *BDEFGIT want*; *AC agree*; *BFI have 3 lines* Signor ce dist Hungiers france gens signorie/ Gardes qu'a (a *F*) l'asalir ne prendes (faites *I*) couardie/ Cescuns penst de sen cors cou sera grans voisdie (Cascuns penst dou bien faire chou ert grant courtesie *F*); *E adds 1 line* Dist Hungiers l'Alemans se Dix me beneie; *G adds 1 line* Signor dist Eurvins ne vous mentirai mie
3116. f. (faire *wanting in C*) qu'esciele soit d. *BCF*; f. qu'a cele so. *I*; *DEGT want*
3117. J. (G'i *B*) m. (mouverai *G*) premiers *DBFGI*; i morrai ancois qui qu'e. *E*; qui qu'e. poist n. *BI*; dist Hongiers de Pavie *D*; n. qui rie *CEFGI*; *T wants*
3118. j. ce d. Ernaus: *C*; j. ce d. (dit *I*) Hervins: *DEI*; d. Ervins n. *B*; d. Ewurevin n. *F*; je n. v. f. m. *CE*; *GT want*
3119. C. s'entre la gent haie *D*; J. i s. en a. *C*; J. l'ai e. a. *G*; s. a l'a. (l'atie *B*) *IB*; *T wants*; *AEF agree*
3120. P. venir par l. su. en cele cit antie *D*; Se laiens me, (g. hardie *B*) *IB*; *T wants*; *ACEFG agree*
3121. J. m'i q. *D*; l. kier m. *E*; m. cier v. *BDEFGI*; v. a l'e. (m'e. *FG*) *DEFG*; *C wants 3121-3126*; *T wants*
3122. d. la cite fu sa t. *E*; J. tous les escumenie *BI*; e. sa t. (t. garnie *D*) *FDG*; *CT want*
3123. F. a regardes tous les escumenie *F*; N. F. regarda q. *E*; l. aatie *G*; *CT want*; *ABDI agree*
3124. e. masie *BI*; e. naie *DE*; e. antie *G*; *CFT want*
3125. *B wants 3125-3161*; *CFT want*; *ADEGI agree*
3126. *G has 1 line for 3126-3127* Ah. d. i. c. com al. a fo.; c. Mahonmes vous maldie *F*; g. haie *EI*; *BCT want*; *D wants 3126-3161*
3127. *BDEFIT want; for G see 3126*; *AC agree*
3128. v. ne le prendres m. *F*; n'e. prendres m. [*sic*] *I*; *BDT want*; *ACEG agree*
3129. Se en ara d. nos .XX.M. perdu l. vi. *I*; A. en p., .M. de vo. *C*; i perderons d. nos .XXV. mille *G*; p. d. vo. .X.M. l. vi. *F*; *BDT want*; *AE agree*

432   Variants

101. *AC*; *BDEFGIT want*

3130. *No variant*
3131. *No variant*
3132. Et f. *C*
3133. co. Constantins q. cu. a de baron
3134. *No variant*
3135. *No variant*
3136. *No variant*
3137. n. de sa. Symon *C*
3138. *No variant*
3139. *No variant*
3140. Des qu'i. o. *C*
3141. Constantins l., fi. a b. *C*
3142. *No variant*
3143. D. J. pourprendre l. s. *C*
3144. *No variant*
3145. *No variant*
3146. *No variant*
3147. *C wants*
3148. l'en. et faisoit s'o. *C*
3149. *No variant*
3150. n. laist v. *C*
3151. g. devotion *C*
3152. *No variant*
3153. *No variant*
3154. *No variant*
3155. i. Cr. signor ca. felon *C*
3156. g. encombrison *C*
3157. *No variant*
3158. *No variant*
3159. v. a q. *C*
3160. *No variant*
3161. V. fait L. *C*

102. *ABCDEFGIT*

3162. e. jostee *BEFGT*; *ACDI agree*
3163. Iceste f. l. quinte m. *BI*; Celle f., (l. chiunqisme m. *F*) *GFT*; m. estoit b. *E*; *ACD agree*
3164. Et d. pele et d. haue g. *I*; (p. et d. haces g. *E*; ... p. *T*), g. et conrae *GET*; *ABCDF agree*
3165. g. pix d'a. *FG*; d. l'anste en est quaree *BI*; l. terre er. *C*; er. qassee *F*; er. troee *G*; (Et ... *T*); *DE want*
3166. s. ot maint. g. maint pic et *B*; s. ot maintes glaives mains ars et *I*; o. maint. lance dessus feutre fe...lee *T*; g. mainte arme et *C*; *ADEFG agree*
3167. r. lance et en. levee *C*; d. hanste f. *BI*; *DEFGT want*
3168. Ilueques fu. Frans: *I*; cele g. r. (honeree *F*) *BFI*; g. desfaee *G*; *ACDET*

Variants 433

agree
3169. A .XV.M. homes o. le bataille esm. *B*; .XV.M. hommes i o. l. bataille aesmee [*sic*] *I*; A bien .XII.M. o. *F*; A .X.M., o. bien leur gent esm. *T*; .M. chevaliers l. enseigne fremee *G*; f. furent l. gent esm. *E*; *ACD agree*
3170. *No variant*
3171. M. la bataille li. *I*; *rest agree*
3172. Li v. les saina d. *E*; d. Dieu qui fist rosee *G*; *ABCDFIT agree*
3173. A. l. commanda: *DEG*; l. commandent: *C*; que n. (n'i *C*) f. (face *T*) h. *BCDEGIT*; *AF agree*
3174. as. les Turs ne no. *E*; m. ne force ne c. *D*; *ABCFGIT agree*
3175. Des. du g. cornet e. l'alenee *E*; Des que si que del c. entendrons l. cornee *G*; c. entendent l. *CDFI*; *ABT agree*
3176. D. T. lor o. qui lor f. e. *C*; s. l. fist e. *BEFI*; *ADGT agree*
3177. s'es. le fons d'une valee *BI*; s'es. s'o. l. *F*; *ACDEGT agree*
3178. o. porpris la terree *D*; p. l'entree *BCEFI*; *AGT agree*
3179. c. esgarderent q. *BI*; c. esgardoient q. *E*; *ACDFGT agree*
3180. T. de quoi l'a. *T*; d. l'a. estoit p. *BI*; d. l'a. es. p. [*sic*] *F*; *D wants*; *ACEG agree*
3181. Ou li Sepulcres est et l. pi. looe *F*; Le S. dales do. *C*; K. pres du S., pi. e. listee *E*; pi. estoit lee *BI*; pi. (aire *T*) e. cavee *CT*; *DG want*
3182. f. (prist *E*) la r. *BDEFI*; *ACGT agree*
3183. (L. quens T. *G*), c. enclinee *DG*; *ABCEFIT agree*
3184. A Jherusalem d.: *BI*; A. fait i. *D*; He Jursalem d. il: *F*; Co. estes conpassee *BFI*; *ACEGT agree*
3185. Or a. soufert p. v. m. pesme jor. *E*; *D wants 3185-3189*; *ABCFGIT agree*
3186. Et mainte gr., (n. u d. ge. *B*) *FBGT*; Et maintes grans mesaises d. n. *I*; *D wants*; *ACE agree*
3187. Et main f. et maint s. et mainte c. *F*; *DE want*; *ABCGIT agree*
3188. Del h. et del s. (s. ai la ciere b. *F*) *GFT*; D. (Del *B*) chaut et d. (del *B*) s. *IB*; s. lor c. t. et salee *B*; t. et lassee *I*; *D wants*; *ACE agree*
3189. Et n'est mi. d'un seul mais (mais d. maintes c. *I*) *BI*; Et j. n. mi. s. mais *F*; s. mains d. *G*; *D wants*; *ACET agree*; *BI add 1 line I* (Ci *I*) a bons cevaliers Dex lor doinst destinee (do. bonne de. *I*)
3190. De. nous laist r. no cuer et non [*sic*] p. *C*; De. nous do. r. no b. et no p. *D*; Jhesus l. do. emplir l. bons et *F*; do. aconplir l. b. *BI*; do. aemplir toute l. desiree *T*; r. l. cuer et *E*; *AG agree*
3191. Dont nos puisons c. ceste cite looe *BI*; c. c'avons t. de. *D*; q. bien y o. pensee *T*; *ACEFG agree*
3192. (so. au Se. *BFI*), m. dite et *CBEFGI*; Se. bele m. c. *D*; *AT agree*
3193. E D. *BCEFGIT*; D. icil a. b. *T*; co. ci. a. b. *F*; co. aroit ci. *I*; *AD agree*
3194. Et com b. *D*; l. seroit d. *BI*; s. demoustree *G*; *E wants*; *ACFT agree*
3195. Q. d'entrer premerains a. *BI*; d. c. bonne o. *T*; *ACDEFG agree*
3196. Et d'entrer en l., a. premier l'e. *F*; A aprendre l. *G*; v. aroit prem. *I*; *ABCDET agree*
3197. M. p. icel S. *BI*; *D wants*; *ACEFGT agree*
3198. Bien volroie morir a la porte passee *D*; v. le t. a. d. *B*; t. fors del b. desevree *GI*; b. sevree *FT*; *ACE agree*

434   Variants

3199. U la *EBFGIT*; c. desor moi en .XXX. li. n. *BFI*; e. .X. li. *T*; li. et perchie et n. *E*; li. u p. *G*; *D wants*; *AC agree*
3200. (S. m'i d. *BC*); f. e. j. a (a voler *I*) *EBDFGIT*; *AC agree*
3201. S. irai je pr. teus en es. *E*; S'enterre [*sic*] ge pr. *F*; S. ententrai [*sic*] pr. *G*; Que pr. n'entrasse enz telle en es. *T*; *BI want*; *ACD agree*
3202. D. regarda p. *DEI*; *ABCFGT agree*
3203. p. s'a sa vertu d. *D*; s. vertu a d. *G*; *ABCEFIT agree*
3204. S. il f. lors (or *E*; dont *F*) entr'el. *BEFI*; f. creus j. *T*; il d. tele c. *I*; *ACDG agree*
3205. t. as Sarrasins f. *BE*; f. sor le bus se. *F*; de (del *GI*) b. (bus *DEI*) desevree *BDEGI*; de maint b. *T*; *AC agree*
3206. Corbadas li kenus: *E*; J. est en *G*; fu en s. (la *I*) t. q. *BDEFI*; *T wants 3206-3210*; *AC agree*
3207. Et regarda n. g. mout b. fu a. *E*; g. bel l. *B*; l. vit a. (ordenee *I*) *BI*; *T wants*; *ACDFG agree*
3208. D'a. la ci. *BEFGI*; ci. s'a l. co. m. *C*; ci. coulours li est m. *F*; co. en a *B*; co. est aunee *I*; *DT want*
3209. e. par m. g. airee *D*; *FT want*; *ABCEGI agree*
3210. (Si a *BI*), u tele g. *CBI*; m. tel gent qant elle f. ainc n. *F*; t. la u tes g. *G*; u cele g. *E*; *DT want*

103. *ABCDEFGHIT*

3211. L. siste e. (e. furent les b. n. *H*) *BFHI*; L. septime apres f. *E*; (... n. *T*); *ACDG agree*
3212. Et ce fu la septiesme ou f. P. *T*; et maint vassal *H*; et li a. *F*; et mains autres vassas *I*; *ABCDEG agree*
3213. Et avec L. et maint autre vassal *T*; Et s. o. L. *F*; (S'en o. *G*) o. de Loheraine: *EG*; maint prince et maint casal *E*; *CH want*; *ABDI agree*
3214. t. erent p. *T*; f. coumunal *BI*; *H wants*; *ACDEFG agree*
3215. f. .XX. m. *G*; .X.M. homes cascuns ot bon c. *E*; m. oncq n'y *H*; a. n'en i ot c. *BI*; *ACDFT agree*
3216. q. o. le c. lo. *T*; *H wants 3216-3228*; *ABCDEFGI agree*
3217. L. tenti et B. *C*; a baillie A. et Girart de Toral *D*; c. Bernart A. de Nial *G*; A. de V. (Nal *B*) *EBI*; *H wants*; *AFT agree*
3218. Da. Engerran de *T*; da. Bernart de Dors Gu. *D*; Ge. d'Auvergne: *BFI*; Ge. del Bos Gu. *G*; Guion le Provencal *BI*; *H wants*; *ACE agree*
3219. Et R. d. l. F. J. l. s. *F*; d. l. Fere: *CD*; d. l. Roce R. *E*; F. Huon l. s. *B*; Rogier l. s. *D*; *HI want*; *AGT agree*
3220. v. maint elme emperial *BI*; v. no hoel et *C*; v. tante h. et tant p. *G*; *H wants*; *ADEFT agree*
3221. a. et maint arme a o. *B*; *DH want*; *ACEFGIT agree*
3222. gl. fretee et maint c. *T*; c. et maint mail *E*; *BCDGHI want*; *AF agree*
3223. Et tante ciere en. *BI*; en. d. pale de c. *G*; *EH want*; *ACDFT agree*
3224. De. l'empereal *I*; *H wants*; *ABCDEFGT agree*
3225. (Et a. l. *E*), c. ne le t. a ma. *TE*; n. tenes mi. *BGI*; n. tiegne mi. a gal *C*; n. tingnent mi. *F*; a gas *D*; *H wants*
3226. Q. nis .I. ne s. m. p. aler a a. *T*; Q. nu. d'aus ne s. *BFI*; Q. nu. ne s.

Variants 435

remove p. t. *D*; Q. ne uns ne s'esmueve p. t. *E*; nu. ne s'esmueve p. t. *G*; s. mue p. t. *F*; m. p. traire ne p. a. *I*; *H wants*; *AC agree*

3227. Dusqe i. oient s. l. c. q'est d. m. *F*; Des qu'i. aront s. *B*; Des qu'i. aient sonnent l. [*sic*] *C*; Dusqu'i. orra s. *D*; Des qu'i. o. *E*; Tant qu'i. o. *T*; c. montenal *G*; *H wants*; *AI agree*

3228. C. lor otroient tuit p. s'en tornent ingal *D*; c. lor o. si t. en un val *E*; c. l'otroient tout p. *G*; o. si s'en *I*; s'en tournent igal *C*; t. .I. val *FT*; *H wants*; *AB agree*

3229. D. J. pourpristrent l. e. *T*; o. pris l. ostal *H*; p. le teral *E*; *ABCDFGI agree*

3230. c. esgarderent: *BE*; r. les murs et *I*; l. mur et l. t. (crenal *E*; crestal *FG*) *BCDEFG*; *H wants 3230-3240*; *T wants 3230-3250*

3231. T. ou avoit tant del mal *D*; T. u il a tant es. *E*; *HT want*; *ABCFGI agree*

3232. p. fu de. *C*; Se. ou De. prist so. (so. estal *F*) *DEFG*; *HT want*; *ABI agree*

3233. O i. *I*; v. sussita a t. *G*; *CDHT want*; *ABEF agree*

3234. v. de cief tant e. *E*; v. de c. *G*; v. dou chief m. *I*; *CDHT want*; *ABF agree*

3235. cel qui (que *I*) d. (des *BI*) l. *DBEI*; cel n'a. des ames m. tout so. nasal *F*; n'a. couvert le nasal *E*; m. le nasal *BI*; m. le frontal *D*; so. (le *C*) cendal *CG*; *HT want*

3236. A. dist i. *I*; s. esperital *C*; s. natural *D*; *GHT want*; *ABEF agree*

3237. Mout par est grans da. *E*; de. est et q. ire (hontes *G*) que *DG*; que (quant *BF*) tout c. *CBFG*; *HT want*; *AI agree*; *C adds 1 line* Ont fait par dedens vous .I. si vilain estal; *G adds 1 line* Se tienent si vers nous et font tel batestal

3238. Et De. n. laist t. vivre que soions ou m. *C*; N. do. t. Jhesus vivre q'e. *F*; n. laist t. v. que b. *D*; n. lest itant vivre que b. *G*; do. itant vivre qu'e. aions l. *E*; v. que b. *I*; *HT want*; *AB agree*

3239. Et d. l. saint Te. f. original *E*; Te. fachons tr. *F*; Te. faisons tresche et b. *I*; f. tresques et b. *BCG*; *DHT want*

3240. (Qe *D*. *F*), sa. et m. (m. corboral *F*) *CDFI*; sa. en m. *EG*; *HT want*; *AB agree*

3241. d. la cite f. *E*; *T wants*; *ABCDFGHI agree*

3242. Et a veu F. qui se rengent a. *D*; I. abaissa s. *C*; Et a *EG*; I. se baisse si v. *H*; I. abaisse so. *I*; et (si *B*) voit F. *EBFGI*; *T wants*

3243. D. la c. so. desor le sa. *E*; d. le c. (c. soient el *BI*) *DBGI*; *HT want*; *ACF agree*

3244. Et po. combatre as Turs qui ens sont desloial *C*; a. del mur: *BD*; a. le mur: *EG*; a. les m. *I*; l. p. et le tieral (mortal *E*; rocal *G*) *BDEFGI*; *HT want*

3245. D. Mahom maudit la gent baptestal *H*; m. et f. (fist *BI*) *CBDFGI*; f. son b. *E*; g. bastital *I*; *T wants*

3246. A. fait i. *CD*; c. cou (tout *F*) ne v. vaut .I. al *BFI*; *ET want*; *H wants 3246-3250*; *AG agree*

3247. Et dist que lour assaut ne prise pas un ail *E*; pr. tout vostre asaut v., (.I. pestal *C*) *BC*; pr. vostre assalir le montant d'un esmal *D*; a. le monte d'un p. *G*; .I. traival *I*; *HT want*; *AF agree*

3248. M. a. dist il a v., cu. grant et iral *E*; p. i aves v. (ore *I*) *BI*; et quaral *G*; *DHT want*; *ACF agree*
3249. v. ferai traire a m'espee poignal *BI*; a .I. e. *C*; *HT want*; *ADEFG agree*
3250. Et puis v. meterai a l'e. ou b. *C*; Et si v. *D*; m. en le place al (a *I*) *BFI*; *EHT want*; *AG agree*; *G adds 1 line* Ileuques vous trairont nostre arcier natural

104. *ABCDEFGHIT*

3251. L'autre u. es. f. il er. *E*; La sieme es., (f. ly b. *H*) *BFHI*; b. ensement *CT*; *ADG agree*
3252. Ci. f. Provenciel et Ca. e. *BI*; Ilz f. d. P. et d. C. e. *H*; D. Secile et d. P. ou sont hardie gent *T*; Icil f. *C*; f. d. Pise d. C. *E*; *ADFG agree*
3253. Et ceulz d., m. furent gr. *H*; d. Calabre qui sont preus et vaillant *T*; m. i avoit de ge. *E*; *ABCDFGI agree*
3254. Et tout l. Venissien q. *C*; q. sont et bel et gent *F*; *H wants*; *ABDEGIT agree*
3255. f. .X. mi. *BFIT*; .XX.M. homme s. *G*; *HE want*; *ACD agree*
3256. Buyamont et Tancre icelle es. a. *T*; T. icele es. prent *C*; T. qui c. *D*; T. a c. *EH*; *ABFGI agree*
3257. A Huon l'ont baillie et Bernart d. M. *D*; L. baillierent Er. (Hernaut *B*) *GB*; L. le b. *C*; L'ont baillie E. *F*; L. ont bailliet Ernaus: *I*; Er. la baillierent et *T*; Hertaut (Bertaut *F*; Hurtaus *I*) d. Bonivent *BFI*; *EH want 3257-3259*
3258. P. et Foucart s. *BFT*; P. et Foucon s. *C*; P. et Richart s. *D*; P. et Gerart s. *G*; P. et Garin s. *I*; *EH want*
3259. o. (a *BCI*) bone t. *DBCFIT*; et bon herbegement *BI*; et r. assenement *C*; et molt bon chasement *D*; et bon affiement *F*; et mout grant tenement *G*; et bon heritement *T*; *EH want*
3260. v. tant escu a *D*; v. maint escu avenant *E*; v. mainte tar. *FGH*; *T wants 3260-3262*; *ABCI agree*
3261. el. poitevin a argent *C*; el. ennoiele d'argent *E*; el. t. rice g. *F*; *HT want*; *ABDGI agree*
3262. *BDEFGHIT want*; *AC agree*
3263. Trestout f. *G*; Maiz le plus f. a p. c. *H*; p. maint et c. *DIT*; *CE want*; *ABF agree*
3264. Por. h. et pe. por *D*; o. tierement *BI*; *C wants*; *H wants 3264-3266*; *AEFGT agree*
3265. g. peles d'a. *G*; d'a. por piquier ensement *D*; do. fierent du. *F*; *EH want*; *ABCIT agree*
3266. Gl. (Claues *B*) et gr. (cros *BDI*; croc *F*) *GBDFI*; a crois d. *T*; f. dont sacront v. *G*; s. roidement *D*; s. vistement *FT*; *CEH want*
3267. (L. v. les saina de *E*) de Deu o. *BEFGIT*; s. l'evesque omnipotent *H*; v. de Deu le tot puissent *D*; *AC agree*
3268. A. l. commanda et *E*; et mout b. *G*; *H wants 3268-3271*; *ABCDFIT agree*
3269. Q. nus d'aus n'i asalle: *BFI*; Q. ja nus ne se m. *D*; Q. nus d'aus ne se m. *E*; ne se m. *CT*; ne s'esmueve p. *G*; p. rien ki soit vivant *BI*; p. nul

Variants 437

esforcement *F*; *H wants*
3270. Des qu'i. o., (r. clerement *B*) *CB*; Dusq'i. (Tant qu'i. *T*) oient l. *FT*; c. souner mout h. *E*; r. durement *FI*; *H wants*; *ADG agree*
3271. *BI have 2 lines* Et li baron s'en tornent l'evesques er./ Les beneist de Deu a cui li mons apent; c. l'ont otroiet s. en v. baudement *C*; *H wants*; *ADEFGT agree*
3272. D. J. la li u. l'au. at. *C*; D. J. l'un l'aultre at. *H*; l. uns l'autre at. *FI*; u. l'autres at. *B*; *ADEGT agree*
3273. c. esgarderent d. *EI*; r. et le mur qui resplent *D*; m. sont mout j. *C*; m. sont j. *H*; f. grant *BE*; *T wants 3273-3289*; *AFG agree*
3274. T. que ont paiene gent *D*; T. qui resplant *H*; q. i (cler *F*; mout *I*) luist et res. *CFI*; rel. et esprent *G*; *T wants*; *ABE agree*
3275. Q'es. p. d. sa. Se. et pres d. m. *F*; Pres du Se. et du monument *H*; Apres es. li Sepucres et desous m. *I*; et de son m. *B*; *T wants*; *ACDEG agree*
3276. U D. rescita c. *C*; (Ou resuscita c. *I*) c. savons v. *BI*; *T wants*; *ADEFGH agree*
3277. d'e. l'enclina de *D*; d'e. si l'aoure de *E*; d'e. les aoure de *F*; l'a. du c. *H*; m. bonement *EF*; *T wants*; *ABCGI agree*
3278. p. et ait l. *F*; p. ou qui n'est d. *H*; cu. (cors *GI*) sullent *BCFGI*; *T wants*; *ADE agree*
3279. De. de s. martirement *D*; s. sauvement *BI*; s. tenement *G*; *T wants*; *ACEFH agree*
3280. m. fustes q. *BI*; fu. mar t'o. *F*; q. tout cil *B*; q. itel cie. *C*; t'o. li mescreant *E*; t'o. ci cie. *G*; cie. paien *I*; *H wants 3280-3289*; *T wants*; *AD agree*
3281. n. laist t. *D*; n. lest itant vivre p. *G*; *HT want*; *ABCEFI agree*
3282. Q. nous p., (t. le d. *C*) *GC*; Q. te p. *DEI*; a. a no d. *F*; tost et d. (isnelement *E*) *BEI*; ce soit prochainement *D*; *HT want*
3283. l. tiens c., m. dignement *E*; sa. bien h. *G*; *HT want*; *ABCDFI agree*
3284. r. estoit montes dedens s. *E*; J. fu en *DFG*; *HT want*; *ABCI agree*
3285. C. les e. *DE*; a esgarde s. *B*; *HT want*; *ACFGI agree*
3286. v. aatir d'as. *BCI*; v. desirans d'as. *E*; v. d'as. cascun avoit t. *F*; *HT want*; *ADG agree*
3287. m. et quanqu'a *BDI*; m. et d. son tenement *E*; m. et d. qanq'il a. *F*; quanqu'a lui a. *DG*; *CHT want*
3288. *BDEFGHIT want*; *AC agree*
3289. *BDEFGHIT want*; *AC agree*; *D adds Laisse 104A, 29 lines, see Appendix 12*

105. *ABCDEFGHIT*

3290. L'autre noevime e. ont il fait a. *E*; L'uithiesme e. f. Chrestiens a. *H*; No b. l. nuefuieme e. font joster *T*; L. wime e. *BI*; L. disme e. *D*; L. witisme ont fait n. *F*; *ACG agree*
3291. N'est mie est. po. t. ou geter *H*; M. n'est establie po. *E*; (n'est mie est. *G*), t. pour r. *FG*; po. tiere mesurer *BI*; n. jeter *D*; *ACT agree*
3292. d. i a. *F*; q. aloient le *H*; S. aourer *BCDEFGHI*; (a. ... *T*)

3293. Maint et c. s'al. ordener *D*; T. communement s'aloient aj. *H*; s'al. arouter *BI*; s'al. acoster *G*; (s'al. ... *T*); *ACEF agree*
3294. Puis a dit l'u. *BI*; Disoient l'u. *H*; Et dient l'u. *T*; l'a. ja ne v. q. c. *B*; l'a. ne v. *CEFGHI*; l'a. je ne q. ... *T*; v. quier celer *E*; v. en q. c. *I*; q. ja c. *H*; *AD agree*
3295. Grant tans a q. pa. *BI*; pa. deca la m. *H*; (o. ... *T*); *ACDEFG agree*
3296. C. o s., (p. ... *T*) *DT*; so. mary Dieu le p. *H*; m. Jhesus l. *F*; D. puisse sa. *BI*; *ACEG agree*
3297. Nous l. *BI*; l. convient: *H*; v. mai. martire e. *B*; v. Dix t. mal *E*; v. mai. t. mal *F*; t. (mai. *HIT*) grant mal *DHIT*; *ACG agree*
3298. Ma. mu. percer et quassoyer *H*; Tant c. et tant borc p. *BI*; p. et troer *G*; (p. ... *T*); *ACDEF agree*
3299. M. gente p., l. acorde[r] *T*; l. convierser *B*; *DEH want*; *ACFGI agree*
3300. Qui so. *I*; so. ve. l. vi. voirement co. *D*; sa. cite ve. *H*; vi. ve. por co. (esgarder *E*) *GE*; ve. contrester *F*; *ABCT agree*
3301. *No variant*
3302. *H wants 3302-3305*; *ABCDEFGIT agree*
3303. s. ami d. *E*; d. mout forment a. *F*; *BHI want*; *D wants 3303-3305*; *ACGT agree*
3304. f. sans boisier tout p. *F*; f. ses commans et p. *T*; c. sans nesun recouvrer *G*; *BDHI want*; *E wants 3304-3306*; *AC agree*
3305. b. d. fere autel *G*; d. gaster *C*; *DEH want*; *ABFIT agree*
3306. Qui i., (pr. bien s. *T*) *BT*; O. est h. *H*; (q. s'i po. *D*) po. prouver *CD*; q. s'en po. vanter *F*; *E wants*; *AGI agree*
3307. Et l. *DE*; A no v. *F*; as. pierres et cailloux porter *H*; et nos gens en. *B*; et la g. *I*; g. honerer *C*; g. renheuder *D*; g. reheulder *G*; *AT agree*
3308. Et les armes chaetes tendre et administrer *H*; et l. pierre prendre et menistrer [*sic*] *C*; pi. queillir et aporter (enheuder *B*) *IB*; pi. prendre et amonceler *E*; pi. tendre et amonester *F*; pi. devant eus a... *T*; pr. amonceler *D*; *AG agree*; *BFHI add 1 line* Mout pora (devra *H*) estre lie ki se (s'i *F*) pora laser; *F adds 1 further line* Dont s'escrierent toutes ce fait a creanter
3309. C. boine p. *ET*; p. fist b. *BI*; p. fist no gent renheuder *D*; p. fait a e. *T*; f. mout b. a graer *F*; a creanter *E*; *H wants*; *ACG agree*
3310. Lors vei. *BI*; v. (oissies *E*) ces da. *DEG*; l. dames venir et *H*; (v. ... *T*); *ACF agree*
3311. En bous et en b. *BI*; Et en pos et en buires: *F*; pos et en bacins ev. *C*; pos et pailles ev. froide aporter *H*; b. l'ev. *D*; ev. (l'ev. *F*) douce por. (aporter *BFG*) *IBFGT*; *E wants*
3312. Ces q. s. aura voudront ab. *H*; av. v. bien ab. *E*; e. volra ab. *BCF*; *ADGIT agree*
3313. D. J. s'a. arester *BI*; D. Jherusalem en a. es. *CDGT*; D. J. sont alees es. *E*; *AFH agree*
3314. ci. regarderent qi tant fist a loer *F*; (co. mout fait a *B*) a resgarder *CBHIT*; *ADEG agree*
3315. m. fait a loer *C*; (r. ... *T*); *EH want 3315-3317*; *ABDFGI agree*
3316. p. ert d. *D*; (v. ... *T*); *EH want*; *ABCFGI agree*
3317. l'a. si co. (commencent [*sic*] *I*) *BFI*; et pristrent a *D*; *EGH want*; *ACT*

Variants 439

agree
3318. Ha fo. tant ceste ci. fait a l. *H*; A. Jerusalem co. *E*; fo. ele co. *BD*; *ACFGIT agree*
3319. D. penst que nostre (nos *I*) gens puisse (puissent *I*) encore (encores *I*) o. *BI*; D. doint noz gens y puissent entrer *H*; D. doinst n. *E*; pr. nos gens veirtus qu'i *C*; v. qu'il i puissent entrer *D*; v. que pu. (pu. ens entrer *F*) *EF*; v. quel pu. conquester *G*; v. que i puissen... *T*
3320. Et baisies l. *A*; S. que d. (poons *F*) a. (desirer *BFI*; aoure *E*) *CBDEFGIT*; *H wants 3320-3322*
3321. Lors (Dont *F*) v. les dames mout souvent (forment *I*) e. *BFI*; A. vor v. *A*; A. les v. *DT*; Adonques v. *E*; *H wants*; *CG agree with text*
3322. de ses biaus ex plourer *EG*; (cu. ... *T*); *BDFHI want*; *AC agree*
3323. L. viex r. Corbadas e. de. ... *T*; J. est de. *BHI*; J. estoit jouste .I. *CE*; J. fu de. *DG*; e. dales .I. *F*
3324. En l., (F. regarder *EF*) *BEFI*; Da. prist Frans a e. *D*; Da. a F. esgarde *G*; p. ne gent r... *T*; *H wants*; *AC agree*
3325. *No variant*
3326. que. gent sont: *H*; g. est c. que *G*; c. est que *BI*; que je (je *lacking in H*) v. l. ester *BFGHI*; que l. v. a. *ET*; *ACD agree*
3327. (Sire di. *H*), L. ja n. (ne *B*) v. quier c. *DBH*; L. ne le v. quier c. *E*; L. ne v. en qier c. *FT*; j. ne v. *T*; *ACG agree*
3328. a. Francois q. *EF*; q. nous v. grever *G*; (v. ... *T*); *ABCDHI agree*
3329. l. laidir h. *D*; l. destruire et v. *H*; des. et Mahon v. *E*; *ABCFGIT agree*
3330. Q. C. l'entend l. ci. prent a cr. *H*; Q. li rois l'entendi l. *BFI*; Q. Corbarans l'o. *C*; l. sens quide derver *G*; (p. a ... *T*); *ADE agree*
3331. L. cestes f. *B*; L. ces en *CH*; L. je les f. *E*; L. celes f. *F*; L. ceste f. *I*; L. je en *T*; J. f. enmener *G*; *AD agree*
3332. *BFHI have 2 lines* A (au *H*) l'a. (l'a. *lacking in H*) S. les (et *F*) ferai (vouldray *H*) presenter/ Par ces (ce *FI*) me porai jou (bien *FI*; jou *lacking in H*) envers (vers *HI*) lui (le roi *I*) acorder; S. et m'i w. *E*; S. m'en vorai acorder *G*; (... u *T*); *ACD agree*
3333. *BFHI invert 3333/3334*; e. fera r. *DF*; (... t. *T*); *ABCEGHI agree*
3334. *BFHI invert 3333/3334*; *rest agree*
3335. lo. volentes le. ferai m. *G*; v. le f. *T*; le. face m. *D*; *BFHI want*; *ACE agree*
3336. Di. Lu. f. la. le vanter *H*; F. fait Lu., la. cel de. *C*; la. vostre vanter *BI*; la. vo de. *D*; la. tot cou ester *E*; la. vo sermonner *F*; la. ce plet ester *G*; *AT agree*; *BFHI add 1 line* Malement counissies caus ques (qui *H*) ont a garder (dancer *H*)
3336a. A. verr. ces grans (grans *lacking in H*) m. par (a *I*) tiere craventer *BFHI*; A. de Jherusalem verr. l. m. vers. *T*; verr. le mur d. *C*; d. vo cite vers. *E*; *G agrees with text*, *of D*; *A wants*
3337. Et l. crestiente p. *ET*; c. dedens la vile en. *D*; p. vive f. *G*; *BFHI want*; *AC agree*; *BFI add 3 lines* Et a (as *F*) nos (vos *I*) Sarrasins mainte teste coper/ Et mainte (maintes *FI*) de lor armes fors (de *FI*) del (lor *FI*) cors desevrer/ Mout les i (vous *I*) couvenra (Mout les estevera *F*) cierement conparer (achater *FI*)
3338. Q. C. l'oi bien q. foursener *G*; Q. li rois l'entendi: *BHI*; l. (del *BH*) s.

440   Variants

quide d. *DBEFHI*; 1. sanc q. *T*; *AC agree*; *BFI add 1 line* D'ire et de mautalent coumence a escumer (tressuer *F*); *BI add 2 further lines* Ses ceviaus et sa barbe a pris a descirer (commence a decirer *I*)/ Ses frere Lucabiaus le prist a conforter; *G adds 1 line* Et dist a Lucabiel vous dites mauvestes

105A.*BFHI* : *See Appendix 13*

106. *ABCDEFGHIT*

3339. L. baron et li prince q. *BHI*; L. prince et li vassal q. *F*; b. des Frans q. *CE*; F. que D. *T*; *ADG agree*
3340. O. (Or ont *B*) la nostre eschiele faite p. d. (devison *B*) *IB*; Orent .IX. e. *C*; O. f. .IX. e. p. d. *H*; 1. .X. e. faites p. devison *D*; *AEFGT agree*
3341. La di. font d'aus: *BFGI*; La disme f. d'iaus de *C*; L'onsisme f. faire de *D*; La di. fu de *H*; li nobile b. *G*; De. le b. *CH*; li preudom *T*; *E wants*
3342. s. pas deviser de *E*; d'e. les no. *I*; *H wants*; *ABCDFGT agree*
3343. B. l'aves oi dire devant e. *D*; o. lor nons e. *I*; la lecon *E*; *H wants*; *ABCFGT agree*
3344. .XV. millier i f. q. *D*; Il f. bien .X.M. q. *F*; Plus f. de .C.M. q. *T*; et .LX.: *BEHI*; li daerain baron *E*; que *lacking in H*; d. fi l. *DCGI*; l. set on *BCDGHIT*
3345. *H wants*; *rest agree*
3346. a nul n'a. *T*; n'a. e. (n'a del sien *G*) ou b. ou p. *DFG*; b. u d'un riche p. *C*; *EH want*; *ABI agree*
3347. Tous couvers de f. jusqu'a l'e. *H*; des. (jusques *B*) en l'e. *CB*; des. que au talon *I*; *D wants*; *AEFGT agree*
3348. *No variant*
3349. (... de. *T*); *rest agree*
3350. Les .II. sont tor. p. sur l. sa. *H*; (C. doi en so. *T*), p. (aval *F*) par l. *BFIT*; d. se so. *C*; tor. tres par mi l. *D*; p. (brocant *E*) a esperon *CE*; *AG agree*
3351. r. tafur en vinrent s. *E*; r. tafur en vont brocant a esperon *G*; s'e. (en *DFT*) vienent s. *BDFIT*; s'e. viennent dire l. *H*; *AC agree*
3352. v. assambles e. n. de sa. *C*; v. l'averes en n. *I*; sa. Symon *CH*; *ABDEFGT agree*
3353. Quant orrez sonner le cor d. la. *H*; o. souner le, (cor q'est d. *F*) *BCDEFGI*; *AT agree*
3354. Et il a respondu A *DE*; Le roy re. *H*; ro. li respont A *C*; *ABFGIT agree*
3355. Lors s'e. p. plus n'i font lo. *B*; s'e. torne li *E*; p. ne font arrestison *F*; p. ne font pas lo. *G*; p. sans lo. *H*; n'i font demoroison *D*; n'i font plus de s. *I*; *ACT agree*
3356. ... es. en viennent si dient leur raison *T*; f. demoustrison *E*; f. anoncion *I*; *H wants 3356-3373*; *ABCDFG agree*
3357. Apres l., (t. porrois f. vo b. *F*) *EF*; *H wants*; *ABCDGIT agree*; *BI add 1 line* Et escuier ont dit a Dameldeu pardon
3358. As N. sont venu: *B*; P. s'en vont as *DG*; P. viennent as *F*; As . en vienent [*sic*]: *I*; N. sans nule ar. *E*; si dient (ont dit *I*) lor raison *BFI*; *H*

Variants 441

       wants; (... r. *T*); *AC agree*
3359. *BFHI want*; *D wants 3359-3362*; (... l. *T*); *ACEG agree*
3360. Apres le. *C*; e. asalent a bandon *BFI*; *DEH want*; *AGT agree*
3361. *BDFHI want*; (... c. *T*); *ACEG agree*; *B adds 1 line* Et Normant respondirent volentiers le feron
3362. P. vinrent a. *BI*; P. viennent a. *F*; P. en vont a. *G*; (... r. *T*), q. c. (cuer *BFI*) o. d. (d. baron *BI*) *TBFGI*; o. cuer d. *C*; *DH want*; *E wants 3362-3364*
3363. a. Loevisiens qui f. *D*; (...s B. *T*); *BEFGHI want*; *AC agree*
3364. qu'a. ribaus porront faire lor bon *D*; c. lor t. *C*; (... qu'a. *T*); *EH want*; *ABFGI agree*
3365. C. et nous l. *F*; (...t R. *T*); *BH want*; *ACDEGI agree*
3366. Puis s'e. *F*; D. (Lors *I*) s'en tornent l. *GI*; s'e. vint Godefrois et Robers li Frison *E*; l. prince ca. (ca. tient .I. *I*) *FI*; *B wants 3366-3368*; *H wants*; *ACDT agree*
3367. Et viennent a. *FCIT*; F. cascuns tint un baston *G*; *BH want*; *ADG agree*
3368. Si lor ont commande fere lor ocoison *G*; qu'ap. Francois assallent sans tencon *C*; c'ap. Normans facent d'as. *D*; m. d'assaus fu. *I*; (...t qu'ap. *T*); *BEH want*; *AF agree*; *BI add 1 line* Francois ont respondu ci a boine raison
3368a. A. P. revienent (revient *I*) u *BI*; (...t a. *T*); *ADH want*; *EFG agree with text of C*
3368b. ... leur d. et proyent par mout bele raison *T*; F. le facent con preudon *E*; F. soient c. prodon *I*; c. d'aus (com *F*) prodon *BF*; c. compaignon *G*; *ADH want*; *text of C*
3369. c. lor font conmandison *F*; u Dex passion *A*; (D... p... *T*); *H wants*; *BCDEGI agree with text*
3370. d'a. le p. le mur et le mo. *C*; d'a. le tor le p. *D*; d'a. le mur le p. *E*; d'a. des m., et le sablon *T*; et le tolon *G*; *BFHI want*; *B adds 4 lines*, *I adds 5 lines* Et Provencel ont dit ja ne vous en fauron/ Qui de sou vous faura ja n'ait s'ame pardon *I*/ Et li baron ont dit Dex vous (nous *I*) face pardon/ Qui en iceste ville (Qui dedens ceste vile *I*) prist resurrexion/ A cascun sont ale et fait devision; *F adds 2 lines* Puis vont a chiax de Puille a la gent Buiemon/ Des esceles ont fait issi devision
3371. De. grant a. *BDE*; De. faire a. *I*; *H wants*; *ACFGT agree*
3372. Puis (Lors *I*) r. li prince l. *BI*; Adont s'e. repairient l. *E*; A. Francois s'e. revinrent l. *G*; b. repairierent l. *T*; *FH want*; *ACD agree*
3373. (An. ares as. *B*), s. grant n. *GBIT*; s. fort n. *E*; f. n'oi hom *D*; *H wants*; *ACF agree*

107. *ABCDEGHIT* : *F to l. 3414 only*

3374. s. Crestien a. *BI*; s. les b. *H*; *ACDEFGT agree*
3375. de Donas o. *B*; de Dinant o. *E*; de Dinas o. *I*; e. mene *F*; *ACDGHT agree*; *C adds 1 line* Et des autres tout plain que nomer vous m'ores
3376. Lui et G. avoit ap. *H*; Nicoles et *T*; *ABCDEFGI agree*
3377. en. as b. *B*; en. d. longues cloi. *H*; et a cloi. *EF*; cloi. horde *BDEI*; cloi. leve *C*; cloi. clee *F*; cloi. cle *G*; *AT agree*

3378. D. ba. (bendes *F*) et de cordes bi. *BFH*; Et d. bare et de corde bi. *I*; ba. de sapin bi. tresliet et horde *C*; tr. et loie et *E*; tr. roisli et bi. be. *G*; bi. loie et (et harde *I*) *BFI*; bi. roillie et *DT*; bien be. *H*
3379. Par dedens i po. d. a. a pl. *E*; D. armes i po. a f. a pl. *G*; i mena g. *D*; po. avoir a g. pl. *F*; *H wants*; *ABCIT agree*
3380. P. traire ceus del mur qui se. as cretes *G*; c. du mur se. a seurte *F*; *H wants*; *ABCDEIT agree*
3381. o. mis trop pres de le cite *C*; s. mal mene *H*; mal. pare *BFI*; mal. horde *D*; mal. tempre *E*; mal. cloe *G*; (s. mal. ... *T*)
3382. Que Tu. au f. *D*; (C. Tu. o f. *H*), to. alume *FH*; g. le fisent enbraser *G*; (to. ... *T*); *ABCEI agree*
3383. Or aront cel en. .II. f. bien a. *G*; Or a es., l. engiens a. *D*; La on. .II. f. es. l. *T*; (on. este leurs en. *H*) en. embrase *FH*; es. .II. li en. *I*; f. li en. *B*; *E wants*; *AC agree*
3384. E. ont fait faire d. q. *BI*; .X. e. ont faites d. q. *F*; Eschele ont fait d. q. *H*; s. faites d. q. *D*; p. de cierf ouvre [*sic*] *G*; (b. ... *T*); *ACE agree*
3385. Pa. d'enc. l'engien orent pe. b. *E*; Et pa. de dessous o. bien g. perchans d... *T*; Pa. coste d. *H*; e. et en les o. *D*; e. et d. *G*; *ABCFI agree*
3386. Fors de lonc (Fors les ont *I*) a. es. de lonc en lonc c. *BI*; A fort corde de canve estroitement c. *F*; Bien les ont a. es. c. *H*; Et croches a es. et a cordes noe *T*; Et loient a. *C*; *D wants*; *AEG agree*
3387. Po. retenir pl. *C*; Po. les t. *T*; pl. roide (roides *FI*) a. *BFI*; pl. droit a. (au *D*) m. (mur *D*) *TD*; pl. fort a. *E*; *H wants*; *AG agree*
3388. De cekarme [*sic*] de l'ost e. *C*; b. u. esciele d. *BI*; *H wants*; *ADEFGT agree*
3389. G. ot .I. *G*; o. .II. moutons f. *I*; *ABCDEFHT agree*
3390. S. fus et s. r. loie et fenestre *D*; S. bares et s. roes loie et cavestre *E*; S. fust et s. r., (m. et encerestre [*sic*] *B*) *IB*; r. et m. et acesme *G*; *H wants*; *ACFT agree*
3391. d. l'engin conduit et m. *H*; l'en. c. et amene *E*; *G wants*; *ABCDFIT agree*
3392. (Prez de *H*), l. vile: *BFHI*; r. a r. le f. *B*; l'ont conduit el f. *F*; rez res d. f. *H*; r. a r. des f. *I*; *C wants*; *ADEGT agree*
3393. Ma. n. l. valut mi. *D*; mi. .II. deniers mo. *I*; *CH want*; *ABEFGT agree*
3394. Que li *D*; Les Turcz dedens o. *H*; d. ot to. *B*; cou regarde *BH*; *E wants*; *ACFGIT agree*
3395. U. autretel (aultre *H*) e. o. encontre at. (tourne *I*) *BHI*; Et au. *C*; U. autre e. *DT*; e. i o., ce. apreste *D*; o. fait dedens la cite *E*; o. encontre eus at. *F*; o. fait co. *T*; *AG agree*
3396. *BI have 2 lines* De f. g. i ont .I. (ou *I*) cofiniel boute/ Dont c. de nostre engien s. tot a.; Del f., s. chi dedens tout brusle *G*; g. y ont ung coffret boute *H*; g. qu'il ont erent c. a. *T*; c. dehors a. *E*; def. alume *D*; *ACF agree*
3397. d. poie b. *F*; b. seront tout es. *BI*; b. cil defors (dedens *D*) es. *CD*; *H wants 3397-3403*; *AEGT agree*
3398. *H wants*; *rest agree*
3399. Que il, (ge. soit il. agreve *F*) *DF*; Il voloit q. *E*; *H wants*; *ABCGIT agree*

Variants 443

3400. a la v. *E*; t. et pene *CFGT*; *BHI want*; *AD agree*
3401. cor. travillie et pe. (greve *F*) *BDEFI*; cor. mis en crois et lase *G*; *HT want*; *AC agree*
3402. Et les costes percies et s. *T*; p. (sa. *F*) et plaie et b. *DF*; p. sa. et entame *E*; sa. et troe *C*; *H wants*; *ABGI agree*
3403. (C'est la s. *E*) s. qu'i. l. a demoustre *BDEGIT*; l. ot m. *C*; *H wants*; *AF agree*; *D adds 1 line* C'on n'a pas Damledeu por petit conqueste
3404. Huy orrez a. *H*; a. durement d. *E*; *ABCDFGIT agree*
3405. Le duc de, q. ot grant f. *H*; du. Godefrois: *I*; q. (u *BI*) m. o. g. (de *BDEFI*) f. (bonte *F*) *GBDEFI*; *ACT agree*
3406. l'a corne *H*; *rest agree*
3407. L. rois s'escrie ri. *B*; ro. s'est escries ri. *I*; t. cria ri. *C*; t. l'oi ri. *E*; s'e. par mout ruiste fierte *F*; *ADGHT agree*; *F adds 4 lines* Or avant mi ribaut ou nom de Damede/ Or verrai ains le vespre qi ert a Diu prive/ Com ribaut l'entendirent ne sont plus arreste/ Comme rat de grenier se sont tost destele
3408. La peussies veir m. *E*; Dont v. de fondes m. *F*; v. de lonc m. quariel f. (fondele *I*) *BI*; v. de li. *C*; v. des li. *D*; v. de linge m. penon ventele *T*; *GH want*
3409. et a besces (besche *I*) o. *HI*; o. tote jor h. *D*; t. avale *E*; *B wants*; *ACFGT agree*
3410. s'a. si vinrent e. (au *CDE*) fos. *GCDE*; (...osse *T*); *BFHI want*
3411. d. .II. ribaus: *F*; et .VII.C. *CG*; .C. en salent el (ens *I*) fose *BI*; en sont ens r. *D*; salirent el fosse *FH*; e. mur r. *G*; f. rondele *E*; *ACT agree*
3412. Et as (a *I*) mains (pies *B*) et as (a *I*) pies (mains *B*) so. contremont r. (monte *BI*) *FBI*; (Pu. reprendent as *C*) as murs (portes *C*) si ont am. r. *DC*; Aulz mains et aluz pies so. r. *H*; Pu. s'aerdent as mains si *E*; Pu. pr. a ranper si *G*; Pu. sont repris as *T*; am. monte *GT*; *BFI add 1 line* Et li autre a le fraite en sont outre (oute *F*) passe
3413. Que po. pierres n. po. q. j. *H*; A. po. traire n. po. pi. n. po. quaillaus j. *I*; t. de perriere n. po. q. *D*; q. (caillau *C*) jeter *FCG*; *BE want*; *AT agree*
3414. Des qu'al p. *B*; Jusqu'au p. *H*; D. qu'au p. des murs n. *I*; n. se (se *lacking in H*) sont ar. *BEHI*; n. porent ariester *G*; *CDFT agree*
3415. Et d. *B*; Pu. drescent eschell [*sic*] pa. *H*; l. eschiele pa. *IT*; *F has lacuna from 3415 to 3900*; *ACDEG agree*
3416. mo. ki n'est pas areste *B*; mo. o la ci. compane *H*; mo. par vive poeste *I*; *ACDEGT agree*
3417. (Ly Turc l. fierent d'un fl. *H*) fl. acople *CDEGHT*; T. l'a feru s. d'u. fl. cope (couple *I*) *BI*
3418. c. le mur l'a. el fosse *D*; l'e. l'abatent p. *H*; *BCEGIT agree*
3419. l. garda bien (bien *lacking in H*): *BHI*; n. (n'en *DGI*) l'a (a *DGI*) mi. (pas *T*) afole *BDGIT*; d'estre afole *H*; mi. tue *E*; *AC agree*; *G adds 4 lines* Desi c'a l'aleoir ot .V. toises de le/ Duske a .I. mois tout plain ne l'euscent crose/ Mout fu grans li asaus et fors et adures/ Li bons dus de Buillon a le retret corne (cf. *G3422a-3424*)
3420. C. qui sont en l'e. *E*; ar. des engiens l'o. *I*; l'e. sont au. *C*; au. arreste *T*; *H wants*; *ABDG agree*; *DBEGIT add 1 line* As (A *I*) saietes d'achier i ont (ot *BGI*) maint Turc berse

3421. Pilate et *G*; ... et, v. plus que pl. *T*; pl. d'es. *I*; *H wants*; *ABCDE agree*
3422. L. fier C. *H*; (... r. *T*); *ABCDEGI agree*; *BI add 1 line* Et a dit a ses Turs et hautement crie; *DBEGHIT add 2 lines* Et (Que *BI*; ... *T*) Turc (tuit *BI*) traient (lancent *BEIT*) et lancent (traient *BEIT*; Et Turs getent: *H*) comme gent deffae (esfree *G*; aussi que defae *E*; ainsi com gent derve *T*)/ Del (Des *I*) mur (murs *I*) ont li ribaut (Du mur ont l'assault: *H*) une toise effondre (verse *E*; troee *G*); *EBIT add 3 lines, GH add 2 lines* Mais (Quar *B*) ce (il *GT*; ce *lacking in H*) ne puet (pot *H*) chaloir car (que *G*) Turc (il *I*) l'ont si tere (ouvre *G*; l'ont entiere *BI*; quant est si terre *H*)/ Desi es (qu'a *BHI*; a *T*) aleoirs (l'aleoir *BHI*) a .V. toises de le (une toise de le *H*; *G wants*)/ Dusc'a (Jusqu'a *T*) un mois entier ne l'eussent (l'aroient *G*) mine (crouse *G*; cave *T*; La endroit ne l'eusent jusqu'a (dusqu'a *I*) .I. mois pase *BI*; *H wants*); *BI add 1 line* Se Dex ne lor aidast par la soie bonte
3423. Fi. fu l'a. *H*; fu fors li *DE*; fi. cis a. *T*; a. et forment a *G*; *ABCI agree*
3424. b. duc a retraiete corne *H*; du. Godefrois a *I*; r. corne *BIT*; *ACDEG agree*
3425. Et r. s'en iscirent s. *BI*; i. malmene *H*; s. et tempeste *D*; s. et mielente *G*; s. et malmene *T*; *C wants*; *AE agree*
3426. ta. emporterent ens. *H*; enp. malement a torne *G*; *ABCDEIT agree*
3427. Que d. c. *D*; f. a l. *BI*; f. fu blecies et quasses *G*; l. cief estonne *E*; *H wants*; *ACT agree*
3428. m. et affole *D*; *EH want*; *ABCGIT agree*; *BHI add 8 lines* Pour le roi sont ribaut durement (forment *H*) aire (yre *H*)/ S'on nes eust tenu ja fuscent retorne (S'on ne les tenist fussent retourne *H*)/ Entor le roi se (se *wanting in H*) sont li baron (ribaus *I*) retorne (assemble *HI*)/ Mout doucement le plegnent (Doucement l'appellent *H*) par grant humilite/ Sire conment vous est (Sire come va *H*) mout vous veons greve/ Signor ce (ce *wanting in H*) dist (dit *H*) li rois bien me fust (bien eussent *H*) encontre/ Se premiers peuse estre (S'en cest assault fussons *H*) en Jhursalem entre (entres en la cite *HI*)/ Quant li prince l'entendent si (si *wanting in H*) l'ont mout (mout *wanting in H*) acole; *DEGT add 1 line* La veissies maint prinche entor lui assamble
3429. En .I. lit l. c. entre lor bras s. *BI*; t. enkarchent en *C*; c. sor un *EG*; .I. lit mout s. *T*; es. liste *DE*; *H wants*
3430. Et .II. mies li b. que t. soit respasses *C*; A .X. m., q. bien l'o. *G*; q. l'o. t. r. *BHI*; *ADET agree*

108. *ABCDEGHIT*

3431. B. i f., (p. journee *H*) *BH*; B. f. li r. *G*; r. a icele e. *E*; *ACDIT agree*
3432. b. duc a corne retournee *H*; B. recorne l'e. *BI*; B. ra (a *G*) sonne l'e. *CGT*; *ADE agree*
3433. v. escuies de l. *E*; *rest agree*
3434. Ass. aigrement a m. g. aatie *D*; Assaier asp. *E*; Aler hardiement et p. g. *T*; asp. et p. g. *BCGHI*; g. aramie *EG*; g. envaye *HT*; g. estourmie *I*
3435. r. ont la t. defroissie *I*; r. eurent teste devestie *H*; t. deserie *C*; t. depestrie *E*; *ABDGT agree*

Variants 445

3436. En. la es. *C*; Entrerent es. *H*; *ABDEGIT agree*
3437. d'u. escut la t. *C*; o. lor t. (testes *E*) *DEGIT*; *H wants*; *AB agree*
3438. a cis n'ait picquois ou cu. *H*; ce. n'a. picot: *CI*; u apele u engine *C*; ou haue ou cu. *I*; pi. u puignie *B*; *E wants*; *ADGT agree*; *I adds 1 line* Arc ou glaive ferree ou espee fourbie
3439. v. la mer o. *B*; v. les murs o. *IT*; *H wants*; *ACDEG agree*
3440. (Jouste l'a. *H*), lo. atacie *BCHI*; lo. establie *ET*; *ADG agree*
3441. l'a. par vasselie *H*; f. g. deablie *I*; *E wants*; *ABCDGT agree*
3442. Et Morant d., P. a chere h. *H*; *ABCDEGIT agree*
3443. M. p. par grant baronnie *H*; (M. premierement c. *G*), g. barounie *BDEGI*; (c. ... *T*); *AC agree*
3444. l'au. qui apres (ap... *T*) es. (ert *E*) *BDEGIT*; q. illuec es. *C*; q. pres es. *H*
3445. o. .X. D. *BI*; *HT want*; *ACDEG agree*
3446. Ains que descendent y ara g. h. *H*; d. averont g. *G*; ar. mestier d'aie *D*; ar. grande h. *I*; (m. ... *T*); *ABCE agree*
3447. Turcs f. a moult ont poix b. *H*; Et T. *C*; f. monte q. *BI*; q. l. p. o. b. *D*; l. poil b. *B*; (p. ... *T*); *AEG agree*
3448. eu. les j. *BE*; eu. gettent: *H*; eu. l'ont jetee: *T*; j. c'on n. espargne m. *B*; j. ne l'es. *E*; j. que n. espargnent m. *I*; ne les espargnent m. (... *T*) *HT*; *ACDG agree*
3449. p. fu cau. *D*; p. cai lo. *E*; p. tient cau. *I*; cau. la car. e. bruie *H*; car. bruie *BDEI*; car. partie *C*; car. blemie *G*; (e. la ... *T*)
3450. Aprez ont j., p. entaillie *H*; o. sor aus mai. (maintes *I*) p. (pierres *I*) galie *BI*; p. enpo... *T*; *E wants*; *ACDG agree*
3451. l. (l. *wanting in H*) t. froisie *GHT*; t. croisie *BDI*; *E wants*; *AC agree*
3452. Eng. a la *BI*; (en .IIII. li. *D*) li. percie *ED*; li. noircie *G*; *H wants*; *ACT agree*
3453. M. toudis v. *BEI*; M. cascuns v. *C*; M. ades monte a. *D*; c. est g. *T*; *H wants*; *AG agree*
3454. (C. avoit u. *H*) u. hace e. *BHI*; *ACDEGT agree*
3455. b. de fer m. (m. brocie *BI*) *DBIT*; *C wants 3455-3458*; *H wants*; *AEG agree*
3456. Tous ceulz qui furent av. *H*; (at. qu'Angelin o. *I*) o. la t. mucie *BI*; qu'E. a s. *T*; o. la te. (te. enficie *G*) *EG*; *C wants*; *AD agree*
3457. Au rez du mur contremont dreche *H*; (a r. le m. l'a c. *G*) c. drechie *DG*; m. encontremont drecie *BI*; m. o. la teste h. *E*; *C wants*; *AT agree*
3458. Cornumaran fiert a, p. desploye *H*; a maintas le. l'o. *G*; .II. mains le. *DET*; *C wants*; *ABI agree*
3459. t. casse ly heaume d. *H*; l. enbarre so. (sor *B*) e. (l'e. *B*) *IB*; *ACDEGT agree*
3460. to. ens ou chief em... *T*; te. mucie *BI*; te. esmie *C*; te. enbroncie *G*; *H wants*; *ADE agree*
3461. Ou li bers wo., (l'e. drecie *B*) *IB*; U. que i. *G*; Wo. le ber ou n. *H*; i. volsist ou n., (l'e. guerpie *ET*) *DET*; *AC agree*
3462. C. trebucha: *BEHI*; Tres aval l. *C*; lui et sa compaigne *H*; mais ne mo. mi. *I*; *D wants*; (n. m... *T*); *AG agree*
3463. Et tot chil q. avoient cele es. em. *D*; q. au (a *I*) m., l'es. saisie *BI*; l'es.

446   Variants

puie *E*; *H wants*; (l'es. ... *T*); *ACG agree*
3464. Cairent avoc l. *D*; l. trestout (aval *B*) a u. hie *IBT*; *H wants*; *ACEG agree*
3465. E. li vaillans o. *E*; E. del Veu o. *G*; d. Luceu o. *BCDI*; d. Lucie ot la c. *H*; (c. ... *T*)
3466. m. qui qu'en rie *H*; (qu'e. poist n. *E*) n. qui rie *BCDEGI*; (p. ... *T*)
3467. lu. cui il conduist et g. *C*; l. ber guie *H*; *BI want*; *ADEGT agree*
3468. Li T. jetent et *G*; Les T. tirent q. *H*; (D. ... *T*); *ABCDEI agree*
3469. I. ont (o. *I*) m. (maintes *I*) p. (pierres *I*) ruee et *BI*; Il i o., et defroissie *C*; p. et ruee et lancie *E*; et envoie *D*; et descocie *BGI*; *H wants*; (et de... *T*)
3470. Ysenbars d., c. eslongie *C*; Sabras d., l. barbe eslongie *H*; B. ot l. *BI*; l. lance al. (aguisie *E*; a... *T*) *BEIT*; l. glave al. *G*; *AD agree*
3471. B. p. grant v. li cors Dieu le maudie *E*; P. grant force l'a *H*; m. grant v. *C*; m. grant v. l'a et b. *D*; *G wants*; *ABIT agree*
3472. f. Estienne a l. *H*; Es. en l. *BI*; t. (teste *BI*) vergie *EBGHIT*; *ACD agree*
3473. Que li perce et estone (desront *I*) et fause la q. *BI*; Que il li *G*; Le haubert a f. *T*; a p. et f. le q. *E*; *H wants*; *ACD agree*
3474. (co. se g. *B*) g. glave b. *GB*; co. et conduite et b. *E*; co. la cane b. *H*; g. lance b. (... *T*) *IT*; ca. lanchie *D*; *AC agree*; *BHI add 1 line* U li ber voelle u non (Veuille le ber ou nom *H*) a l'esciele widie
3475. Contreval trebuca (trebusce *H*) l. *BHI*; *ACDEGT agree*
3476. A ce c. *H*; A .I. seul c., n. ... *T*; *ABCDEGI agree*
3477. De qui c. a. est e. le glore fl. *B*; Que c. des armes est e. gloire fl. *I*; a. en est e. *D*; *H wants* 3477-3489; (p. ... *T*); *ACEG agree*
3478. L. fiers C. *BI*; r. de Jursalem a *D*; a haute v. s'e. (escrie *CE*) *BCDEGIT*; *H wants*
3479. Dites do. *E*; Dites c. Francois: *G*; Dites c. do. m. g... *T*; v. malvais c. *CD*; c. fole g. esbahie *BI*; dolente g. faillie *DG*; *H wants*
3480. Tot vostre assaut n. pr. u. *D*; Je n. pr. vostre assaut u. *E*; pr. tout vostre asaut u. *B*; *H wants*; *ACGIT agree*
3481. Ancois qu'aie. l. m.: *BEGIT*; de p. d. nagie *E*; *D wants* 3481-3483; *H wants*; *AC agree*
3482. (N'i vorries vous est. *C*), p. toute Esc. (paenie *G*) *BCGI*; l'o. de Tabarie *E*; *DH want*; (l'o. ... *T*)
3483. pr. a l'a. pe. *C*; *DH want*; *ABEGIT agree*
3484. ... ou n. e. la c. *T*; m. cites [*sic*] *G*; c. garie *D*; *BEH want*; *ACI agree*; *BI add 2 lines* Buiemons iert menes el regne de Persie/ S'il ne gerpist sa loi mout est (iert *I*) corte sa vie
3485. *BI have 2 lines* Li d. Godefrois l'ot de mautalent rougie/ Il corne la retraite si la. l'envaie; so. un c. *EG*; ...a le c. cil la. *T*; c. par molt grant arramie *D*; si laissa l'a. *E*; si remest l'a. *G*; *H wants*; *AC agree*; *DBEGIT add 1 line* Les (Lor *G*; ... *T*) navres emporterent (encontrerent *B*) loins (pres *G*) d'iluec (de la *E*) une archie (contreval une arcie *B*; contreval la marchie *I*)
3486. [Ilu]ecques sont l. d. chaicun pleure et crie *T*; I. vienent l. *G*; (Ilueques v. d. *I*), c. corecie *BI*; c. rembrachie *C*; *H wants*; *ADE agree*
3487. A c. q. a (ot *I*) s. o. *BI*; ...l. q., l. buire baillie *T*; *H wants*; *ACDEG*

Variants 447

agree
3488. Li baron ont baillie a cascun bon ai. *BI*; g. francise *G*; *H wants*; *ACDET agree*
3489. fuse. li o. fust ma. *E*; l'o. mesbaillie *G*; *BHI want*; *ACDT agree*

109. *ABCDEGHIT*

3490. (A cest a. *BI*), fi. molt bien li *DBEGIT*; c. assault firent bien li *H*; *AC agree*
3491. r. se murent a. mi. li p. *C*; r. forment mi. *H*; r. le fisent a. m. au p. *I*; f. mi. a. le *B*; *G wants*; *ADET agree*
3492. s. son c. notonnier *H*; le c. qu'il tint plenier *T*; *ABCDEGI agree*
3493. Lors v. *BI*; v. B. et N. d. (despoullier *G*) *TG*; *ACDEH agree*
3494. r. fisent le (les *D*) fo. (fosses *D*) trebuchier (despecier *T*) *EDT*; r. ont l'eschiele fa. drecier *I*; fa. l'esciele drecier *B*; fo. trenkier *C*; fo. haucier *G*; *H wants*
3495. Pa. li Normant po. les murs pe. *BI*; *H wants*; *ACDEGT agree*
3496. Amont le (les *I*; *lacking in H*) fosse (fosses *I*; *lacking in H*) montent jusc'al mestre t. *BHI*; A. f. *T*; s. monte c. l. rocier *G*; *ACDE agree*
3497. Onques desi as murs n. *BI*; Desi q. a m. fort n. *E*; Desi au, n. voulurent arrester *H*; m. n'i v. *C*; *ADGT agree*
3498. en volrent p. *B*; en font menuiser *H*; en fisent p. *I*; f. depecier *D*; f. trebuchier *E*; *ACGT agree*
3499. Poi prisent Sarrasins se Dex lor velt aidier *D*; ce n. pot ca. *C*; ca. n. valut un *E*; ca. valissant .I. *G*; ca. ce n. v. *TI*; *H wants*; *AB agree*
3500. Mais l., t. de mortier *H*; s. de tiere d. c. *BI*; s. fonde d. c. *G*; t. a c. et a m. *T*; *D wants*; *ACE agree*; *BI add 1 line* .II. lances et demie avoit el paounier
3501. Le mur se hastent N. approcer *H*; N. font l., f. amont d. *CT*; (v. les escieles p. *B*), f. sus d. *IB*; *ADEG agree*
3502. (D. les aultres: *H*), l'alerent atacier *BHI*; Jouste le. a. .II. la *T*; a. les vont au mur puier *D*; a. les f. *G*; *ACE agree*
3503. *BI have 7 lines, H has 6 lines, for 3503-3504* A fors cordes vont (A fors cordes s'en vont *I*) l'une a l'autre atacier (*H wants*)/ De monter contremont ne se font pas priier (Puis montent contremont a poyer *H*)/ Qui ains ains qui muis muis coumencent a puier (Qui myeulz mieulz commencent rampoyer *H*)/ Et li Turc lor lancoient les grans canes d'acier (Turcz leur lancent les canes d'acier *H*)/ Lor escus lor fendoient (Leurs escus fendent *H*) et faisoient (vont *H*) percier/ Mais nen (ains *I*) i (n'i *I*) ot Normant qui reculast arier (Mais onc Normant ne reculla arrier *H*)/ Toudis vont contremont mout sont hardi et fier (Ceulz vont contremont comme fier *H*); si harpi q. i os. *E*; q. monter ost premier *D*; q. ose amont p. *T*; su. alast p. *C*; *AG agree*
3504. *for BHI see 3503*; Au mur f., m. a l. *D*; l. picos d'ac. *E*; g. pieus d'ac. *T*; *ACG agree*
3505. ... c. des engins t. *T*; l'e. tournent a l. gent adversier *H*; *ABCDEGI agree*
3506. A (Ta. *D*) m. en i o. *BDI*; Et ta. *C*; A (... *T*) m. paien o. *ET*; f. le sanc du

448   Variants

        cors raier *E*; f. tiestes costes brisier *G*; t. et c. (costes *I*) *BDIT*; *H wants*
3507. L. b. s'escrierent o. *D*; Les b. s'escrient: *H*; L. baron escrient o. *C*; (... l. *T*), o. (*lacking in H*) avant c. *BCEDGHIT*
3508. se souloit vanter et *H*; so. si et v. *BDGI*; j. et v. *E*; *ACT agree*
3509. S. De. l. do. vir [*sic*] le cite a. *C*; ... De. Jherusalem l. do. aprochier *T*; S. ja De. *D*; De. lor laisoit J. *BI*; l. dounast J. *E*; l. soufroit J. *G*; J. aprochier *DEI*; *H wants 3509-3511*
3510. (C'a d. *I*) d. mordront lk. *BI*; [Ai]ncois mordries le mur s'i. *T*; mo. le mur se i. estoit d'a. *C*; *H wants*; *ADEG agree*
3511. Se premiers i entres bien vous pores prisier *BI*; O. nous ve. e. les les murs aprocier *G*; (... vo. *T*), e. de m. (m. gopillier *T*) *CDT*; *EH want*
3512. ...ibaut lo. *T*; d. s'escrierent or avant chevalier *G*; e. penses de Deu vengier *BI*; e. or de Jhesu venger *H*; *ACDE agree*
3513. Chascuns pens a s'a., h. a s. *I*; a. qui n'a pas cuer lanier *G*; *BDH want*; (... v. *T*); *ACE agree*
3514. Lors v. *BHI*; (... v. *T*) v. B. et N. r. *GT*; N. quarneaulz embracer*H*; B. en r. *B*; B. renhaitier *D*; *ACE agree*
3515. m. contremont estoient mout (mout *lacking in H*) manier (hastier *H*) *BHI*; m. es es., f. plus pr. *C*; ... m., f. mais pr. *T*; *DE want*; *AG agree*
3516. T. monterent tot p. *B*; T. estoient l. *H*; T. si f. *I*; c. ne sont pas lanier *G*; (... T. *T*); *ACDE agree*
3517. ...ucon d. M. ont fait g. *T*; Ne. F., M. qui fu g. *G*; d. Millon leur g. *H*; M. qui'st lor g. *BI*; M. i f. *C*; *ADE agree*
3518. Dont m. *BI*; Et m. *C*; O. (... *T*) monteront a (as *G*) f. (murs *G*) *EGT*; m. amont D. lor doinst r. *D*; *H wants*; *BI add 1 line* La veiscies Normans ces quarraus enbracier; *BHI then add 1 further line* Ja fust prise la vile sans nesun enconbrier (atargier *I*; Ja fut pris Jhursalem sans point targier *H*)
3519. Mais T. (Mais les T. *H*), (lo. font mortel *H*) j. .I. mortel enconbrier *BHI*; (... T. *T*); *ACDEG agree*
3520. S. les murs orent mis .I. g. marrien entier *BI*; m. misrent ung gros piller *H*; ... m. orent prest .I. *T*; p. le g. b. d'un c. *E*; d. solier *G*; *ACD agree*
3521. Tr. paien le lievent c. a .I. lev. *BI*; le leverent c. *DE*; le souslievent c. a bon lev. *G*; *H wants*; *ACT agree*
3522. C. le gieterent p. *BI*; Contremont l'o. leve p. *E*; C. le trebuchent p. *T*; p. no gent d. *CET*; n. enpirier *G*; *ADH agree*
3523. Quanqu'en (Quanque *I*) a consivi fist tot j. t. *BI*; Quant qu'il actaint a fait trebucher *H*; l. fust c. *D*; Kanques l., c. en f. *E*; (... *T*); *ACG agree*
3524. .XX. (.XIII. *H*) d. n. font (fist *H*) trestous (errant *I*) errant (trestous *I*; *lacking in H*) escervelier (devier *H*) *BHI*; oc. ce fu grans destorbiers *C*; oc. dont n'i ot k'airier *E*; oc. Dex com g. *G*; oc. ci a g. *T*; g. destorbier *D*; *BHI add 1 line* Dont Jhesus fist les (lor *I*) armes en glore herbregier
3525. L. fel Cor. *T*; Cor. commence a *H*; *ABCDEGI agree*
3526. v. les a. car ci. n'i o. mestier *E*; v. d'a. *H*; *BI want*; *ACDGT agree*
3527. Q. que c., (s. que pastours n. *I*) *GI*; Cuidies ceens s. *T*; *C wants*; *H wants 3527-3532*; *ABDE agree*; *BI add 3 lines* Vous n'aves pas trove Garsion le premier/ Ne son fil Sansadoin que mout par avoit cier/ Qui vous rendi sa tor sans traire et sans lancier
3528. t. a a jugier *C*; *H wants*; *ABDEGIT agree*

Variants 449

3529. pa. cha outre po. *D*; *GH want*; *ABCEIT agree*
3530. q. l'aiens con. *C*; con. l'ares (l'arois *B*) comparet ci. *IB*; *H wants*; *ADEGT agree*
3531. Ou vieil r. Corbadas n'a. *T*; r. Cornumaran n'a. *E*; J. l'a. que eslechier *C*; n'a. que courecier *BI*; *H wants*; *ADG agree*; *E adds 1 line* Et en ot mout grant joie Corbadas au vis fier
3532. T. David ert al. *EG*; D. s'est al. *BI*; *CH want*; *ADT agree*
3533. (Le duc de *H*), f. son c. (c. gresler *H*) *EH*; *C wants*; *ABDGIT agree*
3534. Et B. et N. o. *D*; Et (*lacking in H*) Normans et Bretons a f. *GH*; B. fisent l'a. *BI*; *E wants*; *ACT agree*
3535. so. mis: *BGHI*; l. t. a. .I. (lonc l. t. d'u. *G*; l. t. d'u. *H*) arcier *BCEGHIT*; *D wants*
3536. b. en v. *E*; i vinrent p. *TC*; a renhaitier *D*; *BI want*; *H wants 3536-3541*; *AG agree*
3537. m. si sont ale c. *E*; m. si les ont fes c. *G*; *H wants*; (se. fo... *T*); *ABCDI agree*
3538. (K. lor v. *BI*), da. de lor dras escorchier (de ... *T*) *DBEIT*; da. et cindre et rescourcier *G*; *H wants*; *AC agree*
3539. l'u. cor a *BCEI*; l'au. venir et es. *G*; al. et repairier *BDI*; *H wants*; *AT agree*
3540. Et c. q. orent s. font bien assasier *E*; Celui q. a grant s. *BI*; *H wants*; *ACDGT agree*
3541. S. que e. l'o. D. avoient g. me. *E*; C. sachies en l'o. *C*; Bien s. *T*; D. en avoient me. *E*; *H wants*; *ABGI agree*

110. *ABCDEGIT* : *H wants*

3542. N. et g. fu li *E*; fu fiers li *D*; *ABCGIT agree*
3543. f. bien l'es. *B*; *rest agree*
3544. C. trop p. *C*; Que to. au premerain f. *D*; to. premiers i f. as mures (murs *I*) les g. *BI*; to. au premier ens es murs les g. *E*; f. es (as *D*) murs g. *CDT*; *AG agree*
3545. Et les fosses em. *E*; em. a peles et a p. *D*; em. a haces et *G*; *BI want*; *ACT agree*
3546. ge. desarmees s. grant t. *C*; s. molt de max *D*; *BI want*; *AEGT agree*
3547. cl. et l. s. fu ca. *BCDI*; cl. et luisoit l. s. *E*; *AGT agree*
3548. H. retentist l. *BI*; l. cornes moienaus *E*; *ACDGT agree*
3549. et Boulenois q. *BDEIT*; q. o. l. cors v. *E*; l. cors o. *BI*; o. loiaus *DT*; *ACG agree*
3550. S. metent el (es *I*) f. (fosses *I*) *BI*; f. as houes communax *D*; et a paus *E*; *ACGT agree*
3551. Contremont droit (la *I*) a. (as *I*) m. (murs *I*) la o. fais lor estaus *BI*; q. as murs: *DG*; puierent l. t. *D*; monterent l. t. *GT*; *E wants*; *AC agree*
3552. f. iluec coumunaus *BI*; *ACDEGT agree*
3553. j. maint q. *BI*; g. caillaus *C*; *ADEGT agree*
3554. Les el. *BD*; (el. leu p. *T*) p. qui sont cler (fais *T*) a *ET*; p. et trestous lor nasaus *B*; p. qui o. *C*; p. et se i font grans traus *I*; o. et c. et biax *D*; *AG agree*

Variants

3555. (Del t. et del la. *D*), m. fiers li *TD*; la. i f. g. *E*; g. sis a. *I*; *ABCG agree*
3556. Contremont as (es *I*) fosses lor font engiens et maus *BI*; Et ces fors Sarrasines lor jetoient caillaus *D*; C. li Beduin lo. f. grans claus *G*; Es vous le. B. (Beduins *E*) *TE*; qui f. a caus *E*; que Jhesu Crist doint maus *T*; *AC agree*
3557. Et a. p. escrient t. *BI*; Et paien escrioient t. *G*; p. s'e. t. *C*; *D wants*; *AET agree*
3558. Mahomes les maudie par cui li mons ert saus *E*; to. les tr. et les b. *BC*; to. n. tieres et *G*; to. n. reces et *T*; *D wants*; *AI agree*; *BI add 2 lines* Li jors fu biaus et clers mout fu grans li asaus/ De l'angousce del soif en i ot .M. de caus

111. *ABCDEGHIT*

3559. f. bel et l. *H*; s. leva *BI*; s. raiant *C*; *ADEGT agree*
3560. *H gives 3 lines for 3560-3563* Le duc de Buillon tantost son cor sonna/ Flamens et Boulonois chacun d'eulz s'atourna/ Es fosses entrerent le cri enforca; L. a. f. mout g. *BI*; Et la noise f. *E*; c. enforca *G*; c. commenca *T*; *C wants*; *AD agree*
3561. *for H see 3560*; A. hautement escria *C*; *rest agree*
3562. *for H see 3560*; Ba. o. d. *BDIT*; f. or n. v. targies j. *C*; *AEG agree*
3563. *for H see 3560*; F. erent arriere c. *BDI*; s. arreet c. *C*; s. efforcie et c. s'av. *E*; c. s'en av. *G*; (... *T*)
3564. Les es. *B*; L. escielle d. (drecent .IIII. *H*; ont drecie *T*) *CDGHIT*; *AE agree*
3565. Hucher le Flamenc contremont ala *H*; C. contremont en a. *T*; c. se monta *C*; *ABDEGI agree*
3566. Et Herviex d. Cherel: *D*; Et Hervins d. *E*; Et E. li bers: *G*; (sor u. *CDEG*) u. autre monta *TCDEG*; a. ranpa *BI*; *H wants 3566-3569*
3567. Et H. sor l. *DE*; Et H. l'Alemans q., n. s'ariesta *G*; Et H. en l. *T*; p. se s'a. *A*; p. n'i oublia *ET*; n. s'oblia *BCDI*; *H wants*
3568. Et M. a l. *BGI*; que forment l'e. *B*; .II. le combra *E*; .II. mains enpuigna *G*; m. la poigna *CA*; *H wants*; *DT agree with text*
3569. O. lor a. cil sire q. tout le *C*; Cil le., g. q. tout le *E*; (a. D. e. g. *D*) g. q. le m. estora *BDI*; *H wants*; *AGT agree*; *DBEGIT add 1 line* Que (Quar *BEGIT*) se (se *lacking in B*) il nes (s'il ne les *ET*) secort ja nus (pies *E*; uns *GT*) n'en (ne *BI*) descendra (revenra *BI*; estordra *ET*); *BI add 1 further line* Jusques vers les cretiaus nus d'aus ne s'aresta; *BHI add 1 further line* Et li Turc les atendent (Les Turs l'atendent *H*) nus ne se (s'en *H*) remua
3570. Y. tient .I. *I*; .I. croc a *BDHI*; .I. ays a *T*; a Guisie l. *B*; a Hucher l. *H*; a Guiche l. *I*; l. lancha *D*; *ACEG agree*
3571. h. li Turs li *C*; h. les branchons en. *D*; le greu li *E*; le gros li envoia *G*; cr. ficha *H*; *ABIT agree*
3572. *BHI invert 3572/3573*; Et dans Margans l. *D*; D. y vient: *H*; v. Hervin si racrocha *E*; E. (dant Hervin *D*; Eneuron *H*) acroca *BDHI*; E. recroca *G*; E. rehocha *T*; *AC agree*
3573. *BHI invert 3572/3573*; Am. les a sachies a l'ai. *D*; Am. l'a s. *H*; l'e. vot

Variants 451

sacier a l'ai. *G*; s. o l'ai. *I*; s. a la force qu'i. *T*; *ABCE agree*; *BHI add 1 line* A .II. puis (mains *H*) tint le croce (le sacha *I*) la (la *wanting in H*) dedens le saca (tyra *H*; et par dedens mis l'a *I*); *BI add 1 further line* Se Dex ne lor aie mauves plet i ara

3574. (Reimbrant l. *H*), v. (vit *H*) durement l'e. *EH*; f. s'aira *G*; *BI want 3574-3576*; *ACDT agree*

3575. I. tint l'e. (l'espee contremont l. *H*) *CDGH*; I. traist l'e., l. dreca *E*; n. mout forment l'enpuigna *G*; *BI want*; (... l'e. *T*)

3576. U. S. en f. q. le chief li c. *DE*; F. u. S. le. *H*; q. le piet li cope [*sic*] *C*; le. puins li *G*; *BI want*; (... f. *T*)

3577. Pieres d., a. acreventa *E*; ung aultre graventa *H*; *ABCDGIT agree*; *BI add 1 line* As Turs desor les murs mout grant estor i a; *EBDHI add 1 further line* Hungier cuident (cuide *B*) aidier (souscorre *BHI*; vengier *D*) mais (mais *lacking in H*) rien (nus *B*) ne lor (lor *lacking in H*) vaura (mais noient ne valra *D*)

3578. d'u. machue d. *D*; m. Rambrant a. *H*; *G wants 3578-3580*; *T wants 3578-3584*; *ABCEI agree*

3579. (t. l'e. *BI*), l. trebuscha *CBDI*; t. estendu a tere l'enversa *E*; a. l'envoya *H*; *GT want*

3580. Paiens d. C. .I. autre Turc f. *B*; Pa[...] d. C. .I. pa[...] asena *I*; C. ung aultre frappa *H*; *EGT want*; *ACD agree*; *BI add 1 line* D'une grande plomee si grant cop li douna

3581. (U i. *lacking in H*) i. vosist u n. *BDHI*; i. voellent u n. *G*; a. l'envoya *H*; l. craventa *CD*; *ET want*

3582. Des qu'el *B*; Jusqu'au fon. *C*; Si qu'el *G*; Au fon., d'el. crola *H*; Desqu'au fon. de la fosse c. *I*; d'el. s'aroia *BI*; d'el. roela *DCG*; d'el. rondela *E*; *T wants*

3583. f. mi. g. q. *H*; g. merveille q. *BEGI*; *T wants*; *ACD agree*

3584. Si (Cis *I*) son. c. a tiere q. *BI*; Q. n. d'e. nul m. *H*; m. nen a *BCDGHI*; *T wants*; *AE agree*

3585. Lors es. *BI*; Do. efforcha l. *DE*; D. enforce l. *GHT*; *AC agree*

3586. L. dames escrierent: *CT*; d. s'escrient: *H*; baron (sires *H*) or i parra *BCDEGHIT*

3587. u Jhesu sussita *G*; *rest agree*

3588. Tost averra s'am. *E*; av. sejor q. b. i mouvera *G*; *H wants*; *ABCDIT agree*

3589. Godefrois v. *G*; d. vit Hucher le s. *H*; v. Guignier t. *B*; *ACDEIT agree*

3590. *T inverts 3590/3591*; pr. grant pesance e. a *H*; m. fort lor e. *B*; *G wants*; *ACDEIT agree*

3591. *T inverts 3590/3591*; Et Eu. ausi: *CT*; Et Hervin avoc lui q. *D*; Et Hervin dolousoit: *E*; av. mout fort s'en (se *I*) aira *BI*; q. (car *E*) mout f. *CE*; *H wants*; *AG agree*; *BHI add 1 line* De pite a (a *lacking in H*) plore Demeldeu reclama; *BCDEGHIT add 1 further line* Le (son *H*) mestre cor a pris: *BHI*; Il prist le maistre cor: *CDEGT*; hautement le sona (corna *BI*) *DBEGIT*; mout hautement sona *C*; par trois foys le sonna *H*; *BI add 1 further line* Dont laisierent l'asaut et deca et dela

112. *ABCDEGHIT*

3592. d. prist hautement a soner la *D*; p. son c. a s. *H*; c. si sona (sonne *I*) la *BI*; *ACEGT agree*
3593. q. il a s. *C*; i. l'ot s. (cornee *D*) *ED*; f. l'a sonee *DG*; *BHI want*; *AT agree*
3594. l. tiere au. par m. *C*; t. autre fois a *GT*; *BHI*; *ADE agree*
3595. (C. iert s. *I*) s. nen ert m. (m. amenee *I*) *BI*; C'e. s. *H*; n'i a m. *G*; *ACDET agree*
3596. T. viennent a l'a. sans demouree *H*; *ABCDEGIT agree*
3597. Lors s'arengent F. *BI*; Do. se rengent F. *GH*; l. gent s. *H*; t. loee *G*; *ACDET agree*
3598. D. Pulle de Calabre de m. autre c. *B*; *H wants*; *ACDEGIT agree*
3599. p. veir t. (grant *E*) n. (n. et grant c. *E*) *BEIT*; *ACDGH agree*
3600. (La ter. e. *H*) e. fremist:, (en celle contree *H*) *GH*; *CD want*; *ABEIT agree*
3601. L'a. f. mo. rude la me. *H*; mo. grans et *BIT*; mo. furs et (et dure l. *G*) *EG*; *D wants*; *AC agree*
3602. Et c. de l'e. traient p. *DG*; l'e. tirent p. *H*; t. a mout grant randonee *E*; *ABCIT agree*
3603. R. de Flandres a *BI*; c. meslee *G*; *ACDEHT agree*
3604. B. o la *H*; *ABCDEGIT agree*
3605. Avec f. H. l. que. qui *H*; O lui f., H. sor le bai qui agree *I*; q. bien fiert de l'espee *B*; l'en. ot p. *GT*; *ACDE agree*
3606. N. cui proecce est dounee *BI*; q. n. est c. (que *E*) *TE*; q. est n. *H*; *D wants*; *ACG agree*
3607. Si fu li quens Rotous (Et Rothou du Perche *H*) qui ainc (onc *H*) n'ama posnee *BHI*; B. et T. c. *T*; B. qui ot l. *E*; *ACDG agree*
3608. a. apries sans point de demoree *G*; p. com jerfaus a *C*; p. com f. *H*; *DE want*; (c. ... *T*); *ABI agree*
3609. E. f. s. sont mis tout a u. huee *E*; S'en entrent e., (a molt grant r. *D*) *GD*; m. au f. de r. *H*; m. es fosses a *I*; *ABCT agree*; *BI add 1 line* Quar de Jherusalem cuident avoir l'entree; *BHI add 1 further line* Ja fust la cites prise sans nule demoree (n'y eust arrestee *H*)
3610. Ma. c. es. er. (est *BH*; estoit *I*) malement (mal *HI*; ma... *T*) aprestee (... *T*) *EBHIT*; es. estoit mo. d'iaus apresse *C*; mo. mal ordenee *G*; *D wants*
3611. C. l'u. est av. l'au. ens (ens *lacking in H*) el (au *H*) f. boutee (j. *H*) *BHI*; (l'au. fu el *G*), f. entree *CG*; *D wants*; (ou f... *T*); *AE agree*; *I adds 1 line* Sans mout grande bataille n'en iert hui mais levee
3612. La fu la nostre gens m. fort desbaretee *BI*; D. fu nostre g. mal arree *H*; g. durement a. *DE*; g. malement a. *T*; *ACG agree*
3613. Au mur pic. (hurtent *G*; fierent *T*) *DGT*; et pilent s'o. l. tiere es. *G*; m. l. pie. o. (... *T*) es. (... *T*) *ET*; pie. fausee *BI*; pie. troee *D*; *H wants*; *AC agree*; *BHI add 2 lines* Lor escieles (eschiele *IH*) drecierent (redrescent *H*) mais poi (point *H*) aront (n'ont *H*) duree/ Ja monteront amont (Ja montassent *H*) nostre gent onoree
3614. Quant li S. o. sor aus le p. (plonc *I*) c. (o. p. getee *H*) *BHI*; Li S. lo. o. p. caude aval jetee *D*; Li Sarrasin amont lo. *G*; d'a. li o. *E*; d'a. o. p. chaude jetee *T*; *AC agree*

Variants 453

3615. (c. sor eu.: *I*), espesement j. *BI*; b. des. eu. degoutee (destempree *D*; ont colee *T*) *CDT*; b. par de. *EG*; *H wants*; *BHI add 1 line* Et le plonc (Et la poi *I*) tot (tot *lacking in H*) argant cescune (chacun grant *H*) bacinee
3616. t. qui sont amont l. *G*; a leciee *C*; *H wants*; *ABDEIT agree*
3617. eu. mout forment es. *BI*; d. esgaree *G*; *H wants*; *ACDET agree*; *BI add 7 lines*, *H adds 5 lines* Nequedent s'en i ot mout forment de grevee (*H wants*)/ Encontre aus est la force des Sarrasins alee (*H wants*)/ .I. grant fust lor gieterent de demie caree (Et grant feu getoient ou ot quarree *H*)/ Caus (Ce *H*) qu'ataint de no jent (de noz gens *H*) a jus acravantee (est graventee *H*; i a jus craventee *I*)/ Puis ont cascune esciele el (au *H*) fosse randounee (roulee *H*; rendoulee *I*)/ Lors oisies tel noise tel bruit et tel criee (Adonc y ot tel noise et tel criee *H*)/ Que la tiere en tentist (bondist *H*) plus d'une grant liuee (par la contree *H*)
3618. es. miracles ordenee *G*; *H wants 3618-3620*; *ABCDEIT agree*
3619. Coument H. escape et *B*; *H wants*; *ACDEGIT agree*
3620. Et Hervins autresi: *DE*; de l. g. desfae *DGI*; *H wants*; *ABCT agree*; *BI add 1 line* Dex le volt li biaus sire c'est (se fu *I*) verites provee

113. *ABCDEGHIT*

3621. Fo. fu (est *C*) Jherusalem: *DCT*; fu Jerusalem haute et ferme e. *E*; J. entor et e. *B*; et l. mu. e. *T*; mu. fort e. *CD*; *AGHI agree*
3622. F. asalirent l. p. *BI*; F. l'assallirent l. p. *C*; Durement i *G*; Fierement assaillent l. p. *H*; *ADET agree*
3623. Leurs engiens approcent p. *H*; e. aproismierent p. *B*; e. atornerent p. *C*; e. aporterent p. *T*; h. del m. (... *T*) *BHT*; h. a bandon *E*; h. le m. *I*; *G wants*; *AD agree*
3624. (Les murs q. *I*), a. mais n. (n'i *B*) v. *EBGI*; *H wants*; (.I. ... *T*); *ACD agree*
3625. Par ded. *C*; Que ded. l'ont terre: *D*; ded. (Dedens *H*) est t. *GH*; de (a *DGT*) c. et de (a *DGT*) sablon *BCDEGHIT*
3626. H. o. l. T. p. et Hervin le baron *E*; Et Hervin et H. o. *D*; l. mas f. *I*; *H wants*; *ABCGT agree*; *BI add 1 line* Encontre aus sur le mur (les murs *I*) erent a entencon (grant tenson *I*)
3627. Qu'il (Que *I*) le. quident m. e. la *BI*; *H wants*; *ACDEGT agree*; *BHI add 1 line* La veiscies des nos (Sur l'eure veisses *H*) mout grande (grant *H*) lutison
3628. (H. se tint bien q. *T*), c. a d. *CT*; l'A. o ceux de Lyon *H*; q. mout estoit proudom *BI*; q. o. c. d. baron *E*; *ADG agree*
3629. E. p. l. f. l'a. M. *B*; P. mi l. f. embrache l'a. M. *D*; e. l'amiraus Wautolon *C*; *AEGHIT agree*
3630. E. saisist autre m. pa. estoit pr. *B*; Environ va saisi [*sic*] ung Turc conc [*sic*] preusdom *H*; Et Hervins s., (l'a. qui mout estoit pr. *E*) *DE*; l'a. que m. f. *C*; m. i f. *I*; *AGT agree*
3631. f. nes d. *BGI*; Y. ot a n. *E*; Y. a n. *H*; (a. ... *T*); *ACD agree*
3632. Ju. des murs l. *CDIT*; m. le je. u i. voelle u n. *B*; m. le trebucent u i. *G*; l. jeta u i. *E*; je. ou (ou *lacking in H*) volsissent ou n. *DH*; i. volsist u n. *CG*; (v. ... *T*)

454   **Variants**

3633. (C. fu grant *H*) g. mervelle: *BCGHI*; Isabras avoit non *B*; m. ot g. *G*; *ADET agree*; *BH add 1 line* Li baron et li prince l'enmainent (le viennent *H*) de randon
3634. *No variant*
3635. Ysabras a. a Reimvault l. F. *H*; Y. acorut a *DT*; Et Y. s'en court a *E*; a. akeurt a *C*; *ABGI agree*
3636. (Et cil l. *C*), cr. hautement a cler t. *BCDEGT*; M. lor a *I*; h. son *H*
3637. G. Frans n. *BIT*; G. quens n. *G*; n. m'ocie: *CBEGHIT*; po. D. et por son nom *D*; po. t. ton D. *E*; po. vos Dex vous pr. *G*; pour Dieu t'e. *H*; D. te pr. *BCEI*; (t'e. ... *T*)
3638. S. d. n. e. voles a. grant r. *BI*; Car s. t. v. *G*; t. v. tu auras d. n. grant r. *H*; .II. garison *A*; *CDET agree with text*
3639. Ases en averes par le mien Dieu Mahon *G*; Tant n'e. *E*; n'e. demanderes n. *C*; d. n'e. ayes a bendo[n] *T*; *BHI want*; *AD agree*
3640. (g. dit l. *H*) l. quens: *DEGHIT*; l. os s. *B*; com te dison *H*; s. que n. *BGI*; *AC agree*
3641. Renoyez vos Dieux quictes vous lairon *H*; Q. rarons .II. *BC*; r. les .II. contes po. *E*; n. quites sans raencon *IB*; *ADGT agree*; *I adds 2 lines* Ce sont cis .II. meismes qui de toi fisent don/ Et rejeterent fors jus des murs a bandon
3642. (Et l. pa. r. c. *H*), .I. bouton *BDEGHIT*; pa. or n. *C*
3643. M. volroie es. (mourir sans rancon *H*) *BCDEGHIT*; es. frus el chief (es. ou chief ferut *I*) d'u. grant b. *BI*; es. mors ou t. *D*; o. ou t. d'u. ... *T*
3644. Q. jou fusce r. *BI*; Q. fusson r. *H*; Que nous fussons r., pov. rean... *T*; s. poi d'o. *DE*; *ACG agree*
3645. Enc. en a d. *BI*; Enc. a de v. Frans .XIIII. *H*; a. de v. *AC*; en cel donjon *DBEGHIT*
3646. Et f., d. l'ermite P. *C*; a. des l. *DE*; d. l'ost mestre P. *BI*; d. desseur le perron *H*; *AGT agree*
3647. L. .XIIII. pour .II. contre nos v. r. *G*; L. .XIIII. quictement v. r. *H*; .II. ki qu'en poist ne qui non *BI which add 1 line* Vous rendrai volentiers par nostre Deu Mahon (sou sachies par Mahon *I*); .II. boinement v. *E*; *ACDT agree*
3648. Et pour cescun de nous .I. *BI*; Et avoec itout c. *E*; a. avoec c. *G*; c. dels mules d'Arragon *D*; *H wants 3648-3655*; (...s ar. *T*); *AC agree*
3649. Cargies d. (d. fin besant s. c. *I*) *BI*; ... fin argent s. c. *T*; b. de pur or s. l. *D*; *H wants*; *ACEG agree*
3650. p. roiaus et .I. *D*; *EH want*; (... p. *T*); *ABCGI agree*
3651. Ca. regarde a. ce. gr. raencon *T*; Que n. *D*; Ca. vous aves e. *E*; *H wants*; *ABCGI agree*
3652. d. ces couvenances nostre l. v. j. *BI*; *H wants*; (... d. *T*); *ACDEG agree*
3653. s. no loiaute:, (si nous acuiteron *T*) *DEGT*; *C wants 3653-3655*; *H wants*; *ABI agree*
3654. *CH want*; *ABDEGIT agree*
3655. n. renoie p. *G*; n. renoyeriemes p. *T*; a. en c. (.I. plon *B*) *DBEGIT*; *CH want*
3656. Q. le duc l'e. *H*; li d. l'entendi: *BEI*; si (s'en *G*) b. (baise *BGIT*) le (son *G*) m. *CBDEGHIT*

Variants 455

3657. C. a jure p. *BI*; d. (desour *G*) son b. *BGIT*; l. sablon *C*; *H wants*; *ADE agree*; *BI add 1 line* Que se cou lor faisoient de mort ont garison
3658. D. li contes Robers cousin quel le feron *BI*; o. quel f. *DEH*; *ACGT agree*
3659. Pris a. ces barons les autres en raron *E*; Bi. avons en. *BDH*; es. avenu pris a. bons prisons *G*; bo. (gros *BI*; grant *H*) poisson *DBHI*; *ACT agree*
3660. Sonnes la r. si n. retreon *H*; r. arrier n. remeton *D*; n. traion *BCEI*; *AGT agree*
3661. Jusqu'a u. *I*; Jusques a a. *T*; i asauron *BEGIT*; *C wants*; *H wants 3661-3663*; *AD agree*
3662. Pi. a destroit l. *C*; Pi. adont l. prenderom *D*; *H wants*; *ABEGIT agree*
3663. L. dus li (L. bons dus *I*) respondi a *BI*; R. a dit a *DE*; *H wants*; *ACGT agree*
3664. s. (cornet *I*) hautement a cler t. *BI*; s. bounement a *G*; *ACDEHT agree*
3665. Francois la. *BDEHI*; la. l'assault et la t. *H*; l'a. entor et environ *B*; l'a. li nobiles baron *I*; (... F. *T*); *ACG agree*
3666. Le roi paien e. *B*; Les rois p. e. (ont menes *H*) *IH*; e. droit a lo. *BI*; e. dedens lo. *D*; e. en mi lo. *GT*; en lo. pav. *H*; *ACE agree*
3667. C. les v. *GIT*; m. en ot (a *E*) g. *BCEI*; *DH want*
3668. *DH want*; *ABCEGIT agree*; *BI add 10 lines* Eruin et Hungier corent sus li felon/ De grans maces se (les *I*) fierent entesees de plon/ Les fierent a .II. mains sans nule esparnison/ Li baron se desfendent irie coume lion/ As (A *I*) espees d'acier font tele ocision/ Qu'en sanc as Sarrasins fierent jusqu'al (jusqu'a *I*) talon/ .XXV. Turs ont mors (.XV. Turs i ont mort *I*) a cel asamblison/ La oisies grant noise et fiere huison/ Or gart Dex nos Francois (Or pens Diex des barons *I*) par son saintisme non/ Quar jou ne sai coument voisent a garison

114. *ABCDEGHIT*

3669. H. chil d. Cherel et Hervins l'A. *D*; Oruins d. Cresil et *C*; Dans Hervix d. *E*; Eu. li bons bers et *G*; Euron d. Quarel et *H*; *ABIT agree*
3670. sor les murs a. *BDI*; (le mont a. *C*) a. avoec le. *EC*; le mur entre le. *H*; mu. monte e. *T*; *AG agree*
3671. Et tienent en lor puins les bons espius trencans *B*; L. a. ont vestus et ont caint l. n. br. *E*; Enpurs l. nus a. *C*; Vestus l. bl., et trestous n. *I*; et tienent n. *D*; t. l. n. br. *GT*; *H wants*
3672. T. et enmiellentes d. cervieles d. s. *G*; T. sont (Et t. *I*) et maillente d. c. *BI*; *EH want*; *ACDT agree*
3673. Fierent se *B*; d. molt f. (est *E*) fiers l. *DE*; d. a fier semblant *H*; i. ont les s. *G*; i. sont l. *I*; *T wants*; *AC agree*; *BHI add 1 line* .XXV. Turs ont mors (.XXV. en ont occiz *H*; .XV. Turs en ont mort *I*) as (a *I*) aspees trenchans (a l'espee trenchant *H*)
3674. Ma. g. estoit l. *E*; Ma. mout fu *G*; fo. de la gent mescreant *EBGI*; fo. des mescreant *H*; fo. de p. *T*; *ACD agree*
3675. A m. a (A m. et a *I*) canes et *BI*; As gra., gro. as grans f. *D*; et as f. *G*; ... gra., et a haches trenchans *T*; f. pesans *BCDI*; *H wants 3675-3679*;

456 Variants

        AE agree
3676. ... g. pl. et a dars bien lancans *T*; pl. a caaines pendans *BI*; *DEGH want*; *AC agree*
3677. L. ont ferus es el.: *BI*; fe. nos b. *CDGT*; l. Francois: *E*; es costes et es fl. *BEIT*; es el. flanboians *G*; *H wants*
3678. ci. fierent sor eu. *D*; ci. refiert eu. q. les ont v. *I*; q. o. l. cu. v. *E*; l. cors o. *B*; o. dolans *G*; *H wants*; (... r. *T*); *AC agree*
3679. (.XXX. T. *BI*), D. aidans *CBEGI*; *H wants*; (... T. *T*); *AD agree*
3680. (A hautes v. *B*) v. s'escrie: (s'escrie Cornumarant *H*) *BDHI*; v. escrie *CE*; (... h. *T*), li fiers C. *BDIT*; *AG agree*
3681. p. iteus co. *BDT*; p. tel co. *H*; *ACEGI agree*
3682. ... n'i seres j. .I. seul membre p. *T*; j. .I. s. *BCDGHI*; n. de v. .II. n'i e. menbre p. *E*; v. n'en e. m. p. *BI*; v. n'e. de m. (testes *D*) p. *CD*; v. de menbre n'e. *G*; v. n'y ait membre p. *H*; *BI add 1 line* Ne n'i ares mal (Ne ja n'avres mas *I*) bien en soies creans
3683. Vostre desfendemens n. vo. va. .II. (.I. *I*) besans *BI*; n. va. mie .II. *D*; vo. vaura .II. *E*; *H wants*; (... d. *T*); *ACG agree*; *DEGT add 1 line* Se (S'en *E*; ... *T*) Mahon (no loi *EGT*) voles croire tos vos ferai manans (joians *G*)
3684. *BDHI want*; (... en *T*); *ACEG agree*
3685. Q. li b., (o. son convenant *H*) *BHI*; *ACDEGT agree*
3686. (vo. l. deffense n. *C*; ... vo. *T*), n. lor va. .II. *CGIT*; f. n'i vauroit .I. blans wans *B*; f. n'est mie covenans *D*; n. valoit .II. *E*; *H wants*
3687. Ilz se son. r. c'est le plus pesant *H*; (l. son. il r. *B*), c. de (des *B*) Turs est p. *IB*; (r. que sor *D*) sor tous est (er. *D*) p. *CDGT*; el. fu p. *E*; *B adds 5 lines, H adds 2 lines, I adds 4 lines* Et il les a livres a .II. de ses serjans (*BHI*)/ Puis les fist desarmer des aubers jaserans (*B*)/ A garder coumanda lor armes (haubers *HI*) et lor (lor *lacking in H*) brans (*BHI*)/ Mout les a onores car de cuer est vaillans (*BI*)/ Asses sont regarde de Turs et de Persans (*BI*)
3688. Frans furent en leurs t. senglans *H*; F. furent a. t. (estres *B*; tres *I*) *DBGI*; F. sont a lor t. *E*; qui estoient sanglans *B*; d. vaillans *C*; d. dolans *D*; d. sanglans *EGI*; (... *T*)
3689. Entr'aus fu Godefrois (Garniers *I*) *BI*; Droit au t. *D*; q. estoit h. *BDIT*; q. fu et h. *EG*; *H wants*; *AC agree*
3690. Del tref fu lor p. d'o. cler et r. *B*; Dont l. p. es.:, (dores et r. *E*) *DET*; L. pumiel en estoient et c. *G*; p. de lor tref fu d'o. cler et luisans *I*; *H wants*; *AC agree*
3691. Avec eulz les Turcs q. *H*; le. cuer o. *C*; o. sacans *BI*; o. vaillans *D*; *AEGT agree*
3692. d. barons ma. *G*; *H wants 3692-3698*; *ABCDEIT agree*
3693. Li roi fu. *B*; Li rois sont s. lors pi. *I*; fu. a pie q. *E*; q. o. le. (le *G*) pe. (poil *G*) fe. *EG*; le. cies o. *BI*; *CDH want*; *AT agree*
3694. furn. i. o. gro. et rians *T*; l. crins o. gris et b. *C*; o. vairs rians *EG*; *BDHI want*
3695. Li Turc s. *D*; Mout sevent b. p. *E*; p. et flamenc et r. *G*; *H wants*; *ABCIT agree*
3696. Qu'apris estoient p. *I*; a. lor estoit g. p. de l. *D*; es. passe avoit l. *E*; p. de

Variants 457

(en *B*) lor tans *GBIT*; *CH want*
3697. j. avoient: *DI*; c. .XX. m. *E*; c. d'eus m. *T*; .C. mile conbatans *BI*; grant tere de P. *D*; *CH want*; *AG agree*
3698. Durement le. *D*; ami. persans *I*; *H wants*; *ABCEGT agree*

115. *ABCDEGHIT*

3699. L. tr. fur. tendu q. ert d. *B*; L. Tu. entrent e. *D*; e. tref de p. *H*; d. mabre b. *E*; *ACGIT agree*
3700. l'o. i assamblerent l. p. *D*; l'o. Dieu i a. *E*; De. i alerent l. p. *BI*; De. s'assamblerent ...i m. *T*; *H wants*; *ACG agree*
3701. pai. l. raisons et *D*; pai. le par. et les di. *E*; *H wants*; (par. ... *T*); *ABCGI agree*
3702. Le duc de *H*; (r. ... *T*); *ABCDEGI agree*
3703. Payen croyes D. le roy poestis *H*; P. cr. (creres *B*) en D. (D. qui lo cro. *B*) *IB*; (f. ... *T*); *ACDEG agree*
3704. Et n. f. d. la v. *E*; Q. (Et *I*) f. n. d. la v. *TI*; f. d. le v. et m. et sevelis *C*; v. et de mort s. *BDEGI*; *H wants*
3705. T. les jor. de ma vie: *BDIT*; ta. que jou vi. *G*; c. vivrai: *CE*; en s. vo. (tes *B*) a. *DBGI*; s. mais vo. (... *T*) *CT*; s. li vostre a. *E*; *H wants*
3706. Y. respondi q. fu grans et furnis *E*; Ysabras respont q. est blanc comme lis *H*; q. grans (noirs *D*) o. les sorcis *GBDI*; q. o. noirs les sorcis *T*; *AC agree*
3707. Pa. Mahon jo n. *D*; se longues i. *T*; c. sui o. *I*; i. vis *DT*; *H wants*; *ABCEG agree*
3708. S. v. n. do. l'o. qui est jusque a P. *B*; Et se nos do. tot l'o. dusc'a P. *D*; S. me do. tout l'o. de Pavis *H*; S. v. n. donnissies l'o. *I*; Mais s. tout me do. *T*; do. tot l'o. qui'st a P. *E*; qui'st jusqu'a P. *CIT*; *AG agree*
3709. Ne s. *BCDGIT*; Ne seriemes n. pas a *E*; Si ne soye je mie a *H*; s. nus d. *BDI*; u. des n. *G*
3710. e. Mahons p. ma. *E*; p. Mahom et Appolins *H*; o. (il *I*) est en. *EGI*; *ABCDT agree*
3711. S'or e. *T*; e. esvillies d., (cou soies tos f. *BEI*) *CBDEGI*; *H wants 3711-3713*
3712. (J. n. *BI*; J. mais n. *T*) n. remanries e., (t. no p. *B*) *EBGIT*; n. demorries e. *D*; t. cel pa. *C*; *H wants*
3713. Q. l'entent l. b. d. s'e. *G*; l. d. l'entendi: *EI*; d. l'entent: *BDT*; si e. a fait .I. r. *BI*; si a j. .I. r. *E*; *H wants*; *AC agree*
3714. Ga. vestu d'un plicon gr. *E*; en .I. p. (plicon *H*) gr. (mis *H*) *BDHIT*; *ACG agree*
3715. B. reconnoit l. ro. qu'avuec el. *I*; ro. que p. *D*; ro. leur compaingz f. jadis *H*; c. pieca f. *B*; *ACEGT agree*
3716. (le. alast b. *C*) b. en la, (f. u el *C*) *BCDEGT*; b. et en f. et en v. *I*; *H wants*
3717. b. est dales aus as. *E*; a a raison mis *I*; *H wants*; *ABCDGT agree*
3718. du. Godefroi:, (t. av. ces .II. p. *I*) *BCI*; B. or av. *H*; *ADEGT agree*
3719. s. fort et, (poi. dusc'au jor del juis *D*) *ED*; s. sire et *G*; poi. jusc'a. por. *B*; poi. dusc'a roi de *I*; poi. jusqu'au port de *T*; *H wants*; *AC agree*

458   Variants

3720. Jherusalem ravres (a. *H*) par foi le vous p. *BHI*; (Jherusalem s'i. v. a. *T*) a. je vous *EGT*; *ACD agree*; *BI add 1 line* S'il voelent entr'aus .II. ancois que past lundis
3721. Taisies d. *D*; to. dit M. *H*; malv. hom r. *BDEGHIT*; *AC agree*
3722. v. que c. *B*; v. d. n. que c. f. *D*; *H wants 3722-3724*; *ACEGIT agree*; *BI add 1 line* U dedens .I. grant fu sor les carbons rostis
3723. Que e. *C*; *H wants*; *ABDEGIT agree*
3724. L. saintisme T. q. (q. en haut e. b. *T*) *ET*; q. e. si h. assis *I*; *H wants*; *ABCDG agree*
3725. Vous aurez p. n. deulz frees diz *H*; .II. rendons dusc'a .XV. c. *E*; r. jusqu'a .XVI. *BT*; *ACDGI agree*
3726. *H inverts 3726/3727*; Et un mulet cargie de fins besans ellis *E*; De besans d'o. c. .XXX. rencins *H*; *ABCDGIT agree*
3727. *H inverts 3726/3727*; .C. ronchis *D*; *rest agree*
3728. Et ares d. *BI*; Et s'aient d., c. .IIII. r. *C*; *DEH want*; (... *T*); *AG agree*
3729. Di. Godefroy s. de c. j'estoye f. *H*; du. Godefrois se (se d. c. su. tous f. *BI*) *DBEIT*; se j'en su. *C*; *AG agree*
3730. Tout seres delivre par foi le vous plevis *BI*; T. en yries d. n. n'en est desdiz *H*; d. que n'i seres m. *E*; j. n'en er. n. (.I. *T*) m. *DT*; er. ocis *G*; *AC agree*
3731. Sire d. *BI*; Y. loiaument vos plevis *D*; Y. n'en soies ja souspris *E*; s. entrequis *C*; *H wants*; *AGT agree*
3732. Bien v. er. vos (nos *I*) c. (commans *T*) *BIT*; Que t. v. c. er.: *D*; er. m. commans dones et acomplis *E*; er. m. couvenens et *G*; et vos d. *BDT*; et nos d. *I*; d. aemplis *B*; d. acomplis *DGIT*; *CH want*

116. *ABCDEGHIT*

3733. Y. envers moi e. *D*; ung petit entendes *H*; *ABCEGIT agree*
3734. Trestos vos (nos *I*) couvenans vous iert ja averes *BI*; Nostre convenant est a vous averes *H*; d. vos covens s. *T*; *ACDEG agree*; *BHI add 1 line* Or vous dirai baron coument vous le feres (Je vous diray comme vous feres *H*)
3735. U. corde cescun en., f. noeres *B*; co. en. es f. a ca. l. *DT*; ca. en (a *H*) nos f. *IH*; *ACEG agree*
3736. (So. .II. eschieles as murs: *I*), n. .II. mo. feres *BI*; (e. amont mo. *EG*), n. laisseres *CDEG*; e. tous .II. a. mu. mo. l. *H*; *AT agree*; *BHI add 1 line* Et les cies des .II. cordes ens en vo (vos *I*) main (mains *I*) tenres (Et les bous de noz cordes tendres *H*)
3737. T. qu'a nos Turs ai. *BHI*; T. que p. *C*; c'ai. as p.: *D*; p. arons n. *E*; n. (les *B*) covens d. *DBIT*; no convent d. *H*; *AG agree*
3738. q. l'avoirs soit tous (q. li avoir soit *I*) rendus et d. *BI*; l'av. aiens: *CDGT*; a v. F. d. *C*; et les F. d. (acuites *E*) *DE*; *H wants*
3739. Se nous v. (v. baisser a. n. trebuches *H*) *BHIT*; S'il ne le voelent faire a. *D*; se voles b. *C*; *AEG agree*
3740. Si a. *D*; Et soit chascun la, et li m. *I*; ca. le. m. de son cors desevres *C*; t. hors du bu desevres *E*; *H wants*; (... la *T*); *ABG agree*
3741. Dit l., B. soit c. *H*; s. soit c. *I*; (... du. *T*), c. dit aves *BCEGHIT*; c. devises *D*

Variants 459

3742. M. (... *T*) g'i. (M. j. i. *H*) av. (apres *BHI*) vous f. *DBGHIT*; *ACE agree*; *BHI add 1 line* S'anui nos voles faire (Se fouir voules *H*) bien tos (tantost *H*; mout chier *I*) le conpares
3743. ... la, D. a donc le. *T*; D. a on le. *D*; D. o. le. Turcs emmenes *H*; le. Turs m. *BDIT*; *ACEG agree*
3744. esc. menerent e *I*; d. si y sont m. *H*; *ABCDEGT agree*
3745. fl. bendes *BI*; *H wants*; *ACDEGT agree*
3746. es. (fu *T*) avoc eu. (eu. montes *T*) *DT*; es. apres ales *H*; *ABCEGI agree*; *BI add 1 line* Tous garnis de ses armes ricement conraes
3747. b. fu le. *BDEGHI*; b. est le. *CT*
3748. Q. se (s'a *I*) p. estoient l. *BI*; e. li t. (consaus *E*) *DE*; *H wants 3748-3751*; *ACGT agree*
3749. de. les cordes do. *BGI*; ca. est b. *BD*; *CEH want*; *AT agree*
3750. lo. (li *I*) aroit es (e. *I*) c. le branc d'a. *BI*; s. li br. par mi les cors bo. *E*; s. es c. *G*; d'a. coules *T*; *H wants*; *ACD agree*
3751. De .X.M. Fr. fu l. d. b. esgardes *G*; De .X.M. cevaliers fu *BI*; De .M. de nos Fr. *E*; fu l. bons du. *B*; fu l. du. b. g. *DEIT*; *H wants*; *AC agree*
3752. Ysabras est jusquez aulz murs r. *H*; B. en es. a. *E*; e. jusc'a. m. *BC*; e. jusqu'as (duske as *G*) murs montes (r. *I*) *TGI*; m. montes *D*
3753. ap. et i. i e. al. *BHI*; ap. chil e. *DGT*; ap. si e. *E*; *AC agree*
3754. Sire Isabras en *E*; *rest agree*
3755. Ne vous n. d'au. *G*; e. adeses *BCDEIT*; *H wants*
3756. Tres q. m. sairemens s. *BI*; (Desques m. *C*; Tant que m. *T*) m. couvenans: *GCT*; s. (ert *G*) as (vers *B*) Frans aq. (affies *C*) *IBCGT*; *H wants*; *ADE agree*; *BI add 3 lines* Mais tenes vous tout coi et si nos ascotes/ Cornumarans respont volentiers et de gres/ Ysabras de Barbais li dist ses volentes
3757. L. .XIIII. prisons qu'e. v. cartre a. *G*; De .XIII. *T*; c. que e. p. *BI*; c. qu'en prison tenes *H*; *ACDET agree*
3758. Et .II. autres chaitis qui ci furent montes *D*; c. c'aves a. cros tires *BHI*; c. qui sont emprisonne *C*; q. aves enmenes *E*; q. presistes a. *GT*; *BDEHI add 1 line* Et .D. barius plains (plains *lacking in H*); .M. et .D. barris *I*) de vin ki soit fieres *BHI*; Et de bon vin ferre .VII. (.V. *E*) .C. barex rases *DE*
3759. *C inverts 3759/3760*; Et un mulet d'A. *E*; *BHI want*; *ACDGT agree*; *T adds 1 line* S'aront .M. et .V.C. baris de vin ferres
3760. *C inverts 3759/3760*; Et .II. r. carkiers d. boins cuirs co. *C*; .XXX. r. ca. d. fin or esmeres *H*; Et avec d. bescuit .V.C. somiers ca. *T*; d. bescuit co. *B*; *DEG want*; *AI agree*; *BHI add 1 line* Et .X.XX. (.X. vers *H*) siglatons et .C. (.V. *H*) pales roes
3671. c. rendes p. *E*; p. n. se tant n. a. *H*; s. avoir n. voles *BI*; *ACDGT agree*
3672. Q. l'o. Co. li cu. *D*; Q. Co. l'oit le cu. *T*; *ABCEGHI agree*
3673. A M. gentius si. (si. *lacking in H*) *BHI*; He d. i. M. si. *D*; E Mahomet d. i.: *E*; E M. nostre si. *T*; tu so. a. *BCDEGH*
3764. N. volroie ce. (tes *I*) *BI*; Ce. n. v. pe. po. *T*; *H wants 3764-3767*; *ACDEG agree*
3765. (Puis s'e. *G*) s'e. a (de *E*) n. F. (barons *T*) i. t. *GET*; Lors s'e., n. barons t. *BI*; i. as F. atreves *D*; F. tornes *C*; *H wants*
3766. s. ert del. (j. resconses *T*) *BCDGT*; j. desevres *I*; *EH want*; *BI add 1*

line No baron li otrient cis (ses *I*) dis fu creantes
3767. tos. es. d'ilueques tor. *D*; es. li rois tor. *BCGI*; *EH want*; (Is. ... *T*)
3768. Da. est montes le. *E*; (p. ... *T*); *ABCDGHI agree*
3769. c. fait a. *I*; f. venir s. *E*; f. atraire s., (a d... a. si les a desploumes (avousonnes *H*) *GH*; *ABCD agree*
3770. Cas. fu t. (Cas. estoit *E*) haities que (car *E*) *D*. *DE*; N'estoient pas halagre car *G*; t. delivres car *BI*; t. malagres que D. *C*; l. a (o. *G*) s. (sanes *BG*) *IBG*; *H wants*; (D. ... *T*); *BI add 1 line* Et de lor mortes plaies garis et respases
3771. Li rois les a mout bien (tost *I*): *BHI*; et v. et pares *I*; et conrees *DGT*; et atournes *E*; *AC agree*
3772. s. sor m. (mul... *T*) *BIT*; s. les muls a. *D*; *H wants*; *ACEG agree*
3773. Eruins et Hungiers refu (resont *I*) b. atornes (afautres *I*) *BI*; Et Hongiers et Hervins refurent a. *D*; Et Hervin et H. ont m. b. mout atires *E*; H. ont m. b. racesme *G*; H. a m. *H*; H. r'ont m. b. ... *T*; m. tost a. *C*; *BI add 1 line* Et lor armes rendues n'en fu .I. poi ostes (.I. poi n'en fu ostes *I*)
3774. Et l'au. *H*; l. autre Francois (hernoys *T*) fu avoe., (eu. ... *T*) *CT*; avoi. fu iluec amenes (aportes *DH*; atournes *I*) *BDHI*; avoi. fu avoe. ajouste (aprestes *G*) *EG*
3775. le. murls [*sic*] acostes *D*; h. desfremes *GI*; (h. ... *T*); *ABCEH agree*
3776. Puis se sont tot m. f. l'avoirs est ar. *BI*; m. hors l'avo... *T*; f. (hors *E*) et l'av. *DE*; *H wants 3776-3778*; *ACG agree*
3777. A. aus (en *D*) o. la p. (les huis *I*) *BCDEGIT*; et le veral s. *B*; et la p. barres *I*; f. tornes *D*; f. leves *E*; *H wants*; (f. ... *T*); *B adds 1 line* Cornumarans les a a sen Deu coumandes
3778. A fus et a caaines ont les huis bi. be. *B*; a bons ba., bi. telles ... *T*; g. fus d., r. et barres *D*; ba. d'encoste et r. *C*; c. et r. et seres *E*; *HI want*; *AG agree*
3779. Les p., v. n'y sont plus arrestes *H*; l. prison en v. *EI*; *ABCDGT agree*
3780. Q. li b., g. deduis f. *D*; Q. Chrestiens l. virent: *H*; b. le v. *I*; l. voye: *T*; g. joie i f. *BI*; grant joie (jo... *T*) en (i *E*) ont (a *E*; ot *H*) m. *CEGHT*
3781. M. en f. *C*; et apeles *B*; et escries *I*; *EH wants*; (et ... *T*); *ADG agree*
3782. Y. su. j. b. (... *T*) a. *BCGIT*; Y. somes b. (nous *E*) *DEH*
3783. O. dit l. *H*; a vostre Deu a. *T*; *ABCDEGI agree*
3784. l. vostre v. *C*; *HT want*; *ABDEGI agree*
3785. Li Turc sont desloie es *BI*; d. si sont esc. *H*; *ACDEGT agree*
3786. Et p. dessus le. m. en la cite en... *T*; P. de deseur le. m. *C*; m. en sont la. *E*; *BI want*; *H wants 3786-3789*; *ADG agree*
3787. *H wants*; *rest agree*
3788. o. (sont *I*) les (li *I*) tabors s. *BI*; *H wants*; (t. ... *T*); *ACDEG agree*
3789. (Pour amor d. *BDI*), .II. rois f., (M. ... *T*) *CBDEGIT*; *H wants*
3790. Et Chrestiens r. *H*; N. b. repairierent a... *T*; b. descendent a. l. *D*; *ABCEGI agree*
3791. Aval par t. l'o. f. grande la p. *BI*; Par t. *C*; Tout aval le s. (grant *D*) o. (o. ... *T*) *GDT*; Par l'o. nostre signor f. *E*; *H wants*
3792. A b. et a m. eurent a grant plantes *H*; D. vins et d. mengiers es. *D*; D. boin et d. pain i *E*; fu c. (ch... *T*) a. (rasases *G*; ... *T*) *CEGT*; *ABI agree*
3793. Et (Et *lacking in H*) l. n. e. venue: *BHI*; et l. j. t. *BEI*; (r. ... *T*); *ACDG agree*

Variants   461

3794. Le nuit gaitierent l'o. B. *G*; La gent D. *H*; (B. ... *T*); *ABCDEI agree*
3795. A .VII.XX. ch. *D*; A .V.C. ch. *E*; Et .VII.C. chevalier: *G*; A .VII.M. ch. *I*; fervestus et armes *EG*; e. fremes *BDI*; *H wants*; (e. ... *T*); *AC agree*
3796. (Les T. *H*), m. (bien *H*) engines *IH*; o. bien enchantes *D*; *T wants*; *ABCEG agree*
3797. Que li *D*; C. il ont fu g.: *E*; C. le feu g. ont: *H*; g. est en *D*; fu dedens (ens en *B*) l'engien boutes *GB*; lo. engien j. (botes *DI*) *CDEHI*; (e. le... *T*)
3798. Ar. en es. l. *D*; m. apris et al. *C*; m. enpris et al. *I*; *H wants 3798-3809*; (es. ... *T*); *ABEG agree*
3799. Au. s. l. es. ens el fons des f. *BI*; es. esprises es *E*; *H wants*; (s. ars... *T*); *ACDG agree*
3800. Onques nel (nes *I*) p. *BI*; A. nes porent s. *C*; p. rescorre: *BDGIT*; homme d. m. ne. *I*; *EH want*; (nu. ... *T*)
3801. Et de lor p., (o. ars et (... *T*) b. (... *T*) *DT*) *BDIT*; De. p. aussi i *E*; m. des b. *C*; *H wants*; *AG agree*
3802. n. fuscent as. *BI*; fu. d'as. *DG*; *EH want*; (n. ... *T*); *AC agree*
3803. Lors v. *BI*; v. nos gens: *DEIT*; corecies et i. *BCEGI*; *H wants*; (corrou... *T*)
3804. *H wants*; *rest agree*
3805. Signor f. *G*; f. cevalier o. *E*; *H wants*; *ABCDIT agree*
3806. cou nous con. *CDEGT*; D. li rois de (... *T*) majestes (... *T*) *BEGIT*; D. par ses disnes bontes *D*; *H wants*
3807. Q. s. c. sera J. p. *G*; q. son plaisir e. *T*; *H wants*; *ABCDEI agree*
3808. S. dient l. prince t. *T*; c. iert v. *I*; *EH want*; *ABCDG agree*
3809. C. soit d. *D*; C. s'e., f. adont renvigores *E*; et entalentes *BI*; *H wants*; (...ns es., f. b... *T*); *ACG agree, for additional lines in BHI see Appendix 14*

117. *ABCDEGHIT*

3810. on. li C. *BI*; n. baron m. *H*; C. en l'os. *D*; m. de pl. *E*; *ACGT agree*; *for additional lines in BHI see Appendix 14*
3811. Dedens Jherusalem furent T. aune (arrive *H*) *BHI*; T. en Jherusalem se *DT*; Paien et Sarrasin se *E*; *ACG agree*
3812. (Par d. *E*), Te. v. et aune *CDET*; Te. v. et asanble *BI*; Te. v. et amase *G*; *H wants 3812-3815*; *BI add 1 line* Amiraus et princier de grant autorite
3813. Corbadas lor signor o. avoec a. (o. avuec aus mene *I*) *BI*; En mi Jherusalem o. l. r. a. *D*; L. viel r. Corbadas o. *T*; o. o aus a. *E*; *H wants*; *ACG agree*
3814. Avoec f. *E*; q. le p. o. (a *BI*) m. *DBGIT*; q. les pols ont mesles *C*; *H wants*; *BGI add 1 line* Et si vient (vint *G*) Maucolons c'on lor a (k'il orent *G*) delivre; *BGIT add 1 further line* Avoec (O lui *G*) fu Isabras qui mout a (ot *GT*) cruaute
3815. (a. barons i *T*), o. a g. *BDEIT*; m. asanble *G*; *H wants*; *AC agree*
3816. *E has 2 lines* C. regarde entour lui son barne/ Hautement oiant tous a premerains pa.; d. ki (ki *lacking in H*) premiers a *BHI*; d. premerains a *DT*; d. s'a premerains pa. *G*; *AC agree*
3817. Seigneurs Sarrasin oyes m. p. *H*; Se. baron dist il or *E*; *ABCDGIT*

3818. ai arme *B*; *H wants*; *ACDEGIT agree*
3819. Frans nont o. a. par f. *H*; a. par vive poeste *T*; m. o. de f. *DE*; *ABCGI agree*
3820. Pa. f. quident prendre: *BI*; Qui pr. *D*; I. prenderont pa. f.: *ET*; s'i. pu. m. (la *T*) c. *BEIT*; *H wants 3820-3822*; *ACG agree*
3821. m. l. cuer a. creve *C*; *H wants*; *ABDEGIT agree*
3822. Q. par force m'e. ainsi des. *T*; Q. vivment m'i e. *G*; s. vilainement m'e. des. *BI*; s. vieument m'e. (deussent *C*) *EC*; *H wants*; *AD agree*; *BHI add 1 line* Se vous tout (tout *lacking in H*) l'otriies et il vous vient a gre (il me si creante *H*)
3823. i. pour se. *E*; (i. q. se.: *H*), al So. l'a. *CH*; *ABDGIT agree*
3824. J. ne po., (l. que d. m. n'a. pi. *T*) *BDEGIT*; *H wants*; *AC agree*
3825. Et bien sa. p. fine v. *G*; Et se ai s'ai. *C*; j. ai aie sa. *BIT*; ai cou fait sa. *E*; sa. de v. *BI*; *H wants*; *AD agree*
3826. me venres ar. *E*; r. avant ung *H*; *ABCDGIT agree*
3827. As. avons ca. *E*; av. bacons et p. *C*; *H wants 3827-3832*; *ABDGIT agree*
3828. (Et li Franc de la *T*) la hors s. *ET*; s. plaie et navre *BI*; *H wants*; *ACDG agree*
3829. *BDGHIT want (but for BI see variants for preceding line)*; *ACE agree*
3830. m. mout d. *BGIT*; m. travillie et l. *E*; *H wants*; *ACD agree*; *BI add 1 line* N'i a cel ki d'asaut n'ait mout le cors greve
3831. m. en p. *BCT*; m. as murs si *D*; (ains se. *T*) se. repose *BCEGIT*; *H wants*; *BI add 2 lines* Et s'il avoient pris le borc et la frete/ Si seres en la Tor David a sauvete (asseures *I*)
3832. Ancois que viegne .I. mois ar. l'ost am. *BI*; d'o. aune *C*; *H wants*; *ADEGT agree*
3833. C. et son filz si en a souspire *H*; C. oit son *IT*; f. s'au [sic] .I. *C*; f. .I. sos. a j. *DT*; s'a tenrement plore *BI*; *AEG agree*
3834. Puis desroront s. *G*; d. se c. *E*; c. ses dras a descire *T*; s'a son grenon t. *D*; *BI want*; *H wants 3834-3848*; *AC agree*
3835. Del duel qu'i. o. (a *I*) au cuer a parfont sospire *BI*; Por la pitie de lui a *D*; Et de. ie. de son c. *E*; *H wants*; *ACGT agree*
3836. (Et po. l. do. qu'il ot: *D*), s'e .IIII. fo. *TD*; fi. en e. ceus pa. *BI*; fi. ciet a tere pa. *E*; s'a u. fo. passe *C*; *H wants*; (... l. *T*); *AG agree*
3837. (... q., s. relieve h. *T*), a parle *DET*; r. s'a h. parle *CG*; *H wants*; *ABI agree*
3838. Ah. Je. mains jo. *C*; t. (tous *BI*) jors v. *DBI*; *H wants*; *AEGT agree*
3839. [P]ar v. pe. je m. *T*; v. ma tiere et *G*; f. que jo ai tant ame *D*; *E wants 3839-3843*; *H wants*; *ABCI agree*
3840. g. puist to., Te. embraser *C*; g. eust le *G*; e. l. sepulcre alume *D*; e. or l. *T*; to. (to. *lacking in I*) cest Te. *BI*; Te. alume *BGIT*; *EH want*
3841. f. et les murs cr. *I*; m. embrase *C*; *EH want*; (... l. c. *T*); *ABDG agree*
3842. Et (De *BDI*) celle T. *GBDI*; ... de l. T. *T*; Da. qui de m. est li. *D*; *EH want*; *AC agree*
3843. Fu. or l. *DT*; q. ars et *G*; et encantele *C*; *EH want*; *ABI agree*; *BI add 6 lines* Et mi castiel tot ars espris et alume/ Et mi Deu autresi a cevaus traine/ Ja mais n'ierent par moi servi ne onore/ Ains les avrai (tenrais *I*)

Variants 463

plus vius que puans ciens tue/ Dehait ait Dex ki n'a vertu ne poeste/ Qui le (les *I*) sert et aeure bien a le sens derve
3844. Mo. k'en c., q. mi Dieu m'ont f. *BI*; Mo. n'en c. *G*; v. car Mahons m'a *E*; *H wants*; *ACDT agree*
3845. r. tint .I., (c. molu et acere *T*) *DEGT*; *H wants*; *ABCI agree*
3846. f. au c. *I*; ...st e. c. mais on *T*; e. cors q. *G*; *H wants*; *ABCDE agree*
3847. *H wants*; (...forte *T*); *rest agree*
3848. l. bouche:, (et si l'a a. *BI*) *CBEI*; *H wants*; (... b., f. ... *T*); *ADG agree*; *BI add 1 line* Par Mahomet mon Deu par cui somes sauve/ Mar i vinrent Francois se jou vif par ae

118. *ABCDEGHIT*

3849. Les roys d. J. ont les cuers yre *H*; L. viex r. Corbadas a m. *T*; J. a m. *BI*; m. sen c. (c. ... *T*) *BGT*; *ACDE agree*
3850. Deteurt se. p.: *H*; p. se. c. a (ot *E*) sa. (tire *T*) *BEHIT*; p. et se. c. *G*; *D wants*; *AC agree*
3851. J. maudit l. Te. et le cie *H*; J. m. et l. Te. et l. s. *T*; et puis l. s. *BI*; et le clocier *E*; to. l. fie *C*; *ADG agree*
3852. D. qui l'a tr. *H*; q. mout l'a fait irie *C*; *ABDEGIT agree*
3853. fi. l'en a mout r. *T*; l'a fort r. *H*; fo. renhaitie *D*; *ABCEGI agree*
3854. r. gentius si. (hom *D*) *BDI*; *H wants 3854-3861*; *ACEGT agree*; *BI add 3 lines* Por coi vous dementes jou ai Mahom proie/ Qui vous gardera tant que serai repairie/ Tel ost vous amenrai que tuit vous fera lie
3855. q. cil F. *C*; q. li F. *D*; F. seront a *E*; *BHIT want*; *AG agree*
3856. Maint Francois v. rendrai en p. *BI*; v. renderai et p. *T*; f. prendre et si ierent l. *D*; *H wants*; *ACEG agree*
3857. P. seront en *T*; en vo c. *BEIT*; c. giete et *BCDGI*; c. et ruis et *T*; *H wants*; *BI add 1 line* U en tiere desierte en essil envoie
3858. t'a. jusqu'a M. *T*; l. fie *C*; l. sieie *G*; *BEHI want*; *AD agree*
3859. Q. Corbadas l'entent: *BI*; l'e. s'a so. c. redrechie *D*; (s'en a *B*) a le c. drecie *EBGT*; si l'a forment b. *C*; so. c. en a drecie *I*; *H wants*;
3860. Cornumarans l'e. *E*; *CDH want*; *ABGIT agree*
3861. Cele fau. p. l'a forment rehaitie *BI*; De la fau. *D*; Qui d. fau. parole l'a *E*; p. le f. *CT*; *GH want*; *BI add 8 lines* (*H adds line 6 only*) Mahom fist aporter se (si *I*) li (li *lacking in I*) cai au pie/ Merci li a crie si a sen gant ploie/ Et Lucabiaus ses frere l'a del don raplegie/ Lors sont li Sarrasin de l'ofrir enforcie/ Plus i ot de besans d'un grant somier cargie/ Or se (Adonc *H*) sont esbaudi (resbaudi *I*) forment li renoie/ Dameldex les confunde par la soie pitie/ Qui en la sainte virgene (vile *I*) ot sen cors travillie

119. *ABCDEGHIT* : *F from l. 3901*

3862. Di. C. r. (sire *E*) n. *BEI*; Che di. *D*; Dit C. *H*; Lors di. *T*; v. esmaies m. *BDI*; *ACG agree*
3863. G'i. a l'a. por s. et aie *E*; Jo i. *D*; Je iray querre l'a. *H*; C. jou vais s. *I*; Je i. s. rover l'a. *T*; *ABCG agree*
3864. Jou n'i l. paien desi en A. *E*; (N'i l. *I*), e. toute paienie *BI*; *H wants*

464   Variants

3864-3868; ACDGT agree
3865. N. desi au S. *DEIT*; Ar. ne e. t. Almarie *B*; Ar. n'e., (t. Esclavonie *D*) *CDGT*; Ar. ne dusqu'e. p. *E*; Ar. dessi e. Aumarie *I*; *H wants*
3866. Q. n'a. avoc moi et seront e. m'aie *D*; Qui ne remaing en l'o., j. revieng e. *C*; Q. j. ne vous a. s. *BI*; a. a o. (l'o. *E*) *GET*; s. Dix me done v. *E*; *H wants*
3867. f. ce di. li rois do. *BI*; C. v. do. s. *T*; s. l'a. *C*; *H wants*; *ADEG agree*
3868. m. et cil (il *T*) l. *EGT*; *DH want*; *ABCI agree*; *BI add 3 lines* Bien li tint convenent de cou ne menti mie/ Mais ains qu'il revenist fu la cites saisie/ Et la grans Tors David ki vers le ciel ombrie
3869. Li rois d. a sen fil qui Dameldex maldie *BI*; (Nepueu dit L. *H*), v. face aie *EH*; *D wants*; *ACGT agree*
3870. Co. porai i. *B*; Comme p. *H*; Co. porras i. *I*; ci. antie *E*; *ACDGT agree*
3871. Q. Francois nel pe. *E*; *BHI want*; *ACDGT agree*
3872. r. drois est que le (jel *G*; le *lacking in H*) v. *BDEGHIT*; l. ne v. *C*
3873. A mienuit tout droit quant ele e. enserie *E*; A. soit n. g.:, (g. f. *H*) *BHI*; tote de fer garnie *BI*; e. ma g. *D*; *ACGT agree*
3874. p. er li o. le matin es. *T*; c. soit li (li o. *lacking in H*) *BDEGHI*; er. no gens es. *C*
3875. m'e. irai f. *CDE*; m'e. isterrai: *T*; i. hors de l'a. *H*; f. devers destre p. *BI*; par u. a. p. *ET*; *AG agree*
3876. m. a. caint l'es. *BDGIT*; m. a. a m'es. *C*; m. a. o l'es. *E*; *H wants 3876-3878*
3877. S'en me. *BI*; (P. le de. *E*), de Surie *CE*; de Rousie *G*; *H wants*; *ADT agree*
3878. Et avrai a *BI*; Si a. *T*; c. la g. *E*; ma t. a or f. *D*; *H wants*; *ACG agree*; *I adds 1 line* En mon poing .I. espiet ou l'ensaingne baulie
3879. p. mon c. *D*; c. cangier en *C*; c. qui rendra grant bondie *E*; c. en berssie *H*; c. tout droit en *I*; q. g'ie. *BDG*; en l'abeie *G*; l. bruie *B*; *AT agree*
3880. Puis (Si *H*) cornerai en haut (en haut *lacking in H*) bi. *BHI*; so. a f. *CDEGT*; bi. en o. (orai *B*) l'oie *EBI*; bi. iert la vois oie *D*
3881. D. pourres savoir q. vray a garentie *H*; Lors p. *BI*; s. que je serai en v. *E*; *ACDGT agree*
3882. Sa. s'e., (a une v. antie *E*) *BDEGIT*; *H wants 3882-3884*; *AC agree*
3883. Et dient tout ensanle Mahomes vous aie *E*; C. Mahons le beneie *BI*; n. D. (Mahons *T*) li faice a. *GT*; s. en aie *C*; *H wants*; *AD agree*
3884. j. fu biaus et clers la *T*; t. et la n. vint sierie *BI*; t. et la n. aprocie *E*; n. vint asserie *D*; *H wants*; *ACG agree*; *BI add 2 lines* La lune luisoit cler bele est et esclairie (et bien est esclarcie *I*)/ Et li airs fu sieris mainte estoile i flambie
3885. La nuit g. *BDHIT*; s. agaita l'o. R. *C*; g. R. li dus d. *E*; g. l'ost Robert d. *H*; *AG agree*
3886. .VII. (.II. *E*) .M. ch. o. en s. co. *BEI*; A .V.C. ch. c'o. en s. co. *D*; Sis .C., o. li dus en co. *T*; *H wants*; *ACG agree*
3887. Et S. n. s'oublierent m. *H*; n. s'aseurent m. *BIT*; *ACDEG agree*
3888. Da. fisent lo. *BEI*; f. une e. *CT*; *H wants*; *ADG agree*
3889. D. .XXX. m. *C*; A .XV., f. une e. *D*; A .XX. m. payens p. *T*; *H wants*; *ABEGI agree*
3890. Et (Et *lacking in H*) C. s'arme:, (par seigneurie *H*) *BHI*; *ACDEGT*

Variants

agree
3891. .I. hauberc d. *EGT*; c. a bendes d'or t. *BI*; l. bende e. *C*; l. maile (m... *T*) e. (ert *E*) *DEGT*; *H wants 3891-3895*
3892. et (... *T*) reflambie (... flambie *T*) *BCDGIT*; *EH want*
3893. (c. Murglaie q. *E*) q. d'o. est (fu *E*) en. *BEGIT*; *DH want*; *AC agree*; *BI add 1 line* Turc l'apelent Murglaie Matans l'avoit forgie
3894. es. bien t. et si estoit f. *GT*; (es. l. et g. t. *E*) t. et bien f. *BCEI*; *DH want*;
3895. p. se grant t. vergie *BI*; p. sa t. a o. vernie *D*; p. une t. flourie *EGT*; t. d'o. *C*; *H wants*; *BI add 1 line* La guige en estoit faite d'un pale d'Aumarie
3896. l. amainne q. *C*; a. destrier d'Arabie *H*; a. .I. destrier d. *T*; ne. en Nu. *BI*; ne. a Nu. *D*; *AEG agree*; *BI add 15 lines, H adds 1 line, see Appendix 15*
3897. P. le frain li presente: *DEGT*; (P. la resne li *I*) li tent: *BI*; li rois d. S. *BEI*; d. Sabarie *C*; d. Salonie *D*; *H wants*; *BI add 1 line* Cornumaran le rent (Cornumarans le prent *I*) voiant sa baronnie
3898. Li ber (roy *H*) s. es arcons: *BHI*; s. r. n'a e. *D*; s'a les regnes laskie *B*; l. r. a e. *H*; r. sachie *I*; r. saisie *T*; *ACEG agree*
3899. par force l. *C*; *E wants*; *H wants 3899-3901*; *ABDGIT agree*
3900. (Puis p. *T*), h. fu l'o. *BIT*; c. bende d. la teste e. liie *C*; (c. d'ivoire d. *E*), h. en es. (ert *E*) l'o. *DE*; *H wants*; *AG agree*
3901. C. l'oit on, (b. .VII. lieues et *T*) *IT*; b. .II. lieues et *EF*; *H wants*; *ABCDG agree*
3902. E. a on d. *F*; o. destouroullie *H*; *ABCDEGIT agree*
3903. A l., D. revont a *D*; D. oevrent a *E*; *BCHIT want*; *AFG agree*
3904. po. faire envaie *F*; f. l'estormie *BI*; f. l'assallie *CDG*; *H wants*; *AET agree*

120. *ABCDEFGIT : H to l. 3908 only, having lacuna from l. 3909 to l. 6605*

3905. Li Turc en s. *FT*; Les Turcs sont i. *H*; *ABCDEGI agree*
3906. Par d. (derriers *T*) *BFHT*; *ACDEGI agree*
3907. Quant i. *C*; ung poi a. *H*; *ABDEFGIT agree*
3908. Li T. vinrent a, lev. lor c. *C*; v. en l'os. *D*; v. s'on. *H*; *ABEFGIT agree*
3909. N. mout b. le recuelli *E*; a moult b. ois (choisi *I*) *BI*; *D wants 3909-3912*; *ACFGT agree*; *IB add 2 lines* Au fer et a l'acier (As fiers et as aciers *B*) ont les Turs (fiers *B*) requeilli/ Quant nos barons l'entendent chaucies sont et vesti
3910. l'o. so. leve t. *F*; a. tost se *CEI*; a. si ont leve le cri *T*; *D wants*; *ABG agree*
3911. Dont po., u Turc s. arami *E*; (T. poignant c. *F*), u il s. *BFI*; Et po., u la frainte ont oi *T*; pa. no F. *C*; *D wants*; *AG agree*
3912. T. se r. *I*; *D wants*; *ABCEFGT agree*; *BFI add 1 line* En Jherusalem entrent qui ains ains a estri
3913. o. c. l. po.: *DGT*; c. u ot maint Turc pe. *B*; c. ainc n'i ot Turc pe. *F*; c. ou il ot mains pe. *I*; n'i ont n. desperi *C*; nus d'e. n'i esperi *D*; nus d'e. n'i o. pe. *T*; *AE agree*
3914. *No variant*

Variants

3915. l'o. pas. (pase *B*) outre: *BFI*; s'e. trespasse: *E*; s'e. pase outre: *GT*; pas. c'on n. *CD*; c'on n. li (l'a *FG*) desenti (a senti *E*) *BEFG*; onques n'i atendi *I*; nus de aus ne l'a sievi *T*
3916. Tout droit vers l. *BI*; Tres par mi l. *F*; s. cheval a. *G*; *ACDET agree*
3917. D. escuiers l'en. *T*; c. encontre a. *BI*; *ACDEFG agree*; *BFI add 1 line* Li .I. a (ot *F*) non Simons l'autres a non (et li autres *F*; et l'autre a nom *I*) Henri
3918. Cil v. *C*; v. que c'est T. as armes l'o. coisi *BFI*; q. i. l'orent coisi *E*; q. l'orent asenti *G*; l'o. assenti *T*; *AD agree*
3919. A haute (h. *B*) vois escrient (li crient *D*) n'en *EBDFGIT*; *AC agree*
3920. l. voit n. prisa un espi *E*; l. oit: *FIT*; o. mais ainc n'en r. *D*; n'a (n'est *F*) mie r. *BFI*; n'en a nul r. *T*; *ACG agree*
3921. nu. parole l. s. n. l. fali *D*; ne l'en f...i *T*; *BFI want*; *ACEG agree*
3922. P. esporone s'a (et *T*) *BGIT*; Ains broche P. s'a *D*; P. point et broce: *F*; si a l'e. *EF*; s'a son brandi *I*; *AC agree*
3923. Fi. u. (l'u. *EG*) d. (de *D*) chevaliers (nos Fr. *D*; escuiers *T*) q. l'escu (q. l'auberc *E*; son escu *T*) li croisi (parti *D*) *BDEFGIT*; i. n'i m. *C*; *BDEFGIT add 1 line* Et l'auberc de son dos (Le hauberc de son dos *E*; Et le hauberc li a *F*; Et son auberc del dos *G*) derout (rompi *T*) et desarti
3924. l'e. burni *E*; *GT want*; *ABCDFI agree*
3925. Mort l'abat d. ce. devant lui el (tres en mi le *F*) lairi *BFI*; co. l'anste f. *C*; h. li dure d. *DEGT*
3926. v. de mautalent rougi *BI*; v. s'ot l. cu. *DG*; v. l. cu. en ot mari *E*; v. s'en ot l. cu. mari *F*; s'a son cu. *C*; *AT agree*
3927. V. C. vient ma. *E*; b. ne a *I*; *ABCDFGT agree*
3928. De la lance qu'il porte son e. li fendi *T*; (q. il li a *BI*) a croissi *DBI*; q. trestout li croissi *F*; *G wants 3928-3942*; *ACE wants*
3929. l. haubers maille n'e. desrompi *T*; c. que maile n'e. *DBEFI*; c. c'a., n'e. ropi *C*; *G wants*; *BI add 1 line* Li paiens se tint bien ains estrier n'i (ne *I*) guerpi; *T adds 4 lines* Quant vit li escuiers que il avoit failli/ ...uyes est torne criant a .../ Ahi dus de Buillon com nous sommes honti/ Tant a ale criant que li dus l'entendi
3930. Et C. torne le chief de l'a. *T*; De ses esporons b. *BI*; P. le flori *F*; *G wants*; *ACDE agree*
3931. *B inverts 3931/3932*; (v. li d. *B*), bo. ichi *EB*; s. demores n'e. *C*; *DGI want*; *T wants 3931-3942*; *AF agree*
3932. *B inverts 3931/3932*; P. tost en ala o. *E*; (s'e. passe o. *I*) o. que ceval n. saisi (sali *I*) *BI*; o. que nus cars n'en rompi *C*; o. que ar. *DE*; o. qe qarrel d. *F*; *GT want*; *BI add 1 line* Tres par mi le berrie a sen cors aquelli; *C adds 1 line* Plus tost s'en passa outre c'ainc cars ne meschei
3933. .L. li. *CI*; .XL. li. *E*; .XX. li. eslongies al. *F*; lo. ala ai. *BI*; lo. liues al. ai. le m. *C*; *GT want*; *AD agree*
3934. l'e. que d. *E*; d. l'eust saisi *C*; *GT want*; *ABDFI agree*
3935. L. chevalier s'escrient sa. *CI*; Se. ai *BI*; *GT want*; *ADEF agree*
3936. B. franc Crestien trop i. endormi *BFI*; b. de France c. *E*; *GT want*; *ACD agree*
3937. T. nos esc. (eschapent *I*) *BFI*; esc. moult est. *C*; mal (bien *E*) est. (somes *B*; seres *D*) escarni *FBDE*; mal somme nous baili *I*; *GT want*
3938. a o. le cri *E*; *GT want*; *ABCDFI agree*

Variants 467

3939. m. sen c. *C*; c. ne mat n. alenti *F*; n. estordi *D*; *GT want*; *ABEI agree*
3940. t. vint l. (l. corant: *D*) *BCDEF*; po. k'escuirieus n. *C*; que (c'uns *F*) ars n. destendi *BFI*; que chevrex n. *D*; que cevax n. *E*; *GT want*
3941. lun. r. c., si fait molt se. *D*; c. belement et se. *F*; et li airs asseri *E*; si raioit se. *BI*; r. sor li *C*; *GT want*
3942. A. chevalier en v. *DE*; s'e. vint qu'i *C*; *BFGIT want*

121. *ABCDEFGIT*

3943. La lun. f. mout b. et mout reluisoit cl. *F*; n. est b. et gente: *B*; n. ert mout serie: *E*; b. et clere: *CI*; (lui. ... *T*); *ADG agree*
3944. du. Godefrois la. *F*; la. son c. *GT*; *ABCDEI agree*
3945. Et vint a. *BCE*; v. a l'escuier qu'i. *T*; ce. que i. o. *EF*; k'i. ot o. *G*; *ADI agree*
3946. Ci. point (court *I*) contr. le duc s. *BFI*; Ci. point (vient *T*) encontre lu., li prent a crier (co. *T*) *DT*; ci. point contr. *CEG*
3947. Q. le en v., n. conter *E*; T. les noveles p. (conter*DT*) *BCDFGIT*
3948. Pe. le s. *BI*; s. amener *D*; *ACEFGT agree*
3949. c. m'a mor. *F*; *ABCDEGIT agree*
3950. *F has 2 lines* Et j. l. fe. s. sor son escu boucler/ Qe ma la. li fi. contre le pis q.; la. fist q. *C*; fi. froer *E*; *ABDGIT agree*
3951. M. ainques n. *T*; *BFI want*; *ACDEG agree*
3952. Mais o. *BFI*; N. ainque p. *T*; p. nul c. *C*; c. n'en l. *DT*; s. aler *DFGT*; *AE agree*
3953. f. (fist *F*) d. l. le (s. *F*) c. r. *DF*; c. desor l. *C*; *ABEGIT agree*
3954. t. (fait *D*) saiete quan. *EBDFGI*; t. le cors quan. *C*; t. a bische quan. i. la d. *T*; quan. il doit b. *G*; i. le d. *CI*
3955. l'en. en lu. n'o. c'a. *ET*; *ABCDFGI agree*
3956. V. le sivist m. *BI*; V. le cacast m. *CF*; V. l'ocesist m. *T*; n. set u *BCEFI*; *D wants*; *AG agree*
3957. d'i. commence a *I*; *rest agree*
3958. Il jura saint s. *BI*; s. que i. doit a. *EGT*; qu'i. volra a. *BCDFI*
3959. Ne (Nel *B*) lairai qu'i. *EB*; Nel lai. *DG*; lai. qu'i. ne. (lai. ne le *I*) seuche p. *DI*; lai. que n. *T*; p. les menbres c. *BIT*; t. a c. *CD*; *AF agree*
3960. Li dus a. s'eslesse o. *BFI*; A. l. roi c. *D*; A. li Turs c. *T*; D. garder *F*; *ACEG agree*; *BI add 1 line* Quar ains k'il (que *I*) retort mais ert mout pres d'afoler
3961. *BFI place 3961-3964 after 3979*; Cornumarans en v. qui fu j. et b. *E*; A force cevauca l. j. *BFI*; C. chevauce:, (que Diex puist cravente[r] *T*) *GT*; *ACD agree*; *T adds 1 line* Et honte et grant martyre ainz qu'il puist ret...
3962. *for order of BFI see 3961*; v. (vient *I*) a l. *CI*; l. bruiere s. comme a *E*; *ABDFGT agree*
3963. *for order of BFI see 3961*; l'oi tres bien en Jherusalem cler *D*; *T wants*; *ABCEFGI agree*
3964. *for order of BFI see 3961*; *no variant*
3965. *BFI have 2 lines* L. ch. s'en torne quant il l'en (le *I*) vit (voit *F*) aler/ A l'ost Diu vint (v. *FI*) poignant s. co. a cr.; l. escuiers v. *T*; ch. vint s. *E*; *ACDG agree*
3966. t. poons d. *C*; *ABDEFGIT agree*; *BI add 1 line* Et vous Robers de

Flandres ki faites a loer; *B adds 1 further line* Et dans Hues li Maines qui tant fait a loer
3967. q. s. t. a. *F*; t. soloit a. *B*; (s. ... *T*); *ACDEGI agree*
3968. m. nel p. (pot *C*) *DCEF*; m. ne le p. trouver *G*; p. adeser *B*; (p. a... *T*); *AI agree*
3969. Et quant B. *D*; Quant B. l'oi un *E*; B. l'oit .I. *IT*; g. fait s. (... *T*) *DIT*; *ABCFG agree*
3970. (Lors v. *BI*), p. sor les c. *DBEFI*; v. nos p. es bons che... *T*; *ACG agree*
3971. Et l. esc. s.: *T*; s. les (lor *G*) esc.: *BDEGI*; et l. (lor *G*) esp. (espies *BCDIT*) c. *EBDFGIT*; *AC agree*
3972. t. et .V.C. baceler *E*; t. or le puist Diex ... *T*; p. (volt *DG*) mener *CDG*; *BFI want*
3973. L'autre cevalerie: *BFI*; As a. *CDEGT*; coumande (commendent *F*) l'o. (l'o. a *I*) g. *BFIT*
3974. d. cevalche: *CE*; (c. n'i v. *DI*) v. demorer *BDI*; n. voloit r. *C*; que n. vaut r. *E*; v. arrester *FG*; (v. ... *T*)
3975. q. v. u m.: *E*; u pris l. *T*; p. (pora *E*) retrouver *BEFGIT*; *D wants*; *AC agree*
3976. Ichi lairai un *E*; C. vos la. .I. ... *T*; le lairai .I. *DFG*; *ABCI agree*
3977. du. Godefroi q. *DEF*; (... q. *T*) q. m. (tant *DT*) fait a (a dou... *T*) *FDT*; *ABCGI agree*
3978. Et q. l. e. ser. (venra *CD*) *TCD*; Q. tant et poins venra: *E*; l. e. ert et tans: *BFI*; l. e. revenra s'e. *G*; b. m'e. ores p. *BI*; b. e. sa. (sarai *EF*) p. *DEF*; b. sa. retorn[er] *T*
3979. D. roi Cor., va. reconter *F*; Cor. va. ore con. *E*; vo. voel hui mais con. *BI*; vo. volrons o. *D*; (... Cor. *T*); *ACG agree*; *BFI place 3961-3964 after 3979, then add 2 lines* La nuis fu bele et clere .I. poi prist a venter/ Et li Turs cevauca (commencha *F*) qui mout se viut haster (son ceval a haster *F*)
3980. (... i. *T*) i. dut a (en *D*) *BDEGIT*; b. trespasser *T*; *C wants*; *AF agre*
3981. [B]auduins d. R. l'e. *T*; d. Buillon: *BI*; R. li covint encontrer *D*; li vient a l'encontrer *I*; *ACEFG agree*; *BFI add 1 line* Or (Et *F*; Qui *I*) venoit de Rohais que il devoit (ot a *F*) garder
3982. (D. repairoit l. *I*) l. vius l'ot *BI*; s'e. venoit l. *F*; *ACDEGT agree*
3983. Sor son c. *CD*; se. el pais n'o. son *BI*; se. e. P. n'o. son *DF*; se. e. l'ost n'en o. son *E*; se. n'o. e. France son *G*; *AT agree, F adds 2 lines* Fors le ceval le Turc Cornumaran le ber/ Et Prinsaut l'arrabi l'oi jour apeler
3984. .IIII. mil b. *DG*; *ABCEFIT agree*
3985. Ar. d'auberc et d'elme h. *D*; d'el. iries c. *E*; *ABCFGIT agree*
3986. (... d. *T*), R. voit l., (T. avaler *FT*) *BFIT*; v. les Turs de. *G*; l. roi de. *E*; *ACD agree*
3987. En u., d. entrer *BI*; pe. ruissel ou *F*; (...it v. *T*); *ACDEG agree*
3988. Li dus p. *BI*; Li qens i p. Prinsaut: *F*; c. car le va. *C*; c. tant comme il pot aler *E*; qui le va. e. *BFGI*; *T wants*; *AD agree*
3989. Cor. les v. si le prist a d. *E*; (... v. *T*) v. si con. *BCDIT*; *AFG agree*
3990. (Q... co. *T*) co. voit a. *BDFGIT*; co. sent a. *E*; *AC agree*
3991. N'ert mi. *E*; s'i. ne v. *C*; s'i. les prist a douter *G*; n'i vuet arester *I*; (N'es... me. *T*); *ABDF agree*; *BI add 1 line* Quar tant de cevaliers n'ose

Variants 469

pas encontrer; *F adds 1 line* Car contre tant de gent n'est pas bon assanler
3992. Pl. b. et po.: *C*; Pl. laisse corre: *D*; Il b. le ceval: *E*; b. tres par mi le coster (les costes *I*) *BI*; (que a. (il *E*) n. *DE*) n. pot l. *CDEGT*; q. n. siut pas l. *F*
3993. P. mi le. esperons: *E*; en (li *T*) fait le, (s. aler *E*) *CDET*; *ABFGI agree*
3994. v. al cev. *BDI*; t. acroler *B*; t. croler *I*; *ACEFGT agree*
3995. t. levriers (le...rs *T*) n. *GT*; o. qui tant seust v. *E*; o. tant poist tos v. *F*; f. (girfaus *B*; grisaus *I*) por v. *DBI*; *AC agree*; *F adds 1 line* Si qe tous les esclos en fist estinceler
3896. B. s'escria n. l. poes douter *C*; Et B. e. *G*; e. ja (vos *G*; ... *T*) n'i p. *DGT*; e. cuvers n'i pues d. *F*; n. (n'en *E*) p. escaper *BEI*
3997. Se D. garist P. *BFIT*; P. sor m. *BGI*; P. dessouz m. d'afoler *T*; m. d'enbricouner *BFI*; *E wants*; *ACD agree*
3998. l'o. Deu v. menrai qui *BI*; v. amenrai qi *F*; d. penser *CE*; *ADGT agree*
3999. Lors (Dont *F*) veisciés le conte Prinsaut esperouner *BFI*; v. au b. *GT*; b. l. boin d. hurter *E*; son d. tangouner *G*; son cheval t. *T*; *ACD agree*
4000. De ses (Et des *I*) esporonaus et p. et talonner *BI*; o. le prist fort a haster *T*; *F wants*; *ACDEG agree*
4001. Qui veist le cheval deso. *T*; l'a. (l'arrabi *C*) desor l. *BCG*; l. randoner *BCDEGIT*; *F wants*
4002. t. a croler *B*; t. ampasser *AT*; t. passer *EF*; t. croler *I*; *CDG agree*; *BI add 4 lines, F adds 3 lines* Par si grant vertu fist (keurt *FI*) la terre fist croler (tranler *FI*)/ Les caillaus fent as pies le (et *I*) fu en fait voler (Les cailliax et les pierres fait as pies escruner *F*)/ Si que tous ses esclos faisoit estinceler (*F wants*)/ Qui veist le destrier (ceval *F*) bien peust (le puet *I*) afremer
4003. D. mout i. *G*; i. destrier l. *F*; p. amembrer *C*; *ABDEIT agree*
4004. B. pora au pa. s'i. li plaist acoster *E*; s. sara conduire s'i., c. au joster *C*; s. peust au pa. par raison acoster *F*; pu. par raison au pa. acoster *B*; pu. par raison acoster *I*; c. acoster *GT*; *AD agree*
4005. s. doive: *BFI*; p. ne lu. *D*; lu. c. n. le. *BI*; c. luire et le. *F*; lu. et le. *E*; *ACGT agree*
4006. Pora l. *BDFIT*; Poront l. Franc as Turs d'u. *C*; l. cuens a. *T*; T. u. pierre j. *BDFI*; *AEG agree*
4007. L. chevaus a., (p. commence a tressuer *E*) *GET*; L. tiestiere a. *BI*; *ACDF agree*
4008. v. si q. (cuide *B*) foursener *IB*; s. cuide d. *CDEFGT*
4009. E. poignant li *BI*; cor. prist li rois son cheval affroter *D*; con. l'orellete a f. *E*; con. l'oreille a f. *F*; le. orelle a f. *G*; o. a f. *BI*; *ACT agree*
4010. Et l'oreille et le front a *D*; Desou. et par desor. *G*; m. essuer *BCDEFGIT*
4011. Mo. savoit del (Mo. fist bien ou *F*) ceval quant i. *BFI*; q. ains n. *GT*; p. lasser *CD*; *AE agree*
4012. L. destriers rent s'a. (se relaine *F*; ra s'a. *I*) si prist a r. *BFI*; (... l. *T*); *ACDEG agree*; *F adds 1 line* Par si grant vertu court la terre fait tranler (*cf. 4002a*)

122. *ABCDEFGIT*

4013. *No variant*
4014. Et B. cevauce q. *EF*; q. sa voie a tenue *I*; *ABCDGT agree*
4015. *I inverts 4015/4016*; ... ot m. *T*; *ABCDEFGI agree*
4016. *I inverts 4015/4016*; Ses cevax va pl., v. qui ca. *E*; Pr. s'en vet pl., ne maine nu. *G*; l. va pl. *T*; t. c'oisiaus ne ca. grue *BI*; ca. pluie *C*; *ADF agree*
4017. at. a u. *F*; *rest agree*
4018. Bauduins l. escrie: *BDEFGI*; b. (cil *E*) f. (a *EG*) sa v. oue *BEGI*; q. grant paine a eue *D*; sa v. a b. oue *F*; *T wants 4018-4020*; *AC agree*
4019. g. dolor t'e. *D*; g. pain t'e. *I*; *T wants*; *ABCEFG agree*
4020. *T wants*; *rest agree*
4021. Qua. vo. Cornumarans que s. g. n'est ve. *T*; g. n'est avoc l. *DF*; g. n'en est o *E*; g. n'est mie o *I*; *ABCG agree*
4022. Pl. esperone: *BEG*; de j. s'e. *BDEFIT*; *AC agree*
4023. Qui p. l. vait b., f. apres grue *D*; v. (vint *I*) devant q. *BI*; v. (vint *C*) courant de (q. *C*) *FC*; d. mue *BCFG*; *ET want*; *F adds 2 lines* As fers q'il ont trenchans li uns l'autre salue/ Sacies n'est pas ensi com li amis sa drue
4024. B. fi. le Turc sous s. t. vossue *F*; fi. que s. t. a croissue *D*; fi. sor s. *I*; (Et B. ... a t. fe. *T*); *ABCEG agree*; *F adds 1 line* De l'un cief jusc'a l'autre est toute pourfendue
4025. T. est fo. *D*; l. haubers: *GT*; c. n'en es. malle r. *BI*; maile n'en (n'i *ET*) es. (a *EGT*) r. *DEGT*; *ACF agree*
4026. La hanste q. *D*; f. fors li *C*; f. ...e si est mout tost c. *T*; li est e. *E*; a es p. *F*; *ABGI agree*
4027. s. tient b. *I*; s. t... b. des arcons nel r. *T*; b. d'estrier n. se r. *E*; des. nel r. *DF*; n. se mue *G*; *ABC agree*
4028. B. a f. *FI*; B. feri si: *T*; d. la c. molue *F*; ... lance moulue *T*; s. (la *BEG*) lance e. *IBEG*; *ACD agree*
4029. Ses e. *E*; (Que l'e. *T*), d'u. seue *GIT*; le pris d'u. *F*; *ABCD agree*
4030. Le (Son *T*) hauberc li fausa la *DT*; f. se fu d. (descouneue *B*) *IB*; f. maille n'i o. tenue *E*; o. desconeue *FG*; *AC agree*
4031. (Le fut li *B*), a coulet le. *IB*; *ACDEFGT agree*
4032. L. quens est esc. *E*; esc. sainte Marie a. *BI*; *ACDFGT agree*

123. *ABCDEFGIT*

4033. (B. sot que *BDI*) qe cil l'o. (l'a *BCGIT*) *FBCDGIT*; *AE agree*
4034. Mo. en o. ma. *E*; Mo. a g. *I*; ma. si a trait l. b. n. *D*; t. son b. *B*; b. molu *BEI*; *ACFGT agree*
4035. C. eust s. b. tendu *T*; s. branc e. *CI*; *ABDEFG agree*
4036. Pour traire fo. (hors *BEIT*) l'es. (s'es. *DEFGT*) *FBDEGIT*; A t. *C*; l'a s. l. q. fe. *BFIT*; l. q. l'a s. fe. *E*
4037. e. qui a o. batus fu *E*; e. qui fu a *T*; *ABCDFGI agree*
4038. Par forche le feri et par ruiste vertu *D*; j. espandu *T*; *ABCEFGI agree*
4039. t. de l'auberc q. (c'ot vestu *BI*) *GBIT*; d. travain q. *F*; q. fors f. *D*; *ACE agree*; *F adds 1 line* Le bacin li fendi qi fu d'acier fondu
4040. Tout copa jusc'a l'ost qanqe a c. *F*; (Tout tr. *B*), l. char q. (qu'en a c. *B*) *IB*; Ta. trenche d. *T*; te. com e. (i. *D*) a *CD*; *E wants*; *AG agree*

Variants 471

4041. S'il eust b. *E*; Se b. l'e. a. *T*; t. l'e. confondu *I*; *ABCDFG agree*
4042-4046.   *BDFI replace 4042-4046 as follows* Li sans qi est vermaus ist de la plaie a ru (*F only*)/ Quant li rois voit (ot *I*) sen sanc a la tiere cau (espandu *F*)/ D'ire et de maltalent a le cuer esperdu (*F only*)/ Sa costume estoit (est *F*) tele dont (qu'il *D*) dobloit (double *F*) sa vertu/ Il enbrace le targe s'a (et *FI*) trait le branc molu (L'escu a embrachie et tint le brant molu *D*)/ Et feri Bauduin (Vait ferir Bauduin *D*; Fiert Bauduin le conte *F*) par mi son elme agu/ Que les flors et les perres en a jus abatu (*DF only*)/ La coife li trenca del blanc auberc menu/ Dameldex le gari qu'en car ne l'a feru/ Quar s'il euist le conte (Car s'ataint eust le conte *F*) a plain cop conseu/ Tout l'eust del ceval a la tiere abatu (Enfresi qu'ens es dens l'eust tot profendu *D*; Tout li eust le cervel a la terre espandu *F*); *GT replace 4042-4046 as follows* Et Bauduins s'escrie (Bauduin li escrie *T*) de cha vous ai sentu/ Quant li paiens l'entent iries et dolans fu/ Vers (A *T*) Bauduin let coure Plantamour (le bon cheval *T*) grenu/ Grant colp li a doune de son branc ki bons fu (brant esmoulu *T*)/ Amont par mi son ielme que tout li a fendu (tout li a porfendu *T*)/ Que les flours et les pieres en a jus abatu (*G only; cf. 4038*)/ La coiffe li trenca de l'auberc ki bons fu (*G only; cf. 4039*)/ Li cofiniaus d'acier a le branc reconnu (*G only*)/ Se Dex ni li aidast tout l'eust porfendu (mors fust et confondu *T*); *E wants 4042-4046; AC agree 4042-4046*
4047. Co. l'e. dou tot v. *C*; Cornumarans escrie d. *E*; Co. li crie d. *F*; Et li paiens s'e. (li crie *T*) *GT*; se vous m'avez feru *T*; *ABDI agree*; *T adds 1 line* Le guerredon vous ai apertement rendu
4048. Qui. que jou eu. l. quir s. es. *G*; qe jou eu. (aie *C*) *FC*; j'eu. s. l. c. es. *T*; eu. mon c. *D*; *ABEI agree*
4049. (.I. seu F. *C*) F. gerpisse m. (ma vertu *C*) *DBCE*; *AFGIT agree*; *BI add 1 line* Par mon deu Apolin que j'ai tous jors crue
4050. (Mal p. *T*) p. cha outre ve. *DT*; p. ve. le vostre roi J. *I*; me. por vostre roi J. *E*; me. vergier vo *F*; *ABCG agree*
4051. a. Francois q. *E*; c. tous i seres vaincus *I*; c. dolent et m. *T*; *ABCDFG agree*
4052. *I places 4052 after 4049a*; vo. aront m. *BEG*; vo. aroit m. *I*; m. t. i s. *BFI*; t. seront ve. *DE*; s. pendu *T*; *AC agree*
4053. p. esploitier et m. *BI*; r. tout seres c. *E*; r. et tuit seres vaincu *T*; *ACDFG agree*
4054. v. por s. a *ET*; l'a. qenu *F*; *ABCDGI agree*; *F adds 1 line* C'est Soudans de Persie qi mout a grant vertu
4055. Ne laira Sarrasin jusc'a. *B*; l'e. trosqu'a. *G*; l'e. jusqu'au B. *T*; dusc'a B. *D*; *F wants; I wants 4055-4058; ACE agree*
4056. l. conte pe. *D*; *BFI want; ACEGT agree*
4057. *I wants; rest agree*
4058. v. por s. g. *E*; que. a l'amiral Cahu *B*; g. joie en *C*; g. duel en *T*; *I wants*; *ADFG agree*; *BFI add 1 line* Il l'en a apiele ne se fist (tient *F*) mie mu
4059. que. por c'as t. at. *D*; que. pour le tien diu Cahu *F*; *ABCEGIT agree*; *BI add 1 line* Que li .I. ait a l'autre se parole rendu
4060. *F has 6 lines for 4060* Puis qe t'as chi androit a moi tant entendu/ Qe nous avons andoi asaiet no vertu/ Car demeur encor tant qe m'aies despendu/ Qi tu es et qes hom se t'ame ait ja salu/ Qant li Turs l'entendi

trestous cois s'est teu/ Et Bauduins l'aresne qi bien emparles fu; i. se t'arme ai. *C*; se t'ar. ai. j. sa. *DT*; *ABEGI agree*; *T adds 1 line* Et comment tu as nom et ne me soit teu

124. *ABCDEFGIT*

4061. (... q. ... p. ... e. *T*); *rest agree*
4062. D. moi con t. as non: *B*; D. moi comment a non: *I*; d. com (... *T*) as non *DEFGT*; ne m. ce. (cele *T*) no. *BCDEGIT*; et qi es ensement *F*, *which adds 1 line* Et de cui de linage ne m. ce. no.
4063. l. rois p. *D*; (... l'o., l. ... p. *T*); *ABCEFGI agree*
4064. Q. en a. *C*; tu m. rediras l. *D*; tu aussi m., ti. contenement *E*; *ABFGIT agree*
4065. (Et l. q. li a dit j. *E*), l'o. bonement *DCEFGT*; l'o. ensement *B*; *AI agree*
4066. V. jou a. a n. par tout C. *E*; Par foi c. *BI*; Par Mahom d. *F*; l. quens j'a. *A*; l. Turs j'a. *FBGIT*; *CD agree with text*
4067. F. le roi C. *BI*; F. s. roys C. *T*; C. qui J. *BD*; *ACEFG agree*
4068. *BFI have 2 lines for 4068, order of I inverted from that of BF* Antan (Et si *F*) fu corones d'or fin (a roi *F*) en Bellient/ Miens est tous cis roiaumes et l'ounor qui apent (Et miens est chis roiaumes et qan qe q'il i apent *F*); *ACDEGT agree*
4069. Et la te. (Et li regne *F*) mon pere et *BFI*; Moye ert toute la te. *T*; a to. le c. *E*; to. li c. *BDIT*; t. si c. *FG*; *AC agree*
4070. i. ne (nel *B*) me celer (coile *BI*) noient *DBI*; et ilsnelement *E*; *ACFGT agree*
4071. Pui. f. m. que tu pue. *T*; f. que m. *BDEGI*; f. m. que pue. *CF*; et puis j. en. *E*; j. toi en. *BFI*
4072. Certes c. *BI*; *E wants*; *ACDFGT agree*
4073. Jou a. no. *BCEGI*; B. saces certainement *E*; s. mes parrins ne *F*; c. quel d. *B*; *ADT agree*
4074. d. de Buillon q. *BCDEGIT*; q. tant a *BIT*; m. ot h. *E*; *AF agree*
4075. Et l. preu con. Ustasse q. *E*; Et Wistasse l. con. q. *F*; l. bon con. Eustace q. *T*; q. tant a *BI*; a l. cuer g. *C*; *ADG agree*
4076. *No variant*
4077. (Bauduins se. *D*), r. jel sa. a escient *CD*; *BEFI want*; *AGT agree*
4078. l. le p. *BEI*; l. cel p. *C*; *ADFGT agree*
4079. Cornumarans saisi son es. a argent *D*; Il em. *BFI*; Puis em. *T*; s. vint er. *E*; *ACFG agree*; *FBI add 1 line* Et tint (a *BI*) traite Murglaie encontremont (et contremont *B*) l'estent
4080. J. en f. le conte m. a. *BFI*; J. le ferist mout a. [*sic*] *G*; Jal f. *C*; *ADET agree*
4081. ki d'un t. *B*; del tiere des. *G*; *ACDEFIT agree*
4082. v. (set *BI*) li d. *FBIT*; se. demores n'e. *C*; d. n'est m. (mie *BFG*) *DBFG*; n'est mie sa. *I*; n'e. mie a *T*; *E wants*
4083. Pl. esporone q. *BGT*; s. comprent *E*; *ACDFI agree*
4084. P. t. s'en e. tournes: *BFI*; que quariaus qui d. *BI*; poignant c'a. n. d. *F*; *D wants*; *ACEGT agree*
4085. *F has 2 lines* Et B. l'encauche qi ot grant hardement/ Sor Prinsaut

Variants 473

l'arragon q. ne keurt m. l.; B. l'encaucha q. ne va m. l. *E*; Et B. l'encauce: *BCDGIT*; q. ne s. *I*; plus que nue apres vent *T*; n. fait m. *D*
4086. *No variant*
4087. Ains qi'i. puist repairier er. *BI*; qu'i. (que *T*) retort: *DT*; avra le cuer dolent *D*; sera en g. t. *ET*; er. m. en g. *F*; *BFI add 1 line* En plus de .D. (.XXX. *F*; .CC. *I*) lius avra le (son *F*) cors sanglent

125. *ABCDEFGIT*

4088. *No variant*
4089. *DT want*; *ABCDEFGI agree*
4090. *C wants*; *rest agree*
4091. l'ar. a le g. *BI*; q. ot g. *C*; *E wants*; *ADFGT agree*
4092. O. soit D., g. et sa vertus nomee *BI*; l'a. cil e., f. ciel rousee *T*; *ACDEFG agree*
4093. Mais an. qu'i. (que *I*) reviegne av. *BI*; qu'i. retort av. *DGT*; qu'i. retourne av. (av. sa c. *F*) *EF*; *AC agree*
4094. d. .D. l. *B*; d. .XV. l. *D*; d. .CC. l. ara la char navree *I*; l. et pe. et navree *E*; *ACFGT agree*
4095. *BI have 2 lines* Quar C. garde contreval la valee/ Sarrasins voit venir a grant esporoune; L. fiers C. *CT*; Car C. a de s. *F*; *ADEG agree*
4096. f. neuf m. *C*; *rest agree*
4097. v. vers l. b. *F*; pa. l. bruiere po. *E*; po. gaitier l. c. *B*; g. l. courree *D*; *I wants*; *ACGT agree*
4098. Ses co. *F*; Ce. conduit O. *I*; Ses conduit O. *T*; co. Cornicas l'o. *E*; *ABCDG agree*
4099. *B has 1 line for 4099-4100* Cor. l. v. s'a s'en. es.; C. les v. *CDEGT*; v. s'a g. j. m. *E*; j. a demenee *T*; *I wants*; *AF agree*
4100. *for B see 4099*; O. (lor harnas *E*) s'a s'en. es. *GE*; O. sa gent a es. *T*; *I wants*; *ACDF agree*; *B adds 1 line* Damas et Tabarie a mout grant alenee
4101. Et S. i v. *BI*; v. de mout grant randounee *E*; g. airee *D*; g. desfaee *F*; *ACGT agree*
4102. se. encontrerent q. *BI*; se. ont connut q. *E*; q. le ta. *G*; (sa ... *T*); *ACDF agree*
4103. *BFI invert 4103/4104*; en son poig to. *D*; n. l'es. *E*; *ABCFGIT agree*
4104. *BFI invert 4103/4104*; Et son el. fendu sa brogne (char *F*) en. *BFI*; (L'el. virent tr. *C*) tr. la te. *ECDG*; *AT agree*
4105. Quant Sarrasin le voient: *BFI*; s'ont l. (lor *I*) co. m. *BI*; l. co. ont m. *F*; (co. ... *T*); *ACDEG agree*
4106. Onqes n'i o. pa. *F*; A. puis n'i o. pa. *T*; o. puis pa. *BI*; *D wants*; *ACEG agree*
4107. gu. tout d'une randonee *E*; c. faus a volee *BFI*; ge. esfraee*T*; *ACDG agree*
4108. r. venoit devant: *BFI*; (r. vint t. *E*), q. (que *E*) li s. *GET*; q. l'ensegne a guiee *B*; q. teus s. *C*; de la terre puplee *I*; *AD agree*
4109. la voie e. *F*; *rest agree*
4110. pa. a d., (m. set v. *I*) *BFIT*; *ACDEG agree*
4111. (Il g. le destrier s'a *E*) s'a le r. (r. viree *D*) *BDEI*; Et a g. *T*; *ACFG agree*
4112. *T gives 2 lines* Co. l. cr. a mout grant alenee/ Par Mahomet Francois vo.

vi. e. ...; Co. s'escrie nostre vi. *B*; Co. l'escrie vo. *I*; vo. joie e. *C*; e. alee *EG*; *ADF agree*

4113. a. encauchie ta. (ta. ert l. *BF*) *DBEFGI*; (ta. ...rnee *T*); *AC agree*
4114. A. le ve. s., (ce. ... co. *T*) *DT*; A. vespres vo. *F*; s. ceste t. *C*; *ABEGI agree*
4115. L. q. a respondu ai. *E*; B. ains avres c. *B*; (ai. ... c. *T*); *ACDFGI agree*
4116. a. poi pr. vostre po. *BI*; pr. te po. *C*; *T wants*; *ADEFG agree*
4117. vo. sa compaignie venant pa. *E*; po. de randonnee *I*; pa. mi la pree *D*; l. contree *B*; *ACFGT agree*
4118. o. trives prises n. *BG*; pr. ...ole devisee *T*; pa. mandee *D*; *ACEFI agree*; *F adds 1 line* Ains se fierent ensanle comme gens airee
4119. b. (brise *F*) sa la. *GBCFI*; la. u l'e. est f. (fermee *I*) *BI*; la. a l'e. *CDFG*; la. sanz plus de demo... *T*; l'e. fremee *EG*; *BI add 1 line* Tant con cevaus pot (puet *I*) corre a plain de randonee; *C adds 1 line* Et li quens Bauduins le sieut de randonee; *F adds 1 line* Et puis par grant air a cascuns trait s'espee
4120. S'en (Se *I*) v. *BI*; f. es. T. *BEI*; f. l'enfant p. *C*; T. comme gens esprouvee *F*; T. sans nule demoree *G*; *T wants*; *AD agree*
4121. o. maint a. f. mainte tar. *E*; o. tant escu frait tan. tar. *T*; *ABCDFGI agree*
4122. tant. espee frouee *I*; b. esfondree *B*; b. saffree *C*; b. quassee *E*; b. es... *T*; *D wants*; *F wants 4122-4124*; *AG agree*; *BI add 1 line* Et tant pie et tant puing tante teste copee
4123. Tant p. veiscies jesir g. b. *BI*; P. et S. m. *T*; et Persant m. *E*; *F wants*; *ACDG agree*; *BI add 1 line* Del sanc qui ist del cors est vermelle la pree
4124. B. a u. (u. cane t. *B*) *IB*; la. faee *C*; *F wants*; *ADEGT agree*
4125. U. T. q. gisoit m. l'avoit d. *T*; q. gisoit m. *DEG*; q. m. e. l. *F*; m. l'avoit d. *C*; m. d. p. l. a o. *E*; m. devant lui en le pree *G*; a. del poing o. *DFI*; *AB agree*
4126. V. C. broche la (la lance a. *BI*) *DBI*; la teste a. *T*; *ACEFG agree*
4127. s. sa ta. *DF*; ta. doree *T*; *ABCEGI agree*; *BI add 5 lines* Sor le boucle li a fraite et esquartelee (Sa b. li a f. et toute es. *I*)/ Mais la brogne fu fors n'en est malle fausee/ Si li hurta (hurte *I*) li quens devant a l'encontree/ Que li pans de la targe li a el vis (li est a lui *I*) hurtee/ Ensi con (Si fort que *I*) la veue ot tote estincelee
4128. T. estourdi l'ab. *FI*; l'ab. de d. *C*; p. desour u. *G*; *ABDET agree*
4129. *E has 1 line for 4129-4130* Et s. P. a le c. t.; s. le ceval p. *F*; r. doree *BCDGIT*
4130. *for E see 4129*; Il l'en m. tous qite sans nulle demoree *F*; Ja menast l. d. *BCDI*; L. d. en m. a l. *GT*; c. teulee *DT*
4131. Mais O., la. afeutree *E*; f. d'une la. *GT*; d. la cane qarree *F*; *ABCDI agree*
4132. p. sor le targe roee *BFI*; u. huee *CDGT*; *E wants*
4133. S. qu'a to. *BI*; to. sa ta. *DC*; la guige li *BFI*; on. des poins os. *F*; *E wants*; *AGT agree*; *BFI add 1 line* Plus de lance et demie li ont el canp portee
4134. c. par s. vertu n. *B*; et la v. *E*; (v. ... *T*); *ACDFGI agree*
4135. *T has 1 line for 4135-4136* A. n'i g. estri. tous fu cois en. l'es.; C'a. ne g. *BF*; A. ne g. *DG*; A. n'i g. *E*; Car ne g. *I*; e. tous fu cois en l'est... *T*; n. sa r. *G*; l. sele afeutree *D*; l. sele doree *E*; r. doree *B*; r. doublee *F*; *AC*

Variants 475

agree
4136. *for T see 4135*; (Le ceval a *E*), m. le pree *DE*; a gerpi si (puis *F*) a traite l'espee *BFI*; *ACG agree*
4137. Puis f., S. du trencant de l'espee *E*; S. Ustin de Valpenee *B*; S. Fausin de Val Loree *C*; S. Fanin de V. (Valsecree *D*) *GD*; S. Cornu de Valpelee *F*; S. Justin de Valposnee *I*; S. Fabur de Valbetee *T*
4138. Trestot l'a porfendu d. *D*; T. porfendi le Turc d. *T*; d. qu'e. *B*; d. qu'a la *I*; *E wants*; *ACFG agree*; *BFI add 1 line* Et le (son *I*) ceval (destrier *FI*) trenca tot (tres *FI*) par mi l'eskinee
4139. Tout a. en .I. mont: *BFI*; cev. l'arme s'en est alee *D*; cev. devant lui en la pree *G*; cev. par ... *T*; par da. u. aree *BI*; si fri de randonnee *F*; u. valee *E*; *AC agree*; *F adds 1 line* Et puis refiert .I. autre l'ame s'en est sevree; *BFI add 1 further line* Paien li ceurent sus tout a une huee (hiee *F*); *BI add 2 further lines* Or penst Dex del baron qui fist ciel et rosee (et sa vertus nomee *I*)/ Quar si il nel secort sa vie ert (est *I*) ja (ja *lacking in I*) finee; *F adds 5 further lines* Et li qens se desfent au trenchant de l'espee/ Mais toute sa desfense i oist peu duree/ Se si home ne fuissent et sa gent honeree/ Qi viennent apoignant de mout grant randonnee/ Bauduin ont rescous de la gent desfaee
4140. (U. T. prent Pl. *E*), r. doree *BEFGI*; r. noee *D*; (r. do... *T*); *AC agree*
4141. (l. tent d. *D*), u. cavee *ED*; r. qui ert en desiree *BI*; r. desous u. *C*; r. qui mervelles agree *G*; r. cui il auques agree *T*; u. anee *F*
4142. Li ber sa. en l'arcon (ens arsons *I*) de la *BI*; Li Turs sali de t. *F*; i. sailli de *CE*; i. sa. de la t. *D*; si. afeutree *EGI*; *AT agree*; *BI add 1 line* Prist l'escu as enarmes une lance a cobree; *BDEFGIT add 1 further line* Ja sera li batalle del tout renovelee
4143. Li pais estoit (...it *T*; ert *F*) gastes: *BDEFGIT*; et li regne gastee *B*; et la t. escaudee *DFT*; et la t. estoufee *I*; t. est es. *C*; t. desertee *E*; t. esgaudoee *G*
4144. D. liu en lieu es. *E*; (... l. en *T*); *ABCDFGI agree*; *BI add 1 line* De l'ardor del solel estoit arse et grelee
4145. a nos jens ain. *B*; ain. que l'aie. *GI*; qu'i. l'eust p. *E*; l'aie. outree *C*; *ADFT agree*
4146. a celui d. caus n'a. *BI*; a celui d'ax tos n'a. l. ci. escalfee *D*; (a nul q. *T*), l. tieste b. (fouillee *T*) *GT*; q. ne a. d. ca. l. char b. *F*; ci. tourblee *E*; *AC agree*; *BI add 47 lines, see Appendix 16*

126. *ABCDEFGIT*

4147. f. fors l. *GT*; b. et li caple sont fier *BFI*; *ACDE agree*
4148. po. mais s. *T*; s. l'enchaus pl. *F*; l'e. premier *E*; *ABCDGI agree*; *FBI add 1 line* De l'ardour du soleil qident (cuide *B*) vis esragier
4149. .IIII. mil l. *D*; .C. no baron ch. *E*; *ABCFGIT agree*
4150. Et S. estoyent en. *T*; (S. furent en. *G*) en. .X. m. *BDEGI*; en. .VII. m. *F*; *AC agree*
4151. Et sans c. *G*; Entre c. de montaingne q. *I*; c. du pais q. *F*; *ET want*; *ABCD agree*
4152. l. nostre s'esmaient ne fait a m. *BI*; s'es. ne me doi m. *E*; s'es. n'en d. on m. *F*; n. nel d. *C*; *D wants*; *AGT agree*

4153. s. home r. *E*; *BI want*; *ACDFGT agree*
4154. A Jherusalem cuide a. r. *C*; Vers J. *FB*; Devers (Envers *T*) Jherusalem s'e. *IT*; a. cuidoient r. *E*; s'e. cuident r. *BI*; *ADG agree*
4155. M. en t. *FG*; (M. ... v. *T*); *ABCDEI agree*; *BFI add 1 line* Fors caves (cavains *F*) et montagnes et pieres et rocier
4156. Quar li *BFI*; Que li *G*; o. font t. *I*; (... f. *T*), g. forvoier *BGIT*; *D wants*; *ACE agree*
4157. (... s. *T*), v. as nos: *GIT*; eu. et ferir et *E*; eu. et traire et l. *F*; asalir et l. *BI*; por traire et por l. *GT*; *D wants*; *AC agree*
4158. Cornumarans escrie: *CE*; mar en i. (i. arrier *F*) *CDF*; *ABGIT agree*; *F adds 2 lines* Pour mauvais recreans nous porran [sic] enseignier/ S'escaper les laissons sains et sauf et entier
4159. B. l'oit: *IT*; n'i o. que corroucier *T*; *ABCDEFG agree*; *IB add 6 lines* Des esperons a or a brochiet le destrier/ Ja li donnast .I. cop dou branc fourbi d'acier/ Quant entr'aus .II. (.II. *lacking in B*) si mist Margot d'Aliier [sic]/ Et li quens le feri qui ne l'ot gaire chier/ La teste en fist voler atout le hanepier/ Puis guenchist le cheval a ses hommes arier
4160. p. li quens sev. *BI*; *T wants 4160-4162*; *ACDEFG agree*; *F adds 1 line* Par le force Prinsaut qi de courre est legier
4161. n. (n'i *E*) laissast s. *DE*; p. plain .I. val d'or mier *F*; l. teste trencier *BEG*; *T wants*; *ACI agree*
4162. Il le. a apieles s., (a rehaitier *F*) *BFI*; ap. et p. *E*; *T wants*; *ACDG agree*
4163. S. franc co. *BI*; *ACDEFGT agree*; *BI add 1 line* Quar ne vous gerpiroie pour plain .I. val d'or mier
4164. p. de b., (f. pour s. c. chalengier *T*) *BFIT*; p. de bien et de *C*; *ADEG agree*
4165. ta. com s. (somes *BFGIT*) *CBFGIT*; q. soions ent. *E*; *D wants*; *BFI add 1 line* Li .I. de nous doit l'autre (Or welle l'uns a l'autre *F*) hardiement aidier
4166. desf. desi a l'a. *DEFGT*; *ABCI agree*
4167. p. ne do. *BG*; p. nel do. *CF*; n. douteroye v. *T*; *ADEI agree*; *BFI add 3 lines* Lors s'escrient ensanble tot somes (serons *F*) cevalier/ Qui s'enbatra sor nous tost i pora laisier/ Les menbres et la teste a (et *I*) tot le hanepier
4168. Ensanle chevalcierent bien se sorent rengier *F*; c. ensamble: *BCI*; c. souef p. *G*; et font lor jent rengier *BI*; de d. .I. r. *C*; *E wants*; *ADT agree*
4169. U. nuef c. *T*; c. voit q. fu les un *E*; (q. sist e. *B*), .I. rochier *IB*; s. sor .I. *F*; .I. montier *C*; *ADG agree*
4170. R. i s. c.: *G*; r. i estoient: *BEFIT*; s. entor c. gra. et plenier *D*; c. gro. et gra. et en. *C*; c. gra. et plenier *T*; gra. (gro. *G*; biaus *I*) et gro. (gra. *G*) et plenier *BEGI*
4171. Es. ot l'un de l'a. c. sois c'o. *C*; l'u. a l'a., (d. plicier *I*) *BI*; (l'a. que b. *G*), d. taillier *TG*; *DE want*; *AF agree*
4172. er. (est *T*) desous se. (fresce *G*) *BDFGIT*; se. creve li *FT*; *E wants*; *AC agree*
4173. s. entor p. *DT*; s. je nel quier a noier *E*; p. le braier *G*; *ABCFI agree*
4174. l. i ot fait m. *E*; f. coucier *F*; *ABCDGIT agree*
4175. En. el c. del rosoi s'aloient ens f. *B*; cr. dou solel s'aloient ombroier *I*; r. es les asorellier *G*; s'en aloient mucier (...ier *T*) *FI*; *DE want*; *AC agree*

Variants 477

4176. p. (puet *B*) si s'en (se *T*) v. *IBT*; d. se v. *CD*; v. a l'ev. *FI*; v. en l'erbe r. *T*; l'ev. rebaignier *C*; *AGE agree*
4177. l. en entra m. *I*; en. mout ara encombrier *E*; m. (mout *F*) est s. *IF*; *T wants*; *ABCDG agree*; *F adds 1 line* Se Damedix nel garde qi a tous puet aidier
4178. s'i puet p. aidier *I*; s'i vost plus targier *T*; s. pourgaitier *C*; s. (pot *F*) pas g. *EF*; *ABDG agree*
4179. A s. c. d.:, (por Dieu vous voe. p.*E*) *DE*; Signour ce d. li quens j. *BFI*; c. a t. vous voe. p. *T*; *ACG agree*
4180. Q'en ce. (cest *BI*) vies ca. *FBI*; Que en ce., f. tost cachier *D*; Dedens ce ca. *E*; *ACGT agree*
4181. J. m'en i. c. (la *F*) *TF*; m'i. la f. *D*; c. hors en ce r. *T*; f. en cel (ces *GI*) r. *BDEFGI*; *AC agree*
4182. Q. q. Sarrasin ierent d'a. plus m. *D*; Quant li p. s. de salir m. *E*; Coi q. p. *BGT*; s. a l'assaut plus m. *T*; *ACFI agree*
4183. Jou p. en l'o., (D. la nouvele non. *I*) *BI*; Poinderai a *CDFG*; Poinderai as Francois l. *E*; [J]e m'en irai a l'o. l. *T*; D. ces nov. *D*
4184. n. m'atenderont j. *E*; m'at. mie: *BI*; j. j'ai t. isnel d. *F*; j. mout ai isniel d. *G*; car p. ai (mout ai *BD*; t. ai *E*; j'ai mout *I*) b. d. *CBDEI*; *T wants*; *BI add 3 lines* (*I inverts 4184a/4184b*) Et la mote est mout haute et siet en .I. rocier/ Ja n'i (ne *I*) poront li Turc par assaut esforcier (esploitier *I*)/ Et vous ares souscors se Deu plest ains mangier
4185. Li c. ont dit b. *E*; ... cil ont respondu b. *T*; *ABCDFGI agree*; *BFI add 1 line* Or cevaucent ensamble li baron cevalier (droiturier *F*); *T adds 1 line* ...ant es vous Francois ensemble chevauchier
4186. Ains desi au castiel ne finent de (que *I*) cacier *BI*; D. c'a. c. *D*; Ainc dusc'a. c. *F*; Duskes a. *G*; n. v. atargier *DF*; n. s'i v. *E*; s. wellent t. *C*; *AT agree*; *BI add 1 line* De traire a aus toudis ne se volrent targier; *F adds 2 lines* Et paien les encauchent ne finent de cacier/ Desci au castelet ne se vorrent laissier
4187. Ja s. f. li Franc en la mote a. *BI*; Ja vorront nos Francois l. ded. a. *F*; (Et l. ded. s. fisent: *G*), de p. a. *DEGT*; *AC agree*

127. *ABCDEFGIT*

4188. B. tel e... *T*; et si home so. *D*; so. el c. *BI*; *ACEFG agree*
4189. L. tornerent a. (des *T*) *DT*; L. guencissens a. *F*; g. li nostre s'o. *BI*; T. M. o. e. *E*; *ACG agree*
4190. Arr. reculerent: *B*; Arr. resortirent un *E*; l. tornerent .I. *C*; l. retournent .I. *F*; l. requlent: *I*; s. .IIII. arpens m. *G*; par vive poeste *BI*; *DT want*
4191. P. se s. el c.: *D*; s. ou chastelet: *T*; a une fois: *E*; .I. esfors en. *G*; a .I. es. (esfort *T*) entre *DT*; el castelet entre *EF*; c. entre *BCGI*
4192. Li q. B., a son c. randoune *G*; B. il a Prinsaut hurte *F*; a son c. *T*; c. hurte *BI*; *ACDE agree*
4193. En l. r. entra co. et soue *F*; M. s'es. (s'es. en se r. *C*) *BCEI*; Mist soi en l. r. (ens el rosel: *D*) *TD*; a celer *T*; *AG agree*
4194. p. la soie b. *BDIT*; *ACEFG agree*; *F adds 3 lines* Car se il est de paine et de mal escape/ Se Damedix n'en pense en grignour a entre/ Car si com il estoit ens es rosiaus entre

478　　　　　　　　　　　　　　　　　　　　　　　　　　　　Variants

4195. La sa., se. g. effroi o. m. *T*; sa. l'esgardent mout o. g. flair jete *IB*; g. feste m. *C*; g. (.I. *F*) siffle jete *DEF*; *AG agree*; *BFI add 1 line* Plus de .XIIII.M. ont ensamble sifle
4196. cr. issoient et *G*; cr. s'en issent et d. rosoi pele *T*; et des rosiaus pele (crouse *FG*) *BFGI*; r. crouse *E*; *ACD agree*
4197. Au b. cheval s. li f. et li c. *T*; b. ceval s. *BI*; d. saisisent: *G*; s. as janbes al c. *B*; s. as f. et as c. *I*; es flans et (et es costes *CG*) *DCFG*; *AE agree*
4198. d. .XV. li. (li. a le *B*) *IB*; o. sen q. *F*; *ACDEGT agree*
4199. Li c. a ses d. *BI*; l. destriers a. *F*; d. m. fie eng. *C*; a maint eng. (estranle *BI*; devoure *E*; esquate *G*) *FBEGI*; m. tue *T*; *D wants*; *F adds 1 line* Au conte et au destrier est mout mal encontre
4200. Sarrasin a, o. maint a. *BI*; Et li Turc a *F*; g. estour l. *T*; *ACDEG agree*
4201. *T wants*; *rest agree*
4202. *BFI give 6 lines for 4202-4206* La mote estoit mout haut et parfont (par tout *F*) li fosse/ N'i a que .I. (N'i avoit c'un *F*) ponciel u par (par ou *FI*) furent (il sont *F*) entre/ Quar celui orent pres de la moitie oste (*lacking in F*)/ Et si ont le rosel (Et si l'ot la rosiere *F*) entor avirone/ Ainc Turc ne lor (li *F*) forfisent .I. denier mounee/ Quar entor lui (Car environ *F*) estoient (estoit *FI*) li grant rosiel (li grans rosiax *FI*) rame; Mais a. n. *T*; *ACDEG agree*
4203. *for BFI see 4202*; Il n'i *T*; o. point d'e. *G*; m. fort s. l. *E*; *D wants*; *AC agree*
4204. *for BFI see 4202*; Car la r. l'o. en. a. *D*; Et si l'ont l. rosiel en. a. *G*; s. ont l. *E*; l. rosoye en. *T*; *AC agree*
4205. U B. es. estoit ke m. l'a en. *G*; m. ot en. *E*; *ABCDFIT agree*
4206. De sa. *BI*; Les sa. *GT*; p. a t. *E*; p. ont s. l. t. r. *G*; p. ont t., (l. trepe *T*) *IT*; o. mout so. *C*; l. monte *F*; *AD agree*
4207. Et tout p. *FT*; h. safre *E*; *ABCDGI agree*
4208. Ce fu voirs avis c'o. l'eu. t. s. *C*; Ce fu (fust *G*) v. *BDFGI*; Ce sanla c'o. *E*; V. li es. que fust: *T*; t. (tous *T*) d. p. s. *DFT*
4209. d. .V.C., (o. la char n. *T*) *BT*; d. .XXX. li., (o. son co. *E*) *FE*; le quir n. *G*; *ACDI agree*
4210. et de vaine jete *E*; *BI want*; *ACDFGT agree*
4211. g. miracle q. *T*; me. quant n. *C*; me. qu'il n. *E*; me. qant il n. l'o. tue *F*; *BI want*; *ADG agree*
4212. b. et merci et p. *TI*; *ABCDEFG agree*; *BFI add 7 lines* Li quens ot grant angousce mout ot le cors greve (navre *I*)/ Autresi con (Ensi com uns *F*) senglers a li quens escume/ Par le bouce li vint (ist *F*; vient *I*) blance con flor d'este (de pre *I*)/ Contreval li coru jusc'al (dusc'au *F*) neu del baudre/ Li ber les a (Li bers s'estent *F*; Li bers les sent *I*) forment (souvent *F*) si a le (son *F*) cief crole/ Des sansues a .M. aval au (le *I*) branc coule (Des sansues au branc d'acier a .C. rase *F*)/ La fist Dex grant miracle quant le conte a sauve (qant de mort l'a tensee *F*); *BFI add 2 further lines* Le sanc li ont sucie et del cors ont (et fors dou cor *I*) oste/ Ce fu grans (Ce fu mout grant *I*) mervelle quant ne l'ont mort jete (que mort ne l'ont jete *I*)
4213. a Corsabrin ap. *BI*; *ACDEFGT agree*
4214. e. cele mote: *BEFIT*; e. cele porte n'a *C*; e. cele tor n'a *D*; e. celle roce n'a *G*; n'a (n'ai *E*) pas .I. F. *BCEFIT*; F. entre *BDGIT*; F. torne *E*

Variants 479

4215. K. m'a mo. h. cest jor et c. et g. *E*; K. m'a h. encauciet et mout forment pene *F*; h. hucie et *G*; h. travilliet et pene [*sic*] *I*; d. navre *BD*; *ACT agree*
4216. s. chevaus l. *DT*; m. estanci et *G*; m. et caciet et la. *F*; es. et navre *C*; *ABEI agree*
4217. es. en la rosiere j. *D*; en. el (en cel *BEFT*) rosiel (rosoi *EFGT*): *CBEFGI*; j. (je *EI*) s. de v. *BDEFGIT*
4218. Aportes t. *BI*; Boutons dedens l. *E*; Alumes t. *F*; f. tost l'ar. *C*; j. l'avres al. *DG*; l'ar. enbrase *DEFI*; *AT agree*
4219. *BI gives 2 lines* Et i. si f. se. quant il l'ont (l'ot *I*) coumande/ Desus le vent le misent mo. so. d. ma. p.; Et cil si, se. qui so. *C*; i. sisent [*sic*] tout car mo. ont ma. *E*; f. lues: *DG*; f. lors mo. ont d. *T*; n'i ot plus areste *D*; *AF agree*
4220. o. les rosiaus es. *I*; l. rosoi es. *ET*; r. empris et *C*; et alume *BEFGIT*; *AD agree*
4221. v. l. (les *I*) r. et l. f. enbrase *BI*; f. qui giete grant clarte *DT*; f. forment l'en a pese *E*; f. espris et enbrase *G*; r. embrase *F*; *AC agree*; *C repeats 4219-4221*; Et cil si fisent sempres moult sont de mal pense/ Tost eurent le rosiel empris et embrase/ Balduins voit le ros et le fu alume; *F adds 1 line* Qi de toutes pars art et de lonc et de le
4222. p. a d. *BCDEFGIT*; m. sacies en verite *E*; m. J. a r. *T*; J. apele *F*
4223. Sire de paradis q. *E*; Peres sires del ciel q. *G*; Peres omnipotent q. *T*; et on q. *D*; *ABCFI agree*
4224. So. moi en a. *B*; h. en m'a. *CDEFGT*; vi. en g. *CEFI*
4225. et cest ce. *BI*; ce. criains n'ayent affole *T*; *ACDEFG agree*; *F adds 1 line* Icestes males bestes qi si m'ont encombre
4226. Car de *BCDFGI*; m. ceval c. *BI*; c. q. (qu'i. *BFI*) n'aient affole (ensanne *F*) *DBFI*; o. assaune *C*; o. ensaune *G*; *E wants 4226-4230*; *T wants*; *F adds 2 lines* Et si nous garissies de cest fu embrase/ Qant Bauduins ot bien Jhesu Crist reclame
4227. Dont c. *GT*; *E wants*; *ABCDFI agree*; *F adds 2 lines, repeats 4226b-4227b, then adds 1 further line* Cascune est en son crues pour le grant feu entre/ Mais petitet lor vaut tout les a embrase/ Qant Bauduins ot bien Jhesu Crist reclame/ Lors cient les sansues n'i ont plus areste/ Cascune est en son crues pour le grant feu entre/ Mais petitet lor vaut tous les a embrase/ Li feus del grant rosoi et ars et tout brusle
4228. s'en ist:, (par le grase de De *F*) *BFI*; s'en va l'es. *T*; *E wants*; *ACDG agree*
4229. Le brant tenoit ou p. l'escu devant tourne *F*; (Et l'es. ou *I*), d. mout j. *BI*; *E wants*; *ACDGT agree*
4230. Q. vint f. (hors *B*) *CBDFG*; v. hors d. *IT*; d. rosoi s. *BDFGT*; d. rosier s. *I*; *E wants*
4231. v. p. a e. *C*; (l. ... *T*); *ABDEFGI agree*
4232. Que faites vous mi houme: *BI*; O. i f. *C*; O. tost f. *D*; c. bon S. *G*; ves l. ci (Franc *BEFGIT*) esc. *CBDEFGIT*; *BI add 1 line* Quant paien l'entendirent si ont le cri leve
4233. Lors v. les (mains *I*) Turs ap. *BI*; l. randone *BE*; l. arouter *G*; l. randonner *I*; *ACDFT agree*
4234. Mais q. q'il (q. *I*) r., (s. forment ir. *BI*) *FBI*; q. mais r. *T*; *ACDEG*

agree

4235. *No variant*
4236. B. le chevalier m. *T*; *BI want (but see 4237b, d)*; *ACDEFG agree*
4237. Et dant H. l. c. q. *B*; c. Witasse q. *D*; H. ou il a mout bonte *F*; q. s'en. *C*; *AEGIT agree*; *BI add 4 lines* Et dant Tumas de Marle au corage adure/ Robert de Normendie qui tant a de fierte/ Et Robert le Flamenc ki a le cuer sene/ Godefroi de Buillon le hardi (qui tant est *I*) redoute
4238. q. Dex a tant (mout *F*) a. *BFGIT*; J. ot a. *E*; *D wants*; *AC agree*; *BFI add 1 line* Ancui (Ja lor *F*) aront mestier li bon branc acere

128. *ABCDEFGIT*

4239. a esporons b. *BCDGI*; *AEFT agree*; *F adds 1 line* Sor Prinsaut l'arragon le destrie remuant
4240. L. brac et l. c.: *BI*; L. costel et *C*; L. f. et l. c.: *T*; *ADEFG agree*
4241. Et ses destriers a. *BI*; Et Balduins a. *C*; s. cheval a. *T*; do. mout l. *BEI*; *ADFG agree*
4242. cr. desos lu., (n. voise e. *F*) *DEF*; q. sor lu. *CI*; *GT want*; *AB agree*; *F adds 1 line* Pour chou q'il a perdu par les sansues sanc
4243. n. s'en d. *D*; n. l'en poise c. *G*; c. l'alaine (s'alaine *C*) a br. *BCDEFGIT*; *BFI add 1 line* De mautelent et d'ire (D'ire et de maltalent *F*) vait li ber (va forment *F*) escumant
4244. C. brocha P. *E*; b. l. diestrier auferant *G*; l. vaillant *C*; *ABDFIT agree*
4245. A m. *I*; A. mont de l. b. *T*; b. vint l. c. *BDE*; b. va l. c. *FGIT*; *AC agree*; *BFI add 9 lines* Il li a escrie cuvers (Francois *F*) n'ires avant/ Ancui (Ansois *I*) ores (S'ares oi *F*) noveles du roi Cornumarant/ Qui est de Jhursalem (Qu'est de Jherusalem *I*) sire et de Belliant/ Je (Ja *F*) vous acointerai Murglaie le trencant/ Ce sera mout grans hontes (Ce sera a grant honte *I*) se m'ores en fuiant (*lacking in F*)/ Li cuens Bauduins ot (l'ot *F*; l'oit *I*) k'il (cil *F*; qui *I*) le vait manecant (rampronnant *F*)/ Par mautalent retorne (li tourne *FI*) le cief de l'auferrant/ L'escu prist as armes (enarmes *I*) si a estraint (et tint tout nut *I*) le branc (Et a brandi le cane au gonfanon pendant *F*)/ Vers Cornumaran torne nel vait (vient *I*) pas redotant
4246. Mout tost s'entreferissent p. l. m. es. *T*; j. s'alaissent ferant *F*; *ABCDEGI agree*
4247. Qua. nostre b. vienent ki *BI*; Qua. li b. l. virent qui *C*; b. les voi. *EGT*; b. lor viennent a esperon brochant *F*; voi. si se von. *D*; qui (si *E*) les von. *GEIT*
4248. Co. le v. *BCE*; Co. l'oi m. *D*; le. oit: *I*; le cu. en o. d. *BI*; m. a le *ET*; m. lor va anuiant *F*; *AG agree*
4249. *No variant*
4250. Va t'ent d. il F. *BFI*; Ap. d. au F. *D*; Et ... d. F. *T*; F. a m. *B*; F. a Mahon t. *F*; al (a *G*) malfe t. c. *CDEGIT*; *BFI add 1 line* Quar n'a tel cevalier desi qu'en oriant (Sarmagant *F*); *F adds 8 further lines* Qi plevist Apolin et mon diu Tervagant/ Qe tu fuisses mes frerere [*sic*] et en mon Diu creant/ Il n'aroit .II. si prex en cest siecle vivant/ Plus seriesmes signour qe l'amiral Soudant/ Tout crestiente iriesmes conqerant/ Et toute paienie jusc'a l'arbre qi fent/ Mout prise Bauduin et se proeche grant/ Qant il nel

Variants 481

puet ataindre ne faire son commant
4251. Lo. guencist Plantamor si s'en torne fuiant (atant *F*) *BFI*; a li Turs g. son des. *D*; l. chief de son cheval courant *T*; r. del bon cheval corrant *G*; *ACE agree*
4252. Tout droit vers ses p. *BI*; Enc. ses p. *EFG*; p. s'en *BDFI*; p. es. retornes f. *GT*; es. venus f. *E*; t. atant *BI*; *AC agree*
4253. P. (Il *BI*; Si *F*) lor a escrie a s. *GBFIT*; *ACDE agree*
4254. B. (Paien *BFI*) garissies vo. *CBDEFGIT*; c. Frans apoignant *T*; F. bruiant *BI*
4255. Pl. d. (Bien s. *E*) .XXX. millier pa. *CE*; *ABDFGIT agree*
4256. Q. se pora g. *E*; p. salver: *D*; amer d. (puet *I*) *T. BCDEFGIT*
4257. I. (Lors *BEI*; Dont *G*; Puis *T*) broche P. (le ceval *E*; le destrier *F*) *CBDEFGIT*; s'e. torne bruiant (a itant *T*) *BIT*; s'e. va randounant *F*
4258. N'avoit g. *BI*; g. d'aus tous de. *E*; de. qu'e. *CD*; *AFGT agree*
4259. a. le perdent: *B*; a. ses partent: *I*; p. s'en tornent m. *DT*; si s'en tornent fuiant *BI*; *ACEFG agree*
4260. m. s'alerent g. *BCI*; s'a. reponnant *DT*; *AEFG agree*; *BFI add 1 line* Et es roces crevees (cavees *F*) li pluisor tapiscant (se vont atapissant *F*)
4261. e. n. barons a esporons brocant *BI*; vo. les p. ou vi. *D*; q. tout vi. bruiant *F*; vi. maintenant *C*; *AEGT agree*
4262. t. et navre et s. *F*; l. cuer o. dolant *BI*; *GT want*; *ACDE agree*
4263. mo. (si *T*) se v. *BEFT*; *ACDGI agree*
4264. V. l'apielast et *BI*; al. conjoiant *D*; al. acolant *FGT*; *ACE agree*
4265. i. lor e. *BFGI*; i. l'a escrie n. *T*; l. a crie n. *E*; e. a sa vois q'il ot grant *F*; n. al. (va les *B*) atargant *IB*; *ACD agree*
4266. Secoures mes h. *E*; h. eu chatel l. *I*; *ABCDFGT agree*; *F adds 5 lines* Dedens .I. castelet les vont Turc angouissant/ Se Dix et vous n'en pense de mort n'ara garant/ Pour Diu ales a ex car mestier en ont grant/ Ne vous caille de moi soies les secourant/ Mix vorroie morir qe il fuissent perdant
4267. No b. *DG*; Et nos barons s'e. tornent: *T*; o. a esperon brochant *D*; o. lor g. *G*; le. (leur *T*) lances abaissant (em. *T*) *ET*; g. aslonjant *BI*; *ACF agree*; *F adds 3 lines* A Bauduin n'areste nus d'iaus ne tant ne qant/ Car il ne lor laissa dusqes la vont poignant/ Ou si home estoient enclos des mescreant [*sic*]
4268. c. assanlant *F*; *rest agree*
4269. oc. nus n'en est escapant *B*; n'en ot nul escapant *FI*; al. nus av. *D*; u. vivant *GCT*; *AE agree*
4270. *No variant*
4271. (Q. v. a nos p. *D*) p. si l. *ED*; i. voyent les p., (m. vo. joie faisant *BI*) *TBI*; i. vinrent as (as prince m. *G*) *FG*; *AC agree*
4272. b. esgarderent; *EI*; le r. si a. *E*; les g. rosiaus a. *I*; g. rosoi a. *CG*; g. roisiere a. *F*; *D wants 4272-4275*; *ABT agree*
4273. Et voient les s. a t. f. *E*; (.VII. m. *BI*), s. voient p. (p... *T*) *FBGIT*; Et m. *C*; *D wants*
4274. De l'angoisses de. *C*; f. l'un sor l'autre m. *BI*; (p. ... *T*); *D wants*; *AEFG agree*
4275. En c. *E*; c. par force s'en vont tot r. *C*; s'a. qatissant *F*; *D wants*; *ABGIT agree*
4276. Et no b. ausi s'e. tornerent atant *D*; b. s'en resgardent si *C*; b. et li prince

482   **Variants**

s'e. vont outre se. *F*; le. regardent et s. s'e. vont se. *T*; es. puis s'en t. atant *E*; *BI want*; *AG agree*
4277. A B. repairent qui mout a. saignant *T*; A Bauduin en v. *G*; (s'e. menerent q. *I*) q. mout se vait p. *BI*; *ACDEF agree*
4278. l'a. de s. *BCDEI*; s. envanissant *F*; s. engraimissant *T*; *AG agree*
4279. L. q. s'estoit coucies le. *BI*; L. bons q. *C*; L. barons s. *E*; c. sus l'erbe verdoyant *T*; *D wants*; *AFG agree*
4280. Et P., (s. muet d'i. *B*) *IB*; Li cevaus n. *E*; N. s. pot removoir d'i. *T*; s. fu de i. remuant *F*; *D wants*; *ACG agree*
4281. d. molt tenrement p. *D*; *ABCEFGIT agree*
4282. se. leva en *BDT*; en seant *F*; *ACEGI agree*
4283. *BI have 2 lines* Il l'acole et enbrace le. ie. li vait baisant/ Li frans dus se desmente (le regreste *I*) m. le v. r.; li baisa le. *C*; b. le col m. *D*; v. regardant *EG*; *AFT agree*
4284. mo. m'a fa. le cuer d. *F*; mo. mon cuer a fa. *I*; mo. il m'a fa. mout d. *T*; *ABCDEG agree*
4285. Ah. J. or n. *I*; c. vous al. *B*; *D wants*; *ACEFGT agree*
4286. Par v., (pe. hui m. *B*) *EBFI*; pe. ci m. *C*; *D wants*; (f. ... a. ... *T*); *AG agree*; *BI add 14 lines, see Appendix 17*; *F adds 1 line* Li dus detort ses poins mout se va gramoiant
4287. (br. ... *T*); *rest agree*
4288. B. l'estendi e. cr. (l'estendi maintenant *T*) *BCDEFGIT*
4289. Lors se *BI*; li quens so. (so. son pis en *F*) *BFI*; b. maintenant en *G*; p. esranment *T*; en drechant *D*; *ACE agree*
4290. L. b. et l. p. s'en *D*; b. se v. *BF*; b. le v. *E*; v. esbaudissant *CDEFGT*; *AI agree*
4291. le montent: *DF*; li. souef et belement *BI*; li. qui fu soef a. *T*; qu'il sorent bien a. *D*; c'o. i soit m. *F*; sot a bien a. *E*; *ACG agree*
4292. P. fist apres t. s. *T*; f. metre e. d. s. et belement *E*; d. bielement a. *G*; d. fors en arengant [*sic*] *I*; s. e. trainant *C*; *B wants*; *ADF agree*; *BI add 1 line* Li dus baise sen frere mout l'aloit (le vait *I*) regardant
4293. *BI place 4293 after 4299*; D. s'en repairent a. *T*; s. levant *BI*; *ACDEFG agree*
4294. L. q. B. v. a nos barons c. *BI*; B. v. nos princes c. *F*; *D wants 4294-4300*; *ACEGT agree*
4295. Coment i. encauca l. *E*; Comment ot e. *F*; i. deschevalca l. *C*; l. fier Cor. *I*; *D wants*; *ABGT agree*
4296. Con il v. *B*; v. por se. a *ET*; *D wants*; *ACFGI agree*; *I adds 1 line* Tel cuident amener par le mien essiant; *BI add 5 lines* Ne laira (N'i lairont *I*) Sarrasin desi qu'en oriant/ Tout amenra ce dist tres le solel coucant/ Et les Hongres et les Bougres et les Popelicant/ Or nous ait cil sire qui maint en oriant/ Et de la sainte virgene nascui en Belliant
4297. (Ainsi c. *F*), s. l'aloyent ae. *TF*; Issi c. *G*; *D wants*; *ABCEI agree*
4298. Dedens l. *BF*; Dedens le g. rosoi (rosier *I*) et der. *EI*; Ense l. *G*; g. rosoye et der. *T*; *D wants*; *AC agree*
4299. Lors s'en *BI*; Dont en v. *E*; v. no b. *CT*; en. joiant *G*; en. jouan[t] *T*; *D wants*; *AF agree*; *BI place 4293 after 4299*
4300. Al descendre des tr. estoient mout la. *BI*; lo. tref d. *CFG*; d. mout estoient la. *F*; d. que to. *G*; d. forment f. *T*; c. mout erent la. *E*; *D wants*

Variants   483

4301. D'as. J. v. tost ah. *F*; D'as. le chite s. *BDI*; Devant Jherusalem s. *C*; D. Jerusalem prendre s. *E*; *T wants*; *AG agree*
4302. B. descendirent et *T*; m. si s'en v. *E*; et si v. *C*; v. respasant *BFI*; *ADG agree*
4303. l'a. gardoient doi *DFI*; *BT want*; *ACEG agree*; *F adds 3 lines* Et doi bon mareschal furent a lui penant/ Mout souef le mechinent et il va garissant/ Puis fu es plains de Rames en l'estour combatant; *I adds 3 lines* Tant l'oingnent et fourbissent que il va garissant/ Puis fu es plains de Rames a l'estour combatant/ Ou soufri mout grant painne se trouvons nous lisant

129. *ABCDEFGIT*

4304. En (E *C*) l'o. *DC*; l'o. Dieu e. venue l. *GT*; e. repairie l. *BI*; l. gentil c. *F*; *AE agree*
4304. D'as. l'endemain s'e. *BFI*; D'as. la chite e. *DT*; J. a f. *C*; J. s'e. *E*; e. (s'e. *I*) mout fort ah. *GI*; *BFI add 2 lines* Ci le lairons .I. poi de nostre barounie/ Del mesage paien drois est que je vous die
4306. Chou est C. qui d. riens n. s'o. *F*; L. fiers C. *BI*; r. de Jhursalem d. *C*; *ADEGT agree*; *BFIT add 3 lines* A Baudas descendi (A Belinas descent *FT*) par dales (desous *F*) une olvie (a une aube esclarci[e] *T*)/ Sarrasin i acorent (le rechurent *F*) la vile est estormie/ Li fiers (roys *T*) Cornumarans apiele (araisna *F*; apele *T*) sa mesnie
4307. Si les a envoie (convoies *I*):, (pour gaitier l. b. *T*) *BFIT*; S. messages e. *EG*; *ACD agree*
4308. a le c. *F*; *rest agree*; *T adds 1 line* Cil estoit son prevost tout avoit en ...
4309. Q. bien gart son castel B. *BI*; Por s. c. ganir [*sic*] B. *E*; Cil gardoit s. c.: *T*; c. gart bien B. *F*; Damas et T. (... *T*) *DGT*; *AC agree*; *BFIT add 1 line* Puis remonte (remonta *F*) li rois (bers *F*; Turs *T*) droit apres la conplie (s'a sa voye acuillie *T*)
4310. Dont c. *DE*; ...vauche l. r. ou regne d. *T*; c. (chevauche *I*) a force la *BFI*; *ACG agree*
4311. *for BIT see Appendix 18*; Et vint au *D*; *ACEFG agree*
4312. a l. T. al. *BDFI*; a esre l. T. de noient ne s'oublie *E*; *ACGT agree*
4313. Qu'al S. *BCEFGT*; v. ki sire est d. *BFI*; el baine d. *C*; *AD agree*
4314. Souz S. avoit sa grant tent drecie *T*; P. desor S. *B*; *ACDEFGI agree*
4315. La trova l'a. *BI*; l'a. qui li cors Deu maldie *D*; l'a. q'est de grant signorie *F*; *for T's version of 4315-4333 see Appendix 19*; *ACEG agree*
4316. Au. l'aumachor qui fu rois de Nubie *D*; Au. l'amulaine: *BI*; Au. l'amuafle: *BF*; Au. l'amiral: *G*; et Flabas d'O. *B*; et Flabant d'O. *E*; qui sire ert de Turnie *F*; et Flabaut d'O. *GI*; *for T see Appendix 19*; *AC agree*
4317. r. Canebaut A., (d. Nubie *B*) *FB*; r. Cantacras A. *E*; r. Caucatur A. *G*; r. A. Canebaut d. Nubie *I*; C. del regne de Surie *D*; *for T see Appendix 19*; *AC agree*
4318. q. sire est d'Al. *B*; *D wants*; *for T see Appendix 19*; *ACEFGI agree*; *BFI add 1 line* Et le noir Enberrus (Chenerus *E*; Enbrenus *I*) qui sire est (ert *F*) d'Esclaudie; *BI add 2 further lines* Estanemont (Estevenon *I*) d'Averse et Carant de Turcie (Trecie *I*)/ Aiboede i fu (Iboe l'amiral *I*) et s'i fu l'augalie; *C adds 1 line* Cascuns avoit son ost qui tenoit Almarie

4319. a. ja s'o. *EG*; s'o. commande et b. (baillie *D*) *GD*; *for T see Appendix 19*; *ABCFI agree*
4320. l'am. de Perse av. *BI*; S. a ja n. *D*; S. ot la n. *E*; *for T see Appendix 19*; *ACFG agree*
4321. Q. J. av. li C. saisie *E*; a. Jherusalem saisie *D*; *for T see Appendix 19*; *ABCFGI agree*
4322. *for T see Appendix 19*; *rest agree*
4323. q. b. et p. et c. *G*; *for T see Appendix 19*; *rest agree*
4324. 1. sele widie *F*; *for T see Appendix 19*; *rest agree*
4325. ou v. le So. *I*; a haute vois li crie *F*; *for T see Appendix 19*; *ABCDEG agree*; *F adds 3 lines* Amirax rices sires aies pee [*sic*] de ma vie/ Qe sueffre grant dolour grant perte grant hascie/ A icest mot s'abaisse si ne s'atarge mie
4326. e. et si le a b. *D*; s'a sa c. *F*; *for T see Appendix 19*; *ABCEGI agree*
4327. C. le redrece q. *B*; Carabeus l'e. *C*; Macabres l'e. redrece q. *D*; Corbans l'e. redreca q. *E*; l. barbe o. *BI*; *for T see Appendix 19*; *AFG agree*
4328. L. amiraus l'apele baset a vois se. *BI*; L'amirax l'en (L'amiral en *G*) apele qui nel mesconnut mie *EFG*; *D wants*; *for T see Appendix 19*; *AC agree*
4329. Di moi Co. *BI*; b. fiex ci. *D*; ci. hardie *F*; *for T see Appendix 19*; *ACEG agree*
4330. Co. (Que *EFGI*) f. Jherusalem m. *DEFGI*; J. la gr. *C*; m. fors ci. (ci. antie *I*) *BFGI*; m. ci. la ga. *D*; *for T see Appendix 19*
4331. Q. jou ai C. v. p. b. *BI*; *for T see Appendix 19*; *ACDEFG agree*; *BI add 1 line* Il et ses oirs l'avra par droite avoerie (tous les jours de sa vie *I*)
4332. (P. ma foi am. *BI*) am. ja l'o. Franc as. *FBI*; P. mon cief am. *E*; *for T see Appendix 19*; *ACDG agree*
4333. Tout entor a g. os. et mout est asegie *BI*; os. (gent *G*) nostre t. on. saisie (gastie *G*) *FG*; os. s'on. la t. gastie *E*; *D wants*; *for T see Appendix 19*; *AC agree*; *FBI add 1 line* Bien a de lonc lor ost une liue (.III. liues *I*) et demie; *BI add 1 further line*; La contree ont forment gastee et exillie
4334. Et des murs abatus: *BI*; Il o. *DT*; o. de m. *E*; o. des murs b. *F*; u. mout grant partie *BFI*; *ACG agree*
4335. *BI invert 4335/4336*; d. vos Turs ont maint to. *G*; Tu. o. il: *D*; a m. to. l. v. *BDEFI*; *T wants*; *AC agree*
4336. *BI invert 4335/4336*; Et li b. et l'av.: *BIT*; av. es. mout amenuisie *F*; nous es. au. f. *T*; es. dedens f. *BI*; *D wants*; *ACEG agree*
4337. Se nous n'avons s. nous n'i garirons m. *T*; s. i. n'i g. *F*; n. (n'i *B*) duerront m. *DBI*; *ACEG agree*; *BIT add 1 line* Quant li Soudans l'entent (l'oi *T*) tous li sans (cors *I*) li rougie (fremie *T*); *T adds 1 further line* De maltalant a toute sa barbe hericie; *BIT add 1 further line* Il a parle (Quant dut parler *T*) en haut s'a le (sa *T*) teste drecie
4338. f. (face *F*) et m'a. *BCDEFGIT*
4339. Et len le gr., es. sillie *G*; u. mout gr. *G*; gr. secors se, (ge. ai c. *B*) *DBI*; se j'ai ...nt c. *T*; *AEF agree*
4340. Q. tout l., s. c'estoi c. de pie *B*; Q. tost le m. *C*; l. mangeroit s. *EG*; l. mangeraimes s. ... c. *T*; m. s'estoient c. ou cire *I*; *ADF agree*
4341. To. rarai ma te. *B*; Tout averes v. te. et d. *E*; Tout ares vostre te. *G*; To. rarons no te. *I*; Vostre te. r. et, la ...ie *T*; d. l'autre p. *BI*; *D wants*; *ACF*

Variants 485

agree
4342. A f., o. ...ie *T*; a navie *BEGI*; *ACDF agree*
4343. Et conquerrai Calabre et P. *T*; v. conquere Puille et R. *I*; c. et tote Normendie *D*; c. et Pise et Normendie *E*; P. et Romerie *C*; *ABCFG agree*
4344. (Mout l. *G*), f. que s. *DGT*; f. se s. *B*; li otrie *FI*; *ACE agree*
4345. Mai. il ne co. pas l. (l. Jhesu compaingnie *I*) *BI*; Mai. autrement sera nostre ch. *T*; Mai. masegment co. *G*; *ACDEF agree*
4346. K. (Car *E*; Qe *F*) J. p.: *BCEFGI*; Jherusalem p. *D*; P. Jherusalem: *T*; v. a. (a *B*) c. *CBDEFGT*; a. l'eure de c. *I*
4347. S. en ert t. *BFI*; S. fu de tous merchiie *E*; S. sera t. *T*; *D wants*; *ACG agree*; *BI add 7 lines* Se Dex garist de mort Robert de Normendie/ Et le duc Godefroi a la chiere hardie/ Tangre et Buiemont cui Jhesu beneie/ Et Pierot (Robert *I*) le Flamenc qui Flandre a en ballie/ Et dan Tumas de Marle qui le car (chiere *I*) a (ot *I*) hardie/ Et les autres barons qui Jhesus beneie/ Toute ert Soudan et morte et exillie (T. er. li ost Soudan morte et ex. *I*); *F adds 1 line* De ses barons apele Soudans mout grant partie; *BFI then add Appendix 20*; *T replaces 4348-4353 with Appendix 21*
4348. S. franc C. *G*; q. je v. *BDEFI*; q. le v. *C*; *for T see Appendix 21*
4349. Di. ot o. *E*; a establie *BI*; *for T see Appendix 21*; *ACDFG agree*
4350. Crestiien o. s. par l. m. h. *BI*; q. p. l. o. s. *D*; o. s. p. l. m. *CEG*; *for T see Appendix 21*; *AF agree*; *F adds 1 line* Et maint fain et maint soif et mainte nuit villie
4351. Hui m. *B*; Au m. *F*; Par m. *G*; l. li dus d. *E*; *for T see Appendix 21*; *ACDI agree*
4352. *BI have 8(11) lines for 4352* Et Robers li Frisons a le ciere hardie (qui n'a pas couardie *I*)/ Tangres et Buiemons cui Jhesus beneie (qui la char ont hardie *I*)/ Et Tumas de le Fere et Reniers de Pavie/ (*I adds* Et dans Thoumas de Marle que Jhesu beneie)/ Et Foukes de Melans qui n'a pas couardie/ Godefrois de Buillon qui les paiens castie/ Et Bauduins ses frere et l'autre barounie/ (*I adds* Li vesques de Mautran qui fu de sainte vie/ Et l'abe de Fescans qui fu de Normendie)/ Et trestous li clergies qui Dex soit en aie/ Harpin et sa conpagne n'i oublierons mie; Li vesqes d., et l'autres b. *F*; a sa compaignie *D*; *for T see Appendix 21*; *ACEG agree*
4353. *BI have 4 lines for 4353* Tout furent asamble en une praerie/ Entr'aus prisent consel par mout grande voisdie/ Se mestier lor avroit mais (la *I*) periere drechie/ Et en quel liu del mur (des murs *I*) seroit mius atacie; *F has 2 lines for 4353* Entr'iax prisent conseil en une praerie/ En qel liu vaurroit mix la perriere drechie; p. drechie *DG*; *for T see Appendix 21*; *ACE agree*; *B(FI) add 3(6, 4) lines* (Vers le Porte David ou vers Monte Cherie *F*)/ Dist li dus de Bullon devers ceste (cele *I*) partie/ (*FI add* Car la terre i est plus (basse *I*) et basse et ingalie (et si est plus onnie *I*))/ (*F adds* Et li fosses emplis et la terre fouie)/ Bien pora estre pres del fosse aproismie (de cel mur apoie *F*; des fosses aprochie *I*)/ Isi (Ensi *F*) fu li parole gree et otrie (otriie *FI*)

130. *ABCEFGIT* ; *D has lacuna from l. 4371 to l. 4760*

4354. N. est p. (.I. *D*) *ED*; N. premerains est l. *T*; f. mout prous et senes *BFI*;

486 *Variants*

ACG agree
4355. *No variant; FI add 1 line* En une praerie les a (En .I. prael les a iluques *I*) tous assanles
4356. q. .I. petit m'e. *BDIT*; q. s'il v. *CEFG*
4357. Por l'a. *CE*; Por l'a. Diu fait il et *F*; Pour l'a. Jhesu Crist et *T*; a. Dieu de glore et *G*; *ABDI agree*
4358. *No variant*
4359. Cornumarans en es. *BDFIT*; *ACEG agree*
4360. (n. garderons l'o. *I*) l'o. que v. le reverres *DFI*; g. que v. ci l. [*sic*] *E*; l'o. desque v. l. veres *B*; l'o. juske v. les r. *G*; l'o. que v. ci les r. *T*; *AC agree*
4361. O l'e. *BFI*; P. li rois er. *A*; q. nous er. ... *T*; t. est apresses (aunes *E*) *DE*; *CG agree with text*; *BFI add 1 line* Lors (Dont *F*) s'en tornent (se teurent *F*) Francois qu'il (qui *I*) n'i ot (ont *I*) mot soune (ainc n'i fu mos sones *F*)
4362. q. est b. *BI*; q. b. c. f. le. *C*; q. mout estoit senes *F*; (q. f... le. *T*); *ADEG agree*
4363. d. as n. *BF*; b. signor o. (... *T*) *BCDEFGIT*; o. m'entendes *B*; o. m'e. *EF*; o. entendes *I*
4364. m. vint u. *I*; f. avis de *B*; u. songes de *G*; (di. ...vises *T*); *ACDEF agree*
4365. Que el M. O.: *BDI*; O. est u. (u. ... h. ...emes *T*) *FT*; er. u. h. en. *BI*; u. frans h. *C*; est u. s. h. fermes *D*; h. osteles *G*; *AE agree*
4366. a .XX. a. *C*; a .X. a. *D*; a .XXX. a. *F*; *BI want*; *AEGT agree*
4367. *B inverts 4367/4368*; J. n. prendrons la, (s. vous tornel aves *B*) *DBI*; *GT want*; *ACEF agree*
4368. *B inverts 4367/4368*; *T has 2 lines* J. v. p. tous pour D. qui en crois fu penes/ Q. v. en a. t. au saint homme parler; p. orendroit q. *BI*; q. trestout i *C*; *ADEFG agree*
4369. v. revenes te. *G*; te. cose tr. *B*; c. i avres *D*; *T wants*; *ACEFI agree*
4370. Que bien er. par vous p. ceste sainte ci. *BI*; D. li m. er. perchies et p. la ci. *D*; Par quoi Jerusalem se Diu plaist prenderes *F*; l. mur c. *G*; *T wants*; *ACE agree*
4371. Si. dient l. princes si *T*; *D has lacuna 4371-4760*; *ABCEFGI agree*
4372. Dans Pierres li hermites les i a tous menes *F*; *rest agree*
4373. Ol. on. cerkie et q. *BI*; v. et q. l'i on. a. *F*; *ACEGT agree*
4374. *T has 2 lines* Mais ne t. m. ce qu'il ont demandes/ Quant orent asses quis si s'en sont r.; Se n'i *B*; Ne l'i t. *EFG*; v. aroutes *I*; *AC agree*
4375. *E wants*; *rest agree*
4376. A l'evesque r. durement f. blasmes *BFI*; A l'evesque s'e. viennent c. f. m. i. *T*; v. repairieront m. *G*; s'e. revinrent m. *E*; *AC agree*
4377. M. dient l. prince o. *T*; *rest agree*
4378. P. nos cies as m. et as f. *F*; c. a musart et a fol n. *B*; *ACEGIT agree*
4379. Quant c. *T*; (quer. que v. *BI*) v. nient ne *CBI*; *E wants*; *AFG agree*; *F adds 2 lines* La fourme as ruissoles tost qerre nous feres/ Se on vous en viust croire bien nous assoteres
4380. (S. d. l. evesques ce. *B*) ce. c'e. verites *FBG*; ves. c'e. fine verites *EI*; ves. se vous le commandes *T*; *AC agree*
4381. O. envoies a (o *I*) m. s. v. le coumandes *BI*; O. i ve. *EF*; O. ve. avoec m. *G*; n. le t. *EGT*; *AC agree*

Variants   487

4382. o. trestous que un f. *E*; t. que en *BGIT*; *ACF agree*
4383. *BFI have 2 lines* M. que cascuns de vous soit ancois confieses/ Descaus irons (ires *F*) en l. cou ert humilites; (M. descaus et *G*), vo. venres *CG*; c. o moi ve. *T*; vo. ires *E*; *BI add 1 line* Icest (Icel *I*) pelerinage pour amor Deu (pour Damedieu *I*) feres
4384. s. soit c. *BEI*; *T wants*; *ACFG agree*
4385. Lors descendent li prince des *BFI*; Dont desc. *CT*; dest. abrieves *G*; *AE agree*; *BFI add 2 lines* Li vesques les confeses cescuns et (s'est *F*) aclines/ De Deu les asolu (a asaus *F*) li gentius ordenes (couronnes *I*)
4386. Apres e. cascuns d'aus (princes *F*) de ses dras des. *BFI*; de la ce. fu m. *T*; ce. s'e. (s'e. tantost des. *E*) *CE*; ce. fu m. *G*; *FI add 1 line* Les langes revestirent (ont vestu *I*) les linges ont ostes; *BFI add 1 further line* Les sollers et les cauches jeterent ens es pres (ont arriere jetes *F*)
4387. *BFI invert 4387/4388*; Li v. de Matran le. a de Deu sacres *BI*; v. beneis et sacres *F*; v. ... Jhesu Crist s. *T*; de Jesu salues *E*; Da. salves *CG*
4388. *BFI invert 4387/4388*; d. pelerin: *BEFGIT*; s'est cha... at. *T*; v. aprestes *BCI*; *E adds 1 line* Dusque au Mont d'Olivet n'est cascuns arestes

131. *ABCEGIT* : *F has lacuna from l. 4394 to l. 8181*

4389. *No variant*
4390. D. ot pa. *F*; *rest agree*
4391. *E wants*; *rest agree*
4392. D. au M., (d'O. conversa u. *E*) *BCEF*; D. el M. *GIT*
4393. et gut a o. *E*; *rest agree*
4394. *T wants*; *F has lacuna 4394-8181*; *ABCEGI agree*
4395. f. a u. dymanche q. *T*; q. vienent li b. *BI*; q. truevent li b. *C*; q. (k'i *G*) vinrent n. *EGT*
4396. sir. fist p. *I*; *rest agree*
4397. A. (Entre *BI*) les sa. *TBI*; *ACEG agree*
4398. d. l'ost q. *BI*; *ACEGT agree*
4399. *BI have 2 lines* L'a s. i. j. par grant devotion/ Et alerent tot droit d. q. a. p.; s. a ce j. *T*; a. baron *C*; *AEG agree*
4400. g. par g. devotion *T*; *rest agree*; *BEIT add 1 line* Il l'ont tuit salue cescuns a jenellon
4401. Li hermites se leve: *BEIT*; ses a mis a r. *BCEI*; mis les a a r. *T*; *G wants*; *BI add 1 line* Par .I. seul (sien *I*) drageman lor (lors *I*) a fait .I. sermon
4402. Signor b. C. oies que nos diron *B*; C. que nous v. acointon *I*; *ACEGT agree*
4403. A. Jhursalem par voire (bonne *I*) entencion *BI*; s. detrison *E*; *ACGT agree*
4404. Ens el val p. del. *BI*; Lassus p. *E*; Aval p. *G*; da. Grifon *C*; La ... del., da. Gascon *T*
4405. Trouves l. *E*; *rest agree*
4406. u. ...riere coverclee er. *T*; p. cele er. environ *BI*; p. qui clere er. en vison *C*; q. fieree er. *G*; *AE agree*
4407. d. Jhursalem c. *T*; B. la c. p. *B*; B. troveres l. *C*; B. la quedres l. *I*; *AEG agree*
4408. v. ferois l. cloyens ent. *T*; f. l'engien et le hart a bandon *BI*; *ACEG*

488 Variants

agree

4409. P. asaures l. *BEIT*; v. a Dieu beneicon *E*; et a tencon *BI*; *ACG agree*
4410. Et ceus li respondirent d. *T*; l. prandront d. *I*; *ABCEG agree*; *BI add 1 line* C'est li rois des tafurs ensi le vos nommon (ainsi le nomme on *I*)
4411. C. ert s. *E*; e. sachies a voir: *C*; et g. dem. *BCEGIT*
4412. Q. Jhesu Crist n'a *T*; *B wants*; *ACEGI agree*

132. *ABCEGIT*

4413. o. les b. *BI*; *ACEGT agree*
4414. l. a sainies et puis s'en est t. *G*; et il en s. *B*; s. ale *I*; *ACET agree*
4415. M. premiers l. a dit et tres bien sermone *BI*; M. li hermites o. (a *T*) a tous bien (bien a tous *T*) c. *ET*; o. tous sor sains c. *G*; *C wants*
4416. Gardes l., (n. soies a. *BE*) *IBE*; Que il l., (n. fuisent a. *G*) *TG*; d. pensoient d'aorer *C*; *BI add 1 line* Quar Dex viut que il soit mout francement (saintement *I*) garde
4417. Com i. l. trouveront v. *C*; I. l. ont otroye v. *T*; i. l'ont otriie v. *E*; *BI want*; *AG agree*
4418. Et p. tuit s'o. ce j. *T*; c. cou s'o. *G*; s'o. d'a. li Franc cel j. g. *BI*; *ACE agree*
4419. Au d. *B*; L'endemain au *T*; d. par matin q. *E*; *ACGI agree*
4420. So. t. nostre b. *I*; t. li b. *C*; *ABEGT agree*
4421. L. carettes d. *BI*; Ces c., l'os. s'on. e. *T*; c. a l'os. on. maintenant m. *E*; *ACG agree*
4422. d. Dinas n'i *E*; D. on. ensanble mande *B*; on. pas ou. *CGI*; *AT agree*
4423. Godefrois f. *A*; f. o lui q. *I*; q. o. l. p. m. *E*; *B wants*; *CGT agree with text*
4424. c. Garsion e. *C*; d. Gascon e. s. ... p. *T*; s. li p. *BI*; *AEG agree*
4425. *No variant*
4426. Don. l'engiens sera fais q. *BI*; (l'e. ... o. *T*); *ACEG agree*
4427. B. a (ot *I*) pase .C. a. que o. l'i a (ot *I*) j. *BI*; B. a p. *E*; d. .XX. a., i. rue *T*; a. qu'il ert i. *C*; *AG agree*
4428. A. pa. (pour *I*) iceus d. *BIT*; pu. de c. *E*; pu. por c., ot piece os. *G*; d. mont n'e. ont balec os. *C*; ot .I. leve *BI*; ot point os. *T*
4429. N. (Et *EI*) il (si *EGI*) n. pooit e. *BEGI*; a. n'en p. *C*; cargies n. remues *B*; caroiies n. mene *E*; *T wants*
4430. C. Da. de glore: *G*; ensi (qu'ensi *C*) l'o. (l'a *T*) de. (commande *T*) *BCEGT*; *AI agree*; *BI add 28(30) lines, see Appendix 22*
4431. Al mairien o. *BGIT*; o. no p. *GT*; p. les c. *C*; lo. roncis estele *T*; c. atele *BEGI*
4432. i a (ot *EGT*) acouple *BEGIT*; o. ateles *C*
4433. s. est li fus traine *BI*; s. en on. c. m. *E*; on. Coustentin f. m. *C*; c. fet mener *G*; *AT agree*
4434. l'a. conduire et trainer *G*; l'a. et c. et mene *I*; *BET want*; *AC agree*
4435. D. illuec l'ont tra... *T*; pl. jeter *G*; *ABCEI agree*
4436. c. a d. et dole *I*; et adole *B*; et acople *C*; et esdole *G*; *T wants*; *AE agree*
4437. s. l'ont fere *G*; (d. ... *T*); *ABCEI agree*
4438. p. drecie l'en., d. boute *C*; d. l'esciele s. *G*; l'o. mout bien b. (harde *B*; hourde *I*) *GBI*; *AET agree*

Variants 489

4439. A grans ba. *ET*; t. et treslie et be. *C*; t. kevillie et fere *E*; t. bien roillie et be. *G*; t. et loye et be. *T*; *BI want*
4440. o. les verges c. *G*; l. plancon c. *BI*; l. vergie c. *C*; *AET agree*
4441. des. cloie *C*; des. atire *E*; des. cloe *GI*; des. cele *T*; *AB agree*
4442. g. menuement boute *E*; es. tiere *BI*; es. pecie *C*; es. bourde *T*; *AG agree*
4443. *I inverts 4443/4444; no variant*
4444. *I inverts 4443/4444*; i. orent es. *C*; i. i o. *GT*; es. en mains lius engine *I*; *B wants*; *AE agree*
4445. S. grandisismes roilles l'o. *C*; S. bien grandes r. *E*; Dessus grandes r. *T*; r. o. lor engien leve *BI*; l'o. conduit et *G*; et leve *CET*
4446. le contrefont la. *B*; le confirent la. *T*; co. la dedens la *E*; *I wants*; *ACG agree*
4447. le nostre o., (eng. mene *T*) *ET*; eng. trove *G*; *BI want*; *AC agree*
4448. Ma. il n. l. valut .I. *C*; Ma. chou n. *E*; *ABGIT agree*
4449. Ains lor nuira l'e. *BI*; Ail. gieta l'engien ain. *C*; l'e. quant il ert av. *E*; *AGT agree*
4450. Si en s., (m. et percie et q. *B*) *IBT*; Et se s. *C*; m. percie et effondre *E*; *AG agree*
4451. q. il fu (l'ont *I*) a. (avespre *B*) *TBI*; on soit a. *C*; *AEG agree*
4452. n. a la viespree q. on l'ot eskive *G*; c. que il ont apreste *B*; q. il dut avespre [*sic*] *I*; t. fu asere *E*; t. est acoisie *T*; *AC agree*
4453. Es. l'o. conduit et m. *BI*; en. guie *G*; *ACET agree*
4454. P. d'e. (d'e. le mur r. a *E*) *CEG*; A la destre partie r. a *I*; a r. le f. *GI*; *B wants*; *AT agree*
4455. De cuir l'o. *BCEGIT*; p. defors e. *C*; p. dedens estroitement h. *T*; e. ouvre *E*; *I adds 1 line* De quaillaus et de pierres l'ont bien desou piere
4456. La n. dusc'al matin o. lor engien g. *BI*; Crestiien c. n. l'o. ensanle g. *E*; Casqune n. il l'o. entr'aus mout b. g. *G*; Et toute c. *T*; *AC agree*
4457. A .XIIII.M. o. dusqu'i. f. a. *C*; A .IIII.M. homes t. *BI*; Bien a .CCCC. (.IIII.M. *T*) hommes t. *ET*; d'o. fiervestis et a. *G*

133. *ABCEGIT*

4458. *No variant*
4459. m. fist a *B*; *rest agree*
4460. Coument J. prisent no baron droiturier *BI*; *ET want*; *ACG agree*
4461. (Au. j. par m. *T*), q. il d. (d. escl... *T*) *BCEGIT*
4462. *BI have 1 line for 4462-4463* Se le. pa. l'o. ser. et es.; S. sont leve p. l'o. l. duc et *T*; *ACEG agree*
4463. *for BI see 4462*; L. veske li a. *G*; Evesques et a. *T*; *ACE agree*
4464. S. y o. *T*; o. maint jentil prince ma. f. *BI*; *E wants*; *ACG agree*
4465. le. D. le f. esclairier (cler r. *G*) *BCGT*; le. si prist a esclairier *I*; *E wants*
4466. Atant est a n. princes venu .I. escuier *T*; bar. poignant .I. mesagier (escuier *CG*) *BCEGI*
4467. Q. venoit les n. conter et anoncier *E*; l. vait la nouvele: *I*; v. (vient *B*) les n. *GBT*; tout e. non. *BGI*; et conter et non. *T*; *AC agree*
4468. Nicolas et, f. .I. chartier (catier *B*) *IB*; Q. li doi engingnor o. *E*; (j. ... *T*); *ACG agree*
4469. Es. l'orent fait adrecier *BI*; Es. l'en. ont fait dr. *E*; Es. et conduire et dr.

G; Es. l. en. et... T; AC agree
4470. et atachier EI; B wants; ACGT agree
4471. i. vauront l. E; q. les murs a. et trebucier BI; m. et a. et froier G; ACT agree
4472. Q. Crestiiens l'e. Dieu p. (prisent B) a proier IB; Q. li b. G; b. l'oyrent s. T; s. prisent a CEGT
4473. Glorious s. BI; (Jhesu Cris nostre p. T), a jugier EGT; AC agree; I adds 1 line Qui char et sanc presis en la virge mouillier
4474. n. s'il te p. (p. le cite g. T) ET; ABCGI agree
4475. Et D. l. raempli cel jour l. d. E; Et D. l. aconpli a BI; Et D. lor empli a C; AGT agree
4476. n. s'i v. ET; ABCGI agree
4477. et groillier C; (... m. T); ABEGI agree
4478. Lors s'a. (s'amerent I) BI; l'o. siergant et G; ACET agree
4479. F. et Bourghignon Alemant et P. E; Alemant et Thyois et F. et P. T; Et F. le e. A; et Brebenson li bier I; B wants 4479-4481; CG agree with text; I adds 1 line Et Bretons et Normans Genevois et Pouhier
4480. G. et L. et P. l. f. G; P. L. l. guerrier I; B wants; ACET agree
4481. Et S. et Alemant Breton li guerroier E; Sesnes et Bourgoignon que Diex gart d'encombrier T; Et S. et Avalois: GI; B. li g. G; et tous li Hainnuier I; B. berrier C; B wants
4482. Et Pisant et R. e; Et P. et Momain q. I; Et Puilloys et Normans q. T; ABCG agree
4483. a. luire et estinceler T; et flanboier BEGI; AC agree
4484. p. et ensegne c. E; en. contre vent b. CG; c. desploier IT; B wants
4485. Et contremont venter lever et abaisier (bauloier I) BI; Et contreval lever onder et abaisier G; Et contremont lever a. C; ET want
4486. Cele rice c. f. mout a r. E; M. ont g. compaignie: G; mout f. a r. CGT; ABI agree
4487. li. tenoit a. BEGIT; AC agree
4488. Ca. est d., f. baus et lies et haitie I; Et ca. d., f. a s. T; o. por b. G; f. le cuer baut et e. B; co. fier CE
4489. No variant
4490. Sour la grant Tor David fu Corbadas li fier E; L. viex r. Corbadas s'e. T; ABCGI agree
4491. A l'u. BI; ACEGT agree
4492. Nos barons esgarda (regarda B): EBI; b. esgarda n'o. C; e. l. n'o. k'a. E; AGT agree
4493. p. aus escumenier BCEI; T wants; AG agree
4494. m. qu'il l. BEGI; ACT agree
4495. t. ou c. I; rest agree
4496. s. la p. B; q. d'aie o. G; ACEIT agree
4497. V. tout av. (apries G) EG; (Viengne t. I) t. apres m. BCI; s'ar. le saint de. C; s'ar. quinsain de. E; AT agree
4498. Jes vous donrai ancui s. BI; j. les v. E; j. i v. C; s. jou puis g. BIT; AC agree
4499. p. .C. m. T; E wants; ABCGI agree; EGT add 1 line Dont veissies les povres entor lui arengier
4500. Dont e. adjousta t. qui f. E; T. s'e. G; e. a aj. k'i. f. .VII. m. BI; e. y

Variants 491

ajosta qu'i. *T*; f. .IX. m. *C*
4501. b. deliiant [*sic*]: *E*; l. ve. (les verges *EG*) trencier *BEGIT*; *AC agree*
4502. Dont l. [*sic*] *T*; *rest agree*
4503. v. les murs faire pe. (tranchier *I*) *BI*; m. faindre et *C*; m. fendre et *G*; *AET agree*
4504. a. les pieres l. c. *G*; *BE want*; *ACIT agree*
4505. f. a (il *I*) l'endemain *BI*; (r. tafurs: *T*), que D. li v. a. *GT*; *ACE agree*
4506. o. l'a. *I*; o. g. a. et *T*; *ABCEG agree*
4507. n. fina l. j. jusqu'au s. *T*; j. dusqu'a s. *C*; j. desi qu'a l'anuitier *BI*; *AEG agree*

134. *ABCEGIT*

4508. f. esclairis *E*; *rest agree*
4509. Q. cil de l'ost Deu (de l'engien *I*) orent l. e. (engien *I*) establis *BI*; Q. tout n. C. o. l. (l. enging b. *T*) *GT*; C. orent bien l. *E*; t. nos e. *C*
4510. Es. fu dr. et bastis *BI*; Es. et dr. et assis *E*; Es. qui pour Dieu fu ocis *T*; *ACG agree*
4511. o. tout le mur po. *EG*; *ABCIT agree*
4512. d. fu (est *T*) ca. b. g. *BT*; d. est b. *E*; d. estoit ca. *I*; *ACG agree*
4513. et g. m. torneis (torteis *I*) *BI*; m. massis *E*; *ACGT agree*
4514. q. aceres et d. dars couleis *E*; q. d'arbalestres et *G*; d'arb. d'escus de cor de pis *T*; *ABCI agree*
4515. q. en sanc er. *T*; en. est b. *CI*; *B wants*; *AEG agree*
4516. *T has 1 line for 4516-4517* Pa. dev. S. Estev. f. li mo. a.; P. devant S. *C*; f. ocis *EI*; *ABG agree*
4517. *for T see 4516*; me. atacies et *E*; *BI want*; *G wants 4517-4520*; *AC agree*
4518. (Et no F. *E*), l. assaut e. *TE*; a. est atis *C*; *BGI want*
4519. (Ore ... *T*) u. esciele: *BCEIT*; Fait o. drecier en haut au *E*; as murs d'ar. b. *BI*; al de marbre b. *C*; *G wants*; (m. d'ar... *T*); *BI add 2 lines* Bien i avoit des nos .C. cevaliers et dis/ Et si ot des valles desi qu'a .XXVI.
4520. Une esciele a la porte q. *E*; *BGIT want*; *AC agree*
4521. es. s'avance q., (et jentis *B*) *IB*; q. p. f. et *G*; *ACET agree*
4522. *No variant*; *BI add 2 lines* Pour monter contremont a l'esciele s'est pris/ Dusqu'a quariaus amont n'est li ber resortis
4523. t. le puig d. *E*; p. d'un b. *BGIT*; *AC agree*
4524. se puet t. *C*; t. ains e. *G*; a. glacis *I*; *E wants*; *ABT agree*; *BI add 2 lines* Encontre une grant piere li est li cuers partis/ Sains Mikius enporta l'ame en paradis
4525. R. crie monjoie i. *BI*; m. dolens et *T*; *ACEG agree*
4526. R. a r. le c. *G*; d. quariel: *BI*; d. crenel: *ET*; a l. c. d. T. p. *T*; l. nes p. *C*; *BI add 2 lines* Es vous contre Rainbaut .LX. (.XL. *I*) Turs salis (saisis *I*)/ De grans maces le fierent par mi l'elme brunis
4527. s. a. (ariere *E*) est r. *BEIT*; *ACG agree*
4528. En l'o. *T*; s. es. tost le. *E*; *ABCGI agree*
4529. (Qu'il i a j. d. no. *I*) no. et na. et malmis *BI*; *ACEGT agree*
4530. *No variant*
4531. b. l'orient se ... *T*; v. estormis *BEI*; v. effremis *C*; v. engramis *G*

4532. Et f. *CEG*; so. un graille qui par l'ost fu ois *E*; so. lor g. si o. (... *T*) lor (...ur *T*) c. *GT*; *ABI agree*
4533. Es v. le. cevaliers de l'ost Deu es. *BI*; *ACEGT agree*; *BI add 1 line* Il prisent les escus (lor espies *I*) et (s'ont *I*) les espius (lor escus *I*) saisis
4534. v. devant c. (c. bien ah. *BI*) *GBI*; c. fu ah. *E*; (c. ... ah. *T*); *AC agree*
4535. Je. fierement a. *E*; p. esfort a. *BGI*; p. vertu a... *T*; *AC agree*
4536. M. les a tous b. (... *T*) *BGIT*; a no gent b. *E*; *AC agree*
4537. D. Jhesu Crist l. s ... c. *T*; *rest agree*
4538. *No variant*
4539. cr. f. li siens cu. p. *BI*; cr. f. se. b. cors p. *E*; cr. f. se. dous cu. p. *G*; cr. ... se. b. cu. p. *T*; *AC agree*
4540. A nos gens l'a mostree mout l. a esbaudis *T*; A nos gens le, a beneis *BI*; m. es le. vous beneis *E*; *ACG agree*
4541. C. vers la cite s'e. (e. *E*) *TE*; C. en J. *G*; t. aatis *EGT*; *ABCI agree*
4542. b. portent et *C*; c. devant l. r. *BI*; *E wants*; *AGT agree*
4543. l. fust t. *I*; *BE want*; *ACGT agree*
4544. l. (leur *T*) contredist n. b. *CT*; l. contretinrent *E*; n. porte n. p. *G*; b. (brance *E*) n. palis *TE*; *BI want*
4545. Tresqu'as (Jusqu'aus *T*) mestres fosses: *BIT*; sont li baille c. *BI*; o. le baile c. *E*; l. barres pourpris *T*; *ACG agree*
4546. f. as murs t. *CI*; *ABEGT agree*
4547. Les quarriaus en *C*; et le piere m. *B*; le. pierres m. *I*; *AEGT agree*
4548. Et paine s. d. qui sont mautalentis *BI*; *T wants*; *ACEG agree*
4549. Car il ge. gr. p. et gr. c. ellis *E*; f. et gr. c. masis *G*; *BT want*; *ACI agree*
4550. Et trayent aubelestres q. *T*; t. d'arbaleste q. *E*; d'a. dont furent bien apris *G*; *ABCI agree*
4551. m. volent s. q. n. fait li gresis *I*; q. n. vole gresis *ET*; n. gresis *BCG*
4552. Et T., et p. qui est boulis *T*; *ABCEGI agree*
4553. et enpris *I*; *T wants*; *ABCEG agree*
4554. S. nos jens le j. tout droit (en. *I*) en mi le (lor *I*) vis *BI*; j. dedens .I. *E*; j. tout a .I. *G*; *ACT agree*
4555. es. ardoient li t. *BI*; *ACEGT agree*
4556. J. n'atainsist h. (hauberc *B*) *IB*; J. ne te., fu. blans ne *C*; Ne le t. *T*; *AEG agree*
4557. t. n. quariaus n. w. *A*; w. faitis *C*; w. closis *ET*; w. eslis *G*; *B wants*; *I agrees with text*
4558. Que i. n. fust t. *B*; Que n. *EIT*; Ki n. *G*; j. u. n'e. alast vis *T*; *AC agree*; *BI add 4 lines* Quant l'evesques i vient qui preus est et faitis (qui fu preus et gentis *I*)/ Le lance porte droite tres de devant le (tout droit en mi le *I*) pis/ Dont nostre sire fu (Dont Jhesu nostre sire *I*) ens (fu *I*) en la crois malmis/ Ens el fu le gieta (Ens en le feu la jete *I*) c'ains n'i ot respit quis
4559. Li v. e. retornes s. *BI*; e. tornes s. *CEGT*; le. T. (le. murs *CI*; le feu *T*) est guencis (vertis *E*) *BCEGIT*
4560. s. les murs enb. *BI*; mu. alumes et espris *E*; et d'espris *G*; *ACT agree*
4561. m. sor eu. t. revertis *BI*; eu. revertis *CEGT*
4562. esci. u. (nus *E*) n'en esch. *BE*; esci. ja n'esch. (n'escapas *C*) *IC*; esci. ja n'en alast u. *T*; *AG agree*
4563. ...e f...t ce que ch... *T*; *ABCEGI agree*
4564. Por i., et afinis *G*; Et p. ce fu l. fe... *T*; i. est l. *BI*; *ACE agree*

Variants 493

135. *ABCEGIT*

4565. (f. fiers ...s et *T*) et fiere l'en. *BEIT*; *ACG agree*
4566. Et dehors et ded. (ded. ... grande l'estormie *T*) *BIT*; ded. i ont mout g. *E*; *ACG agree*
4567. ... d., e. chaicun r. *T*; i couroient c. *BI*; c. rembracie *CGI*; *AE agree*
4568. N'en i o. nule s. q. t. par f. p. *I*; n'i a u. *T*; i fu prosie *G*; *ABCE agree*
4569. Que d. *BCI*; d. qu'as *B*; d. au genoul n'ai. *CG*; g. ne fust bien e. *T*; n'ai. la r. (gambe *E*) *BEI*
4570. Ca. porte e. *BI*; (p. aighe fu m. *E*), g. aye *TE*; *ACG agree*
4571. o. s. m. a d. piere em. *E*; d. pierre i ot s. *I*; *BGT want*; *AC agree*
4572. p. mout hautement s'e. *BI*; h. vois escrie *CE*; *GT want*
4573. *No variant*
4574. *No variant*
4575. O. desfendes ca. *I*; *ABCEGT agree*
4576. C... a ara habergerie *T*; le fera iert en *BEI*; en sa co. *CE*; *AG agree*
4577. Dameldeu Jhesu Crist ki tout a en ballie *BI*; En parmenable glore ara herbergerie *G*; L...dis en la Dieu compaignie *T*; *ACE agree*
4578. Ilueques avera s. *E*; (Il... c. *T*); *ABCGI agree*
4579. He ...e p. fu a n. g. si ...ie *T*; p. a n [*sic*] g. *E*; f. nostre g. hardie *BI*; g. esbaudie *C*; *AG agree*
4580. Sa. Se. ont crie h. *E*; e. tot a *BIT*; e. toute a *G*; *AC agree*
4581. D. que au *E*; d. as fosses n'i *BI*; *T wants*; *ACG agree*
4582. P. d...ssaillent: *T*; .M. i entrerent: *BI*; en assallent ens. *C*; s. qui ne se targent mie *G*; trestout a u. h. *BIT*; *AE agree*
4583. A. e. v. p. *BEI*; *ACGT agree*; *GET add 1 line* Et Robert (Raimbaut *E*) le Frison que (... *T*) Jhesu beneie
4584. *No variant*; *BI add 1 line* Et Robert le Frison qui Flandre a en baillie
4585. B. iert en *BI*; B. fu en *G*; en sa c. *BT*; *ACE agree*; *BI add 1 line* Et Raimons de Saint Gille cui Jhesus beneie
4586. M. tient l'e. *BI*; *ACEGT agree*; *BI add 1 line* Et li quens de Saint Pol et Jofrois de Pavie
4587. Av. aus f. *I*; M. ot e. *CE*; *B wants*; *AGT agree*
4588. que. Raimbaus de Perse qui, pa. couardisse *C*; que. Raous de P. qui n'ot p. *E*; *B wants*; *AGIT agree*; *EGT add 1 line* Et li quens (Et Raymons *T*) de Saint Gille et Joifrois (li cuens *T*) de Pavie; *I adds 1 line* Et Estevene de Blois sor le rous d'Orquenie
4589. d'A. fist tel bachelerie *C*; (d'A. sor le vair d. *I*) d. Pavie *BI*; ou vair d. *T*; b. d'ivorie *G*; *E wants*; *BI add 6(8) lines* Et li quens de Blandar (Bandar *I*) tint (tient *I*) l'ensegne alongie/ (*I adds* Li quens Lambers dou Liege tient l'espee fourbie)/ Bauduins et Ustases ki ont cevalerie (chiere hardie *I*)/ Ustases de Boulogne qui en Jhesu se fie/ Et Pieres li hermites a le barbe florie/ Tient une grant macue a grans claus enficie/ Et li rois des tafurs ert en sa conpagnie/ (*I adds* Lor cloies atournerent par mout grant aramie)
4590. Et li a. baron et la c. *E*; p. et la c. *BI*; p. et lo. connestablie *T*; *ACG agree*
4591. V. s. a *E*; lan. brandie *C*; *ABGIT agree*
4592. T. par d. *BI*; la defors lo. *C*; d. l'o. mout b. *T*; *AEG agree*

4593. *No variant*
4594. p. estraite et galiie *C*; p. et jetee et lanchie *EG*; p. estruee et ga. *I*; *B wants*; *AT agree*
4595. t. que i. r. *BEIT*; *ACG agree*
4596. A. fondes lor i ont m. t. croisie *BI*; A f. *EG*; t. coissie *C*; t. brisie *ET*
4597. N. b. descendirent des *E*; dest. d'Orcanie *G*; de Nubie *BI*; *ACT agree*
4598. C. tint pi. *T*; pr. pil d'a. *CG*; d'a. u macue u q. *E*; g. mace enpugnie *B*; g. masse ou q. *I*
4599. pa. dedens brisie *T*; f. brisie *G*; *ABCEI agree*
4600. J. f. ens en., (l. ville brisie *T*) *BIT*; *ACEG agree*
4601. M. T. lor ont devant au. p. trencie *BI*; o. aval l'au. p. abaissie *E*; am. une p. (p. sachie *T*) *GT*; *AC agree*
4602. K. portoit a *B*; K. pandent as c. *I*; a. caines gra. *EG*; gro. atacie *BI*; *ACT agree*
4603. S'es. c. b. et f. et polie *C*; Et fu encontremont b. *T*; c. et levee et polie *E*; f. et poie *G*; *ABI agree*
4604. L. T. l'o. desfremee: *BCEI*; L. T. l'o. desfieree s. *G*; et si l'o. destacie *BI*; et bien desv. *E*; (...erree s. l'o. de... *T*)
4605. L. po. cai j. *E*; pa. mout g. *BI*; (... c. *T*); *ACG agree*
4606. m. entendi et la sale vautie *E*; *ABCGIT agree*
4607. .IIII. ch. co. a l'oire de ramie *C*; Cinc ch. *T*; ch. tua a. (a *B*) courre desqueillie *IB*; co. de grant chevalerie *G*; ca. de ravine *E*
4608. Enfresi (Desi que *E*) a la *GE*; Enf. que en te. *IT*; te. la tr. *B*; le. creva et *C*; le. detrence et *EIT*
4609. S. M. prant l. a. *I*; a. en paradis l. g. *E*; a. ens el ciel l. e. *GT*; *ABC agree*

136. *ABCEGIT*

4610. b. courecie et *BET*; *ACGI agree*
4611. *No variant*
4612. Li T. o. la. l'au. cair en avalant *E*; o. laisie autre al. *BIT*; l'au. au fer acolant *C*; al. avant *I*; e. corant *B*; *AG agree*
4613. .III. des n. *G*; Cinq d. *T*; ch. encontra en courant *B*; co. maintenant *E*; *ACI agree*
4614. Enf. qu'a (a *G*) la *BG*; Desi que a la *E*; Enf. que en t. *IT*; le. vont (vait *I*) tos es. *BI*; *AC agree*
4615. S. M. prist l. a. ses enp. c. *E*; Et s. M. enporte l. *BIT*; a. maintenant *CT*; *AG agree*
4616. B. vint a *EGT*; v. (vint *B*) ilueques poingnant *IB*; *AC agree*
4617. Le fosse fi. (fait *T*) *BCEGIT*
4618. Pu. fait l'en. me. jusc'as murs en b. *BI*; Pu. font l'en. bouter (aler *E*) pr. *CE*; f. (fet *G*) me. l'en. pr. *TG*; mu. roillant *C*; en treant *T*
4619. *No variant*
4620. A. f. Crestien et c. v. *T*; A. gentil baron f. *BI*; *ACEG agree*
4621. P. l'am., (n'al. pas alen. *T*) *CEGT*; *ABI agree*
4622. D'as. ma. tous dis ales mi. en av. *I*; ma. tous jours en av. *E*; ma. venes tuit av. *T*; mi. aut [*sic*] av. *B*; mi. miol av. *G*; *AC agree*
4623. F. et Loherenc se v. r. *BI*; Et F. s'escrierent et *T*; s. resbaudisent et v.

Variants 495

resvertuant *G*; *E wants*; *AC agree*; *I adds 1 line* Et Flamenc li evage mout grant assaut rendant

4624. p. (a *T*) force conduisant *ET*; *ABCGI agree*
4625. P. de d. l'e. et v. *G*; d. le m. v. leur e. h. *T*; l'e. en v. (vint *B*; vient *I*) a. (as murs *I*) *CBEI*
4626. j. .I. grant quariel pesant *G*; g. quariaus en *E*; *ABCIT agree*
4627. (Des murs o. *I*), l. tenant *BGIT*; l. de grant *E*; *AC agree*
4628. S. le v. *G*; *rest agree*
4629. De g. p. f. et *E*; *T wants*; *ABCGI agree*
4630. f. d. glaves en *E*; f. d. lances en *B*; p. enscostant *C*; *GIT want*
4631. n. v. les murs eslonjant *BI*; n. v. l. m. restopant *G*; v. rehordant *E*; v. es... *T*; *AC agree*
4632. L. fus et l. ma. (meriaus *B*) *IB*; Et grans b. et ma. *G*; i. mi. t. *BGI*; mi. entresant *C*; *AET agree*
4633. Pu. gieterent l. po. et le pl. tot ardant *BI*; c. et le s. b. *C*; c. s. et le pl. *E*; c. sor Frans et pl. *GT*
4634. *BI invert 4634/4635*; Nos gent traient a. *BI*; Franc s. traient a. *G*; N. gent ont mis a. *T*; g. sont t. *CE*; m. v. l. p. d. *GT*; p. dotent forment *B*; v. redoutant *EI*
4635. *BI invert 4634/4635*; Deus lances du m. v. no gent r. *T*; Une arcie d., v. tous r. *E*; la. les d. *B*; lo. des murs: *I*; m. v. Francois r. *G*; alerent r. *BI*; *AC agree*
4636. et ri. acorant *BI*; s. homes c. *E*; *ACGT agree*
4637. L. (Le *T*) cloies (cl. *T*) amenerent a *BIT*; cl. i menerent a *C*; *AEG agree*
4638. O. n'i ar., t. ... *T*; *C wants*; *ABEGI agree*
4639. En. ou fosse s., (q. est parfons et *BI*) *TBI*; Es f. s'en entrerent q. *E*; q. p. s. et *C*; *AG agree*
4640. Et as p. (m. *T*) et as m. (p. *T*) *BGT*; *ACEI agree*
4641. L. cloies o. conduites mo. *BI*; L. engien o. *EG*; Le c. vont conduire: *T*; p. d. m. en (... *T*) r. (... *T*) *ET*; p. des murs r. *I*; mu. avant *C*
4642. Pu. l'estachierent b. *C*; Pu. l'ont estancone devers el. *E*; Pu. l'estansonnerent b. *I*; Pu. l'atachierent b., en hauc... *T*; *ABG agree*
4643. Qu'i. n. criement q. (assaut *I*) *CGI*; Que n. doutent q. *T*; q. n. piere fondeflant *G*; n. p. en ruant [sic] *I*; *BE want*
4644. As pe. *C*; v. mout forment f. *T*; pa. dedens f. *E*; *BI want*; *AG agree*
4645. Les murs o. *GI*; on. pecoie le. *E*; d. le quarel v. *BT*; *AC agree*
4646. (Fierement l'envairent: *BI*), a (as *B*) p. en croissant *CBI*; ...t l. m. vont a pis despecant *T*; a grans p. crousant *G*; *E wants*; *I adds 1 line* Puis vont la terre mute a peles for jetant
4646a. n. s'apercurent a. *BI*; a. vont ent. *E*; (... *T*. *T*); *AC want*; *text of G*
4647. e. .LX. li. *B*; e. .L. li. *E*; le. vit o. *I*; *ACGT agree*
4648. b. ce sacies vraiement *BI*; b. par v. rachatant *T*; *ACEG agree*
4649. *No variant*
4650. Et vint a. *BE*; *ACGIT agree*
4651. Que le la. a. p. itel c. *T*; Qu'i. (Que *I*) le (l'i *I*) laise a. *BI*; K'i. l'i la. *G*; *ACE agree*
4652. Car se. *E*; Se. h. de. lige et de so. *T*; *ABCGI agree*
4653. l. puet traire a *I*; *B wants*; *ACEGT agree*
4654. r. l. envoia g. *C*; g. joie vait m. *BEIT*; *AG agree*

4655. La l. a fait h. s. le v. a. *T*; Thumas l., h. que v. li a. *BI*; h. que le v. *E*; *ACG agree*
4656. S. s'en v. *B*; v. haut es. *E*; *ACGIT agree*
4657. P. les T. r. vont f. g. *T*; l. jent esbaudir et *BI*; r. aloient g. *E*; *ACG agree*
4658. que Francois l. von. s. demenant *BI*; s. angoussant *EGT*; *AC agree*
4659. Le f. g. l. jetent es. *T*; j. et es. et a. *E*; (espes et *I*) et flanboiant *BI*; *ACG agree*
4660. Lor m. *BCGI*; a. F. en s. *G*; don. furent mout (mout furent *EI*) dol. *BEI*; *AT agree*
4661. fu. saut en *I*; l'e. et t. le va brulant *T*; t. le va (vont *E*) b. *CE*; *B wants*; *AG agree*
4662. d. de Buillon ki le cuer ot (a *T*) sacant (vaillant *G*) *BGIT*; *E wants*; *AC agree*
4663. Ale [*sic*] f. *E*; (... v. *T*) v. et a (a *lacking in T*) aisil l. *BIT*; l. vont t. *E*; t. estignant *BCEGI*; t. estraignant *T*
4664. m. fort esmervillant *I*; *B wants*; (... s. *T*); *ACEG agree*
4665. L. ... va a *T*; d. li s. v. couchant *IB*; *ACEG agree*
4666. m. redotant *BI*; m. atargant *G*; *ACET agree*
4667. Ce nen est p. *BI*; Ne mie me. [*sic*] *T*; ca. (se *E*; que *G*) mo. (il *E*) furent l. *BEGIT*; *AC agree*
4668. al. de do. (froide *BI*) e. ab. *EBI*; do. arousant *C*; *AGT agree*
4669. e. avroient: *G*; car (que *G*) mo. er. (furent *E*) s. (suslent *G*) *CEG*; mo. er seelant *T*; *BI want*
4670. Quar l. *BI*; (l. pluseur aloyent d. *T*) d. destrece pa. *ET*; *ACG agree*

137. *ABCEGIT*

4671. g. la bataille b. *C*; e. doit parler *G*; *ABEIT agree*
4672. g. peust J. *E*; p. en J. entrer *BI*; p. la cite c. *T*; *ACG agree*
4673. L. couvient mo. (mo. g. ma. et p. en. *I*) *BI*; mo. grant paine soufrir et en. *GT*; et travaus en. *E*; *AC agree*
4674. *T inverts 4674/4675*; a vesperer *C*; *rest agree*
4675. *T inverts 4674/4675*; r. ne po. *CT*; r. u il n'ot que mater *E*; pl. ester *G*; *BI want*
4676. L. frans du. *T*; a jurer *BI*; a plorer *C*; *AEG agree*; *B adds 1 line* Et li dus Godefrois coumenca a parler
4677. (A. gentil baron c. *BI*), a loer *TBI*; *ACEG agree*
4678. A ve. *G*; o. jou va. *B*; o. si va. *T*; *ACEI agree*
4679. ... a J. v. ...roit a. *T*; p. atraver *C*; *ABEGI agree*
4680. (T. con c. *B*), m. as iols mirer (viser *T*) *GBIT*; *E wants*; *AC agree*
4681. S'o. eust fait l. murs tous d'a. macouner *E*; ...oit fait tous de fer maconner *T*; (av. de fier fes *G*), et macouner *BCG*; *AI agree*
4682. Si les va. vo. a vos d. en. *G*; ...es vo. a. d. m. et en. *T*; S. volries mangier et *B*; Si les va. m. *I*; *ACE agree*
4683. O. vous voi tous e. reprendre et c. *T*; en. de p. *BCI*; *AEG agree*
4684. q. devons a. *G*; j. doi a. *BEIT*; *AC agree*
4685. l. ens poser *G*; *BE want*; *ACIT agree*
4686. *No variant*
4687. Si e. p. Jhursalem q. *C*; S'e. prise Jhursalem q. *I*; Se e. Jhursalem prise

Variants 497

q. *T*; t. f. a loer *E*; t. m'a f. *I*; f. pener *BGIT*
4688. mi ces murs v. (v. jus d. *BI*) *EBI*; *GT want*; *AC agree*
4689. Et q. Franc l'entendirent si ont pris a crier *E*; Q. Crestien l'e. *BI*; b. l'oirent: *G*; s'i prisent a p. *BGT*; *AC agree*; *BI adds 1 line* A hautes vois s'escrient vous le doit on doner
4690. Gentix (Sires *I*) du. de Buillon comme (mout *I*) i. j. et b. *EI*; Et dient l'un a l'a. j. estes et b. *T*; du. riches b. *C*; *B wants*; *AG agree*
4691. p. au baron f. *BI*; f. nos gens r. (enhelder *C*; reheuder *I*) *BCI*; g. enheuder *E*; g. rehelder *G*; g. demorer *T*
4692. h. ne se (s'e. *CEGI*) vot nus r. (aler *EGI*) *BCEGI*; h. ne vorrent retourner *T*
4693. Ent. le d. r. p. le sien cors g. *E*; p. l'estandart g. *C*; l. bon d. *BI*; *AGT agree*
4694. e. parvenue j. p. a decliner *T*; r. l. cieus pr. a mastrer *C*; p. acliner *G*; a torbler *BI*; a muer *E*
4695. Et dehors et ded. *BEIT*; c. corner *G*; *AC agree*
4696. *B has 1 line for 4696-4697* Ca. et festieles et flag. flaj.; G. et moieniaus et b. co. *E*; ca. b. buisener *I*; b. souner *G*; *ACT agree*
4697. Et oissies ces t. et flag. flaj. *T*; t. et eskifles et flag. flaj. *G*; t. et estives flaustes flauter *I*; *for B see 4696*; *E wants*; *AC agree*
4698. Et rotres et vii. et grant deduit mener *G*; Et notes et vii. et des harpes harper *I*; *BET want*; *AC agree*; *I adds 1 line* Chalemiaus et festeles et flajos flajoler (*cf. 4697*)
4699. Et S. aussi et g. *T*; g. et juper *C*; *ABEGI agree*
4700. Sus e. la T. D. ces g... soner *T*; D. canteors o. (ordener *I*) *BI*; D. ces grai. *E*; grai. ordener *G*; *AC agree*
4701. m. les failes a. *C*; m. les grans fus a. *G*; m. grans brandons (...ges *T*) a. *IT*; *BE want*
4702. Ki l'o. *C*; *EGT want*; *ABI agree*
4703. s. gaitierent: *BCEI*; d. as a. *A*; desi a l'a. *BEI*; *GT want*
4704. n. finerent t. *BCEGIT*; d. troer *C*; d. miner *T*
4705. Dusque d. *BI*; d. la vile f. *BEGIT*; (f. lor tr. *E*) tr. passer *TE*; tr. sigler *BI*; *AC agree*
4706. Et quant li rois cou voit si le fet restouper *G*; f. (vont *BI*) pa. d. .I. pe. e. *CBI*; *T wants*; *AE agree*
4707. Des que l'asaus reviegne ne volt ou. p. *G*; Des qu'i. aront l'a. n'i vaut li rois entrer *I*; Dusqu'i. (Des qu'i. *E*) oient a. (l'a. *E*) *CE*; no gent i font p. *C*; *BT want*
4708. Al v. *G*; (d. ...r *T*); *ABCEI agree*
4709. *BI gives 11 lines for 4709-4710, see Appendix 23*; b. n'i v. *CT*; *AEG agree*
4710. *for B see Appendix 23*; v. maistre carpentier *C*; *AEGT agree*
4711. Et li Turs s. d. por lor vie (vies a *B*) sauver *IB*; p. del fosse *G*; *E wants*; *ACT agree*; *BI add 1 line* Mout fu fiers li asaus ains puis n'i ot son per
4712. El (Au *E*) point d. *BE*; A poi d. *I*; d. miedi s. *BCEI*; con il dut souner *BI*; con j'oi *CEGT*
4713. A l'ore q. Jhesus la, *BEI*; Al p. (jour *T*) *CT*; c. pener *BCEGIT*
4714. Dedens l. *E*; En e l. *G*; Et en l. *I*; l. sainte c. *CGI*; c. et drecier et clauer *BI*; *T wants 4714-4717*

4715. A icel jor t. *B*; d. si font n. *G*; f. le mur verser *E*; g. verser *BCGI*; *T wants*
4716. Et une g. partie a tere fondefler *E*; p. craventer *BGI*; *T wants*; *AC agree*
4717. s'i (se *B*) v. (vont *B*) forment p. *GB*; v. adont p. *E*; v. durement p. *I*; *T wants*; *AC agree*; *BI add 1 line* Quant voit le mur (les murs *I*) cair n'i vot plus demorer
4718. L. bout d., m. bouter *E*; des. les murs j. *I*; m. ranper *B*; *ACGT agree*
4719. S. que b. i p. o. et v. *T*; i puet mout b. *EG*; p. partout et v. *BI*; *AC agree*
4720. Et Turc et S.: *BI*; l. (les *B*) cuident decauper *EBI*; l. cuidoyent c. *T*; *ACG agree*
4721. du. Godefrois lo. *T*; lo. vint a *E*; *ABCGI agree*
4722. (Ilueques v. *BI*), m. durement c. *EBGIT*; I. les v. *C*
4723. A (Et *B*) pl. d. .XX. pa. *EBGIT*; pa. fait l. *E*; pa. a fet l. cies voler *G*; t. voler *BEIT*; t. colpes *C*
4724. De l'angouse (Et d'angouisse *I*) et del (de *I*) caut: *BI*; Da l'a. qu'i. en o. *T*; l'a. qu'i. i o. *C*; coumence a tressuer (escumer *EG*) *BEGI*
4725. D'ire et de mautalent escume con s. *BI*; *ACEGT agree*; *BI add 2(3) lines* La se contient li dus as ruistes cos doner/ Langue nel (ne *I*) poroit dire ne nus clers porpenser/ (*I adds* La painne que le duc convient la endurer)
4726. t. s'en tourne n'i *BI*; s'a. se n'i v. p. ester *E*; p. arrester *T*; *ACG agree*
4727. Ja v., (en la cite en. *ET*) *BEGIT*; *AC agree*
4728. *No variant*
4729. Par sus l. *I*; so. le fier des *B*; des lances se *BEGIT*; fi. amont lever *BGI*; fi. outre passer *T*; *AC agree*

138. *ABCEGIT*

4730. A p. J. i ot grant me. *E*; A Jherusalem p. f. mo. fort l. me. *T*; *ABCGI agree*
4731. *No variant*
4732. F. dejouste les Tu., ti. nue l'es. *E*; F. a p. sor le pont et *G*; F. p. a p. du mur et *T*; a. Turs tint tr. *C*; Tu. ti. (tient *I*) en sa main l'es. *BI*
4733. (s. et d. cervieles f. *G*) f. toute ensanglentee *BGIT*; c. estoit ensanglentee *E*; t. et maisetee [*sic*] *C*
4734. B. fu en cele asamblee *BI*; B. furent s. *EG*; B. furent dessus l. clee *T*; *AC agree*; *T adds 3 lines* Dans Robers li Normans a cui proece agree/ L [*sic*] cuens Robers de Flandres qui bien fiert de l'espee/ Et dans Hues li Maines qui l'ensaigne a porte
4735. Et m. d. n. barons la ventaille fermee *IB*; Et tamaint d. *C*; O ex m. *E*; Et m. des autres p. *T*; *AG agree*
4736. En aus la f. *B*; f. de S. *E*; *ACGIT agree*; *BI add 2 lines* E Dex la veiscies doner tante colee/ Et tant pie et tant puig tante teste copee; *E adds 1 line* La ot tant pie tant puing tante teste copee; *T adds 2 lines* Cil les ont recuilli as trenchant de l'espee/ A maint Sarrasin ont l'ame du cors sevree
4737. L. bons r. *BI*; l. bons r. t. a s'ensegne es. *E*; *ACGT agree*; *BI add 1 line* Et Pieres li hermites a le barbe mellee
4738. O. tost d. l'e. enz l. *T*; *E wants*; *ABCGI agree*; *BI add 1 line* Et ribaut s'esjoirent a icele huee
4739. T. d'Erle v. *T*; M. l'ot: *E*; paien n'a. du. *ET*; *ABCGI agree*

Variants

4740. D. fu estoit (se fu *C*) i. *EC*; D'entr'aus s'en est i. *GT*; De la fosse est i. *I*; fo. est i. *B*; c. ensanglentee *EGT*; o. maillentee *IB*; *BI add 1 line* Et tint (tient *I*) l'espee el puig tainte et ensanglentee
4741. s'en vint: *CG*; s'en vait: *E*; v. qui fu g. *B*; v. qui grans et *I*; qui fu (est *T*) et g. et lee *EGT*
4742. Pa. d'enc. (d'enc. le m. *E*) *GE*; enc. le m. *B*; enc. les murs ot la p. *I*; *T wants*; *AC agree*; *BI add 1 line* Iluec .I. poi estoit plus base li entree
4743. Tumas escrie M., g. asanblee *BI*; b. Thomas de M. a, g. escriee *T*; s'a s'ensegne levee *E*; g. aune *G*; *AC agree*; *BI add 7 lines* Baron par cel signor qui fist ciel et rosee/ Mius volroie orendroit ma teste fust copee/ Que de Jhursalem prendre n'aie la renomee/ Qui ci m'aidera bien verites est provee/ Ma tiere et ma ricoise li ert abandounee/ Lors descendent li (si *I*) houme a une randonee/ Cescuns li a la lance ens en l'auberc botee
4744. .XXX. cevalier furent del mius d. *BI*; A .V.C. ch. *E*; (A .XX. ....s q. *T*); *ACG agree*
4745. Qui sor les fe. d. l. l'ont jetee [*sic*] *B*; Qui par desus les fe. d. l. le leverent *I*; l. e. r. (jeter *EG*) a *CEGT*; *BI add 1 line* Amont desor les murs de la cite loee
4746. g. proesche mo. (bien *BEGIT*) d. *CBEGIT*; e. contee *BEI*
4747. si. en se. r. *T*; *E wants*; *ABCGI agree*

139. *ABCEGIT : D from l. 4761*

4748. A p. *E*; A Jherusalem p. fu. *T*; *ABCGI agree*
4749. *No variant*
4750. Qui sor le. *BEI*; des glaives s. *C*; a. lancier *BCI*; *AGT agree*
4751. C. sor les murs gieter et b. *BI*; Et par deseur l., (m. lever et b. *T*) *GT*; *E wants*; *AC agree*
4752. Q. desus le. aloirs s'o. *I*; a. se fist amont la. *B*; al. se fu li b. lancies *E*; *ACGT agree*
4753. I. saus et t. *C*; et prist l. *E*; *ABGIT agree*
4754. Des le p. de Marle c. l. rivier *C*; (De la p. *E*) p. s'avale c. *TE*; p. David c. (contremont *B*) *IB*; *AG agree*
4755. M. ains que i. *T*; an. que s. *I*; s. sus ar. *C*; j. aront g. destorbier *G*; *ABE agree*
4756. U. grans B. *BI*; *ACEGT agree*; *BI add 1 line* Mout ert noire et hisdeuse bien resanble aversier
4757. Qui d'u. grant m., e. cervelier *T*; (g. plomee l. *BI*), e. capelier *CBGI*; *AE agree*
4758. s. vert el. *ET*; el. d'acier *IT*; *ABCG agree*
4759. U li ber w. u n. l'estut (l'estuet *I*) j. t. *BI*; U il voille u n. *C*; U voelle u n. *G*; i. vosist u n., (l. fait j. *E*) *TE*
4760. Et T. li corent sus p. *BI*; *ACEGT agree*
4761. q. depecier *G*; *rest agree*
4762. l. boins t. [*sic*] *E*; d. ribaus c. *G*; *ABCDIT agree*; *BI add 1 line* Et Pieres li hermites que Dex aime et tient cier
4763. a. or avant c. *BI*; a. feres f. *CD*; *AEGT agree*
4764. J. n'i a mes (nul *EGT*) r. *BCDEGIT*
4765. *BCDEGIT want*

500   **Variants**

4766. Lors v. r. Sarrasins detrencier *BI*; Qui do. veist r. *D*; r. es p. *C*; p. detrenchier *T*; *AEG agree*
4767. Et l'u. m. desus l'au., (a terre t. *T*) *DIT*; d. l'autre et t. *C*; l'au. verser et *BEGI*
4768. M. ainc Tum. *C*; M. n'i v. *DI*; n. vaut entr'aus l. *G*; n. vost atant l. *T*; v. ains l. *BI*; v. pas l. *D*; *AE agree*; *BEGIT add 1 line* Par (Au *I*) mautalent le fierent (A maintas le feroient *EGT*) sor son elme (auberc *G*) d'acier (doublier *EG*; dessus l'auberc doublier *T*); *BI add 1 further line* Et a grandes plomees sor son auberc doblier; *BEGI add 1 further line* En .XX. lius li ont fait (fraint *I*; En .XXX. lius l'ont fet *G*) deronpre et desmaillier (desrout et desmaillie *I*); *BI add 1 further line* Mais onques des caines (Mais onques en sa char *I*) ne porent damagier
4769. Quar (Mais *EGT*) l. be. ot .I. *BEGIT*; m. fait a *D*; a prisie *B*; *AC agree*
4770. T. que l'avoit s. lu. nel pooit on pl. *G*; (T. que i. *T*) i. l'ait s. *BDT*; c. l'avra s. lu. nus nel pora pl. *E*; c. l'ait desor lu. *I*; lu. nel puet on enpirier *BI*; lu. nel po. on damachier *D*; le puent pl. *T*; *AC agree*
4771. Et T. s'es. s. se prist a i. *G*; T. se resvertue s., (a ... *T*) *BCEIT*; s. prist a courecier *E*; a drecier *BI*; *D wants 4771-4775*
4772. Et t. *GT*; I. tient l'e. *I*; *D wants (but cf. D4785a)*; *ABCE agree*
4773. l. Turs felons se v. avant p. *BI*; *DE want*; *ACGT agree*
4774. *BI invert 4774/4775*; Ancois q. il i mu. *BI*; mu. se volra v. c. (... *T*) *BCGT*; mu. se vendra il mo. *I*; *DE want*
4775. *BI invert 4774/4775*; c. d. mi. n'a me. *T*; *D wants*; *ABCEGI agree*
4776. Tu. voit l. *BCDI*; Tu. voit un paien q. *E*; Tu. vint a la porte et t. *T*; p. a le mache d'a. *D*; q. tient .I. *I*; t. le branc d'a. *G*; *T adds 1 line* En son chemin encontre le dyabble aversier
4777. Fix ert la B. q. le vaut damagier *E*; (q. li fi. *B*) fi. encombrier *IB*; fi. travillier *C*; fi. esmaihier *D*; *AGT agree*
4778. Et l. b. vint avant q. *T*; b. li (la *I*) coru sus q. *BI*; *D wants*; *ACEG agree*
4779. Lors vint l. B. *E*; Quant ele l'a veu: *G*; L. vieille B. *T*; s'i p. a es. *EG*; *D wants*; *ABCI agree*
4780. b. apela: *BDI*; s. (sel *I*; et *T*) c. a huchier *DIT*; s. li prist a p. *G*; *ACE agree*
4781. J. hom n. *DET*; n. m'oci: *EBGIT*; pour ton Dieu t. requier *T*; w. gaitier *E*; *AC agree*; *BI add 1 line* Celui ki t'ocira te volrai acointier
4782. (Que n. te *E*), pa. damagier *BDEGIT*; *AC agree*
4783. N. dedens l. [*sic*] *B*; N. par dec. *E*; *DIT want*; *ACG agree*
4784. *No variant*
4785. l'e. prist (prant *I*) soi a mervillier *BI*; *ACDEGT agree*; *D adds 1 line* Il tint le brant tot nu dont li poings fu d'or mier (*cf. 4772*)
4786. *BI have 2 lines* Mais pourquant li a dit ne vous puis espa./ .I. tel cop li dona de l'espe. d'achier; Si f. le Beduine qu'il le fist trebuchier *D*; f. ne le v. (vost *T*) espa. *EGT*; *AC agree*
4787. Que l. t. e. vola ens en .I. grant boier (brouier *I*) *BI*; v. l'ame ont li avresier *E*; v. par de. *GT*; de dalens .I. [*sic*] *C*; *D wants*
4788. Lors o., et g. noisier *BI*; G. n. o. d. g. c. *C*; o. g. c. et mervillos t. *E*; *ADGT agree*
4789. B. estoit ju. *T*; de. clochier *I*; *D wants 4789-4791*; *ABCEG agree*
4790. Il en av. l. T. p. fo. fa. ... *T*; fo. fa. l. T. de l'al. w. *I*; T. les aleoirs w. *B*;

Variants 501

       T. l'al. f. w. *G*; *D wants*; *ACE agree*
4791. A cel j. *BIT*; *D wants*; *ACEG agree*
4792. Tu. vint a *G*; Tu. vient a *I*; fl. fait brisier *E*; (fl. ...chier *T*); *ABCD agree*
4793. d. ribaus l. es. venus a. *G*; es. ales a. *BI*; (es. ... a. *T*); *ACDE agree*; *BI add 1 line* Des ribaus ot (Et li ribaus *I*) o lui asses plus d'un millier
4794. po. et l. pu. *I*; a trenchier *C*; *ABDEGT agree*
4795. Si q. *G*; q. tout le leverent: *I*; to. l'ovrirent p. *T*; dont (si *I*) le font a. *EI*; p. l'ont fet a. *GT*; *B wants*; *ACD agree*
4796. A p. d. .XXX. c. estroitement l. *BI*; Bien a trente ribaus et a c. l. *E*; a fort corde l. *D*; c. lachier *C*; *T wants*; *AG agree*
4797. d. erracier *BEI*; *DGT want*; *AC agree*
4798. Crestien i enterent que Dex gart d'encombrier *BI*; c. dehors i *ET*; c. dedens en en. *G*; qui en o. des. *CET*; *D wants*
4799. D. (Lors *BI*) veissies pai. (ribaus *DG*) *BCDEGIT*
4800. Ces Sarrasins o. f. et trebuchier *D*; O. et decauper et les membres trencier *E*; Plaier et c. o. et detrenchier *I*; O. et cravente f. *G*; f. et detrenchier *T*; *B wants*; *AC agree*; *BI add 1 line* Des mors et des navres font les rues (la terre *I*) joncier
4801. cl. commenche J. *C*; *rest agree*
4802. *T has 2 lines* T. Deu. l. commencent a chanter/ Ce fu signefiance de Dieu g.; l. cou e. Dex glorier *G*; *E wants*; *ABCDI agree*

140. *ABCDEGIT*

4803. f. .I. v. (sammedi *I*) *BDEI*; que nous l. t. *GI*; *ACT agree*
4804. Jherusalem co. *DT*; Q. Jerusalem prisent n. *E*; co. li Cr. *C*; n. cevalier b. *BGI*
4805. A l'aiie de Dieu qui s. p. *E*; J. i s. p. *D*; *ABCGIT agree*
4806. v. sor Sarrasins felon *BI*; v. no Franchois a b. *D*; *E wants*; *ACGT agree*
4807. T. e. premiers si que n. le q. *E*; p. ensi c. *DIT*; p. si c. lisant trouvon *G*; n. dison *BI*; *AC agree*
4708. Qui s., fu jete... *T*; s. le fer d. *EI*; d. glaives fu *C*; la. amont le leva on *G*; *D wants*; *AB agree*
4809. de. ribaus: *BGI*; t. si com n. entendon *E*; si con n. v. di. *BI*; s. le v. *G*; *ACDT agree*
4810. I fust a., (e. entre ses compaig... *T*) *DT*; e. il et si (sis *I*) c. *BI*; *ACEG agree*
4811. T. cel j. *CD*; *ABEGIT agree*
4812. Le jor l. *G*; s. vilaine o. *E*; *D wants*; (... s. *T*); *ABCI agree*
4813. (...euse c. *T*); *rest agree*
4814. En Jherusalem entrent et Normans et Breton *I*; (... *T*) en. (... *T*) Francois (...ant *T*) et Borgignon *BEGT*; *ACD agree*
4815. Et Fr. et Fl. Poitevins et Gascon *I*; (... *T*) N. (... *T*) et nostre (mains *T*) autre baron *GT*; N. Picart (Flamenc [*sic*] *C*) et Braibencon *EC*; *BD want*; *I adds 3 lines* Et Puillant et Normant Boulenois et Breton/ Hainnuiers Loherens et tous li Braibenson/ Et Frisons et Tiois Hurepois qui sont bon; *BI add 1 further line* Et li autres barnages de mainte region
4816. Paien en v. *E*; ...yant p. avoir g. *T*; p. traire a (a *lacking in I*) g. *BI*; *ACDG agree*

502　　　　　　　　　　　　　　　　　　　　　　　　　　Variants

4817. e. Godefrois de *E*; (... e. *T*); *ABCDGI agree*
4818. (...ne a. *T*); *rest agree*
4819. (...e Ew. *T*); *rest agree*
4820. *BI have 14(25) lines for 4820, see Appendix 24*; Et m. autre princer q. *E*; Et si ot as. d'au. *G*; ... d'au. princes q. no. ne volons *T*; *D wants*; *AC agree*
4821. m. la rue f. *D*; *rest agree*
4822. et en cervieles: *G*; c. sont jusques a. talon *B*; f. (furent *G*) dusc'a. (jusqu'a *I*) talon *DEGIT*; dusqu'a. menton *C*
4823. Sarrasin escrierent (escrioient *G*) a. *DG*; Et S. s'escrient a. *T*; s'e. a vois si. *C*; s'e. c'or nous a. M. *E*; *ABI agree*
4824. ar. f. nous le p. *E*; et nos f. p. *T*; *BI want*; *ACDG agree*
4825. Ca. li co. *DI*; s. livre a, (g. confusion *E*) *CEGT*; *B wants*
4826. A C. *BI*; C. biau s. *E*; *ACDGT agree*
4827. d. loyer l. *T*; *rest agree*
4828. *D wants 4828-4823*; *rest agree*
4829. *T has 2 lines* De l'es. trenchant l. fiert si li frans homs/ Que tout l'a pourfeus enjusques au m.; l'es. l. f. d'a. du. *C*; l'es. trencant l. fiert du. *G*; dusqu'a (jusqu'el *B*) talon *IB*; *D wants*; *AE agree*
4830. *BI place 4833 before 4830*; Y. le sivoit a. *E*; s'e. el T. *BI*; s'e. del T. *C*; *D wants*; *AGT agree*
4831. le vient a. (consivant *C*) *IC*; da. Robers li Frisons *T*; *D wants*; *ABEG agree*
4832. l'e. d'acier: *BGI*; l'e. fourbie li *E*; l'e. trenchant li pa. li mentons *T*; b. tres par mi le *C*; le fiert jusque al po. *B*; le fent dusqu'a talon *I*; *D wants*
4833. *BI place 4833 before 4830*; P. crient et b. *DET*; et font grant marison *E*; m. c. g. *T*; *ABCGI agree*; *BI add 2 lines* De mainte part s'en fuient Persant et Aragon (Esclavon *I*)/ Ains .I. seus n'en torna en ostel n'en maison
4834. *No variant*
4835. V. grant d. faire et *D*; a haus tons *T*; *ABCEGI agree*
4836. a quel t. *BC*; a cel jour v. *I*; *G wants*; *ACET agree*
4837. D. c'or e. *G*; *D wants*; *ABCEIT agree*
4838. L. viex r. Corbadas f. *T*; *rest agree*
4839. S. ou palais vostis sus .I. *T*; D. sor .I. (.I. maistre p. *I*) *EI*; .I. marbre p. *G*; *B wants*; *ACD agree*
4840. (U il det. *BI*), so. auqueton *DBEI*; p. et tire ses guernons *T*; *ACG agree*
4841. Et descire sa b. (ses dras *T*) *GIT*; et fiert grans cos dou poing *I*; et ront ses auquetons *T*; *B wants*; *ACDE agree*
4842. f. s'est pasmes t. *B*; *E wants*; *ACDGIT agree*; *BI add 1 line* Et quant il se redrece si fait grant plorison
4843. l'e. leva q. (q. li pent a. *I*) *BI*; l'e. dreca q. *CEG*; q. li ciet a. *G*; l. (li *C*) tint a. (le *C*) *DCE*; l. prent as girons *T*; *BI add 7 lines* Frere dist Lucabiaus voirs est m'avision/ Bien sai que vers Francois pas ne dueron [*sic*]/ Se vous me voles croire ceste tor renderon/ Mais que il nos en lessent (laist *I*) aler a garison/ Corbadas ot tel dol ne dist ne o ne non/ Qui li donast et d'or (tout l'or *I*) qui est en pre (qu'est jusqu'es pres *I*) Noiron/ De mautalent et d'ire noircist comme carbon

Variants 503

141. *ABCDEGIT*

4844. J. et l. c. (ville *T*) saisie *BCDEGIT*
4845. Dont v. *T*; *BI want*; *ACDEG agree*
4846. Ca. fist que mies pu. (pot *B*) *IB*; Ca. qui miex pooit po. *T*; co. (qui *EG*) miex pu. (miols *G*) *CEG*; co. il pu. *D*
4847. *No variant*
4848. Des mors et des navres es. l. vile (voie *I*) j. *BI*; et d. cervieles es. *G*; (c. fu l. *T*), l. terre j. (moullie *E*) *CDET*
4849. j. s'i p. b. li dus d. *E*; s. prove b. *C*; *ABDGIT agree*; *BI add 4 lines* Et Robers li Frisons cui Jhesu beneie/ Tangres et Buiemons qui les paiens castie/ Godefrois de Buillon et l'autre barounie/ Et dans Hues li Maines de le terre joie
4850. c. nel d. *C*; *rest agree*
4851. Des T. et des p. *B*; D. T. et paiens f. *E*; f. tel c. (lapiderie *E*) *BEI*; f. mout g. deseplie *G*; (p. ... g. *T*); *ACD agree*; *BI add 2 lines* Qu'il n'i avoit celui n'ait l'espee bagnie/ En sanc et en cerviele desi as (qu'a *I*) puins sollie
4852. T. paiens i avoit sa serour u s'a. *BI*; i ot (a *D*) sa sereur u sa f. (fille *D*) *TD*; i avoit sa f. sa serour et s'a. *E*; i avoit sa su. *G*; *AC agree*
4853. (Qui paeur d. *T*), m. l'a en l'es. (l'es. laisie *BDGIT*) *CBDGIT*; m. le laist toute esbahie
4854. Da. en fui g. *E*; f. (ot *I*) de T. *GIT*; *D wants 4854-4859*; *ABC agree*
4855. C. conduisoit R. *T*; R. si o. *B*; g. marcandie *C*; *D wants*; *AEGI agree*
4856. C. .I. grant m. d. be. d. Persie *E*; C. d. fins be. *BCIT*; .II. (.III. *T*) mules d. S. *CT*; *D wants*; *AG agree*
4857. i. l'a. *T*; *D wants*; *ABCEGI agree*
4858. Dedens la *E*; En la grant T. *T*; m. en g. *G*; *D wants*; *ABCI agree*
4859. Te. sot c. *E*; Te. oi le p. *GT*; T. oit c. *I*; p. qui le tint a folie *ET*; quel tint a *BG*; a grant folie *BI*; a vilonnie *C*; *D wants*
4860. *BI invert 4860/4861*; v. icel j. *BDI*; *ACEGT agree*
4861. *BI invert 4860/4861*; P. et S. m. *ET*; *ABCDGI agree*
4862. Pa. devant Po. O. fu u. c. *BI*; o. en va grant c. *E*; O. en f. u. partie *T*; *ACDG agree*
4863. Ce. encauce que. H. que nes espargne m. *BI*; (Ce. cacha li que. *G*), qui mout nes a. (ama *G*) *TG*; H. car il nes ama m. *E*; le. aimme m. *C*; *AD agree*
4864. esc. tint l'esp. *DEGT*; *ABCI agree*
4865. lu. Tumas de Marle q. n'a pas coardie *BI*; lu. ont m., c. ont h. *C*; q. ont les cars rostie *G*; *ADET agree*
4866. O. la fu la grans hascie *G*; D. ot b. *E*; *ABCDIT agree*
4867. T. que n. espargnent m. *I*; *ABCDEGT agree*
4868. A es., f. grant macheklie *C*; es. en f. mout grant m. *E*; d'ac. f. tel carpenterie *BI*; f. charpenterie *T*; *D wants*; *AG agree*
4869. (cil de cer. *T*), n'a. l'es. b. (soillie *T*) *CT*; cer. ne l'a. tainte et noircie *BI*; *D wants*; *AEG agree*
4870. De sa. *E*; sa. a m. *D*; l. terre so. *CDE*; l. vile jonkie *G*; *BIT want*
4871. (L. S. braient ca. *G*) ca. pleure et cr. *IG*; *ABCDET agree*
4872. *No variant*

4873. lo. voie a. *BDEIT*; lo. fuie a. *G*; *AC agree*
4874. so. manoir et *T*; *BI want*; *ACDEG agree*
4875. Li r. le. aquellent que nes espargnent mie *BI*; Li r. le. saisirent m. en o. efforcie *D*; si. tamainte en *C*; si. et m. *ET*; si. s'o. casqune sa. *G*
4876. e. fist s. *BI*; b. puis si l'a *G*; b. et puis l'a *T*; a. l'ont d. *E*; *ACD agree*
4877. Ne mais f. l. c. (la chemise *D*) *GD*; F. q. (seul *E*) de l. c. (c. que n. l'o. *E*) *TE*; n. li a p. laissie *D*; n. l. o. il laisie *G*; *BI want*; *AC agree*
4878. p. mout Dieu l. *G*; *D wants*; (f. ... M. *T*); *ABCEI agree*
4879. t. dure l'e. *B*; du. l'aatie *G*; *ACDEIT agree*
4880. C'a. n'i r. *D*; Ke n'en i r. u. d. *E*; C'a. ne r. *G*; Que n'i remaint u. *T*; *ABCI agree*
4881. Fo. que c. qu'e. l., s'e. est fu. *T*; T. sont mis (erent *I*) a garandie *BI*; D. furent fu. *E*; s'e. ert fu. *D*; *ACG agree*; *BI add 2 lines* Que Raimons de Saint Gille i avoit envoie (garandie *I*)/ Dameldex li pardoinst li fius sainte Marie
4882. n. s'aseure m. *BD*; *ACEGIT agree*
4883. C. prent so. *BI*; C. a pris o. *T*; so. hoste: *E*; o. les maisons ont sa. *I*; sa m. a sa. *DBET*; *ACG agree*
4884. C. sales de pale et sa h. *B*; Celiers sales perines et grans h. *G*; sa. de pierre et sa *I*; p. prent en h. *E*; p. pour sa *T*; *D wants*; *AC agree*; *T adds 1 line* Au mieux que chaicun puet requiert sa manantie

142. *ABCDEGIT*

4885. (Mout s. p. F. d. *E*), c. herbregier *BEGIT*; *ACD agree*
4886. Ca. coisi m. *B*; s. p. u m. u ce. *E*; m. u grant sale u ce. *GT*; p. u solier *D*; p. ou terrier *I*; *AC agree*
4887. g. palais d. p. u grant (tout [*sic*] *G*) a. *TG*; sa. perrine u t. *E*; p. tout a. (aval *I*) u (.I. *I*) so. *BI*; *D wants 4887-4889*; *AC agree*
4888. s. penoit d. (por *G*) *CEG*; *BDIT want*
4889. A pou q. *T*; l'u. vers l'a. *BI*; s. vot c. *BT*; *D wants*; *ACEG agree*
4890. (n. s'i v. *D*) v. atargier *BDEIT*; v. plus t. *G*; *AC agree*
4891. Ne R. *DG*; m. fait a *I*; *ABCET agree*
4892. (Ne da. *G*), q. tant (mout *G*) o. (a *G*) l. cuer f. *DG*; q. ne se vot targier *BI*; (... da. *T*); *ACE agree*
4893. Onques c. n'en. *T*; t. ne tendirent a *I*; es. drestier *C*; *ABDEG agree*
4894. p. maisons n. l. *G*; m. n. son c. *BI*; m. n'a l. *T*; *D wants*; *ACE agree*
4895. A. s'en vont au s. por b. f. et n. *D*; s. aourer et baisier *G*; f. net et jonchier *E*; *ABCIT agree*
4896. D. avoit t. *T*; *G wants 4896-4899*; *ABCDEI agree*
4897. *BI place 4899, 4900 before 4897, 4898*; Ains ne laisierent boe ne festu ne pourier/ Mout l'ont fait bel et gent n'i laissierent porier (n'i laissent que niier *I*)/ Cescuns tint (tient *I*) en sa main d'un [*sic*] (de le *I*) pale .I. quartier/ Tres devant le saint Temple se vait (vont *I*) ajenellier; Ca. tint e. *BCET*; Ca. ot e. *D*; m. d'un pale .I. [*sic*] *B*; m. de ci. *E*; m. de le p. *I*; d'u. grant p. *C*; *G wants*
4898. *for order of BI see 4897*; Par d. *ET*; l. saint Temple se (se vait a. *B*) *DBI*; *G wants*; *AC agree*
4899. *for order of BI see 4897*; (A. ne l. *B*) l. boe n. f. n. pourrier *IB*; f. n. or

Variants 505

mier *C*; *G wants*; *ADET agree*
4900. *for order of BI see 4897*; Mout l'ont fait bel et gent: *BI*; s. n. buissete l. *C*; b. ordure n. boier *D*; n'i laisierent p. *B*; n'i laiscent a (que *I*) niier *GI*; *ET want*
4901. v. as b. *T*; *rest agree*
4902. pl. tenrement es. *D*; d. (par *B*) dousour es. *IB*; *ACEGT agree*
4903. al. el t. *C*; l'au. aparellie *G*; *ABDEIT agree*
4904. q. se l. *BEI*; s'i ala c. *D*; *ACGT agree*
4905. T. ...e menerent c. *T*; e. tot aval l. *BI*; *D wants*; *ACEG agree*
4906. Q. il o. c. f. *E*; Q. o. t. c. f. *T*; s. al r. *B*; *ACDGI agree*
4907. Dehors l. *BIT*; Devant l. *E*; .I. fort pa. *D*; *ACG agree*
4907a. N'i ot encore Franc v. *BI*; *CDEGT agree; A wants; text of C*
4908. l'a. lessie p. *T*; p. ces .III. *D*; p. les .III. *G*; *ABCEI agree*

143. *ABCDEGIT*

4909. d. de Buillon o. l'autel es. *D*; et esmere *T*; *ABCEGI agree*
4910. b. bien l'au. *D*; b. ont l'au. *T*; l'au. atourne *E*; *ABCGI agree*
4911. A l'i. f. d. l'issir fors de l'u. *A*; A l'issue de l'uis o. *E*; f. (hors *T*) del Temple a (ot *I*; o. *T*) .I., (p. listet *I*) *BIT*; *CDG agree with text*
4912. n. des autres princes n'a. en. entre *E*; en. estoe *B*; *ACDGIT agree*
4913. Que D. *T*; l'av. por aus m. *E*; p. ostoie et *B*; p. otriiet et *I*; *D wants*; *ACG agree*
4914. p. ert t. *B*; p. est tient e., le clers *I*; f. mist e. *C*; m. les cles *ET*; *ADG agree*; *D adds 1 line* Tot ensi com il dist .XXX. ans avoit passe
4915. N'avoit veu d. *D*; *rest agree*
4916. *No variant*
4917. B. sot q. *BCDEGI*; q. Francois o. *BI*; n. gent Jhursalem c. *G*; g. ont J. (la cite *T*) *DT*; o. Jherusalem [*sic*] c. *C*; o. conquise la cite *E*
4918. *No variant*
4919. (G. hom n. *E*) n. m'oci j. (j. me v. crestienner *I*) *GEI*; *DT want*; *ABC agree*; *BI add 1 line* Ne voi goute des ious lumiere ne clarte
4920. l'e. si l'a mout regarde *T*; *D wants*; *ABCEGI agree*
4921. *D has 2 lines* Li dus t. le p. que i. avoit colpe/ De maintenant li a en mi le v. j.; a es iex j. *CE*; *ABGIT agree*
4922. o. l'esgarde j. *I*; *DE want*; *ABCGT agree*
4923. Tantost (S. t. *T*) comme li pailes o. (o. ses ie. *T*) *DT*; Tantost c. cil l., o. a son vis taste *G*; t. qu'i. o. l. p. a ses ie. *B*; t. qu'o. a ses ie. le bon p. ad. *I*; c. cil l. *E*; a. ses [*sic*] ie. *C*
4924. Si l. f. el c. m. r. *D*; D. mautant [*sic*] l. *B*; Tout m. *ET*; f. si biel oel alume *G*; c. alume *BCEIT*
4925. j. a e. (a *T*) *BIT*; o. a s. *CG*; si a le d. *BI*; l'a le d. *D*; *AE agree*
4926. Que i. n'av. v. .XXX. an. avoit p. *BI*; Que i. n'ot v. *E*; Que n'av., b. ot .III. an. *T*; g. .XXX. an. ot de s'este *D*; *ACG agree*
4927. O. ai jou par *BI*; O. a par icel pal. *T*; o. ai par *E*; pal. veu et esgarde *G*; *ACD agree*
4928. l. d. l'entendi s'en (si *BI*) *EBI*; d. l'oi s'en *G*; d. le vit De. en a mercie *T*; *D wants*; *AC agree*
4929. Pu. a pris l. boin pa. *C*; Li dus a pris l. *D*; r. son pa. *T*; l'a revolepe *B*; l'a

envolepe *CET*; *AGI agree*
4930. C. garda sa *BEI*; pi. a m. *C*; pa. grande sa. *BI*; pa. m. tres g. chiertee *T*; m. grande sa. *E*; *D wants*; *AG agree*
4931. Et li p. l'en a sus el *D*; le prince (les princes *B*) en son pal. *IB*; d. a son ostel m. *T*; *ACEG agree*
4932. Isnelement lor a so. t. d. *D*; So. t. li mostra se *BI*; so. rice t. puis li *G*; t. l'enmaine se *E*; m. si li *CT*; *BI add 1 line* Besans hanas et copes dont il i ot plente (assez *I*)
4933. av. lor a *D*; (et s. ... *T*); *ABCEGI agree*
4934. d. li t. *B*; d. l'en t. *G*; (t. ... *T*); *ACDEI agree*
4935. t. d'outremer *G*; (b. ... *T*); *ABCDEI agree*
4936. No b. *BI*; s. v. en. et aune *D*; s. en l'ost v. *G*; (en. ... *T*); *ACE agree*
4937. di. et coumande *BEGI*; (p. ... *T*); *ACD agree*
4938. l. m. p. je... *T*; m. portent hors la c. *E*; j. de la c. *BDI*; f. la c. *C*; d. fosse *G*
4939. et gietent en .I. r. *B*; a. tot en r. *CG*; et s... *T*; *DE want*; *AI agree*
4940. I. le f. errant n'i *C*; Et cil s. *G*; s. furent lues n'i *D*; f. senpres: *BEGI*; n'i ot p. demore *BGI*; pu. c'on l'ot commande *E*; *T wants 4940-4943*
4941. Hors d. *BEI*; J. sont li Turc tr. *G*; l. paiens jete *D*; *T wants*; *AC agree*
4942. Ens en .I. mont l. o. espris et alume *D*; Et en un mont l. *E*; mi. si les o. *C*; mi. s'o. c. alume *G*; *T wants*; *ABI agree*
4943. Et desore l. v. les ont trestot vente *D*; v. si s. tost a. *E*; qu'i. furent a. *BI*; t. enbrase *G*; *T wants*; *AC agree*; *BI add 1 line* Quar plus de .IIII. liues en a (est *I*) li flairs ale
4944. h. enterrer *C*; (h. ... *T*); *ABDEGI agree*
4945. Ma. a la me. *DT*; *ABCEGI agree*
4946. A. ont maintenant l. *D*; *rest agree*
4947. *No variant*
4948. *E wants*; *rest agree*
4949. *No variant*
4950. Et lor p. mise et lor f. leve *G*; et l. fons ac. *I*; f. apreste *D*; *ABCET agree*; *BI add 1 line* Si con pour asalir sont rengie et siere
4951. A la *T*; T. amont le. *E*; (D. ot .I. *B*) .I. marbrin piler *GB*; D. jouste .I. grant pilet *I*; *D wants*; *AC agree*
4952. q. jete g. *EBGIT*; *D wants*; *AC agree*
4953. S'apo. C. F. a ape. *T*; S'apuie C. *BI*; Quant C. le voit s'a *D*; *ACEG agree*
4954. p. s'a c. apiele *G*; (p. si a *I*) a Francois n. *BI*; *ACDET agree*; *BI add 5(6) lines* Godefroi de Buillon a avant apiele/ Robert de Normendie au corage adure/ Et Robert le Frison ki tant a de bonte/ Tangre et Buiemont ki sont proudom nome (barons loet *I*)/ (*I adds 1 line* Et dant Thoumas de Marle au corage aduret/ Et trestous les barons a avant apiele

144. *ABCDEGIT*

4955. L. viex r. Corbadas f. *T*; *rest agree*
4956. b. et nos princes a bien ar. *T*; ap. si les a arainies *I*; *ABCDEG agree*
4957. C. envers moi e. *D*; C. a moi en e. *E*; C. si vous plait e. *I*; *ABCGT agree*

Variants 507

4958. (Cestor t. *B*), f. a en. *CBDEGI*; f. en. l. prenderes *T*
4959. Ai. aroit de vo gent .M. *E*; d. nos .M. *G*; v. et malmis et *D*; et tues *BI*; *ACT agree*
4960. Qu'ele soit abatue ne li chimens ostes *D*; *BCEGIT want*; *BI add 1 line* Pour coi soufrees vous nus hom en soit tues
4961. Mais l. n. iscir trestous a s. *BI*; c. m'en (me *G*) l. (l. issir a *C*) *DCEGT*
4962. *BI want 4962-4964 (but for 4962 cf. 4965b)*; *CDEGT agree*
4963. *BI want*; *ACDEGT agree*
4964. v. bon c. *G*; c. orendroit me l. *D*; et dones *E*; *BIT want*; *AC agree*; *BI add 1 line* Del regne m'en istrai dolans et esgares
4965. b. li otroient: *BDEGIT*; cis dis fu creantes *BI*; (es le j. *D*) j. avales *EDGT*; *AC agree*; *BI add 3 lines* De la grant Tor David est li rois devales (avales *I*)/ Et toute sa mesnie que vous oi aves (ici oes *I*)/ Et qui volra remaindre si soit crestienes
4966. Luc. li viex chenus barbes *T*; li barbes *BCEI*; *D wants*; *AG agree*
4967. p. ont o. les g. ont hors ale *E*; o. il les ont hors m. *T*; f. jetes *BI*; *D wants*; *ACG agree*; *I adds 1 line* Tant de gent i avoit com vous dire m'ores
4968. (.VII.C. et .IIII.XX. le. *T*), b. nonbres *BIT*; .VI. et [*sic*] *C*; *ADEG agree*; *BI add 4 lines* Que fames que enfans atant en (s'en *I*) sont tornes/ Mais ains de son tresor ne fu nus poins ostes (n'en fu .I. seus ostes *I*)/ Les cevaus traient fors es le (les *I*) vous sus montes/ Ains nus de caus ne fu baptisies ne leves
4969. D. Jherusalem i. *BDEI*; D. la cite s'e. *T*; si sont a. *E*; l. vous arotes *IT*; *ACG agree*
4970. Droitement v. B. es les acemines *B*; v. (de *E*) Barbais en es., (r. tornes *ET*) *DET*; *I wants*; *ACG agree*
4971. Li rois destort ses puins se. c. a t. *I*; b. aloit r., (environ de tous les *G*) *CG*; b. a derompue et se. *E*; b. et se. guernons a sachies et ... *T*; *BD want*
4972. Et dist k'il est ca. dolans ma. *BI*; Mo. so. se clama ca. ma. *E*; Et mo. so. se claime ca. ma. *T*; se clainme so. *G*; so. dolans ma. *C*; *AD agree*; *BI add 1 line* Il a traite l'espee ki li pendoit au les
4973. n. f. sempres s'en (s. *I*) f. t. *BI*; n. f. ja s. f. mors jetes *E*; i. illuec s. f. t. [*sic*] *C*; *ADGT agree*
4974. v. cil ens. *C*; ens. ses conduise m. *E*; (c. ... *T*); *ABDGI agree*; *BI add 1 line* Droitement vers Barbais es les vous aroutes (e les achemines *I*)
4975. Et no b. *E*; a tant a. *GT*; *ABCDI agree*
4976. *BI have 2 lines* En J. nen ert ne encoste n'en les/ Maisons celiers et (ne *I*) sales tors et (ne *I*) p. li., O. la cite c., (p. fermes *D*) *TD*; O. fait J. bel et *E*; et le p. *G*; *AC agree*
4977. (li barnages la *T*), d. amenes *ET*; *BI want*; *ACDG agree*
4978. v. el t. *B*; t. s'ont g. deduis m. *D*; t. et trestuit li bar... *T*; g. (grant *EG*) joie i f. (ot *EG*) *CEGI*; *T adds 2 lines* ... oie d.../ ...otement i fu ... er...s ...
4979. Ens m. *C*; En m. et en r. *I*; r. fu l'en. (l'en. alumes *E*) *BDEIT*; *AG agree*
4980. Les canbres et les votes: *BI*; Bitresches et scileres o. *C*; o. tout en. *G*; furent en. *I*; t. enlumines *E*; *D wants*; *AT agree*
4981. f. clerement c. *I*; *rest agree*

4982. (v. d. provoires et d. c. *BI*) c. ordenes *EBI*; v. et d. c. d. p. et d'a. *G*; *DT want*; *AC agree*
4983. M. i f. *E*; *rest agree*

145. *ABCDEGIT*

4984. Q. Jherusalem f. [*sic*] *C*; Jherusalem f. *D*; Q. la cite f. *T*; *ABEGI agree*
4985. E D., (i ot le *E*) *CEG*; g. loange i *T*; *BI want*; *AD agree*
4986. N'i i o. [*sic*] *B*; Il n'o. *I*; c. s. m. n. *DEGT*; *AC agree*
4987. d. paile v. *CDEI*; *ABGT agree*
4988. d. riche courtine en. *I*; r. cendaus ricement (noblement *T*) p. *GT*; *DE want*; *ABC agree*
4989. *No variant*
4990. j. tient l'eulee de la char D. *I*; t. pure *D*; *ABCEGT agree*
4991. S. que a. i f. le jor ve. *D*; S. que tout vr.: *T*; qu'e. f. mout (tres *E*) bien a. ve. *BEI*; qu'e. vr.: *G*; f. ileuques ve. *GT*; *AC agree*
4992. H. D. cel j. i o. m. *D*; Ahi D. dont i o. m. *E*; E D. *I*; j. tante la. *G*; *T wants*; *ABC agree*
4993. l. sainte service f. *T*; *rest agree*
4994. et retenue *EG*; *BI want*; *ACDT agree*
4995. p. le departent et *BI*; *ACDEGT agree*
4996. A. ne vau. *C*; Qu'il n'e. *E*; vau. detenir vai. u. laitue *T*; *ABDGI agree*
4997. a s. no g. de *DG*; de sa main tout nu. *T*; *B wants*; *ACEI agree*
4998. Lors s'e. *BI*; Puis s'e. *G*; s'e. va a *E*; v. a l'ostel l. *B*; g. creue *CI*; *ADT agree*; *BI add 1 line* Qui ainc ne fu par Turc matee ne vencue
4999. .VII. j. *BT*; .XV. j. o. *D*; j. o. no baron m. *BI*; o. no p., (m. bonne c. *T*) *GT*; *ACE agree*
5000. Au j. par m. *T*; *rest agree*
5001. b. que D. *CG*; q. Damledex aiu. *DT*; *ABEI agree*
5002. Par d. *ET*; *ABCDGI agree*
5003. La s'asanlent l. g. que Dix aime et salue *E*; S. ensamble l. (les *G*) *CDG*; *BI want 5003-5005*; *AT agree*
5004. N'ainc n. fu e. b. m. n. vencue *E*; e. batee n. p. *C*; *BIT want*; *ADG agree*
5005. p. Turc v. *G*; D. servir n. *E*; *BI want*; *ACDT agree*
5006. t. et p. et retenue *T*; et ens batue *I*; *DE want*; *ABCG agree*
5007. (De p. *E*) p. et d. (de *E*) maus o. *BEI*; De p. de t. *C*; De paine et de traval o. *G*; ...avail o. *T*; *AD agree*
5008. (Et teus i *ET*) i ot (a *ET*) de fa. et d. soif l'a (l'ont *ET*) p. *IET*; i a d. soit et *C*; *BD want*; *AG agree*; *BEI add 3 lines* Ce n'est (n'ert *EI*) mie d'ostoirs afaitier en la mue (nue *I*)/ Ains estoit de combatre vers (a *E*) la gent mescreue/ Cil sire ait mercit d'aus (les garisse *E*) qui fist et ciel et neu
5009. Car j. m. n'iert tes gens (gens *lacking in E*) e. *IE*; n'i. tex gens e. *D*; e. cel s. *C*; *B wants*; *AGT agree*

146. *ABCDEGIT*

5010. Par d. *E*; g. atravee *C*; *ABDGIT agree*

Variants 509

5011. b. et d. *I*; *BD want*; *ACEGT agree*
5012. M. ot l'e. *BI*; *ACDEGT agree*
5013. r. s'o. 1. m. can. *BI*; ... l. m. can. *T*; *D wants*; *ACEG agree*
5014. Et (... *T*) tint le, (la. par de. *EGT*) *CDEGT*; la. tres de. *I*; *AB agree*
5015. ...x ont e. *T*; cr. sa disne ca. *D*; cr. l. (sa *E*) sainte ca. *BEI*; *ACG agree*
5016. *DT want*; *ABCEGI agree*; *I adds 1 line* La fu la sainte lance fors de terre jetee
5017. a. d. lor r. *B*; a. et d. *T*; *ACDEGI agree*
5018. ci. nos l'avons co. *GT*; *ABCDEI agree*
5019. i covient .I. r., e. soit tensee *T*; *rest agree*
5020. en. devers p. *E*; en. por le. p. gardee *GT*; v. Sarrasins ten. *I*; *B wants*; *ACD agree*; *D adds 1 line* Et par qui sainte glise i soit rengeneree
5021. *No variant*
5022. Lors s'e. (s'escrie *I*), p. a mout grant alenee *BI*; D. s'escrie l. *GT*; u. criee *C*; *ADE agree*
5023. Godefroi de B. a la ciere menbree *BI*; Godefrois en ert sires ...ui elle fu do. *T*; du. Godefroi s. *E*; l. vile livree *D*; *ACG agree*
5024. Se l., et mout b. *T*; v. otroier et tres b. *BI*; *D wants 5024-5027*; *ACEG agree*; *BI add 1 line* Le doit avoir par droit bien sera asenee
5025. *DT want*; *ABCEGI agree*; *BI add 1 line* Quar n'a tel cevalier dusqu'en (jusqu'a *I*) la mer betee; *I adds 1 further line* Ne qui plus riches cos sache ferir d'espee
5026. p. li respondent b. *BI*; p. ont respondu b. *EG*; *DT want*; *AC agree*
5027. Et n. l'o. t. a b. d. *E*; N. l'otrierons t. *B*; N. l'o. trestuit p. *I*; *D wants*; *ACGT agree*
5028. Et li v. retorne quant oi la criee *D*; M. en a la m. *T*; a la ciere menbree *BI*; a s. m. h. le. *E*; *ACG agree*
5029. b. dus de Buillon en a fait e. *T*; d. esgarda s. *BCEI*; *ADG agree*
5030. a. par l. *I*; *rest agree*
5031. (Rechoif Jherusalem: *D*), la fort ci. l. *DG*; Prenes Jherusalem ce. *T*; J. cele ci. *B*; *ACEI agree*
5032. Ou l. c. J. f. *T*; *BD want*; *ACEGI agree*
5033. du. ja ce. n'ert p. *D*; la. vostre p. *G*; ce. posnee *BI*; *ACET agree*
5034. Il a ici t. p. d. grande re. *B*; a mout rices princes d. *G*; a maint ri. *T*; t. vaillant d. [*sic*] *E*; p. et d. g. *I*; d. si g. *D*; *AC agree*
5035. J. n'en pr. *CE*; m. (aus *I*) devant e. *BEIT*; e. (d'e. *D*) la po. *TDE*; *AG agree*
5036. Q. (Car *I*) enquor n. *TI*; l'a nus d'el. seus (tous *I*; trestous *T*) r. *BIT*; *D wants*; *ACEG agree*
5037. E. sera ansois as *I*; v. que e. s.: *ET*; a autrui p. *E*; ai. a tous p. *T*; *B wants*; *ACDG agree*
5038. v. del Mautran a *G*; *D wants*; *ABCEIT agree*
5039. Ahi Dex lors (la *I*) i ot m. *BI*; A. ont e. *C*; *ADEGT agree*

147. *ABCDEGIT*

5040. M. voit le *E*; M. oit le *T*; *ABCDGI agree*
5041. de Jherusalem ne velt p. (a refuse *T*) le don *DT*; de la cite p. *E*; de Jherusalem a f. resfusion *G*; p. lor f. *B*; *ACI agree*; *I adds 1 line* Puis

garda entour lui s'a veut mains baron
5042. I. en apiele d. *G*; d. Raimbaut l. *E*; *ABCDIT agree*
5043. v. cha a. *E*; j. Frans a *G*; *ABCDIT agree*
5044. (Prenes Jherusalem: *DT*), et l'onor en. *BDEGIT*; l. tor en. *C*
5045. *BD want*; *ACEGIT agree*
5046. le garderon *C*; *rest agree*
5047. Q. tornasmes d. F. se m. ne volon *T*; v. dison *CDE*; *ABGI agree*
5048. Clarence l'a. *B*; Climenchain affiai a *DT*; l. gente f. *G*; *ACEI agree*
5049. to. que se. *BEIT*; se. el te. *CI*; *ADG agree*
5050. Et aroie b. et f. *E*; *B wants*; *ACDGIT agree*
5051. me. au retour n'i *T*; r. sans nesune o. *EG*; n'i avroit o. *D*; *ABCI agree*
5052. Ne p. remanoir se mentir n'en voulon *T*; N'i (Ne *I*) puis plus d. *BEI*; Ne p., s. nos fois ne m. (quiton *G*) *DG*; d. s'a ma f. *C*; s. ma f. ne m. *BI*; ne face mencison *E*
5053. Mais p. *BEGT*; D. qui soffri passion *T*; et son saintisme non *BI*; *ACD agree*
5054. A. a ma *I*; *rest agree*
5055. Bauduines me. *BCGIT*; *ADE agree*
5056. Adont l. *E*; b. .C. f. *DIT*; *B wants*; *ACG agree*
5057. l'o. qui est jusc'al perron *BI*; l'o. dusqu'e. Kafarnaon *E*; dusqu'el p. *C*; *ADGT agree*; *I adds 1 line* Ou Diex resussita de mort saint Lasaron
5058. N. revenroie j. *CD*; c. gr [*sic*] *G*; *ABEIT agree*
5059. s. baise l. *BIT*; *G wants*; *ACDE agree*
5060. E. (De *I*) plus d'u. l. *BI*; *DG want*; *ACET agree*
5061. Adonques veiscies: *BI*; E D. *E*; o. si fiere p. *D*; mout f. (grande *EGIT*) p. *BCEGIT*
5062. Si r. simplement de cuer bon [*sic*] *E*; Et reclamer (reclainment *I*) Jhesu: *BI*; hautement a cler t. *CI*; *D wants*; *AGT agree*
5063. A. ce dist li vesques c. *D*; (... J. *T*); *ABCEGI agree*
5064. (r. li p. *BET*), e. soupesson *IBET*; r. no p. *G*; *ACD agree*
5065. Q. prendrent [*sic*] n. *C*; Q. n. v. o. p. mo., g. plourison *I*; o. il i f. me. *E*; *BDT want*; *AG agree*
5066. Si o. so. pour vous: *T*; so. grant p. *D*; so. tante supieption *G*; tante (grandes *I*) percussion *EIT*; *B wants*; *AC agree*
5067. A. s. Dex grant h. vo. fait on *BI*; A. sains vrai s. que h. nous f. *T*; A. vrais s. *C*; *ADEG agree*

148. *ABCDEGIT*

5068. *No variant*
5069. Par d. *ET*; te. de fin m. *D*; *ABCGI agree*
5070. *No variant*
5071. *T wants*; *rest agree*
5072. Rechoif Jherusalem et *D*; R. ceste vile et *E*; Prenez Jherusalem et, g. herite *T*; *ABCGI agree*
5073. c. el t. *BDI*; t. Damede *T*; *ACEG agree*
5074. C'e. li plus h. (biaus *E*; grans *G*) *BCDEGIT*
5075. m. je vous *GI*; j. (je *T*) di (sai *D*) p. verite *EDT*; *B wants*; *AC agree*
5076. *No variant*

Variants   511

5077. D. J. a. s. *D*; a. s. l. m. la cite p. *T*; *ABCEGI agree*
5078. Si. receves l. *BDEIT*; *ACG agree*
5079. (Si se. *E*), et leve *ET*; *ABCDGI agree*
5080. m. graee *BEI*; *ACDGT agree*
5081. t. environ et en le *D*; *T wants*; *ABCEGI agree*
5082. Sire n. puis l. *C*; Je n. *T*; m'o. ne m'i. *BCGT*; *D wants*; *AEI agree*
5083. En. jo ai et p. *D*; l'a. fianchie et j. *C*; *ABEGIT agree*
5084. t. que j'ar. *BT*; *ACDEGI agree*
5085. ba. le sepulcre et m'o. *C*; *BDI want*; *AEGT agree*
5086. me. au r. *T*; e. retor: *DE*; ensi l'ai af. *DET*; l'ai creante *DI*; *ABCG agree*
5087. Ma. s'e. orendroit: *BI*; o. en me riche c. *C*; o. ariere en ma *E*; a Ruem ma c. *BIT*; R. en ma *G*; *D wants*
5088. l'o. qui est e. *E*; dusqu'e. dur este *D*; *BI want*; *ACGT agree*
5089. Ne r. (revenroi *I*) *BCGI*; Ne remanroie j. *DT*; m. adure *I*; *AE agree*
5090. soi. tante c. *T*; *BD want*; *ACEGI agree*
5091. c. me d. *BCDEGIT*; de l'acier c'ai p. *B*; ai mal endure *GT*
5092. p. d'a. n. d. f. m. *I*; d'a. macoune *BCT*; *D wants 5902-5096*; *AEG agree*
5093-5096. *CDEGIT want*; *B wants 5093-5098*
5097. *A only; rest want*
5098. *BCDEGIT want*;
5099. De ma., (e. apreste *G*) *EG*; ma. moverai q. *BDIT*; *AC agree*; *IB add 1 line* Si en irais (dirai *B*) ariere sel (se *B*) Diex l'a destine
5100. L. evesques l'e. .I. s. a j. *T*; L. v. l'entendi s'a *B*; L. v. de Mautran a .I. *I*; *ACDEG agree*
5101. Ad. i o. grant dol et fait et demene *D*; A Diex i o. *C*; E D., (o. tante l. *T*) *EIT*; *B wants*; *AG agree*
5102. *A only; rest want*

149. *ABCDEGIT*

5103. *No variant*
5104. Par d. *ET*; m. i o. de no j. *BI*; m. i avoit de j. *E*; o. de j. *DT*; g. grant [sic] *C*; *AG agree*
5105. *No variant*
5106. D. de majeste *B*; *rest agree*
5107. Rechoif Jherusalem et *D*; R. ceste vile et *E*; Prenes Jherusalem et *T*; l'o. qui i a. *I*; *ABCG agree*
5108. (S'en se. *T*), a. trestot vostre p. *DGT*; (se. essaucie par *BI*), vo. vostre par. *EBI*; *AC agree*
5109. M. pores e. *I*; l. s'aves Jherusalent *D*; *B wants 5109-5111*; *ACEGT agree*
5110. C. J. qui f. *D*; n. del v. *C*; n. jou les sais vr. *I*; *B wants*; *AEGT agree*
5111. Ens en, s. l. grant t. *D*; i. grant t. *E*; *B wants*; *ACGIT agree*
5112. Et ar [sic] le p. biax sire: *D*; car le m'otroie s. *C*; car p. la *EGI*; s. (s'en *D*) tien le *BDI*; et tout le (... *T*) *EGT*
5113. j. nel f. *B*; *rest agree*
5114. C. si ai grant tenement (casement *E*) *BEI*; C. s'ai grant afiement *G*; C. et tout le tene... *T*; *ACD agree*

5115. d. certement *B*; d. vraiement *ET*; d. certainement *I*; *D wants*; *ACG agree*
5116. *E has 1 line for 5116-5118* De Jursalem tenir ne me pre. nu. tal.; M. de la atorner n'ai encore t. *BI*; M. de ceste at. *D*; M. de celle tenir n'ai *T*; *ACG agree*
5117. R. l'otroie s'i., (l. vit b. *B*) *IB*; *DE want*; *ACGT agree*
5118. *for E see 5116; rest agree*
5119. r. en trestot mon jovent *D*; p. l'ounor qui apent *E*; *B wants*; *ACGIT agree*
5120. N'en t. d. S. ne voel e. *E*; N. la t. d. S. ai je de tenement *G*; N. de t. d. Sur aye heritement *T*; *BDI want*; *AC agree*
5121. *No variant*
5122. Fresees et *D*; Fremee et estrainte desous a *I*; et estroites d. *C*; et estaintes a s. *G*; *BE want*; *AT agree*
5123. *A only; rest want*
5124. De m. *EG*; ma. mouverai s. *BDI*; ma. m'en irai s. *E*; D. l. nous c. *CGT*
5125. l'oi si ot *BI*; ot son c. *G*; *ACDET agree*
5126. E D., o. s. tres grant p. *IT*; s. fait p. *CD*; s. (mout *B*) grant p. *GB*; *E wants*; *T adds 1 line* Jhesu Crist reclamerent des cuers parfondement

150. *ABCDEGIT*

5127. *No variant*
5128. Par d. *E*; Droit d. *T*; p. inagal *C*; *ABDGI agree*
5129. *BDEI want*; *ACGT agree*
5130. *No variant*
5131. *E wants*; *rest agree*; *T adds 2 lines* Dont n'estes vous estrait de la geste royal/ Frere roys Phelipon au franc cuer natural
5132. Prenes Jherusalem:, (la fort ci. loyal *T*) *DT*; Sire c'or r. ce. *E*; *ABCGI agree*
5133. n. m. et p. et t. *BGI*; n. paine mort et t. *D*; n. grant pa. et grant t. *E*; n. mainte pa. et maint ra... *T*; *AC agree*
5134. Si. ce d. l. q. t. *BEGI*; t. a. s. de m. *D*; t. a. s. trav... *T*; *AC agree*; *T adds 1 line* En iceste contree et ma gent communal
5135. Jou n. *G*; e. cel p. *C*; *ABDEIT agree*
5136. te. y e. cau. et l'a. tr. c... *T*; cau. d'a. et de s. *E*; l'a. desloial *C*; *B wants*; *ADGI agree*
5137. n. ne pu. *E*; *DI want*; *ABCGT agree*
5138. J. ne se. *CI*; sa. en c. n. en o. (ortal *I*) *EI*; *BDT want*; *AG agree*
5139. a. coillies: *DBI*; a. ferrees: *CE*; a. fretees: *GT*; en l'Abrehen (Abrehant *I*) ortal (ostal *I*) *BI*; de b. d. c. *C*; fresees d. c. *D*; e. bourdon a c. *E*; a b. d. c. *G*; bendees d. c. *T*; *I adds 1 line* Loies et estraintes a bendes de cendal
5140. M. boudon a. a fer poitevinal *T*; et estraint (loiet *I*) mon poitral *BI*; *DE want*; *ACG agree*
5141. ma. moveron q. *CG*; *ABDEIT agree*
5142-5143. *A only; rest want*
5144. Sacies adont i ot demene do. coral *E*; Ahi Diex dont dem. (menerent *BI*) *CBDI*; Ha Dex dont (Diex adont *T*) demenerent: *GT*; do. nostre gent coral *B*; nostre gent do. coral *CGIT*; une dolor ital *D*; *BI add Laisse 150A, 16(20) lines, see Appendix 25*

Variants 513

151. *ABCDEGIT*

5145. M. f. mout s. de. *BEI*; M. f. s. homs ... *T*; q. f. s. de. *G*; *ACD agree*
5146. Par de. *ET*; f. ariestes to. *C*; en estant to. (... *T*) *BDGIT*; to. cois *CG*
5147. Voiant t. *BIT*; t. les b. cria a *T*; n. barons escrie a *CG*; a haute v. *CDEGIT*
5148. c. baisse h. vostre drois *D*; a. vo l. *GB*; h. vo l. *ET*; *ACI agree*; *GBIT add 4 (B adds 3) lines* Quant chi n'a .I. seul prince de vous voelle iestre (... *T*) trois (... *T*)/ Ne vous osent baillier por les Turs maleois/ Trop doutent Sarrasins mis les ont en effrois (*B wants*)/ Ahi (... *T*) Jherusalem sepucres beneois
5149. co. Jhesu Cris en l. *T*; D. en la *BCDE*; *AGI agree*
5150. sof. et fain et soi. *CG*; (... v. *T*); *ABDEI agree*; *GEIT add 1 line* Et (... *T*) eu (a *I*) grant (mout grant *IT*) mesaise (grandes mesaises *E*) de gresius (gelee *I*; gresil *T*) et de nois; *GT add 1 further line* Et soufiert plueue et harle (...t pluyes et hasles *T*) et main (mains *T*) caus et mains frois
5151. v. presisiemes s. *BI*; s. mains d. *G*; (... v. *T*), g. anois *BIT*; *E wants*; *ACD agree*
5152. ve. ballier ne No. *BI*; (... vo. *T*); *ACDEG agree*; *BI add 1 line* Ne Pullains ne Romains (Normans *I*) ne ausi li Francois; *I adds 1 further line* Gascons ne Poitevins Prouvenciaus Boulenois
5153. O. poons nos b. d. *BI*; O. p. c. b. d. *D*; O. (... *T*) p. b. c. *GT*; a. mals e. *CGI*; a. pau d'e. *E*
5154. (...t c. *T*), d. nos p. *DEGT*; v. (nous *I*) prendre l'e. a esfrois *BI*; p. l'e. *G*; s'e. d'estre roys *T*; a defois *CE*
5155. Ah. Jherusalem co. *D*; Ah. biau sire pere co. *E*; D. (sires *I*) ki tout os (ois *I*) et tout vois *BI*; co. ci a gr. *CDEGT*
5156. Con a., j. la crestiene l. *BI*; Mout a. *CEGT*; j. entre n. vostre l. *T*; e. vous no l. *E*; *D wants*
5157. Adonques par i ot de plourer grant esfrois *I*; Dont p. tenrement l. *D*; *B wants*; *ACEGT agree*

152. *ABCDEGIT*

5158. Par d. *E*; *rest agree*
5159. *D wants 5159-5162*; *rest agree*
5160. Jherusalem tenir et tout son chasement *T*; l'o. retenir q. *E*; r. a cui J. (l'onors *B*) *IB*; *D wants*; *ACG agree*
5161. Quar n'i o. n. baron t. *T*; *D wants*; *ABCEGI agree*
5162. l'o. recevoir po. *BIT*; *DE want*; *ACG agree*
5163. *T places 5166-5169 before 5163-5165* Et si l'orent conquise par leur esforcement/ Ocis et jete hors la sarrasine gent/ Or revenront arriere sanz nul delayement/ Que la cite n'ara contre eus nul tensement/ De lermes y ot fait mout grant espandement/ Quar chaicun de aus avoit au cuer mout de torment/ ...t conquis ne prisent il noyent; Des l. *EI*; *B wants*; *ACDGT agree*
5164. *for order of T see 5163*; Cescuns en a. *B*; N'i ot celui n'eust a *D*; cas. en a. *EI*; cas. d'aus a., (au cu. mout de t. *T*) *GT*; *AC agree*
5165. *for order of T see 5163*; (...t conquis n. *T*), p. il ni. *IT*; t. p. il a *G*; *D*

514   Variants

wants 5165-5169; *ABCE agree*
5166. *for order of T see 5163*; Et si l'orent c. *T*; *D wants*; *ABCEGI agree*
5167. *for order of T see 5163*; Oies com j. *C*; j. hors l. *ET*; *D wants*; *ABGI agree*
5168. *for order of T see 5163*; a. par lor fier mautalent *E*; *D wants*; *ABCGIT agree*
5169. *for order of T see 5163*; Que l., n'a. contre eus n. *T*; n'a. des F. *BCI*; d. Francois t. *E*; n. tensem [*sic*] *G*; *D wants*
5170. m. sagement *D*; m. hautement *I*; *ET want*; *ABCG agree*
5171. S. p. D. m. le pere o. *T*; *rest agree*
5172. P. f. a. c. merveilleus t. *T*; (C. aves a f. *E*) f. mout v. (riche *DEI*) *BDEGI*; *AC agree*
5173. Jherusalem l. c. t. *T*; *E wants*; *ABCDGI agree*
5174. U D. morut p. *E*; *rest agree*
5175. so. sa. pr. po. *E*; sa. et fist r. *D*; po. nous r. *B*; *ACGIT agree*
5176. ne no. ala lessant *T*; *D wants 5176-5178*; *ABCEGI agree*
5177. av. par l., et hardement *T*; *D wants*; *ABCEGI agree*
5178. ... n. si devons f. *T*; t. son talent *I*; *BD want*; *ACEG agree*
5179. E. S. en v. po. *D*; Veninmes e., po. faire venjemement [*sic*] *G*; N. venimes e. *I*; ...n. S. venismes po. *T*; *E wants*; *ABC agree*
5180. D. cel q. *D*; l. trairent et m. v. *BIT*; (l. vendirent et *G*) et trairent v. *DG*; *E wants*; *AC agree*
5181. P. est Jherusalem t. *T*; J. et la t. enserant *E*; J. u li courone apent *G*; *D wants*; *ABCI agree*
5182. i couvient signor q. ait l. *E*; (... i *T*) i couvient avoir q. *GT*; i convenroit r. avoir pour gardement *I*; *BD want*; *AC agree*
5183. *No variant*
5184. T. ensement *E*; *BD want*; (... R. *T*); *ACGI agree*
5185. B. qui n'e. (ne *I*) *BEI*; *ACDGT agree*
5186. Ahi s. *DG*; E D., b. quel afeblissement *E*; c. fait asamblement *BI*; fa. (ovres *T*) malement *DT*; *AC agree*
5187. (Que De. *G*), pl. vous do. *BG*; *D wants*; (...x p... do... *T*); *ACEI agree*
5188. l. tiegnons bien et *E*; et postiement *I*; *DGT want*; *ABC agree*
5189. Jeunons h. *CDEGT*; J. et prions D. *I*; et vivons sa. *CDGI*; et soions sa. *E*; et vives sa. *T*; *B wants*
5190. *E wants*; *rest agree*
5191. et nu. cotes s. *DGI*; q. (keute *E*) dessus l. p. *TE*; l. dur p. *D*; nu pavemement [*sic*] *G*; *B wants*; *AC agree*
5192. ci. fait tot novelement *D*; n. esprendement *CBET*; *AGI agree*
5193. *BI invert 5193/5194*; A cui cirges fera l'angeles alumement *BI*; En (Ou *T*) quel c. *ET*; cui cierges D. *C*; v. que li f. (f. en resplent *D*) *CDEGT*
5194. *BI invert 5193/5194*; De c. ferons r. *BI*; De c. faice o., (j. vous di b. *T*) *GT*; r. il (s'il *D*; se *E*) l'otroit b. *BCDE*
5195. O. l. sacre c. r. mout se. (signereusement *I*) *BI*; Et de sacre c. r.: *G*; Et si l. sacre o.: *T*; l. recevra c. *E*; sa. comme r. signorment *C*; mout ounerablement *GT*; *AD agree*
5196. Et sera courounes w. *E*; Et avra c. roial d'or *I*; c. volra d'or *D*; *B wants*; *ACGT agree*; *BI add 1 line* Et li baron l'otrient mainte coumunalment; *T adds 1 line* A ce sont acorde li petis et li grant

Variants 515

153. *ABCDEGIT*

5197. Li b. *T*; b. otriierent: *BI*; le g. s. *BEGIT*; *ACD agree*
5198. c. qui p. d. *E*; *rest agree*
5199. Qui ne vestist le hai. en liu de s. *E*; Ne viest hau. u hai. u o. *C*; u ielme: *GI*; hai. sor le pur s. *D*; hai. dessouz l. *T*; oste l. s. *BI*; jouste l. s. *G*
5200. s. por faire a. *EG*; g. devocion *DI*; *BT want*; *AC agree*
5201. En ev. et en p. j. (vivent *T*): *DT*; p. et ev., (et font grant o. *E*) *IE*; por icele acoison *D*; et dient o. *G*; *ABC agree*
5202. (Q. D. Dex g. *D*), u soufri pa. *ED*; ou Dieus pr. *I*; *ABCGT agree*
5203. P. D. s. o. de. *D*; O. s. p. D. de. *E*; *ABCGIT agree*
5204. I. a vestut hau. hai. et singlaton *I*; v. hau. et hai.: *BT*; hau. sos le pur a. *D*; et vest s. siglaton *B*; dessouz le siglaton *T*; p. le siglaton *E*; *ACG agree*
5205. ca. de v. *E*; ca. pour voir l. vous diron *I*; v. vous d. *G*; *B wants*; *ACDT agree*
5206. Que n'i *I*; a. soumiele: *GI*; se. ne t. *E*; de l'ortail du. *G*; t. jusqu'e. *T*; *B wants*; *ACD agree*
5207. Al. e. a l'evesque q. c. *T*; v. faire c. *C*; v. prendre c. *D*; *ABEGI agree*
5208. *DT want*; *ABCEGI agree*
5209. (Ausi f. tot l. *DT*), a. comme sa. b. *EDGT*; a. c. nobiles b. *I*; *B wants*; *AC agree*
5210. A t. lo. a li v. f. a. *T*; Et li v. lo. f. *E*; *ABCDGI agree*

154. *ABCDEGIT*

5211. L'o. d. m. v. ele n'atarja mie *D*; l'o. de m. *CEIT*; m. vient l. *I*; v. no c. *G*; l. bacelerie *E*; *AB agree*
5212. N. ont aporte le f. b. *D*; Les n. fisent metre cil qui l'ont en baillie *E*; Tout lo. *B*; *T wants*; *ACGI agree*
5213. Et ev. avoques p. c. l. a b. *D*; Ev. et p. d'o. pristrent et *T*; d'o. et il l. *C*; c. les b. *E*; *ABGI agree*
5214. L. j., g. bachelerie *I*; j. canta m.: *DET*; a (par *T*) molt g. s. *DT*; devant le baronie *E*; *ABCG agree*
5215. Iluec a *D*; a f. le p. et le c. *E*; c. esmiie *G*; *ABCIT agree*
5216. *D wants*; *rest agree*
5217. v. de Mautran tr. *DGT*; *ABCEI agree*
5218. Et tout li autre apres mais (ai. *I*) p. *BI*; autre autresi:, (que Jesus beneie *E*) *TE*; autret. que p. *D*; *ACG agree*
5219. m. se leverent et c. se guenchie *I*; s. c. D. en g. *E*; D. mercie *T*; *B wants*; *ACDG agree*
5220. A. (El *BI*) temple vont to. *CBEGIT*; A. te. s'en v. to. et c. *D*
5221. l'o. del M. *D*; d. (dou *I*) Forois a., (e. la b. *I*) *BI*; *ACEGT agree*
5222. b. dist i. *T*; *rest agree*
5223. Se vous soufres sov. (mesaise *T*) *BIT*; sou. por Dieu: *E*; et ahan et h. *EGI*; et annui et h. *T*; *D wants*; *AC agree*
5224. s. il po. *E*; po. vous q. *BT*; i. prist c. (mort *E*) *BCEGIT*; *D wants*; *T adds 1 line* Et quant la mort amere soffri a grant haschie
5225. O. v. h. m. c. q. *T*; v. tout h. m. el non sainte Marie *E*; q. cis n. *I*;

ABCDG agree
5226. Et ca. ait .I. *D*; ci. que Dex vous beneie *E*; *ABCGIT agree*
5227. Nus n'en sera e. *T*; n'i avera fu s., m. face aie *E*; n'i estra enpris s. *I*; a. lumiere s. *D*; *ABCG agree*
5228. (S. Jhesu n. l'en. *T*), lu. esclarcie *BCEIT*; en. li fiex sainte Marie *D*; *AG agree*; *D adds 1 line* Et chascuns des barons tot son plaisir otrie

155. *ABCDEGIT*

5229. sa valor *D*; (L... *T*); *ABCEGI agree*
5230. e. parvenue s'amaine teneur *T*; r. c'amaine t. *B*; q. giete t. *G*; *ACDEI agree*
5231. *No variant*
5232. Q. Da. prioient : *BI*; A Da. (Jhesu Crist *T*) *GT*; de. qui l. donast v. *C*; que i. l. doint v. (signor *BIT*) *EBIT*; do. signor *G*; *D wants 5232-5234*
5233. Ki l. *G*; c. maintiegne a *GIT*; a joye et a h. *T*; D. clamor *G*; *BDE want*; *AC agree*
5234. n'i remaingnent l. *T*; m. (cuvert *GT*) traitour *EGIT*; m. soudoior *C*; *BD want*
5235. Ca. gisoit a *I*; Ca. g. a la t. *T*; se colce a *D*; *ABCEG agree*
5236. Aies merchi de nous biaus pere en icest j. *E*; Dameldex s. peres: *G*; m. nostri: *BI*; dounes n. h. c. (cel *CI*) j. *GCIT*; *D wants 5236-5238*
5237. Et nous doune v. d. *E*; *BD want*; *ACGIT agree*
5238. ci. d. coi a. *BEI*; ci. dont a. grant p. *T*; *D wants*; *ACG agree*
5239. Grant afflicion f. *DEGT*; l. noble poigneor *GIT*; *B wants*; *AC agree*
5240. L. vesque li a. *BG*; *ACDEIT agree*
5241. Trestout font en. *BI*; K. mout s., D. et a. et ...enrour *T*; D. filction [*sic*] et *B*; D. affie et *D*; D. ami et *E*; D. et a. et *G*; D. mout grant affliction *I*; et prior *BCG*; *D wants*
5242. Que devant aus demoustre (amostre *B*): *IB*; Que voiant (Par devant *T*) tous demoustre: *EGT*; vo. iaus demostre a *C*; liquels en (d'aus *I*) ait l'o. *BI*; qui avera l'o. *E*; q. vorra l'o. *T*; *D wants*
5243. (Entour l. *T*), c. (lumiere *T*) ne luor *DEIT*; n'o. lumiere n'es. *G*; *ABC agree*
5244. lam. d'arbalestre e. la tor *BI*; lam. qui plaine ert d'esplendor *D*; lam. qui estoit (pendoit *G*) e. la tour *EG*; lam. qui art dedens la tour *T*; d. la lustre e. la tor *C*
5245. *No variant*
5246. Entant q., b. estoyent e. *T*; b. gisoient en (en la tor *B*) *EBI*; *ACDG agree*
5247. j. une estoile lu. *BI*; j. une grans resplendor *D*; *ACEGT agree*
5248. Puis de. *BGI*; Puis leur vint u. *T*; t. do. tranblent li pl. *BI*; t. autresi ne pl. *G*; *C wants 5248-5250*; *D wants*; *AE agree*
5249. Apres c. *I*; A. set met u. *D*; Avecques vint u., q. les mist e. errour *T*; c. vint u. *B*; c. vient u. *GI*; q. (ques *B*) m. tous e. freour *IB*; e. templor [*sic*] *G*; *C wants*; *AE agree*
5250. Premiers es. *BI*; la. si depart la lu. *B*; la. par force et par vigor *D*; et abat la lu. *E*; et espant la lu. *G*; et apres la lu. *I*; et osta la lu. *T*; *C wants*
5251. o. freour *T*; *rest agree*

Variants

5252. L. veske li a. li prince et li contour *G*; a. li g. et li menour *E*; a. et li cl. chanteour *I*; a. et li noble contour *T*; c. et g. (g. tenor *C*) *AC*; *B wants*; *D wants 5252-5254*
5253. Et prisent a *E*; c. le latine m. *G*; *D wants*; *ABCIT agree*
5254. Et pu. autre proiere pu. v. c. *B*; Pu. des a. *E*; pr. et v. *T*; *D wants*; *ACGI agree*
5255. ton. qui vint devers la tour *T*; l. haute tor *D*; *ABCEGI agree*
5256. Qui t. *BCG*; (t. f. n. b. j. *D*) j. c. e. p. (freor *D*) *GDT*; c. e. pasmisor *E*; j. de p. *I*; e. paor *B*
5257. Puis i v. *D*; A. vient eschelistre p. *I*; p. si tres g. *E*; g. ardor *BCDGIT*
5258. i. enprit l. *I*; f. au duc major *D*; *ABCEGT agree*
5259. do. et la tere et *E*; *rest agree*
5260. Le ter. *BGI*; p. garder par honnour *T*; *E wants*; *ACD agree*

156. *ABCDEGIT*

5261. De l. *GT*; A clartet d. *I*; q. (dont *I*) fu g. (bien *E*) *BDEIT*; *AC agree*
5262. Revient c. *I*; c. as n. *E*; a nos jens q. *B*; q. fu (est *C*; iert *I*) espoentee (esp. *G*) *BCDEGIT*
5263. V. j. a. d. l. c. g. brasee *B*; Voient l. *D*; d. la clarte e. *E*; g. alumee *G*; *ACIT agree*
5264. *E wants*; *rest agree*
5265. *E inverts 5265/5266*; u. huee *BDI*; u. escriee *G*; *ACET agree*
5266. *E inverts 5265/5266*; o. lo p. *C*; o. la p. *I*; l. parole e. *T*; *ABDEG agree*; *E adds 2 lines* Par devant le saint temple fu grans li asanlee/ Des barons et des princes de la terre sauvee
5267. *No variant*
5268. P. de c. *ET*; en a f. s. *E*; a faite s. *T*; *BD want*; *ACGI agree*
5269. ci. en ca. (ca. ... *T*) *EIT*; ci. ca. jus la r. *G*; *ABCD agree*
5270. (De la f. *I*), la. colee *BGI*; f. vermeille en e. m. ... *T*; *ACDE agree*
5271. Puis a p. *T*; s'a sa t. *G*; *ABCDEI agree*
5272. *No variant*
5273-5276. *A only; rest want*
5277. et graee *I*; (et ... *T*); *ABCDEG agree*
5278. Jo pri a cel seignor qui mainte arme a salvee *D*; (Et or v. *C*), i. destinee *BCEGI*; *AT agree*
5279. (Q. il m. *D*), g. desfaee *BDEGI*; g. desree *C*; l. gent [sic] *T*
5280. *T gives 2 lines* Et que puisse contre eus au trenchan de l'e.../ G. et desfendre l. t. et l. con...; *BI want*, *D wants 5280-5282*; *ACEG agree*
5281. Et J. *CEGI*; *BD want*; *AT agree*
5282. d. saintement go. *T*; *D wants*; *ABCEGI agree*
5283. H. (E *EG*) D. ceste p. *BEG*; Ahi D. tel p. n. b. bien a. *C*; D. com c., a nostre gent a. *T*; *ADI agree*
5284. Isi co. seule ca. *C*; Trestot l. corent so. *D*; I. alerent vers lui ca. *E*; *B wants*; *AGIT agree*
5285. j. li o. *BEGIT*; *D wants 5285-5287*; *AC agree*
5286. l. ont d. *BT*; *DE want*; *ACGI agree*
5287. g. menue est mo. *BI*; me. s'en est mo. esc. *T*; *D wants*; *ACEG agree*
5288. *No variant*

518   **Variants**

5289. s. li p. *BDIT*; *ACEG agree*
5290. (Et vo m. *G*) m. autresi q. *EG*; m. si soit q. *BI*; q. f. tele p. *EGT*; *D wants*; *AC agree*
5291. Comme av. *E*; hu. vo g. (gieste *G*) *BEGI*; g. haitiee et confortee *T*; et alevee *E*; *D wants*; *AC agree*
5292. A. J. comme o. s. g. *T*; s. vous g. *BCDEGI*
5293. a. cainsist espee *BCDEGT*; *AI agree*
5294. vo. garandie et t. *G*; vo. contre p. *T*; ve. Sarrasins t. *E*; *ABCDI agree*
5295. v. requerront cil d'ou. *D*; on de lointaines contrees *G*; (l. m... *T*); *ABCEI agree*
5296. o. est l., (t. de G. *I*) *BI*; de la cite loee *C*; de toute G. *E*; *T wants*; *ADG agree*
5297. a or D. *G*; p. nous: *CEGI*; la c. a. *DBI*; c. embrasee *E*; *T wants*

157. ABCDEGIT

5298. M. fu grande l. *BI*; l. noise q. mainent n. *T*; *ACDEG agree*
5299. p. Godefroi de *E*; *rest agree*
5300. L. vesque li a. *BGI*; *ACDET agree*
5301. Au t. *ET*; t. le porterent a *BI*; t. l'ont porte : *GT*; par g. devotion *T*; *D wants 5301-5304*; *AC agree*
5302. t. et tout s. *E*; *D wants*; *ABCGIT agree*
5303. L. roi G., p. l. maistre g. *E*; G. prist p. *B*; G. tient p. *I*; p. son de. *G*; *DT want*; *AC agree*
5304. L. p. et l. evesque (abbe *T*) ent. *ET*; p. et l. duc ent. *G*; *D wants*; *ABCI agree*
5305. m. ostel l'o. *I*; *ABCDEGT agree*
5306. L. dedens f. *G*; o. en g. *T*; *ABCDEI agree*
5307. d. (dou *I*) Forois: *BDI*; M. i f. *T*; li f. b. *B*; lor f. b. *D*; f. la b. *I*; *ACEG agree*
5308. Q. ont c. *BI*; Q. il ot c. m. *E*; d. (faite *T*) s'or. *CEGT*; *D wants*
5309. L. roi e., g. porcession *D*; d. o. enporte a *B*; d. o. aporte a g. oblasion *GT*; p. catant k. *E*; p. par g. *I*; g. lavreneson *C*
5310. Enfresci al se. *C*; Desi que a. *E*; E. qu'el se. *G*; Et deci a. *T*; *D wants*; *ABI agree*
5311. E D. *E*; Vrais D. *T*; *D wants*; *ABCGI agree*
5312. *No variant*
5313. d. respondi u. *D*; re. par mout g. *G*; *ABCEIT agree*; *D adds 1 line* D'or n'ert pas la corone Godefroi de Buillon
5314. Se. ce dist li dus j. *BI*; Se. jel vous di b. j. *G*; j. ne no. (le *ET*) p. (peneron *C*) *BCDEIT*
5315. Q. e. m. ci. a. j. co. *D*; j. aie e. m. ci. co. *E*; (... ci. *T*) ci. aie co. *BIT*; *ACG agree*
5316. (Quant J. *G*; ... J. *T*), d'e. qui s. *DEGT*; *ABCI agree*
5317. Ne la m. (m. *lacking in I*) n'e. j. ne d'o. n. *BI*; (... l. *T*); *ACDEG agree*
5318. Desor s. *C*; En l'o., f. cuillir .I. *T*; *ABDEGI agree*
5319. Del. m. et dec. gespie l'a. o. *C*; Del carnier par del. *G*; del. espine l'a. *ET*; es. l'apeloit o. *D*; *ABI agree*
5320. *No variant*

Variants 519

5321. P. l'amour (amor *D*) J. Crist l. *BDGI*; P. l'amour Dieu l. f. li dus d. *T*; *ACE agree*
5322. Q. le corounera di. *BI*; c. ce di. Drex de *DT*; di. Drius de Monloon *E*; di. li dus de Moscon *G*; de Mascon *DI*; de Mouson *T*; *AC agree*
5323. de nous l. p. *BDEGI*; *ACT agree*
5324. Cou e. l. r. t. *GT*; *ABCDEI agree*
5325. Il n'a ci p. de roys ce dist li cuens Huon *T*; Il n'i a roi que lui *BI*; Ca. nos n'a. p. r. *D*; n'a. p. ci r. *E*; r. par v. l. set on *C*; que d. fi l. s. (set on *BI*) *EBGI*
5326. Il l. *T*; *rest agree*
5327. p. li respondent b. *B*; p. l'otrierent b. *I*; r. volentiers lor [*sic*] *G*; r. et nous bien l'o. *T*; *DE want*; *AC agree*
5328. d. saint re. *D*; *rest agree*
5329. S. l'a mis e. son c. Godefrois d. B. *B*; Si l'a mis en. *I*; m. sor le c. *E*; *ACDGT agree*
5330. M. i f. oblacion *T*; f. la solution *BCEGI*; *D wants*
5331. *BI invert 5331/5332*; Mo. i ot g. of. *BEI*; l'of. mout i ot mai. haut don *C*; l'of. il i ot *G*; *D wants*; *AT agree*
5332. *BI invert 5331/5332*; Q. li r. f. sacres en oint (n'en ot *I*) par devison *BI*; *ACDEGT agree*
5333. L. vesque et l. cl. (abe *BIT*) *CBDEIT*; ca. a haut ton *C*; *AG agree*
5334. Lors li fisent h. li prince et li b. *BI*; h. au r. *T*; *EG want*; *ACD agree*
5335. (Signor d. G. *BI*) G. e. ma raison *DBI*; l. dus G. or e. *T*; G. or m'e. *EG*; *AC agree*
5336. V. l. r. des tafurs q. *BI*; Li roys tafurs est c. q. *T*; *ACDEG agree*
5337. Jherusalem recoif de Diu et *C*; Jherusalem tenrai de l. *IT*; w. tenir de l. *BDEG*; s. non *BEIT*
5338. i. e. premiers que de fi le set on *E*; v. dison *GT*; *BDI want*; *AC agree*
5339. J. n'en t., (d'a. vaillant .I. esperon *ET*) *BCDEIT*; *AG agree*
5340. (Que de Di. so. q. *T*), se. feron *CT*; F. que de Dameldeu q. *BI*; q. soffri passion *DEG*
5341. p. li respondent ai. *G*; r. cuer aves de baron *E*; r. a Deu beneicon *BI*; *T wants*; *ACD agree*
5342. Lors prist l. r. t. e. *BI*; t. tenoit e. *D*; p. de s. *G*; *ACET agree*
5343. G. rent: *BDEIT*; G. prent l'o. *C*; s'o. et l. r. *BI*; et l'o. et l. don *E*; *AG agree*
5344. *E places 5348 before 5344*; Puis si l. *T*; b. le gambe et le talon *E*; *ABCDGI agree*
5345. Devers (Devant *I*) lui s'aclina (s'enclina *I*) mist soi a (en *I*) g. *BI*; (u. encontre l'a. *GT*) l'a. s'est m. *CGT*; l'a. se mist a *E*; *D wants 5345-5347*; *BI adds 2 lines* Ja li eust baisie le pie et le talon/ Godefrois l'en redrece ki cuer ot de baron
5346. d. qui furent e. *C*; *BDEI want*; *AGT agree*
5347. *A only; rest want*
5348. *E places 5348 before 5344*; ti. haute c. *BI*; ti. c. .VII. j. e. *T*; *ACDEG agree*
5349. Et de l. t. D. ot faite sa m. *D*; [D]edenz l. t. D. ont l. n. mansion *T*; *E wants*; *ABCGI agree*
5350. *T has 2 lines* [D]ont se sont atourne l. p. et l. b./ [Dr]oit au nuefuiesme j.

520   Variants

ainsi com vous diron; Al nuef j. s'aparellent l. p. *B*; Al .XV.me j. se presentent l. p. *C*; A .IX. jours s'apresterent l. p. *I*; n. s'apresterent l. p. *D*; j. s'atornent l. p. *G*; s'ap. por aler no b. *E*

5351. Et lo. pa. fermerent tous s. *I*; pa. sont f. *GT*; o. ferrees: *CE*; o. fresees d'ofrois de siglaton *D*; t. (tot *CT*) s. prest (fait *T*) lor b. *GCT*; tot prest s. lor b. *E*; *B wants*

5352. [D]e raler en leur terres furent en grant fricon *T*; De r. *B*; a. furent en *C*; *ADEGI agree*; *BI add 3 lines* Au roi Godefroi vinrent el Temple Salemon/ Sire dient li prince congiet vous demandon/ En nos tieres arier aler nos en volron (volon *I*)

5353. L. j. i o. vrais D. s. g. sospecon *T*; s. grant p. *E*; *BDI want*; *ACG agree*

5354. Et li ro. respondi doucement par ra. *BI*; a. si les mist a ra. *D*; a. par mout douce (simple *T*) ra. *EGT*; *AC agree*

5355. en dires bi. *B*; en ires bi. *GI*; sa. qu'il v. es. *CG*; *ADET agree*

5356. m. laiseres s. *B*; (... *T*); *ACDEGI agree*

5357. g. paiene q. *G*; *BD want*; *ACEIT agree*

5358. p. cest ca. *B*; *rest agree*

5359. Et S. et E. *BI*; A. S. et Barbaire u *C*; A. Sucre E. *D*; u a (oira [*sic*] *I*) m. T. f. *BDGIT*; u sont li T. f. *E*

5360. pa. parece perdon *E*; pa. perchier r. *T*; pe. reprendron *C*; *D wants*; *ABGI agree*

5361. Tout ce q. f. a. n. *T*; n. pris .I. seul bouton *C*; *ABDEGI agree*; *BI add 1 line* Ne nos pelerinages vallisant .I. bouton

5362. M. prenons b. *D*; Or pr. *E*; D. si remanon *BI*; *ACGT agree*

5363. *I has 1 line for 5363-5364* E. ce. sa. v. nos. seg. ser.; *BD want*; *ACEGT agree*

5364. *for I see 5363*; Ensi c. *G*; T. ainsi com nous *T*; *BD want*; *ACE agree*

5365. S. les paienes gens le. *B*; g. ces ca. *DT*; *ACEGI agree*

5366. m. en l'ost: *T*; D. s'ara verai p. *C*; D. s'ame a. pa. *E*; si avra v. pa. *BDGIT*; *BI add 2 lines* Dameldex li donra ens el ciel sa maison/ Tous vous en pri ensanle pour Deu et pour sen non

5367. Q. no p. *E*; *rest agree*

5368. se tient taisans: *C*; se tint to. *ET*; se tient to. *I*; si baisse l. (son *G*) *CEGI*; *B wants*; *AD agree*

158. *ABCDEGIT*

5369. Par d. *E*; *rest agree*

5370. ap. et v. *CE*; *ABDGIT agree*

5371. D. de Belliant *D*; l. roi amant *IT*; *C wants*; *ABEG agree*

5372. t. bon s. *BEIT*; *D wants 5372-5374*; *ACG agree*

5373. Quellie aves v. p. e. (e. l'o [*sic*] sa. *I*) *BI*; V. baumes so. *G*; *D wants*; *ACET agree*

5374. b. fermee l. s. a fil d'argent *T*; s. fermee en son p. *I*; fe. (ferree *C*) a fo. *GC*; *BDE want*

5375. Or en vol. al. b. *E*; Ales vous *I*; *ABCDGT agree*

5376. m. laisies t., (e. payenne g. *T*) *BCDGIT*; *AE agree*

5377. E. n'avons c. *BG*; *ACDEIT agree*

5378. p. est v. *IT*; *ABCDEG agree*

Variants 521

5379. Belleem n'E. *BI*; Belvais ne E. *D*; L. Tolant *BDGI*; L. Tosant *C*; L. Courant *E*; *T wants*
5380. b. au f. *DE*; *ABCGIT agree*
5381. J. alomes o. perdant *BIT*; J. alons o. *C*; J. alons ore perdant *DG*; J. alions re. *E*
5382. ne vaut ne tant ne quant *BI*; ne nos valt mie .I. gant *DT*; *ACEG agree*
5383. Qua. que nos a. *BI*; qua. qu'avonmes f. *G*; que f. a.: *T*; f. valisant .I. brehant *E*; n. p. ne tant ne quant *IT*; j. .I. besant *B*; *D wants*; *AC agree*
5384. M. prandons b., si soions r. *I*; c. et so. *C*; *ABDEGT agree*
5385. sa. tere n. *D*; *B wants*; *ACEGIT agree*
5386. Si soiens sor p. *BEI*; T. deffendant *C*; *D wants*; *AGT agree*
5387. l. esfors v. *B*; *D wants*; *ACEGIT agree*
5388. Q. li b. *BGI*; b. l'oirent: *GT*; l'ent. ne furent respondant *C*; si se v. enb. *BEIT*; t. en sont enb. *D*
5389. (Mais ains n'i *BI*), c. de r. (repairier *G*) *CBEGIT*; *D wants*

159. *ABCDEGIT*

5390. Par d. *E*; *rest agree*
5391. le. (nos *DT*) barons a. *BDIT*; *C wants*; *AEG agree*; *T adds 1 line* Si leur a dit a tous par mout grant simpletes
5392. j. sai m. (tres *B*) bien aler vous *IB*; voi tres b. (b. raler vos *D*) *CD*; voi mout que a. *T*; *AEG agree*
5393. p. vos escerpes voi *C*; p. et vos et. *I*; p. sont cuillies et vos bourdons f. *T*; et ferres *CI*; et fremes *E*; et bendes *G*; *BD want*; *T adds 1 line* Vos escherpes aussi bien m'en sui avises
5394. c. sainte te. (te. tot s. m. laisseres *D*) *BDT*; *ACEGI agree*
5395. ci entor:, (av. a p. as. *G*) *BCDEGI*; (... *T*)
5396. S. v. ce. ci. pa. v. pec. per. *BI*; ce. vile per. *E*; *D wants*; *ACGT agree*
5397. qua. qu'avons f. *BG*; *D wants*; *ACEIT agree*
5398. s. demores *D*; *rest agree*
5399. *No variant*; *I adds 1 line* Pour Dieu de Jhursalem vous prangne a tous pites
5400. F. pour noient en parles *BE*; *ACDGIT agree*
5401. *No variant*
5402. p. d'a. n. d. f. m. *DG*; d'a. monnees *C*; *ABEIT agree*
5403. Qu'i. (Que *I*) p. t. s. paines: *BI*; Qu'i. (Que *T*) peust t. (ce *T*) *ET*; que v. ci d. *BEGIT*; *ACD agree*
5404. t. l. c. d. (afoles *E*) *TE*; d. mes c. *G*; *ABCDI agree*
5405. ai vestu l'au. au vent et a l'o. *E*; ai eut l'au. pa. vent et *I*; j. en auberc pa. pl. *B*; en mes armes pa. vens et *T*; *D wants*; *ACG agree*
5406. (En .XX. li. desor mo. *D*) mo. en es. li q. (sanc *T*) t. (ales *CDET*) *GCDET*; li q. descires *BI*
5407. f. en a. t. *E*; a. rous et en. *BCDI*; *GT want*; *BI add 2 lines* Tant ai porte l'escu tos li cos m'est (li cos m'est tous *I*) enfles/ Jou ne puis mais jesir sor flans ne sor costes
5408. Et q. j. qui su. quens sui issi atournes *BI*; Q. su. si m. de mon cors atournes *T*; *D wants 5408-5410*; *E wants*; *ACG agree*
5409. Dont es., p. malement conraes *T*; c. caitis p. *C*; p. travillies et (et penes

522 Variants

I) BI; p. debrisies et lasses *E*; *D wants*; *AG agree*
5410. f. respasses *BI*; *DGT want*; *ACE agree*
5411. *D has 1 line for 5411-5412* B. a pa. .II. ans m. c. n. f. la.; a .I. a. p. q. *I*; j. n'oi d. *BT*; n'o. drap l. *E*; *ACG agree*
5412. *for D see 5411*; Et q. *GT*; f. en l. frotes *BI*; f. ne p. ne graves *E*; *AC agree*
5413. p. desor co. *C*; (p. co. d'al.: *T*), que t. s. ap. *GT*; *ABDEI agree*
5414. Se vostre p. es. avec moi en ve. *T*; Mais s'il vos plaist biax sire: *D*; avoc n. en ve. (venres *E*) *DE*; en venres *BCGI*
5415. S. di. G. a D. vous en a. *T*; l. dus G. *CI*; G. a Damledeu a. *D*; *ABEG agree*
5416. m'en diroie p. *B*; *D wants*; *ACEGIT agree*
5417. D. en m'aide et *BI*; *ACDEGT agree*
5418. Lors s'est *BI*; Dont est l. *C*; *ADEGT agree*; *I adds 1 line* Et Pieres li ermites li vies chenus barbes
5419. S. nous remanrons o *I*; e. cest reg. *ECGT*; *ABD agree*
5420. Avueuc .X. *C*; O .X. mile r. *D*; *ABEGIT agree*
5421. d. nous et d'el., mol. bien aidies seres *I*; moi et de t. *G*; mol. bien ai. *B*; *ACDET agree*
5422. Nous sommes tuit vos. hommes et *I*; s. vostres h. *ECT*; vous nos a. *CI*; *BD want*; *AG agree*
5423. l. rois G. *BCDEGIT*; G. signour m. *I*; G. .V.C. m. *T*
5424. sa. Pol se r. lors escries *T*; G. si est lu. *B*; r. haut escries *E*; lu. (tous *I*) aprestes *BI*; *ACDG agree*
5425. (R. et j. remanrai a *E*), t. .X. m. a. *IE*; Sire j. remainrai a t. .V.C. a. *T*; t. .VII. m. *G*; m. d'a. *B*; *D wants*; *AC agree*
5426. W. es. avuec et *I*; A. sont W. *T*; *ABCDEG agree*
5427. *T has 2 lines* Andoi es. f. Godefrois li membres/ Mais li roys Godefrois si estoit li a. n.; r. Witasses er. a. *D*; i. estoit li *I*; *B wants*; *ACEG agree*; *I adds 5 lines* Et Harpins de Boorge s'est au roi adonnes/ Et Richars de Chaumont .I. varles aloses/ Qui occist Golias le frere Murgales/ Bauduins de Biavais ses gens a ajoustes/ Et dans Jehans d'Alis et des autres asses
5428. A .VII.M. hommes le. a o. bien e. [*sic*] *I*; A .X.M. houmes an l. [*sic*] *B*; A .X. milliers a *D*; A .XV.M. *E*; A .XII.M. *T*; c. nombres *DT*; *ACG agree*
5429. Nisens t. l. Yrois q. je n'ai p. nommes *C*; Et trestous l., p. nomes *B*; Entre t. *I*; Outre t., p. contes *T*; r. qui mout sont redoutes *E*; *ADG agree*
5430. mo. v. mi. que *E*; mo. bien i vauront mi. que d'au. *G*; mo. tres mi. vauront que *I*; mi. li v. *C*; i valoient que *BD*; que li autre d'as. *DE*; *T wants*;
5431. F. prenent c. *D*; F. ont pris c. *E*; Et Frans p. *I*; *ABCGT agree*
5432. i ot m. *T*; g. li del. menes *D*; *ABCEGI agree*
5433. i ot to. *I*; *BD want*; *ACEGT agree*
5434. a. est d. *BC*; a. fu d. *IT*; *DE want*; *AG agree*
5435. to. dolans et *EIT*; *ABCDG agree*
5436. d. vers J. *E*; d. enmi .I. champ es *T*; en Europ es *C*; en Ericople es *G*; l. vous a. *I*; *ABD agree*
5437. j. li rois de maiestes *D*; (f. ... *T*); *ABCEGI agree*

Variants 523

5438. q. si com oi aves *D*; q. ce fu hui m... *T*; e. lurames [*sic*] *C*; e. enlumes *I*; *ABEG agree*
5439. N'i m. que .II. fo. ce est la verites *D*; *ABCEGIT agree*
5440. s. il mor. puis fu resuscites *T*; *BD want*; *ACEGI agree*
5441. s'o. si e. *BCDEGIT*
5442. Desi a. *DT*; Dusques a., J. n'en est .I. arestes *I*; n'i fu r. *BDE*; n'i est r. *T*; o. resne tire *C*; *AG agree*
5443. Et montent a., es. bien c. *C*; p. qui'st vermax c. *D*; q. bel es. c. *E*; q. ert b. *G*; q. bien es. c. *T*; *I wants*; *AB agree*
5444. J. leves *BCDGT*; J. l'ainsnes *E*; *I wants*
5445. *I has 1 line for 5445-5446* Ilueques se baingnierent e l. outre passes; es. dedens en. *E*; *ABCDGT agree*
5446. *for I see 5445*; A. se revestirent e. *B*; (Et puis s. *E*), v. aroutes *CE*; l. achemines *DT*; *AG agree*
5447. *DI want*; *ABCEGT agree*

160. *ABCDEGT* : *I gives laisse 160 in 11 lines* Or chevache a joie la sainte compaingnie (*cf.* 5448)/ Tout contremont le flun dusques a Tabarie (5449-50)/ Dodekins de Damas lor fist une envaie (5451)/ Quant il s'entrecontrerent nes espargnierent mie/ Et Turs orent le pis lor voie on aqueillie (5463)/ En la vile entrerent la porte ont verillie (5465-66)/ Et Francois les assalent par mout grant aramie (5490)/ Et paien se desfendent et font grant huerie (5493)/ Quant voient nos barons que n'en prendront mie (5495)/ Outre s'en sont passet s'ont lor voie aqueillie (5498)/ Desus mer Galilee sont cele nuit logie (5502)

5448. De Jursalem issi l. *E*; l. Jhesus co. *D*; *ABCGT agree*; *E adds 2 lines* E Dix la veissies dolante departie/ Li rois les commanda au fil sainte Marie
5449. T. contreval le, (o. le v. *E*) *BEG*; *ACDT agree*
5450. s'a. desi en T. *BE*; d. a T. *DT*; d. c'a T. *G*; *AC agree*
5451. Dodekedins d. *B*; u. assalie *E*; *ACDGT agree*
5452. T. que Jhesu maleie *G*; g. envaie *E*; *T wants*; *ABCD agree*
5453. Et no b. *DET*; lo. vient c. *C*; *ABG agree*
5454. I. ont m. *B*; t. trauee et depecie *E*; es. (et troee *G*) et partie *TG*; *D wants*; *AC agree*
5455. l. croissie *CG*; *BDE want*; *AT agree*
5456. P. et S. m. *T*; *rest agree*
5457. De m. et de n. *EG*; n. ont l. *E*; es. l'erbe envermillie (vermellie *G*) *BG*; *D wants*; *ACT agree*
5458. Chaicun de nos barons m. haut escrie *T*; m. fierement resbaudie *D*; m. durement e. *E*; *ABCG agree*
5459. Et c. en son poing t. *T*; *D wants*; *ABCEG agree*
5460. N'i a cel en ce. ne l'ait tainte et so. *BG*; N'i a cele ne soit d. sa. tainte et so. *E*; ce. est ca. *C*; ce. fu ca. *T*; *D wants*
5461. T. c. n'e. d. *D*; *BET want*; *ACG agree*
5462. *C gives 5463-64 before 5462*; s. as mescreans estoit l'er. moullie *E*; es. la tiere mollie (soillie *G*) *BG*; l'er. merguillie *C*; *DT want*
5463. *for order of C see 5462*; Dochius s'en *C*; Dont s'en fuit Do. s. *D*; f. s'en conduist sa mesnie *T*; *ABEG agree*

524 **Variants**

5464. *for order of C see 5462*; Desi en T. *BEG*; D. qu'a T. *D*; *ACT agree*
5465. Par mi l. po. en. a toute s. m. *E*; l. vile et i. *B*; *D wants*; *ACGT agree*
5466. por. est v. *D*; *GT want*; *ABCE agree*
5467. Et mo. au mur d., e. massie *E*; *BDGT want*; *AC agree*
5468. *D wants*; *ABCEGT agree*; *C repeats 5467, 5468*
5469. *No variant*
5470. D. de Dames r. n. T. *D*; *rest agree*
5471. *D wants*; *ABCEGT agree*
5472. vous ce n. f., (molt est corte vo vie *D*) *TD*; e. tochie *C*; *ABEG agree*
5473. j. nel r. (feroie *G*) *BG*; j. ne le rendrai m. *ET*; *ACD agree*; *G adds 1 line* Por l'or ne por l'argent ki'st duske en Ronmenie
5474. Car l'amiraus m. *C*; m'a en f. *ET*; *ABDG agree*
5475. se. vilounie *EG*; *D wants*; *ABCT agree*
5476. Car d. tout c. p. est sor lu. li baillie *E*; t. cel p. *C*; a. ge le signorie *G*; a. par lu. seign... *T*; *BD want*; *G adds 1 line* Desour lui a baillier et la grant baronnie
5477. F. jo n'en m. *D*; *rest agree*
5478. *No variant*
5479. Toute l. *BDG*; Trestous l. *C*; o. amaine de. *BCDEG*; *AT agree*
5480. Ne laisse S. *E*; e. terre p. *C*; *D wants*; *ABGT agree*; *EG add 1 line* Que nel (K'il ne *G*) face venir ensanle a ost banie
5481. .LX. r., a de la loi paienie *D*; *rest agree*
5482. lo. ar. la praerie *E*; la bertie *C*; *D wants*; (...ront t. *T*); *ABG agree*
5483. du. lor o. *BCG*; o. .V. li. *B*; o. .III. li. *CD*; o. .VI. li. *E*; o. une luie et *G*; ... lo., o. .X. li. *T*
5484. d. vos Dix g. *E*; v. gent g. *G*; De. ne secours n. aie *T*; *D wants*; *ABC agree*
5485. m. crie *EGT*; *ABCD agree*
5486. vi. durement a. *G*; f. envaye *T*; *ABCDE agree*
5487. Le barbacane c. *EG*; barb. trenchent s'o. *C*; s'o. (si o. *T*) le bare t. *EGT*; *B wants 5487-5489*; *D wants*
5488. *E inverts 5488/5489*; Le f. ont em. en u. g. p. *E*; Et des fosses y ot u. g. part emplie *T*; f. emplir u. *C*; *BD want*; *AG agree*
5489. *E inverts 5488/5489*; A pele et *C*; *BG want*; *ADET agree*
5490. m. ne le p. *ET*; i. nel (ne *C*) p. *BC*; *D wants*; *AG agree*
5491. p. ont corne l'es. *D*; p. cornent a le bondie *E*; f. souner l'es. *BG*; *T wants*; *AC agree*
5492. D. rasalent a., (m. trestuit a *T*) *BGT*; D. assaillent a. m. (au mur *E*) *DE*; m. chascuns a *D*; tot a u. envaie *E*; *AC agree*
5493. d. li uns brait l'autres crie *G*; g. esbatie *B*; *D wants*; *ACET agree*
5494. p. et ruee et jalie *T*; et balancie *B*; et eslogie *C*; et envoie *D*; et descochie *E*; *AG agree*; *EG add 1 line* Qui bien est conseus n'a talent que il (k'il en *G*) rie
5495. b. que l. v. n'e. prise *E*; n'e. ballie *BCG*; *ADT agree*
5496. q. li as. *CD*; *BE want*; *AGT agree*
5497. (r. font souner si *E*), la. l'envaie *DEG*; la. Tabarie *B*; *ACT agree*
5498. s. torne g. *D*; p. T. on. g. *E*; p. si lessent T. *T*; *ABCG agree*
5499. l. n'assaillirent ma. *C*; l. a icelle feie *G*; *BDET want*
5500. D'illuecques n'a. *T*; d. a le galie *BG*; *ACDE agree*

Variants 525

5501. L. n. les aprocha ki mout fu oscurcie *E*; t. et l. n. aprochie *T*; *D wants*; *ABCG agree*
5502. e. l'os Dieu herbegie *E*; *DT want*; *ABCG agree*
5503. (P. ont veu l. *T*), D. ot b. *DT*; ve. l'estable q. *C*; *ABEG agree*
5504. l. (ses *D*) sains a. *BCD*; *AEGT agree*

161. *ABCDEGT* : *I gives laisse 161 in 10 lines* Desus mer Galilee est chascuns herbergies (*5506*)/ Puis vont veoir le liu ou Diex sist a son sies (*5507*)/ Quant il de .II. pains d'orges avoit rassassies (*5508*)/ Bien .V.M. de gens se raconte li bries (*5509*)/ .XII. corbeilles plainnes i remest de relies (*5511*)/ L'endemain s'acheminent s'ont lez sommier charges (*5516-17*)/ Chascuns iert de l'aler trestous aparellies (*5518*)/ Quant .I. bries si lor fu de par Diu envoies (*5519*)/ Le vesque de Mautran fu donnes et baillies (*5521*)/ Quant il ot lut la chartre forment fu deshaities (*5522*)

5505. b. des Frans s'es. *E*; *rest agree*
5506. D. M. Galilee est c. h. *C*; Sor la M. *E*; G. se sont tot h. *B*; *ADGT agree*
5507. *T has 2 lines* Lors vo. ve. l. t. par grant humilites/ Ou Jhesu nostre pere se f. o ses prives; ve. l'estable u D. f. embuscies *C*; D. sist a so. *B*; D. sist au mangier *EG*; *AD agree*
5508. (Ou il les sons ap. *D*), t. assasies *TD*; Alor q. *C*; ap. les o. t. araisnies *G*; *ABE agree*
5509. A b. *BG*; A .XII. m. *E*; Et de gent b. .V. m. c. *T*; b. .XV.M. g. *B*; m. homes c. *G*; *ACD agree*
5510. N'o. q. .II. pissonnes et .V. pa. coleries *C*; q. .V. pi. *DE*; et .III. pa. (pais detaillies *E*) *BE*; et .II. pa. *D*; *AGT agree*
5511. p. remestrent d. *D*; d. relief *B*; *ACEGT agree*
5512. ... s. f. du m. c. assasies *T*; c. del m. *G*; m. asasies *C*; *ABDE agree*
5513. D. grant vertu i. *E*; *B wants*; *ACDGT agree*
5514. Li u. li *CDE*; [L]'u. le mostra a *T*; mol. s'en fait c. *D*; en fu c. *ET*; *ABG agree*
5515. L. n. i sejornerent s'est chascuns herbergies *D*; L. n. se habergierent s'unt leurs cors aaisies *T*; Onques l. n. ne furent desc. *E*; f. .I. desc. *B*; *ACG agree*
5516. En. au d. *BG*; El d. par matin: *D*; Desi au matinet q. *E*; ...ndemain matinet: *T*; quant j. f. es. *DT*; *AC agree*
5517. S'est leves li barnages et vestus et cauchies *DT*; son. atire lo. som. o. c. *E*; *ABCG agree*
5518. C. s'est d. *E*; C. est d. *T*; d. l'aler: *BEG*; ja tos a. *BCG*; mout tost a. *E*; *AD agree*
5519. c. i vint que Dix ot envoie *E*; *rest agree*
5520. ... b., a. estroitement loyes *T*; q. fu es. (es. liies *BD*) *GBD*; er. en .II. p. *C*; *AE agree*
5521. Au v. *BEG*; de (du *T*) Forois f. *CET*; *AD agree*
5522. Q. li vesques l'ot li. fo. s'est esmaies *E*; Q. ot li. l...e mout fu mal aaisies *T*; i. ot li., (fo. est d. *D*) *BDG*; *D wants*
5523. *EBDGT have 2 lines* A h. (hautes *B*) v. s'e. (escrie *BG*) (... *T*) sains sepulcres aidies/ E (li *BG*) barnages de France (Et dist a nos barons *D*)

526   **Variants**

car ne vous atargies (pour Deu ne vous targies *BDG*) (... *T*); h. vois escrie b. *C*; *T adds 1 line* Par le plaisir de Dieu nous est venus cis br...

5524. Droit vers Jherusalem s. *T*; J. soies aparellies *E*; *ABCDG agree*
5525. a. roi *G*. *BCDEGT*
5526. *BCDEGT want*

162. *ABCDEGT* : *I gives laisse 162 in 12 lines* Li vesques lut la chartre si commence a plourer (*5527-28*)/ Barons en Jhursalem nous en convient raler (*5529*)/ Car n'a paien remes dusqu'a la Rouge Mer (*5531*)/ Que cis Cornumarans n'ait tous fait assambler (*5533*)/ Sans seste grant bataille n'en poons nous tourner (*5550*)/ Et plus de .XXX.M. vorent de l'ost tourner (*5556*)/ Barons dient Francois nel deussies penser (*5562*)/ Del tout vous deussies a nos bons acorder (*5563*)/ Ralons en Jhursalem les nos amis tenser (-)/ Et cis ont respondut bien fait a creanter (-)/ Il font sonner lor cors si se courent armer (*5578*)/ Dont veissies vestir tant blans hauber liste (*5585-86*)

5527. Molt fu prodom li v. si fi. molt (et mout fi. *T*) a lo. *DT*; d. Forois fi. *CE*; *ABG agree*; *DT add 1 line* Nes estoit de Forois si l'avoit (et si l'ot *T*) a garder
5528. li. le letre s. *E*; *T wants*; *ABCDG agree*
5529. Il d., b. n. estuet r. *T*; d. as n. b. *E*; b. vous c. *BG*; *ACD agree*
5530. O l., J. entrer *D*; G. Jherusalem t. *B*; G. et sa cite t. *T*; en la cite t. *E*; *ACG agree*
5531. Or n'a, re. dusqu'en l. *E*; (Il n'a re. p.: *T*), jusqu'a l. Ro. M. *BT*; *ACDG agree*
5532. q. pu. a. po. *G*; *B wants*; *ACDET agree*
5533. Co. n'aie f. as. *B*; Co. ne face o soi mander *E*; n'ai. t. f. as. *GT*; *ACD agree*
5534. Et nu. et j. c. *EG*; nu. cevauce: *BT*; que (et *D*; il *T*) ne f. (fine *BGT*) d'er. *EBDGT*; *AC agree*
5535. Ainc D. ne f. nul h. q. l. g. p. esmer *T*; q. les (le *E*) peust no. (esmer *G*) *DEG*; l. jens esmer *B*; *AC agree*
5536. m. sorveir n. e. (nonbrer *G*; conter *T*) *CGT*; m. n. savoir n. e. *D*; m. n. poroit nus e. *E*; *B wants*
5537. N. cens i *C*; .LX. r. *D*; *ABEGT agree*
5538. l. nos f. (veut *E*) *DEGT*; *ABC agree*
5539. a. nos c. *BCDGT*; a. le devons e. *E*
5540. g. bataille onques n. *DBGT*; b. ainc n'oistes son p. *E*; n. vi s. *G*; f. sen p. *B*; *AC agree*
5541. ce. poons pa. nos co. *BDE*; co. endurer *T*; *ACG agree*
5542. *No variant*
5543. *BDEGT want 5543-5547*; *AC agree*
5544. sa. nous d. *C*; *BDEGT want*
5545. *BDEGT want*; *AC agree*
5546. t. nos pa. n'i peussiens e. *C*; *BDEGT want*
5547. n. nous t. q. nous va. *C*; *BDEGT want*
5548. F. commencha a crier *D*; *rest agree*
5549. (B. renhaitons nos D. *D*) D. nous ve. *CDG*; *E wants*; *ABT agree*

Variants 527

5550. Pour iceste besoingne devons bien retourner *E*; n'e. porons n. *C*; n'e. porres vous raler *T*; *B wants*; *ADG agree*
5551. q. prox e. *DE*; e. por p. *BEG*; *ACT agree*
5552. n. aillons le Temple delivrer *D*; al. le se. hounerer*E*; se. aourer *G*; *ABCT agree*
5553. Je voel nos Crestiiens ce. *E*; n. Crestien en o. *B*; C. oirent: *C*; o. tele r. *G*; cele r. co. *BCT*; *AD agree*
5554. Et que i. l. c. a. retorner *D*; Que e. Jherusalem les c. retorner *T*; Qu'i. or c. *C*; Il l., a. orendroit retourner *E*; l. convint a., J. aler *B*; *AG agree*
5555. Li puisor n. li v. *G*; p. n. voloient o. *E*; le volent o. *D*; *ABCT agree*
5556. m. fisent d. *B*; m. volent d. l'o. torner *D*; m. en v. retourner *E*; m. s'en voloyent aler *T*; *ACG agree*
5557. L. dus de *BGT*; N. qui v. *C*; *ADE agree*
5558. *No variant*
5559. S. b. fait il vous vol. p. *E*; S. dient l. prince vol. *T*; *ABCDG agree*
5560. s. vous e. *G*; *B wants 5560-5572*; *ACDET agree*
5561. l. le f. *A*; *B wants*; *CDEGT agree with text*
5562. se. ne d. *T*; n. deveries p. *C*; *B wants*; *ADEG agree*
5563. No voloir d. plevir et creanter *E*; n. v. (no voloir *T*) creanter *CDGT*; *B wants*
5564. d. (del *GT*) Forois lo. (les *G*) prist a *CEGT*; *BD want*
5565. f. cevalier: *ET*; je v. w. co. (demander *T*) *CEGT*; *BD want*
5566. Po. l'a. au (du *T*) se. *DT*; Po. l'a. de Jesu q. *E*; *B wants*; *ACG agree*
5567. *B wants*; *rest agree*
5568. Et puis m. el *E*; *B wants*; (... *T*); *ACDG agree*
5569. Et apries a., j. d. m. v. s. *C*; j. d. m. resuciter *DEGT*; *B wants*
5570. Et a i. a. *E*; En i. s'e. *T*; a. les portes d. *G*; *B wants*; *ACD agree*
5571. *B wants*; *rest agree*
5572. p. vos a. *G*; *BE want*; *ACDT agree*
5573. S. po. Dieu v. pr. dont m'o. r. *E*; pr. qui se laisa pener *BD*; *ACGT agree*
5574. l'o. n. nos b. *T*; b. tourner *E*; *ABCDG agree*
5575. e. itel liu f. *G*; *rest agree*
5576. (l. prince l'entendent s. prisent a *E*) a plorer *CEGT*; s. faitement parler *D*; a penser *B*
5577. ret. volent: *D*; va. ne seres ren. *C*; ve. enheuder *B*; ve. (oissies *D*) rehelder *GD*; *ET want*
5578. A (Au *T*) haute v. s'e. (escrient *DG*) *EDGT*; f. le cor s. *BE*; f. ces c. *CDT*
5579. To. seront m. paien se *E*; *rest agree*
5580. *B wants*; *rest agree*
5581. Do. oisies p. *B*; *rest agree*
5582. *DT want 5582-5584*; *ABCEG agree*
5583. Qu'il n'a. *B*; et f. comme s. *E*; *DT want*; *ACG agree*
5584. t. aseurer *E*; *BDT want*; *ACG agree*
5585. co. conraer *BG*; co. adouber *CDET*; *D adds 1 line* Chil feront as paiens lor corage trambler; *T adds 2 lines* Se il pueent les Turs en bataille trover/ Sachier a escient qu'il les feront troubler
5586. *BCDEGT want*

163. *ABCDEFGIT*

5587. *I wants; rest agree*
5588. Mainte c. (c. f. tost a. *E*) *BCE*; Maint et c. s. resont a. *D*; Trestuit c. *T*; f. apreste *G*; *I wants*
5589. *I places 5591 before 5589 and gives 1 line for 5589-90* Lo. v. o. ca. si ot m. co. s.; La v. est c. et li somier t. *D*; *BT want*; *ACGT agree*
5590. *for I see 5589*; L. veissies m. *E*; et mainte g. *A*; g. souner *CD*; *BGT agree with text*
5591. *for order of I see 5589*; J. s'en so. *C*; J. so. Francois r. *I*; (J. s'en vont t. *T*) t. aroute *BDET*; *AG want*
5592. (M. ains que i. *I*), vi. s. (vous di *T*) p. (de *BEI*) verite *DBEIT*; *ACG agree*
5593. Ert e. Jherusalem m. riche c. d. *T*; A. devant la vile m. *D*; J. mains pesans cos d. *I*; *ABCEG agree*
5594. M. F. et maint et o. *C*; M. Turc et m. p. (Francois *G*) *TG*; o. et decolpe *DEGT*; *BI want*
5595. Cil baron de, De. se s. *C*; de no gent que Diex a tant ame *T*; *I wants*; *ABDEG agree*
5596. C. arais hui mais conte *I*; *rest agree*
5597. a et n. et j. c. *EG*; *I wants*; *ABCDT agree*
5598. A bien .C. *B*; O. li .C.M. Turc:, (q. bien so. acesme *D*) *TD*; A .VII.C. mile *T*. *E*; so. Escler *G*; *I wants*; *AC agree*
5599. *I has 1 line for 5599-5600* Qu'a B. est venus s'a son p. trouve; A Bales s. *E*; A B., v. ains qu'il soit avespre *T*; .I. ajorner *G*; *ABCD agree*
5600. *for I see 5599*; As c. *BET*; c. dehors l. *ET*; p. trouve *E*; *ACDG agree*
5601. l. qui sont tuit es. *T*; d. et abosme *E*; *B wants*; *I wants 5601-5605*; *ACDG agree*
5602. g. leve *CT*; *EI want*; *ABDG agree*
5603. *I wants; rest agree*
5604. Q. a veu s. p. si l'a bien ravise *D*; l'o. ravise *E*; *I wants*; *ABCGT agree*
5605. *I wants; rest agree*
5606. Vint po. *BCD*; Po. vint a so. *ET*; Cornumarans le voit si l'a *I*; pe. et si l'a sa. *E*; m. h. l'a sa. *BCG*; h. escrie *T*
5607. *I wants; rest agree*
5608. *I has 1 line for 5608-5609* Si. conm. v. e. b. f. mal ai ouvre; *rest agree*
5609. *for I see 5608*; Cor. dirai v. verite *B*; *ACDEGT agree*
5610. Jherusalem perdi: *T*; Ju. .XII. jo. *D*; Ju. Francois i sont entre *I*; .XV. jo. a p. *BET*; *ACG agree*
5611. Dedens l. *E*; En l. grant T. *T*; *I wants 5611-5617*; *ABCDG agree*
5612. Lors o., en. c. et amene *D*; c. et mene *BEG*; *I wants*; *T had 1 line, now lost, at 5612-5613*; *AC agree*
5613. Et le p. assise le grant f. a. *D*; m. et lor f. *CG*; *BEI want*; *for T see 5612*
5614. Tos. eussent le m. percie et effondre *D*; m. a tere c. *E*; *I wants*; (... m. *T*); *ABCG agree*
5615. (Et mes homes destruis o. *D*), et afole *BD*; (Et tout m. h. mort o. *E*), et decope *GE*; *IT agree*; *AC agree*
5616. M. je n. v. s. *ET*; n. voil p. s. molt tost lo. *D*; *I wants*; *ABCG agree*
5617. l. aler a *BET*; *DI want*; *ACG agree*

Variants

5618. *I has 1 line for 5618-5619* Godefrois en est rois Francois sont retourne; *rest agree*
5619. L. os en es. *G*; *for I see 5618*; *ABCDET agree*
5620. P. i a cevaliers r. *E*; *rest agree*
5621. te. que poi m'en est reme *I*; et ma grant i. *T*; *ABCDEG agree*
5622. Moi ne chaut se je muir quant m'ont deserite *I*; Se o. avoie .I. *T*; *ABCDEG agree*
5623. j. l'a. *B*; j. m'en verries t. *C*; *I wants*; *ADEGT agree*
5624. Q. C. l'oit s. *IT*; *ABCDEG agree*
5625. Sire dist li varles sachies par verite *I*; Et a p. *BG*; m. et l. *C*; *ADET agree*
5626. Q. mais n. *D*; n. mangerai: *I*; s'a. (s'arons *I*) Frans mors je. *BI*; s'a. Franchois tue *DGT*; *ACE agree*
5627. S'a. Jerusalem prise par poeste *E*; Et Jherusalem p. et sor aus conqueste *I*; Jherusalem a. p. *T*; p. et reconforte *G*; *BD want*; *AC agree*
5628. Ma. i. av. an.: *E*; an. avera: *BCDGT*; l. jeune *DEGT*; *I wants 5628-5630*
5629. Et percie le hauberc et so. c. sa. *D*; a. vestu et so. c. *E*; c. cravente *C*; *I wants*; *ABGT agree*
5630. *I wants*; *rest agree*
5631. Et pr. (pr. un cor d'ivoire hautement a corn. *E*) *TE*; Il a sonnet .I. cor atant sont aroute *I*; l'a sonne *D*; *ABCG agree*
5632. (C... B. *T*), i. encontre s. *CT*; *I wants 5632-5635*; *ABDEG agree*
5633. D. F. so. ensamble li Sarrasin c. *D*; D. F. quel d. *C*; D. Frans kes ont destruis: *E*; D...s qui les destraignent se *T*; so. ensamble c. *CEG*; *I wants*; *AB agree*
5634. s. asseurte *D*; *I wants*; *ABCEGT agree*
5635. *I wants*; *rest agree*

164. *ABCDEGIT*

5636. *I has 3 lines for 5636-5638* Cornumarans chevauche s'a se voie tenue/ Droit vers Jherusalem une voie erbue/ Et Corbadas s'aronte qui derier s'esvertue; Mo. par font g. n. cele j. me. *B*; Mo. par f. grans l. n. *E*; g. l. joie *D*; *ACGT agree*
5637. *for I see 5636*; s'e. s. v. ont entendue *D*; v. eue *C*; v. seue *T*; *ABEG agree*
5638. *for I see 5636*; P. chevalce t. *D*; t. ne faites a. *E*; s. nisune atend... *T*; *ABCG agree*
5639. En. l'amiral q. *BDG*; En. le Soudan q. ...ent e. *T*; q. nous vi. *CDE*; q. li vi. *I*
5640. *I has 1 line for 5640-5651* Nos Francois cuident prendre comme faucon en mue; a. ains tel n. *C*; a. (... *T*) tele n. *DEGT*; *B wants*
5641. M. iert cr. *CG*; *I wants*; (cr. ... t. *T*); *ABDE agree*
5642. j. par s. b. *E*; *I wants*; (j. ... g. *T*); *ABCDG agree*
5643. (l. Francois d. *B*), F. metra e. tele mu. *CBEGT*; *I wants*; *AD agree*
5644. P. l'amor B. *BDE*; te. ot (a *B*) perdue *EBT*; *I wants*; *ACG agree*
5645. v. c. s. ne nu. (lune *G*) *CG*; *I wants*; *ABDET agree*
5646. se. par e. viestue *C*; *I wants*; *ABDEGT agree*

5647. En la t. *E*; d. sera la g. *C*; d. li a. *T*; *I wants*; *ABDG agree*
5648. s. amene p. *E*; *I wants*; *ABCDGE agree*
5649. n. traira avra l. *DET*; t. l. c. a. b. *C*; *BI want*; *AG agree*
5650. A coroies n. *C*; p. et ferue *D*; *BI want*; *AEGT agree*
5651. loi. abaisie et c. *BCDG*; *EIT want*
5652. Et Jhursalem ravoir q. i. li o. t. *I*; J. avrons q. *D*; (q. ... t. *T*); *ABCEG agree*
5653. A. que il n'ont preu d'aiue *E*; q. ausi es. p. *BG*; es. ausi p. *CD*; *I wants*; (Et N. et A. ... *T*); *G adds 1 line* Et maint autre castiel dont mout li cuers m'argue; *I adds 2 lines* Mais ansois en sera mainte lance croissue/ Et mainte arme de cor a grant dolour issue
5654. *I wants*; (d. ... *T*); *ABCDEG agree*

165. *ABCDEGIT*

5655. Di. (... *T*) Co. sire:, (lessies le de. *T*) *CT*; Di. Co. pere n. *D*; *ABEGI agree*
5656. l'o. sel f. arester *E*; l'o. sel f. c. t. *T*; c. (si *I*) le f. (f. mener *C*) *BCDGI*
5657. *I has 1 line for 5657-5658* En. es plains devant R. et g'i. Frans g.; En mi les plains d. *E*; ... la plaine d. *T*; R. le f. *CD*; *B wants*; *AG agree*
5658. i. avant p. *T*; p. les Franchois g. *D*; *EI want*; *ABCG agree*
5659. a. ne les p. e. la cite t. *T*; q. nel p. *I*; *ABCDEG agree*
5660. Si n. vo. que nus d'ax p. *E*; n. voil .I. t. *C*; vo. que u. s. *T*; en puist vi. e. *CDGT*; *BI want*;
5661. (Dont prent l. *T*) l. cor d'ivoire:, (sel con. a cor. *T*) *ET*; Il tient l. *I*; H. et con. *C*; H. hautement a *D*; s. le prist a *E*; a soner *DE*; *B wants*; *AG agree*
5662. *I wants*; *rest agree*
5663. B. sont .C.M. paien en .II. les fist tourner *I*; m. que S. qu'E. *B*; *ACDEGT agree*
5664. *T places 5664 after 5669*; Dusqu'en (Jusqu'en *T*) Jherusalem n. (n'i *T*) *DT*; Dusc'a Jerusalem n. *E*; *I wants 5664-5667*; *ABCG agree*
5665. q. mout fist a loer *G*; *EI want*; *ABCDT agree*
5666. J. se coururent a. *E*; l. commande a garder *T*; t. armes *C*; *I wants*; *ABDG agree*
5667. Et montent es ce. qu'il ont fait enseler *E*; Et saisir les ce. *T*; *BI want*; *ACDG agree*
5668. .L. m. *D*; .XL. m., v. arrouter *T*; en sont dedens le v. remes *E*; f. en .I. v. demourer *I*; v. ajouster *B*; v. contrester *C*; *AG agree*
5669. Et autretant en a Cornumarans menes *E*; Et .LX. m., (l. mener *T*) *ET*; *DI want*; *ABG agree*; *T places 5664 after 5669*
5670. Puis a queillie l. p. o lui sont maint Escler *I*; a. qu'il en qui. *BCDE*; *AGT agree*
5671. (o. oi le cr. *B*), q. le (les *G*) durent g. *DBEGI*; *ACT agree*
5672. S. c'on l. oi b., (e. Jhursalem crier *B*) *EBGT*; S. c'on [*sic*] *C*; *I wants 5672-5675*; *AD agree*
5673. Sus en la, m. ... *T*; D. les v. *G*; *I wants*; *ABCDE agree*; *B adds 1 line* Que Cornumarans vient le proie en fait mener
5674. G. l'oit n'o. e. l. que ... *T*; l'o. e. l. n'o. c'a. *B*; *I wants*; *ACDEG agree*

Variants 531

5675. *I wants*; (t. ... *T*); *ABCDEG agree*
5676. T. amont f. *D*; D. font .I. *I*; *T wants*; *ABCEG agree*
5677. Francois courent as armes es chevas vont monter *I*; Qui d. veist ... *T*; v. les princes l. *D*; v. Francois l. *E*; *ABCG agree*
5678. s. as c. *B*; s. ens c. *C*; *I wants 5678-5681*; (... s. ... en. *T*); *ADEG agree*; *T adds 1 line ...* coubrer
5679. Cas. a cai. *D*; o. cainte espee o. *E*; *BI want*; (... b. *T*); *ACG agree*
5680. e. a lor c. *G*; o. al c. *A*; p. f. s. que se. *E*; (... s p. *T*), f. que se. *CDGT*; *BI want*
5681. g. (lances *E*) en. lor p. *BEG*; g. ont es p. *D*; (... g. ... *T*), p. pensent d'es. *CDET*; p. ciesent d'es. *G*; *I wants*
5682. c. (coumande *B*; commander *C*) Jerusalem g. *EBCDI*; (t. com... g. *T*); *AG agree*
5683. *E has 1 line for 5683-5684* Et da. Pi. l'er. o. les pu. De. s.; *I wants*; (l'er. ... do. *T*); *ABCDG agree*
5684. *for E see 5683*; Et nos Francois s'e. issent D. pense d'aus retourner *I*; r. poinst tos pr. *D*; D. garder *T*; *ABCG agree*
5685. *BI want*; *ACDEGT agree*
5686. (An. mais qu'i. retort: *D*), sera p. d'af. *TD*; Quar an. qu'i. reviegne e. *B*; i. reviengnent erent p. *E*; i. retourt e. *G*; *I wants*; *AC agree*

166. *ABCDEGIT*

5687. J. est l. *B*; J. ont lor p. *G*; *ACDEIT agree*
5688. Co. les guie a *E*; *rest agree*
5689. A .LX. mil Turs d. *D*; O lui .LX. mil d. *E*; Atout .LX.M. d., g. de Persie *I*; ... .LX. m. *T*; l. loi p. *G*; *ABC agree*
5690. Es Francois apoignant de la terre joie *I*; [E]s vous r. *T*; p. o s. *DE*; *ABCG agree*
5691. mil de bone gent hardie *D*; .M. de la gent seigneurie *T*; *I wants*; *ABCEG agree*
5692. Tant con ce. *BCDEG*; ce. pot r. *C*; (... ce. *T*), pu. (pot *BT*) corre: *DBEGT*; chascuns lance baissie *D*; de mout fort esquellie *E*; *I wants*
5693. Pour la proie rescourre font Turs .I. vaie [*sic*] *I*; ... T. f. n. *T*; T. ne les espargnent m. *E*; *ABCDG agree*
5694. o. mainte a. fra. mainte tar. *E*; (... a. *T*), tar. (broigne *T*) croissie *BDEGT*; *I wants*; *AC agree*
5695. Et tant po. et tant pi. tant. *D*; *BI want*; (... *T*); *ACEG agree*; *T adds 1 line* Des mors et des navres est la terre ...
5696. *I has 1 line for 5696, 5699* Li bo. r. G. a la la. bra.; *rest agree*
5697. *I wants*; *rest agree*
5698. Mar en i. *BG*; s'e. ira g. *E*; *IT want*; *ACD agree*
5699. *for I see 5696*; Puis bro. *T*; le cheval s'a *GT*; s'a le hanste bra. *CD*; s'a lance bra. [*sic*] *G*; la. baissie *E*; *AB agree*
5700. t. florie *DEGIT*; *ABC agree*
5701. b. a o., (et percie *C*) *BC*; et brisie *T*; *I wants*; *ADEG agree*
5702. c. (aubers *G*) maille n'en, (es. mentie *D*) *CBDGT agree*; *EI want*
5703. Del plantanor l'a. *E*; l'a. s'a l'espee sachie *I*; l'a. le destrier de Surie *T*; *ABCDG agree*

5704. *I gives 2 lines for 5704, 5705* J. en presist la te. q. li Turs de Turcie/ L'ont par force rescous ne l'i laissierent mie; *rest agree*
5705. *for I see 5704*; Q. S. li v. *D*; *ABCEGT agree*
5706. d. .XXX. m. a u. *C*; d. .X. mile Turs tos d'u. *D*; m. en u. *E*; m. poignant par ahastie *T*; *BI want*; *AG agree*
5607. S. vont escriant D. *E*; *I wants*; *ABCDGT agree*
5708. D'espee ot sor elme si grant c. *I*; *rest agree*
5709. T. brait et *C*; Et t. noise et t. cri d. l. *E*; g. (loi *D*) payennie *TD*; *BGI want*
5710. Que on le. oi. bien une li. *E*; oi. mout b. .II. lieues et *T*; *I wants*; *ABCDG agree*
5711. l. vois o. *CT*; *ABDEGI agree*
5712. *I has 1 line for 5712, 5713* A lor venir qu'i fisent o. n. g. r.; u. envaie *T*; *ABCDEG agree*
5713. *for I see 5712*; *rest agree*
5714. Cornumaran remontent:, (il point lance baissie *I*) *BGI*; C. retorne e. *C*; de Hongrie *D*; de Surie *ET*
5715. c. d'ivoire so. *E*; so. sa g. a r. *T*; *I wants 5715-5719*; *ABCDG agree*
5716. S. la gent G. *E*; G. a f. *G*; *BI want*; *ACDT agree*
5717. corr. le destrier d. *ET*; d. Nubie *BT*; d. Surie *DE*; *I wants*; *ACG agree*
5718. Et a brandi le hanste u l'ensenge baullie *E*; D. R. d. Calape a *C*; D. Raol d. H. *D*; D. Canduel d. Halaspre a *G*; Dans Randous d. H. *T*; *I wants*; *AB agree*
5719. p. la lance b. *DET*; *I wants (but cf. 5714)*; *ABCG agree*
5720. F. le roi Godefroi que sa la. est brisie *I*; f. en la t. *E*; *ABCDGT agree*
5721. Son escu li percu ma. ne le n. mi. *T*; Sour le *EG*; i. ne cai m. *D*; *B wants*; *I wants 5721-5723*; *AC agree*
5722. Ens el p. s. l'auberc es. *E*; h. a le la. *BDG*; la. froissie *CGT*; *I wants*
5723. L. r. s. t. mout b. *E*; s. tient b. *B*; b. Jhesu ot en aie *D*; *I wants*; *ACGT agree*
5724. Godefrois trait l'e. de matalent rougie *I*; L. ma. mi. a l'e. *T*; *D wants*; *ABCEG agree*
5725. r. Murgale q. *BEI*; er. de Claudie *IT*; er. de Persie *E*; *ACDG agree*
5726. L'e. n. l. haubers n. l. v. *B*; L. c. c'ot vestu n. l. v. *E*; Ne hyaumes ne c. *T*; *I wants*; *ACDG agree*
5727. Enfresciques el p. est s'esp. g. *C*; En. (Entre ci *T*) que el *BT*; Desi que ens es dens est *E*; *I wants*; *ADG agree*
5728. Que m. l'a abatut en mi la praerie *I*; *rest agree*
5729. P. ocist D. *DI*; r. maintenant Faligot de *E*; et Flabalst de Nimie *C*; et Flambart de *D*; et l'amiral d'Alie *I*; d. Turquie *T*; *ABG agree*
5730. r. Brincebaut et Calquant d'Aumarie *D*; r. Bricamant et Gorhant d. *E*; r. Richebaut et Cadrain d. *T*; *B wants*; *I wants 5730-5733*; *ACG agree*
5731. E. Malier Malbrun d. Salerie *C*; E. d'Alien M. *B*; Escorgant d'A., d. Tabarie *E*; *DT want 5731-5733*; *I wants*; *AG agree*
5732. Bruniant d. V. Bruiemont d'A. *E*; et Brulant d'A. *C*; *BDIT want*; *AG agree*
5733. Et Maucloe aussi ki fu de Galelie *E*; r. Manoee et l'a. *C*; *DIT want*; *ABG agree*
5734. Plus de .VII. en a mort et jetet for de v. *I*; et tos tolus l. *D*; t. les vies *BG*;

Variants 533

t. lour v. *E*; *ACT agree*
5735. *I has 1 line for 5735, 5736* Cor. le v. s'a s. g. resbaudie; v. tos li vis l'en n. *D*; v. l. col. a n. *T*; *ABCEG agree*
5736. *for I see 5735*; Et e. D. s. g. a resbaudie *T*; g. resbaudie *B*; g. enheldie *C*; g. renhaitie *D*; g. rehaitie *E*; g. raloie *G*
5737. Plus d'une arbalestee a no gent ressortie *T*; o. tante s. *I*; *ABCDEG agree*
5738. (Mo. ont l. me. nostre j. *B*) j. envaie *GB*; Sarrasin sor n. j. est forment renhaitie *D*; me. a n. j. airie *E*; g. enhermie *C*; *I wants*; (... *T*)
5739. Et (... *T*) d'une (... une *T*) part et d'a. *BT*; a. i m. a h. *E*; *ABCDG agree*
5740. i ot p. *E*; *I wants*; *ABCDGT agree*
5741. (De m. *G*), et d. (de *G*) navres es. *BDEGT*; l. terre j. *CDGT*; l. place j. *E*; *I wants*

167. *ABCDEGIT*

5742. *No variant*; *T adds 1 line* La peussies veoir fier estour et pesant
5743. Tant Tur et tant paien veissies mors gisant *I*; Ma. trop p. *D*; Ma. trop i a fuison d. *E*; *ABCGT agree*
5744. N. le p. (puent *B*) *DB*; le. pueent s. *C*; s. no c. (Crestien *DT*) *BDEGT*; *I wants*
5745. Paien et S. mainnent Franc reculant *I*; Envers Jherusalem l. mainent Turs batant *T*; l. enmainent v. (v. la cite f. *E*) *BCDEG*
5746. v. les nos (v. n. gent *T*) ataignant *GBT*; v. n. gent a. *D*; li nostre tenant *E*; *I wants*; *AC agree*
5747. l. murs s. *E*; T. se guencisent m. les v. *B*; *I wants*; *ACDGT agree*
5748. C. crioit S. *I*; s'e. chevallier o. *G*; *ABCDET agree*
5749. Ceste gens maleoite mar *I*; mar (ne *E*) s'e. i. *CE*; mar i. e. avant *T*; *ABDG agree*
5750. I. a mis cor a bouce m. h. ala sounant *E*; I. tint l. cor, (h. sonant *DGT*) *BCDGT*; *I wants*
5751. Sa. s'esvertuent et v. rebaudissant *I*; P. et Sa. se v. esvertuant *T*; p. s'en v. esbaudissant *E*; *D wants*; *ABCG agree*
5752. Dedens J. *BG*; Jusqu'e., v. no gent r. *T*; v. (sont *B*) li no r. *DB*; *I wants*; *ACE agree*
5753. A l'entree de la porte ont Franc damage grant *I*; Ilueques lor a. .I. *D*; La a. a n., .I. damage m. *T*; *ABCEG agree*
5754. G. enmainent m. *E*; *rest agree*
5755. A macues p. *E*; ma. de fer l. *T*; p. mo le v. laidoiant *D*; mo. debatant *C*; *I wants*; *ABG agree*
5756. *I has 1 line for 5756, 5757* Frans entrent en la vile et T. s'en v. a.; r. paien s'en *G*; r. et T. *T*; li Turc en v. *E*; T. ses v. *A*; *BCD agree with text*
5757. *for I see 5756*; En Jherusalem entrent n., (C. vaillant *T*) *BDGT*; *E wants*; *AC agree*
5758. p. sont f. T. se v. *B*; *EI want*; *ACDGT agree*
5759. L. bons r. *I*; l. dus G. *T*; *ABCDEG agree*
5760. (E. le r. des tafurs q. *D*), v. (vint *DE*) au de. *TDE*; *I wants*; *ABCG agree*
5761. *I wants*; *rest agree*
5762. Dist li rois des tafurs com *I*; i. a lui comment estes venant *E*; r. que v. *B*; *ACDGT agree*

Variants

5763. p. del f. *C*; au roi C. *E*; *ABDGIT agree*
5764. Naie c. *I*; De. nous v. *ET*; *ABCDG agree*
5765. G. enmainent li Persant (auquant *B*; tirant *T*) *DBEGT*; *ACI agree*
5766. (ma. jour que je *E*), n'a. le cu. *GET*; *I wants 5766-5769*; *ABCD agree*
5767. Et di. P. l'ermites n'ales pas esmaiant *E*; v. esmayant *T*; *I wants*; *ABCDG agree*
5768. P. l. f. q. je d. *T*; *EI want*; *ABCDG agree*
5769. (N. revenront l. T. *E*) T. ains (si *E*) seront mout d. *TE*; *I wants*; *ABCDG agree*
5770. Di. l. r. des t. *I*; t. ce a. *C*; *B wants*; *ADEGT agree*
5771. B. atornes v., p. alentant *T*; n'al. plus d. (atarjant *D*) *CDEG*; p. demorant *B*; *I wants*
5772. L. (Il *D*) font s. *CDEG*; Il escria ses hommes r. *I*; Il f., v. avant *T*; s. le g. *C*; g. Franchois v. *D*; v. atant *DE*; *AB agree*
5773. *I has 1 line for 5773, 5774* Coutiaus portent et haches et massues pe.; c. ki n'ait h. *ET*; u macue pesant *EG*; *B wants*; *ACD agree*
5774. *for I see 5773*; (U boin c. d'acier: *E*), u ghisarme trencant *GE*; Ou picoys ou poincon ou alesne poingnant *T*; *B wants*; *ACD agree*
5775. D. Jherusalem i. *DEIT*; i. et l. r. vait devant *I*; r. s'en ist (va *T*) a. (devant *T*) *IT*; *ACG agree*
5776. Li doi frere le roi vont premier chevauchant *I*; se. freres o lui so. l. boin auferrant *E*; Ew. desour l. *G*; si. so. .I. cheval grant *D*; si. so. .I. so. b. *T*; *ABC agree*
5777. Et B. son frere s. P. ... *T*; le mouvant *CG*; *I wants 5777-5779*; *ABDE agree*
5778. *BI want*; *ACDEGT agree*
5779. a. vint li *B*; *I wants*; (q. ... *T*); *ACDEG agree*
5780. A esperon chevauchent Sarrasin et Persant *T*; J. vait l. T. conseuant *D*; J. vont l. *E*; J. vont les destrois gardant *I*; *ABCG agree*
5781. Hautement l. escrient n'e. *E*; Et Bauduins s'escrie n'e. *T*; n'e. dires s. *B*; *I wants*; *ACDG agree*
5782. C. resgarde:, (sel connut au sanlant *E*) *CE*; Rois C. v. Bauduin r. *I*; l'e. bien l. *D*; *ABGT agree*
5783. a l'alaine br. (luiant *C*) *BCDEGT*; *I wants*
5784. Sot que *BCG*; Bien sot que c'er. l. Frans qui *E*; S. ce fu l. *T*; que c'est l. *GI*; c'er. Balduins qui *C*; *D wants*
5785. al. por se. a *E*; *rest agree*
5786. *No variant*
5787. Il a point le ceval l'anste v. b. *E*; Il a tournet le chief tantost de l'auferant *I*; *B wants*; *ACDGT agree*
5788. Ja ores des barons une jo. mout grant *E*; Or er., (s. le v. *T*) *DT*; *I wants*; *ABCG agree*

168. *ABCDEGIT*

5789. B. vit le (le cheval g. *D*) *ED*; p. venir *B*; p. verti *I*; *ACGT agree*
5790. le hanste s., (a. feri *I*) *EI*; la. si est a. *D*; *ABCGT agree*
5791. l. p. (qu'il *B*) n. (ne *C*) v. m. *GBC*; *E wants*; *ADIT agree*
5792. Q. les es., f. quasser et *E*; es. a or f. ploier et *D*; et croisir *DE*; *IT want*;

Variants

ABCG agree
5793. de fraisnes brisier et departir *D*; f. et froissier et croissier *C*; f. derompre et desmentir *E*; *BIT want*; *AG agree*
5794. (se fierent et *I*) et de si g. *TI*; *ABCDEG agree*
5795. Qu'il l. e. par force a la terre jesir *T*; i. voille u n. *C*; l. estut j. *BD*; l. couvint j. *E*; *AGI agree*
5796. Ancois k'il s. p. redrecier n. ferir *E*; n. resortir *BCDG*; *I wants*; *T wants 5796-5800*
5797. Lors v. Francois et *I*; *T wants*; *ABCDEG agree*
5798. *BT want*; *ACDEGI agree*
5799. (L'u mort deseure l'a. *E*), et cair *DE*; Et l'u. mort desous l'a. *I*; *T wants*; *ABCG agree*
5800. L. paiens iluec et u. et g. *E*; l. autres u. *G*; *BT want*; *I wants 5800-5802*; *ACD agree*
5801. Es vous le roy tafur que Diex puist beneir *T*; i fiert pa. grant a. *D*; *I wants*; *ABCEG agree*
5802. i. conseut a *DG*; n. por g. *CE*; *I wants*; *ABT agree*
5803. *I has 2 lines for 5803-5809* Or i fierent Francois paiens font ressortir/ De la noise qu'il mainent font la terre tombir; Et l. r. i fierent:, (m. en s. e. d. *T*); Et r. *D*; *ABCG agree*
5804. *for I see 5803*; Des T. et des p. *C*; p. veissies mort morir *E*; p. detrenchier et mordrir *T*; *ABDG agree*
5805. *for I see 5803*; La p. v. ... *T*; est. resbaudir *C*; *ABDEG agree*
5806. *for I see 5803*; Des caples (c. *C*) des *BCG*; t. bondir *D*; t. tentir *E*; (e. ... *T*)
5807. *for I see 5803*; D'u. lieuee plaine pu. *E*; Une li. ... dem... *T*; li. et demie pu. *C*; *B wants*; *ADG agree*
5808. *for I see 5803*; n. li f. li no partir *C*; le. en couvient fuir *G*; f. Franc resortir *E*; no sentir *B*; no guencir *D*; (w. ... *T*)
5809. *for I see 5803*; arr. sortir *D*; arr. guencir *EG*; (arb. ... *T*); *ABC agree*
5810. Et B. corut Corn. s. *T*; B. vait Corn. *I*; *ABCDEG agree*
5811. le fait te. *B*; le volt te. *C*; le fist te. *T*; *EI wants (for I cf 5815a)*; *ADG agree*
5812. C. d'iluec en avant le voloit g. *D*; Que d. *B*; *I wants*; *ACEGT agree*; *T adds 1 line* Bien li eussent fait l'ame du cors partir

169. *ABCDEGIT*

5813. Q. C. voit: *BCDEGT*; Bauduins l'a sa. *G*; l. Frans l'ot sa. *E*; *I wants*
5814. *I wants*; *rest agree*
5815. (Et si fort l'a es.: *I*), k'a t. l'a. *EI*; l'es. a t. *BCDGT*; *I adds 1 line* Bauduin tient le Tur par les flans l'a saisi (*cf. 5811*)
5816. *I has 1 line for 5816, 5817* Es l. r. G. et Estase autresi; E. p. G. l. r. t. a. *T*; E. vous r. *E*; *ABCDG agree*
5817. *for I see 5816*; (Et Ustasse s. f. q. *E*) q. l. c. o. h. *DEG*; s. bon f. Eustace au corage h. *T*; l. cors o. *C*; *B wants*
5818. C. escrie n'en *B*; C. fait il n'en *E*; *ACDGIT agree*
5819. *No variant*
5820. S. le p. ve. vostre m. a. *E*; S. que p. *T*; *I wants*; *ABCDG agree*

5821. Co. l'oi l. *CI*; Q. Co. l'oit l. *T*; *ABDEG agree*; *G adds 1 line* Isnielement et tost a tret le branc fourbi
5822. li rendi *EIT*; *ABCDG agree*
5823. G. l'a pris et re. *E*; (... G. *T*); *ABCDGI agree*
5824. C. s'escrie pr. *C*; s. dreche pr. *D*; (... s. *T*); *ABEGI agree*
5825. ... r. l'en f. mol. t. mener s. *T*; f. mon. s. .I. trotant r. *D*; f. mon. mol. mout t. s. *G*; *I wants*; *ABCE agree*; *B adds 1 line* A .X. houmes l'envoie ens en la Tor Davi
5826. Pl. s'en fui des pa. *E*; f. pa. dales .I. *T*; *ABCDGI agree*
5827. *No variant*
5828. (C. les v. *B*) v. (voient *ET*) dessaisi *IBET*; *ACDG agree*
5829. Adonques o. et g. noise et g. c. *E*; o. grant et g. p. *C*; o. g. noise:, (et g. hu et g. c. *I*) *DI*; duel et fort p. *G*; *ABT agree*; *D adds 1 line* Cornumarant regretent tot si meillor ami
5830. *E wants*; *rest agree*
5831. C. car (li *I*) F. l'o. *EI*; C. Franc l'enmainent saisi *T*; *ABCDG agree*
5832. me. bien se. *BCDG*; me. nos somes malbailli *E*; me. mal sommes escharni *IT*
5833. (s. .I. graille: *E*), s'o. l. tabor b. *DE*; s. .I. cor .I. tabour font b. *I*; g. li t. sont b. *T*; *ABCG agree*
5834. i. et aati *I*; t. (et *DET*) engrami *GDET*; *B wants*; *AC agree*
5835. *I has 1 line for 5835, 5836* Et n. C. s. a. reverti; D. ot b. (engrami *G*) *EG*; *ABCDT agree*
5836. *for I see 5835*; D. a J. *E*; s. arrier reverti *D*; a. guenchi *T*; *ABCG agree*
5837. (B. monte so. *D*), P. le flori *CDEI*; *ABGT agree*
5838. Quar li r. *BCDGIT*; Quant li boins r. t., f. le saisi *E*; p. la main li r. *I*; f. li tendi *D*

170. ABCDEGIT

5839. *T has 2 lines* Au retour se sont mis l. Jh. c./ Droit v. Jherusalem ont leur voye establie; *I has 1 line for 5839-5840* Frans vont v. Ju. a b. e.; V. Ju. chevalche l. *D*; *ABCEG agree*
5840. *for I see 5839*; (S. en vont a b. *E*) b. rengie *TE*; b. aramie *B*; *ACDG agree*
5841. d. a lor connestablie *E*; *T wants*; *ABCDGI agree*
5842. *I wants 5842-5844*; *rest agree*
5843. G. a la chiere hardie *DT*; et la c. *B*; *EI want*; *ACG agree*
5844. Firent l'arriere g. *T*; r. ban vers l. ge. paienie *E*; ga. lui et sa compaignie *D*; *I wants*; *ABCG agree*
5845. v. poingnant a u. hie *IT*; *ABCDEG agree*
5846. *T has 2 lines* Ta. s. d. g. e[n]semble a la bondie/ Q. le ciel en crola et l. te. e. f.; Ta. i sounoient graille q. *E*; *I wants*; *ABCDG agree*
5847. *D has 1 line for 5847-5848* Et l. r. ra m. hautement escriie; a s. g. (a s'ensegne *BG*) esbaudie *EBGT*; g. establie *C*; *I wants*
5848. *for D see 5847*; I. escrie m. (m. s'a se gent raliie *E*) *BCET*; Francois crient m. *I*; *AG agree*
5849. *I wants 5849-5853*; *rest agree*
5850. Ew. tint l., q. flambie *C*; Ew. a la ciere hardie *E*; q. resclarcie *D*; *I wants*;

Variants 537

ABGT agree
5851. To. li tr. fr. *ET*; *I wants*; *ABCDG agree*
5852. v. a. c. perdu la vie *B*; *I wants*; *ACDEGT agree*
5853. Que f. *T*; po. paiens: *DG*; une l. et d. *BD*; *I wants*; *ACE agree*
5854. L'amiraus S. a haute v. s'es. *I*; Es vous r., h. li crie *E*; q. hautement escrie *C*; *ABDGT agree*
5855. P. Mahoment Franchois v. *DT*; *ABCEGI agree*
5856. a. l'eure d. *BEGT*; a. le vespre passe *C*; *DI want*
5857. u vous p. *BT*; u tost p. *E*; *ACDGI agree*
5858. dem. sera c. l'o. Soudant de P. *E*; *rest agree*
5859. Onques n. f. s. g. v. *E*; g. gens v. *D*; *I wants*; *ABCGT agree*
5860. N. avons da. R. qui molt a baronie *D*; N. avons .I., (c. Nammion de *C*) *BCG*; N. avons vostre c. *E*; Et s'avons .I. *I*; Et n. avons .I. c. *T*
5861. a. l'eure de complie *EI*; *ABCDGT agree*
5862. Q. li quens B. a la parole oie *I*; ... c. a n... *T*; c. cangie *BG*; *ACDE agree*
5863. *TI have 1 line for 5863-5864* Son cheval p. et b. (Prinsaint esperonna *I*) s'a l'esp. s.; Il b. l. d.: *DE*; des esperons l'aigrie *D*; r. sacie *E*; *ABCG agree*
5864. *for IT see 5863*; *ABCDEG agree*
5865. *I has 1 line for 5865, 5867* F. le r. desor l'e. que la coi. a tranchie; S. en l'e. de Pavie *E*; *ABCDGT agree*
5866. f. encontreval en guie *E*; en galie *B*; en esmie *DT*; *I wants*; *ACG agree*
5867. *for I see 5865*; L'yaume li a trenchie et la c. tre. *T*; tra. et la *E*; *ABCDG agree*
5868. b. li est guencis a d. vers l'o. *E*; d'a. torna a *B*; le. o l'o [*sic*] *D*; *IT want*; *ACG agree*
5869. La destre o. tranche et la destre partie *I*; L'o. li copa le c. *BG*; trencha et trestote l'oie *D*; trenca a l'espee fourbie *E*; a partie *C*; *T wants*
5870. *T has 1 line for 5870-5871* Et le b. et l'oreille v. en la pr.; Et l. broingne et l'es. a le des. p. *E*; Et l'es. et l. b. dev. *G*; l'es. et la targe florie *I*; *C wants*; *ABD agree*
5871. *for T see 5870*; L'es. li vola en mi l. pr. *E*; Q. ses po. et s'es. *C*; l'es. jus en *I*; *ABDG agree*
5872. Et l. Turs chiet a *I*; a destre s. *D*; t. sou l'e. *G*; *ABCET agree*
5873. *No variant*

171. *ABCDEGIT*

5874. S. ot l'o. *E*; S. vit s'o. *I*; s'o. a p. *G*; *ABCDT agree*
5875. b. autresi dont tint l'es. nue *E*; b. o le p. *I*; p. o l'es. (l'es. esmoulue *G*) *BCDG*; p. a l'es. *T*
5876. A hautes v. *B*; h. vois escrie M. *CDEGIT*
5877. Ap. sire D., (ai recuellie *C*) *ECG*; *ABDIT agree*
5878. ma. n'e. p. mo. terre honors maintenue *E*; n'e. joie n. *C*; h. (avoirs *B*) maintenue *CBDGIT*
5879. I. escrie D. *BCGIT*; quar grant ire l'argue *T*; s. gens o. *E*; v. oie *C*; *D wants 5879-5882*
5880. (d. .X.M. *E*), o. s'ens. *TE*; .XX.M. Turs en o. la vois oue *I*; *D wants*;

ABCG agree
5881. Il o. a ar. t. l. p. derompue *E*; ar. t. d. c. o. *BCGIT*; *D wants*
5882. *D wants*; *rest agree*
5883. *T has 1 line for 5883-5884* La o. tant pi. tant po. tant. te. to.; Tan. a fr. i o.: *B*; o. mainte a. *E*; (mainte tar. *E*) tar. ronpue *BE*; *I wants*; *ACDG agree*
5884. *for T see 5883*; *I wants*; *ABCDEG agree*
5885. De m. et de n. *G*; n. fu l. *E*; n. ont l. place v. *I*; t. tendue *C*; *ABDT agree*
5886. *I wants*; *rest agree*
5887. Dans P. *I*; h. qui le b. a q. *B*; *ACDEGT agree*
5888. *No variant*
5889. (I fierent de grans masses c. *I*) c. mout s'es. *TI*; *ABCDEG agree*
5890. M. T. orent l. f. no gent ont remeue *I*; T. leur e. *T*; *ABCDEG agree*
5891. Se li si. *T*; q. fist solel et n. *E*; *I wants*; *ABCDG agree*
5892. J. y aront li nostre g. perte receue *T*; n. fiere des. *E*; g. desconneue *G*; *I wants*; *ABCD agree*
5893. En la citet le. metent f. *I*; me. corant p. *C*; me. fuyant p. *T*; p. une r. *E*; *B wants*; *ADG agree*
5894. f. le proie pr. *D*; f. la c. pr. *IT*; et sans relais pe. *I*; et la po. pe. *T*; c. rendue *E*; *B wants*; *ACG agree*
5895. *I has 1 line for 5895-5896* Ma. li r. et la g. lor ont bien d.; G. qui proece salue *D*; l'e. esmolue *EG*; *ABCT agree*; *B adds 1 line* A la Porte David vint plus que l'anbleure
5896. *for I see 5895*; Se va b. desfendant et forment s'esvertue *T*; Mo. b. se desfendoit v. *B*; b. garantie a l'espee molue *D*; b. v. paiens tensee et maintenue *E*; d. a l. *G*; *AC agree*; *E adds 1 line* A l'espee trencant gardee et defendue

172. *ABCDEFGIT*

5897. *No variant*
5898. *I has 2 lines* Melleement i entrent Crestiiens et Persant/ J. fu la cites prise par le mien essiant; J. f. en la ville l. c. souduyant *T*; f. entrent l. *C*; l. paien m. (maintenant *D*) *BD*; *E wants*; *AG agree*
5899. *I has 1 line for 5899-5900* M. li r. a la p. tres. l'auferant; *rest agree*
5900. *for I see 5899*; l'e. en la *BET*; p. t. l'auferrant *E*; lo. est venus de. *D*; lo. trestorne de. *T*; *ACG agree*
5901. En sanc et en cervele vait l'espee souillant *I*; Qu'i. ataint d. *T*; *ABCDEG agree*
5902. Si freres sont o lui qui sont preus et vaillant *I*; Et Ustasses ses freres et *E*; *ABCDGT agree*
5903. fr. n'a. mie alentant *T*; a. tarjant *D*; *I wants 5903-5908*; *ABCEG agree*
5904. di. que l'ost De. *G*; De. somes li plus v. *BE*; De. estes li m. (plus *D*) *TD*; *I wants*; *AC agree*; *E adds 1 line* Et dehait ait proece u il n'est aparant
5905. a. les q. *E*; *I wants*; *ABCDGT agree*; *E adds 4 lines* Car cil qui ci morra sacies certainement/ S'ame en ira el ciel par devant Dieu cantant/ Et si ert courones de joie pardurant/ Feres bien Crestiien sains Sepulcres avant
5906. Q. li f. *T*; f. le virent m. *C*; l'o. si se *E*; v. renhaitant *D*; *I wants*; *ABG agree*

Variants 539

5907. Sa. Se. monjoie vont souvent escriant *E*; Sa. Se. or escrient c. *C*; e. Jherusalem oiant *B*; *I wants*; (... e. ... *T*); *ADG agree*
5908. m. s'e. *CDET*; e. (s'e. *T*) ira g. *GT*; *I wants*; *AB agree*
5909. *I has 1 line for 5909-5910* Or i fierent et chaplent n'i vont nus espargnant; Qui d. veist l. *DT*; f. sor le g. *E*; *ABCG agree*
5910. *for I see 5909*; et decouper c. *T*; d. et livres a tormant *D*; d. et deriere et devant *E*; c. bas c'o. v. trenchier *C*; v. (vo *G*) coupant *TG*; *AB agree*
5911. p. le. m. .I. a. r. *DEI*; le. reculent avant *C*; le. en vont r. *T*; *ABG agree*
5912. *I has 1 line for 5912-5913* Es vo. l. ro. tafur et les ri. h.; P. atant *CE*; P. criant *D*; *ABGT agree*
5913. *for I see 5912*; R. estrumele i venoient courant *E*; r. i v. tout corant *C*; q. tot v. *BG*; q. leur v. atant *T*; *AD agree*
5914. u espee (gisarme *T*) trencant *BT*; *I wants 5914-5926*; *ACDEG agree*
5915. Ou co. ou pl. *DT*; pl. u ca. (quingnie *E*) trenchant *CE*; *I wants*; *ABG agree*
5916. U faussart u picot u a. po. *E*; U poncon (pincon *C*; poincon *T*) u pi. *BCGT*; Ou planchon ou pi. *D*; *I wants*
5917. te. .I. g. faussart tr. *T*; u. hace pesant *E*; *I wants*; *ABCDG agree*
5918. p. s'est mis t. *E*; s. fiert: *BT*; mout e. v. c. *BG*; v. detrenchant *CD*; v. ociant *T*; *I wants*
5919. Qui il conseut a colp n. puet al. av. *D*; l. ocist nes po. *C*; *BEGI want*; *AT agree*
5920. Et P., (h. l'aloit de pres s. *D*) *TD*; *I wants*; *ABCEG agree*
5921. l'a. est g. *ET*; *I wants*; *ABCDG agree*
5922. Bien .II. pies et demi o. *T*; *I wants*; *ABCDEG agree*
5923. P. trenchent q. r. *C*; r. de coi on v. rasant *G*; *EI want*; *ABDT agree*
5924. n. sont mie d'en. *E*; *I wants*; *ABCDGT agree*
5925. i. va v. *T*; v. paien a. [*sic*] *B*; *I wants*; *ACDEG agree*
5926. br. et puins v. *B*; br. et pies:, (aloyent d. *T*) *DEGT*; *I wants*; *AC agree*
5927. *I has 3 lines for 5927-5929* Au matalent qu'il ont vont paiens si coitant/ C'une grande traitie les mainnent reculant/ Entr'eus et sa grant gent qui bien samble tirant; P. l'auferrant *B*; P. l. vaillant *E*; *ACDGT agree*
5928. *for I see 5927*; Et la f. m. que Diex par ama tant *T*; Et sa f. *E*; f. maniere que to. *B*; *ACDG agree*
5929. *for I see 5927*; a. vont l. T. reculant *D*; T. fuyant *T*; *ABCEG agree*
5930. Ne f. *BCDE*; f. d'encaucier du. *G*; *I wants 5930-5937*; *T wants*;
5931. *T inverts 5931/5932*; A. n'ont g. *T*; p. ains v. to. ta. (v. adies *E*) f. *GE*; to. dis v. *D*; *I wants*; *ABC agree*
5932. *T inverts 5931/5932*; (li dus G. *D*), le. v. bien (mout *T*) en. *CDEGT*; le. v. apres sivant *B*; *I wants*
5933. Et l. autres barnages a *D*; a esporons b. *G*; *I wants*; *ABCET agree*
5934. De m. et de r. *G*; (n. va l. *E*), t. jonchant *CET*; *I wants*; *ABD agree*
5935. de nos contes p. *T*; *I wants*; *ABCDEG agree*
5936. M. e., Tu. tr. en sont f. *D*; Tu. trop s. *B*; Tu. de ce v. *E*; Tu. s'en v. m. f. *T*; *I wants*; *ACG agree*
5937. Ne r. mais si seront mout d. *E*; J. ne recoveront s'i. *BV*; r. s'ieraint g. *G*; *I wants*; *ACDT agree*
5938. *I has 1 line for 5938-5939* Pa. sonnent .I. cor l. gent v. r.; P. et Sa. v. *T*; l. graille so. *C*; *ABDEG agree*

540   Variants

5939. *for I see 5938*; Et m. en petit d'o., v. tant r. *D*; m. petit de terme: *ET*; s'alerent adoubant *E*; en i veissies tant *T*; *ABCG agree*
5940. .LX.M. furent li cuvers soudoiant *I*; s. .L. m. *CEG*; g. mescreant *BDT*; *T adds 1 line* Jhesu Crist les maudie le pere omnipotent

173. *ABCDEGIT*

5941. *No variant*; *I adds 3 lines* Paien muerent et braient li glouton patonnier/ La veissies les nos mout vassament aidier/ Sarrasins et paiens occirre et detranchier
5942. *E inverts 5942/5943*; Paien sonnent .I. cor si se vont r. *I*; o. soune .I. graille p. *E*; *ABCDGT agree*
5943. *E inverts 5942/5943*; .LX.M. s. li felons pautonnier *I*; s. .L. m. *CEG*; *ABDT agree*
5944. *I wants 5944-5946*; *rest agree*
5945. Une tel n. f. as lances abaissier *E*; Si grant n. demainent et s. tres g. tem. *T*; s. fort tem. *D*; *I wants*; *ABCG agree*
5946. D. .IIII. g. lyeuees les oisies n. *T*; d. .III. li. g. (lonc *E*): *BE*; li. oissies le (lor *G*) *DG*; en ot on le n. *B*; les ot on martelier *E*; *I wants*; *AC agree*
5947. d. cevaucent (cheva... *T*) l. (... *T*) *BDGIT*; *ACE agree*
5948. P. le. n. de. *IT*; as ar. de cor manier *I*; de cornier *A*; de quartier *C*; *E wants*; *BDG agree with text*
5949. *I has 1 line for 5949-5940* Espessement i traient la g. a l'aversier; que n'est n. ens el mois de genvier *E*; n. ne c. *CT*; qui vole a. *D*; a. jenvier *BG*
5950. *for I see 5949*; *rest agree*
5951. ci. a g. *C*; ci. de g. *T*; g. comment a *E*; *ABDGI agree*
5952. A mains d. *BI*; f. testes et bras (cors *T*) s. *DT*; t. (flans *E*) u (et *E*) costes s. *BE*; c. plaier *C*; *AG agree*
5953. De nos gent desarmee fisent mout d'empirier *I*; arb. font no gent traire ari. *T*; *ABCDEG agree*
5954. r. et dans Pierres voient lor ge. c. *I*; Go. voit sa (la *C*; no *D*) *BCDG*; ge. reculer *T*; *AE agree*
5955. *T has 2 lines* Jherusalem escrie or avant chevalier/ Chaicun pent de sa vie et son cors chalengier; D'i. et d. m. q. v. enragier *I*; d'i. cui v. *E*; q. le sens cangier *C*; *ABDG agree*
5956. (Puis em. *T*), et tint l. *BDET*; *I wants*; *ACG agree*
5957. S. tres grant ma. l. vendera mo. c. *E*; ma. i volra j. vengier *B*; ma. vendera j. *C*; l. vora vendre c. *G*; *D wants 5957-5969*; *IT want*;
5958. p. grignour sont a. apuier *I*; a. assaier *E*; a. acointier *T*; *D wants*; *ABCG agree*
5959. *I has 1 line for 5959-5961* Cui ataingnent a cop n'a de mire mestier; r. s. c. b. e. *BG*; *D wants*; *ACE agree*
5960. *for I see 5959*; O. ne f. *E*; p. fiancier *T*; *D wants*; *ABCG agree*
5961. *for I see 5959*; N'o. S. et l. et s. d. *CEG*; *D wants*; *ABT agree*
5962. Et li rois Godefrois fu en l'estour plenier *I*; Ques pars que ses cols t. *C*; ro. voist f. *T*; t. le. re. f. c. *B*; *D wants*; *AEG agree*
5963. Ensement c. *E*; l'a. va d. *C*; *DI want*; *ABGT agree*
5964. V. e. lu. li T. n. *B*; T. li v. tout e. n. *I*; T. devant lu. *CET*; l'o. aprocier

Variants 541

EGIT; *D wants*
5965. (... s. *T*), q. tout a a j. (baillier *E*) *TE*; *DI want*; *ABCG agree*
5966. av. as nos .I. *BG*; av. a lui .I. *C*; ...av., r. mervilleus e. *T*; *DI want*; *AE agree*
5967. C. li T. on. *BT*; Nequedent mort li on. deso. *I*; oc. desor lu. *C*; *D wants*; *AEG agree*
5968. *I has 1 line for 5968-5969* Et li ro. re. s. et tient le b. d'a.; ro. (bers *T*) sali s. *ET*; *D wants*; *ABCG agree*
5969. *for I see 5968*; et traist l. *C*; et tint l. *EG*; *D wants*; *ABT agree*
5970. Tou en ...aployer *T*; b. les paiens d. *C*; b. son matalent vengier *I*; *ABDEG agree*
5971. (Et l'u. m. desus l'au. *DE*) l'au. verser et t. *BDEG*; Que Turs et Sa... esmayer *T*; *I wants*; *AC agree*
5972. P. noiant li membrast de m. c. *E*; P. ni. ramembrast:, (Rollant ne Olivier *B*) *BCG*; P. noient demandast nu. *I*; *D wants 5972-5974*; *T wants*
5973. *I has 1 line for 5973-5974* .I. c. a veut si monte p. l'estri.; v. d. l. .I. c. e. *BEG*; *D wants*; (r. vo... d. *T*); *AC agree*
5974. *for I see 5973*; Par le f. ... et m. *T*; l. prent par le f. *E*; si monte p. *G*; *D wants*; *ABC agree*
5975. *T has 2 lines* Atant ... venir contreval .I. terrier/ Saint Jeorge et saint ...itres q. leur viennent a.; Sa. J. sa. Domins l. *BDG*; Sa. J. sa. Morisses l. *E*; Sa. J. et sa. D. *I*; *AC agree*
5976. en sa c. *E*; *I wants*; *ABCDGT agree*

174. *ABCDEGIT*

5977. t. ke l. *EI*; sus le c. *T*; *ABCDG agree*
5978. Es vous venu s. *B*; Il e. *G*; J. courans et a. *T*; p. par mi les pres *I*; *ACDE agree*
5979. Et si fu sa. *D*; M. i est venus a. *E*; sor .I. c. *DT*; c. montes *BGT*; *I wants 5979-5987*; *AC agree*
5980. Sa. Michiel sains Gregoires et d. *T*; sa. Domins et *BG*; *DEI want*; *AC agree*
5981. Et furent .XXX.M. pl. b. que f. *D*; Plus de .XXX.M. *T*; f. en pr. *G*; *I wants*; *ABCE agree*
5982. *I wants*; *rest agree*
5983. Car nous vo. aiderons o. venrons q. f. *E*; Ci vo. venons a. *BT*; a. que vos ici vees *D*; *I wants*; *ACG agree*
5984. p. anqui l. m. *G*; *IT want*; *ABCDE agree*
5985. Lo. brocent le *A*; Il b., c. s'es. apres aus t. *E*; Dont b., c. courant s'en. es. ales *T*; c. poignant en es. *D*; p. tous abrieves *C*; *I wants*; *BG agree with text*
5986. T. les b. c. a avoec l. m. *E*; *I wants*; *ABCDGT agree*
5987. G. en es. ap. al. *BT*; *I wants*; *ACDEG agree*
5988. Il et si c. o. *I*; ... J. se s... es T. merles *T*; *ABCDEG agree*
5989. la. en o. tant craventes *I*; *E wants*; (... des *T*); *ABCDG agree*
5990. Et nos Francois les fierent que poin nes ont ames *I*; d. .XX. paiens i *G*; p. ont des seles ver. *E*; vei. verser *C*; *T wants*; *ABD agree*
5991. J. poindre pa. (p [*sic*] *C*; pa. m. ces pr. *T*) *ECGT*; *BD want 5991-5993*;

542　　　　　　　　　　　　　　　　　　　　　　　　　　　　Variants

I wants 5991-5995
5992. et li autre le g. *E*; et s. Jaque les *T*; g. fremes *G*; *BDI want*; *AC agree*
5993. d. .XX.M. Tu. *G*; d. .LX.M. o. de Tu. aterres *T*; o. iluec craventes *E*; *BDI want*; *AC agree*
5994. b. .VII.M. *B*; b. .XXX. mil c. *D*; .M. mors jetes *E*; *I wants*; *ACGT agree*
5995. te. tues *C*; te. jetes *T*; *BDEGI want*
5996. en fuie: *IT*; e les desbaretes *I*; est fines *BCDT*; *AEG agree*
5997. S. n'e. mi asseures *D*; S. en fu avant portes *I*; n'i fu mi. *E*; e. pas o. *GT*; *ABC agree*
5998. (S. .I. destrier arrabe: *T*), en fu dev. p. *DT*; des. d'Arage fu lues mis et leves *E*; *I wants*; *ABCG agree*
5999. Son fil Marbrin enmaine q. fu d. lu. i. *E*; M. (Barbais *D*) l'en g. *BCDG*; qui'st d. lu. trop i. *D*; l. fu i. *T*; e. ames *B*; e. prives *C*; *AI agree*
6000. G. fu a. lui m. *E*; en fu a. *T*; es. o lui m. *BD*; es. avant m. (ales *C*) *IC*; *AG agree*
6001. S. Jhesu Crist n'en, ma. atornes *T*; n'en pensoie mo. *D*; p. il er. *E*; *I wants*; *ABCG agree*
6002. *No variant*
6003. *I has 1 line for 6003-6004* Es pl. devant Saint Jorge o. le. c. t.; Des. qu'es *D*; es plains Rames n'en *C*; *ABEGT agree*
6004. *for I see 6003*; p. sor le. c. montes *G*; p. es les vous retornes *T*; s'o. lor c. *D*; *ABCE agree*
6005. Ilueques fu l'es. (l'es. plenier et a. *I*) *EI*; La refu l. *T*; es. forment renoveles *C*; es. et fiers et a. *D*; *ABG agree*
6006. et afoles *I*; *rest agree*
6007. En. qu'a la nuit a li chaples dures *I*; (Entre ci et le v. *T*), est. fines *DGT*; Desi que a la nuit est, est. remes *E*; *ABC agree*
6008. Et sa. J. guenci si *D*; Sa. J. s'es. g. *G*; g. li estours es. tornes *T*; *I wants 6008-6012*; *ABCE agree*
6009. *E wants 6009-6012*; *I wants*; *ABCDGT agree*
6010. o. les c. *CT*; *EI want*; *ABDG agree*
6011. Si en. *T*; l. (la *BDT*) proie: *CBDGT*; dont D. s. a. *T*; *EI want*
6012. t. et aidies et sauves *C*; *EI want*; *ABDGT agree*
6013. Vers J. repaire de France li barnes *I*; Desi en J., (l. nos ens *C*) *BC*; Dusqu'en J. *E*; Dessi a J. *G*; Jusqu'en Jherusalem es, v. arroutes *T*; *AD agree*
6014. p. et l. bares o. contremont leves *E*; o. ba. et, bi. f. *D*; o. bi. closes si sont a sauvetes *G*; et l. pons sus leves *I*; *ABCT agree*
6015. D. p. est s. J. d'ilueques esc. *E*; Adont p. est (s'est, J. dessevres *D*) *BDG*; *I wants*; *ACT agree*
6016. et si. b. *I*; *rest agree*
6017. *No variant*
6018. (U. grans a. *T*), o. dedens le. *ET*; *ABCDGI agree*
6019. a son frere C. *G*; f. cestui bien me g. *E*; *I wants 6019-6025*; *ABCDT agree*
6020. B. li respont a vostre volentes *E*; *I wants*; *ABCDGT agree*
6021. Sus en *D*; Dedens la, r. menes *E*; *I wants*; *ABCGT agree*
6022. ...pes sont mi. et l. ma. poses *T*; ma. atornes *D*; *I wants*; *ABCEG agree*

Variants 543

6023. c. s'asient p. *BCGT*; p. ces r. *D*; *I wants*; *AE agree*
6024. De b. et de ma. *CET*; ma. i f. g. *BE*; *I wants*; *ADG agree*
6025. [L]i auquant s. couchierent e. *T*; a. s'en tornerent e. *D*; a. sont e. b. ale a *E*; lo. osteus *G*; *I wants*; *ABC agree*
6026. n. s'es. *T*; *rest agree*
6027. J. gaita d. *DG*; J. gardoit d. *T*; *ABCEI agree*
6028. A .III. m. de leur h. fervestis et ar... *T*; (t. .CCCC. h. *E*), et aprestes *DE*; *I wants*; *ABCG agree*
6029. (Enfressi qu'a demain q. *I*) q. il f. a. *EI*; j. est a. *G*; (... *T*); *ABCD agree*; *BGI add 1 line* De la gent l'amiral vous dirai verites
6030. Et li Sarrasin o. l. grans f. a. *E*; En mi les p. *BG*; Li T. *D*; o. le fu a. *B*; o. les f. *G*; *I wants*; (R. ... *T*); *AC agree*
6031. Jusqu'a mile paiens i ot bien es. *B*; Dusqu'a .X.M. paiens i avoit d'es. *I*; En .XV.M. liex est li fe...ries *T*; .XXX. mil et .VII.C. en *D*; Duske a .X. mille Turs en *G*; et .L.M. *C*; *E wants*
6032. *E has 2 lines* Le conte de Saint Gille ont batu plus k'asses/ T. li batent le dos les flans et l. c.; n. ont Raimon t., (b. le c. *I*) *BCDGIT*
6033. Que li clers s. en es. a la tere avales *E*; Qu'en .X. li *BG*; En .XX. *I*; Qu'en cent li. *T*; ca. en es. *BCDGIT*; s. voles *DGT*
6034. Les mains li ont lo. et le. i. fort be. *E*; lo. si o. *BDGIT*; *AC agree*
6035. *I has 1 line for 6035-6036* E. d. p. m. es paiens ad.; Et a la matinee ke s. *E*; L'andemain p., q. li jours parut clers *T*; *ABCDG agree*
6036. *for I see 6035*; Sont Sarrasin monte es destriers sejornes *E*; ar. si se sont ferarmes *D*; (s. les ar. *B*), c. conraes *GB*; ar. et lo. ... ad. *T*; *AC agree*

175. *ABCDEGIT*

6037. Quant s. fu leves et j. fu e. (esclairies *B*) *GBI*; Puis q., f. esclairis *D*; q. li jors f. bien apers n. esclairis *E*; s. fu mors n. li j. e. *C*; (j. f... cis *T*)
6038. Ont Turs s. lor armes chascuns est bien garnis *I*; Se sont p. *B*; Sont li p. *E*; F. a. p.: *T*; s'o. les e. *DG*; les e. o. s. *ET*; *AC agree*
6039. A Calencon en. bien trestos l. es. *B*; A Q. envoierent vistement l. es. *D*; A Barbais en en. tout errant l. es. *I*; A Esquirie en. *C*; A Calcarie en. *GT*; en. isnellement l. *ET*
6040. A Cacares d. *B*; A Jakemon d. *C*; A Casencon d. *T*; Ce. a Sanguis *BC*; Ce. a Sanguins *G*; *DE want*; *I wants 6040-6042*
6041. T. envoier d'A. *B*; T. amener et por les Arabis *E*; T. ...ent ... A. et du p. *T*; *I wants*; *ADG agree*
6042. Et a Cordes m. li se. *E*; m. de se. *C*; se. fust g. *D*; *I wants*; (m. ... se. *T*); *ABG agree*
6043. Qu'e. plains de R. fu Cornumarans saisis *I*; C. ens es. plains de *BDEGT*; C. ens p. *C*; o. Francois assis *E*; F. acoillis *D*
6044. J. ont Cornumaran p. *E*; *rest agree*
6045. en. a alors l. *B*; en. que Turc soient garnis *E*; *I wants 6045-6055*; *ABCDGT agree*
6046. o. petis T. *C*; o. poi de T. (T. choisis *T*) *ET*; *I wants*; *ABDG agree*
6047. *D inverts 6047/6048*; A C. n'o. Persant n. A. *D*; Dusqu'e. Cauvaire n'o. ne Turc n. A. *E*; E. C. vont p. et Sarrazins *T*; E. C. ne fu p. *BG*; E. Asquerie n'o. *C*; *I wants*

6048. *D inverts 6047/6048*; N'i a remes paien q., s'e. soit fui. *D*; En C. *BG*; A. que n'en soient fui. *E*; *I wants*; *T wants 6048-6050*; *AC agree*
6049. L. castiax o. t. et w. et desconfis *D*; et descarnis *C*; *E wants 6049-6051*; *IT want*; *ABG agree*
6050. Et c., l. ostex g. (porpris *B*) *DBG*; Ne c. *C*; *EIT want*
6051. A D. a B. o. *T*; D. o l. avoir fuis *G*; a. fuis *BCD*; *EI want*
6052. Ne feme ne enfans nes les en. p. *E*; f. l. mesnie et, en. ... *T*; *BI want*; *ACDG agree*
6053. Ne v. ne beste mo. *E*; *BDGI want*; (F. ... *T*); *AC agree*
6054. t. par f. *BDEG*; *I wants*; *ACT agree*
6055. Q. por l. (l. noise d'el., f. mout esbahis *T*) *DT*; n. soit es. *B*; *I wants*; *ACEG agree*
6056. En. n'est C. *EI*; *ABCDGT agree*
6057. *BT invert 6057/6058*; i. sot l., m. demaine grans cris *E*; i. oit l. n. si s. *T*; o. (oit *I*) la novele: *DGI*; que ses fiex estoit pris *D*; a poi n'enrage vis *I*; *ABC agree*
6058. *BT invert 6057/6058*; .I. Turs l. a conte q. *B*; Quant S. *DT*; l. dient q. *T*; d. molt se clama caitis *D*; *EG want*; *I wants 6058-6061*; *AC agree*
6059. c. si dep. *T*; et defrape so. pis *E*; *I wants*; *ABCDG agree*
6060. *I wants*; *rest agree*
6061. v. ca s. *T*; *I wants*; *ABCDEG agree*
6062. Ah. C. s. f. chiers am. *I*; b. am. biaus d. f. *E*; b. f. et d. am. *G*; f. biaus am. *T*; *ABCD agree*
6063. V. (J. *G*) estiies l. *DG*; J. estes v. *EI*; m. qui onques fust nouris *E*; m. des Turs et des Persis *IT*; *B wants*; *AC agree*; *T adds 1 line* Sus tous avies vous et le los et le pris
6064. A. plus h. *G*; *BEI want*; *ACDT agree*

176. *ABCDEGI* : *T has lacuna from l. 6088 to l. 6196*

6065. C. a la *DGIT*; *ABCE agree*
6066. p. durement se gramie *E*; sa. (cors *I*) l. fremie *CIT*; *ABDG agree*
6067. I. desront se cheviaus s'a *I*; p. et sa b. a sa. *T*; *ABCDEG agree*
6068. *I wants 6068-6070*; *rest agree*
6069. *I wants*; *rest agree*
6070. ve. li mal. mo. m'o. *E*; mo. qua m'o. *C*; mo. ja m'o. *T*; *I wants*; *ABDG agree*
6071. v. esmaies m. *I*; (... *T*); *ABCDEG agree*
6072. Ales encontre l'o. *B*; M. ales c. *G*; ...t q. est toute esbaudie *T*; q. vous v. *BG*; *ACDEI agree*
6073. M. est c., (loi. est honnie *I*) *BI*; c. ja n'aront garandie *G*; *T wants*; *ACDE agree*
6074. *I wants*; (Et ... r. *G*. ... to. tr. *T*); *ABCDEG agree*
6075. Il n'i a Cr. qui s'i. a. acoillie *D*; Ja n'en est Cr. t. a. le car hardie *E*; n'i ara Francois t. *I*; (Q. ... Cr. *T*), t. ait ire co. (aqueillie *I*) *TI*; a. chiere hardie *C*; s'i. aquellie *B*; *AG agree*
6076. j. p. m. C. d. *EG*; C. le depor... une alie *T*; *ABCDI agree*
6077. (A icele p. *BG*) p. font c. *CBG*; p. sonerent l'e. *D*; p. vont c. *E*; p. ont

Variants 545

lor voie aqueillie *I*; p. ont sonne l'e. *T*
6078. *EI want*; *ABCDGT agree*
6079. (... Soudan v. *T*), v. et C. l. g. *ET*; *I wants*; *ABCDG agree*
6080. L'o. S. amenerent pries [*sic*] *G*; Lors se sont encontre p. *B*; en. a loee et *DE*; (L...dan en. *T*); *ACI agree*
6081. De l. *G*; (De... c.), el. est h. *T*; l. p. c. ou *D*; p. dusc'a l'autre partie *E*; el. estoit logie *I*; er. herbegerie *B*; *AC agree*
6082. b. .III. li. *T*; li. grans: *ET*; se sacies sans voidie *E*; *ABCDGI agree*
6083. S'a .V. li., el. est lo. *D*; *I wants*; (li. ... c. ... lo. *T*); *ABCEG agree*
6084. l. mulet d. *D*; l. destrier d. *E*; (a p... *T*) d. Surie *BDEIT*; d. Persie *G*; *AC agree*
6085. Qu'i. vient a., So. qu'est si. d'Aumarie *I*; t. ...rail d. *T*; d. Roussie *G*; *ABCDE agree*
6086. f. fu s. *BEGI*; (f. ...a t. *T*); *ACD agree*
6087. Entour et env. *E*; o. une p. *I*; *ABCDGT agree*
6088. *I has 1 line for 6088-6089* Mout fu riches li tres et plains de signourie; *T wants 6088-6196*; *ABCDEG agree*
6089. *for I see 6088*; s. bons tres n. *C*; s. fait t. *E*; *T wants*; *ABDG agree*
6090. (C. fu Alixandre a. *B*) a. (le *E*) jor qu'i. (que *G*) f. (ert *B*) *CBDEGI*; *T wants*;
6091. o. dont il fu n'es. *I*; n'es. nus q. le vous d. *E*; *I wants 6091-6105*; *T wants*; *ACDG agree*
6092. M. G. les f. *C*; f. dedens une ille *E*; p. trifonie *B*; *IT want*; *ADG agree*
6093. *IT want*; *ABCDEG agree*
6094. De la *EG*; *IT want*; *ABCD agree*
6095. S. toutes les estores paintes d'u. pol. *E*; *IT want*; *ABCDG agree*
6096. A fin or a esmax et a c. b. *E*; et a s. (jaffes *D*) faiticement b. (bazie *C*; ordie *D*) *BCDG*; *IT want*
6097. Li jors et li s. *D*; c. et li oisiel i sont point par mestrie *G*; *IT want*; *ABCE agree*
6098. F. et bos et m. et herbe q. verdie *E*; Faites ev. et t. et les m. *C*; Les ev. et le terre et l. *D*; *IT want*; *ABG agree*
6099. be. et li vens q. *DG*; be. et kansques tere crie *E*; *IT want*; *ABC agree*
6100. Li ordnes d., p. la mer tornie *E*; l'ai. tornie *BCDG*; *IT want*
6101. Ensi c., t. .III. a. *B*; l. affie *A*; ab. est ilueques assise *E*; *D wants 6101-6105*; *IT want*; *CG agree with text*
6102. u l. piere e. *C*; t. s'afie *E*; *DGIT want*; *AB agree*
6103. Et ensi c. l. m. es. (t. *B*) en. or. (ondie *B*); l. terre es. *C*; *DGIT want*
6104. Et ensi con l. *E*; *DIT want*; *ABCG agree*
6105. Tourne p. tos. e. que n. poroie dire *E*; Se torne tot *B*; *DIT want*; *ACG agree*
6106. c. n. soit e. *D*; c. e. t. n. fu. (soit *E*) b. *GE*; c. qui n'i soit establie *I*; fu. entor b. *C*; *T wants*; *AB agree*
6107. et argent v. bastie *B*; a. trestout fait a pourfie *I*; *T wants*; *ACDEG agree*

177. *ABCDEGI*

6108. M. fu r. *BDEGI*; t. nus n. *BD*; t. ains n. vi s. *I*; *AC agree*

6109. .IIII. q., o. qui s. *I*; t. taillies a *G*; *E wants*; *ABCD agree*
6110. p. flanbient c. qu'en. *B*; c. reframboient que ne font es. *D*; c. reluisoient qu'en. *G*; r. que estoile journal *I*; *E wants*; *AC agree*
6111. a. en s. *C*; pa. et .I. plais g. *B*; u. arc g. *G*; *ADEI agree*
6112. en. et de b. et de m. *BCDEI*; *AG agree*
6113. Molt s. *D*; a l'o. *B*; *I wants*; *ACEG agree*
6114. e. furent fait a c. *E*; *I wants*; *ABCDG agree*
6115. Et l. p. entor d'i. natural *E*; p. en sont d'i. *BGI*; es. d'ivoire de r. *D*; d. metal *B*; d. coral *CI*
6116. L. a. d'e. l. p. *D*; p. de cristal *B*; *GI want*; *ACE agree*
6117. Toutes l. c. s.: *I*; c. entour: *G*; d. soie em. (especial *BE*; par ingal *G*) *CBDEGI*
6118. *I wants 6118-6121*; *rest agree*
6119. Ne por. *C*; d'ac. ne faire mal *E*; *I wants*; *ABDG agree*
6120. C. est (ert *E*) si l. *DE*; *I wants*; *ABCG agree*
6121. co. trairoit bien .I. ce. *B*; co. tiroient d. *C*; co. menroient d. *E*; *I wants*; *ADG agree*

178. *ABCDEGI*

6122. M. est r. *D*; *rest agree*
6123. Mahomet Gomelin l. f. on m. *B*; t. massonner *I*; *ACDEG agree*
6124. e. ot f. *BDE*; f. bi. atorner *G*; bi. ovrer *D*; bi. hourder *E*; *I wants*; *AC agree*
6125. D'u. rice topasse pl. pa. ot de le *E*; l. a t. (topase *BCDI*) *GBCDI*; qui molt fait a loer *D*; a pl. pa. o. *G*; le fist entour o. *I*; pa. orle *BC*
6126. D. p. i f. environ s. *I*; f. rices p. *E*; e. brames s. *B*; e. basmes s. *G*; *ACD agree*
6127. si grant vertu o. (o. que j., sa. nomer *B*) *CBD*; o. ke nel puis pas nomer *E*; *I wants 6127-6138*; *AG agree*
6128. j. le v. *D*; le. (le *CE*) voit n. *BCEG*; n. pot o. *C*; p. estre encante *E*; *I wants*
6129. d. puisons n. d'ierbes pa. m. enherminer *G*; d'er. son cors en. *D*; d'er. nen ert envenime *E*; *I wants*; *ABC agree*
6130. Po. cant qu'i. *C*; *BGI want*; *DE want 6130-6132*
6131. Et d. .XIIII. listes, (l'ont f. Mahon lister *B*) *GB*; D. .XXXIIII. listes lor f. M. listes *C*; *DEI want*
6132. Q. on n. (ne *B*) *GB*; es. ne esmer *CG*; *DEI want*
6133. o. cieres p. *B*; p. mises a. *E*; mi. a ma. *C*; *I wants*; *ADG agree*
6134. Es. carboncles (escarboncles *BG*) p. *CBG*; l'u. (mix *E*) estinceler *BCDE*; *I wants*
6135. *I wants*; *rest agree*
6136. C'o. ne p. *B*; C'o. nel p. *D*; *EI want*; *ACG agree*
6137. fa. d'un pa. *BCDEG*; pa. que o. n. po. tro. *BG*; pa. millor c'o. po. tro. *E*; ainc n. po. o. tro. *C*; po. com tro. *D*; *I wants*
6138. p. se Dex l. *A*; si. l'oi n. *D*; f. ovrer *C*; *EI want*; *BG agree with text*
6139. A. le tisse en lisse de bel guer [sic] *I*; A Ram ves ci l. p. *A*; e. .I. isle de *DE*; e. leu du. *G*; *BC agree with text*

Variants 547

6140. e. argue m. *C*; *I wants*; *ABDEG agree*
6141. Trestout f. eles mismes quanqu'el. *B*; T. sovine f., (e. velt o. *D*) *CDG*; Tout ichou senefie q. *E*; *I wants*
6142. f. traist d. *G*; t. a s. ve. que vo. en veuc c. *E*; ve. quant el l'a fait filer *D*; *I wants*; *ABC agree*
6143. L'e. qui'st si dure fi. Corbadas fo. *D*; L'e. del tre fi. *G*. en la mer *E*; Les e. sont d'yvoire fi. *I*; G. ouvrer *B*; *ACG agree*
6144. Des p. *C*; De p. *G*; d'A. .IIII. fo. *D*; d'A. fu .VIII. fo. esmeres *I*; fo. aesmer *E*; *AB agree*
6145. p. .I. h. (h. prisier ne comparer *E*) *DE*; *I wants*; *ABCG agree*
6146. Mahonment Goumelin f. on sa lo. le. *G*; f. se lo. (lo. fonder *DI*; lo. jeter *E*) *BCDEI*
6147. D. ot este p. f. s. l. fist a. *E*; f. por s. *D*; *I wants*; *ABCG agree*
6148. El m. s. q. f. comme D. a. *E*; q. grant D. f. apeler *I*; D. apeler *D*; *ABCG agree*
6149. si. ne v. *I*; *rest agree*
6150. A .I. j. s'a. d'u. f. v. e. *D*; En la taverne a. et boire et e. *E*; s'a. Mahonmes abuvrer *G*; j. desjuner *I*; *ABC agree*
6151. il se v. sevrer *B*; il fu enivres *G*; s'e. dut a. *EI*; *ACD agree*
6152. Et vint en u. p. un f. trouver *E*; p. vint .I. *CG*; f. reverser *BCDI*; f. a trouve *G*
6153. Et Mahons se c. ne se p. t. *I*; M. se c. *C*; s'e. volt t. *D*; p. desevrer *B*; p. destourner *E*; *AG agree*
6154. con j'o. *BCDEGI*; *E adds 1 line* Cil qui ains le soloient por lor Dieu reclamer
6155. *E wants 6155-6157*; *rest agree*
6156. f. Salehadin p. *D*; *E wants*; *ABCGI agree*
6157. u. bien r. Giu q. *C*; u. sage J. *I*; q. molt s. d'encanter *D*; s. encanter *B*; *E wants*; *AG agree*
6158. F. en a. son cors enseeler *E*; En l'Almaine l. *D*; A aimans l. *I*; f. m. et enseeler *BG*; *AC agree*
6159. Ne a c. *B*; (N'es. en c. n. en t. *E*), f. ester *IE*; f. voler *G*; *ACD agree*
6160. Encor le v. souvent S. visiter *E*; la li paien aorer *D*; *ABCGI agree*
6162. ser. et honorent Sarrasin et Es. *D*; a. Turs P. *I*; *ABCEG agree*
6162. *G inverts 6162/6163*; l'esg. qu'i. en (s'en *EG*) d. *CEG*; *I wants*; *ABD agree*
6163. *G inverts 6162/6163*; Et de l., d. le b. *C*; *I wants*; *ABDEG agree*

179. *ABCDEGI*

6164. Mout fi. l. t. s. durement a p. *I*; *rest agree*
6165. p. f. d. d'u. *DE*; e. entier *C*; *ABGI agree*
6166. D. .XXX. li. (li. lonc le *E*) *CE*; *I wants*; *ABDG agree*
6167. d'A. fist deseure dr. *E*; *rest agree*
6168. E. s. m. .I. b. p. *BG*; *I wants*; *ACDE agree*
6169. M. G. ont fait j. a. *D*; *I wants*; *ABCEG agree*
6170. D. l'estace u *C*; Del berfroi ou *D*; D'un faudestuef couvert q. *E*; l. case u *B*; f. ont ostet Mahomet l'aversier *I*; *AG agree*

6171. *I wants*; *ABCDEG agree*
6172. *No variant*
6173. *I has 1 line for 6173-6174* .I. paiens i en. si commence a n.; Oiant S. *D*; P. entre ens .I. a. *B*; i entre l'A. *C*; i court uns a. *E*; *AG agree*
6174. *for I see 6173*; p. le virent t. *C*; l'o. ens entrer et *E*; *ABDG agree*
6175. d. li diables ve. *B*; S. vien vers moi aprocier *E*; ve. nous a. *C*; vo. apoihier *D*; *I wants*; *AG agree*
6176. m. j. v. w. acointier *BG*; m. j. te w. anoncier *E*; *I wants*; *ACD agree*
6177. Dist la lo. c. ne vaut pas .I. denier *I*; Que la *CDEG*; c. ferai j. *BCDG*; c. feromes t. *E*
6178. D. ait s., t. aie a *B*; Je sui sire du c. *E*; Ne les pris .I. bouton l. *G*; *I wants*; *ACD agree*
6179. Et a moi es. la tere si le doi j. *E*; M. ai l. *C*; *I wants*; *ABDG agree*
6180. Ne ja n'amera h. que D. weille proier *I*; M. en t. *C*; q. a De. do. *E*; De. i do. *D*; *ABG agree*; *E adds 1 line* Fors a moi seulement bien le puis afichier
6181. s. ensi nel font i. l. comperront ch. *E*; *DI want*; *ABCG agree*
6182. *D places 6182 after 6184*; a. et s. et proisier *C*; et tenir cier *B*; et caroier *G*; *EI want*; *AD agree*
6183. Mais j. *I*; l. biens vi. a justicier *B*; l. vi. et les b. a soier *D*; *G wants 6183-6185*; *ACE agree*
6184. L. fueilles et l. flo. et l. erbes a *I*; h. et l. p. et l. flo. a *C*; h. et l. fruis et l. p. *E*; a (por *DE*) fauchier *CBDEI*; *G wants*; *D places 6182 after 6184*
6185. Comme Sarrasin l'oient v. *I*; l'e. si v. *E*; v. s'ent a. *B*; s. ajenellier *BCDEI*; *G wants*
6186. Par de. l. s'aclinent p. *E*; l. s'ajenellent p. *BG*; l. s'en c. *CD*; de .XXX. m. *CE*; de .XIII. m. *D*; *I wants*
6187. l'a. s'i pr. *D*; l'a. se pr. *E*; pr. a acointier *B*; *ACGI agree*
6188. j. puet a. *I*; *rest agree*
6189. f. grans li o. *E*; a. repairier *G*; *I wants*; *ABCD agree*
6190. Sacies que n. p. l. b. .III. s. *E*; q. mile s. *B*; *I wants*; *ACDG agree*
6191. Califas l'apostoile commencent a proier *I*; Calistes l'a. *E*; Caifas l'a. *G*; *ABCD agree*
6192. *No variant*
6193. *D has 1 line for 6193-6194* Ou .III. ou .IIII. ou si. po. n. lo. e.; .IIII. u .VI. a (a tout se puet co. *I*) *BI*; ci. et a t. co. *E*; *ACG agree*
6194. *for D see 6193*; Ensi croistra li pu. po. nostre lo. hauchier *E*; Li enfans penseront de la lo. e. *I*; S'en istera li *C*; *ABG agree*
6195. v. no terre cal. *BE*; v. no regne cal. *I*; *ACDG agree*
6196. M. l'amiraus c. *G*; c. que a. *C*; c. c'on les voist d. *EI*; q. ales d. *B*; q. aillons d. *D*

180. *ABCDEGIT*

6197. Calistes l'a. *E*; Chaifas l'a. *G*; f. dejoste M. *D*; *ABCIT agree*
6198. o. quel le feron *E*; q. vous d. *CT*; n. diron *D*; *ABGI agree*
6199. L'amiraus l. c. *BG*; ... S., et ...ssi l'otroyon *T*; et nos le commandon *D*; v. dison *E*; *I wants*; *AC agree*

Variants 549

6200. (C. d'oirs eng. *D*), soi. mes en sos. *BDG*; d. l'engignier soi. mis en *T*; l'eng. penst car mout ert prodom *E*; l'eng. pense mais a fuison *I*; soi. meus en *C*
6201. s. entre e. *E*; e. ceste r. *DT*; *ABCGI agree*
6202. S. commande ocire l. (l. aillon *D*) *EDGI*; c. que nous l. detrenchon *T*; *ABC agree*
6203. Et j. dis m. *I*; m. vauroit que nous l. *G*; *D wants*; *ABCET agree*
6204. En no. te. d. en labor les metron *E*; d. toute restoeron *G*; d. e. restoreisson *I*; d. si e. revestiron *T*; e. restorison *B*; e. resucistron *C*; *AD agree*
6205. Cou d. *C*; l. amiraus c., (s. tres bon *E*) *BE*; m. sanbleroit bon *G*; *ADIT agree*
6206. *I wants*; *rest agree*
6207. C. qui entre el *BI*; C. poignant par le sablon *T*; *ACDEG agree*
6208. Son frere Lu. *I*; v. Carion *C*; v. Clarion *D*; v. Rubion *E*; *ABGT agree*
6209. p. deront so. *DE*; so. siglaton *G*; *I wants*; *ABCT agree*
6210. Et demainent t. d. que s. *E*; a. tel duel n. *T*; *I wants*; *ABCDG agree*
6211. Au pie de l'amiral s'en vout a g. *E*; Al pie So. *C*; (Devant So. *T*), m. trestot a *DT*; to. droit a *B*; *AGI agree*
6212. li enbrace le p. *I*; b. le gambe et *E*; b. le vis et le menton *T*; *ABCDG agree*
6213. l'e. (le *B*) redrece l. *EBI*; l'e. leva l. *T*; f. Rubion *BDGIT*; f. Aubrion *C*; f. Danebron *E*; *G repeats 6210* Tel duel mainent entr'aus ains si grant ne vit on
6214. p. est li *T*; *I wants*; *ABCDEG agree*
6215. *I has 1 line for 6215-6216* C. dist So. av. v. se b. n.; Quant l. So. le voit si *B*; L. So. se leva si *T*; *ACDEG agree*
6216. *for I see 6215*; *rest agree*
6217. s. abaubis qu'il n. dist o ne non *D*; a. n'en p. *CG*; n. dist ne o ne non *T*; p. dire r. *B*; p. rendre r. *E*; *I wants*
6218. Qu'i. *B*; m. ains ciet en pasmison *E*; l'o. del pr. *C*; de Besencon *DT*; *I wants*; *AG agree*
6219. L. por coi le celeron *E*; sa. que c. *CGT*; *ABDI agree*
6220. f. des i. *DEIT*; *ABCG agree*
6221. Dedens l., (l'o. ... *T*) *ET*; *I wants*; *ABCDG agree*
6222. T. vous di. S. certes bien le r. *G*; T. ce di. S. c. *B*; Di. S. t. vous c. *E*; T. di. l'amiraus c. *I*; t. de. le raveron *C*; t. que de. *T*; *AD agree*
6223. Francois s. m. *E*; Si s. mis li F. e. *T*; m. a g. destrution *B*; *I wants 6223-6228*; *ACDG agree*
6224. Et les f., (a. Frans m. *D*) *TD*; Les f. que i. *E*; T. marion *B*; *I wants*; *ACG agree*
6225. Q. C. l'entendent: *E*; Q. C. l'oi: *T*; si d. (drece *B*; haucha *D*; baissa *T*) l. m. *CBDEGT*; *I wants*
6226. Si d., n. issi f. *E*; n. ce faision *D*; i. trouvon *G*; *I wants*; *ABCT agree*
6227. Q. en ares F. la region *E*; Tout q. a. l. *T*; *I wants*; *ABCG agree*
6228. Que t., (P. ki freres est H. *E*) *BEGT*; *DI want*; *AC agree*
6229. Li rois So. se draice sa *G*; m. drecha a. *C*; m. a son manton *I*; *T wants*; *ABDE agree*

550 Variants

6230. *I has 3 lines for 6230-6234* Et jure Mahomet qui est de grant renon/ Que demain iert pendus Godefrois de Buillon/ Or tos alons nous ent sans plus d'arestison; Soudans d. a ses hommes j. *T*; j. vous dirai raison *E*; *ABCDG agree*
6231. *for I see 6230*; Q. paiens n. m. *DG*; Q. je ne mangerai d. pa. *E*; m. d. car n. d. po. *BT*; *AC agree*
6232. *for I see 6230*; N. ne bevrai de v. n. de nule p. *E*; N. ne b. de v. de c. *B*; N. boivre v. *D*; *T wants 6232-6234*; *ACG agree*
6233. *for I see 6230*; N. n. soit en seant n. n. v. en m. *D*; N. girai en cite en castel n'en m. *E*; N. s. n. n. v. *BG*; *T wants*; *AC agree*
6234. *for see 6230*; S'arai Cornumaran jete hors de p. *E*; Tant que C. *D*; s. mis fors (hors *B*) de *CBG*; *T wants*
6235. e. si nous combateron *E*; *I wants 6235-6245*; *ABCDGT agree*
6236. j. felon *BT*; *EI want*; *ACDG agree*
6237. p. t. (mout *T*) b. s. l. *BDGT*; p. mout s. de fi l. *E*; *I wants*; *AC agree*
6238. N. Godefrois de B. *E*; *I wants*; *ABCDGT agree*
6239. Fl. c'on apele Fr. *DT*; a baron *E*; *I wants*; *ABCG agree*
6240. Et T. d. S. et l. quens B. *E*; S. ses c. *B*; *DIT want*; *ACG agree*
6241. *DEIT want*; *ABCG agree*
6242. Qu'il s. m. b. *T*; se. baillie se *GB*; *I wants*; *ACDE agree*
6243. p. desor le *BCG*; *I wants*; *ADET agree*
6244. J. n'en i ait .I. *B*; *I wants*; *ACDEGT agree*
6245. s. .M. timbres et *E*; *I wants*; *ABCDGT agree*
6246. Les te. *GT*; Et Turs toursent lo. te. to. *I*; d. lors torsent li garcon *B*; d. s'ont to. le (les *G*) p. *EG*; d. cuillent leur paveillon *T*; *D wants*; *AC agree*
6247. C. males et d. et au. g. *I*; Lors c. *B*; Tant c. *D*; c. dars et ar. *C*; au. garnison *CD*; *T wants*; *AEG agree*
6248. Les somiers v. B. enmainent li geudon *D*; c. de B. *BGI*; B. en vienent a bandon *E*; le. guient li noton *I*; li guiton *B*; *T wants*; *AC agree*
6249. (Q. furent arote s. *D*), m. n'en v. *CDEG*; *I wants*; *ABT agree*
6250. t. .V. li. *T*; *CI want*; *ABDEG agree*
6251. Li bo. *EG*; ce. (destrier *I*) herissent et *EI*; et li m. *EG*; et ci. mout a. *T*; *ABCD agree*
6252. Et li o., f. tel b. *D*; o. munent et *B*; o. sounent et mainent g. tencon *E*; *IT want 6252-6254*; *ACG agree*
6253. Et li. b. glatissent abaient c. ga. *E*; gl. et braient c. ga. *B*; gl. et urlent com ga. *G*; *IT want*; *ACD agree*
6254. Et ostoirs et gerfaus tenoient cil glouton *E*; gi. mainent gr. (tel *D*) *BD*; gi. de lor (la *G*) gr. *CG*; *IT want*
6255. Et Mahomet co. Ca. *I*; d. Caudatur et *G*; *ABCDET agree*
6256. Et Daneburs d'Av. *BCD*; Et Danebruns d'Av. *EG*; Et Canebaut d'Av. *T*; l'am. Carbon d'Av. *BG*; *I wants 6256-6262*
6257. et li autre dragon *E*; *I wants*; *T wants 6257-6262*; *ABCDG agree*
6258. Et l. t. .I. gaiant et *D*; t. .I. daint tyrant et *C*; t. un amirant et *E*; t. .I. dromadaire et *G*; *BIT want*
6259. Et Daneburs se. *C*; d'u. gripon *E*; *IT want*; *ABDG agree*
6260. l'o. qui cevaucent M. *B*; q. cevalche M. *CE*; *IT agree*; *ADG agree*

6261. L. liacop i *C*; L. diacopart ca. *E*; L. diacolp i *G*; d. cantoient cl. *D*; *IT want*; *AB agree*
6262. Sereement cevaucent P. *E*; *IT want*; *ABCDG agree*
6263. La grant joie qu'il m. .XV. liues ot on *E*; Si grant n. demainent n'est se merveille non *I*; Dont s'es...ent payens par fiere contencon *T*; (q. il m. *D*), .X. liues ot on *BD*; m. .XII. li. *C*; m. .II. li. les ot ou *G*

181. *ABCDEGIT*

6264. M. par son. grans le. *D*; M. estoit grans li o. *EI*; o. l'amiral d. *BDIT*; o. au Sou. *E*; *ACG agree*
6265. T. d. g. (graile *B*) i s. e. *GB*; d. graille a une grant b. *E*; a une hie *D*; *I wants*; *ACT agree*
6266. *I wants*; *rest agree*
6267. .II. grans li. plannieres en oit on la bondie *I*; Le vois en *B*; b. .III. li. *G*; b. .VII. li. *T*; *ABCD agree*
6268. L. Soudans seoit d. u. establie *T*; L. So. est assis: *E*; desous u. aucoisie (aumairie *E*) *BE*; u. augalie *D*; u. aucoisie *B*; *I wants 6268-6272*; *AC agree*
6269. t. ot f. *G*; d'u. bien p... *T*; *I wants*; *ABCDE agree*
6270. p. de Roussie *G*; *I wants*; (p. d... *T*); *ABCDE agree*
6271. P. l'ardour du solel que trop ne lui aigrie *E*; del cief que des. *C*; ci. que trop fort ne l'aigrie *B*; q. vers lui ne n. *G*; des. aus aigrie *D*; lu. aig... *T*; *I wants*
6272. .XII. Turs l. tenoient p. m. grande maistrie *D*; *I wants*; (g. ... *T*); *ABCEG agree*
6273. .I. vert m. co. *I*; *E wants*; *ABCDGT agree*
6274. Et vont si sou. q. ne le sentoit m. *E*; Qui t. aloit soef sos l. ne le se. m. *T*; sou. desors l. *DG*; l. nel se. *B*; *ACI agree*
6275. Ses chevols n. l'e. crolle:, (s'espaule n'e. b. *BC*) *DBCG*; *EIT want*
6276. *No variant*
6277. De s., (v. d'un calie *C*) *DC*; d. qui luist et reflambi... *T*; *I wants 6277-6282*; *ABEG agree*
6278. L. fourure en estoit d. *B*; Et l. fourure estoit d. *E*; f. fu d. *T*; en est d. *D*; d. bestes m. (d'Aumarie *T*) *ET*; *I wants*; *ACG agree*
6279. e. l'o. *CDE*; *I wants*; (...e p. n'a. m... s. *T*); *ABG agree*
6280. (... er. *T*), env. (empoisones *D*) par nu. *BDEGT*; *I wants*; *AC agree*
6281. *GI want*; *ABCDET agree*
6282. a. gisoit en *B*; *I wants*; *ACDEGT agree*
6283. A pi. pr. fu tout entour ourdie *I*; D. piere presieuse e. *B*; pr. fu l. *DT*; e. entour claufichie *E*; j. clusie *CD*; *AG agree*
6284. (t. reluisoit c. *B*), e. reflambie *CBDG*; t. par reluist c. *T*; c. que l. t. e. flambie (blambie *E*) *TE*; *I wants*
6285. Une t., q. mout forment verdie *I*; c. atachie *E*; q. verdie *DT*; *ABCG agree*
6286. L. j. que on l. vo n'ert veue p. *D*; j. l. voit: *BEG*; vo. n'ert sa vu. empirie *T*; n'avoit une p. *B*; n'a. voie p. *C*; n'a. le car perchie *E*; *I want*
6287. Desor so. *D*; *rest agree*

6288. Jusques v. *B*; D. a s. *E*; Duske v. *G*; ...au br. va bl. *T*; v. le br. *D*; c. flors ne. *BDGI*; *AC agree*
6289. P. derier se. *CBDEG*; e. ert sa, (c. vergie *D*) *ED*; c. guenchie *C*; *IT want*
6290. Et a .IIII. f. d'o. g. *BG*; En .IIII. *C*; A .IIII. files d'o. g. *I*; et polie *B*; (... .IIII. *T*), et trechie *DEIT*
6291. (A bouston jaferin l'a. *I*), e. loye *TI*; b. jaserans l'a., (e. lacie *B*) *CB*; j. estroitement lacie *E*; e. ploie *D*; *AG agree*
6292. v. tote P. *D*; v. l'or d. P. *I*; m. que P. *CE*; *T wants*; *ABG agree*
6293. j. Bretaigne et (et t. Hungrie *B*) *GB*; *DEIT want*; *AC agree*
6294. Pl. d. .L. r. *DI*; Pl. d. .XIIII. r. *T*; la gent pa. *GIT*; *ABCE agree*
6295. en. le Soudant l. *E*; (l'a. mainte es. *I*) es. ont s. *DI*; lo. (les *BGT*) espees s. *EBGT*; *AC agree*
6296. Q. paien n'i aprocent: *EI*; n'i aproche: *DT*; u. (plus de *I*) lance et demie *DI*; a pres d'u. t. *E*; plus d'u. grant archie *T*; *ABCG agree*
6297. Dusc'a A. et la mer est *E*; et a Aire est *C*; l. gens est. *D*; *I wants 6297-6300*; *ABGT agree*
6298. C. desi en T. *E*; C. la novelle est noncie *T*; et dusqu'en T. *C*; et duske a la berie *G*; *BI want*; *AD agree*
6299. v. o l'ost d'E. *D*; *I wants*; *ABCEGT agree*
6300. d. .XXII.M. o. *T*; T. de la loi paienie *D*; *I wants*; *ABCEG agree*
6301. Or chevachent a force tres par mi la berrie *I*; V. e. S. a *D*; a g. cevalerie *E*; *ABCGT agree*
6302. Qui teus p. *C*; *I wants 6302-6304*; r. present l. *BDEGT*
6303. *I wants*; *rest agree*
6304. Quar li se. *B*; Que se *T*; *EI want*; *ACDG agree*
6305. (Et li paien des R. *I*), q. li cors Deu m. *DIT*; T. cuivers q. Jesus maleie *E*; *ABCG agree*
6306. A Jhursalem venoient a b. e. *BC*; J. assaillent ainz l'eure de complie *T*; A (Vers *E*) J. vont: *IE*; A Jhursalem envoient: *G*; b. arramie *D*; b. rengie *EG*
6307. E. l. font .I. assalie *I*; o. fait une envaie *CDEGT*; *B wants*
6308. Et li Francois s'en issent a bataille establie *I*; Et n. b. s'e. (e. *E*) iscent:, (trestot a u. h. *E*) *BEG*; Tantost sont Crestien issus a *T*; *ACD agree*
6309. La s. *E*; f. envaie *BD*; *I wants*; *ACGT agree*
6310. *BDEGIT want*; *AC agree*

182. *ABCDEGIT*

6311. Par devers Saint Estienne o. *T*; T. les cris le. *E*; *ABCDGI agree*
6312. Et n. b. s'e. (e. *E*) iscent p. *BEGI*; N. baron en i. *T*; *ACD agree*
6313. ... a d. P. fierement a. *T*; a a d. P. parle *B*; *I wants 6313-6315*; *ACDEG agree*
6314. (...r D. *T*), pr. de g. *DT*; pr. que l. c. cites *E*; *I wants*; *ABCG agree*
6315. f. estre m. *C*; *I wants*; *ABDEGT agree*
6316. Godefrois vient devant le gonfanon leve *I*; (... r., i. premiers b. *T*) b. a s. *DT*; p. mout estoit b. a. *E*; *ABCG agree*
6317. J. ont M. *I*; *rest agree*

Variants   553

6318. ... fu fi. S. *T*; *rest agree*
6319. Q. B. navra es flans et es costes *E*; Q. B. copa l. b. *I*; t. l. flanc et *DT*; b. o l. c. *B*; *ACG agree*
6320. Q. il connut l. r. et i. l'o. ravises *E*; Li Turs connut l. *I*; *ABCDGT agree*
6321. po. .I. min d'o. c. (pese *D*) *TD*; po. l'o. de Balengues *E*; po. l'o. d'une cite *I*; *ABCG agree*
6322. (lo. qu'il le *BG*) le vit: *EBGI*; li a m. cr. *BDE*; *ACT agree*
6323. r. l'a. s., (p. son boin frain d. *C*) *IC*; p. mi son frain d. *E*; (... r. l. sai... cha... *T*); *ABDG agree*
6324. Ne d. m. *BT*; v. n. fu asseures *E*; *I wants*; *ACDG agree*
6325. *I has 1 line for 6325-6326* A .IIII. ch. l'envoie en la cite; ch. fu tantost enmenes *E*; *ABCDGT agree*
6326. *for I see 6325*; Devers Jerusalem es les acemines *E*; E. Jherusalem l'o. arrieres amene *T*; A J., o. errant me. *B*; o. cil t. *CG*; o. cil amene *D*
6327. (Q. Sa. ce v. *T*), e. fuie so. t. *IT*; Q. li Sarrasin en f. *B*; *ACDEG agree*
6328. On. plus po. *T*; j. n'en fu uns remues *E*; ot espie le. *C*; *ABDGI agree*
6329. *T places 6331 before 6329*; P. l'es., c. se so. *C*; P. esfors d. *DT*; d. ceval en s. (s. outre passe *D*) *BDG*; d. chevaus s'e. *T*; c. s. d'iluec escapes *E*; *I wants 6329-6332*
6330. Et par p. et par plaignes se furent destornes *E*; (L. mons et l. valees: *T*), en (s'en *T*) vont comme desve *DT*; m. se s. acemine *G*; *BI want*; *AC agree*
6331. *T places 6331 before 6329*; C. fu de f. en b. v. *E*; C. de bi. *BCDGT*; bi. ferir a *C*; f. ot bo. *G*; *I wants*
6332. s. ge. (ses gens *C*) mene *BCG*; *I wants*; *ADET agree*
6333. Et Francois s'en repairent ariere en la cite *I*; E. Jherusalem s. a. r. *T*; A. e. J.: *B*; A J. *E*; a. en s. *D*; se s. t. r. (aroutes *E*) *BCEG*
6334. Et li Sarrasin so. sour un te. montes *E*; Sarrasin en .I. te. so. trestous a. *r.* Et T. encontre .I., to. aune *T*; en. ens en *B*; to. avale *C*; to. areste *D*; *AG agree*
6335. et asanles *E*; *BIT want*; *ACDG agree*
6336. L. un sont plaint a *D*; u. s'est plains a *G*; se plaint a *BCEIT*; l'a. mout se so. (so. dolose *E*) *IE*
6337. Barons c., so. engine *I*; Et d. li .I. a l'autre m. *T*; A. mout so. *CE*; *ABDG agree*
6338. *No variant*
6339. Del fier C. *BCDEGT*; Dou roi C. *I*; C. resoumes effree *E*; dev. nos e. *BCI*
6340. F. ses cies li soit co. *E*; F. s'ara l. *T*; *ABCDGI agree*
6341. c. no fe. *BDG*; l. rois M. *I*; fi. Malcone *CT*; fi. Macloes *E*
6342. A. averons p. l. l'u. d. n. aquites *E*; A. rarons (avrons *DIT*) .I. d. *BCDIT*; l. tot aquite *C*; l. enligee *I*; l. desprisonne *T*; *AG agree*; *I adds 3 lines* Barons se dist Ales entendes ma raison/ En Jhursalem avons .II. des nos en prison/ Amenes le Francois si le descoleron; *T adds 1 line* Le quel que nous voudrons en arons de bon gre

183. *ABCDEGIT*

554   Variants

6343. l. rois Ma. *I*; fi. Macloe p. *E*; p. non c. *C*; c. no fe. *BDG*; *AT agree*
6344. Ma. se on m'e. (me *BEIT*) *CBDEGIT*; m. prendon *BDEG*
6345. D. en J. *DIT*; J. laiens envoierons *D*; J. au roi l'envoieron *I*; *ABCEG agree*
6346. (A lui et *I*), s. freres t. (t. li demandon *I*) *DI*; h. les t. demandons *T*; *ABCEG agree*
6347. (A. ce s'i. co. le F. *E*), l. rendon *GE*; Pour l'un des nos paiens le F. renderon *I*; A. s'i. (si *T*) le co. *BT*; co. cel F. *B*; ce. Franc l. renderons *T*; *ACD agree*
6348. Et se il nel voet faire adonques l'ociron *I*; u Marberin r. *E*; e. raron *G*; *ABCDT agree*
6349. Et paien li respondent si a consel mout bon *I*; S. s'es *BDET*; aidies ent sains M. *D*; volentiers l'otrion *E*; en penses M. *G*; *AC agree*
6350. En Jhursalem envoient sans point d'arestison *I*; r. fu envoies Margos et *BG*; *ACDET agree*
6351. Et Folinel de Meque et le Rog. Li. *E*; .III. roi. sont o Carboncle le fr. Rubion *I*; S. i fu roi. *T*; roi. Quarrobles fr. *D*; C. frera a. *B*; *ACG agree*
6352. Cis sont mis ou chemin vont s'en tout le sablon *I*; Av. els en, dusc'a .C. Es. *D*; Et av. aus al. *E*; Av. ces .III. envoient d. *G*; c. .II. al. *C*; c. .III. al. jusqu'a .X. compaignons *T*; *B wants*
6353. (r. d'oliviers et *D*), et si portent co. *TD*; et en lor mains co. *BG*; ca. .III. co. *C*; *I wants*; *AE agree*
6354. C'est d. *E*; d'a. senefiancisons *B*; d'a. senefiations *C*; *I wants*; *ADGT agree*
6355. A. tref G., s. ont dit l. *D*; G. ont trouvet s. *I*; v. et d. *C*; *T wants*; *ABEG agree*
6356. Si. dient l. mes sa. *E*; n. ferons *C*; *I wants*; *ABDGT agree*
6357. *I has 1 line for 6357-6358* L'un de ses p. rende pour le conte Raimon; Q. r. tost as *C*; T. .I. de v. .II. p. *DT*; am. les p. *E*; *ABG agree*
6358. *for I see 6357*; Il vos rendront le lor q. *D*; r. vo c. *BG*; r. encontre qu'est a. Naimmons *C*; r. celui: *E*; c'on apele R. *BE*; *AT agree*
6359. s. nel voles faire ancui l. p. *E*; v. ce n. f. *DIT*; d. l. pendra on *G*; *ABC agree*
6360. U nous a tout le m. le teste en prenderon *E*; ci. en co. *C*; li copra on *G*; *I wants*; *ABDT agree*; *T adds 2 lines* Ou mainrons en desert en grant chaitivoisons/ Illuec sera mangies ou de ours ou de lyons
6361. S. d. Godefrois volentiers le feron *I*; r. et n. con. *D*; n. nous con. *E*; *ABCGT agree*
6362. Il end ala errant parler a ses b. *B*; et maint autre baron *E*; *D wants*; *I wants 6362-6372*; (... *T*); *ACG agree*
6363. Entendes que nos mandent paien et Esclavon *B*; Et leur dis. biaus s. oes que n... ons *T*; *DI want*; *ACEG agree*
6364. pa. rarons co. Raimon *E*; co. nos rendront *B*; *I wants*; *ACDGT agree*
6365. Dist P. li hermites o. *B*; n. dirons *E*; *IT want*; *ACDG agree*
6366. pl. l. c. po. payen n. *T*; po. Turs l. *B*; po. ce l. *C*; *I wants*; *ADEG agree*
6367. M. rendons l'u. pour l'a. quar f. *T*; l'u. rendons pour *BDG*; l'u. rendes por, (l. puet ou *E*) *CE*; *I wants*
6368. D. et por ses nons (son non *E*) *DE*; v. prions *BG*; *I wants*; *ACT agree*

Variants

6369. (S. Jhesus le n. rent: *BG*), n. l'en gracierons *CBDGT*; r. encor le garison *E*; *I wants*
6370. m. et lo. d. sa raison *E*; *I wants*; *ABCDGT agree*
6371. M. vous rendrons (rendon *E*) *BE*; *I wants*; *ACDGT agree*
6372. q. vous volres (voles *E*): *BDEG*; mi. voles ma. *C*; et l'autre garderon *E*; *I wants*; *AT agree*
6373. Et desi a trois jors l., (tr. affions *T*) *DT*; Et dusques au, j. tr. vous demandon *I*; Et desi a ti. *CG*; *ABE agree*
6374. *I has 1 line for 6374-6375* Li m. les donnent v. s'en a es.; Li mesagier r., (n. le creantons *T*) *CDT*; *ABEG agree*
6375. *for I see 6374*; p. (ont pris *E*) au r., (a espons *C*) *BCDET*; *AG agree*
6376. *I has 2 lines for 6376-6379* Les ribaus fist vestir Godefrois de Buillon/ Chascuns ot bon mantel et ermin pelisson; G. manda maint compaignon *E*; m. ces c. *T*; *ABCDG agree*
6377. *for I see 6376*; et serjans onques n'i o. *E*; *B wants 6377-6379*; *D wants*; *ACGT agree*
6378. *for I see 6376*; v. bon ermin pelicon *E*; *BD want*; *ACGT agree*
6379. *for I see 6376*; b. (bliant *E*) l. autre s. (siglaton *E*) *DE*; *B wants*; *ACGT agree*
6380. Chascuns porte e. sa main: *I*; E. l. m. p. t.: *T*; v. et b. *DG*; ou (et *E*) verges ou (et *E*) b. (baston *E*) *TEI*; *ABC agree*
6381. s. venu m. *G*; o. bele facon *E*; o. gente f. *T*; *DI want*; *ABC agree*
6382. s. maintiegnent r. *C*; c. a guise d. *B*; c. regart o. d. lion *E*; *I wants*; *ADGT agree*; *D adds 2 lines* Li rois fait as ribaus vestir les auquetons/ Puis affublent mantiax de riches vermeillons; *T adds 2 lines* Noblement se contienent en guise de barons/ Et cuident bien valoir Persans et Esclavons

184. ABCDEGIT

6383. s. venu m. f. biel et j. *G*; m. i ot b. *BDEI*; m. samblent b. *C*; m. par sont bel et j. *T*
6384. N'estoient p. ap. d'avoir tes v. *I*; r. garnement *D*; *T wants*; *ABCEG agree*
6385. N. sont vestu et *T*; *I wants*; *ABCDEG agree*
6386. .VII. millier s. par conte et si furent .VII. cent *D*; Ch. q. ribaut s. *T*; ch. que autre .XX.M. s. et *E*; *BGI want*; *AC agree*
6387. Et l. r. G. f. mout plains d'e. *I*; f. d. mout boin e. *E*; *T wants*; *ABCDG agree*
6388. *I has 2 lines for 6388-6391* .XX. fois les fist le jour passer mien essiant/ Devant les Sarrasins qui sont ou pavement; P. l. a f. t. d. C. *E*; *ABCDGT agree*
6389. *for I see 6388*; q. fu f. *DT*; q. f. fu S. *E*; *ABCG agree*
6390. *for I see 6388*; *E inverts 6390/6391*; Et revienent a. par mi le pav. *D*; Et revenu a. *E*; par liex ou pav. *T*; l'u. d'un pav. *CG*; *AB agree*
6391. *for I see 6388*; *E inverts 6390/6391*; .XX. f., (i ont p. *B*) *GB*; Bien ont .X. f. p. *T*; p. et trestote lor gent *D*; *ACE agree*
6392. *BEG invert 6392/6393*; C. f. muoient trestot l. garniment *E*; f. muoient

Variants

v. *D*; *ABCGT agree*

6393. *BEG invert 6392/ 6393*; vo. s. loi vr. *D*; vo. s. certainement *E*; s. vraiment *B*; *IT want*; *ACG agree*

6394. *I has 1 line for 6394-6397* Dist li .I. Turs a l'autre si a mout passet gent; *rest agree*

6395. *BCDEGI want*; *T wants 6395-6399*

6396. *for I see 6394*; M. a ici pas. *B*; M. par chi pas. *C*; M. a pas. par c. d. *E*; *T wants*; *ADG agree*

6397. *for I see 6394*; J. n'i q. (quidasse *D*) *CDEG*; m. de .IIII. (quatre part t. *G*) *BCG*; m. de la moitie t. *D*; m. le quarte part de j. *E*; *T wants*

6398. Mout b. s. puet defendre v. le gent d'or. *E*; Cis s. desfendront bien v. *I*; d. contre cex d'or. *D*; v. le roi or. *C*; *T wants*; *ABG agree*

6399. Il s. plus de .C. mil. *I*; s. il (Turc *E*) .C. mil. *DE*; *T wants*; *ABCG agree*

6400. M. es. rois *G. I*; *rest agree*; *B adds 5 lines* Deca mer et dela si con li mons apent/ Jou fui en son pais jou vous di vraiment/ Quant Calabre la vielle le sorti voirement/ Qu'il me torroit ma tiere et tot mon casement/ Mais vous ne creries mie qu'il avoit bele gent

6401. Sachies c. f. grant j. *T*; m. grant leece s'i. *DB*; m. tres grans j. *E*; *I wants 6401-6403*; *ACG agree*

6402. A feme eust encore le f. *E*; f. l'amirant *B*; *I wants*; *ACDGT agree*

6403. p. n'avroient F. nis .I. d. *D*; n'e. fait v. *B*; F. a n. *E*; F. sus n. *T*; *I wants*; *ACG agree*

6404. Se ... le tenise d. *B*; Qu'encor li tonissons d. *C*; Car l. tenissons o. (nos) d. (deles *I*) *EDI*; Et car l. tenisiens d. *G*; *T wants 6404-6406*

6405. J. ne retourneroit s'a. *E*; m. n'en r. *DG*; f. mon t. *IB*; *T wants*; *AC agree*

6406. n. delaiement *E*; n. arestement *I*; *T wants*; *ABCDG agree*

6407. (T. ce d. *BT*), pl. coiement *DBT*; pl. sagement *E*; *I wants 6407-6409*; *ACG agree*

6408. F. (Franc *E*) nous o. *DET*; o. trop i. (iroit *E*) *BE*; o. il i. *T*; *I wants*; *ACG agree*

6409. J. de . de. prendroient: *E*; p. (prenderont *G*) de n. de. *BCDG*; orendroit v. *B*; a l. b. v. *CEG*; molt cruel v. *D*; *IT want*

6410. Et l. ro. fist ri. *I*; ro. f. les ri. *E*; d. coiement *D*; *ABCGT agree*

6411. (Cascun a fait vestir s. *E*), p. garnement *DE*; C. a rendosset s. *I*; r. en son dos remis s. v. *T*; *ABCG agree*

6412. c. vienent espessement *E*; c. en viennent vistement *T*; *I wants*; *ABCDG agree*

6413. *I has 1 line for 6413-6414* De. l. Turs revont m. org.; m. ordeneement *B*; *T wants*; *ACDEG agree*

6414. *for I see 6413*; l. Persans vont o. *E*; pai. mout orgillousement (ounerablement *G*) *BG*; (Par dev... *T*); *ACD agree*

6415. f. tous premiers voirement *E*; *T wants*; *ABCDGI agree*

6416. Il portoit u. *E*; p. .I. fausart d. *D*; a. resprent *G*; *IT want*; *ABC agree*

6417. Les .II. roys reg... airee... *T*; ri. regardoient le., (T. iriement *D*) *BDEG*; ri. esgardoient le roi h. *I*; *AC agree*

6418. Lor m. *DE*; m. crolloient et *D*; m. hochant et les dens... *T*; r. (eskignent *BCG*) lor (les *G*) d. *DBCG*; r. forment *E*; *I wants*

Variants 557

6419. D. Mar. p. Mah. f. *D*; q. nous a. *E*; q. seus a. *I*; (e. ... *T*); *ABCG agree*
6420. Quar b. semblent d. qui... *T*; *I wants 6420-6423*; *ABCDEG agree*
6421. Ceus que c. ataindront liverron... *T*; Q. ces atendera (atenderoit *G*) l. *BEG*; a livre sont a *CD*; *I wants*
6422. so. l. u dy... *T*; d. li lion u se. *B*; d. u nuiton u se. *C*; *EI want*; *ADG agree*
6423. d'u. facon b. res... *T*; sa. je quit qu'il sont p. *E*; *BI want*; *ACDG agree*
6424. Che d. *D*; Et dit Co. il m. *I*; ci. mengeront n. *C*; m. la g. *E*; *ABGT agree*
6425. Mout erent Sarrasin esfrees durement *I*; Et q. M. l'entent s. *G*; (g. pa... *T*); *ABCDE agree*
6426. Q. li c. et li membre en furent tot s. *D*; Q. il en a le. m. et tout le c. suant *E*; Q. son c. et ses m. li vont tuit tre... *T*; en ot t. *BG*; *I wants*; *AC agree*
6427. N'i v. li mieudres e. p. plain .I. val d'argent *I*; Adont n'i v. e. *E*; p. l'or de Bonivent *C*; *ABDGT agree*; *T adds 2 lines* Adont vosist il estre o l'amiral Soudant/ Ou en Ynde majour mais que fust a garant

185. *ABCDEGIT*

6428. M. furent S. (l. paien *D*) *TD*; M. fu l. Sarrasins p. *E*; p. paiens e. *G*; *ABCI agree*
6429. M. ot t. *C*; pa. l. s. quide derver *G*; *EI want*; *ABDT agree*
6430. C. en a Godefroi a. *I*; Li rois C. *D*; C. a li roys a. *T*; *ABCEG agree*
6431. Et W. son frere et B. dales *E*; Le conte d. *D*; R. dant Huon le membre *T*; *I wants*; *ABCG agree*
6432. (S. dient li Turs en v. *T*) v. volentes *ET*; Sire dites nous voir par *I*; *ABCDG agree*
6433. Serommes n. andeus p. R. d. *I*; a. rachate *D*; a. aquite *T*; *ABCEG agree*
6434. (Po. vos De. *E*), di. nous ve. *TE*; vo. proi jo. qu'e. di. ve. *D*; *I wants*; *ABCG agree*
6435. l'o. et de. v. k'a. vous en p. *E*; u de v. ce qu'a. *T*; *I wants*; *ABCDG agree*
6436. a. creante *D*; a. porparle *G*; a. esgarde *I*; *ABCET agree*
6437. L'u. des v. *G*; Que l'un d. v. rendrons s. *I*; .I. d. *T*; e. delivres s. *D*; r. ensi est c. (porparles *E*) *BCEG*; l'a. devise *DI*; *T adds 1 line* Pour le conte Raymon que tant avons ame
6438. A icele par. *BGT*; pal. entre *TE*; *DI want*; *AC agree*
6439. (L. p. mesaigier: *D*; L. messagier p. *E*), o. R. a. *BCDE*; Lors viennent l. m. s'o. R. a. *I*; *AGT agree*
6440. G. fu m. p. *E*; *I wants*; *ABCDGT agree*
6441. C. repris et *A*; C. et quis et *I*; *BCDEGT agree with text*
6442. r. volentiers et de gre *E*; *ABCDGIT agree*
6443. i. l'a au paien r. *B*; *I wants*; (et ... *T*); *ACDEG agree*
6444. l'a souvent a. *E*; *I wants*; *ABCDGT agree*
6445. l. prient qu'i. *I*; c. Jehus d. *E*; *ABCDGT agree*
6446. te. ravra quite et *DT*; te. li rendra et *E*; *ABCGI agree*
6447. j. p. m. n'e. pense *D*; m. pense *TE*; *ABCGI agree*
6448. M. ameroie a. l. c. d. *E*; a. bel du s. *G*; *B wants 6448-6450*; *I wants*; *ACDT agree*

Variants

6449. Et ca. *DE*; men. avoir del co. oste *D*; co. desevre *CE*; *BGIT want*
6450. Q. guerpisse M. nul jour de mon ae *I*; Q. Mahons fust par moi g. *E*; Q. usce Mahonmet g. *G*; g. et adosse *D*; *B wants*; *ACT agree*
6451. B. l'oit tendrement a pl. *T*; l'o. s'a d. pi. pl. *EG*; *I wants*; *ABCD agree*
6452. *T has 2 lines* Cor. s. dr. si a en haut parle/ Et a dit as barons je praing de vous con.; De nos Francois s. part s'a *I*; *ABCDEG agree*
6452a. *D places 6452a after 6452c*; G. li a estant dounes *E*; *I wants 6452-6453*; *AT want*; *BDG agree with text of C*
6452b. D'i. a .III. jors s'est as Frans atreve *D*; Jusc'a l'autre tierc ont t. a. *E*; D'i. a t. *BG*; j. a. t. *G*; t. creante *B*; *AIT want*; *text of C*
6452c. *D places 6452a after 6452c*; m. s'issi d. *E*; (... a v. *T*); *A wants*; *BDG agree with text of C*
6453. (... s et *T*) et si d. *GT*; *BCDEI want*
6454. Au departir a Godefroi d. [*sic*] *I*; *BCE want*; (... l. *T*); *ADG agree*
6455. *I wants 6455-6457*; *rest agree*
6456. i aroront ne nu. ... *T*; *BGI want*; *ACDE agree*
6457. ...a n'a. Francois n. *T*; n. la cr. *D*; *BI want*; *ACEG agree*
6458. Isnelement monte s'en ist de la cite *I* (*cf 6452c*); Lo. se departi d'el. *BG*; Dont s'en es. d. s'a *T*; es. (s'es. *E*) d'el. d. s'a *DE*; *AC agree*
6459. Et tot li m. *D*; m. s'en *C*; m. s. avoec l. *E*; *I wants*; *ABGT agree*
6460. l. r. et si, so. arrier retorne *C*; r. Godefrois repaire en la cite *T*; *D wants 6460-6462*; *I wants*; *ABEG agree*
6461. Et Francois o. M. en l. c. a. *I*; c. fu Marbrins a. *E*; *D wants*; *ABCGT agree*
6462. b. avoit il a plentes *E*; *DI want*; (... m. *T*); *ABCG agree*
6463. *I has 1 line for 6463-6464* De. c. de Sa. Gi. o. gr. j. m.; *T has 2 lines* L. r. et les b. o. leurs cors desarme/ Mout par ont entre ens tous g. j. demene; Et l. r. et li autre o. *D*; et li n. *BEG*; *AC agree*
6464. *for I see 6463*; Por le c. Raimont q., o. racate *D*; i. orent trouve *B*; o. retrouves *E*; *ACGT agree*
6465. *I has 1 line for 6465-6466* G. l'o. de ses plaies et b. et lave; Mout l'o. *B*; Dont l'o. *T*; *ACDEG agree*
6466. *for I see 6465*; Et de s. langueur l'o. g. *T*; de ses dolors g. *B*; de la do. *E*; *ACDG agree*
6467. *I wants*; (et ... *T*); *ABCDEG agree*
6468. P. se s. mo. effree *E*; s. forment esfree *BG*; *ACDIT agree*
6469. Ce n'es. mi. me. s'i. s. espoente *E*; s. esgare *G*; *BIT want*; *ACD agree*
6470. (C'ains si *BG*; Ainc si *T*), ce dist (dit *T*) on p. (de *E*) *CBDEGT*; *I wants*
6471. J. garderent toute n. tuit a. *T*; J. gardoient c. *BI*; J. gaitierent c. *C*; *E wants*; *ADG agree*
6472. C. lairai ore d'el. n'en s. or pa. *D*; C. lairai de no gent que Diex a tant ame *T*; C. la. des barons n'en *E*; le lairai o. *BCG*; *I wants*; *CBDEG add 1 line* Dusqu'a (Jusqu'a *EG*) petit (un poi *E*) de terme i serons (serai *D*) retorne; *TI add 1 line* Du fier Cornumarant vous dirai verite (dirais com a ouvre *I*)
6473. *I inverts 6473/6474*; T. ont et jour et nuit ce. *I*; Il a t. jour et nuit c. *T*; *ABCDEG agree*
6474. *I inverts 6473/6474*; *B has 3 lines* Qu'il vint as plains de Rames s'a ses

Variants 559

> Turs escrie/ Alons a l'amiral merci li voel crier/ Et il le fout errant n'i ont plus areste; *CDG have 2 lines* Qu'il vint es (as *G*) plains de Rames s'a ses Turs assamble (encontre *D*)/ Isnellement s'en vont (les guie *D*; en vont *G*) n'i sont (a *D*) plus arieste; Es plains de Rames vient Sarrasin sont mande *I*; Qu'il vint es plains de Rames payens a encontre *T*; *E wants*

6475. *EIT want*; *ABCDG agree*
6476. R. a l'em. *G*; l'em. trove *BEI*; *T wants*; *ACD agree*
6477. T. par f. grans l. *D*; T. furent grans les o. *E*; o. S. a l'a. *BCG*; o. au s. *T*; *I wants 6477-6482*
6478. c. l. plain et *BT*; c. l. pais l. r. *CG*; c. et l. plain et l. pre *E*; *I wants*; *AD agree*
6479. m. et j. ...se *T*; *BEI want*; *ACDG agree*
6480. Des q. *D*; t. fonde *CE*; *I wants*; *ABGT agree*
6481. m. ausi d. son c. *D*; d. son c. *B*; *EI want*; *ACGT agree*
6482. N. fu il si grans os veu ne assanle *E*; *I wants*; *ABCDGT agree*
6483. (... q. r. *T*); *rest agree*
6484. P. .X. f. so. .C.M. li Sa. n. *I*; P. .XXX. .C.M. *E*; ... f. .XXX.M. *T*; Sa. mostre *C*; *ABDG agree*
6485. t. furent il bien li mescreant es. *E*; ... t. l. a Cal., Can. conte *T*; l. a Califres et Calibers armes *C*; *BDI want*; *AG agree*; *T adds 1 line* [C]il sire l[e]s maudie qui de virge fu ne

186. *ABCDEGIT*

6486. *No variant*
6487. De t. de p., (n'es. nus q. le vous di. *T*) *CDT*; n'es. q. n. vous di. *E*; q. nonbre die *BG*; *I wants 6487-6490*
6488. [T]roys li. *T*; di. tint lo. *DEG*; *I wants*; *ABC agree*
6489. te. aviestie *G*; te. jonchie *T*; *BI want*; *ACDE agree*
6490. a. li pais (la tere *ET*) reflambie *DET*; *I wants*; *ABCG agree*
6491. *I has 1 line for 6491-6492* Deva. u. f. fu sa tente drecie; So. estoit tres devant la *B*; p. dales la *E*; *D wants 6491-6493*; *ACG agree*; *in T the presence and order of l.6491 and l.6493 are uncertain: l.6492 is given as the last line of fol 156 col. a, but there were two lines, now lost, at the top of fol 156 col. b before l.6494*
6492. *for I see 6491*; Tres d. la f. *B*; Desour u. f. *E*; e. mi la p. *T*; *D wants*; *ACG agree*
6493. .VII. li., em reflambie *E*; *BDI want*; (... *T*); *ACG agree*
6494. *No variant*
6495. S'asist li a. *E*; Se. li a. *GT*; g. baronnie *I*; *ABCD agree*
6496. lu. ot .C. rois d. *EI*; s. .X. r. *T*; r. par grant nobelerie *B*; la gent p. *GI*; *ACD agree*
6497. C. venus o s. marie *I*; *rest agree*
6498. de Surie *T*; *I wants*; *ABCDEG agree*
6499. Es paveillons en. *T*; pa. s'en entre s'a *D*; *ABCEGI agree*
6500. Or v. au tref S. d. li s'u. *T*; Et vient d. *CDE*; *I wants 6500-6502*; *ABG agree*

6501. eu. l. c. et l. g. b. *GT*; *I wants*; *ABCDE agree*
6502. C. (Canabers *C*) l'e. dreca qui *BCEG*; Qua. C. le lyeve qui *T*; *I wants*; *AD agree*
6503. f. devant li s'umilie *T*; *rest agree*
6504. Puis a dit a. So. mout aves se. *E*; Et d. a. roi So. *D*; v. commandie *I*; *ABCGT agree*
6505. Car tout p., m. fait on v. *E*; f. et acomplie *I*; *ABCDGT agree*
6506. Car n'a h. en cest mont q. vous o. desdire *E*; I. n'est nus h. el mont q. *D*; I. n'est h. *G*; I. n'est en tout le mont q. *T*; *B wants*; *I wants 6506-6509*; *AC agree*
6507. l. grant o. e. *T*; m. resbaudie *G*; *I wants*; *ABCDE agree*
6508. c. et s'o. (s'o. esforcie *G*) *BCG*; c. et la joie efforcie *D*; c. et la loy essaucie *T*; *I wants*; *AE agree*
6509. Et q. l. fe. fu c. *E*; fu faite c. *G*; fu mout c. *T*; *BI want*; *ACD agree*
6510. f. sa v. *BCDEGIT*
6511. a. bien est drois que v. *T*; l. ne v. *BCDEGI*
6512. Mi h. s. o. et *E*; *rest agree*
6513. E. Jherusalem a m. grant (fiere *T*) c. (compaignie *T*) *DET*; *I wants 6513-6518*; *ABCG agree*
6514. *EI want*; *ABCDGT agree*
6515. El v. *DT*; *I wants*; *ABCEG agree*
6516. Crestien en i. *BG*; poignant (trestuit *T*) a une hie *BGT*; b. rengie *E*; *I wants*; *ACD agree*
6517. F. se contienent et p. fiere arramie *D*; F. la rescoustrent par mout g. envaie *T*; n. (no *C*) requirent et *BCEG*; *I wants*
6518. M. t. i ot route m. l. croisie *T*; i ot fr., t. croissie (froissie *C*) *DCG*; *BEI want*;
6519. pl. vous d. *IT*; *ABCDEG agree*
6520. S. le des. les n'a *D*; *rest agree*
6521. l'e. foubie *B*; l'e. formie *C*; *I wants*; *ADEGT agree*
6522. Ve. le caup as *E*; Contre l. c. as Frans n., ar. une pie *I*; l. os as *B*; *ACDGT agree*
6523. Nus Frans ne porte espee d. ne soit c. *I*; t. dedens l. p. *E*; d. le pont c. *D*; *ABCGT agree*
6524. *No variant*
6525. Se i. *D*; f. uns d., l'e. de Pavie *G*; s. le targe florie *B*; *I wants*; *ACET agree*
6526. Lu. et le ce. cope co. une verde ortie *E*; Le Turc et le ce. a tout par mi tranchie *I*; (lu. et son ce. *T*), r. d'alie *DT*; ce. a .I. seul cop esmie *B*; co. flors d'aillie *G*; *AC agree*
6527. so. l'abat mort q. il ne brait ne (q. ne bret ne ne *G*) crie *EG*; l. tost l'a. *T*; c. ne s. *I*; *B wants*; *ACD agree*
6528. Marbrin a (ont *I*) en p. *BCDEIT*; p. en l. grant t. *BDIT*; p. dedens l. *E*; *G wants*
6529. *I places 6531 before 6529*; Por le Franc que p. m'ont rendue la vie *E*; (l. Francois p. *BG*) p. dant (quen *G*) R. d. S. Gille *DBGIT*; p. Naimon d. S. Gillon *C*
6530. Par c. fui rendus M. *D*; Car p. lui m'o. *E*; P. li m'o. il r. *T*; *ABCGI*

Variants 561

agree
6531. *I places 6531 before 6529*; Se lor D. ne aoure mo. *I*; cr. Jhesu mo. *BDEG*; D. le fil sainte Marie *CT*; mo. est co. *DEI*
6532. *T had 2 lines between 6531 and 6533, now lost*; Q. l'amiraus l'oi t., sa. l. fremie *I*; s. l. remue *C*; *ABDEG agree*
6533. Mahon en a jure q. *CIT*; *ABDEG agree*
6534. (Q. de m. *E*), c. assalie *IE*; s. sa c. *G*; *ABCDT agree*
6535. n. se r. la cites iert froissie *D*; r. maintenant ensaillie (assegie *E*; iert a. [sic] *G*) *CEG*; *BIT want*
6536. D. C. sire j. *E*; D. C. rois j. *I*; a. trives p. *BCDEGI*; a. ma foi p. *T*
6537. Enfresi c'a trois jours ma f. en ai plevie *D*; Dusc'a. t. jo. ja n'e. por ce ma lois me. *E*; Q. d. a trois jours n'en e. trieve me. *T*; D. dusqu'a., jo. u ma fois iert me. *C*; Enfressi a *I*; q. a t. *G*; *AB agree*
6538. Mi. volroie ochis ma *C*; es. mors: *BDG*; o. d'une espee fourbie *E*; que ele fust mentie *D*; l. fust blastengie *T*; en fust fa. *BC*; *I wants 6538-6555*
6539. Car a. q. c. aviegne e. lor loi. abaissie *E*; q. vous i vegnies e., (loi. laisie *B*) *GB*; q. je voise la *T*; v. au jor e. s. no loi. hauchie *D*; *I wants*; *AC agree*
6540. d. vostre o. *BG*; d. no gent es. *CE*; d. la n. esbahie *T*; *I wants*; *AD agree*
6541. Qu'il rendront a *C*; a (as *T*) nos s'e. *DT*; c. laisie *B*; *I wants*; *AEG agree*
6542. Pr. en ramenrons el *C*; *BI want*; *ADEGT agree*
6543. Nostre t. *DT*; d. ert par e. revestie *T*; d'e. raemplie *CBDEG*; *I wants*
6544. D. o. qui en i. et p. et garnie *E*; o. qui naistront p. et arengie *D*; p. et raemplie *C*; *IT want*; *ABG agree*
6545. (Nostre loi. er. *BE*), lor abaissie *DBEGT*; *I wants*; *AC agree*
6546. P. toute F. i. la vostre c. *E*; t. deserte i. *T*; *I wants*; *ABCDG agree*
6547. a nului q. de riens vous d. *E*; q. vos coumans d. *B*; v. plaisir d. *G*; *I wants*; *ACDT agree*
6548. D. mautalent li *B*; Tout m. *E*; li iert la *D*; t. jus trencie *G*; *I wants*; *ACT agree*
6549. b. as dit *E*; *I wants*; *ABCDGT agree*
6550. (C. affaire la. *T*), e. aprochie *DET*; *I wants*; *ABCG agree*
6551. f. (est *BG*) la ta. *DBCEG*; *IT want*;
6552. De (Des *B*) timbres et (et des c. *B*) *EB*; d. chant fu grant la m. *T*; f. si grant m. *E*; *I wants*; *ACDG agree*
6553. A p. *C*; P. de Jherusalem en *DET*; J. a on l. *BG*; l. noise o. *BEG*; *I wants*
6554. *I wants*; *rest agree*
6556. Que se, m. est b. *T*; t. mout sera malbaillie *E*; e. maillie *C*; *I wants*; *ABDG agree*

187. *ABCDEGIT* : *H from l. 6606, continuing from l. 3908*

6556. Mo. par f. grans l. noise l. n. *D*; g. l. noise:, (par mi l'o. demenee *E*) *BEGIT*; *AC agree*
6557. *I wants 6557-6559*; *rest agree*

6558. t. enflamee *BC*; t. embrasee *DGT*; *I wants*; *AE agree*
6559. Que g. *BCD*; Dusc'a .X. li. lonc e. *E*; D. grandisme .X. *G*; *IT want*
6560. Et l'endemain m. *T*; d. matinet q. *I*; *ABCDEG agree*
6561. O. fait lo. t. destendre leur v. *T*; d. lor vitaille torsee *EDG*; *I wants*; *ABC agree*
6562. Et le h. ca. et l. voie a. *C*; (On l. h. *I*), ca. et l. oire a. *EI*; L. h. ont trosse et l. co. atiree *T*; Et l. armes ca. *D*; *ABG agree*
6563. c. sa gent fust atornee *T*; q. li o. soi. a. *G*; s. tos a. *B*; *I wants*; *ACDE agree*; *T adds 1 line* Il montent es chevaus et n'ont resne tiree
6564. (Dusques en p. des R. *I*), n'i ot f. a. *BI*; D. as p. *E*; n'i ont f. erree *T*; *ACDG agree*
6565. Dont s'armerent paien n'i ont fait arestee *I*; La s'a. *C*; *T wants 6565-6567*; *ABDEG agree*
6566. Des c. et des bouisines est si grant l. m. *I*; d. .XXX.M. c. *B*; m. Turc s. *E*; *T wants*; *ACDG agree*
6567. Dusqu'en (Jusc'a *E*) Jherusalem en es. *DE*; Dusques en J., l. noise a. *I*; *T wants*; *ABCG agree*
6568. en est m. *BCEGI*; *ADT agree*
6569. Et l'o. d. P. s'es. maintenant a. *E*; P. en es. toute a. *I*; P. s'es. *T*; *ABCDG agree*
6570. Dis l. *T*; l. et demie en *G*; en. es la t. *E*; es. la vois alee *B*; *I wants*; *ACD agree*
6571. L. amiraus chevache pa. m. grande po. *I*; L. S. cevaucoit pa. *BT*; c. a m. *E*; *ACDG agree*
6572. le Maistremor a *E*; la crupe triulee *IT*; *ABCDG agree*
6573. p. ahan n'ot *CBDEGT*; n'ot le pel tressuee *T*; l. geule escumee *E*; quis. lassee *BG*; *I wants 6573-6581*
6574. Pl. couroit pu. et mons ke .I. a. valee *E*; Mieus co. *CDGT*; m. que a. par valee *T*; ce. valee *CDG*; *BI want*
6575. o. durs q. (q. ne soit f. *T*) *BDGT*; *EI want*; *AC agree*
6576. B. corust .XXX. *D*; c. .IIII. l. *C*; c. .XV. l. *T*; *I wants*; *ABEG agree*
6577. s. portast d. f. plus d'u. grant c. *D*; s. portoit mout b. *E*; *IT want*; *ABCG agree*
6578. L. ce. f. co. d'u. *D*; p. (coupe *C*) doree *BC*; *I wants*; (ce. ... *T*); *AEG agree*
6579. s. ert d'un i. *B*; s. fu d'i. *ET*; s. ele es. d'i. et a toupase o. *G*; a topasse o. (es... *T*) *CT*; *I wants*; *AD agree*
6580. b. enseelee *D*; *IT want*; *ABCEG agree*
6581. Qui p. r. cler q. candoile e. *D*; la sie q. *G*; *IT want*; *ABCE agree*
6582. M. iert g. l'a. la poitrine o. l. *I*; Plus f., l'a. l'entreulleure lee *E*; *DG want*; *ABCT agree*
6583. (Pl. que u. grant pa. *E*), i. avoit m. *IE*; pa. tote b. *C*; *DGT want*; *AB agree*
6584. sa b. galounee *E*; *rest agree*
6585. D. sor le br. *DI*; br. branche c. *C*; *BEG want*; *T wants 6585-6587*
6586. P. d. (derier) s. *GBD*; (Derier p. *I*) p. les e. *CI*; o. sa c. *BCDGI*; c. comee *C*; c. jetee *DI*; *ET want*
6587. b. jasarins t. (trencie *B*) *CB*; b. de fin or t. *I*; j. menuement trecee *E*; *T*

Variants 563

wants; *ADG agree*
6588. Et avoit d'u. charboucle s. t. envolepe... *T*; ce. le t. *C*; *ABDEGI agree*
6589. *BI want*; *ACDEGT agree*
6590. l'a. .I. j. *I*; *rest agree*
6591. f. p. de l. de. *BG*; f. p. longue d. (demouree *E*) *TE*; *I wants*; *ACD agree*
6592. A. s. b. n. f. v. *D*; Onques n. *E*; *B wants 6592-6594*; *IT want*; *ACG agree*
6593. Es destrois d'A. *D*; (Ou desert d'A. *I*), et manouvree *EI*; et resgardee *C*; *B wants*; *AGT agree*
6594. I. le fist P. *E*; P. avec Morgain la *T*; *BGI want*; *ACD agree*
6595. v. pelee *CGI*; v. paree *T*; *ABDE agree*
6596. Qui toute iert d. f. o. et par ded. c. *I*; d'A. ded. estoit c. *D*; d'A. fu faite et aournee *E*; d'A. et fu ded. *T*; *ABCG agree*
6597. As pi. pr. estoit trestoute ourlee *I*; pr. fu t. *E*; pr. estoit mout bien ovree *T*; *B wants*; *ACDG agree*
6598. Et de petis pertrus iert toute troelee *I*; D. liu en lieu es. *E*; es. portaillie et *D*; es. et pertruise et *C*; *B wants*; *AGT agree*
6599. Et q. l. v. f. en c. b. *I*; l. vens i. f., (p. comstume b. *C*) *EC*; v. se f. *B*; p. auqune b. *G*; c. boffee *D*; *AT agree*
6600. *I places 6602 before 6600*; Mius s. q. v. d. a. *B*; P. sounent d. *G*; *D wants*; *ACET agree*
6601. q. il s'en i. f. p. costume en. *C*; q. il i. hors p. mi cascune en. *E*; q. s'en i. f. p. une des en. *G*; *B wants 6601-6603*; *DI want*; *T wants 6601-6608*
6602. *I places 6602 before 6600*; Il n'estoit sons ne no. que dont ne fu. cant. *I*; A. n'i fu *C*; fu v. ne no. ne cans n'i fu. notee *G*; no. d'ome mix atempree *E*; n'i soit cant. *D*; *BT want*
6603. n'i fust o. *G*; *BEIT want*; *ACD agree*
6604. Si comme So. vait e. *I*; ce. ert l. *B*; *T wants*; *ACDEG agree*
6605. Et l. basme et l. j. *G*; et l. rous l. r. *C*; r. coulouree *E*; *BIT want*; *AD agree*
6606. Plus de .C. rois d'Aufriq de l. g. malsenee *I*; et .L. Turc de *D*; et .L.M. de *H*; l. tere faee *E*; l. loi des. *G*; *T wants*; *ABC agree*
6607. c. a trait l'es. *B*; c. tenoit l'es. *I*; *T wants*; *ACDEGH agree*
6608. n'i aproisment pl. *C*; n'i aproce pl. *E*; n'i aprochent pl. d'u. bastonee *I*; ap. pries d'u. *G*; *DT want*; *H wants 6608-6632*; *AB agree*
6609. f. li payen e. *T*; *DH want*; *ABCEGI agree*
6610. cr. tornee *BI*; cr. (raenchon *D*) donnee *CDT*; cr. atornee *EG*; *H wants*
6611. M. par f. grans l. *DE*; g. la noise de la gent foursenee *I*; q. fu aceminee *E*; q. fu toute a. *T*; el. fu armee *D*; *H wants*; *ABCG agree*
6612. et p. montaignes est t. (l'ost *T*) *DGT*; s'e. mout bien aroutee *E*; *BH want*; *I wants 6612-6616*; *AC agree*
6613. Des l'un *D*; D'u. c. dusques a l'a. *E*; c. jusqu'en l'a., p. de .III. ly... *T*; o. (a *E*) pres d'un. *BCDEG*; *HI want*
6614. S. cors et b. *BDGT*; b. et cornent l. *B*; b. graisles a *DEGT*; *HI want*; *AC agree*
6615. L. mons e. retentist et sonne l. v. *T*; Q. l. mons retonbist s. *G*; l. mons e. tonbist s. *B*; e. bondissent et tentist l. v. *E*; t. et r. *C*; *HI want*; *AD agree*

6616. (Des a. des. e. *E*) e. la p. l. *GET*; p. volee *C*; *HI want*; *ABD agree*
6617. Dusques en Jhursalem en oit o. l. criee *I*; (e. ot o. *B*) o. l'aunee *GB*; v. ont l. *T*; l. nublee *C*; *H wants*; *ACE agree*
6618. L. os n. *E*; en fu m. *T*; *H wants*; *I wants 6618-6620*; *ABCDG agree*
6619. C. ne fu p. m. s'en fu esp. *T*; n'est mie m. *D*; *BHI want*; *ACEG agree*
6620. Qu'ainc s. *DT*; *HI want*; *ABCEG agree*
6621. *H wants*; *rest agree*
6622. J. (Que *E*) n'en r. *TE*; Qui n. *I*; *H wants*; *ABCDG agree*
6623. *HI want*; *ABCDEGT agree*
6624. M. sa t. *C*; *HI want*; *ABCEGT agree*
6625. *I places 6625 after 6628*; M. aincois recevra une pesme jorne... *T*; Je cui bien que sa teste e. *I*; se Damledex pl. sa b. iert pa. *D*; *H wants*; *ABCEG agree*
6626. (Mais se D. sauve ceus d. *I*), t. honoree *GI*; la cite sa. *C*; t. loee *E*; *H wants*; *ABCT agree*
6627. o. l. voie tournee *I*; o. faite r. *T*; f. la r. *BEG*; *H wants*; *ACD agree*
6628. *I places 6625 after 6628*; Il o. *D*; o. del f. *CDIT*; Jo. dela l'e. *C*; Jo. dusc'a l'e. *DG*; Jo. je cui l'e. *I*; Jo. l'e. douce p. *T*; *H wants*; *ABE agree*; *T adds 1 line* Se Jhesu les veut faire venir a l'assemblee
6629. *H wants*; *I wants 6629-6632*; *ABCDEGT agree*
6630. Et sa g. *BG*; l. paiene gent desconfite et m. *D*; *EHI want*; *ACT agree*
6631. *HI want*; *ABCDEGT agree*
6632. O. par j. (bouce d'ome *E*) n. f. m. e. (contee *D*) *GDE*; *BHIT want*; *AC agree*; *D adds 1 line* Et si est verites en la bible est trovee

188. *ABCDEGHIT*

6633. a. Soudans a s. *I*; ... c. a s. barnage g. *T*; c. en g. *H*; *ABCDEG agree*
6634. .L. M.: *BCDEGHIT*; ens el front de d. *B*; sont ens el ci. d. *CDEGT*; sont en front d. *H*; sont ou ci. de d. *I*
6635. Q. conduient Mahon et T. *H*; Chil c. les d. *D*; l. Diu M. *EG*; (... c.*T*); *ABCI agree*
6636. *B wants*; (... i. *T*); *ACDEGHI agree*
6637. *T places 6643 before 6637*; Caifas en a. l'aupatris et M. *BG*; Califas en *I*; en appele Morgant *H*; et Morant *T*; *ACDE agree*
6638. l. roi amul. *E*; l. viele amul. *G*; v. lamulaine s. *B*; v. amus. et s. f. Gorhant *T*; amul. le fier Cornumarant *I*; *H wants 6639-6651*; *ACD agree*
6639. Estor l. f. A. et l. viel G. *B*; Et Tot l. f. et l. fil G. *C*; Ector l. f. *D*; Estes l. frere Ausaine et *E*; Entour l. f. *G*; Et Malaquin d'Ayes et *T*; *H wants*; *I wants 6640-6652*
6640. Caucatris l'a. *CT*; l'a. del pui de *ET*; *B wants 6641-6644*; *HI want*; *ADG agree*
6641. *D inverts 6641/6642*; ... l. r. d. la noue et *T*; d. Comeline et *C*; d. le montaingne s. f. Rubiant *E*; *BHI want*; *ADG agree*
6642. *D inverts 6641/6642*; l. roy A. *T*; *BEHI want*; *ACDG agree*
6643. *T places 6643 before 6637*; Cornuble d. Monnegre (Monnoble *D*) et *CD*; Cieruble d. *G*; Cornubles et Morebles et *T*; *BEHI want*

Variants 565

6644. Et Miradas d. *D*; Amidali d. *E*; d. Codes B. *C*; d. Cordes: *DET*; Lucifer l'amirant *D*; *BHI want*; *AG agree*
6645. En lor c. *BE*; l. mort d. *CG*; *HI want*; *ADT agree*
6646. ...il erent du regort du desert d'Abilant *T*; S. Cayn l. *C*; *BDGHI want*; *E wants 6646-6649*
6647. D. Marjari le puissant *D*; M. (Maserin *G*) l'amustant *BG*; D. Malsenes l'amirant *T*; *EHI agree*; *AC agree*
6648. G. (Cala... *T*) et Estele:, (et Orbon le jayant *T*) *DT*; Golafre et Estorga Carbon et S. *G*; *BCEHI want*
6649. S. Isabart l. *G*; S. et Cobon l. *T*; l. tirant *GT*; *BCDEHI want*
6650. et Maucore l. *C*; et Macloe son f. *E*; *HIT want*; *ABDG agree*
6651. Av. ax ap. (en apele *B*) *DB*; l. fier *C*. *BDEG*; *HI want*; *ACT agree*
6652. Seigneurs entendes m. sa. *H*; Se. d. Caifas e. *BG*; *I wants*; *ACDET agree*
6653. Fa. faire v. ca. fo. m. j. co. *D*; Fa. t. v. coses m. hors j. co. *E*; Mectez v. choses hors je le co. *H*; m. nos ca. *C*; m. nostre or trestous hors j. *I*; ca. fo. t. j. *B*; t. hors j. *T*; *AG agree*
6654. Les fillatres d. leur arrablement *H*; f. d'o. fin a. *T*; *ABCDEGI agree*
6655. Et l'asne seulement q. *E*; *BH want*; *ACDGIT agree*
6656. .XX.M. p. *BGT*; .C.M. p. *E*; p. l'enporte a *B*; p. les (le *T*) portent: *DHIT*; vers J. a. *D*; en J. a. *H*; devant Jherusalent *T*; J. devant *E*; *AC agree*
6657. Et vous .C.M. T. *I*; Atout .C.M. T. *T*; v. atout .C.M. l. *B*; cent milliers l. *G*; .C.M. les a *H*; *ACDE agree*
6658. Se les Frans v. *T*; l'o. fort l'i. *H*; m. li vont c. *B*; *ACDEGI agree*
6659. Pour pr. isteront f. (hors, vo. ires avant *E*) *IE*; pr. iront f. *C*; pr. yront tous hors yssant *H*; i. hors et, ve. atant *T*; et nos irons poi. *B*; vo. venes poi. *D*; *AG agree*
6660. lo. trencies i. *BG*; c. ilueques m. *CE*; c. des m. *H*; *I wants*; *ACT agree*
6661. P. Ma. dient cil (cil *lacking in H*) c. *EH*; d. Gondrins c. *CG*; d. Codris c. *D*; d. Caudras c. *T*; mo. es. avenant *I*; *AB agree*
6662. L'ap. Calistes d. *E*; Ca. l'ap. d. *H*; *BIT want*; *ACDG agree*
6663. Lors v. *E*; Adonques v. illuec: *T*; lor c. (escrins *T*) d. *EGT*; *ABCDHI agree*
6664. L'or et l'argent le. p. en v. paien ostant *I*; Les tresors et, v. T. hors jetant *T*; v. dehors jetans *E*; v. sachant *H*; *ABCDG agree*
6665. fil. a fin *E*; fil. d'o. fin arrabiant *T*; d. l'o. arrabiant *D*; *HI want*; *ABCG agree*
6666. b. le v. (v. S. aportant *E*) *DET*; b. l'ont S. p. *H*; v. a. Jhursalem p. *I*; *ABCG agree*
6667. *I has 1 line for 6667-6668* L. ac. al. mout cl. ca.; A (... I) grant porcession: *BCDEGHT*; et hautement ca. *E*; clerement ca. *H*; mout d. ca. *T*
6668. *for I see 6667*; al. tout entour c. *ET*; al. ensanble c. *G*; *B wants*; *H wants 6668-6675*; *ACD agree*
6669. (Co. f. pour Franc souprandre l. *I*), cu. mescreant *CDIT*; Co. firent p., l. felon s. *E*; *BH want*; *AG agree*
6670. .LX. m. *DIT*; m. furent to., a. devant *D*; Tu. felons comme tirant *T*; *H*

wants; *ABCEG agree*
6671. Et d'a. part .C. mile t. *E*; Et puis a. .C.M. t. *I*; et poissant *D*; *H wants*; (... a. *T*); *ABCG agree*
6672. Qu'i. *BCDG*; Que n'i *E*; ... n'i, cel. n'eust cev. *T*; *H wants*; *I wants 6672-6674*
6673. *HI want*; *ABCDEGT agree*
6674. Dart molu et g. c. (u pl. *ET*): *CDET*; Dart esmoulu u c.: *G*; et machue pesant *D*; a caine pe. *EGT*; *BHI want*
6675. Trestous s. *I*; d. loins le *DE*; *H wants*; (... *T*); *ABCG agree*
6676. Goufanier o. fait Cornumarant *H*; d. fier C. *BDEGI*; (C... *T*); *AC agree*
6677. Ci. (Et *T*; Il *I*) sist s. *BDEGIT*; s. .I. cheval q. mout tost va cou... *T*; Pl. a l'alainne bruiant *I*; q. fu corduruant *C*; q. si co. d. *D*; q. se va desreant *E*; co. le d. *BG*; *H wants 6677-6685*
6678. De si g. ve vait l. paiens c. *I*; P. si tres g. *E*; P. si grande ve., l. roys c. *T*; *BH want*; *ACDG agree*
6679. Li f. desous se. pi. v. d. es. pl. *E*; Q. li f. *B*; v. desos lui pl. *D*; v. sor se. *G*; *H wants*; *ACIT agree*
6680. a. par f. s. e. pau. *BE*; e. fierement pau. *T*; *H wants*; *I wants 6680-6685*; *ACDG agree*
6681. G. et ses freres va souvent m. *T*; *HI want*; *ABCDEG agree*
6682. D. par son disne commant *D*; q. sor tous est poissant *E*; q. maint ou firmament *T*; f. aighe corant *BG*; *HI want*; *AC agree*
6683. (r. ne si *C*), h. en vout ca (ja *T*) f. (hors *ET*) iscant *BCEGT*; h. sont cha defors issant *D*; *HI want*
6684. m. u p. (p. n'en a. j. g. *T*) *ET*; n'en arant g. *C*; *HI want*; *ABDG agree*
6685. *BHI want*; *ACDEGT agree*; *T adds 3 lines* Mais li roys Godefrois qui preus fu et sachant/ Quant percut le tresor s'escria hautement/ Que nus ne se meust pour aler en avant

189. *ABCDEGHIT*

6686. (L'a. c. *H*), s. riches b. *CDGHIT*; *ABE agree*
6687. D. as p. *E*; Dusques es *I*; R. n'es. u. seul a. *H*; *ABCDGT agree*
6688. Ma. vers Jherusalem es. l. t. portes *T*; Et l., J. ales *I*; en fu a *E*; J. portes *D*; *ABCGH agree*
6689. Devers S. *H*; E. fu mis sor les fosses *I*; q. ja f. lapides *E*; *ABCDGT agree*
6690. A caillors et a p. *D*; As c. et as p. *T*; *EHI want*; *ABCG agree*
6691. l. tresor mis et *H*; tr. et m. *E*; et amases *G*; *IT want*; *ABCD agree*
6692. *I has 1 line for 6692-6693* Li dyacop chantoient li hus i est le.; Jacaop s'e. caucornain ca. *C*; Li diacob disoient cha *D*; Li acopart s'escrient cha *ET*; Juracolp s'e. *G*; cha vos mains ca. *DET*; *BH want*
6693. *for I see 6692*; l'a. si est li c. *T*; *DH want*; *ABCEG agree*; *T adds 1 line* Et li nostre baron que Diex a mout ames
6694. Li r. G. es. desor le *C*; Le r. *H*; (G. sont s. *T*) s. les murs mo. *DT*; *I wants 6694-6697*; *ABEG agree*
6695. B. de Rohais qui prex fu et m. *D*; *I wants*; *T wants 6695-6697*; *ABCEGH agree*

Variants 567

6696. d. ribaus et P. *D*; *HIT want*; *ABCEG agree*
6697. et ribaulz y eust a. *H*; i acort a. *C*; *BIT want*; *ADEG agree*
6698. S. les murs de la vile es nos Frans acostes *I*; s. les murs s'e. *T*; (m. s'e. c. *C*) c. acostes *GC*; e. li rois a. *D*; c. arestes *B*; *H wants*; *AE agree*
6699. Le bon Godefroy les a ap. *H*; le. a tous ap. *I*; *ABCDEGT agree*
6700. *I has 1 line from 6700-6702* Barons pour Dieu vous pri trestous coi vous tenes; S. por l'amor Dieu: *EH*; eu. .I. peüt m'en. *D*; s'il v. p. en. *CEGT*; escoutes *H*; *AB agree*
6701. *for I see 6700*; J. commant que n'i *T*; p. n'i a. nul qui t. i s. o. *E*; p. que nul de vous t. *H*; a. nul de vos si ose *D*; *ABCG agree*
6702. *for I see 6700*; Que d. *BE*; *ACDGHT agree*
6703. Cest enging ont fait *T*. pour l'o. que covoites *T*; Cest engien f. li *T*. d. *E*; S'es. baras q., f. sachies de verite: *I*; q. li *T*. f. d. l'o. esgarder *G*; f. regardes *H*; *B wants*; *ACD agree*; *I adds 1 line* Li issir de la vile n'est mie savetes
6704. Ni a. *C*; (L'a. *H*), n'e. mie lo. *DEH*; Car l'a. d. cuvers n'e. *I*; p. e. arriere r. *T*; *ABG agree*
6705. Il n. requierent m. q. n. issons as pres *D*; Il n. qui. que tant vous ayent a. *T*; Ne voelent m. *I*; q. autre cose fors que nos atraper *B*; n. aient hors a. *E*; *H wants 6705-6709*; *ACG agree*
6706. Et po. le t. pr. d. la vile j. *I*; pr. le t. *BDET*; t. qui la est amasses *DT*; t. que vous iluec vees *E*; c. jeter *B*; *H wants*; *ACG agree*
6707. *I has 1 line for 6707-6708* M. s'il plaisoit a Dieu que ja fust c.; g. t. n. av. am. *CG*; n. eust t. *BE*; *H wants*; *ADT agree*
6708. *for I see 6707*; Que par nous pe. es. li avoirs c. *T*; pe. es. pr. en. et c. *D*; pr. et encontres *E*; *H wants*; *ABCG agree*
6709. Isnelement s. *E*; Largement v. *T*; s. et partis et *CEIT*; s. partis et devises *D*; *H wants*; *ABG agree*
6710. Nous ferons dient il toutes vos vol. *E*; (Et F. li ont dit: *I*), si com vous commandes *TI*; r. (respondent *H*) tout (tout *lacking in H*) a vo vol. *BGH*; *ACD agree*
6711. po. nule aventure n'e. vos commans vees *D*; m. fuir ne nous verres *T*; n.e .I. d. (des *G*) v. (nous *E*; nos *G*) *BCEG*; *HI want*
6712. le. oi: *ET*; haities et c. *BCDGT*; mout fu reconfortes *E*; *HI want*
6713. (En l. T. D. est *H*) es. li rois m. *EHI*; es. tantos m. *B*; *ACDGT agree*
6714. Voit payens tendre paveillons et tr. *H*; Et p. et Tu. v. te. *E*; v. Tu. et p. te. *I*; v. l'ost des p. te. *T*; p. ensamble te. *B*; *ACDG agree*
6715. *T wanted one of 6715 or 6716 and has now lost the other*; t. tot c. *C*; v. covrir d. *DE*; *HI want*; *ABG agree*
6716. *for T see 6715*; ro. reclaime D. *BEG*; D. et ses saintes bontes *D*; f. s'e. *BCE*; *HI want*
6717. He De. di. il pere prenes pi. *H*; Vrais De. se di. li rois qui en crois fu penes *I*; (... pi. *T*); *ABCDEG agree*
6718. D. vos petites (petites *wanting in H*) gens q. *EH*; vo. est r. *BG*; (... vo p. *T*); *ACDI agree*
6719. Por g. la (vo *T*) vi. *DEHT*; u vos fust p. *E*; ou fustez p. *H*; *I wants*; *ABCG agree*
6720. Gardes vostre s. dont fus ressussites *I*; (Et vo d. *T*), v. cors fu p. *DGT*;

BH want; *ACE agree*
6721. S. (S. *lacking in H*) D. s'il v. *BCDEGHIT*; p. ja mais n. *E*; p. onc n. *H*
6722. m. ilz soyent d. *H*; n. (et *IT*) honeres *DBIT*; *ACEG agree*
6723. Et se i. es. ensi q. *ET*; es. ensi D. *BCG*; es. D. ensi q. *D*; es. ainsi q. *H*; q. s. (faire *B*) le vol. *DBEHT*; *I wants 6723-6728*
6724. pr. la c. *BEGHT*; *I wants*; *ACD agree*
6725. Et li p. *E*; Et le peuple soit o. *H*; o. et decopes *BEGHT*; *I wants*; *ACD agree*
6726. p. b. dous s., v. ci m'oyes [*sic*] *T*; *HI want*; *ABCDEG agree*
6727. Q. premerainement me s. li si. co. *E*; t. premier s. *H*; *I wants*; *ABCDGT agree*
6728. Que mi., es. mors: *BT*; o. que en prison me. *D*; o. que s. emprisones *E*; o. qu'emprisonnes *H*; (que s. *B*) s. vis me. (remes *B*) *GB*; que en prison jetes *T*; *I wants*; *AC agree*
6729. ou estes ales *H*; *rest agree*
6730. To. s. m'a. laisie en es. renes *B*; S. m'a. ci lessie entre tant de maufes *T*; c. sainte te. *D*; te. deguerpi m'a. *H*; s. laissie m'a. *EI*; *ACG agree*
6731. Asse i *E*; su. tous se. *BCD*; e. tant m. *BCDE*; *GHIT want*
6732. He barnages gentis j. *T*; p. me laissastes j. *H*; *BGI want*; *ACDE agree*
6733. se. et a *BEIT*; h. tornes *BGI*; *H wants 6733-6737*; *ACD agree*
6734. en est a. *B*; *H wants*; *ACDEGIT agree*
6735. r. ki preus fu et senes *E*; r. mout est bel dementes *I*; r. s. c. a t. *T*; *H wants*; *ABCDG agree*
6736. *HI want*; *ABCDEGT agree*
6737. Que sel v. *B*; *HI want*; *ACDEGT agree*; *T adds 1 line* Du duel que il demaine est chaicun esfraes

190. *ABCDEGHIT*

6738. Quant Godeffroy eust f. *H*; G. a f. *G*; o. faite s. complainte *T*; *ABCDEI agree*
6739. A Adam a di. *H*; De. et proye a main jointe *T*; *ABCDEGI agree*
6740. Et voit payens do. *H*; do. la t. *BCDEGI*; do. t. es. toute tainte *T*; t. estoit sainte *I*; e. cointe *H*
6741. A D. (Adam *H*) fist s. *BHI*; s. parole n'i o. pa. enfrainte *G*; s. priere parole saincte *H*; *ACDET agree*
6742. Quant l'ot f. s'es. *H*; Q. i. l'a toute faite: *T*; q. il ot f. *GI*; si a s'es. (l'es. *T*) c. *IT*; *ABCDE agree*
6743. Et puis l. *D*; Si (Il *I*) l'a traite d. *TI*; l. traist d. (d. f. *lacking in H*) *BCEH*; f. de s. *C*; f. et dist une complainte *E*; en sa main l'a *G*
6744. (E es. d. il en. *E*), vo. ferai t. *DE*; Es. dit l. *H*; D. l. r. bonne es. en. *T*; *ABCGI agree*
6745. Du san. *EH*; san. de Sar. *BGH*; san. as Sar. *EIT*; Sar. de quoi l'ame er. *I*; Sar. desquiex l'ame est es. *T*; do. l'ame est entainte *H*; v. est es. *G*; *ACD agree*
6746. Ains q. je meure y f. *H*; *rest agree*
6747. Se Dieu plaist m'a. en se. sa. *H*; (et sains Pierres do. *I*) do. m'a se. *BCDEGIT*

Variants 569

191. *ABCDEGHIT*

6748. Quant Godefroy o. *H*; f. (faite *G*) s'orison *BCDEGT*; *AI agree*
6749. Son e. remist en sa maison *H*; q. il o. d. son bon *I*; d. sa raison *BCDGT agree*; *E wants*
6750. Sa destre m. leva si *E*; si fait b. *T*; *HI want*; *ABCDG agree*
6751. (Des de. *E*) de. devala c. *CE*; de. descend c. *H*; *I wants*; *ABDGT agree*
6752. a ses hommes q. erent en f. *I*; ge. sans stacion *H*; ge. la dessous au perron *T*; *ABCDEG agree*
6753. li vont demander s. *B*; lui demandent quelle l. *H*; *ACDEGIT agree*
6754. S. vous commandes la fors en isteron *E*; co. a ces Turs i. *H*; p. le t. *BIT*; *ACDG agree*
6755. *T has 1 line for 6755, 6758* Et l. r. leur a dit m. tout c. nous tenon; Se. s'il v. *H*; r. s'il v. *CGI*; se Deu p. *BE*; p. no f. *BDG*; *DEG add 1 line* Nus n'en istra la fors (Nous n'en isterons mie *E*) cha dedens nos tenons (tenrons *EG*)
6756. *B inverts 6756/6757*; n. volent cil S. *D*; *HIT want*; *ABCEG agree*
6757. *B inverts 6756/6757*; (n. alons l. *I*), n'i enterron *BDI*; n. ysson ja m. ne r. *H*; l. hors j. n'en retourneron *E*; m. n'en revenron *G*; *T wants*; *AC agree*
6758. *for T see 6755*; M. soyons quoy si l. regardon *H*; M. soies t. *C*; M. seons t. *E*; *I wants 6758-6760*; *ABCG agree*
6759. S'ilz n. a. nous n. deffendron *H*; a. mout b. *E*; a. m... *T*; b. n. desfendron *G*; *I wants*; *ABCD agree*
6760. Le b., m. d. yex souffriron *H*; d. souferron *E*; *I wants*; *ABCDGT agree*
6761. Dist li r. des t. oies que nous dison *I*; s. dreca (fronce *H*) le menton *BH*; *ACDEGT agree*
6762. P. maltalent jure saint Symon *H*; m. jura l. *E*; s. Lasaron *D*; *I wants*; *ABCGT agree*
6763. S'i. ne laist i. ne sera m. s. h. *H*; (Se n. *T*) n. le l., (i. m. ne sera s. h. *T*) *DT*; i. n'estera m. s. *E*; m. nesra s. *B*; *I wants*; *ACG agree*
6764. Et si va ou voe. Godefroy ou n. *H*; Ja itrai ge la fors jou et mi compaignon *I*; Et si en isterrai ou vous voeillies ou n. *T*; Et se il t. *C*; il le v. *EG*; *ABD agree*
6765. S'i. se d. *BC*; Si s'en d. em. (issir *E*): *HE*; Se m'en devoye issir c. *T*; d. aler c. *D*; em. com l. *H*; *I wants*; *AG agree*
6766. Qu'es. ce deable s. *H*; Que es. c. dont (vis *I*) de. *TI*; c. dont vif de. *B*; i. disable s. *G*; *ACDE agree*
6767. N. tenront dont c. (dont c. *lacking in H*) paien e. f. *EH*; Arrons n. *B*; e. serroison *D*; *I wants 6767-6769*; *T wants*; *ACG agree*
6768. L. avoir no. *T*; no. apportent prendre ne *H*; et nous le prenderon *E*; p. nel volon *G*; *I wants*; *ABCD agree*
6769. S. j'a. q. *H*; q. me c. *BHT*; c. nos l. *CET*; l. gaigneron *H*; *I wants*; *ACG agree*
6770. Vous saves vrayement q. *T*; t. sans faille q. *I*; d. fi q. *E*; *ABCDGH agree*
6771. La paine p. J. conquere souferron *E*; En co. honnour pour Dieu ce. faison *I*; Issons nous en pour Dieu qui nous croire devon *T*; l. faisons *B*;

H wants; ACDG agree
6772. Quant n. *E*; n. par dev. *CT*; dev. lui: *ET*; n'e. a. reprochon *T*; *H wants; I wants 6772-6777; ABDG agree*
6773. l. dehors p. le Dieu La. *H*; I. e. l. dehors: *E*; l. hos: *T*; el non s. Simion *ET; I wants; ABCDG agree*
6774. m. ou t. vif:, (retourneron *H*) *DH*; p. que nous el (el nel faicon *G*) *BG*; o. ne vi... *T*; el ne f. *C*; *I wants; AE agree*
6775. s. j'ai c. q. m. porte d. *H*; *I wants; ABCDEGT agree*
6776. o. en s. *H*; *I wants; ABCDEGT agree*
6777. N. (Mo. *G*) n'en c. *BG*; N. me c., (mu. s'a. f. *H*) *EH*; mu. quant a. (j'a. *T*) *BT*; c'a. fet [*sic*] *G*; *I wants; ACD agree*
6778. R. s'escrierent nous vous si. *H*; Et r. s'escrierent et *D*; R. ont es. *G*; *ABCEIT agree*
6779. d. mort ne v. *H*; v. lairon *GI*; *ABCDET agree*
6780. *D inverts 6780/6781*; M. volrons e. *C*; M. volroie e. mors q. *D*; vol. (vorrions *T*) mourir q. *HT*; q. vous i guerpiscon (perdron *H*) *EH*; vous perdisson *T*; *I wants; ABG agree*
6781. *D inverts 6780/6781*; Barons d. G. *I*; p. de ra. *H*; *ABCDEGT agree*
6782. (Mais tri. *T*), e. ce se. *BCDEGHIT*; *G adds 1 line* N'en brisies nul por Diu ne por son non
6783. Tant com ta. menoit sa te. *H*; Si com ta. m. tel n. et tel ... *T*; *GI want; ABCDE agree*
6784. Vecy C. *H*; Lors vient Cornumarans b. *I*; C. poignant a *DE*; *ABCGT agree*
6785. Avec l. .C.M. q. T. qu'E. *H*; .C.M. Turs o l. Persans et E. *T*; *I wants; ABCDEG agree*
6786. Dusques mout pres des murs en vienent d. r. *E*; Dusque contre n. *B*; g. vint p. *D*; v. poignant [*sic*] *G*; *HIT want; AC agree*
6787. h. (hautes *B*) vois escrie l. (vos *E*) *DBEGIT*; s'e. noz t. *H*; *AC agree*
6788. T. estes m. *BCEGIT*; m. et p. *BCDEGIT*; se ne croyes ... *T*; *H wants 6788-6791*
6789. v. e. ferons e. g. *T*; *HI want; ABCDEG agree*
6790. Et S. p. fra v. *E*; *HI want; ABCDGT agree*
6791. J. n'e. ve. d. vo. .I. s. a r. *E*; J. .I. tous s. d. v. n'ara ja r. *I*; J. .I. s. *CDGT*; s. ne ve. *B*; *H wants*
6792. Quant G. entendi sa raison *H*; Et respont G. *E*; p. ne *BGT*; si aron *I*; *ACD agree*
6793. Si s'e. sus a cheval b. *H*; h. (hautes *B*) vois escrie o. *DBEGIT*; o. cevaucies b. *B*; a. armes b. *DEIT*; *AC agree*
6794. D. qu'ensamble nous tenon *I*; q. trop n. (ne... *T*) *BCDEGT*; *H wants*
6795. Dont font sonner le graile d. S. Gil... *T*; *H wants; ABCDEGI agree*; *T adds 1 line* As armes sont couru entour et enviro...

192. *ABCDEGHIT*

6796. Quant R. *DE*; (m. ... *T*); *ABCGHI agree*
6797. s. moult s'appareilla *H*; s. errant s'a. *I*; *ABCDEGT agree*
6798. *I has 1 line for 6798, 6800* D. P. l. h. s. au. en.; D. P. l'ermite G. a. *H*;

Variants 571

       h. dant Raymon a... *T*; *ABCDEG agree*
6799. p. l'am. Dieu se. *T*; am. seray arme ja *H*; *I wants*; *ABCDEG agree*
6800. *for I see 6798*; I. ung a. en. *H*; ... ses armes demanda *T*; *ABCDEG agree*
6801. Le r. *H*; ... r. G. volentiers l. bailla *T*; *ABCDEGI agree*
6802. M. onques li e. ses cau. ne cal. *I*; Et les cau., f. li hermites cal. *BG*; Onques cau. *E*; a. cauche d. *DT*; l'e. ne cal. *CDET*; *H wants*
6803. *I has 1 line for 6803-6804* Il a sainte l'espee sor le ce. m.; A son senestrier son bon b. pendu a *E*; Et a so. f. senestre .I. *B*; so. seniestre f. .I. *G*; f. seniestre son bon b. c. a *C*; se. son b. *T*; *H wants*; *AD agree*
6804. *for I see 6803*; Un destrier l. (l. amainent Piere y m. *H*) *EH*; c. i mainnent et *C*; *ABDGT agree*
6805. Le q., es. l. porta *H*; B. .I. es. *BG*; B. l'es. l. aporta *E*; B. sa lance l. *I*; l. bailla *GT*; *I wants 6805-6807*; *ACD agree*
6806. Eu. la la. *DE*; li puia *G*; *IT want*; *ABCH agree*
6807. *I wants; rest agree*
6808. *I has 1 line for 6808-6809* U. pe. a saisie en sous .I. f. bouta; Un g. percant a pris pa. *E*; Une perche a, pa. le bout l'a. *H*; g. piece a, d. le visa *B*; pr. et puis si l'a. *T*; d. la guia *C*; *ADG agree*
6809. *for I see 6808*; Pu. ung f. t. y bouta *H*; (Pu. prent .I. *T*), l'a. le bota *BCET*; t. qu'en la pointe bouta *G*; *D wants*
6810. Forment en a j. que autre n. prendra *T*; a juree autre n. *DI*; c'a. n'i p. *BE*; *H wants*; *ACG agree*
6811. *No variant*
6812. P. si tres g. *ET*; v. al c. *C*; v. es estriers s'a. (s'apuya *T*) *IT*; *H wants 6812-6823*; *ABDG agree*
6813. Q. le saingles r., s. tourna *I*; et sa s. *C*; *H wants*; *ABDEGT agree*
6814. Di. l. r. des t. *I*; *H wants*; *ABCDEGT agree*
6815. p. .X. a. *BG*; p. .V. a. *D*; p. .XX. a. *E*; p. .XXX. a qu'an ce. *I*; ce. nen m. *A*; *H wants*; *CT agree with text*
6816. v. d'auberc ne l. n. froissa *T*; h. ne l. n. brisa *E*; l. n. joste *C*; *BGHI want*; *AD agree*
6817. A ses ar. p. ja b. n. s'ai. *E*; J. mais b. a cheval .I. jour n. s'ai. *I*; (J. as ar. *T*), n. s'i ai. *DT*; *H wants*; *ABCG agree*
6818. Et P. dist et jure certes q. *I*; j. qu'encor bien le f. *T*; m. Dieu s. *E*; *H wants*; *ABCDG agree*
6819. So i. *C*; S'i. encontre p., e. abatera *I*; i. consiut p. *E*; e. craventera *BGT*; *H wants*; *AD agree*
6820. s'en esmerveilla *D*; s'en espoenta *E*; s'en esmiervell *G*; *H wants*; *ABCIT agree*
6821. Tantost une autre selle on li apareilla *T*; c. recaingla *BDI*; c. ensiela *E*; *H wants*; *ACG agree*
6822. Adont monta dans Pieres et sa perche enpoigna *T*; *BHI want*; *ACDEG agree*
6823. *D has 1 line for 6823-6824* Q. Pi. f. mo. si dist o. i par.; Isnelement remonte d. *I*; f. armes d. *B*; *H wants*; *ACEGT agree*
6824. *for D see 6823*; A haute v. (vois escrie par *G*) *CEGHT*; (h. vois escrie *B*) s'e. pour D. *TB*; v. s'escrie or i par. *H*; *I wants 6824-6830*

6825. Quar d., p. en ara *B*; b. l. p. en a. *D*; b. l. p. (los *H*) emportera *EHT*; *I wants*; *ACG agree*
6826. M. sera chil honis q. por paiens fuira *D*; (po. mauves es. *T*), l. pires s. *BET*; *H wants 6826-6830*; *I wants*; *ACG agree*
6827. A au repairier ar. *G*; ar. ce d. le g. *T*; k'i. le g. *BCD*; *HI want*; *AE agree*
6828. M. s'aficha d. P. ki s'i esperouna *E*; Bien s'a. *D*; i. s'i (se *T*) provera *BT*; *HI want*; *ACG agree*
6829. ce. n'estoit Co. *C*; *BHI want*; *ADEGT agree*
6830. *E has 2 lines* M. se D. n. se. tout autrement ira/ Je quit mien ensiant j. n'e. r.; j. nel r. *B*; n'e. retorne *G*; *HI want*; *ACDT agree*

193. *ABCDEGHIT*

6831. D. Jherusalem ist (il *T*) l. *DEHT*; *ABCGI agree*
6832. ch. l. ci. lest saisie *T*; ci. laisie *GI*; *DE want*; *ABCH agree*
6833. Il laissent corr. as plains chascuns lance baissie *I*; T. que ce., corr. des esperons a hie *E*; ce. pot corr. *T*; pu. (pot *C*) rendre a, (cors de folie *C*) *GC*; pu. aler d'e. *H*; a plains cors *B*; *AD agree*
6834. (Vont f. les T. *H*) T. ne les esparnent m. *EH*; Et v. paiens f. n. *I*; T. ne s'asseurent m. *T*; *ABCDG agree*
6835. *I has 1 line for 6836-6836* La o. d'es. mout gr. c.; *T has 1 line for 6835-6836* Dont o. t. n. et tel c.; o. grant n., (d. payennerie *H*) *GH*; *ABCDE agree*
6836. *for IT see 6835*; *H wants*; *ABCDEG agree*
6837. Quite .II. liues lonc en fu la n. oi. *E*; Q. de .II. (.III. *B*) g. (loins *T*) *CBT*; Q. .II. g. *G*; lo. plenieres a *D*; la vois oi. *BT*; *HI want*
6838. *I has 1 line for 6838-6839* P. si. ou des. des e. l'a.; Pierre l'ermite a *H*; *ABCDEGT agree*
6839. *for I see 6838*; un fort des. *E*; b. cheval des *T*; *H wants*; *ABCDG agree*
6840. L'escus pr. *B*; pr. sa lance a b. *H*; le lance b. *E*; *IT want*; *ACDG agree*
6841. m. essiant j. (j. ira a f. *B*) *CBDEGHT*; *I wants*
6842. (A l'esmovoir qu'i. f. *D*) f. a la p. (p. brandie *D*) *ID*; e. la p. *BCGT agree* ; *EH want*;
6843. Ne scait p. sa lance e. l'a d. *H*; l. set p. *E*; *B wants*; (Q... *T*); *ACDGI agree*
6844. I. a pris ses .II. m. aval l'a abaissie *E*; p. par le main s. *C*; j. abaisie *BG*; *DHI want*; (l. p...t a, m. ... *T*)
6845. Entre lui et l'a. *D*; P. deviers s. *G*; En travers sor l'a. *I*; Et d. *T*; a. l'a couchie *H*; *ABCE agree*
6846. Son cheval esperonne et mout forment l'ai. *T*; dest. de Surie des e. *B*; dest. esperonne ki fu nes en Roussie *E*; lu. des e. *CG*; *DHI want*
6847. Et ses c. *D*; Et il li v. mout tost p. *T*; g. aatie *C*; *HI want*; *ABEG agree*
6848. le tre le Sondant a se voie adrecie *E*; t. Soudant a sa resne tiree *H*; de Surie *B*; *ACDGIT agree*
6849. O. le gard l. *H*; *I wants*; *ABCDEGT agree*
6850. dev. que l. *E*; dev. que Dieu m. *H*; dev. l. c. Dieu les m. *T*; *ABCDGI agree*
6851. (Et P. le c. des es. *ET*) es. aigrie *BET*; es. embrie *CH*; es. n'oublie *G*; *DI want 6851-6856*

Variants 573

6852. Kanques ataint de T. *E*; Qua. qu'en c. *G*; qu'i. ataint d. *B*; qu'i. consiut abat a *H*; c. de T. *T*; *DI want*; *AC agree*
6853. Et l. p. est. f. si que ne brisa m. *T*; p. fu mo. *BG*; p. ne brisa ne ne s'est dementie *E*; p. estoit forte n'est *H*; n'est encore percie *B*; t. croissie *G*; *DI want*; *AC agree*
6854. .V. en cravente avant que soit brisee *H*; (.X.C. en *B*); f. brisie *GB*; f. froissie *C*; a. l'eure de complie *T*; *DI want*; *AE agree*
6855. C. au t., f. courant par ahastie *T*; d. tresor en f. *C*; s'e. vont a. *B*; s'e. fuyent vers l. bercie *H*; f. par devers l. *E*; *DI want*; *AG agree*
6856. en. n'a paour de *H*; *DI want*; (Et P. ...hauce o. *T*); *ABCEG agree*
6857. pr. lui es. bodie *H*; es. (a *I*) sa pe. *BGI*; pe. brisie *BIT*; pe. croissie *D*; pe. falie *E*; *AC agree*
6858. s. ceval li *EIT*; m. la gent h. *H*; *ABCDG agree*
6859. *D has 2 lines* Q. P. li hermites voit sa perce froissie/ Et son cheval voit mort n'a talent que il rie; *I wants*; *ABCEGHT agree*
6860. Ysnelement a son es. s. *H*; Et Pieres ressant sus s'a *I*; T. et i. a *T*; *ABCDEG agree*
6861. Sa t. *C*; L. perche qu'i. portoit a *T*; t. qu'i. tenoit a *CI*; a a tere j. *E*; c. laissie *CT*; *H wants*; *ABCG agree*
6862. m. fiert de l'e. *H*; fi. grans cos:, (pour garentir sa vie *I*) *BCDGIT*; *AE agree*
6863. Fierement s. d. m. *D*; B. et bel s. d. m. *I*; s. deffend mais p. n'ar. d'ai. *H*; m. il n'a p. *BE*; *ACGT agree*
6864. Lo. e. de nos gens plus d'une looye *H*; c. pres e. *A*; Que lo., g. bien a lyeue et de. *T*; lo. iert de n. *G*; g. plus d'une grant archie *D*; g. bien de. liuie *E*; g. une liue et de. *I*; p. de liue et de. *BCG*
6865. Il es. mout entrepis d. l. *E*; (Or es. *T*), g. paienie *DGT*; *HI want*; *ABC agree*; *E adds 1 line* Tout entour lui s'asanlent la pute gent haie; *T adds 1 line* D'angoisse fiert grans cous pour rescorre sa vie

194. *ABCDEGHIT*

6866. *D inverts 6866/6867*; Se il en f. *D*; dol. ne m'en doi m. *B*; dol. ne l'estuet m. *I*; n. nel doi. *C*; n. ne d. *H*; *AEGT agree*
6867. *D inverts 6866/6867*; Q. il fu e. *BG*; Q. Perres fu enclos d. *D*; Q. il se se. (voit *I*) enclos (a tere *E*) d. (en *E*) *TEI*; se. enclos de l'Adversier *H*; *AC agree*
6868. Mais po., v. merveiller *H*; *DI want*; *ABCEGT agree*
6869. Ains lor doune g. *E*; m. frappe d. *H*; f. grans de l'e. *B*; *T wants*; *ACDGI agree*
6870. (qu'i. vit est al. *I*) al. apoier *BDEGHIT*; *C wants*
6871. s. deffend n'a g. *H*; des. car n'a *BG*; des. qu'il n'a *DEI*; des. quar g. n'a der. *T*; *AC agree*
6872. K. dont v. *E*; K. v. lors P. *H*; v. paiens dant P. d. *C*; *I wants 6872-6880*; *ABDGT agree*
6873. L'u. mort l'aultre trebuscier *H*; Et l'u. m. desus l'au. *DE*; m. par dessus l'au. *T*; l'au. verser et *BEGT*; *I wants*; *AC agree*
6874. P. noient i venist nus meudres c. *D*; P. noiant li membrast de m. c. *E*; ni. ramenbrast nu. (de *H*) *BCGH*; *I wants*; *AT agree*

574   Variants

6875. p. l'asaloient b. *B*; l'a. pries sont de d. *G*; f. .X. m. *E*; *HI want*; *ACDT agree*
6876. Ainc n'i *E*; ot Sarrasin q. *T*; l'os. aprochier *DET*; *HI want*; *ABCG agree*
6877. Q. payens se v. si dommager *H*; (Quar i. *B*), l'e. l. g. s. d. *GB*; i. virent l'e. *C*; g. detrenchier *T*; *I wants*; *ADE agree*
6878. s. trayent ly losenger *H*; li quvert lo. (pautonnier *T*) *GT*; *I wants*; *ABCDE agree*
6879. Ca. P. redoubtent au co. f. *H*; Et P. r. li puant aversier *T*; Ca. P. redotoient q., co. a f. *B*; Ca. l'ermite redoutent q. *E*; *I wants*; *ACDG agree*
6880. A. le regardoyent c. le deussent m. *T*; Car a., s. deust m. *E*; l. resgarde c. les v. *CD*; *HI want*; *ABG agree*
6881. O. le lairons de lui as Francs voeil repairier *I*; O. dirons de *D*; n. gens De. *BH*; *ACEGT agree*
6882. No gent s. en l'es. *T*; s. dedens l'es. *EH*; s. en grant peril vers la gent l'aversier *I*; l'es. mervillous et plenier *BG*; l'es. mervillous et mout f. *C*; l'es. merveillox et *DE*; l'es. plennier *H*
6883. Des c. *A*; es. tel cr. et tel n. *B*; *H wants*; *I wants 6883-6886*; (... *T*); *CDEG agree with text*
6884. Fon. lo. p. sor le t. *E*; s. les p. *C*; ... la t. te[n]tir et f. *T*; *GHI want*; *ABC agree*
6885. *T has 2 lines* La peussies vous bien veoir bon chevavalier [*sic*]/ Ou bon r. G. quar b. s'i sot a.; Lors v. *B*; v. G. le r. b. *H*; *I wants*; *ACDEG agree*
6886. f. faisoient l. r. trencer *H*; au. au branc l. r. *BG*; *I wants*; *ACDET agree*
6887. e. sanloient carpentier *E*; *H wants*; *ABCDGIT agree*
6888. We. T. ou n. lo firent c. wi. *H*; c. laissier *D*; *ABCEGIT agree*; *H adds 3 lines* Mors les abatent n'en fault doubter/ De la paour qu'ilz ont les font reculer/ Les ungz desseur les aultres trebucher
6889. t. a u. (d'u. *H*) arcier *BEGHT*; t. arbalestrier *C*; *I wants*; *AD agree*
6890. Desi que au t. *B*; Jusques o. *H*; Tant que o. *T*; t. ne f. *BDEGHIT*; f. d'encauchier *EG*; *AC agree*
6891. M. oncq n'y vouldrent toucher *H*; o. tant fust pou n'e. *T*; *E wants*; *ABCDGI agree*
6892. Q. virent S. *C*; S. ne vaurent targier *E*; n. l'e. (se *B*) voellent c. (targier *B*) *GB*; s'e. (se *C*; le *T*) volront c. (targier *C*; baillier *T*) *DCT*; n. le v. baillier *I*; s'e. veult c. *H*
6893. en. (ensegnes *B*) escrient: *HB*; s. traient li a. *EBT*; retournent ly a. *H*; *ACDGI agree*
6894. Dont v. *T*; s. des ars descocher *H*; d'a. Turs d. [*sic*] *B*; *DI want*; *ACEG agree*
6895. M. s'angoisse chaicuns: *T*; a. les nos: *T*; g. a t. et a l. *E*; de t. et de l. *BCDGIT*; *H wants 6895-6897*
6896. Ne les pora g. li blanc hauberc doublier *E*; Ne pot g. *CI*; h. tant soit menus mailies *D*; *H wants*; *ABGT agree*
6897. fa. lor fl. (fl. ne leur c. *C*) *EC*; fa. l. cors et *I*; c. percier *G*; *H wants*; *ABDT agree*
6898. A cest poindre: *H*; A iceste pointe: *I*; i. poindre iluec: *E*; nos on. oc. G. *BDEGHIT*; *AC agree*
6899. d'Es. Rainier *B*; *H wants*; *ACDEGIT agree*

6900. A. d. Monmerveille et R. d. Premier *C*; Et A. d. Monmartre et Rohart d. Poitier *D*; Acaire d. Montir et R. le Pouhier *E*; R. d. Pevrier *G*; *HIT want*; *AB agree*
6901. Et G. de Monfort et s. *EH*; f. Ricier *ET*; *I wants*; *ABCDG agree*
6902. I. o. de n. ge. m. tres gr. de. *B*; De .IIII.XX. des nos font le rens claroier *I*; i orent n. (n. gens grant de. *H*) *EH*; *ACDGT agree*
6903. r. Godefrois v. sa gent empirier *I*; v. no (sa *G*) gent: *BEG*; s. homes amenuiser *H*; isi a. *BCG*; ensi a. *ET*; *AD agree*
6904. D. maltalent cuide v. e. *H*; D'i. et d. m. q. *I*; v. esragier *CBDEGT*
6905. Jherusalem escrie o. (o. *lacking in H*) *BEHT*; Jherusalem cria o. *D*; Il escrie monjoie o. *I*; *ACG agree*
6906. p. d. son ennemy cal. *H*; p. d. bien faire et *T*; *I wants*; *ABCDEG agree*
6907. D. veissies l. n. *ET*; o. l. noise enforcer *H*; o. buisines sonner et grailoier *I*; c. esforcier *BCDE*; *AG agree*; *BEGH add 2 lines, I and T both add 1 line* La n'ot mestier couars ne mauvais cevalier *B*; Ilueques n'ot (Iluec n'avoit *G*) couars ne mauvais hom mestier *EGI*; Iluec n'avoient couars mestier *H*;/ Dont veiscies le roi sor les Turs caploier *BEG*; Dont veissez noz gens caployer *H*; Et le roy Godefroi ferir et caployer *T*
6908. (i. consiut au cop sour *E*), el. d'achier *DE*; l'es. n'a de mire mestier *G*; l'es. tost le fait trebuchier *T*; *H wants 6908-6910*; *I wants*; *ABC agree*
6909. p. desi ke en l'estrier *E*; qu'el (el *B*) braier *CBD*; qu'el destrier *G*; *HIT want*
6910. Mout sont poi gent li nostre mais mout font a prisier *I*; so. de f. *EG*; *H wants*; *ABCDT agree*
6911. De sa. et de c. *E*; sa. faisoient l. b. touller *H*; sa. et et en c. on fait l. b. moillier *T*; c. font tos l. *BCG*; b. baignier *D*; *I wants*; *T adds 1 line* Fait ont a maint payen l'arme du cors widier

195. *ABCDEGHIT*

6912. fu fors li es. (l'es *H*) *BHT*; fu grans li *DEGI*; et fiere la *BEGHIT*; *AC agree*
6913. Le r. t. et la ribaudalle *H*; t. a toute s. *C*; t. o lu. s. ribaudaille *E*; lu. la p. *I*; s. parelle *G*; *ABDT agree*
6914. p. gisarme: *BEG*; p. co.: *DIT*; ou h. (co. *E*) q. bien t. *DET*; ou espee q. t. *I*; *H wants*; *AC agree*
6915. Feroient s. *T*. comme peautralle *H*; M. i f. roidement partout l. r. *T*; d. feroit s. *I*; *E wants*; *ABCDG agree*; *H adds 2 lines* De leurs brans d'estoc et de taille/ Que leurs armeures ne leur vallent maille
6916. As Turs tre. *E*; tre. lor cu. *C*; le. (le. *lacking in H*) testes: *DEHI*; et copent la *B*; le pis et le co. *E*; et courealle *H*; et persent les co. *I*; *T wants*; *AG agree*
6917. Tu. tirent pl. m. que paille *H*; Tu. chieent pl. *T*; tr. plus que v. *E*; q. li v. n. maint pa. *C*; n. (n'en *B*) cace pa. *DBT*; *I wants*; *AG agree*
6918. Le r. de tafur f. *H*; l. boins r. ta. *E*; d. ribaus: *BG*; f. s'i t. *D*; durement s. tr. *GI*; *ACT agree*
6919. D. sa f. *ET*; A la, a. espantralle *H*; a. si (mont *T*) fort les e. *BCDGIT*; a. forment les e. *E*
6920. n'a talent qu'i. b. (s'en aille *D*) *TD*; i. bataille *C*; *GHI want*; *BE agree*

with text
6921. Si le f. li T. c. le le. aumaille *E*; A. c. font le. b. *H*; A. li. f., c. leus b. *D*; T. con le le. *BG*; *T wants*; *ACI agree*
6922. (Il n'i *I*), q. encontre l. ail. *DGIT*; c. lui aille *C*; *BEH want*
6923. l'a. a coup p. l'or de C. *T*; *EH want*; *ABCDGI agree*
6924. d. la Caille *BH*; d. Kinkaille *E*; d. l'Arcaille *G*; d. Nescaille *I*; (l'a. d... *T*); *ACD agree*; *H adds 2 lines* Sire ne scay comme tout en aile/ Mal nous est venu de ceste crapaudalle
6925. P. Ma. je croy que r. n'en v. *H*; P. M. dist il ne *BE*; P. Ma. no *D*., (r. no v. *G*) *DG*; P. Mahon amiral je qui. *I*; Que nient no. *E*; r. vous v. *BC*; (qui. ... *T*); *B adds 1 line* Tout serons desconfit ens en le definale (*cf.* 6932)
6926. Cy sont v. *H*; Que ci *T*; q. pietaille *I*; *ABCDEG agree*
6927. *I inverts 6927/6928*; Q. de n. h. f. *H*; o. no gent: *BDIT*; a g. disciplinaille *T*; g. decipaille *DGH*; *ACE agree*
6928. *I inverts 6927/6928*; Co. sont de *DEHI*; e. des gens d'i. *T*; d'i. aucuns deable *H*; d'i. c'on nourne di. *I*; a. decabraille *C*; *ABG agree*
6929. Q. l'a. l'oi (l'entent *T*): *DGIT*; l. amiraus s'embronce se v. *E*; l'o. si bronce le mentaille *C*; s'embroncha la v. *D*; s'e. son visaje *G*; si bronche sa v. *T*; la ventraille *I*; *B wants*; *H wants 6929-6932*
6930. (p. qu'en ai t. *B*), s'en (me *B*) descoraille *GB*; o. li tranle li coraille *E*; s'en escolalle *D*; *HI want*; *ACT agree*
6931. sai bien san. *E*; de fit san. *G*; *CH want*; *ABDIT agree*
6932. *T inverts 6932/6933*; Comment que li plais praingne puis a l. defi... *T*; T. seront des. *B*; Le piour en arons: *I*; a ceste d. (commencaille *E*) *BEI*; *H wants*; *ACDG agree*
6933. *T inverts 6932/6933*; en. en celle co. *C*; en. je le sai bien sans faille *E*; *I wants*; *ABDGHT agree*

196. *ABCDEGHIT*

6934. Q. C. voyt ribaulz venu *H*; (Q. vo. C.: *T*), ke r. s. ve. *EGT*; *ABCDI agree*
6935. I. escrie D. *BCDGHIT*; D. si tr., b. molu *E*; et traist l. *B*; et tint l. *DT*; et tient l. branc nu *H*; et a t. l. b. n. *I*
6936. Pl. esporone q. *BIT*; Et a po. le ceval q. *E*; *H wants*; *ACDG agree*
6937. Avoques l. estoient .XII. mil me. *D*; O l. estoient .V.M. me. *H*; A. aus e. *E*; (l. laisse courre: *I*), .XXX.M. me. *CI*; e. .X.M. me. *B*; *AGT agree*
6938. son. tous venu *H*; a esporons v. *BCDGI*; *AET agree*; *H adds 1 line* De ferir et frapper ne se sont tenu
6939. L. eust m. s. descendu *H*; o. tante s. *I*; s. dart t. estendu *A*; *BCDEGT agree with text*
6940. *T places 6940 after 6943*; M. y e. ot d'oc. d'armeures n. *H*; (y ot ocis c. *T*), d'a. furent n. *ET*; *BGI want 6940-6943*; *ACD agree*
6941. r. et pris et retenu *E*; r. ocis et *T*; *BGHI want*; *ACD agree*
6942. le. a secouru *H*; a tost s. *C*; *BGI want*; *ADET agree*
6943. o. so. Sa. m. c. d'e. f. *C*; d'e. et pris et retenu *E*; *BGHI want*; *ADT agree*; *T places 6940 after 6943*
6944. Et maint po. (brac *B*) et maint pi. (po. *B*): *DB*; Et tant pi. et tant po. *IT*; et

Variants 577

maint (tant *IT*) menbre to. (tolir *C*) *BCDEGIT*; *H wants*
6945. De m. et de n. *G*; n. font tous les cans couvrir *C*; n. est le c. poudru *H*; n. ont t., c. v... *T*; *ABDEI agree*
6946. *I has 1 line for 6946-6947* G. tient l. bra. et broche *C*.; Li bons r., b. esmolu *G*; le branc moulu *H*; d'a. tout nu *T*; *ABCDE agree*
6947. *for I see 6946*; Si frappe le destrier de l'esperon agu *H*; *ABCDEGT agree*
6948. en. molt (un *D*) g. col. l'a f. *DET*; g. cop en a *H*; col. li a (a rendu *I*) *BCGI*
6949. A. sur le heaume a or b. *H*; e. qui fu a or *T*; qu'i. a a or *C*; *I wants*; *ABDEG agree*
6950. *T has 4 lines for 6950-6953* La coiffe li trencha du haubert qui bon fu/ A senestre partie est li cous descendu/ Sus sa targe doree feri par tel vertu/ Que l'une des moities li a fraint et fendu; Qui l. f. et l. p. en *D*; j. espandu *BC*; j. confundu *E*; *HI want*; *AG agree*
6951. *for T see 6950*; *I has 1 line for 6951-6952* A destre les l'oie es le bran descendu; Mais l'e. *E*; L'e. a g. *H*; e. est g. *B*; g. si d. *D*; *ACD agree*
6952. *for I see 6951*; *for T see 6950*; Vers s. part contreval l'e. *H*; p. c. son e. *E*; *ABCDG agree*
6953. *for T see 6950*; (T. pour o. en o. *B*), qua. qu'il a con. *CB*; T. contreval abat kanque a aconseu *E*; col. d'aultre part qua. que a con. *H*; col. o. en o. qua. qu'a a con. *G*; *I wants*; *AC agree*
6954. Se b. l'e. a. *IT*; a. bien l'e. p. *B*; *ACDEGH agree*
6955. Q. Cor. a G. con. *T*; o. le roi reconneu *I*; G. conseu *G*; *ABCDEH agree*
6956. Ne l'at. a c. p. plain val d'or molu *E*; Ne l'at. p. point d'or esmoulu *H*; p. tot l'or qui ains fu *D*; *ABCGIT agree*
6957. s'en est passes a pl. cop es. *I*; v. corant a *C*; po. a l'es. *H*; po. et tint le brant tou... *T*; pl. col es. *E*; *ABCG agree*
6958. Le r. *H*; *rest agree*
6959. F. es. l'amiral et Agoulant n. fu *C*; F. es. Agolant et *BDE*; F. es. l'agoulant et *GI*; et n. l'am. (l'amiral Hu *D*) *BDEGI*; *HT want*
6960. m. l. trence e. t. *D*; m. l. coupe par l. b. *H*; c. entrevers p. *C*; (p. l... *T*); *ABEGI agree*
6961. m. demeure el b. *E*; m. remaint s. le cheval quer... *T*; e. li b. (b. cevaus g. *BG*) *DBGI*; e. son destrier canu *H*; *AC agree*; *I adds 1 line* L'autre remest ou champ en .I. mont estendu
6962. Jusqu'a l'o. S. n'est arrestu *H*; Dusques a l'o. So. n'ier li chevas tenu *I*; Desi a l'o. *BCDG*; D. au tre So. *ET*; So. n'estera r. *I*; n. s'est aresteu *E*; se. mais tenu *D*
6963. co. furent Sarrasin e. *H*; *T wants*; *ABCDEGI agree*
6964. E. fuie s., (t. ly mescreu *H*) *IHT*; *ABCDEG agree*
6965. Cil n. *BCDEGHT*; s. huy en b. *H*; s. ja m. *T*; b. tenu *C*; *I wants*
6966. e. mate n. c. *E*; *HI want*; (... poi. *T*); *ABCDG agree*
6967. (Le ro. *H*), re. qui le, (cam. ot v. *G*) *BCGHI*; (... ro. *T*); *ADE agree*
6968. Ma. le tr. n'ont point me. *H*; tr. n'a un, p. eu *E*; n'o. il .I. p. *D*; p. veu *B*; *I wants 6968-6971*; *T wants*; *ACG agree*
6969. ...s de P. *T*; P. li poise mout en s. i. *E*; l'e. sont irascu *H*; *DI want*; *ABCG agree*
6970. q. honte a. *C*; p. avons eu *D*; *HI want*; *ABEGT agree*

578   Variants

6971. *HI want; ABCDEGT agree; T adds 1 line* Cil sire le garisse qui ou ciel fait vertu

197. *ABCDEGHIT*

6972. *I has 3 lines for 6972-6973* La bataille est vaincue et li estors fines/ En Jherusalem vait li rois et ses barnes/ Mais pour Pieron l'ermite fu grans dues demenes; f. l. d. g. m. *CT*; f. grant deul m. *H*; g. del. demenes *E*; *ABDG agree*
6973. *for I see 6972*; d. Perron y en o. *H*; o. maint pa. *D*; o. de pa. *T*; *ABCEG agree*; *H adds 2 lines* Toutes gens en plouroient com descomfortes/ Grans et petiz en avoient pities
6974. Le r. *H*; s'es. forment [*sic*] *C*; s'es. sovent dem. *D*; *I wants 6974-6992*; *ABEGT agree*
6975. *HI want; ABCDEGT agree*
6976. *I wants; rest agree*
6977. Seigneurs or n. *H*; p. Deu dist il o. *B*; p. l'a. *CGT*; p. Diu merci o. *E*; Deu envers moi entendes *D*; *I wants*
6978. I. doit est. *H*; pu. est. m. l. *BDEGT*; l. se po. D. est f. *BGH*; D. tues *T*; *I wants; AC agree*
6979. (U. chose v. *H*), d. que voel que e. (qu'e. *H*) *EH*; (v. voeil dire: *T*), et v. bien (s. *T*) m'en (le *T*) crees *DT*; d. por Diu s. m'e. *C*; t. si escoutes *B*; *I wants; AG agree*
6980. Po. t. comme j. *D*; Ja po. *T*; t. que j. *BEGHT*; v. ne soit pr. *H*; *I wants*; *AC agree*
6981. m. ameroye estre d. *H*; a. tos e. *D*; a. avoir le cief cope *G*; *I wants*; *ABCET agree*
6982. f. Dyable honores *H*; n. aoures *EG*; *I wants; ABCDT agree*
6983. c. aves D. *C*; c. avons D. *E*; c. ayons D. *T*; e. (est *B*) nos av. *DBEGT*; *HI want*
6984. i. nos ve. *BDT*; m. en d. *BCET*; *GHI want*
6985. Quant les eust bien asseures *H*; r. o. ses homes si b. reconfortes *T*; b. haities et confortes *D*; *I wants; ABCEG agree*
6986. f. a commande d. *EH*; W. escrie d., m. donnes *T*; *I wants; ABCDG agree*
6987. m'esp. le point m'est en. *H*; *I wants; ABCDEGT agree*
6988. Sire dit Eustace con v. conm. *H*; *I wants; ABCDEGT agree*
6989. T. est (f. *H*) li p. le (du *H*) *GH*; li bras le, (et li p.*ET*) *DET*; r. chaudies *H*; et baignies et tenpres *G*; p. conraes *B*; *I wants; AC agree*
6990. Qu'a grant p. l. fu l. b. o. *H*; Q. m. a tres grans paines l. e. *D*; m. tres grant p. *C*; m. grant mesaise en e. *E*; p. e. l. poins desenfles *T*; *I wants*; *ABG agree*
6991. (P. si commande Ustasse: *E*), qu'a .XX. (.VII. *E*) .M. ferarmes *ET*; c. Antiaume a *D*; *HI want; ABCG agree*
6992. Fust l. *BDG*; cit. garnie cis *B*; cit. gardee: *ET*; g. ses d. f. averes *D*; a dormir ne penses *E*; d. est cr. *C*; d. soit cr. *T*; *HI want*
6993. *I has 1 line for 6993-6994*; Isse l. des nos et de P. ores; Ci la tirai n. *C*; de nos gens q. De. a ames *H*; a tant a. *T*; *ABDEG agree*
6994. *for I see 6993*; Or di. *C*; Diray de *H*; q. si est a. *E*; e. adoubes *B*; *ADGT*

Variants 579

agree
6995. *I has 1 line for 6995-6996* Qui estoit a la r. des T. avironnes; u. piere b. *BD*; u il ert a. (acules *T*) *CDEGT*; i. s'est aceutes *B*; *H wants*
6996. *for I see 6995*; D. T. estoit m. empresses *H*; et d. paiens:, (estoit m. a. *T*) *CT*; P. f. forment a. *E*; *ABDG agree*
6997. ar. turquois estoit s. *H*; *T wants*; *ABCDEGI agree*
6998. Quar J., n'er. pas en. *T*; 1. garda:, (qu'il ne fu pas n. *E*) *DE*; g. en. n'estoit n. *B*; g. d'estre n. *H*; *I wants*; *ACG agree*
6999. Et vient Cornumaran tout a. *H*; C. venoit courant t. a. *T*; C. ou vient t. *I*; *ABCDEG agree*
7000. A hautes vo. *B*; (... h. *T*), vo. s'e. *DHT*; vi. n'escaperes *BGI*; vi. n'i duerres *DET*; vi. plus n'y d. *H*; n. l'endures *C*
7001. Ja v. f. *DG*; J. v. feray se n. *H*; e. cief s. bien n. *C*; n. v. rendes *DEH*; *I wants*; *ABT agree*
7002. D. cel f. *C*; *H wants 7002-7004*; *ABDEGIT agree*
7003. Ares vous j. (j. trenchie l. f. *T*) *ET*; Vous percerai je j. l. f. *I*; *DH want*; *ABCG agree*
7004. *HI want*; *ABCDEGT agree*
7005. Au S. *HT*; v. rendai p. *C*; v. rendra p. *T*; p. le grenon m. *B*; p. ces g. *CDGT*; p. ce grenes *H*; *I wants*; *AE agree*
7006. Dix P. li er. *E*; Dit l'e. *H*; l'er. trop estes enbourdes *I*; pl. no f. *BDG*; *ACT agree*
7007. Ains q. p. m'ayes cher l. co. *H*; Venes donques avant m'espee receves *I*; p. aincois l. *C*; (A... *T*); *ABDEG agree*
7008. Molt par s. h. se a colp m'a. *D*; P. seres s'orendroit m'a. *H*; s'o. m'escapes *E*; *I wants*; (s'o. ... *T*); *ABCG agree*
7009. Lors es., av. et fu li brans leves *I*; es. passe a., (ses brans fu en. *D*) *TD*; av. si est mout aires *E*; av. par mout ruiste fiertes *G*; av. moult yres *H*; *ABC agree*
7010. Et Cornumarans saut com se il f. d. *T*; cort seule a. *BG*; a. k'il f. *E*; a. comme d. *I*; sur comme d. *H*; *C wants*; *AD agree*
7010a. J. le f. l'ermites du brant qui fu lettres *T*; J. le f. au branc don., p. fu dor. *E*; J. le f., l'e. au poing dor. *H*; *BDI want*; *C agrees with text of G*
7010b. Li bers guenci arriere qu'il n'i fu adeses *D*; Li Turs le voit venir s'est .I. poi recules *I*; v. d'autre (aultre *H*) part est tournes *EH*; v. tous en es. esfrees *T*; *B wants*; *C agrees with text of G*
7011. .I. fa. tint trenchant a Perron fu jetes *D*; la. au fer q. *H*; d. li fers quares *C*; fe. fu q. *EGIT*; *AB agree*
7012. P. a consui: *EH*; en (a *H*) son s. l. *EHT*; *DI want*; *ABCG agree*
7013. Q. t. par m. le bu en es. *E*; par mi vif bu li *I*; *H wants*; *ABCDGT agree*
7014. P. (De *I*) tel vert. l'em. *EI*; vert. l'em. *H*; vert. li em. *T*; *ABCDG agree*
7015. Cornumarans escrie ce *B*; s'e. le v. *E*; m. tenes *D*; *HI want*; *ACGT agree*
7016. Sar. saillierent sur de tous les *H*; Et Sar. l'aerdent d. *I*; l. gerpirent d. *C*; *ABDEGT agree*
7017. Le. pies li *EHI*; lui lyent le. i. lui o. b. *H*; lo. si l'ont as i. *B*; et le .II. *E*; *T wants*; *ACDG agree*; *D adds 1 line* Molt fu vilainement et sachies et boutes
7018. S. .I. destrier le *BG*; c. en fu mout tost a l'o. portes *I*; le trossent a *D*; le

lyent a l'o. sont ales *H*; l'o. en e. (fu *DT*) portes (menes *E*) *BDEGT*; e. aportes *C*

7019. t. doras e. Soldans aportes *C*; t. S. iluec fu p. *D*; t. fu au S. p. *H*; t. S. la li fu p. *T*; r. fu S. *EI*; *ABG agree*

7020. Li a. commande q. *DT*; Et li Soudans commande q. *E*; Li Soudans c. *I*; q. lues f. *D*; q. fu d. *H*; t. soit d. *ET*; *ABCG agree*

7021. Et i. si f. mout tost et *I*; et li el. *E*; *C wants*; *H wants 7021-7028*; (el. ... *T*); *ABDG agree*

7022. h. et membrus et q. *E*; *H wants*; (gro. ... *T*); *ABCDGI agree*

7023. o. mout lo.: *I*; lo. et drue: *DT*; lo. et gra.: *E*; d. et gre. *G*; et le. (ses *E*) gre. melles (... *T*) *IET*; gre. lons et le. *D*; *H wants*; *ABC agree*

7024. t. hyree le. c. esmerles *C*; c. hurepes *IT*; *EH want*; *ABDG agree*

7025. Qua. bien av. .III. ans que *E*; Qua. i. ot plus d'un *T*; av. .II. ans: *D*; an n'avoit este l. *G*; qu'il n'ot este l. *BCDT*; *HI want*

7026. D'e. ne de l. por chou ert hurepes *E*; l. p. n. demelles *B*; l. n. p. n. graves *D*; l. raoignies n. p. *T*; *HI want*; *ACG agree*

7027. es. li ermites et ensainglentes *I*; v. et ta. et enfumes (mascheres *T*) *ET*; et enmaissentes *C*; *H wants*; *ABDG agree*

7028. s. o. grant l. *T*; *EHI want*; *ABCDG agree*

7029. P. estoit fi. l'ermites q. *T*; fi. l'ermite q. *H*; q. ors deschaenes *D*; li. abrieves *BCEGHT*; *I wants*

7030. P. estrainst les d. s'a les grenons lev. *D*; Il e. *H*; Il a e. les d. *T*; *ABCEGI agree*

7031. et le roi regardes *B*; r. resgardes *CDE*; *HIT want*; *AG agree*

7032. s. (les *T*) mances: *BDEGT*; .IIII. fois est mo. *EG*; s'e. .IIII. f. mo. *T*; *HI want*; *AC agree*

7033. De chou fu mout iries que la est hosteles *E*; I. (Ja *BDG*; Et *T*) saisist (s. *T*) l'amulaine (l'amiral *BD*); *CBDGT*; s. la muraile q. fu o. *H*; mais k'il fu escries *B*; li fu o. *DIT*

7034. Ca s'esc. *H*; esc. vassaus t. *I*; *ABCDEGT agree*

7035. (Errant se. occis se *I*) se plus v. r. *GI*; Tous se., se hui m. v. moves *E*; se. desmembres se vous mouves *H*; se vos v. i moves *D*; se point v. *T*; v. en moves *B*; *AC agree*

7036. L. S. l. demande dont e. n. *H*; do. es tu n. *D*; *I wants 7036-7039*; *ABCEGT agree*

7037. Q. es. vostre l. *E*; Et qui es., l. et li vos p. *T*; es. tes l. et tos tes p. *D*; *HI want*; *ABCG agree*

7038. g. ne me *CDEGT*; *HI want*; *AB agree*

7039. S. d. li er. *BCD*; S. dit l'er. *H*; Et respont li er. *T*; en sares *E*; *I wants*; *AG agree*; *T adds 1 line* Deca mer et dela sui Pierres apeles

198. *ABCDEGHIT*

7040. S. a apiele P. *CGH*; *ABDEIT agree*

7041. Il li a demandet vasaus c. a n. *I*; m. com v. av. n. *H*; av. a n. *BCEGT*; *AD agree*

7042. *I has 1 line for 7042-7043* S. di. l. h. P. m'a. o.; D. l'ermite j. ne le v. c. *H*; Et respont l. *T*; j. ne v. (le *E*) *CE*; *ABDG agree*

7043. *for I see 7042*; P. l'a. *B*; m'a. l'o. *T*; *ACDEGH agree*

Variants 581

7044. Si f. n. a Amiens et *D*; En Emine f. n. s. y a. *H*; N. f. en Hermenie et *T*; n. si i a. mansion *E*; *I wants*; *ABCG agree*
7045. *No variant*
7046. Le c. (convient *I*) *CDGI*; Le convint pasmer: *H*; c. il pas. *BG*; dedens le pav. *DEH*; (... *T*)
7047. Q. Soudans l'a veu s'ap. (ap. *H*) Farion (Lu. *H*) *EH*; le vit: *GI*; (... l'am. *T*), s'apele Rubion (Lu. *T*) *IT*; *ABCD agree*
7048. C'est l. *BHT*; p. sage qu'onc vit h. *H*; m. que o. v. h. *E*; m. que ains v. *GT*; c'o. creist n. *D*; *I wants*; *AC agree*
7049. Sur t., f. moy u. boicon *H*; t. fait l. *E*; d. l'amiraus f. *I*; *ABCDGT agree*
7050. Garissies ce F. *H*; m. cel F. *C*; s. point d'arestison *B*; s. (s. *lacking in E*) nulle (nulle *lacking in H*) arrestoison *TEH*; *ADGI agree*
7051. *I has 1 line for 7051-7055* Et cis fist son commant tantost sana Pierron; d. sen co. *BCDEGHI*; co. s'ataingny arabion *H*; s'e. trest m. (marubion *D*; marabion *E*; marabicon *T*) *BDEGT*; t. malabiton *C*
7052. *for I see 7051*; Cou iert (e. *T*) u. sainte h. (h. telle ne vit nus hom *T*) *GT*; C'e. une herbe d. *H*; s. erme d. *C*; h. qui croist vers pre Noiron *B*; h. que trova Salemon *D*; *AE agree*
7053. *for I see 7051*; (Que elle j. .VII. s. *T*) s. de chartre et de p. *DT*; s. de c. *C*; *BEGH want*
7054. *for I see 7051*; Lues q. *E*; q. Pieron estoit t. *BH*; o. point passe l. *T*; *ACDG agree*
7055. *for I see 7051*; (Fu sanee la pl. *EH*), d. paroit l. po. *BCDEGHT*
7056. P. s. f. maintenant que esp. *T*; s. ens en l'eure qu'esp. *C*; s. et legiers qu'esp. *D*; s. demanois k'esp. *E*; *HI want*; *ABG agree*
7057. El faudestuef d'i. *E*; d. s. d'o. li timon *D*; li bouton *C*; *HI want*; *ABGT agree*
7058. Si l. f. se. le So. sur le pavion *H*; Et l'ermites s'asist dejouste Fauseron *I*; f. So. se. e. *B*; So. d'e. *E*; So. li frere R. *G*; *ACDT agree*
7059. Et a l'a. *B*; p. a fait s. Talon *T*; *E wants*; *H wants 7059-7068*; *I wants 7059-7064*; *ACDG agree*
7060. (C. siet a *D*) a destre et *BDEG*; l'a. Mahon *C*; *HI want*; *T wants 7060-7063*
7061. Et si sist l'amiraus: *D*; l. Amoravis: *E*; et l'amu. N. *DE*; *HIT want*; *ABCG agree*
7062. Et le r. a. d. un estalon *E*; *HIT want*; *ABCDG agree*
7063. t. est d. f. *B*; *HIT want*; *ACDEG agree*
7064. L. a. r. estoient: *E*; L. a. r. s'asistrent: *T*; a. s'asistrent: *D*; entor et env. *BDEGT*; *CHI want*
7065. ...e jons et m. y o. mout grant f. *T*; D. jons et *B*; D. mente et *I*; et d. mastre o. entour a f. *E*; et d. metastre o. *G*; o. el t. (tenple *B*) a (grant *I*) f. *CBGI*; o. entr'ax grant f. *D*; *H wants*
7066. (...e *T*) de flour d'a. *GT*; flo. d'aquilente m. *B*; flo. d'aiglentiers m. *D*; d'a. de do. *E*; *HI want*; *AC agree*
7067. Li jons desos le basme jut esp. par selon *D*; l'en. qu'est esp. sor les jons *B*; l'en. gist esp., (le jon *CG*) *ECG*; *HIT want*
7068. *H wants*; *rest agree*
7069. r. de la geste Noiron *I*; et turquion *H*; *ABCDEGT agree*
7070. (l. pre to. *T*) to. regardent P. *DHT*; *ABCEGI agree*

7071. c. et sa faiture so. v. *D*; c. et so. visage so. sa. sa *T*; *HI want*; *ABCEG agree*
7072. Dient l'un a, m. semble felon *H*; l'a. bien s. *DI*; l'a. c. s. bien f. *E*; *ABCGT agree*
7073. q. mangierent n. *T*; m. les nos s. *D*; m. (mengue *H*) nos gens s. *IH*; *ABCEG agree*
7074. P. a l. d. t. que a. *T*; *H wants 7074-7079*; *I wants*; *ABCDEG agree*; *E adds 2 lines* Sour un bufet d'ivoire dont d'or sont li limon/ L'a fait Soudans seir o le flouri grenon (*cf 7057-7058*)
7075. V. dient paien con f. l. menton *E*; Les yex va roeillant et *T*; i. requigne et *D*; et fronce l. *CI*; *H wants*; *ABG agree*
7076. B. sanle uns avresiers mout a reg. felon *E*; a. reg. a de dr. *I*; et de reg. *CT*; reg. garcon *B*; *H wants*; *ADG agree*
7077. Se (S'il *B*) n'a. e., (t. orendroit se *E*) *TBE*; Ne voit o. *G*; *H wants*; *I wants 7077-7079*; *ACD agree*
7078. a. l. (jete *D*) .I. T. e. *TD*; s. goitron *DCET*; s. gorgon *G*; *HI want*; *AB agree*
7079. Que n'aroyent .X. le. estranglie u. m. *T*; Q. n'en avroit u. *CD*; le. .I. qua. *D*; qua. de m. *BD*; *HI want*; *AEG agree*
7080. M. erent p. *I*; f. S. p. Perron e. *DT*; l'er. (Pieron *E*) paien en grant fr. *BEGI*; S. et felon *H*; *AC agree*
7081. De T. et de p. (Persans *BE*) *CBDEGT*; *HI want*; *T adds 1 line* Cil sire les maldie qui Longis fist pardon

199. *ABCDEGHIT*

7082. Q. Pierres voit pa. mormder *H*; (Dans Pi. *I*), h. oit pa. (pa. murmure *I*) *TI*; h. ot pa. *BD*; h. se v. si regarder *E*; pa. mervillier *C*; *AG agree*
7083. Forment doute et ressoingne que n. *I*; et redotent qu'i. *D*; r. (merveille *C*) que n. (nes *CG*) voelle t. (estrangler *C*) *BCG*; r. ne le w. *ET*; *H wants*
7084. Rebrace se. *H*; I. est salis en pies si *I*; se. mances: *BCDEGHT*; si *lacking in H*; et v. .I. ro. c. *T*; .I. Turc c. *D*; ro. courer *C*
7085. El copl [*sic*] le fiert l'ermite p. *C*; c. del poing li d., m. l'os del glander *D*; c. de poing lui donna p. le templier *H*; li (le *BEG*) fiert du poing: *TBEG*; que n'oistes son per *E*; deles .I. chandelier *T*; le candeler *BGI*
7086. Car t. *E*; Que lui a *H*; Q. il l. *T*; a froissie le *GI*; o. noele *C*; o. noueler *EI*; *D wants*; *AB agree*
7087. D. le S. *H*; p. le roi le *C*; le fist m. *BCEGHT*; m. en verser *E*; *I wants*; *AD agree*
7088. c. sur et Es. *H*; s. qui le voelent tuer *T*; *B wants*; *ACDEGI agree*
7089. A lor e. nues l. *I*; e. trencans l. v. afoler *E*; l. voellent decoler (dacer *H*) *GH*; v. (voellent *CDT*) decoper *BCDIT*
7090. S. coumence a *B*; a crier *DEI*; *H wants*; (a ... *T*); *ACG agree*
7091. Que m. i av. homme q. *I*; q. l'osast ad. *C*; *H wants*; *ABDEGT agree*; *I adds 1 line* Pour itant l'ont laissiet li Sarrasin ester
7092. Li S. l'a f. *I*; le fait devant lu. amener *H*; *D wants*; (d. ... *T*); *ABCEG agree*
7093. r. commence P. a aparler *C*; r. li commence mout bel a *I*; r. commanda P. *T*; c. Perron demander *H*; *ABDEG agree*

Variants 583

7094. Si veut croire Mahon s. et hounerer *E*; S'i. voroit M. *BC*; Se i. v. (vorroit *T*) Mahon s. *IT*; v. Mahon a. *H*; M. croire ne a. *G*; *AD agree*
7095. lo. sarrasine g. *B*; lo. de Jesu g. *E*; g. (fuir *T*) et desfier *DT*; *I wants*; *ACGH agree*
7096. Se tu *H*; s. le tu l. *G*; *ABCDEIT agree*
7097. Pu. venres a. *C*; Si v. *E*; v. o moy France c. *H*; m. Crestiens c. *T*; *I wants 7097-7102*; *ABDG agree*
7098. Tout c. gr. o. te convendra gu. *H*; a garder *CDEG*; *IT want*; *AB agree*
7099. pr. este a. *DT*; pa. paserons o. *B*; *HI want*; *ACEG agree*
7100. P. C. ocire v. *E*; P. les Francois d. *T*; *HI want*; *ABCDG agree*
7101. A A. en l. *H*; Ch. me f. *D*; t. volrai co. *C*; *I wants*; *ABEGT agree*
7102. a coller *C*; *I wants*; *ABDEGHT agree*
7103. Dist a *H*; Et Pieres li a dit b. *I*; *ABCDEGT agree*
7104. (v. lois m. *C*), e. et mo. *BCEGT*; f. ensegner *H*; f. tout errannment mo. *I*; *D wants 7104-7112*
7105. Et s. e. m. plaist j. me v. t. *T*; Et s'e. m'i c. *I*; *DH want*; *ABCEG agree*
7106. P. foy dit S. *H*; S. bien faites a loer *I*; *D wants*; *ABCEGT agree*
7107. D. bons enseignemenz n'a *T*; n. efforcerent n'a e. nos c'amembrer *C*; n. afaire n'a e. v. que am. *G*; *DI want*; *ABEH agree*
7108. Voi. d. li e. *CIT*; s. vous m'o. prover *C*; s. me veies p. *I*; *D wants*; *H wants 7108-7111*; *ABEG agree*
7109. j. sui so. *BCGIT*; a. si b. sa. se. *B*; a. je sa. *ET*; a. com je sa. se. *I*; *DH want*
7110. N'i convenroit c. *B*; J. n'istroit c., mo. mader *C*; J. ne convient c. *T*; en mon l. demander *I*; *DEGH want*
7111. Q. l'amiraus l'e. prent soi a encliner *T*; l'e. Mahon pr. *AC*; *DH want*; *I wants 7112-7117*; *BEG agree with text*
7112. Puis dit aux S., w. mout am. *H*; c. doi j. *ET*; *DI want*; *ABCG agree*
7113. Al. tost faictes Mahon ap. *H*; s. ma f. *C*; *I wants*; *ABDEGT agree*
7114. Li amirax commande c'on l'i face amener *D*; Pi. cel q. l. doit sa. *E*; D. quel pu. *G*; q. pot sa. *H*; *I wants*; *ABCT agree*
7115. Sa. se i. (s'i. *B*) vorroit (poroit *B*) j. (j. a l. *B*) *TB*; s'i. i p. sa creance tourner *E*; l. amender *D*; *H wants 7116-7118*; *I wants*; *ACG agree*
7116. Oie c. *D*; P. se m. v. ... *T*; *HI want*; *ABCEG agree*; *T adds 1 line* De si beles paroles li vorrai je conter *T*
7117. A. que de, (m. se parte l. *BE*) *DBEGT*; *HI want*; *AC agree*

200. *ABCDEGHIT*

7118. Mahom fait apporter eu t. royal *H*; ap. ou t. a l'am. *T*; *ABCDEGI agree*
7119. q. reluisoit de. (es *E*) *BE*; i estoit de. *I*; r. de p. *C*; *H wants 7119-7121*; *ADGT agree*
7120. Esclari tout entour li pavillons r. *G*; Resclarcist to. *DI*; tr. el p. *D*; tr. et amont et aval *I*; *H wants*; *ABCET agree*
7121. *T inverts 7121/7122*; *HI want*; *ABCDEGT agree*
7122. *T inverts 7121/7122*; Pierre l'en., i. penca t. *H*; Et Pi., pe. mout ... *T*; *I wants*; *ABCDEG agree*
7123. g. (g. *lacking in H*) cor d. *BCEHIT*; t. montenal *G*; *AD agree*; *I adds 1 line* Puis asient Mahon en mi le tret roial

584   Variants

7124. U. S. le soune mout fist g. b. *E*; i estre q. *A*; i entre fait g. *H*; g. bastital *I*; *BCDGT agree with text*
7125. Pierre l'encline mais ce tint a m. *H*; Et dans P. l'encline mai. *EI*; Es p. *G*; mai. il pensoit tout (mout *T*) al (... *T*) *ET*; mai. trestout ti. *I*; c. tint a *C*; a al *B*; *AD agree*
7126. Souvent r. (deprie *I*) *BEGIT*; *H wants 7126-7130*; *ACD agree*
7127. Que e. l. delirt de *D*; K'encore l. del. *EIT*; *H wants*; *ABCG agree*
7128. l. fait o. *D*; .I. riche c. moital *C*; .I. grant c. d'ivoral *T*; c. ivorinal *B*; *H wants*; *AEGI agree*
7129. Une case d'or *B*; U. ce. de f. or ou *D*; Une eskerpe d'or *ECI*; *GHT want*
7130. *BHI want*; *ACDEGT agree*
7131. f. t. grant joie et *C*; f. grant joye et b. *H*; j. et grant feste et *D*; j. li felons desloial *I*; *BEG want*; (... j. *T*)
7132. Paien vont a l'ofrande pour Pieron le vasal *B*; ...t of. b. en. ou grant tref. r. *T*; of. chiers p. et c. b. r. *C*; et maint paile r. *E*; *HI want*; *ADG agree*
7133. c. au roi Mariagal (Margarial *H*) *BDEGHIT*; a lo. pariagal *C*
7134. r. le mainent d. *B*; d. (dusques *I*) a. (a *I*) pre coral *BDI*; a. pre roial (feral *E*) *CE*; a. petoral *G*; *H wants 7134-7136*; *T wants*
7135. Le doi li *B*; Le cor li *E*; li font h. *BDEGI*; *HT want*; *AC agree*
7136. g. joie demaine S. *D*; en demainent: *BEG*; j. demainent S. *T*; paien et amiral *E*; S. so [*sic*] *G*; *HI want*; *AC agree*; *T adds 4 lines* Aussi font Sarrasin li cuvert desloyal/ Quant il l'ont atorne a la loi criminal/ Si demainent grant joie par mi le tref royal/ Si font tuit cil de l'ost et amont et aval

201. *ABCDEGHIT*

7137. *No variant*
7138. A le lo. paienime: *CIT*; l'ont li T. c. *BET*; l'o. tot c. *C*; *H wants*; *ADG agree*
7139. (Sa c. t. l. *D*), a li roys d. *T*; L. S. l'apela si l'a araisonne *I*; T. la c. *BG*; s. couvenance l. *E*; *ACH agree*
7140. l'a l'amiral p. *C*; *I wants*; *ABDEGHT agree*
7141. J. lor a *D*; *rest agree*
7142. G. qu'i. *H*; *rest agree*
7143. S'i. f. si (si *lacking in H*) de l'e. *IH*; f. de l'e. si com o. m'a con. *T*; d'e. que o. *BG*; *ACDE agree*
7144. O. dit fi. croyes c'est verite *H*; Pi. je v. *BCDGIT*; Pi. sacies de verite *E*
7145. Il c. *E*; Car i. c. p. *I*; Que b. c. p. *T*; *D wants*; *ABDGH agree*
7146. E. sen grant cop n'a *E*; Quar e. s. c. *T*; n'a arme po. *D*; *BH want*; *ACGI agree*
7147. Tant est h. *H*; h. que n. doute homme ne *I*; *ABCDEGT agree*
7148. Mais plu., (die a en lui de b. *I*) *TI*; g. fierte *BE*; *H wants*; *ACDG agree*
7149. At. vient S. qu'o. *H*; *rest agree*
7150. K. o. perdu le b. et tout le c. *H*; Qu'il n'o. *C*; K. n'a m. *EI*; *ABDGT agree*
7151. Apr. vient li *CDHI*; Atout v. *T*; c. qui le T. a (ot *CDG*) porte (este *C*) *BCDEGHIT*

Variants 585

7152. l. rois G. (G. ot en travers c. *I*) *BCDGHIT*; a. forment navre *E*
7153. *HI want*; *ABCDEGT agree*
7154. Quant l'amiraus le v. tous en fu abosmes *B*; v. le roi m. *D*; v. le So. *H*; *ACEGIT agree*
7155. Dit l'a. q. t'a tel actourne *H*; v. dist il a lui q. *B*; v. dist l'a. *DEGIT*; *AC agree*
7156. *I has 1 line for 7156-7157* Ba. di. l. Turs a so br. a.; P. M. dit i. ung F. de. *H*; *ABCDEGT agree*
7157. *for I see 7156*; R. qui tant a de fierte *B*; R. o s. *H*; R. au courage adure *T*; *ACDEG agree*
7158. V. de (de la *H*) montaigne a *TH*; *BEG want*; *I wants 7158-7160*; *ACD agree*
7159. F. au roi (duc *B*) G., (q. n. a mout p. *B*) *DB*; Freres (F. *H*) es. G. *EH*; t. vous a p. (greve *H*) *EGH*; *I wants*; *ACT agree*
7160. *BHIT want*; *ACDEG agree*
7161. Veez co. le frappa du branc dore *H*; Et li rois Godefrois a cestui confesse *I*; Ves co. *CG*; Vees comment i. m'a f. *D*; a cel r. *BCE*; a cetui f. *T*; *D adds 1 line* Et cest cheval ausi en moitie tronchone
7162. A. l'a coupe comme *T*; l. trencha com *D*; l. co cop. commun r. *G*; .I. rainsel p. *DT*; *ABCEHI agree*
7163. M. f. o. en prison com laron estranle *I*; Mon f. *H*; ... m., enm. la l'o. *T*; *ABCDEG agree*
7164. Dedens l., et enforeste *E*; D. pris et *D*; *H wants 7164-7166*; *I wants 7164-7167*; *T wants*; *ABCG agree*
7165. pa. icele f., (v. doi porter *G*) *BEGT*; *HI want*; *ACD agree*
7166. d. je m'arai j. t. *T*; j. m'averies t. *B*; j. me verres t. *D*; *HI want*; *ACEG agree*
7167. Q. l'amiraus l'entent f. *T*; *I wants*; *ABCDEGH agree*
7168. Lors a li amiraus son sairement j. *I*; Mahon de Gaveran e. *H*; Mahon et Apollin e. *T*; a asses j. *D*; *ABCEG agree*
7169. Q. se i. l'endemain n. *DT*; Q. se d. *H*; s'i. ainz d. vespre n. *I*; *ABCEG agree*
7170. J. ne seront d. *I*; ma. n'auront d. mo. garante *H*; mo. garadi n. *D*; *ABCEGT agree*
7171. l. fera et *D*; f. u t. *G*; *BH want*; *I wants 7171-7173*; (E.... *T*); *ACE agree*
7172. l'o. de cest m. *D*; l'o. quit del m. n'estroient r. *G*; *BHI want*; (n. ... *T*); *ACE agree*
7173. .L. cevaliers a S. a. *E*; U. messagier a tost a. *H*; t. l'amiraus a. *T*; *I wants*; *ABCDG agree*
7174. Et P. l'ermite lui a *H*; Dans P. *I*; *B wants*; *ACDEGT agree*
7175. En J. envoie (en voist *D*) s'a G. m. *BCDEG*; De J. si a le roy G. m. *H*; Qu'en Jherusalem soit a G. m. *I*; Que a Jherusalem soit G. m. *T*
7176. G. qu'i v. a l. se n;i *B*; Que v., l. n'i a. plus d. *T*; v. errant a l. que n'i *E*; v. au Souldenc l'admire *H*; l. si n'i *C*; *I wants*; *ACG agree*
7177. Que la lo. sarrasine ait son c. dolose *I*; K'a *E*; lo. payenne a., c. cose *H*; a. son c. *BG*; c. torne *BE*; c. colpe *D*; *T wants*; *AC agree*
7178. Quant aura s. D. renuncie *H*; Se i. nen a s. *D*; *I wants 7178-7181*; *ABCEGT agree*; *D adds 1 line* Et se Mahon velt croire itant l'ai ename
7179. Mon o. ferai d. l. s'avra mon i. *D*; Car Soudans li donra honor et ricete

E; l. si ara s'i. (l'i. *H*) *BGH*; l. et tenra s.i *T*; *I wants*; *AC agree*
7180. Ne j. *E*; J. n'i a. *T*; *HI want*; *ABCDG agree*
7181. a pase .I. mo.: *BE*; a pl. de .II. mo. qu'i. sont outre pa. *D*; a .II. mo. *T*; mo. u pl. *CT*; que i. ont me. pa. *BT*; qu'i. ont l. *CG*; qui i. l'ont bien jure *E*; *HI want*; *E adds 1 line* Que il passeront outre pour avoir le regne
7182. Et s'i. n. c. f. sa. pour v. *H*; se c. n. veut faire je vous di p. verte *T*; i. nel veult faire sa. *I*; f. bien sa. de verte *D*; f. sacies p. *G*; sa. de v. *BI*; *ACE agree*
7183. Qu'a o., (l. ara s. c. navre *E*) *DE*; As o. et as l. *I*; l. sera s. *H*; *ABCGT agree*; *T adds 2 lines* Et ses freres seront ocis et afoles/ Et tous l...utres Frans a martire livres

202. *ABCDEGHIT*

7184. Q. Sou. l'a. o. si fait son m. *E*; Q. l'admiral ot c. *H*; *ABCDGIT agree*
7185. L. T. l. conseillent comme s. *H*; (Si T. *B*), q. erent l. p. *IB*; L. T. l. ont loe q. *D*; L. T. sont consillie q. *E*; Ses ... c., f. l. ... *T*; *ACG agree*
7186. Qu'i. y f. m. le destrier d'A. *H*; Que i. f. *BDEGT*; C'on li *I*; m. son bon d. *DIT*; d. d'Arrabe *C*
7187. Co. de r. *B*; Co. de rices pailes d. l'u. *E*; r. paile de C. *H*; *T wants*; *ACDGI agree*
7188. s. d'omuleme ou *H*; ou ot d'o. une carge *D*; d'o. ot m. (mai... *T*) *GT*; *B wants 7188-7193*; *ACEI agree*
7189. A oisiaus a e. et a p. m. *T*; A esmail i *CG*; *BE want*; *H wants 7189-7196*; *I wants 7189-7193*; *AD agree*
7190. M. ert l. *E*; e. b. l. se. d. r. o. sa. *D*; *BHI want*; *T wants 7190-7195*; *CG agree with text*
7191. *BHIT want*; *CDEG agree with text*
7192. En c., (m. pa. pre. n. pa. b. *E*) *DE*; c. n. a ma. *G*; *BHIT want*; *AC agree*
7193. *BHIT want*; *ACDEG agree*
7194. C. si en. (envoie *I*) *DI*; *HT want*; *ABCEG agree*
7195. Rice est li esc. *B*; R. est li caboucles q. *G*; q. siet el *BDG*; *HIT want*; *ACE agree*
7196. Frans en s. cov. chaicun e. son cor. *T*; Fo. s. cov. Fr. e. *D*; l. estaje *G*; *H wants*; *ABCEI agree*
7197. *H places 7201 before 7197*; (S. Franc p. *H*), t. le v. *DEH*; *I wants 7197-7199*; *ABCGT agree*
7198. Lors por. d. s. poi l. v. b. *E*; D. pourron s. pou v. *H*; s. que povre est l. *T*; v. lor [*sic*] *G*; *I wants*; *ABCD agree*
7199. en l'es. *BCE*; es. il aront d. *G*; *HIT want*; *AD agree*
7200. Sachies c'est une chose qui souvent fait damage *I*; s. i a *D*; a damage *E*; *H wants*; *ABCGT agree*
7201. *H places 7201 before 7197*; P. M. dit le So., a conseil sage *H*; So. or oi co. (conseil sage *G*; co. de sa. *I*) *BEGI*; So. cest co. tien a sa. *D*; *ACT agree*
7202. I. demande le b. *G*; s. (le *BE*) bon d. *BDET*; *HI want*; *AC agree*
7203. Puis l. *BE*; f. atorner au *BEGT*; f. conreer au *D*; r. Marigage *B*; M. l'engaige *C*; M. l'iavage *D*; M. l'aufage *E*; M. l'evage *G*; M. l'ombrage

Variants 587

T; *HI want*

203. ABCDEGHIT

7204. L'a. f. enseller le d. *H*; c. son d. *D*; *ABCEGIT agree*
7205. Il n'o. *BEG*; N'ot n. f., se. que t. n. s. d'or m. *H*; se. n. fust faite a or m. *D*; se. qui n. so f. *E*; so. (fust *T*) toute d'or m. *IT*; *AC agree*
7206. Trestuit s. d'escheletes p. *T*; s. a reilles d'o. *D*; s. d'escliges d'o. *E*; (s. a caines d'o. *G*) d'o. pourpendu l. *BG*; l. destrier *C*; *H wants*; *I wants 7206-7210*
7207. *IT want*; *ABCDEGH agree*
7208. po. de cendal fi. *G*; *BEI want*; *H wants 7208-7217*; *ACDT agree*
7209. N'ot s. *C*; F. qui le puist es. *BT*; *HI want*; *ADEG agree*
7210. n. puet h. (l'ome *EG*) *CEG*; por. entechier *D*; por. atouchier *E*; *BHI want*; *T wants 7210-7217*
7211. (P. est b. *I*), no. que doit ne. *EI*; *HT want*; *ABCDG agree*
7212. t. plus r. (rouse *B*): *EBG*; t. ot (ert *D*) plus r. *CD*; r. que ca. *CDEG*; ca. de b. *BG*; *HT want*; *I wants 7212-7217*
7213. s. couvert a *E*; *HIT want*; *ABCDG agree*
7214. m. l'ot fa. *BD*; fa. trecier *BC*; *HIT want*; *AEG agree*
7215. v. flamboier *CE*; *BHIT want*; *ADG agree*
7216. qu'i. a e., (d. Poitier *D*) *BD*; d. Baivier *E*; *HIT want*; *ACG agree*
7217. P. i a houme e. *B*; m. dont ne fust couvoities *E*; *DHIT want*; *ACG agree*
7218. L'am. *H*; am. le le f. *I*; am. li fait .I. m. *T*; f. as mesages b. *BE*; *D wants*; *ACG agree*
7219. *T has 2 lines* Dedenz Jherusalem p. son cors covoitier/ Au bon r. Godefroi cui Jhesu puist aidier; En la chite l'en. *D*; Vers f. *E*; En Jhursalem envoie p. *G*; p. Francois espier *I*; r. esmaier *C*; *H wants 7219-7225*; *AB agree*
7220. P. les me. *E*; Le roi Godefroi mande b. *I*; *H wants*; *ABCDGT agree*
7221. Qu'a li. (li. les f. *E*) *BCDEGIT*; *A wants*
7222. Et s. f. andeus t. *I*; f. desfaire et es. *D*; f. fera v. *T*; *H wants*; *ABCEG agree*
7223. l. loy g. *I*; D. degerpir et laisier *BD*; et desfier *T*; *H wants*; *ACEG agree*
7224. c. faire t. *B*; c. ferai t. *E*; f. estroit lo. *D*; *HI want*; *ACGT agree*
7225. As bersaus se. *D*; A b., t. mi ar. *E*; *HI want*; *ABCGT agree*
7226. *I has 1 line for 7226-7227* Li me. s'e. t. prist u. r. d'o.; L. mesagiers s'e. *BD*; t. n'i v. plus a. *BG*; t. qui n'a soing d'a. *D*; t. que n'i v. *E*; n. veult a. *H*; ...s ...ayer *T*; *AC agree*; *E adds 1 line* En Jursalem l'envoie por le roi araisnier
7227. *for I see 7226*; m. a porte l. *B*; *H wants*; (... porta l. *T*); *ACDEG agree*
7228. Et l. c. enmaine mo. *D*; c. vait en d. qui tant fist a prosier *I*; c. enmena mo. *T*; *H wants*; *ABCEG agree*
7229. Jusqu'en Jherusalem n. se vost atargier *T*; A. dusqu'a J. *CB*; Dusqu'en Jherusalem n. *D*; Dusc'a Jerusalem n. *EI*; Dessi a J. *G*; Jusques en J. *H*; n. fine d. *BDI*; d. coitier *DI*
7230. r. fu s. *D*; r. est s. *H*; r. vint s. *T*; e. en sa tor b. *C*; l. vit c. (avancer *H*) *DHT*; *I wants 7230-7239*; *ABEG agree*
7231. Et (Puis *E*) dist (dit *H*) a s. (nos *T*) barons: *BCDEGHT*; jou voi .I.

588   Variants

       chevalier *G*; veez l. ung m. *H*; *I wants*
7232. d. n. s. co. anoncier *E*; d. .I. message n. *T*; *HI want*; *ABCDG agree*
7233. Li ce. *DGH*; ce. que i. (qu'i. *H*) maine v. (vault Montpellier *H*) *DH*; ce. ou i. siet v. *T*; *I wants*; *ABCE agree*
7234. w. commander *H*; w. et requerre et *T*; *I wants*; *ABCDEG agree*
7235. n. perde du s. *T*; del mien v. *C*; s. vaillant ung *H*; *I wants*; *ABDEG agree*
7236. *T inverts 7236/7237*; Ja n'i a. *E*; c. qui d. *C*; c. qui ja l'ost aprochier *D*; c. qui le d. irier *T*; d. damagier *G*; *H wants 7236-7238*; *I wants*; *AB agree*
7237. *T inverts 7236/7237*; C. bien c'on l'en. *E*; c'o. l'en. *BCGT*; *HI want*; *AD agree*
7238. Et cil li respondirent ce fait a otroier *D*; d. si c. *BG*; *HI want*; *ACET agree*
7239. m. (message *H*) vint a le *BCDEGH*; p. ki maine le destrier *E*; s. prit a h. *H*; *I wants*; *AT agree*
7240. Le r., d. entrer *H*; ... li, le fait d. *T*; *ABCDEGI agree*
7241. *I has 1 line for 7241-7242* Tout droit d. le Te. font le Tur c.; Par d. *E*; *H wants 7241-7245*; *ABCDGT agree*
7242. *for I see 7241*; La se fist li mesages men. *B*; ... f., mes. descendre et *T*; *H wants*; *ACDEG agree*
7243. c. araisnier *E*; *HI want*; (... an. *T*); *ABCDG agree*
7244. (... li *T*), G. mande s. *IT*; s. messagier *E which adds 1 line* Il n'i avoit en l'ost nul millor latimier; *H wants*; *ABCDG agree*
7245. P. commande s., (h. tres b. a. *G*) *EG*; *HI want*; *ABCDT agree*

204. *ABCDEGHIT*

7246. *I has 1 line for 7246-7247* D. l. Te. mainne l. m. p.; Par d., p. mout grant *E*; Devant le Temple eust ung *H*; *T wants*; *ABCDG agree*
7247. *for I see 7246*; l. messagier p. *D*; m. vaillant *ET*; *ABCGH agree*
7248. Le la. le roi ont fait venir avant *D*; Et li r. a mande s. la. sacant (errant *I*) *EI*; la. atant *T*; *ACGH agree*
7249. (Tost e. *I*), s. parla a. m. *TI*; e. sara sa vois p. a m. *C*; *ABDEGH agree*; *D adds 1 line* Et li paiens li conte del Sodant tot le mant
7250. Ap. redist au *BCGI*; Ap. a (l'a *D*) dit au *EDH*; Ap. au roi redist l. *T*; roi hautement en oiant *D*; roy sa ra. *H*; la parole e. (e. estant *G*) *IG*
7251. Trestot o. le pople n. d. p. c. *D*; Mais n. d. c. ma. mo. bien e. o. *E*; Tout le mesage conte qui li Turs vait contant *I*; ma. bien h. *T*; *CH want*; *ABG agree*
7252. *I wants 7252-7259*; *rest agree*
7253. (c. Mahom et *H*) et aoure T. *BH*; M. Jupin et T. *D*; et son dieu T. *E*; *I wants*; *ACGT agree*
7254. S'i. n. le f. sa. certainement *H*; f. sacies a *B*; f. bien sa. *DE*; f. jel sai a *T*; *I wants*; *ACG agree*
7255. Que a *T*; li. les f. *E*; f. devorer mengeant *H*; d. maintenant *DT*; *I wants*; *ABCDG agree*
7256. o. tout en fuiant *E*; en detrenchant *C*; *I wants*; *ABDGHT agree*
7257. a. seront: *DT*; t. ocis en *EG*; tuit livre a torment *T*; en estraingnant

Variants 589

       CBDEG; *H wants 7257-7259*; *I wants*
7258. b. seront si t. *E*; *HI want*; *ABCDGT agree*
7259. F. n'i averont g. *E*; di. n'ara g. *B*; di. n'aront g. *D*; *HI want*; *ACGT agree*
7260. Car d., (a il f. *H*) *GH*; l'e. ra j. *C*; l'e. avons f. *E*; *ABDIT agree*
7261. es. creant *H*; *I wants*; *ABCDEGT agree*
7262. Il v. *H*; So. oi. f. d. v. si *T*; si seres amirant *C*; *I wants*; *ABDEG agree*; *B adds 1 line* Et si avres sa fille qui mout a le cors jent
7263. Dit le r., n. plaise le g. *H*; p. a De. *DE*; *ABCGIT agree*
7264. Q. Jhesu renoyasse e. tout mo. v. *H*; Q. jou nier le puise e. *C*; Q. jou me (me rende a lui e. *D*) *GDT*; me renoie e. jour de mo. *I*; *ABE agree*
7265. D. Jherusalem r. *BDEGT*; d. Jherusalem n'a *C*; d. la cite r. *I*; r. n'en a. ore t. *E*; n'a. encore t. *BI*; *H wants*
7266. T. que p. *C*; *HI want*; *ABDEGT agree*
7267. vo. prerdre [*sic*] l., pa. e. cant *C*; vo. tout pe. q., pa. se v. *H*; *I wants*; (t. q... *T*); *ABDEG agree*; *H adds 1 line* Qu'il me face regnier Jhesu le tout puissant
7268. P. dit a., dit. l. gentement *H*; dis. a l'amiral dit. *C*; dis. a l'autre mot dit. *IT*; dit. a l'amirant *I*; (j. ... *T*); *ABDEG agree*
7269. do. Turc e. a (as *BGT*) Francois (Cres... *T*) a. (... *T*) *EBGT*; a (as *CD*) Francois rendant *HCD*; *I wants 7269-7274*
7270. Cil chevauce ores v. el. responnant *H*; De ca. et de ci. *B*; Des caveges des *D*; ca. del cief et *C*; des testes: *E*; envers el r. (rachatant *D*) *ED*; *IT want*; *AG agree*
7271. Et si l. *G*; l. mande b. *H*; m. mout b. *ET*; b. sacies a *EHT*; se. (ce *BDG*) sache a *CBDG*; *I wants*
7272. gari. et me trait a *T*; m. fait gara. *H*; *I wants*; *ABCDEG agree*
7273-7274. *A only; rest want*
7275. *I has 1 line for 7275-7276* Dusqu'a M. l. vile m'en i. c.; El r. d. Persie me i. c. *E*; Jusqu'en r. d. Persse yray c. *H*; Tros qu'el *BG*; Tres qu'el *C*; i. conquestant *BC*; i. chevauchant *G*; *T wants*; *AD agree*
7276. *for I see 7275*; (Jusques M. *B*), la vile n., (la. craventant *D*) *GBD*; Que ja M. *C*; Deca M. *H*; Jusqu'a M. la grant n. *T*; le fort n. *E*
7277. (T. n. maison d. *D*) d. pierre n. v. (v. trebuchant *D*) *TD*; p. que n'aille c. *H*; *I wants*; *ABCEG agree*
7278. L. candeler (candeilles *DEG*) ki sont d. *BCDEGIT*; *H wants 7278-7283*
7279. Metrai ens (les *I*; je *T*) e. (au *IT*) *BGIT*; *H wants*; *ACDE agree*
7280. Et Mahom en q. *B*; M. et Apollin en *T*; *H wants*; *I wants 7280-7283*; *ACDEG agree*
7281. Li. a r. *B*; r. s'en f., (lo. commant *D*) *CDEGT*; *HI want*
7282. li (en *C*; leur *T*) iront p. (jus trainant *C*; debrisant *D*; esmiant *T*) *BCDEGT*; *HI want*
7283. p. de l'o. *T*; *HI want*; *ABCDEG agree*
7284. *No variant*
7285. fe. crever le. (ses *D*) *HD*; fe. le. i. oster enz en forant *T*; fo. forer le. *E*; fo. an .II. le. i. d. *I*; i. de d. *BCGH*; i. en forant *D*
7286. Et le *D*; U li ta. la teste a *T*; *H wants 7286-7289*; *I wants*; *ABCEG agree*
7287. J. ne le p. ne a. (a. valissant u. b. *E*) *TE*; J. ne p. or ne l'a. *C*; l. montant d'u. *D*; *HI want*; *ABG agree*; *T adds 1 line* Or li toudrai sa terre si n'est

de moi tenant
7288. Trestout quanque l. r. v. iluec de. *I*; et aloit de. *D*; *HT want*; *ABCEG agree*
7289. m. dites t. *C*; m. (latimier *T*) trestot d. e. *DT*; *H wants*; *ABEGI agree*
7290. A. viennent s. (les h. Godefroy le vaillant *H*) *IH*; *ABCDEGT agree*
7291. c. d'un b. *T*; *HI want*; *ABCDEG agree*
7292. o. lait sa. *C*; f. talant *DT*; *HI want*; *ABEG agree*
7293. De coste l. m. vont trespassant *H*; m. en (s'en *I*) v. tot tresp. *BEGI*; m. sont trest. arestant *D*; *ACT agree*
7294. M. onc a. *H*; on. (ainques *E*) a c. *BE*; a. destrier ne fu nus esgardant *I*; n'e. fu .I. *D*; *GT agree*; *AC agree*
7295. Puis en i. dehors et s'en revont atant *E*; h. s'en issirent par autre sont entrant *D*; f. (hors *CT*) puis (si *I*) r. atant *BCGIT*; *H wants*
7296. D'a. dr. sont vertu q. *D*; q. (ques *BG*; ses *E*) vont de. *IBEG*; *H wants*; *ACT agree*
7297. B. sont .X. *D*; o. .XX. f. *BEG*; o. p. .XX. f. tr. *I*; f. passe en ung *H*; *ACT agree*; *all add 1 line* Et a cascune fois: *all*; muent lor vestement (garnement *H*) *BEGHT*; furent desconnissant *C*; aloient dras canjant *D*; ont dras d'atre semblant *I*
7298. *H has 1 line for 7298, 7300* Apres vont ribaux qui ressemblant tyrant; A. vienent r. qui mout font lait semblant *I*; A. s'en v. *CD*; A. v. li r. *E*; r. de lor (bons *T*) dras des. (desnuant *E*) *DET*; b. desviestant *G*; *AB agree*
7299. Ve. saches et meches q. *C*; Et ve. sas et, q. mout furent puant *T*; t. sont depecant *B*; t. (lor *G*) v. (sont *EG*) dependant *CEG*; *HI want*; *AD agree*; *G adds 1 line* Mout bien sanblent diable au vis et au sanblant
7300. *for H see 7298*; Et p. grans m. (m. mout b. sanblent t. *G*) *BDEG*; Portent machues b. *C*; *AIT agree*
7301. L. mes esgardent lui v. r. *H*; L. mesage reg. *EGIT*; mo. se v. *T*; v. regrignant *C*; v. escingnant *EG*; *ABD agree*
7302. *H has 1 line for 7302-7303* Et le r. de t. lui v. le. den. c.; t. ot le. *C*; *I wants 7302-7306*; *ABDEGT agree*
7303. *for H see 7302*; g. et v. (v. souvent c. *G*) *BDEG*; g. et le. d. v. c. *T*; *I wants*; *AD agree*
7304-7306. *A only; rest want*
7307. P. ot li m. trestouz va. tressuant *I*; Q. les vo., (m. tout va. *H*) *DH*; (p. v... *T*); *ABCEG agree*
7308. p. tot l'o. d'oriant *DT*; *H wants 7308-7311*; *I wants 7308-7310*; *ABCEG agree*
7309. De la p. qu'il a s. v. mout d. *T*; Pour p. *B*; to. s'en v. *D*; *HI want*; *ACEG agree*
7310. (Le cuer et t. l. m.: *T*), l. aloient faillant *CBT*; *EHI want*; *ACG agree*; *G adds 2 lines* Mahon et Apolin c'or me soies aidant/ Car en vous ai fiance car mout estes vaillant
7311. Car il v. bien e. a *E*; v. il bien e. a *T*; e. el t. *C*; l'a. Soudant *BCDEGIT*; *H wants*

205. *ABCDEGHIT*

7312. p. ot l. *GI*; T. des r. qu'ot v. *I*; q. a r. v. *T*; r. voit venu *D*; r. ot v. *G*;

Variants 591

ABCEH agree
7313. Il n'i v. pas e., q. ja f. *E*; p. le tresor Cahu *IT*; *H wants*; *ABCDG agree*
7314. (Au. trambles s. *D*), con f. ai. e. *CD*; ...s., com s'eust f. *T*; cor. con ait f. *BG*; *HI want*; *AE agree*
7315. S. requiert congie trop a at. *H*; ... t c. demande que trost [*sic*] s'est at. *T*; (c. car t. *I*) t. a at. *CEGI*; d. que t. a tendu *B*; d. trop atendu *D*
7316. Il s'e. *CE*; s'e. volsist f. quant ribaut l'ont t. *D*; ...e v. f. quant R. *T*; *HI want*; *ABG agree*
7317. G. vit le T. effraeu *H*; v. qu'il est e. *T*; le mes e. *I*; *ABCDEG agree*
7318. lu. a a t. l'o. e. *H*; lu. sus t. li est l'o. *T*; t. a il leus e. *G*; a lues e. *E*; *C wants*; *ABDI agree*
7319. d. .XXX. b. *D*; d. .CCC. b. *E*; d. .XX. besans t. *G*; d. .II.M. b. par devant el pa. *I*; b. contreval l. *T*; *H wants*; *ABC agree*
7320. Si b. *G*; y passoient souvent et m. *H*; *I wants*; *ABCDET agree*
7321. L. messages (mesagiers *D*) a b. (tot *DI*) *EDHI*; b. regarde et *H*; *ABCGT agree*; *H adds 1 line* Qu'ilz ne le daignent prendre les ribaux nu
7322. cu. detenu *C*; *HIT want*; *ABDEG agree*
7323. Li Soldans le volra s'i. *C*; Au S. *ET*; Son seingnour l. d. ne sar [*sic*] po. *I*; si. i estoit venu *B*; pu. comment il f. *T*; po. coi c. *CDEG*; *H wants*
7324. *T has 2 lines* Atant es vous Mar. qui'st de la chartre issus/ Ou li lachartiers l'amaine ou palais qui bons fu; r. mande Mar. *DGI*; man. mande Mar. *B*; o. l'amaine t. *DCG*; o. lui a. nu *H*; o. l'amainne el erbu *I*; t. nu *BCEG*; *D adds 1 line* Il l'a bien fait vestir d'un drap qui molt chiers fu *D*; *T adds 1 line* Quant Marbrin voit le roy grant paour a eus
7325. (Et li roys l. pria q. *T*), i. croie Jhesu *BEGIT*; Doulcement l. crie qu'il c. *H*; *ACD agree*
7326. Et l. pa. a dit que ja n'iert avenu *I*; Le payen respond f. *H*; Et cil l. respondi f. *T*; *ABCDEG agree*
7327. Je n. *H*; n. li fauroie p. tot l'or qui ains fu *D*; n. l. kerroie p. *B*; *I wants 7327-7329*; *ACEGT agree*
7328. Q. (Ne *E*) g. (guerpirai *E*) Mahon n. *BDEG*; *HT want 7328-7330*; *I wants*; *AC agree*
7329. *BHIT want*; *ACDEG agree*
7330. Que je en ce D. croie que *I*; n. querai Dieu que *E*; que Jeu a. (ont *I*) *DI*; a. (ont *I*) pendu *BCDEI*; *HT want*; *AG agree*
7331. Et li r. G. n'i a plus atendu *I*; *rest agree*
7332. Qu'il n. *CDEGT*; n. volt c. *C*; v. croire Dieu: *E*; v. Jhesu c. g. duel en a eus *T*; n'en (ne *E*) la soie vertu *BEG*; g. yre a eu *H*; *I wants*
7333. l. font r. tantost l'ont fervestu *I*; l. fait r. arme l'ont et *T*; arme fu et *H*; *ABCDEG agree*
7334. c. le bon b. esmolu *D*; c. son b. *T*; *H wants*; *I wants 7334-7336*; *ABCEG agree*
7335. En son c. *DET*; Et ou c. *G*; li laciert .I. *E*; la. son b. *T*; *BHI want*; *AC agree*
7336. l. fist amener s. *T*; am. .I. bon ceval (destrier *D*) g. *BDEG*; *I wants*; *ACH agree*
7337. El cheva [*sic*] est m. si ot lance et esc. *I*; m. au c. *H*; *ABCDEGT agree*
7338. b. sont r. *T*; un boin e. *E*; .I. e. esmoulu *G*; r. espieu *H*; *B wants*; *I wants 7338-7344*; *ACD agree*

592   Variants

7339. F. s'es. *H*; F. se merveillierent n. *T*; *I wants*; *ABCDEG agree*
7340. q. kile face k'en soient d. *E*; q. par c. f. trestuit e. perdus *T*; *DI want*; *H wants 7340-7344*; *ABCG agree*
7341. j. venres l. *E*; j. vorra li roys: *T*; esprover s. vert. *ET*; *HI want*; *ABCDG agree*
7342. J. donra s. *BCDEGT*; s. grans cops: *C*; a p. (plains *C*) brac (bras *C*; cop *E*) estendu *BCDEGT*; *HI want*
7343. C'onques e. *D*; Dont a. h. de c. *E*; Ainc h. qui fust ou si. *T*; si. n. v. si g. f. (vertu *CE*) *BCDEGT*; *HI want*
7344. f. esperdu *B*; f. tot meu *C*; f. esmeu *G*; *EHIT want*; *AD agree*
7345. Et (Et *lacking in H*) l. r. Godefrois a s. h. vestu *IH*; v. .I. h. *T*; q. ma. f. me. *D*; *ABCEG agree*
7346. Il ot escu et lance espee et el. agu *I*; mi. le heaume au r. Ma. *H*; mi. .I. el. dont li cercles bon f. *T*; f. a or batu *E*; *ABCDG agree*
7347. *EHT want*; *I wants 7347-7355*; *ABCDG agree*
7348. (S. branc demande on l. *H*), a tendu *BCDH*; d. o. l. a aprestu *E*; *I wants*; *AGT agree*
7349. b. rois G. *BCEGT*; G. l'a t. *B*; G. le traist de. *CEG*; *DI want*; *H wants 7349-7356*
7350. He d. i. riches brans: *D*; ...e d. li roys: *T*; beneois s. t. *DT*; *HI want*; *ABCEG agree*
7351. ...e je en a. m. c. en bataille ferus *T*; c. arai (ara *E*) de toi sor (as *B*) Sarrasins feru *GBE*; *HI want*; *ACD agree*
7352. et ma. paien c. *CDG*; *BEHIT want*; *B adds 1 line* Et ausi fist mes aues as Sesnes mescreu
7353. *HI want*; *ABCDEGT agree*
7354. *HI want*; *ABCDEGT agree*; *E adds 1 line* Car ce peseroit moi foi que je doi Jesu
7355. r. s. bon (vert *E*) dore e. *DE*; *HI want*; (... s. c. *T*); *ABCG agree*
7356. s. ceval C. *BEG*; *DH want*; *ACIT agree*; *I adds 1 line* Et il i est montes n'i est plus arestu

206. *ABCDEGIT* : *H as far as l. 7386*

7357. c. achesme *D*; c. atorne *T*; *ABCEGHI agree*
7358. *I has 1 line for 7358-7359* Sor C. monta c'a es. n'en sot g.; S. d. C. l. *T*; s. cheval l. *DE*; a l'o. *H*; *ABCG agree*
7359. *for I see 7358*; r. y monta qu'a *H*; sa. en la sele qu'a *D*; a. c'as estriers n'en *C*; (L... *T*); *ABEG agree*
7360. n'i ot l. *D*; *HI want*; (n. e... *T*); *ABCEG agree*
7361. j. au T. *BCDET*; a lui cou *G*; *HI want*
7362. D. Mont Cauvaire sont tous a. *H*; D. monte C. *C*; Jusqu'au M. es C. *T*; D. M. des C. *I*; C. la se s. asamble *B*; *ADEG agree*
7363. *D has 2 lines* L. mes. i o. et conduit et men./ Et le riche c. que il ot amene; mes. a s. *B*; mes. sont el c. monte *E*; *H wants*; *ACGIT agree*
7364. (M. avoit g. *E*), c. c'ot e. *BE*; par ot g. *C*; g. merve... c. *T*; *H wants*; *I wants 7384-7366*; *ADG agree*
7365. Jusqu'a u. grant p. ne s. a. *H*; u. riche p. se s. tot assamble *D*; p. en s. tout .III. entre *B*; p. la se s. *C*; p. en sont i. entre *E*; *I wants*; *AGT agree*

Variants   593

7366. En sol. en b. *B*; sol. et b., a. ale *T*; *HI want*; *ACDEG agree*
7367. Le r. *H*; *rest agree*
7368. A. c'or cr. *B*; Amis croy J. *H*; cr. en Deu: *DIT*; qui en crois fu pene *I*; le roy d. m. *T*; *ACEG agree*
7369. Et te *G*; et pren c. *DT*; *HI want*; *ABCE agree*
7370. *HI want*; (g. ... *T*); *ABCDEG agree*
7371. Et d. li Sarasins j. n'iert pa. moi gree *I*; Pa. Mahon Marbrins j. *E*; Li payens li respont j., s. ... *T*; *ABCDGH agree*
7372. Je ne crerai vo D., que Juif ont t. *I*; Q. ja cr. *BCDG*; en celui: *DH*; en vo D. n'en k'en .I. cien t. *E*; (cr. ... qu'o. *T*) c'o. a m. *BT*; qui fu m. et t. *H*
7373. Vees M., C. ou Juis l'ont p. *D*; l. le M. C. *C*; s. cors *G*; *HI want*; (l. ... C. *T*); *AE agree*
7374. Je n. croi que Jhesus ait poi. *B*; n. servrai n'a *C*; q. en lui il n'a *H*; Jh. car il n'a poe. *E*; Jh. poi. n'a d. poe. *T*; *I wants*; *ADG agree*
7375. S. tu dit l., q. j'a. *H*; S. tu d. Godefrois q. *I*; Saves o. d. *T*; c. ce d. *C*; *ABDEG agree*
7376. c. qu'o. m. as si J. b. *H*; q. devant m. *DET*; m. as J. Crist b. *D*; m. as or J. *E*; m. as or mon Dieu ... *T*; *I wants 7376-7378*; *ABCG agree*
7377. v. jusqu'a ung moys passe *H*; ta. t'ai cuilli en ... *T*; *I wants*; *ABCDEG agree*
7378. P. tot l'o. de cest m. *DT*; P. tout l'o., t'a. enceuilli a h. *H*; m. tant t'a. (l'a. *D*) *EDG*; m. tant qu'il fust avespre *T*; *I wants*; *ABC agree*
7379. M. .I. g. av.: *ET*; .I. mout g. av.: *I*; ai envers t. *BC*; ai a ton cors es. *D*; ai vers (a *T*) t. es. *EIT*; *H wants*; *AG agree*
7380. Car tant atenderai que tu ar. j. *D*; Q. itant atendrai que a m. ayes j. *T*; Quar t. *BE*; Mais j'attendray t. que ar. *H*; t'at. que raras a *C*; *I wants*; *AG agree*
7381. d'a. se tu me peulz do. *H*; ap. .I. c. *IT*; *ABCDEG agree*
7382. *I has 1 line for 7382-7383* Se tu me p. o. si aies sa.; o. b. a. jouste *H*; b. joste *C*; b. ovre *DT*; *ABEG agree*
7383. *for I see 7382*; Richement t'e. *T*; i. t. a ta volente *E*; *H wants*; *ABCDG agree*
7384. m'o. n. n'ai. *BEGIT*; m'o. n. nen as af. *D*; *H wants*; *AC agree*
7385. *No variant*; *H adds 1 line* Atant de rancon seras quitte clame
7386. P. Mah. dit Mar. *H*; P. ma foi d. *T*; d. li Turs j. *IT*; et le g. *HT*; *ABCDEG agree*; *E adds 2 lines* Ja ne querai ten Dieu c'on a a mort tue/ Ves la Mout Olivet u ot son cors pene
7387. *I has 1 line for 7387, 7389* Lors s'eslonge li Turs si a l'espie branle; Li T. se traist e. su. s'a *E*; se traist li *CDG*; t. Marbrin le c. a h. *T*; *AB agree*
7388. m. fiere v. *T*; v. po. et esperoune *EG*; *DI want*; *ABC agree*
7389. *for I see 7387*; a brandie l'anste a. *B*; b. le hanste ki ot le f. q. *E*; b. la lance a. *G*; *T wants*; *ACD agree*
7390. *IT each have 1 line for 7390, 7392* Fiert le roi Godefroi l'auberc li a fause *I*; Le roy Godefroi fiert en son haubert safre *T*; G. en son e. li. *E*; *ABCDG agree*
7391. D. l'escu a o. *B*; Desos l. *D*; b. a o. *DG*; o. li a f. et troe *DBEG*; *IT want*; *AC agree*

594   Variants

7392. *for IT see 7390*; r. et depane *G*; *D wants*; *ABCE agree*; *T adds 1 line* Si que il l'a par mi desrout et despanne
7393. Le fer l. a conduit d. *T*; li con con. *B*; li conduit d. *I*; con. d'encoste le *C*; *ADEG agree*
7394. *I has 5 lines for 7394-7400* Li Turs brise sa lance et trait le branc letre/ Le roy a si feru par mi l'iaume gene/ Que le cercle devant li a par mi cope/ Et la coife trenchie et le cuir entrame/ Par mon chief dist li rois bien m'avez assene; Jhesu Crist l. g. quant il ne l'a n. *T*; a mien n *G*; *ABCDE agree*
7395. *for I see 7394*; A. n'en g. *BCDEG*; e. ne r. noele *C*; e. ne ne s'est remue *T*; l. grene no. *G*; r. dore *E*; *T adds 2 lines* En plus que s'il eust a une tour frape/ Son glaive vole en pieces par mi l'a tronconne
7396. *No variant; (for order of I see 7394)*
7397. c. si av. *D*; p. si ares j. *ET*; *I wants*; *ABCG agree*
7398. *for I see 7394*; l'e. si au r. jete *E*; *BCDGT agree with text*
7399. *for I see 7394*; c. li a *B*; c. li va ferir p. *C*; f. (done *E*) sor son el. *ED*; (... g... *T*); *AG agree*
7400. *for I see 7394*; (...e l'e. *T*); *rest agree*
7401. l. dus G. *E*; *I wants*; *ABCDGT agree*
7402. j. mon cop que ja n'iert respite *I*; (m. bien v. *D*), a. avise *ED*; a. remire *C*; *ABEG agree*
7403. J'en v. *D*; Jh. que tu a. tant b. *E*; *IT want*; *ABCG agree*
7404. Il a traite l'espee s'a le bras haut leve *I*; (L. ma. mi. a *E*) a l'espee d. *BEG*; Puis mi. l. ma. [a]u b. *T*; *ACD agree*
7405. t. si r. *BEG*; (l'e. ...te: *T*), m. (si *T*) jeta g. *DT*; *I wants*; *AC agree*
7406. T. s'aproca p. (p. r. poeste *D*) *GD*; T. aproca p. m. grande f. *E*; *I wants*; (T. ... p. *T*); *ABC agree*
7407. Li paiens est c. *D*; p. se couvri d. *I*; (p. ... c. *T*); *ABCEG agree*
7408. h. le b. (brac *B*) *CBDEG*; *I wants 7408-7410*; *AT agree*
7409. Ta. l'es. et branloie l. *D*; l'es. (le tint *BE*) el puing:, (que il l'a tr. *E*) *GBE*; *I wants*; *ACT agree*
7410. Ruistement a son coup e. t. avale *T*; (E. train a *B*), c. avale *CBE*; b. encontremont branle *E*; c. amene *G*; *I wants*
7411. *I has 1 line for 7411-7412* Et li rois fiert l. T. mo. l'a b. assene; pa. ruiste po. *D*; pa. mout g. *E*; (L... e. *T*); *ABCG agree*
7412. *for I see 7411*; A... p. mi son hyanme que b. l'a av. *T*; mi le cief l'a mo. b. *E*; l'e. l'a mo. b. asene *G*; b. avuse *B*; *D wants*; *AC agree*
7413. L. fer caupe et, l'av. borde *E*; et la siele d., l'av. ovre *B*; *DIT want*; *ACG agree*
7314. L'el. et l'escu li a trest aval cope *I*; *rest agree*
7315. c. ne li v. .I. denier monee *D*; h. ne v. *BEI*; .I. ros p. *BCG*; (h. ... .I. *T*)
7416. l'es. con ve. *BCDG*, l'es. con foudres et o. *E*; *IT want*
7417. Jusqu'en (Dusqu'en *DI*) la fourceure:, (n'est li brans arreste *I*) *BDI*; Dusk'en (...squ'en *T*) l'enfourceure:, (...du et c. *T*) *ET*; *ACG agree*
7418. *E places 7418-7419 after 7424*; ... f., i ot m. *T*; g. mervelle q. Diex mostre *C*; *BI want*; *ADEG agree*
7419. *E places 7418-7419 after 7424*; Et le ceval ausi a en .II. troncone *B*; [Q]u'e. .II. m. trencha l. d. serorne *T*; Car .II. m., d. sascone *C*; Et e., d. pomele *D*; Ke e. *EG*; E. .II. m. copa l. *I*; m. caupe l. *E*; l. cheval s. *G*

Variants 595

7420. a acravente *E*; *rest agree*
7421. M. fu b. *DEGT*; b. s'esp. *T*; n. est p. *CGT*; p. (niens *E*) engrune *BE*; p. escrebe *G*; *I wants*
7422. Francois ont mout grant joie de ce c'ont esgarde *I*; Dont s. li C. *D*; C. maintenant es. *C*; *ABGET agree*
7423. Beneois s. *D*; *I wants 7423-7431*; *ABCEGT agree*; *D adds 1 line* Et le mere si soit qui tel oir a porte
7324. W. l'o. forment a. *D*; r. apiele *BE*; r. esgar [sic] *G*; *I wants*; *ACT agree*
7325. Ba. li on. le br. qu'i. *BEG*; *I wants*; *ACDT agree*
7426. En caude ev. et en v. li *G*; le brach t. *DT*; *I wants*; *ABCE agree*
7427. et desnoe *D*; *B wants 7427-7429*; *E wants 7427-7430*; *IT want*; *ACG agree*
7428. Q. il li ont le b. baignie et essue *G*; *BEIT want*; *ACD agree*
7429. d'u. drap li *G*; *BEI want*; *D wants 7429-7431*; *ACT agree*
7430. m. vaire l. o. le puing boute *G*; o. ens en. *B*; *DEIT want*; *AC agree*
7431. (Ta. doucement li baignent q. *E*) q. il l'ont r. *GE*; l'oi. doucement q. *B*; *DIT want*; *AC agree*
7432. D. .IIII. so. o. les pieces truce *I*; Deseure .II. so.: *B*; D. .I. somier o. *CDT*; D. un fort soumier o. *E*; o. le payen mort le. *T*; o. le paien le. (torse *B*) *EB*; Sa. trosse *DG*;
7433. Et le ce. aus. que n'i ont trestourne *E*; son destrier aus. *T*; ce. cope sor *B*; sor .I. autre co. (trosse *T*) *BDT*; *I wants*; *ACG agree*
7434. Au mesage les baillent et il lo. a j. *I*; Li mesagiers lo. *CDEG*; *ABT agree*
7435. Qu'i. l. presentera a *E*; Qu'i. en fera present: *T*; i. les liverai *I*; son seigneur l'a. (droiture *I*) *TI*; *ABCDG agree*
7436. *I has 1 line for 7436-7437* De Ju. s'en is. s'a g. jo. mene; D. Jherusalem i. *DET*; D. Jhursalem en i. *G*; *ABC agree*
7437. *for I see 7436*; Forment moine g. *T*; j. qui l. *C*; j. quant l. *DT*; j. quant se sent esc. *E*; l. a esc. *D*; *ABG agree*
7438. Quant l. *B*; Et q. r. *E*; n. l'orent m. *BCG*; m. ne es. *B*; m. u es. *G*; m. ne devore *I*; *ADT agree*; *BCDEGT add 1 line* Mahomet Gomelin en a mout mercie (aore *D*; a mout bien mercie *C*)

207. *ABCDEGIT*

7439. m. sanz point d'aresteue *I*; m. qui s. v. a t. *T*; *ABCDEG agree*
7440. (qu'i. a to. *T*) to. li sans li remue *DT*; *I wants*; *ABCEG agree*
7441. *I has 2 lines* Dusques au t. S. n'i ot regne tenue/ De la gent maleoite s'a la presse v.; S. est la *BCDEGT*
7442. et d. Persans c. *B*; p. et de g. *E*; *GI want*; *ACDT agree*
7443. L. S. s'i fai. fau. jeter d. m. *T*; L'amiraus i *I*; *ABCDEG agree*
7444. Atant e. vous le mes q. *T*; m. s'a la p. r. *I*; a ropue *C*; *ABDEG agree*
7445. *B has 2 lines* Si coume li so. v. ensamble la r./ Estoit li herbe verde vermelle devenue; Issi comme il passoit ert sa. *E*; Si que l. so. ont ensang... *T*; li somiers vait e. *D*; v. ensanglentent la *G*; *ACI agree*
7446. L. mesagiers s'es. *CD*; m. parole q. *I*; p. ot eu. *DEGI*; *ABT agree*
7447. Am. riches s. *TI*; am. si c. *E*; g. desconneue *BG*; *C wants*; *AD agree*
7448. Nos a, q. li sons D. a. *D*; D. mout a. *T*; *C wants*; *ABEGI agree*
7449. (Cel cev. et *E*) et cel T., (q. la b. *E*) *CE*; T. qui s. *T*; *ABDGI agree*

7450. to. tout a *E*; d. seue *C*; *ABDGIT agree*
7451. fu veeue *D*; *T wants*; *ABCEGI agree*
7452. A. pour mo., f. ... *T*; p. n. f. l. ma. t. *CG*; p. n'i orent main t. *D*; p. ne vi le main t. *E*; p. n'ot nus la main t. *I*; *AG agree*
7453. De f. *EI*; j. desor en mi l. r. *D*; j. de d. en l. r. *I*; d. mi p. *E*; m. en l. r. *GT*; *ABC agree*
7454. s. comme sor h. (l'erbe *DT*) *BDT*; c. se fust h. *CE*; c. sor h. menue *I*; *AG agree*
7455. O. ne a. n. pr.: *DT*; n'a. nesque f. *C*; ne q. (c'un *E*) f. d. k. *TE*; *I wants*; *ABG agree*
7456. g. diverse a avoc l. *T*; e. or sor aus v. *B*; *ACDEGI agree*
7457. (o. l. d. t. q. *T*) q. al. esmolue (molue *D*) *EDGT*; *I wants*; *ABC agree*
7458. ma. vo (no *T*) gent: *DT*; com p. mo. *D*; s. la poivre mo. *I*; comme poivre mo. *T*; *BEG want*; *AC agree*
7459. r. rois n. *BE*; r. dus n. *G*; s. ne t. *T*; a foillue *I*; *D wants 7459-7461*; *AC agree*
7460. f. as i. *E*; f. onques v. *I*; *D wants*; *ABCGT agree*
7461. C. a avec l. *T*; (A o. *G*), j. p. (por *G*) vo. n'e. ve. *BEG*; *D wants*; *ACI agree*
7462. Q. li S. l'e. t. *BG*; Q. S. l'entendi t. *DE*; Et q. S. l'oi t. *I*; Q. l'amiraus l'oi t. *T*; *AC agree*
7463. D. (Et *D*) Pieres en a r. (r. grant joie en a eue *T*) *BCDEGT*; *I wants*

208. *ABCDEGIT* : *N from l. 7471*

7464. Che d. *DEI*; *ABCGT agree*
7465. *No variant*
7466. T. en i v. armes q. je n'e. s. que d. *I*; T. e. y a d'armes q. *T*; i. n'e. s. le n. *B*; s. conte a d. *E*; *ACDG agree*
7467. r. et en p. *C*; r. qu'en p. caude ou en c. *D*; r. qu'en vostre pais sire *I*; p. u en c. *BT*; *AEG agree*
7468. Fe. vo cors a. *D*; et (ou *DIT*) escauder et (ou *DIT*) fr. *BDEGIT*; *C wants 7468-7470*
7469. U a *BDT*; d. (escorchier *T*) ou o. *DT*; *CI want*; *AEG agree*
7470. Il q. bien vostre o. *I*; o. mettre a d. *B*; *C wants*; *ADEGT agree*
7471. Jusqu'a M. *BT*; la grant n., (t. ne vire *D*) *TD*; la cit n. *E*; la vile n. (n. la G [*sic*]) *NG*; *I wants 7471-7474*; *AC agree*
7472. L. candelers (candelles *EN*) fera a. (emporter *N*) *BCDEGNT*; *I wants*
7473. (Et d. v. *E*), l. mieudre e. *TE*; t. volra l. *D*; f. les muls e. *C*; *I wants*; *ABGN agree*
7474. e. fra fa. mainte fi. *B*; e. fera fa., (m. silatire *N*) *TN*; *EI want*; *ACDG agree*; *T adds 2 lines* Par Mahom amiraus si com j'ai oi dire/ Il vous fera les yex forer a grant martire
7475. Q. l'amiraus l'e. tous le sanc li fromie *T*; Et q. S. *I*; l'e. parfondement s. *D*; *ABCEGN agree*
7476. m. prist sa b. et sa. et ront et ... *T*; b. et sa. et prent et t. *B*; b. estraint et (le *G*) sa. *CG*; b. si le desache et t. *D*; b. et si le sa. *E*; *I wants 7476-7481*; *AN agree*
7477. A. que i. l. laise e. a m. p. sacie *G*; A. que l. *ET*; l. gerpist en fist m. *B*;

Variants 597

l. lessast e. rompi m. po... *T*; s. .C. p. *D*; a tire *BE*; a tiere *N*; *I wants*; *AC agree*
7478. P. a (ra *G*) saisi sa *BEGN*; *D wants 7478-7481*; *IT want*; *AC agree*
7479. c. jusqu'a l'a. *BN*; *DIT want*; *ACEG agree*
7480. P. les regarda s. *T*; l'a resgarde s. *C*; *DI want*; *ABEGN agree*
7481. co. sor son (son matiel de grise *G*) *BG*; sos le m. d. ... *T*; m. descire *C*; *DI want*; *AEN agree*

209. *ABCDEGINT*

7482. Q. li S. oi *BEGN*; Q. S. a oi *D*; Q. l'amiraus oi *I*; l. (son *E*) mesagier p. *BDE*; *ACT agree*
7483. d'i. cuide le sanc desver *I*; a souspirer (sospire *B*) *EBN*; a tressuer (tre... *T*) *GT*; *ACD agree*
7484. v. ne c. *BDT*; ne. conviengne t. *I*; *ACEGN agree*
7485. l'er. fait en *D*; l'er. a fait en *IT*; *ABCEGN agree*
7486. r. d'Aufrique l. *I*; (... ens l. *T*); *ABCDEGN agree*
7487. Qu'i. (Que *B*) n. se p. *NB*; Qui i. n. p. *E*; Qu'i. de lui ne se puisse f. *I*; *T wants*; *ACDG agree*
7488. cors bugles f. li a. soner *B*; cors et buisines: *I*; ...ors mayennes a fait li roys sonner *T*; (fait l'a. *DI*) l'a. sonner *CDEGIT*
7489. v. Persans f. *B*; p. et Sarrasins a. *I*; (... v. *T*); *ACDEGN agree*; *DT add 1 line* Et (... *T*) vestir les haubers et les elmes fremer; *D adds 1 further line* Et chaindre les espees et les escus cobrer
7490. s. ces es. *C*; (... s. *T*), l. espies et es *DT*; l. espees et es *I*; *ABEGN agree*
7491. t. royal v. *I*; et auner *DT*; *ABCEGN agree*
7492. c. prenent a *DT*; *ABCEGIN agree*
7493. Tost m. *I*; q. tels cops s. *N*; c. seut d. *E*; *ABCDGT agree*
7494. s. banc c. *I*; *rest agree*
7495. *I has 1 line for 7495-7496* M. i ara p. k. arme pu. po.; M. le laira paiens S. *B*; M. remanra paiens S. *G*; i ara p. *CT*; i lairoit p. *E*; *ADN agree*
7496. *for I see 7496*; l. n. arc n. s. *D*; s. geter *C*; *ABEGNT agree*
7497. Qui a J. ne voit sanz arrester *I*; Que a J. ne le couviaigne a. *T*; Envers J. *D*; l. a t. c. a. *C*; *ABEGN agree*
7498. et les murs cr. (effondrer *D*) *BDI*; m. esfondrer *T*; *ACEGN agree*
7499. Quant G. *B*; p. b. s'i g. d'a. *D*; p. b. (si *E*) le g. d'a. *TE*; p. s. g. b. *N*; g. le b. *BC*; *I wants 7499-7502*; *AG agree*
7500. l. faites t. *BDEGN*; l. fait t. *C*; *I wants*; *AT agree*
7501. *I wants*; *rest agree*
7502. Les rois paiens a f. *E*; *I wants*; *ABCDGNT agree*
7503. Et fu. bien .L.: *DT*; L. eschiele fo. Sarrasin n. *I*; fu. t. le. puis aesmer *E*; t. le. puet on esmer (n. *T*) *GT*; le. puis n. (esmer *BN*) *DBN*; *AC agree*
7504. o. .XX. m. *BEGN*; o. .XXX. mil *T*. nombrer *D*; .C.M. hommes e. *T*; T. trouver *BN*; T. armer *C*; T. mener *E*; *I wants*
7505. .L. r. paiens les commande a g. *D*; Et nonente r. l. fait S. g. *I*; Li r. payens l. fierent vers Godefroi g. *T*; .C. et .L. r. *BCG*; A .C. r. Arrabis l. *E*; A .C. et .L. r. *N*; l. les f. *G*
7506. Aus esk. est assis s [*sic*] commence a j. *I*; Puis est (sont *T*) *DET*; t. et as

598   **Variants**

        esk. j. *E*; esk. pour j. *BCDGNT*
7507. Au frere l'amuafle d'o. *I*; Et le *NT*; *ABCDEG agree*
7508. o. chemina a. *D*; o. s'arouta si ne fine d'es. *I*; c. ki n. *E*; n. fine d'es. *B*; *ACGNT agree*
7509. Jusqu'a J. *BG*; J. nel v. *C*; n. vore a. *I*; *ADENT agree*
7510. v. entour a. *IT*; *D wants*; *ABCEGN agree*
7511. D. veisies b. *G*; b. c. et grailes s. *T*; et chalemiaus s. *I*; *ABCDEN agree*
7512. (Et des f. *I*), g. et juper *BIN*; g. et usler *CDEGT*
7513. n. qu'i m., t. crouler *T*; *I wants 7514-7515*; *ABCDEGN agree*
7514. Et l. m. et l. conble et l. ci. trembler *T*; ci. et les murs en font tote cr. *B*; m. et la terre cr. *N*; t. trambler *C*; t. rosler *G*; *EI want*; *AD agree*
7515. O. penst Dix de no gent ki tout a a sauver *E*; q. i so. *BN*; si. sauver *BDT*; *I wants*; *ACG agree*
7516. J. assauront as murs cui qu'an doie peser *I*; C. il ar. *E*; Que j. *T*; as. nus hom n'oi sa p. *D*; ai. nus n'oi s. *B*; ai. n'oistes s. *ET*; ai. hom ne vit sa p. *N*; *ACG agree*; *T adds 1 line* Se Jhesu Crist n'en pense ja n'i porront durer

210. *ABCDEGINT*

7517. *No variant*
7518. (Godefrois et si *DE*), v. bien d. *BCDEGINT*
7519. oc. et ochis d. *C*; g. Tervagant *G*; g. l'amirant *N*; *T wants*; *ABDEI agree*
7520. K. li rois i conseut i. *D*; *T wants*; *ABCEGIN agree*
7521. M. t. i ot v. d. l. g. mescreant *I*; g. de Perse i estoit v. *N*; *ABCDEGT agree*
7522. *T wants 7522-7531*; *rest agree*
7523. Ch'est avis n. b. ades voisent c. *D*; C'est v. *BCE*; C'est avis a no gent q. *G*; q. tos jors (tans *C*) vont c. *BCEGN*; *IT want*
7524. (a. est m. *D*) m. gries et, (c. sont mout g. *D*) *CD*; et l. canp fu. *B*; et l. canp sont pesant *E*; *INT want*; *AG agree*
7525. d. Siglai s'en v. *D*; d. Murglaie v. *E*; (d. Singlaie aloient a. *I*) a. les murs r. *BI*; l. mont r. *C*; *T wants*; *AGN agree*
7526. au. s'en v. ades d. *D*; v. apres jetant *E*; d. (des furs *B*) croisant *IB*; *T wants*; *ACGN agree*
7527. h. les murs es. *B*; h. vont l. mur pecoiant *E*; l. mur es. *GN*; *T wants*; *ACDI agree*
7528. d. .XV. li., m. pechoiant *D*; d. .XXX. li. *E*; d. .C. parties v. les murs es. *I*; li. l'aloient es. (entamant *G*) *BEGN*; *T wants*; *AC agree*
7529. *T wants*; *rest agree*
7530. De lance et de clavie les vont es c. b. *I*; De g. *DG*; Des la. et des g.: *E*; et de la. *DGN*; par mi les c. b. *BEN*; ded. lor c. *D*; ded. les c. *G*; *T wants*; *AC agree*
7531. M. li Turc d. S. en v. a. r. *E*; (Et c. d. Singlaie v. to. a. *I*) a. montant *GI*; M. icil d. S. v. tost as murs r. *N*; d. Siglaie a. le mur r. *B*; to. dis a. *D*; *T wants*; *AC agree*
7532. J. fu li *C* (*cf. 7535b*); la cite par le *T*; *ABDEGIN agree*
7533. (li roi et *C* (*cf. 7535c*), f. li so. *GC*; f. i so. v. courant *T*; *ABDEIN agree*

Variants 599

7534. v. maint detrenchant *T*; *rest agree*
7535. Del sanc ki des cors ist en vont li riu courant *G*; ... s f. *T*; l. fosse d. en vont t. *D*; en vont tout enplisant *BI*; v. forment em. *E*; t. rasant *DT*; *ACN agree*; *C repeats 7531-7533*; Cil de Siglai vont tos tans amont montant/ Ja fust la cites prise par le mien essiant/ Quant li rois et si frere li sont venu devant
7536. S. assalent par molt fier maltalent *D*; S. en vont a tere acravantant *E*; ... S., et se v. a. *T*; j. craventant *N*; *C wants*; *ABGI agree*
7537. m. et d'ire:, (a. abaiant *D*) *CDN*; m. en vont co. *E*; ci. abaiant *I*; *C wants*; (... *T*); *AG agree*
7538. Par de desor l. *B*; E. sor l. *CG*; ... aloyent ... *T*; *I wants 7538-7540*; *AEN agree*
7539. Q. plus n'en poent faire de dol v. es. *D*; Car n'i *N*; n'i porent en. durement es. *C*; n'i p... en., v. abbayan... *T*; v. foursenant *G*; *I wants*; *ABE agree*; *E adds 1 line* As espees d'acier se vont grans cops dounant
7540. La l. u. demoroit l'au. al. resainant *N*; u. demorjoit l'au. (l'au. puis al. eskignant *B*) *DBG*; u. combat a l'au. *E*; al. recrignant *C*; *IT want*
7541. p. asaloit l. *BCDGN*; p. assaloient l. *IT*; l. rois *C*. *BCEN*
7542. Et il les escrioit et *I*; et les va s. *BT*; *ACDEGN agree*
7543. v. esvertuant *D*; v. resusitant *E*; (s. v... ertuant *T*); *ABCGIN agree*
7544. (a. u... enant *T*); *rest agree*
7545. K. m. m. q. ai. ai. al. *D*; q. m. m... e. mucant *T*; *ABCEGIN agree*
7546. He v. *I*; (et ses ri. *BD*) ri. courant *EBDGNT*; ri. fuiant *C*
7547. (Tu. estoient v. *G*) v. trestot huant *BGN*; Tu. venroyent aloyent to. *T*; e. venoient a. *C*; e. la v. ahiant *D*; e. venoient to. *E*; to. huant *ET*; *I wants*
7548. *I places 7548 after 7554*; Et de c. d'acier pluseur e. *I*; A c. (c. aceres l. *B*) *DBG*; *ACENT agree*
7549. *DT place 7552 before 7549*; Et li p. des lances le. *G*; p. des m. *B*; p. a m. *E*; p. as m. le. ...lant *T*; m. souvent e. *C*; *I wants 7549-7551*; *ADN agree*
7550. r. de (a *G*) se fauc n. *BCEGN*; *DIT want*
7551. (De m. et de n. *CG*) n. va l. *BCEGN*; *DIT want*
7552. *DT place 7552 before 7549*; Hors d. *ET*; J. le m. *E*; J. vont paien r. *I*; l. maine r. *N*; l. vont tous ... *T*; *ABCDG agree*
7553. Ades f. s. e. ades d. *I*; S. e. viennent a t. mout ...enant *T*; f. entr'e. *D*; a tous d. *N*; *C wants*; *E wants 7553-7555*; *ABG agree*
7554. A g., (l. ... c. *T*) *DT*; De g., v. escervelant *I*; *BCEGN want*;
7555. Et a g. *CD*; ...es macues c. *T*; te. ruant *DT*; *BEGN want*; *I wants 7555-7557*
7556. De s. *E*; p. mout ... *T*; *I wants*; *ABCDGN agree*
7557. Que aval le (les foses *B*) *EBGN*; e. sont li *BE*; r. couvrant *C*; *I wants*; (r. ... *T*); *AD agree*
7558. (M. ce n. l. v. mie: *I*), le monte d'un besant *BI*; M. n. q. qu'il l. vaille .I. *D*; v. .II. deniers ... *T*; *ACEGN agree*
7559. e. .LX. l., (v. li Turc a. *D*) *TD*; l. les va on a. *ABCEGN agree*
7560. *I wants*; *rest agree*
7561. Se ne fu li s. qui ne fu e. *I*; n. aprocha s., (v. declinant *DT*) *EDT*; *ABCGN agree*
7562. d'a. v. auques retraiant *I*; m. (tot *BEGN*) retraiant *CBEGN*; *DT want*

600   **Variants**

7563. S'encore f. el *D*; Se enc. f. el *ET*; S'encore f. *N*; c. s. aparissant *DET*; *B wants 7563-7565*; *I wants*; *ACG agree*
7564. P. f. la cites c. *DE*; Jherusalem f. p. c. *T*; *BI want*; *ACGN agree*
7565. Francois s'e. repairient c. *I*; r. quant l., (j. fu f. *N*) *GN*; r. quant voient jour f. *E*; c. j. lor v. *D*; *B wants*; *ACT agree*
7566. R. s'en vont leur cors sonnant *T*; son. li c. *D*; son. li olifant *I*; *ABCEGN agree*
7567. Juques a lor herberge v. li Tur c. *I*; Laroient [*sic*] p. *C*; L. retornent p. et c. *D*; L'assaut lessent p., v. repairant *T*; *ABEGN agree*
7568. desc. si se v. *E*; *BIT want*; *ACDGN agree*
7569. (L. auquant s. *N*), et plaie l. a. *BEN*; p. en aloyent et *T*; *I wants*; *ACDG agree*
7570. Sou. va a l'encontre et l'o. Sol. *T*; Sou. a. encontre l. *I*; c. son oncle Sol. *N*; l. freres l'amirant *D*; *ABCEG agree*; *I adds 3 lines* S'il leur a demande hautement en oiant/ Et Jherusalem prise la fort cite vaillant/ Par sire nenil ce respont Malquidant
7571. *T has 2 lines* Sire font li payen se le jour durast tant/ Jherusalem f. p. sachies a escient; (Pris f. Jherusalem m. *I*), v. (fu *I*) aprocant *GI*; p. se jors ne fust faillant *D*; n. va a. *B*; v. aparant *E*; *ACN agree*
7572. L. matinet l'avron ai. le midi s. *I*; (De ma. *E*) ma. l'averont ai. *GE*; ma. moverons ai. *B*; ma. s'en fuiront ai. que jors soit levant *D*; ma. moveront ai. *N*; l'av. aincois midi s. *T*; *AC agree*
7573. l'am. l'oi: *DIT*; s'apele R. (Roduant *I*) *BEIN*; s'ap. Rubiant *T*; *ACG agree*
7574. v. le roi Cornumarant *B*; v. tost et isnelemant *E*; v. le conte Rodoant *N*; v. Mahon et Tervagant *T*; Mab. (Malbon *CI*; Mahon *D*) et Malquidant *GDCI*
7575. T. l. r. d. cest o. c'a moi sont apendant *E*; d. l'o. *GIT*; *BD want*; *ACN agree*
7576. s'e. tourne m. *I*; tos. a esporon brocant *B*; *DT want*; *ACEGN agree*
7577. et .L. r. f. sans le Sodant *D*; f. qu'amassor q. Sodant *I*; r. q. amustant *C*; *T wants*; *ABEGN agree*
7578. T. les a, (f. venir et *C*) *BCIT*; Si l. *D*; j. sor Mahon le poissant *E*; *AGN agree*
7579. m. a G. *CG*; m. aus Crestiens s. *I*; *ABDENT agree*
7580. soi. pris:, (li autre voirement) *EBN*; qua. oient Turc cornant *C*; qua. oient l'olifant *I*; *ADGT agree*
7581. Que a. *T*; *I wants*; *ABCDEGN agree*
7582. Que on face m. Godefroi et sa ge. *T*; Que i., et le p. *E*; i. fera m. *CDG*; et des p. *B*; *I wants*; *AN agree*
7583. li roi en so. *BEGN*; Et lors s'en est tournes a. *I*; a. lor sa. *C*; (... *T*); *AD agree*
7584. (C. s'e. *C*), a. en s. (s. traiant *C*) *BCN*; r. a s. herberjement *DI*; ...bergies ...itement *T*; *AEG agree*
7585. d. nostre ost: *D*; g. qui sor tous est po. *B*; g. li per. tous po. *E*; (... pen. *T*), par son disne commant *DT*; n. sires po. *N*; *I wants 7585-7591*; *ACG agree*
7586. Q. en Jherusalem s. irie et d. *T*; J. courechous et *C*; *I wants*; *ABDEGN agree*

Variants 601

7587. d. au viespre i. *E*; d. seront baut et l. *T*; *DI want*; *ABCGN agree*
7588. D. cevauce p. *B*; p. a f. *G*; *DI want*; *ACENT agree*
7589. b. demandent m. *C*; c. vers la gent mescreant *N*; m. le vont d. *DT*; *I wants*; *ABEG agree*
7590. t. par le mien esciant *DT*; *I wants*; *ABCEGN agree*
7591. s. grande p. *G*; s. dure p. *T*; fie. des q. *D*; *I wants*; *ABCEN agree*; *T adds 1 line* Cil sire les garisse qui tout fist de noyent

211. *ABCDEGIT* : *N to l. 7633 only*

7592. D. J. fu n. c. *DIT*; Devant J. *C*; *ABEGN agree*
7593. a cel ki n. *E*; n. fust t. *BGN*; *DIT want*; *AC agree*
7594. Il en i ot pluseur et p. *I*; (...out e. *T*), f. de p. *NT*; *E wants*; *ABCDG agree*
7595. (O... S. *T*) S. en est l. r. entres *DT*; a les menes *C*; r. menes *BEGN*; r. mandes *I*; *DT add 1 line* Ses barons et (s... *T*) ses homes en a o lui menes
7596. Et q. i. f. e. *E*; Q. ...sus s. *T*; f. laiens s. *D*; f. venu s. *GI*; *ABCN agree*
7597. *I has 2 lines for 7597, 7602, 7607* Baron se dist li rois se vous touz ce loes/ A Turs nous combatrons dont grant est la plantes; r. signor o. *C*; r. a moi en e. *DT*; *ABEGN agree*
7598. b. s'en *G*; ...iz b. es. *T*; *I wants 7598-7601*; *ABCDEN agree*
7599. mi. entiant c. (c. ert me. *N*) *BEGN*; mi. escient:, (a ja le me. passe *C*) *DC*; ...t a esciant que il a me. p. *T*; *I wants*
7600. sa. somes ici (chaiens *N*) r. *BN*; su. je ici r. *T*; c. endroit r. *D*; *EI want*; *ACG agree*
7601. Por po., f. hui pr. *D*; *CT want 7601-7603*; *I wants*; *ABEGN agree*
7602. *for I see 7597*; g. ki est a. *E*; c. e. aunes *G*; *CT want*; *ABDN agree*
7603. d. nos es., (p. l'ounour D. *G*) *BDGN*; p. l'a. *E*; *CT want*; *I wants 7603-7606*
7604. Garandisies la v. *E*; G. vostre v. u vos c. *GN*; g. la v. (v. la ou Diex f. *T*) *BCDT*; *I wants*; *DT add 1 line* Et le digne sepulcre ou ses cors fu poses
7605. Jo n. *DT*; n. souferrai ma. *BCDEGT*; ma. li mu. *BE*; ma. mu. en soi. *T*; soi. entames *D*; *I wants*; *AN agree*
7606. (De m. *E*) m. m'en irai (istrai *GN*) q. *BEGN*; Demain i. dehors q. *T*; *I wants*; *ACD agree*
7607. *for I see 7597*; n. combatons s. *G*; *D wants*; *ABCENT agree*
7608. Deh. k. c. ded. s. mais e. *D*; (Deh. k. mais s. *T*), ded. enfremes *ET*; s. seans emprisonnes *I*; *ABCGN agree*
7609. Car ausi se. p. par force la ci. *I*; A. sera p. *DEGN*; *ABCT agree*
7610. (v. que a h. *T*) h. aions l. *GT*; *I wants 7610-7618*; *ABCDEN agree*
7611. Q. e. caitivison e. f. (soit *D*) *EDGN*; *I wants*; *ABCT agree*
7612. m. sera b. *C*; *DIT want*; *ABEGN agree*
7613. El cief av. *C*; S. cies av., an. en sera co. *E*; av. ses an. *N*; an. il sera co. *G*; s. cors co. *B*; *DIT want*
7614. Et li Francois respondent sire mout bien feres *I*; n. baron l'oirent *D*; g. l'ont oi: *T*; chascuns est (s'est *T*) escries *DT*; *ABCEGN agree*
7615. G. soies n. *E*; i. mes a. *C*; *I wants 7615-7618*; *ABDGNT agree*
7616. N. vous en f. *T*; n. te f. *N*; *I wants*; *ABCDEG agree*

7617. Ja n'i, m. estre desmembres *C*; (a nul n. *N*), m. s. ci. f. co. *BEN*; ce. m. n'amast (ce. n'amast m. *T*) que s. ci. f. co. *GT*; *I wants*; *AD agree*
7618. Que f. *N*; pa. por estre desmembres *C*; pa. .II. arpens m. *E*; *I wants*; *ABDGT agree*
7619. Baron c., v. mesons a. *I*; *rest agree*
7620. Q. v. aves m. *EGN*; a. soupe c. *T*; c. v. et d. *DGT*; c. s. v. d. *E*; *I wants 7620-7622*; *ABC agree*
7621. *CDGIT want*; *ABEN agree*
7622. *GIT want*; *ABCDEN agree*
7623. p. sous l'a. *C*; p. (au *E*) matin:, (soit chascuns adoubes *I*) *DEIT*; c. et leves *G*; *ABN agree*; *I adds 1 line* Car sachies assez tost l'empire raveres
7624. i. vos h. *D*; i. sus vos chevaus montes *T*; *I wants 7624-7626*; *ABCEGN agree*
7625. es. et les elmes fremes *D*; *IT want*; *ABCEGN agree*; *D adds 1 line* Et prenes les escus sor vos chevax montes
7626. v. (nous *G*) ert f. *BDEGNT*; *CI want*
7627. Je v. pr. que chascuns soit mout bien confesses *I*; Po. l'a. *E*; *C wants*; *T wants 7627-7629*; *ABDGN agree*
7628. Et si ai. li u. l'au. s. pechies p. *I*; *T wants*; *ABCDEGN agree*
7629. S'ert c. d. b.: *BCDGN*; b. m. (voir *B*) plus a. *CBG*; b. baus et a. *D*; b. fervistis et armes *N*; *ET want*; *I wants 7629-7631*
7630. s. soit c. *T*; *I wants*; *ABCDEGN agree*
7631. (N. nous esmaions m. *C*), er. nos a. *BCDN*; m. de Dieu vient la plantes *T*; *I wants*; *AEG agree*
7632. D. li quens B. *I*; (n'i. ... *T*); *ABCDEGN agree*
7633. *IT want*; *ABCDEGN agree*
7634. *GI want*; (es. ... *T*); *ABCDE agree*
7635. sa. ki c. d. tous su. *E*; (q. jo douch: *C*), si su. a. *DCGT*
7636. Que s'iere a Buillon en son palais lites *I*; Que s. *B*; C. s'estoye a Buillon et *T*; s. g'iere a Buillon et *BC*; s. (je *G*) fusse a Buillon (Boulogne *G*) et *DEG*
7637. O. soies affiance p. (par *T*) voi. (foi *T*) *DT*; j. p. voi. et voeil que me c. *I*; s. le c. *B*; s. me c. *CDT*; *AEG agree*
7638. Signor a. q. .VIII. i ait encor p. [sic] *E*; s. i (i *lacking in I*) ait .III. jors p. *BCDGI*; s. ait .IIII. jours p. *T*
7639. V. trop de *E*; et afoles *I*; *ABCDGT agree*
7640. Onques t. *CE*; Que o., v. nus h. d. m. n. *I*; Onques h. n'e. v. t. q. *T*; m. fu n. *B*; m. fust n. *DEGT*
7641. *I wants 7641-7647*; *rest agree*
7642. d. as bons b. *BG*; d. o les b. *E*; *I wants*; *ACDT agree*
7643. Ne vous esmaies m. *BDEGT*; m. sus Dieu est *T*; d'el. i a p. *BG*; *I wants*; *AC agree*
7644. Quar s'u. b. leveriers ert d. la. j. *B*; e. d'une la. *DGT*; *E wants 7644-7646*; *I wants*; *AC agree*
7645. Si eu. .XXX. lievres en *BG*; S'en .II.M. lievres en *CD*; Et fussent .II.C. lievres en *T*; en .I. (cest *B*) camp a. *DBT*; *EI want*
7646. Tous les d. c'e. *T*; *EI want*; *ABCDG agree*
7647. m. redotes *D*; m. asanles *ET*; m. adosses *G*; *I wants*; *ABC agree*
7648. A D. ceste p. a l. nous enheldes *C*; He D. *DT*; Sachies c., t. confortes *I*;

Variants 603

        l. a resvertues *G*; l. a reconfortes *T*; a si r. *D*; t. rehaities *B*; t. enheudes *E*
7649. s'e. iluec p. *BCDEGT*; *I wants*
7650. Qui v. *BC*; v. anuit: *BE*; lu. ses en a m. *T*; pour la soie amistes *B*; en la sainte cites *E*; *I wants*; *ADG agree*
7651. Enfresi c'au S. en est chascuns al. *I*; Jusqu'au S., v. arroutes *T*; l. achemines *D*; *ABCEG agree*
7652. f. et mains ci. portes *BCDEG*; f. et maint cierge alum... *T*; *I wants 7652-7658*
7653. t. erent es. *BG*; (fu. ...nt n'en *T*) n'en est u. (u. ambrasses *T*) *DT*; es. nus n'i fu a. *B*; n'en ert u. *CG*; *I wants*; *AE agree*
7654. t. s'ert ca. (ca. baissies et *E*) *BE*; s'es. co. ca. et *C*; ca. et co. et clines *T*; *I wants*; *ADG agree*
7655. oi. granz (les *B*) miracles: *TB*; oi. bel m. *C*; oi. le m. *EG*; j. greignor n'en or. *D*; quar j. greignour n'or. *T*; p. beles n'or. *B*; *I wants*
7656. f. de s'orison le. *CDGT*; *I wants*; *ABE agree*
7657. ci. estoit venue la *E*; *I wants*; *ABCDGT agree*
7658. t. embrases *CDG*; *I wants*; *ABET agree*

212. *ABCDEGIT*

7659. (El mostier del S. *I*), F. a o. *DI*; *ABCEGT agree*
7660. et encens en. *E*; *I wants*; *ABCDGT agree*
7661. G. se mist a orison *I*; es. en genoillons *C*; es. en orison *T*; *ABDEG agree*
7662. (Une c. ot m. *I*) m. sor le cief del (d'un *BT*) pe. (... *T*) *CBGIT*; Le c., m. sor l. maistre pe. *E*; pa. deles .I. pe. *D*
7663. a. sa p. *BDEGIT*; *AC agree*
7664. De bon cuer et de vrai a dite s'o. *I*; b. dus l'en. *D*; r. s'en. *BC*; r. s'aclina et *T*; l'en. par grant devosion *E*; et si dist s'o. *B*; et faisoit s'o. *C*; et (si *D*) dist une o. *TD*; *AG agree*
7665. (S. De. dis. i. Pe. *D*), pa. vo (ton *E*) saintime n. *GDE*; pa. vo redenption *B*; *I wants 7665-7732*; (dig. ... *T*); *AC agree*
7666. *E has 1 line for 7666-7667* K. f. les o. ev. do. et p.; K. fesist c. *C*; p. vision *G*; *I wants*; *ABDT agree*
7667. *for E see 7666*; *IT want*; *ABCDG agree*
7668. Et qui f. Ad. d'escume d. l. *T*; (Et fesistes Ad. *D*), t. et d. l. *BDEG*; Ad. del t. et dou l. *C*; *I wants*
7669. l. baillastes p. *D*; p. ta maison *G*; *BEIT want*; *AC agree*
7670. Et f. *BD*; Puis f., *E*. l'apela o. *E*; *IT want*; *ACG agree*
7671. D. toutes creatures fesistes A. do. *T*; c. lor donastes l. *B*; *I wants*; *ACDEG agree*
7672. Fors le fr., p. dont ot des. *DT*; fr. du p. *C*; *I wants*; *ABEG agree*
7673. *D has 2 lines* Ev. l'en fi. m. p. grant caitiveson/ Tot ce fu par l'engien du Satenas fe.; *I wants*; *ABCEGT agree*
7674. P. fisent lour mangier e. *E*; g. perdicion *D*; *I wants*; *ABCGT agree*
7675. p. et environ *C*; *I wants*; *ABDEGT agree*
7676. C. n'estoit sains n. saint. q. t. i f. p. *D*; Qu'il n'e. *E*; n'e. ne sains n. saint. q. *B*; ... n. saint. t. f. de grant renon *T*; f. p. [sic] *G*; *I wants*; *AC*

agree
7677. Ne c., (i. au pardon *B*) *EB*; (...ir a. *T*), i. a bandon *DT*; *I wants*; *ACG agree*
7678. Pi. en eustes D. *E*; s. preismes el *C*; *I wants*; (... vo. *T*); *ABDG agree*
7679. *T has 1 line for 7679-7680* ... l. v. M. fus par ano.; G. mandas l'ano. *E*; f. t'ano. *C*; *I wants*; *ABDG agree*
7680. *for T see 7679*; M. prendries herbegison *BG*; M. presis anontion *C*; M. prendroies mansion *DE*; *I wants*
7681. Li s. *D*; *I wants*; *T wants 7681-7684*; *ABCEG agree*
7682. En l. *E*; l. p. v. q. *D*; q. (qu'en *B*) fu en (en orison *G*) *CBDEG*; *IT want*;
7683. *IT want*; *ABCDEG agree*
7684. M. presis Dex e. *BEG*; i presis:, (vraie inc... *D*) *CD*; *IT want*
7685. s. vilaine o. *E*; *I wants*; (m. ... *D*); *ABCGT agree*
7686. *B has 1 line for 7686-7687* Tant que nasquistes sire a g. d'en.; N. que fesis na... *D*; qu'e. nasion *GT*; *E wants 7686-7688*; *I wants*; *AC agree*
7687. *for B see 7686*; En B. nasquistes a g. d... *D*; f. sire a *C*; a guis d'en. *G*; *EI agree*; *AT agree*
7688. roi le re. *C*; re. que de fi le set on *B*; *EI want*; (re. ... *D*); *AGT agree*; *T adds 1 line* Jaspar et Balthazar Melchyon li preudom
7689. Or et m. et en. of. *DT*; of. li baron *B*; of. el templon *C*; of. li roi bon *E*; t. bon *T*; (of. ... *D*); *I wants*; *AG agree*
7690. v. les r. (requeillistes, g. ... *D*) *TD*; r. sans nule arestison *BEG*; *I wants*; *AC agree*
7691. (Et a l'entrer d. *T*), te mist en *GT*; l'en. vos mist li .I. en ... *D*; *BEI want*; *C wants 7691-7698*
7692. *CI want*; (sa. ... *D*); *ABEGT agree*
7693. *G inverts 7693/7694*; n'a. veu goute s. *T*; m. fors seulement mognon *BEG*; *CDI want*
7694. *G inverts 7693/7694*; Puis dis., dim. que de fi le set on *E*; dim. en pais s. *T*; *CI want*; (De. ... *D*); *ABG agree*
7695. Et ce es. *DT*; Diex tant te des. *T*; m. t... *D*; *BCEGI want*
7696. v. deut recueillir e. *EBGT*; *CDI want*
7697. o. et mains pies a. plus b. *B*; o. biaus yex et clers a. *T*; p. que plus b. *E*; *CDI want*; *AG agree*
7698. m. ce f... *D*; m. ci ot grant of. *T*; *CI want*; *ABEG agree*
7699. *BEG invert 7699/7700*; l. traitres q. *T*; t. s'en o. *E*; t. qui ot m. *G*; *I wants*; (m. ... *D*); *ABC agree*
7700. *BEG invert 7699/7700*; d. les petis e. *G*; *I wants*; (pe. ... *D*); *ABCET agree*
7701. p. nous mo. *C*; v. soffrirent et mort et passion *T*; mo. e. c. o. ma. *B*; *I wants*; (o. ... *D*); *AEG agree*
7702. Iluec s., (I. ... *D*) *BCDEG*; Ou ciel s. *T*; *I wants*
7703. te. vrais D. c. autres h. *B*; te. D. (si *T*) c. u. altres h. (... *D*) *CDEGT*; *I wants*
7704. t. disant lo. *BCEGT*; t. por dire lo. ... *D*; *I wants*
7705. D. m. e. B. s. L. *BT*; D. m. resusitas le cors saint L. *E*; *C wants 7705-7715*; *I wants*; *ADG agree*
7706. Et h. *D*; Et si herberjas D. *T*; D. a l. *BEG*; *CI want*; *D adds 1 line* Sire pere propisses che fu par vostre don

Variants 605

7707. *T has 2 lines for 7707, 7715* Mar. Mad. fe. vrai pa.; *CI want*; *ABDEG agree*
7708. S'aprocha t., d. .I. le. *DEG*; *CI want*; *T wants 7708-7714*; *AB agree*
7709. e. ses mi. *BDG*; e. et mi. *E*; mi. a so. *BE*; mi. sous so. *G*; *CIT want*
7710. f. tele plorison *BEG*; f. tele fondoison *D*; *CIT want*
7711. K'el. la. v. pies ent. *E*; *CIT want*; *ABDG agree*
7712. *CIT want*; *ABDEG agree*
7713. D'un oignement l. o. p. *D*; p. vraie e. *E*; *CIT want*; *ABG agree*
7714. m. se s. *A*; sa. si en a g. *G*; s'e. a grant g. *B*; o. bon g. *DE*; *CIT want*
7715. *for T see 7707*; Quar d., (l. fist verrai pa. *D*) *BDEG*; *CI want*; *DT add 1 line* Lassus en ton saint chiel ou ainc n'entra felon (li donnas mansion *T*)
7716. Sire e. *C*; c. soffris tu p. *T*; *EI want*; *ABDG agree*
7717. Et Lo. d. la la. v. f. a b. *C*; *I wants*; *T wants 7717-7721*; *ABDEG agree*
7718. (Onques n'av. ve. *E*), d. fi l. *BCDEG*; *IT want*
7719. v. par l'anste:, (dusc'a son puing en son *E*) *BCDEG*; *IT want*
7720. Il le t., (se. homes si *G*) *BDEG*; *IT want*; *AC agree*
7721. *D has 2 lines* Il v. c. m. par grant devocion/ Et vos li pardonastes si o. r.; v. pria D. *C*; *IT want*; *ABEG agree*
7722. m. vrais Dex par devison *B*; m. que de fi le savon *E*; *I wants*; (... s. *D*); *ACGT agree*
7723. Et au t. j. ap. eus resurection *E*; ... j. ap. *D*; *C wants 7723-7726*; *I wants*; *ABGT agree*
7724. (I. a. brisier n'i *E*), o. ariestison *GE*; [E]n i. *T*; a. sans nul contredison *B*; *CI want*; (... e. *D*)
7725. Si en jetas Ad. *E*; [N]os amis e. j. N. *T*; ... en j. N. *D*; j. N. Ad. et Aa. *G*; *CI want*; *AB agree*
7726. J. et Ysaac et m. *T*; a. prodom *D*; *CI want*; *ABEG agree*
7727. (...astes *D*; ... *T*) m. el ciel au (a *E*) *BDEGT*; *I wants*; *AC agree*
7728. ...e ton saint paradis ou as t. man. *T*; maj. et en t. man. *BE*; *I wants*; (... maj. *D*); *ACG agree*
7729. cl. douz Jhesu Cris co. *T*; *I wants*; (...e p. *D*); *ABCEG agree*
7730. En apres li d. *E*; *I wants*; (... d. *D*); *ABCGT agree*
7731. Q. li s. e. nous cantent p. *E*; Les sains evangelistes noncastes p. *T*; *I wants*; (... e. *D*); *ABCG agree*
7732. ... es. v. D. et n. ce cr. *D*; et que b. *E*; *I wants*; (... *T*); *ABCG agree*
7733. Que Diex Francois feist vraie d. *I*; ...t b. sir. nos f. d. *D*; sir. faites d. *E*; m. fait d. *B*; (sir. ... *T*); *ACG agree*
7734. S. nous ses Sarrasins desconfire porr... *T*; S'il aroient vi. *I*; ...rons vi. ou l. *D*; vi. contre l. gent M. *E*; *ABCG agree*
7735. A icelle p. *GIT*; (... p. *D*); *ABCE agree*
7736. (Qui aportoit .I. *E*), b. ploie e. (esquarrillon *C*) *BCEG*; ... .I. b. atot le q. *D*; *I wants*; *AT agree*
7737. A cui il a d. c. espris le lu. *I*; es. l'alumison *BE*; (... le r. *D*); *ACGT agree*
7738. (... tos le. *D*), c. i (en *B*) vit o. *GDB*; a. q. de fit le sret [*sic*] o. *C*; a. ki furent environ *E*; a. ... l. set o. *T*; *I wants*
7739. ...t d., m. fiere p. *D*; o. grant j. et ... p. *T*; *I wants*; *ABCEG agree*

213. *ABCDEGIT*

7740. o. sa raison f. *G*; *rest agree*
7741. *I wants*; *rest agree*
7742. *I has 1 line for 7742-7743* Et .I. co. li a s. ca. a.; Atant e. un *E*; c. qui vole ... r. *T*; (... vos *D*); *ABCG agree*
7743. *for I see 7742*; ... li a s. c. d. lu. a. *D*; *rest agree*
7744. Et ensement as *G*; (... p. *D*) p. revient as *ID*; au. s'a c. en. *I*; (c. ...see *T*); *ABEG agree*
7745. *I has 1 line for 7745-7746* L. r. do. u. ca. i. l'a au cl. livree; (Li rois prist u. *E*), c. si l'a de. *CE*; (c. ... *T*); *ABDG agree*
7746. *for I see 7745*; A .I. roi l. bailla q. *G*; cl. l'en p. *C*; l. (les *D*) moustra q. *ED*; l. donna q. f. ... *T*; q. ert d. *BCG*
7747. *I has 1 line for 7747-7748* Q. c. o. li. les let. au r. dist sa pensee; Q. il o. *D*; c. a li. *BEG*; li. la letres a demenee [*sic*] *C*; li. letre g. *E*; (Q... o. *T*); j. a demenee (de... *T*) *BET*
7748. *for I see 7747*; Li r., m. haute al. *E*; a haute criee [*sic*] *C*; *ABDGT agree*
7749. *I has 1 line for 7749-7750* S. ce dist li clers l. o. e. aroutee; S. ro. *G*.: *BE*; d. mout g. re. *B*; grans est vo re. *E*; *ACDGT agree*
7750. *for I see 7749*; (s. te m. *T*), q. l'o. *DET*; *ABCG agree*
7751. o. le f. *BC*; Jo. dusc'a l'e. *D*; Jo. l'entree avirounee *E*; Jo. l'e. douce pa... *T*; *I wants*; *AG agree*
7752. Il s. ci partent ansois prime sounee *I*; De m. *EG*; a. le clarte le. *C*; a. la chaleur le. *T*; *B wants*; *AD agree*
7753. Comme li r. l'oi s'a grant joie menee *I*; l'e. merveilles li agree *D*; l'e. grant joie a demenee *T*; *C wants*; *ABEG agree*
7754. Et li et tous les autres mout forment leur agree *T*; *I wants 7754-7756*; *ABCDEG agree*
7755. o. el s. *C*; s. m. larme ploree *G*; *I wants*; *ABDET agree*
7756. *BI want*; *ACDEGT agree*
7757. T. le n. v. *DET*; n. ont veillie jusques a *I*; *ABCG agree*
7758. A. h. n'i ot t. *E*; t. c. n. broigne os. *T*; e. de teste os. *C*; e. c. n'espee *D*; *B wants*; *I wants 7758-7761*; *AG agree*
7759. Al n'i *G*; *DIT want*; *ABCE agree*
7760. s. f. t. n. a. *DEG*; *I wants*; *ABCT agree*
7761. T. gaitierent l. (l. vile q. *D*) *TD*; *I wants*; *ABCEG agree*; *I adds 1 line* Adonc oirent messe quant elle fu finee
7762. E. c. sont monte s. *I*; P. saillent e. *T*; *ABCDEG agree*
7763. D. Jherusalem i. (i. lor voie ont mout hatee *I*) *DEIT*; D. Jhursalem en i. *G*; *B wants*; *AC agree*
7764. Raimon d. S. G. ont la ville commendee *I*; Li boins q. *E*; *T wants 7764-7769*; *ABCDG agree*
7765. Et l. r. chevalcha a g. e. *D*; c. avant a. g. *G*; *IT want*; *ABCE agree*
7766. Dehors Jerusalem la cite houneree *E*; Bien p. de Gericop ont Franc l'o. e. *I*; P. de Jheresulem ont l'o. *D*; *T wants*; *ABCG agree*
7767. t. la lance f. *D*; l'e. lavee *E*; *I wants 7768-7781*; *T wants*; *ABCG agree*
7768. *BDIT want*; *ACEG agree*
7769. B. cevauce l. *G*; *BDIT want*; *ACE agree*
7770. Et cil d. (L. que. d. *E*) Normendie qui *DET*; *I wants*; *ABCG agree*
7770a. g. malsenee *T*; *ABCEGI want*; *text of D*
7770b. L. bers T. *T*; *ABCEGI want*; *text of D*

Variants 607

7771. f. Ernous de Perse s., de Malgree *C*; f. li quens R. a la barbe melle *E*; *BDIT want*; *AG agree*
7772. te. honouree *T*; *I wants*; *ABCDEG agree*
7773. Tout vient a un f. de mout grant randonee *E*; *I wants*; *ABCDGT agree*
7774. b. avisee *BCDEGT*; *I wants*
7775. av. l'enseigne g. *C*; l. gueule g. *T*; *BI want*; *ADEG agree*
7776. l'a. a l'e. avisee *B*; l'a. a boine destinee *E*; *I wants*; *ACDGT agree*
7777. A bons rois Godefrois H. *B*; A. baron G. *C*; b. duc G. *D*; *EI want*; *AGT agree*
7778. A. plus n'i, n. avisee *C*; *DI want*; (... *T*); *ABEG agree*
7779. (... oi...nt *T*) p. a o. (... *T*) g. alenee *DT*; *BEGI want*; *AC agree*
7780. L. r. vint en. *E*; Le roi ont en. q. *G*; (... r. *T*), q. li s. *CDEGT*; *BI want*
7781. u. en vient a l'a. ca. *E*; u. encontre l'a. ca. *T*; l'a. seule ca. (ca. lance le. *C*) *BC*; *I wants*; *ADG agree*
7782. Quant il s'entrecontrerent s'ont g. j. menee *I*; Sacies a. *E*; (Hai D. *T*), o. faite mainte acolee *DT*; o. si g. j. menee *G*; *B wants*; *AC agree*
7783. D'amors et, pi. i ot l. *B*; pi. mainte l. *CET*; *DI want*; *AG agree*
7784. Par devers B. *I*; O. Jherusalem s'e., os arroutee *T*; B. s'e. *D*; *ABCEG agree*
7785. v. del tout r. *I*; a. asseuree *DE*; *B wants*; *ACGT agree*
7786. r. roi S. l. p. e. c. *C*; S. fu l. novele c. *DT*; *I wants 7786-7790*; *ABGE agree*
7787. t. retornee *DT*; *I wants*; *ABCEG agree*
7788. Q. li (l... *T*) Sodans (... *T*) l'oi: *DT*; l'en. s'a le c. m. *E*; s'a la teste crollee *D*; la c. a ...ee *T*; *I wants*; *ABCG agree*
7789. d'i. l. t. en a c. *C*; a sa barbe tiree *T*; l. color mueee *D*; *I wants*; *ABEG agree*
7790. (Et ...tis b. *T*), t. honeree *DT*; li rices b. *E*; *I wants*; *ABCG agree*
7791. Et au r. S. o. b. m. *I*; O. au r. *BCDEG*; (O... S. *T*)
7792. Ens es p. *I*; u bele la c. *E*; *B wants*; (...s d. *T*); *ACDG agree*
7793. Il a au mesagier ainsi ac. *I*; ... am. l'a auques bien creantee *T*; l'a as m. *B*; l'a as armes commandee *C*; l'a otroie et greee *D*; *AEG agree*
7794. *I places 7797 before 7794*; l'o. plevie et juree *I*; (... p. *T*); *ABCDEG agree*
7795. K'en mi le plain d. *E*; Que ens es plains d., es. et grans et le. *G*; qu. molt es. grans et le. *D*; *IT want*; *ABC agree*
7796. Soit f. *D*; I. fetete l. *G*; l'o. (soit *B*; est *D*; ert *E*) devisee *GBDE*; *IT want*; *AC agree*
7797. *I places 7797 before 7794*; Que la iert v. faite lor assemblee *I*; (... v. *T*), l. est a. *BCDGT*; l. ert a. *E*
7798. ...i o., et ordenee *T*; b. et f. *E*; *I wants 7798-7801*; *ABCDG agree*
7799. or. veue n'e. *DT*; or. dite ne acontee *E*; *BI want*; *ACG agree*
7800. t. c'est v. *BCDE*; t. si est vretes p. *G*; t. v. e. p. *T*; *I wants*
7801. C'o. devens .II. j.: *B*; (Car o. *E*) o. en .II. j.: *CDEGT*; n. p. es. a. (finee *BDET*; escoutee *C*) *GBCDET*; *I wants*; *C repeats 7800-7801* Li escris le tesmoigne c'est verites provee/ Que onques en .II. jors ne pot estre affinee
7802. L. b. f. p. n. pot e. c. *T*; f. l'aatine n. post e. *I*; *B wants*; *ACDEG agree*
7803. l'o. del paien e. *C*; l. parole al. *B*; *ADEGIT agree*

608   Variants

7804. P. l'ermite en a l. novele es. *T*; *ABCDEGI agree*; *T adds 1 line* Dedens son cuer en a grant joie demenee
7805. Souef r. *G*; D. et sa vertu nomee *DT*; *I wants*; *ABCE agree*
7806. *No variant*
7807. Pour quoi n'a. d. *T*; n'a. fors d. *I*; *ABCDEG agree*
7808. A (Ja *E*) cel Tu. *CE*; A ces Turs q. m'esgardent (me gardent *T*) d. *GT*; A ciaux q. ci m. gardent d. *I*; *B wants*; *AD agree*
7809. (i. li f. *D*), v. e. mi le p. *EDT*; f. salir a la volee *I*; *B wants*; *ACG agree*
7810. Se la bataille per dure est ma d. *I*; ma. est ma (la *B*) *EBG*; *T wants*; *ACD agree*
7811. q. rien de mere nee *E*; *BDIT want*; *ACG agree*; *G adds 2 lines* Se Deu plest et sa mere il n'i avront duree/ Mes d'une cosse ert en mout grant pensee
7812. co. qu'est r. *DT*; *BEI want*; *ACG agree*

214. *ABCDEGIT*

7813. (L. b. f. p. a. *E*), j. de v. *BDE*; j. le v. *I*; *ACGT agree*
7814. d'a. et j. *D*; *rest agree*
7815. se. revient le *I*; r. .I. sa. (vendredi *T*) *DT*; *ABCEG agree*
7816. Ains qu'e., l. f. p. d. *I*; l. plus f. *D*; d. samedi *C*; *ABEGT agree*
7817. b. et l. conte et l. c. *I*; *rest agree*
7818. Se. et c. i (i feri *E*) *IE*; *ABCDGT agree*
7819. v. desi (juques *I*) qu'il e. *DI*; v. dusc'a. *E*; v. tant qu'il fu e. *T*; *B wants*; *ACG agree*
7820. v. du Forois p. *I*; *rest agree*; *EB add 1 line* Deseure le Sepulcre u Jesus (u Dex vot *B*) surrexi
7821. q. Dex a b. *G*; *BI want*; (b. ... *T*); *ACDE agree*
7822. Apres l. sainte m. s. n. g. de. (... *T*) *DT*; Q. m. f. chantee et chascuns s'en parti *I*; di. pres fu de miedi *BEG*; di. la g. se de. *C*
7823. (o. s'en vont d. *D*), m. raenpli *BCDEG*; *I wants*; (m. ra... *T*)
7824. E. Bethleant oirent le m. *CG*; o. (orirent *I*) le m. le lu. *BI*; o. le grant m. *D*; *ET want*
7825. Le .VI. j. o. lo. hyaumes et lo. ... *T*; En .III. *BEG*; j. sont lo. ar. *G*; et lo. hauberc b. (bruni *I*) *CGI*; et cose acompli [*sic*] *E*; au. plaisi *B*; *AD agree*
7826. L. escu enarme l. branc d'a. f. *G*; Les es. en. les b. *C*; es. et lour armes et b. *E*; en. et lo. b. reforbi *D*; en. et lo. espies bur... *T*; *BI want*
7827. Ca. a s. p., (a s. co. b. g. *DE*) *BDEGIT*; Ca. a b. s. co. a s. p. g. *C*
7828. S. ont fait tout a. *T*; *rest agree*
7829. Chaicun de grant proesce s'est f. a. *T*; *DI want*; *ABCEG agree*
7830. b. convoitent c. *I*; (q. p. (bien *T*) s. h. *CDT*; *ABEG agree*
7831. M. grant en o. l. vil c. f. *E*; Et g. *T*; p. avoient l. c. *DI*; *B wants*; *ACG agree*

215. *ABCDEGIT*

7832. Mout est b. *BEG*; M. b. e. a. *D*; M. fu b. (b. atournee l. *T*) *IT*; *AC agree*

Variants 609

7833. Por paour de b. n. s'est p. amatie *E*; l'o. point r. *T*; p. relenquie *B*; *ACDGI agree*
7834. *T gives 3 lines* De p. nostre seigneur qui ses amis n'oblie/ F. u. tel parole a l'evesque n./ Dout resbaudie fu toute la compaignie; a. vesque u. *BDEG*; *I wants 7834-7838*; *AC agree*
7835. Qui p. *B*; Que p., f. loye *T*; l. lance u *E*; f. noircie *G*; *I wants*; *ACD agree*
7836. ou sa chars f. *DE*; u f. sa char traitie *T*; *BI want*; *ACG agree*
7837. *EIT want*; *ABCDG agree*
7838. M. soit o la b. *E*; *I wants*; *ABCDGT agree*
7839. Li vesques et li ab. et l'au. baronnie *I*; L. vesques l. ab. *D*; L. ab. et l. p. *EG*; et tot (puis *D*) l'au. c. *CDG*; avoec l'au. c. *E*; *BT want*
7840. Sunt ale a la c. q. leur f. e. *I*; c. en ira q. *E*; le. en maine q. *D*; *ABCGT agree*
7841. M. p. l'a s. *T*; *I wants 7841-7846*; *ABCDEG agree*
7842. (F. si l'o. *D*), an. (amont *D*) drecie *BDEG*; an. sainsie *C*; *IT want*
7843. En. estoit de s. a. *BE*; Du s. Dieu fu en. a. *T*; *I wants*; *ACDG agree*
7844. o. del cuer del ventre m. *C*; c. de ventre m. *E*; *I wants*; *ABDGT agree*
7845. Li baron et l. p. *B*; *I wants*; *ACDEGT agree*
7846. Envers l. cr. en vont t. *E*; co. trestuit a u. h... *T*; *I wants*; *ABCDG agree*
7847. Ca. si l'a. *T*; d'el. l'ounera doucement s'u. *E*; et vers li s'u. *B*; et de cu. (cu. l'u. *G*) *DGI*; *AC agree*
7848. t. agoulee et *C*; t. acolee et *DGT*; *B wants*; *I wants 7848-7860*; *AE agree*
7849. D. que a *D*; *I wants*; *ABCEGT agree*
7850. De l. *E*; l. ot e. (encore *B*) *CBDEG*; l. y avoit u. *T*; u. bien g. *BC*; u. grande p. (perchie *E*) *TE*; *I wants*
7851. *I wants*; *rest agree*; *T adds 1 line* Mout grant sollennite y ont fait la clergie
7852. De chanter T. D. et *T*; *I wants*; *ABCDEG agree*
7853. D. s. fors et *E*; D. et fi. et esbaudi... *T*; *I wants*; *ABCDG agree*
7854. (Que n. *B*), m. u. pume pourie *EBG*; Quar n., u. ... *T*; *I wants*; *ACD agree*
7855. Et n'i, n. prie *T*; q. mot soue n. *C*; *I wants*; *ABDEG agree*
7856. c. envers l. g. haie *D*; a celle g... *T*; *I wants*; *ABCEG agree*
7857. *BEI want*; *ACDGT agree*
7858. Ve. nous f. *C*; n. (me *E*) beneye *TE*; *BI want*; *ADG agree*
7859. b. n'ert p. *G*; n'e. mie g. *B*; *EI want*; *ACDT agree*
7860. s. faite v. *C*; *I wants*; *ABDEGT agree*
7861. A. a dit R. *DT*; Adont p. *EI*; p. l. dus R. d. *I*; l. dus d. *DEG*; *ABC agree*
7862. Seigneur p., D. qui vint de mort a vie *I*; (... D. *T*); *ABCDEG agree*
7863. Q. ci. f. t. ci qui sont en p. *E*; Q. cil f. *G*; ... f. ci d. l. gent p. *T*; *ABCDI agree*
7864. ... t co. dure la ... to. *T*; cu. et te. *B*; te. et si com m. to. *G*; *I wants*; *ACDE agree*; *EG add 1 line* Et tout cil ki sont mort fuissent encore en vie
7865. T. s. occi v. *I*; *B wants*; (... s. *T*); *ACDEG agree*
7866. G. l'oit n. *T*; l'o. si commenca a rire *G*; n. pot m. *C*; m. ne r. *E*; *I wants 7866-7868*; *ABC agree*
7867. Et ...es b. vers Dieu m. s'u. *T*; f. en formie *BEG*; *I wants*; *ACD agree*
7868. d. forment l'ont c. *E*; *BIT want*; *ACDG agree*

216. *ABCDEGIT*

7869. S. font fo. *B*; *rest agree*
7870. L. elme fon. brunir et l. auberc r. *I*; el. fist for. *C*; ... el. fon. froyer et *T*; *ABDEG agree*
7871. *D inverts 7871/7872*; Et les b. (b. resclarchir lor seles radober *D*) *CD*; *BEGIT agree*
7872. *D inverts 7871/7872*; *I inverts 7872/7873*; (Leur...us noyeles d. *T*) d. n. (fermement *I*) enarmer *CDEIT*; *ABG agree*
7873. *I inverts 7872/7873*; la. de lor el. (eme *I*) estraindre et afremer (ra. *I*) *EI*; *BCDT want*; *AG agree*
7874. f. vraiment c. *I*; *rest agree*
7875. Le v., (m. a p. *I*) *TI*; m. cascuns a l'aj. *C*; m. el p. *D*; *ABEG agree*
7876. Dant Raimon de Saint Gille ont fait le c. s. *I*; c. corner *C*; *ABDEGT agree*
7877. v. nos gens f. *I*; *rest agree*
7878. *DT place 7880 before 7878*; Cauchier c. *DT*; Lacent c. *I*; f. h. et en. *C*; f. ces h. *DI*; *B wants*; *AEG agree*
7879. Et ces el. *CEG*; *BDIT want*
7880. *DT place 7880 before 7878*; ca. leur esp. et leur hyaumes fermer *T*; esp. et maint elme fremer *D*; esc. boucler *BE*; *I wants*; *ACG agree*
7881. *No variant*
7882. Dejouste l. *T*; *rest agree*
7883. b. si l'ala esc. *DT*; *I wants 7883-7887*; *ABCEG agree*
7884. *I wants*; *rest agree*
7885. L. .I. baisierent l'a. et ala p. d. *T*; u. vait baisier l'a. (l'a. si ont le p. doune *B*) *DB*; l'a. (l'a. *lacking in E*) si vont le *GE*; *I wants*; *AC agree*
7886. *BI want*; *ACDEGT agree*
7887. v. humlement e. (aourer *E*) *BCEG*; *DIT want*
7888. Apres vont l. S. baisie et a. *I*; *BEG want*; *ACDT agree*
7889. Sire dous D. ai. dient au r. *T*; Secor nous D. *C*; ai. conmenchent a crier *E*; ai. crierent au lever *G*; *DI want*; *AB agree*; *I adds 1 line* Puis montent es chevaux sanz plus de demorer
7890. Dehors J. *E*; *T wants*; *ABCDGI agree*
7891. t. les b. *G*; r. et ordener *E*; *BIT want*; *ACD agree*
7892. f. par de. *BDG*; f. de e. aporter *IT*; *E wants*; *AC agree*
7893. *G inverts 7893/7894*; c. forer *D*; c. pener *GT*; *I wants 7893-7906*; *ABCE agree*
7894. *G inverts 7893/7894*; fi. fernoer *DEG*; fi. haut lever *T*; *BCI want*
7895. br. es. et malmener *D*; *BEGIT want*; *AC agree*
7896. A p. oissies saint cl. ch. *C*; l. cl. haut ch. *E*; *I wants*; *ABDGT agree*
7897. i. et (tout *T*) r. et siere *BET*; et sont serre *C*; et tot s. *D*; et font s. *G*; *I wants*
7898. vei. tant peg. *BCDG*; *I wants*; *AET agree*
7899. T. enseigne et t. el. (arme *G*) *EG*; *BI want*; *ACDT agree*
7900. le. (li *E*) vont d. *BCEG*; *DT want 7900-7902*; *I wants*
7901. c. s'alerent a. (ordener *B*) *EBG*; *DIT want*; *AC agree*
7902. b. et c. d'arain s. *BE*; *DIT want*; *ACG agree*

Variants 611

7903. Et (... *T*) les (ces *T*) cev. h. fremir et b. *DT*; h. brandir et randouner *E*; *BI want*; *ACG agree*
7904. Mout f. *CG*; l'o. b. a. *G*; a. et m. f. *EG*; m. (bien *D*) fi. (fait *D*) a redouter *TD*; *I wants*; *AB agree*
7905. M. ne s'i arment c. (prince *DT*) *BCDGT*; *E wants 7905-7908*; *I wants*
7906. c. que daerain s. *BC*; c. c'as d. *D*; ... que au derrenier s. *T*; s. volront a. (conreer *B*) *CBDG*; *EI want*
7907. l. rens ala G. *I*; (...ors l. *T*), G. adouber *BIT*; *E wants*; *ACDG agree*
7908. Et li autre baron q., a doter *D*; ...autre baronnie q. m. fist a lo. *T*; *E wants*; *I wants 7908-7913*; *ABCG agree*
7909. v. tant a. *BDEG*; *I wants*; (... p. *T*); *AC agree*; *DT add 1 line* Lachier tante ventaille et tant elme fremer
7910. Et en toutes manieres mout noblement armer *EG*; c. tant es. et tant brant d'acier cler *DT*; *B wants 791-7912*; *I wants*; *AC agree*
7911. Et saisir tant escu et es ce. m. *DT*; *BI want*; *ACEG agree*
7912. b. contre vent v. *CD*; *BEGI want*; (... *T*)
7913. Forment est. beles q. (qui p. e... *T*) *DT*; b. sacies a esg. *E*; *I wants*; *ABCG agree*
7914. Ju. par devers Ja.: *BI*; Dusque v. *CDG*; Dusc'au Mont Olivet: *E*; Ja. ont fait l. av. ... *T*; ont fait lor vins garder *B*; f. l'av. al. *EI*; *T adds 1 line* Et les autres eschieles font apres arrouter

217. *ABCDEGIT*

7915. *No variant*
7916. *D has 2 lines* I. vesti .I. porpoint et l'a. e./ Et a laichie se. cauce. mie nes oublia; a caintes se. *C*; cauce .I. a. *G*; *ABEIT agree*
7917. li bailla *G*; *rest agree*
7918. a caint une e. *B*; q. durement a. *D*; q. il f. *T*; *I wants 7918-7920*; *ACEG agree*
7919. co. sor Ch. *DEGT*; *BI want*; *AC agree*
7920. (A l'en. *E*), .IIII. dragonciaus a *GE*; p. .I. dragon paint i a *DT*; *BI want*; *AC agree*
7921. L. r. monte e c.: *I*; f. montes: *DT*; ar. al c. *C*; es estriers s'a. *TDI*; *ABEG agree*
7922. P. si tres g., (q. tous les a. *T*) *ET*; q. sor l. *CI*; *ABDG agree*
7923. m. et de De. se *B*; m. son cief de De. sa. *EG*; de Jhesu se *DT*; *I wants 7923-7928*; *AC agree*
7924. c. u s'e. *ET*; s'e. posa *C*; *I wants*; *ABDG agree*
7925. D. en son c. e. p. l... *T*; *BDI want*; *ACEG agree*
7926. Et ca. qui i passe de bon cuer l'en. *D*; t. li co. *E*; t. cil de l'eschiele ca. si l'aor... *T*; *BI want*; *ACG agree*
7927. *I wants*; *rest agree*
7928. a hauchie le brach de la crois les sa. *D*; m. de Jhesu les sa. *T*; *CEI want*; *ABG agree*; *T adds 3 lines* Devant la vraye crois ou s'eschiele passa (*cf.* 7924)/ Doucement en son cuer mout parfont sospira (*cf.* 7925)/ Et la saintisme crois doucement aora
7929. G. et s'e., (b. chemina *D*) *BDG*; Li rois avec sa gent b. *I*; s'e. vistement c. *E*; *ACT agree*

612   Variants

7930. O. es p. de R. jou croi n. s'ar. *B*; Desi as p. *D*; D. es p., (o. n'i ar. *T*) *EGT*; Jusques p. *I*; *AC agree*
7931. L. rices rois S. *B*; *rest agree*
7932. S. amasie d'o. *C*; u. casse d'o. *D*; u. argaise d'o. *T*; *BEGI agree*
7933. *DT invert 7933/7934*; (r. soudans t. *E*), e. i a *BE*; *I wants*; *ACDGT agree*
7934. *DT invert 7933/7934*; Ou que il voit Pieron erranment l'a. *I*; si. devant li So. *B*; lu. et So. *D*; *ACEGT agree*
7935. *I has 1 line for 7935-7936* P. d. k. est cil n. me ce. t. j.; Dites m. sire er. *E*; est or l. *D*; *ABCGT agree*
7936. *for I see 7935*; k. i so. *T*; so. ne m. *CDG*; so. ne le m. celes j. *E*; *B wants*
7937. *I has 1 line for 7937-7938* Pi. dist c'es. li ro. q. le pa. c.; P. a respondu que le voir e. d. *D*; v. li d. *T*; *ABCEG agree*
7938. *for I see 7937*; *rest agree*
7939. l. et le ce., (.I. co. tronconna *T*) *BGT*; *DI want*; *ACE agree*
7940. de. vous a. *BEGI*; *DT want*; *AC agree*
7941. *I has 1 line for 7941, 7943* G. a a n. bon chevalier i a *I*; G. du Buillon son ayeul si fu ja *T*; n. et sa m. *BG*; n. son aiol e. *C*; n. qui sa m. *D*; n. sa m. l'e. *E*
7942. ce. au ci. *DET*; ci. qui sa mere engendra *T*; N. ariva *DG*; *I wants*; *ABC agree*
7943. *for I see 7941*; *rest agree*
7944. Comme S. *I*; S. l'oi: *DIT*; l'en. durement s'a. *E*; mout f. s'a. *BCGT*
7945. De m. et d'ire c. *DT*; *BEGI want*; *AC agree*; *T adds 1 line* Avis est qui l'esgarde que ja enragera

218. *ABCDEGIT* : *N from 7967*

7946. s'a. R. l. q. (dus *BDG*) d. *IBDG*; l. dus R. *E*; *ACT agree*
7947. *I has 1 line for 7947-7948* I. a la. ses c. et s. b. v.; I. cauca unes c. *E*; a caucie ses c. *BCGT*; c. la m. en e. *D*
7948. *for I see 7947*; T. et i. a *D*; a le b. *CE*; *B wants*; (...estie *T*); *AG agree*
7949. Il la., el. dont li *B*; Il la un [sic] *E*; (... lacie: *T*), qui fu fais a Pavie *DT*; *I wants 7949-7951*; *ACG agree*
7950. co. caint l'e. *BCDEGT*; *I wants*
7951. Et a a s. c. pendi la grant t. flourie *E*; c. o p. *C*; *BDIT want*; *AG agree*
7952. *I has 1 line for 7952-7953* Pu. monte el de. so. es. empongnie; t. monte e. *BEG*; de Rossie *C*; *DT want*
7953. *for I see 7952*; pr. I. e. *T*; par vertu l. *E*; *ABCDG agree*
7954. D. a jure l. *I*; *rest agree*
7955. Qu'i. occira c'il p. l'a. *I*; *rest agree*
7956. J. ne g. *C*; J. ne le g...a e. *T*; ne. garira e. ne t. a or burnie *D*; g. li e. ne la t. *E*; *I wants*; *ABG agree*
7957. (Q. t. ne le p.: *D*), desi ke en l'o. *ED*; Q. ne pou... t. deci jusqu'en l'o. *T*; Qu'il n., t. enfresi en l'o. *B*; *I wants*; *ACG agree*; *T adds 1 line* De plaine l...ce saut ou destrier de Surie
7958. *I inverts 7958/7959*; l. (... *T*) fait s. (mener *I*) *DIT*; *ABCEG agree*
7959. *I inverts 7958/7959*; Et il s'en est tornes s'es. a a. *T*; s'es. en torna s'a

Variants

        C; s'es. chevance s'a *G*; *BE want*; *AD agree*
7960. *I wants 7960-7970; rest agree*
7961. L. dus R. *E*; l'a. et a. *D*; l'a. et puis si l'a b. *T*; *BI want*; *ACG agree*
7962. Et cascuns d. *C*; ci. des escieles ca. *G*; *BI want*; *D wants 7962-7965*; *AET agree*
7963. v. le s. *G*; *DI want*; (... v. *T*); *ABCE agree*
7964. so. hui e. *C*; ... di., so. moi e. *T*; *DI want*; *ABEG agree*
7965. (... q. R. s'en torne: *T*), o s. cevale. *CT*; *BDEGI agree*
7966. (... p. *T*), v. tante ensaigne lacie (drecie *T*) *DT*; de Surie *BCEG*; *I wants*
7967. Et mainte bele ensegne (armure *G*) u *BEGN*; *I wants*; *ACDT agree*
7968. tant. bone tar. tante espee forbie *D*; tant. en. au vent contremont desploie *T*; *BCEGIN want*; *DT add 1 line* Et tant cheval corant tant destrier de Hongrie (Surie *T*)
7969. t. desor l'el. *CEG*; *BI want*; *ADNT agree*
7970. M. (B. *G*) resambloient g. (gens *B*) *CBDGN*; M. b. r. g. *ET*; f. aatie *CEGT*; *I wants*
7971. o. faite s. *B*; *rest agree*
7972. Bellement ordena sa belle compaignie *I*; a. duc est, (ro. logie *BE*) *DBEG*; est o le le ro. *C*; *DT want*
7973. *I has 2 lines for 7973-7975* Li Sodans les esgarde a Pieron reuve die/ Cui est cele compaigne et si nel seler mie; Li S. l'esgarda:, (cui il n'abelist mie *E*) *BCEGN*; n. puer m. ne rie *T*; *AD agree*
7974. *for I see 7973*; (Puis a dit a P.: *DT*), ne me c. t. mi. *CDGT*; l'e. ne le me celes mi. *E*; *ABN agree*
7975. *for I see 7973*; Q. rest o. *CN*; (o. cest esc. *E*), n. (ci *E*) est aprocie *BDET*; n. est raprocie *G*
7976. Dis. Perres li *DT*; h. nel la. *CD*; ne (je *B*; nel *N*) le (nel *B*; v. *N*) celerai mie *EBN*; la. ne v. *CGT*; *I wants*
7977. C. qui les g. a n. R. d. N. *E*; Il dist ce est Robert le duc d. N. *I*; N. a n. c. qui les g. *DGT*; n. qui les g. *C*; *ABN agree*
7978. *No variant*
7979. Par d. *E*; *rest agree*
7980. c. desi en Tabarie *E*; c. jusqu'a. p. d'Atalie *N*; c. jusqu'au port d'Augourie *T*; dusqu'al port d'Augalie *C*; dusc'a. port d'Aumarie *D*; duske a. pui d'Augalie *G*; p. d'Acalie *B*; *I wants*
7981. S. mervelles a. oi. *BE*; S. m. a. jou oi. *N*; *ACDGIT agree*
7982. Quant il l. *I*; Quant ainsi nous honnissent: *T*; s. le d. *N*; l. desconfi: *G*; icele g. h. *GT*; *BD want*; *ACE agree*; *T adds 1 line* Mais ancui morront tuit nus n'en portera vie
7983. Car j. nes pr. *I*; *rest agree*

219.
7984-8010. *A only; BCDEGINT want*

220. *ABCDEGINT*

8011. H. l. Maines est mo. *BDEGN*; H. de Maine e. *I*; t. atournes *T*; *AC agree*
8012. Li bers T., M. est avec l. jostes *I*; M. s'est avoc l. *D*; M. en est o *E*; M.

s'en r. *N*; M. si s. r. acesmes *T*; r. mout tos a. *G*; l. ales *BEN*; *AC agree*
8013. h. lacent e. jemes *T*; *C wants 8013-8016*; *ABDEGIN agree*; *BDEGNT add 1 line* Et caignent les (leur *T*) espees as senstres costes
8014. Et mettent a lo. c. les ... *T*; p. les e. *B*; p. (pendus *lacking in E*) les fors e. li. *GE*; *CDI want*; *AN agree*
8015. Et (Puis *I*) montent e. chevax corans et a. (... *T*) *DIT*; d. sejournes *E*; *C wants*; *ABGN agree*
8016. (Lor e. *B*), s. a. f. t. q. *NB*; s. o les fers aceres *E*; t. et affiles (a... *T*) *DT*; *C wants*; *I wants 8016-8023*; *AG agree*
8017. Chascuns ot en s'eschiele mil chevaliers armes (.M. Francois ator... *T*) *DT*; c. motes *C*; *I wants*; *ABEGN agree*
8018. *D places 8018 after 8024*; t. s'a ses homes g. *D*; *IT want*; *ABCEGN agree*
8019. c. en e. li b. passes *E*; e. chaicuns ... *T*; li quens t. *D*; *I wants*; *ABCGN agree*
8020. D. l'aourerent s. l'ont baisie as. *T*; s. l'a baissie as. *D*; *BI want*; *ACEGN agree*
8021. a. ki erent aroutes *E*; a. o. leur cors adoubes *T*; o. le. iols t. *C*; *I wants*; *ABDGN agree*
8022. l'el. luisant est c. *DT*; l'el. luisant cascuns en. *E*; *I wants*; *ABCGN agree*
8023. le. benei asses *DE*; De. saignies *T*; *I wants*; *ABCGN agree*
8024. Puis b. *DT*; Cele eschiele s'en tourne e. *I*; v. escries *C*; *B wants*; *AEGN agree*; *D places 8018 after 8024, then adds 2 lines* La peussies veoir tans fors escus bogles/ Et tans haubers treslis et tans elmes jemes
8025. p. d'Arame ne se sont a. *I*; *rest agree*; *T adds 1 line* Belement s'arrengierent tout contreval ces pres
8026. *I wants*; *rest agree*; *C repeats the line*
8027. Lors fu Pieres l'ermite de Soudan apeles *I*; a. ne m. *CDEGT*; *ABN agree*
8028. *I has 1 line for 8028-8029* Pieres qu'est ce. ge. m. e. gr. l. f.; Q. est o., v. aroutes *E*; s. ore ces (c. *N*) g. qui l. sont a. (aprestes *N*) *DN*; (q. jou v. *B*) v. aprestes *GB*; v. aunes *T*; *AC agree*
8029. *for I see 8028*; Belement s. *T*; s. contient cil ques a a guier *B*; *ACDEGN agree*
8030. *I has 2 lines for 8030-8032* Sire ce dist l'ermite Hues est apeles/ Frere au roi de France mout est grant sa fiertes; Et d. P. l'ermites a. *D*; Sire d. l. *T*; *ABCEGN agree*
8031. *for I see 8030*; Fra. ki ces a *EN*; *BT want*; *ACDG agree*
8032. *for I see 8030*; Ma. forment e. *T*; p. fait a loer *B*; *D wants*; *ACEGN agree*
8033. *I wants*; *rest agree*
8034. Cil o. *BGIN*; Il o. *DT*; o. Jaseran s. *C*; S. sor A. *BI*; A. el p. *I*; *AE agree*
8035. d. li rois me. *D*; me. me contes *EI*; *ABCGNT agree*
8036. (B. nous or. *T*) or. no D. *CET*; B. lor ont or m., c. oeue ob. *I*; *ABDGN agree*
8037. J. n. p. mie tos .II. *D*; J. ne les p. *T*; j. ne les p. touz .III. d. *I*; t. .I. denier m. *B*; *ACEGN agree*

Variants 615

8038. Enmener 1. o. mo. en. [*sic*] *T*; 1. enmenrai pris et en. *D*; m. encartheres *C*; *B wants*; *I wants 8038-8041*; *AEGN agree*
8039. Mes d. *BCDGT*; Es d., s. cascuns menes *E*; Les d. *N*; d'A. en s. repoples *D*; d'A. en seront r. *T*; *I wants*; *T adds 1 line* A charrue trairont .II. et .II. acouples
8040. m. cief dist P. et q. d'iaus t. *C*; ci. di. dans P., ci estordres *B*; ci partires *CT*; *EIN want*; *AG agree*
8041. De vostre gent arriere mout petit en menres *B*; en venteres *T*; *EIN want*; *ACDG agree*

221. *ABCDEGINT*

8042. B. s'atorna li preus et li vaillans *T*; et Robers 1. *C*; 1. puissans *I*; *ABDEGN agree*
8043. Ses c. li la. (chaucierent *T*) *BENT*; c. lo. cauca. Anseaumes et *G*; c. ont lacies A. *I*; la. Joselmes et Morans *C*; Antones et M. (... *T*) *ET*; *AD agree*
8044. *I has 1 line for 8044-8045* Il ves. le. a. la. el. lu.; Et v. *DT*; *C wants 8044-0846*; *ABEGN agree*
8045. *D inverts 8045/8046*; *for I see 8044*; Et la. (metent *E*) en lor c., (el. ... *T*) *DET*; *C wants*; *ABGN agree*
8046. *D inverts 8045/8046*; Et chainent le. es. a *D*; *BCI want*; (s. ... *T*); *AEGN agree*
8047. *B places 8049 before 8047*; *T inverts 8047/8048*; Et montent es chevax arrabis et corans *D*; Tost et i. montent e. a. *E*; Lues quant sont tot arme e. *C*; m. sus les chev... *T*; d. sejornans *B*; *AGN agree*
8048. *D places 8050 before 8048*; *E places 8048-8049a after 8054*; *T inverts 8047/8048*; Et pendent a lo. c. les fors esc. pesans *D*; Escus d., est li o. flambians *E*; Ens esc. *G*; *BCI want*; *ANT agree*
8049. *B places 8049 before 8047*; *E places 8048-8049a after 8054*; a. gonfanons *G*; *CI want*; *ABDENT agree*; *E adds 1 line* Isnelement monterent es destriers sejournans (*cf. 8047*)
8050. *D places 8050 before 8048*; Monterent ca. o. mil *C*; o. une es. de ch. *I*; *T wants*; *ABDEGN agree*
8051. cr. fu ca. t. *T*; *I wants 8051-8057*; *ABCDEGN agree*
8052. c. doucement ne li s. *E*; et li s. *B*; et ne s. *CD*; et la vont en. *T*; *I wants*; *AGN agree*
8053. M. les f. de Diu saingnans *C*; q. est b. *BD*; c. lisans *T*; *I wants*; *AEGN agree*
8054. b. que il leur soit aidans *T*; *I wants*; *ABCDEGN agree*
8055. D'iluecques s'en t. *E*; (... t. *T*), a esporon b. *DET*; *I wants*; *ABCDG agree*
8056. A 1. *E*; ...e c. q. merveille fu g. *T*; *BI want*; *ACDGN agree*
8057. *D has 3 lines for 8057* La peussies veoir tans vers elmes luisans/ Et tans haubers saffres et tans escus pesans/ Et tante grosse lance tans gonfanons pendans; b. et c. d'arain s. *E*; *IT want*; *ABCGN agree*
8058. Jusques es p. *I*; R. s'en vont esperounant *E*; (... es *T*); *ABCDGN agree*
8059. Par mi le camp se rengent et bel et avenant *E*; B. se rengierent: *DGIN*; an. (aval *DT*) par mi l. c. *BCDGNT*; tout contreval l. c. *I*

616   Variants

8060. a un seul d'e. *ET*; n. voist f. *E*; s. lies et joyans *T*; f. dolans *B*; *I wants*; *ACDGN agree*; *T adds 1 line* De faire la bataille contre Turs et Persans
8061. Ancui f. *T*; *I wants*; *ABCDEGN agree*
8062. *No variant*
8063. .M. T. *C*; *BDEIT want*; *AGN agree*
8064. l'e. ne sui ce. *C*; *rest agree*
8065. Noblement se contienent m. *D*; esg. mais f. est lo. *B*; f. ses s. *C*; *E wants*; *AGINT agree*
8066. f. que ca. n'e. en Mahon cr. *D*; n'e. fermement cr. *T*; *EI want*; *ABCGN agree*
8067. Et P. respondi j'e. serai v. d. *T*; r. cou j'i. *C*; r. v. e. serai d. *E*; r. jou i. *N*; *I wants*; *ABDG agree*
8068. Chist a a n. Tangres s. p. est Puillans *D*; Il dist c'est B. .I. chevalier vaillans *I*; n. et s. freres Morans *T*; *ABCEGN agree*
8069. (E. leur c. moinnent et *T*) et Lombars et T. *CEGT*; Et avecques lui sont et Lombart et T. *I*; *B wants*; *ADN agree*
8070. v. ocit S. *B*; v. guerroyent S. *T*; *I wants*; *ACDEGN agree*
8071. Et icele au. *DT*; es. qui sont fier ap. *B*; es. c'est son frere ap. *C*; es. qui s. est f. et grans *D*; es. ki la sont ap. *E*; es. qui est f. *N*; es. qui est s. bien parans *T*; *I wants*; *AG agree*
8072. (Tangres est avoec aus qui m. e. *E*) e. conquerrans *BEN*; L'autre a non Tanegre qui m. p. e. vaillans *I*; Buiemons a a non m. *D*; o. tant fort e. *T*; *ACG agree*
8073. q. f. o. n. *T*; *CI want*; *ABDEGN agree*
8074. Et l'aramiraus a dit ne les p. *E*; c. dist l'a. *IT*; l'a. je n. *BN*; l'a. n. prise t. *C*; l'a. que jo n. p. .II. g. *D*; l'a. car n. *G*; l'a. je nel prise .II. g. *I*; l'a. ne les prise .II. g. *T*; t. .II. g. *BCGN*; *D adds 1 line* Par Mahommet mon Deu en qui jo sui creans
8075. D'el. ocirons le p. s'enmenrons le. a. *G*; J'en. o. *ET*; Dont o. *N*; p. si en. a. *D*; *I wants 8075-8078*; *ABC agree*
8076. r. les d. (d. Aubilans *C*) *DCET*; *BI want*; *AGN agree*; *D adds 1 line* Ou jes ferai ardoir itex est mes commans; *T adds 1 line* Se il ne voelent croire Mahons et Tervagans
8077. Pa. foi cou respont Pi. *B*; n'e. serai g. *E*; *I wants*; *ACDGNT agree*
8078. e. annuit p. *T*; a. petis l. *D*; l. remans *G*; *I wants*; *ABCEN agree*

222. *ABCDEGINT*

8079. R. de P. (Perse *C*) *ECGI*; s'a. hasteument *D*; *ABNT agree*
8080. d. Borges qui t. *C*; *rest agree*
8081. Et quens d. *I*; *B wants*; *ACDEGNT agree*; *CDEGINT add 1 line* Li quens Lambers de Liege et (et *lacking in G*) Hue (Jose *I*) de Clarvent (Clarent *T*; ki mout ot hardement *E*; al corage vaillant *N*)
8082. a cel que n. *E*; *rest agree*
8083. Il orent .III. es. m. i avoit grant j. *I*; o. .III. es. *B*; o. une eschiele d'une m. f. *T*; m. nobile j. *E*; t. riche j. *C*; t. bonne j. *G*; *ADN agree*
8084. v. tant riche garnement *D*; v. mainte tar. *T*; *I wants 8084-8092*; *ABCEGN agree*
8085. T. clavain et *T*; *BCEGIN want*; *AD agree*

Variants 617

8086. ... tant riche ensaigne qu'est desploye au vent *T*; o. qui'st en lor a. r. tant c. *D*; *BI want*; *ACEGN agree*
8087. *I wants*; *rest agree*
8088. N'i a cel ne l'aort de *DT*; Ca. l'a aouree de *E*; l'a. del cu. *CN*; m. liement *D*; *I wants*; *ABG agree*
8089. l. saigne b. *T*; s. doucement *A*; *I wants*; *BCDEGN agree with text*
8090. Le g. *C*; De la glore d. c. *N*; ...e Dieu le glorieus q. *T*; g. Jesu q. *E*; f. le fiermament *G*; *BI want*; *AD agree*
8091. Les eschieles s'en t. tot ordeneement *D*; p. a lor *E*; p. et lor *T*; lor enforcement *B*; *I wants*; *ACGN agree*
8092. M. ricement en vont et acesmeement *E*; S. c. m. ordeneement *T*; et mout s. *CN*; *BDI want*; *AG agree*
8093. Jusques e. p. d'Arame ne font a. *I*; *rest agree*
8094. e. a l'au. *E*; e. des autres s'ordone b. *I*; l'au. s'ajostent b. *B*; l'au. s'acoste b. *C*; l'au. s'arenja bonement *D*; (... *T, which wants either 8094 or 8095*); *AGN agree*
8095. L. amiraus estoit d. *I*; so. tres a. *C*; (... *T, which wants either 8094 or 8095*); *ABDEGN agree*
8096. a. d. li s. *E*; a. cel d. *I*; s. li va ... *T*; *ABCDGN agree*
8097. Pieres dist que ci. s. ni li coile ni. *I*; Q. s. ore ces gens: *D*; Q. est or ceste eschiele: *T*; q. ci s. *B*; q. cist s. *E*; ne m. ce. (caile *T*) ni. *CDEGT*; *AN agree*; *D adds 1 line* Noblement se contienent et vont molt fierement
8098. Et P. respondi j. *D*; Sire cou a dit P. j. *E*; Sire ce d. l'er. *I*; P. a respondu j. *T*; *ABCGN agree*
8099. e. li quens R. q., a hardement *E*; R. de P. (Perse *C*) *BCG*; q. tant a *I*; q. a m. f. *T*; *ADN agree*
8100. Et apres est Est. au fier contement *E*; c. ceval b. *C*; *ABDGINT agree*
8101. C'est l. *I*; f. baucant *B*; f. courant *E*; (a ... e. *T*); *ACDGN agree*
8102. Li. a c. *DI*; (Li. ... b. *T*); *ABCEGN agree*; *T adds 1 line* Et cis autres de les da...e Clarent
8103. M. ainment T. o. q... p. *T*; M. amainne T. *C*; Plus desirre bataille q. *D*; *I wants*; *ABEGN agree*
8104. d. vo pople m. *DT*; g. ociement *E*; g. destruisement *G*; *CI want*; *ABN agree*
8105. po. vous n. f. la monte d'un *I*; n. furont .I. *E*; f. (fuira *B*) plain a. *NB*; *ACDGT agree*
8106. Q. So. respondi si *B*; Q. l'amirax l'oi si *D*; Comme So. l'oi si *I*; *ACEGNT agree*
8107. (P. mon Dieu Apollin ou *T*) u la moie ame a. *BGINT*; G. cui Ambemarle a. *C*; G. a qui mes cuers s'a. *D*; u ma creance a. *E*
8108. J. ne les prise m. valisant un besant *E*; J. nel prisse trestouz v. .II. chiens p. *I*; Ne l. criens m. *T*; *ABCDGN agree*
8109. f. morir a d. *E*; o. o d. *C*; *I wants*; *ABDGNT agree*

223. *ABCDEGINT*

8110. d'Au. s'est hastes d. *D*; s. pena d... *T*; d. l'aler *E*; *ABCGIN agree*
8111. P. qui molt fait (fist *T*) a loer (... *T*) *DT*; P. ne s'i v. a. (oublier *G*) *EG*; P. ne v. mie a. *N*; *I wants*; *ABC agree*

8112. f. que il doit mout amer *T*; q. o. c. d. *E*; c. a d. *BN*; *I wants*; *ACDG agree*; *T adds 1 line* Li cuens Robers de Flandres qui fu gentis et ber
8113. a. conte ne vore [*sic*] arester *I*; p. ne vaurent de. *E*; *ABCDGNT agree*
8114. c. acesmer *BGN*; c. atourner *E*; *ACDIT agree*
8115. H. avoit et el. *T*; *B wants*; *I wants 8115-8117*; *ACDEGN agree*
8116. En .I. c. *BEGN*; Sor s. *D*; m. qui mout f. (fist *E*) a loer *BDEN*; *I wants*; *ACT agree*
8117. en. le c. *CDENT*; c. s'ot son esc. *B*; c. sor son esc. *CEGN*; c. dessus l'esc. *T*; esc. liste *G*; *I wants*
8118. *C inverts 8118/8119*; d. fist J. (la cite *T*) *BEINT*; *ACDG agree*
8119. *C inverts 8118/8119*; Et (A *G*) .CCC. ch. *EGN*; A .CC. *T*; *B wants*; *I wants 8119-8123*; *ACD agree*
8120. k. forment f. *D*; k. et mo., a loer *BEN*; mo. fait a *C*; *I wants*; *AGT agree*
8121. Mo. a e. r. ma. *T*; *I wants*; *ABCDEGN agree*
8122. For. fist a. *B*; For. fait a. *CG*; *DIT want*; *AEN agree*
8123. D. Jherusalem o. fa. l. *DT*; fa. l. p. refermer *C*; *B wants 8123-8126*; *EIN want*; *AG agree*
8124. Et l. v. a fait .II. busines s. *I*; *BEN want*; *CDGT agree*
8125. g. fierement demener *EN*; b. atorner *T*; *BI want*; *ACDG agree*
8126. Et l'une en. *D*; l'a. belement ordener *T*; *BEGIN want*; *AC agree*
8127. t. en font de. el. a aler *I*; f. par de. *BDEGNT*; el. ester *C*; el. aler *DENT*
8128. Et r. et maint autre q., a loer *BEGN*; Et t. et r. q. *DT*; *I wants 8128-8136*; *AC agree*
8129. Le (Au *BEGN*) vesque de Mautran f. *DBEGNT*; *I wants*; *AC agree*
8130. *I wants*; *rest agree*
8131. *BI want*; *ACDEGNT agree*
8132. (d. Mes q. *E*) q. G. s. f. (fist *D*) n. (clamer *D*) *TDE*; *BI want*; *ACGN agree*
8133. con j'o. *BDEGNT*; *I wants*; *AC agree*
8134. Ou Dex soffri son cors et lo. *D*; la. travellier et pener *G*; *I wants*; (... *T*); *ABCEN agree*; *T adds 1 line* ...orgies et si ...t traitier
8135. *T has 2 lines* Li a. de Fescant qui fu gentis et ber/ Ont fait la sainte la. nostre sire p.; A l'a. de Fescans f. le la. p. *BEGN*; .I. albe p. *C*; *I wants*; *AD agree*
8136. *I wants*; *rest agree*
8137. Desi e. (as *E*) *BDEGNT*; Jusqu'au p. *I*; dusqu'as p. *C*
8138. d. en el *E*; *I wants*; (l. ... cr. *T*); *ABCDGN agree*
8139. Trest...iele co. a crier *T*; ci. de l'esciele co. *GN*; *BI want*; *ACDE agree*
8140. Et si commencent tot d. c. a e. *D*; L... c. durement e. *T*; v. lour c. m. parfont e. *E*; *I wants*; *ABCGN agree*
8141. S. le p. *N*; a regarder *I*; (L... le. *T*); *ABCDEG agree*
8142. (D... l'e. *T*) l'e. amis ne me celer (celes *T*) *DT*; l'e. ne voeillies celer *I*; *ABCEGN agree*
8143. Qui s. ore ces gens q. la v. a. *D*; Qui s. ... le g. que, v. ordener *T*; g. s. (est *BE*) c. l., (v. la ester *I*) *CBEGIN*
8144. Ainc mais teles ne v. s. m'i ont f. p. *D*; j. nulz qui m'a. *I*; n. tant m'a. *GT*; s. me fesist p. *BEN*; *AC agree*
8145. (Et respont li hermites: *I*), je ne v. q. c. *CEGIN*; P. a respondu ne v. q. a

Variants 619

c. *T*; *ABD agree*
8146. Ce e. (C'e. *I*) 1. r. t. avec q. (lui *I*) s. a. *TI*; T. o q. *BCDGN*; *AE agree*
8147. (... v. *T*), 1. les r. *BCDT*; s. barons de coi fait a *E*; a loer *GN*; *I wants 8147-8151*
8148. Car v., (m. s. pain et *E*) *GEN*; ... v., m. et s. p. et s. sel *T*; *I wants*; *ABCD agree*
8149. ... c'e., q. vous ve. *T*; li vrai c. *B*; *I wants*; *ACDEGN agree*
8150. c. pener *CET*; c. forer *D*; c. navrer *G*; *I wants*; *ABN agree*
8151. Et vees la, f. lier *D*; l'est. dont li Jui maufe *E, which adds 1 line* Le fisent a corgies et plaiier et navrer; l'est. leu o. *G*; ou se laissa b. *N*; ou il se f. *T*; *BI want*; *AC agree*; *D adds 1 line* Son bel cors et ses bras et estraindre et noer
8152. (O. sachies a fiance: *T*), ne poe. es. *IT*; O. sacies bien pour v., poe. destourner *E*; v. que ne puet es. *D*; *ABCGN agree*
8153. (Vous ares 1. b. n. *I*), p. plus d. *BGIN*; Que n'aies 1. b.: *DE*; a. el n. pu. d. *T*; sans point de d. *E*; pu. mais d. *CD*
8154. S. l'oi n'o. *BEGN*; l'e. n'a t. *T*; *BD want*; *AC agree*
8155. *BID want*; *ACEGNT agree*

224. *ACDEGINT*; *B wants*; *F from l. 8181 only*

8156. v. nos gens p. *I*; g. de c. arengier *D*; p. bataille r. *EN*; *ACGT agree*
8157. v. esragier *CDEGNT*; *I wants*
8158. c. esraument a d. *T*; i. rengier *C*; *ADEGIN agree*
8159. h. armes et *C*; et bien ap. *D*; et touz ap. *I*; *AEGNT agree*
8160. D. veissies b., et grooillier *C*; *ADEGINT agree*
8161. sone. en graille q. *E*; t. menuyer [*sic*] *T*; *I wants 8161-8164*; *ACGN agree*
8162. De R. (R. dusqu'a J. *CDE*) *GCDEN*; *I wants*; *AT agree*
8163. *I wants*; *rest agree*
8164. S. issent c. *C*; S. usler c. *DN*; S. bayent c. *T*; *EI want*; *AG agree*
8165. Desour un c. d'or fin fo. *E*; Desor .I. c. de *I*; *ACDGNT agree*
8166. M. fu lo. la verge li *DT*; li trons (peus *T*) fu d. *ET*; p. estoit d'or mier *D*; p. fu d'un me. *N*; *I wants*; *ACG agree*
8167. i averoit uns hom a *ET*; *I wants*; *ACDGN agree*
8168. p. ert fa. *GI*; fa. l'u. fu d'o. *D*; u. est d'o. *EIN*; *T wants 8168-8173*; *AC agree*
8168a.*text of D; rest want*
8169. Et li autre d. c. et l'autre d'a. *I*; Li autre f. *EN*; d. carne li autre d'a. *E*; c. l. t. d'un mellier *N*; *T wants*; *ACDG agree*
8170. L. quarte d'e. l. q. d. p. *I*; s. d'aiglentier *A*; s. du p. *C*; d. perier *D*; *T wants*; *EGN agree with text*
8171. Da [*sic*] sietisme d'au. *C*; L. s. fu d'au. *D*; l. seme d'au. la sieme d'al. *I*; d'au. li uit. d'alier *EN*; *T wants*; *AG agree*
8172. Et l'uitime de madre l. n. de perier *I*; L. nuevime d'i. *CE*; d'i. qui mout fist a prisier *E*; s. et c. (fier *C*) *NC*; *T wants*; *ADG agree*
8173. D'ivoire l. d. qui mout fist a prisier *I*; p. estoit toute d'o. *E*; *T wants*; *ACDGN agree*
8174. T. fu l'es. *D*; T. (Toust *I*) est l'es., (bausme d'alier *I*) *EIN*; T. fu li es.,

basme mout chier *T*; baume d. palmier *G*; *AC agree*
8175. *No variant*
8176. Et cil n. pu. *E*; (s. n. pot po. *I*), f. n. brisier *DCGT*; *I wants*; *AN agree*
8177. (Que grant .XV. t. i *I*), o. embrachier *EIN*; Quatorze t. *T*; *ACDG agree*
8178. ho. de char ne v. s. *D*; v. u mont s. *E*; v. nes .I. s. *N*; *IT want*; *ACG agree*
8179. su. sist A. *E*; su. iert A. *I*; su. est A., sa ... *T*; *ACDGN agree*
8180. lo. ert esc. *EG*; esc. tres A. *CI*; (A. ... *T*); *ADN agree*
8181. la (en *E*) amont t. *DET*; *I wants 8181-8185*; *ACFGN agree*
8182. *D inverts 8182/8183*; lo. engignier *G*; *IT want*; *ACDEFN agree*
8183. *D inverts 8182/8183*; b. en sa main p. *DT*; p. Mahon castoier *F*; *I wants*; *ACEGN agree*
8184. Par art de, (et hucier *F*) *GF*; de l'ingremance l. *EN*; n. le f. *C*; li fait di. et ... *T*; *I wants*; *AD agree*
8185. Q. li C. *F*; d. al S. *CT*; d. as Francois apoier *E*; S. aploihier *DGN*; *I wants*
8186. s. sa t. *EIT*; s. son cief a. *F*; .I. escarbouche c.*C*; *ADGN agree*
8187. .VII. li. *D*; .X. li., (vo. l'o., c. ombroier *I*) *EI*; Deus li., l. terre f. *T*; e. vit o. *C*; le pais f. *F*; *AGN agree*
8188. S. aloier *F*; *rest agree*
8189. S. l. am. e. *D*; e. ala a B. *EN*; e. apiele B. *GT*; *I wants 8189-8193*; *ACF agree*
8190. (C. fu se. *D*) se. mains nes f. *TD*; se. ainnes f. si ert d. *F*; *I wants*; *ACEGN agree*
8191. en i a .XIII. q. *D*; en ot .XIIII. *E*; q. s. t. c. *C*; *FI want*; *AGNT agree*
8192. *F has 1 line for 8192-8193* Mout li prie et commande d. B. v.; Li So. le apele si *T*; *I wants*; *ACDEGN agree*
8193. *for F see 8192*; D. B. son f. *E*; f. hastivement v. *C*; *I wants*; *ADGNT agree*

225. *ABCDEFGINT*

8194. M. par fu grans l. *D*; n. de S. *BCE*; S. glotons *T*; *AFGIN agree*
8195. So. l. am. ap. Sinadons *D*; Sor .I. cheval ferrant vient le pars Si. *I*; *ABCEFGNT agree*
8196. Icil e. ses f. si *BEGN*; Che fu ses mains nes f. *D*; Ci. ert f. le S. s'avoit le. *F*; ce. blons *BCDEFGINT*
8197. L'autre o. n. Lucifer:, (et c. ert l. s. *F*) *IF*; Li autre o. *BEN*; n. Lohiers c. *C*; B. et c. fu l. *D*; *AGT agree*
8198. a .XII. s. *CEN*; .XIII. que nous vous nomerons *I*; .XIII. trestous les conterons *T*; d. les n. *BCFGN*; *D wants*
8199. (n. Acherins: *D*), li au. G. *GD*; et li au. Glorons *N*; *T wants*; *ABCEFI agree*
8200. Et tiers Lucif. *C*; L. t. nommon (ot non *F*) Brehier: *IF*; L. t. ert Lucif. *T*; Lucif. et l'autres Lucio. *BD*; Lucif. li autres Lucio. *E*; Lucif. et l'autres Susions *N*; q. Sansions *G*
8201. Et l. q. Esmeres l. sisimes Clerons *N*; Et l. q. est l'A. *I*; q. ot n. (non Auffages l. s. *FT*) *DFT*; *BE want*; *ACG agree*
8202. L. septisme (s. *I*) C. l'uitisme F. *FIT*; (s. Sanguins l. *N*) l. huitismes

Variants 621

Corbons (Tahons *N*) *DN*; *BE want*; *ACG agree*
8203. L. moiiens E. 1. autres C. *E*; L. novismes Sanguins: *D*; L. nueme ot non Felipes: *N*; E. et 1. .X. C. *F*; 1. disismes Tahons (Pieron *N*) *DIN*; d. Efraons *C*; *ABGT agree*
8204. Li o. Barres 1. d. Braimons *D*; L'o. Renaudins 1. d. Raimon *N*; Li o., (d. Corbons *I*) *EFIT*; *ABCG agree*; *T adds 1 line* Le tresiesme Aceres quatorse a Glorions
8205. L. quinsimes d. *CT*; f. ot a n. *BDEGT*; f. ra n. Tiberions *C*; f. si ot n. *F*; *AIN agree*
8206. d. .X.M. *ET*; *ABCDFGIN agree*
8207. Bel enfans d. S. oi. que nous dirons *I*; Mi f. *DT*; oi. ma raison *BNT*; *ACEFG agree*
8208. ve. durement vo. (vo. semons *F*) *DFT*; ve. orendroit vo. *I*; *ABCEGN agree*; *F adds 1 line* Qe Godefrois ocist li cuvers li felons
8209. Et il l. *BEGN*; c. (il *I*) ont respondu v. *TI*; v. comment f. *DIT*; *ACF agree*
8210. G. al ve., (vo. doinrons *E*) *GEN*; a. le nuit vo. *D*; *I wants 8210-8221*; *ABCFT agree*
8211. F. a nos brans o. *E*; F. trestout vous destr... *T*; a. espies o. *D*; *I wants*; *ABCFGN agree*
8212. et l. rois l. p. *C*; d. (p. *E*) et l. autres b. *TE*; d. et l. rice b. *F*; *I wants*; *ABDGN agree*
8213. El roialme d. Perse o *D*; Enz e., d. Perse trestous l. *T*; *FI want*; *ABCEGN agree*
8214. v. commant en prison les metro... *T*; s. enmenrons prisons *F*; *BEIN want*; *ACDG agree*
8215. r. tot devant e. *C*; d'o. enmenrons B. *D*; *BEIN want*; *T wants 8215-8217*; *AFG agree*
8216. Et les a. *EF*; r. avoc l. en metrons (menrons *F*) *DF*; o aus en. *BN*; o nous traineron *E*; *IT want*; *ACG agree*
8217. Crestientes estra mise a confusions *D*; P. aus er. (er. auoures *T*. *E*) *BEFGN*; *IT want*; *AC agree*
8218. b. sire l. *A*; p. le l. *C*; p. c. vous d. *D*; l. gre vos d. *E*; *B wants 8218-8221*; *I wants*; *FGNT agree with text*
8219. en devon *ET*; *BI want*; *ACDFGN agree*
8220. Al. dist l'am. *DEFGNT*; *BI want*; *AC agree*
8221. A M. Apolin et *G*; A no Dieu Mahomet et *T*; G. a t. lor c. *N*; *BI want*; *ACDEF agree*
8222. A ices mos s'en vont brochant a esperons *I*; e. chevax a. *D*; *T wants*; *ABCEFGN agree*
8223. De. (de *DEGINT*) c. et de b. *CDEGINT*; b. i f. g. tentisons *E*; b. faisoient g. tencons *G*; b. estoit m. g. l. sons *I*; b. ert m. *N*; *B wants*; *AF agree*
8224. .CC.M. T. enmainent ainsi que nous quidons *I*; .C. mil T. enmenerent s. *DE*; mi. Turc monterent s. *F*; ment. ne v. *BE*; (...t s. *T*); *ACGN agree*
8225. A plains cans se rengierent devant l. p. *F*; A pl. *E*; pl. cop s'a. *C*; ... c. s'arrestent dehors l. *T*; d. (dehors *E*) le paveillon *NE*; *BI want*; *ADG agree*; *D adds 1 line* Mout par fu grans la noise des Sarrasins felons (*cf. 8194*)

226. *ABCDEFGIN : T has lacuna from l. 8239 to l. 8346*

8226. Mo. par f. grans l. n. *D*; Mo. estoit grans l. n., ge. suidiant *I*; n. des paiens me. *F*; ge. l'aversier *C*; *ABEGNT agree*

8227. Sounoient i (ces *N*) b. *BN*; S. cor et b. *CI*; Mout sonnoient b. *E*; S. tabour et timbre: *F*; S. grailes b. *T*; et cil (cist *B*; grant *E*) cor d'o. *CBDEFGINT*

8228. Par l'o. des Sarrasins s. v. T. ad. *FI*; l'o. s'en v. t. cil p. *C*; p. ordenant *T*; *BEGN want*; *AD agree*

8229. L'am. en ap. *DT*; Soudans a ap. *E*; et Norgant *B*; *ACFGIN agree*

8230. *D has 6 lines for 8230-8322* Et le viel Aayroffle l'oncle Cornumarant/ Et le roi Calcatras Canebaut l'amirant/ Et le viel amulaine son frere l'amustant/ Ector le fil Aresne et le viel Gloriant/ Calcatras l'aupatris des pors de Buchidant/ Le roi de Quegneloing et son frere Morgant; r. Lokifier et s. *BGN*; r. Loquifas et s. f. Ataignant *T*; L. s. oncle l'amustant *F*; f. Morgant *BC*; *EI want*

8231. *for D see 8230*; Av. aus ap. le cousin l'amulant *E*; Avecques ap. le fil Cornumarant *I*; ap. le n. *BGN*; n. l'amisdant *F*; *T wants*; *AC agree*

8232. *for D see 8230*; Can. l'amustant *C*; Can. et Gorhant *E*; *BI want*; *AFGNT agree*

8233. De. vos e. *ENT*; e. fait i. *DN*; e. je le veul et c. *I*; e. or tost je v. *T*; i. je v. *C*; i. a vo c. (talant *E*) *NE*; *ABFG agree*

8234. c. li respondirent to. *BGN*; (... c. *T*) c. ont respondu: *EIT*; s. ja les iront rengant *F*; to. a v. *BCDEGNT*; nos ferons vo commant *I*; v. commant *CE*

8235. d. paiens en v. *BN*; (... m. *T*); *ACDEFGI agree*

8236. Les es. i furent p., o .C. *C*; es. fisens p. *F*; f. de le gent mescreant (non sachant *I*) *BEGIN*; *ADT agree*

8237. (... ca. *T*), f. .X.M. *FGT*; *I wants*; *ABCDEN agree*

8238. (...s le. *T*), le gent T. (mescreant *BD*) *EBDGNT*; *I wants*; *ACF agree*

8239. La premerainne fu d. c. d. Brocidant *F*; p. si fu d. c. *I*; *ABCDEGN agree*

8240. n. c'a. a malfes les commant *D*; *rest agree*

8241. Si k'il n'o. point de b.: *E*; Si n'o. nient de b.: *GN*; eu. mais q. l'u. *D*; eu. fors seulement l. *F*; fors q. (se. *N*) l'u. et l. d. *EGN*; *BI want*; *AC agree*

8242. Ce. conduit Cor. l. oncles Corbarant *I*; Ses con. *F*; con. Tornicans l. *N*; *D wants*; *ABCEG agree*

8243. Sor .I. cheval seoit estele p. dev. *I*; L. chevax ou *D*; des. Cornicas f. *BE*; des. Tornicant f. *N*; f. quares p. *C*; *AFG agree*

8244. v. Turc q. *C*; to. quis e. si poignant *D*; *I wants*; *ABEFGN agree*

8245. N. se tenist o. *C*; s'i (se *BEN*) te. (tenist *E*) a l. o. n. ta. *GBEN*; o. o l. *F*; *DI want*

8246. f. li cevaus d'u. *BEGN*; f. d'un quaterre d'u. *C*; f. dusqu'en t. *D*; f. d'u. chier p. dusc'a t. pendant *F*; t. de p. escarniment *I*

8247. (Et la secondent l. *I*) l. Mort d. *CFGI*; *ABDEN agree*

8248. Et en l'autre Esclabon qui mout sont male gant *E*; po. a maufe so. sa. *BG*; po. que ou vait destemprant *D*; po. a malfe les commant *N*; a. autres so. sa. *F*; *I wants*; *AC agree*

8249. Il sont bien .XXX. mil s. *E*; Plus ierent de .C.M. s. *I*; f. .X. m., c.

Variants 623

Cornicant *F*; f. .XX. m. *G*; f. .XV.M. s. *N*; m. par le mien esciant *D*; *B wants*; *AC agree*

8250. E. l'autre s. li B. *F*; B. et l. q. *D*; *E wants*; *ABCGIN agree*
8251. Et e. l. q. furent: *F*; q. estoient: *I*; q. Esclavon el sisime gaiant *N*; son. Mor en *D*; li fort (lai *I*) Popeliquant *FI*; *BE want*; *ACG agree*
8252. Et e. l'autre Es. du regne Malpriant *E*; l. siste E. (Esclamore *I*) e. l. s. Morgant *FI*; s. Escarboucle e. la u. Servant *N*; l'u. Sarmagant *B*; l'u. Sormorgant *G*; *ACD agree*; *F adds 1 line* En la witisme furent cil de Mede le grant
8253. Et e. l'autre Escarboucle et e. l'autre g. *E*; L'uitieme Esclavon l. nuevime g. *I*; E. nuefuisme C. *F*; n. Escharbocle e. *DG*; n. Saudier el disime Normant *N*; *B wants*; *AC agree*
8254. Ces .X. *DE*; *ABCFGIN agree*
8255. C. mastin al. ensemble ab. *I*; *rest agree*
8256. Li amiraus Sodans l. v. mout semonnant *I*; Caifas l'a. *BEGN*; L'a. C. l. *D*; *ACF agree*
8257. Que nulz d'aus ne li voise a ce besoing faillant *I*; *F wants*; *ABCDEGN agree*

227. *ABCDEFGIN*

8258. (L. amidans a *N*), f. les e. *CEGN*; a. commande s. *D*; f. .X. e. *BI*; *AF agree*
8259. e. commande a faire derechef o. *I*; f. (fist *D*) d'u. p. b. o. *FD*; b. a u. p. torner *C*; b. tout ensanle o. *E*; *ABGN agree*
8260. *No variant*
8261. E. l'autre sont P. e. l. q. Morgler *E*; P. e. l'autre Dauner *N*; q. Boscler *C*; q. Blasfer *D*; *B wants 8261-8263*; *AFGI agree*
8262. Et en l. s. I. en l. q. Bonner *F*; En l. q. *DGN*; q. Miror e. l. s. Gorher *I*; I. et en l. s. B. *E*; *B wants*; *AC agree*
8263. g. adverse outre l. *E*; *B wants*; *ACDFGIN agree*
8264. *B places 8268 before 8264*; Mout sont hideus et laide bien resanblent maufe *G*; h. s'entr'ax n. *D*; s. eus n. qel puissent a. *F*; q. peust a. *B*; q. la p. *E*; *I wants*; *ACN agree*
8265. Li autre f. d'Eufras ki mout fist a douter *E*; s. font d'Ufras witisme c. *F*; s. sunt d'A., c. de Per *N*; f. d'Aufrete l'uitime d'Escaper *I*; *B wants 8265-8267*; *ACDG agree*
8266. Li autre d. Taboure q. sont fier que s. *E*; L. nuevime d'Abras q. *I*; n. de Subars q. *C*; des (de *D*) Tabars q. *FDG*; des Taburs q. *N*; q. o. den. (q. den. o. *D*) de s. *FDI*; *B wants*
8267. di. estoit de *I*; c. devens y. *G*; de. Vier *C*; de. Jafer *E*; *BD want*; *AFN agree*
8268. *B places 8268 before 8264*; u. male g. el siecle n'a son per *D*; g. diverse ai. *N*; av. n'a cauce ne s. *E*; *ABCFGI agree*; *G adds 1 line* Mout sont velu et noir et mout font a blasmer
8269. i ont .XX., t. les on. *E*; es. a t. l'on. *I*; f. joster *D*; *ABCFGN agree*
8270. A l'asanler e. *F*; A l'avenir e. *I*; l. (la *N*) oisies u. (crier *I*) *BCDEFGIN*
8271. a mervelles le. (le *B*) *EBI*; p. esgarder *BIN*; *ACDFG agree*
8272. Ce res. *E*; d. bien f. *C*; *BD want*; *I wants 8272-8275*; *AFGN agree*

8273. g. n'oistes mais p. *E*; *I wants*; *ABCDFGN agree*
8274. (Bien p. *N*) p. la b. *BEFGN*; Or poes j. *C*; Anqui p. b. *D*; *I wants*
8275. Ainc n. h. n'oi mais si *F*; h. n'oi si *DG*; g. n. son p. *BC*; *EI want*; *AN agree*; *B adds 1 line* Se ne falent denier que me voellies douner

228. *ABCDEFGIN*

8276. B. fu l. jornee mo., (cl. au ma. *E*) *DE*; f. bel ce. *FN*; cl. le ma. *G*; *ABCI agree*
8277. P. huslent et b. *D*; b. et ulent com mastin *I*; *ABCEFGN agree*
8278. L'amudans e. ap. Urcan d'o. m. *C*; Li am. ap. Calquant d'o. m. *D*; L'amustans e. *B*; L'amidans e. *N*; ap. Cocadran de Morghin *E*; *FI want*; *AG agree*
8279. e. devisent de *BCEFGIN*; e. devist de *D*
8280. e. (ert *BN*) de Miconias l'a. *GBIN*; e. de Morigaus l'a. *E*; de. Mincomaus l'a. *C*; de. Michomans l'a. *D*; de. Minchouniax l'a. *F*; l'a. est de *CD*
8281. t. del M. *A*; t. d'Aumiois l. quinte d'A. *B*; t. d'Amarois: *EN*; e. (est *lacking in I*) d. Yndois l. q. *FI*; d. Marois l. q. (q. est des Fabrins *D*) *GD*; li autre de Fain *F*; q. de Sain *N*; *C wants 8281-8283*; *D adds 2 lines* La quinte est d'une gent qui maine grant hustin/ De cex de Buridane le firent Sarrasin
8282. La quinte e. d'u. (u. *F*) terre: *IF*; (ge. diverse q. *DE*), n. gouste d. *BDEGN*; ainc n'i but on d. v. *F*; q. ains n. but en v. *I*; *C wants*
8283. *D places 8283 after 8285*; r. en s. *EN*; *BC want*; *ADFGI agree*
8284. Trestout m. p. *BEGN*; m. desor te. *C*; te. par desous sorterin *F*; te. es p. s. *I*; e. te. s. *B*; e. lor cavain perrin *E*; li linage Cain *G*; e. celiers s. *N*; *AD agree*
8285. Chil m. *D*; Et si m. g. *F*; g. le p. et le c. *BD*; g. de p. et de c. *CF*; g. de pourre de fain *E*; g. d. poivre del c. *G*; *AIN agree*
8286. P. ont trenchans les dens q. rasoirs a. *F*; q. coutel a. *N*; *DI want*; *ABCEG agree*
8287. *D places 8287 after 8289*; t. k'eskiureuel e. (par *G*) g. (gardin *G*) *CG*; ce. (cievre *EN*) par g. (gardin *EF*; midin *N*) *DEFN*; *ABI agree*
8288. v. dras de lange n. de *D*; dr. de (ne *F*) canve n. de *EF*; *ABCGIN agree*
8289. (s. com vinancre: *F*), s'abaient com m. *EFGN*; c. chiens et a. *I*; *B wants*; *ACD agree*
8290. .I. amiraus le. g. n. ot A. *I*; n. Alipaton *F*; *ABCDEGN agree*
8291. Richement fu armes so. .I. amoravin *I*; c'o. apeloit C. *F*; a. Pandin *C*; a. Delfin *D*; *ABEGN agree*
8292. Plus no. *F*; no. en me. *EN*; q. .I. po. *C*; po. en R. *CDEGN*; *B wants*; *I wants 8292-8296*
8293. Icil n. *E*; Cl. dant Martin *F*; *I wants*; *ABCDGN agree*
8294. Et T. si l'ocist a *F*; l. venga a *E*; *I wants*; *ABCDGN agree*
8295. Et puis re., ri. amustardin *F*; ri. amustandin *BDEN*; ri. almustin *C*; ri. amustadin *G*; *I wants*
8296. d. Namuble et l. f. *C*; V. et son f. *E*; *BFI want*; *ADGN agree*; *GBEN add 1 line, replacing 8297-8310* Or i a .XXX. eskieles des (de *N*) quvers (de le gent *E*; d'escuiers *B*) de pu lin

Variants 625

229. *ACDFI* : *BEGNT want*

8297. a. .V. e. *CF*; a. .X. e. *DI*
8298. Li u. es. d. Yndois et l'a. de L. *D*; es. des nes danois et l'a. d. Luitis *C*; es. d. Midoniaus et l'a. *I*; l'a. d. Lientis *F*
8299. Et l. tierce des J. *CDG*; t. de Grafre l. q. de Condris *I*; q. d. Cornis *C*; q. d. Norris *D*; q. del galdis *F*
8300. L. quinte d. Basclois l'autre d. Antecris *D*; e. (est *lacking in I*) d. Morgans del regne de (a *I*) Longis (l'Antecris *I*) *FI*; *C wants*
8301. *No variant*
8302. ne porte au. *C*; *D wants*; *AFI agree*; *I adds 1 line* Plus sont inel del pie que cheval ne roncins
8303. g. Estamons l. *C*; (g. Estormarans l. *D*) l. gris *FDI*; *I adds 1 line* Li Sarrasins estoit armes et fervestis
8304. So .I. destrier se. corant et ademis *I*; a. Patris *CF*; *AD agree*
8305. Plus co. *D*; et montaingnes: *CDF*; que a. par l. *F*; *I wants 8305-8309*
8306. r. ne s. *C*; q. nus c. *D*; q. c. bien espris *F*; c. espris *CD*; *I wants*
8307. L'a. c. ot t. noir m. blans estoit el p. *F*; *I wants*; *ACD agree*
8308. Celui ot B., j. fu falis *F*; ai. qu'estors s. *C*; *I wants*; *AD agree*
8309. L'a. Califres a *C*; *I wants*; *ADF agree*
8310. e. de c. *C*; e. d'escuiers m. *F*; d. felons m. *I*; *AD agree*; *D adds 1 line* Et apres ices .XXX. en refont autre dis

230. *ABCDEFGIN*

8311. Des a., e. vous dirai la fason *I*; e. sont p. *BEN*; e. fist p. *F*; *ACDG agree*
8312. En l'une sont Marin en l'autre F. *D*; f. Mansel et *BEN*; f. Marsan et *G*; f. Manson et *I*; *ACF agree*
8313. l'a. l'o. *I*; *rest agree*
8314. M. G. les a. p. n. *BEN*; M. G. s. l'a. p. n. *DF*; M. G. les noma s. *I*; *ACG agree*
8315. De la en vinrent deus tout d'une region *G*; o. sient e. *F*; e. s'a. *C*; e. l'abitosion *E*; *ABDIN agree*
8316. L. seconde est d'Europe l. t. d'Aselon *I*; f. de Ropes l. q. *B*; f. de Orpe l. q. *C*; f. d'Europe l. q. *DE*; f. de Rope l. q. *FGN*; q. des Noons *BN*; q. d'Anaon *CF*; q. des Naon *D*; q. d'Osnoon *E*
8317. L. quart fu de Tarce l. q. d'Abilon *I*; q. d'Argaise l. s. *BFG*; q. d'Orgaise l. s. *E*; q. d'Argasce l. s. *N*; s. d'Arbilon *C*; s. d'Arbaion *D*; s. d'Arboon *EGN*; s. d'Obolon *F*
8318. L. sime fu d'Aufrene la s. d'A. *I*; d. (de *DF*) Sauvages: *BCDEFGN*; et l'u. Garagons *B*; l'uitisme d'A. *D*; li autre d'A. *E*; la u. d'A. *F*; *I adds 1 line* L'uitime est d'une terre c'on dist le roy Gripon
8319. L. nosme des E. *DF*; Et l. nueme d'E. *G*; n. des Pers q. *BN*; n. d'Esgrip q. *E*; *ACI agree*
8320. Et o. bies c. oisiel et t. com g. *G*; (c. becaire et *C*) et teste d. (d. dragon *F*) *ICF*; c. biekues et *BDE*; *AN agree*
8321. p. et es m. *BCDEFGIN*; ong. com l. *CD*; d. gaignon *N*
8322. *I wants 8322-8324*; *rest agree*

8323. e. tombist .III. li. *D*; ten. entour et env. *E*; *I wants*; *ABCFGN agree*
8324. P. castier le. f. l'amudans d'u. b. *C*; t. le f. l'a. de randon *B*; f. l'amirax d'u. *DFG*; f. l'amidan d'u. *N*; *I wants*; *AE agree*
8325. (Et l. disme esc. *D*), est de ciaus de L. (Bucion *D*); La dime esc. *I*; est del p. *F*; de. puins de *N*; *B wants*; *ACG agree*
8326. g. diverse cor. *EN*; *ABCDFGI agree*
8327. mai. grant machue d. *D*; *rest agree*
8328. (Icil feront des *E*), g. (grant *lacking in E*) ocision *DEF*; C. fisent de n. gens m. *I*; C. faisoient des *N*; g. destruision *G*; *ABC agree*
8329. n. fu G. *F*; *I wants 8329-8332*; *ABCDEGN agree*
8330. f. mout g. *F*; g. destrucion *D*; *BI want*; *ACEGN agree*
8331. Q. li c. *EGN*; fer. en s. *D*; s. jusqu'a. fel. *N*; duske a. (jusqu'a. *F*) talon *GF*; *BI want*; *AC agree*
8332. Or aproce b. *BDEGN*; f. ne vit on *EFN*; *I wants*; *AC agree*; *D adds 1 line* Ne tele ne fu faite des le tans Salemon

231. *ABCDEFGI* : *N has l. 8333 only*

8333. e. refist S. *E*; e. retient S. *I*; e. rechut S. *N*; *ABCDFG agree*
8334. La f. c. d. P. *D*; Li un f., P. l'autre d. G. *E*; Celes f. *I*; f. d. Pinces et *B*; *ACFG agree*
8335. *I places 8335 after 8344*; Et T. et A. (Sarrasin *G*) *BEG*; q. orent b. *D*; q. o. les b. *I*; *ACF agree*
8336. S'i sont li A. *C*; A. u mout a boins v. *E*; q. p. s. et *B*; q. ont les cuers v. *F*; q. les cuers ont v. *I*; *D wants*; *AG agree*
8337. q. traient a. (a *EI*) *CDEFI*; *B wants*; *AG agree*
8338. (Li autre d'o. *E*), ce. menra Ca. *BDEG*; *ACFI agree*
8339. Amoravi i f. q. ont d. isniax *F*; f. Amoraine q. *CD*; q. o. d. t. *E*; *I wants 8339-8343*; *ABG agree*
8340. P. tost en vont corant que ne vole g. *D*; *I wants*; *ABCEFG agree*
8341. a. sont a o. *G*; *I wants*; *ABCDEF agree*
8342. lo. espiel: *BE*; e. que voirres n. *CF*; que voiles n. c. *BG*; *DI want*
8343. Et o. b. es. Dex lor trameche max *D*; b. dont d'or sont li saignaus *G*; q. d'or ont les poignax *F*; do. les g. *C*; *BEI want*; *D adds 1 line* Et Turs et Aufriqans qui molt sont bons vassax
8344. *EG invert 8344/8345*; (Et a. E. c. tiennent a *I*) a (as *D*) p. biaus *CDEGI*; c. tient on a loiax *F*; *B wants*
8345. *EG invert 8344/8345*; Ricemement s. *G*; *D wants*; *ABCEFI agree*
8346. O. furent bien .L. cex c. Lu. *D*; e. si con dist Lu. *EG*; *ABCFI agree*

232. *ABCEDGIT* : *F has l. 8347 only*

8347. le. e. f. trestotes ajostees *D*; (... le. *T*); *ABCEFGI agree*
8348. (L. .X. retient S. *I*), q. mius f. (ierent *I*) *BCDEGI*; *T wants 8348-8350*
8349. b. (tout *BE*) a es. *GBEI*; b. a esmee *C*; *T wants*; *AD agree*
8350. s'en vont es *E*; *T wants*; *ABCDGI agree*
8351. *D inverts 8351/8352*; P. .XXX. f. .C.M. o. l. g. b. (o. b. l. g. *G*) e. *BEG*; (P. .X. f. *I*), m. tant o. l. *DI*; P. .VI. f. *T*; *AC agree*
8352. *D inverts 8351/8352*; A. les p. *CDIT*; p. de Rames: *DIT*; so. molt bien

Variants 627

ajostees *D*; so. toute ajostee [*sic*] *I*; es les vous ordenees *T*; *BEG want*
8353. Do. (La *T*) o. (isies *B*; veissies *T*) de c. *CBDEGT*; c. et si f. *C*; c. si grans noises m. *G*; i. fiere m. *B*; f. huees *E*; *I wants 8353-8360*
8354. Q. li p. en t. li m. et *D*; Li mur en retentissent li p. *T*; en tonbisent li p. *BCEG*; *I wants*
8355. *T places 8358 before 8355*; D. veissies e. *T*; o. no gent f. *BE*; *I wants*; *ACDG agree*
8356. o. lor la. *GT*; *I wants*; *ABCDE agree*
8357. Ces e., (d. pales s. *G*) *BG*; d. soye s. *T*; p. ont a. *E*; *I wants*; *ACD agree*
8358. *T places 8358 before 8355*; t. roees *E*; *I wants*; *ABCDGT agree*
8359. Il s. l. eschieles l. co. o. cl. *T*; *I wants*; *ABCDEG agree*
8360. Lor f. *A*; o. les r. *BT*; r. tirees *TE*; *DI want*; *CG agree with text*
8361. o. bien p., (d'el. fermees *T*) *IT*; o. serant el. tornees *B*; *ACDEG agree*
8362. E. c. p. d. l. poitrine tournee *I*; De d. *D*; e. travers a. *T*; c. atravees *E*; *ABCG agree*
8363. et desevree *I*; *rest agree*
8364. A batalles c. *B*; v. desroutee *I*; *E wants*; *ACDGT agree*
8365. f. d. t. (duroit *D*) b. (b. .X. a. *T*) *BDT*; *EI want*; *ACG agree*; *DT add 2 lines* Sovent reclaiment Deu et ses vertus nomees/ Huimais orres batailles fieres et adurees

233. *ABCDEGIT*

8366. l'a. les o. *E*; f. grande l. *B*; *ACDGIT agree*
8367. M. a h. *D*; t. la lance le. *E*; c. lavee *A*; *I wants 8367-8370*; *BCGT agree with text*
8368. l'a devolepelee *E*; *I wants*; *ABCDGT agree*
8369. Adonques n'i ot plus pa. de. *DG*; *I wants*; *ABCET agree*
8370. L'uns lait corre vers l'autre p. *D*; s'e. de m. *G*; s'e. a m. g. alenee *T*; *BEI want*; *AC agree*
8371. G. vait d. *DT*; G. vient d. *I*; *ABCEG agree*
8372. Sinagons d'autre part o., (sa ventalle a. *B*) *EBG*; e. et sa *DIT*; *AC agree*
8373. C'ert u. *BDEI*; sa fame l'a. *T*; *ACG agree*
8374. *I has 1 line for 8374-8375*; L. u. vient contre l'a. sa. n. de.; l'a. a (de *G*) molt grant randonee *DG*; c. oisel de v. *E*; a corsee *C*; (u. g... *T*); *AB agree*
8375. *for I see 8374*; Merveilleus c. se donnent ... *T*; *ABCDEG agree*
8376. la. au Sarrasin es. *I*; es. rompue et *D*; es. brisie et *EI*; es. percie et *G*; es. en pieces volee *T*; et froee *DEI*; *ABC agree*
8377. *I wants*; *rest agree*
8378. Et li rois l'a feru so., t. roee *I*; Synagon f., so. sa t. bendee *T*; p. a consiut: *BEG*; si c'est verites provee *D*; so. le boucle doree *B*; de la lance planee (aceree *G*) *EG*; t. doree *C*
8379. Sor le bo. *BG*; S. le br. li, s'a le bo. f. *C*; Son escu (Que l'escu *T*) li percha: *ET*; p. sa grant targe listee *D*; la br. a esfondree *T*; br. trauee *E*; *I wants*
8380. l. c. li mi. l'e. a or f. (brosdee *D*) *TD*; mi. la lance feree (frasee *B*) *EBG*; mi. s'e. *C*; *I wants*

8381. Si que m. le trebuche l'ar. *I*; c. du ceval l'ar. *E*; (c. ... al. *T*); *ABCDG agree*
8382. l. puant l'o. (l'o... *T*) *CDET*; *I wants*; *ABG agree*
8383. L. bons r. *I*; (s'en. ... *T*); *ABCDEG agree*
8384. fr. Crestien s., (la ... *T*) *DT*; g. mal senee *I*; *ABCEG agree*
8385. a. ainc n. *C*; a. n'amerent Deu n. l. *E*; v. (vertu *D*) nommee *CD*; (l. ... *T*); *ABGI agree*
8386. Li p. *I*; e. nos a *G*; a ceste a. *B*; *ACDET agree*
8387. o. tel n. et une tel c. *D*; o. g. bruit et mout grande c. *I*; n. g. bruit et (et g. ... *T*) *BGT*; n. g. cri et g. mellee *E*; et g. huee *C*; *T adds 1 line* Que la terre en tombist une grande lyeuee
8388. *BDEGT have 1 line for 8388-8389* L. o. tant pi. tant po. tant. te. c.; *I wants*; *AC agree*
8389. *for BDEGT see 8388*; *I wants*; *AC agree*; *D adds 3 lines* Tant chevalier ocis qui gist gole baee/ Tant cheval estraier tante sele tornee/ Dont li seignor gisoient estendu en l'estree
8390. s. qu'est espandu es. la place arro...˙ *T*; es. l'erbe en. *D*; es. vermeille la pree *I*; *C wants*; *ABEG agree*
8391. Et l. Tu. tr. d'ar. *G*; Et Tu., as nos p. m. ... *T*; ar. a mout grande volee *E*; *I wants*; *ABCD agree*

234. *ABCDEGIT*

8392. *No variant*
8393. l. premiers o. *B*; (S. ... n. *T*); *ACDEGI agree*
8394. (... .XIIII. p. ... *T*) t. ademis *BEIT*; t. arramis *D*; t. aatis *G*; *AC agree*
8395. C. avoit o *I*; C. menoit o *T*; o soi: *DE*; .X. mile f. *ET*; *ABCG agree*
8396. Q. virent m., (li capleis *B*) *EBG*; li crieis *I*; *ACDT agree*
8397. r. tant m. fu. a. *B*; fu. dols a. *DT*; fu. biaus a. *EG*; fu. ci a. *I*; *AC agree*
8398. (Frere q. vous a mor. *I*), n. a malballis *BIT*; mor. il est de la mort fis *E*; a asouplis *G*; *ACD agree*
8399. d'o. faitis *I*; *rest agree*
8400. S'o. estoit en. *C*; M. s'il es. *DEIT*; en. ja iert v. (vengison *C*) p. *GCI*; en. v. sera p. *E*; en. v. en er. p. *T*; er. (est *B*) venjance p. *DB*
8401. Il f. *IT*; g. lor tabors o. b. *D*; o. lor cor b. *E*; *ABCG agree*
8402. b. les destriers a. *B*; b. le d. (d. ademis *D*) *CDEG*; b. si fu l'espie brandis *I*; *AT agree*
8403. A hautes v. *B*; h. vois escrie ou *DEGIT*; s'e. vees les vous f. *C*
8404. G. m. h. contrefais et f. *D*; m. couars f. *E*; m. rois assotis *I*; *ABCGT agree*; *B adds 1 line* Qui mon frere m'a mort dont je sui engramis
8405. qu'i. ost v. *I*; qu'i. a v. *T*; *ABCDEG agree*
8406. U. courois messagier q. *T*; c. (gentil *G*) cevaliers q. *BEGI*; q. estoit n. de Pis *D*; n. a P. *IT*; *AC agree*
8407. *I has 1 line for 8407-8408* Son escu li persa l'aubers est dess.; P. desor le *C*; P. de desos la *DT*; d. les boucles li *E*; b. est li esc. *B*; li a l'escu c. *ET*; *AG agree*
8408. *for I see 8407*; Et le haubert du do. confondu et malmis *T*; do. rompus et dess. *E*; *ABCDG agree*
8409. Par mi le cors li a le fer de l'espie mis *T*; c. qui est el *C*; el cors li es. *E*;

Variants 629

es. par mi p. *CE*; *DI want*; *ABG agree*
8410. d. destrier t. *BEG*; t. par mi *CE*; mi le l. *DIT*
8411. S. M. emporta l'ame en p. *C*; S. M. l'a. enporte en p. *G*; S. M. porte (porta *T*) l'a.: *BET*; en. l'a. en saint p. *D*; en son saint p. *BT*; ens el saint p. *E*; *I wants*
8412. Il escrie l'ensenge s'est *B*; Li cuivers s'esc. *C*; Bucifal esc. *E*; s'esc. a. s'est g. *T*; *I wants*; *ADG agree*; *DT add 2 lines* Feres franc Sarrasin (chevalier *T*) sor ces felons caitis *DT*/ Qui ce ne volent croire que Mahomes soit vis *D* (... *T*)
8413. Dont c. *E*; (...e l'es. *T*); *ABCDGI agree*; *I adds 1 line* Et li occision et li grans fereis
8414. ... d'u., d'a. l. n. et l. estris *T*; d'a. est li n. *B*; d'a. en i ot mout d'ocis *I*; *ACDEG agree*
8415. Dec. pa. devers A. *B*; Pa. dec. devers A. *E*; pa. dela A. *GT*; *I wants*; *ACD agree*

235. *ABCDEGIT*

8416. Aval les (Ens es *I*) p. d. R. fu l. b. fi. *DIT*; *ABCEG agree*
8417. Atant e. A., m. une bruiere *I*; po. Aire pa. *A*; po. Aroe pa. *C*; *BDEGT agree with text*
8418. So. d'une f. *I*; sa. fenme *G*; (e. ... So. *T*); *ABCDE agree*
8419. Mout estoit bien a. d. *E*; s. son destrier d. *C*; s. .I. cheval d. *D*; *I wants*; (A. ...fer d. *T*); *AG agree*
8420. Ses cevaus fu cov. et devant et deriere *E*; Cover... le col t. et cr. *T*; p. testiere ot et cr. *B*; p. col et chief et *D*; t. et col *G*; *DBT add 2 lines*, *EG add 3 lines* Son elme et son clavain (... clavain *T*) fist Clot (Glos *BT*; Gos *E*; Do *G*) de la Rochiere (de Roce Aigiere *BG*; de Roquehiere *E*; de Mont Aiguiere *T*) *DBEGT*/ Il (Ainc *E*) n'ot si (plus *E*) sage mestre dusqu'en Inde la fiere *BEG*/ Li escus de son (... son *T*) col (dos *E*) est (ert *G*; fu *T*) plus durs d'une perre *DEGT*
8421. h. (ha... *T*) vois escrie G. *BCDEGIT*; li (faus *E*) trichiere *CEGT*
8422. Vous a. mort mon frere c. *E*; m'a. mon chier frere c., et trichiere *D*; m'a. le mien frere c. lere trichiere *I*; c. glos et *T*; *ABCG agree*
8423. pu. tenir m. *C*; *IT want*; *ABDEG agree*
8424. *I wants*; *rest agree*
8425. qu'i. a f. *T*; f. Huon de Dampiere *E*; O. del Mehiere *D*; *ABCGI agree*
8426. v. .I. rainsel de f. *E*; v. vaillant u. estriviere *T*; *I wants 8426-8428*; *ABCDG agree*
8427. l. maille *G*; ma. est moiriere *C*; m. ert (est *E*) dobliere *DE*; f. ciere *BT*; *I wants*
8428. (Pa. ... l. *T*), d. cuer: *BDEGT*; mi. l'ensenge (s'ensaigne *T*) pl. *BDT*; met le la. pl. *E*; *I wants*; *AC agree*
8429. *I has 1 line for 8429-8430* M. l'ab. d. c. p. retourne ar.; c. dales u. *C*; c. tres e. mi la rochiere *D*; c. par dales u. ordiere *E*; mi la sablonniere *T*; *ABG agree*
8430. *for I see 8429*; P. escrie D. *G*; e. arriere Vandone s. *C*; e. Damas (Da... *T*) s. (... r. *T*) *DT*; e. Baudas s. *E*; *B wants*
8431. n. ra o. *G*; (de. ... o. *T*), o. dales u. *CEGT*; o. par mi u. (u. jonchiere *I*)

630 Variants

BI; o. en mi la sabloniere *D*
8432. (Do. renforce li *C*), g. l'a. *BC*; Do. efforca li dex de, g. de Baiviere *E*; Do. enforca li *T*; e. la noise de *I*; *G wants*; *AD agree*
8433. Plus menu vont s. *DIT*; plue. tormentiere *C*; *BE want*; *AG agree*
8434. g. ert m. *BG*; g. en leva l. *E*; *DIT want*; *AC agree*
8435. R. del s. keurt la r. *C*; R. ot d. s. *D*; t. saingniere *T*; *ABEGI agree*
8436. Q. toute en fu vermeille la champaigne planiere *T*; i soillent d. *D*; f. jusques a *I*; *ABCEG agree*; *T adds 1 line* Quar ce jour y ot fait mainte novele biere

236. *ABCDEGIT*

8437. E. p. des R. fu. l. chapleis mout fi. *I*; A. (U val *B*) les p. *CBDEGT*
8438. E v. les filz Sodan chascun sor .I. destrier *I*; p. Galiant et *D*; p. et Gorhant et *E*; G. l'iretier *A*; et Blehier *B*; et Bruhier *C*; *GT agree with text*
8439. D. et Gohier *BG*; D. et Gortier *C*; D. et Goihier *D*; D. et Gaifier *E*; D. qui fu fier *T*; *I wants 8439-8441*
8440. *D inverts 8440/8441*; l. gerrier *D*; *BI want*; *ACEGT agree*
8441. *D inverts 8440/8441*; Cl. et Tohon R. et Brocenier *E*; Clarion et T. (Tahiel *G*) *TG*; R. et Pertelier *C*; Rubion l'aversier (le legier *D*; et Rohier *G*) *TDG*; *BI want*
8442. Bien sont a l. baniere Sarrasin .C. m. *I*; l. compaignie orent d. *T*; *D wants*; *ABCEG agree*
8443. n. (bruit *E*) as la. abaissier *DEIT*; la. brisier *B*; *ACG agree*
8444. La o. maint Turc (les Turs *T*) glatir et abaier *DT*; et grooillier *C*; *B wants*; *I wants 8444-8447*; *AEG agree*
8445. ge. diverse gl. *E*; av. usler com aversier *DT*; *I wants*; *ABCG agree*; *D adds 2 lines* Chenelex oissies et glatir et noisier/ Soner cors et buisines et graisles graisloihier
8446. Et l. *BE*; q. Jhesus puist aidier *D*; *I wants*; *ACGT agree*
8447. N. volrent ainc l'estor d. *D*; o. l'estor d. *C*; o. le T. *T*; *I wants*; *ABEG agree*
8448. Et Francois l. r. a. *I*; l. recuerent b. *B*; *ACDEGT agree*
8449. *D places 8451-8452 before 8449*; Puis q. *DT*; m. pecier *C*; m. precier *G*; m. jousticier *I*; *ABE agree*
8450. v. ont en .I. chaple t. *I*; t. jentil c. *BEG*; *ACDT agree*
8451. *D places 8451-8452 before 8449*; *I has 1 line for 8451-8452* Le r. et si dui frere v. b. a.; (G. ... *T*); *ABCDEG agree*
8452. *D places 8541-8452 before 8449*; *for I see 8541*; S. f. ambes .II. a. *D*; S. f. et les autres au brant ... *T*; b. letres d'acier *C*; *B wants*; *AEG agree*
8453. Dont veissies ces Turs o. *D*; P. et S. o. *T*; *BE want*; *ACGI agree*
8454. Et l'un mort desus l'autre versser et trebuchier *D*; Mais trop par y avoit de la gent l'aversier *T*; De m. et de n. *EG*; *ABCI agree*
8455. *I has 6 lines for 8455-8462* E vous Cornumarant sor l'arabi corcier/ En sa compaigne sont sarrasin .XX. milier/ En la presse se met pour son duel esclairier/ A .II. mains i feroit de l'espee d'acier/ Cui il consiut a cop n'a de mire mestier/ Sor Reraut de Biarc ont occi son destrier; n. merveilleus e. *T*; *ABCDEG agree*

Variants 631

8456. *for order of I see 8455*; Q. Ernalt de Bavai on. *C*; A R. *D*; Sor Reraut de Biarc on. *I*; *ABEGT agree*
8457. He De., (q. l'estuet t. *EG) DEGT*; *BI want*; *AC agree*
8458. Li b. resali sus q. *E*; b. resaut sus q. *BG*; s. dreca q. *T*; *I wants*; *ACD agree*
8459. et tint l. *DT*; et trast l. *C*; *I wants*; *ABEG agree*
8460. *for I see 8455*; T. commence a c. *D*; es. aler c. *C*; *T wants*; *ABEG agree*
8461. *for order of I see 8455*; *T gives 3 lines* Qui veist au baron Sarrasins detrenchier/ Et l'un mort dessus l'autre verser et treb.../ Pour nient ramenteust Rollant ne Olivier; Cui ataint a c., d. mie me. *C*; i. conseut a c. *DI*; mi. mie *G*; *ABE agree*
8462. vi. forment s'i (se ve. ...*T) DT*; pa. se ve. *G*; *BEI want*; *AC agree*
8463. M. Lu. si f. *C*; Et Lu., f. si conduit redrecier *I*; *ABDEGT agree*
8464. Dedens le c. l. fist s. confenon b. *I*; Par mi le c. l. f. s. roit esp... *T*; Qu'en., d. d'achier lanchier *D*; s. branc d'acier b. *CG*; *ABE agree*
8465. Et l. b. trebucha D. *T*; t. a tiere:, (he Dex quel destorbier *D*) *BDEG*; *I wants 8465-8467*; *AC agree*
8466. Qu'i. a m. *C*; Dex ai. *D*; Que m. ai. d. *T*; ai. pite d. *BE*; d. s'ar. *BEGT*; car il e. a mes. *E*; que o. e. est mes. *T*; *I wants*; *D adds 1 line* Et secore nos gens de mortel encombrier
8467. T. peles a pris d'e. po. *D*; Puis a pris .II. pe. d'e. po. *T*; po. soi c. *B*; l. acumenier *EG*; *I wants*; *AC agree*
8468. L'ar. s'en est alee d. gentil c. *I*; Ad. s'em p. l'ar. *D*; Ad. departi l'ar. *T*; *ABCEG agree*
8469. f. (fait *E*) sains Mikius h. *BEGT*; *I wants*; *ACD agree*
8470. *DT have 2 lines* W. l'a veu le sens quide cangier/ Il est passes a. j. l. va. ve. *D*; Quant W. le vit vis cuida esragier/ Il broche le cheval j. l. va. ve. *T*; p. et broche j. *EGI*; *B wants*; *AC agree*

237. *ABCDEGIT*

8471. V. point et broce le bon cevel kenu (grenu *E*) *BE*; B. R. a (B. a R. *T*) conneu *DT*; B. voit R. *GI*; v. Ernalt a. *C*; *B adds 1 line* Pour amour de Renaut a sen cuer irascu
8472. (Q. L. ot m. *G*), g. ire en *BDGT*; *E wants*; *I wants 8472-8474*; *AC agree*
8473. Son cheval p. (esperonne q. *T) DT*; *EI want*; *ABCG agree*
8474. b. l'es. au fer trenchant m. *D*; le hanste: *CEGT*; au bon fer esmolu *E*; d. fort es. *G*; *BI want*
8475. d. en son *EIT*; *ABCDG agree*
8476. Desour la *BEG*; b. d'o. *T*; et rompu *C*; *I wants*; *AD agree*
8477. Et l'auberc de son do. *DT*; *BCI want*; *AEG agree*
8478. mi le cuer li me. son espiel esmolu *G*; mi le cors li me. son roit espie mo. *I*; d. cuer li *BCDE*; li mist (me. *E*) l'espiel (le f. *T*) mo. *BCDET*
8479. c. de da. *C*; c. a la terre estendu *D*; .I. escu *B*; *AEGIT agree*
8480. O. ce d. li quens p. *B*; i. p. c. m. *D*; i. p. de Dieu m. *T*; c. maleois soies t. *E*; *I wants*; *ACG agree*
8481. D. R. de Baiuves t'a. g. ... *T*; m. d. Ernalt t'a. *C*; R. as g. eu *E*; *DI want*; *ABG agree*

8482. *I has 1 line for 8482-8483* Puis a traite l'espee v. f. Malagu; Outre s'en va poignant et tint l. b. ... *T*; es. t. l. b. esmolu *G*; et traist l. *CE*; b. tot nu *B*; *D wants*
8483. *for I see 8482*; Puis feri Ac. *D*; *ABCEGT agree*; *G adds 1 line* Desour le boucle a or li a fret et fendu (*cf. 8476*); *T adds 1 line* Si grant coup li donna de toute sa vert...
8484. Que l. f. et l. p. en *DT*; *BCI want*; *AEG agree*; *T adds 1 line* La coiffe du haubert ne li vaut .I. fe...
8485. Enf. qu'ens el pis (Entre ci qu'an menton *T*) l'a t. p. *DT*; T. le porfendi: *CEG*; enf. que el *BC*; desi que ens el b. *E*; *I wants*
8486. Devant lui a ses pies l'a. m. este. *I*; c. si l'a m. este. (abatu *EGT*) *BEGT*; *ACD agree*
8487. Ap. ochist P. (Principe *CE*) *DCE*; Puis a occi Pinel l. *I*; l. fil amirau *C*; f. l'amiral Hu *D*; f. roi Malagu *E*; (... l. *T*); *ABG agree*
8488. *I has 1 line for 8488-8489* Rois Godefrois es. o. vo. a conneu; E. vos r. *D*; (... G. *T*); *ABCEG agree*
8489. *for I see 8488*; ...stace f. o. t'a. ve. *T*; *ABCDEG agree*
8490. D. ce cop resembles (s. bien *E*): *BE*; D. cel grant colp sanbles *G*; Des (... *T*) g. c. resembles: *IT*; vostre a. q. j. f. *BET*; Montaion q. j. f. *I*; *ACD agree*
8491. ch. le ci. *BCEG*; *ADIT agree*
8492. f. ja n'aie jou sa. *E*; f. ja n'ai. m'am. sa. *IT*; *B wants*; *ACDG agree*
8493. H. soions en. *EI*; en. amis et j. *D*; f. et j. *CG*; f. moi et *ET*; *B wants*
8494. B. jel cuit avoir p. *I*; B. je cuit que l'a. *T*; sa. s'il est p. *E*; *ABCDG agree*
8495. (e. l. po.: *D*), par mi .I. (le *BDEGT*) pr. h. *CBDEGIT*
8496. (S. P. l'arrabi qui *T*) qui randonne menu *IT*; qui l. poil o. que. *D*; c. crenu *CEG*; *B wants*; *T adds 2 lines* ...rant joie ont li doi frere quant le tiers ont veu/ Or enforce le chaple sus payens mescreu
8497. .I. paien Danebu *I*; *T wants 8497-8502*; *ABCDEG agree*
8498. f. Madan c'o. *C*; c'o. apieloit C. *BDE*; *T wants*; *AGI agree*
8499. S. a encontre n. *C*; e. mais n. l'a conseuu *D*; *T wants*; *ABEGI agree*
8500. Q. li quens ne l'atainst g. *D*; g. duel en *E*; *I wants 8500-8502*; *T wants*; *ABCG agree*
8501. m. sa v. *BCDEG*; *IT want*
8502. te. en fait voler par deseure le bu *BEG*; .I. seu *D*; *AC agree*; *IT want*; *I adds 5 lines* E vous a ces paroles Cornumaran venu/ Fier Eudon de Lembel entre col et escu/ Enfreci en l'arson l'a trestout pourfendu/ Quant li quens Baduins a le Tur conneu/ D'ire et de maltalent a tout le sanc meu

238. *ABCDEGIT*

8503. (g. li estours et *E*) et fiere l'en. *TE*; et grande l'aatie *I*; *ABCDG agree*
8504. E v. poignant R. *I*; v. poignant R. d. N. *BDEGT*; *AC agree*
8505. est en l'est. *T*; l'est. o f. *D*; *B wants*; *I wants 8505-8508*; *ACEG agree*
8506. *I wants*; *rest agree*
8507. ce. pot corr. *T*; pu. (pot *C*) rendre: *ECG*; pl. de grant ravie *D*; pl. cop d. *E*; cors deskremie *B*; cors desalie *C*; *I wants*
8508. Se vont ferir es T. ne les espargnent mie *T*; S'enlaise en *C*; S'eslaissent

Variants

ens es T. *E*; q. Damledex ma. *D*; *BI want*; *AG agree*

8509. F. un r. Atamas q. estoit de Persie *E*; r. Atamal q. *C*; r. Atenas q., e. d'Esclaudie *D*; r. Satanas q. *G*; e. de Chaudie *I*; e. de Claudie *T*; *AB agree*

8510. Tout l. f. et trenca s. *E*; l. a fendue s. *T*; p. le g. *C*; g. targe florie *BCDEGT*; *I wants*

8511. La b. de son dos: *IT*; r. (desroute *T*) et desartie *CGT*; li a route et percie *I*; *BE want*; *AD agree*

8512. a perchie l'a. *DE*; *I wants*; *ABCGT agree*

8513. *I wants*; (... l. *T*); *ABCDEG agree*

8514. Mort l'abat del des. en mi la praerie *I*; c. arriere del *C*; t. qui estoit de Nubie *D*; des. de Nubie *BEG*; *T wants*

8515. *I has 1 line for 8515, 8517* Puis escrie monjoie s'a l'espee sachie; R. a escrie d. *D*; Robiers est esc. *G*; *ABCET agree*

8516. s. hui e. m'a. *B*; s. nous e. *EG*; *DI want*; *ACT agree*

8517. *for I see 8515*; L. ma. mi. a *E*; *ABCDGT agree*

8518. (Un Tu. en porfendi: *E*), deci que en l'o. *TE*; To. en copa .I. *I*; *ABCDG agree*

8519. c. a m. *BDEG*; c. abat l'am. *I*; l'am. d'Orcanie *BEG*; d. Hubie *D*; *ACT agree*

8520. P. ocist Cl. et Clarcan d. R. *E*; r. Capanor et Caucain d. Surie *T*; et Cardan d. *C*; *BDI want*; *AG agree*

8521. Mo. b. i f. l. *D*; B. le fist la l. *T*; l. dus c. *DIT*; l. rois c. *G*; q. cui ma. a. *E*; *ABC agree*

8522. k'i. a mors: *BE*; qu'i. ocist e. *CDGT*; e. (a *B*) l. voie j. *BEG*; *I wants*

8523. Pl. li fu. *D*; Sarrasin li font voie com le fa. *I*; fu. paien q. *E*; q. li fancons la p. *BC*; q. li descaus l'espine *G*; q. fa. ne fait pi. *T*

8524. Et Robers le. *I*; *rest agree*

8525. p. molt est corte sa vie *D*; p. aler puet a *T*; *I wants*; *ABCEG agree*

8526. *I places 8528 before 8526*; Robert ont en. la pute g. haie *I*; Q. s'il es. *C*; s. estoit enclos d. *E*; g. de Persie *T*; *ABDG agree*

8527. *No variant*

8528. *I places 8528 before 8526*; (En. les l. *E*), e. p. ge. gu. *BE*; En .III. est ge. p. vertie *I*; En. tes o. *C*; *ADGT agree*

8529. (...lluec f. nostre dame: *T*), lasse et traveillie *DET*; *I wants 8529-8535*; *ABCG agree*

8530. r. ce d. *T*; d. sa p. *BCG*; *I wants*; *ADE agree*; *T adds 2 lines* ...our l'ardeur du soleil fu forment amatie/ A...

8531. f. ombrie si fist s. *D*; o. fai... *T*; s'i. est s. *B*; e. en s. *C*; *I wants*; *AEG agree*

8532. f. a t. *C*; t. endroit li *E*; e. si a. *T*; *I wants*; *ABDG agree*

8533. N'i abita (abite *E*) s. *BCDET*; N'i aproisma s. *G*; s. d'une l. (lance *DEGT*) *BDEGT*; de lance et *C*; *I wants*

8534. Icis o. si e. p. *T*; o. ert v., d. Cavarie *E*; p. devers Ca. *DG*; d. Vaquerie *C*; *BI want*

8535. f. de T. *BDEG*; f. e...s de T. R. *T*; *I wants*; *AC agree*

8536. Tur ont tante s. deso. *I*; s. ont Turc deso. *E*; s. fu deso. *T*; i ont deso. *G*; *ABCD agree*

8537. a. en tr. *A*; a. ... et fichie *T*; *BI want*; *CDEG agree with text*

634　　　　　　　　　　　　　　　　　　　　　　　　　　　　　Variants

8538. (Ke se f. *E*) f. ensamble on n. *CDEG*; en. n. enbracisies m. *I*; *B wants*; (en. ... em. *T*)
8539. *D places 8539 after 8542*; S. le b. *BCDEG*; *I wants 8539-8542*; *T wants*
8540. De. vaillant duc R. *BEG*; R. fisent grant huerie *E*; q. jou e. (vous *BDG*) *CBDG*; *I wants*; (n. ... *T*)
8541. m. est c. *BD*; *I wants*; (m. ... sa ... *T*); *ACEG agree*
8542. d. quarrax so. *D*; *BEGI want*; *T wants 8542-8547*; *AC agree*; *D places 8539 after 8542*
8543. R. ot s. (mout *E*) *BDE*; a tele huerie *I*; g. huerie *BEG*; *T wants*; *AC agree*
8544. b. s. fiere (grande *D*) m. *CDEG*; b. itele m. *I*; *BT want*
8545. Des espees so. el. tele c. *I*; So. escus et *BCEG*; *DT want*
8546. Q. duskes env. A. a on la vois oie *G*; Q. .II. liues entour en ost on l'estombie *I*; d. que vers A. *C*; d. devers A. la te. en reformie *D*; A. en ont la vois oie *B*; A. toute en f. *E*; *T wants*
8547. S. Damledex n'e. p. li fiex sainte Marie *D*; *I wants 8547-8551*; *T wants*; *ABCEG agree*
8548. Ja iert crestientes durement malbaillie *D*; A. seront n. gent v. ...onfie *T*; g. matee et *BEG*; *I wants*; *AC agree*
8549. t. la Deu c. *DEGT*; *B wants 8549-8551*; *I wants*; *AC agree*
8550. T. i a. fuison d. *E*; t. fort y *T*; g. paienie *DET*; *BI want*; *ACG agree*
8551. Q. .II. l., t. vestie *T*; es. la t. emplie *E*; *BI want*; *ACDG agree*; *T adds 1 line* Or ait Diex no gent le filz s...arie

239. *ABCDEGIT*

8552. Fiere f. *ET*; li estors p. *B*; et l... out gr... *T*; li caple p. (sont grant *D*) *ED*; *ACGI agree*
8553. Le duc d. *I*; l. tirant *D*; (l. ... *T*); *ABCEG agree*
8554. Et a lor ar. de cor le v. *I*; ar. de cor le *E*; le bersent et *BDEGT*; v. souvent b. (traiant *E*) *IE*; lo. trainant *BDG*; (v. d... *T*); *AC agree*
8555. Desor lu. *C*; lu. o. occis s. *I*; *ABDEGT agree*
8556. *I has 1 line for 8556-8557* Et li b. r. s. t. l'espee tranchant; b. sali s. *D*; b. saut en pies q. ... o. *T*; le cors o. *E*; *ABCG agree*
8557. *for I see 8556*; L'es. tint d.*DT*; et traist to. *BD*; et tint to. *CEG*; et si ... n. *T*
8558. M. s'en va. ve. p. r. d. *C*; M. richement s. va. de p. d. *T*; va. as p. r. d. *D*; va. vistement ve. *E*; *BI want*; *AG agree*
8559. i. a at. *B*; i. consiut a *I*; c. il n'a de mort garant *BEGIT*; *D wants*; *AC agree*
8560. T. aprochier n. l'o. d'u. *I*; l'o. aprochier d'u. *DT*; l'o. abiter d'u. ruee grant *E*; *ABCG agree*
8561. Li c. *IT*; *ABCDEG agree*
8562. n. porent t. *CDG*; *IT want*; *ABE agree*
8563. *I has 2 lines* .I. m. ont envoie a Tangre le Pulant/ A R. le F. vint .I. autre esrant; F. l'ala un m. contant *E*; F. va .I. m. escriant *T*; e. va uns m. (m. courant *B*) *GB*; e. vint li *C*; v. doi m. *D*
8564. l. roy amant *I*; *T wants*; *ABCDEG agree*

Variants 635

8565. Le duc d. N. ont pris le mescreant *I*; Que Sarrasin e. dant R. le Normant *T*; N. en e. P. *C*; *ABDEG agree*
8566. Q. Robers l'a oi ne va pas atargant *I*; li ber l'en. mout en o. c. *B*; que. l'a oi s'en *T*; l'en. molt o. *DEG*; c. dolant *BCDEGT*
8567. *I wants*; *rest agree*; *D adds 1 line* Qui le conte faura jel tieng a recreant
8568. .I. cor a f. so. si s'e. tourne a. *I*; Puis f. *D*; Il f. *ET*; Et f. *G*; *I wants*; *AC agree*; *D adds 1 line* Ceste gent maleoite mar s'en iront gabant
8569. *I has 1 line for 8569-8570* Bernier et T. les vont apres sivant; Si (Li *T*) chevalier estoient (l. si. *T*): *DT*; de f. des. *BDET*; *ACG agree*
8570. *for I see 8569*; T. l. vaillant *T*; *ABCDEG agree*
8571. *I wants 8571-8573*; *rest agree*
8572. *IT want*; *ABCDEG agree*
8573. Q. B. l'oi d. *T*; l'e. de c. *BE*; *I wants*; *ACDG agree*
8574. Tancres va escriant s. tost l'o. *T*; Tangres a *G*; e. feres cest o. *C*; *ABDEI agree*
8575. N. demorra paiens d. *B*; N. se g., d. qu'e. *C*; N. (N'i *DT*) garront p. (li Turs *T*) *EDGT*; *I wants*
8576. (Li baron s'e. *D*), t. a esperons (esperon *T*) brochant *IDT*; t. a lo. empire g. *E*; *ABCG agree*; *T adds 1 line* Et leur chevalerie qui mout estoit vaillant
8577. A. R. s'en v. trestouz es. *I*; d. Flandres en v. *BEG*; *ACDT agree*; *T adds 1 line* (...)
8578. Al chaple sont venu si se vout escriant *I*; se ferirent b. *D*; *B wants 8578-8580*; (... d. *T*); *ACEG agree*
8579. A l'ab. des l. e. *I*; *BE want*; *ACDGT agree*
8580. qui le v. *DT*; l. voient e. *C*; l. sivent e. *E*; v. s'en vont esmervillant *I*; *B wants*; *AG agree*
8581. Et t. (t. lor e. a lor f. m. *E*) *BEG*; *I wants*; *ACDT agree*
8582. T. et bras et pi. (pi. lor a. colpant *D*) *ID*; po. et bras a. *B*; *T wants*; *ACEG agree*
8583. s'e. (en *E*) aloient: *BEI*; les b. t. *BG*; lo. bouelle t. *I*; *DT want*; *AC agree*; *G adds 1 line* Ahi Mahonmet sire or nous vas oubliant
8584. b. v. a force la presse derompant *I*; m. ades v. *E*; to. jors v. *G*; *ABCDT agree*
8585. s'a. nu. l. ne t. *B*; e. .I. l. *CET*; e. l. ne t. *G*; *I wants 8585-8588*; *AD agree*
8586. M. ... br., v. grant place f. *T*; t. voie f. *C*; t. caple f. *D*; *I wants*; *ABEG agree*
8587. Que ap...enast .XV. chars car. *T*; *DI want*; *ABCEG agree*
8588. E. as (c'as *G*) Tr. *BG*; D[e]ci ... .III. *T*; O. vont l. Tu. encaucant *E*; O. n'alerent ariestant *G*; m. paiens f. *B*; *DI want*; *AC agree*
8589. *D places 8591 before 8589*; R. de Normandie ont trove to. s. *D*; Le duc R. tr.: *I*; (L. ...nt R. *T*), et n. et s. *IT*; *ABCEG agree*
8590. M. li c. qu'il feroit n. sablent p. d'enf. *G*; M. ... n., p. li sien c. *T*; *BDI want*; *ACE agree*
8591. *D places 8591 before 8589*; N. douterent p. .II. deniers v. *T*; N. redoute p. *B*; N. redoutent p. *CDE*; *I wants*; *AG agree*
8592. (Bernier l. amena .I. *I*) .I. bon d. courant *TI*; *ABCDEG agree*
8593. Li dus R. i monte q. le cuer ot vaillant *I*; Et li dus (quens *G*) i *DG*; i mont

8594. q. *E*; *ABCT agree*
8594. Q... c., v. atarjant *T*; fu a c. *BCDEG*; *I wants 8594-8597*
8595. *BI want*; (M... a *T*); *ACDEG agree*
8596. l'en. mout le v. estragnant *B*; l'en. qui molt le *D*; *I wants*; *ACEGT agree*
8597. Et Robert le Frison doucement merciant *B*; *CEIT want*; *ADG agree*
8598. E... en la *T*; v. sor Plantamor venu *C*. *I*; *ABCDEG agree*
8599. la gent Te. (mescreant *D*; non sachant *I*) *BDIT*; *ACEG agree*
8600. Mout par ... no gent grant damage faisant *T*; E. no gent s. *DE*; E. les nos s. *I* ; s. fierent m. en vont d. *EI*; m. en v. *BCDG*; *I adds 4 lines* La veissies occire tant chevalier vaillant/ Cornumarans tenoit Muglaie la tranchant/ Fier Robert de Venduel par mi l'elme luisant/ Mort l'abat devant lui del bon destrier courant
8601. .III. mos crie dames hautement en oiant *I*; *B wants*; *ACDEGT agree*

240. *ABCDEGIT*

8602. A re., (Ro. i o. m. c. d. *I*) *EI*; Pu re. *D*; m. biau c. *B*; *ACGT agree*
8603. M. T. et m. Francois o. et affole *I*; *rest agree*
8604. p. mi l'estour espoingnant Es. *I*; b. poignant dant Es. *B*; *ACDEGT agree*
8605. P. de (tout *T*) novel a. *BEGT*; P. atant l'o. *C*; *I wants*; *AD agree*
8606. *D places 8606, 8606a after 8610*; En compaigne f. *E*; c. maine .XX. *B*; c. estoient: *I*; .XX. (.X. *I*) .M. paien (paiens *B*) a. *BCDEGIT*; *D adds 1 line* N'i a celui ne tiegne ou chastel ou chite
8607. Sa la. *D*; *I wants*; *ABCEGT agree*
8608. *No variant*
8609. Ma. hom mo., p. quant n. vos a. *D*; (p. quant j. *I*), t'a. tue *BCEIT*; *AG agree*
8610. me. .II. fr. v. ert g. *E*; fr. t'ert ja g. *D*; fr. je voeil guerredonner *T*; v. sera gerdone *C*; *B wants*; *AGI agree*; *D places 8606, 8606a after 8610*
8611. Droit en *I*; *ABCDEGT agree*; *D adds 1 line* Icelui de Rosoi qui fu de tel bonte
8612. *I wants*; *rest agree*
8613. Si durement le fiert l'aubert li a f. *I*; *T has 2 lines* Tres par dessus la boucle li a l'es. troe/ Et l'aubert de son dos desrout et desmaillie; *D wants*; *ABCEG agree*
8614. A terre l'a. mais ne l'a pas n. *T*; c. l'abat jus si l'a f. n. *D*; l'a. durement l'a *I*; *ABCEG agree*
8615. *I has 1 line for 8615-8616* Et Rog. resaut su. si t. l. b. letre; *rest agree*
8616. *for I see 8615*; su. et (si *E*) t. (traist *E*) l. b. letre *TE*; *ABCDG agree*
8617. A. que li Turs tournast l'a li quens li frape *I*; (A. que E. retourt l'a *I*) l'a R. s. h. *EI*; s. Roberes h. *C*; R. frape *D*; *I wants*; *AG agree*
8618. l'e. k'il tint (tient *G*) l. *BEG*; l'e. d'acier l. a grant c. *T*; *D wants*; *I wants 8618-8621*; *AC agree*
8619. (Am. desour s. cief u *G*), l'a assene *EG*; e. qu'il ot a or geme *D*; *BIT want*; *AC agree*
8620. L'el. l. a fendu et tot es. (fe[n]d... *T*) *DT*; Q. son el. l. a trencie et decaupe *E*; et l'a *C*; *I wants*; *ABG agree*
8621. En. col et *BDT*; (et l'es. *G*), cou. devale *EG*; et chap... *T*; a l'espee a. *D*;

Variants 637

      CI want
8622. L. b. a tot l. g. *C*; Et l. b., g. ... *T*; et l'escu a *D*; et la cuisse a *I*; *ABEG agree*
8623. De cel c. *I*; t. le Sarrasin e. *C*; (t. ... *T*); *ABDEG agree*
8624. a son ce. *G*; *rest agree*
8625. Et en, r. dore *E*; se. tint l. *D*; *BIT want*; *ACG agree*
8626. Puis sa. *E*; sa. ens a. *C*; qu'a estries n'i so. *I*; *ABDGT agree*
8627. Q. Sa. l. virent si *D*; v. li o. *E*; *ABCGIT agree*
8628. M. demainne g., (do. l'ainsne f. *C*) *IC*; g. noise l. *B*; do. tot l. f. *DT*; *AEG agree*
8629. Mahomes Goumelins ert m. sovent jures *C*; Mahon et Apolin: *IT*; en o. f. j. *BDEGT*; o. ensemble j. *I*
8630. l. (l. *lacking in E*) frere en i. *BCDET*; l. frere avroient .XX.M. decope *I*; .XX.M. Francois t. *BCDGT*; .XX. Francois afole *E*
8631. L. s'en so. *D*; Dont se *T*; so. touz ensemble r. et ordene *I*; t. .XI.: *DT*; .IX. guenci et aroute *E*; r. en mi le pre *D*; et r. et serre*T*; *B wants*; *ACG agree*
8632. Lor e. *BDIT*; si sont lo. *G*; lo. cors so. *BCD*; *AE agree*; *E adds 1 line* Car .XXX. en i avoit de tere desertee
8633. B. f. .XXX. m. q. f. ajoste *D*; (B. f. .C.M. q. *T*) q. f. aroute *ET*; B. f. .V.C. m. q. f. tuit arme *I*; (Bien .X.C. *B*), q. f. aune *CBG*
8634. Et tuit d. *T*; g. diverse b. *E*; b. resemble m. *I*; *ABCDG agree*
8635. O. ait D. no gent par sa sa. bonte *B*; a. nostre c. *CDEGT*; *I wants 8635-8637*
8636. *I wants*; *rest agree*
8637. ar. en am. (aye *T*) *GT*; *BI want*; *ACDE agree*; *T adds 1 line* Mais Diex leur aidera li roys de majes...

241. *ABCDEGIT*; *N from l. 8663*

8638. et fiere l. me. *DIT*; et dure l. me. *E*; *ABCG agree*
8639. De cor. et de b., (l. valee *EG*) *BEGIT*; *ACD agree*
8640. *D inverts 8640/8641*; De no g. s'aprocoient l'autre gens de. *E*; e. l'a. *A*; e. aprocent de, (g. forcenee *I*) *IT*; g. honoree *C*; *BG agree with text*
8641. *D inverts 8640/8641*; Car .XXX. e. i a. de tiere de. *G*; a. tot de g. desreee *D*; a. toute de g. dervee *I*; *BE want*; *AC agree*
8642. plui. s. plus n. q. n'est pois destempree *E*; *rest agree*
8643. l. autre co. *T*; co. et si portent pl. *C*; ca. portoit pl. *G*; *B wants 8643-8646*; *ADEI agree*
8644. S. i o. *I*; s. ont u., (g. ... *T*) *DT*; *B wants*; *E wants 8644-8646*; *ACG agree*
8645. Qui so. *I*; n. de su. *T*; *BEG want*; *ACD agree*
8646. p. gisarme t. *I*; *BDET want*; *ACG agree*
8647. est a n. premerains ajostee *I*; p. (premeraine *G*) jostee *BDG*; p. tornee *E*; *T wants*; *AC agree*
8648. A l'asambler i *BI*; A la jouste i, g. joie d. *C*; *ADEGT agree*
8649. Tant pi. i o. trenchie tant. *I*; o. tant po. tant pi. tant. *D*; pi. tante po. *G*; (te. ... *T*); *ABCE agree*; *D adds 2 lines* Li sans qui des cors ist chiet ens en mi le pree/ Si que li herbe vers en est ensanglentee; *T adds 1 line* Des

638　　　　　　　　　　　　　　　　　　　　　　　　　　　　　　　　　Variants

mors et des navres est terre ...
8650. M. i ot d. nos gens oc. *I*; *DT want*; *ABCEG agree*
8651. v. Huon de P. *B*; R. de Perse *C*; R. de Perde a s. *I*; P. o s. *E*; (c. ... *T*); *ADG agree*
8652. *I has 1 line for 8652, 8654* Si f. Hue li Maine qui bien fier de l'espee; q. s'en. *C*; l'en. ot p. (... *T*) *GT*; *ABDE agree*
8653. *T inverts 8653/8654*; *BI want*; (s. ... *T*); *ACDEG agree*
8654. *for I see 8652*; *T inverts 8653/8654*; Li que. La. del Liege qui *DT*; fu La. del Liege qui, (b. fent d. *B*) *GBE*; qui mout f. *C*
8655. Sa g. a b. a la lor ajostee *I*; o. tout e. *BCDEG*; e. rengie et o. *D*; e. et rengie ... *T*
8656. Et f. s. lor cor. tout a une huee *B*; f. a tous les contes corner a *E*; s. .I. graile li con. a *T*; con. .XX. cor *C*; *I wants*; *ADG agree*
8657. q. Hues espronne s'a *E*; H. s'en torne s'a s'ensegne esc. *B*; esp. m. a es... *T*; *I wants*; *ACDG agree*
8658. Lors lessent cor. as Turs toute une r. *I*; ce. pot cor. *CD*; pu. rendre a grant esporonnee *B*; a plaine r. *E*; (pl. ... *T*); *AG agree*
8659. (S'en v. *C*), g. barbee *DCG*; f. es Turs a plaine randounee *B*; *I wants 8659-8667*; *AET agree*
8660. f. a maint versee *B*; f. mainte en. (enversee *D*; ver... *T*) *EDT*; f. tele en. *G*; *I wants*; *AC agree*
8661. C'a p. *G*; d. .X. e. f. voler l. *T*; *I wants*; *ABCDE agree*
8662. Q. li espi. b. *CDE*; Et q. l'espi. b. *G*; *BI want*; (... a t. *T*)
8663. *CT invert 8663/8664*; (... t a *T*), c. ne p. (pot *C*) *ECGNT*; *BDI want*
8664. *CD invert 8663/8664*; Tr. Tu. a ocis a icele airee *B*; Tr. Tu. lor a mors a cele esperounee *E*; Tr. Tu. e. fait il trencier l. bouelee *N*; .I. Turc e. a fendu d. qu'e. *D*; *I wants*; *ACG agree*; *T adds 1 line* ...e fist bien li cuens que forment li agree
8665. R. de Perse f. *C*; R. de Perces f. a g. *E*; P. i f. a g. iree *D*; f. a g. alenee *T*; *I wants*; *ABGN agree*
8666. *E inverts 8666/8667*; V. par m. *G*; V. de la trencant espee *N*; V. par m. g. airee *T*; g. randounee *E*; *BDI want*; *AC agree*
8667. *E inverts 8666/8667*; q. Robers d. *E*; i fist m. *BEN*; m. colee *EG*; *CDI want*; *AT agree*
8668. g. sor T. *BCDEGINT*
8669. Icele es. on. m. oc. et affolee *D*; on. sor Turs oc. et craventee *I*; es. est oc. *T*; *ABCEGN agree*
8670. Desi que a T. Om. n'i on. fait demoree *E*; E. (Et desi *D*) as T. *BDG*; Deci tant que as T. *T*; Om. l'en (les *DI*) on. f. menee *BDI*; Om. n'ot faite r. *N*; *AC agree*
8671. f. la mere Dieu ce dit on r. *I*; (... f. *T*); *ABCDEGN agree*
8672. I. a de T. *D*; I. ont m. de T. p. *EI*; I. ont d. (de *G*) *NG*; I. ot de T. *T*; *B wants*; *AC agree*

242. *ABCDEGINT*

8673. M. fu la b. *E*; s. (plus *I*) grande n. *GI*; (... fu *T*); *ABCDN agree*
8674. Li e. d'Areghe v. *B*; Li e. d'Orenge v. *EN*; (L'eschie d'o. *I*) d'o. vient p. *GI*; ... e. de devant v. p. a bendon *T*; *ACD agree*

Variants 639

8675. (... d. *T*); *rest agree*
8676. con. del pui de *B*; con. du val de *E*; con. les plains de *T*; de Mont Ribon *D*; *ACGIN agree*
8677. Li destriers qui le porte e. *I*; (...s ou *T*), i. sist e. (est *CEGN*; fu *T*) *BCDEGNT*
8678. (... c. *T*) c. ot el cief p. *CDGINT*; c. li estoient d. en mi le f. *E*; *B wants*
8679. Dures s. et serrees pl. que metail ne plon *I*; Poignans s. *D*; *B wants*; *ACEGNT agree*
8680. ...es av. de. f. jusqu'an t. *T*; f. aval du. *C*; f. enfreci q'au t. *I*; de. jusqu'al t. *N*; dusc'au fellon *E*; *ABDG agree*
8681. En. (... t *T*) comme b. *INT*; et tous d. *C*; et d'autretel f. *D*; et d. tele f. *EGIN*; *B wants 8681-8683*
8682. (P. a le. *D*), d'a. et de *ED*); du. que a. n. la. *G*; du. que dire ne savon *I*; du. que fer n. *N*; *B wants* (... le. *T*); *AC agree*
8683. p. fort k'es. *E*;*BIT want*; *ACDGN agree*
8684. *No variant*
8685. Si p. *D*; en. d'un vermeil siglaton *N*; u il ot .I. *B*; *I wants*; (... t u. *T*); *ACEG agree*
8686. De grant vertus le b. destort le gonfenon *I*; Tornicas p. *C*; br. lait l'e. *B*; br. le destrier arragon (a b. *E*) *DE*; m. le frain a *BCN*; m. le fier a *G*; *T wants*
8687. l. chevax l'i *D*; ... d. li saut p. *T*; *CI want*; *ABEGN agree*; *D adds 1 line* Il a brandi la lance destort le gontanon
8688. *I has 1 line for 8688-8689*; M. par d. le blason *I*; (M. en l'es. *T*) l'es. a l. *BCEGNT*; *AD agree*
8689. *for I see 8688*; Desous la *T*; b. a o. *BCNT*; et desront *TG*; *ADE agree*
8690. Ais ai. *G*; fa. le hauberc fr. *E*; *BIT want*; *ACDN agree*
8691. p. widierent li *B*; *I wants*; *ACDEGNT agree*
8692. (Et li bers s. tient b. qu'ai. *I*), n. wida ar. (l'ar. *I*) *BEIN*; b. n. se m. *GT*; n. canja ar. *D*; *AC agree*
8693. A l'espee cuida p. *I*; *B wants*; *ACDEGNT agree*
8694. Et li, s'e. va o. *I*; T. n. le pr. valissant .I. b. *T*; s'e. passa n. *E*; *ABCDGN agree*
8695. s. chevax li cort (vole *T*) p. *DT*; d. en va p. *E*; p. d'un a. (esmerillon *EGNT*) *DEGNT*; *BI want*; *AC agree*
8696. *T places 8699 before 8695*; s. fronci l. *BEG*; s. (s'en *N*) froncist l. *CN*; *ADIT agree*
8697. d'i. vermax q. ne fu (soit *T*) .I. c. *DT*; q. n'est f. *BCEGN*; *I wants*
8698. ... m. qu'i. a v. f. Lucion *T*; *rest agree*
8699. *T places 8699 before 8695*; Chil estoit f. (nies *T*) *DT*; C'ert u. *EGN*; Cil iert li f. *I*; u. de f. *E*; r. ert de *DEGIN*; r. fu de *T*; d. Monbrion *E*; *B wants*; *AC agree*
8700. el. n. haubers n. l. *B*; *I wants*; *ACDEGNT agree*
8701. T. le porfendi: *CET*; desi (tresci *T*) que el (al *NT*) m. (talon *B*) *EBINT*; qu'el polmon *D*; *AG agree*; *DT add 1 line* Il a estort son coup mort l'abat de l'archon (si l'abat ou sablon *T*)
8702. P. ocist s. *DEI*; r. les .II. *B*; f. Bruhier et *C*; ... r., et Clarion *T*; *AGN agree*
8703. Atant es En., (f. le conte H. *I*) *GI*; En. et d. *DE*; (p. ... *T*); *ABCN agree*

640   **Variants**

8704. De l'espee qu'il porte a. *I*; En son, f. ... *T*; f. Tohon *E*; *ABCDGN agree*
8705. Il (Cil *IT*) estoit f., (son ... *T*) *DIT*; C'ert u. *EG*; Sou. et t. *DE*; Sou. ains ne fist se mal non *G*; *B wants*; *ACN agree*
8706. Et E. l. fiert p. *I*; *rest agree*
8707. Q. le clavain l. fauce c. *I*; l'e. ...pa et l'aubert fermeillon *T*; li trenca c. *B*; pe. comme pa. *C*; *ADEGN agree*
8708. L. haubers n. *D*; *CIT want*; *ABEGN agree*
8709. c. droit pa. *D*; *I wants*; (S. esp... c. *T*); *ABCEGN agree*
8710. M. l'a. del cheval n'i fist arestoison *D*; m. ains (c'ains *G*) ne d. *BGN*; m. que ne d. *IT*; *E wants*; *AC agree*
8711. l'e. ki pent a. *E*; *I wants*; *ABCDGNT agree*
8712. P. air en fe. *B*; A l'autre cop occist s. *I*; l'e. en fe. (fefri *G*) *DEGNT*; le fr. G. *G*; fr. Clarion *D*; *AC agree*
8713. l. fendi li quens en. qu'el polmon *D*; l. va pourfendant deci en l'auqueto... *T*; c. desi ke en *E*; qu'el e [*sic*] *G*; *BI want*; *ACN agree*
8714. *DT have 3 lines* Apres celui a mort .I. paien Maltriblon/ Puis en rabat .I. autre qui Danemons ot non/ Tot chil estoient frere fil Sodant le baron *D*; Apres celi r. s. f. Danemont/ Et puis rejeta mort son frere Fausseron/ Trestous estoyent filz au Soudan le baron *T*; Et au tiers a occis s. *I*; c. ocist s. *BE*; *ACGN agree*; *B adds 1 line* Del quarte a pris le teste par desous le monton
8715. N'en i a q. .II. *E*; N'en i a m. q. .II. q. n. *I*; *ABCDGNT agree*
8716. l'au. il s. anques f. *E*; l'au. qui m. furent f. *N*; so. en deffenson *C*; (an. ... *T*); *ABDGI agree*
8717. *T inverts 8717/8718*; v. mort l. frere s. *CDE*; *I wants 8717-8719*; (s. ... *T*); *ABGN agree*
8718. *T inverts 8717/8718*; p. refont tel huison *B*; *I wants*; (g. ... *T*); *ACDEGN agree*
8719. Q. jusqu'a. *N*; Q. d'environ .II. lyeues e. oist on *T*; *I wants*; *ABCDEG agree*

243. *ABCDEGINT*

8720. a. voit:, (si se. f. m. *DE*) *BDEGINT*; *AC agree*
8721. De mal. et d'ire qui., (l. sanc mar. *I*) *DIT*; o. l. s. qui. mar. *EN*; s. partir *C*; *ABG agree*
8722. Son cheval esperone pa. *D*; L. cheval po., b. granz saus li fait saill... *T*; d. esperonne pa. *E*; *ABCGIN agree*
8723. Del fa. *IT*; v. Fauseron fe. *C*; *ABDEGN agree*
8724. Son es. *D*; s. dors l. *T*; l. fist fr. *B*; fa. fendre et *DG*; et partir *EGN*; *I wants*; *AC agree*
8725. Et le hauberc del dos desr. *D*; Le haubert et la broigne desr. *T*; l'a. de son dos desr. *EN*; *BI want*; *ACG agree*; *D adds 1 line* Par mi le gros del pis li fist l'espie salir
8726. li a en .II. parti *G*; li fait en *I*; *ABCDENT agree*
8727. (I. l'empainst p. *D*), s. le f. (fist *GN*) *CDEGN*; *BI want*; *AT agree*
8728. P. reclaime S. *BEIT*; r. Jhesu Crist *N*; *ACDG agree*
8729. Que m. ai. d., (s'am. par le sien saint p. *I*) *TI*; d. l'am. *C*; s'am. s'il l. *D*; *ABEGN agree*

Variants 641

8730. q. (qu'il *BG*) ne le (l'i *G*) l. *EBGNT*; i. nes la. *D*; l. morir *CDG*; *I wants 8730-8732*
8731. (Et l. *ET*), ma. et d. *DENT*; *I wants*; *ABCG agree*
8732. a. so. c. vost b. *T*; so. cors b. *N*; *BI want*; *ACDEG agree*
8733. Ses (Les *T*) iols co. (vers *T*) *CT*; Sa main co. *D*; Le ci., o. la le fist *D*. fenir *I*; ci. vers o. *BEGN*; o. le f. *BGN*; o. le laissa *D*. fenir *E*
8734. S. comme l'a. dut hors d. *T*; con li a. dut fo. (hors *E*) *BCDEGN*; *I wants 8734-8737*
8735. *I wants*; *rest agree*
8736. *I wants*; *rest agree*
8737. sa. (a. *T*) hounerer et se. *ET*; *BI want*; *ACDGN agree*
8738. (d. que p. *D*), l. soffri (laissa *E*) s. (li *DGN*) cor. martir *CDEGN*; *BIT want*
8739. Mol. est d. *BN*; (Mol. ert d. *E*), l. vit j. *CE*; d. li p. *D*; q. l. v. (vit *T*) mor. j. *IT*; *AG agree*
8740. Si fo. *BEGIN*; fa. (fist *G*) salir *EGT*; *ACD agree*
8741. *B wants*; *I wants 8741-8743*; *ACDEGNT agree*
8742. a. l. mon. f. mor. *G*; f. laissier mor. *C*; *I wants*; *ABDENT agree*
8743. o. p. vo. ve. (laissier *C*) s. *DCG*; *I wants*; (...vir *T*); *ABEN agree*
8744. L. peuiscies m. p., b. vier *BN*; v. m. (... m. *T*) conte: *IT*; assembler et v. *I*; *ACDEG agree*; *D adds 1 line* Qui venoient au cors por Engerran veir
8745. Mout g. doel demenoient po. le baron jentil *B*; Don. veissies grans cops po. E. ferir *N*; (Don. oissies grant pour E. *T*) E. oir *GT*; Et veissies g., E. tenir *E*; G. dolor pe. po. *I*; po. le baron coisir *D*; *AC agree*
8746. *I has 1 line for 8746-8747* H. tenoit s'es. qui se v. ferir; H. detort se. p. *BT*; p. les j. *BGN*; p. le sanc en f. salir *DT*; p. que il le f. *E*; *AC agree*
8747. *for I see 8746*; S'es. traist d. *DET*; S'es. t... d. *N*; f. si s'en (se *E*) v. *BEN*; (qu'i. s...loit *T*) v. ferir *BDEGNT*; *AC agree*
8748. (F. l. cort d. *D*) d. puins t. *GD*; (v. ...s t. *T*); *ABCEIN agree*
8749. Que l. d. q. il m. n. p... mais s. *T*; H. fait n. puet on tel veir *I*; n. porroit nus s. *D*; pu. il s. *EN*; *B wants*; *ACG agree*
8750. pr. de dol quident morir *D*; le. estuet pa. *CEG*; *BIT want*; *AN agree*

244. ABCDEGINT

8751. *No variant*
8752. M. pr. et m. b. i *I*; pr. en pl. *BDEGN*; *ACT agree*
8753. *I inverts 8753/8754*; Sous .I. arbre le couchent so. l'e. point a flor *I*; S. son e., (l. vaillant p. *D*) *BD*; *T wants*; *ACEGN agree*
8754. *I inverts 8753/8754*; I. l'enporte b. *B*; I. l'emportent:, (mis l'ont f. (hors *E*) d. l'e. *GE*) *CDEG*; A force en ont porte les cors f. *I*; I. l'enpo... b. *N*; *T wants*
8755. A. e. l. b. r. *D*; A l., p. iron *E*; ... l., a. sont venu p. *T*; b. ...ent li noble poigneor *N*; a. chevachent p. *C*; a. en vienent p. *I*; *ABG agree*
8756. Ca. tint e. *CEG*; Ca. tint en son p.: *DT*; son bo. br. de co. *NT*; *BI want*
8757. P. amor d'E., (s. Francois e. *I*) e. iror *CI*; s. en molt grant esror *D*; s. trestuit e. *T*; *BEGN want*
8758. P. l. e. s. o. le j. .C. (.M. *B*) a. (ancissor *B*) *CBI*; Le j., (s. ... p. *N*), l. .M. a. (ancissor *N*) *EN*; Pour lui i ot o., l. maint vavasor *G*; j. i s. o.

642   **Variants**

        plus de .XX. a. *T*; *D wants 8758-8760*
8759. (L. barnages de France: *I*), fu (est *G*; iert *I*) d. m. gr. v. *BEGINT*; *D wants*; *AC agree*
8760. F. les requierent (...rent *N*) mol. *EBGN*; s. desfendent mol. *T*; mol. ocient (ocisent *N*) des lor *BEGINT*; mol. ocient ce. *C*; *D wants*
8761. H. chil d., P. si sist el milsodor *D*; de Melans ne m. *B*; P. ne le m. e. *E*; P. ne m. *I*; P. n'est mie e. grant s. *T*; *ACGN agree*
8762. (Del m. *G*), c. a tenror *NG*; d. il o. grant irour *E*; c. a esfror *C*; c. a dolour *I*; *BDT agree*
8763. v. courant e. *I*; *rest agree*
8764. Entre c. l'en. qui t. *D*; Entre sa gent le trueve qui'l *T*; m. iaus l'en. (l'en. qui tiendrent a *I*) *CI*; *ABEGN agree*; *I adds 1 line* Vers lui broche li quens le destrier coureour
8765. *I wants 8765-8767*; *rest agree*
8766. *D has 1 line for 8766-8767* N. p. to. la te. d'I. s.; *BIT want*; *ACEGN agree*
8767. *for D see 8766*; Q. tint l. *B*; *IT want*; *ACEGN agree*

245. *ABCDEGINT*

8768. Quant H. *BDEGINT*; *AC agree*
8769. A esporons li, (en. son escu *B*) *GB*; li vint en. *CE*; *ADINT agree*
8770. s. elme en a *E*; el. li a (a grant feru *I*) *BDGI*; (p. ... s. *T*); *ACN agree*
8771. Que l. f. et l. p. en (li *D*) *TD*; j. abatu *CDGNT*; *BI want*; *AE agree*
8772. La coiffe de l'auberc ne li a riens valu *D*; La coiffe li trencha du haubert qui bon fu *T*; a. par m. (issi *I*) r. (grant *I*) *BCEI*; *AGN agree*
8773. Jusques en la cervelle li a mis le brant nu *T*; En. qu'ens el pis l'a *D*; Desi que en *E*; Enfresi en l'a. *G*; En. qu'a l'a. *N*; l'a coupe et fendu *I*; *ABC agree*
8774. Puis (Il *I*) a esto. *DI*; c. m. l'abat este. *BCDEGIN*; l'a jus abatu *T*
8775. i. quvers m. *GT*; *BI want*; *ACDEN agree*
8776. m. d'E. as g. eu *D*; *BI want*; *ACEGNT agree*
8777. *I has 1 line for 8777-8778* Q. Sa. l. v. si ont leve le h.; v. mout en *BT*; v. s'en so. t. es. *C*; *D wants*; *AEGN agree*
8778. *for I see 8777*; La o. tel n. et tel c. et tel h. *BEGN*; *ACDT agree*
8779. d. .X.M. en s. icelle pa. *T*; .C.M. paien s. ce. *BEGIN*; m. Turc s. ce. *D*; *AC agree*
8780. La vinrent li *B*; li Torgant q. *E*; li b. q. t. furent bocu *T*; t. furent b. *DEI*; *ACGN agree*
8781. Bes o. con. becues: *DT*; Test o., et ont lor cor. v. *E*; La teste o. con., cor. ont v. *I*; et lor cor. *DN*; et les cor. tous v. *G*; si ont l. cor. v. *T*; cor. sont v. *D*; *B wants*; *AC agree*
8782. *I inverts 8782/8783*; M. par ont grans le. *EGN*; Il ont le. ong. grans et *I*; et le cors bien corsu *E*; et fors et malostru *G*; lo. cors ont corsu *N*; *BDT want*; *AC agree*
8783. *I inverts 8782/8783*; A l. ge. e. b. s'a. c. gl. *I*; s'a. c. oisiaus a la gl. *T*; a no ge. *B*; c. a gl. *D*; *ACEGN agree*
8784. v. nos r. *D*; r. seule lo. *G*; s. leur couru *I*; *ABCENT agree*; *E adds 1 line* Le pieur en avoient car il estoient nu

Variants 643

8785. Et a bec et a ong. li ont les cues rompu *I*; (Et a. pies et a. ong. *E*), c. ronpu *BEGNT*; ont lor c. *C*; le cuir t. *D*
8786. (Le. boieles lo. sachent p. *D*) p. les ventres d. bu *BD*; Lor bo. *C*; Li boiel lo. saloient p. *G*; lo. sachierent p. *T*; p. deles le vif bu *I*; *AEN agree*; *T adds 1 line* Maint en ont esfondre ocis et confondu
8787. r. maint g. *I*; m. pesme jor e. *D*; g. paor e. *BEN*; g. travail e. *CGT*; *T adds 1 line* Li roys tafurs les voit grant ire en a eu

246. *ABCDEGINT*

8788. d. ribaus v. *BGN*; t. voit c. *I*; v. de le g. *D*; (t. ... *T*); *ACE agree*
8789. h. fait t. m. ... *T*; et t. gage *G*; *BEN want*; *ACDI agree*
8790. (Si aigres sor les siens a *B*), i. n'esrage *CBDEG*; *I wants*; (q. i... *T*); *AN agree*
8791. I. escrie ribaus n. *B*; A se maisnie e. n. *D*; I. escria r. *E*; r. or n. s. ... *T*; s. mie o. *BD*; *ACGIN agree*
8792. d. cele g. (g. sauv... *T*) *BDT*; *I wants*; *ACEGN agree*
8793. n'o. arme n'a. ne ont esc. n. t. *I*; el. esp. esc. (n'esc. *BCG*; esc. ... *T*) n. t. *NBCGT*; esc. lance n. t. *D*; *AE agree*
8794. q. nos f. a s'image *B*; *rest agree*
8795. Q. li r. l'oirent si *IT*; r. l'ont oi si *D*; *B wants*; *ACEGN agree*
8796. l. revient en *BI*; r. el c. *C*; *ADEGNT agree*; *T adds 1 line* Adont se sont boute entre la gent mal sage
8797. A c. et a h. *EGT*; A c. et haces en, t. outrage *I*; et a maces en *B*; et a. hoes en *N*; *ACD agree*
8798. l. mourciaux en g. devant aus en l'e. *I*; o. gisoient en l'e. *E*; *ABCDGNT agree*

247. *ABCDEGINT*

8799. Puis q. *IT*; Lues q. *N*; li beku o. le. ribaus asentis *E*; r. ont le. *D*; b. assentis *DIT*; *ABCG agree*; *E adds 1 line* Cascuns plus tost qu'il pot est ariere guencis
8800. Ribaut les vont ferant a cot. acerins *E*; Et a pes et a h. les ont forment laidis *I*; As maces et as h. as cot. ... *T*; *D wants*; *ABCGN agree*
8801. Le. t. et le. b. lo. trenchent et le. ... *T*; Si (Il *I*) lo. trenchent le. (lor *E*) t. (b. *I*): *DEI*; le. costes et le p. *E*; le. t. es les [sic] *I*; *ABCGN agree*
8802. C. menoyent d. *T*; c. becu demainnent itel abaeis *I*; m. as b. *E*; *ABCDGN agree*
8803. Et braient et u. *I*; d. granz ... *T*; *B wants*; *ACDEGN agree*
8804. A S. *E*; Qu'a S. *I*; (b. ... *T*); *ABCDGN agree*
8805. d. ribaus en *BEGN*; b. .XX. o. *I*; *T wants*; *ACD agree*
8806. o. a maches recuellis *C*; o. a h. desconfis *D*; o. a hoes ac. *I*; o. aus h. *T*; *BEN want*; *AG agree*
8807. R. a t. *D*; *rest agree*
8808. Qu. tout en sont couvert li pui et li lairis *BEGN*; Qu. de s. ont sollie et le cors et le pis *I*; Qu'il gisent a monceaus contreval ces larr... *T*; s. se truevent desci a lor poitris *C*; f. enfresi c'as p. *D*
8809. b. s'en tournerent es *I*; v. departis *D*; *ABCEGNT agree*

8810. P. tost en v. (v. fuiant q. ne vole pertris *E*) *GEN*; *BT want*; *ACDI agree*
8811. Desi a l'est., (u. alentis *E*) *BDEGN*; Dusques a l'est. *I*; u. ravertis *C*; *T wants*
8812. El m. *E*; t. s'areste l'am. *I*; s'ar. l'amirals d. *A*; l'am. des P. *DN*; *BCGT agree with text*
8813. Ou voient escale le f. l'au. *N*; Vindrent touz effrees au *I*; *BE want*; *ACDGT agree*
8814. b. de. lu. afuis (afficis *T*) *BCDEGINT*
8815. Il l. a ma. si en a fait .I. r. *I*; ma. si en (en ont f. *D*) *DT*; *ABCEGN agree*
8816. (Mai. a petit de *E*), t. sera grains et *BE*; t. en sera plus mar. (m... *T*) *DT*; *I wants 8816-8818*; *ACGN agree*
8817. Quant i. *BDENT*; *I wants*; *ACG agree*; *T adds 1 line* Qui sont en la bataille detrenchies et ocis
8818. D. cascuns es. (ert, cu. el v. departis *E*) *CE*; Et l. cu. de ca. en. *T*; ca. ert l. *N*; *BGI want*; *AD agree*

248. *ABCDEGIT* : *N to l. 8828*

8819. b. en doit on parler *I*; *rest agree*
8820. O. pu. ne d. ne v. *D*; h. sen pe. *BC*; *I wants*; (h. s... *T*); *AEGN agree*
8821. (Le jour i veissie: *I*), maint r. (pesant *I*) c. d. *BIN*; v. maint rice cor souner *E*; *ACDGT agree*
8822. *CT have 2 lines* (*T in inverse order to C*) Et t. es. p. t. elme escarteler/ Et tant c. desrompre et tant elme (haubert *T*) fausser (fa... *T*); p. t. elme esquarteler *D*; *BI want 8822-8825*; *EGN want*
8823. S. (Sarrasin *E*) ocire et c. (decauper *EGT*) *NEGT*; *BI want*; *ACD agree*
8824. g. co. ci. et u. *T*; *BEGIN want*; *ACD agree*
8825. *BDEGIN want*; *ACT agree*
8826. E. poignant d'outre l. *E*; (R. ... *T*); *ABCDGIN agree*
8827. ce. co. s. p., (f. ... *T*) *EGT*; p. l. f. randoner *D*; *BI want*; *ACN agree*
8828. (Que espreviers n. *G*), p. l'oisel en. *NG*; (... n. *T*), p. aloe en. *DET*; *BI want*; *AC agree*
8829. (... a *T*) a M. (Raol *D*) et R. a. *BDEGIT*; et Mateu a. *C*
8830. v. n'ot en lui qu'airer *I*; s. quida d. *D*; (... B. *T*); *ABCEG agree*
8831. L. destrier co. *I*; a galoper *DE*; (... ce. *T*); *ABCG agree*; *D adds 1 line* Et le destrier au Turc prist molt a goloser
8832. (... a. l. p.: *T*), ne le v. d. *ET*; *I wants*; *ABCDG agree*
8833. K. l. v. d'o. fin .IIII. *B*; ... d'o., v. par .IIII. fois p. *T*; *I wants*; *ACDEG agree*
8834. e. molt l. f. t. aler *D*; e. si l. *T*; *B wants*; *ACEGI agree*
8835. n. s'en so. *C*; n. se so. *EG*; *ABDIT agree*
8836. Que il n'ait Bauduin devant a l'e. *I*; *rest agree*
8837. Et li quens l'a feru de son branc qui luit cler *I*; v. grant c. *B*; *ACDEGT agree*
8838. en fist j. *E*; en a j. *G*; *BI want*; *ACDT agree*
8839. Le paien pourfendi qui Dieu ne vaut amer *E*; Que jusque a la p. l'a fendu et cope *I*; Desi en la *BG*; Enfresi qu'el menton li *D*; Entreci que ou pis li *T*; f. (fait *D*) le b. (fier *G*) *BDGT*; *C wants*
8840. s. s'en f. le roi v. *D*; T. a fait v. *E*; j. voler *IT*; *ABCG agree*

… Variants 645

8841. g. prist s. a r. *T*; *I wants*; *ABCDEG agree*
8842. c. vaut m. *I*; *rest agree*
8843. P. coumande l. *BEG*; Prinsaut a commande a *T*; a lor h. *BCG*; a Jursalem m. *E*; *ADI agree*
8844. B. en sus d., p. le vit on randoner *D*; lo. fors d., v. aresner *C*; p. le va o[n] aresn... *T*; *BEG want*; *I wants 8844-8846*
8845. c. desteser *B*; c. randouner *GT*; *I wants*; *ACDE agree*
8846. qua. on le fait aler *E*; *I wants*; *ABCDGT agree*
8847. p. bien Bauduins s. a. *I*; v. et hurter *D*; v. et tourner *E*; *ABCGT agree*
8848. pa. se i., (v. ascoster *D*) *TD*; *BEGI want*; *AC agree*
8849. g. le grant p. *E*; v. (iscir *B*; ferir *C*) et entrer *EBCG*; *IT want*; *AD agree*; *B adds 1 line* Il n'a garde d'ataindre dusqu'en Inde sen per
8850. f. paiens l. *I*; f. s'il puet l. cor. compare *T*; *ABCDEG agree*
8851. En s. *T*; f. .II. c. *G*; f. .VII. c. *I*; .X. jus venter *C*; *D wants*; *ABE agree*
8852. e. nel p. (porent *B*) endurer *EB*; e. ja n'i p. *DGT*; l. pora d. *C*; *I wants 8852-8855*
8853. g. malostrue q. *T*; q. Dix puist mal douner *E*; *I wants*; *ABCDG agree*
8854. j. le ver. *C*; ver. tourner *E*; *B wants 8854-8857*; *I wants*; *ADGT agree*
8855. c. devons av. *ECT*; *BDI want*; *AG agree*
8856. M. mout h. crier *I*; *B wants*; *ACDEGT agree*
8857. J. hautement r. *DET*; *BI want*; *ACG agree*
8858. a. fait l. *B*; a. ont l. T. recules *C*; f. paiens r. *EI*; *ADGT agree*

249. *ABCDEGIT*

8859. *I has 1 line for 8859-8860* M. f. g. l. hutins et l. b. esgrainne; b. orgeillose et *D*; et pesans *C*; *T wants*; *ABEG agree*
8860. *for I see 8859*; s. enforcie et *BCG*; *ADET agree*
8861. E v. atant venus l.Turs d. Mori. *I*; Atant es v. poignant l. *ET*; v. a itant l. *D*; *ABCG agree*
8862. Miconiaus et A., (d. Moriagne *G*) *BCEG*; Nichomans et Aufrais et c. *D*; Minchoniaus et Ernun et c. *I*; ...conois et A. *T*
8863. V. come ma. et mo. o. *T*; (s. comme chiens mo. *I*), l. haigne *DI*; l. graigne *G*; *ABCE agree*
8864. (... c. *T*), mai. molt f. mal. *DT*; mai. s'ara laide b. *C*; mai. il f. mal. *E*; *ABGI agree*
8865. (li gentil baron d. *I*), t. sovraigne *CDI*; t. lointaigne *T*; *B wants*; *AEG agree*
8866. As espees d'a. *CDEGIT*; d'a. lour dounent deseplaingne *E*; d'a. durement les ma. *T*; f. les ma. *G*; *B wants*
8867. De m. et de n. *CEG*; n. couvri s. *C*; n. en co. l. ca. *E*; n. est couvert la ca. *G*; n. font couvrir l. *I*; *ABDT agree*
8868. ... veissies f. sanc et b. et couraigne *T*; Ne v. *C*; N'i verries de t. *D*; Ne veissies pas t., et entraille *I*; *ABEG agree*
8869. l. boiaus e. *E*; l. destrier e. *I*; *T wants*; *ABCDG agree*
8870. Il furent d. si orent engaingne *E*; Quar li mont des ocis gisent a. *B*; Li M. (...ayen *T*) tot d. (d. fuisent a. *C*) *DCGT*; d. si f. par la *I*

250. *ABCDEGIT*

8871. e. revient une au. *D*; e. revienent au. *I*; (A... *T*); *ABCEG agree*
8872. Icil s. G. *I*; B. Kebelin l. *C*; B. et K. p. *DE*; (s. et ... et B. et ... *T*); *ABG agree*
8873. le mainerent [sic] *C*; le mainguent et *I*; m. ou v. *D*; *BEG want*; (m. ... *T*)
8874. *No variant*
8875. Aval ce. *C*; Apres ce. *E*; v. li Tur d. *I*; (A. ce... v., ci. ...ocidant *T*); *ABDG agree*
8876. Qui onques ne burent vin rouge ne vin blanc *I*; Quinze j. m. d. *E*; (C. m... j. *T*); *ABCDG agree*
8877. p. reluminement *C*; *BEGIT want*; *AD agree*; *D adds 1 line* Se vait chascuns baignier el flove de jovent
8878. Ne (Mais *B*) o. n. m. *EBGI*; m. d. nul grain d. f. *D*; (O. ... m. *T*); *AC agree*
8879. Ne p., n'e. sorent no. *I*; n. ne s. *dG*; (p. ... o. *T*); *ABCE agree*
8880. (Il mainent t. a champ n'o. *T*) n'o. autre abitement *IT*; Trestot vivent d'e. *D*; *ABCEG agree*
8881. Ains son. *T*; to. jors a. h. a la pluie et a. v. *D*; h. a l'ore et a. v. *E*; *I wants 8881-8885*; *ABCG agree*
8882. (o. noire le car: *E*), de p. n. (et *CEG*) d'a. *BCEG*; c. de po... *T*; *D wants 8882-8886*; *I wants*
8883. qua. ne d. *BCET*; *DI want*; *AG agree*
8884. T. o., et ongles (keues *C*) d. *BCEGT*; *DI want*
8885. Si m. *T*; *DI want*; *ABCEG agree*
8886. Chascuns porte masue coustel ou f. *I*; (a celi n. *T*), p. macue u f. *BCET*; p. u macue u fiermentent *G*; *D wants*
8887. (c. ... *T*); *rest agree*
8888. S. Jhesu Crist n'e., so. dig... *T*; *I wants*; *ABCDEG agree*
8889. *BCDEGIT want*
8890. Icil f. des nos m. g. lapidement *I*; Cist f. *BD*; n. gent m. g. d... (ociement *E*) *TE*; g. essillement *G*; *AC agree*

251. *ACDEGIT : B wants ll. 8891-9357*

8891. a esperons b. *DG*; *ACEIT agree*
8892. g. muioient c. *C*; g. venoit: *DG*; g. aloient c. a. rechinant *I*; apres lui rechignant (...ierement *T*) *DT*; *AE agree*
8893. Tel tempeste menoyent et n. s. tres g. *T*; Tel n. demenoient et (et tempest s. *D*) *ED*; *I wants*; *ACG agree*
8894. a. tranlant *E*; *I wants*; *ACDGT agree*
8895. D. s'en esmaie m. s'en v. *D*; D. s'estormi et v. m. esmaiant *E*; s'e. et v. m. fremiant *T*; *ACGI agree*
8896. S. D. nel m. *C*; S. D. ne les tensast (tenist *G*): *DG*; m. n'en alast .I. vivant *T*; ja alaissent f. *CEG*; qui les vait confortant *D*; j. tournassent f. *I*; *D adds 1 line* Tot fussent a martire ja n'eussent garant
8897. Li vesques tient l. c. au col de l'auferant *I*; c. tantost ve. *E*; *D wants*; *ACGT agree*
8898. M. lor a. devant (avant *E*) *DE*; M. l'a aporte errant *T*; *I wants 8898-8902*; *ACG agree*
8899. *T places 8899 after 8902*; f. poingnant *CG*; *I wants*; *ADET agree*

Variants 647

8900. *I wants; rest agree*
8901. Loierent J. *C*; B. Damledeu ca. *D*; Cr. as escorgies granz *T*; a lor v. *E*; *I wants*; *AG agree*
8902. Ta. que i. o. s. ci. *E*; et so. bel co. sa. *T*; *I wants*; *ACDG agree*; *T places 8899 after 8902*
8903. *I has 1 line for 8903-8904* Hautement escria f. ch. avant; h. vois escrie l. *CDG*; *AET agree*
8904. *for I see 8903*; Tor. tantost vo. *E*; cha tos vo. *DT*; vo. iex f. *CD*; *AG agree*
8905. *I has 1 line for 8905-8906* Ne vo. e. mi. Diex vous se. aidant; *ACDEGT agree*
8906. *for I see 8905*; q. vous s. (fera *E*) g. (aidant *T*) *CDEGT*
8907. *I places 8909 before 8907*; *T inverts 8907/8908*; Hui m. *T*; v. vers nous li mescreant *I*; *D wants*; *ACEG agree*
8908. *T inverts 8907/8908*; *I wants*; *ACDEGT agree*
8909. *I places 8909 before 8907*; Ma. a felons d. q. mi. miex v. av. *I*; (Ma. les c. ferir v. *D*), mi. miex av. *CDEG*; *T wants*
8910. Tos les max c'a. *DEGIT*; t. e. vo. vi. *D*; e. ce siecle vi. *EG*; puis que fustes enfant *I*; *AC agree*
8911. (Jel vo. pa. de *E*), pe. raiemant *CEG*; V. pardonne de, pe. omnipotent *T*; (pa. de par De. *I*), pe. tot poissant *DI*
8912. l. morons je sai a *T*; *I wants*; *ACDEG agree*
8913. p. e. irons t. *E*; p. e. iront t. *T*; *I wants*; *ACDG agree*
8914. *I has 1 line for 8914, 8916* Q. li baron l'entendent si se vont rehaitant; (... ent *T*); *ACDEG agree*
8915. ...ye c. porte d. *T*; *ID want*; *ACEG agree*
8916. *for I see 8914*; Maint (Mainte *E*; ...t *T*) et c. *DET*; c. s'en v. *C*; v. resbaudissant *DG*
8917. A. si o. *E*; *I wants*; *ACDGT agree*
8918. *DI want*; (mo. ...er v. *T*); *ACEG agree*
8919. g. diverse v. *E*; (a. v... tas f. *T*); *ACDGI agree*; *D adds 1 line* A cens et a milliers les vont esboelant
8920. *I wants*; (e. ... *T*); *ACDEG agree*
8921. H. ne le p. *E*; Nus h. ne le puet d. ... j. *T*; *I wants*; *ACDG agree*; *D adds 1 line* Paien crient et huent forment vont glatissant
8922. *D has 2 lines* J. t. e. f. par le mien esciant/ Q. il lor sont venu l. malostru g.; e. fuye:, (ne fuisent l. g. *I*) *TI*; v. Aquilant *E*; *CG agree with text*
8923. C. po. .II. maces bien grosses et pesans *T*; C. po. une m. *EG*; m. g. lance et *D*; m. a plommee pendant *I*; *AC agree*; *T adds 1 line* ... une gent averse Diex les voit craventant
8924. S. nos C. fierent m. *D*; Desor nos gens tournerent m. *I*; v. ociant *DGIT*; *ACE agree*
8925. *I has 1 line for 8925-8926* Li ve. tient la c. les Turs la va montrant; i est venus poignant *T*; *ACDEG agree*
8926. *for I see 8925*; d. iaus en *C*; d. en son es. *E*; en presant *GT*; *AD agree*
8927. l'av. atachie au *D*; au chief d. *T*; *I wants*; *ACEG agree*
8928. g. l'esgardoient forment les vo. ferant *E*; ...t l'e., v. esbahissant *T*; v. esbaudissant *C*; *ADGI want*
8929. De g. *CEGI*; m. ferrees i v. *C*; (... m. *T*) m. de fer: *EGT*; v. no gent

damagant *E*; se v. es. *GT*; *AD agree*
8930. ... f., p. si le vont estaignant *T*; p. si le j. errant *I*; *ACDEG agree*
8931. u. (... *T*) l'aloit (... aloit *T*) s. *CDEGIT*; e. ruant *ET*
8932. Ars furent et brui pluseur et ne sai quant *I*; d. tout s. von. entragant (detraiant *C*) *ECG*; d. si (tant *T*) s. von. ochiant *DT*
8933. D. .XV. mil ne f. q. .V.C. es. *D*; D. doi m. que f. *G*; m. ne f. q. .CCC. remanant *E*; n'e. sont q., .C. eschaplant *I*; f. mais q. .C. es. *T*; q. doi .CC. es. *C*
8934. Dessus la g. *T*; g. diverse q. ert de r. *E*; q. la fu r. *D*; q. furent r. *I*; *ACG agree*
8935. M. li ve. le *DEGIT*; f. et tot le va. bruslant *D*; le. aloit brullant *C*; v. embrasant *I*
8936. vo. par la bataille (vo. sor Plantamor *I*) le fier *C*. *DI*; vo. *C*. a e. brochant *T*; a esporons ve. *G*; *ACE agree*; *D adds 1 line* A .XXX. mile Turs de la gent mescreant
8937. Q. s. g. voit a. touz taint de maltalant *I*; Q. voit s., (m. a l. *E*) *GET*; *D wants*; *AC agree*
8938. Par grant maltalent bro. en son poing tient l. bra. *I*; Li payens po. *T*; bro. et trait to. *CG*; *ADE want*
8939. F. Sonant d. *C*; Go. sor son el. (escu *T*) l. (devant *T*) *ET*; *ADGI want*
8940. (Li elmes ne le c. n. l. *D*) l. furent g. *GD*; Les pierres et les fleurs en va jus craventant *T*; l. valut un gant *E*; *CI want*
8941. Et l'aubert de son dos li desmaille et desment *T*; Desi que el *E*; Enfresi el m. *G*; *I wants*; *ACD agree*
8942. c. si s'en tourne atant *I*; v. redonnant *T*; *ACDEG agree*
8943. Et B. li vint a esperon brochant *I*; c. al devant *D*; c. maintenant *T*; *ACEG agree*
8944. *IT want*; *ACDEG agree*
8945. v. lessier jusques al *I*; g. desci au *CDEGT*
8946. Ainc n., a. dedens se m. esrant *D*; Li Turs n. l'ose a. *I*; l'o. ataindre m., .I. bruiant *C*; a. si vint au tre Soudant *E*; *T wants*; *AG agree*
8947. B. vit P. *D*; v. paiens a *I*; *ACEGT agree*
8948. E. se s. *E*; l. s'en traient .X. *C*; *DI want*; *AGT agree*
8949. N'o. illuec ar. ses sa. *C*; l. ajoster se. *I*; *ADEGT agree*; *G adds 2 lines* Hermites Dex te saut li pere raiemant/ Et si te giet encor de ceste prison grant
8950. t. le roi a ocis Malquidant *D*; (t. Soudan rocist .I. *G*) .I. amirant *TG*; *ACEI agree*
8951. Lors b. *I*; l. cheval s. *T*; t. (tourne *I*) atant *CDEGIT*
8952. *T inverts 8952/8953*; Quar l. *T*; t. d'oisel v. *D*; *I wants*; *ACEG agree*
8953. *T inverts 8952/8953*; N'aroit g. *DG*; N'a g. c'on l'ataingne d. *E*; Il n'a g. *T*; d. qu'e. *CD*; *I wants*
8954. Et C. vint a. *DE*; Et C. est a. *T*; t. le roi poignant (Soudant *T*) *DT*; r. poignant *I*; *ACG agree*
8955. A hautes v. *C*; v. s'esc., (q... *T*) *DT*; que fais tu a. *CDEGI*
8956. *I has 1 line for 8956-8957* To. s. o. ti hom. Hon. et Po.; h. poi en (e... *T*) i (... *T*) *DEGT*; *AC agree*
8957. *for I see 8956*; Et l. B. et l. H. et l. P. *D*; Et l. Hingre et l. B. *C*; (B. et l... *T*); *AEG agree*

Variants 649

8958. Et tot l. Amorains q. *C*; A. et li Lutisiant *G*; q. mout i. *T*; t. furent v. *D*; *E wants*; *I wants 8958-8960*
8959. Par le mien esciant poi en i a vivant *D*; Lo. et trestuit li (... *T*) g. (... *T*) *ET*; li ploisour g. *G*; p. loin getant *C*; *I wants*
8960. A icele p. *G*; S. esrant *D*; S. p... *T*; *I wants*; *ACE agree*
8961. *I places 8961 after 8964*; Ensanble (Environ *D*) lui v. *GD*; Avecques lui avoit: *I*; En sa compaigne furent .XX. m... *T*; v. .XXX. Turc d. Morant *C*; v. .X. Mor *E*; v. .XX.M. Mori. *G*; .XX. Mor (Mors *I*) de Mori. *DI*
8962. a lor m. *DT*; m. aloient l., (c. ... *T*) *ET*; c. detirant *D*; *I wants*; *ACG agree*
8963. *D has 2 lines* Margot et A. a haute vois huchant/ Et M. et Jupin et lor Deu Tervagant; *I wants*; *ACEGT agree*
8964. *I places 8964 before 8961*; pe. vient Sa. (Sa. pame batant *I*) *CI*; po. traiant *D*; (se. ... *T*); *AEG agree*
8965. Mout demainnent grant duel lor p. debatant *I*; l. Turc a. *C*; M. apres lu. *T*; c. paume b. *E*; *ADG agree*
8966. D. So. s'en v. c. paumes batant *C*; Devoant So. *D*; se mistrent: *DG*; se vait c. *E*; se metent: *T*; trestot a. *DT*; c. emgenollant *G*; *I wants 8966-8968*; *D adds 1 line* Et quant Sodans les voit si se vait escriant
8967. Dites va c'av. vo. dis. a aus l'amirant *G*; Dites que vo. av. c. dis. li am. *T*; Par Mahom c'av., dis. l'amirant *D*; Dites moi k'av., c. a dit l'amirant *E*; *I wants*; *AC agree*
8968. voi esmaies p. *G*; D. le poissant *D*; *I wants*; *ACET agree*

252. *ACDEGIT*

8969. f. Sodan est m. fort esc. *I*; s'est en h. *T*; *ACDEG agree*
8970. A. riches s. com e. *IT*; ma. senes *E*; *ACDG agree*
8971. m. vis n. verres *CGT*; m. ne les verres *DE*; *I wants*
8972. F. ont v. filz m. *I*; *rest agree*
8973. Vostre h. s. o. petit en est r. *I*; To. ... o., h. n'en est .I. eschapes *T*; s. ti h. o. p. en i a r. *E*; h. p. en as vis r. *G*; m. p. en est r. *C*; *D wants*
8974. Q. l'amiraus l'oi mout en fu aires *I*; .IIII. fois est p. *DE*; *ACGT agree*
8975. Quant il s. r. ... h. s'est esc. *T*; Et quant il s. redreche: *D*; A. quant s. dreca: *E*; si s'est h. esc. *DE*; m. s'e. *G*; *I wants*; *AC agree*
8976. Signor d. *C*; t. ce d. Sodans m. *I*; m. armes aportes *E*; *ADGT agree*
8977. Et cil ont respondu si com *DT*; *I wants*; *ACEG agree*
8978. l. aportent: *CDI*; C. (Corfas *C*) et Bugeres *IC*; et Baruffles *D*; et Buheres *EG*; *T wants*
8979. *D has 2 lines* De maintenant li ont sus la terre j./ U. ta. fais a or de grant richesse ovres; *I wants 8979-8981*; *ACEGT agree*
8980. l. papis .II. p. *C*; *IT want*; *ADEG agree*
8981. q. fu d., (g. bontes *D*) *GD*; q. mout ot d. f. *E*; *I wants*; *ACT agree*; *E adds 2 lines* Grant ombre li faisoit .I. grans abres rames/ Lorier l'apieloit on en cel autre regnes
8982. cauce. l. laca l. r. *C*; cauca l. filz Ma... *T*; *ADEGI agree*
8983. c. closeis ains nus h. *D*; c. couleis o. *E*; *CI want 8983-8986*; *T wants 8983-8992*; *AG agree*
8984. si les f. *DG*; *CIT want*; *AE agree*

650 Variants

8985. m. rices J., f. senes *G*; q. f. d. a. p. *D*; f. letres *E*; *CIT want*
8986. As clau. *D*; clau. d'acier e. *EG*; clav. (claviax *D*) rives *EDG*; *CIT want*
8987. l'a. Salatres *G*; *T wants*; *ACDEI agree*
8988. n'a. les f. *CG*; *DEIT want*
8989. v. .I. hauberc: *DI*; qui fu d'antiquetes *DE*; que les pans ot safres *I*; *T wants*; *ACG agree*
8990. .XXV. an. f. ains (Q. f. .XV. an. ancois *E*) que D. fu (Fist *E*) ao. *DE*; c. dor ao. *C*; *I wants 8990-8998*; *T wants*; *AG agree*
8991. Des le tans Israel et *D*; O lu. f. Isriaus (Irabiaus *E*) et *GE*; *IT want*; *AC agree*
8992. d. li fiers fu ouvres *G*; c. est p. *C*; *IT want*; *ADE agree*
8993. M. est r., p. est s. *C*; M. fu r., (f. dores *G*; p. ... *T*) *DEGT*; *I wants*
8994. Li haubers de son dos ne fu pas ... *T*; d'a. menus est mendeles *E*; m. encercheles *C*; m. estinceles *D*; m. escierceles *G*; *I wants*
8995. Et li c. de (par *EG*) d., (mout ricement b. *E*) *CDEG*; *I wants*; *T wants 8995-9002*
8996. c. fu d'o. fin m. ot g. *E*; *CIT want*; *ADG agree*
8997. *IT want*; *ACDEG agree*
8998. En sa v. a p. *D*; q. jete g. *EG*; *IT want*; *AC agree*
8999. *E has 2 lines* Et doi roi d'oriant ki preu sont et senes/ A .XX. l. de fi. o. li ont l'elme fr.; (l. de soie: *I*), fu s. el. fr. *DGI*; *T wants*; *AC agree*
9000. Ma. G. ert desus paintures *E*; G. ert d. *G*; f. par desus mo. *D*; d. poses *C*; *IT want*; *DEG add 1 line* Et li non d'Apollin escris et devises; *EG add 1 further line* D'un topasse estoit fais par devant li nases
9001. T. et Judins et M. *C*; T. et Jupins et Mabons l. *D*; *EGIT want*
9002. j. le voie n. *DE*; j. le porte n. *G*; est. alumes *A*; *IT want*; *C agrees with text*
9003. l. a sainte l'am. *I*; l. donna l'am. *T*; l'am. Esteles *DGIT*; l'am. Gilboes *E*; *AC agree*
9004. d. li f. *G*; n. Barbes *E*; *I wants 9004-9018*; *ACDT agree*
9005. Au pui d., f. engenres *E*; *IT want*; *ACDG agree*
9006. An et *E*; *I wants*; *ACDGT agree*
9007. o. .III. m. *E*; *I wants*; *ACDGT agree*
9008. l. les avoit (avoient *D*) a *CD*; *EGIT want*
9009. *E has 2 lines* P. noirs est li aciers sacies de verites/ Q. pois qui est remise n'a. destempres; P. est n. *C*; P. fu n., (a. destrempe... *T*) *DT*; a. tenpres *G*; *I wants*
9010. *D inverts 9010/9011*; *I wants*; *rest agree*
9011. *D inverts 9010/9011*; m. l'aciers ert le *G*; li puins f. *E*; *I wants*; (b. ... *T*); *ACD agree*
9012. Ce r. mes maistres et ce est verites *D*; r. (racontent *G*) del ciel: *CEG*; ses g. m. *C*; l. (l. *lacking in E*) g. dignites *GE*; *I wants*; *T wants 9012-9014*
9013. L. fourriaus est (fu *D*) d'i. *CD*; f. fu d'i., (p. saieles *G*) *EG*; *IT want*
9014. Ainques si rice fuere sacies ne vit hom nes *E*; Et l. resnes fu d'un p. ricement fu ouvres *G*; Et les cenges d., d'o. si fer bendes *C*; d. soie d'o. *D*; *IT want*
9015. *DT place 9015 after 9017*; Li amiraus S. l'a caainte a so. le. *C*; Li amirax l'a *DEGT*; *I wants*
9016. (Une t.*G*) t. ot li brans et *CDEG*; t. ot de lonc et, p. de l. *T*; *I wants*

Variants 651

9017. *I wants; rest agree; DT place 9015 after 9017*
9018. Celui j. a, n. tamainte testes r. *C*; Cel j. *DEG*; n. mains ruistes cox dones *D*; n. a mains le cief copes *E*; ta. mainte te. *G*; *IT want*
9019. Al c. li p. (met *I*) sa (la *I*) *CDGIT*; Sa t. li bailla se. *E*; o. Malfumes *C*; o. Baufumes *DE*; o. Baufremes *G*; o. Malfunes *I*; o. Bau... *T*; *E adds 1 line* A son col le pendi qui n'i est arestes
9020. .XXX. boucles ot a broissmes p. *C*; o. en bassme p. *D*; o. a bausmes p. *E*; o. a brasmes p. *G*; *I wants 9020-9031*; *T wants 9020-9024*
9021. (Sa t. *D*), le. (le *E*) bors or. *GDE*; *IT want*; *AC agree*
9022. Q. (Ja *C*) par arme ne (n'en *C*) f. *DCG*; pa. armes ne f. *E*; .I. (nul *G*) point es. *CDG*; *IT want*
9023. Et de c. d'o. mout tres bien e. *C*; d'o. fu p. *D*; *IT want*; *AEG agree*
9024. Et par dehors de *E*; (def. fu de *D*), et de paille f. (adoubes *G*) *CDG*; *IT want*
9025. Le Maigremort a. q. (molt *DGT*) f. b. e. *CDGT*; *I wants*; *AE agree*
9026. r. acesmes *CDG*; r. aournes *E*; *I wants*; *T had 1 line, now lost, for 9026-9029*; *E adds 1 line* Li poitraus et li caingle fist forment a loer
9027. *for T see 9026*; l'a. Josues *C*; l'a. Cadroes *D*; l'a. Cordoues *G*; *I wants*; *AE agree*
9028. *for T see 9026*; *I wants*; *ACDEG agree*
9029. *for T see 9026*; D. .IIII. fortes cengles est l. *C*; s. estoit mout bien caingles *E*; s. ert l. *G*; c. (destriers *CG*) cengles *DCG*; *I wants*
9030. Et l. e. d. ci. d. cu. qui ert t. *E*; s. d. l'efe: *C*; s. d. ci. *DG*; m. fort sont (qui'st *G*) retames *CG*; .IIII. fois fu t. *D*; *I wants*; (...strier s... *T*)
9031. d'or .X. pox on. *D*; d'or pieres i a ases *G*; *IT want*; *ACE agree*
9031a. est. senier se. *C*; se. i est Sod. *EG*; est el destrier m. *I*; *AT want*; *text of D*
9032. Et a d. t. a .XX. *C*; A son estrief t. *D*; Et a l'estrier t. *E*; t. a .X. r. aclines *G*; *I wants 9032-9039*; *T wants*; *D adds 1 line* De lui a gre servir est chascuns molt penes
9033. *I wants; rest agree*
9034. Dont i. *C*; i. (fu *D*; ... est *T*) fors et *CDEGT*; et tenans to. *D*; tr. et f. (to. *T*) en. *ET*; to. est en. *C*; to. ert en. *G*; *I wants*
9035. (Nu. n'e. poroit g. *E*) g. por qu'il e. s. (fust *E*) na. *DE*; (h. ne pot g. *C*) g. puis qu'il e. est (s. *C*) na. *GC*; *I wants*; *T wants 9035-9039*
9036. f. desus a *D*; a .V. c. *DE*; d'o. fremes *DEG*; *CIT want*
9037. f. d'este *C*; *IT want*; *ADEG agree*; *DCG add 1 line* Tos ses ventres (caintres *C*) devant en est (en est devant *CG*) acovetes
9038. P. ses estriers s'afiche es *C*; t. vertu s'af. (s'esforce *G*) *EG*; *IT want*; *AD agree*
9039. li Magremors dessus lu. achoes *E*; e. desour lu. *A*; lu. tressues *CDG*; *IT want*
9040. fu fiers (fors *T*) l'amiraus et *CDGIT*; et g. sa b. (fiertes *T*) *CET*; et si ot molt b. *D*; et de g. (grandes *G*) b. *IG*
9041. Se il creust en Dieu qui en crois fu penes *I*; s. vous pour voir s'i. *T*; fi. et si est verites *D*; *ACEG agree*
9042. Mieudre prince de lui ne fu de mere nes *I*; C'a. (Q. *D*; Ainc *T*) n. f. si (plus *D*) fiers (biax *DE*; fors *T*) p. *CDEGT*; p. n. v. n'e. *C*
9043. *CDEGT want*; *I wants 9043-9048*

652 **Variants**

9044. M. est g. *C*; M. par f. grans l. *D*; S. f. montes *E*; *I wants*; *AGT agree*
9045. f. a l'e. l. m. c. s. *CDT*; *I wants*; *AEG agree*
9046. Dont (La *D*) veissies p. ven. (venus *DG*) et assambles *CDG*; K. dont vei. p. quant il sont asambles *E*; vei. cest p. *A*; *IT want*
9047. G. harpes et ti. *C*; C. et ta., ti. et moniax cornes *D*; t. i oisies sounr [*sic*] *G*; *IT want*; *AE agree*
9048. Q. grandismes .V. li., (li cris a. *G*) *CDG*; Q. largement .X. li. *E*; Et .II. g. lyeuees en *T*; *I wants*

253. *ACDEGIT*

9049. m. fu grans la c. *D*; *rest agree*
9050. (Sovent s. b. *T*) b. et graille a *CDT*; b. ensamble a *D*; b. grelles a *E*; *I wants*
9051. R. en tentist (bondist *T*) la valee (c. *T*) *CT*; *DI want*; *AEG agree*
9052. a. a s'espee g. *C*; a. a s'eschiele gu. *DEGIT*
9053. P. .III. f. *T*; *DI want*; *ACEG agree*
9054-9055. *CDEGIT have 1 line for 9054-9055*; L'a. (L'amiraus *CG*) s. el blanc (bai *I*) a la c. t. (geltee *C*) *ECDGI*; Soudans s. sus le blanc a la c. t. *T*
9056. Cou est .I. chiers de chiaus d. *C*; f. l'esgardee *D*; f. presentee *T*; *I wants*; *AEG agree*
9057. Devens J., g. enteree *C*; g. le senee *D*; *I wants*; *AEGT agree*
9058. sor Bruiant a, c. estelee *C*; sur le bai qui est de grant posnee *E*; le maigre:, (qui mout bien li agree *G*) *DG*; le mor qu'est plus noir que pevree *I*; *T wants*
9059. Bien c. *T*; c. .XV. l. tot une r. *D*; *I wants*; *ACEG agree*
9060. *CDEGIT want*
9061. L'a. a sa b. par maltalent j. *I*; a la b. meslee *D*, *which adds 1 line* En a jure sa loi que il a tant amee; *ACEGT agree*
9062. A nos barons fera une dure assanllee *E*; s. Francois encontre l. t. aront c. *T*; *ACDGI agree*; *I adds 2 lines* Cor et chalemel et timbre a la menee/ Aval les plains des Rame restentist la contree
9063. *I wants 9063-9065*; *rest agree*
9064. b. et fort et *E*; *I wants*; *ACDGT agree*
9065. f. si fiere: *DT*; p. fors: *E*; veue n'e. (n'esgardee *D*) *ED*; *I wants*; *ACG agree*; *D adds 1 line* Ne ja mais ne sera tant com Dex ait duree

254. *ACDEGIT*

9066. Gens paiens chevauchierent S. *I*; S. l. fist g. *G*; *ACDET agree*
9067. A .XL. a. *CIT*; A .LX. a. *D*; a. rengies et ordene *I*; r. et serrer *CDEGT*
9068. Devant es p., R. fait s. *D*; Dehors l., (t. garder *T*) *ET*; s. tref aporter *C*; t. mener *G*; *I wants 9068-9072*
9068a. D. les C. le fist tout amener *T*; C. m. et amonceler *EG*; *ACI want*; *text of D*
9069. q. il alaissent et ca. *C*; i. le voisent et ca. *E*; *I wants*; *ADGT agree*
9070. Pour i. l. cuidoit desconfire et m. *E*; *DIT want*; *ACG agree*
9071. c. c'ainc i deignast t. *D*; *I wants*; *ACEGT agree*

Variants 653

9072. ...l aiment as. miex Sarrasins d. *T*; Mix am. *E*; *I wants*; *ACDG agree*
9073. a. coumence s., a escrier *E*; g. esperonner *CDGIT*; *CDGIT agree with text*; *E adds 2 lines* Sarrasin or avant Mahons vous puist sauver/ Crestien or avant mar passerent le mer
9074. A cel m. *CG*; A icel m. s'eslaissent p. *E*; *I wants 9074-9077*; *T wants*; *AD agree*
9075. La f. Arrabiant lo. *D*; *I wants*; *ACEGT agree*
9076. *I wants*; *rest agree*
9077. n. volt pas r. (oublier *C*) *GC*; n. vaurront r. *ET*; *I wants*; *AD agree*
9078. q. vient a *I*; *rest agree*
9079. V. i p. tant pesant c. d. *I*; *rest agree*
9080. Et tant escu perchier fraindre et esquarteler *D*; pu. et tant membre c. *I*; *C wants*; *AEGT agree*
9081. Paiens et Sarrasins morir et decolper *D*; L'u. mort deseure l'a. *I*; *ACEGT agree*
9082. T. pies et couraille et cervelle voler *I*; c. et h. enbarer *D*; *E wants*; *ACGT agree*
9083. l'a. le fu es. *GI*; *CDE want*; (D. fe... *T*)
9084. En tous l. *C*; En mains l., en. venteler *I*; En maint lyeu o. a... *T*; *ADEG agree*
9085. Les p. *CD*; A p. *E*; As p. *G*; Et p. *I*; v. lor b. *DI*; *T wants*; *D adds 1 line* Et tant escu perchier fraindre et esquarteler (*cf. 9080*)
9086. *No variant*
9087. Et Tu. et Sarrasins s. *D*; c. souvente fois b. *E*; c. au Frans tr. et geter *I*; et viser *CT*; *AG agree*
9088. Et ces auberc derompre ces chevaus afoler *I*; S. les el. *E*; el. vergies d. brans d'a. ca. *C*; d'a. et ferir et ca. *T*; *D wants*; *AG agree*; *E adds 1 line* Ces Turs crier et braire abaiier et uller; *I adds 5 lines* Quant li amiraus voit ses gens a mal tourner/ Par air a feru Heudon de Saint Omer/ Mort l'abat devant lui ains ne l'ont confesser/ .III. des nos a occis l'amiraus au joster/ Quant Godefrois le voit le sanc cuide delver
9089. la fu... elle le. *T*; a merveille le., (p. escouter *G*) *DG*; *I wants*; *ACE agree*; *T adds 1 line* Et d'une p... d'autre trebuchier et verser
9090. Mout l'en tensist hardi qui n'en eust tramblet *C*; Asses eust dur (de *T*) cuer (c... *T*) qui n'esteust (n'estuet *T*) trambler *DT*; h. qui l'o. escouter (esgarder *G*) *EG*; *I wants*; *CD add 1 line* Car lor cris pooit (peust *D*) on oir dusqu'a la mer

255. *ACDEGIT*

9091. a. Brohadas *A*; *CDEGIT agree with text*
9092. so. Glorias *DI*; (a. ... r. *T*); *ACEG agree*
9093. Au. nos ocist Nicholas *D*; Au. ocist .I. Av. *EGI*; *T wants*; *AC agree*
9094. A. a mort B. *G*; Et a. nous a mort l. *I*; o. (rochist *C*) Berart l. *DC*; *T wants*; *AE agree*
9095. n. Crestiens feroit d. *C*; d. l'e. *CDEIT*; a emas *I*; *AG agree*; *D adds 1 line* Quant Sodans l'a veu si s'escrie a .I. glas
9096. P. Mahon d. Soudans Jherusalem vendras *T*; i. Jherusalem ravras *D*; i. Jherusalem vengras *G*; J. comparas *I*; *ACE agree*

654 Variants

9097. Q. Fr. t'o. *CDGT*; l. ...u s. *T*; fi. del s. *C*; fi. au s. *D*; *E wants*; *I wants 9097-9100*
9098. b. meterai en *DGT*; *EI want*; *AC agree*
9099. *D gives 9099-9102 in order 9102, 9099, 9101, 9100* En prison les metrai comme caitis et las/ Godefroi de Buillon enmenrai a Baudas/ Ja n'en eschapera li maigres ne li cras/ Quant de ci torneront nel tenront mie a gas; Bu. enmesras a *E*; a Damas *G*; *IT want*; *ACD agree*
9100. *CDT invert 9100/9101 (for order of D see 9099)*; c. torneront n. *DG*; c. estor... e le t. a g. *T*; *EI want*; *AC agree*
9101. *CDT invert 9100/9101 (for order of D see 9099)*; *AEGI agree*
9102. *for order of D see 9099*; En prison l. metrai co. *D*; le. enmenrons co. (... ca. ... *T*) *GET*; *I wants*; *AC agree*
9103. S. a entendu l. *EI*; ent. le g. (glas *D*) *TD*; *ACG agree*
9104. v. s'e. *T*; c. mar l. *CEG*; *I wants*; *AD agree*
9105. et saint Pierre a. *CEGT*; *I wants*; *AD agree*
9106. V. l. paien en v. (vient *G*) *EG*; s'e. vient a. *CI*; s'e. va a. *D*; s'e. torne a. *T*; *T adds 1 line* Se il le puet ataindre ne l'espargnera pas

256. *ACDEGIT*

9107. l. destriers Castele *E*; l. cheval de *I*; *ACDGT agree*; *E adds 1 line* Quanques pot randouner s'aficoit en le sele
9108. En son poing tient l'esp. *I*; t. l'esp. n.: *CDT*; q. luist et estincele *DI*; q. fu et bo. *E*; q. tant ert bo. *G*; dont trenche l'alemele *T*
9109. M. tant es. *C*; es. (fu *DT*) soillie: *CDGIT*; en s. et en ce. *CDGT*; *E wants*
9110. C. f. s. l'i. que tot li eschantele *D*; *rest agree*
9111. *CDEGT invert 9111/9112*; v. vaillant u. (u. cenele *T*) *CDT*; v. le pan d'une gounele *E*; d'u. ceniele *G*; *I wants 9111-9113*
9112. *CDEGT invert 9111/9112*; A. li f. *D*; l. ront et *T*; .I. rain d. cevele *E*; *I wants*; *ACG agree*
9113. (Qu. c'atainst de *G*), l'escu trenca et esca. *CG*; (Qu. qu'il a. a coup: *T*), li trenche (ront *T*) et esquartele *DT*; l'escu abat et *E*; *I wants*
9114. *I has 1 line for 9114-9115* Le cuer li a fendu p. deles la fo.; Le cuer li a fendu (trenchie *D*) p., (d. l'alemiele *C*) *ECDG*; *T wants*
9115. *for I see 9114*; L'e. li tourna tres par mi le f.*E*; L'e. li desc. contreval la f. *T*; desc. tot aval la *CG*; p. devant la *D*
9116. Le Turc a porfendu: *CGIT*; en. qu'a l. *C*; enfresi en l. *G*; juques en la memele *I*; deci jusqu'en l. *T*; *DE want*
9117. T. contreval l'arson e. *I*; *rest agree*
9118. Cuvert dist Bu. ci remaint ta favele *T*; Bu. s'escria c. *CD*; l. a dist c. *I*; *AEG agree*
9119. *CDEGIT want*
9120. e. vilainne la n. *C*; e. malvaise la (tel *G*) n. *DG*; e. dure c. *I*; m. (pesme *T*) ceste n. *ET*
9121. Sains sepucres aie vers ceste g. averse *E*; se. escria: *CDG*; feres avant chaele *D*; g. caiele *CG*; *IT want*

257. *ACDEGIT*

Variants 655

9122. *No variant*
9123. sou. .I. c. *CEGIT*; *D wants*
9124. *D has 2 lines* La la. p. d. destort le penoncel/ Et broche le cheval l'es. t. en c.; *I has 1 line for 9124-9125* De la la. qu'il p. v. f. Daniel; d. l'es. t. en *G*; l'es. enchante *T*; *ACE agree*; *T adds 1 line* Il a brandie l'anste s'a brochie le postrel
9125. *for I see 9124*; e. luisant v. *E*; f. .I. dansiel *C*; f. Daniiel *DT*; *AG agree*
9126. D. ligages f. *A*; Icil f. d. li. le *D*; *I wants 9126-9128*; *T wants*; *CEG agree with text*
9127. e. n. l. v. le piece d'un m. *E*; .I. rainsel *T*; *I wants*; *ACDG agree*
9128. Autresi le fendi c. *E*; l. a perchie c. .I. baston duriel *C*; l. a fause c., p. d'un b. *D*; *I wants*; (... d. ...urel *T*); *AG agree*
9129. le cuer li *G*; s. escut a *A*; (... c. *T*); *CDEI agree with text*
9130. c. par da. .I. pinel *I*; *rest agree*
9131. d. (dun *C*) trence l. *GCT*; *I wants*; *ADE agree*
9132. Apres occist G. et *I*; a Roel et *C*; a Gautier et *E*; G. de Monbiel *CD*; G. (Rogier *E*; Roon *I*) de Bourdel *GEI*; *T wants*
9133. c. nos f. lait ma. *D*; f. .I. g. *E*; *I wants*; (f. ... g. *T*); *ACG agree*
9134. (n. ...e b. *T*); *rest agree*
9134a.t. merel *I*; (d. te... el *T*); *AEG want 9134a-f*; *D agrees with text of C*
9134b.*AEG want*; *I wants 9134b-d*; (li ... f. *T*); *D agrees with text of C*
9134c.*AEGIT want*; *D agrees with text of C*
9134d.T. l'a porfendu d. e. haterel *D*; le pour... eci enz e. fourcel *T*; *AEGI want*; *text of C*
9134e.Que m. l'a abati p. *I*; l'a. des archons (l'a. d... l *T*) tres en mi le (.I. *T*) p. *DT*; *AEG want*; *text of C*
9134f.T. trespassa o. qui sist d. M. *T*; *AEGI want*; *D agrees with text of C*
9135. A l'autre cop a mort son cosin Opinel *I*; A. desus s. *D*; i. a feru (i. va f. *E*) Lucabiel *AE*; (m. ... i. *T*); *CG agree with text*
9136. Se li f. li c. *C*; c. keut sont li b. *E*; (f. ... qu'e. *T*) qu'e. caient li b. *CGT*; qu'e. issent li b. *D*; *I wants*
9137. en. droit en mi .I. prael *D*; en. par dales u. *E*; el pendal d'u. *C*; *AGIT agree*
9138. ti. en fist vo. *CDGI*; vo. par ales .I. *CI*; tr. par m. *E*; (ti. ...s en m. *T*), .I. ruisel *CEGT*; .I. putel *I*
9139. e. feres franc d. (jovincel *D*) *ID*; (... se. e. ...ant d. *T*); *ACEG agree*
9140. (La p. *EI*) p. veir d'e., (t. merel *I*) *CDEGI*; (... p. ... d'e. *T*)
9141. (co. j. ch. de. *ET*) de. potrel *IET*; ch. de son poutriel *C*; *DG want*
9142. Tant so. *C*; Trestouz soulent l. *I*; T. soillierent l. *T*; l. brans en s. *CGIT*; *DE want*
9143. d. Mautran jura s. *GCDEIT*
9144. Que n. *DEIT*; K'il n. *G*; g. puis q. *CDGT*; d. (tres *I*) le tans Israel *EI*
9145. f. corner l. *C*; *rest agree*
9146. (S. graille d'a. *C*) d'a. et tinbre et c. *GC*; S. timbres d'a. et graille et c. *T*; d'a. timbres et *D*; *E wants 9146-9148*; *I wants 9146-9162*
9147. b. des l. *T*; ta. Daniel *C*; *EI want*; *ADG agree*
9148. Com C. *D*; *EI want*; *ACGT agree*; *T adds 1 line* Cil sire les garisse qui forma Daniel

258. *ACDEGT*

9149. *No variant*
9150. m. dure *E*; *rest agree*
9151. .C. milliers e. ont mort c. *C*; i ont mort c. *DT*; mo. de la gent mescreue *G*; f. grans a. *E*
9152. p. grant aleure *CDEGT*
9153. p. trova m. (m. de d. l'erbe drue *D*) *CDEGT*
9154. D'angousses t. et escuma d'ar. *E*; t. si es. *T*; et eskigne d'ar. *C*; *ADG agree*
9155. Pl. esperone s'issi d. *D*; b. si i. d. *EGT*; *AC agree*
9156. G. (Grifon *CG*) d'Autemure (d'Autenure *C*) *DCEGT*
9157. T. le porfendi: *CT*; Que tot l'a *D*; dusk'e. l. f. (l'enforceure *C*; l. feutreure *D*) *ECDG*; *DEG add 1 line* Et son (le *EG*) cheval ausi onques (c'onques *G*) n'i quist jointure
9158. Tost l'a. du cheval s. *T*; m. de desor l'er. drue *D*; m. al vent a *E*; *ACG agree*
9159. D. que il ensi l'en. *D*; q. (qu'il *T*) au p. *ET*; *ACG agree*
9160. Au f. de l'espee fait g. d. *D*; s. grans cops: *CET*; dessus la gent seure *T*; n'a rengeneure *E*; *AG agree*
9161. c. aincois la nuit o. *T*; a. qu'il s. n. o. *C*; s. venue *D*; *AEG agree*
9162. e. prendra la d. *T*; *rest agree*

259. *ACDEGIT*

9163. f. fors li *C*; g. la b. et l'envaie a. *E*; et ruiste la mellee *A*; (et ... *T*); *DGI agree with text*
9164. (L. rois C. *I*) C. ot g. *CDEGI*; (de so... *T*); *CDEGIT add 1 line* Il tint (a *D*; tient *I*) traite Murglaie (l'espee *T*) qui n'estoit mie clere (dont l'alemele ert clere *D*; Murglaye qui e... *T*)
9165. De. Dr. d'Angian li ont o. *E*; De. Doon d'A., s. pere *I*; *ACDGT agree*
9166. Puis ra (a *DIT*) ochis Garnier *CDGIT*; del v. d. Rivee *G*; du v. (pui *I*) d. la riviere *TI*; v. Amare *C*; *E wants*
9167. Et Ge. de Montfort Doon de Saint Sere *C*; Et Ge. de Baufort: *D*; Et Ganier d'A. *G*; d'A. et Pierron d. Quarniere *T*; et Doon de Belqere (Sesere *G*) *DG*; *E wants*; *I adds 1 line* Et Huon de Biaufort et Droon de Saint Sere
9168. (Thiebaut l. *I*) et Pieron d. (d. le Fere *C*) *GCI*; *DT want*; *AE agree*
9169. Au duc B., n. comptee *A*; *T wants*; *CDEGI agree with text*
9170. q. Turc ne le c. *C*; *rest agree*; *I adds 3 lines* Il escrie le roy et Huistace son frere/ Or du ferir baron Diex aide sains pere/ Tuit ierent mort paien ains que la nuit apere
9171. c. avant m. *G*; (c. fort: *T*), et fa. m. l. h. (... *T*) *DT*; fo. et m. fa. *E*; *ACI agree*
9172. Encoste lu. *C*; a. (estoit *T*) Mahons li *CT*; a. Mabon li *DEGI*
9173. m. ne h. n. vilere (viel... *T*) *ET*; *ACDGI agree*
9174. Mais bien est (fu *I*) de Soudan: *CIT*; qui la fu bons cornere *C*; qui fiert bien de l'espee *I*; que la a... bons ...ierre *T*; *DEG want*; *T adds 1 line* Diex ait nos Francois et le baron saint Pierre

Variants 657

260. *ACDEGIT*

9175. fu m. d. g. *CDEG*; *AIT agree*
9176. A l'est. est v. o *E*; est en l'est. (l'est. a s. *T*) *IT*; s. ruiste b. *C*; *ADG agree*
9177. P. erent (furent *DGIT*) d. .C. m. *CDGIT*; Bien sont .L. *E*
9178. Environ 1. *IT*; 1. aloient et r. *DT*; 1. salirent et r. *I*; *ACEG agree*; *I adds 2 lines* Et Turc et Amorainne et Persant et Escle/ .M. cors et .M. buisines ont ensemble sonne
9179. L'amiral ont fait route i. *I*; Et o. 1. a fait v. *T*; 1. a rote f. i. *D*; f. route: *CE*; si a e. *CET*; *AG agree*
9180. .XL. M. *GE*; s. avec 1. *T*; *ACDI agree*
9181. Par a. *C*; Q. par mi 1. *I*; j. mene *E*; *ADGT agree*; *I adds 1 line* Que nulz Franc ne l'ocie a son branc acere
9182. d. Blansdras a *CD*; d. Baudas a *E*; d. Blandras a *GI*; d. Venise a *T*
9183. *I has 2 lines* De l'espee qu'il porte li a g. c. d./ Amont en son e. de l'espie assere; a feru sor *D*; *ACEGT agree*
9184. Desous la, (d'o. l'a fendu et *D*) *ID*; b. a o., et froe *T*; *E wants*; *ACG agree*
9185. Que l'a. li a tout: *E*; l'a. jazerant: *I*; desrout et dep. (dessaffre *C*) *ECGIT*; *AD agree*
9186. La lance li conduist dejoste le coste *D*; d. pis li *CT*; li a l'espiel pase *GI*; mi. l'espil q. *ET*; *D adds 1 line* Tote plaine sa lanche l'a del cheval porte; *I adds 1 line* Tant com hante li dure l'a jus acravente
9187. L'e. retraist a lui q. *D*; 1. trait d. co. trestout ensanglente *I*; q. l'a j. *C*; q. j. (il *DET*) l'o. cr. (adente *DT*) *GDET*
9188. po. passa o. *A*; o. se l. *C*; o. son c. a h. *T*; *DEGI agree with text*
9189. Devant sus son escu a. *I*; ce. pot r. (corre *T*) *CDT*; *AEG agree*; *I adds 4 lines* Tant fu fors li haubers n'en a maille fausse/ Bien se tient li vassaus quant ne l'a remue/ Ains n'i gerpi estrier ne le bon frain noe/ Par mout ruste vertu l'a li Sodans hurte
9190. En m. le pis li a tout son esp. froe *I*; (T. devant s. *G*), l'esp. froe *CDG*; Enz en, esc. a son esp. froe *T*; esc. ala ferir Tangre *E*
9191. *for I see 9189c*; N. estrier (destrier *G*) n. archon n'a *CDEG*; N. arcon n. estrier n'a *T*
9192. b. ravise *CIT*; *ADEG agree*; *I adds 1 line* Ne fust mie si lies pour mil mars d'or pese
9193. Du branc que i. tenoit l. *I*; l'e. d'acier l. *CDT*; k'i. tient l. *G*; *AE agree*
9194. (el. si qu'il l'a *D*) l'a estoune *GD*; el. li a grant caup donne *E*; el. mout l'a bien avise *I*; el. t. li a em... *T*; *AC agree*; *I adds 1 line* Les pierres et les flours en jus cravente [*sic*]
9195. Mains por ice n'a il tant ne quant refuse *D*; (M. li haubers fu *T*), fo. ne l'a mie fa. *ET*; Tant fu forte l. c. n'e. *I*; *ACG agree*
9196. Ne il ne o. 1. c. .I. seul point e. *I*; l'am. del cop: *CEGT*; ne o. c. e. *C*; n'a estrier remue *G*; *D wants*; *I adds 1 line* Outre s'en est passez tint le branc assere
9197. L. M. guenci s'a. *DG*; Il broce M. *E*; Amout par mi son elme a. *I*; (f. ... *T*); *AC agree*
9198. Enfreci que es dens l'a fendu et co. *I*; P. desor les espaules li, (ci. ... *T*)

CDEGT; *E adds 1 line* Il a estors son caup et si l'a mort jete; *I adds 1 line* Apres occist Joiffroy et Hanri l'alose
9199. li Arrabi poignent s., le (lor *C*) cri le. *DCEGIT*
9200. gr. ont pris et s. nos gens get. *I*; s. no gete *C*; (n. g... *T*); *ADEG agree*
9201. g. ardoyent l. esc. ... *T*; esp. l. esc. sont brule *CDG*; esc. boucle *EI*
9202. Et l. ce. sos eu. *D*; ce. (destrier *I*) desos eu., (et ... *T*) *CEGIT*
9203. La ot maint Crestien oc. *D*; ot chevalier oc. *I*; (...iens *T*) *C*. et mors et *ET*; *ACG agree*; *I adds 2 lines* Forment ont domagie nostre crestiente/ Se Damediex n'en pense touz sont mort et tue
9204. Es d. N. l. v. et *D*; v. a itant et *E*; (... d. N. *T*); *ACGI agree*
9205. la. et le crois o. *G*; f. pose *D*; (...ce et *T*); *ACEI agree*; *I adds 2 lines* L'esvesque de Matran que Diex ot mout ame/ La sainte vraie crois i a mout tost porte
9206. (...t d. *T*), d. e. v. l. f. to. *CDEGIT*
9207. l. paiene g. t. *E*; ...t p., en a afole *T*; g. sarrasine t. en i ot tue *I*; o. enbrase *G*; *ACD agree*
9208. m. ne fuissent anombre *C*; m. ne s. j. conte *D*; m. ne fussent j. *EGI*; ... m. ne s. *T*

261. *ACDEGT*

9209. *No variant*
9210. ai. ne fu m. *BEG*; *ADT agree*
9211. L. chevaus e. *T*; d. esporone si a l. b. *A*; e. et o. *C*; e. et s. o. l. b. t. *D*; *EG agree with text*
9212. p. se fierent a *DT*; p. va f. *E*; *ACG agree*
9213. Q. ataingnent a *CDGT*; i. ataint a *E*; c. lors en *DE*; c. il en es. fins et p. *T*; en fu fine p. *C*; en font fin et p. *D*; en fu fa. (fetete *G*) *EG*
9214. C. fiert en son escu d'Ais *E*; f. Esquelais *C*; f. Orcanais *DT*; f. Herkiles *G*
9215. f. Malfime le Rohais *C*; f. Baufume d. Rohais (Torcais *T*) *DGT*; f. Baufume le pusnais *E*
9216. el. des cies lo. o. percies et *E*; *rest agree*; *CEGT add 1 line* Enfresci qu'ens (que *ET*; ens *G*) el (es *G*) pis: *CEGT*; les copent a .I. fais *CG*; les ont percies et trais; les trenchent a eslais *T*
9217. Q. m. l. trebuchierent par dales .I. jarrais *D*; Maintenant l. o. m. enz en mi les garais *T*; a. en travers a .I. pais *E*; des. es (el *G*) garais *CG*
9218. m. Cors... roys Atenays *T*; C. Atanas d. Valais (Lucais *D*) *CDG*; *E wants*; *CD add 1 line* Et Tahon et Torin (Toiron *D*) et Ganelot li rais (et Gondelot de Rais *D*); *C repeats 9216-9216a* Les vers elmes d'acier lor ont trenchies et frais/ Enfresci qu'ens el pis les copent a .I. fais
9219. .M. T. *C*; .VII. rois o., j. n'en leveront ma. *D*; s. baillies j. *G*; b. on n'en gorra j. ma. *E*; (s. ba... e me. *T*)
9220. n. furent en *E*; *C wants*; *T wants 9220-9222*; *ADG agree*; *DC add 1 line* He Dex la ot le jor tans brans osquies et frais
9221. Sar. en f., l. rais *C*; Sar. f. isi g. l. trais *E*; *T wants*; *ACG agree*
9222. i. (en *CEG*) soillent lor pies et lor g. *DCEG*; *T wants*

262. *ACDEGIT*

Variants   659

9223. fu gries le b. *E*; fu fort li estour et li c. pesant *G*; li caples font g. *A*; *CDIT agree with text*
9224. v. (ve *CG*) resvertuant *DCG*; v. resvigorant *I*; *AET agree*; *I adds 1 line* Entre Francois se fierent mout les vont domagant
9225. l'a. apoignant *C*; l'a. courant *E*; *ADGIT agree*
9226. Et si. so. .I. c. qui sous li va br. *T*; So. l. bl. c. si. a *DI*; *C wants*; *AEG agree*; *D adds 3 lines* C'est li riches chevax dont on fist le presant/ A no gent crestiene dedens Jherusalent/ Li Turs le laisse corre par mi .I. desrubant
9227. f. fiert en l'e. *E*; s. son e. *T*; *ACDGI agree*
9228. Les pierres et les fleurs contreval en espant *T*; (D. le c. *C*) c. duske a l'a. *GC*; Des l'u. c. dusqu'en l'a. *D*; Desi que ens el pis l. *E*; *AI agree*
9229. do. ne valu .I. *I*; *ET want*; *ACDG agree*
9230. le flanc li *T*; li mait: *GI*; le g. pe. (devant *E*) *CDEIT*
9231. I. nen a *CD*; l'a. (le laise *D*) atant *TD*; *E wants*; *AGI agree*; *I adds 3 lines* La lance vole en pieces au paien mescreant/ Il a traite l'espee a poing d'or reluisant/ Occis nous a Guillaume et Rogier le Normant
9232. Es vous roys Godefroi a esperon brochant *T*; i vient e. *CD*; *AEGI agree*
9233. Q. vit ce. (chair *T*) *ET*; v. l. co. a terre m. *I*; m. ot l. cu. *CDEGIT*
9234. c. le mulaine que l. *E*; l. (li *D*) vint at. (au devant *D*) *CDGT*; *AI agree*
9235. G. c. l. a donne de *I*; do. sans menchonge disant *D*; do. tout le va pourfendant *T*; *ACEG agree*; *DI add 2 lines* Amont par mi son elme qu'il ot a or luisant (a or resplandissant *I*)/ Que les flors et les perres (Les pierres et les flours *I*) en va jus craventant; *I adds 1 further line* Li roys est airez son cop tient en traiant
9236. En. qu'ens el p. *CDG*; p. en fist glacier li b. *C*; p. le vait tot porfendant *DEI*; li fist couler branc *T*
9237. v. raprosnant *E*; *rest agree*
9238. i. paiens t. *I*; t. v. a. (t. t'aloies *DT*) ventant *IDT*; a. (alies *E*) proisant *CE*; *AG agree*; *I adds 1 line* Mar veistes le conte dont ai le cuer dolant
9239. ce. saisist qu'i. ala co. *C*; ce. a pris qu'i. *E*; *ADGIT agree*
9240. P. en vint a .I. c. *E*; P. en revint a. *I*; *ACDGT agree*
9241. Le destrier l. b. qui fu au mescreant *I*; (l. donna q. *T*), p. amoit t. *CDEGT*
9242. Et l [*sic*] quens i monta trestout de maintenant *I*; Et (Il *CT*; Si *D*) monta s. (s. celui q. *CDT*) *GCDT*; *AE agree*
9243. p. se fiert: *DET*; en le presse plus grant *CDGIT*; qu'il n'amoit de noiant *E*
9244. *I has 9 lines* Danemont a occis et Brufaut l'amirant/ Et li roys Godefrois ne vet atargant/ A destre et a senestre va bien les rens cerchant/ Et Turs et Sarrasins et paiens occiant/ Le roy de Capadoce fiert si en trespassant/ Que toute la cervelle hors du chief li espant/ Saint sepucre escria chevalier or avant/ Ancui seront paien se Dieu plaint recreant/ Lors i fierent Francois a tas de maintenant; A l'e., (v. ces c. *C*) *DCET*; v. tes c. *G*
9245. (Le sanc et le c. *G*) c. contreval en espant *CG*; De sanc et de c. v. la terre es. *I*; Le sanc et la c. contreval abatant *T*; Le sanc et le c. lor v. *D*; *E wants*
9246. Ma. d. g. sarrasine i ot plante si grant *I*; g. soudoiant *C*; *D wants*; (Ma. ta... *T*); *AEG agree*

9247. Avis ert n. b. to. jours ... *T*; C'ert vi. *G*; Que ce semble a n. gent q. *I*; to. jours vo. *EGI*; *D wants*; *AC agree*; *I adds 2 lines* Ne tant ne quant ne vont ces jus amenuissant/ Se li notre s'esmaient ne m'en vois merveillant
9248. a esperon brocant *E*; *rest agree*
9249. L. E. i s. par dev. o. *T*; de l'aval d'o. *D*; *ACEGI agree*; *I adds 1 line* Si en furent .C.M. sanz mensonage contant
9250. Ta. vont s. *A*; Ta. sonerent d., (te. vont c. *I*) *DI*; l. tere va c. *EG*; va tremblant *T*; *C agrees with text*
9251. *I has 2 lines* En mi l. n. se mistrent mout en v. o./ As ars et aus saietes et aus coutiaux tranchant; As d. (ars *CT*) et as (... *T*) f., (v. no gent o. *T*) *DCET*; *AG agree*
9252. Le feu gr. geterent es. *I*; l. geterent: *CDG*; (ens el vis t. *D*; gr. ... jet... ut *T*) t. ardant *EDIT*; et alumant *G*
9253. es. i o. ar. et maint destrier corant *I*; es. l...rier au. *T*; ar. maint destrier au. *C*; ar. maint hauberc jasarant *D*; ar. et destrier (d. *G*) au. (auferans *G*) *EG*; *I adds 2 lines* La terre en alumoit et aloit bruissant/ Plus d'une grant hanstee contremont esperant
9254. s. aloit alasquissant *C*; s. s'en alient j. fuiant *I*; a. alascant *D*; j. laskant *EG*; (La ... n. ... a la. *T*)
9255. Mais l. ve. ... b. *T*; ve. del Pui i est venus poignant *D*; a esperons b. *CGI*; *AE agree*
9256. te. toute droite a. *CG*; te. (te... *T*) devant euz (lui *DT*) a. (en estant *D*; en present *E*) *IDET*
9257. v. n. g. (v. nos gens *I*; v. ... g. *T*) reconfortant *CDEGIT*
9258. *I has 2 lines* B. franc chevalier ne soiez esmaiant/ Ne doutez pas la mort mes alez la querant; B. renhaities v. *DE*; r. vo...ie alentant *T*; n'a. mie fuiant (faillant *D*) *CDEG*
9259. (Tant s. *C*), e. gloire p. *DCG*; c. ou regne p. *I*; c. ...re p. *T*; e. vie p. *E*
9260. *I has 2 lines* Quant Crestien oirent l'esvesque de Matrant/ Ains n'i ot si couart bataille ne demant; Quant Crestien l'oirent molt s'en v. renhaitant *D*; (A icele p. *EG*), v. resbaudissant *CEG*; (s. ...uant *T*); *D adds 3 lines* Saint sepulcre escrierent chevalier or avant/ Ceste gent sarrasine mar s'en iront gabant/ Desor la gent averse qui Deu n'ont a garant
9261. Ancui l. *CEGI*; *DT want*; *I adds 2 lines* En mout tres petit d'eure en i ot occis tant/ Que hom nel pouroit dire nes jugleres qui chant
9262. ve. poignant *D*; (f. a... t le... *T*); *ACEGI agree*
9263. i vint t. le vont e. *C*; (i m... t le ... *T*); *ADEGI agree*
9264. Et T. a ar., (vo. au ve. *I*) *GI*; ar. turcois vo. *D*; ve. bersant *E*; (ve. ... *T*); *AC agree*
9265. v. arrier resortissant *CDI*; a. reculant *T*; *AEG agree*
9266. Qui n. l. peuent f. *I*; f. nul m. (m. jel vos creant *D*) *CDE*; f. ne m. *G*; (d. ... *T*)
9267. Que d., cr. il a. *E*; *T wants*; *ACDGI agree*
9268. vait li Turc vo. reculant *D*; p. (... *T*) reculant *CEGIT*
9269. Et C. les f. (sievent *C*; f. ... d. *T*) *DCIT*; al dos d. m. *C*; a tas d. m. *DI*; *AEG agree*; *G adds 1 line* Et tant en ont ocis couvert en sont li canp
9270. Qu'en s. et en ce. *G*; t. jonchant *T*; *ACDEI agree*
9271. v. C. a esperon brocant *E*; *ACDGIT agree*
9272. P. point et broche a *CDE*; Et sist sus P. a. b. *I*; *ACIT agree*

Variants 661

9273. O lui mena G., P. d'Argalent *C*; a Gaudin et, d. Garlant *I*; et Perron de Chalant (Garlant *T*) *DT*; d. Gaillant *G*; *E wants*; *I adds 2 lines* Et Gerart de Laimbourc et Godeschal l'enfant/ Pour la mort de son pere se vet mout airant
9274. *No variant*
9275. De Crestiens occire ne se vet pas feignant *I*; (M. aloient no g. *G*), f. amenuisant *CEGT*; *D wants*
9276. On ne le pu. *DIT*; ne. pot a. *C*; a. pl. (ne *EI*) d'un (c'un *EIT*) oi. v. *DEIT*; *AG agree*
9277. S. Damledex n'e. *DIT*; *ACEG agree*; *I adds 262A, 44 lines, see Appendix 26*

263. ACDEGIT

9278. *No variant*
9279. K'ensi o. *E*; gr. duel en *I*; *ACDGT agree*; *I adds 1 line* Se il n'en prent vengance ne se prise .I. festu
9280. (o. fiert l. *I*), c. cornu (co... *T*) *CDGIT*; o. a le ceval feru *E*; *I adds 1 line* Et li destrier li sau plus tost que cerf ramu
9281. Ve. l. paien en vient e. *E*; Ve. Cornumaran point e. *I*; S. vient e. *GT*; *D wants*; *AC agree*; *I adds 3 lines* Li paiens se regarde s'a le conte veu/ Bauduin de Buillon a bien reconneu/ Forment le redouta quant l'ot aperceu
9282. Quant Cornumaran v. n'en a *C*; Quant li paiens l. *E*; Plantamor esperonne n. *I*; l'a pas a. *D*; *AGT agree*
9283. *I has 2 lines* P. t. s'e. v. fu. sus le sablon menu/ Qu'archier ne trait saiete quant a son arc tendu; Cornumarans s'e. fuit p. t. q. c. r. *C*; (P. tost en v. *E*), n. cort c. *GE*; Plantamor fuit p. t. q. *T*; *AD agree*
9284. *No variant*
9285. l. ce. co. q. *IT*; co. montes q. *E*; *ACDG agree*
9286. Plus d'u. g. l. a C. s.*I*; u. loee C. seuu *D*; *ACEGT agree*
9287. Et en. les .III. O. la... a c. *T*; En. tes O. *C*; Que en. les .III. O. l'at. *E*; Deca .III. ourmes l'a *I*; *ADG agree*
9288. e. cil l'a b. entendu *D*; e. paien mal aies tu *I*; v. eu *C*; (... *T*); *AEG agree*
9289. Car retourne vers moi trop aras hui coru *I*; Paien s. n. retournes je te *E*; (... n. *T*); *ACDG agree*; *I adds 3 lines* Ains pour paien n'oimes le cuer si esperdu/ S'a Damedieu plaisoit assez aras vescu/ Cornumarans l'enten tout a le sanc meu
9290. Qua. il vo. qu'o le conte n'estoit nuli ve. *I*; a fors l. eu *E*; l. seu *C*; *DGT agree with text*; *G adds 1 line* Il ne le prise mie vaillisant .I. festu
9291. P. esporoune qui randoune menu *G*; P. point et broche si a tourne l'e. *T*; P. retourna se l. *E*; a (li *D*) guenci: *CDI*; si l. torna l'e. *CI*; et trait le brant molu *D*; *I adds 1 line* Li uns court l'autre sore au branc d'acier molu
9292. co. s'entredonnerent ne sont mie esperdu *I*; se vont donner: *CDEGT*; ca. del branc molu (tout nu *T*) *CGT*; du branc d'acier molu *E*; *I adds 2 lines* Amont par mi lor iaumes dont li coing sont agu/ De l'acier font saillir et la flambe et le feu
9293. *No variant*; *I adds 2 lines* Le mestre chandelie a trenchie et rompu/ La coife li trancha dont le chief ot vestu; *T gives a first version of 9294-*

662   **Variants**

9297 Amon... a or fu batu/ Les p... a jus .../ La co... in qui .../ Li bran... r mout ...ste ver...; *IT then add 72 (79) lines, see Appendix 27*

9294. *E wants*; (a ... *T*); *ACDGI agree*
9295. j. espandu *G*; *E wants*; (en ... *T*); *ACDI agree*
9296. d. hauberc q. (qu'ot vestu *E*; ... *T*) *DEGT*; *ACI agree*
9297. Si dr...t l'a con... et par si grant ... *T*; b. descendent a., m. grande v. *C*; a. de m. *G*; p. si r. *E*; *D wants*; *AI agree*
9298. En. qu'ens (ens *G*) el *CG*; En. qu'ens es dens l'a *D*; Que jusques as espaules l'a t. ... *T*; *AEI agree*
9299. L. bers esto. *D*; Il a esto. *T*; c. si l'a (c. ... *T*) jus (mort *DT*) abatu *CDT*; *EI want*; *AG agree*; *G adds 2 lines* Quant Sarrasin le voient tout en sont espierdu/ De cors et de buisines ont leve si grant hu (*cf. 9308-9309*)
9300. *E places 9308 before 9300*; O. fait i. *D*; O. ce d. li quens m. *E*; (P. d. *G*) d. Bauduins *IGT*; fol plait avez meu *I*; f ... *T*; *AC agree*
9301. D. Perron d. Chalon v. r. ci le s. *D*; D. P. d. Garlande (Gar... *T*): *CGIT*; t'ai (... *T*) gerreudon (... *T*) rendu *IT*; r. ore s. *C*; r. jou ci s. *G*; *E wants*
9302. (P. esporoune l. *G*), b. cheval g. *DEG*; Lors s. P. ... g. *T*; s. son b. *C*; d. cremu *I*
9303. Et s'es., a ausi tolu *I*; Et M. s'es. li ... du b. *T*; *ACDEG agree*
9304. En la fiere bataille est mout tost revenu *T*; *ACDEGI agree*
9305. *No variant*
9306. Et cil nel r. pas p. le tresor Chau *D*; (Il n. l. dounast mi. *E*), p. l'or de M. *CE*; *T wants*; *AGI agree*
9307. q. a le bo. br. au paien retenu *I*; (a le le bo. *C*), br. retenu *DCG*; *ET want*
9308. *E places 9308 before 9300*; v. grant dol en ont eu *D*; v. mout en *E*; v. si en *I*;*ACGT agree*
9309. Des c. et des b. o. sone le g. h. *C*; *ET want*; *ADGI agree*
9310. Dusqu'e. Jherusalem a on les cris ou *D*; Q. dusqu'e. *CG*; ju. a Jh. a on la vois ou *I*; n. eu *C*; *ET want*

264. *ACDEGI* : *for T's version of lines 9311-end see Appendix 28*

9311. *No variant*
9312. Mout gr. do. e. demainnent c. *I*; e. demenerent c. *CG*; e. ont menee c. *D*; ge. de Persie *E*
9313. .C. millier l. regretent n'i *CDGI*; *E wants*
9314. Hai C. frans rois chiere hardie *I*; *ACDEG agree*
9315. Com p. (ce *E*) *DE*; *ACGI agree*
9316. pa. n'en o. e. paienie *E*; t. Turkie *CDG*; *AI agree*
9317. m. seust fe. (fe. d'une e. *D*) *CDEGI*
9318. *E wants*; *rest agree*
9319. S. en a la vois o. *I*; la parole o. *G*; *ACDE agree*
9320. l'e. font sonner l. *C*; l'e. a sone l'estormie *D*; l'e. ileuques s'acostie *G*; f. (fet *I*) soner l'estourmie *EI*
9321. S. et Pe. et pa. se ralie *C*; Sarrasins et Persans et paiens (Sarrasins et paiens et Persans *EG*; Paiens et Sarrasins et Persans *I*) i ralie *DEGI*
9322. Encor sont bien .C.M. la pute gent haie *I*; (Bien furent .C. *D*), m. encor en *CDG*; m. d'une connestablie *E*

Variants 663

9323. f. assaillie *I*; *E wants 9323-9325*; *ACDG agree*
9324. *EI want*; *ACDG agree*
9325. c. malvaisement b. *C*; c. ma. mesbaillie *G*; *DEI want*
9326. h. vois escrie *CDEI*; *AG agree*
9327. s. no g. *CGI*; et soies en aie *C*; et no c. *GI*; *ADE agree*
9328. Q. tamainte (tante grant *DI*) mesaise aront p., (v. oie *G*) *CDGI*; *E wants*
9329. p. Ricart d. *A*; *CDEGI agree with text*
9330. F. et dant Jehan d'Alie *E*; *ACDGI agree*
9331. *D places 9331 after 9341*; Et H. l. bon. c. q. *C*; Et dans Hues li Maines q. *D*; *AEGI agree*
9332. B. sont e. *DI*; en sa c. *CI*; *AEG agree*
9333. G. a le ciere hardie *E*; s. Blanchart de Surie *D*; b. de Surie *C*; b. de Lerie *G*; b. de Nubie *I*
9334. Et B. seoit el c. *D*; *EI want*; *ACG agree*
9335. *I wants*; *rest agree*
9336. A. iaus v. *C*; Avec vint T. *I*; c. fu T. *DE*; M. ot e. *DI*; *AG agree*
9337. Et Ewart d. Puisa et R. *C*; Et Evrars d. Puisart et R. *GI*; *DE want*
9338. b. vestie *I*; *rest agree*
9339. Et Thomas de le Fere et Joiffrois d. P. *D*; Go. et Richars d. P. *C*; Go. qui n'ot pas coardie *I*; *AEG agree*
9340. l. Crestiens ca. *C*; *D wants*; *AEGI agree*
9341. que. Rotous de Perse qui *E*; o. croissie *D*; *ACGI agree*; *D places 9331 after 9341*
9342. P. qui l. cue. molt (en *I*) g. *DI*; P. qui mautalens aigrie *E*; *ACG agree*
9343. f. qui ot perdu la vie *I*; *rest agree*
9344. (A. lui v. *CI*) v. Ricars:, (Chaumont ot en bailie *I*) *GCI*; *DE want*
9345. Bi. vint en *I*; en sa (le *E*) compaignie *DE*; *ACG agree*
9346. C. tint l'espee forbie *D*; *CEGI want*; *D adds 1 line* Et Harpins de Boorges ot la soie sachie
9347. *CEGI want*; *D wants 9347-9351*
9348. Et Does de Niuele t. *E*; Et Drions de Melent t. *I*; de Niele t. *CG*; *D wants*
9349. d. Cerebaus t. *CG*; d. Crenebaus ot l. *I*; *DE want*
9350. Fouchiers Bouraus (Boiaus *G*; Hoiaus *I*) de C. *CGI*; C. ot l. *G*; l. lance e. *E*; *DE want*
9351. Et Richars d. Monier: *C*; M. l. so. n'i oublie *G*; tint l., (so. sacie *E*) *CE*; *D wants*; *AI agree*
9352. De s. et de cerveille iert taint et vermoillie *I*; Enf. qu'a ses p. *C*; q. as p. est d. s. vermellie *G*; p. estoit d. s. soillie *D*; s. enmervellie *E*
9353. ta. al face enpuuignie *A*; ti. l'espee forbie *G*; f. enbrachie *C*; *D wants*; *I agrees with text of E*
9354. e. s'ajoste l. *CDEGI*; l. Jhesu c. *C*; s. baronnie *G*; *CDI add 1 line* N'i a cel n'ait s'espee (l'espee *D*) en cervielle baignie (toeillie *D*; N'i a cil en cervelle n'ait s'espee sollie *I*)
9355. v. par m. *GI*; g. aatie *D*; *E wants*; *AC agree*
9356. f. (ruistement *C*) commenchie *DCI*; *AEG agree*

256. *ABCDEGI*

9357. *No variant*
9358. (D'espee et de tars i *I*) i ot m. *BCDEGI*
9359. P. b. et crient et m. a v. *I*; m. ensamble a d. *D*; *BCEG agree with text*
9360. De m. et de n., l. camp a. *EG*; m. de ses n. *A*; s. tout jonchie li pre *I*; *D wants*; *BC agree with text*
9361. b. s'esbaudisent si se so. escrie *BCDEGI*
9362. Baron or *BCEI*; do. bien faire: *EI*; t. avons endure *D*; car il o. t. du. *E*; tuit sont p. mate *I*; *AG agree*
9363. l'e. sont Sarrasin m. *B*; o. les paiens m. *C*; *ADEGI agree*
9364. li Amoraive v., n. trestourne *I*; le. nostres torne *CDE*; *ABG agree*
9365. *D places 9371 before 9365*; I. ont ma. *BCI*; ma. cheval ocis et affole *D*; *E wants 9365-9369*; *AG agree*
9366. Et ma. pi. et ma. pu. (pie *I*):, (mainte teste c. *I*) *BCGI*; *D wants 9366-9370*; *E wants*
9367. P. v. d. f. *B*; *DE want*; *ACGI agree*
9368. R. .I. arpent mesures *BCGI*; *DE agree*
9369. *DE want*; *ABCGI agree*
9370. d. .XXX. mil g. (cor *I*) *CI*; e. (a .I. son *CE*) sonne *ICE*; *D wants*; *BG agree with text*
9371. *D places 9371 before 9365*; lo. (i *E*) vienent tot s. *BCDEGI*
9372. Ja f. (f. Crestien m. et tuit d. *I*) *CDEI*; *ABG agree*
9373. Quar adure e. *B*; Que d. *E*; *ACDGI agree*
9374. di. escriet *A*; di. esgarde *GI*; *BCDE agree with text*
9375. q. cevaucoit s. *B*; q. chevalchent s. *CD*; q. venoient s. *I*; *AEG agree*
9376. Et voit b., e. plus de .C. mil a. *D*; e. .D. m. (m. d'a. *EG*) *CEG*; e. .IIII. mil ferarme *I*; *AB agree*
9377. que le noif (comme noif *I*) qua. el. ciet el *EI*; *ABCDG agree*
9378. S. J. vient d., l'e. ot p. *I*; *ABCDEG agree*
9379. M. le gonfanon leve (freme *DG*) *CBDEGI*
9380. Domideles et Mercules cis boin saint eure *C*; *BDEGI want*; (cf. T Appendix 28/39)
9381. n'a. le (.I. *DG*) pegnon ferme (frese *D*) *CDGI*; g. ferme *B*; *E wants*
9382. A. a sor sa lance a *C*; d. son elme a *BE*; d. sa (la *G*) lance a *DG*; *I wants*
9383. Pa. l'estendart s'e. (e. *E*) *BCDEGI*; s'e. vienent s. *BDG*; s'e. viegne s. *C*; e. vinrent s. *E*
9384. Sa. J. s'abaissa (s'abesse *I*) si *CDI*; *ABEG agree*; *G adds 1 line* Et li bers sains Meurises le gonfanon leve (cf. 9379)
9385. cor. adoube *CDI*; *E wants 9385-9389*; *ABG agree*
9385a. au. arote *BDG*; au. barne *I*; *AE want*; *text of C*
9385b. h. trove *D*; *AE want*; *BGI agree with text of C*
9386. i. a l'auberc en. *A*; *E wants*; *BCDGI agree with text*
9387. Et Pieres en apres a av. es. *BG*; *CDEI want*
9388. q. pendoit en son t. *D*; *E wants*; *ABCGI agree*
9389. l. saisist:, (l'e. a c. *C*) *IC*; *E wants*; *ABDG agree*
9390. (D. la a *I*), c. aresne *BCDEGI*
9391. L'er. (Dans Perres *D*) i monta p. *GDI*; i monta p. *C*; *ABE agree*
9392. q. l'o. b. av. *E*; l'o. ravise *I*; *ABCDG agree*
9393. Mais q. v. *D*; *rest agree*
9394. Rogiers si a Saugin f. So. e. *E*; *rest agree*

Variants 665

9395. Trestout l'a pourfendu enfresi el b. *E*; h. dusqu'al (el *G*) n. *BCDG*; *AI agree*; *E adds 1 line* Il a estors son caup si l'a mort enverse
9396. A sa vois qu'il ot clere a J. r. *I*; *rest agree*
9397. *CDEGI want*; *AB agree*
9398. a. si s. espoente *CD*; a. si se s. retorne *G*; *ABEI agree*; *CDI add 1 line* N'i volsist li mieudre estre por .M. mars d'or pese (por .I. min d'or comble *D*)
9399. I. livrerent le do. si s. de. *C*; I. l'o. *B*; o. torne le. do. en fuies sont torne *DI*; *AEG agree*
9400. l. sanc mue *BCDEGI*
9401. c. a hautement parle *D*; *ABCEGI agree*
9402. Hai M. *I*; s. tant jor v. *D*; s. que j. *G*; *ABCE agree*
9403. p. servir et h. *C*; *rest agree*
9404. ma tiere r. *BCDEGI*; *CD add 1 line* Je vous ferai ardoir ens en .I. feu are (en .I. fu embrase *D*)
9405. s. despecie v. f. *I*; *rest agree*
9406. J. ma. p. mo. n'i. (n'estras *D*) s. *BCDEGI*
9407. Hounis soit or l. *E*; a. tel Di. *I*; *ABCDG agree*

266. *ABCDEGI*

9408. v. ses p., (a esporons *B*) *CBDEGI*
9409. l. ocient a f. *BDEGI*; l. sivoient a f. *C*; *D adds 1 line* Durement les ocient n'i ot espargnoison
9410. A h. v. escrient aidies sire M. *D*; v. h. et clere a r. *C*; o. clere a r. *BEGI*; *D adds 1 line* Et li Sodans fait dol ja gregnor n'avra hom
9411. (He dist il A. a *D*), q. perdition *BCDGI*; Dix q. perte recoellon *E*
9412. Tu lais a. *E*; *rest agree*
9413. Trestot v. c. fi. d'or n'i *C*; fi. jo d'or n'i *DI*; *ABEG agree*
9414. *No variant*
9415. G. en (vous *E*) tieng j. *CE*; a bricon *I*; *ABDG agree*
9416. Qui n. *BCD*; Que nel m'avoient d. *G*; d. tant com f. (fuse *B*) *CBDGI*; *E wants*
9417. s. je p. *E*; *rest agree*
9418. j. ne s., (o. ou m. *I*) *DI*; o. et m. *C*; *ABEG agree*
9419. e. fu et en c. *EGI*; *ABCD agree*
9420. Califes apostoiles j. *C*; Caifas l'a. *EG*; *ABDI agree*
9421. Las ma *BCDGI*; v. ochire a *C*; v. mener a *DEGI*; gr. confusion *BD*; *CDI add 1 line* Ne jou ne lor puis faire garant ne tension
9422. Li amiraus ap. l. vielle R. *C*; L'amiraus en ap. Do l. fil R. *E*; L'am. (L'amustan *I*) apiela et *BI*; L'amustant en *D*; l. fier R. *B*; l. viel R. *DGI*
9423. V. ma g. *I*; g. desconfite: *DBE*; ja n'arai r. *B*; ja n'aront r. (garison *E*) *CEGI*; car de fi le savon *D*
9424. Jetons l., et puis n. *I*; n. garissons *CD*; *ABEG agree*
9425. a nostre e. *BCDE*; a nostre atentart ja m. n. revendron *I*; n. retourneron *CE*; n. repaierrom *D*; *G wants 9425-9427*
9426. B. s. que c. *D*; b. coper es. *B*; *G wants*; *ACEI agree*
9427. Je fu. faus q. *E*; en. a n. *B*; *G wants*; *ACDI agree*
9428. *G places 9432-9432b before 9428*; c. faitement: *C*; g. nos seut a *D*; g.

666   Variants

chi vient a *G*; g. nous vient a *I*; vient chi a e. *CE*; *B wants*
9429. Plus s. b. que la n. *I*; et f. comme l. *CE*; *D wants 9429-9431*; *ABG agree*
9430. nos n'i puet .I., se mal non *I*; se Frans non *G*; *D wants*; *ABCE agree*
9431. n. en fuion *CG*; *DEI want*; *AB agree*
9432. *G places 9432-9432b before 9428*; c. puet garir (sauver *B*) *CBDEGI*; b. lechon *D*; *G adds 2 lines* Dou fu jeter s'aprestent li Sarrasin felon/ Soudans regarde ariere si fu en grant fricon
9433. Il g. *G*; Lors jete feu grijois li *I*; li Arrabi f. *C*; li encrisme fe. *D*; *ABE agree*; *CDGI add 1 line* Lor tre (La terre *DGI*) art et esprent s'en volent li brandon (brason *D*; entour et environ *G*)
9434. Caifas v. *EG*; l. fu q. fu au p. *D*; er. au p. *C*; *ABI agree*
9435. B. set q. *BG*; B. voit q. *DEI*; *AC agree*
9436. G. vient p. *B*; *E wants*; *ACDGI agree*
9437. a oste: *CDGI*; o (et *I*) trestout le m. *CGI*; p. desus le m. *D*; *E wants*; *AB agree*
9438. Il m. *E*; s'en. a bandon *D*; *ABCGI agree*
9439. O. n'i a. *BCDEGI*
9440. Et en Ac. s'enfuit sans nule ar. *E*; Enfresci que a, (Ac. n'i ot ar. *B*) *CBDGI*
9441. *E has 2 lines* Et si avoit caupee le t. de Ma./ Si l'a envolepe en .I. bel siglaton; mi. l. cief de Ma. *CDGI*; *AB agree*
9442. Pu. demena s. *CEG*; *ABDI agree*
9443. l. jentiex b. *DE*; *ABCGI agree*
9444. Des T. et des p. *C*; et d. Persans f. grant o. *DE*; *ABGI agree*
9445. (Q. lor c. *C*), s. dusc'a. fel. (talon *B*) *DBCEG*; *AI agree*; *CI add 1 line* Et cil qui sont a pie dusc'outre (jusqu'outre *I*) le talon
9446. f. sans nule a. *E*; n'i a recouvrison (rescossion *D*) *BCDG*; *I wants*

267. *ABCDEGI*

9447. s'e. tournent n'i a *C*; *rest agree*
9448. n'i tinsent c. *C*; n'i quirent c. *I*; q. pour voir n. v. *E*; *ABDG agree*
9449. C. f. q. (com *C*) m. m. (puet *CD*) p., (v. eslongier *G*) *BCDGI*; *E wants*
9450. le. assalent li *D*; lo. ocient li *E*; en. com v. *I*; *ABCG agree*
9451. As maintas l.*I*; l. ochient d. (as *EGI*) *DEGI*; *C wants*; *AB agree*; *DCI add 1 line* En sanc et en cherveles (cervielle *CI*) firent lor (les *I*) brans soillier (font tot lor sanc bagnier *C*)
9452. *No variant*
9453. d. l. vair c. *E*; *ABCDGI agree*
9454. Et Witasse s. fr. sor Plantamor l. fi. *D*; fr. Ustasse et B. *C*; *ABEGI agree*
9455. q. le corage ot fier *I*; *ABCDEG agree*
9456. N. le (.I. *CEG*) vaillant chevalier *DBCEGI*
9457. q. mout (bien *D*) font (fist *C*) a proisier *EBCDG*; *AI agree*
9458. Bi. et Harpin le legier *B*; *rest want*
9459. *CDEGI want*; *AB agree*
9460. au. barnages que J. *D*; *rest agree*
9461. C. vinrent au, (d. de l. g. l'a. *E*) *BCEI*; *ADG agree*

Variants 667

9462. As e. d'acier lo. f. le. rens vuidier *E*; O. lo., n. se sont guencit a. *C*; le. corent detrenchier *D*; f. aler a. *B*; *AGI agree*
9463. O. en l. *C*; n. poient r. *B*; n. porere r. *I*; *ADEG agree*
9464. Q. li So. le voit l. *D*; v. l'escus cu. *A*; v. le sanc cu. *I*; se. quida ca. *B*; *CEG agree with text*
9465. f. Gautier *C*; f. Rogier *D*; *ABEGI agree*
9466. Que l. fl. et l. p. en *D*; en fait j. *EG*; *CI want*; *AB agree*
9467. (T. le pourfendi: *I*), dessi el cervelier *GI*; p. desci que el cervier *C*; p. enfresi el b. *E*; *ABD agree*
9468. I. l'enpaint p. *BCEI*; Puis a estort son colp: *D*; v. si l. *E*; mort l. f. (fist *BI*) t. *CBDI*; j. l'abat el sentier *G*
9469. *E wants*; *ABCDGI agree*
9470. Puis ge. *I*; ge. li S. *C*; t. a o. *CI*; *ABDEG agree*
9471. A esporons (espons *C*) s'e. *BCDGI*; s'e. torne p. *BCEG*; l. mius esploitier (efforchier *D*) *BCDEGI*
9472. Et Sarrasins o l. *D*; pa. avec l. pl. sont d. .XX. m. *I*; *ABCEG agree*
9473. d. font lever tel poudre et t. bruier *I*; *rest agree*
9474. j. estoit cl. sel co. es. *E*; cl. ert en *D*; en convient es. *I*; *ABCG agree*
9475. l. jours aclina et p. *E*; si prent a l'an. *C*; *ABDGI agree*
9476. n. sorent m. paiens ou encalchier *D*; p. paiens c. *BCEGI*
9477. *No variant*
9478. (Q. il pa. *E*), s. commant:, (face j. e. *E*) *DE*; *ABCGI agree*
9479. l. a enpli m. *BCD*; *I wants*; *AEG agree*
9480. *No variant*
9481. (Et li s. le. *D*), f. esclairier *ID*; s. releva:, (jours prist a esclairier *E*) *GE*; *ABC agree*
9482. (l. virent n'i *D*) n'i ot qu'e. *BCDEGI*
9483. p. fierement e. *C*; *rest agree*
9484. Ap. molt durement hu. *D*; Ap. durement ahuchier *I*; a hautes v. *B*; *ACEG agree*; *CDI add 2 lines* Et l'amiraus Soldans que il lor viegne (qu'il lor venist *D*) aidier/ Mais por noient l'apielent (appele *I*) n'a soing de (riens est du *I*) repairier; *D adds 1 further line* Ains s'en vait a esploit n'i a que corechier; (*cf. T Appendix 28/134-136*)

268. *ABCDEGI*

9485. D. vertu m. *BCEG*; *ADI agree*
9486. et li jors vint a. *C*; j. met a. *I*; *ABDEG agree*
9487. Et T. et Sarrasin en t. f. *I*; *rest agree*; *CDI add 1 line* En plus de .M. (.C. *D*) parties s'en vont esperonnant (s'alerent departant *D*)
9488. C. s'en f. mout tost p. *I*; f. qui m. m. (puet *BCD*): *GBCD*; p. vie raemant *BCG*; p. lui traire a g. *D*; *E wants*
9489. ba. que Dex par ama tant *D*; v. apres suiant *I*; *ABCEG agree*
9490. *No variant*
9491. et d. cherveles: *DG*; v. l. t. (l. t. v. *D*; v. l. place *I*) couvrant *BCDEGI*; *CI(D) add 2(3) lines* A .C. et a milliers les vont esboielant (*CDI*)/ Et a grandes machues contre terre ruant (*D*)/ De sanc et de cerville (Del sanc qui des cors ist *DI*) i ot plente si grant (*CDI*)
9492. Qu'a. *C*; *E wants*; *ABDGI agree*

9493. *No variant*
9494. Amont p. m. son e. li va grant c. donant *E*; Grant c., d. sor son e. *D*; *ABCGI agree*; *D adds 2 lines* Que les flors et les perres en vait jus craventant/ La coiffe del hauberc ne li valt mie .I. gant
9495. D. qu'e., (poi. t. le v. por. *C*) *BC*; Enfresi qu'el menton le *D*; e. le cervele le *E*; *AGI agree*; *G adds 2 lines* Mort l'abat a la tiere l'arme s'en va atant/ En infier le hideus est ele herbegant; *I adds 1 line* Mort l'abat du cheval tres emi le pendant
9496. G. a l'es. *DEI*; *ABCG agree*
9497. P. l'aumustant dusqu'en el pis devant *D*; Fendi l'amirau d. *BGI*; Fendi .I. am. *E*; d. qu'e. *C*
9498. Et Pieres li ermites vint son fil consivant (ataignant *DI*; qui le cuer ot vallant *E*) *CDEI*; Es dan P. *B*; *G wants*
9499. *CDEGI want*; *AB agree*
9500. .II. poins l. va tot porfendant *C*; m. f. .I. Turc maintenant *E*; *ABDGI agree*
9501. *CDI want*; *ABEG agree*
9502. Tot l. f. et decolpe (copa *I*): *DI*; dusqu'en (jusqu'en *I*) l'arcon devant *BDI*; *CEG agree*
9503. j. mout l. *B*; j. qui l. *CD*; v. avisant *EG*; *I wants*
9504. B. (Balbauduins *C*) vet encaucant S. *BCEG*; B. vait S. encauchant *DI*
9505. l. ce. co. a *CDI*; *E wants*; *ABG agree*
9506. Et sont en *I*; co. .M. chevaliers v. *B*; *ACDEG agree*
9507. Li Sou. s'en fuioit sur le Maigremorant *E*; *CDI want*; *ABG agree*
9508. *CDI want*; *ABEG agree*
9509. Ac. vait Sodant consuivant *I*; s'al. (alerent *E*) arestant *BCDEG*
9510. B. les es. *B*; B. li es. *I*; n'en ire s. *C*; *ADEG agree*
9511. So. les en. *B*; Q. So. l'a oi sa *D*; Q. li So. l'entent sa *G*; l'en. si se v. *E*; *ACI agree*
9512. B. traiez en sa ci nos vient asuivant *I*; q. nos vi. *BCDEG*
9513. *E wants*; *rest agree*
9514. Ja .I. n'en estordra p. le mien essiant *I*; M. escapera .I. *EG*; en escaperont p. *C*; en estordra .I. *D*; p. mon D. *BCDEG*
9515. Q. Sarrasin e. (oirent *DI*) *CDI*; lor signor l'amirant *CD*; le commant l'amirant *I*; *ABEG agree*
9516. *No variant*; *E adds 1 line* Ainc n'en i ot .I. d'aus ne fesist marement

269. *ABCDEGI*

9517. *I inverts 9517/9518*; Q. Arrabi o. *CG*; Q. li Arrabi brocent: *E*; o. lor sire est *I*; Sodans est esc. *DCEG*; *AB agree*
9518. *I inverts 9517/9518*; o. les c. *D*; *ABCEGI agree*
9519. *No variant*
9520. o. d'A.: *B*; o. Sarrasins: *CDEGI*; ocis et d. *BCDEG*; m. et desbaretez *I*
9521. Mai. li quens Bauduins es. mo. mal enganes *D*; c. i es. ma. (maus *G*) *BCEGI*
9522. Que d., n. l'en e. *D*; co. n'en i es. nus r. *C*; co. l. e. mout peu r. *G*; co. n'i es. suel r. [sic] *I*; *E wants*; *AB agree*; *DCI add 1 line* Que Sarrasin nes aient ocis (et pris *C*) et affoles (decolpes *CI*)

Variants 669

9523. Desous R. Cr. ont son ceval tue *E*; Sor R. *BCG*; So. dant R. Cr.: *D*; Cr. fu se. *CD*; e. li ce. *B*; ce. tues *D*; *AI agree*
9524. b. resaut sus co. *E*; s. sus p. *C*; *ABDGI agree*
9525. L'esp. ens (ens *lacking in I*) el p. *BDEGI*; Espee en *C*; d. fierement s'est (est *DEG*) m. (mostres *C*; menez *I*) *BCDEGI*; *CBDEGI add 1 line* Par devant sa poitrine fu (est *D*) ses escus (fu s'escus *B*) tornes
9526. a des S., et affoles *C*; *E wants*; *ABDGI agree*
9527. (Q. Sarrasins nel v. *C*) v. ne s. *BC*; *E wants*; *ADGI agree*
9528. C. fierement esc. *D*; *ABCEGI agree*
9529. d. Buillon et v. quel le feres *G*; *ABCDEI agree*
9530. *No variant*
9531. (F. grant d. *E*), i (hui *G*) ares *BCDEG*; F. ou estes vous alez *I*
9532. Que mo. *D*; (Ne mo. *I*), ma. n. reverres *CI*; mo. et B. *G*; B. ma. vi. n. resveres *E*; ma. vous n. ve. *B*
9533. Bauduins l'a oi cele part est alez *I*; At. i vint li quens: *D*; es vous le conte: *BCEG*; p. tous ab. (aires *G*) *BCDEG*
9534. l. ce. co. q. *CD*; *I wants*; *ABEG agree*
9535. J. Raimbert C. *A*; J. R. Creton est l. *E*; l. quens a. *D*; b. ariestes *CI*; *BG agree with text*
9536. ce cheval m. *I*; *ABCDEG agree*
9537. (b. ces n. *D*) n. contes *ID*; *ABCEG agree*
9538. Par d., s. des T. *C*; *ABDEGI agree*
9539. m. ne r. *E*; n'i demorres *D*; *ABCGI agree*
9540. Certes m. ameroie a estre desmembrez *I*; M. aim ensamble o v. *D*; M. voel qu'e. *G*; a. encoste v. l. ci. m. s. co. *E*; e. o v. *C*; *AB agree*
9541. Q. jo soie d. v. p. *DI*; *ABCEG agree*
9542. *No variant*
9543. *BCDEGI want*
9544. nu. terre ne *I*; *rest agree*
9545. Pa. mon chief j. *D*; Pa. f. j. n'i i. *E*; *I wants*; *ABCG agree*
9546. bi. amis si *C*; si. vous irez *I*; *E wants*; *ABDG agree*
9547. De co. *I*; *rest agree*
9548. l. cornus esc. en f. est t. *D*; l. cevaus esc. *EI*; *ABCG agree*
9549. En se voie a *D*; a des T. *E*; p. de .XXX. enverses (versez *I*) *CI*; *ABG agree*; *G adds 1 line* En mout tres petit d'eure en est outre passes
9550. Pai. le criement mout quident cou soit maufes *G*; v. si e. *B*; v. qu'i. *C*; *ADEI agree*
9551. (t. a l. *G*), r. traines *BCDGI*; c. que quariaus enpenes *E*
9552. (Que fodres nen escape qua. *D*) qua. le cace (cachent *D*) l'o. *BCDG*; qua. l'eschape l'o. *I*; *E wants*
9553. D. a (D. en *C*; D. qu'en *D*) la bataille: *GBCDE*; D. que a nos gens: *I*; n'ert (n'e. *I*) il (hui *E*) mes (mie *I*) ar. *BCDEGI*
9554. (Sarrasin o. *D*), l. contes a. *ID*; p. ensi av. *C*; p. del tout av. *E*; *ABG agree*
9555. A ar. et a s. *G*; ar. et as fausars l. *D*; o. tant debrises *C*; o. train et b. *I*; *ABE agree*
9556. Lor e. lo. p. le. h. o. f. *D*; Lors e. *C*; lo. partirent s'o. *I*; s'o. lor h. *BCI*; *E wants*; *AG agree*
9557. co. et paies et n. *C*; *rest agree*

670   Variants

9558. O. le s. *I*; s. Diex q. *CEG*; *ABD agree*
9559. Si il ore n'en pense par ses disnes bontes *D*; n. lor a. *BCEG*; *AI agree*
9560. J. nus n'en, g. et t. *D*; J. ne seront d. *E*; d. nous g. *B*; *ACGI agree*

270. *ABCDEGI*

9561. de Rohaus et *A*; *rest agree with text*
9562. S. ambedoi a *D*; a. en la place e. *E*; *ABCGI agree*
9563. v. a coite d'esp. *D*; v. poingnant a *I*; *ABCEG agree*
9564. H. ap. an. *CDEGI*; *B wants*
9565. Dit. moi dis. *I*; va fait S. *D*; *ABCEG agree*
9566. B. volentiers le dir. *D*; ve. en dir. *BCEGI*
9567. Ne j., S. nous n. nous ce. *E*; S. no nous n. ce. *CGI*; *D wants*; *AB agree*
9568. *No variant*
9569. a mort d. .C.M. q. T. *I*; .M. paiens et Es. *E*; *D wants*; *ABCG agree*
9570. Si en ai mort autant ja ne vous celeron *C*; Et j'en rai sovent fait mout grant occisions *I*; j. (g'en *G*) rai mort autant d. *EG*; *D wants*; *AB agree*
9571. Coume S. l'entent to. *B*; l'e. si ta. (ta. com .I. ca. *D*) *EDI*; *C wants*; *AG agree*
9572. *C wants*; *rest agree*
9573. Tu et ti fr. a. tout troi c. d. fe. *E*; fr. qui les cuers ont fe. *I*; d. lyons *CD*; *ABG agree*
9574. v. tos e. *C*; v. e. m'o. (bien *E*) t. a grans d. *DE*; t. mout a *G*; a perdicions *I*; *AB agree*; *G adds 1 line* Ma grans os c'amenai en ceste region
9575. *E has 2 lines* J. li cites que nous tant amions/ Et si aves c. le Temple S.; Jherusalem c. et T. S. *CDI*; Jherusalem conquisent le Temple S. *G*; *AB agree*
9576. ro. (sires *I*) s'en t. (t. les re. *DI*) *CDGI*; ro. si en a le regnon *E*; *AB agree*
9577. Vius e., lu. tenue la, q. tient Mahon *C*; M. p. e. hui keue li *E*; lu. destruite la *D*; lu. cheue la *IG*; *AB agree*
9578. d. vo. .II. por lui (.II. ici *I*) le (tel *I*) venjance prendrons (en prendron *C*) *DCGI*; t. mes a. p. n. vo. ve. *B*; *E wants*
9579. As c. *C*; c. asserins e. *I*; ac. ocire v. *E*; *ABDG agree*
9580. pu. em pois b., c. de vos metrons *D*; b. le cuir e. a. *B*; b. si vous escauderon *E*; b. an .II. vos c. ardrons *I*; l. cars en a. *C*; *AG agree*
9581. (Et a *E*), le. c. (le cief *BE*) vous coperons *BCDEGI*
9582. U mener en desiers: *B*; Ou merons es desers: *I*; en grant c. *CI*; *DEG want*
9583. Et si s. *G*; m. et d'o. et d. *C*; *DEI want*; *AB agree*
9584. (B. se plait n. *I*) n. feron *EI*; p. nos se. *D*; *ABCG agree*
9585. R. cria B. *B*; R. Cretons escrie: *DEI*; B. car f. *BCDGI*; nous nous desfenderon *E*
9586. T. com n., (v. nous nous desfenderon *E*) *CDEGI*; *AB agree*
9587. Q. en ap. nos mors r. *C*; *E wants*; *ABDGI agree*
9588. e. an .II. l. compaignons *CDI*; *ABEG agree*
9589. T. as S. les p. et les m. *E*; S. et paiens: *BDGI*; colper p. et m. *CI*; colper et pies et poings *D*
9590. T. ne l'o. *B*; Turs ne les ose a. (ataindre *C*) *DC*; p. c'aloe f. *DCEGI*

Variants 671

9591. E. lor g. *CDGI*; E. l. guerpissent: *E*; c. li o. *BCDG*; con aloe faucon*EI*
9592. Fuit (Fait *D*) devant l'esprevier: *BCDEG*; et quatist (matist *C*) el (en *B*) buisson *EBCG*; tant qu'il est en b. *D*; *I wants*; *CDI add 1 line* Mais trop par i avoit des paiens grant fuison (grans foisons *D*; des Sarrasins felons *I*); *D adds 1 further line* Qui envers aus venoient brochant a esperons
9593. (t. le b. *EG*), f. grant huison *CEG*; *ABDI agree*; *E adds 1 line* Tant ocisent paiens le nombre n'en set on

271. *ABCDEGI*

9594. f. no b. *DE*; l. paiens des barons a. *C*; *ABGI agree*
9595. (B. a R. *D*) R. (Raimon *E*) cravente *BCDEI*; R. maumene *G*
9596. d'a. l'o. ens el c. *CDI*; d'a. l'orent el c. *G*; o. el c. *B*; *AE agree*
9597. q. lesse coure tant qu'il a r. *I*; *ABCDEG agree*
9598. Si f. *BCD*; S. a feru .I. *E*; Et f. *G*; f. .I. paien: *CD*; q. (qu'il *DG*) l'a pa. m. c. *CDG*; *I wants*
9599. a les T. *C*; a paiens e. *DI*; *ABEG agree*
9600. (G. cil d. *E*), ca. n'en s. *DE*; G. chi d. *G*; ca. m'a mout forment greve *B*; s. adese *C*; *AI agree*
9601. lo. maisnie m'ont hui f. *E*; li. m'ont durement g. *D*; li. m'aront f. *I*; f. pene *BCEI*; *AG agree*
9602. Me. .XV. f. ocis et mon regne g. *D*; Me. .XVI. (.XV. *BE*) fius ont mor *GBEI*; *AC agree*
9603. Q. Sarrasin l'oi. *D*; Q. li A. l'oent si, .I. cri leve *E*; *ABCGI agree*
9604. b. envaissent pa. *I*; *rest agree*
9605. D. li rois de majeste *B*; pa. sa disne bonte *D*; so. bonte *I*; *E wants*; *ACG agree*
9606. e. no p.*D*; m. torne *I*; *E wants*; *ABCG agree*
9607. Et li *E*; *rest agree*
9608. f. es p. *E*; s. r. (son resne *C*; le resne *E*) traine *BCDEI*; r. trainans *G*
9609. Pour B. son frere a t. l. *I*; l. sens m. *G*; *ABCDE agree*; *D adds 1 line* A sa vois qu'il ot clere a Jhesu reclame
9610. Les barons renvaiscent par vive poeste *G* (*cf. 9604*); T. l. suit et ca. s. *I*; *ABCDE agree*
9611. Que aconsivi l'o. et p. et atrave *E*; Qui i. et s. baron l'o. p. et anue *I*; p. et aresne *CD*; p. et arieste *G*; *AB agree*
9612. La v. *D*; v. de duel la m. c. *E*; v. ilec m. c. detire *I*; *ABCG agree*
9613. B. sire di. *C*; Bauduins di., (r. je s. *I*) *DI*; o. saie de vrete *E*; *ABG agree*
9614. o. pris l. *I*; *B wants*; *ACDEG agree*
9615. p. ce (le *G*) saint Sepucre u *BCDEG*; S. que j'a. *I*; j'a. (ai *D*) mo. c. (cors *DEG*) donne (v. *DEG*) *CDEG*
9616. S. vo. i es. p. et c'o. vo. a. m. *I*; es. en vie c'o. *E*; *ABCDG agree*
9617. N. le gariront T. ne ca. ne ci. *C*; N'i gariront li T. *DI*; v. gariront T. *BG*; v. garra castiaus fortrece ne ci. *E*; en ca. n'e. ci. *BDG*
9618. *No variant*
9619. Tint l. *BCDEG*; h. en ses poins dont *C*; h. en sa main dont *E*; .II. poins dont maint Turc ot colpe *D*; c. ot donn. *G*; *I wants*
9620. L'es. en a lues en .II. *E*; a. a terre reverse *D*; *I wants*; *ABCG agree*
9621. (Au r. *I*), h. escrie *DI*; *ABCEG agree*

9622. v. vo f. *E*; f. devers A. *B*; f. droit vers A. *CD*; f. vers A. droit tor. *I*; A. torner *G*
9623. *E wants; rest agree*
9624. es. (furent *D*; avoit *I*) maint ch. *CDI*; *E wants*; *ABG agree*
9625. l. quens l'en. *B*; l'en. D. en a a. *E*; l'en. si c'est haut escrie *I*; *ACDG agree*; *I adds 2 lines* Or tost seigneur baron n'i ai point areste/ Alons aprez mon frere n'i soit plus detrie
9626. W. prent .I. *BE*; W. point et broche: *C*; W. prist .I. *DG*; hautement a cor. *BC*; l'a sone *DE*; *I wants*; *G adds 1 line* Dont veisies no gent de combatre apreste
9627. V. Ac. so. trestout no b. atourne *E*; V. Ac. s'en so. *C*; Envers Ac. s'en so., b. torne *D*; so. tost l. b. retourne *I*; *ABG agree*
9628. a. mal e. *GI*; *E wants*; *ABCD agree*

272. *ABCDEGI*

9629. *No variant*
9630. Tout droit ve. (ve. A. sont la l. *E*) *GE*; o. fait l. retornee *D*; vo. atornee *CE*; *ABI agree*
9631. b. oisies t. criee *B*; b. font souner (tentir *E*) t. (la *CDE*) menee (contree *E*) *GCDEI*
9632. Q. toute en retentist l. m. *B*; Q. l. plains en tentist l. m. *CGI*; Q. l. mont en t. l. pui et *D*; *E wants*
9633. b. oi l. noise et *D*; b. l'enfriente o. *G*; l. noise o. *CE*; l. frainte o. *I*; *AB agree*
9634. (Pa. d. R. v.: *I*), mout g. porre l. *BI*; Et vit pa. *D*; R. la p. (pourie *C*) *DCE*; *AG agree*
9635. *No variant*
9636. os des Francois v. *CDGI*; j'oi soner la *D*; c. l'aunee *C*; *ABE agree*
9637. Metez vous ded. *I*; no. devers A. *C*; *ABDEG agree*
9638. D. tous c. qu'i. trovront (que i. truevent *B*; qui hors ierent *I*): *CBDEGI*; e. (est *E*) lor v. *DE*
9639. g. p. (p. g. *D*) l'ot: *BCDEGI*; mout en est esf. *DE*; f. s'est esf. *G*; f. fu esf. *I*; est spoentee *C*
9640. la. l'asanlee *E*; *rest agree*
9641. En. dedens A. *I*; q. a A., (o. fait arestee *D*) *BD*; *ACEG agree*
9642. Le. veraus o. d. s'o. lor p. f. *C*; La barre fu derries s'o. *I*; d. et la *D*; s'o. les portes fremees *BE*; *AG agree*
9643. o. a S. *BDE*; o. S. encourtinee *G*; S. aprestee *CDE*; *I has 13 lines for 9643-9655, see Appendix 29*
9644. *for I see Appendix 29*; *rest agree*
9645. *for I see Appendix 29*; q. lor lo. *CG*; lo. a g. *CE*; *D wants*; *AB agree*
9646. *for I see Appendix 29*; Et .VII. C. (.M. *C*) *DC*; O .V.C. *E*; A .V.C. *G*; .C. Arrabi d. *BDEG*; lo. (gent *D*) meserree *BCDEG*
9647. *for I see Appendix 29*; *rest agree*
9648. *for I see Appendix 29*; bl. dyaspre et d'or. *E*; s. puis l'on. d'or froisselee *C*; s. puis l'on. estroit be. *D*; l'on. bi. d'or. be. *B*; *AG agree*
9649. *for I see Appendix 29*; an. et le v. *E*; s'o. lo. voie le. *AC*; *BDG agree with text*

Variants 673

9650. *for I see Appendix 29*; A l'esciper i *C*; Au departir i *EG*; *D wants*; *AB agree*
9651. *for I see Appendix 29*; .XXX.M. Turc r. (r. si o. *C*) *BCDEG*
9652. *for I see Appendix 29*; Ab. l'a Soudans: *CD*; Soudans l'a Ab.: *G*; et Anuise l'o. *B*; baillee et c. (delivree *D*) *CDG*; *E wants*
9653. *for I see Appendix 29*; v. l'augelie p. *C*; *ABDEG agree*
9654. *for I see Appendix 29*; oren. bon ore (oure *E*; errer *G*) *BDEG*; et l'aire f. *C*; et la mers f. *D*; et l'eve f. sieree *G*
9655. *for I see Appendix 29*; Dusc'al *BEG*; Dusqu'as pors d. *C*; Dusqu'el p. *D*; s. arivee *CG*
9656. t. honoree *C*; *rest agree*
9657. *I wants*; *rest agree*
9658. Ot trouve B. *I*; c. a n. *B*; *ACDEG agree*
9659. C. qui l'avoit entamee *E*; *rest agree*
9660. Q. il l. o. t., (j. i ot m. *E*) *IE*; l. o. t. v. g., (j. o. demenee *C*) *GC*; *ABD agree*
9661. Adont i o. iluec faite m. a. *E*; o. grant assamblee *CD*; m. criee *B*; *AGI agree*
9662. ce. a (o *E*) la s. *DE*; ce. sanz nule demoree *I*; *ABCG agree*
9663. v. acliner s'a. *C*; v. declinant s'a. *EG*; d. si revient la *D*; *ABI agree*
9664. Pour ce es. n. g. a. r. *I*; g. s'en *CDE*; *ABG agree*
9665. Dusc'au (Jusqu'au *I*) tref as (des *I*) p. *BI*; tr. des p. *CE*; o. fait ariestee *CDG*
9666. *D wants*; *rest agree*
9667. Iluec t. *E*; i trove v. nostre gent honeree *D*; *ABCGI agree*; *CDI and G add 1 line* Et bons vins et clares car doulce et salee *C*; Et bons vins et clares et avaine vanee *D*; Bon vin et bon clare et char fresche et salee *I*; Il demanderent l'aighe sans point de demoree *G*
9668. Au mangier sont asis qui mout bien lor agree *G*; n. s'e. *BC*; n. fu li *D*; n. i e. li o. du tout asseuree *E*; n. s'ent e. li o.: *I*; richement c. *CDI*; b. aornee *G*
9669. m. si s'es. c. *E*; t. dormie et *CDG*; *I wants*; *AB agree*
9670. B. le g. *E*; a la vespree *C*; *ABDGI agree*

273. *ABCDEGI*

9671. Au matinet q. l'aube se pr. *I*; d. q. li aube (jors *G*) se pr. *CDG*; *ABE agree*
9672. l'o. et prince et chevalier *I*; *rest agree*
9673. L. duc et, b. l. vaillant c. *D*; L. roi et *E*; b. et l. a. paumier *I*; *ABCG agree*
9674. f. et trosser et *DE*; *ABCGI agree*
9675. T. et parellons po. *E*; *rest agree*
9676. P. conte en i o. f. .XXX. mile c. *D*; Et .XV.M. e. fist p. n. caroiier *E*; Chargie e. sont p. n. .XV.M. soumier *I*; .XV.XX. en i fisent t. *G*; e. firent t. *B*; *C wants*
9677. Et s. les autres coses qu'o. *E*; b. c'o. n. pu. esprisier (esligier *G*) *BG*; q. nus n. (n. set pr. *D*) *CDI*
9678. Et si avoit bestalle qui mout fait a prisier *E*; Q. bugle q. camoul: *CGI*; q.

roncis q. d. (somier *D*) *BDG*; q. cheval q. sommier *C*; r. q. courcier *I*
9679. f. .X.M. *G*; *rest agree*
9680. L'es. en ont fait m. *CDEI*; l'es. ont fet m. *G*; en ont mene et caroie *B*
9681. Ma. qui t. *BCDEGI*; *E adds 1 line* Califes l'apostoiles en fist le cief trencier
9682. Cil po. (porta *DGI*) *CDGI*; q. le cuer o. *G*; ot legier *C*; *AB agree*
9683. A (as *D*) bons m. *BCDEG*; m. de fer l'ont el d. b. *C*; f. el d. debrisier (defroisier *G*) *BG*; f. l'endemain depechier *D*; f. forgier et depecier *E*; *I wants*
9684. J. pense de *B*; J. prendent a cevaucier *E*; J. prisent a e. *G*; *ACDI agree*
9685. Et l. roi et l. co. *E*; r. (c. *G*) et li prince f. *CDG*; co. vont le *I*; ca. reverchier *D*; *AB agree*
9686. Les pluseurs de leurs mors fo. *I*; q. vif fu. *BEG*; q. sont vif fo. *D*; i sont fo. ens es. *C*; fu. sur les es. *E*; fu. desor es. *G*; fo. ens el canp cerkier *B*; es. colchier *CDEGI*
9687. au. des l. *C*; *I wants*; *ABDEG agree*
9688. v. d. plenier *D*; *rest agree*
9689. Ces ch. *CDI*; p. ces ce. *D*; p. et lo. ce. sachier *I*; ce. detirer *C*; *ABEG agree*
9689a. Ses p. fait tel dol nus nel pot salagier *D*; H. de Perce qui. *C*; qui. vis erragier *BEGI*; *A wants*
9689b. (v. au b. *E*) b. ses ceveus eragier *BE*; *A wants*; *DGI agree with text of C*
9690. *D wants*; *rest agree*
9691. *CD want*; *ABEGI agree*
9692. B. f. dist li quens Hues en si g. ens. *D*; Eng. et c. *A*; Eng. a c. *B*; Eng. ci a dur enc. *E*; Eng. c. a g. *I*; g. destorbier *BCI*; *G agrees with text*
9693. Vi. vostre p. *B*; Vivra m. vostre p. *C*; Est remez vostre p. *I*; q. si vou. *BCGI*; *E wants 9693-9695*; *AD agree*
9694. q. le mont doit ju. *BCI*; t. a a baillier *DG*; *E wants*
9695. Et j. p. *B*; vi. q. il doie (puisse *I*) a. *DI*; vi. q. vo. l'a. *G*; *E wants*; *AC agree*
9696. D. se baisse a *C*; Lors s'a. *D*; D. s'abaissa aval (li quens *I*) p. *GI*; p. son c. *E*; *AB agree*
9697. *I has 1 line for 9697-9698* N'est cors k. le v. qui n'en eu. pit.; v. le i. *C*; le face ba. *E*; *ABDG agree*; *CD add 1 line* Estraindre et engouler (acoler *D*) ne se (s'en *D*) puet sasier
9698. *for I see 9697*; Qui n'en, pit. cuer eust d'a. (de lanier *G*) *CBDG*; *E wants*
9699. La v. *DI*; p. plorer et l. *CD*; p. par do. *G*; de pite l. *EI*; *AB agree*
9700. n. fist o. *E*; *I wants*; *ABCDG agree*
9701. a castoier *CI*; a araisnier *D*; *ABEG agree*
9702. A Hu. *CD*; D. te voe. *I*; *ABEG agree*
9703. Qu'entrelaissies cest do. b. le de. laischier *D*; la. ce do. *BCEGI*; do. et ce grant destorbier *C*; do. prenes a rehaitier *E*; b. de. rehaitier *I*; de. targier *G*
9704. m. se pensez del ve. *C*; c. ert p. *B*; *ADEGI agree*
9705. av. ses an. l'a il f. *E*; l'a f. Diex h. *C*; *ABDGI agree*
9706. t. ne s., ne preeschier *C*; q. blasmer ne *E*; q. dire ne *G*; n. adolchier *D*;

Variants 675

ABI agree
9707. se volsist a. (apoier *I*) *DI*; pe. rapaier *C*; pe. apaisier *E*; *ABG agree*; *CI add 1 line* De sa dolor mener ne se puet refroidier (taisir ne acoisier *I*)
9708. Ai. le duel n. laissa e. *EG*; Et l. *I*; d. n'abaissa e. qu'en *C*; f. desi que au *B*; *D wants*
9709. To. ta. et p. et p. l'o. angoissier *I*; to. dis p. et p. commenche a efforchier *D*; ta. peuiscies l'o. *B*; l'o. efforchier *CE*; *AG agree*

274. *ABCDEGI*

9710. M. par f. g. li duelz a *I*; *rest agree*
9711. E. c'a., (n. puet l. d. censer *C*) *BC*; Ainc desi c'a., d. finer *D*; *I wants*; *AEG agree*
9712. *No variant*
9713. *I has 1 line for 9713-9714* As. pr. d. l'au. l'ont il fait e.; m. vet le *B*; m. font le *CEG*; *AD agree*
9714. *for I see 9713*; J. le maistre au. par dejoste .I. pi. *D*; l'au. les .I. *BE*; *ACG agree*
9715. D. peussies veir la son pe. pa. *E*; Qui la veist son pe., t. plorer *D*; v. son pe. *CI*; s. le marbre pa. *C*; la biere pa. *I*; *ABG agree*
9716. l. biere et li engratiner *C*; et de d. *E*; *ABDGI agree*; *BCEGI add 1 line* Et ses .II. puins detordre et hautement crier (et ses cheviaus tirer *CG*)
9717. Biax dols f. *D*; *rest agree*
9718. Pour vo. *E*; c. biau sire p. me d. mes ame. *I*; p. de m. *B*; *ACDG agree*
9719. q. v. l'a. *D*; *rest agree*
9720. Que li cu. ne me p. en mo. ventre cr. *I*; (Tant que me. *D*), cu. p. e. mo. co. cr. *CD*; Et que me. *G*; co. doit cr. *B*; co. soit creves *E*
9721. m. fist n. *BE*; m. fist maint baron (home *D*) p. *CDGI*
9722. *No variant*
9723. Ca. pour tel d. a faire ne poes co. *E*; C. por d. *DG*; d. ne po.(poez *I*) *GI*; d. ne puet on n. *D*; r. recouvrer *BCI*
9724. C'es. voirs en vostre f. o. va. b. *I*; *rest agree*
9725. Nu. meudres chevaliers ne pot (peut *C*) *DCEGI*; *AB agree*
9726. *No variant*
9726a. S. Di. le (l'a *G*) requelli n.*BG*; v. en do. pe. *BDEG*; *AI want*; *text of C*
9726b. S. se li baron le cuidoient t. *I*; s. vraiement s'on l. peust t. *E*; f. sel quidoie t. *B*; *A wants*; *DG agree with text of C*
9727. (Fin et sau. *C*), b. le p. *DC*; vi. ce vo. *E*; *I wants*; *ABG agree*
9727a. Nous le ririemes quere outre le R. M. *E*; p. querrient jusqu'a la *I*; q. (querroie *B*) dusqu'en la *DBG*; *A wants*; *text of C*
9728. n. convenra apres l. *I*; c. (connesra *E*) ap. l. a al. *CE*; c. ap. le conte al. *D*; c. ensanble l. *G*; *AB agree*; *G adds 1 line* Qui ja uns trestous seus n'en pora escaper
9729. H. sus en *D*; H. en .I. destour m. *E*; en sa t. *I*; *ABCG agree*
9730. *D has 2 lines* Li rois i envoia p. lu. r./ Le v. de Mautran qui raison set mostrer; Le v. i envoia p. *CI*; *ABEG agree*
9731. t. li b. lo. (le *E*) g. (eschec *CDGI*; tresor *E*) a. (amener *I*) *BCDEGI*
9732. Par d. *C*; Te. et venir et aler *B*; Te. m. et amonceler *D*; Te. partir et deviser *I*; m. et amaser *G*; *E wants*

9733. (Et i. l. f.: *E*), departir et d. *BCEG*; *I wants*; *AD agree*
9734. A. n. povre n. rice: *BCDEG*; A. le povre du riche: *I*; n'en v. d. *BDE*; ne v. d. *CGI*
9735. Cascuns en a *A*; d'a. en tant r. *B*; t. que ne s'en pot blasmer *E*; r. s'en p. *D*; *CGI agree with text*
9736. S'i. le veut e. se t. et porter et g. *E*; t. s'il l. savoit g. *C*; si (s'il *B*; et *DI*) l. seust g. *GBDI*
9737. T. j. s'en p. vivre et autrui honerer *D*; h. s'en p. *CEGI*; p. t. j. (tens *I*) mais g. *CI*; *AB agree*
9738. Et l. prince et l. conte p. *D*; Et l. clerc et l. lai p.*I*; au. s'en p. a *E*; *ABCG agree*
9739. Jherusalem o. f. richement encense. *D*; Et encensi. a f. *B*; o. bien f. la cite encense. *C*; f. le moustier encense. *G*; *E wants*; *AI agree*
9740. El S. *CD*; et el T. *BCDG*; c. enbraser *BC*; c. alumer *DGI*; *E wants*
9741. Dont s'en c. il t. a mercier *E*; *CDI want*; *ABG agree*
9742. .III. j., (c. reposer *GI*) *BDEGI*; *AC agree*

275. *ABCDEGI*

9743. D. J. fu l. *I*; *rest agree*
9744. b. fu m. *D*; *rest agree*
9745. el. fu l., (v. mervillous m. *B*) *CBDEGI*
9746. Quant s., c. hounie *E*; Ca. mout r. *I*; s. riche b. *C*; *ABDG agree*
9747. (C'onques n. fu *D*), s. grande v. *CDI*; *ABEG agree*
9748. (.IIII. j. s. *E*) s. la Jhesu compaignie *IE*; i demora l. *D*; i herbeja l. *G*; s. Robers de Normendie *A*; *BC agree with text*
9749. Le matin s. *DI*; L'endemain s. *E*; *ABCG agree*
9750. F. a la chiere hardie *D*; *rest agree*; *D adds 1 line* Tangres et Buiemons sont en lor compaignie
9751. qui est s. *D*; qui Jhesu Cris aie *I*; *E wants*; *ABCG agree*; *D adds 1 line* Bauduins et Witasses qui Jhesus beneie
9752. G. et l'autre baronie *CDGI*; G. qui ert sans vilounie *E*; *AB agree*
9753. S. u li euvre es. *E*; pe. ert po. *G*; pe. en po. *I*; *ABCD agree*
9754. li prince d., (t. esjoie *G*) *CDEGI*; *AB agree*

276. *ABCDEGI*

9755. *No variant*
9756. M. dist prime s. *I*; c. (commence *C*) la r. *DC*; c. s'orison *E*; *ABG agree*; *E adds 1 line* Et en apres si dist oiant a maint baron
9757. S. por amor Die. *D*; P. a. Die. s. dit. *E*; *ABCGI agree*
9758. L. bataille Rames D. *A*; R. l'ost D. v. *B*; R. bien sai v. *C*; *E wants*; *DGI agree with text*
9759. S. nous t. l'otrions dusqu'a Acre en alons *C*; v. le commandes a Caucaire en alon *D*; t. l'otriies a Cessaire en i. *G*; a Caukeri alon *B*; a Carcasie i. *I*; *E wants*
9760. ca. (asaus *B*; cassaus *GC*) metons g. *DBCEG*; q. s. ci e. *I*
9761. p. Jaffes et Ca. *D*; J. et Caelon *B*; J. et Jaferon *C*; J. et Esclavon *E*; *AGI agree*

Variants 677

9762. Et A. *CEGI*; Et a A. s. m. *D*; p. i f. *C*; p. felon *E*; p. aquiton *I*; *AB agree*
9763. E. ceste m. *D*; p. environ *E*; *ABCGI agree*
9764. g. sarransine q. *G*; *E wants*; *ABCDI agree*
9765. f. vous dit. *I*; c. ont dit l. *E*; *ABCDG agree*
9766. c. et n. touz l'o. *I*; *rest agree*
9767. Lors r. G. li gentilz de B. *I*; *rest agree*
9768. c'er. (c'est *D*) g. aumosne: *CDI*; se en. l. faison *BCDEGI*
9769. D. (Cil *E*) vous e. sace g., (q. vint a p. *D*) *BDEGI*; e. sara g. *C*; *G adds 1 line* Car mout aves or dit une boune raison
9770. d. v. a lo. mantion *E*; v. en lo. *I*; *ABCDG agree*
9771. s. contienent et *C*; c. a m. grande foison *D*; c. et mout g. *I*; g. fuison *BCEGI*
9772. d. q. del jor: *BCDG*; d. q. parurent de clarte l. randon *E*; m. se lievent li baron *I*; parurent l. r. (brason *D*) *BD*; parvinrent l. brandon *C*; fu aparision *G*
9773. De. (Ens en *D*) le tour David: *CDI*; s. (ens *EI*) el mestre do. *BCDEGI*
9774. s. .I. gresle et *BDEI*; et .II. cors d. *BC*; *AG agree*
9775. s'a. li baron *DI*; *ABCEG agree*
9776. L. peussies (peust on *E*) veoir: *DE*; maint a. f. *CEGI*; *AB agree*; *CI add 1 line* Maint cheval ensieler arrabi et gascon
9777. Et lanchier tant. *C*; l. tant vert elme: *EG*; f. tant gonfanon *DE*; *ABI agree*; *D adds 1 line* Tant cheval ensieler auferrant et gascon
9778. Quens H. *E*; fu m. e. g. *CD*; *ABGI agree*
9779. P. E. son filz qui cuer ot de lion *I*; P. le mort E. *BCEG*; d. (pour *E*) prendre v. *DE*
9780. M. t. se f. arm. *DI*; l. vair d'Arr. *D*; l. noir arr. *G*; le mor arr. *I*; *ABCE agree*
9781. D. S. confondre est en g. sospechon *D*; o. fu en goulousion *I*; gr. goulousion *BG*; gr. goloison *C*; *E wants*
9782. M. a. Turs occire q. *I*; *E wants*; *ABCDG agree*

277. *ABCDEGI*

9783. s. li b. *BCDEG*; *AI agree*
9784. (c. qui n'ai.: *I*), le hauberc e. *CI*; *ABDEG agree*
9785. c. son v. *BCG*; *DEI want*
9786. *No variant*
9787. (Sus le ce. *I*), s'o. les es. *EI*; *D wants*; *ABCG agree*
9788. D. Jhursalem issirent: *CG*; r. et ordene *CI*; *ABDE agree*
9789. *No variant*
9790. *I has 1 line for 9790-9791* .XX.V.M. f. qui la vile ont garde; .XX. et .II. *BG*; .XX.V.M. *CD*; .XX.II. mile tant l. *E*; f. a t. se sont esme *D*; o. esme *C*
9791. *for I see 9790*; Or les ait Dius en garde li rois de maiste *D*; a. sont en le c. r. *C*; *ABEG agree*
9792. et l. autre n. *E*; *I wants*; *ABCDG agree*
9793. Et ens es pl., R. so. li autre ajoste *I*; R. ont lor chemin (chevaux *G*) torne *CDEG*; *AB agree*

678 Variants

9794. o. paien veu ne esgarde *I*; *rest agree*
9795. Car li *C*; Li vif d. e. ont le *D*; Car diables e. ot le *I*; *ABEG agree*
9796. n. Crestiens mors p. *E*; *rest agree*
9797. *D inverts 9797/9798*; Trestous l'u. (l'u. deles l'au. *D*) *ED*; l'u. apres l'au. *C*; *ABGI agree*
9798. *D inverts 9797/9798*; Ilec est li charniers d. l. ap. *I*; A c. *C*; El c. *D*; *E wants 9798-9800*; *ABG agree*
9799. N'i o. q. Ormarandes e., 1. pre t. *C*; m. les plains t. *G*; *E wants*; *ABDI agree*
9800. Mo. s'en *D*; me. l. prince li c. *G*; *E wants*; *ABCI agree*
9801. Da. en merci et si ont Diu aoure *E*; sa. et so. *I*; *ABCDG agree*
9802. R. s'en so. premier torne *D*; so. (ont *C*) tout premiers a. *BCG*; *AEI agree*
9803. M. il n'i trovent Tu. *D*; *rest agree*
9803a. Enfresi a C. *G*; C. s'en so. outre passe *D*; *AEI want*; *B agrees with C*
9804. A esporons b. *BDG*; b. se s. *BG*; s. laiens en. *CD*; *EI want*
9805. (Car n'i *G*), n. arriere s. *BCEGI*; a. s. retorne *D*
9806. .C. i la. *B*; (Ch. i laissierent p. *C*), la frete *GC*; *I wants*; *ADE agree*
9807. c. et de lo. et de le *CDEI*; c. environ et en le *G*; *AB agree*
9808. a Escalonne s. *I*; C. ont v. *C*; v. sont venu et *B*; *E wants*; *ADG agree*
9809. *D transposes 9809 and 9813*; *no variant*
9810. p. cou v. *BCEGI*; v. s'en a D. *B*; v. s'en o. *CG*; v. Jhesum en o. loe *D*; v. D. en o. a. *EI*
9811. *E wants*; *rest agree*; *G adds 1 line* Que il n'en a paien u Sarrasin trouve
9812. a forment e. *D*; *E wants*; *ABCGI agree*
9813. *D transposes 9809 and 9813*; Ne a. *E*; en tot le (cel *CDG*) j. *BCDEGI*; j. n'ont p. *DE*; j. n'ot p. *G*
9814. A Aacre s'e. *B*; Arriere s'e. *C*; *EI want*; *ADG agree*

278. *ABCDEGI*

9815. l. T. sont en voie no baron s. joii *E*; p. ce voient paien e. *I*; T. s'e. *BDG*; *AC agree*
9816. L. casaus truevent w. et cascun desgarni *C*; L. casaus o., (to. nus et *EG*) *BEG*; c. treuvent w. tuit furent d. *I*; tr. et w. *D*
9817. A. n'a r. *CDI*; *ABEG agree*
9818. Escalone et Saphet et J. *I*; Ce. o. et J. g. *E*; *ABCDG agree*
9819. *E wants*; *rest agree*
9820. s. mie a *D*; f. guenchi *G*; *I wants*; *ABCE agree*; *BCDGI add 1 line* A Jhursalem repairent ains la nuit ensieri (quant il fu aseri *I*)
9821. C. n'o. pas m. *CDGI*; o. pas oublei *B*; *E wants*
9822. Avecques eus l'em. li c. h. *I*; En conbrant l'em. *B*; E. J. repairent n. *E*; n. Crestien h. *D*; *ACG agree*
9823. *No variant*
9824. Se s. tuit a. l. p. et *I*; a. l. conte l. c. *A*; a. ensanble l. p. et *B*; a. l. c. l. p. et *EG*; *CD agree with text*
9825. Et l. v. *A*; c. autresi *D*; *BCEGI agree with text*
9826. S. o. c. dis. l. r. q. j. v. pri *C*; l. veskes:, (or o. q. v. di *E*) *GE*; *ABDI agree*

Variants 679

9827. D. adont fist m. *B*; f. tex miracles: *CD*; f. ce pour nous que ainz nus hom n'oi *I*; ains p. (si *D*) b. (beles *CD*) ne v. (n'oi *C*) *BCDG*; *E wants*
9828. L. Tu. es p., (R. si i s. tout r. *E*) *BEGI*; R. s'e. s. tr. fui *D*; *AC agree*
9829. t. li Cr. *B*; Cr. si s. tout p. *E*; Cr. en s. trestout ensi *I*; *ACDG agree*
9830. En .I. charnier le. m. .I. li. pres de ci *I*; le. a mis p. *D*; *ABCEG agree*; *D adds 1 line* Ens en .I. bel carnier onques plus bel ne vi
9831. Moult puet e. *A*; (Forment pu. *D*), k. Diu a b. servi *EDG*; q. Dieu a ami *I*; b. l'a d. *B*; a Dieu servi *C*
9832. j. s'en f. *CG*; j. sont f. *I*; *E wants*; *ABD agree*
9833. et l. clergie se *CI*; a. s'en so. *D*; *ABEG agree*
9834. *No variant*
9835. L. troverent n. Frans: *CD*; t. les Frans mors: *I*; n. Francois *G*; qui tot sont sepeli *C*; qui sont enseveli *DGI*; *E wants*; *AB agree*; *CDI add 1 line* Te Deum laudamus canterent a haut cri
9836. Iluec c. la m. *BCEG*; v. le (au *D*) lundi *CD*; v. au jeudi *I*; *D adds 1 line* La ont no Crestien Damledeu bien servi

279. *ABCDEGI*

9837. *No variant*
9838. Tres d. (De d. *DG*), o. c. ten. *CDG*; Tres d., o. lors conseil ten. *I*; o. le c. *E*; *AB agree*
9839. Qu'el d. *BCG*; l'o. n'ara plus atendu *D*; l'o. a force et a vretu *E*; s. nul p. d'arestu *BC*; s. plus de l'atendu *G*; *I wants*
9840. as. n'i ara arestu *E*; *ABCDGI agree*
9841. La u sont d. S. malostru [*sic*] *E*; J. n'i l. *BI*; n. lairons d. *C*; *ADG agree*
9842. Go. l'oit gr. *I*; *E wants*; *ABCDG agree*
9843. Corn. manda:, (qui la aportes fu *E*) *BCDEI*; Ses freres demanda et il i sont venu *G*
9844. A .IIII. *BC*; *DGI want*; *E wants 9844-9846*
9845. a. de d. *BCDG*; *E wants*; *AI agree*
9846. dev. le prince desour .I. *E*; dev. le roy des. *I*; *E wants*; *ABCD agree*
9847. *No variant*
9848. m. ert de g. *BCGI*; m. avoit g. *D*; m. fu grans sa v. *E*
9849. M. ruiste c. ara (a hui *D*) de l'espee feru *CBDGI*; M. ruiste c. d'espee a il jadis feru *E*
9850. Ma. encore f. mi. c. q. si l'a fendu *E*; e. feri mi. *C*; l'a confondu *I*; *ABDG agree*
9851. (Sire d. B. *D*) B. se ja m'am. ai. s. *BCD*; B. l'am. n'ai. ja s. *E*; B. ja m'armet n'et s. *G*; *AI agree*
9852. Ne v. *C*; Sel v. *G*; p. le tresor Chahu *D*; p. l'or de M. *I*; *E wants*; *AB agree*
9853. d'e. recreant ne vencu *BCDGI*; *E wants*
9854. (a .X. c. *E*) c. de. le t. *BCDEI*; c. desvieste le t. *G*
9855. b. que n'i remaigne plus *G*; *DE want*; *ABCI agree*
9856. Mes l'auberc li, (et cel v. *BC*) *IBC*; *DEG want*
9857. Puis me (li *D*) f. *BCDEGI*; f. son c. *E*; le cuer a *A*; cou. agu *G*
9857a. cu. c'a. e. ne fu *E*; cu. c'a. ne fu e. *I*; q. n'o. a. e. *D*; *A wants*; *BG agree with text of C*

680   Variants

280. *ABCDEGI*

9858. f. Godefrois d. *I; rest agree*
9859. li fait le *D; rest agree*
9860. (o. tot em. *BG*) em. et combler *CBG*; o. em. et araser *D; AEI agree*
9861. Li b. s'aproismerent p. *E*; b. s'aproism p. (p. cel c. *CGI*) *BCGI*; b. s'a. *D*
9862. l'a. con cis p. fu b. *E*; m. fu cis p. *BCDEI; BCDEGI add 1 line* Onques mais si grant cuer ne pot on esgarder (ne pot nus hom mirer *D*; Ainques mais itel cuer ne pot nus hom porter *E*)
9863. f. que i. *D*; q. D. i. n. v. a. *C*; *I wants; ABEG agree; D adds 1 line* Et le virge puchele servir et honerer
9864. *D inverts 9864/9865*; i. creist en Deu o. *D*; n. fu t. *BI*; *E wants; ACG agree*
9865. *D inverts 9864/9865*; po. cou vous pu. *B*; (voir vous pu. *C*) pu. conter *DCEGI*
9866. N'a. *D*; s. joister *B*; *ACEGI agree*
9867. f. n. g. (aler *E*) c. n. t. *GE*; c. salir n. t. *D*; *ABCI agree*
9868. m. ruistes cops do. *CBGI*; *ADE agree*
9869. q. ert en *BCDG*; en l'es. *CE*; delivrement c. *BCG*; m. fierement c. *D*; si savoit bien c. *E*; *I wants*
9870. Mar f. s. g. p. q. ne v. Deu amer (q. il ne v. amer/ Jhesu Crist nostre pere qui tout puet governer *I*) *BCGI*; *DE want*
9871. (p. le f. *C*) f. le c. *BCGI*; p. s'ont fait s. *E*; *D agrees with text*
9872. l. ont e. *B*; f. en son ventre bouter *E*; *ACDGI agree*
9873. *E has 1 line for 9873-9874* Et p. en u. d. m. ricement poser; o. le f. *BCGI*; *D wants*
9874. *for E see 9873*; m. ricement poser *BCDGI*
9875. D. (Dehors *EI*) J. l'alerent e. *BCDEGI*

281. *ABCDEG*

9876. *No variant*
9877. Et C. est a *D*; *rest agree*
9878. S. Diu d. (de *BEG*) *CBEG*; *D wants*
9879. D. J. est n. c. *BCG*; *ADE agree*
9880. *D has 2 lines* A l'o. e. ca. dormis et reposes/ Et a sa volonte r. co.; Son o. fist ca. r. conreer *E*; l'o. s'e. *BC*; l'o. fu ca. *G*; r. couronnes *A*
9881. Molt demaine grant joie li nobiles barnes *D*; Et son elme esclarcir et son hauberc roller *E*; el. esclarcierent: *BC*; s'ont le. (les *B*) h. r. *CBG*; h. relles *A*; *D adds 2 lines* Adont fu nostre sires graciies et loes/ Et li verais sepucres des barons honeres
9882. *CBDEG have 1 line for 9882-9883* Or commenche canchons ja millor n'en ores (de grans nobilites *E*)
9883. *see 9882*
9884. Comment A. fu prise et les autres cites (li murs et li cites *E*) *CBDEG*
9885. *A only; rest want*
9886. Et S. et (Surie et *G*) Thabarie u Turc avoient (u paien orent *E*) mes *CBDEG*

Variants 681

9887. Et si comme li T. f. des barons p. *CBEG*; Ensi com des barons li *D*
9888. l'o. asis u Jhesus f. (est *G*) s. (poses *CE*)
9889-9891. *CBDEG give 1 line* Al Temple pour (Diu *EG*) servir fu (s'est *DG*) Harpins adones (adoubes *E*)

ABCD end here ; *EGIT continue*

Index of Proper Names

The index contains references to all proper names in the base text, variants and appendixes, with the exception of names occurring ubiquitously. These exceptions are names of the Deity: *Deu*, *Jhesu*; the Crusaders: *Crestiien*, *Franc*, *François*, *Normant*, *Ribaut*; and the Saracens: *Arrabi*, *Arrabiant*, *Arabiois*, *Persant*, *Sarrasin*, *Turc*. Names and spellings found only in variant manuscripts are noted in italics; line references for variant spellings are in general illustrative rather than complete. Where a person or place is referred to by another noun, e.g. *le duc* for *Godefroi*, the line number is given in brackets.

For names occurring in the Latin chronicles, reference is given to the page number in the appropriate volume of the *Recueil des historiens des croisades. Historiens occidentaux*;

in vol. III:
- Anselm
- Fulcher of Chartres
- Fulcher's *Gesta Francorum expugnatium Iherusalem*, denoted G in the *Recueil* and noted here as Fulcher (G)
- the second part of Fulcher's *Historia hierosolimitana*, denoted H in the *Recueil* and noted here as Fulcher (H)
- the anonymous *Gesta Francorum*, described in the *Recueil* as 'Tudebodus abbreviatus' and noted here as *Gesta (Tud. abb.)*
- Radulph of Caen
- Raymond of Aguilers
- Robert the Monk
- Stephen of Blois
- Tudebode
- 'Tudebodus imitatus' noted here as *Tud. Im*.

in vol. IV:
- Albert of Aachen
- Baudri of Dol
- Guibert of Nogent
- Orderic Vitalis.

Aaron: 7725, the Biblical Aaron
Aayroffle: *see* Aerofle
Abaion: *D8317*, Saracen placename
Abel, Abiel: 2068, 9144, the Biblical Abel
Abilans, Abilant, *Abilon I, Aubilans C*: 6593, *T6646*, 8039, 8076, *18317 App 20/63, 21/101*, Saracen placename, representing the name of the town of Abila, now Nebi-Abil (see *Romania* 9, 1880, p. 29)

Abrahan, Abrahant 5373, Abrehent 5121, *Abreham DE2791, Abrehan BFGI2791, Abrehant App 20/2, Habreham D5318*: 439, the Biblical Abraham; 2791, 9652, *App 20/2, 91*, Saracen; Ort Saint A. 5098, 5121, 5318, 5373, garden of Abraham (a description is given in the *Gran Conquista*, p. 317); *A. Ortal, Ostal BI5139*
Abrahan de Rousie: 4317, Saracen
Abras: I8266, Saracen placename
Abre qui Fent: *see* Arbre qui Fent
Abrehan, Abrehent: *see* Abrahan
Acalie: *see* Urgalie
Acars de Romenie: 497, Crusader; mentioned in *Gran Conquista*, p. 318
Acart de Monmerle, de Monmarle, *de Monmerveille C6900, de Monmartre D6900, Acaire de Montir E6900*: 6900, 9351, Crusader; mentioned by *Gesta (Tud. abb.)* pp. 123, 159, ed. Bréhier pp. 14, 196, 198; Tudebode pp. 103-4; Raymond p. 295; Robert p. 865; Guibert p. 224; Albert pp. 317A, 486D; Baudri p. 99A; to equip himsel for the crusade Acart de Monmarle (Canton de Trévoux, Ain) mortgaged his patrimony to Cluny, see *Gesta*, ed. Bréhier, p. 14, note
Acéré, Acerés, *Acherins D8199*: 8199, *T8204a*, 8417, 8483, Saracen, son of Sultan; emended from Aïré 8417, *Aroé C8417*
Acre: 1317, 2431, 2610, 5359, 5377, 6041, 6046, 6048, 6297, 8415, 8546, 9440, 9509, 9538, 9622, 9627, 9630, 9637, 9641, 9651, *C9759*, 9762, 9814, 9817, 9820, 9840, 9884, 9886, *App 28/83, 153, 176*, 249, Acre; taken by Crusaders in 1104
see also Garsiien d'A.
Adam, Adan, Adant: *T715a*, 1883, 6480, 6682, 7591, 7668, 7671, 7725, 8180, *App 2/10, App 18/7a, 21/38*, the Biblical Adam
Aerofle, *Aayroffle D*: 6642, *D8230*, Saracen, uncle of Cornumaran
Agolant: 8251, Saracens; Agulani, also Angulani in *Gesta (Tud. abb.)* pp. 127, 129, 142; Baudri pp. 35A, 59E, 60; Guibert p. 189H; Tudebode pp. 26, 55, 59, 116; *Tud. Im.* pp. 183, 196, 197; Robert pp. 763, 808
Agolant, Agoulant C: BCDE6959, Saracen
Aïboede: *B4318c*, Saracen
Aighe Frate, App 18/5: see Euffrate
Aimeri Alaitru, Aimeris Alaitrus, *Aloitres I, Aloitreu I, Aloitreus I, Aloitru BGE, Aloitrus BGE, Aloitrut BGE, Alostru T, Alostrus T, Alotrus B*: 15, 201, 210, (222), 245, *B520a*, Crusader, son of count Othon; Pigeonneau, p. 48 n. 1, gives the name of *al aitrus* and takes *aitrus* to represent *autruche*; Tudebode mentions an Aimericus de Lobenes (var. Amanerius de Lobreto, Amanei de Lubens, Amarerius or Amaverius de Lobene) pp. 98, 210, cf. ed. Hill, p. 129
Aimeris Garaton: *App 24/6*, Crusader; also in *Antioche*, ed. Duparc-Quioc, l. 1176
Aire: *D1149*, placename; Langlois identifies the place as Aire (Pas-de-Calais, arr. de Saint Omer) but as the line stands the name is disyllabic: in Hippeau l. 952 the initial *Et* has been silently supplied; *see also* Arie
Aire: *C6297*, Saracen placename
see also Gontier d'A.
Aïré: 8199, *see* Acéré

Index of Proper Names 685

Ais a la Chapele: 7101, *E9214*, Aachen
Alaitru: *see* Aimeri Alaitru
Alemaigne, Alemanie: *F497, App 6/99*, Germany
  see also Almaine
Alemant: 952, *T1245a, EF4479, E4481*, Germans; Fulcher p. 336G, 349B; Radulph p. 666D; Raymond p. 238D; Albert p. 339A
  see also Gaugier l'A., Hungier l'A., Paien l'A.
Alençon, *Alenchons D1316*: Alençon
  see also Fouque d'A.
Alenie: 9333, placename
Alepantin, *Alinpantin I, Alipantin BCDEG*: 8290, Saracen, leader of Alfaïn
Alfaïn: 8281, Saracens; for the capture of the town of Alfia, in Armenia, see Tudebode p. 32 note a, cf. ed. Hill, p. 60; *Gesta (Tud. abb.)* p. 131; *Tud. Im.* p. 185; Baudri p. 38G; Guibert p. 167D; Orderic p. 515
Ali, *Alie I*, l'amiral d': 376, *I5729*, Saracen
  see also Jehan d'Alis
Alïen: *see* Estorgan d'Aliier
Aligos: *B666*, Saracens; *B667*, Saracen king
Aliier: *see* Estorgan d'A., Jehan d'Alis, Margot d'A.
Alinpantin, Alipantin: *see* Alepantin
Alipaton: *F8290*, Saracen
Alis, *Ales I*: 6337, *I6342a*, Saracen; Ali, a kinsman of Mahomet, is mentioned by Raymond p. 227
  see also Jehan d'A.
Alixandre: 6090, Alexander the Great
Alixendre: *App 21/65*, Alexandria, Egypt
Almaine: *D6158*, Germany. Hippeau l. 5554 gives it as a noun which is glossed in Tobler-Lommatzsch (I p. 307) as 'magnet'; this is however the only location given for the word
  see also Alemaigne
Almarie, Aumarie, *Amarie C5732, Aumairie E3864, Omarie C6270*: *D481*, 533, *DG608*, 3864, *BI3865*, *BI3895*, 4318, *C4318a*, *I6085*, 6270, *T6278*, *D7980*, 8509, *App 12/26, 13/33*, Saracen placename, formed from Almeria in south-eastern Spain
  see also Atanas d'A., Bruiant d'A., Brulant d'A., Calquant d'A., Sucaman d'A.
Aloé: *I40*, placename
Aloitres, Aloitreu, Aloitru, Alostru, Alotrus: *see* Aimeri Alaitru
Amarie: see Almarie
Amarois: *EN8281*, Saracens
Ambemarle: *see* Aubemarle
Amidali de Cordes: *E6644*, Saracen: in *Antioche* Corbaran has a messenger called Amedelis (ed. Duparc-Quioc, ll. 612, 617, 703, etc.)
Amiens: *D7044*, Amiens
  see also Droon d'A.
Aminadab de Rodes, *Aminadap CGT, de Codes C, de Cordes T*: 6644, Saracen
Amise, *Annuise B*: 9652, Saracen
Amoravi 8958, Amoravie 8339, *Amoraine CD8339, Amorainne I9178a, Amorains C8958, Amorave BEG8339*: *E264, B1076, E7061*, 8339, 8958,

I9178a, I9364, App 21/53, Saracens; Robert mentions the Amorrei p. 812
Ampatri: *see* Aupatri
Anamable, roi d': C2798, Saracen
Anaon: *see* Asnoon
Andecris: *see* Antecris
Andrenas: B1895, placename
Andriu de Patras, saint: 101; invoked also in *Prise de Cordres*, l. 1165 (ed. O. Densusianu, SATF, 1896)
Anduas: I1895, placename
Angelin, Angerran, de Saint Pol: *see* Engerran de Saint Pol
Angers: *see* Morise d'A., saint
Angevin: 1244, 1391, 1848, *B1849*, inhabitants of Anjou
Angian, Droon d': *see* Droon d'Amiens
Annuise: *see* Amise
Ansaïs: *see* Anseïs
Anseaumes: *see* Antelme
Anseïs, *Ansaïs T, Ansoïs G*: 8405, Crusader, born in Paris
Anseïs: B1585b, rich person
Antan: 8605, Saracen
Antecris, Andecris F, homes A. BI, gent A. F, geste A. T: DI8300, App 20/68, 72, 21/69, Saracens
Antelme, *Anseaumes G, Antiaume D, Entielme I: D6991*, 8043, *App 7/12*, Crusader, perhaps to be identified with Antelme d'Avignon or Antelme del Val; *D210* in error for Aimeri
Antelme d'Avignon: 1686, Crusader
Antelme del Val, *de Nal B, de Nial G, de Val EI*: 3217, Crusader
Antequités: 8989, Saracen blacksmith
Anthioce, Andioce *BI*, Antyoche *T*: 1173, 1223, 1231, 1473, 1475, 1512, 1931, *BI2191j*, 5016, 5115, 5653, 7979, 8034, *App 19/25, 21/93*, Antioch
Anthoynes: *see* Antones
Antiaume: *see* Antelme
Antiaume de Chalon: D201, D210, Crusader
Antiaume de Terasconne: App 6/51, 55, 59, 131, 171, Crusader
Antones E, Anthoynes T: ET8043, Crusader
Apollin, Apolin: 311, *B1422a*, 1575, *T1852, F1864*, 2153, 2157, 2214, 3064, 3125, 3287, 3528, *H3710, BI4049, F4250b*, 4494, 4837, 5877, 6167, *T7168, T7280, G7310a*, 7329, *T8107*, 8179, *G8221*, 8257, 8279, *IT8629*, 8963, *DEG9000a*, 9411, 9484, *App 10/30, 13/37, 20/31, 49, 28/52, 133*, Saracen god
Aquilant: E8922, Saracens
Arabe, Arabie, Arage: *see* Arrabe
Aragon: B4833a, Saracens
Arain: 6139, Ariadne
Araine: *see* Aresne
Arbolon, *Arbilon C, Arboon EGN*: 8317, Saracen placename
Arbre, Abre qui Fent: 2804, *T2813, F4250g*, 8876, Saracen placename; cf. Sec Arbre
Arbrin, cels d': 8280, Saracens
Arcaille: *see* Escaille

Index of Proper Names

Arcedeclin, saint: 1855, the bridegroom at the wedding of Cana
Areghe: B8674, Saracen placename
Aresne, *Araine B*: 6639, *D8230*, Saracen, father of Tort, *Ector D, Estor B*
Argalant: *see* Paien de Guillant
Argale, *Argaile C, Argalie D, Argaise BFG, Argasce N*: 8317, Saracen placename
Argent, Pont d': *see* Pont d'Argent
Arie: 1149, placename
   see also Aire
Aroé: *see* Aceré
Arrabe, Arabe, Arage 7202, Arrage 7186, *Arabie CGH7186*: 1274, 1476, 3759, *H3896*, 5998, 6144, 6596, 7186, 7202, 7933, Arabia
Arragon: *E692, D3648*, 8318, 9780, province of Spain
Arras: 98, 1148, 1895, *F1897*, 5054, Arras
Artu, les Bosnes, *Bones D, Bonnes T*: 4055, 7347, placename
Asclois: I1382, Saracens
Aselon: I8316, Saracen placename
Asnes, roi des: 2792, 8891, *App 20/63*, Saracen; *cf. Gondris*: App 20/63
Asnoon, *Anaon CF, Naon D, Noon N, Noons B, Osnoon E*: 8316, Saracens
Asquerie: C6047, Saracen placename
Ataignant: 6643, Saracen, brother of Cernugle
Ataignant: T8230, Saracen, brother of Loquifas
Atalie: *see* Urgalie
Atanas, *Atamal C, Atamas E, Atenas D*: 8509, Saracen
Atanas de Lucais, de Valais; Atenays: *see* Tanas de Vavais
Aubefort: *see* Gerin d'A., Guion d'A.
Aubemarle, *Ambemarle C8107*: 1628, *C8107*
   see also Estevene d'A.
Aubilans: *see* Abilans
Aubrion: C6213, Saracen
Aucen: *see* Garsiien d'Acre
Aufage, Aufages, l': 8201, 8439, 8716, 8720, 8763, 8768, Saracen, one of the Sultan's sons
Aufars, *Aufras CDGN, Eufras E, Ufras F*: 8265, Saracens
Aufins: 8862, Saracens
Aufras: *see* Aufars
Aufrene: I8318, Saracen placename
Aufrete: *see* Euffrate
Aufrike, Aufrique: 6171, *I7486*, 8766, *App 20/63*, Africa
Aufrican, Aufriquant: 8250, 8336, *D8343a*, Saracens
Augalie, Augourie: *see* Urgalie
Aumairie, Aumarie: *see* Almarie
Aumiois: B8281, Saracens
Aupatri, *Aupatris BDEFGI, Aupatras F, Ampatri C*: *GI446*, 4316, *App 20/4, 91a*, Saracen
   see also in glossary *aupatris* n.m.
Autemue, Autenure: *see* Gion d'A.
Auvergne: *see* Clermont en A., Gerart d'A.
Avalois: GI4481, inhabitants of *pays d'aval*; see Langlois p. 60, *Raoul de*

Cambrai, ed. P. Meyer and A. Longnon, Paris, SATF, 1882, pp. 357-8
Avalon: *see* Gautier d'A.
Avelone, *Avalone DGI, Avaloune ET*: 1231, city
Avergnas: 9093, inhabitant of Auvergne
Averse: *see* Canebalt d'A., Daneburs d'A., Danemons d'A., Estonemont d'A.
Avignant: *see* Paien d'A.
Avignon: *see* Antelme d'A.
Ayes: *see* Malaqin d'A.

Babais: *see* Barbais
Babiloine: 2790, Babylon; the importance of Babylon is discussed in most of the chronicles
Bacler: *see* Bascler
Badare, Badas: *see* Baudarie
Baivier: 952, *EG3066*, Bavarians; Albert includes Bavarians in Godfrey's army, p. 339A; Fulcher p. 336G
Baiviere: *E7216*, 8423, *E8432*, Bavaria
   see also Godefroi de B.
Balagois, cil de: *G1382*, Saracens
Balençon: *E1316*, placename
Balengués: *E6321*, placename; perhaps a variant form of Balaguer in Spain, see Langlois p. 65
Bales: *E5599*, Saracen placename
   see also Herbert de Bascles
Balthazar: *T7688a*, one of the Magi
Baraut: *see* Beraut
Barbais, *Babais I5379, Barbas D376, Barbaire C5359*: 376, 1919, 4089, 4309, 4970, *C5359*, 5379, 5599, 5632, *I6039*, 6051, 6056, 6078, 6248, *App 14/22*, Saracen placename
   see also Ysabars de B.
Barbais: *D5999*, Saracen
Barbarant: *E1382*, Saracens
Barbas: *see* Barbais
Barbe, saint: 810, 853, 5992
Barés, *Barbés E*: 9004, Saracen swordsmith
Barle, saint: *D810*
Barrés: *D8204*, Saracen, son of Sultan
Barufflés: *D8978*, Saracen
Bascler, *Bacler F*: 8261, Saracens
Bascles: *see* Herbert de B.
Basclois: *D8300*, Saracens
Baudamas: *E448*, Saracen
Baudar, Baudas E9182, quens de: *E9182, App 9/7*, Crusader
Baudarie 8430, Badas 9099, Baudas, *Badare I2767a, Baudaire F2767a, Baudare B2767a*: 447, *B1919, BFI2767a, BI4306a*, 8430, 9099, Saracen placename, originally Bagdad
Baudas, Calife de: *see* Calife de B.
Bauduïn, *Bauduïnes BCGIT5055*: 1153, 5055, son of Robert of Flanders
Bauduïn al Geron: *App 24/1*, Crusader

Index of Proper Names 689

Bauduïn de Biauvais, Bialvais 2142, Belvais 2375: 427, 435, 441, 451, 457, (468), *F469a, F500, F1612a, F1800a,* 1809, 2142, 2375, *I5427d,* 9209, 9215, 9345, 9458, *App 6/155, 158, 7/12, 10/10, 19, 22, 24, 28, 24/17, 26/22,* Crusader, one of the Chétifs

Bauduïn de Buillon: *see* Bauduïn de Rohais

Bauduïn de Clermont: 8293, Crusader

Bauduïn de Mocon: *B518a,* Crusader

Bauduïn, Bauduïns, *Baduïns C7157,* de Rohais, *de Buillon I518a,* B. l'enfant 1426, *App 6/131*: 276, *G281,* 497, *I518a,* 1312, 1426, 1686, 1800, 3981, 3986, 3996, (3999), (4006), 4014, 4024, 4028, (4032), 4033, (4036), (4049), 4057, (4059), 4061, 4065, (4072), 4073, *D4077,* 4085, 4090, 4107, 4109, 4115, *C4119a,* 4124, (4134), (4138), *F4139,* 4153, 4159, (4162), 4178, 4188, 4192, 4205, (4212), (4214), 4221, *F4226b,* 4228, 4239, *C4241,* (4245), *BF14245f,* 4249, *F4250h,* 4262, (4263), *F4267a,* 4277, (4282), (4286), 4288, 4294, 4302, *BI4352f, BI4589b,* 5426, 5777, (5779), *I5782,* (5784), *C5784,* 5789, 5810, (5813), 5815, 5837, 5849, 5862, 5902, (5906), (5909), (6019), 6020, 6319, (6362), 6431, 6444, 6451, (6453), (6460), 6521, 6681, 6695, 6805, (6886), (6910), 6942, (7156), 7157, (7222), (7256), 7424, (7533), 7632, 7917, (8452), 8494, (8495), *I8502d,* 8830, 8836, 8841, 8845, *I8847,* 8943, 8947, 9162, 9169, 9277, 9278, *I9281b,* 9284, 9288, 9293, (9299), 9307, 9334, 9454, 9504, 9510, 9516, 9518, 9521, 9529, 9532, 9533, (9536), 9546, (9554), 9561, 9566, 9568, (9573), 9584, 9585, (9594), 9595, 9597, (9606), 9609, (9613), (9622), (9640), 9658, *D9751a,* (9843), 9851, 9858, 9865, *App 6/131, 171, 182, 14/14, 21, 23, 25, 32, 16/12, 27, (40), 20/78, 24/15, 26/14, 44, 27/4, 8, 19, 26, 34, 39, 56, 66, 72, 28/97, 146, 148, 154, 161, 166, 168, 171, 173, 174, 202, 209, 222, 245, 248, 260, 29/8,* Baldwin of Bouillon, Count of Edessa, brother of Godfrey and his successor as king of Jerusalem; known to all the chroniclers

Baufamé: *App 16/34,* Saracen

Baufremés: *G9019,* Saracen

Bausumés de Folais, *Baufumé DGET, de Rohais DG, de Torcais T*: 9019, 9215, Saracen, uncle of Sultan

Bavai: *see* Ernalt de B.

Beduïn, Beduïnes: 817, 3556, Saracens

Beduïn, Bedel App 10/51, le: *App 6/87, 10/41, 51, 80,* Saracen

Beduïne, la: 1355, *BI2123a,* 4756, (4776), 4777, 4779, Saracen woman

Belinas, *Belias G2889, Belinais G5379*: 2889, *FT4306a,* 5379, 6045, 6050, Caesarea Philippi, now Banyas; Belinas, Belnias, Balena, Paneas, Valenium, Valonia in the chronicles

Belleem 4407, Belliant 321, Bellient 5109, *Behleem C7687, Beliem G1307, Bellien D1307, Bethleant C7824, Bethleem T1307, Bethleent T5109, Bethliant E4440, Biauliant B App 25/15*: *G270,* 321, *G330a,* 1307, *D1613,* 2863, *BI2889, BF14068, BF14245c, BI4296f,* 4407, 4440, 4501, 5109, 5173, 5181, *D5371, BI5379,* 5768, 7687, 7784, 7824, *App 25/18,* Bethlehem

Belqere, Biauquere, Biaukere: *see* Doon de B., Ernaut de B., Pieron de B.

Belvais, Bialvais, Biauvais, Biavais: *see* Bauduin de B., Paien de B., Rainalt de B.

Belvais: *D5379*, Saracen town
Beraut, *Baraut E, Berart CD*: 9094, Crusader, cousin of Thomas of Marle
Bernart: 3217, Crusader; Bernardus de Sancto Valerico is mentioned in the assault on Jerusalem, *Tud. Im.* p. 221, Radulph p. 692, see also Baudri p. 33B; Albert p. 316; *Antioche*, ed. Duparc-Quioc, l. 1173 etc.
Bernart de Dors: *D3218*, Crusader
Bernart de Meulant: *D3257*, Crusader
Bernier: *18569, 18592*, Crusader
Berri: *BDEGI 373a*, Berry
Berruier: 4478, inhabitants of Berry
Bertaut de Bonivent: *see* Hertaut de B.
Besenchon, Besençon: *D1827, DT6218*, Besançon
Betee, Mer: *BI5025a*
Bethanie: 41, 7705, Bethany, Palestine; cf. Fulcher, 1106, p. 512; Guibert p. 260B
Biais: 9217, Saracen placename
Bialvais: *see* Belvais
Biarc: *see* Reraut de B.
Biaufort: *see* Huon de B.
Biaukere, Biauquere, Belqere: *see* Doon de B., Ernaut de B., Pieron de B.
Biaulieu: *T521*, placename
Biauvais: *see* Belvais
Blanchart de Surie: *D9333*, Godfrey's horse
Blandas, *Blandai B App 9/7, Blandar B4589a, Blandras GI, Blansdras CD, Bandar I4589a, Baudar I App 9/7*: *BI4589a*, 9182, *App 9/7*, 24/10, Crusader; Albert mentions Albertus comes de Blandras (i.e. Biandrate) p. 559B, one of the leaders of the Lombards; he remained in Jerusalem with Baldwin of Bouillon when crowned, Albert p. 591A
Blasfer: *D8261*, Saracens
Blave, saint: *E810*
Blehier: *see* Brehier
Blois, Bloys: *see* Engerran de B., Estevene de B., Gerart de B.
Bocidant, Boccidant, Bocident, *Brocidant E8239, Buchidant D8230e*: 2795, 6640, 7308, *D8230e*, 8239, 8875, Saracen placename
Bohier: *I1664*, Saracen
Bohorges: *see* Estevene de Blois, Harpin de B.
Bolenois, Bolenisiens: 3091, 3363, *BDEIT3549, H3560, I4815a, I5152b*, the inhabitants of Boulonnais
Bomer, *Bome G, Bosmer DE*: 8262, Saracens
Bondifer: 8419, Saracen horse
Bondifer le Tirant: 6644, Saracen
Bonivent: 1613, *G2795, C2796, G2863, C6427*, placename, originally Benevento
 see also Hertaut de B.
Bonner: *F8262*, Saracens
Boorges: *see* Harpin de B.
Bordel, Bourdel: *see* Roon de B., Guion du Ponciel, Rogier de B.
Borgegnon, *Borgeignon D3092, Borguignon C3092, Bourghinon EG4479, EG3092, Bourgoignon T4481, Bourguenon F3092*: 1848, 3092, 3549,

Index of Proper Names

E4479, T4481, BEGT4814, 4815, Burgundians; Raymond p. 259F; Albert p. 339A
Borges: *see* Harpin de Boorges
Boriagne: *see* Buriaigne
Borros: *App 21/73*, Saracen
Bos, Gerart del: *see* Gerart de Blois
Boscler: *C8261*, Saracens
Bosmer: *see* Bomer
Bosnes Artu, les: *see* Artu, les Bosnes
Bogre, Bougre 8250: *BI4296d*, 8250, 8872, 8957, Saracens, Bulgars; Raymond p. 236J; Albert p. 560B
Bougerés, Bugerés I, Buherés EG: *CEGI8978*, Saracen
Bouloigne: *see* Ewistace de B.
Bourdel: *see* Bordel
Brachier: *F1664*, Saracen
Brahier: *see* Brehier
Braïmon: *D8204*, Saracen, son of Sultan
Boulogne, Bouloigne: *G7636, App 28/110*, Boulogne-sur-Mer
Brasson, Hamfroi de: *see* Eufroi de Buison
Brebençon, *Braibençon E4815*: *T1244a, BI1849a, BIT3092, I4479*, 4481, *EC4815, I4815b*, inhabitants of Brabant
Brehagne, *Brehaingne C*: 6293, Bohemia
Brehier: 1664, Saracen
Brehier, *Blehier B8438, Brahier T8197, Bruhier C8438*: 8189, 8197, *FI8200*, 8438, 8702, Saracen, son of Sultan
Bretagne: *B41*, placename in Palestine
Bretagne, Bretaigne G: *BG6293*: Brittany
Breton: 1244, 1391, 1849, 3066, 3493, 3514, 3534, etc. *I4479a, E4481, I4814, I4815a*, Bretons; Fulcher p. 337A; Radulph p. 676C; Baudri p. 27H; Albert p. 339A
Bricebalt, *Bricamant E, Brichebal C, Brincebaut D*: 5730, Saracen
Brocenier: *E8441*, Saracen
Brocidant: *see* Bocidant
Brohadas: 1479, 5644, 8193, 8208, 9091(reading rejected from *A*, see variants), (9106), *App 20/113, 21/94*, Saracen, son of Sultan; cf. *Antioche*, ed. Duparc-Quioc, l. 5159 etc.
Brudalans: *App 21/70*, Saracen
Brudas: *see* Butras
Brufaut: *I9244a*, Saracen
Bruhier: *see* Brehier
Bruiant: *C9058*, Sultan's horse; in *Maugis d'Aigremont* Bruiant is the name of Charlemagne's horse
Bruiant d'Almarie, *Bruiemont d'Aumarie E*: 5732, Saracen
Bruivent: *C2795*, Saracen placename
Brulant d'Amarie: *C5732*, Saracen
Brunamont: *App 4/12*, Saracen
Brunamont, *Bruniant E*, de Valterne: 5732, Saracen
Brutas: *see* Butras
Bruyans: *App 21/71*, Saracen

Buchidant: *see* Bocidant
Bucifal: *E8412*, Saracen, son of Sultan
Bucion: *D8325*, Saracen placename; the fort of Bucinat in Macedonia is mentioned by Raymond p. 237 and *Tud. Im.* p. 179; other forms of the name are Bichinat (Tudebode p. 19), Bofinat (Fulcher p. 330), Buinath (Tudebode ed. Duchesne p. 29)
Bugerés, Buherés: *see* Bougerés
Buiemon, Buiemons, Buiemont de Sesile, *Cecile T App 28/251*: 190, *I199*, 214, 248, 272, 281, 585, 610, 669, 680, 706, (720), *B733a*, 741, 756, 757, 764, 771, 784, 793, 830, 843, 855, 862, 896, *DEG899*, (907), 918, 927, 930, 1170, 1179, 1210, 1306, 1803, 1978, 2000, 2402, *D2416a*, *E2417*, 2424, 2440, 2457, 2467, *T2468b*, *F2473a*, *F2474a*, 2482, 2563, 2569, 3256, *F3370a*, *BI3484a*, 3607, 3794, 3966, 3969, 3972, 4235, *BI4347c*, *BI4352b*, 4585, 4734, 4818, *BI4849b*, 4946, *BI4954d*, 5105, 5113, 5185, 5558, 6240, 7769, 8042, (8055), 8068, *D8072*, 8215, 8308, 8570, 8573, (8576), 8592, 9103, 9107, 9118, 9332, 9457, 9670, *D9750a*, *App 26/6, 28/100, 239, 251*, Bohemond I, of Taranto, son of Robert Guiscard, prince of Antioch 1099-1111; known to all the chroniclers
Buillon: *BCDEI7636*, *App 28/191*, Bouillon; *vesque de B.*: *B2867*
   see also Aufroi de B., Ewistace de Bouloigne, Godefroi de B., Bauduin de Rohais
Buison: *see* Eufroi de B., Joffroi de B.
Buriaigne, *Boriagne I*, *Buriane BE*, cels de: 8862, Saracens
Buridane: *D8281b*, Saracen placename
Buthas: *see* Butras
Butor de Salorie, *Sabarie C*, *Salonie D*: 3897, 6647, Saracen
Butras, *Brudas B*, *Brutas T*, *Buthas C*: 1914, Saracen

Cacare, Cacares, Cacarie: *see* Calkerie
Cacatran, Cacatras: *see* Calcatras
Cadenas: *T1915*, Saracen, nephew of Cornumaran
Cadrain de Rossie: *T5730*, Saracen
Caduyans: *T1474*, Saracen
Caëlon: *I1316, B9761*, Saracen placename
Cahaire, le: *D1919*, Cairo
Cahedis: *B1603b*, Saracen
Cahu, *Chahu DG*, *Chaü DH*: 4054, *B4058*, *F4059*, 6956, *IT7313*, 7327, *D9306*, Saracen
Cahut d'Escalone: *E2796*, Saracen
Caïfas, Caïphas: 629, 1016, the port of Haifa; Tudebode p. 101; *Gesta (Tud. abb.)* p. 158; *Tud. Im.* p. 212; Fulcher p. 354; Radulph p. 683; Robert p. 858; Fulcher (H) p. 557; Albert p. 460C; Baudri p. 95E
   see also Calife
Caille, la: *see* Escaille
Caïn, Kaïn, *Chaïm E*, *Kaÿn F*: 8291, Saracen horse; le lignage Kaïn, *Caïn G*, *Caÿn F*: *F1852a*, 1864, *G8284*, Saracens
Caïphas: see Caïfas
Cakelike: *C2796*, Saracen placename
Cako: *B628*, Saracen placename

Index of Proper Names 693

Calabre: 3252, *T3253*, 3598, *T4343*, 5114, *B6400c*, *App 20/88*, Calabria, S.W. Italy; Fulcher p. 329, cf. ed. Hagenmeyer, p. 167, note 22; Fulcher (G) p. 493; Robert p. 742
Calape: *see* Randol de Halape
Calavire: *see* Calvaire
Calcaire, Calcarie: *see* Calkerie
Calcatras, Caucadras 2795, *Cacatran I2795, Cacatras BC2795, BC4317, Cantacras E4317, Caucatris CT6640, Caucatur G4317, Caudatur G6255, Oalcatrais D2795*: 2795, 4317, 6255, 6640, *D8230*, 8232, *App 20/4*, Saracen
Calençon, *Casençon T*: 1316, *B6039*, 6040, 9761, 9808, 9818, Saracen placename
Calet: I App 16/32, Saracen
Calibers: C6485, Saracen
Calife, Caliphes 9434, de Baudas, l'Apostole, l'Apostoile, *Caïfas BEGIN, Califas I, Califres C, Calistes E*: 1911, 6191, 6197, 6485, 6637, 6652, 6662, 7194, 8256, 8309, 9420, 9434, 9645, *E9681a, App 19/2, 20/8, 10, 15, 46, 51, 52, 55, 21/11, 13, 16, 50, 51, 55, 28/60, 76*, 'Abbasid Caliph of Bagdad, Saracen 'Pope'; recognised as spiritual authority by chroniclers; Tudebode pp. 59, 63; *Gesta (Tud. abb.)* p. 142, cf. ed. Bréhier, p. 111, note 3; *Tud. Im.* p. 197; Robert p. 811; Baudri p. 59E; identified as Mosthader Billah Abul Abbas Ahmed (Robert p. 811 note a), i.e. al-Mustazhir, caliph 1094-1118
Calkerie 8534, Carkarie 6047, Qualquere 6039, *Cacare B, Cacares B, Cacarie G, Calcaire E, Calcarie G, Caucaire D, Caucarie T, Caukeri B, Cauquerie D*: 6039, *B6040*, 6047, 8534, *BD9759*
Calmon, Calmont: *see* Ricart de C.
Calone: *see* Escalone
Calpamor, Capamor I: *App 14/24*, Saracen
Calquant d'Aumarie: D5730, Saracen
Calquant d'Outre Marin: *see* Carcan d'Oltre Marin
Calvaire, Cauvaire, *Calavire C352, Calvare B1948, Cauvere G1948, Escavaire I352*, Mont de: 352, 1034, 1544, 1948, *E6047*, 7362, 7373, Mount Calvary
Cameli, Camelli, Camili, Camilli: *see* Paien de C., Piere de C.
Canebalt, Canabels 6213, Canebels 4327, *Canabers C6502, Ganebaut D2797*: 2797, *BFI4317*, 4327, 6213, *T6256*, 6259, 6485, 6502, 6637, 7034, *D8230*, 8232, 8338, *App 20/1, 21/75*, Saracen
Canebalt d'Averse: T6256, Saracen
Canebalt de Nubie: I4317, Saracen
Canebalt d'Odierne: EDG2797, Saracen
Canduel: *see* Randol de Halape
Canelis: F App 20/60, Saracens
Caneloigne, *Cavalane B2796, Cavalene I2796, Cenelonie G6641, Quegneloign D8230, Quegneloigne D6641*, roi de: *BI2796*, 6641, *D8230*, *App 6/16*, Saracen; cf. Cavalane, Cavalene, Celelogne, Cenelonie, Quegneloign, Quegneloigne, Quenelongne
Cantacras: *see* Calcatras
Cantari: 9759, Saracen placename

Capadoce, le roi de: *I9244e,* Saracen; see letter from Stephen, Count of Blois and Chartres, to his wife, 1098, in *RHC Hist. Occ.* III, p. 888C
Capalu, Chapalu 7919: 6947, 7356, 7358, 7919, 8488, 9241, horse of Godfrey of Bouillon
Capamor: *see* Clapamor
Carabeus: *C4327*, Saracen
Carant de Turcie, Trecie I: *BI4318b*, Saracen
Carbon: *BG6256, G6648*, Saracen
Carboncle: 8253, Saracens
Carboncles, *Carboucle I, Charboucles T*: 6351, Saracen
Carcan, *Clarcan E8520*, de Rossie: 5730, 8520, Saracen
Carcan, *Calquant D*, d'Oltre Marin: 8278, Saracen
Carcasie: *I9759*, Saracen placename
Cardan de Rossie: *C8520*, Saracen
Carembaut: *see* Raous de C.
Carfarnaon BG, Carfanaon G1827, Carpharnaon I, Kafarnaon E5057: *BDEGI537, G1827, E5057*, Capernaum
Carion: 537, Saracen placename; *C6208*, Saracen
Carkarie: *see* Calkerie
Carnier al Lion, del Lion: 23, 1314, 9798, 9834, burial ground outside Jerusalem
Carphanaon: *see* Carfarnaon
Cartage: 7187, *App 10/26*, Carthage
Cartres: *see* Foucier de C.
Casençon: *see* Calençon
Castiele: 9107, Castile
Caucadras: *see* Calcatras
Caucain de Surie: *T8520*, Saracen
Caucaire, Caucarie: *see* Calkerie
Caucatrent: *F2795*, Saracen placename
Caucatris: *see* Calcatras, Copatris
Caucatur: *see* Calcatras
Caukeri: *see* Calkerie
Caudatur: *see* Calcatras
Caudras: *see* Gondras
Caumon, Caumont: *see* Ricart de C.
Cauquerie: *see* Calkerie
Cauvaire, Cauvere: *see* Calvaire
Cavalane, Cavalene: *see* Quegnelongne
Cavarie: *E8534*, Saracen placename
Celelogne: *B App 20/58*, Saracen placename; cf. Caneloigne, Cavalane, Cavalene, Cenelonie, Quegneloign, Quegneloigne, Quenelongne
Celion, Celison, Mont: *see* Monte Sion
Cenelis: *App 20/60*, Saracen placename
Cenelonie: *see* Caneloigne
Cerebaus: *see* Raous de Carembaut
Cernugle de Monnoigre, *Cieruble de M. G, Cornuble de Monnegre C, Cornuble de Monnoble DT*: 6643, Saracen
Cesaire, Cesare 9761, *Cesar B6040, Cessaire G626, Ciessaire G721, Sesaire

Index of Proper Names 695

    D632: 626, 632, *BEG646*, 647, 652, 661, 670, 673, *E690*, 721, 899, 6040, 6048, 6298, *G9759*, 9761, 9803a, 9818, Caesarea, Qaisariyah, port

Ceüs: *1628*, Saracen placename
Chahu, Chaü: *see* Cahu
Chaïm: *see* Caïn
Chalant: *see* Perron de C.
Chalon: *see* Escalone
Chalon, Antiaume de: *see* Antiaumes de Chalon
Chamile: *see* Paien de Camelli
Chanocos d'Oriant: *App 21/74*, Saracen
Chapalu: *see* Capalu
Charboucles: *see* Carboncles
Chartres: *see* Foucier de C.
Chaudie: *18509*, Saracen placename
Chaÿphas, li jeste: 105, Saracens
Chenerus: *see* Enberrus
Cherel, Herviex, Hongiers de: *see* Eürvin de Creel
Cierebaus: *see* Raous de Carembaut
Cieruble: *see* Cernugle de Monnoigre
Ciessaire: *see* Cesaire
Cisne: le Chevalier au Cisne, le Chevalier le Cisne: 7942, 8491, the Swan Knight, ancestor of Godfrey of Bouillon
Clapamor, *Capanor T*: 8520, Saracen
Clarcan de Rossie: *see* Carcan de R.
Clarembaut: *App 21/2*, Saracen
Clarence: *see* Climence
Clarent, dant ... de: *T8102a*
    see also Hue de C.
Claret: *App 16/32*, Saracen
Clargis: *App 21/70*, Saracen
Clariel: 8441, Saracen
Clarion: *D6208*, 8203, *GT8441*, 8698, *D8712*, Saracen, son of Sultan
Clarvent: *see* Hue de C.
Claudie: *see* Esclaudie
Clavonie: *App 21/63*, Saracen placename
Clemence: *see* Climence
Clermont en Auvergne: 9093, Clermont-Ferrand
    see also Bauduïn de C., Martin de C., Nicholas de C.
Cleron: *N8201*, Saracen, son of Sultan
Climence, *Clemence ET, Climenchain D, Clarence B5048*: 1152, 5048, wife of Robert of Flanders
Clopatris: *see* Copatris
Clot de la Rochiere D, Do de Roce Aiguiere G, Glos de Roce (Mont T) Aigiere BT, Gos de Roquehiere E: *BDEGT8420a*, Saracen smith
Cobon: *T6649*, Saracen
Cocadran de Morghin: *E8278*, Saracen
Codes, Aminadap de: *see* Aminadab de Rodes
Codris: *see* Gondris
Codroés: 9027, Saracen

696 Index of Proper Names

Coisel: F2057a, placename
Colant, *Tolant BDGI, Tosant E, Courant E*, Le: 5379, Saracen placename
Colchis: E1587, Colchis
Comeline, le roi de: *C6641*, Saracen
Condris: I8299, Saracen placename
Conolis: App 21/73, Saracen
Constantin: *see* Estatin
Contenton: B16, placename
Cop: 8316, Saracen placename
Copatris, *Clopatris C, Caucatris F, Patris D*: 446, (455), Saracen
Corbadas, Corbadal 7136, Corbadaus 1775, *Corbadiaus FG1775*, li rois de Jursalem* (references marked with asterisk): 56*, (63), 123, 449*, (1372), (1375), 1380, (1397), (1405), 1414*, 1441, 1446*, 1449, 1454*, 1455, 1469, *C1478*, 1517*, 1519, 1530, 1538, 1558, *D1565*, 1568, 1756, 1775, *G1904*, 1913, 1916*, 1938, *BIT1948*, 2060, 2070*, 2135*, 2152*, 2211*, 2456, 2587, (2588), 2592, 2597, 2603*, *F2606d*, (2607), 2626*, (2631), 2680*, (2706), *T2783*, (2877), 2921, 2926, *BFI2926a*, 2938, 2953*, 2964, (2965), 3062*, (3084), 3122*, 3153, 3206*, 3241*, 3284*, 3323*, 3330, 3338, 3531*, *E3531a*, 3813*, 3833, (3845), 3849*, (3854), (3859), (3862), 3867, (*BI3869*), 4067, 4331, 4490, 4838*, *BI4843e*, 4953, 4955*, 4957, (5600), (5604), (5606), 5609, 5654, 6056, 6065, (6071), 6079, 6084, *D6143*, 6207, 6212, 6216, 6225, 6503, 7136, 9091, (9106), 9110, (9153), (9164), *App 4/3, 9, 12/16, 29, 13/17, 28, 36, 27/11*, Saracen, king of Jerusalem, father of Cornumaran; historically the Fatimid governor Iftikhar-ad-Daulah
Corbadel, *Corbadas CDG*: 537, Saracen king
Corbadiel de Montir: *see* Lucabel de M.
Corbans: E4327, Saracen
Corbaran d'Oliferne, Corbarant, Corbarent, *Courbarent F2793*: 143, *C155a*, 333, 434, *D441*, 473, 1478, *D1478a*, 1480, 2793, *C3330, I8242, App 20/84, 21/86, 89*, Kerbogha, Turkish governor of Mosul (d. 1102); forms of his name in the chronicles include Corbaga, Raymond p. 252; Corbagan, Fulcher (G) p. 500; Corbagat, Fulcher p. 348; Corbagath, Fulcher p. 345; Corbanam, Robert p. 808; Corbanas, *Tud. Im.* p. 191; Curbanas, *Tud. Im.* p. 197; Corbaran, Anselm p. 892; Corbaras, Raymond p. 259; Corboran, Radulph p. 658; Curbaram, *Gesta (Tud. abb.)* p. 142; Curbalan, Tudebode ed. Duchesne p. 59; Corbalan, ibid. p. 62; Curbaan, Tudebode p. 59; Corbarannus, Baudri; Curbaran, Guibert; Corbahan, Albert; Curbarannus, Orderic
Corbon: 6256, 6648, *D8202, I8204*, Saracen
Cordes: *E6042*, Cordova
    see also Amidali de C., Aminadab de Rodes, Miradas de C.
Corfas: *see* Corsaus
Cornicas, *Cornica C8676, Cornicans N8676, Cornicant FN 8249, FN 8826, Tornicas C8686*: *E4098*, 8242, *BE8243*, *F8249*, 8676, 8686, (8694), 8826, 8835, (8840), *App 20/75*, Saracen
Cornis: C8299, Saracens
Cornu de Valpelee: F4137, Saracen
Cornuaille: 2205, 6923, Cornwall

Index of Proper Names 697

Cornu de Rousie: 9334, horse of Baldwin of Bouillon
Cornuble de Monnegre, Monnoble: *see* Cernugle de Monnoigre
Cornumaran, Cornumarant: *T56*, 65, 122, 570, 1373, 1380, (1397), (1405), 1441, 1515, 1532, 1565, 1576, 1581, 1604, *B1607b*, 1609, 1644, 1672, 1718, (1719), 1724, (1728), *E1730*, (1733), 1735, (1745), 1747, 1759, (1772), 1915, 1932, 1944, *E1959*, *F2247a*, 2285, 2291, 2436, 2455, 2612, (2613), 2629, 2644, (2661), *F2680*, 2703, 2735, *F2736*, 2751, 2781, 2783, 2882, 2894, 2900, *F2919a*, 2931, 2949, 2955, (2956), 2969, 2979, 3422, 3454, 3458, 3478, 3525, *E3531*, 3667, 3680, (3685), 3753, *B13756b*, 3762, 3787, 3816, (3833), (3836), (3839), 3847, 3853, 3860, 3862, 3872, 3883, 3890, (3937), *B13897a*, 3898, 3906, 3914, 3920, 3927, 3930, (3947), (3960), 3961, (3968), 3979, *F3983a*, (3986), 3989, (4004), (4006), 4008, (4013), 4017, 4020, (4027), 4035, (4042), 4047, (4057), (4062), 4066, 4076, *D4079*, 4088, 4095, 4099, (4102), (4108), 4112, 4126, 4141, 4158, 4213, 4231, 4244, *BFI4245b,i*, 4248, 4295, 4306, *BFIT4306c*, (4310), (4312), 4323, 4329, 4359, 4826, 5474, 5478, 5533, 5596, 5602, 5624, 5630, 5634, *I5636*, 5637, 5655, 5665, *B5673a*, 5688, 5700, 5714, 5717, 5735, 5748, 5763, 5782, (5789), 5791, 5810, 5813, 5818, 5821, 5824, 5828, *D5829a*, 5831, 5857, 6017, 6019, 6044, (6058), 6062, (6066), 6069, 6076, 6220, 6234, 6339, 6348, 6371, 6388, 6394, 6424, 6430, (6432), 6441, 6447, 6452, 6452c, 6454, 6473, 6497, (6503), 6507, 6510, 6536, *I6638*, 6642, 6651, 6676, (6678), 6784, 6829, 6924, 6934, 6948, 6955, 6999, 7010, 7010b, 7015, 7541, *B7574*, *D8230*, *I8231*, *I8455*, *I8502a*, 8598, *I8600b*, 8936, (8944), 8954, 9120, 9152, 9164, (9170), 9271, (9278), (9281), 9282, *C9283*, 9286, (9289), *I9289c*, 9290, (9300), 9311, 9314, 9799, 9821, 9843, 9845, (9847), 9858, (9862), 9877, *App 4/6, 6/83, 16/43, 17/8, 19/5, 20/93, 97a, 21/126, 134, 26/27, 42, 27/7, 17, (25), 33, (44), (62), 28/1*, Saracen, son of Corbadas
Coroscane, cels de: *D2796*, Saracens; Khorassan appears in many forms in the chronicles—Chorozaim, Robert p. 809; Corathania, Stephen p. 889; Corizan, Albert p. 285; Corosanum, Tudebode p. 13, Baudri p. 19; Corotamia, Fulcher (G) p. 497; Corozana, Raymond p. 246; Corozania, Guibert p. 121; Corrizan, Albert p. 285; Corrosanum, Baudri p. 62; Corrozan, Albert p. 417; Corrozana, *Gesta (Tud. abb.)* p. 122, Fulcher p. 350, Albert p. 285; Corruzan, Albert p. 389; Corruzana, Albert p. 391; Bréhier (p. 241) notes that the name denotes those parts of Asia occupied by the Turks; J. L. Cate (in Setton, *Crusades*, p. 354) identifies the area with Pontus
Cors: *App 20/68*, Saracen
Corsabrin: *B14213*, Saracen
Corsaus, *Corfas C*: 8978, Saracen
Corsu: 8498, Saracen, son of Sultan
Corsuble: 7060, 8202, 9218, Saracen, son of Sultan
Corsubelis: *App 20/75*, Saracen
Costantinoble: 3131, Constantinople
Couloigne: *App 6/24*, Saracen placename
Coustentin: *C4433*, inhabitants of Constantinople?
Crael, Creel, Creil, Cresil: *see* Eürvin de Creel

Crenebaus: *see* Raous de Carembaut
Creté, Gresté I: *App 22/2*, snake
Creton: *see* Raimbalt C.

Dabarie: *see* Tabarie
Damas: *GI101*, *D447*, 1678, 1919, 2609, 2741, *E2889*, 2920, *B4100a*, 5378, *D5470*, 5707, 5736, 5879, 6051, 6298, 6935, 7096, 8601, *G9099*, 9274, Damascus
  see also Dodekin de D.
Dampiere: *see* Huon de D.
Danebron: *E6213*, Sacacen
Danebu: *I8497*, Saracen
Daneburs, Danebruns EG, d'Averse: *BCDEG6256, C6257*, Saracen
Danemon: 8201, 8439, Saracen, son of Sultan; the emir Danisman or Donimannus, identified as Kemeschtekin Ibn Danischmend in *RHC Hist. Occ.* III p. 227 note c, and as Malik-Ghazi ibn-Danishmend by J. L. Cate in Setton, *Crusades*, p. 354; known to Fulcher p. 368, Fulcher (G) p. 519, Fulcher (H) p. 550, Radulph p. 709, Albert p. 524E; he captured Bohemond in 1103 and his name served as a fruitful model for epic poets
Danemon de Nubie: *App 16/35*, Saracen
Danemons d'Averse: 6256, Saracen
Danemons li Viels: 3572, Saracen
Danemont: 5729, 6647, *T8714, D8714a, I9244a*, Saracen
Danet: *App 16/31*, Saracen
Daniel, saint: 2045, *BDEI2049*, 9143, *C9147, T9148a, App 10/77*, the prophet Daniel
Daniel: *I9124, DT9125*, Crusader
Dariien: 1781, Saracen
Daüner: *N8261*, Saracens
David: *I1580*, King David of Israel
David, Davi, *Devi B3905*, la Porte: 1299, 1610, 1620, 1632, 1646, 1728, 1749, 1753, 2276, 3743, 3775, 3903, 3905, 4435, *BI4754, B5895a*, 5897, *App 10/13, 29*, King David's gate, Jerusalem, also called the Jaffa or Hebron Gate
David, Davi, *Davit G975*, la Tor: 22, 59, 975, *B1017a*, 1430, 1568, 1946, 2108, 2136, *D2206a*, 2587, *F2589a*, 2593, 2965, 3324, 3532, 3723, 3768, 3842, *BI3868c*, 3888, 4520, 4700, 4839, 4854, 4858, 4873, 4881, 4949, 4951, *BI4965a*, 5349, 5611, 5673, 5676, 5819, *B5825a*, 6021, 6221, 6713, 7164, 7876, *CDI9773, App 4/10, 5/2, 12/15, 13/16*, the Tower of David, the citadel of Jerusalem, half way along the western wall
Delfin: *D8291*, Saracen horse
Denis, Denise, de France, saint: *C810*, 811, *C853, DE2992*, 9380
Dignon: *see* Gerart del Donjon, Hües de Dijon, Renaut de D.
Dijon: 2653, Dijon
  see also Gerart del Donjon, Hües de D., Renaut de D.
Dimas: *see* Dinas
Dinans: *I App 16/31*, Saracen
Dinas, *Dimas or Dunas C1897, Dinant E3375*: 1897(reading rejected in *A*, see variants), *E3375*, Dinant; *see also* Nicolas de Duras

Index of Proper Names 699

Do: E9422, Saracen
Do de Roce Aiguiere: *see* Clot de la Rochiere
Dodekin de Damas, *Dodekedins B5451, Dodethin C5470, Dodethins C5451, Dochius C5463*: 4308, 5451, 5463, 5470, 5473, Zahir-ad-Din Tughtigin, Turkish atabeg of Dukak in Damascus, subsequently ruler of Damascus 1095-1128; named in *RHC Hist. Occ.* as Daher Eddin Tughdekin, Dahir ed-Din Toghtikin; Tuldequinum, Fulcher p. 426 and see ed. Hagenmeyer, p. 571 note 27; Fulcher (H) p. 571; Dochinus or Duodechinus, Albert p. 692; Dodechinus, Albert p. 695
Does de Nivele: *see* Droes de Melé
Domideles, saint: C9380
Domin, saint: *B173b*, 810, *E812*, 853, *BDG5975*, 9380, *App 28/39*
Domistre, *Domisse D810, Domiste C5975, Domitre T810*, saint: *DIT810, IT853*, 5975, 5980
Donas: *see* Nicolas de Duras
Donas, saint: B95
Donjon: *see* Gerart del D., Richart de D.
Doon de Belqere D9167, Droon I, de Saint Sere CI, de Sesere G: DCG9167, I9167a, Crusader; Albert p. 574A records the death of 'Dodo miles egregius'
Dors, Bernart de: *see* Bernart de D.
Driues de Monçon, *Drex DIT, Droes DFG, Droon E, Droons B, Drues C, Drius E, Duron I, de Mascon DI, Mocon C, Monchon F, Moncit E, Monloon E, Moscon DG, Moson G, Mouson T*: 1800, 5322, Drogo of Mouchy; Albert p. 422, and see Bezzola, *Les origines*, II, p. 477
Droes de Melé, *Does E, Drions I, de Melans BI, de Niele CGI, de Nivele E, de Noele F*: 9348, *App 9/4, 24/11*, Crusader; Drogo de Nella, Robert p. 833; Drogo de Nahella, Naella, Neella, Albert p. 299A etc.; see also Duncalf in Setton, *Crusades*, pp. 264, 269
Droon d'Amiens, *Doon I, Druon C, d'Angian E*: 9165, Crusader
Droon de Saint Sere: *see* Doon de Belqere
Drounie: *see* Murgalant d'Odïerne
Drues de Mocon, Druis de Monloon: *see* Driues de Monçon
Dunas: *see* Dinas
Duras: 1231, *F1895, BDEI1897*, Durazzo, Albania; Dyrrachium or Durachium in the chronicles including Albert who also, however, gives the form Durax or Duraz, p. 312C
  see also Nicolas de D.
Duras: I1914, Saracen
Duron de Mascon: *see* Driues de Monçon

Ector, Estor B: DB6639, D8230, Saracen
Efraon: C8230, Saracen, son of Sultan
Elion, Mont: E2179
Emine: *see* Hermine
Enberrus, Entrenus I, Chenerus F: BFI4318a, Saracen
Encilais: 9214, Saracen
Eneuron: *see* Eürvin de Creel
Enfroi de Buillon: *see* Aufroi de B.

Engerran de Bloys: *T3218*, Crusader
Engerran de Saint Pol, Enguerran 9343, *Engelheran C8728, Engelrant C8745, Angerran T, Angelin I345, Morant M3442*: 1804, *BI2078*, 2079, 3042, 3048, 3054a, 3442, 3452, 3456, 8112, 8703, 8706, 8723, 8728, (8742), *D8744a*, 8745, 8751, 8757, (8762), 8776, 9343, 9688, 9692, (9696), (9704), 9710, 9717, (9724), 9779, *App 24/4, 26/12,* Crusader, son of Hugh of Saint-Pol, died at Marash; Raymond p. 276, Albert p. 451C; in Raymond's account Engelrand appears after his death to Anselm of Ribemont
Englois: 1244, 1391, the English
Entielme: *see* Antelme
Entrenus: *see* Enberrus
Ercler: *see* Escler
Ericople: *see* Jherico
Erle: *see* Tumas de Marle
Ernaïs: 3257, Crusader
Ernalt, *Ernaus C3118*: *C3118*, 3258, Crusader; Tudebode p. 85 mentions the death at Marash of Arnaldus Tudabovis or Tutebodus
Ernalt de Bavai: *C8456, C8471, C8481*, Crusader
Ernaut de Biaukere: 9168, Crusader
Ernaut le Poitevin: 9168, Crusader
Ernous de Perse: *C7771*, Saracen
Erodes: *see* Herode
Eruïn, Ervin, de Creel: *see* Eürvin de C.
Esaü: 7726, the Biblical Esau
Escaille, amiralt de l', *Kinkaille E, la Caille BH, l'Arcaille G, Nescaille I*: 6924, (6929), Saracen; placename may be connected with the fortress of Laicas in northern Syria, in Arabic al-'Ullaiqah
Escalon, Escalone, *Calone G690, I723, G822, Chalon C723, Escavone C2610, Escecalone C5379*: 640, 643, 667, 690, *I721*, 723, 822, 1230, *B1308a*, 2610, 5359, 5379, *I9808, I9818*, Ascalon
  see also Cahut d'E., Fannios d'E.
Escaper: *I8265*, Saracens
Escarboucle: *N8252, DEG8253*, Saracens
Escariaut: *see* Esclariaut
Escarnaus de Lisis: *App 21/76*, Saracen
Escavaire: *see* Calvaire
Escavone: *see* Escalone
Esclabon: *see* Esclavon
Esclamore: *I8252*, Saracens
Esclariaut, Escariaut F: *App 20/7*, Saracen
Esclaudie, *Esclardie C, Claudie IT*: *BFI4318a*, 5725, *DT8509*, Saracen placename
  see also Machabras d'E.
Esclavon, Esclabon 2636: *T11b*, 524, 551, *D699, E726*, 730, *C1230*, 2636, *I4833a*, 6262, 6352, *B6363, T6382b*, 6785, 8206, *E8248, N8251*, 8252, *I8253*, 8344, 9249, 9569, *E9761, App 1/24, 37, 28/84*, Slavs, here regarded as Saracens
Esclavonie: 3482, *D3865*, 6299, land of the Esclavons; *see also* Marson d'E.

Index of Proper Names

Escler, *Esclé I9178a, Ercler C2976*: 2430, 2976, 5537, *F5598*, 5663, *I5670*, 6161, 7088, 7495, 8260, 9074, *I9178a*, 9794, *App 26/25*, Slavs, here regarded as Saracens
Escorfaut: *App 20/3*, Saracen
Escorgant d'Aliier: *see* Estorgant d'A.
Escos: 1244, 1391, Scots; Fulcher p. 337
Esgrip: *E8319*, Saracen placename
Esmeré: *N8201*, 8203, 8440, 8604, 8617, (8623), 8628, Saracen, son of Sultan
Espaigne: 9028, *App 6/84*, Spain
Espec, *Espés BN*: 8780; Espies: 8319, Saracen monsters
Espir, saint: *D338, G2992*, 8728, the Holy Spirit
Esquelais: *C9214*, Saracen
Esquirie: *C6039*, Saracen placename
Estampes: *see* Rainier d'E., Rogier d'E.
Estanemont: *B12794*, Saracen
Estanemont d'Averse: *see* Estonemont d'Averse
Estanemont le Bis: *see* Estonamons li Bis
Estatins, *Constantin C*, l'Esnasés: 3133, 3141, Taticius, Grand Primicerius of the Emperor at Constantinople; Tatic in Raymond p. 245, cf. trans. Hill, p. 36 note 12, p. 37 note 16; Titidus in Tudebode p. 41; Tetigus in *Gesta (Tud. abb.)* p. 135, cf. ed. Bréhier, p. 79 note 5; *Tud. Im.* p. 189; Robert p. 782; Guibert p. 175; Albert p. 327; Baudri p. 44; the loss of his nose is noted in Guibert p. 175 and Albert p. 327; he left the Crusaders' army outside Antioch; cf. Anna Comnena, trans. Sewter, p. 141, note 7, and p. 341 (Anna also mentions another Army commander Constantine Euphorbenus Catacalon, but not in connection with the Crusaders, p. 313); see also *Antioche*, ed. P. Paris, I, p. 76
Esteflé, *Estelé DGIT*: 6648, 9003, *App 20/91a*, Saracen
Estes: *E6639*, Saracen
Estevene, *Esteule D*, d'Aubemarle: 16, 97, 1628, 4589, 8110, 9338, *App 6/5, 83, 86, 89, 92, 93, 102, 7/5, 9/5, 24/7, 26/20*, Crusader, son of Odo of Champagne; Radulph p. 642, Albert p. 316B
Estevene de Blois, *de Borges C8080*: *I4588a*, 8080, 8100, *App 7/8, 24/16, 26/19*, Crusader, Count of Chartres and Blois, son-in-law of William the Conqueror and brother-in-law of Robert of Normandy: left Crusaders at Antioch and went home but returned with army of 1101, killed at Saracen capture of Ramla in May 1102; known to the chroniclers
Estevenes de Lucuel, *de Luceu BCI, de Lucheu D, de Lucie H, del Veu G*: 3444, 3465, 3472
Estievene, *Estevle D*, Porte Saint: 23, 575, 2307, 3902, 4599, 4611, St Stephen's Gate, half way along the northern wall of Jerusalem, also called the Damascus Gate
Estievene, saint: *GI102*, 6689
Estievenon, *Estonemont F*, le Noir: 2794, Saracen
Estonamons li Bis, *Estonemons FI, Estanemont T*: 8303, *App 21/74*, Saracen
Estonemont, Estanemont, d'Averse, Estevenon I: *BI4318b, App 20/3*, Saracen
Estor: *see* Ector
Estorga: *G6648*, Saracen

Estorgan d'Aliier, *Estorgant d'Alïen B, Escorgant d'A. C*: 5731, Saracen
Estormarans: D8303, Saracen
Estouflé: *see* Estrenflé
Estragos, Estragros I: FI App 20/68a, Saracen
Estrenflé, Estouflé I: App 16/33, Saracen
Eudon: I App 24/8, father of Lambert
   see also Othon
Eudon de Lembel: I8502b, Crusader
Euffrate T, Aighe Frate BI, Aufrete I: I8265, App 18/5, the Euphrates
Eufras: *see* Aufars
Eufroi de Buison, *Aufroi C, Enfroi F, Herfroi I, Jofroi B, de Buillon BCFI521, Hamfro T, Hamfroi T, de Brasson T*: 279, 521, Crusader
Eüron: *see* Eürvin de Creel
Eürop, Europe DEI, Rope BFGN: C5436, BDEFGIN8316, Saracen placename
Eürvin de Creel, *Eneuron H3572, Eruïn B3572, Ervin B3118, Euron H3669, Everin I3097, Evrïens B3620, Evroïn T3572, Evruïns C3566, Evurin C3626, Ewurevin F3097, Herviex D3566, Hervin DE3097, Hongiers D3669, Oruïn C3669, de Cherel D3566, de Crael BIT3669, de Creil C3566, de Cresil C3669*: 3097, 3118, 3566, 3572, 3591, 3620, 3626, 3630, *BI3668a*, 3669, 3773, Crusader; for an interpreter named Arluinus, also Herluinus and Orluinus, see Tudebode p. 77; *Gesta (Tud. abb.)* p. 150; *Tud. Im.* p. 204; Robert p. 825
Eustace, Eustasse, de Bouloigne: *see* Ewistace de B.
Eve, Evain: *T1879*, 1883, 6481, 6682, 7670, 7673, the Biblical Eve
Everin de Cerci: App 24/1, Crusader
Everin de Creel: *see* Eürvin de C.
Evrars de Pavie: 9339, Crusader
Evrars, Evrat de Puisart: *see* Jeurars de Puisart
Evrïens, Evroïn, Evruïns, Evurin de Creel: *see* Eürvin de C.
Ewistace de Bouloigne, Eustaces 6806, Eustasse 9454, Wistace 5902, Wistase 6986, Wistasses 9335, *Huistase I9170a, Huistasces D9751a, Huistace I9305, Ustases G1870, Ustasse E276, de Buillon D9751a*: 276, 496, *BI518a, B1251*, 1313, 1426, 1800, 1870, 4075, *D4237, BI4589c*, 4819, 5426, *D5427*, 5776, 5817, 5850, 5902, (5906), (5909), (6019), (6362), 6431, (6453), (6460), 6695, 6806, (6886), (6910), 6986, 6988, 6991, (7222), (7256), 7424, (7533), 7917, (8452), 8470, 8471, 8489, *I9170a*, 9305, 9335, 9454, (9573), 9626, *D9751a*, (9843), *App 7/11, 26/13, 37, 28/97, 110, 235, 245, 249, 257, 284*, Eustace of Bouillon, brother of Godfrey and Baldwin, known to the chroniclers
Ewurevin de Creel: *see* Eürvin de Creel

Fabrins: D8281, Saracens
Fabur: 6650, Saracen
Fabur de Valbetee: T4137, Saracen
Faïn: F8281, Saracen placename
Faligot de Turnie: *see* Flanbalt de Tornie
Fanios: 667, (692), (697), Saracen
Fannios d'Escalone: App 6/54, Saracen
Fanon de Valdoree, *Fanin DG, de Valsecree D*: 4137, Saracen

Index of Proper Names 703

Faraon: 536, *App 1/1, 6*, Saracen
Fariaus: C1781, Saracen
Farion: C1781, Saracen
Fateron: *see* Pateron
Fauseron, *Fausseron I*: 6350, *I7058*, 8202, 8440, *T8714a, C8723, App 21/72*, Saracen
Fauseron: G312, Saracen god
Fausin de Val Loree: C4137, Saracen
Felipe: N8203, Saracen, son of Sultan
  see also Phelipes
Fere: *see* Jehan de le Flece, Pieron de le F., Robert de le F., Tumas de Marle
Ferrals: 1781, Saracen
Fescamp, l'abé de: 502, 7842, 8129, *BEGNT8135*, 8899, 9204, *App 7/2, 13/12*, one of the Chétifs
Filoé, Filoee: *see* Siloé
Finadafle: App 21/64, Saracen placename; cf. Siladafre
Flabalst, Flabant, Flabas, Flabaut, Flambart: *see* Flanbalt
Flamenc: *G1244, I1245a, BI1849a*, 3092, 3362, 3368, 3549, *H3560*, 3563, 4479, *I4623a*, 4815, the Flemish
  see also Hucher le F., Pierot le F.
Flanbalt d'Orquenie, *Flabant E, Flabas B, Flabaut GI*: 4316, Saracen
Flanbalt de Tornie, *Flabalst de Nimie C, Flabaut de T. BCG, de Turquie T, Flambart de Turnie D*: 5729, Saracen
Flanbaut, FI Flabaut: App 20/2, 90, Saracen
Flandres: 2330, 5047, 7985, 8005, Flanders
  see also Robert de F.
Flece: *see* Jehan de le F.
Floret: App 16/32, Saracen
Florin, saint: B810
Folais: *see* Bausumés de F.
Folinel de Meque: E6351, Saracen
Fontaine des Mors: 1320
Forois, vesque del, *de CDEGT*: 503, 528, (539), 559, *I1250a, G1839, BI5221, BDI5307, CET5521, CDET5527, CEGT5564, I7820*, 8122, (*App 1/6, 45, 48, 49*), *7/1, 12/11, 13/11*, one of the Chétifs
Foucart: BFT3258, Crusader
Foucier de Cartres, *Fouchier CGI, Bouraus C, Boiaus G, Hoiaus I*, de Chartres 9350: 201, 203, 521, 9350, *App 24/12*, Crusader, not the chronicler; Robert p. 799; Raymond p. 251; Albert p. 357A
Foucier de Melans, Fouque 3517, de Melant 1685, de Melent 1626, *Fochier D1685, Folchiers F1626, Foucon CEFT1612a*, 3069, *Fouquars T500, de Meulent D1626*, de Millon *H3517, le Normant D1685*: 500, *I521, F1612a*, 1626, 1685, 3069, 3517, *BI4352d, App 6/7, 34, 36, 39, 42, 49, 129, 170, 24/20*, Crusader
Foucier de Pavie: C500, Crusader
Foucier de Taurins: C201, Crusader
Foucon: C3258, Crusader
Fouque d'Alençon, *d'Alenson I App 24/4, de Lanchon F1810*: 1810, *App 24/4*, Crusader

France: *E191*, *DG491*, 498, 811, *DEG996*, 1229, *B3023*, *E3936*, *G3983*, 4343, 4398, 4882, 4975, 5505, 5643, *I6013*, 6227, 6546, 6622, 6729, 7097, 7209, 7259, 8031, 8211, *I8759*, 8972, 9485, 9531, 9542, 9636, App 1/34, 3/4, 28/137, 141, France
France, *Frence F*: 8313, Saracen country
François l'avresier: *C3064*, Saracen
Fransion, *Francison B, Frantion G, Frasion I, Fronsion E*: 8312, Saracens
Frison, Robert le: *see* Robert de Flandres
Frison: *I4815c*, Frisians
   see also Raimbaut le F.
Fronsion: *see* Fransion

Gabrial, Gabrïel, saint: 1990, 7679
Gafre, Gafres: *see* Gaufre, Jafe
Gaifier: *E8439*, Saracen
   see also Glofier, casal
Gaillant: *see* Paien de Guillant
Galafre, *Golafre G*: 6648, Saracen
Galans li Senés: 8991, Saracen
Galelias: *see* Galilee
Galiant: *D8438*, Saracen
Galie: 5733, Saracen; *EG56*, 57, Saracen battle horn
Galilee 5296, Galelias 1264, Galilie 5500, *Galias I1264*, *Galolie T5500*: 1264, 5296, 5500, *E5733*, Galilee
Galilee, Mer: 5502, 5506, Sea of Galilee, Lake Tiberias
Galois, *Walois C*: 4481, Gauls; Tudebode p. 10; *Gesta (Tud. abb.)* p. 121; Tud. Im. p. 170; Fulcher p. 336; Radulph p. 625; Robert p. 727; Baudri p. 72; Albert p. 417
Ganebaut: *see* Canebalt
Ganelot: *C9218a*, Saracen
Ganier d'Aubefort: *see* Gerin d'Aubefort
Garagons: *B8318*, Saracens
Garapin: *E1664*, Saracen
Garaton, Aimeris: *see* Aimeris Garaton
Garin: *I3258*, Crusader
Garin de Baufort, de Montfort: *see* Gerin d'Aubefort
Garin de Pavie: 3258, Crusader
Garlant: *see* Paien de Guillant, Perron de Chalant
Garnier de le Val Amare, du Pui de la Riviere, del Val de Rivee: *see* Guinemant de la Val de Rivere
Garnier: *I3689*, 9645, Crusader
Garsiien d'Acre, Garsïen 3714, *Gasions E2827, Garsions C2431, Gracïens DFT2831, Grascïens D2431, Grasïens B2431, Grasiiens G2831, Gratïens B2438, d'Aucen G2431*: *G1781*, 2431, 2438, 2449, (2458), (2462), 2470, *F2473d, F2474b*, (2475), (2541), (2545), *E2555*, (2559), (2571), 2635, *F2637b*, 2827, 2831, *B12844a*, 3714, Saracen; when the Crusaders arrived at Acre on 24 May 1099, the governor bought immunity for the suburbs by the gift of provisions, see Runciman in Setton, *Crusades*, p. 331; cf. Raymond p. 291, Tudebode p. 101, *Gesta (Tud. abb.)* p. 158 etc.

Index of Proper Names 705

Garsion: 1173, *BI3527a*, Yaghi-Siyan, Turkoman governor of Antioch from 1087 to 1098; Bagi-Seian in the chronicles, which also give the forms Acsianus, Aoxianus, Capsianus, Caspianus, Cassianus, Gracianus, Gassianus, and Darsianus
Garsion, castel: *see* Gaston, castel
Gascon: 1245, 1392, 1849, 3214, 4480, *I4815*, *I5152b*, the Gascons
Gaston, castel dant, *Gascon T, Grifon C, castel Garsion C4424*: 4404, 4424; the fort of Baghras in Cilicia was known as Gaston, cf. Albert p. 701 (for A.D. 1115)
Gaufre 8872, Jalfres 8299, *Gafre I8872, Gafres C8299, Gauffres D8299, Jafre CE8872*: 8299, 8872, Saracens
Gaugier l'Alemant: *see* Hungier l'A.
Gaut: I App 20/13, Saracen
Gautier: 6898, *E9132, C9465*, Crusader
Gautier d'Aire: *see* Gontier d'Aire
Gautier d'Avalon: D1801, Crusader
Gautier de Laon: App 28/8, Crusader
Gautier l'Alemant: *see* Hungier l'A.
Gaveran: *see* Mahom de G.
Genebaus: *see* Guinebals
Genevois, *Jenevois G*: 1245, 1392, *I4479a*, the Genevans
Gerart: G3258, Crusader
Gerart d'Auvergne: BFI3218, Crusader; Albert p. 507D mentions a Gerardus de Avennis
Gerart de Blois, *del Bos G*: 3218, Crusader
Gerart del Donjon, *de Dignon I519, de Dignon E1805*: 13, 519, 1805, Crusader
Gerart, Girars, de Gornai, *Sonant de G. C8939*: 1262, 1282, *F1805*, 8939, 9339, *App 24/8*, Crusader; Baudri p. 33B; Albert p. 316B
Gerart de Laimbourg: I9273a, Crusader
Gerichob, Gericop: *see* Jherico
Gerin d'Aubefort, *Ganier G, Garin de Baufort D, Garin de Montfort C*: 9167, Crusader
Gerusalem: *see* Jerusalem
Gilboés: E9003, Saracen
Ginebaus: *see* Guinebals
Gion d'Autemue, *Grifon CG, d'Autenure C*: 9156, Crusader
Girart de Toral: D3217, Crusader
Glofier, casal, *Gaiffier D, Gaifier EGI, Glohier C, Gonfier T, Gorhier B*: 752, fort outside Ramla
Glorian 8438, Gloriant 6639, Glorïent 2796, Glorion 6208, Glorions 8199, *Gloron N8199*: 2796, 6208, 6639, 8199, *T8204a, D8230*, 8438, 8712, Saracen
Glorias: *see* Golias
Glos de Mont Aiguiere, de Roce Aigiere: *see* Clot de la Rochiere
Glot de Valserie: App 16/33, Saracen
Godefroi de Baiviere, *Guillaume T*: 1124, Crusader
Godefroi de Buillon, Buillun 2127, Bullon 10, 1312, *du Buillon T914*: 10, *C10a*, 95, (101), *I131a*, (132), 153, 175, 176, (183), 198, *D204a*, (223),

Godefroi de Buillon (continued)
(275), *BEG279*, (282), (303), (307), (325), 326, (337), 342, 495, 518, 549, *T589*, 613, *E615a*, 893, 896, 914, 923, *G1211*, *D1233a*, 1249, 1251, (1312), *BI1371b*, 1424, (1433), (1438), 1447, (1502), (1615), 1799, 1869, (1929), 1974, 1996, 2105, 2127, 2142, 2160, (2162), *BI2191c*, 2260, 2277, 2289, 2418, *EG2424*, (2506), 2520, *T2563*, 2578, 2656, 2847, 2868, 2880, *G2920*, *G2926*, 2988, (3096), 3348, *E3366*, 3405, *G3419d*, 3424, 3432, (3485), 3492, 3533, *H3560*, (3589), (3592), 3604, 3634, (3640), (3656), 3689, 3702, (3713), 3718, 3729, 3741, 3746, (3751), (3783), *T3929c,d*, 3938, 3944, (3955), 3967, (3974), 3977, (3982), 4074, 4077, 4236, *BI4237d*, (4263), 4282, *BI4347b*, *BI4352e*, 4384, 4476, 4584, 4616, (4619), 4662, 4676, *B4676a*, (4690), (4691), (4693), 4717, 4721, (4725), 4731, 4789, (4791), 4817, *BI4849c*, 4890, (4918), (4920), (4928), (4931), (4934), *BI4954a*, 5023, (5029), (5033), 5040, 5157, 5183, 5203, (5263), 5267, 5288, (5296), 5299, 5303, (5309), (5311), (5313), *D5313a*, 5320, 5329, 5332, (5334), 5335, 5343, (5345), *BI5345b*, (5348), *BI5352a*, (5354), (5369), (5371), 5391, 5401, 5415, 5423, (5427), *T5427a*, 5525, 5530, (5542), 5618, 5674, (5684), 5690, 5696, 5716, 5719, (5723), 5759, (5762), (5764), (5775), 5816, (5821), 5823, (5825), 5843, 5847, 5895, 5899, 5932, 5954, (5959), (5962), (5966), (5968), (5973), (5977), (5982), 5987, (6009), (6016), (6019), (6021), 6074, *I6230*, 6238, 6313, (6316), (6320), (6323), (6325), 6332, (6350), 6355, (6361), (6363), (6370), (6375), 6376, (6378), 6387, 6400, (6410), (6430), 6436, 6440, (6442), 6452a, (6453), (6460), (6463), 6524, 6540, 6681, (6683), *T6685a*, 6694, 6699, (6712), (6716), (6735), (6737), 6738, (6744), 6748, (6755), 6781, 6792, 6798, 6801, 6822, (6831), 6885, (6903), 6946, 6955, 6958, (6967), (6970), 6976, (6985), (6989), 7142, 7152, 7159, 7175, (7219), *I7220*, (7230), 7240, 7244, 7248, 7252, 7263, (7288), *H7290*, (7305), 7317, (7324), 7331, (7334), (7338), (7341), (7345), 7349, (7355), 7357, (7359), 7367, (7375), 7390, (7396), 7401, 7408, (7423), (7424), 7448, (7461), (7467), (7493), 7499, (7518), (7533), 7579, (7595), (7597), 7615, 7619, (7649), (7656), 7661, (7664), (7737), 7740, (7745), (7748), 7749, (7753), (7765), 7774, 7777, (7780), 7866, 7907, 7915, (7921), 7929, (7938), 7941, (7972), *F8208*, 8210, 8329, 8371, (8377), 8383, 8399, 8404, 8421, 8451, 8488, 8608, *I9088e*, 9099, 9232, 9333, *I9244b*, 9453, 9496, (9537), 9572, (9573), 9576, 9607, (9613), 9621, (9625), (9685), 9722, (9729), 9752, (9766), 9767, (9826), 9842, (9848), *I9858*, App 1/35, 5/1, 10, 7/11, (10/43), 14/14, 18, 20, 32, 16/46, 17/7, 13, 25/19, 26/7, 36, 28/96, 143, 216, 233, 244, 247, 255, 256, 262, 264, 293, 29/5, Godfrey of Bouillon, first Latin king of Jerusalem

Godescal, *Godescaut B, Godescha I, Godeschas I* App 24/18: 6899, *App 24/18*, Crusader; *Godeschal l'enfant I9273a*

Godinans: *E1474*, Saracen

Gohier, Goihier: *see* Gorhier

Goires: *see* Grigoire

Golafre: *see* Galafre

Golias, *Goulias E, Glorias DI*: 9092, Saracen horse

Golias, Goulias G1485a: *G1485a, I5427c, App 20/86a*, Saracen

Golias: *see also* Goulias de Rode
Golios: 1660, Saracen
Gondelot de Rais: D9218a, Saracen
Gondris, *Gondrins CG, Caudras T, Codris D*: 6661, Saracen
Gondris, rois des Asnes: App 20/63, Saracen; cf. Asnes, Roi des
Gondroe le Noir: E2794, Saracen
Gonfier, casal: *see* Glofier, casal
Gontier: App 28/106, Crusader
Gontier d'Aire, *Gautier d'A. D, Gontiers Aire F, Gonties d'A. G*: 2330, 2332, 2344, (2346), (2349), 2353, Crusader
Gorant, *Gorhan G, Gorhant DEFI, Grohant C*: 1664, T6638, E8438, Saracen
Gorgais: T App 18/9, Saracen placename
Gorgata, *Golgota D, Golgatas C*: 1037, Golgotha
Gorgoines: App 21/72, Saracen
Gorgois: 1382, Saracens
Gorhant de Rossie: E5730, Saracen; cf. Gorant
Gorhaut: App 20/8, Saracen
Goher: 18262, Saracens
Gorhier, *Gohier BG, Goihier D, Gortier C*: 8439, *App 4/12*, Saracen
Gorhier, casal: *see* Glofier, casal
Gorlablons li Gris: App 21/75, Saracen
Gornai: *see* Gerart de G.
Gortier: *see* Gorhier
Gos de Roquehiere: *see* Clot de la Rochiere
Goulias de Rode: App 16/35, Saracen
    see also Golias
Grafre: 18299, Saracen placename
Gregoire, saint: T5980
Gresté: *see* Creté
Grifon, castel dant: *see* Gaston, castel dant
Grigoire l'Engigniere, Grigories 1895, *Goires T2194*: 1895, 2194, 3376, 3389, 4423, 4443, 4468, Crusader
Grigois: 1381, the Greeks
Gripon, le roy: 18318, Saracen
Grohant: *see* Gorant
Gui, euvesque de Nol 8132, Nole 8900, Noble 9204, *Nobles DT8132*: 8132, 8900, 9204
Gui le Poitevinal: 3218, Crusader; cf. Gui Trousseau, lord of Montlhéry, in Tudebode p. 67; *Gesta (Tud. abb.)* p. 146 and cf. ed. Bréhier, p. 127, note 5; *Tud. Im.* p. 200; Radulph p. 650
Guiche, Guicier, Guignier: *see* Hungier l'Alemant
Guilande, Guillant: *see* Paien de G.
Guillaume: 19231c, Saracen
Guillaume: 9273, Crusader
Guillaume de Baviere: *see* Godefroi de Baiviere
Guinebals 8334, Guinesbals 1782, *Genebaus E, Ginebaus F*: 1782, 8334, Saracen placename
Guinemant de le Val de Rivere, *Garnier CDGIT, de le Val Amare C, du pui de la R. I*: 9166, Crusader

Guion d'Aubefort: 6901, Crusader
Guion de Boudel: *see* Guion du Ponciel
Guion de Monfort, Montfort H: *EH6901*, Crusader
Guion de Monpere: 9167, Crusader
Guion du Ponciel, *de Bourdel G, de Monbel, Monbiel CD*: 9132, Crusader
Guion de Sainteron: *App 24/21*, Crusader
Guion le Provençal: *BI3218*, Crusader
Guiré: 9197, *App 26/34*, Crusader
Guisie: *see* Hungier l'Alemant

Habreham D5318: *see* Abrahan
Hainnuier, Hanuyer T: *T1244a, I4481, I4815b*, inhabitants of Hainaut
Halape, Halaspre: *see* Randol de H.
Hamfro, Hamfroi, de Buison: *see* Eufroi de Buison
Hanri: *see* Henri
Hanuyer: *see* Hainnuier
Harpin de Boorges, Bohorges 1741, *Borges E402*: *B134a*, 141, 316, 402, 414, (423), 501, 525, *I1212c*, 1612, 1616, 1633, (1640), *B1648a*, 1650, 1661, *B1669*, 1673, 1690, 1726, 1737, 1741, 1808, *F1883a*, 2144, 2376, *G2417*, 2651, *I5427a*, 9346, *D9346a*, *B9458*, *BCDEG9889*, *App 6/47, 49, 70, 103, 136, 182, 7/6, 10/39, 46, 49, 51, 60, 24/19, 26/15*, Crusader; Albert p. 591A; Guibert p. 245A; *Antioche*, ed. P. Paris, I p. 19, note 4
Haubers de Liege: *see* Lambert del Liege
Henri, *Hanri I9198a*: 2657, *BFI3917a, I9198a*, Crusader
Herbert de Bascles, Bales I: *App 7/9, 24/18*, Crusader
Herfroi de Buillon: *see* Aufroi de B.
Herkiles: *G9214*, Saracen
Hermin: 1382, Saracens, originally Armenians
Hermine, *Emine H, Hermenie T*: 7044, Armenia
Hermites, li: (4365), (4392), 4400, 4413, 4415, the hermit on the Mount of Olives; see Runciman in Setton, *Crusades*, p. 334
Hernaut de Melent: 3257, Crusader
Herode: 2724, 7699, King Herod; H., *Erodes C*: 6042, *App 21/70*, Saracen; le cor H.: *BI2288b*, 3900, 5631, 5661, 5715, 5750, *App 16/44*, Saracen war horn
Hertaut de Bonivent, Bertaut F, Hurtaus I: *BFI3257*, Crusader
Herviex de Cherel, Hervin de Creel: *see* Eürvin de Creel
Heudon de Saint Omer: *I9088b*, Crusader
Hingre: *see* Hongre
Hisdeuse, *Hideuse CET*: 9010, *App 28/283*, Sultan's sword
Hongier l'Alemant: *see* Hungier l'A.
Hongiers de Pavie: *D3117*, Crusader
Hongre, *Hingre C*: *BI4296d*, 8957, Saracens, originally Hungarians
Hu: *D6959, D8487*, Saracen
Hubie: *D8519*, Saracen placename
Hucher le Flamenc: *H3565, H3570*, Crusader
Hue al Noir Grenon: 1804, Crusader
Hue de Clarvent, Clarent T: *CDGIT8081a*, Crusader; Baudri mentions a Hugo de Calvo Monte, pp. 17, 65

Index of Proper Names 709

Hues de Dijon, Dignon I: *BI1805*, Crusader
Hues de Melans: *B8761*, Crusader
Huistace, Huistasces, Huitasce, de Bouloigne: *see* Ewistace de Bouloigne
Huon: *T6431*, Crusader, perhaps Huon le Maine, q.v.
Huon de Biaufort: *I9167a*, Crusader
Huon de Dampiere: *E8425*, Crusader
Huon de Perce: *B8651, C9689a*, Crusader
Huon de Saint Pol: 2078, *BI2079, BI4586a, T5424*, 8111, 8703, (8739), 8746, 8749, 8761, 8768, 9342, 9689a, (9693), 9702, 9707, (9715), 9721, 9729, 9778, 9811, *App 24/3, 26/11*, Hugh of Campdavoine, count of Saint Pol, father of Engelrand; Baudri p. 28A; Albert p. 315E
Huon l'Alemant: *see* Hungier l'A.
Huon le Maine, quens de Perone 1228, quens de Vermendois 1234, *de Maine I8011*: 895, 1212, 1221, 1224, 1228, 1234, 1252, 1322, (1325), *F1426b, E1803a, F1844a*, 1977, 1997, 2272, 2848, 2869, 2995, 3170, 3605, *B3966b*, 4237, 4586, *T4784c*, 4863, *BI4849d*, 5130, 5134, 5185, *T5325*, 5558, 6228, (6237), 7767, 8011, 8018, 8032, 8652, 8657, (8659), 9331, 9452, 9493, 9701, (9706), 9751, 9756, *App 7/4, 23/2, 24/14, 28/95, 142*, Hugh, count of Vermandois, brother of Philip I of France; known to all the chroniclers
Huon le Normant: *E1687*, Crusader
Huon le Seneschal: *B3219*, Crusader
Hungerie, *Hungherie G3100, Hongerie C3100, Hongrie D5714, Hungrie B*: *E1142a, C3100, D5714*, 6293, *D7968a*
Hungier l'Alemant, Gaugier 279, *Gautier C279, Guiche I3570, Guicier G279, Guignier B3589, Guisie B3570, Hongier T279, Hucher H3577b, Hunghier G3098, Huon D3098*: 279, *F497, B521*, 3098, *E3106, BEFI3115a*, 3561, 3567, 3570, *BDEHI3577b*, 3589, 3619, 3626, 3628, *BI3668a*, 3669, 3773, Crusader; Wicherus, Guischerius, Guicherius Alemannus is noted by Baudri p. 47 etc. and Albert p. 507 etc. as one of Godfrey's men; Albert also mentions one Welfo, p. 579 etc.; for the mention of Guelfo in William of Tyre see *RCH Hist. Occ.* III p. 31 note b
Hurepois: *I4815c*, Crusaders, from Hurepoix
Hurtaus de Bonivent: *see* Hertaut de Bonivent

Iböé: *I4318c*, Saracen
Inde, *Ynde T*: *T6427b*, 8767, *B8849*, India
Indois: *E1382*, 8262, *FI8281, D8298*, Saracens
Indonois, *Yndanois F*: 8298, Saracens
Innocens, les: 763, 774, 1109, (2725), (7700), 7702, the Holy Innocents
Irabiaus: *E8991*, Saracen
Isabart, Isabras: *see* Ysabars
Isaiïe, Isaïle G, Ysaïe B: *GBE7726*, the prophet Isaiah
Isorés, Isoret: *see* Ysorés
Israel: 2049, *EI9144*, 9147, the Biblical Israel
Israels, *Israhel C*: 8991, Saracen
Isriaus: *G8991*, Saracens

Jacob: 7726, the Biblical Jacob

710 Index of Proper Names

Jafe, Jaffe 9808, *Gafre E1316, Jafer E8267, Jaferon C9761, Jafes I753, Jaffes D753, Jaspe B7914, Yaffes D1316*: 753, 1316, 7914, 8162, *E8267*, 8534, 9761, 9808, 9818, Jaffa
Jafre, Jalfres: *see* Gaufre
Jakemon: *C6040*, Saracen placename
Jaserant: *see* Joserant
Jaspar: *T7688a*, one of the Magi
Jaspe: *see* Jafe
Jehan, saint: *F1855a*, 5444, John the Baptist
Jehan d'Alis, d'Aliier 9459, *d'Alie D526*: 373, 381, 470, (490), 499, 526, 1626, 1810, 2145, 2378, 4522, *I5427e, E9330*, 9347, 9459, *App 6/8, 67, 72, 10/50, 66, 78, 83, 88, 91, 93, 101*, Crusader, one of the Chétifs
Jehan de le Flece, *de le Fere CD, de le Roce E, le Seneschal F*: 3219, Crusader
Jenevois: *see* Genevois
Jeorge: *see* Jorge
Jericob, Jericop: *see* Jherico
Jerusalem, Jursalem (to 9013), Jherusalem, Jhursalem (from 9014), *Gerusalem C2603*: 1, 24, 77, 86, 250, 868, 934, *D937*, 947, 970, 1017, 1023, 1061, 1095, 1163, 1240, 1255, 1363, 1364, 1464, 1465, 1511, 1531, 1578, 1634, 1725, 1750, 1767, 1777, 1797, 1846, 1867, 1872, 1888, 1918, 1930, 1942, 1973, 1994, 2027, 2047, 2055, 2058, 2082, 2102, 2113, 2148, 2189, 2206, 2255, 2258, *BI2279a*, 2286, 2390, 2453, 2479, 2510, 2581, 2590, 2595, *BI2606a*, 2632, 2664, 2763, 2787, 2824, 2895, 2925, 2962, 2986, 2993, *BFI3038*, 3049, 3075, 3082, 3107, 3112, 3128, 3143, 3178, 3229, 3272, 3313, 3336a, 3374, 3509, 3621, 3720, 3788, 3807, 3811, 3838, 3851, *BFI3912a*, 3963, 4067, 4154, *BFI4245c*, 4285, 4301, 4305, 4321, 4330, 4346, 4460, 4474, 4535, 4541, 4672, 4679, 4687, 4716, 4727, 4730, 4748, 4764, 4804, 4814, 4836, 4844, 4917, 4941, 4947, 4969, 4976, 4984, 5031, 5041, 5044, 5063, 5072, 5077, 5107, 5118, 5132, 5148, *D5155*, 5160, 5173, 5181, 5272, 5281, 5292, 5337, 5381, *I5399a*, 5524, 5530, 5542, 5554, 5591, 5593, 5610, 5627, 5652, 5659, 5664, 5672, 5682, 5687, 5745, 5752, 5757, 5775, 5836, 5839, 5856, 5941, 6013, 6027, 6306, 6311, 6326, 6333, 6345, 6471, 6513, 6553, 6567, 6617, 6627, 6656, 6688, 6831, 6905, 6972, 7141, 7175, 7219, *E7226a*, 7229, 7265, 7436, 7465, 7497, 7509, 7517, 7552, 7564, *I7570b*, 7571, 7586, 7592, 7763, 7766, *T7784*, 7890, 8118, 8123, *E8843*, 9057, 9096, *D9226b*, 9310, 9575, 9684, 9739, 9743, 9773, 9775, 9783, 9788, 9817, *BCDGI9820a*, 9822, 9875, 9879, *App 3/3, 6/123, 10/103, 19/26, 20/28, 99, 122, 128, 21/33, 82, 88, 105, 125, 144, 25/5, 11*, Jerusalem
Jerusalem, rois de: *see* Corbadas
Jeurars de Puisars, *Evrars de Puisart GI, Ewart de Puisa C*: 9337, *App 24/5*, Everard of Le Puiset (canton de Janville, Eure), Crusader; noted in chronicles as Evrardus de Puisatio, Ebrardus Pusiatensis, Ewardus de Puteolo, Everhardus or Ewrardus de Poisat or Puisat; *Gesta (Tud. abb.)* p. 123, cf. ed. Bréhier, p. 14, note 4; Robert p. 833; *Tud. im.* p. 223; Radulph p. 698; Albert p. 362C etc.; Baudri p. 17F
Jherico, *Jericob E, Jericop BI, Gerichob D, Gericop I7767, Ericople G*: 5436, *I7767*, Jericho

Index of Proper Names 711

Jhursalem: *see* Jerusalem
Joffroi de Buison: *C279*, Crusader
Jofroi de Buillon: *see* Aufroi de B.
Jofrois de Pavie: *BI4586a, EGT4588a, D9339*, Crusader
Joiffroy: *I9198a*, Crusader
Jonas, saint: 95, *T101*, Jonah
Jordain 5442, Jordant 7588: 5380, 5442, 6628, 7588, 7751, river Jordan
Jorge, *Jeorge T App 28/38*, *Jore Bi73a*, saint: *B173a*, 687, 794, 809, 821, 830, 847, 851, *BDGI853*, 856, 5975, 5978, 5982, 5988, 5991, 6008, 6012, 6015, 8857, 9378, 9384, 9385a, *App 28/38*; for the appearance of SS. George, Mercurius and Demetrius at Antioch and Ramla see K. M. Setton, *Speculum* 48, 1973, p. 4 and *Gesta*, ed. Bréhier, p. 155, note 5
 see also Saint Jorge de Rames
Jorois: *B1382*, Saracens
Josaphas, Josafas: 1049, 1160, Josephat or Jehosaphat; Val de J. 39, 54, *E56*, 76, 85, *B121*, 251, 614, 1160, 1263, 5666, 5711, 5780, 5827, 6044, 6317, 6515, valley of Josaphat, to the east of Jerusalem
Josaphas, rois de: *E56*, Saracen
Joselmes: *C8043*, Crusader
Joseph, *Josés G*: 1038, Joseph of Arimathea
Joserant, *Jaserant G*: 3068, 3516, Crusader
Josués: 8987, Saracen
Jubin, *Judins C, Jupin BDIT*: 312, *D7253, D8963*, 9001, *App 21/25*, Saracen god
Judas: 93, 1030, 1265, *App 8/3*, Judas Iscariot
Jupiter le Tonant: 312, Saracen god
Jursalem: *see* Jerusalem
Justamars, *Justamans I, Justamons BDG*: 448, Saracen
Justin de Valposnee: *I4137*, Saracen
Juu, *Juis D615a*: *D615a*, 1025, 1386, 6155, 7894, *E8151, App 8/4*, the Jews; uns Juus: 440, 8985

Kafarnaon: *see* Carfarnaon
Kaïn: *see* Caïn
Karlon: 522, 6227, Charlemagne
Karlon Martiel: 9126, Charles Martel
Kaÿn: *see* Caïn
Kenelius, *Caneleus T, Caneliu B, Ceneliu GI, Cheneleu D, Queneliu E*: 8163, 8825, 8872, Saracens
 see also Caneloigne
Kenon: *F1801*, father of Lambert; identified in *Antioche*, ed. Duparc-Quioc, l. 1397, as Quenon de Montaigu
Kikenas: *see* Quinquenas
Kinkaille: *see* Escaille

Lachiere: *see* Oedon de Lanciere
Laimbourc: *see* Gerart de L.
Lalvages: 8318, Saracens
Lambers: *F1801*, Crusader, son of Kenon; *I App 24/8*, son of Eudon; for

Lambertus de Monte Acuto see Albert p. 464
see also Kenon
Lambert del Liege, *Haubers C2166, de Liege CDEGINT8081a, du Liegie E8654*: 2166, *CDEGINT8081a*, 8102, 8654, 8667, *App 24/9, 26/18*, Crusader, perhaps to be identified with Lambertus Pauper, count of Clermont, near Liège; Tudebode p. 67; *Gesta (Tud. abb.)* p. 146 and see ed. Bréhier, p. 127, note 6; *Tud. im.* p. 195; Raymond p. 256; Baudri p. 64; Saint Lambert du Liege *T102, I4589a*
Lanchon: *see* Fouque d'Alençon
Lanciere, Lantiere: *see* Oedon de L.
Laon: *see* Gautier de L.
Larcifin: *I1849b*, Crusaders
Lazaron, Lazeron, *Lasaron BDEFI, Laseron G*: 42, 1841, *I5057, D6762*, 6773, 7705, Lazarus
Lembel: *see* Eudon de L.
Lerie: *G9333*, Lerida, Spain
Libanos: *see* Robanos
Liege, l'evesque du T304a; the Bishop of Liège bought the county of Bouillon from Godfrey for either 1,300 or 1,500 marks of silver, see Duncalf in Setton, *Crusades*, p. 267
see also Lambert del L., Robert del L.
Lienart, saint: *G196*
Lientis: *F8298*, Saracens
Lion, Carnier al, del: *see* Carnier al Lion
Loevisiens: *D3363*, the French
Loheraine: *EG3213*, Lorraine
Loherenc: *IT1245a, F1848*, 1849, *B12124a*, 3213, 4480, *B14623, I4815b*, the inhabitants of Lorraine; Fulcher p. 327; Albert p. 315
Lohier: *C8197*, Saracen, son of Sultan
Longebar, *Longebarde T*: 8959, Saracen placename
Longebars, *Lombars E*: *E1245*, 8069, the Lombards: *Gesta (Tud. abb.)* p. 121; Tudebode p. 11; *Tud. im.* p. 174; Radulph p. 610; Robert p. 732; Baudri p. 18F; Guibert p. 144B
Longis, *Longin B1208a, Longins D350a*: *D350a, I351*, 1036, *B1208a, T7081a*, 7717, *App 8/6*, Longinus, the blind centurion
Longis: *F8300*, Saracen
Loqueferne, *Lokiferne E, Lokifierne G, Loquiferne D*: 9005, Saracen placename
Loquiferne, *Lokifier BG, Loquefer N, Loquifas T*: 8230, Saracen
Louveg: *see* Teri de L.
Lucabel de Montir, Lucabiaus 2720, Lucabiel 9122, *Lucabin H3331, Corbadiel C1449, de Monmir G1449*: *BFGIT1441*, 1449, 1509, 1521, 1527, 1530, 1552, *B1568*, 1569, 1757, 1774, 1783, 1914, 1922, 1924, 1926, *I1938*, 2060, 2107, 2129, 2137, 2456, 2599, *BFI2606e*, 2607, 2628, 2720, 2736, 2752, 2930, 2939, (2941), (2950), *E2956*, 2967, 3161, 3325, 3327, 3331, 3336, *G3338a, BI3338c*, 3814, *BI3861c*, 3869, 4843, *BI4843a*, 4966, 4973, 6071, 6208, 6219, 8346, 9122, *E9135, App 4/12, 10/75, 12/17, 13/18, 21, 29*, Saracen, brother of Corbadas
Lucais, Atanas de: *see* Atanas de L.

Index of Proper Names 713

Lucas, saint: D96
Lucenas de Tudelle: App 21/77, Saracen
Luceu, Lucheu, Lucie: *see* Estevenes de Lucuel
Lucifer, *Lucibers E8402*: *D6644, FI8197,* 8200, 8402, 8412, 8463, 8472, 8475, Saracen, son of Sultan
Lucion, *Lusion CEGN, Lussion E, Lution B*: *I2628,* 8200, 8439, *T8698,* 8702, Saracen, son of Sultan
Lucion: 7047, Saracen doctor
Lucion: 8325, Saracen placename
Lucis: *see* Lutis
Luciel: *see* Estevene de L.
Luitis, *GI Lutis*: 3719, Saracen placename
　see also Lutis
Lusion, Lussion: *see* Lucion
Luti, li vesques de, *del G*: 9836
Lution: *see* Lucion
Lutis, *Lucis I, Luitis C*: 8298, App *20/58, 21/63*, Saracens: see *Antioche*, ed. P. Paris, I, p. 21 note 4
　see also Luitis
Lutisiant: G8958, Saracens
Lyon: H3628, Lyons

Mabon, *Mahon C7060, Malbon CI7574*: 7060, 7574, *D9001,* Saracen
　see also Makon
Macabres: D4327, Saracen
Macepalu: *see* Marcepelu
Machabras d'Esclaudie: App 21/76, Saracen
Macloé, Macloés: *see* Malcoué, Maucoé
Madan: C8948, Saracen
Magohie: App 18/9, Saracen placename
Mahom 7386, Mahomet 1907, Mahon 311, M. Gomelin* 7168, Goumelins* 6902, Goumelon* 9415: *E2,* 311, 527, *T697d,* 722, 828, 967, *T1422, B1422a*,* 1437, 1459, 1471, 1492, *E1495b,* 1539, *E1763,* 1907, 1933, 2154, *F2214,* 2490, *G2575a,* 2577, *E2606,* 2624, 2645, 2767, *BFIT2781a,* 2905, 2945, 2948, *T3064,* 3089, *F3126,* 3127, 3154, 3159, 3245, 3246, *E3329, E3558, G3639, BI3647,* 3654, 3684, 3707, *(EH3710),* 3763, 3789, *E3844, BI3848a, BI3854a, BI3861a,* 3869, *(BEIT3883), F4066, T4112, F4250,* 4332, 4391, 4823, 5357, 5477, 5623, 5749, 5855, 5876, 6092*, 6123*, 6131, 6143*, 6146*, 6153, *I6165,* 6169*, 6197, *I6230,* 6236, 6255, 6260, 6349, 6419, 6450, 6503, 6508, 6511, 6533, 6549, 6624, 6635, 6661, 6788, 6925, 6931, 7068, 7094, 7106, 7113, (7114), 7118, *I7123a,* 7137, 7156, 7160, 7168*, *D7178a,* 7201, 7253, 7278, 7280*, *G7310a, BDEG(7328),* 7371, 7386, *BCDEGT7438a*, T7474a, DT7574, E7578,* 7734, 7981, 8001, 8007, 8035, (8036), *D8066, D8074a, T8076a,* 8107*, *F8183,* 8217, 8221*, 8257*, 8314*, *D8412b, G8583a,* 8629*, 8717, 8963, 9000*, *E9073a,* 9096, 9318, 9401, 9402, 9410, 9415*, 9436*, 9441, 9484, 9572, *C9577,* 9647, 9681, 9764, App *12/29, 13/36, 37, 19/1, 3, 6, 15, 20/12, 18, 31, 47, 52a, 100, 105, 111, 21/6, 9, 19, 23, 36, 98, 107, 27/8, 28/3, 51, 56*,*

Mahom (continued)
  82, 85, 133, 195, Mahomet, Saracen god; uses of the form Gomelin, etc., are indicated with an asterisk; the term may be derived from the Arabic *jammalin*, 'camel-rider'
  see also Makon
Mahom de Gaveran: *H7168*, Saracen god
Mahomerie, La: 9, 62, 212, 592, 594, probably Parva Mahomeria or Qubaibah, between Amwas and Jerusalem on the road from the coast (Magna Mahomeria, or Al-Birah, is about the same distance from Jerusalem, but northwards rather than eastwards)
Maigremor, *Magremor G9507, Maigremort C9507, Maigremorant E9507, Maistremor E6572*: 6572, *(CDGT9025)*, 9039, 9197, 9507, *App 28/152*, horse of Sultan
Majols: 8281, Saracens
Majore: *F App 20/1, 91*, Saracen
Makon, *Mabon DEGI, Mahon CT*: 9172, Saracen sorcerer
Malagu: 7346, *I8482, E8487*, 8497, Saracen
  see also Malargu
Malaqin d'Ayes: *T6639*, Saracen
Malargu, Malagu *BDEI*, Maragu *G*: 6958, Saracen
Malbon: see Mabon
Malbrins: see Marbrin
Malbrun de Salerie: see Marbrin de Salorie
Malcolon, Maucolon 1509, *Mauqualon H3629*, Wautolon C3629: 1509, 1513, 1526, 1562, 1570, 1756, 1914, 2628, 2930, 3629, 3634, 3654, 3721, *BGI3814a*, 4828, Saracen, nephew of Lucabel
Malcoué, *Malconé CT6341, Malcloés E6341, Maucloé E5733*: 5733, 6341, 6343, Saracen
Malenidant: 7574, Saracen
Malfumés, I Malfunés: *CI9019*, Saracen
Malgree: *C7771*, Saracen placename
Malier: *C5731*, Saracen
Malpriant: *E8252*, Saracen
Malquidant, Mauquidant: *I7570c, CDGI7574*, 8249, *D8950*, 9493, *App 28/142*, Saracen
Malsené: *T6647*, Saracen
Maltriblon: *D8714*, Saracen
Manoee: *C5733*, Saracen
Mansel: 1848, inhabitants of Maine
Mansel, Manson I: *BEIN8312*, Saracens
Mantiogaus: see Mariaglaus
Maragu: seeMalargu
Marbrin, *Malbrins G6407, Marberin E6348*: 5999, 6317, 6338, 6348, 6371, 6389, 6394, 6407, 6419, 6425, 6429, 6461, 6528, 6530, (7163), 7324, *T7324a*, (7326), (7331), 7337, 7367, 7371, 7386, 7398, (7406), (7407), (7411), (7432), (7449), (7492), (7938), *App 21/2*, Saracen, son of Sucaman
Marbrin de Salorie, *Malbrun de Salerie C*: 5731, Saracen
Marcepelu, *Macepalu BE, Marcepalu C, Marchepalu D*: 8501, Saracen

Index of Proper Names   715

Marcis: 1803, Odo Bonus Marchisus, father of Tancred; *Tud. im.* p. 171; Radulph p. 605; Robert p. 744
Marcon: I App 16/34, Saracen
Margans: D3572, Saracen
Margarial: *see* Marragal
Margaris: B1582a, Saracen
Margot, *Malgot C6350*: 6350, *App 20/1*, Saracen; 312, 9001, Saracen god
Margot d'Aliier: BI4159c, Saracen
Mariagage: B7203, Saracen
Mariagal, Mariagaut, Marigaraut: *see* Marragal
Mariaglaus, *Mariagaus BDEGI, Mariaugaus F, Mantiogaus C*: 1780, Saracen
Marie, Mariain 1879, sainte: (55), *B74a*, 108, 154, 310, (322), (*G330a*), 339, (345), 492, 615, 634, (841), (1048), (1051), *BDI1133*, 1144, 1879, 2169, 2269, 3101, (3704), *BI4032, BI4296f*, 4574, 4878, *BI4881b*, (5110), 5216, *E5225, D5228, E5448b*, 5851, 6303, *CT6531*, 6554, 6849, 7680, (7682), (7685), 7806, 7862, 7954, 7963, 8515, (8529), *D8547*, 8671, 9324, 9397, *D9863a, (App 3/9, 25/18)*, mother of Jesus
Marie Madelaine 7707, Mariien Mazelaine 2220, *Madalaine D, Magdelaine TCF, Maselaine G*: 2220, 7707, *App 8/1*, Mary of Magdala
Marin: D8312, Saracens
Marin l'Aigage: 7203, Saracen
Marjari: D6647, Saracen
Marle: 4743, battle cry; porte de M. *C4754*
    see also Merle, Tumas de M.
Marmoire: 6649, Saracen
Marne: *see* Tumas de Marle
Marois: DG8281, Saracens
Maront: App 16/34, Saracen
Marragal, *Margarial H, Mariagal BDEGIT 7133, Mariagaut B, Marigaraut T*: 7133, *App 20/13, 19, 21/14, 21*, Saracen god or prophet
Marsail, *Marsal BFGI, Marçal C*: 3213, Marseilles
Marsan: *see* Masan
Marson d'Esclavonie: App 16/32, Saracen
Martin: 3568, 8829, Crusader
Martin de Clermont: F1805, F8293, Crusader
Masan, *Marsan G*: 8312, Saracens
Masarie, *Masaire C, Masare B*: 6647, Saracen
Mascon: *see* Driues de Monçon
Maserin: G6647, Saracen
Matans: BI3893a, Saracen swordsmith
Matesalans: 1587, Saracen swordsmith
Mateu: C8829, Crusader
Matusalés: *EI1587*, 8982, Saracen
Maucloé: *see* Malcoué
Maucoé, *Maucoué B App 20/91, Maucoré C, Malcoé T*: 6650, *App 20/91*, Saracen
Maudoines: App 21/71, Saracen
Mauqualon: *see* Malcolon
Mauquidant: *see* Malquidant

Mautran, Maltran 1337, Mautrant 8903, Matran 9326, vesque de, vesque du 9374 and repeatedly in variant mss. especially *EFGT*: (1311), 1337, 1839, 1874, (1986), 2014, 2028, 2037, 2044, 2085, (2103), 2146, (2167), (2179), (2269), 2301, 2380, *E2392a*, 2531, (2532), 2570, 2867, (2874), (2885), *D2915a*, 2917, (2923), 3033, 3039, 3045, *E3054a*, (3070), (3074), (3096), (3101), (3137), (3172), (3224), (3267), 3804, 4352, *BI4352g*, 4362, (4376), (4380), (4387), (4394), 4536, 4945, 4989, 4994, 5012, 5028, (5038), 5040, (5059), 5068, (5100), 5103, (5125), 5127, (5143), 5145, 5170, (5207), (5210), (5217), 5221, 5307, (5323), 5330, (5333), 5521, 5527, 5564, (5580), 7820, 7838, 7841, 7881, 7927, (7963), 7997, 8023, 8053, 8089, 8114, 8124, *BDEGNT8129*, 8367, 8898, 8903, 8914, 8925, 9143, *I9205a*, (9255), (9262), (9264), (9268), 9326, 9374, 9477, 9712, (9730), *App 13/40, 25/1, 9, 28/127*, Arnulf, Bishop of Marturana, Calabria; Raymond p. 301; Tudebode p. 112; *Gesta (Tud. abb.)* p. 161; *Tud. im.* p. 216; Baudri p. 107; Guibert p. 234
Meche: *see* Mieke
Mede: *F8252*, Saracen placename
Mehiere: *see* Odon del M.
Meke: *see* Mieke
Melans, Melant 1685, Melent 1626, *Meulant D3257, Meulent D1626, Millon H3517*: *see* Bernart de M., Droes de Melé, Foucier de M., Hernaut de M., Hues de M.
Melchyon: *T7688a*, one of the Magi
Melé: *see* Droes de M.
Melent: *see* Melans
Meque, Meques: *see* Mieke
Mercules, saint: *C9380*
Merle, *Marle I*: 630, fortress between Caesarea and Haifa
  see also Marle
Mes, vesque de: *E8132*, Bishop of Metz; went on Second Crusade 1146, see Berry in Setton, *Crusades*, p. 497
Mescles, Mesque: *see* Mieke
Meulant, Meulent: *see* Melans
Meurises: *see* Morise, saint
Miciel, Michiel 8735, Michius 4609, Mikius 2299, saint: 1990, 2299, *BI4524b*, 4609, 4615, *T5980*, 8411, *BEGT8469*, 8735
Miconias, Miconiaus: *see* Mincomans
Midoniaus: *I8298*, Saracens
Mieke 3858, Mieque 7276, *Meche C3858, Meke BC6156, Meque DET631, DET3858, Meques H7276, Mescles T631, Mesque I6156*: *ET*631, 3858, 6156, 7276, 7471, Mecca
  see also Folinel de M.
Mincomans, *Minchouniax F, Mincomaus C, Minconiaus I, Michomans D, Miconias G, Miconiaus BEGIN, Nichomaus D*: *BEGIN8280*, 8862
Mirabel: 676, 891, castle north of Lydda built by the Crusaders
Mirabiel: 9125, Crusader
Miradas de Cordes: *D6644*, Saracen
Miror: *I8262*, Saracens
Mochon, Mocon: *see* Bauduin de M., Driues de Monchon

Index of Proper Names 717

Momain: *14482*, Crusaders
Monbel, Monbiel, Guion de: *see* Guion du Ponciel
Monbrandon, *Monbrion E*: 8699, Saracen placename
Monbré, li vius de: *App 14/24*, Saracen
Monbrion: *see* Monbrandon
Moncit, Monçon, Monloon: *see* Driues de Monçon, Olivier de Monçon
Monfort: *see* Guion de M.
Monier: *see* Richars de M.
Montmarle, Monmartre, Monmerle, Monmerveille: *see* Acars de M.
Monmir: *see* Lucabel de Montir
Monniegre: *I App 20/62*, Saracen placename; for Nigri Montes see Albert p. 339A
   see also Cernugle de M.
Monnoble, Cornuble de: *see* Cernugle de Monnoigre
Monpellier: 7233, Montpellier
Monpere: *see* Guion de M.
Mont Aigiere, Glos de: *see* Clot de la Rochiere
Mont Aigre: *F App 20/62*, Saracen placename
Mont Olivet, *Olivete D132, d'Olivet CEIT45, CEIT4365*: 45, 132, 1020, 1272, 2854, 2887, 4365, 4373, *E4388a*, 4392, *E7386b, E7914*, Mount of Olives, Jabel at-Tur, east of Jerusalem
Mont Ribon: *D8676*, Saracen placename
Montagu: 9306, 9852, Montaigu-en-Laonnais
Montaignes, viels des: *see* Viels des Montaignes
Montaion: *18490*, ancestor of Godfrey of Bouillon
Monte Sion, *Montession I, Mont de Syon T, Mon Celion E1256, Mont Celison E1047*: 39, 1047, 1256, 2179, Mount Sion, hill south west of Jerusalem
Montfort: *see* Guion de M.
Montir: *see* Acars de Monmerle, Lucabel de M.
Monuble: *D2798*, Saracen placename
Mor, *Mort CFGI8247*: 1320, 6645, 8247, *D8251*, 8861, 8870, 8961, 8965, Moors, Saracens
Morans: 8300, Saracens
Morant: *T6637*, 7248, 8230, Saracen
Morant: 8043, *T8068*, Crusader
Morant: *C8961*, Saracen placename
Morant de Saint Pol: *see* Engerran de Saint Pol
Morebles: *T6643*, Saracen
Morel: 2849, horse of Robert of Flanders
Morel: 9134f, Tancred's horse
Morgane, Morgande: *App 20/60*, Saracen placename
Morgant: 6637, *B7248*, 8229, *BCD8230, FI8252, FI8300*, Saracen
Morgaus: *E1781*, Saracen
Morghe la Fee, *Morgain T, Murgain E*: 6594, Morgan the Fay
Morghin: *see* Cocadran de M.
Morgler: *E8261*, Saracen placename
Moriant, Moriaigne 8861, *Moraine BG8861, Moriene C1180*: C1180, 6645, 8247, 8861, 8961, country of the Moors

Morigaus: *E8280*, Saracens
Morise, saint, Meurises 9379, S. M. d'Angers 812: *B173b*, *E810*, 812, *E5975*, 5978, 5992, 9379, *App 28/39*
Morvel: *see* Theri de M.
Moscon: *see* Driues de Moscon
Moskes, *Mousces B*, Tor des: 631, place
Moson, Mouson: *see* Driues de Monçon
Murgain: *see* Morghe la fee
Murgalé: *I5427c, BEI5725, App 20/86a*, Saracen
Murgalant d'Esclaudie: 5725, Saracen
Murgalant d'Odierne, *de Drounie C*: 2797, Saracen
Murglaie, *Murgale E, Muglaie C*: 1586, *F1737a, E3893, BI3893a, BFI4079a, BFI4245d, E7525, I8600b, CDEGIT9164a*, 9303, sword of Cornumaran

Nabugos: *G665a*, Saracen
Naimon, Nammion, de Saint Gille: *see* Raimon de S. G.
Naïs: *App 20/63*, Saracens
Nal, Antelme de: *see* Antelme del Val
Namuble: *C8296*, Saracen placename
Nantes: *B628*, Nantes
Naon: *see* Asnoon
Naple: *BI3098*, Naples
Naples: *1319*, Nablus
Nazareth, Nazarel, *Nazatiel B*: 678, *E1061*, 1318, Nazareth
Nerbone: *App 6/59*, Narbonne
Nescaille: *see* Escaille
Nial, Antiaume de: *see* Antelme del Val
Nicholas de Clermont: *D9093*, Crusader
Nichomaus: *see* Mincomans
Nicolas de Duras, Nicole 4468, Nicolon 3375, *de Dinant E3375, de Dinas EI3375, EI4422, de Donas B3375*: 1896, 2194, 3375, 3389, 4422, 4443, 4468, Crusader, engineer
Nicolas, saint: *E96*, 102
Niele: *see* Droes de Melé
Niepe: 1149, placename
Nimaie: 7942, Nijmegen
Nique, *Nike BC*: *I1231a*, 1473, 5653, Nicea
Nivele: *see* Droes de Melé
Noble, Nobles: *see* Gui, euvesque de Nol
Noël: 7686, Christmas
Noël, *Noé BGT*: 7725, Noah
Noële: *see* Droes de Melé
Nogant: *C811*, Nogent
Noiron: 6255, 7061, Saracen; *le lignage N., la geste N. I527, G722, I7069, App 1/13*
Noiron, Pré: 1827, *BI4843f*, 5057, 5088, 6218, *B7052*, gardens of Nero at Rome
Nol, Nole: *see* Gui, euvesque de N.
Noon, Noons: *see* Asnoon

Index of Proper Names 719

Norgant: *B8229*, Saracen
Normandie: *T3100, DE4343*, Normandy
　see also Robert de N., Richart le Normant, Rogier le Normant
Normant: *N8253*, Saracens
Nornis, *Norris D*: 8299, Saracens
Nubie: *C1137*, 1477, 3877, 3896, 4315, *D4316, I4317, BI4597*, 5714, *BT5717*, 6498, 6549, 6848, 7952, 7966, *BDEG8514*, 8519, *I9333*, Nubia
Nubie, rois de: 473, Saracen
　see also Canebalt de N., Plantamor de N.
Nubion: 6213, Saracen

Oalcatrais: *see* Calcatras
Obolon: *F8317*, Saracen placename
Odierne: *see* Canebalt d'O., Murgalent d'O.
Odon: *see* Othon
Odon del Mehiere: *D8425*, Crusader
Odon de Saint Pere: *I9167*, Crusader
Oedon: *see* Othon
Oedon de Lanciere, *Lachiere I, Lantiere C*: 8425, Crusader
Okis, les puis: *I App 20/69*, Saracen placename
Oliferne: 143, *C155a, App 20/84a*, Saracen town, ruled by Corbaran, q.v.; see Antioche, ed. P. Paris, I, p. 26, note 3
Olivier: *B5972, T8461b*, companion of Roland; cf. Radulph p. 627D
Olivier de Monçon: *App 24/10*, Crusader
Omarie: *see* Almarie
Ombres, Tres: *see* Tres Ombres
Oper, *Per N*: 8265, Saracen placename
Opinel: *I9135*, Saracen
Orbon: *T6648*, Saracen
Orcanais: *see* Orkenais
Orcanie, *Orquenie EI8519, EI4588a*: 67, *I4588a, G4597*, 8514, *BEG8519*, Saracen placename
　see also Flanbalt d'O.
Orenge: *EN8674*, Orange
Orfeïs, ille d': 1587, Saracen placename
Orgaise: *E8317*, Saracen placename
Orïent: *C2797*, Saracen
　see also Chanocos d'O.
Orkenais 4131, Orquenais 4098, *Orcanais DF4098, DF4100, Orquanais I4098*: 4098, 4100, 4131, 4213, *DT9214*, Saracen
Ormarandes: *C9799*, Saracen
Orpe: *C8316*, Saracen placename
Orquenie: *see* Orcanie, Flanbalt d'O.
Orqueniel, Orquenel: *App 16/40*, Saracen
Oruïns de Cresil: *see* Eürvin de Creel
Osnoon: *see* Asnoon
Othon, Odon *D*, Oedon *D*, Eudon *G*: 16, *App 7/5, 24/7*, Odo of Champagne, father of Stephen of Aubemarle
Outré: *App 26/29*, Crusader

Paien d'Avignant: *C1687*, Crusader
Paien de Belvais: 2295, Crusader; Paganus Belvacensis, Robert p. 833
Paien de Camelli, *Cameli E, Camili G, Camilli G, Chamile H*: 13, *EG279a*, 519, 3577, 3580, Crusader
Paien de Guillant, Guilande, Gaillant *G*, Garlant *I*, d'Argalant *C*: 9273, 9301, Crusader; Paganus de Garlanda, dapifer regis Francorum, Albert p. 320c; Galterum de Garlanda in William of Tyre 3, IV, p. 116, see note to Albert p. 320
Paien le Normant, *l'Alemant D*: 1687, *App 6/130, 172*, Crusader
Palagre de Mer: 852, near Ramla
Pallas, Pelles *B*: 6140, 6594, Pallas Athena
Pandin: *C8291*, Saracen horse
Paris: 3708, 8406, city of Paris
Parmor, l'amiraus de: *App 14/24*, Saracen
Pasianus: *see* Titus Vaspaziëns
Pateron, *Fateron B*: 1382, Saracens
Patras: *see* Andriu de P., saint
Patris: *see* Copatris, Pertris
Pavie, *Pavis H3708*: *D477*, 617, 2282, 2296, 3459, *H3708*, 4342, *BI4589*, *E5865*, 6292, *G6525, DT7949*, Pavia, capital of Lombardy
 see also Evrars de P., Foucier de P., Garin de P., Hongiers de P., Jofrois de P., Rainart de P., Richars de P.
Pelles: *see* Pallas
Per: *see* Oper
Perce: *see* Huon de P., Rotol del P.
Perelier: 8441, Saracen
Perone: 1228, Peronne (Somme)
Perron de Chalant, Garlant T: *DT9273*, Crusader
Persie 1476, Perse 3948, Persis 8812, *Pierse G6164*: 1476, *E1477, E1501, F1782a, B2616*, 2621, 3483, 3863, 3948, 3983, 4313, 4361, *E4856*, 5479, *I5689*, 5709, *E5725*, 5858, *G6084*, 6085, 6164, 6173, 6264, 6468, 6542, 6569, 6865, 7275, *N7521*, 7856, 7955, 8213, 8334, 8550, 8605, 8705, 8812, *E9312*, 9316, Persia
 see also Rotol del Perce, Raimbaus de P., Soudan de P.
Pertelier: *C8441*, Saracen
Pertris, *Patris CF*: 8304, Saracen horse
Pevier: 7216, Pithiviers (Loiret)
 see also Raoul de P.
Phelipes, Phelipon, *Felipon E1803a, Phillipon F1844a*: (1229), *E1803a, F1844a, T5131b*, 6228, 6237, (8031), *App 24/14*, Philip I, king of France
 see also Felipe
Picart: *E4815*, inhabitants of Picardy
Piere, Pieron, saint: *D687*, 3662, 7729, *CEGT9105, T9174a*
Pieres li Hermites, Pieron l'Ermite: 1013, 1090, 1091, *E1813*, 2650, 3646, *F4372, BI4589d, BI4737a, BI4762a, I5418a*, 5683, 5761, 5767, 5801, 5842, 5887, 5912, 5920, 5924, 5927, *I5954*, 6027, 6313, 6315, 6365, 6415, 6696, 6790, 6798, (6802), 6804, 6807, 6811, 6818, 6821, 6823, 6828, 6838, 6851, 6856, 6859, (6863), 6865, 6866, 6872, (6877), 6879, 6881, 6969, 6971, 6973, 6994, (7000), 7006, 7012, (7014), (7022),

Index of Proper Names

Pieres li Hermites (continued)
(7029), 7030, (7039), *T7039a*, 7040, (7042), 7043, 7045, (7050), 7054, 7070, (7080), 7082, 7093, 7096, 7102, (7108), 7111, 7114, 7116, 7122, 7125, *B7132*, 7133, 7137, 7144, 7174, 7260, 7463, 7480, 7485, 7804, 7934, 7935, 7937, 7974, (7976), 8000, 8003, 8009, 8027, 8030, 8040, 8064, 8077, 8096, 8098, 8142, 8145, 8947, 9383, 9385, 9385b, 9389, (9391), 9394, 9426, 9498, 9618, *App 22/6, 12, 16, 26, 28/41, 44, 46, 144, 246*, Peter the Hermit; known to all the chroniclers; mute Pieron: 2650, 3646
Piere de Cameli: *E3577*, Crusader
Pieron: *N8203*, Saracen, son of Sultan
Pieron de Biauquere: *G19168*, Crusader
Pieron de le Fere: *C9168*, Crusader
Pierot le Flamenc: *B4347d*, Crusader
Pierron de Quarniere: *T9167*, Crusader
Pilas: 1266, Pontius Pilate
Pinces: *B8334*, Saracen placename
Piniel, *Pinel I*: *I8487*, 9135, Saracen
Pisan, Pisant *E*: 1245, 1392, *E4482*, inhabitants of Pisa; Fulcher (G) p. 518; Albert p. 500B
Pise, Pis D: *E3252, E4343, D8406*, Pisa
Plantamor, *Plantanor E5703, Plantenor E1737*: 1588, *E1672, E1675a*, 1737, 1748, 3877, 3896, 3914, 3922, 3930, 3992, 4022, 4083, 4129, 4136, 4140, 4244, *BF14251*, 4257, 4324, 5605, 5703, (5714), 5717, 5787, 5826, 6677, 6936, *I8598, I8936*, 8938, 9155, 9272, *I9282, T9283*, 9291, 9302, 9305, 9335, *D9454*, *App 20/71f*, horse of Cornumaran; P. de Nubie: 3877, 3896, 9335; P. de Rousie: 5717; *P. de Valgris F1588*
Poitevin: *I1392, BE1848*, 1849, 3214, 4480, *I4815, I5152b*, inhabitants of Poitou
see also Ernaut le P., Gui le Poitevinal, Thiebaut le P.
Poitier: *D7216*, Poitiers
see also Rohart de P.
Ponciel: *see* Guion du P.
Ponhier: 4479, *I4479a*, inhabitants of Picardy
see also Raoul de Pevier
Pont d'Argent: 2791, 4311, 6404, *App 18/9, 20/78a, 82, 21/84*, Saracen placename; perhaps modelled on the Pontus Ferreus of Antioch mentioned in the chronicles, cf. Runciman, I, p. 193
Popeliquant: *BI4296d, FI8251*, 8957, Saracens
Portes Oires: 64, 1022, 1279, 1625, 1898, 2195, 2823, 4862, 4866, the Golden Gate, half way along the east wall of Jerusalem
Premier: *see* Raoul de Pevier
Princenart: *App 6/40*, Saracen
Principle, Principe *CE*: 8487, Saracen
Prinsaut, Prinsalt, Prissaut C4001: *F3983b*, 3997, *BFI3999*, 4001, 4016, *F4085a*, 4091, 4111, *F4160a, F4239*, 4278, 4280, 4292, 4303, 5777, 5783, 5837, *I5863*, 8496, 8834, 8842, *T8843, App 20/71f, 28/277*, horse of Baldwin of Bouillon
Provencel, Provencials 1245: 1245, 1392, *F1849*, 3212, *BI3252*, 3368a,

I5152b, inhabitants of Provence
  see also Guion le P.
Pui, li vesques dou: *I1250a, D9255*, Adhemar of Monteil, bishop of Le Puy
Puille: 3252, *F3370a*, 3598, 4343, 5114, Apulia
Puillan, Puillant, *Puilloys T4482, Puslent G5184*: *D294, BI1849b*, 4482, *I4815a, BI5152a, G5184*, inhabitants of Apulia; Fulcher p. 337; Radulph p. 676
  see also Robers li Pullans, Tangré le P.
Puisars: *see* Jeurars de P.

Qualquere: *see* Calkerie
Quarniere: *see* Pierron de Q.
Quarrobles: *D6351*, Saracen
Quegneloing, Quegneloigne: *see* Caneloigne
Quene: *I App 24/16*, Crusader
Quenelongne, cels de: 2796, Saracens; cf. Caneloigne, Cavalane, Cavalene, Cenelonie, Quegneloign, Quegneloigne
Quinquenas, *Quinquetas C, Kikenas E, Quiquenas G*: 1915, Saracen, nephew of Cornumaran

Radimans, *Radiniaus BGI, Rodomans D*: 1474, Saracen; for Rademons, king of Antioch, see Tudebode p. 89
Radoel: *see* Randol de Halape
Raimbalt Creton, Raimbaut 9523, *Reimbrant H3574, Robert I3099*: *F1800a*, 1801, 2079, 3099, 3119, 3365, 3565, 3574, 3578, 4525, *BI4526a*, 4819, 5324, 9340, 9523, 9528, 9535, 9536, 9539, (9554), 9561, 9568, 9585, (9594), 9595, (9606), 9623, 9640, 9659, *App 26/16, 28/169, 174, 177, 209, 261*, Crusader; although this may be Rambald, count of Orange (Albert p. 463G), it is more likely to be the chroniclers' Raiboldus Cremium, Raimbaudus Grato, Reinboldus Creton, Raymbaldus Carnotensis, *Tud. im.* p. 218; Radulph p. 689; Albert p. 410A; Baudri p. 102
Raimbaus de Perse: *C4588*, Crusader
Raimbaut le Frison, Reimvault H: *H3635, E4583a, E5042*, Crusader
Raimes: *see* Saint Jorge de Rames
Raimon: *N8204*, Saracen, son of Sultan; *E9595*, Crusader
Raimon de Saint Gille, Remons 9337, S. Gillie 6529): 189, 199, *EG203g*, 213, 247, *I1212a, I1250c*, 1272, 1801, *D2000, T2001a*, 2004, 2016, 3216, 4855, *BI4585a, EGT4588a, BI4881a*, 5117, 5424, 5675, 5754, 5765, 5860, 6000, 6032, 6241, (6340), (6347), 6358, (6364), (6366), (6372), 6433, *T6437a*, 6439, 6464, 6529, 6695, 6795, 6796, *T6798*, 7316, 7630, 7764, *I7876*, 9337, Raymond IV, of St. Gilles, count of Toulouse; known to all the chroniclers
Rainalt de Belvais: 8456, 8471, 8481, Crusader; Albert p. 316C
Rainart de Pavie, *Renaut BD, Renier BI, Robert G, Foucier C*: 500, *BI4352c*, Crusader
Rainier d'Estampes: *B6899*, Crusader
Rains: *D98*, Rheims
Rais: *see* Gondelot de R.

Index of Proper Names 723

Rames, Ram 6139, *Raimes B679, Rame DET, Remes H6687, Arame I7971, Romme I900*: *I628*, 677, 679, 837, 900, *F4303c, I4303b*, 5657, 6003, 6030, 6043, 6139 (reading of *A* rejected, see variants), 6305, 6476, 6486, 6564, 6687, 7566, 7792, 7795, 7930, 7971, 7999, 8025, 8058, 8093, 8137, 8162, *DIT8352*, 8416, 8435, 8437, 8543, 8807, 8894, 9051, *I9062b*, 9068, 9368, 9492, 9608, 9634, 9758, 9793, 9828, Ramla *see also* Saint Jorge de R.
Randiaus: *F1474*, Saracen
Randol de Halape, *Radoel B, Raol D, de Calape C, Canduel de Halaspre G*: 5718, Crusader; not to be confused with Ridvan (Radoan, Raduanus, Rodoan in the chronicles), ruler of Aleppo 1095-1113
Raoul, *Raol D, Roel C*: *D8829*, 9132, Crusader
Raoul de Pevier, *Pavier B, Pevrier G, Premier C, R. le Pouhier E*: 6900, Crusader
Raous de Carembaut, *Cerebaus C, Cierebaus G, Crenebaus I*: 9349, Crusader
Reimbrant: *see* Raimbalt Creton
Reimvault le Frison: *see* Raimbaut le F.
Renaudin: *N8204*, Saracen, son of Sultan
Renaut de Digon, Dignon I: *App 24/20*, Crusader
Renaut, Renier, de Pavie: *see* Rainart de P.
Renier: 6901, Crusader
Reraut de Biarc: *I8456*, Crusader
Reum: *see* Roem
Ricart de Caumont, Calmont 1699, Caumon 525, Calmon 1808, *Chiaumon D2651*: 4, 134, 140, 314, 332, *G364*, 374, 390, 499, 525, 561, *I1212c, F1612a*, 1622, 1685, 1699, 1702, 1709, 1726, 1729, 1734, *F1736c*, 1808, *F1883a*, 2143, 2377, 2651, *D3258*, 4831, *I5427b*, 9210, 9214, *CG19344*, 9346, 9459, *App 6/1, 13, 18, 27, 129, 170, 177, 7/6, 10/1, 109, 115, 20/86, 24/17, 26/21*, Crusader, one of the Chétifs
Richart de Donjon: *E13*, Crusader
Richars de Monier: *C9351*, Crusader
Richars de Pavie: *C9339*, Crusader
Richart le Normant: *D277, C1497, D1283, G1687, D1802*, Crusader; in error for Robert of Normandy, probably confused with Richard of the Principate (of Salerno), for whom see Raymond p. 123; *Tud. im.* p. 176; Radulph p. 638; Robert p. 744; *Gesta (Tud. abb.)* p. 129 and cf. ed. Bréhier, p. 15, note 8
Ricars li Tiois: *E1250*, Crusader
Richebaut: *T5730*, Saracen
Richier, Ricier EH: *BEG1685, EH6901*, Crusader
Rin, *Ring D*: 1861, 8292, the Rhine
Roan: *see* Roem
Robanos, *Libanos BDEGIT*: 644, river
Robert Creton: *see* Raimbalt C.
Robert de Flandres, le Frison, Robiert 9330, *li Flamens EG549*: 11, 96, 102, 174, 277, 493, 516, *I521a*, 549, 1132, *I1211a*, 1298, *F11426a*, 1802, 1858, (1866), 1976, 1999, 2126, 2190, 2354, 2416, 2655, 2849, ?2868, *BI3096*, 3349, *E3366*, 3603, 3635, 3658, 3663, *BI3966a*, 4236, *BI4237c, I4347d, BI4352a, GT4583a, BI4584a, T4734b*, 4828, *T4831*,

Robert de Flandres (continued)
  BI4849a, 4891, *BI4954c*, 5042, (5046), 5184, 5400, 5548, 6239, 7770, 7984, 8004, *T8112a*, 8563, (8566), 8572, 8577, 8597, 8748, 9330, 9455, 9750, *App 1/35, 43, 6/143, 186, 9/7, 24/2, 26/9, 38, 28/98*, Robert II, count of Flanders; known to all the chroniclers
Robert de le Fere: *F3219*, Crusader
Robert del Liege: *E8667*, Crusader
Robert de Normendie, le Normant: *C10a*, 11, 277, 493, 579, 599, 935, 1211, 1250, 1283, *F11426a*, 1802, 1998, *C2272*, *BFIT2289*, ?2868, 3068, 3606, 3885, 3909, *BI4237b*, *BI4347a*, 4351, 4354, (4356), 4583, *T4734a*, 4849, *BI4954b*, 5070, 5080, 5183, 5469, 5557, 6238, 7768, 7861, 7946, 7961, 7965, (7972), 7977, 8504, 8515, (8521), *I8526*, 8535, 8540, 8553, 8565, 8571, 8589, 8593, 8602, 9329, 9456, 9749, *App 16/45, 24/2, 26/8, 28/12, 99*, Robert II ('Curthose'), duke of Normandy, eldest son of William the Conqueror
Robert de Pavie: *see* Rainart de P.
Robert de Venduel: *I8600c*, Crusader
Robers li Pullans: *C8042*, Crusader
Robert le Senescal, *Rogier D*: 3219, Crusader; perhaps Bohemond's steward Rotbertus conostabilis, *Gesta (Tud. abb.)* p. 136 and cf. ed. Bréhier, p. 84; Tudebode p. 44; Radulph p. 668
Robers li Tiois: 1250, Crusader
Roboant, *Rodoant N, Roduant I*: 7573, *N7574*, Saracen; perhaps Ridvan (Radoan, Raduanus, Rodoan in the chronicles), ruler of Aleppo 1095-1113
Roce, Jehan de le: *see* Jehan de le Flece
Roce Aiguiere, Do de, Glos de: *see* Clot de la Rochiere
Rode, Rodes: *see* Aminadab de R., Golias
Rodoant: *see* Roboant
Rodomans: *see* Radimans
Roduant: *see* Roboant
Roem, *Roan T, Roen I, Reum G, Ruem B*: 5087, Rouen
Roge Lions: *see* Rouge Lion
Rogier: 8829, *D9465*, Crusader
Rogier de Bourdel: *E9132*, Crusader
Rogier del Rosoi, *Roberes C8617, de Roinsoi F, Roinsoit C, Romsoit C 14, Rosoit I*: 14, 520, 1687, 8611, 8615, 8617, 8624, *App 6/130, 171, 7/7, 24/13*, Crusader; Rogerus, Rotgerus de Roseit, Rosseth, Resset, Rosoit, de castello Roiset in Albert p. 358 etc.
Rogier d'Estampes: 6899, Crusader
Rogier le Normant: *I9231c*, Crusader
Rogier le Seneschal: *see* Robert le Seneschal
Rohais, Roshais E3986, Roches H7157: *BFI3981a*, *App 14/15, 22, 25, 28*, Edessa, now Urfa
  see also Bauduin de R., Bausumés de Folais
Rohart de Poitier: *D6900*, Crusader
Rohier: *G8441*, Saracen
Roinsoi, Roinsoit: *see* Rogier del Rosoi
Rollant: *B5972*, 7581, *T8461b*, 9700, Roland; cf. Radulph p. 627D
Romain: 4482, *B5152a*, Romans; Albert p. 348F

Index of Proper Names   725

Romenie, *Romerie C4343*: 477, 1180, *B1502*, 3100, 4343, *G5473a*, Byzantine Empire, Romania
  see also Acars de R.
Romme: *see* Rames
Romsoit: *see* Rogier del Rosoi
Rondel: *T812*, horse of St. Maurice
Roon de Bordel: *19132*, Crusader
Rope: *see* Europ
Roquehiere, Gos de: *see* Clot de la Rochiere
Rosoi, Rosoit: *see* Rogier del R.
Rossie, Rousie: *BT481, DEG1622, G3877*, 6084, *G6085, G6270, E6846, C7952*, Russia, or Rusia near Aleppo
  see also Abrahan de R., Cadrain de R., Carcan de R., Cardan de R., Gorhant de R., Plantamor de R., Tamas de R.
Rotol del Perce, Rotrous 9341, *Raimbaus C4588, Raous E2046, E4588, Rotous C11806, Rotrox D1806, Rotrus EF1806, EF7771, EGI de Perce EGI4588, de Perces E2046, de Perse C1806, etc.*: *I1212b*, 1806, 2046, *BH13607*, 4588, 7771, 8079, 8099, 8651, 8665, 9341, *App 4/5*, Rotrou, count of Perche
Rouge Lion, Roge Lions: *F537, D1174b*, 6351, 7977, Saracen
Rouge Mer: *T2049a, G2133a*, 5531, 7507, 8263, 8826, 9727a, the Red Sea
Rousie: *see* Rossie
Rubent, Rubant: 2797, 6641, Saracen
Rubiant: *E6641, T7573*, 8242, Saracen
Rubin: *D2797*, 8441, Saracen
Rubion: *BDGIT6213, I6351, I7047*, 7058, 8205, *DGT8441*, 8714, Saracen; le viel R. *E6208*, 9422; 8676, placename
Ruem: *see* Roem

Sabarie: *see* Butor de Salorie
Sabras de Barbas: *see* Ysabars de Barbais
Safris: *App 20/61*, Saracen placename
Sages, les VII: 7053
Sain: *N8281*, Saracen placename
Sainteron, *Saint Droon DE*: 2652, Saint-Tron
Saint Estievene, *Esteule D131a: D131a*, 161, *EG172*, 241, 1217, 1284, 1621, 1992, 2017, 2149, 2311, 2617, *B12823, G2933*, 3906, 4453, 4469, 4510, 4516, 6307, *T6311*, 6689, *App 6/2*, monastery outside Jerusalem, facing the Damascus gate
Saint Eustasse, *Wistasse*: *C1992, C2017*, placename near Jerusalem
Saint Gille: *see* Raimon de S. G.
Saint Jorge de Rames, *Joire D, Jore BG, Jorges E, de Raimes B*: 677, 679, 792, 837, 882, 885, *I6003*, 8804, 9802, Lydda
Saint Omer: *see* Heudon de S. O.
Saint Pere: *see* Odon de S. P.
Saint Piere: 1264, placename in Galilee, possibly Acre, where there was a church dedicated to S. Peter
Saint Pol: *D1149*, Saint-Pol (Pas-de-Calais)
  see also Engerran de S. P., Huon de S. P.

Saint Sere, Doon de, Droon de: *see* Doon de S. S.
Saint Wistasse: *see* Saint Eustasse
Sainte Marie: 54, Benedictine monastery in the Valley of Josaphat
Saisne, *Sesnes T*: *T1245a*, 4481, *B7352a*, 8491, the Saxons
Saison: *see* Sanfon
Salatré: 6156, 8978, 8984, *G8987*, Saracen
Salehadin: *D6156*, 9499, Saracen
Salemon: *D530*, 546, *D7052*, 7063, 7988, *D8332*, Solomon; l'uevre S., 546, *App 1/3*
Salemon, Temple: *see* Temple Salemon
Salonie, Salorie, Salerie: *see* Butor de S., Marbrin de S.
Salot, Salo, de la Berie: *App 16/34*, Saracen
Salot de Laborie: *App 16/35*, Saracen
Samorgant, *Samordant D, Samagant B, Sormorgant G*: 8252, Saracens
Sanfon, le tresor, *Sanson CEGT, Saison I*: 51
Sangui, Sanguins G, Sanguis B: *CBG6040*, Saracen placename
Sanguin: 6649, *N8202*, *D8203*, 8204, 8296, 8440, 8499, 8716, 8960, 8964, 8969, 9394, *App 28/44*, Saracen
Sanguis: *App 21/72*, Saracen
Sansadoin: *B13527b*, Saracen, son of Garsion of Antioch; Chems Eddaulah in the chronicles
Sansoins: *G8200*, Saracen, son of Sultan
Sanson: *App 26/34*, Crusader
  see also Sanfon
Saphet: *I9818*, Saracen placename
Sarmagan, Sarmagant, Sarmasane: *see* Sormazane
Satan, Satanas: (1129), *DF11908*, (6173), 6175, (6722), (6867), (6982), 7673, (9224), (9461), the Devil
Saudier: *N8253*, Saracens
Sauvages: *BCDEFGN8318*, Saracens
Sec Arbre: 2878, 3865, Saracen placename; cf. Arbre Qui Fent
Seong Oain le Gros, *Seong Cayn C*: 6646, Saracen
Sepucre: *E101*, 102, 173, 216, 327, 354, 415, 759, 794, 1038, 1073, *E1200*, 1201, 1360, 1546, 1635, 1662, *D1691*, *F1754*, 2023, 2026, 2032, 2089, 2125, 2257, 2391, 2513, 2530, 3054, *F13051a*, *BF13078a*, 3110, 3146, 3151, 3181, 3192, 3232, 3275, 3292, 3316, 3320, 3781, 3852, 3935, 3958, 4032, 4580, 4684, 4763, 4895, 4898, 4901, 5050, 5067, 5084, *C5085*, *BGIT5148d*, 5310, *BDEGT5523*, 5552, 5568, 5697, 5848, *E5905d*, 5907, 6720, 6733, 7279, 7474, *DT7604*, 7651, 7659, 7722, 7755, 7818, 7882, 7888, *BE7820a*, 8482, 8567, 8852, 8857, 9121, 9139, *I9244g*, *D9260a*, *BCDEG9615*, 9740, 9878, *App 8/10, 28/31, 292*, the Holy Sepulchre in Jerusalem
Servant: *N8252*, Saracens
Sesaire: *see* Cesaire
Sesile, *Secile T3252*: *EG1803*, *T3252*, 3253, 6240, Sicily
  see also Buiemon, Tangré
Sesnes: *see* Saisne
Siglai, Siglaie, *Singlaie I*: 7525, 7531, 7536, 8164, 9655, Saracen placename
Signagons: *see* Sinagon

Index of Proper Names

Siladafre: *App 20/59*, Saracen placename (cf. Findafle)
Silöé, *Silee I, Filöé E990, Filoee E993*: 40, 990, 993, 1267, *F2415a, App 11/10*, Pool of Siloam, south east of Jerusalem
Simeon, *Simion BG3352*, saint: 3137, 3352, 5053, 6762, *E6773*, 7052, 7692, Simeon
Simon: 7706, *App 8/2*, Simon the leper, of Bethany
Simon: 2657, *BF13917a*, 6899, *App 7/8, 24/18*, Crusader
Sinagon, *Sinadon D8195, Signagons T App 21/73*: 8195, 8372, 8376, (8393), (8396), 8398, *App 21/73*, Saracen, son of Sultan
Sinaïe, *Sinaïs I*: 1135, *I App 20/63*, Sinaï peninsula
Sinaïs, Mont de, *Synay C*: 440, Mount Sinaï
Sion, Monte: *see* Monte Sion
Sire, Sirien: *see* Surie, Suriien
Soison: D51, Soissons
Soliman, Solimant, *Solamant E*: 6650, 7570, 8034, Saracen
Sonant de Gornai: *see* Gerart de Gornai
Sor: 8251, Saracens
Sorgalés: G1484b, Saracen
Sorgaut: F App 20/8, Saracen
Sormorgant: *see* Samorgant
Sormazane, *Sarmasane CDI, Soumasane B, Sarmagan F, Sarmagant F*: *F1727, F4250a*, 4314, capital of Sultan, Hamadan: Samarzana in Tudebode p. 89
Soudan de Persie, Soudant 7252, Soudent 2790, Soldans 1481, Soldent 6402, *Souldant C6080, Souldenc H7176*: *B1479*, 1481, *F1782a*, 1784, 2761, 2790, 2920, 2946, 3332, (3483), 3698, 3823, (3863), (3948), *F4054a, F4250e*, 4296, 4313, (4315), 4320, 4325, 4328, *BIT4337a*, 4347, *F4347a, BI4347g*, (5639), (5642), 5785, *E5858*, 6080, 6085, 6164, 6173, 6196, 6199, 6202, (6205), 6211, 6215, 6222, (6226), 6229, (6230), (6236), 6264, 6268, 6273, (6276), 6285, *E6295*, 6299, 6301, 6402, *T6427a*, 6477, 6486, 6491, (6495), 6500, 6504, 6511, 6532, 6563, 6571, (6582), (6590), (6595), 6604, (6607), (6621), 6629, (6633), 6636, 6675, (6686), 6776, 6790, 6820, *EH6848*, (6959), 6962, 7005, 7019, (7020), 7036, 7040, (7047), 7049, 7058, (7062), 7087, 7090, 7092, (7103), 7106, 7111, (7118), 7128, 7136, 7139, 7154, (7155), 7167, 7173, *E7179*, 7184, (7194), 7201, (7204), (7218), *D7249a*, 7252, (7284), 7306, (7311), 7323, 7435, 7441, 7443, (7447), (7459), 7462, (7464), 7475, 7482, 7491, 7494, 7505, 7566, 7570, (7573), *DI7577*, 7786, (7788), 7791, (7793), 7931, 7934, 7944, (7955), 7973, 7981, 8000, 8007, 8026, *C8026a*, 8035, 8062, (8074), 8095, 8106, 8141, 8154, 8156, 8175, 8185, 8189, 8192, 8195, 8207, (8218), (8220), 8222, (8229), *18256*, (8258), (8278), 8333, 8348, 8373, 8393, 8418, (8487), 8498, 8605, 8699, 8705, *DT8714b*, 8719, (8812), 8945, *E8946, G8950, T8954*, (8955), (8964), 8966, *D8966a*, 8969, 8974, (8976), (8981), 9015, 9031a, 9044, 9049, 9058, 9061, 9066, (9073), *I9088a, D9095a, T9096*, 9171, 9174, 9175, 9182, 9192, 9196, 9248, 9319, 9388, 9394, 9400, 9408, (9422), *G9432b*, 9464, 9470, 9504, 9507, *I9509*, 9511, 9515, 9517, 9563, 9565, 9571, 9599, 9633, 9643, (9644), *CDG9652, App 19/4, 18, 21, 20/1, 8, 14, 17, 28, 64, 84, 90, 97, 105a, 111, 21/1, 10, 13, 52, 67, 86, 97, 113*,

728   Index of Proper Names

Soudan de Persie (continued)
 115, 126, 28/4, 7, 45, 49, 118, 134, 146, 151, 162, 165, 263, 278, 282, 295, 29/2, 4, the Sultan of Persia

Subars: C8266, Saracens

Sucaman, Sucamant 5930, Sucament 6389, *Succament D6389, Sugamant G5854, Surcamant T5854, Susquaman H7149*: 4318, 5830, 5854, 5865, (5872), 5874, 5930, 5997, 6318, 6338, 6389, 6520, 7149, 7154, Saracen

Sucomals: 8280, Saracens

Sur, Sire 7478, 7481, *Sucre D5359*: 1316, 2610, 2742, 5359, 5377, 6297, 7478, 7481, 9886, *App 28/160*, 259, Tyre

Surie: *D67*, 471, *GI481, I496*, 622, *DEG628, I1479a, CE3877*, 4310, *D4317*, 4589, 4597, 4856, 5120, 5179, 5260, 5468, *T5703, ET5714, DE5717, BDEIT6084, T6498, B6846, B6848, T7957, BCEG7966, T7968a, CD9333, App 18/4, 21/9*, Syria
 see also Blanchart de S., Caucain de S.

Suriien, *Suriant DE, Sirïen I*: 678, *DE826*, 1382, Syrians

Susions: N8200, Saracen, son of Sultan

Suspirant: 6648, Saracen

Susquaman: *see* Sucaman

Symon, saint: C3137, CH3352

Synaÿ: *see* Sinaïs

Syon, Mont de: *see* Monte Sion

Tabais, *Tabars FDG*: 8266, Saracens

Tabarie, *Thabarie C1474, Dabarie I5378*: 1295, 1919, 2609, 2742, *B4100a*, 4309, 5378, 5450, 5464, 5470, *B5497*, 5498, 5707, *E5731*, 6298, 8601, 9274, 9886, Tiberias, town

Taboure: E8266, Saracen placename

Taburs: N8266, Saracens

Tafur, le roi, li rois des Tafurs 4737: 1421, 1812, (1826), (1828), (1830), (1837), (1842), 1850, 1982, 1991, *BFI2003a*, 2018, 2190, 2217, (2219), *BI2228*, 2242, (2248), *D2248a, BFI2249a*, (2250), 2252, (2254), *F2379a*, 2841, 3010, 3019, 3037, 3044, 3351, (3354), 3357, 3407, 3416, 3426, 3429, *BI4410a*, 4495, 4502, (4505), *BI4589f*, 4636, 4650, (4654), 4726, 4737, 4762, 4793, 4809, 5302, 5324, (5328), 5336, 5342, (5345), 5418, 5682, 5760, 5770, *T5801*, 5838, (5841), 5888, 5912, 5917, 5927, 6415, 6696, 6761, 6814, 6913, 6918, 6974, 7302, 7546, 7550, 8127, 8146, *T8787a*, 8788, 8805, 9353, *App 7/10, 26/23, 28/14*

Tafur, li: *BI2248*, 5913, 6783, 8128; la gens tafure 5995; the Tafurs are mentioned only by Guibert, p. 242A

Tahon, *Thaon T8441, Tahiel G8441, Tohon E8441, Talon T7059*: 7059, *N8202, DI8203*, 8204, 8441, 8704, *CD9218a*, Saracen

Talentis: App 20/58, Saracen placename

Talon: *see* Tahon

Tamas de Rousie, Tanas I: App 16/31, Saracen

Tampestre: App 28/143, Saracen

Tanas de Vavais, *Atanas CDI, Atenays T, de Valais C, Vales I, Lucais D*: 9218, Saracen

Index of Proper Names 729

Tangré le Puillant: *D189*, 190, 214, 248, 272, 288, 669, 680, *E706, B733a*, 918, 1178, 1193, 1210, 1306, 1803, 1978, *T2001a*, 2520, 3256, 3607, 3794, 4235, *BI4347a, BI4352b*, 4585, 4734, 4818, *BI4849b, BI4954d*, 5184, 6240, 7769, 8042, (8055), *D8068*, 8072, 8294, *I8563*, 8570, 8574, (8576), 9134, 9134f, 9189, *E9190*, 9192, 9332, 9457, *D9750a, App 26/6, 28/100, 239*, Tancred, nephew of Bohemond I; known to all the chroniclers

Tarce: *I8317*, Saracen placename

Taurins: *see* Foucier de T.

Temple Domine: 4935, 5073, Templum Domini, on the northern side of the former Mosque of Omar (Dome of the Rock), Jerusalem

Temple Salemon: 3, *D22, BI017a*, 1042, 1168, 1200, 1580, 1754, 2035, 2620, 2624, 2664, 2701, 2928, 2932, 2951, *BFI2993c, D3026*, 3051, 3078, 3109, 3145, 3180, 3231, 3239, 3274, 3315, 3724, 3812, 3840, 3851, 4830, 4896, *BDI4898*, 4903, 4907, 4909, 4916, 4978, 5002, 5010, 5049, 5069, 5104, 5128, 5146, 5158, 5220, 5231, 5243, *E5266a*, 5301, 5348, 5369, *BI5353*, 5390, *D5552*, 7241, 7246, 7514, 7595, 7681, *C7689*, 7691, 9575, 9732, 9740, 9753, 9755, 9823, 9838, 9887, *BCDEG9889, App 25/2*, Solomon's Temple, the Mosque of al-Aqsa, Jerusalem

Terasconne: *see* Antiaume de T.

Tervagan, Tervagant 311, Tervagent 6401, *Tervagaut App 21/6*: 311, 1422, 1437, 2156, 3087, 3684, *F4250b*, 4256, 5940, 6401, 6635, 7253, 7284, 7329, *F7519, T7574*, (8036), *T8076a*, 8217, 8238, 8599, *D8963*, 8968, 9001, 9514, *App 21/6*, Saracen god

Teri de Louveg: *App 24/21*, Crusader

Thabarie: *see* Tabarie

Thaon: *see* Tahon

Theri de Morvel: *E2295*, Crusader

Thiebaut le Poitevin: *I9168*, Crusader

Thomas du Donjon: *T13*, Crusader

Tiberion: *C8205*, Saracen, son of Sultan

Tiois: *GT1244, BT1391, T4479, I4815c*, 5152, the Germans
 see also Ricars li T., Robers li T.

Titus Vaspaziens, *Pasianus C*: 1388, Vespasian

Tohon: *see* Tahon

Toiron: *D9218a*, Saracen

Tolant, Le: *see* Colant, Le

Tomas, saint: *DEG195, BT96*, 97, *C1266*

Toral: *see* Girart de T.

Torcais, Baufumé de: *see* Bausumés de Folais

Torgant: *E8780*, Saracens

Torin: *C9218a*, Saracen

Torins: 8300, Saracens

Tornicant: *N8242, N8243*, Saracen

Tornie: *see* Flanbalt de T.

Tort, *Tot C*: 6639, Saracen

Toscans: *BI1849b*, 8069, the Tuscans

Tot: *see* Tort

Tres Ombres: 8528, (8534), 8588, 8670, 9287, placename, near Jaffa
Tudelle: *see* Lucenas de T.
Tumas: 3069, 3516, 9344, Crusader
Tumas, Thumas, de Marle 1262, de la Fere 894, *de Marne D1262* and *passim, de Male I8012, du Merle T App 28/242, d'Erle T4739, a la Fere I278, a la Feue I894*: 12, 200, *G203, EGI203a,* 278, 494, 517, *I549a,* 894, 1110, 1211, *I1250b,* 1262, 1351, 1425, 1805, 1807, 2077, 2114, 2122, 3171, 3176, 3183, *BI4237a,* 4287, *BI4347e, BI4352c,* 4587, 4649, 4728, 4739, 4749, 4768, (4769), 4771, (4774), 4776, (4778), 4785, 4792, 4807, 4811, *BI4865,* 4892, *I4954d,* 7770b, 8012, 8021, 8688, 8692, 8696, 9094, 9336, *D9339, App 26/10, 39, 28/242,* Thomas of Marle or La Fère, lord of Coucy, count of Amiens, killed in a punitive expedition conducted against him by Louis VI in 1130
Trecie: *see* Carant de Turcie
Turcie, *Turkie CDG9316*: 2616, *T5729, CDG9316,* Turkey
  see also Carant de T., Flanbalt de Tornie
Turnie: *see* Flanbalt de Tornie
Tygris, Mont de: 436

Ufras: *see* Aufars
Urcan: C8278, Saracen
Urgalie, *Acalie B, Atalie N, Augalie CG, Augourie T*: 7980, *App 18/9,* Saracen placename
Ustases: BI4589c, Crusader
Ustases, Ustasse, de Bouloigne: *see* Ewistace de Bouloigne
Ustin de Valpenee: B4137, Saracen

Val: *see* Antelme del V.
Val Amare: *see* Guinemant de le Val de Rivere
Val Beton, *Valbreton G*: 1786, Saracen placename
Val de Rivere: *see* Guinemant de le V. d. R.
Val Loree: *see* Fausin de V.
Val Penis: App 20/62, Saracen placename
Valais: *see* Tanas de Vavais
Valbetee: *see* Fabur de V.
Valbie: G1484b, Saracen placename
Valdoree, Fanin, Fanon de: *see* Fanon de V.
Valencienes: 2653, Valenciennes
Valerie, *Valenie I*: 1474, Saracen placename
Vales: *see* Tanas de Vavais
Valgree: 7771, placename
Valgris: *see* Plantamor
Valnuble, roi de: 2798, 8296, Saracen
Valpelee: *see* Cornu de V.
Valpenee: *see* Ustin de V.
Valposnee, Justin de: *see* Justin de V.
Valsamis: F App 20/63, Saracen placename
Valsecree, Fanin de: *see* Fanin de Valdoree
Valserie: BEG1474, Saracen placename; *see also* Glot de V.

Index of Proper Names

Valterne: *see* Brunamont de V.
Vandone: *C8430*, Saracen battle cry
Vaquerie: *C8534*, place near Jaffa
Vaspaziens: *see* Titus V.
Vavais: *see* Tanas de V.
Veas, saint: 96, *B97*
Vendosme, conte de: 8081, 8101, 8653, 8666, 9227, (9233), (9240), Geoffrey, count of Vendôme; Fulcher p. 400; Fulcher (G) p. 534; Fulcher (H) p. 561
Venduel: *see* Robert de V.
Veniciien: 3254, the Venetians
Venise, conte de: *T9182*, Crusader
Venistre: *App 20/61*, Saracen placename
Vermendois: 1234; *see* Huon le Maine
Veu, Estievenes del: *see* Estevenes de Lucuel
Viels des Montaignes, li, *Viel de la Montagne App 14/16*: 7158, *App 14/16*, leader of the Assassins, confused with Toros, prince of Edessa, who adopted Baldwin of Bouillon as his son; see C. E. Nowell, *The old man of the mountain*, Speculum 22, 1947, pp. 497-519
Viennois: *T1245a*, the inhabitants of Vienne
Vier: *C8267*, Saracen placename

Walois: *see* Galois
Wautolon: *see* Malcolon
Wissans: *C1245*, inhabitants of Ushant
Wistace, Wistase, Wistasses de Bouloigne: *see* Ewistace de Bouloigne

Yaffes: *see* Jafe
Ynde, Yndanois: *see* Inde, Indonois
Yrois: *C5429*, Crusaders
Ysaac: *T7726*, the patriarch Isaac
Ysabars de Barbais, *Isabars GT, Isabras BDEI, Sabras H, Ysenbars C, de Barbas H*: *B1570a*, 3470, 3570, 3631, *B3633*, 3635, (3642), 3706, 3731, 3733, 3752, 3754, *BI3756c*, 3782, *BGIT3814b*, 4830, *App 21/77*, Saracen
Ysabras le gaiant: 6649, Saracen
Ysaïe: *see* Isaiie
Ysorés, Isorés *B*, Isoret *I*: 2891, (2898), *I2893, App 16/31*, Saracen

Glossary

The glossary covers the base text and is selective. Words that are readily identified in A. J. Greimas, *Dictionnaire de l'ancien français*, are not included if an appropriate gloss is given there.

The following abbreviations are used: *adj.*, adjective; *adv.*, adverb; *condit.*, conditional; *fig.*, figuratively; *fut.*, future; *iron.*, ironically; *n.f.*, feminine noun; *n.m.*, masculine noun; *part.*, participle; *perf.*, perfect; *pl.*, plural; *p.p.*, past participle; *prep.*, preposition; *pron.*, pronoun; *v. intr.*, intransitive verb; *v. refl.*, reflexive verb; *v.tr.*, transitive verb; *var.*, variant. A colon in round brackets (:) denotes a word form occurring at the rhyme.

aaisier *v.tr.* 763, 1109, 4885, provide for, care for; 2492, have one's way with, here *iron. for* massacre
aatie *n.f.* 2258, battle; 3106, 3119, battle-spirit
abaisier *v.tr.* 2446, lower; 6169, bring down; *v.intr.* 755, fall silent; 2737, 2905, 5148, sink, be diminished; *v.refl.* 2322, fall silent
abiter *v.intr.* 8264, live; *v.tr.* 3755, 3968, approach
acoler *v.tr.* 2564, 3054, embrace; *fig.* 3994, gallop over
acopart *n.m.* 6668, Saracen title (found elsewhere as proper name)
aghace *n.f.* 1499, magpie
aignel *n.m.* 187, lamb; 672, young (of camel and donkey)
aire *n.f.* 3180, 4905, courtyard
aisil *n.m.* 4563, vinegar; aisillié *p.p.* 4663, made into vinegar
[ajeter] *v.refl.* 1432, 1500, swoop
[ajorner] *v.intr.* 2345, die
alcasie, aucasie *n.f.* 6268, 7932, saddle?
algolant *n.m.* 6959, Saracen title
almustaïn (:) *n.m.* 8295, Saracen title
alumison (:) *n.m.* 7720, recovery of sight
amireü *n.m.* 6959, 7061, Saracen title: *cf.* amiral 376, 2702, etc.; amiralt 1914; amirant 821, 5639, 6675; amirent 2806; amiré 3823, 6477
amudant *n.m.* 6647, Saracen title: *cf.* amustant 6638, 7061, 8231
aovré *p.p.* 4416, busy, engaged in work
aqueé *p.p.* 4452, still, quiet
[arainier] *v.intr.* 2226, resound
aresté *adj.* 2714, 6479, 9360, bristling
argut *n.m.* 7052, art, magic
asaust 7928, *perf.* 3 *of* assolre, *v.tr.*, absolve
asegnis *p.p.* 6040, honoured
assailleïs *n.m.* 3018, assault
assie (:) *n.f.* 6101, foundation
auçaire (:) *n.f.*: en l'auçaire 655, on high, upright

aucasie: *see* alcasie
aupatris *n.m.* 6640, 7060, 8229, 8297, 8813, Saracen title
avisant *n.m.* 1434, aim
avresiere (:) *n.m.* 1129, devil

ba 5189, exclamation
baignier *v. tr. and intr.* 4869, 5380, 6465, bathe; 1667, 2293, 3474, plunge
barbacanes *n.f.* 4542, 5487, portcullis
berquerie *n.f.* 508, sheep-pen
bestiaille *n.f.* 9677, animals
biecaces *n.f.* 8320, snipe
blancart *n.m.* 9055, grey or white horse
blaus *adj.* 1771, of a light colour
bous *n.m.* 2421, goatskin bottles
bracie *n.f.* 8542, armful
braier *n.m.* 9467, belt
[branler] *v.tr.* 7409, swing
buires *n.f.* 994, 2435, pitchers
buret *n.m.* 1598, rump
busquete *n.f.* 4900, splinter

caigne *n.f.* 8863, appearance
çaine 2214, *pres. 3 of* segnier *v.tr.* 1337, 3045, etc., bless
[caldumer] *v.tr.* 6989, 7428, bathe in warm water
calife *n.m.* 7110, Saracen title: see also name index
calis *n.m.* 1607, kind of wood?
cals (:) *n.m.* 8343, *i.e. cous, cols* (*cf.* 2614), blows
cartor *n.m.* 7053, dungeon?
caucie *n.f.* 1515, 2601, 4845, road, way
cauçon *n.f.* 1817, calçon 2648, shoe, slipper
caure *n.f.* 7752, heat
cavain *n.m.* 2442, narrow pass, defile
cerra 6624, *fut. 3 of* croire
cervier (:) *n.m.* 6909, brain: *cf.* cervel 3428, cervele 131
clamaire (:) *n.f.* 648, complaint: *cf.* clamor 661
[cleer] *v.tr.* 4441, protect with wickerwork
cleier *n.m.* 4789, cloier 4502, cloies *n.f.* 4408, cleee (:) 4734, wickerwork revetment
conestablie *n.f.* 3093, jurisdiction of High Constable
confrarie *n.f.* 1339, fellowship, agreement
confremer *v.tr.* 7133, 7138, confirm
[contrequerre] *v.tr.* 3731, summon, empower
coree *n.f.* 4138, 8664, bowels
corporal *adj.* 3240, corporeal
cors *n.m.* 5692, 6833, gallop
corsaire *n.f.* 646, sloop, corsair
coutie *adj.* 1136, arable, capable of cultivation
cuederés 4407 *fut. 5 of* coillir
cuielle (:) *n.f.* 9119, spoon?, small amount

Glossary 735

dalant *adj.* 4284, *i.e.* dolant
[demonir] *v.tr.* 510, destroy, kill
[depaner] *v.tr.* 567, tear
[desaprester] *v.tr.* 3610, put out of commission
[desdormir] *v.intr.* 602, awaken, revive (from cramp)
[desentir] *v.tr.* 3918, 8799, trace, recognize
deseplaille (:) *n.f.* 6927, massacre: *cf.* desceplie 4847
desraisnier *v.tr.* 1100, defend, earn
desteler *v.intr.* 2227, 3407, 4001, rush
[destraver] *v.tr.* 2466, destroy, put to flight
destravison *n.f.* 33, 960, suffering, distress
deutuant *n.m.* 6258, kind of monster: *var.* daint tyrant *C*
diablaille (:) *n.f.* 6928, infernal trickery
diacop *n.m.* 6261, Saracen counterpart of deacon?
dromadare *n.m.* 9438, dromedary

edefis *n.m.* 1063, buildings
el *pron.* 5116, anything else
emiral *n.m.* 6116, emerald
[encavestrer] *v.tr.* 3390, attach with slings or ropes
enchocie 1502, encocie 2290 *p.p. of* entoschier *v.tr.* 7210, poison
[encopler] *v.tr.* 3417, couple: flaël encoplé 3417, flaials acoplés 2326, (threshing) flail
engaignes *n.f.* 1953, 2334, throwing weapons
enhermie *adj.* 487, 631, 934, 5703, desert, wild
enmellés *p.p.* 7024, tangled, dishevelled
[enrohir] 1488, [enruhir] 5738 *v.intr.*, become arrogant?
[enrüellier] *v.intr.* 2400, rust
entaille *n.f.* 2194, 2196, embrasure, emplacement
entamer *v.tr.* 2692, 4094, 4198, 5407, cut; 4682, bite
[entener] *v.tr.* 1899, 2673, barb, put head on (arrow, whip)
entonbie *p.p.* 600, numb, stiff
[entreferir] *v.refl.* 4246, strike, hit one another
esbatement *n.m.* 2811, beating of the wings
[escanceler] *v.intr.* 1732, break into pieces: *cf.* [escanteler] *v.tr.* 9022, 9113
escarimant *adj.* 982, 8246, Persian (epithet of paile)
eschüer *v.tr.* 4010, rub, massage?
escoflas *adj.* 2554, attribute of eyes - bright? (like eyes of *escofle*, kite?)
escoillie *n.f.* 5692, 6833, speed
escoillis *p.p.* 1600, 3038, eager, busy
esgardison *n.f.* 1837, 5311, 5326, 7081, attention, respect
esqueles *n.f.* 4697, bells
[essauner] *v.tr.* 4226, bleed dry
estace *n.f.* 1032, 1543, stake, whipping-post; 4519, pole
estailles *n.f.* 4701, torches
[estançoner] *v.tr.* 4642, prop, brace
esteler *v.tr.* 2542, 6572, 9013, 9382, spangle; *v.intr.* 6157, splint, put in splints
estraïgos (:) *adj.* 666, ? (perhaps connected with estraier 739, 5973, *adj.* and *v.intr.*, (be) foreign, vagabond, abandoned)

faison *n.f.* 9771, *i.e.* foison: a moult grant f., richly
fait *adj.*: com fait 764, 1255, 2825, what; si fait 2814, such
falue (:) *n.f.* 7459, lie
fellon *n.m.* 4822, 8331, fetlock
fesisant 2844, *part. of* faire
fie *n.m.* 486, 541, liver
flaiel, flaiaus (:) *n.m.* 1753, 2124, crossbar
flocel *n.m.* 671, flocks
forceüre (:) *n.f.* 9157, collar-bone: *cf.* fourcelle 9115
foriés *n.m.* 6098, wood, forest
foulison *n.f.* 553, folly
fremison *n.f.* 6767, trembling
froie *n.f.* 6170, pedestal?

gafure *adj.* 765, of Jaffa
galoser *v.tr.* 8831, covet
gaskiere *n.f.* 1118, unploughed or fallow land
[gausnoier] *v.intr.* 6285, gleam yellow
gaverlos *n.m.* 5951, javelins, darts
[geldoier] *v.intr.* 1421, act in the manner of footsoldiers?
gierais (:) *n.m.* 9222, hock (of horse)
giroit 6282, *condit. 3 of* jesir *v.intr.* 1462, etc., lie
glandeler *n.m.* 7085, neck
goulousison *n.f.* 9781, desire
graille: en graille et en gros 662, high and low, loud and clear
groilles *n.m. or f.* 9146, trumpets: *cf.* graille 1205, etc.
grumelee *adj.* 2008, wrinkled

huison *n.f.* 552, 9593, shouting, uproar

jafarins *adj.* 6291, 6587, the colour of the gemstone jaffe (or made of it?)
joint *p.p.* 782, hemmed in, packed together
jugiere (:) *n.m.* 1131, judge
juracop *n.m.* 6692, Saracen officials?: var. jacaop *C*, juracolp *G*, diacob *DI*, acopart *ET*

kirïeles *n.f.* 950, 953, kind of litany
kirïeson *n.m.* 5309, singing of Kyrie Eleison

labaustre *n.m.* 5244, alabaster
laidure *n.f.* 4900, unsightliness
laissant *pres. part.* 9254, *i.e.* lassant
latin *n.m.* 3695, Latin; 1045, house? (*cf. Acts* II, 2)
lechiere (:) *n.m.* 8421, term of abuse
lescive *n.f.* 5412, lissive 7026, lye, suds
lezon *n.m.* 7708, seat, couch
lie (:) *n.f.* 6864, league: *cf.* liues 61, etc.
[lignier] *v.intr.* 2841, fire, catapult
liier (:) *n.m.* 3063, limestone

Glossary 737

lir (:) *n.m.* 1451, lisie (:) *n.f.* 474, lily: *cf.* lis 430, 1591, etc.
lissive *n.f.* 7026: *see* lescive
list *n.f.* 6125, border: *cf.* listes 6131
loee *n.f.* 584, 3600, 6837, league; 5060, measure of time (literally, time needed to cover a league)
lumegnon *n.m.* 7737, wick

maintas, a *loc.* 8919, heavily, strongly
mals *n.m.* 1954, 1985, 2325, etc., maus 4561: *pl. of* mail 2064, 4598, mace
mangal (:) *n.m.* 1985, mangonel
manier *adj.* 4182, busy, intent upon; 6910, practised, adept; arc manier 3535, 6889, cross-bow
maniier *v.tr.* 6891, touch
marabiton *n.m.* 7051, a herb (connected with marabotin, Arabic gold coin, Tobler V 1112?)
mellier *n.m.* 8166, medlar tree
mohon *n.m.* 1832, fastening? (of copper or bronze?); 2649, kind of footwear?
moieler (:) *adj.* 7086, containing marrow: le maistre os m. 7086, spine, vertebrae in neck
moilon *n.m.* 1793, 3370, 3625, 4646, stones, hard-core (of wall)
[moller] *v.refl.* 7032, stretch out; *v.tr.* 9000, mould; *p.p.* 2556, 3181, well-formed
mossie (:) *adj.* 3124, mossy
mulaine *n.m.* 7033: le mulaine i.e. l'amulaine, Saracen title, *cf.* 6205, 6638, 7062, etc.

[naigroier] *v.intr.* 6271, go dark?
none *n.f.* 2229, nones (varies 12-3p.m., see W. Rothwell, *French Studies* 13, 1959, pp. 240-251, esp. pp. 244-7, but here is after midday)
[norir] *v.tr.* 2393, nourish; 2604, 3033, 3715, raise, educate

oc 5411, *perf. 1 of* avoir
oistoir *n.m.* 6254, goshawk: *cf.* ostoirs 1700, 1776
ordeneement *adv.* 6414, 8087, in an ordered manner
[ordir] *v.tr.* 6103, arrange, dispose
orion *n.m.* 966, the orient
[oscier] *v.tr.* 2614, 9344, notch

paison *n.m.* 977, tent pole
palie *n.m. and f.* 1830, 4927, 6137, 6139, pale 9014, 9441, cloth of gold or silk: cf. *paile* 622, 6172, 6270, etc.
paral (:) *n.m.* 6108, equal: *cf.* parrel 6138
pasmor (:) *n.f.* 5256, faint, swoon
[pierer] *v.tr.* 4442, wall up
ploieïs *adj.* 8983, flexible
poignans *adj.* 1955, wieldy, handy
poinis *n.m.* 8808, privy parts
pon (:) *n.m.* 7689, hand (Tobler VII 1400 gives only - ?): *cf.* poing 444, poins 2348, 3458

ponciel *n.m.* 9141, little bridge
ponçon *n.m.* 7074, 8679, chisel or awl
[porter] *v.tr.* 3381, construct, protect? (but see note to this line)
portoral (:) *n.m.* 7134, small door
pretorie *n.f.* 1029, praetorium
prinsoir *n.m.* 3873, beginning of night
prone *n.f.* 1232, plum
puelie *n.f.* 4603, 4794, pulley
[puirier] *v.tr.* 6805, 7746, give, hand to

quarentaine *n.f.* 5438, Lent; 2221, measure of time
querrai 2478, 7330 *fut. 1 of* croire
quingnie *n.f.* 4598, axe, hatchet
quirie *n.f.* 3473, breast-plate
quiteé *n.f.* 6342. exchange, return
quitement *adv.* 3647, freely

rals (: -aus) *adj.* 1777, broken, dead: *cf.* rot 1507
recaingler *v.tr.* 2443, regirth
[recanter] *v.intr.* 81, resound
[reller] *v.tr.* 9881, adjust, put in order
renarmer *v.tr.* 7872, re-strap
rendre *v.tr.* 3644, give back; 986, 1085, give off; 5470, 5473, 5475, 7265, surrender; *v.refl.* 3687, surrender; *v.intr.* 9189, hold out
renjovousement *n.m.* 2805, regrowth
rohal *n.m.* 6115, walrus tusk
roiele *n.f.* 7872, shield
roignon *n.m.* 542, kidney
[roilier] *v.tr.* 2276, 2309, bar, bolt
ruer *v.tr.* 2116, hurl; 2281, throw; 1218, strike; *v.intr.* 2829, hurry

saina 7923: *perf. 3 of* segnier *v.tr.* 1337, 3045, etc., bless
salatrie *adj.* - ? : uevre salatrie 6269, 6494, work of oriental art
sarragoçan *adj.* 1584, sarragoçois 1398, of Saragossa
semé *n.m.* 1118, sown land
sidoine *n.m.* 6277, 9648, linen cloth
sidor *n.m.* 6138, kind of cloth (Tobler IX 627-8): *but see* sidorie
sidorie *n.f.* 6143, an iron-based alloy? : if connected with sidor 6138 then perhaps name of Sultan's tent
sifloi *n.m.* 4195, whistling noise
sire *n.f.* 2740, sirre 2802, wax: *cf.* cire 2748
soffendison *n.f.* 7710, outpouring (of tears)? : var. fondoison *D*, plorison *BEG*
soillier *v.tr.* 2488, 2494, 3425, etc., dirty, stain; 4669, be thirsty
soit *n.f.* 33, 3487, thirst: *cf.* soif 960
sospeçon *n.f.* 3359, 5352, 6200, 7682, fear, anxiety, concern
soubaudrés *n.m.* 9014, connection between baldric and scabbard?
[soucier] *v.tr.* 388, give birth to
soudutor *n.m.* 5234, seducer, general term of abuse

Glossary

soutaigne (:) *adj.* 8865, bleak, lonely
soutie *adj.* 628, solitary, distant

tenebror (:) *n.f.* 5230, darkness
tobourer *v.intr.* 6174, make a noise
tolon *n.m.* 7062, raised seat
[tresserrer] *v.tr.* 998, lock tightly
[trivler] *v.tr.* 9009, grind, pulverize
[truilier] *v.tr.* 9055, weave

user *v.tr.* 2717, eat up, finish; 4715, weaken, crumble? (see note to this line)
uslison *n.f.* 8718, noise

vauc 5616, *perf. 1 of* voloir; vaut 211, valt 470, 2439, *perf. 3*
veïns 2819, *perf. 4 of* veïr
vergier *adj.* 4758, 6908, striped, streaked, fluted (epithet of helmet): *cf.* vergiés 1203, vergie (:) 5700
vic 9866, *perf. 1 of* veïr
vïelere (:) *n.f.* 9173, music of viol (or *n.m.* player of viol? - Godefroy X 854 s.v. vielleur gives only one example in verse, from this ms., fol. 27d)
voie *n.f.* 933, 2600, etc., way, path; totes voies 6764, anyway

wibu *n.m.* 7013, trunk, torso, thorax